W0308168

J. Kleimann
September 2004

Hella Kothmann, Wolf-Eckart Bühler

Toscana

Es ist besser, Genossenes zu bereuen
als zu bereuen, dass man nichts genossen hat.
Giovanni Boccaccio

Impressum

Hella Kothmann, Wolf-Eckart Bühler
Toscana

erschienen im
Reise Know-How Verlag Peter Rump GmbH
Osnabrückerstr. 79
33649 Bielefeld

3., komplett aktualisierte Auflage 2003

Gestaltung
Umschlag: M. Schömann, P. Rump (Layout)
Günter Pawlak (Realisierung)
Inhalt: Günter Pawlak (Layout)
Christian Steinmaßl (Realisierung)
Fotos: s. Bildquellennachweis S. 647
Titelfoto: die Autoren
Karten: GeoKarta, Dipl.-Geogr. Heiner Newe, Altensteig-Wart

Lektorat: Christian Steinmaßl
Lektorat (Aktualisierung): André Pentzien

Druck: Wilhelm & Adam, Heusenstamm
Bindung: Buchbinderei Keller, Fulda

ISBN 3-8317-1130-5
Printed in Germany

Dieses Buch ist erhältlich in jeder Buchhandlung der BRD, Österreichs, der Niederlande, Belgiens und der Schweiz.
Bitte informieren Sie Ihren Buchhändler über folgende Bezugsadressen:

BRD
Prolit GmbH,
Postfach 9, 35461 Fernwald (Annerod)
sowie alle Barsortimente
Schweiz
AVA-buch 2000
Postfach 27, CH-8910 Affoltern
Österreich
Mohr Morawa Buchvertrieb GmbH
Sulzengasse 2, A-1230 Wien
Niederlande, Belgien
Willems Adventure, Postbus 403,
NL-3140 AK Maassluis

Wer im Buchhandel trotzdem kein Glück hat, bekommt unsere Bücher direkt bei:
Rump Direktversand, Heidekampstraße 18,
49809 Lingen (Ems)
oder über unseren **Büchershop im Internet:**

Wir freuen uns über Kritik, Kommentare und Verbesserungsvorschläge.

Alle Informationen in diesem Buch sind von den Autoren mit größter Sorgfalt gesammelt und vom Lektorat des Verlages gewissenhaft bearbeitet und überprüft worden.

Da inhaltliche und sachliche Fehler nicht ausgeschlossen werden können, erklärt der Verlag, dass alle Angaben im Sinne der Produkthaftung ohne Garantie erfolgen und dass Verlag wie Autoren keinerlei Verantwortung und Haftung für inhaltliche und sachliche Fehler übernehmen.

Die Nennung von Firmen und ihren Produkten und ihre Reihenfolge sind als Beispiel ohne Wertung gegenüber anderen anzusehen. Qualitäts- und Quantitätsangaben sind rein subjektive Einschätzungen der Autoren und dienen keinesfalls der Bewertung von Firmen oder Produkten.

Hella Kothmann, Wolf-Eckart Bühler

Toscana

Vorwort

„Es gibts nichts Langweiligeres auf dieser Erde als die Lektüre einer italienischen Reisebeschreibung – außer etwa das Schreiben derselben –, und nur dadurch kann der Verfasser sie einigermaßen erträglich machen, dass er von Italien selbst sowenig als möglich darin redet. Trotzdem dass ich diesen Kunstgriff vollauf anwende, kann ich dir, lieber Leser, in den nächsten Kapiteln nicht viel Unterhaltung versprechen. Wenn du dich bei dem ennuyanten Zeug, das darin vorkommen wird, langweilst, so tröste dich mit mir, der all dieses Zeug sogar schreiben musste.“ Insider, Outsider, Desperado. Heinrich Heine *Reisebilder*, 1829.

Toscana. Da hören wir sehnsuchtsvolles Aufseufzen. Da hören wir aber auch deutlich verächtliches Schnauben. Und Recht hat jeder. Dieser kleine Landstrich im Zentrum Italiens lässt niemanden unberührt. Man könnte auch sagen: an ihm scheiden sich die Geister. Dabei nimmt freilich kaum einer von denen, die schwärmen oder die Nase rümpfen, das Land oder seine Menschen noch aus eigener Erfahrung wahr. Sondern nur mehr als inflationäres Klischee einer Idylle. Wahlweise für Auf- oder für Aussteiger.

Unter dem blumigen Wohlfühlgeschwätz bunter Lifestyle-Postillen und dem klingelnden Wortmüll selbsternannter „Toskana-Fraktionen“, die unablässig das Idealbild von Schöner Reisen, Schöner Wohnen und Schöner Essen beschwören, ist die Toscana selbst schon längst begraben wie ein schlichter Espresso unter einer Sahnehaube.

Speziell im italienvernarrten Deutschland nimmt man die Toscana nur noch als exklusives *Markenlabel* oder *Ambiente* wahr, mit dem sich ambitionierte Wohnküchendesigner, Haarstylisten und Versandhauskataloge schmücken.

Vielleicht mag es überraschen, wenn wir behaupten, dass die wahre Toscana immer noch zu entdecken ist. Das hat unser Vorhaben nicht eben leichter gemacht (und uns oft mit Heine leiden lassen). Das hat uns, die wir die herzlichen, aber rauen Hügel zwischen Florenz, Siena und Grosseto seit vielen Jahren als „Halbansässige“ kennen und lieben, aber auch beflügelt, uns der Herausforderung zu stellen, von diesem Land zu schreiben, das jeder kennt, und am meisten der, der noch nie da war.

Wenn Italien der (Damen-)stiefel Europas ist, dann ist die Toscana die bunte Schleife darauf – ein kleiner, kaum wahrnehmbarer Farbfleck. Ist man aber erst einmal da, wundert man sich, *wie viele* Straßen und Wege es gibt, *wie viele* Städte, Dörfer, Klöster, Villen, Burgen, Berge, Parks und atemberaubende Panoramen ... und wie oft man anhalten und verweilen möchte ... und wie rasend schnell die Zeit verfliegt. Überall Dome, Stadtmauern, Palazzi, Museen, und noch am Ende der einsamsten Staubpiste ein kleiner Weiler voller Zeichen und Wunder. *Kein* Landstrich dieser Welt vereinigt auf so kleinem Raum so viele Kunstwerke und Kulturgüter auf sich. Eingeschlossen der leiblichen, versteht sich.

Vermitteln können wir nur einen Bruchteil davon. Das wahre Toscana-Handbuch hätte 4000 Seiten und würde einen Anhänger benötigen. *Handlich* zu bleiben erfordert Kompromisse. Da fehlen dann hier wunderbare kleine Feste in Gegenden, in denen sich Fuchs und Hase gute Nacht sagen, dort heiße Degustations- und Shoppingtipps für urbane Flaneure. Und jede Beschreibung eines Doms hat die (allzu) summarische Abhandlung eines anderen zur Folge. Das Kompendium soll schließlich in den kleinsten Koffer oder Rucksack passen.

Das *ultimative* Toscana-Handbuch werden also auch wir nicht erreichen (können) – schon die Bände ihrer Weingüter und Landgasthöfe verschlingen in den Regalen der Buchhandlungen mehr Raum als die Literatur ganzer Kontinente. Und ebensowenig können (und wollen) wir ganze Legionen einschlägiger *Spezialführer* ersetzen, die Schlaues über Küche, Weine, Sprache, Klöster, Architektur, Malerei, Geschichte, Baden, Campen, Wandern, Biken, Trekken usw. zu sagen wissen.

Allein diese Bandbreite zeigt an: die Toscana ist einer jener seltenen Flecken auf diesem Planeten, in denen man nahezu alles *tun* – aber eben auch alles *lassen* kann. Toscana-Reisende sind sozusagen „von Natur aus" *alternativ* – wenn sie den Badeurlaub oder die Weinverkostung wie selbstverständlich an das *Kunsterlebnis* „dranhängen" oder die *einmalige Kulturlandschaft* wahlweise (oder besser: abwechselnd) per Auto, Wohnmobil, Bus, Zug, Leih-Vespa, Mountainbike oder auf Schusters Rappen erforschen. Das Terrain der *ausgemachten Individualisten* (auch wenn es zu Zeiten, zugegeben, ganz schön viele sein können).

Wir werden bestimmt nicht nur mit großen Schwärmeraugen auf alles blicken, aber auch nicht lediglich wahllos Fakten aneinanderreihen. Erfahren und erspüren muss diesen herb-schönen Landstrich schon jeder für sich selbst – wir können nicht mehr bieten als einen (nach bestem Wissen!) zuverlässigen Begleiter, der nicht nur von „Höhepunkt" zu „Höhepunkt" huscht, sondern zum müßigen, entspannten Entdecken und Flanieren einlädt. Und nicht zuletzt Lust auf Abenteuer und Unbekanntes wecken möchte.

Und wenn wir bei all dem *ennuyanten* Zeug hin und wieder auch noch für ein bisschen Unterhaltung sorgen können, dann wäre uns schon fast soviel gelungen wie unserem illustren Leidensgenossen, dem Reisebeschreiber, Pessimisten und Zyniker H.H.

Buon viaggio!

Wolf-Eckart Bühler / Hella Kothmann

Sconerba, Gennaio 2003

Die mit diesem Symbol hinterlegten Textstellen weisen auf außergewöhnliche Besonderheiten hin.

Grau unterlegte Textstellen markieren persönliche Empfehlungen der Autoren.

Inhalt

Exkurse

Chianti-Gebiet – Zwischen Florenz & Siena 224

Siena 284

Zwischen Florenz & Arezzo 328

Arezzo & Umgebung 344

Zwischen Florenz & Lucca 376

Maremma 534

Südtoscana 582

Anhang 624

Praktische Tipps A–Z

Badevergnügen bei Saturnia

Il Bar – ein Brennpunkt des sozialen Lebens

Cinghiale – eine toscanische Spezialität

Auf den ersten Blick

Fakten, Urteile, Vorurteile, Missverständnisse

Museal

David. Dom. Uffizien. Wiege der Renaissance. Heimat Dantes, Machiavellis, Michelangelos. Man kann fast verstehen, dass es Leute gibt, die einen weiten Bogen um dieses Land schlagen. Kein Weiler ohne Stadtmauer aus dem Mittelalter, kein Provinznest ohne Palazzi, keine Kleinstadt ohne Piazza mit Dom, überall Abteien, Museen, Kunstdenkmäler, Zeichen und Wunder. Doch trotz der vielen Touristen, trotz der übermächtigen Vergangenheit und Tradition und trotz aller Stilisierung zum süßlichen Idyll hat sich die Toscana nie in ein Freilichtmuseum verwandeln lassen. Das Leben geht unvermindert weiter, der Alltag fordert seinen Tribut. Manchmal beschwerlich, aber immer sympathisch. Um den Dom von Florenz tobt der Straßenverkehr. Unter Pisas Schiefem Turm schmusen die Pärchen, drücken die Fixer und hocken die Alten.

Elitär

Das Geheimnis der Toscana ist nicht die Vielfalt (und schon gar nicht der elitäre Luxus), sondern die Einfachheit. Schlicht *Aquacotta*, „Gekochtes Wasser", heißt eines ihrer klassischen Gerichte, aber eine gute von einer schlechten zu unterscheiden fällt fast so schwer wie pisanische Romanik und sienesische Gotik oder Giotto und Duccio auseinanderzuhalten. Geprotzt wird in der Toscana höchst selten, und wenn, dann hinter verschlossenen Türen. Elitär? Kann man vergessen. Renaissance? Gibt es fast nur in Florenz. Die Toscana ist derb, rustikal und bäuerlich wie ihre Küche, ganz und gar geprägt vom Mittelalter *(Trecento)* und dem 19. Jh. *(Risorgimento)*.

Geografie

Nach dem Fall der Berliner Mauer kursierte der böse Witz, die geschäftstüchtigen Teutonen hätten sie an Italien verkaufen sollen, damit man sie an der Grenze der Toscana zu Unteritalien aufstelle und so das Problem des *Mezzogiorno* löse. Tatsache ist, dass die Toscana zwar südlich des Apennin liegt, aber selbst vom eingefleischtesten Norditaliener nur im Ausnahmefall dem Süden („Africa") zugerechnet wird. „Nix Mafia, nix Exotik". Das ist zwar beides nicht ganz richtig, kommt der Sache aber schon recht nahe.

Aussteiger

Zivilisationsmüde aus aller Herren Länder flüchten ins gelobte Arkadien, um dort wieder dem einfachen, gesunden Leben nahe zu sein. Öko-Wein und Bio-Gemüse anbauen, töpfern, Flöte spielen, Schäfchen züchten. Aber das Landleben ist hart, und nur Superreiche halten sich über Wasser (nämlich durch die Arbeit anderer) oder rigorose Selbstausbeuter, die härter arbeiten als sie es je zu Hause getan hätten.

Stadt & Land

Städte wie Florenz, Siena, Pisa und Lucca begründeten einst den Aufstieg der toscanischen Kultur. Aber noch heute dominiert das Land, auf dem wahrhaft mittelalterliche Verhältnisse *(Mezzadria,* feudale Halbpacht) erst vor wenigen Jahrzehnten offiziell ausgemerzt wurden, sich durch die Hintertür aber allenthalben wieder auszubreiten beginnen (neokolonialistische Ausländerenklaven, Agriturismo, feudale Weingüter, Luxusherbergen).

Elitär II

An manchen Abenden versammeln sich alle, wie durch eine seltsame Fügung gesteuert, in ausgewählten „Feinschmeckertreffs": die mondäne Toscana-Fraktion in Kaschmir und Naturseide, die rotwangigen Selbstverwirklicher und Wohlfühlkommunarden aus den sieben Bergen in selbstgestricktem Shetland, und die staunenden Paare mit Reiseführer in der Hand, hin- und hergerissen zwischen Frust und Lust, Kult und Huld, weltläufiger Geschmeidigkeit und provinziellem Rustiko. Göttliche Komödie.

In Vino Veritas

Oder: im *Tschianti* liegt die Wahrheit. Ein mindestens ebenso gutes Sprichwort lautet „Errare humanum est" oder „die Dummen sterben nie aus". Ganz früher, zur Zeit unserer Opas, als die Toscana noch ein Land und kein Markenzeichen war, gab es den Chianti in rundbauchigen, bastumwobenen *Fiaschi*. Sah nach Folklore aus, schmeckte wie Limonade und galt als schick. Und selbst das exotische Wort *Fiasco,* das eigentlich hätte zur Warnung dienen sollen, erinnerte unsere Vorfahren eher an Sonne, Süden, Freude schöner Götterfunken als an Fusel, Kater, Aspirin.

Bevölkerung

„Sture Bauern und arrogante Städter", klassifiziert so mancher Reisende mit Kennerblick. Ja, wenn man ihnen dumm kommt, dann können sie auch anders, die Toscani, wie schon der kluge *Viktor Hehn* (1867) wusste: „Gewiss ist mancher deutsche Reisende, der in Italien noch ein Neuling war, arg übervorteilt und schmählich überlistet worden. Der ungeschlachte Fremdling, der nichts merkt, der die Rolle des Riesen in den alten Märchen spielt und am liebsten gleich dreinhauen möchte, reizt den Italiener unwiderstehlich zur Spitzbüberei."

Mamma Mia!

Jeder dritte verheiratete Mann besucht täglich seine Mutter, und dreiviertel aller Junggesellen bleiben bei Muttern wohnen, weil Wohnungen so teuer sind und die Frauen immer zickiger werden. Mamma aber hat immer eine warme Suppe auf dem Herd stehen und wartet geduldig, bis der Filius vom Rendezvous zurückkehrt, das immer seltener erfolgreich verläuft – die Geburtenrate ist in den letzten Jahren praktisch auf Null zusammengeschrumpft.

Bauern

Früher benötigte ein Landarbeiter zwei Monate, um 10 l Olivenöl zu produzieren, heute reicht der Ertrag von 20 l nicht mal für einen Tageslohn aus. Olivenöl herzustellen rentiert sich nur noch, weil die EU Subventionen zuschießt, aber für Wein macht sich kaum noch einer krumm, wo der Liter für schlappe € 1,30 in jeder Cantina zu haben ist.

Klima

Von wegen O Sole Mio! Die vielbesungenen „Zitronen" blühen nie wieder, wenn sie den Winter nicht geschützt in einer *limonaia* verbringen dürfen. Als Faustregel gilt: die „Großwetterlage" ist im Prinzip wie bei uns, nur ist es immer ein paar Grad wärmer (dafür aber auch oft feuchter, zumindest im Frühjahr und Herbst). Wirklich stabil sind allenfalls der Juli (ein Wunder, wenn es mal regnen würde) und der November (ein Wunder, wenn es mal nicht regnen würde), alles andere ist Glückssache („ohne Gewähr").

Politik

Italiener wechseln Regierungen wie Imelda Marcos die Schuhe – in den vergangenen 50 Jahren haben sie mehr als ein halbes Hundert (Jan. 01:58) über sich ergehen lassen. Das hat aber nicht viel zu sagen, denn gerade in der Toscana gehört es seit jeher zum guten Ton, gegen *preti e governo,* Pfaffen und Regierung zu sein. Und so arrangiert man sich mit dem Widerspruch, den schon Dante verkörperte: einerseits jeder für sich (Regionalismus), andererseits die Sehnsucht nach dem starken Staat (dem man aber nicht über den Weg traut). Spätestens seit Antonio

Gramsci 1921 in Livorno den *PCI* begründete, sind die Toscani traditionell „rot" – aber zum Heiraten geht's in die Kirche, und wenn in Carrara, wo seit jeher die Anarchisten zu Hause sind, eine Prozession stattfindet, wird der *anarchico* ganz selbstverständlich an der Seite des *prete* dem Bild der Madonna folgen.

Sport

Sportivi sind sie alle – zumindest vor dem Fernseher. Die Spiele der *Fiorentina* (AC Firenze) werden von den *tifosi* mit der gleichen Begeisterung verfolgt und kommentiert wie Schumi auf dem Autodromo di Mugello, Radrennen in der Provinz oder der Palio von Siena.

Umwelt

Pro Natura, Ambiente Pulito, Riserva Naturale, nur schöne Schlagworte und nichts dahinter? Das Bewusstsein für Natur und Umwelt (ein ausrangierter Kühlschrank gehört nicht in die Macchia), vor Jahren noch so unterentwickelt wie die Fleischeslust beim Vegetarier, ist so gestiegen, dass es bereits die kuriosesten Blüten zeigt (bei der Jagd erschießt man erst den Fasan, dann den Neffen). Und dass sich mit dem Etikett *verde,* grün, auch Geschäfte machen lassen, weiß inzwischen jeder zwischen Orbetello und Mugello.

Sicherheit

97 % der Diebstähle, 86 % der Raubüberfälle und 64 % der Morde bleiben unaufgeklärt, trotzdem sind die Gefängnisse heillos überfüllt. Es gibt rund 150.000 Gesetze, etwa 20mal soviel wie in Deutschland oder Frankreich, aber viele widersprechen sich, so dass ständige Rechtsunsicherheit herrscht. Quasi zur Abhilfe werden andauernd Amnestien erlassen (auf die man zwar spekulieren, sich aber nicht verlassen kann), da 83 % aller Gesetzesverstöße ohnehin ungesühnt bleiben, die meisten davon wegen Verjährung.

Carabinieri

Schwarze Uniform, roter Hosenstreifen, weißer Schultergurt: Carabinieri gehören zum Landesbild wie der Schiefe Turm von Pisa. Ihre Effektivität ist umstritten (wenn auch deutlich höher als die der normalen *Polizia),* echte Professionalität, andere nennen es Profilierungssucht, legen sie dagegen beim Überführen von Verkehrssündern an den Tag.

Bürokratie

Laut Statistik verbringt der Italiener jährlich 20 Tage beim Schlangestehen auf der Post und in öffentlichen Ämtern und vernichtet auf diese Weise rund 73 Mio Arbeitsstunden im Jahr.

Öffnungszeiten

Barbarische Sitten! Egal ob Geschäfte, Behörden oder Tankstellen, über Mittag sind sie fast ausnahmslos geschlossen, und wann die *Siesta* endlich aufhört und der „Nach"mittag beginnt, ist eine Sache der Auslegung bzw. der Jahreszeit. Ebenso sind praktisch alle Kirchen und Museen über Mittag zu (auch dann, wenn sie eigentlich geöffnet sein sollten), und jedes Museum hat unterschiedliche Anfangs- und Schließzeiten sowie Ruhetage. (Zugegeben, ein schweres Erbe, soviel Kultur – aber der verzweifelte Gast des Landes fragt sich schon manchmal, ob die Italiener sie überhaupt verdienen.)

Verständigung

Italienisch ist supereinfach, jubelt der Reisende, sobald er fehlerfrei *mille grazie* aussprechen, passabel mit *buon giorno* und *arrivederci* grüßen und seinen Cappuccino weltläufig *al dente prego* bestellen kann. Als Meister der Improvisation wird der Toscano gönnerhaft nicken, aber keinesfalls eine Miene verziehen („Sie sprechen aber gut Italienisch"). Missverständnisse sind im übrigen umso wahrscheinlicher, je mehr man vom Gegenteil überzeugt ist. *Caldo* heißt nicht kalt, sondern warm, ein *giorno feriale* ist ein Werk- und kein Ferientag, und *chiuso* ist nicht etwa der Name der Mineralölfirma, die alle Tankstellen auf dem Land beliefert, sondern bedeutet „geschlossen".

Il Bar

Das ist keine anrüchige Lokalität, sondern eine *istituzione*. Einen *caffè* am Tresen schlürfen, einen Blick in die Zeitung werfen, kurz telefonieren, einen Imbiss nehmen, eine Busfahrkarte kaufen, tratschen, diskutieren, flippern, Karten spielen – die Bar erfüllt zig Funktionen und ist als Treffpunkt und Nachrichtenbörse ein Brennpunkt des sozialen Lebens wie die Piazza, der Corso oder der Kramladen an der Ecke.

Unterkunft

Die Toscana ist sündhaft teuer, das weiß jeder. Kommt ganz darauf an, sagen wir, ob man sein müdes Haupt unter einen Baldachin auf Daunen betten mag oder mit einem einfachen Schlafplatz zufrieden ist. Zwischen € 1534 *(gell, die Villa San Michele ist einfach himmlisch!)* und € 15,30 pro Übernachtung *(endgeil die Nacht bei den Mönchen!)* wird fast alles geboten. Vorbei ist glücklicherweise die Zeit der durchgelegenen Matratzen in den Billigunterkünften, im Vormarsch aber leider auch hier stillose „Postmoderne" und qualvolle Enge in der Mittelklasse, und selbst die Vier-Sterne-Traumvilla muss nicht immer halten, was die Poesie der Hochglanzbroschüre verspricht.

Essen

Von „Eventgastronomie" hat hier noch keiner gehört – und wozu auch, wenn das Essen selbst das Erlebnis ist. Da ziert man sich nicht, sondern genießt lustvoll. Der freudige Esser kann sich der Sympathie jedes *Padrone* sicher sein, und nicht nur, weil dann die Rechnung höher ausfällt, sondern weil ihm das Vergnügen seiner Gäste Freude macht. Die deftige, an den Jahreszeiten ausgerichtete Küche ist famos (1001 Kochbücher können nicht irren), wer allerdings zwei Oktoberwochen im toscanischen Hinterland verbracht hat, wird so schnell keine Wildschwein- oder Pilzgerichte mehr anrühren. Die vielgerühmte Regionalküche weigert sich auch im Zeitalter der Kühltechnik beharrlich, Fisch beispielsweise auch nur 30 km weit von der Küste ins „Landesinnere" zu transportieren und bringt lieber stur das Althergebrachte auf den Tisch. Ja, lecker ist sie wirklich, die *Cucina Casalinga* der Gourmet-Toscana, aber manchmal kann sie auch ganz schön eintönig sein.

Kosten & Preise

Si regala tutto ruft der Marktschreier am Ende des Vormittags, aber geschenkt wird einem natürlich trotzdem nichts. Lohn- und Lebenshaltungskosten sind kaum niedriger als in Deutschland, viel billiger leben als zu Hause wird man in der Toscana daher nur bedingt (da ist schon die EU vor). Ein wenig fröhliche Geldverschwendung *(finanza allegra)* muss man schon praktizieren, um sich mancher Verführung hinzugeben. Aber es wird ein Genuss (meist) ohne Reue sein.

Reisezeit

Im Sommer ist es zu voll und zu heiß, im Winter zu nasskalt und leer. Auch Ostern und Pfingsten sind unbedingt zu vermeiden, wenn man nicht gerade ein Fan von Warteschlangen ist (Autobahnen, Kirchen, Museen, Geheimtip-Trattorien), und wann immer irgendwo ein „Event" ansteht (Markt, Festtag, „historischer" Umzug), sollte man sich auf Menschenmassen und Massenwahn einrichten. Und doch, und das ist das Verblüffende – „irgendwie" geht´s eigentlich immer und zu jeder Zeit. Und noch nie haben wir unsere Zelte in der Toscana abgebrochen und ausgerufen: Nie wieder!

Anreise

Wer seine Reiseroute individuell festlegen und vor Ort flexibel sein will, fährt am besten mit dem eigenen Wagen. Aber auch per Eisenbahn oder mit dem Flugzeug kann man die Toscana problemlos erreichen (und dort u. U. Auto, Vespa oder Rad mieten).

Mit dem eigenen Kfz

Die zügigsten **Routen** für die Anreise mit dem eigenen Kfz führen durch Österreich über den Brenner-Pass (Bozen - Modena - Bologna - Florenz) oder durch die Schweiz über St. Gotthard und San Bernardino (Mailand - Modena - Florenz oder Mailand - La Spezia - Carrara - Livorno).

Für österreichische und schweizer Autobahnen ist eine **Autobahnvignette** erforderlich (erhältlich beim *ADAC* oder an Grenzübergängen). Brennerpass und St. Bernhard sind zusätzlich mautpflichtig. Auf der italienischen Autostrada wird nach gefahrenen Kilometern abgerechnet; die **Mautgebühr** für die Strecke Brenner - Florenz kostet rund € 25.

In Italien kann man an extra gekennzeichneten Mautstellen zeitsparend und bargeldlos mit Kreditkarte zahlen.

Zwischen Mai und Okt. verbinden **Autozüge** München mit Florenz bzw. Düsseldorf, Frankfurt/Main, Hamburg, Hannover und Köln mit Livorno. Auskunft Tel. 0180/5 24 12 24 (www.dbautozug.de).

Mit dem Zug

Von Mitteleuropa aus sind fast alle **Provinzhauptstädte** der Toscana direkt zu erreichen, da sie an den beiden Hauptstrecken liegen, die vom Norden (via Brenner oder St. Gotthard) nach Rom führen: Florenz und Arezzo über Bologna; Massa-Carrara, Pisa, Livorno und Grosseto über Mailand. Angenehm und zeitsparend sind **Nachtzüge** mit Schlaf- oder Liegewagen.

Reservierungen, auch für Sitzplätze, sind unbedingt empfehlenswert. **Ermäßigungen** für Jugendliche unter 26 Jahren, Senioren oder Minigruppen gelten auch auf dem Netz der italienischen Staatsbahn.

Der **Fahrradtransport** mit der Bahn kann problematisch sein, z. B. gibt es nur einen einzigen Nachtzug München-Florenz mit grenzüberschreitendem Gepäckwagen. Die *DB* unterhält im Sommer ein Servicetelefon speziell für Radkunden: Tel. 0180/3 19 41 94.

Mit dem Flugzeug

Lufthansa und *Alitalia* fliegen täglich u. a. von Frankfurt/M., München, Wien und Zürich direkt die Flughäfen von **Florenz** (*Peretola-Amerigo Vespucci,* www.safnet.it) sowie **Pisa** (*Galileo Galilei,* www.pisa-airport.com) an. Im Sommer gibt es von beiden Airports Verbindungsflüge zur Insel Elba. Air Alps (www.airalps.at) fliegt 6x die Woche von München nach Olbia und 1x (Sa) von München nach Siena (www.siena-airport.it).

Internationale Flüge gehen meist über Pisa, den größten und verkehrstechnisch sichersten Flughafen der Toscana. Von beiden Flughäfen gibt es Busse zur City, zwischen den beiden Flughäfen von Pisa und Florenz besteht stündlich Zugverbindung.

Ausrüstung

In der Toscana blühen nicht nur Zitronen, sie erfrieren auch. Gerade in den „idealen Reisemonaten" können die Nächte empfindlich kühl sein, und in den engen Gassen und hinter den dicken Steinmauern der Gebäude hält sich die Winterkälte bis tief ins Frühjahr hinein. Ein **warmer Pullover** sowie **Regenschutz** ist (fast) immer angesagt. Unebenes Kopfsteinpflaster erfordert bequemes **Schuhwerk,** fürs Wandern im Gelände sind feste, knöchelhohe Schuhe und robuste Kleidung empfehlenswert. Schon *Murray's Guide*, der „Reise Know-How" des Reisenden von 1870, empfiehlt die Mitnahme eines guten **Opernglases** – tatsächlich ein unentbehrliches Instrument, das z. B. so manches Detail eines Freskos enthüllt.

Diplomatische Vertretungen/Konsulate

In der Region Toscana haben die Ländervertretungen folgende **Adressen:**

- **Deutschland.** Florenz, Lungarno Vespucci 30, Tel. 055/29 47 22.
- **Deutschland.** Livorno, Piazza della Vittoria 56, Tel. 0586/84 62 86.
- **Österreich.** Florenz, Lungano Vespucci 58, Tel. 055/29 54 74.
- **Schweiz.** Florenz, Piazzale Galileo 10, Tel. 055/22 24 34.
- **Niederlande.** Florenz, Via Cavour 81, Tel. 055/47 52 49.

Elektrizität

Die Stromspannung beträgt 220 V Wechselstrom. Unterschiedliche Steckdosen erfordern ggf. einen Adapter *(spina di addatamento)*, den es in Haushalts- oder Elektrogeschäften gibt.

Essen & Trinken

La Cucina / Die Küche

Acquacotta, „Gekochtes Wasser", und *Ribollita*, „Wiederaufgekochtes" – von solchem Schlag sind die vielgerühmten toscanischen Gerichte. Nicht unbedingt eine *Cucina Povera*, eine Arme-Leute-Küche, aber eine im Kern betont einfache und rustikale **Bauernküche,** die sich auf das stützt, was auf den lokalen Märkten angeboten, in den eigenen Gärten angebaut, auf den Höfen gehalten und in der Umgebung gejagt und gefischt wird. Heute würde man dazu sagen: eine derbe, unverfälschte **Regionalküche** (oder eine Küche der Jahreszeiten). Noch heute wird „auf dem Land", nur wenige Kilometer vom Meer entfernt, kaum Fisch gegessen und angeboten, und selbst in einer Stadt wie Florenz wird man sich schwertun, solch seltenen Genüssen zu frönen. Natürlich hat auch in der Toscana die Moderne Einzug gehalten. Vakuumverpackungen

Rosticceria

und Tiefkühltruhen ermöglichen Wild- und Pilzgerichte rund ums Jahr, Spitzengastronomie und Hotelküche modifizieren den handfesten Bauernschmaus zum Gedicht oder zum Allerweltsgericht, und in den Trattorien halten die billig herzustellenden Schnellgerichte aus anderen Teilen Italiens zunehmend Einzug (Pizza, Pasta etc.).

Trotzdem ist (und bleibt) die **Konstanz** der toscanischen Küche verblüffend, ja einzigartig. Selbst in Zentren des Tourismus und oft schon seit Generationen als „Geheimtips" gepriesenen Trattorien speist man heute kaum anders als vor 10, 20 oder 30 Jahren. Sicher, vieles ist mit der Zeit „schlanker" und auch insgesamt „raffinierter" geworden (wozu nicht zuletzt die deutlich verbesserte Qualität des **Olivenöls** beiträgt), aber in den Grundzügen wird noch heute gekocht wie zu Großmutters Zeit.

Als *Michelangelo* als Protegé Lorenzo de'Medicis zum ersten Mal nach Bologna kam, staunte er nicht schlecht über die üppigen Delikatessen der Emilianer. Die toscanische Küche war schon damals nicht mit der italienischen über einen Kamm zu scheren, die heute jeder „Italiener" in deutschen Fußgängerzonen serviert.

Natürlich lagen Welten zwischen der Alltagsküche der Wollweber und den Festmählern der Signori, doch selbst die Medici haben die Küche ihrer Zeit nie wirklich revolutioniert. Das blieb erst *Caterina de'Medici* vorbehalten, die 1533 nach Frankreich heiratete und als Regentin die französische „Cuisine" begründen half.

Wenn man so will, kann man das „Geheimnis" der toscanischen Küche aber auch psychologisch sehen. Italienische Männer träumen von dem, was sie als Kind bekamen, und wollen es immer wieder haben. Anders als Deutsche wollen Italiener, wenn sie Essen gehen, nicht etwas anderes, sondern genau das, was sie auch zu Hause essen, aber immer seltener bekommen. „Essen wie bei Mamma", der Traum von der heilen Welt. Diese erzkonservative Einstellung („zu Hause schmeckts am besten; keine Experimente") ist das Kennzeichen jeder bäuerlichen Kultur, aber nirgends auch nur annähernd so verbreitet wie in Italien – und besonders in der Toscana. Selbst in der Spitzengastronomie, anders als z. B. in Frankreich, schwingen fast ausnahmslos Frauen den Kochlöffel, und selbst vielgerühmte Sternelokale sind oft kleine, überschaubare Familienbetriebe, wie man sie andernorts kaum noch kennt. Die große Nachfrage nach „Mammas Küche" lässt alles, wie es ist, auch wenn die Enkel sich im Alltag längst wie im übrigen Europa ernähren und Fertiggerichte und Tiefkühlware kaufen. Die Trattorien und Osterien sterben nicht aus; ganz im Gegenteil, sie eröffnen sogar wieder. Vielleicht etwas „moderner" und zeitgemäßer, aber im Grunde so, wie sie schon immer waren.

Fremde, die sich länger in der Toscana aufhalten, beklagen oft die **Uniformität** der Küche. Man kann sie auf Dauer tatsächlich, so wie die „ewig gleichen" Madonnen mit Kind in Museen und Kirchen, als „eintönig" empfinden, man kann sie aber auch als eine Herausforderung betrachten. Erst nach der zehnten Bistecca oder dem zehnten Wildschwein entwickelt man ein Gespür für die Unterschiede und wird entweder zum leidenschaftlichen Jäger (nach den besten Crostini, dem besten Vitello, den köstlichsten Funghi) oder zum Gejagten (zum Teufel mit dem Zeug – dem man aber gleichwohl kaum entrinnen kann).

Die Gastronomie

Ristorante sind Restaurants, **Trattorie** könnte man als Wirtshäuser bezeichnen, und **Osterie** sind ursprünglich Ladenlokale (wie Metzgereien, Milch- oder Gemischtwarenläden), die nebenbei einen Imbiss anbieten. Eine Besonderheit von Florenz sind die **Mescite,** die aus kleinen Weinhandlungen hervorgegangen sind.

Die typischen Charakteristika haben sich im Lauf der Zeit abgeschliffen, doch in den Grundzügen bis heute erhalten. In den letzten Jahren ist sogar eine deutliche **Wiederbelebung** erkennbar, fegt ein frischer Wind durch die verkrustete Szene – eine Erneuerung der toscanischen Gastronomie aus dem Geist der Postmoderne (Lean Management, Jobkultur, Zerfall der traditionellen Familie), aber in vollem Einklang mit der Tradition. Fast Food, aber auf toscanisch: *Slow Food.* Wobei slow nicht „langsamer" bedeutet, sondern ökonomischer – leichter, schlanker, frischer, gesundheitsbewusster.

Der Siegeszug der **„Neuen Osterien"** kommt nicht von ungefähr: ungezwungene Atmosphäre (helles Holz, Papierservietten), keine Speisekarte (man lässt sich „vorbeten", was da ist), kleine Portionen, frisch gemacht, schnell serviert, erschwingliche Preise - sympathisch.

Auch wenn **Trattoria** gemütlicher und bodenständiger klingt als *Ristorante*, sollte man sich nicht unbedingt darauf verlassen. Oft kitzelt der Begriff nur eine Sehnsucht hervor (gerade bei Deutschen), die nur bedingt eingehalten wird. Über die Qualität der Küche sagt der Name überhaupt nichts aus.

Il Pasto / Die Mahlzeit

In Italien kochen Familien für Familien, und entsprechend familiär und ungezwungen geht es zu. Das trifft auch auf die Speisenfolge zu.

Pane Toscano

Dass man in die Toscana kommt, merkt man schon am ungesalzenen Brot. Brot ist das wichtigste, das Grundnahrungsmittel der Toscani. Brot spielt bei jeder Mahlzeit eine Rolle, Brot ist immer und überall. Es wird aus den unterschiedlichsten Mehlsorten gebacken (Weizen, Vollkorn, Kastanie, Mais, Kartoffel, Buchweizen), und es erfüllt die unterschiedlichsten Funktionen (pur, in der Suppe, in der Sauce, ja im Salat). Mit Brot tunkt man Saucen auf, mit Brot wird gekocht, mit Brot füllt man Tauben. Brot gibt man auf Leber- und Wachtel-Spieße, Brot wird geröstet, mit duftendem Öl beträufelt, mit frischen Kräutern, Knoblauch, gehackten Tomaten oder Leberpaste belegt. Und darum können die Toscani auf das Salz im Brot verzichten.

Wer einmal bei Italienern zu Hause isst (und speziell in der Toscana, wo man „italienischer" isst als im Norden), wird feststellen, dass selbst Bauernfamilien, die den Großteil des Tages im Freien verbringen, fast immer ein regelrechtes **Menü** zu sich nehmen. Eine Mahlzeit bestehend aus ein bis zwei Vorgerichten, Hauptgericht, Nachspeise und Kaffee ist kein Luxus, sondern eine Selbstverständlichkeit. Das muss nicht „Besonderes" oder Großartiges sein. Zuerst etwas Wurst oder geröstetes Brot *(Crostini)*, gefolgt von einer Suppe (Gemüse, Bohnen) und womöglich noch Pasta (Spaghetti, Pici, Farfalle), dann ein Stück Braten (Kalb, Huhn, Kaninchen), hinterher Früchte je nach Saison oder Gebäck, und zum Abschluss ein Espresso. Kein Luxus, wie gesagt, sondern Alltag.

Wenn man zum Essen geht, ist es nicht anders. Es „gehört" sich einfach, eine ganze Mahlzeit zu ordern, angefangen vom **Antipasto** (kalte Vorspeise) über **Primo** (warme Vorspeise) und **Secondo** (Fleisch- oder Fischgericht) mit **Contorni** („Sättigungsbeilagen" wie Gemüse, Salat, Kartoffeln) bis zum **Dolce** und **Caffè.**

So schön dieser Brauch ist, er erfordert erstens Zeit und zweitens Geld. Und von beidem ist auch in der Toscana immer weniger vorhanden. Das blasse Erstaunen, wenn nicht Entsetzen angesichts des Fremdlings, der ohne Umschweife auf das Hauptgericht zusteuert (oder sich gar auf einen lausigen Primo beschränken will), wird man daher kaum noch finden. Trotzdem wird einem der Wirt auch heute noch in den meisten Fällen deutlich zeigen, dass er es für eine barbarische Sitte hält, was man da von ihm verlangt (wenn er sich nicht gleich in seiner Ehre verletzt fühlt).

In Städten und Ferienregionen entzieht man sich diesem Dilemma auf der einen Seite mit dem **Menu Turistico,** sozusagen einem „Sonderangebot“ des *Padrone,* das er standardisiert und damit preiswert anbieten kann, und auf der anderen mit **Pizzerien,** die sozusagen „außer Konkurrenz“ laufen, da sie „untoscanisch“ sind. Hier darf man „nur“ eine Pizza bestellen oder ungestört Spaghetti Vongole vertilgen, denn in der Pizzeria kocht nicht eine Familie für andere, hier werden Speisen für zahlende Gäste zubereitet.

Eine andere Alternative, zumindest für mittags, sind **Rosticcerie,** die man selbst in kleinen Orten finden kann. Hier kaufen die Mammas, die immer weniger Zeit zum Kochen finden, Fertiggerichte ein, die wenigstens noch halbwegs so aussehen und schmekken, als hätten sie sie selbst gemacht: Salate, Crostini-Paste, eingelegte Sardinen, gefüllte Tintenfische, geschmorte Kutteln, gebratene Perlhühner oder Wachteln, kalte Braten. Ein Plätzchen zum Picknick findet sich fast überall (es muss ja nicht gerade auf den Stufen des Doms sein).

Il Menù / Die Speisekarte

Die „gute Gewohnheit“ sprich der Zwang zum vollen Menü ist inzwischen selbst vielen Italienern zur Last geworden.

Aber so ganz „gegessen“ ist die Sache noch nicht, wie man immer wieder feststellen kann. Speziell „gutbürgerliche“ (d. h. meist mittelmäßige) Lokale wehren sich dagegen mit bestimmten Methoden wie Mindestverzehr oder Miniportionen.

Eine andere beliebte Form der verkappten Preisregulierung (sprich Erhöhung) sind **Pane e Coperto,** Brot und Gedeck € 1-5, und **Servizio,** Service (10-15 %). Beide müssen jedoch auf der Karte deutlich sichtbar vermerkt sein.

Antipasto

„Vor dem Mahl“, d. h. **kalte Vorspeise.** Am Meer natürlich **Antipasti Mare** mit *Cozze* (Miesmuscheln), *Vongole* (Venusmuscheln), *Calamari* (Tintenfisch), *Polpo* (Oktopus) etc. Ansonsten **Antipasto Toscano** mit Wurst, Salami, Schinken etc.

Bruschetta (auch *Fettunta,* „ölige Scheibe“, geheißen) ist typisch toscanisch: geröstete Weißbrotscheiben, gesalzen, gepfeffert, geölt und warm mit Knoblauchzehe (und evtl. frisch pürierten Tomaten) bestrichen; das Aroma des Olivenöls kommt nirgendwo besser zur Geltung. Belegt mit Leber-, Milz-, Thunfischpaste oder Varianten bis zu Steinpilzen oder Trüffelbutter heißen sie **Crostini.** Eingelegtes *(sott'olio)* vom Büffet ist in der Toscana eher selten, erfreut sich jedoch zunehmender Beliebtheit. Unbedingt probieren sollte man den erfrischenden Sommerantipasto **Panzanella,** eine Art Brotsalat mit Tomate, Zwiebel, Kräutern und Olivenöl.

Primo (Piatto)

Warme Vorspeise, in der Regel *Pasta,* ein Nudelgericht, oder gerade in der Toscana – die alles andere als eine klassische Pasta-(Hartweizen-)Region ist – Suppe auf Weichweizen-, d. h. Brotbasis.

Nicht vergessen darf man die köstlichen **Risotti,** etwa mit Frutti di Mare oder Steinpilzen, die allerdings einer ebenso sorgfältigen wie aufwändigen Zubereitung bedürfen, damit sie nicht wie Reisbrei schmecken.

Pasta, die weniger zu den traditionellen Gerichten der Toscana zählen, werden natürlich auch in allen Variationen geboten; doch echte Nudelspezialitäten der Region sind eher selten. Dazu zählen die nur in der Gegend von Siena beheimateten *Pici,* eine Art „handfesterer" Spaghetti, die breiten *Pappardelle,* die man bevorzugt mit Wildragout verzehrt (z. B. *alla lepre,* mit Hase), oder die köstlichen *Ravioli* mit Spinat-Ricotta-Füllung. *Pasta fresca* heißt, dass die Nudeln selbstgemacht sind.

Die leckeren **Suppen** wie *Ribollita* (auf der Basis von Zwiebeln, Lauch, Kohl, Wirsing, Möhren, Sellerie, weißen Bohnen, Speck, Olivenöl, Kartoffeln und altbackenem Weißbrot), *Acquacotta* oder *Zuppa di Fagioli* (mit weißen Bohnen) sind unserem mitteleuropäischen Verständnis nach eher als Eintopf denn als Suppe zu bezeichnen (da Brühe und Aromen durch das Brot weitgehend aufgesogen werden). Das gilt auch für die berühmte toscanische „Fischsuppe", den *Cacciucco Livornese.*

Secondo (Piatto)

Der **Hauptgang,** normalerweise ein Fleisch- oder Fischgericht, je nach Saison ergänzt durch Wild. Traditionell sind mit Knoblauch und Kräutern (Salbei, Rosmarin, Lorbeer, Fenchel) gewürzte **Schmorbraten,** die wenig Aufmerksamkeit bedürfen, notfalls stundenlang ohne Aufsicht im Ofen vor sich hin schmoren und leicht wieder aufgewärmt werden können *(al forno).* Bevorzugt werden Kalb, Schwein bzw. Wildschwein, (Perl-)Huhn, Taube, Kaninchen, Lamm oder Innereien wie Leber, Niere, Kutteln *(Trippa).* Daneben behaupten sich, als einstiger Festtagsschmaus von Dorfgemeinschaften oder mit Dienerschaft gesegneten Signori, allenfalls noch **Grillgerichte** *(alla griglia, alla brace),* deren bekanntestes, aber auch teuerstes die **Bistecca Fiorentina,** das Florentiner T-Bone-Steak ist. In Restaurants immer nach Gewicht berechnet, 100 g rund € 2,50-3,50; ein Brocken wiegt ca. 1 kg, kann aber auch zu zweit gegessen werden. Auch wenn keineswegs alle Bistecche, von denen das behauptet wird, vom legendären weißen *Chianina-Rind* stammen, ist die Zeit der sehnigen Schuhsohlen glücklicherweise fast überall vorbei. Pfannengerichte und Kurzgebratenes (Kotelett, Schnitzel etc.) sind dagegen eher selten. Eine besondere Erwähnung verdienen die kräftig gewürzten **Salsicce** (Würste), die in Lokalen als Primi serviert werden (meist zusammen mit weißen Bohnen), und die köstliche **Porchetta** (gegrilltes Spanferkel), die auf Märkten portionsweise verkauft wird.

Contorno

Gesonderte **Beilage** zum Hauptgang. Als Faustregel gilt: Gerichte werden fast immer exakt so serviert, wie sie auch beschrieben werden: *Anatra con cipolline e olive nere* ist Ente mit Zwiebelchen und schwarzen Oliven, heißt es *Pollo Arrosto*, wird man nur ein Hühnchen auf dem Teller finden. Zusätzliche Beilagen wie Kartoffeln, Gemüse (bevorzugt Spinat, Bohnen, Erbsen) oder auch Salate müssen eigens dazubestellt werden.

Dolce

Dessert, in der Regel Obst nach Saison, Kuchen oder Gebäck. Frisch angemachte Süßspeisen haben in der Bauernwelt der Toscana keine Tradition, und so sind selbst heute noch – selbst in besseren Lokalen – Desserts meist eine herbe Enttäuschung, zumindest am Standard der übrigen Gerichte gemessen. Wenigstens einmal probiert haben muss man das harte Mandelgebäck **Cantucci,** das man zum Verzehr in *Vin Santo* taucht.

Olivenöl

Das Olivenöl der Toscana gilt als das beste der Welt. Oliven sind hier Bestandteil der Landschaft wie der Küche seit Menschengedenken. **Kaltgepresstes Olivenöl** bester Qualität, *extra vergine*, darf höchstens 1 % Fettsäure enthalten (Spitzenöle liegen bei 0,2-0,5 %). Es ist nicht nur schmackhafter und bekömmlicher, sondern auch gesünder als jedes andere Fett Seine **Herstellung** ist jedoch arbeitsintensiv und daher teuer.

Die noch halbreifen, grünviolett schimmernden Früchte müssen per Hand vom Baum gepflückt bzw. in aufgehängte Netze gestreift werden, da jede Druckstelle sofort den Säuregehalt steigen ließe. In der Ölmühle *(frantoio)* zwischen schweren Mühlsteinen aus Granit gequetscht und zermahlen, werden sie später Schicht für Schicht zwischen Matten gepresst, wobei sich der Saft vom Fruchtfleisch trennt und das aufsteigende Öl abgeschöpft (bzw. leicht zentrifugiert) wird. Das ganz frische Öl ist fruchtig grün und trüb. Aus 10 kg handgepflückter Oliven werden allenfalls 1-1,5 l bestes *olio extra vergine* gewonnen.

Öl ist nicht gleich Öl. Jede Region hat ihr eigenes, das sich in Farbe, Geruch und Geschmack unterscheidet. Die intensivsten Öle kommen aus der Gegend um *Lucca,* die aus dem *Chianti* sind leichter und fruchtiger. Olivenöl kann, ohne allzusehr an Aroma einzubüßen, bis zu zwei Jahre gelagert werden, am besten kühl und im Dunkeln (aber niemals im Kühlschrank).

Metzgerei-Schild

Weine

Bereits im 10.-11. Jh. führten Mönche der Abtei Vallombrosa den gezielten Weinanbau in den Hügeln zwischen Florenz und Siena ein, ehe ab dem 15. Jh. Adel und Signori zunehmend in die Landwirtschaft zu investieren begannen. Rot- und Weißweine wurden damals im fast gleichen Umfang hergestellt. Die heute gebräuchlichen Rebsorten wie der rote *Sangiovese*, der die Basis des Chianti abgibt, sowie die Art und Weise ihrer Vinifizierung (Mischverhältnisse, Gärungsmethoden etc.) wurden größtenteils aber erst im 19. Jh. entwickelt. Auch wenn die bedeutendsten Güter heute primär für den Weltmarkt produzieren (und die Preise dementsprechend in schwindelerregende Höhen treiben), gilt Wein in der Toscana nach wie vor als Volksgetränk, wenn nicht sogar als *Grundnahrungsmittel*. Schlechte oder gar ungenießbare Tropfen wird man daher selbst als Sonderangebot im Krämerladen oder Supermarkt vergeblich suchen (die werden allenfalls für den Export zusammengepanscht). Siehe auch *Chianti*, S. 234.

Weinbau als landschaftsprägendes Element

Die bekanntesten Rotweine

Chianti (7 verschiedene Anbauzonen), Brunello di Montalcino, Vino Nobile di Montepulciano, Morellino di Scansano.

Die bekanntesten Weißweine

Montecarlo, Vernaccia di San Gimignano.

Jahrgänge

1997 war ein Superjahrgang für alle toscanischen Weine (so gut wie seit 1990 nicht mehr), 1999 und 2001 waren überdurchschnittlich.

Klassifizierung

Seit den 90er Jahren gab es zahlreiche Veränderungen im italienischen **Weingesetz,** dessen allzu traditionalistisch gefärbte Vorgaben und Kriterien hinsichtlich Rebsorten, Hektarerträgen, Lagerung etc. immer wieder Anlass zu Beanstandungen gegeben hatten. Noch heute kann man sich auf vermeintliche „Gütesiegel" wie **DOC** oder **DOCG** (*Denominazione di Origine Controllata* bzw. *Controllata e Garantita*) nur sehr bedingt verlassen, da sie im Grunde lediglich über die **Herkunft** eines Weines, aber wenig über seinen Wert aussagen. „Solide" und „den Bestimmungen gemäß gemacht" heißt noch lange nicht gut.

Weine, die aus anderen Trauben oder anders zusammengesetzten Mischsätzen als den qua Weingesetz vorgegebenen gekeltert werden, so auch die mit franz. Cabernet versetzten „Super-Toscaner", kommen daher nur als (vermeintlich) simpler **Vino da Tavola** auf den Markt. Neue Behelfskategorien, wie **ITG** *(Indicazione Geografica Tipica)* helfen da auch nicht weiter, da sie zu unbekannt bleiben und die Bürokratie mit der Experimentierfreudigkeit der Önologen nicht Schritt halten kann.

Nicht mit Tafelwein zu verwechseln ist der **Annata** (Jahrgangswein), der jung getrunken werden sollte und meist offen verkauft wird. Selbst der billigste *Sfuso* („Fusel") aus der Cantina für € 1,10 pro Liter ist oft besser (und nicht zuletzt verträglicher!) als so manches auf Flaschen gezogenene Produkt, das im Laden das Mehrfache kostet.

Bezugsquellen

Weinkenner und -liebhaber benötigen kaum Ratschläge, wo und wie sie an ihre guten Tropfen kommen. Unsere praktischen Tipps richten sich primär an Einsteiger und weniger Informierte, und bleiben daher notwendig fragmentarisch (insbesondere was ausgesprochene Spitzenweine angeht).

Hier liefern überdies spezielle, jährlich neu erscheinende **Weinführer** wie *Veronelli* oder *Gambero Rosso* gute Dienste. Selbst ausgesprochene **Spitzengüter** produzieren neben ihren teuren und exquisiten Weinen oft auch weniger „große" Lagen oder Gewächse (Mischsätze) zu durchaus erschwinglichen Preisen (um € 6-8). Vorteil: Name und Prestige verpflichten, so dass man selbst bei Billigprodukten renommierter Fattorien schwerlich fehl gehen wird.

Fattoria oder Enoteca? Es versteht sich, dass man bessere Weine nicht in Läden kauft, in denen die teuren Tropfen im Schaufenster stehend „ausgestellt" statt vernünftig gelagert werden; zu viel Licht und zu große Temperaturschwankungen lassen auch den „Super-Toscaner" zu besserem Essigwasser reifen (gilt natürlich auch für Restaurants). Ansonsten lohnen Preisvergleiche immer. Rein finanziell betrachtet lohnt der Kauf auf dem Weingut erst bei Abnahme von mindestens einem Karton (6 Flaschen), da die Preisunterschiede zwischen Gut, Önothek und Supermarkt meist nur rund € 0,5- 1 pro Flasche betragen (und die Fattoria muss man schließlich erst anfahren). Auf der anderen Seite „genießt" man einen Wein natürlich schon ganz anders, den man sozusagen an seiner „Geburtsstätte" besucht hat.

Vin Santo

Der „Heilige Wein" wurde ursprünglich nur zu besonderen Anlässen gemacht und geht auf die bis in die Antike reichende Tradition zurück, Weine aus ganz oder teilweise bereits getrockneten („rosinierten") Trauben herzustellen.

Der süße bis halbsüße, nach getrockneten Aprikosen, kandierten Früchten und Nüssen duftende Wein wird bevorzugt zum (oder nach dem) Dessert zusammen mit toscanischem Mandelgebäck *(Cantucci)* getrunken.

Grappa

Abfallentsorgung auf Italienisch. Das Kultgetränk hat in der Toscana zwar keine Tradition, wird aber natürlich gerne produziert. Und warum auch nicht, wenn man aus einem Komposthaufen – denn nichts anderes ist **Trester:** Kerne, Stiele, Häute – etwas so Gutes und Teures herstellen kann. Da die Güte praktisch ausnahmslos von der **Destillierung** abhängt (die darum auch von Spezialisten und nicht etwa von den Gütern selbst unternommen wird), ist es im übrigen ein teuer bezahlter Irrtum, ein Grappa aus *Brunello* bürge bereits für Qualität. Auch an Parfüms und Chemieunterricht gemahnende Reagenzgläschen und Phiolen zeugen in der Regel eher von der Geschäftstüchtigkeit der Hersteller („dürfen wirs Ihnen schön einpacken?") als von einem besonders vollmundigen Inhalt.

Kleiner kulinarischer Sprachführer

Reservierung

Ich möchte einen Tisch reservieren	vorrei prenotare/ riservare un tavolo
- für 2 Personen	per due persone
- für heute/ morgen Abend	per questa/ domani sera
- um 20 Uhr	alle otto
- auf den Namen ...	a nome di ...

Im Restaurant

Die Speisekarte/ Rechnung, bitte	il menù/conto, per favore
Frühstück	prima colazione
Mittagessen	pranzo
Abendessen	cena
Gericht, Teller	piatto
Weinkarte	lista dei vini
Gedeck	coperto
Brot	pane
Salz und Pfeffer	sale e pepe
Essig und Öl	aceto e olio
mit/ohne	con/senza
Messer	coltello
Gabel	forchetta
Löffel	cucchiaio
Flasche	bottiglia
Glas	bicchiere
frisch	fresco

Zubereitungen

gekocht	cotto, lesso
gegrillt	alla griglia, alla brace, ai ferri
gebraten	arrostito
geräuchert	affumicato
gefüllt	farcito, ripieno
fett/mager	grasso/magro
blutig	al sangue
ausgebacken	fritto, frittura
im Ofen	al forno
Kochfleisch	bollito (misto)
Braten	arrosto
Schmorbraten	arista
Spieß	spiedino
Rouladen	involtini
Ragout	spezzatino
Fleischklößchen	polpette
Schnitzel	scaloppina
Kotelett	costoletta
Brust	petto
Speck	pancetta, lardo
Schinken	prosciutto

Fleisch /carne

Rind	manzo, bue
T-Bone-Steak	bistecca
Kalb	vitello
in Thunfischsauce	vitello tonnato
Kalbshaxe	ossobuco
Schwein	maiale
Spanferkel	porchetta
Kaninchen	coniglio
Lamm	agnello
Zicklein	capretto

Geflügel / pollame

Ente	anatra
Fasan	fagiano
Gans	oca
Hähnchen	pollo
Perlhuhn	faraona
Taube	piccione
Truthahn	tacchino
Wachtel	quaglia

Wild / selvaggina

Hase	lepre
Hirsch	cervo
Rebhuhn	pernice
Reh	capriolo
Wildschwein	cinghiale

Innereien / intestini

Kutteln	trippa
Leber	fegato
Leberspießchen	fegatelli
Niere	rognone
Hirn	cervello

Fisch / pesce

Fischsuppe	zuppa di pesce
Aal	anguilla
Meeräsche	cefalo
Rotbarbe	triglia
Sardine	sarda
Schwertfisch	pesce spada
Seezunge	sogliola
Steinbutt	rombo
Stockfisch	baccalà, stoccafisso
Tunfisch	tonno
Lachs	salmone
Brasse	dorata
Wolfsbarsch	branzino, spigola
Rochen	razza
Forelle	trota

Meeresfrüchte / frutti di mare

Krustentiere	crostacei
Garnelen	gamberetti/ mazzancolle
Hummerkrabben	scampi
Hummer	astice
Languste	aragosta
Krebs	gambero
Tintenfisch	moscardini seppie, calamari
Oktopus	polpo
Miesmuscheln	cozze
Venusmuscheln	vongole
Jakobsmuscheln	cappesante

Gemüse / verdure

Artischocke	carciofo
Aubergine	melanzane
Bohnen	fagioli
Dinkel	farro
Erbsen	piselli
Fenchel	finocchio
Gurke	cetriolo
Kartoffeln	patate
Pommes Frites	patate fritte
Kichererbsen	ceci
Knoblauch	aglio
Kohl	cavolo
Kräuter	erbe (aromatiche)
Kürbis	zucca
Oliven	olive
(Stein-)Pilze	funghi (porcini)
Spargel	asparago
Spinat	spinaci
Tomaten	pomodori
Zwiebel	cipolla
gemischter Salat	insalata mista

Getränke / bibite

Aperitif	aperitivo
Bier	birra
- vom Fass	alla spina
Eis(würfel)	ghiaccio
Fruchtsaft	succo di frutta
Kaffee (Espresso)	caffè
- mit wenig Milch	caffè macchiato
- Milchkaffee	caffè latte
- mit Alkohol	caffè corretto
- extra stark	caffè ristretto
Sahne	panna
Zucker	zucchero
Mineralwasser	acqua minerale
Sekt	spumante
Wein	vino

Toscana pur

Die schönsten und besten Restaurants

- **Il Cibrèo,** Firenze (S. 184). Die „Essenz" der toscanischen Küche, oder die Aromen der Toscana auf den Punkt gebracht. Ristorante, Trattoria, Caffè und Alimentari.
- **Il Cappellaio Pazzo,** Campiglia Mma (S. 525). Kein anderes Lokal lebt so sehr vom Charme und Erfindungsreichtum seines Padrone wie die herrliche Waldschänke zum „Verrückten Hutmacher". Genie und Wahnsinn. Auch einige Zimmer.
- **La Frateria di Padre Eligio,** Cetona (S. 612). Askese und Lebenslust zwischen Kreuzgang und Refektorium. Raffinement, aber ohne Luxus: Seehecht statt Loup de Mer, aber so liebevoll behandelt als wärs ein Madonnenbild.
- **Da Delfina,** Artimino (S. 206). Ländliche Bauernküche wie sie sein sollte – solide, einfach, ehrlich, gekonnt. Perfekt. Eine Institution.
- **Il Poggio Antico,** Montalcino (S. 594). Küche nach Gutsherren- und Weinbauernart. Ländlich-feudal, aber nie abgehoben. Ein kleines Wunder im Brunello-Country.
- **Il Gambero Rosso,** San Vincenzo (S. 528). Der französische Zungenschlag ist unverkennbar, trotzdem bleibts immer toscanisch. Die beste Fischküche der Toscana, ja Italiens.
- **La Mora,** Lucca/Sesto a Moriano (S. 429). Postkutschenstation auf allerhöchstem Niveau. Fische vom Fluss, Wild und Pilze aus den Wäldern. Für die Qualität äußerst preiswert.
- **Canapone,** Grosseto (S.555). In Bestform Anwärter auf einen Michelinstern – in dem an Höhepunkten eher armen Grosseto eine echte Überraschung.
- **La Bottega del 30,** Castelnuovo Berardenga (S. 243). Toscana in der Puppenstube. Manchmal etwas geschmäcklerisch, aber ganz entschieden deliziös.
- **Antica Trattoria Botteganova,** Siena (S.321). Sich in einem unattraktiven Vorort der attraktivsten Stadt der Toscana durchzusetzen, zeugt von Klasse.

Die schönsten Trattorien & Osterien

- **Da Giulio in Pelleria,** Lucca (S. 428). Einfache, unverfälschte Regionalküche, fast wie Fast Food auf toscanisch. „Slow Food" in Perfektion.
- **La Pentola dell'Oro,** Firenze (S. 184). „Mensa Sociale", oder wie ein ehemaliger Kochpapst seinen Traum von der volkstümlichen Küche wahrmachte. Haute Cuisine in Volksausgabe.
- **Il Latini,** Firenze (S. 184). Der Himmel hängt voller Schinken. Trotz Geheimtippstatus atmosphärisch wie kulinarisch ein Volltreffer. Phänomen und Erlebnis.
- **Osteria dei Cavalieri,** Pisa (S.499). Nie langweilig. Junges, buntgemisches Publikum, solide, schlanke Küche, einfallsreich, aber nie überdreht.
- **Osteria L'Aquolina,** La Paterna (S.335). Ungeschönte, herzhafte, ehrliche Bauernkost auf einem renommierten Öko-Landgut in Landschaftsidylle.
- **Osteria di Fonterutoli,** Fonterutoli (S. 237). Landgasthaus eines der renommiertesten Weingüter des Chianti – gediegen, unprätentiös, ohne Schnickschnack. Rundum erfreulich.
- **La Darsena,** Viareggio (S. 474). Fischerkneipe und Bar am Hafen. Schon etwas veredelt, aber immer noch buntgemischt und „einfach gut".
- **Diva e Maceo,** Montepulciano (S. 608). Gradlinige Trattoria ohne Firlefanz und Touristenanbiederung, oder die hohe Kunst der Einfachheit.
- **Locanda Castello di Sorci,** Anghiari (S. 361). Vergnügliche Landschänke, rustikal, billig, ungekünstelt und volkstümlich wie Jahrmarkt und Dante.
- **Mangiando Mangiando** & **Da Narbone,** Greve in Chianti (S.232). Schlaraffenland der Würste und überlieferten Alltagsgerichte auf einem der schönsten Plätze der Toscana.

Feiertage

Die wichtigsten Feiertage

- **1. Januar.** Capodanno
- **6. Januar.** Epifania
- **Ostern.** Pasqua
- **25. April.** Anniversario della Liberazione (Tag der Befreiung 1945)
- **1. Mai.** Festa del Lavoro
- **15. August.** Ferragosto (Mariä Himmelfahrt)
- **1. November.** Ognissanti (Allerheiligen)
- **8. Dezember.** Festa dell'Immacolata (Mariä Empfängnis)
- **25. Dezember.** Natale
- **26. Dezember.** Santo Stefano
- *Karfreitag* und *Pfingstmontag* sind **keine Feiertage.**

Die stimmungsvollsten historischen Feste

- **Palio,** Siena. Juli, Aug.
- **Luminaria di Santa Croce,** Lucca. 13. Sept.
- **Giostro del Saracino,** Arezzo. Aug., Sept.
- **Balestro di Girifalco,** Massa Mma. Mai, Aug.
- **Bravio delle Botte,** Montepulciano. Aug.
- **Gioco del Ponte,** Pisa. Juni.
- **Calcio Storico,** Florenz. Mai, Juni.
- **Carnevale,** Viareggio. Febr./März.
- **Gioco delle Bandiere,** Volterra. Sept.
- **Torneo/Sagra,** Montalcino. Aug., Okt.

Finanzen

- Seit der Einführung des **Euro** gibt es keine Umrechnungsprobleme mehr, und können wir beim Zahlen Leonardo da Vincis *Disegno* der menschlichen Anatomie (€ 1) oder das Porträt Dantes (€ 2) bewundern. Gesprochen hört sich der Euro wie *Ä-uhro* an, für Cent(s) hat sich die alte Bezeichnung *Centesimo* (Plural: *-i*) erhalten.
- **Kreditkarten.** *Carta Si!* In Italien gibt es fast doppelt so viele Stellen wie in Deutschland, die Karten akzeptieren, so fast alle Hotels, Restaurants, Supermärkte, Geschäfte, Tankstellen und Mautstationen. Selbst bei geringen Beträgen wird man nur selten mit Problemen konfrontiert.
- **Bankautomaten** (*bancomat*), an denen man rund um die Uhr mit der ec-Karte abheben kann, gibt es mittlerweile in jeder Kleinstadt. Pro Auszahlung wird eine Gebühr berechnet.
- **Banken** sind in der Regel Mo-Fr 8.30-13.15 und 14.30-15.30 Uhr geöffnet.
- **Postsparkasse.** Abhebungen mit dem Postsparbuch sind seit 1999 nicht mehr möglich. Statt dessen gibt es die *Postbank-SparCard,* mit der man an *VISA-PLUS*-Automaten viermal im Jahr im Ausland gebührenfrei Geld bekommt. Für jede weitere Abhebung werden € 5,50 berechnet.
- **Kassenbeleg.** Egal ob beim Bäcker, in der Bar oder im Alimentari: man muss immer warten, bis die Kasse die Quittung *(scontrino fiscale)* ausspuckt, diese aufbewahren und auf Verlangen vorzeigen. Gleiches gilt für Hotel- und Restaurantrechnungen. Die Steuerpolizei *(guardia di finanza)* wittert überall Betrug.

Gesundheit

Medizinische Versorgung

- **Notarzt.** Tel. 113.
- **Ärztliche Behandlung.** Kassenpatienten berechtigt die *Bescheinigung über Sachleistungsanspruch* (Formular E 111) im Krankheitsfall zu kostenloser Behandlung und Krankenhausaufenthalt in Italien. Näheres in den Merkblättern der Krankenkassen; für Schweizer Staatsbürger gilt diese Regelung nicht.
- **Erste-Hilfe.** Stationen *(pronto soccorso)* findet man in jedem Krankenhaus. In Touris-

tengebieten leistet die *guardia medica turistica* kostenlos Erste Hilfe.

- **Apotheken** haben meist von Mo-Fr 8.30-12.30, 16.30-19 Uhr geöffnet; Not- und Wochenenddienste sind angeschlagen.

Haustiere

Für die Mitnahme von Haustieren sind ein **tierärztliches Gesundheitszeugnis** (gültig 30 Tage ab Ausstellungsdatum) sowie ein (höchstens 11 Monate und mindestens 20 Tage altes) **Tollwut-Impfzeugnis** vorgeschrieben.

Größere Hunde unterliegen theoretisch einer Maulkorb-Pflicht, die Leine versteht sich von selbst.

Bisse & Stiche

- **Schlangen.** Lebensgefährlich werden kann nur der Biss der **Aspis-Viper** *(la vipera)*, Kennzeichen: breiter, dreieckiger Kopf, auffällig abgesetzter Schwanz. Der Vipernbiss ist leicht zu erkennen: die Bissstelle bildet ein exaktes Dreieck. Im Notfall sofort einen Arzt aufsuchen; die Wunde nicht aussaugen, leicht abbinden und ruhig stellen.
- **Skorpione** *(lo scorpione)* werden in der Toscana bis zu 5 cm groß; ihr Stich tut zwar weh, ist aber nicht gefährlich.
- **Zecken** *(la zecca)* gibt es im Frühjahr zuhauf. Sie sind zwar definitiv harmloser als ihre Kollegen etwa in Bayern oder Niederösterreich, aber speziell für Wander- oder Trekkingurlauber kann eine Impfung nicht schaden. Zur Entfernung funktioniert die Öl-Methode am besten: das Tier in Öl ersäufen und – wenn der Kopf nicht mehr festsitzt – mit der Pinzette abheben.
- **Quallen** *(la medusa)* können hier und da an Stränden auftauchen. Der Hautkontakt mit ihnen ist unangenehm bis schmerzhaft, aber ansonsten ungefährlich.
- **Stechmücken** *(la zanzara)* sind in Florenz ebenso zuhause wie auf dem Land. Da hilft nur entsprechende Kleidung und ein guter Insektenschutz.

Informationen

Kostenloses Karten- und Informationsmaterial sowie Hotelverzeichnisse der einzelnen Provinzen erhält man bei den Büros des **Staatlichen Italienischen Fremdenverkehrsamts ENIT.** Bestellung über die gebührenfreie Telefonnummer 00 800 00 48 25 42. Diese Nummer gilt auch für Österreich, die Schweiz und die Niederlande (Mo-Fr 8-20, Sa 9-14 Uhr). Die Anfrage möglichst speziell und detailliert halten, sonst erhält man nur stereotypes Standardmaterial – zu jeder einzelnen Provinz gibt es Dutzende von Broschüren, Listen, Karten, Prospekten und Verzeichnissen aller Art! Die meisten Materialien sind erfahrungsgemäß im April/ Mai vorrätig.

- www.enit.it

ENIT in Deutschland

- Kontorhaus Mitte, 5. OG, Friedrichstr. 187, D-10117 **Berlin,** Tel. 030/2 47 83 98, Fax 2 47 83 99, enit-berlin@t-online.de
- Kaiserstr. 65, D-60329 **Frankfurt/M.** Tel. 069/25 93 32 & 25 91 26, Fax 23 28 94, enit-ffm@t-online.de, Mo-Fr 9-17 Uhr.
- Goethestr. 20, D-80336 **München,** Tel. 089/53 13 17, Fax 53 45 27, enit-muenchen@t-online.de, Mo-Fr 9-17 Uhr.

ENIT in Österreich

• Kärntner Ring 4. A-1000 **Wien**
Tel. 5 05 16 30 12, Fax 5 05 02 48, Mo-Fr 9-17 Uhr, delegation.wien@enit.at

ENIT in der Schweiz

• Uraniastr. 32, CH-8001 **Zürich**
Tel. 01/2 11 30 31 & 2 11 79 17, Fax 2 11 38 85, e-mail: enit@bluewin.ch, Mo-Fr 9-17 Uhr.

Informationsstellen in der Toscana

• **Call Center Nazionale.** Aktuelle Auskunft für Touristen in punkto Verkehr, Sicherheit, Gesundheit, Veranstaltungen, Ausstellungen, Museen usf. (auch auf deutsch). Tgl. gebührenfrei 8-23 Uhr Tel. 800 11 77 00 *(numero verde),* aus dem Ausland Tel. 0039 06 87 41 90 07 (gebührenpflichtig).

• In **Florenz** gibt es eine zentrale Auskunftstelle für die Region Toscana: *Giunta Regionale,* Via di Novoli 26, I-50127 Firenze, Tel. 055/4 38 21 11, Fax 4 38 30 64.

• **Tourismusbüros.** In der Toscana hat praktisch jeder größere und/oder von Touristen aufgesuchte Ort ein Auskunftsbüro, in dem kostenlose Unterkunftsverzeichnisse, Stadt- und Umgebungspläne, diverses Prospektmaterial etc. ausgegeben werden. Auch hier erweist es sich als sinnvoll, stets so konkret als möglich nachzufragen (z. B. Weine, Gastronomie, Trekking, Öffnungszeiten Museen), sonst erhält man nur das „gängige" Material. Auf Fremdsprachenkenntnisse wie auf besondere Fachkompetenz des Personals ist dabei nur bedingt zu bauen. Nicht selten findet man interessante Broschüren oder Karten gerade da, wo man sie am wenigsten erwartet (in Tourismuszentren ist das Kontingent am ehesten erschöpft).

Landkarten

• Örtliche **APT-Büros** verfügen über (kostenlose) Karten der jeweiligen Provinz, besonders nützlich ist die Karte *Chianti* (APT Firenze, 1:70.000).

• Gut sind insbesondere die **Regionalkarten** Toskana von *Kümmerly und Frey* und vom *Touring Club Italiano* (je 1:200.000).

Die faszinierendsten Märkte

• **Firenze,** Mercato Centrale (täglich außer So)
• **Pisa,** Piazza Vettovaglie (täglich außer So)
• **Pistoia,** Piazza della Sala (täglich außer So)
• **Livorno,** Mercato Centrale (tgl. außer So/Mo)
• **Greve in Chianti,** Wochenmarkt (Sa)
• **Montepulciano,** Wochenmarkt (Do)
• **Cortona,** Wochenmarkt (Sa)
• **Arezzo,** Fiera Antiquaria (jeden 1. Sa/So im Monat)
• **Lucca,** Mercato Antiquariato (jeden 3. Sa/So im Monat)
• **Firenze,** Ökomarkt Piazza Santo Spirito (jeden 3. So im Monat)

• **Wanderkarten** sind oft bei örtlichen Fremdenverkehrsämtern erhältlich. Die besten Karten *(Carte dei Sentieri e Rifugi,* 1:25.000) stellen die *Edizioni* **Multigraphic** in Florenz her (50127 Firenze, Via G. Campani 64); eine **Bezugsadresse in Deutschland** ist das *Archiv für Langstreckenwandern e.V.,* 26127 Oldenburg, Tel. 0441/6 15 80, Fax 6 15 19.

Brauchbar sind auch die Wander- und Radtourenkarten von **Kompaß** (Österreich) im Maßstab von 1:50.000 (Florenz u. Chianti, Siena u. Chianti, Pienza, Montepulciano u. Amiata, Maremma usf.).

• Karten für insgesamt 305 **toscanische Regionen** kann man beim Geografischen Militärinstitut bestellen: *Istituto Geografico Militare,* 50129 Firenze, Viale Filippo Strozzi 15, Tel. 055/49 64 16.

Internet

- **Hotels.** Zahlreiche Hotels verfügen über eine eigene Homepage oder sind über E-Mail zu erreichen.
- **Internet-Cafés.** Adressen, soweit bekannt, in den Praktischen Informationen zu den einzelnen Orten (z.B. Florenz, Siena, Lucca, Pisa).
- **Web Sites.** Italienische Web-Seiten sind fast alle zumindest auch in englischer Sprache verfasst und bieten eine Fülle an Informationen, die aber bedauerlicherweise nicht immer richtig (und/oder vollständig) sind. Leider erfordern auch einige der besten Seiten oft extrem viel Geduld.

Informationen aus dem Internet (Auswahl)

Staat, Provinz, Kommunen

- **www.turismo.toscana.it**
  Beste Anlaufstelle für Veranstaltungen, Adressen usf.
- **www.enit.it**
  Ital. Fremdenverkehrsverband
- **www.firenze.toscana.it**
- **www.uffizi.firenze.it**
- **www.terresiena.it**
- **www.lucca.turismo.toscana.it**
- **www.livorno.turismo.toscana.it**
- **www.grosseto.turismo.toscana.it**
- **www.pisa.turismo.toscana.it**
- **www.prato.turismo.toscana.it**
- **www.pistoia.turismo.toscana.it**
- **www.arezzo.turismo.toscana.it**
- **www.massacarraraturimo.toscana.it**
- **www.versilia.turismo.toscana.it**
- **www.amiataturismo.it**
- **www.laltramaremma.it**
- **www.agriturismo.regione.toscana.it**
- **www.volterratur.it**
- **www.beniculturali.it**
  Ministerium f. Kunst u. Kultur
- **www.autostrade.it**
  Infos zur ital. Autobahn
- **www.trenitalia.com**
  Eisenbahn (Fahrpläne, Preise, Buchungen)

Online-Dienste

- **www.toskana-info.de**
  Deutsches Internet Forum
- **www.emmeti.it**
  Italien. DataTravelNet
- **www.terraditoscana.com**
  US Online Guide
- **www.welcometoitalyonline.it**
- **www.toskana.net**
- **www.visitalia.it**
- **www.tuscania.net**
- **www.firenze.net**
- **www.florenceby.com**
- **www.arca.net/uffizi**
  Die Uffizien virtuell
- **www.chianti.it**
- **www.toscananews.com**
- **www.toskana-online.de**
- **www.paginegialle.it**
  Gelbe Seiten

Hotelsuche/-reservierung

- **www.ferienindertoskana.com**
- **www.turismoverde.it**
- **www.toscana.agriturismo.net**
- **www.agriturismo.it/toscana.asp**
- **www.agriturismoonline.com**
- **www.guideuro.it**
- **www.camping.it**
- **www.guidacampeggi.com**
- **www.bbitalia.it**
- **www.bedandbreakfast-toscana.it**
- **www.bed-and-breakfast-italy.it**
- **www.caffeletto.it**
- **www.venere.com**
- **www.promhotels.it**
- **www.tuscany.net**

Internet, Handyverleih, Versand

- **www.internettrain.it**
  Über 35 Toscana-Filialen
- **www.platform3000.it**

Museen

Öffnungszeiten

- Es herrscht fröhliche Anarchie – wo geöffnet sein sollte, steht *chiuso* dran, es gelten **Winter- oder Sommeröffnungszeiten** etc.
- **Montags** haben die meisten, aber keineswegs alle Museen geschlossen, und durchgehend sind nur wenige offen. Am sichersten ist es, einen Museumsbesuch für den Vormittag zu planen. APT-Büros größerer Städte haben eine (meist monatlich!) aktualisierte Liste der Öffnungszeiten von Museen und Kirchen.

Eintrittspreise

- Die **Eintrittspreise** schwanken zwischen € 2,10-8,50.
- In **staatlichen Museen** haben Personen bis zu 18 und über 65 Jahre freien Eintritt, 18-25jährige zahlen den halben Preis (Ausweis bereithalten). In einigen Städten gibt es verbilligte **Sammelkarten** für mehrere Museen.
- Telefonische **Kartenreservierung** für staatliche Museen ist in einzelnen Städten (Florenz, Arezzo, s. dort) möglich.

Die ungewöhnlichsten Museen

- Museo delle Statue-Stele, **Pontremoli**
- Museo La Specola, **Firenze**
- Museo Etrusco Guarnacci, **Volterra**
- Museo del Marmo, **Carrara**
- Museo Geotermia, **Larderello**
- Museo Leonardiano, **Vinci**
- Museo della Figurina di Gesso, **Coreglia Antelminelli**
- Santa Mustiola (Katakomben), **Chiusi**
- Rocca San Silvestro, **Campiglia Mma.**
- Museo della Sinopie, **Pisa**

Notrufe

- Tel. 113 SOS
- Tel. 112 Carabinieri
- Tel. 115 Feuerwehr
- Tel. 116 Pannenhilfe ACI
- Tel. 118 Ambulanz
- Tel. 0049/89/22 22 22 ADAC Notrufzentrale München.

Öffnungszeiten

- Was den Reisenden ganz schön aus dem Konzept bringen kann, ist die lange **Mittagspause,** die im Extremfall von 12-17 Uhr dauern kann und ebenso Läden wie Kirchen, Tankstellen oder Museen betrifft.
- Viele **Ämter** sind nach der Mittagspause praktisch überhaupt nicht mehr ansprechbar.
- Öffnungszeiten von **Geschäften** variieren lokal (auf den Aushang *orario* im Schaufenster achten). Man kann davon ausgehen, dass Läden im Durchschnitt Mo-Sa 9-13, 16-20 Uhr geöffnet sind, im Sommer kann sich die Mittagspause bis 17.30 Uhr verlängern.
- Lebensmittelgeschäfte haben Mittwoch nachmittag geschlossen, Montag Vormittag dafür die meisten Einzelhandelsgeschäfte (Mode, Elektrik, Haushaltswaren). Zusätzliche Sonderregelungen gelten in Tourismuszentren.
- **Durchgehend geöffnet** sind manche größeren Supermärkte am Stadtrand.
- **Tankstellen** haben in der Regel nur auf der Autostrada durchgehenden Service.

Post

- **Postämter** sind in größeren Orten werktags durchgehend 8.15-19 Uhr geöffnet, in kleineren Ortschaften oft nur am Vormittag (8.15-13 Uhr).
- Das **Porto** für Postkarten und Briefe bis 20g in EU-Länder (inkl. Schweiz) beträgt € 0,41. Der Aufkleber *posta prioritaria* beflügelt die italienische Post und läßt Briefe manchmal schon(!) in 3 Tagen in Deutschland sein. **Briefmarken** *(francobolli)* werden auch in Tabacchi-Läden verkauft.
- **Postlagernde Sendungen** *(fermo posta)* nimmt jedes Postamt entgegen. Bei Abholung muss sich der Empfänger ausweisen.

Reisedokumente

- Für EU-Bürger sowie für Schweizer Staatsbürger ist ein gültiger **Personalausweis** oder Reisepass erforderlich. Wer länger als drei Monate bleibt, braucht theoretisch ein

Visum. Kinder unter 16 Jahren müssen im Elternausweis eingetragen sein oder einen Kinderpass besitzen.

- **Kfz-Papiere.** Neben Führerschein und Kfz-Schein sollte man die Grüne Versicherungskarte für alle Fälle dabei haben (nicht Pflicht, aber...).
- Trotz EU: das **Nationalitäten-Kennzeichen** ist ohne Euro-Schild obligatorisch.

Reisen im Land

Mit dem eigenen Kfz

Die Mehrzahl der Toscana-Entdecker kommt mit dem Auto. Diese Art der Mobilität ist zwar erlebnisreich und unproblematisch, für reine Städtetouren allerdings u. U. auch stressig (Parkprobleme, Angst vor Diebstahl etc.). Zur Hauptreisezeit kann die kleinste Ortsdurchfahrt zur Staufalle werden, die viel Zeit und Schweiß erfordert.

Straßennetz

Das Straßennetz der Toscana ist in gutem bis sehr gutem Zustand und bietet zahlreiche Alternativen. Allerdings sollte man sich darauf einstellen, dass gerade die schönsten Routen dank der geografischen Gegebenheiten alles andere als „Rennstrecken" sind und fast immer mehr Zeit in Anspruch nehmen als die reine Distanz verheißt. Gebührenfreie, vierspurige **Schnellstraßen** (*superstrade* oder *raccordi*) verbinden Florenz mit Siena sowie Livorno und anschließend die Küste entlang bis zur Südgrenze der Toscana. Gebührenpflichtig sind dagegen die grün ausgeschilderten **Autobahnen** (*autostrade*). Im übrigen unterscheidet man drei Kategorien von Straßen: die meist gut ausgebauten **Staatsstraßen** (*strade statale*, abgekürzt SS), die kleineren **Provinzstraßen** (*strade provinciale*, SP) und die kleinste Nebenstrecken verbindenden **Kommunalstraßen** (*strade comunale*, SC). Wen unbeschilderte Feldwege reizen, sollte wissen, worauf er sich ggf. einlässt (Schlamm, Staub, Steinbrocken, Steilabhänge, fehlende Wendemöglichkeiten).

- www.autostrade.it
- www.infotrafic.it

Campagna oder Wildnis – die faszinierendsten Parks

- Parco Naturale della Maremma, **Alberese**
- Parco Minerario di San Silvestro, **Campiglia Mma.**
- Parco Faunistico del Amiata, **Arcidosso**
- Parco di Pinocchio, **Collodi**
- Giardino dei Tarocchi, **Capalbio**
- Oasi di Orbetello, **Orbetello**
- Villa Grabau, San Pancrazio, **Lucca**
- Centro Carapax, **Massa Mma.**
- Giardino di Daniel Spoerri, **Seggiano**
- Villa Celle, **Santomato/Pistoia**

Verkehrsregeln

Geschwindigkeitsbeschränkungen für Pkw, Motorräder und Wohnmobile bis/über 3,5 t auf Autobahnen 130 (100), Schnellstraßen 110 (80), Landstraßen 90 (80), in geschlossenen Ortschaften 50 km/h. Motorräder unter 150 ccm sind auf Autobahnen verboten, ebenso privates Abschleppen. Auf Autobahnen und Schnellstraßen ist **Abblendlicht** tagsüber obligatorisch.

Verkehrsschilder

• **rallentare**	langsam fahren
• **senso unico**	Einbahnstraße
• **strada senza uscita**	Sackgasse
• **deviazione**	Umleitung
• **sbarrato**	gesperrt
• **divieto di accesso**	Zufahrt verboten
• **uscita veicoli**	Ausfahrt
• **zona rimorchio zona rimorzione**	Abschleppzone
• **traffico limitato**	eingeschränkter Verkehr

Die **Promillegrenze** beträgt 0,5, Raser und andere Verkehrssünder werden unnachgiebig zur Kasse gebeten.

Tanken

Reservekanister sind im Land der häufig geschlossenen Tankstellen **verboten.** Daher sollte man auf dem Land damit rechnen, dass der *distributore* immer mittags, einen beliebigen Tag in der Woche und häufig auch sonntags geschlossen hat. Die Versorgung mit bleifreiem Benzin *(senza piombo)* ist flächendeckend, verbleites Benzin nicht mehr erhältlich.

Parken

Parken innerhalb von Ortschaften ist immer problematisch – erstens wird erst bei dieser Gelegenheit so richtig deutlich, dass Italien die **höchste Verkehrsdichte Europas** aufweist, zweitens präsentieren sich immer mehr Zentren von Städten und selbst kleineren Ortschaften **verkehrsberuhigt** – was im Prinzip heißt „wir müssen draußen bleiben". Konkret gehandhabt wird das letztlich in jeder Stadt anders (und ändert sich leider auch häufig). Wer möglichst nahe bei seiner Unterkunft parken will, sollte die ruhigen Mittagsstunden zur Anfahrt nutzen, in denen zudem, wenn überhaupt, noch am ehesten freie Plätze zu finden sind. **Hotels** können **Genehmigungen** ausstellen, die zum Parken auf für Anwohner reservierten Parkzonen *(riservato ai residenti)* berechtigen. Wer über Nacht auf der Straße parkt, sollte die Schilder mit den Zeiten der Straßenreinigung oder des Wochenmarkts beachten; steht man dem Reinigungsauto oder einem Marktstand im Weg, wird rigoros abgeschleppt.

Parkplätze mit gelber **Markierung** kennzeichnen Plätze für Anwohner, solche mit schwarz-gelber Markierung sind für Busse, Taxis etc. reserviert, blau markiert bedeutet gebührenpflichtig.

Mietwagen, -motorräder & -roller

Alle international bekannten **Autovermieter** wie *Avis, Hertz, InterRent* etc. haben Filialen in größeren Städten, Touristenorten und auf Flughäfen. Zu Spitzenzeiten empfiehlt sich Buchung bereits vor Abreise, ansonsten sind einheimische Firmen vor Ort (z. B. *Maggiore)* eventuell günstiger.

Voraussetzungen: man muss über 21 Jahre alt sein und seit mindestens einem Jahr den Führerschein haben. Wer keine Kreditkarte vorzeigen kann, hat eine Kaution zu hinterlegen.

Zumindest in großen Städten wie Florenz kann man **Vespas und Motorräder** mieten. Für einen 125 ccm-

Scooter (inkl. Helm), mit dem man auch bequem Überlandfahrten unternehmen kann, sind je nach Saison rund € 42-52 pro Tag, für eine 400er Honda etwa das Doppelte anzulegen. Wochenpauschalen sind um 30-50 % günstiger.

Fahrräder, auch einigermaßen leistungsfähige Rennräder und Mountain Bikes, können in verschiedenen Orten gemietet werden. Die Qualität ist naturgemäß unterschiedlich.

Mit der Eisenbahn

Das Streckennetz der **staatlichen Eisenbahngesellschaft FS** *(Ferrovie dello Stato)* ist gut ausgebaut, die Züge modern, die Preise äußerst günstig (100 km ca. € 8). *Rapido* und *Intercity* sind am schnellsten (Halt nur in größeren Orten, 30 % Zuschlag), gefolgt von *espressi* und *diretti,* während *locali,* wie schon der Name sagt, Bummelbahnen sind, die bei jeder Scheune halten. In Verbindung mit dem weitverzweigten Busnetz kann man so fast jeden Ort der Toscana mit öffentlichen Verkehrsmitteln erreichen. Fahrradtransport ist bei Diretto- und Lokalzügen kein Problem.

Tickets *(biglietti)* sind vor der Fahrt zu kaufen – ohne Aufschlag auch im Reisebüro; das Nachlösen im Zug kommt 20 % teuerer. Kleinere Stationen verfügen nicht selten über keine Ticketschalter, Fahrkarten gibt es dann bei der Post. Vor Betreten des Bahnsteigs muss die Karte an einem automatischen Entwerter abgestempelt werden. Eine Rückfahrkarte ist billiger als zwei einfache Fahrten. Die *FS* bietet folgende **Sondertarife** an: Das *biglietto turistico libero circolazione* gewährt für 8 Tage unbeschränktes Schienenvergnügen mit beliebig vielen Fahrten für knapp € 153 (gibt es auch für 15, 21 und 30 Tage). Mit dem *biglietto chilometrico* können bis 5 Personen max. 20 Fahrten machen, jedoch nicht weiter als 3000 km (gültig 2 Monate). **Ermäßigungen** erhalten Jugendliche unter 26 *(Carta Verde)* und Senioren über 60 *(Carta d'Argento).* Alle Sonderfahrkarten sind zuschlagspflichtig.

Informationen über Fahrpläne, Anschlüsse etc. sind unter der Telefonnummer 8488-88088 der **Bahnauskunft** abrufbar. Diese zentrale Nummer kann zu vergünstigtem Tarif von allen Orten von 7-21 Uhr angewählt werden.

- www.trenitalia.com (auch dt.)

Die wichtigsten Linien

- Die Küste entlang von Massa/Carrara südwärts über Viareggio, Pisa, Livorno, Grosseto Richtung Rom.
- Von Viareggio über Lucca, Pistoia und Prato nach Florenz.
- Von Pisa über Empoli nach Florenz.
- Von Pisa über Empoli nach Siena.
- Von Florenz über Arezzo Richtung Chiusi-Orvieto oder Cortona-Perugia.
- Von Siena über Buonconvento nach Grosseto.
- Zwei besonders interessante **Nebenlinien** führen von der Lunigiana (Aulla) durch die Garfagnana nach Lucca und von Cecina an der Küste nach Volterra.

Mit dem Omnibus

Überlandbusse werden ausschließlich von privaten Unternehmen betrieben.

Das dichte Netz sorgt dafür, dass auch der letzte Winkel der Toscana erreichbar ist – und sei es manchmal nur einmal am Tag. Mit dem Zug kommt man i. d. R. schneller, mit dem Bus etwas günstiger ans Ziel. Busbahnhöfe liegen in größeren Städten immer zentral; Tickets müssen vor Fahrtbeginn im Tabakladen, am Automaten oder beim Busunternehmen erworben werden; gültig wird die Karte erst durch die Entwertung im Bus. Dasselbe gilt für **Stadtbusse; d**er Fahrpreis richtet sich nach der Geltungsdauer (60 oder 120 Minuten).

- www.lazzi.it
- www.sita-on-line.it
- www.capautolinee.it

Mit dem Taxi

Taxifahren ist etwas preisgünstiger als bei uns, allerdings gibt es zahlreiche **Zuschläge:** von 22-7 Uhr, an Sonn- und Feiertagen, mit Gepäck, für Fahrten von und zum Flughafen etc. Bestellt man ein Taxi telefonisch, muss die Anfahrt bezahlt werden.

Mit dem Schiff

Fähren verkehren zu den Inseln *Elba, Gorgona* und *Capraia* von Livorno aus; der Haupteinschiffungsort für Elba ist jedoch Piombino (s. jeweils dort). Von Porto Santo Stefano aus erreicht man die Inseln *Giglio* und *Giannutri.*

- www.toremar.com
- www.mobylines.it

Reiseveranstalter

Sprechen, Malen, Kochen, Bildhauern, Töpfern, Musizieren, Restaurieren, Urschrei oder auf dem Bauernhof unter Gleichgesinnten „die Seele baumeln lassen" – es gibt fast nichts, was man in der Toscana nicht im „passenden Ambiente" üben oder erlernen kann. Die wirklich guten Tipps bekommt man freilich nur von Freunden und Bekannten, die es schon mal ausprobiert haben. Einige (ausgewählte) Adressen sind im Praktischen Teil unter den einzelnen Orten zu finden. In Deutschland kann man sich z. B. wenden an:

- **Olimar Reisen,** *Toskana.* Ausgezeichneter Katalog, der einen guten ersten Überblick über das gängige Angebot bietet (Hotels, Ferienclubs, Agriturismo, Städtereisen, Aktivurlaub etc.). Tel. 0180/523 74 74, service.center@olimar.de. www.olimar.de.
- **Incontri Culturali.** Empfehlenswerte Mal-, Sprach-, Kochkurse etc. (zu Hellmuth Zwecker u. Manuela Zardo s. auch *Literaturhinweise).* 80796 München, Isabellastr. 24. Tel. 089/271 65 60, Fax 271 31 16. www.incontri.de.
- **Domizile,** Planeggerstr. 9a, 81241 München. Katalog für Agriturismo, Ferienhäuser etc. gegen Schutzgebühr. Tel. 089 83 30 84, Fax 834 17 60. www. domizile. de.

Routen

Das **magische Dreieck** zwischen *Florenz, Siena* und *Lucca* (Pisa) zieht die meisten Gäste an. Fast unverzichtbar, wenn man noch nie in der Toscana war. Zum Besuchsprogramm sollten unbedingt *Prato* und *Pistoia* sowie *San Gimignano* und *Volterra* gehören, von Lucca und Pisa sind es nur wenige Kilometer ans Meer nach Viareggio. An-

und Rückfahrt kann man variabel gestalten, indem man einmal über Bologna-Florenz und einmal über Parma-Pisa (über Massa-Carrara) fährt.

Wer sich von dem Gedanken freimachen kann, ohne David und Uffizien (bzw. Gucci und Pucci) nicht die „ganze" Toscana gesehen zu haben, dem raten wir zu einem **gesonderten Aufenthalt in Florenz,** vom „Schnupperwochenende" per Bahn/Flug bis zu 1 Woche inkl. Ausflügen nach *Fiesole, Prato* etc.

Für die **Baderoute** empfiehlt sich keinesfalls der August (es sei denn man bleibt längere Zeit an einem Ort). Zwischen den flachen, breiten Stränden von Marina di Massa und Marina di Carrara im Norden und den schmalen Buchten und Nehrungen am Monte Argentario im Süden liegen kaum mehr als 300 km.

Einen ganz eigenen Reiz bietet die (selbstverständlich nur vergleichsweise!) „unerschlossene" **Südtoscana** südlich von Siena und Grosseto. Alles wirkt offener, weiträumiger, „südlicher" (aber auch deutlich ärmer).

Liebhabern urwüchsiger **Natur und Landschaften** seien insbesondere folgende Routen ans Herz gelegt:

- Über Lunigiana (mit oder ohne Carrara) und Garfagnana nach Lucca.
- Über Mugello und Casentino nach Arezzo.
- Über Mugello und Chianti Classico nach Siena.
- Über Lunigiana und Carrara die Küste entlang durchs Hinterland der Colline Metallifere (Pisa, Volterra, Massa Mma., Siena).

Allee im Naturpark von Alberese

Wo Filme enden – die schönsten Plätze

- **Il Campo,** Siena
- **Campo dei Miracoli,** Pisa
- **Piazza Anfiteatro,** Lucca
- **Mercatale,** Greve in Chianti
- **Piazza Duomo,** Massa Mma.
- **Piazza Vecchietta,** Castiglione d'Orcia
- **Piazza Grande,** Arezzo
- **Piazza Piccolomini,** Pienza
- **Piazza della Cisterna,** San Gimignano
- **Piazza dei Priori,** Volterra

Am Ende des Wegs – die hübschesten Dörfer

- **Bagno Vignoni**
- **Lucignano**
- **Certaldo**
- **Santa Fiora**
- **Roccalbegna**
- **San Quirico d'Orcia**
- **Barga**
- **Campiglia Mma.**
- **Sovana**
- **Scarperia**
- **Talamone**

Sicherheit

Toscaner sind grundehrliche Menschen (neben denen sich Touristen oft wie schamlose Austrickser ausnehmen), die nicht einmal von der Integrität ihrer Landsleute, der Italiener, hundertprozentig überzeugt sind.

Jugendbanden auf Mopeds, Trickdiebe sogar in Kirchen, Langfinger bei Menschenansammlungen und Automarder auf einsamen Parkplätzen gibt es, wie in allen touristischen Zentren, aber natürlich auch in der Toscana. Es ist daher ratsam, **Papiere und Wertsachen im Hotel zu deponieren** oder für andere nicht sichtbar am Körper zu tragen sowie keine Wertgegenstände im Auto liegen zu lassen.

Wenn das Unvermeidliche doch einmal passiert ist: sofortige **Anzeige bei der Polizei** *(questura)* erstatten (wichtig für Schadensmeldung bei Reiseversicherungen). Sind Kreditkarten o.ä. abhanden gekommen, lassen Sie diese sperren und konsultieren Sie ggf. eine diplomatische Vertretung (Adressen s. S. 21).

Sport & Fitness

Von Katamaran- und Tauchkursen an der Etruskischen Riviera bis zum Skifahren am Monte Amiata, das Angebot an Aktivitäten wird von Jahr zu Jahr größer – auch in der Toscana hat man die Zeichen der Zeit erkannt. Mit den Angeboten wächst allerdings auch die Unübersichtlichkeit und die Zahl der unseriösen Zeitgenossen, die sich in den Haifischgewässern der Freizeitindustrie tummeln. Im Gefolge von Wellness *(benessere),* Fitness und Selbstverwirklichung hat in den letzten Jahren eine erstaunliche Renaissance der zahlreichen, zuletzt schon arg im Niedergang befindlichen **Thermen** eingesetzt. Mit der Zeit geht die Toscana auch mit der Einrichtung immer neuer **Golfplätze.**

ENIT- und *APT-*Büros halten spezielle Prospekte für Aktiv-Urlauber bereit.

- www.golfing.it/toscana
- www.termeitaliane.com/toscana

Sprache

Nirgendwo in Italien wird so „rein“ gesprochen wie in der Toscana, kein Wunder, denn die toscanische Volkssprache *(volgare)* hat schon seit dem 14. Jh. *(Dante, Petrarca, Boccaccio)* die Entwicklung des Italienischen entscheidend geprägt.

Auch (und gerade) im Zeitalter des Tourismus schätzen es die Toscani, wenn man ihre Sprache spricht. Man wird sofort aus der Kategorie Tourist gestrichen und in die Kategorie Mensch eingereiht, mit dem man über Essen, Familie und Sport plaudern kann.

Musterhafte **Aussprache** erleichtert die Kommunikation, wobei man aber auf einige Eigenheiten gefasst sein muss. Das *c* vor dunklen Vokalen (a, o, u) wird selten wie „k“ gesprochen, sondern entweder gehaucht wie ein „h“ oder tief unten im Rachen wie ein „ch“ gekratzt (so dass aus *mia casa* ein mia hasa oder mia chasa wird), während das c vor e, i statt zu „tsch“ zu einem weichen scheschi (*ceci*, Kichererbsen) wird.

Fremdsprachen (überwiegend Englisch) werden natürlich in besseren Hotels und Restaurants gesprochen, Deutsch ist bevorzugt an der Küste verbreitet.

Kleiner Sprachführer

Aussprache

c und ch wie *k*
aber: vor e und i wie *tsch*
sch wie *sk*
g und gh wie *g*
aber: vor e und i wie *dsch*
gl und gn wie *lj* bzw. *nj*
Doppellaute (ie, au) und Doppelkonsonanten (ll) immer getrennt sprechen

Grundwortschatz

ja/nein	si/no
danke	grazie
bitte	per favore
(Antwort auf grazie)	prego
wie bitte?	come?
entschuldigung	scusi
es tut mir leid	mi dispiace
ich möchte	vorrei
haben Sie ...?	ha ...?
ich verstehe nicht	non capisco
ich spreche wenig (Italienisch)	parlo poco (Italiano)
das gefällt mir (nicht)	(non) mi piace
ich möchte lieber	preferisco
in Ordnung	va bene
groß/klein	grande/piccolo
heiß/kalt	caldo/freddo
offen/geschlossen	aperto/chiuso
rechts/links	destra/sinistra
gut/schlecht	buono/cattivo
schnell/langsam	presto/lento
viel/wenig	molto/poco
teuer/billig	caro/economico

Begrüßung

guten Tag	buon giorno
guten Abend	buona sera (ab frühem Nachmittag)
gute Nacht	buona notte
auf Wiedersehen	arrivederci
wie geht es?	come sta/va
bis bald	a più tardi
bis morgen	a domani
tschüs	ciao

Fragewörter

wo?	dove?
wann?	quando?
warum?	perchè?
wieviel (kostet)?	quanto (costa)?
wie?	come?

was ist das?	che cosa è questo?
gibt es/haben Sie?	c'è? (Pl. ci sono?)

Wochentage, Monate

Montag	lunedì
Dienstag	martedì
Mittwoch	mercoledì
Donnerstag	giovedì
Freitag	venerdì
Samstag	sabato
Sonntag	domenica

Januar	gennaio
Februar	febbraio
März	marzo
April	aprile
Mai	maggio
Juni	giugnio
Juli	luglio
August	agosto
September	settembre
Oktober	ottobre
November	novembre
Dezember	dicembre
Frühling	primavera
Sommer	estate
Herbst	autunno
Winter	inverno

Zahlen

0	zero	1	uno
2	due	3	tre
4	quattro	5	cinque
6	sei	7	sette
8	otto	9	nove
10	dieci	11	undici
12	dodici	13	tredici
14	quattordici	15	quindici
16	sedici	17	diciassette
18	diciotto	19	diciannove
20	venti	21	ventuno
22	ventidue	23	ventitre
30	trenta	31	trentuno
32	trentadue ...	40	quaranta
50	cinquanta	60	sessanta
70	settanta	80	ottanta
90	novanta	100	cento
101	centuno	102	centodue
200	duecento	300	trecento
1000	mille	2000	duemila

100.000	centomila
1.000.000	un milione
2.000.000	due milioni

1/2	un mezzo	1 kg	un chilo
1/4	un quarto	1 Pfund	mezzo chilo
1/3	un terzo	1 Liter	un litro
100 g	un etto		

Beim Einkaufen

einkaufen	fare la spesa
Geschäft	negozio
Lebensmittelladen	alimentari
Supermarkt	supermercato
Bäckerei	forno, fornaio
Metzgerei	macelleria
Milchladen	latteria
Fischgeschäft	pescheria
kaufen/verkaufen	comprare/vendere
geben Sie mir	mi dia
ich möchte	vorrei
gibt es ...?	c'è /ci sono ...?
was kostet ...?	quanto costa/ costano ...?
Preis	prezzo
eine Scheibe	una trancia/fetta
ein Stück	un pezzo
die Hälfte	la metà
wenig	poco
viel, mehr, zu viel	molto, più, troppo

Signori beim Disput

Schimpfen

Hau ab!	vai via
Verschwinde!	sparisci
Hör auf!	smettila
Lass mich in Ruhe!	lasciami (stare, in pace)

Auto

Auto/Autowerkstatt	la macchina/l'officina
Tankstelle	il distributore
volltanken	pieno
Benzin/Diesel	la benzina/il gasolio
bleifrei	senza piombo
prüfen	controllare
Luftdruck/Öl	la pressione/l'olio
Wasser	l'acqua
Panne/Unfall	il guasto/l'incidente
es funktioniert nicht	non funziona
Motor/Zündung	il motore/l'accensione

Mare e Terra – die außergewöhnlichsten Badevergnügen

- Viareggio
- San Vincenzo
- Castiglione della Pescaia (s. u.)
- Marina di Alberese
- Vada
- Baratti
- La Feniglia, Orbetello
- Cascate del Mulino, Saturnia
- Bagno Vignoni
- Calidario, Venturina
- Fosso Bianco, Bagni San Filippo

Öffentliche Verkehrsmittel

Zug/Schiff/ Flugzeug	il treno/la nave/ l'aereo
Bahnhof/Hafen/ Flughafen	la stazione/il porto/ l'aereoporto
Stadt-/Überlandbus	l'autobus/il pullman
Haltestelle	la fermata
Fahrkarte	un biglietto
einfach	solo andata
Rückfahrkarte	andata e ritorno
Eingang/Ausgang	l'ingresso/l'uscita
Ankunft/Abfahrt	l'arrivo/la partenza

In der Post/Bank

Post/Bank	la posta/la banca
Briefmarke	il francobollo
Brief/Postkarte	la lettera/la cartolina
eingeschrieben	raccomandata
Paket/Päckchen	il pacco/il pacchetto
Telefonkarte	la carta/scheda telefonica
telefonieren	telefonare
Vorwahlnummer	il prefisso
postlagernd	fermo posta
Geld	i soldi
Kleingeld	gli spiccioli
Geld wechseln/ abheben	cambiare/prelevare il denaro
Währung	la valuta

Im Notfall

Hilfe!	aiuto!
Rufen Sie die Polizei/ einen Arzt/ die Ambulanz	chiami la polizia/ un medico/ l'ambulanza
Krankenhaus	ospedale
Notaufnahme	pronto soccorso
Apotheke	farmacia

Strände

Eine gefährdete Spezies, denn die Strände der Toscana werden zunehmend vom Meer verschluckt; einerseits steigt der Meeresspiegel, zum anderen wird die Küste regelrecht weggewaschen. Allein bei den Stränden der Provinz Grosseto beträgt der Schwund jährlich zwischen 0,90 und 5,50 m. Die *saubersten* Strände hat die Provinz Lucca. (Näheres zum Baden und zu Badeorten s. *Küste*, S. 444).

Telefon

Vorwahlen

- **Vorwahl nach Italien.** 0039 aus BRD, Schweiz und Österreich. Die **0** der italienischen Ortsvorwahl muss mitgewählt werden.
- **Vorwahlen aus Italien.** 0049 BRD, 0041 Schweiz, 0043 Österreich. Die Null der Ortsvorwahl entfällt.
- **Vorwahlen in Italien.** Innerhalb Italiens muss, auch im eigenen Ortsbereich, die Vorwahlnummer mitgewählt werden (z. B. innerhalb von Florenz 055 plus Teilnehmer-Nummer). **Vorwahlnummern** findet man am Anfang der Praktischen Information zu jedem Ort.

Telefonieren

- **Telefonzellen,** in denen man Auslandsgespräche führen kann, findet man in jedem Dorf. Bars mit Telefonzeichen über dem Eingang haben öffentliche Fernsprecher, abgerechnet wird meist nach Zählerstand.
- **Telefonkarten** *(carta telefonica)* kauft man am Zeitungskiosk oder im Tabacchi im Wert von € 5 oder 10. Um die Karte funktionstüchtig zu machen, muss man vor Gebrauch die perforierte **Ecke abtrennen!**
- **Gebühren.** Ein dreiminütiges Ortsgespräch kostet € 0,10, ein ebenso langes Gespräch nach Deutschland ca. € 1,55. Verbilligte Tarife gelten sonn- und feiertags sowie zwischen 22-8 Uhr.
- **Mobiltelefon.** Kaum ist man über der Grenze, sucht sich das (GSM)Handy automatisch eines der italienischen Netze aus, um sich dort einzubuchen – auf den Preis achtet es freilich nicht, das muss man schon selber machen. Wenn man nicht aufpasst (Stichwort: **Mailbox** z. B.) kann das sehr schnell ein teures Vergnügen werden. Wer hauptsächlich innerhalb Italiens zu telefonieren gedenkt, ist mit einer italienischen **Prepaid-Karte** (auch online buchbar!) besser bedient (einziger Nachteil: neue Handynummer).

Aktuelle Infos bei

- www.gmsworld.com
- www.teltarif.de
- Keine schlechte Alternative ist, sich in/aus Italien kurzfristig ein *cellulare* zu **mieten.**
- www.platform3000.it
- www.internet.train.it
- Der Zusatz *numero verde* bei der Telefonnummer bedeutet, dass der Anruf gebührenfrei ist.
- **Telefonauskunft.** International 176, national (gebührenfrei) 12.
- **Buchstabieren.** Gerade mit „exotischen" deutschen Namen tut sich der italienische Telefonpartner oft schwer. Für exakte Auskunft oder sichere Reservierungen lohnt es sich, präpariert zu sein und Namen buchstabieren zu können:

A	Ancona	**N**	Napoli
B	Bologna	**O**	Otranto
C	Como	**P**	Perugia
D	Domodossola	**Qu**	Quarto
E	Empoli	**R**	Roma
F	Firenze	**S**	Savona
G	Genova	**T**	Torino
H	Hotel	**U**	Udine
I	Italia	**V**	Venezia
J	I lunga	**W**	Doppia Vu
K	Kappa	**X**	Ics
L	Livorno	**Y**	I greca
M	Milano	**Z**	Zeta

Unterkunft

Auch wenn nicht alles Gold ist, was glänzt, seelenlose Bettenburgen wird man in der Toscana vergeblich suchen. Toscanische Hotels sind ausgeprägte Charaktere, wenn auch nicht immer pflegeleicht. Die **meisten Unterkünfte,** egal welcher Kategorie, waren **nie**

als Hotels gedacht oder konzipiert; gotische Stadthäuser, Renaissance-Palazzi, klassizistische Villen, sanierte Klöster, umgebaute Landgüter beherrschen die Szene.

Das macht einerseits den unnachahmlichen Reiz der toscanischen Hotellerie aus (Charakter, Ambiente, Lokalkolorit), dafür muss man manchmal aber auch einiges in Kauf nehmen. Im Extremfall können helle, geräumige Salons (freskierte Herrenzimmer mit Panoramablick) neben engen, lichtlosen Kammern liegen (Gesindestuben mit Blick in den Lichtschacht). Und da fast alle Häuser im Privatbesitz sind, mangelt es oft an Kapital, Renovierungen und Modernisierungen so umfassend zu bewerkstelligen, wie es der verwöhnte Gast gewohnt sein mag (Resultat: Sperrholzschrank neben Ebenholzsekretär). Anders als die Begriffe *Villen* und *Palazzi* suggerieren, gilt dies nicht selten selbst für „gehobene“ Kategorien.

Die typischen traditionellen Familienhotels und -Pensionen sind langsam aber sicher am Aussterben, an ihre Stelle treten zunehmend junge, professionelle Kleinbetriebe – **Bed & Breakfast** –, die zur Vermeidung von Bürokratie und unsinnigen Behördenauflagen nicht selten ganz bewusst auf eine Hotelklassifikation verzichten (und ihre Gäste lieber z. B. per Internet und spezielle Führer und Magazine suchen). Die Bürokratie tut sich mit dieser neuen Bewegung noch sehr schwer. Selbst die besten und effizientesten *Caffèletto* (die Standards, geschweige denn Ästhetik, vergleichbarer Hotels oft deutlich übertreffen), gelten offiziell nach wie vor lediglich als bloße *Affittacamere* (Privatzimmer).

Hotellisten

Jede Provinz gibt eigene **Unterkunftsverzeichnisse** heraus, die alljährlich (gegen März/April) neu aufgelegt und aktualisiert werden. Außer Hotels enthalten sie *Residence* (Ferienapartments), *Affittacamere* (Privatzimmer), *Ostelli* (Jugendherbergen), *Campeggi* (Campingplätze) sowie *Agriturismo*-Höfe.

Die Broschüren werden von den italienischen **Fremdenverkehrsämtern** (Adressen s. *Info,* S. 35) kostenlos zugesandt bzw. sind vor Ort bei *APT*-Stellen (dort aber nur für die jeweilige Provinz!) erhältlich. Das dürre Zahlenwerk ist gewöhnungsbedürftig, gibt aber relativ zuverlässig Auskunft über Adressen, Ausstattungen und Preise.

Klassifizierung (*-*****)

Die Reduktion auf oberflächliche, quasi mit dem Zollstock nachmessbare Komfort-Standards (Personal, Bäder, Zimmergröße, TV, Minibar etc.) sagt natürlich wenig oder gar nichts über die Gastlichkeit und Atmosphäre, d. h. über die **wahre Qualität** eines Hauses aus.

Zudem werden die bürokratischen Kriterien für die Vergabe der begehrten „Sterne“ von Provinz zu Provinz und selbst noch von Stadt zu Stadt verschieden gehandhabt. Mehr als ein grobes Raster *(auf den ersten Blick)* erfüllt diese Einteilung keinesfalls.

Toscana exklusiv

Logis in der Kunstgeschichte – Die schönsten Stadthotels

• **Gallery Hotel Art & Lungarno,** Firenze (S.179). Perfekte Symbiose aus Gastlichkeit, Kunst und Design, mal cool-minimalistisch, mal elegant-gemütlich. DZ ab € 325.
• **Grand Hotel Minerva,** Firenze (S.179). Behaglichkeit und großer Komfort mitten im Herzen der Stadt. Panoramablick von der Dachterrasse mit Pool. DZ ab € 222/279.
• **Il Patio/I Portici,** Arezzo (S.358). Zwei ausgeprägte Charaktere mit diametral entgegengesetzem Konzept, aber gleichem Resultat: Träume erfüllen & Träume wecken. Ab € 155.
• **Loggiato dei Serviti,** Firenze (S. 179). Exklusive Bescheidenheit. Nostalgie-Idylle par excellence gegenüber Brunelleschis Findelhaus. Ab € 201.
• **Antico Pozzo,** San Gimignano (S. 266). Schlichte Noblesse und Understatement pur. Ab € 150.
• **Royal Victoria,** Pisa (S. 497). Zimmerfluchten über dem Arno mit einem Hauch der „guten alten Zeit" (mit ihren Stärken und Schwächen). Ab € 68/102.
• **Albergo Pietrasanta,** Pietrasanta (S. 463). Großzügiger Palazzo aus dem 17. Jh. voller Stil und Behaglichkeit; statt Pool (dafür ist ja das Meer da) exquisite Marmorbäder. Ab € 240.
• **Plaza e de Russie,** Viareggio (S. 473). Halb maritimer Kolonialglanz, halb russisch Baden-Baden. Edel restauriert. Ab € 140.
• **Palazzo Ravizza,** Siena (S. 319). Sympathisch altmodische „Pensione" der Extraklasse. Zimmer mit Aussicht wie im Kino. Ab € 120.
• **Il Chiostro,** Pienza (S. 602). Vom Bettelorden zur Luxusherberge mit CinemaScope-Swimmingpool. Ab € 176.

Man gönnt sich ja sonst nichts – Luxus im Grünen

• **Il Pellicano,** Port'Ercole (S. 568). Villen am Meer zwischen Felsen, Gärten, steinalten Oliven und beheiztem(!) Seewasserpool. Mondän, intim, zwanglos. Ab € 400.
• **Relais La Suvera,** Pievescola (S. 255). Was ist schon Geld auf dem Konto im Vergleich zum Genius Loci dieser Papstresidenz? Wer hier Lifestyle sucht, ist fehl am Platz. Ab € 260.
• **La Frateria di Padre Eligio,** Cetona (S. 612). *„Television doesn´t exist. It is pointless to look for it. There is none. Neither does hurry, nor noise, nor forced fun."* Auch Askese kann Luxus sein. Ab € 196.
• **Relais Fattoria Vignale,** Radda in Chianti (S. 238). Ländlich-elegant, mit viel Stil und einer Gastlichkeit, die mit Geld nicht zu bezahlen ist. Ab € 150.
• **Grotta Giusti,** Monsumano Terme (S. 392). Wellness in wahrhaft fürstlichem (d. h. auch: nie übertriebenem) Rahmen. Villa, Thermalgrotte, Park, Entspannung. Ab € 220.
• **Terme di Saturnia,** Saturnia (S. 573). Komfort- und Wellnessrefugium rund um ein Thermalschwimmbecken – außergewöhnlich, unvergleichlich. Ab € 155.
• **Castelletto di Montebenichi,** Montebenichi (S. 243). Wie allein in einer Märchenburg. Atmosphäre, die nicht käuflich ist, auch wenn man sie bezahlen muss. Ab € 272.
• **Locanda Amorosa,** Sinalunga (S. 367). Umgewandelte Feudal-Landgüter gibt es viele – von so unaufdringlicher Eleganz und Qualität nur wenige. Ab € 234.
• **Villa Scacciapensieri,** Siena (S. 320). *Altri Tempi,* Andere Zeiten, mitten im hektischen Heute, gerade mal einen Flügelschlag vom Campo entfernt. Ab € 170.
• **Il Falconiere,** Cortona (S. 374). Einfühlsame Renovierung hat den Originalcharakter dieses feinen Landsitzes erhalten. Rustikale Details und dezente Eleganz. Ab € 217.

Laut Statistik (2002) gibt es mittlerweile rund **3000 Hotels in der Toscana,** davon 13 mit fünf, 245 mit vier, 1092 mit drei, 861 mit zwei und 570 mit einem Stern.

Generell kann man sagen, dass die besten (und zumeist teuersten) Zimmer einer niedrigeren Kategorie fast immer den einfachsten und preisgünstigsten (Standard-)Räumen in einem „besseren" (oder auch nur vermeintlich prestigeträchtigeren) Hotel vorzuziehen sind. **Ausnahmen** – und gerade in der Toscana! – sind natürlich Häuser von einer derartigen *Exklusivität* (Salons, Gärten, Freizeitanlagen) oder einem derartigen *Ambiente* (Ruhe, Intimität, Natur, „Wohlfühlfaktor"), dass man gewisse Abstriche bei den eigenen vier Wänden ohne weiteres hinzunehmen bereit ist.

Preise

Hotelpreise sind wegen der mangelhaften Steuermoral der Italiener staatlich festgesetzt. Vorteil für den Gast: relativ überschaubare (und nachprüfbare) Preisspannen, Nachteil: mangelnde Flexibilität (Reaktion auf den Markt, Rabatte). Preise müssen in jedem Zimmer angeschlagen sein.

Die **angegebenen Preise** beziehen sich stets auf die jeweilige **Hochsaison** und können daher nicht mehr (aber auch nicht weniger) als einen vernünftigen **Anhaltspunkt** bieten. Herrscht in Florenz z. B. mittlerweile nahezu durchgängig „High Season", ist sie andernorts, und speziell an der Küste, meist noch auf wenige Monate beschränkt. Entsprechend sinken dort die Neben- und Zwischensaison-Preise weitaus stärker – im Extremfall um über die Hälfte! – als an Orten, die auch zu weniger populären Jahreszeiten keinen Besuchermangel leiden (und wo man schon über einen Preisabschlag von 10 % froh sein muss).

Um den Tarifdschungel noch zu komplettieren – Hotelpreislisten lesen sich angesichts mannigfacher Saisonstaffelungen oft komplizierter als Zugfahrpläne – , ist auch auf die „offiziellen" Unterkunftsverzeichnisse in den meisten Fällen nur wenig Verlass: *Mindest-* und *Höchst*preise, und da besteht ja wohl ein Unterschied, sind kunterbunt gemischt.

Oft beinhaltet der Preis ein (meist karges und überteuertes) **Frühstück** (im Buch als **„BF"** bezeichnet). Wer besser und abwechslungsreicher in der nächsten Bar frühstücken (und obendrein noch Geld sparen) will, sollte ohne Frühstück buchen.

Privatzimmer

Die Touristenbüros führen Listen von Familien, die Zimmer vermieten. Die Qualität der *affittacamere* hat sich dabei in den letzten Jahren – zumal in Touristenzentren wie Lucca, Pienza, San Gimignano, dem Chianti usf. – enorm gesteigert.

Meist die bessere (zumindest zeitgemäßere) Alternative sind sog. **Bed & Breakfast,** die offiziell freilich nur als *Camere* geführt werden.

Internet-Adressen für B&B siehe S. 36.

Jugendherbergen

Ostelli sind für jedermann zugänglich. (Mitgliedskarte ist nicht zwangsläufig, aber, um sicher zu gehen, sehr zu empfehlen). Viele haben nicht nur Mehrbettzimmer, sondern auch DZ, Triple etc. Nachteilig ist, dass Ein- und Auschecken nur zu bestimmten Zeiten möglich ist, Zimmer tagsüber nicht zugänglich sind und abends relativ früh (23-24 Uhr) geschlossen wird. Die meisten Herbergen liegen zudem am Stadtrand (zeitraubende Busfahrten) und sind zu Spitzenzeiten überfüllt.

- **DJH** (Dt. Jugendherbergswerk). Jahresbeitrag € 18, unter 26 J. € 10,50. www.djh.org, Fax 05231/74 01 49.
- **AIG.** Mitgliedschaft und Reservierung von *Ostelli Online* über www.hostels-aig.org

Reservierung

Wer keine Zeit und Energie verschwenden will, nach freien Hotelzimmern zu fahnden, sollte reservieren. Wie und wann, ist eine Frage von **Reiseziel und Reisezeit** – für Florenz und andere Touristenzentren so frühzeitig wie möglich, ansonsten einige Tage oder auch nur am Morgen zuvor.

Reservierungen vor der Reise sind am günstigsten **per Fax** oder **E-Mail** (rückbestätigen lassen!). Manche Hotels verlangen eine Vorauszahlung für die erste Nacht (per Kreditkarte).

Wer längere Zeit an einem Ort bleiben will, ist gut beraten, sein Quartier über einen **Veranstalter** zu buchen (Rabatte bis 30 % und mehr). Manche Anbieter führen nicht nur Villen, Apartments und Ferienhäuser in ihrem Programm, sondern auch Stadthäuser z. B. in Florenz, Pisa, Siena etc.

Von unterwegs **telefonisch** zu reservieren ist nicht teuer und erspart so manchen Ärger. Sich ein paar einfache Formeln (Standardsätze) zurechtlegen bzw. notfalls jeweils von einem Hotel das nächste buchen (lassen). Wünsche so präzise wie möglich ausdrücken.

Reservieren auf Italienisch

ich möchte reservieren	vorrei prenotare
ein Einzel-/ Doppelzimmer	una (camera) singola/doppia
für eine Nacht/ zwei Nächte	per una notte/ due notte
mit/ohne Bad/Dusche	con/senza bagno/doccia
mit Doppelbett/ zwei Betten	matrimoniale/ a due letti
zum Hof	sul di dietro
mit Meerblick	con vista sul mare

Auswahl

Unser **Handbuch für individuelles Reisen** konzentriert sich auf Ortschaften und frei zugängliche Landhäuser. **Urlaubsdomizile** wie Feriendörfer und -wohnungen, Bauernhöfe und Residenzen mit Mindestaufenthalt und Halbpension etc. bucht man besser **über Veranstalter,** sie sind nur in Ausnahmefällen verzeichnet. Ebenso, seit dieser Auflage, Campingplätze (zumal es dafür hervorragende Spezialführer gibt).

Unsere Wahl fällt eher auf landestypische Herbergen **mit Charakter** und Atmosphäre (und notfalls auch etwas Patina) als auf funktionelle Bettenburgen, wie man sie überall antreffen kann – und entweder mitten **im Centro Sto-**

Toscana privat

So entstehen Legenden – Geheime, aber keine Geheimtipps

- **Borgo Argenina,** Gaiole in Chianti (S. 241). Definitiv zum Wohlfühlen. Verspielt, aber nie prätentiös, rustikal und doch graziös – das können/haben nur die wenigsten. Ab € 130.
- **Palazzo Magnani Feroni,** Firenze (S. 181). Luxus ist, wenn von allem mehr als genug vorhanden ist. Bed & Breakfast für den, der schon alles hat. Ab € 440 (260).
- **Palazzo Alexander,** Lucca (S. 427). Der Charme eines Privathauses kombiniert mit Service und Glanz eines kleinen Luxuxhotels. Ab € 170.
- **Castello di Magona,** Campiglia Mma. (S. 525). Elitär heißt – dass man nie das Gefühl hat, in einem „Hotel" zu sein. Bilderbuchburg mit Aussicht ab € 227.
- **Quattro Gigli,** Montopoli (S. 397). Liebenswertes verwinkeltes Sesam-Öffne-Dich auf erlesene Gaumenfreuden und Panoramen der Renaissance. Ab € 80.
- **Villa Marsili,** Cortona (S. 374). Großzügig, aber ohne jeden Protz. Dafür mit prachtvoller Aufsicht auf die halbe Toscana. Ab € 132.
- **Casa Volpi,** Arezzo (S. 358). Bei einer Familie in einer hübschen Villa im Grünen, angenehm leicht und zurückhaltend und mit vorzüglicher Hausmannskost. Ab € 83.
- **Oroscopo,** Sansepolcro (S. 364). Gepflegt, unaufgeregt und stilvoll. Und mit einer wunderbaren Küche, auf die das gleiche Prädikat zutrifft. Ab € 62.
- **La Romea,** Lucca (S. 427). Historische Stadtresidenz von schlichter, gefälliger Eleganz. Tradition na klar, aber auf der Höhe der Zeit. Ab € 120.
- **Locanda del Loggiato,** Bagno Vignoni (S. 598). B&B de Charme zwischen Tradition und Avantgarde in einer alten Herberge am Katharinenbecken. Ab € 130.

Auch einfach lebt sich's angenehm

- **Residenza Johlea/Johanna,** Firenze (S. 182). In Florenz *wohnen* (statt nur zu „übernachten") – ein Traum wird wahr. Sofern es einem gelingt, ein Zimmer zu ergattern. Ab € 73.
- **Scoti,** Firenze (S. 181). Die angehaltene Zeit. Charmant-altmodisch. Einfach, aber mit Stil. Von Gucci, Prada & Co. sind es nur ein paar Stufen. Ab € 85.
- **Bernini,** Siena (S. 319). Eine Familienpension, wie man sie kaum mehr findet. Und das in Siena. Und mit einem Panoramablick, der anderswo *Eintritt* kosten würde. Ab € 62.
- **Antica Casa dei Rassicurati,** Montecarlo (S. 404). Ein schmuckes Schatzkästlein von der Art, die man früher nur den besten Freunden verraten hat. Ab € 62.
- **Villa Libano,** Barga (S. 438). Rustikal-elegante Sympathie-Villa mit Logenplatz auf die Apuanischen Alpen. Ab € 52.
- **Palazzina Cesira,** Montalcino (S. 593). Guter Geschmack statt Schablone. Bed & Breakfast zwischen Hedonismus und Askese. Ab € 68.
- **Villa Nencini,** Volterra (S. 280). Familienbetrieb in einer Villa mit Traumlage, solide und gastlich zu ebensolchen Preisen. Ab € 73.
- **Da Totò,** Lucignano (S. 367). Familienpension mit Garten, Pool und Panoramarestaurant in einem der irrwitzigsten und hübschesten Dörfer der Toscana. Ab € 78.
- **Roma,** Bagni di Lucca (S. 436). Wenig hat sich seit Puccini und Toscanini getan; viel Atmosphäre, viele Veranden, hübscher Park. Ab € 45.
- **Athens,** Cortona (S. 374). Fröhliches, kosmopolitisches Refugium in einem ehemaligen Zisterzienserkloster. Ab € 28.

rico oder weit draußen **im Grünen** (denn dazwischen ist es meist hässlich und laut).

Auf Negativbeispiele haben wir im Interesse der Handlichkeit leider verzichten müssen. Und natürlich ist nicht jede Unterkunft schon deshalb „weniger empfehlenswert", weil wir sie nicht erwähnen. Dafür ist die Zahl der Etablissements einfach zu groß (und außerdem: auch wir können irren).

Verhalten

- Im Sommer herrscht in der ausgedörrten Toscana höchste **Brandgefahr.** Man sollte meinen, es sei überflüssig zu erwähnen, dass offene Feuer und achtlos weggeworfene Zigarettenkippen verheerende Folgen haben können, doch die schwarzen Brandnarben an vielen Hügeln sprechen eine deutliche Sprache.
- **Nacktbaden** ist verpönt. Selbst an entlegenen Stränden können Tugendwächter aus dem Nichts auftauchen und wegen „sittenwidrigen" Verhaltens Anzeige erstatten. Bei **Oben Ohne** ist man hingegen toleranter.
- **Toiletten.** Öffentliche Toiletten, egal ob benutzbar oder nicht, sind rar. Lediglich in Bahnhöfen, Tankstellen, größeren Museen und natürlich in Bars und Cafès findet man das sog. stille Örtchen, *il gabinetto* oder, etwas feiner, *il bagno.* Dabei sollte man möglichst nicht die **Signore** (Damen) mit den **Signori** (Herren) verwechseln.
- Die Stadt **Florenz** wehrt sich. Bestraft werden öffentliches Urinieren (selbst im Dom wachen nicht ganz grundlos zwei Polizisten), Sightseeing in der Badehose und prinzipiell sonnenhungrige Touristen, die sich auf einer Piazza so aalen wie am Strand von Rimini.
- In **Kirchen** sind es nicht nur kurze Hosen und freizügige Hemdchen, die Anstoß erregen – genaugenommen sind sie sogar verboten. Lange Hose, bedeckte Oberarme und „entblößtes Haupt" (bei Männern) lautet die Vorschrift. Auch Kirchenbesichtigungen während der Messe sind im Prinzip untersagt.
- **Außerdem.** Immer wieder und überall, vor allem natürlich auf dem Land, aber selbst da, wo tagtäglich Touristen durchgeschleust werden, trifft man auf Leute, meist ältere, die völlig uneigennützig einen Gruß oder ein paar freundliche Worte an den Fremden richten und denen man durch eine nette Geste oder ein Lächeln etwas zurückgeben kann. So einfach ist das.

Zeit

In der Toscana gilt die **Mitteleuropäische Zeit** *(MEZ),* d. h. einschließlich der Sommerzeit wie in Deutschland, Österreich und der Schweiz.

Zeitungen

- Die beiden auflagenstärksten **italienischen Tageszeitungen** sind der Mailänder *Corriere della Sera* und *La Repubblica* aus Rom (in Florenz mit Lokalteil und ausführlichem Veranstaltungskalender). Beide werden vom Fiat-Imperium Agnelli kontrolliert. *La Nazione* und *Il Tirreno* erscheinen in Florenz und Livorno.
- **Deutsche Zeitungen und Zeitschriften** sind in der Hochsaison noch am Erscheinungstag in allen größeren Städten und touristischen Zentren erhältlich.

Zoll

- **Broschüren** mit aktuellen Ein- und Ausfuhr-Richtlinien sind bei Zollämtern und Automobilclubs erhältlich.
- **EU-Bürger** dürfen für den privaten Verbrauch pro Person abgabenfrei ein- und ausführen (Richtmengen): 800 Zigaretten, 400 Zigarillos, 200 Zigarren, 1 kg Tabak, 10 l Spirituosen, 90 l Wein, 110 l Bier.
- Für die **Schweiz** als Nicht-EU-Land gelten feste Mengenbeschränkungen, z. B. nur 200 Zigaretten oder 2 l Wein.

Praktische Tipps

Land & Leute

Das Kastell von Montemassi
Weinlese im Chianti-Gebiet
Strandpromenade von Port'Ercole
Abendmahl von Domenico Ghirlandaio, dem berühmtesten Freskenmaler des 15. Jh.

Schema Toscana

Punkt Punkt Komma Strich. Auch wer noch nie in der Toscana war, erkennt das Schema auf Anhieb. Sanfte Hügelkuppen. Olivenbäume. Ein einsames, erdfarbenes Bauernhaus, umringt von hochaufragenden Zypressen, die schwarz das samtene Blau des Himmels durchschneiden. Schnell ist das Bild der Toscana fertig. Und wie leicht, es auf Anhieb zu identifizieren. Emblem - Piktografie - Design. Anmut und Schlichtheit. Flächen und Linien. Klare, einfache, geometrische Formen. Die Kegel und Ovale der Hügel, der strenge Kubismus der *case coloniche*, der Bauernhäuser, die hellen Trapeze der Weizen- und Sonnenblumenfelder, die parallelen Reihen der Rebstöcke, die schlanken Vertikalen der Zypressen, die Horizontalen und Diagonalen von Pfaden, Wegen und Alleen. Gedeckte, pastellige Farben.

Die meiste Zeit des Jahres liegt der diffuse Dunstschleier des *sfumato* über Hügeln und Flusstälern. Das Grün der Weiden und Wiesen ist selten kräftig, intensiv, Olivenblätter flimmern silbrig-matt im stärksten Sonnenlicht.

Die schweren Böden schimmern in satten Gelb- und Brauntönen, Häuser und Bauten scheinen buchstäblich aus ihnen emporzuwachsen, sind von ihnen oft kaum zu unterscheiden. Kein Wunder, da sie aus dem gleichen Material bestehen: *terra cotta,* gebackene Erde. Häuser und Bauten sind schlicht, simpel, rechteckig oder quadratisch; nach dem einfachen Grundmodell der Scheune, *la capanna.* Schmucklos, trutzig, mit flachem Giebel und offenem Dachstuhl, Vorbild gleichermaßen für *case coloniche,* Bauernhäuser, wie für einschiffige Abteien und romanische *pievi,* Pfarrkirchen, und wiederum zurückgehend auf die „klassische" Einfachheit und geometrische Strenge der frühantiken Formen des Hauses und des Tempels. „Gebetsscheunen" hat man sie auch genannt, die einfachen, klaren Bauten der Franziskaner, Dominikaner oder Serviten, erschaffen weniger zum höheren Ruhme Gottes (der Kirche, der Kommune, des Bistums, des adeligen Bauherrn), sondern lediglich „umschlossener Raum" für Andacht, Kontemplation und stilles Gebet.

Auch dies, wenn man so will, eine Art der Renaissance. Klassische Einfachheit, geometrische Strenge, Form und Funktion. Deutlich weniger als das übrige Italien hat sich die Toscana nordischen (gotischen) wie orientalischen (byzantinischen) Einflüssen unterworfen. Das Maß aller Dinge bleibt der Mensch.

Typische casa colonica in der Crete

Die Menschen

Zu Landschaft und Häusern passen die Menschen - bodenständig, kantig, aber auch sanft - bzw. umgekehrt haben sich die Menschen zu ihnen passende Häuser und Landschaften geschaffen. Im welligen Hügelland der Toscana gibt es nichts im Überfluss, aber „von allem etwas" - Eisen, Zinn, Kupfer, Marmor, Weizen, Öl, Wolle, Leder, Wasser, Holz, Obst, Fleisch, Fische, Geflügel. Selbstversorgung und Individualismus, aber auch Sinn für Maß(halten) und Gerechtigkeit (gerechte Einteilung) sowie handfestes Nutzdenken (Nüchternheit, Sparsamkeit) sind in den *Toscani* seit jeher tief verwurzelt.

Die mittelalterliche **Mezzadria,** die Teilungswirtschaft oder Halbpacht *(mezzo* = halb; der Grundherr stellt den Bauern Land, Haus, Geräte und Saat, am Jahresende wird die Ernte geteilt) erlöste die Toscana einige hundert Jahre früher aus der Leibeigenschaft als Nord- und Süditalien (oder das übrige Europa), brachte aber aufgrund der beschränkten geografischen Gegebenheiten anders als dort weder Großgrundbesitz noch Feudalismus hervor. *Padroni* und *Contadini,* Herren und Bauern, entwickelten sich nicht auseinander, sondern blieben einander ähnlich. Selbst der Luxus der *Signori* in den Städten blieb einfach, rustikal, der Natur verbunden, genau wie ihre vielgerühmte Küche. Die toscanische Villa war ursprünglich nur ein befestigtes Bauernhaus mit Küchengarten.

Selbstgenügsamkeit und Bodenständigkeit haben sich unwiderruflich in den Charakter der Menschen eingebrannt. Toscani sind nicht überschäumend vor Temperament, wie man sich „Italiener" vorstellt, eher zurückhaltend, nüchtern, distanziert, dabei aber klar, wach, aufmerksam. Fragt man sie wie es geht, stoßen sie ein kurzes *non c'è male* heraus („nicht schlecht") zum Zeichen, dass die Dinge zum besten stehen; nie würden sie auf die Idee kommen, ihren Wein, ihre Olivenernte oder auch nur ihren Gemütszustand als vorzüglich zu preisen. Kein Zufall, dass das Italienische in der Toscana entstanden ist und dass dort noch heute das reinste und klarste Italienisch gesprochen wird. Jeder Form von Obrigkeit traditionell abhold, sei es seitens des Staats oder der Kirche, zählten weder Untertanengeist noch religiöser Fanatismus (Ausnahmen: Siena, Savonarola) je zu ihren Charakterzügen. In der Toscana entstanden im Mittelalter die ersten demokratischen Regierungsformen auf europäischem Boden und gründete sich in der Neuzeit die Italienische Kommunistische Partei und der erste organisierte Widerstand gegen den Faschismus.

Selbstbewusstsein ohne Überheblichkeit, maßvolle Zurückhaltung, Klarheit der Sprache, des Denkens, des Bauens, der Landschaftsgestaltung - kein Wunder, dass Florenz zur Geburtsstätte des Humanismus und des Wiederentdeckens der Antike wurde: Ratio, Geometrie, Harmonie; Einheit von Wissenschaft, Kunst und Geschäftssinn.

Toscaner ...

... waren die ersten **Städtegründer** seit der Antike: Pisa, Siena, Lucca, Florenz hatten zwischen 1000 und 1500 bereits eine derartige Bedeutung, wie heute New York, Los Angeles und Tokio.

... hielten noch an den Idealen der **Republik** (Streitkultur) fest, als ringsherum in Italien und Europa bereits überall absolutistische Fürsten regierten.

... gründeten die ersten **Banken** und erfanden die Statistik, die doppelte Buchführung und den Bankrott (banca rotta).

... perfektionierten die Manufaktur zur **Fabrik** (Tuche und Seide) und stießen als erste in die Welt des Designs, des Markennamens (Label) und der **Mode** vor (Gucci, Pucci).

... bauten die größten **Kathedralen** (Pisa) und Kuppeln der Neuzeit (Florenz) und konstruierten in der Renaissance das moderne **Wohnhaus** (mit Innentreppe, Bad, Heizung, WC), in dem wir noch heute leben.

... machten **Sprache** und **Literatur** zu dem, was sie heute sind: Dante erfand das Epos, Boccaccio den Roman, Petrarca beschrieb als erster die Natur, Vasari und Cellini verfassten die ersten Bio- bzw. Autobiografien.

... schufen die **Malerei,** wie wir sie kennen (Giotto, Masaccio), stellten **Skulpturen** erstmals in den freien Raum (Donatello), zeichneten die ersten Comics (Duccio) und erfanden Superman (Simone Martini), Pinocchio (Collodi) und die serielle Popkultur (della Robbia).

... stellten als erste **Theorien** über Kunst (Alberti), Politik (Machiavelli) und Gesellschaft auf (Pietro Aretino) und beflügelten Wissenschaft (Petrarca), Technik (Leonardo, Galilei) und Tourismus (Kreuzfahrer).

... ersannen das **Fahrrad** (Leonardo da Vinci), die Brille und die Vespa, erforschten die **Dritte Dimension** (Brunelleschi) und stießen in **unbekannte Welten** vor: Amerigo Vespucci nach Amerika, Galileo Galilei ins All, Dante und Masaccio in die Abgründe der Imagination und Phantasie.

... erfanden den **Fußball** (Calcio Storico) und das Pferderennen (Palio) neu und vermutlich auch den Fan (Tifoso) und das Doping (Chianti?).

... erhoben den **Krieg** zur Kunst (Castruccio „Hundekastrierer" Castracani), die Kunst zum Krieg (Uccello), entwickelten die Kriegskunst (Leonardo) und erfanden die **Politik** als Krieg mit anderen Mitteln (Machiavelli).

... waren Protagonisten der Notenschrift (Guido da Arezzo), des Dramas (Poliziano), der **Oper** (Dafne, 1597), des Enthüllungsjournalismus (Aretino), des Fernsehens (Galilei) und des **Video** (Paolo Uccello, oder der Blick ins Nichts).

... schufen die noch heute gültigen Idealbilder der **Liebe** (Dante, Petrarca), der **Erotik** (Boccaccio) und der (ambivalenten) **Sinnlichkeit** (Botticelli, Michelangelo).

... eröffneten die ersten Kaffeehäuser und kredenzten das erste **Speiseeis** (in Florenz wie Paris), bauten den ersten vernünftigen **Wein** an und revolutionierten die **Küche,** indem sie Caterina de' Medici mit dem französischen Königshaus und die Küche der Jahreszeiten mit der des Adels vermählten.

Promis

Giotto
Dante
Machiavelli **Petrarca** **Boccaccio** **Donatello**
Michelangelo **Leonardo** **Botticelli**
Puccini **Galilei**

Fundis

Masaccio
Brunelleschi
A. Pisano **A. di Cambio** **A. Lorenzetti** **Duccio**
Uccello **Piero della Francesca** **Fra Angelico**
Alberti **Ghiberti**

Das Land

Was sich dem Auge als Harmonie und Schönheit einer durch und durch kultivierten und gepflegten Landschaft darstellt, ist alles andere als zufällig. Das **Vermächtnis der Römer und Etrusker** ist nahezu unsichtbar, aber überall deutlich zu spüren. Zwar profitierte Italien insgesamt vom antiken Erbe (und vom Papsttum), doch nur in *Etruria,* dem alten Stammland der Etrusker, die die Römer Etrusci oder Tusci nannten (woraus in der Spätantike Tuscia und später Toscana wurde), bildeten die verfallenen Siedlungen der Vorzeit den idealen Nährboden für **Stadtrepubliken, Besitzbürgertum** und **neue Ökonomien.** Pisa wuchs durch Außenhandel (Kreuzzüge), Siena dank der *Colline Metallifere,* der „metallhaltigen Hügel" (Geld, Banken), Florenz durch Handel und Tuchindustrie.

Zur Zeit **Dantes** verstand man unter Toscana das Gebiet der untereinander konkurrierenden **Stadtstaaten** Florenz, Siena, Pisa, Lucca, Arezzo, San Gimignano und Volterra. Dies ist die eigentliche, die „klassische" Toscana.

Das vielgerühmte *Chianti* war nicht viel mehr als ein Schlachtfeld, um das sich die Truppen der Florentiner und Sienesen rauften.

Unter den unaufhaltsam von Kaufleuten zu Feudalfürsten aufgestiegenen **Medici** von Florenz, die mit Hilfe ausländischer Mächte (Franzosen, Spanier) nach und nach alle Konkurrenz ausgeschaltet hatten, vereinigte und vergrößerte sich das Gebiet im 16. Jh. zum **Großherzogtum Toscana.** Im Norden und Osten bildete der Höhenzug des *Apennin* und im Westen das *Tyrrhenische* (d. h. „etruskische") *Meer* die natürliche Grenze, während sie im Süden und Südosten, gegenüber Latium und Umbrien, eher willkürlich gezogen war (d. h. auf den alten, historisch gewachsenen Einflussgebieten der ehemaligen Stadtrepubliken beruhte).

Nicht zur Toscana im „eigentlichen" Sinne, der von Mittelalter und Renaissance, gehören somit weite Teile der heutigen Provinzen Grosseto und Massa-Carrara – jenseits des erloschenen Vulkankegels Monte Amiata der gesamte Südwesten, die sogenannte *Maremma* (die nach dem Verfall des Römischen Reichs versumpft, fieberverseucht und nahezu unbewohnbar war), und im Nordwesten die Küstenregion der *Apuanischen Alpen,* die wenn nicht geografisch, so doch zumindest historisch eher zum Einflussbereich Liguriens bzw. Genuas zählte.

Weiße Rinder in der Maremma

Die heutige Einteilung der Toscana in **zehn Provinzen** – Florenz, Siena, Pisa, Pistoia, Lucca, Massa-Carrara, Livorno, Grosseto und Arezzo sowie Prato (seit 1992) – kam erst durch die Vereinigung Italiens nach 1860 zustande. **Italien und Deutschland** waren die letzten großen Länder Europas, die mit der Kleinstaaterei aufräumten und einen Nationalstaat schufen – beide erst in der zweiten Hälfte des 19. Jh.s, und beide nicht durch eine vom Volk getragene Revolution, sondern durch eine „Umwälzung von oben" mittels autoritärer Regionalmächte wie Preußen und Savoyen-Piemont. Deutsche, italienische und nicht zuletzt toscanische Geschichte berührten sich freilich schon mehr als tausend Jahre zuvor, als die Franken die Nachfolge Roms anstrebten und Karl der Große seinen Traum vom *Heiligen Römischen Reich Deutscher Nation* träumte. Es blieb beim Versuch, der das Schicksal der Toscana nichtsdestotrotz noch jahrhundertelang in Form eines blutigen Machtkampfs zwischen Kaiser und Papst resp. *Guelfen* und *Ghibellinen* prägen sollte.

Geografie

Obwohl auch ein Land überraschender **Gegensätze** und schroffer Landschaftsformen – die engen Apennin-Täler der *Lunigiana* und *Garfagnana,* die steilen Felsküsten südlich Livornos, die wüstenähnlichen *Crete* bei Siena und *Balze* bei Volterra –, ist die Toscana in erster Linie ein Land der Harmonie und des Maßes. Gleitend und sanft, nie abrupt sind die Übergänge von **Ebenen** (10 %) zu **Hügelland** (70 %) und von Hügelland zu **Gebirgen** (20 %). Fließend wie der Übergang von Landschaftsformationen – überschaubar gegliedert, zugleich offen und begrenzt – ist auch der von **Stadt und Land.** Wälder, Hügel- und Parklandschaften reichen bis nahe an die Städte heran, scheinen in sie hineinzuwachsen; selbst in den fast baum- und strauchlosen Steinwüsten von Florenz oder Siena wirkt das Land, die Natur, obschon abwesend, nie wirklich fern. Bei einer **Fläche** von 22 992 km², was etwa der Größe von Mecklenburg-Vorpommern oder der halben Größe der Schweiz entspricht, erstreckt sich die Toscana über maximal 220 km von Nord nach Süd und 240 km von West nach Ost. Sie nimmt 7,6 % der Fläche Italiens ein und ist die fünftgrößte seiner 20 Regionen. Über 40 % der Oberfläche sind bewaldet oder gelten als Brachland, und obwohl nicht einmal mehr 7 % der Bewohner ihr Auskommen in der Landwirtschaft finden, sind noch heute mehr als 25 % als Agrarland ausgewiesen. Das deutet bereits darauf hin, dass die Bevölkerung sehr ungleich über das Land verteilt ist. Der Großteil der Menschen, weit über ein Drittel, konzentriert sich in den wenigen Ebenen, namentlich im Arnotal und an der Küste rund um Livorno, der zweitgrößten Stadt nach Florenz.

Die **Nordgrenze** zur Emilia-Romagna nimmt der bis zu 2000 m hohe Gebirgszug des **Apennin** mit den teils lieblichen, teils rauen Beckenlandschaften der **Lunigiana** (im Nordwesten an der Grenze zu Ligurien), der **Garfagnana** (nördlich von Lucca), des **Mugello** (vor der Haustüre von Florenz) und des **Casentino** (östlich von Florenz) ein. Eine spektakuläre Ausnahme bilden die geologisch vom Apennin deutlich unterschiedenen **Apuanischen Alpen,** deren berühmte *Marmorkatarakte* die Küstenlinie zwischen Carrara und Viareggio säumen.

An der **Ostgrenze** zu Umbrien und den Marken setzt sich der Apennin, sozusagen das „Rückgrat" des italienischen Stiefels (*lo dosso d'Italia,* Dante), in der unwegsamen Bergregion des **Pratomagno** mit den Beckenlandschaften des **Valdarno** (Oberes Arnotal), **Valtiberina** (Tibertal) und **Valdichiana** (Chianatal) fort. Das **Arno-Tal** zwischen Arezzo, Florenz und Pisa ist die mit Abstand am dichtesten besiedelte Region mit den meisten Städten und Industrieansiedlungen.

Herzstück der Toscana ist die sanftgewellte Hügellandschaft des **Chianti,** das historische Grenzland zwischen Florenz und Siena. Dank seiner Höhenlage (250-600 m) und Kalksteinböden ideal für Wein- und Olivenkultur, präsentiert es sich noch heute als ein einfaches, ungekünsteltes, wenn auch teilweise hochkultiviertes Bauernland ohne nennenswerte Orte und Industrien. Einige wenige Ballungsgebiete konnten sich lediglich am Westrand an den Ausläufern der großteils noch urwüchsig bewaldeten, im Osten bis ans Meer reichenden **Colline Metallifere** („Metallhügel") etablieren.

Südlich von Siena leiten die pittoresk zerklüfteten Lehmhügel der **Crete** über zur welligen Hügellandschaft des weithin sichtbaren Vulkankegels **Monte Amiata** (1773 m), an dessen Flanken man im Winter sogar skifahren kann. Westlich des Amiata-Massivs und südwestlich der „metallhaltigen Hügel" ersteckt sich die **Maremma** zum Meer hin, in vorgeschichtlicher Zeit ein gigantischer Lagunensee, dessen todbringende Sümpfe *(mal aria)* teilweise erst im 20. Jh. entwässert werden konnten.

Tomaten

Kaum vorstellbar, aber weder ein Dante noch ein Leonardo da Vinci haben je von dieser „uritalienischen" Frucht gekostet, denn sie kam erst durch die spanischen Konquistadoren aus Südamerika nach Europa. Außerhalb von Italien allerdings, wo man sie durch das seit 1522 unter spanischer Herrschaft stehende Königreich Neapel kennen- und sofort schätzen lernte, galt die zur Familie der Nachtschattengewächse zählende Tomate größtenteils noch bis ins 19./20. Jh. hinein als ungenießbare Giftpflanze, von deren Verzehr dringend abgeraten wurde.

Achtung, im Restaurant niemals gemischten Salat *senza tomato* bestellen! Erstens weil Tomaten, obgleich für deutsche Gaumen oftmals „ungewohnt", ruhig süß und fruchtig schmecken dürfen - Sonne, nicht Treibhaus! –, und zweitens weil sie in Italien *pomodori* heißen.

Die 329 km lange **Küste** ist größtenteils flach und vergleichsweise dichtbesiedelt. Von Nord nach Süd nimmt die Bevölkerungsdichte allerdings kontinuierlich ab. Größere Ballungszentren sind nur im Norden angesiedelt (Massa-Carrara, Pisa, Livorno), wo sich in der **Versilia** (Provinz Lucca) auch die schönsten und breitesten Sandstrände der Region befinden. Südlich von Livorno wird die Küste zerfranster und streckenweise auch felsig oder sumpfig; Industrien tauchen nur mehr punktuell (darum aber leider nicht minder prominent) auf.

Das erzhaltige Vorgebirge von *Piombino* und der *Monte Argentario* in der Provinz Grosseto, der größten, aber auch dünnbesiedeltsten der Toscana, waren ursprünglich Inseln.

Der der Küste vorgelagerte **Toscanische Archipel** mit den Inseln Elba, Giglio, Giannutri, Gorgona, Capraia, Pianosa und Montecristo wurde erst im 19. Jh. eingemeindet und zählt deshalb nicht zur „klassischen" Toscana.

Flora & Fauna

Wo Flora ihre Blüten verstreut ...

Typisch für weite Teile der Toscana ist eine üppige vielfältige Vegetation, die durch das Wechselspiel zwischen Kulturlandschaft und Wildnis ihren besonderen Reiz gewinnt.

Das Chaos der undurchdringlichen **Macchia,** des zähen immergrünen Buschwalds, in dem sich Ginster, Farne, Erika, Zistrose, Stechpalme und alles findet, was dornig, ledrig und stachlig genannt zu werden verdient, steht in krassem Gegensatz zu den ruhigen geometrischen Mustern, die die Reihen silbern schimmernder Olivenbäume mit den wechselnden Farben der Weizenfelder und den blaugrünen, mit Kupfersulphat besprühten, geradlinig ausgerichteten Weinstöcken bilden. Das Profil der einsamen **Zypresse** und die Schirme der **Pinien** setzen in dieser zurechtgestutzten Landschaft markante Zeichen.

Den größten Kontrast aber bilden die bunten **Frühlingswiesen,** die „Märchenwiesen" der Maler des Quattrocento, voller „Sterne von Bethlehem" und zarter „Jungfern im Grünen", dann wieder wechselt roter Klatschmohn sich mit gelben Margeriten ab, ziehen sich ganze Felder von blauer Iris hin, mischen sich weiße und violette Anemonen mit Traubenhyazinthen, Rosenlauch, wilden Orchideen und den lilaroten Rispen des Siegwurz. Mehr an **Kräutern** und Grünzeugs als jeder Markt zu bieten hat, wächst einfach wild dazwischen und an den Rainen: wilder Knoblauch, Fenchel, Minze, Spargel, Erdbeeren; Boretsch und Löwenzahn, Raute und Rauke, Wegwarte und Radicchio; Oregano, Thymian, Salbei, Lorbeer und Rosmarin.

Wenn die Wälder der Hügel mit Kastanien, Buchen, Kork- und Steineichen endlich ihr Frühlingsgrün angelegt und aus der feuchten Walderde sich die zarten rosa Cyclamen hervorgearbeitet haben, leuchten bereits prächtige vielfarbige Gazanien an der Küste, entfaltet sich die weiße Meerzwiebel und die unscheinbaren Blütensternchen der Oliven öffnen sich. Nach dem ersten Schnitt werden die verschwenderischen Wiesen braun und verdorrt aussehen, und nur noch in den umzäunten Gärten verströmen Glyzinien und Rosenbüsche ihren schweren Duft.

... und die Fauna zum Streichelzoo wird

Natürlich gibt es auch Wölfe im Apennin und Rotwild im Casentino und Reiher in der Maremma. Wir lassen hier unseren ganz privaten Zirkus Revue passieren, der uns Jahr für Jahr erfreut und nervt.

Erste Frühlingstage. Unermüdliches Kuckucks-Geschrei. Balzende **Fasane,** die beim geringsten Geräusch erschreckt aufflattern. Wintergraue **Eidechsen** und vereinzelte noch halberstarrte Nattern in der Mittagssonne. Ein Regen lockt fette Erdkröten und winzige Laubfröschlein ins Gras.

Später. Wie auf Verabredung erscheint alljährlich die grüne Smaragdeidechse an ihrem Felsen. Abgeworfene Stachelschwein-Stacheln beweisen, dass es wieder der scheue Nachtgänger war, der Löcher gegraben hat. Die Fasanenhenne brütet. Je voller der Mond wird, desto mehr ereifert sich das Käuzchen in der Nacht.

Frühsommer. **Schlangen** häuten und paaren sich, sind aggressiv oder liebestrunken, eine Viper sollte man jetzt besser nicht reizen. Elstern und Eichelhäher schlagen sich um die ersten blassrosa Kirschen. Auch die Eidechsen, nunmehr grasgrün, liefern sich dramatische Gefechte. Millionen von **Glühwürmchen** tanzen nachts wie Lichterketten zwischen den Oliven. Morgens führt mit unermüdlichen Ruck- und Gurrlauten die Fasanin ihre Küken aus, bei einbrechender Dämmerung kreuzen **Fledermäuse** in wahnwitzigem Zickzackflug.

Wildschweine in der Maremma

Sommer. Hitzetrunkene Stille. Selbst **Skorpione** suchen die Kühle des Hauses. Nur Ameisen wandern und arbeiten, eine Gottesanbeterin harrt bewegungslos und unauffällig auf einer verbrannten Grasscholle. Schwerfälliges Rascheln entpuppt sich als „Renngeräusch" einer Landschildkröte. Gegen Abend beginnt der Höllenlärm der **Zikaden.** Die Nachtigall wartet bis Mitternacht, um ihr Lied zu singen.

Frühherbst. Zeit der Feigen und der **Wildschweine.** Das Schmatzen und Grunzen des Rudels dringt bis in den Schlaf. Nach dem ersten Regen scheint sich die ganze Vogelwelt aus der Sommerstarre zu lösen, auch das Käuzchen wird wieder aktiv. Am Morgen kreist wie immer der Bussard auf der Suche nach einer Frühstücksmaus.

Herbst. In der Morgendämmerung schnürt wie ein Schemen der Fuchs vorbei, ein seltener Gast. Braune Eidechsen streiten sich um den besten Sonnenplatz, auch die Schlange tankt noch ein bisschen Wärme auf der Mauer. Schwärme von Zugvögeln ziehen am Himmel vorüber, das heisere Bellen der Marder dringt aus dem Tal.

Klima

Die geschützte Lage zwischen Apennin und Küste beschert der Toscana ein ganzjährig gemäßigtes Klima mit milden Wintern mit stark schwankenden Niederschlagsmengen, angenehmen Frühjahrs- und Herbsttemperaturen und heißen, trockenen Sommern. Der Großteil der Niederschläge fällt in den späten Herbstmonaten und zum Jahresanfang. Trotzdem gibt es große lokale Unterschiede. Herrscht an der Küste praktisch ganzjährig ein ausgeglichenes mediterranes Klima, gelten für das Landesinnere mit seinen unterschiedlichsten Höhenlagen andere Gesetze. Und da das Klima inzwischen weltweit verrückt spielt, kann auch in der Toscana alles ganz anders

Klimatabelle

ØTageshöchsttemp. (°C)	**Jan**	**Feb**	**März**	**April**	**Mai**	**Juni**	**Juli**
Florenz	8,3	10	14	18,5	22,8	27,9	30,9
Arezzo	7,8	9,2	13,3	17,2	21,3	26,5	30,2
Lucca	9,6	11,2	14,8	18,5	22,5	26,9	29,8
Pisa	10,9	12,5	15,5	19,0	22,6	26,9	29,5
Grosseto	11,4	13,7	16,4	20,0	24,3	29,2	32,5
Ø Regentage							
Florenz	7	7	9	8	7	7	3
Grosseto	9	8	8	8	8	4	2
Ø Sonnenstunden							
Florenz	5	5	5	7	10	10	11
Grosseto	4	6	6	7	9	10	11
Ø Wassertemperatur (°C)							
Grosseto	14	13	13	14	17	21	23

kommen, als man es sich vorgestellt hat. Frühling und Herbst werden im allgemeinen als die beste Reisezeit für die Toscana angesehen. Stimmt aber nur bedingt. Im **Frühjahr** ist das Wetter am instabilsten. Nicht umsonst spricht man vom *marzo pazzo,* dem verrückten März, der mit „Aprilwetter“ mal tiefblauen Himmel und fast sommerliche Grade, mal Nachtfröste, ausgiebige Regenfälle und selbst kurze, heftige Schneestürme bereithält. Häufig bläst die *Tramontana,* ein schneidender Wind, der Kaltluft von jenseits der Gebirge heranträgt. Erst im **Mai** wird es langsam beständiger und manchmal schon so sommerlich, dass Baden ohne Gänsehaut möglich ist. Die Natur ist jetzt am schönsten, es grünt und blüht überall.

Spätestens im **Juni** beginnt der Sommer. Es fällt kein Regen mehr, es wird wärmer, trockener und immer noch wärmer und ausgedörrter, bis die Landschaft braun und verbrannt ist.

Aug	Sept	Okt	Nov	Dez
29,9	25,5	19,0	13,3	9,1
29,5	25,3	19,1	13,5	8,7
29,4	26,3	19,8	14,6	10,8
29,7	26,7	21,5	16,1	11,9
31,8	28,4	22,1	17,0	12,9
3	5	9	10	9
3	7	10	11	9
11	7	6	3	3
10	8	7	4	3
24	23	20	18	15

Das steigert sich bis *Ferragosto* (15. August), dem Höhepunkt des Sommers. Alles stöhnt über die Hitze, die Städte sind leer, die Strände voll, bis irgendwann ein kräftiges Gewitter kommt. Danach ist es meist wieder strahlend schön, aber die Nächte, zumal auf dem Land, sind bereits merklich abgekühlt, am Morgen liegt Tau.

Der **September** ist insgesamt durchwachsen, zählt aber zumindest an der Küste und im Hügelland mit Recht noch zur Hochsaison. Das Meer ist noch angenehm temperiert und kühlt erst gegen Ende **Oktober** ab. Gegen Mitte Oktober stabilisiert sich das Wetter oft noch ein letztes Mal; herrlich klare Sonnentage können die Weinernte begleiten. Spätestens Ende Oktober wird es dann ungemütlich. Unwetter und Stürme fegen über das Land, fast alle Flüsse führen ihr erstes Hochwasser und können ganze Landstriche verwüsten (die Flutkatastrophe von Florenz war am 4. November). Dörfer und Hügel hüllen sich in Nebel, der Geruch von verbranntem Holz zieht durch die Gassen.

Während **Dezember** und **Januar** überraschend freundlich sein können (ein blühender Rosenstrauch zu Weihnachten ist nichts Außergewöhnliches), ist der **Februar** wieder ein extrem niederschlagsreicher Monat. Eher selten, außer in Höhen über 600-800 m, weist der Winter Extremwerte auf, doch mit Nachtfrösten muss man außer an der Küste schon rechnen, und alle paar Jahre versinken ganze Teile der Toscana für einige Tage unter einer dichten Schneehülle.

Toscana in Zahlen

Fläche 22 992 km²

Einwohner 3,6 Mio

Bevölkerungsdichte
156 Einwohner/km² (Deutschland 231)

Hauptstadt Florenz

Provinzen
Arezzo (AR), Florenz (FI), Grosseto (GR), Livorno (LI), Lucca (LU), Massa-Carrara (MC), Pisa (PI), Pistoia (PT), Prato (PR), Siena (SI)

Großstädte
Florenz 380.000, Livorno 163.000, Prato 172.000, Pisa 93.000

Topografie
$^2/_3$ Hügelland (15 290 km²), $^1/_5$ Bergland (5770 km²), $^1/_{10}$ Flachland (1930 km²), Küstenlänge 329 km

Höchster Berg Monte Prato, 2053 m

Längster Fluss Arno, 241 km

Größte Insel Elba

Erwerbstätige nach Sektoren
Landwirtschaft 7 %
Industrie 33 %
Handel und Dienstleistungen 60 %
(Arbeitslosenquote 9 %)

Tourismus
ca. 4 Mio ausländische Besucher/Jahr
Florenz 2,1 Mio (No. 3 in Italien nach Venedig und Rom), Siena 400.000, Lucca 230.000, Pisa 210.000
ca. 290 Museen

Geschichte

Aufbauend auf der blühenden, schon fast in Vergessenheit geratenen Stadtkultur der **Römer** und **Etrusker** entwickelte sich nach jahrhundertelanger Stagnation um etwa 1000 in dem nach dem Untergang Roms verheerten und verwüsteten Dreieck zwischen Pisa, Florenz und Siena von neuem eine autonome städtische Kultur und Zivilisation, die den Aufbruch in ein neues Zeitalter einläuten sollte. Nach einem langen, von Mystizismus und feudalistischer Fremdherrschaft geprägten **Mittelalter** hallte der Schlachtruf „Stadtluft macht frei" durch Mittelitalien und bald darauf durch das gesamte Abendland.

Das **Trecento** (14. Jh.) markierte den Höhepunkt der politischen, ökonomischen und kulturellen Entwicklungen und ebnete den Weg für das **Quattrocento** (15. Jh.), das die klassischen Maße, Werte und Ideale der Antike zu neuem Leben erweckte und eine Revolution der Wissenschaften und der Künste mit sich brachte, die man heute als **Renaissance** bezeichnet. Unter der Diktatur der von Kaufleuten zu Provinzfürsten aufgestiegenen **Medici** erlebten Florenz und die Toscana gleichzeitig ihre Blütezeit wie ihren Verfall; die Ära der Kleinstaaterei und unabhängigen Stadtrepubliken war abgelaufen. Nach dem Tod des letzten Medici ging die Toscana an die **Habsburger** über.

Nachdem sich deutsche und toscanische Geschichte bereits über ein Jahrtausend zuvor eng berührt hatten, als Franken und Staufer die Nachfolge Roms anzutreten versuchten und Karl der Große und seine Nachfolger vom *Heiligen Römischen Reich Deutscher Nation* träumten, waren Italien und Deutschland im 19. Jh. die letzten großen Länder Europas, die einen Nationalstaat auf die Beine stellten (**Risorgimento**). Die Toscana gilt zu Recht als der entscheidende Wegbereiter des Übergangs vom Mittelalter zur Neuzeit, doch heute führen Florenz, Pisa, Siena und Lucca, die zwischen 1000 und 1600 zu den reichsten, mächtigsten und fortschrittlichsten Städten der Welt zählten, selbst innerhalb von Italien kaum mehr als ein politisches wie ökonomisches Schattendasein.

Die Etrusker

Die Geschichte der Toscana beginnt im 8. vorchristlichen Jahrhundert, als sich die vermutlich aus Lydien in Kleinasien zugewanderten Etrusker – lat. *Tusci* – in Mittelitalien organisierten und Siedlungen gründeten. *Etruria* war kein Staat im heutigen Sinne, sondern eine lose Konföderation autonomer Stadtstaaten, ähnlich wie im alten Griechenland, ohne einheitliches politisches Zentrum. Von den zwölf Metropolen ihres Städtebundes (*Lukomonen*) lagen acht im Gebiet der heutigen Toscana – **Populonia, Vetulonia** und **Roselle** an der Küste, im Landesinneren **Chiusi, Arezzo, Cortona, Fiesole** und **Volterra** –, die übrigen waren über Umbrien und Latium verstreut.

Die Etrusker, die sich selbst *Rasenna* nannten, kultivierten das Land zwischen Arno, Tiber und *Tyrrhenischem Meer* (von *Tyrrhenoi,* griech. für Etrusker), beuteten die Erze und Mineralien Elbas und der Colline Metallifere aus, legten die Sümpfe der Maremma und des Valdichiana trocken und bauten eine Flotte auf, die einen schwunghaften Seehandel mit der gesamten damals bekannten Welt ermöglichte. Ihre größten Rivalen, die Phönizier und die griechischen Kolonien in Sizilien und Süditalien, waren gleichzeitig ihre wichtigsten Handelspartner.

Die Etrusker gelten als rätselhaft, da sie fast nichts hinterließen als **Totenstädte** (Nekropolen) und Grabbeigaben. Obwohl ihre Schrift mühelos entziffert werden kann, ist ihre Sprache ein Buch mit sieben Siegeln geblieben. Etrurien war ein Land der Kunst und Kultur, die in vieler Hinsicht der griechischen glich, aber auch der düsteren Religion, zwanghafter Riten und der Angst vor dem Tod. Ihre Wandgemälde zeigen Jagdszenen, Festmähler, Tanz und Musik, aber ebenso grausame Dämonen, blutige Kulte und eine ausgeprägte Todessehnsucht.

Die Römer

Die Römer begannen die Etrusker ab dem 4. vorchristlichen Jahrhundert zu verdrängen, übernahmen deren Einrichtungen und bauten sie weiter aus. Dem Machtwillen und der straffen Organisation der aufstrebenden Zentralmacht erwies sich der lose Städtebund der Tusci nicht lange gewachsen. Städte, die Rom freundlich gesonnen waren, wie **Cortona, Fiesole** oder **Volterra,** blühten auf und wurden mit Theatern, Thermen und Tempeln „zugepflastert", andere verloren an Bedeutung und zerfielen zu Trümmern.

Solange die Römer von der neugewonnenen Region profitierten, ging es ihr gut. Kolonien und spätere Städte wie Lucca, Pisa, Florenz und Pistoia wurden aus dem Boden gestampft, und große Verbindungsstraßen angelegt, die *Tuscia* mit der Metropole verbanden. Die 241 v. Chr. begonnene **Via Aurelia** verlief entlang der Küste bis zu den Marmorbrüchen von Carrara und weiter nach Gallien, die einige Jahrzehnte später in Angriff genommene **Via Clodia** führte über Chiusi und Arezzo bis Fiesole, eine weitere Straße verband Fiesole und Florenz mit Pistoia, Lucca und Pisa.

Etruskisches Tor in Volterra

Doch der „Wirtschaftsstandort" Tuscia verfiel fast so rasch, wie er aufgeblüht war, als Getreideimporte aus der Sklavenökonomie Ägyptens und Erze und Mineralien aus Kleinasien billiger kamen als arbeitsintensive heimische Latifundien und Bergwerke. Bauern und Bergleute wurden als Soldaten und Handwerker des *Imperium Romanum* gebraucht, Etrurien entvölkerte sich und verfiel. Schon um die Zeitenwende, zur Zeit Kaiser Augustus', waren die meisten Bewässerungsanlagen verkommen. Die fruchtbaren Ländereien wurden wieder zu fieberverseuchten Sümpfen, und die sich selbst überlassene Bevölkerung zog sich zum Schutz vor Seuchen und Plünderern ins Berg- und Hügelland zurück.

Völkerwanderung & Frühmittelalter

Nach dem Fall Roms im 5. Jh. verfiel die Toscana in jahrhundertelange Stagnation und wurde zur Durchgangsstation für die Völkerwanderung, die ganz Europa in ihren Bann zog. Jeder wollte das Erbe Roms antreten (Ostgoten, Langobarden, Karolinger) oder es zumindest erobern und plündern (Westgoten, Hunnen, Vandalen). Die Toscana wurde zu einem Experimentierfeld für Fremdherrscher jeder Couleur. „Germanische" Strukturen (feudale Fürstentümer) vermischten sich mit „spätrömischen" (Bistümer, Diözesen), häufig in Personalunion, und ein rigoroser **christlicher Fundamentalismus** wachte eifersüchtig darüber, dass auch die letzten Reste alles „Heidnischen" (sprich Römischen, Griechischen, Etruskischen) ausgemerzt wurden und alles so blieb, wie es war (denn es war gottgegeben). Als 568 die **Langobarden** in Tuskien einfielen und es zu ihrem Herzogtum erklärten, leiteten sie einen jahrhundertelangen Konflikt mit den Päpsten ein, die nichts so sehr fürchteten wie ein vereintes Italien (unter wessen Herrschaft auch immer), das ihre Pfründe schmälern würde. Als Lucca und Pisa als langobardische Residenzen zu prosperieren begannen, suchten die Päpste einen Verbündeten und fanden ihn in den **Franken.** Karl der Große zerschlug 774 das Langobardenreich und wurde von den dankbaren Päpsten zum Kaiser gekrönt.

Die Franken überzogen die *Markgrafschaft Tuszien* mit einem Netz von Ritterburgen, von denen aus der **Adel** Leibeigene das Land bestellen ließ und Wucherzinsen von den Händlern der Märkte erhob. Eigentliche Ordnungsmacht aber blieb die **Kirche,** die mit dem Ablasshandel zudem eine sprudelnde Geldquelle erfand. Die freiwillig-unfreiwillige Gewaltenteilung mündete bald in einen offenen **Machtkampf zwischen Papst- und Kaisertum,** der zunehmend erbitterter ausgetragen wurde. In den aufblühenden toscanischen Städten bekämpften einander die Fraktionen der **Guelfen** (Papsttreue) und **Ghibellinen** (Kaisertreue) in ständig wechselnden Allianzen bis aufs Messer, verfochten dabei im Grunde aber immer nur ihre eigenen (familiären, lokalen, regionalen) Machtinteressen.

Guelfen gegen Ghibellinen

Der Stellvertreterkrieg zwischen kaisertreuen Ghibellinen, die ein starkes, vereintes Italien unter Führung der deutschen Kaiser anstrebten, und papsttreuen Guelfen, die an einer Aufsplitterung des Territoriums zugunsten unabhängiger Stadtrepubliken interessiert waren, zerfleischte die Toscana bis ins 14. Jh. hinein. Ihre Namen leiten sich von zwei deutschen Fraktionen ab, den Anhängern des Staufers Friedrich II (1198-1250), die nach dessen schwäbischer Heimatstadt auch **Waiblinger** genannt wurden, und den antikaiserlichen **Welfen,** die sich um die Herrscher von Sachsen und Bayern scharten.

Offen zum Ausbruch gekommen war der Machtkampf anlässlich des Streits um die Bischofsinvestitur zwischen Papst Gregor VII. und Heinrich IV, in dessen Verlauf Rom den Kaiser 1077 zum **Bußgang nach Canossa** (s. Abb. u.) zwang. Die Einheit von Reich und Kirche und das langobardisch-karolingische Feudalsystem zerbrachen, der **Aufstieg der Kommunen** konnte seinen Anfang nehmen. Die mit dem Papst verbündeten Städte entfesselten die Wirtschaft und vertrieben den Adel vom Land, aber jede für sich und in Konkurrenz zur anderen; ohne den Kaiser fehlte die ordnende Hand, die die Toscana (und Italien) zu einem zentralistisch regierten, „modernen" Einheitsstaat hätte machen können (freilich um den Preis des Fortschritts).

Die Städte, Zentren des Finanzkapitals, des Bankwesens, der Produktion, der Wissenschaft und Künste, bekämpften einander bis aufs Messer, aber in allen Kommunen waren auch jeweils beide Parteien vertreten, die bereitwillig ständig die Seiten wechselten, wenn es ihnen einen Vorteil versprach. Höhepunkt des Konflikts war die blutige Schlacht 1260 bei **Montaperti,** in der das ghibellinische Siena mit Hilfe der Staufer Manfreds von Sizilien Florenz besiegte und den guelfischen Rivalen beinahe ein für allemal ausgelöscht hätte.

Die Sehnsucht nach einer übergeordneten, unparteilichen Ordnungsmacht ließ selbst **Dante** (der offen römisches Erbe und germanische Tradition für das Chaos verantwortlich machte und für eine Balance zwischen Staat und Kirche eintrat) in Heinrich VII den Retter Italiens sehen, ehe der deutsche Kaiser 1313 überraschend starb (und im Dom zu Pisa bestattet wurde). Dante musste ins Exil. Erst als die Päpste ausländische Mächte zu Hilfe riefen (Frankreich, Spanien), ging Florenz schließlich siegreich aus dem Konkurrenzkampf der Städte hervor, büßte damit aber auch bald seine Unabhängigkeit als freie Republik ein.

Ab 1000 war die Zeit des Aufbruchs. Die Bevölkerung wuchs, Märkte entstanden, der Fernhandel erblühte. Das neue Zahlungsmittel **Geld** trat an die Seite ererbter Privilegien, die starre gesellschaftliche Ordnung geriet in Bewegung.

Unter dem Vorwand des Konfliktes Kaiser gegen Papst tobte in Wahrheit der Kampf einer neuen Klasse, des aufstrebenden Bürgertums, gegen die etablierten Privilegien und Besitzstände der Herrschenden, d. h. von Adel und Klerus.

Trecento

Das 14. Jh. bildet den Endpunkt der Entwicklungen des 11.-13. Jh.s und markiert in ganz Europa den Übergang vom Mittelalter zur Neuzeit. Italien nimmt eine Sonderstellung ein, zum einen als Nachfolger der Römer und zum anderen der ersten Christen. Die Rückbesinnung auf die eigene Vergangenheit wird zum Motor einer Aufbruchstimmung, die im darauffolgenden Jahrhundert in die florentinische Renaissance („Wiedergeburt der Antike") mündet.

Das **etruskisch-römische Erbe** führt in der Toscana früher und umfassender zu einer **Stadtkultur** als im übrigen Italien und Europa. Die Dynamisierung des Lebensgefühls (weg vom Fatalismus des Agrarmenschen und dem gemächlichen Rhythmus der ewig wiederkehrenden Jahreszeiten, hin zu einer Vita Activa, in der man die Geschicke in die eigene Hand nimmt) bringt eine Entfesselung der Ökonomie (Handel, Banken, Manufakturen) und den Kampf um Selbstbestimmung mit sich. Über den Fundamenten etruskischer und römischer Gründungen entstehen blühende Kommunen, deren Bewohner sich aus der Bevormundung durch Adel und Klerus lösen und nach Autonomie trachten.

Auf das dominierende Pisa, das seinen Aufstieg dem Seehandel verdankt, folgen Lucca, Siena und Florenz, die Reichtum nicht mehr „importierten", sondern selber schaffen: Expansion des **Bankenwesens** und Weiterentwicklung der flandrischen Tuchmanufaktur zur **vorindustriellen Produktionsweise.** Auch wenn immer wieder Epidemien (Pest, Cholera) und Hungersnöte die Bevölkerung dezimieren, wachsen die Städte unaufhörlich. Zu dem alten Gegensatz „frei/unfrei" gesellt sich der zwischen arm und reich, gleichzeitig wachsen Neid, Orientierungslosigkeit und Angst.

Die **Kirche** hält mit der Entfesselung der gesellschaftlichen Dynamik nicht Schritt und büßt einen Gutteil ihres Einflusses (u. a. das Bildungsprivileg) an neugegründete **Bettelmönchsorden** wie Franziskaner und Dominikaner ein. Die Kommunen machen in immer neuen Formen und Varianten **politische Experimente** durch, die sich in erster Linie durch das fundamentale Misstrauen gegenüber jeder Art von Obrigkeit auszeichnen (ein bestimmender Zug der italienischen Politik noch heute!).

Sprache und Literatur *(Dante, Petrarca, Boccaccio)* befreien sich aus dem Ghetto der (Bildungs-)Elite, das **Hand-**

werk (Architektur, Malerei, Bildhauerei) emanzipiert sich und bricht mit dem Kanon jahrhundertelang verinnerlichter Stereotypen *(Nicola Pisano, Giotto, Duccio).* **Zünfte** und andere merkantil geprägte Körperschaften prägen den Alltag, in den Händen weniger sammeln sich immense Reichtümer (Aufstieg der **Medici** von Kaufleuten zu Bankiers). Die Guelfenmetropole **Florenz** profitiert vom Niedergang der deutschen Staufer-Kaiser und überflügelt erstmals Pisa, Lucca und Siena.

Quattrocento

Das 15. Jh. setzt die sozialen und ökonomischen Umwälzungen des Trecento als „Revolution in den Köpfen" fort. Renaissance bedeutet, dass der Mensch sich erstmals selber als Mittelpunkt der Dinge sieht (Humanismus, Wissenschaft, Künste), aber auch Fort-

Von der Stadtrepublik zum Feudalstaat

Als die Kommunen den Landadel enteigneten, entstand ein neuer Stadtadel, der seine Legitimation nicht mehr aus verliehener oder vererbter Macht, sondern aus unternehmerischem Reichtum bezog. Ein Teil des Adels war aber geschickt genug, seinen Besitzstand nicht nur zu wahren, sondern zu mehren, auf der anderen Seite strebten die neureichen Händler und Bankiers unverhohlen nach dem Status derer, die sie einst unterdrückt hatten. Wie die Kommunen Kaiser und Papst, Feudaladel und Bischöfe gegeneinander ausspielten, tricksten sich in den Städten die Stände gegenseitig aus. Da der „natürliche" Bundesgenosse des aufstrebenden Besitzbürgertums der „Popolo", das Volk, war, kam es schon im 12. Jh. zu ersten taktischen Allianzen und „basisdemokratischen" Mitbestimmungsmodellen (Geldadel und „rechtschaffene Bürger" gemeinsam gegen Adel oben und „Plebs", d. h. besitzlose Bauern, Handwerker und Handlanger, unten). Von „Demokratie" konnte allerdings keine Rede sein, schon eher von einem „Kastensystem" wie in Indien; wahlberechtigt war maximal ein Drittel der Einwohner (die, die lesen und schreiben konnten und/oder in Zünften organisiert waren), den großen Rest bildete das recht- und besitzlose Lumpenproletariat.

Im 14. Jh. waren die Arbeits- und Lebensbedingungen der Massen derart unerträglich geworden, dass es zu immer heftigeren Aufständen nicht nur gegen die Unternehmer, sondern gegen das System selbst kam. 1378 revoltierten die Ciompi, die Wollweber von Florenz, und rissen kurzfristig die Macht an sich. Von da an war es nur noch eine Frage der Zeit, bis sich der Geldadel mit dem Feudaladel zusammentat und eine neue städtische Oligarchie bildete, aus deren Reihen sich erst „Berufspolitiker" und dann neue „Berufsherrscher" herausdestillierten. Ein parlamentarisches „Gewissen" blieb in Form des Rats, als Alibi, doch schon die ersten Medici, die Cosimo nachfolgten, führten sich auf wie die Feudalherren (s. Abb., Lorenzo il Magnifico).

schritt durch Rückschritt (nämlich in die Vergangenheit). Die politischen und gesellschaftlichen Errungenschaften des Trecento werden nicht nur nicht weiterentwickelt, sondern regredieren; Florenz und die Toscana werden zu einem lebenden Anachronismus, der eine leichte Beute der europäischen Großmächte wird, die Italien unter sich aufteilen.

Die **Renaissance** (wörtlich: „Wiedergeburt" der klassischen, römisch-griechischen Antike) wird bis heute als die epochale Errungenschaft der Florentiner verklärt. Die knallharte ökonomische Basis, die eine solche „Glanzzeit" überhaupt erst ermöglichte – nämlich Arbeit, Leid und Ausbeutung der Armen und Ärmsten, der Lohnarbeiter, Tagelöhner und Leibeigenen – wird dabei gern übersehen. Und ebenso die Tatsache, dass die Renaissance das „finsterste Mittelalter" nie überwand, sondern allenfalls „verfeinerte" und in Maßen „humanisierte". Wucher, Tyrannei, Blutrache, Mord und Totschlag und der Krieg jedes gegen jeden blieben auch im Zeitalter der „aufgeklärten" Medici und ihrer „humanistischen" Berater an der Tagesordnung. Händler und Kaufleute stiegen zu Fabrikanten, Bankiers und Magnaten auf und ergriffen nach der wirtschaflichen auch die politische Macht. Zum ersten Mal in der Geschichte regierte das **Geld.**

Anstelle der im Volk immer noch tief verwurzelten Hingabe an die Kirche trat ein lokalpolitischer Patriotismus mit der Betonung auf dem Diesseits (Rationalismus, Zweckdenken, Empirie). Der Durchbruch der **Zentralperspektive** in den Künsten (Architektur, Skulptur, Malerei) bedeutete mehr als nur eine neue „Technik", sondern eine neue Weltanschauung (ich sehe die Welt/die Welt ist so, wie ich sie sehe/die Welt existiert nur, indem ich sie sehe). Der **Individualismus** eröffnete ungeahnte Perspektiven für Ökonomie, Wissenschaft und Kunst, aber auch für eine immer brutalere Machtpolitik seitens der Herrschenden *(Machiavellismus)*. Republikanisches (und zumindest im Ansatz demokratieähnliches) Staatsbewusstsein wurde skrupellos unterdrückt zugunsten autoritär-tyrannischer Strukturen, die nahtlos an das System vor der kommunalen Phase anknüpften. Der Bürger-Parvenu erfand nicht Geschichte neu, sondern trat nur als (wenn auch progressiver) Imitator derer auf, die er verdrängt hatte, sei es der Nobilität (vom Geburts- zum Geldadel), sei es der Kirche (vom passiven Heilsempfänger zum aktiven Mäzen von Klöstern, Kapellen, Kunstwerken).

Bereits Ende des Quattrocento wurde der wirtschaftliche und kulturelle **Niedergang** deutlich spürbar. Das Großbürgertum verlagerte seine Interessen von der Produktion (Tuchindustrie) auf den Grundbesitz (Entstehung der Villen- und Gartenkultur), und Florenz büßte seinen Nimbus als Kulturhauptstadt Europas an Rom und Paris ein. Politisch geriet das in rivalisierende Kleinstaaten zersplitterte Italien unter den Druck ausländischer Großmächte, die bald offen die Geschicke des Landes steuerten.

Die Medici

Wer durch die Toscana reist, wird ihr protziges Wappen mit den *Palle*, den emblematischen Kugeln, noch in dem abgelegensten Weiler des Hinterlands finden. Von vielen werden sie in einem Atemzug mit Florenz genannt (Dante, Michelangelo, Medici), so als hätten sie die Stadt höchstpersönlich erbaut und nebenbei auch noch die Renaissance erfunden. Davon kann keine Rede sein. Die aus dem hinterwäldlerischen Mugello stammenden Medici waren Aufsteiger des späten Trecento, die dank lukrativer Bankgeschäfte zu den reichsten *Magnati* der Republik aufstiegen und sich durch Taktik und Opportunismus die politische Macht sicherten, als die große Zeit der Weltstadt Florenz, politisch wie ökonomisch, schon längst vorüber war.

Noch im 14. Jh. waren die Medici nur eine von vielen reichen Kaufmannsfamilien in Florenz. Den Grundstock zum Vermögen des Clans legte **Giovanni di Bicci de'Medici,** der nach der Kirchenspaltung 1378 auf die römische Kurie setzte und die Päpste mit Krediten zum Wiederaufbau Roms versorgte. Danach genügten im Grunde ganze drei Männer in drei Jahrhunderten, um ihren Namen unsterblich zu machen. **Cosimo**, zur besseren Unterscheidung später **Il Vecchio,** der Alte, genannt, der zum reichsten Mann der damaligen Welt aufstieg und von den Florentinern zunächst verjagt wurde, als er auch die politische Macht beanspruchte; ein schlauer „Businessman" und gerissener Machtmensch, aber auch ein asketischer Gelehrter und Förderer von Humanisten und Künstlern. **Lorenzo il Magnifico,** der Schöngeist, der das Vermögen bereits zu verprassen begann und sich als aristokratischer Mäzen und „Dichterfürst" im Glanz seines Hofs sonnte; ein künstlerisch begabter Lebemann und Sammler der schönen Künste, aber auch ein eitler Verschwender und feudalistischer Despot, der Florenz mit Polizeistaatmethoden regierte und nur knapp einem Mordanschlag entging. Und **Cosimo I,** der der Republik endgültig den Garaus machte und zum Ahnherr eines Clans von Großherzögen aufstieg, als Florenz und die Toscana bereits am Boden lagen; ein machtbewusster Fürst und fanatischer Opportunist, dessen Puritanismus und Geiz nur noch von seiner Eitelkeit übertroffen wurde.

Die Medici kamen an die Macht, als Florenz den Gipfel seiner politischen und wirtschaftlichen Blüte soeben erreicht (bzw. schon überschritten) hatte. Das Netz ihrer Geschäfts- und Handelsbeziehungen (Tuche, Seide, Rohstoffe, Luxusartikel) umfasste fast die gesamte damals bekannte Welt (mit Bankfilialen in Rom, Neapel, Mailand, Venedig, Genf, London, Brügge) und brachte den Clan in engsten Kontakt mit allen Herrscherhäusern Europas. Sie festigten ihre Macht durch Lorenzo, der es meisterhaft verstand, als „Lichtgestalt der Renaissance" Humanismus und Kunstsinn zu repräsentieren, aber gleichzeitig unter dem Deckmantel der Republik heimlich den Feudalstaat einzuführen. Und sie „verewigten" ihre Macht (zumindest für fast zwei Jahrhunderte), indem sie genau zur rechten Zeit den idealen Fürsten parat hatten, als die Toscana der Gnade eben jener ausländischen Mächte ausgeliefert war, mit denen der Clan seit Generationen Geschäfte betrieb und verschwippt und verschwägert war.

Das Geschlecht wäre jedoch unvollkommen beschrieben, würde man ihm nicht quasi in toto einen maßlosen Machttrieb attestieren, der nicht von ungefähr die **Mafia** vorausahnen lässt. Wenn es darauf ankam, waren die Medici immer zur Stelle. Und reichte es einmal nicht aus, **Päpste** lediglich „für sich einzunehmen", stellten sie eben selber welche. *Leo X* und *Clemens VII* brachten es sogar so weit, zur gleichen Zeit sowohl die Christenheit wie ihre Heimatstadt zu repräsentieren (und sich der Welt obendrein noch als Förderer Michelangelos zu verkaufen).

Alles in allem: einige wenige tatkräftige Männer (und eine resolute Frau, *Caterina,* die es bis zur Regentin Frankreichs brachte), aber zu viele Erben. Die galoppierende Degeneration des Clans (Gicht, Prunksucht, Eitelkeit, ausschweifende sexuelle Praktiken) führte zu immer weniger und immer dekadenteren Nachkommen, bis einer von ihnen schließlich gar keine Kinder mehr zeugen konnte.

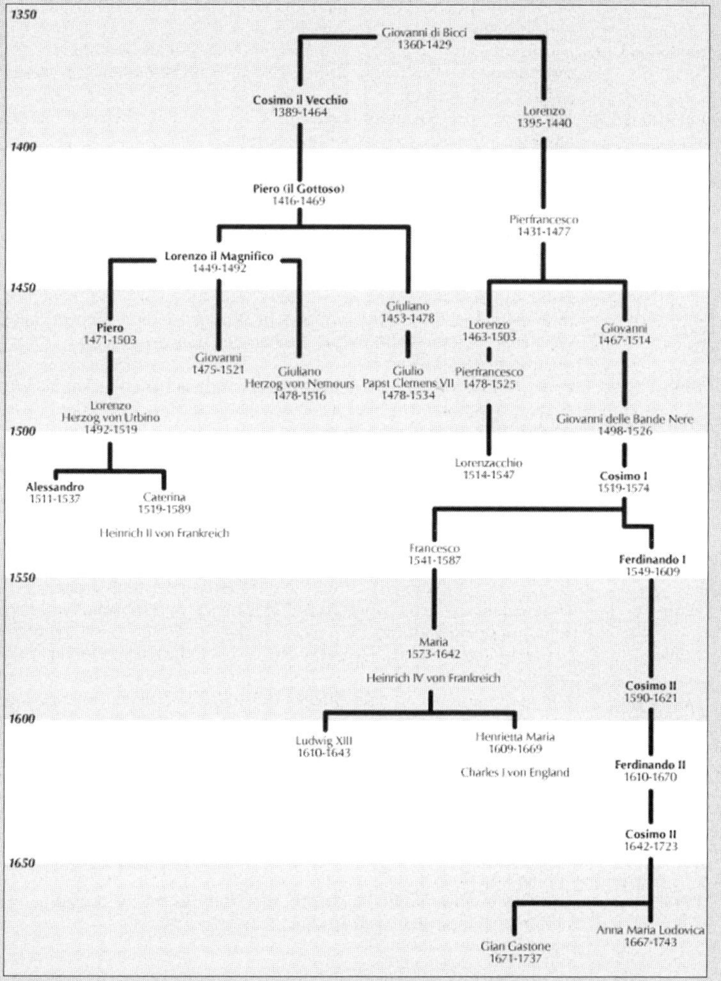

Zeittafel Geschichte

ab 800 v. Chr.	Die **Etrusker** kolonisieren die Region zwischen Tiber und Arno und gründen autonome Stadtstaaten (in der Toscana Populonia, Vetulonia, Roselle, Chiusi, Cortona, Arezzo, Fiesole, Volterra).
ab 350 v. Chr.	Die **Römer** erobern Etrurien. Stadtgründungen u. a. Lucca, Pisa, Florenz. Mangels wirtschaftlicher Perspektiven verfällt die Region bereits vor der Zeitenwende.
um 400 n. Chr.	Beginn der **Völkerwanderung.** 476 Fall des römischen Reiches. Goten, Hunnen, Vandalen, Byzantiner verwüsten das Land.
568	Die **Langobarden** gründen das Herzogtum Tuscia mit Lucca als Hauptstadt.
774	Unter Karl dem Großen erobern die **Franken** das Langobardenreich. Karl wird zum Kaiser gekrönt, Tuszien fränkische Provinz und später Markgrafschaft.
ab 1050	Der **Machtkampf zwischen Kaiser und Papst** (Investiturstreit, 1077 Bußgang Heinrichs IV nach Canossa) fördert die Entstehung autonomer, untereinander rivalisierender Stadtstaaten wie Pisa, Florenz, Lucca, Siena, Arezzo, Prato, Pistoia. Beginn des Zunftwesens, der Tuchindustrie und der Banken.
1063	**Pisa** besiegt die Sarazenen und wird zu einer der wichtigsten Hafenstäde des Mittelmeers. Baubeginn des ersten großen Doms der Toscana. Ab 1080 regieren gewählte Konsuln die Stadt.
1115	**Markgräfin Matilda** vermacht Tuszien Papst Gregor VII, der wie sie für die Eigenständigkeit und Selbstverwaltung der Toscana eintritt.
1125	**Florenz** überfällt und zerstört Fiesole und beginnt, sein Territorium auszudehnen; erste Kriege mit den Ghibellinenhochburgen Pisa und Siena. 1138 Wahl von Konsuln.
ab 1210	Christliche Reformbewegungen und **Bettelorden** wie Franziskaner und Dominikaner brechen Machtfülle und Erstarrung der Amtskirche auf.
1250	Florenz gibt sich eine „bürgerliche" Verfassung und schließt 1282 den Adel von der Regierung aus.
1260	**Siena** besiegt Florenz bei **Montaperti** in der blutigsten Schlacht des italienischen Mittelalters.
1269	Karl von Anjou beendet die Staufer-Herrschaft in Sizilien, Florenz siegt daraufhin über das geschwächte Siena bei Colle Val d'Elsa.
1284	**Pisas** Niederlage gegen Genua besiegelt das Ende der Seeherrschaft. Die Kommunen wetteifern im Bau monumentaler **Rathäuser:** Prato 1284, Siena 1288, Pistoia 1294, Florenz 1299.
1302	Verbannung **Dantes** aus Florenz, nachdem er für ein Gleichgewicht zwischen Staat und Kirche, Kaiser und Papst plädiert hatte.
1313	Der **Tod Heinrichs VII** beendet die letzten Hoffnungen, die Staufer könnten Italien einigen.
1342	Der **Crash** der größten Bankhäuser von Florenz und Siena führt zu einer Wirtschaftskrise in halb Europa.

1348	Die **Pest** dezimiert die Bevölkerung der Toscana um mehr als die Hälfte. Der Niedergang von Städten wie Siena, San Gimignano etc. ist vorprogrammiert.
1378	Arbeiteraufstände in Siena, Lucca usf. kulminieren in der **Revolte der Ciompi** (Wollweber) in Florenz. **Schisma** der Kirche (Gegenpäpste zu Rom in Avignon bis 1415). 1385 Aufstieg der **Medici** als Bankiers der Päpste.
1406	**Florenz** erobert **Pisa,** baut den Hafen von Livorno aus und führt Kriege mit Neapel (1408-1412), Mailand (1424-1428), Lucca (1429-1433). Unruhen und Aufstände gegen die Herrschenden. Cosimo de'Medici schlägt sich auf die Seite der oppositionellen Volkspartei und wird 1433 verbannt.
1434	**Cosimo il Vecchio** wird aus dem Exil zurückgerufen und „regiert" Florenz bis zu seinem Tod 1464. Beginn der Medici-Dynastie.
1478	**Lorenzo il Magnifico** entgeht einem Mordanschlag der Pazzi-Familie. Krieg zwischen Florenz und dem Papst.
1494	Karl VIII von Frankreich besetzt mit Unterstützung Mailands Florenz, Rom und Neapel. Florenz jagt Piero de'Medici davon. Der Prediger **Savonarola** wird vom Papst exkommuniziert und 1498 hingerichtet (s. Abb. o.). 1504 wird **Michelangelo**s David vor dem Rathaus aufgestellt.
1512	Die **Medici** kehren mit Hilfe der Spanier nach Florenz zurück. **Machiavelli** wird aus den Diensten der Stadt entlassen. 1527 werden die Medici erneut vertrieben.

1530	**Belagerung von Florenz** durch Kaiser Karl V von Spanien und Truppen des Medici-Papstes Clemens VII Die Republik fällt. Florenz wird **Herzogtum,** 1537 ergreift **Cosimo I** die Macht.
1555	**Siena** kapituliert als letzte freie Bürgerrepublik vor den spanischen Söldnertruppen der Medici.
1569	**Cosimo I** wird von Papst Pius V zum **Großherzog der Toscana** ernannt. Außer über Lucca, Massa-Carrara und Teile der Küste (Elba, Orbetello) regiert er über die gesamte Toscana.
1593	Cosimos Nachfolger Ferdinando I macht **Livorno** zum Freihafen. Unaufhaltbarer Zusammenbruch der Wirtschaft. Landflucht, Verfall.
1737	Mit dem Tod Gian Gastones, des letzten Medici, geht die Toscana an **Habsburg** über. Großherzog Franz von Lothringen, der Gemahl Maria Theresias, wird 1741 Kaiser Franz I.
1765-90	**Leopold I** führt im Sinne des aufgeklärten Absolutismus soziale und ökonomische Reformen durch (u. a. Aufhebung der Leibeigenschaft) und läßt die Küstenregionen entsumpfen.
1799	**Napoleon** besetzt die Toscana. Seine Schwester **Elisa** regiert 1805-1814 das Herzogtum Lucca.
1814	Der Wiener Kongreß setzt nach der Verbannung Napoleons nach Elba die **Habsburger** wieder als Großherzöge ein. **Leopold II** (1824-1859) führt die Trockenlegung der Küste fort; Beginn der Industrialisierung.
1848	**Risorgimento.** Aufstände gegen die Fremdherrschaft in ganz Italien. Leopold flieht aus Florenz, kehrt 1852 zurück und kapituliert 1859 endgültig.
1860	**Einigung Italiens.** Die Toscana schließt sich per Volksentscheid Piemont an und wird Teil des Königreichs Italien.
1865-71	König Vittorio Emanuele II wählt Florenz zur provisorischen **Hauptstadt Italiens.**
1921	Antonio Gramsci gründet in Livorno den **PCI** (Kommunistische Partei Italiens).
1922	Machtergreifung **Mussolinis.** Die traditionell „rote" Toscana wehrt sich gegen den Faschismus und wird blutig unterdrückt.
1936	Hitler-Mussolini-Pakt.
1940-45	Italien tritt 1940 an der Seite Deutschlands in den **2. Weltkrieg** ein. 1943 Landung der Alliierten in Sizilien und Sturz Mussolinis. Alliierte und Resistanza bedrängen die deutsche Besatzungsmacht, die im toscanischen Apennin ein Abwehrbollwerk errichtet („Gotenlinie"). Livorno, Pisa, San Gimignano erleiden schwerste Zerstörungen; im Juli 1944 sprengen die Deutschen alle Arno-Brücken von Florenz mit Ausnahme des Ponte Vecchio. 1945 kapituliert die Wehrmacht.
ab 1946	**Ausrufung der Republik** (Volksentscheid gegen die Monarchie). Florenz wird Hauptstadt der Region Toscana. Außer in Lucca herrscht von Beginn an fast ausnahmslos die Linke in den Rathäusern der Toscana (Sozialisten, Kommunisten).
1966	Überschwemmungskatastrophe in Florenz.
1993	Bombenattentat auf die Uffizien.
2001	59. Nachkriegsregierung; Rechtskoalition unter Silvio Berlusconi

Kunst & Kultur

„Wohlgebildete Menschen sollten über die Schönheit und Anmut von Gegenständen, natürlichen wie durch menschliche Kunst geschaffenen, miteinander diskutieren und sie würdigen können." (Pier Paolo Vergerio, *Über vornehmes Betragen,* 1404).

Was in der heutigen Zeit Telekommunikation, Multimedia und Internet sind, waren früher die Künste – sowohl Vorreiter und Wegbereiter (Avantgarde) als auch gleichzeitig Repräsentanten ihrer Zeit.

Kunst und Wissenschaft, Wirtschaft und Politik waren noch keine getrennten Sphären, sondern miteinander „vernetzt". Die umwälzenden ökonomischen, wissenschaftlichen und technischen Neuerungen beim Übergang vom Mittelalter zur Neuzeit fanden ihren ersten und revolutionärsten Niederschlag in den Künsten – die zeigten, wie die Menschen dachten, fühlten und handelten, aber auch antizipierten, wie sie denken, fühlen und handeln *sollten* bzw. und *könnten* – und produzierten zugleich die ersten und letzten „Universalgenies" der Geschichte *(uomo universale, Renaissance Man).*

Bildhauer waren gleichzeitig Goldschmiede, Architekten und Maler sowie Philosophen, Alchemisten, Ingenieure, Dichter, Mathematiker, Kunsttheoretiker, Ökonomen und erfolgreiche Geschäftsleute, alles in einem (da reicht nicht einmal ein Goethe heran). **Michelangelo** steht als unverrückbarer Gigant am Ende dieser Epoche. Wie *Giotto* zweihundert oder *Masaccio* hundert Jahre zuvor war er seiner Zeit weit voraus – ein „Genie", scheinbar ohne Vorläufer –, aber letztlich auch nur Teil einer Entwicklung, die bereits Jahrhunderte zuvor eingesetzt hatte.

Ohne die bahnbrechenden Arbeiten eines *Dante, Petrarca, Pisano* oder eben *Giotto* hätte es keinen Michelangelo gegeben. Der Eleganz und schönen Unverbindlichkeit seiner Zeitgenossen (als Schüler lernte er in der angesehensten *Bottega* seiner Zeit, der des *Domenico Ghirlandaio)* konnte er wenig abgewinnen , wie vor ihm *Pisano, Giotto, Ghiberti* griff er von neuem auf die Vergangenheit zurück (die Antike und die erste Generation der Renaissance: *Brunelleschi, Donatello, Masaccio),* um das Tor zur Zukunft aufzustoßen.

Mit der **Renaissance** befreite sich der Mensch aus den Fesseln von Schicksal und Gottergebenheit, mutierte aber in gleichem Maße, wie an die Stelle von Kaisern, Päpsten und ihren Statthaltern kühl kalkulierende Kaufmänner, Händler, Bankiers und Politiker getreten waren, erstmals zum „Herdentier".

Und Michelangelo verherrlichte (und lebte) wie noch keiner vor ihm die Freiheit und **Individualität** des Menschen, sah sich aber gleichzeitig zum ohnmächtigen Erfüllungsgehilfen einer Entwicklung degradiert (Feudalismus, Heroismus, Barock, Geniekult), die zielgerichtet auf den Untergang seiner Welt zusteuerte.

Schwierigkeiten & Probleme

Unvoreingenommene (unvorbereitete) Besucher werden sich immer wieder den gleichen Problemen gegenübersehen:

- **Religiosität.** Noch bis ins 16. Jh. hinein hatte Kunst praktisch ausnahmslos *sakralen Charakter;* erst in der Renaissance traten nach und nach antikisierende und mythologische Motive hinzu. Daran muss man sich gewöhnen (oder eben nicht). Mit etwas Glück (und dem nötigen Auge) mag es einem angesichts der xten *Madonna mit Kind* aber ergehen wie dem Feinschmecker mit der zehnten *Bistecca* oder *Acquacotta:* man entdeckt Nuancen, registriert Unterschiede, verliert sich in Details, beginnt sich zu begeistern.
- **Romanik, Gotik oder Frührenaissance?** Aber: „reine" Stile gibt es nicht. Dieselbe Bauform kann nördlich der Alpen etwas völlig anderes bedeuten als südlich davon, und an allen großen Kirchen und Domen wurde so lange gebaut (hundert Jahre und mehr), dass sie ohnehin meist verschiedene, ja sogar gegensätzliche Architekturelemente in sich vereinigen (von späteren Um-, An- und Ausbauten ganz zu schweigen). Die *Romanik* kam nicht, wie ihr Name nahelegt, aus Rom nach Mittelitalien, sondern aus Frankreich, und sie wurde in Pisa und Lucca eher *byzantinisiert,* in Siena dagegen *gotisiert.* Und während die *Renaissance* noch die Rückkehr zur Harmonie der Antike feierte und sich als größtmöglichen Kontrast zur „barbarischen" *Gotik* sah, bereiteten ihre größten Künstler bereits den Ausbruch vor, wagten wieder Schmuck, Ornament und landeten im *Manierismus,* der den *Barock* ankündigte, gegen den die „überladene" Gotik beinahe wieder „klassisch" anmutete.
- **Falsches Kontinuum, oder: der Schein trügt.** Gänge durch Kirchen und Museen verfälschen, liefern ein schiefes Bild. Ohne dass man dessen wirklich gewahr wird, überbrückt man mit wenigen Schritten Jahrhunderte. Die Zeit schnurrt zu einem handlichen Paket zusammen (auf Giotto folgt Masaccio folgt Michelangelo). Tatsächlich trennen Giotto (geb. 1265), Masaccio (1401) und Michelangelo (1475) mehr als 200 Jahre, das sind nicht nur Generationen, das sind Welten. Brunelleschi und Donatello hielten die Bauten ihrer Stadt (Baptisterium, San Miniato), die sie zum Vorbild der Renaissance erhoben, allen Ernstes für Werke der Antike, dabei waren sie zum Zeitpunkt ihrer Geburt kaum 300 Jahre alt.
- **Kontext/Background.** Auch wenn sie auf den ersten Blick wenig mit dem Thema zu tun haben mögen, kann es manchmal hilfreich sein, sich zwei Daten vor Augen zu halten: 1492 und 1514. Im Klartext: Die (große) Kunst der Toscana entstand sowohl vor der Entdeckung Amerikas wie des copernicanischen Weltsystems. Noch Michelangelo glaubte, die Erde sei eine Scheibe, um die sich Sonne, Mond und Planeten drehen! Und doch waren es auch gerade auf diesen Gebieten Toscaner, die Geschichte machten: *Amerigo Vespucci,* der Seefahrer aus dem Chianti, nach dem die „Neue Welt" benannt wurde, und *Galileo Galilei* aus Pisa, der das All erforschte.

Epochen

Überblick

Weder Romanik noch Gotik waren „Erfindungen" der Italiener, aber was sie daraus machten, war anders als alles, was man anderswo darunter verstand. Die **Romanik** wurde inniger durch die Nähe zu Rom, die **Gotik** blieb bodenständiger, weniger himmelstrebend. Dank der Seefahrerstädte Venedig und Pisa vermischte sich die Architektur schon ab 1050 mit Einflüsssen aus dem Orient (Byzanz, Jerusalem) und dem Islam und mit einer neuen Sicht auf die Antike (Skulptur, Säule, Portal, römische Palastarchitektur). Von Pisa aus eroberte die marmorgestreifte **Pisaner Romanik** (Dom in Kreuzform mit Kuppel) die gesamte Toscana (lediglich Florenz schlug einen gewissen Sonderweg ein) und vermählte sich ab etwa 1250 mit der aus Norden kommenden Gotik. Mehr als die Originalität und Kühnheit der toscanischen Architekten überzeugten die Handwerker, die den Bauwerken Schmuckwerk und Ornament hinzufügten und unter der Hand zu den ersten Künstlern ihres Gewerbes wurden. Nicht umsonst ist die typische Spezialität der Italiener noch heute das Design! Der besonders begabte „Dekorateur" **Nicola Pisano** revolutionierte die Bildhauerei, **Giotto** und **Duccio** erschlossen der Malerei nie gesehene Welten und Dimensionen (so wie Dante, Petrarca und Boccaccio der Dichtung und Literatur).

Mit der **Renaissance** erreichte die toscanische Kunst ihren Kulminationspunkt, auch wenn politisch und ökonomisch zu dieser Zeit bereits der Niedergang eingesetzt hatte. Aus dem ursprünglichen Quartett (mit Pisa, Lucca und Siena) war nur noch Florenz übriggeblieben – und nicht etwa als „Neues Rom" (wovon noch Pisa geträumt hatte), sondern als „Neues Athen". In einer Sternstunde hektischer Betriebsamkeit und relativen Wohlstands griff plötzlich alles zusammen, was zuvor noch getrennt gewesen war: Kunst und Wissenschaft, Phantasie und Logik, Inspiration und Technik, Forschung und Zauberei. Umfassend gebildete Architekten wie **Brunelleschi** und **Alberti,** die die Bauten des alten Rom studierten, bei den hervorragendsten Philosophen und Humanisten ihrer Zeit aus und ein gingen und als Ingenieure, Mathematiker und Kunsttheoretiker hervortraten, inspirierten Bildhauer wie **Donatello** und **Ghiberti,** die nicht nur die Bibel, sondern auch Petrarca, Platon und Vergil zu lesen wussten, die wiederum Maler wie **Masaccio** und **Uccello** inspirierten, die abenteuerliche Entdeckungsreisen in den dreidimensionalen Raum unternahmen. Ein Netzwerk, in alle Richtungen gespannt und aus allen Richtungen kommend. Ein Donatello oder Masaccio musste sich nicht mehr nur auf verglühte Fixsterne wie Pisano und Giotto beziehen, sondern schöpfte seine Ideen und Visionen gleichermaßen von Freunden und Zeitgenossen aus anderen Disziplinen.

Das Ausmaß des unmittelbaren „Anschauungsunterrichts", den die Renaissance dabei bei antiken Vorbildern nahm, zeigt sich in der überraschend geringen Rolle, die das Theater und die Musik in dieser Ära spielten. Mit den Multitalenten **Michelangelo** und **Leonardo da Vinci** (sowie **Botticelli** und **Raffael**) erreichte die Renaissance den Gipfel, um unmittelbar danach, wie tödlich ermattet, steil abzustürzen. Michelangelo übersteigerte die klassisch-harmonischen Ideale der ausgehenden Epoche bis zum Illusionismus und Gigantismus und läutete den Weg ins absolutistische Barockzeitalter ein.

Romanik

Bodenständig, kontemplativ, andächtig, in sich gekehrt; eine fromme Tochter der Antike. Statik und Logik sind noch miteinander identisch, alle Elemente sind sichtbar, nachvollziehbar, dem Betrachter offen zugewandt.

Mit Rundbögen und Tonnengewölben. Schmuck ist Teil der Architektur.

Die aus Frankreich kommende Romanik fasste eher in Oberitalien Fuß als südlich des Apennin. In der Toscana handelt es sich praktisch ausnahmslos um an strategisch exponierten Stellen (Pilgerwege, ehemalige etruskische oder römische Opferstätten) errichtete **Benediktinerabteien** und einfache **Pfarrkirchen** auf dem Land (von lat. plebs *Pieve* genannt). Ihre Ära ging unwiderruflich um 1200-1250 mit dem Auftauchen der Gotik und der neuen Bettelorden der Dominikaner und Franziskaner zu Ende.

- Abbadia San Salvatore, um 1036
- San Piero a Grado, um 1050
- Collegiata, San Quirico, um 1080
- Sant'Antimo, um 1100
- Collegiata Sant'Agata, Asciano, um 1100
- Duomo, Sovana, um 1150
- Pieve di Romena, um 1150
- Pieve di Gropina, um 1160
- Pieve Santa Maria, Arezzo, ab 1160
- Monte Siepi, San Galgano, um 1180
- Sant'Andrea, Pistoia, um 1180

Typisch toscanisch sind dagegen zwei **Sonderformen** der Romanik:

Pisaner Romanik (ab 1060)

Zeitgleich mit Venedig importierte die Hafen- und Kreuzfahrerstadt byzantinische und islamische Anregungen aus dem Orient und vermischte sie mit romanischen und altrömischen Elementen zu prunkvollen Bauten von spielerischer, orientalischer Eleganz. Hervorstechendes Kennzeichen sind ihre zweifarbig **„getigerten" Fassaden** (Marmorinkrustationen) mit klassizistischen Blendarkaden, Säulenloggien und geometrischen Mustern (Rauten, Rosetten). Der Pisaner Dekorationsstil mit seinem Wechselspiel zwischen Schwarz/Weiß, Licht/Schatten fand wie die Gewürze des Orients Eingang bis in die letzten Winkel der Toscana und wurde geradezu zum Symbol kaisertreuer Ghibellinenstädte wie Siena, Lucca, Pistoia, Prato, Arezzo, Volterra. Der dem Vorbild byzantinischer Kirchen und islamischer Moscheen entlehnte **basilikale Grundriss** (Kreuzform mit Querschiff und Kuppel) wurde selbst in der Guelfenmetropole Florenz übernommen. Die Epoche währte nicht allzu lange, da sie sich bereits im 13. Jh. mit der aufkommenden Gotik vermählte; nahezu alle pisanisch-romanischen Kirchen weisen daher auch gotische Elemente auf.

Florentiner Romanik (ab 1050)

Während Pisas Ursprünge eindeutig sind (den Dom begann ein Grieche, die ersten Skulpturen entstanden nach römischen Mustern), geht die relativ nüchterne, ganz auf klassisch-schlichte, aber farbenfrohe Geometrie (Quadrat, Welle, Kreis, Halbkreis, Säule, Pilaster, Dreiecksgiebel) setzende Architektur der ersten Florentiner Sakralbauten auf keine bekannten Vorbilder zurück. Noch die ersten Baumeister der Renaissance, die sich an ihren flächig angeordneten, harmonischen **Schaufassaden** schulten, sahen sie als „römisch-antik" an, weshalb diese fast ganz auf Florenz beschränkte Form der Romanik auch als **Proto-Renaissance** bezeichnet wird.

- San Miniato al Monte, Florenz, ab 1050
- Baptisterium, Florenz, 1059-1128
- Duomo, Pisa, 1063-1180
- Badia, Fiesole, ab 1080
- Collegiata, Empoli, ab 1090
- Duomo, Pistoia, 1108-1311
- San Frediano, Lucca, ab 1112
- Duomo, Volterra, 1120-1254
- San Michele in Foro, Lucca, ab 1143
- Baptisterium, Pisa, ab 1152
- Campanile, Pisa, 1173-1350
- San Giovanni Fuorcivitas, Pistoia, 1180- 1300
- Duomo, Lucca, ab 1204
- Duomo, Prato, ab 1211

Gotik (Trecento)

Dynamisch, schwungvoll, vertikal (Dreieck statt Quadrat oder Kreis). Einbeziehung des Lichts in die Architektur, Auflösung der Masse in Struktur (Skelettierung, „Entmaterialisierung des Steins"), Formwiederholung und künstliche Natursymbiose („emporstrebender Baum"). Spitzbogen und Kreuzgewölbe. Schmuck emanzipiert sich vom Bauwerk (Relief wird Skulptur, bemaltes Kruzifix wird Altarbild).

„Die Goten zerteilten einen Bogen in mehrere Spitzbögen und überzogen ganz Italien mit diesen Scheußlichkeiten", wetterte Vasari dreihundert Jahre später gegen die „monströse und barbarische" *maniera tedesca.* Zu unterscheiden ist zwischen der eher schlichten **Bettelordensgotik** der Franziskaner und Dominikaner, die gegen 1220 direkt aus Frankreich durch Zisterzienser in die Toscana kam, und der ausladenden **Repräsentationsgotik** der Kommunen, die den neuen Stil eher als willkommene Gelegenheit ansahen, ihrer Lust an Schmuck und

Città sul mare von Ambrogio Lorenzetti – Gotik par excellence

Zierrat zu frönen (ihr sozusagen „die Spitze" aufzusetzen). „Rein gotische" Bauten sind freilich rar, in der Regel wurden romanische ergänzt bzw. erweitert. Außerdem unterscheidet sich die italienische Gotik von der nordischen grundsätzlich: weder auf „himmelstrebende" Höhe noch auf Dynamik wird besonderer Wert gelegt, sondern eher auf Expressivität. Während der ruhige, feste Unterbau der Romanik beibehalten wird, erinnert der komplizierte, verworrene Überbau eher an eine **vergrößerte Miniatur** oder Goldschmiedearbeit als an nordische Kathedralen.

Herzstück ist und bleibt die vorgelagerte **Schaufassade** – eher Bühnenbild denn Architektur, eine opernhafte Prozession von Farben, Mosaiken, Säulen, Pilastern, Giebeln und Türmen. Absolut ungewöhnlich (und in der Gotik ansonsten verpönt) ist auch das Beharren auf der **Kuppel** (ein Erbe Roms!) und der Verquickung von Kreuz- und Zentralplan (auf dem später die Renaissance aufbaute). In dieser Epoche enstanden auch die ersten großen **Profanbauten** in Konkurrenz zu den Kirchen, die Palazzi der sich erstmals selbst verwaltenden Stadtkommunen.

- San Galgano, 1224-1300
- Duomo, Siena, 1225
- San Domenico, Siena, 1226-1340
- Duomo, Massa Marittima, 1228-1304
- Santa Maria Novella, Florenz, 1246
- Duomo, Arezzo, 1277
- Santa Croce, Florenz, 1294
- Duomo, Florenz, 1296
- Santa Maria della Spina, Pisa, 1332
- Orșanmichele, Florenz, 1337-1350

Renaissance (Quattrocento)

Opposition zum Mittelalter, Aufbruchstimmung (insbesondere nach dem allmählichen Überwinden der großen Pest von 1348). Schon Vasari spricht im 16. Jh. von „Rinascità" (Wiedergeburt), aber erst Jacob Burckhardt im 19. Jh. führt den Terminus Renaissance offiziell ein. Die eigentliche oder Frührenaissance löst um 1420 die Gotik ab, die kurze Hochrenaissace läutet gegen Ende des Jahrhunderts bereits den Manierismus als Vorläufer des Barock ein.

„Wiedergeburt der Kunst aus dem Geist der Antike" heißt: bewusste Wiedererweckung der Ideenwelt des klassischen Altertums, Rückkehr zu den Idealen der Vorfahren. Materielle Voraussetzung ist relativer Wohlstand für viele (Entdeckung der „Muße"), ideologische Voraussetzung sind die auf den Schriften der griechischen und lateinischen Klassiker fundierten „studia humanitatis", die von Petrarca, Dante und Boccaccio bereits im Trecento geforderten „humanistischen Wissenschaften". Die Renaissance bringt daher nicht allein „Kunst" hervor, sondern übt einen umwälzenden Einfluss auf das gesamte Geistesleben und nahezu alle Aspekte des öffentlichen Lebens aus (Häuser, Plätze, Sprache, Forschung, Technik, Erziehung etc.).

Feindschaft, ja Hass gegen die „barbarische" Gotik treibt die Renaissance mindestens ebenso voran wie die Wiederentdeckung des Klassischen und Harmonischen der Antike. Die von der Gotik vielfach durchbrochenen Wände werden wieder als *Fläche* betont und nach rational vollziehbaren Gesetzmäßigkeiten zueinander in Beziehung gesetzt. An die Stelle unklarer und mehrdeutiger Strukturen treten wieder einfache geometrische Formen wie Kreis und Quadrat und dienen erstmals als Grundriss von Sakral- wie Profanbauten. Ein Renaissancegebäude erzielt seine Wirkung durch subtilste Anordnung einfacher (Bau-) Massen, die idealiter den Proportionen des menschlichen Körpers entsprechen (so wie man sich in der Antike die Säule wie einen Menschenkörper vorstellte).

Revolutionär ist das Gestaltungsprinzip der **Zentralperspektive,** das über Brunelleschi und die Architektur auch Eingang in die Bildhauerei (Donatello) und Malerei (Masaccio) findet. Die Übertragung der Zentralperspektive auf das Relief führt zur **Vollplastik** (Statue, Akt, Büste), das **Porträt** wird zur Darstellung des unverwechselbaren Individuums.

- Spedale degli Innocenti, Brunelleschi, 1419-24
- Sagrestia Vecchia (San Lorenzo), Brunelleschi, 1419
- Cappella Pazzi (Santa Croce), Brunelleschi, 1420
- Duomo (Kuppel), Brunelleschi, 1420-43
- San Lorenzo, Brunelleschi, ab 1425
- Santo Spirito, Brunelleschi, ab 1434
- San Marco, Michelozzo, 1437-52
- SM Novella (Fassade), Alberti, ab 1458
- Piazza del Duomo, Pienza, Rossellino, 1459-62
- San Biagio, Montepulciano, Sangallo, 1518-43
- Sagrestia Nuova (San Lorenzo), Michelangelo, 1520
- Biblioteca Laurenziana (San Lorenzo), Michelangelo, 1524

Zentralperspektive

„Die Entdeckung, dass objektiv gleiche Größen umgekehrt proportional zu ihrem Abstand vom Auge erscheinen." Dank Brunelleschis Entdeckung der Proportionsregeln ließ sich der dreidimensionale Raum mittels geometrischer Hilfsmittel erstmals auf einer ebenen Fläche darstellen (optisches Kontinuum, Wirklichkeitsillusion). Der Blickwinkel (des Architekten, Bildhauers, Malers) wurde damit zu einer Ästhetik (anstelle einer Weltanschauung) und zu einer Wissenschaft (anstelle eines Dogmas oder Glaubens), und der Mensch wurde damit endgültig zum Maß aller Dinge. Brunelleschis Lehrmeister, der Florentiner Mathematiker *Toscanelli,* entwarf astronomische Rechenmaschinen und erforschte unbekannte Welten im All so wie sein Schüler *Kolumbus* und etwas später *Amerigo Vespucci* und *Giovanni da Verrazzano* unbekannte Welten jenseits des Ozeans. In Florenz, dem Weltzentrum der **Optik**, jagte bis ins 17. Jh. hinein eine wissenschaftliche und künstlerische Sensation die andere: Landvermessung, Kartografie, Astrologie, Astronomie, die Erfindung der Brille und der modernen Malerei; Paolo Uccello, Leonardo da Vinci, Galileo Galilei. Die wissenschaflich-analytische, ganz auf Nachahmung und Nachbildung der Wirklichkeit ausgerichtete Sehweise blieb bis ins 19./20. Jh. bestimmend, ehe Impressionisten und Kubisten die sichtbare Welt erneut in geometrische, jedoch abstrakte Formen zerlegten. Das Problem der Perspektive und der Tiefendimension wurde im Ansatz aber bereits von Michelangelo und Leonardo in Frage gestellt (durch Verzerrung, Monumentalität, Lichtbrechung etc.), ehe Illusionismus und *trompe l'oeil* zum schönen Spielzeug der Welt des Barock gerieten.

Architektur

Das **Haus Gottes** war das A und O im Mittelalter. Profane Architektur erschöpfte sich praktisch ausnahmslos in **Befestigungsanlagen** wie Burgen, Stadtmauern und Wehrtürmen. Eine spektakuläre Sonderform des 12. und 13. Jh.s waren die hochaufragenden **Geschlechtertürme** *(case-torre)* der von ihren Ländereien vertriebenen Adeligen, die toscanischen Städten das Aussehen „mittelalterlicher Manhattans" verlieh (s. *San Gimignano,* S. 256), bevor das Bürgertum sie stutzen oder schleifen ließ.

Erst im Trecento entwickelte sich aus der Casa-Torre (anfangs noch durch Zusammenlegung angemieteter oder enteigneter Adelstürme) der typische toscanische Kommunalpalast oder **Palazzo Pubblico.** Der abweisende, wehrhafte Charakter von Festungsarchitektur blieb aber bestehen, auch wenn dieser nur mehr zur Machtdemonstration diente; noch Cosimo de' Medici ließ seine Villen im 15. Jh. im Burgenstil anlegen. **Arnolfo di Cambio,** der erste bedeutende Baumeister der Toscana, entwarf zwar die größten gotischen Kirchen von Florenz (Dom und Santa Croce), sein blockartiger *Palazzo Vecchio* jedoch lässt „Gotik" allenfalls in Spurenelementen erahnen (Fenster, Simse, Loggien).

Die Tradition des mittelalterlichen Turmhauses wurde erst 150 Jahre später gebrochen, als im Florenz der zwanziger bis vierziger Jahre des 15. Jh.s in Kooperation zwischen Renaissance-Baumeistern und neureichen Familienclans das neuzeitliche **Wohnhaus** entstand (axial mit Innentreppe, Innenhof und Korridoren), wie es mit geringfügigen Änderungen (schrittweise „Entmilitarisierung" der Front) im Prinzip noch heute gang und gäbe ist.

- Castello di Monteriggioni, 1203
- Palazzo dei Priori, Volterra, 1208-54
- Castello, Prato, 1227-48
- Palazzo Comunale, Cortona 1241
- Bargello, Florenz, 1255
- Castello Pretorio, Poppi, di Cambio, 1280
- Palazzo Pretorio, Prato, 1284
- Palazzo Pubblico, Siena, 1288-1309
- Palazzo del Popolo, San Gimignano, 1288
- Palazzo Pretorio, San Giovanni Valdarno, di Cambio, 1290
- Palazzo Comunale, Pistoia, 1294
- Palazzo Vecchio, Florenz, di Cambio, 1299-1314
- Palazzo Davanzati, Florenz, um 1350
- Palazzo Medici-Riccardi, Florenz, Michelozzo, 1444
- Palazzo Rucellai, Florenz, Alberti, 1446
- Palazzo Pitti, Florenz, 1457-1640
- Palazzo Piccolomini, Siena, da Maiano, 1470
- Villa Poggio a Caiano, Sangallo, 1485
- Palazzo Strozzi, Florenz, da Maiano, 1489

Bildhauerei

Die Bildhauerei hat ihre einzigartige Bedeutung – noch in der Renaissance galt sie als Kunstform par excellence! – aus folgenden Gründen:

– In **Fortsetzung der mittelalterlichen Tradition** als „Ableger" bzw. Erweiterung von Kirchenarchitektur (Portal, Kanzel, Fries, Kapitell, Relief). Begabte Steinmetze entwickelten sich um 1250 zu den ersten „Künstlern" ihrer Epoche (Nicola Pisano, Giovanni Pisano, Andrea Pisano, Orcagna).

– Als **Wiederaufnahme der klassischen Tradition** der Vorfahren. Das Vorbild Rom lag praktisch vor der Türe; schon Nicola Pisano schulte sich an römischen Sarkophagen, Donatello vermaß in Rom die Proportionen antiker Statuen, der Glanz der sog. Medici-Venus erstrahlt noch aus den Bildern von Antipoden wie Masaccio (Eva) und Botticelli (Venus).
– Die Dauerhaftigkeit von Marmor, Stein, Bronze steht gegen die Vergänglichkeit von Holz, Papier, Farbe (wie schon die Überreste der Antike hinreichend beweisen). Schon das **Material** an und für sich lädt zu Monumentalität, Symbolismus und Demonstrationszwecken geradezu ein (im Zeitalter der Frömmigkeit zum Beweis der Macht Gottes, später zum Zeichen von Macht per se; noch totalitäre Systeme wie Faschismus und Realsozialismus „verewigten" sich bevorzugt in Standbildern und Denkmälern).

Plastische Kunst tendiert von sich aus (eher als jede andere) zu Form, Idee, Naturalismus. Michelangelo: *„Unter Bildhauerkunst verstehe ich die Kunst, Überflüssiges wegzunehmen, unter Malerei dagegen eine Kunst, die ihr Ziel durch Hinzufügen erreicht"*. Die **Wiederentdeckung des menschlichen Körpers** (vom Relief zur Vollplastik; „wirkliche" Menschen, um die man herumgehen kann) war ein Meilenstein in der Emanzipation von Mystik und Dogmatismus (Mittelalter) hin zu einem neuen, humanen und „realistischen" Menschenbild. *Nicola Pisano* schuf um 1260 die erste Aktfigur und *Donatello* um 1450 den ersten freistehenden Akt seit der Antike; Michelangelo sezierte heimlich Leichen, um dem „Geheimnis" des menschlichen Körpers auf die Spur zu kommen.

Die **Entwicklung der Skulptur** ging der der Malerei stets voraus. *Cimabue* und *Giotto* lernten von **Nicola** und **Giovanni Pisano,** die die Gotik in die toscanische Kunst einführten, **Donatello** und **Ghiberti** inspirierten *Masaccio, Piero della Francesca* und nahezu alle Maler der Frührenaissance, und **Michelangelo** war der erste, der das klassische Ebenmaß wieder zu überwinden suchte. Bildhauer waren die ersten, die ihre Werke „signierten", meißelten die ersten Akte, schufen die ersten Porträts (Büsten), bedienten sich als erste mythologischer (sprich heidnischer) Figuren und nahmen als erste die dritte Dimension (Perspektive) für sich in Anspruch. Statuen bevölkern die stolze Steinlandschaft von Florenz und repräsentieren die untergegangene Republik (während alles, was unter den Medici entstand, sich in Galerien, Gärten, Grotten und Höfen versteckt).

- **Nicola Pisano** (um 1225-80) kam aus Apulien nach Pisa, wo er 1260 nach römischen Vorbildern die epochale Kanzel des Baptisteriums vollendete. 1265-1268 schuf er, unter Mitarbeit von Sohn Giovanni und Arnolfo di Cambio, die Domkanzel von Siena.
- **Giovanni Pisano** (um 1250-1328) lernte in der Werkstatt seines Vaters, ehe er 1270-1275 die Gotik in Frankreich studierte. Er schuf 1284-1297 in Siena die erste Skulpturenfassade Italiens und war zuletzt Dombaumeister zu Pisa. Eigenständige Kanzeln in Pistoia und Pisa (Dom).
- **Andrea Pisano** (um 1290-1348, nicht verwandt) schuf eine Generation später die ers-

te Bronzepforte am Baptisterium von Florenz (1330-1336) und leitete nach Giottos Tod den Bau des *Campanile* (Reliefs). Weitere Arbeiten u. a. in Pistoia und Pisa *(Santa Maria della Spina)*.

• **Andrea Orcagna** (um 1308-1368). Sein Marmortabernakel von Orsanmichele in Florenz galt seinerzeit als „Weltwunder". Trat auch als Maler hervor.

• **Jacopo della Quercia** (um 1374-1438). Der bedeutendste Bildhauer Sienas verband die gotische Tradition seiner Heimatstadt mit der Florentiner Frührenaissance von Donatello und Ghiberti, mit denen er am Taufbecken des Sieneser Baptisteriums arbeitete. Sein schönstes Werk ist das Grabmal der Ilaria im Dom zu Lucca (1403-1408).

• **Lorenzo Ghiberti** (1378-1455). Von Hause aus Goldschmied, gewann er 1401 den Wettbewerb für die zweite Bronzetür des Baptisteriums (u. a. gegen Brunelleschi) und schuf 1425-1452 auch die Reliefs der dritten Tür *(Paradiespforte)*. Außerdem: drei Bronzestatuen von Orsanmichele (1416-1425). Seine Schriften („Commentarii") zählen zu den wichtigsten Quellen der italienischen Kunstgeschichte.

• **Donatello** (1386-1466), der begnadetste Bildhauer der Frührenaissance, übertrug die von seinem Freund Brunelleschi ausgearbeitete Zentralperspektive auf die Plastik und löste die Skulptur damit endgültig von der Architekur. Sein *David* (um 1450) gilt als die erste vollplastische Aktfigur seit der Antike. Donatellos Werke sind von einer feingliedrigen Anmut, aber auch Intensität, die selbst der „größere" Michelangelo kaum je erreichte. Außer in Florenz war Donatello u. a. in Siena (Taufbrunnen, Baptisterium), Prato (Außenkanzel, Dom) und Pisa tätig, in Padua goss er das erste Reiterstandbild der Neuzeit.

• **Luca della Robbia** (1400-1482) begann als Mitarbeiter Brunelleschis und Donatellos (Pazzi-Kapelle, Santa Croce; Sängerkanzel, Dom), ehe er um 1440 die Technik der farbig glasierten Terracotta (Majolika, Fayence) auf Bildwerke übertrug und zu seinem Markenzeichen machte. Die Werkstatt des Neffen **Andrea** (1435-1525) überzog bereits die gesamte Toscana mit den typischen, blauweißen Medaillons *(Spedale degli Innocenti*, Florenz), dessen Sohn **Giovanni** (1469-1529) herrschte schon über eine regelrechte Serienproduktion am Fließband.

• **Michelangelo Buonarroti** (1475-1564). Als Sohn eines Podestà in Caprese im Casentino geboren, wuchs Michelangelo in Florenz und dem nahen Settignano auf und trat mit 14 in die Werkstatt Ghirlandaios ein. Schon ein Jahr später lebte er als Schützling Lorenzos im Medici-Palast (1490-1492) und widmete sich nur noch der Bildhauerei. Nach Studienjahren in Rom (1496-1501) begann er die Arbeit an dem monumentalen *David*, zur gleichen Zeit entstand auch sein einziges Tafelbild, der *Tondo Doni* (Uffizien). Von da ab waren seine Werke nur noch für Päpste und Tyrannen bezahlbar. 1505-1516 *Julius-Grabmal* und Ausmalung der *Sixtinischen Kapelle* in Rom. 1516-1527 auf Anordnung der Medici-Päpste Leo X und Clemens VII wieder in Florenz: Marmorfassade für San Lorenzo (abgebrochen), Bau der *Neuen Sakristei* und der *Biblioteca Laurenziana*. Nach der Vertreibung

Der Nikodemus von Michelangelos *Pietà* soll ein Selbstporträt des Künstlers sein

Werkstätten

Steinmetze wie Maler arbeiteten nie allein, sondern in Werkstätten *(botteghe)* – der „einsame" Künstler, der sich vom traditionellen Handwerk abnabelt, trat erst nach der Renaissance in Erscheinung. Bis ins 16. Jh. lebten Bildhauer, Maler und Baumeister ganz in der **Tradition der Zünfte,** von denen sie abhängig waren, die sie aber auch schützten. Die Zünfte schrieben Ausbildung und Tarife ihrer Mitglieder fest, hielten orts- und sachfremde Konkurrenz fern, schrieben Wettbewerbe aus, verhandelten mit Auftraggebern und Lieferanten, schlichteten Streitigkeiten und garantierten handwerkliche Mindestqualität („made in Florence"). Maler gehörten der Zunft der Apotheker (und Ärzte) an, von denen sie ihre Materialien (Pigmente, Pflanzen, Mineralien, Tinkturen, Extrakte) bezogen. Die meisten Werkstätten offerierten ein ganzes Spektrum an Artefakten, von Einlegearbeiten und Holzschnitzereien bis zu Wappen und Hochzeitstruhen; nur die renommiertesten konnten sich spezialisieren, Familienbetriebe wurden über Generationen hinweg vererbt. In Ghibertis Bronzegießerei, in der Donatello lernte, arbeiteten zeitweise mehr als 30 Gehilfen; Michelangelo war Lehrling bei Ghirlandaio und Leonardo da Vinci bei Verrocchio, aus dessen Werkstatt auch Botticelli und Perugino hervorgingen. Eine der erstaunlichsten Botteghe war die der Künstler-Unternehmer-Sippe della Robbia, deren Terracotten nicht nur in der gesamten Toscana, sondern selbst bis England und Portugal Verbreitung fanden.

Auftraggeber waren zunächst fast ausnahmlos Kirche und Kommunen, ab dem 13./14. Jh. kamen noch die Orden hinzu. Selbst Sakralbauten wurden oft nicht von der Kirche selbst, sondern von Städten und Zünften geplant und durchgeführt: Der Bau des Florentiner Doms unterstand der mächtigen *Arte della Lana,* der Zunft der Tuchhändler, unter deren Obhut noch Michelangelo den David meißelte. Erst im Quattrocento traten vermehrt vermögende Privatleute auf, die Kunstwerke in Auftrag gaben. Anfangs noch als Stifter frommer Werke für öffentliche Bauten (Kirchen, Kapellen, Rathäuser), dann immer offener als Mäzene (Rückzug ins Private) und endlich als individuelle Liebhaber und Sammler. Schon Lorenzo il Magnifico gab im Gegensatz zu Cosimo kaum noch Geld für Gemeinschaftseinrichtungen aus, sondern pflegte einen ausgeprägt höfischen Stil, den sich Fürstenhäuser in ganz Europa zum Vorbild nahmen. Mit der Trennung von Kunst und Handwerk waren die Künste zum teuren Privileg für wenige geworden.

der Medici 1527 engagiert sich Michelangelo als Festungsbaumeister für die von den Spaniern belagerte Stadt, beendet nach dem Fall der Republik (1530) die *Medici-Gräber* und siedelt 1534 für immer nach Rom über. 1535-1541 *Jüngstes Gericht,* Sixtinische Kapelle, ab 1547 Baumeister der Peterskirche. 1564 stirbt Michelangelo 89-jährig und wird auf seinen Wunsch hin in Florenz bestattet (Santa Croce). Legendär sind die Missgeschicke, die seinen Werken zustießen (dem David brach ein Arm, der Pietà ein Bein), und nicht minder legendär ist die Liste seiner unvollendeten Werke. Seine prestigesüchtigen Auftraggeber hetzten ihn mal auf dieses, mal auf jenes gigantische Projekt, und permanente Streitigkeiten mit Neidern und Rivalen (Raffael, Bramante) vergifteten die Atmosphäre. Um den Nachschub an Marmor zu sichern, verbrachte er Jahre in den Brüchen von Carrara und Pietrasanta, vor den ebenso bauwütigen wie despotischen Medici-Päpsten war er weder in Rom noch in Florenz sicher. Obwohl ein glühender Republikaner, musste er stets fürchten, bei den Florentinern wegen seiner engen Beziehungen zu den Medici in Ungnade zu fallen, und sein immenser Ehrgeiz ließ ihn an der „Unvollkommenheit" jedes seiner Kunstwerke verzweifeln.

Malerei

„Der Maler arbeitete mit Nuancen; er wusste, sein Publikum war in der Lage, aufgrund einer kleinen Andeutung zu erkennen, dass die eine Figur Christus, die andere Johannes der Täufer war. Ein Kanon von Gesten, Handhaltungen und Blicken, die jedermann vertraut waren, eine eigene „Sprache", die wir heute nicht mehr sprechen, ja nicht einmal mehr verstehen können. Auch Farben, die als wertvoll oder als minderwertig galten. Blautöne (Ultramarin) aus importiertem und schwierig zu bearbeitendem Lapislazuli statt aus Kupferkarbonat, oder Rottöne aus Silber und Schwefel im Gegensatz zu billigen Erdfarben wie Ocker oder Umbra. Den Blick zogen die teuren zuerst auf sich: Blau zu 2 Florin für die Jungfrau und Blau zu 1 Florin für den Rest des Bildes." (Erwin Panofsky, 1960).

Romanik & Byzantinistik (bis 1300)

Wie die Bildhauerei, aber stets einen Schritt später, entwickelte sich die Malerei aus einer rein dienenden Funktion erst nach und nach zu einer eigenständigen Form.

Fresken

Techniken

Fresken sind in gewisser Hinsicht die Entsprechung zum Kirchenfenster nördlich der Alpen. Das mit der Architektur verbundene Wandbild, eine alte Tradition bereits bei Griechen, Etruskern und Römern, wurde um 1200 „wiederentdeckt" und insbesondere von der Reformbewegung der Franziskaner vorangetrieben, die ihre Ordenskirche in Assisi schon ab etwa 1250 (noch vor Cimabue und Giotto) mit herrlichen Malereien im neuen „Naturstil" ausstattete.

Grundsätzlich zu unterscheiden sind zwei Techniken. Im Gegensatz zur *al secco*-Methode, dem Malen auf trockenem Untergrund, werden die Farben *al fresco* auf den frischen, noch feuchten Putz aufgetragen. Die Herstellung ist außerordentlich mühsam und zeitaufwändig und erfordert exakte Vorausplanung und eine Vielzahl von Helfern (Maurer, Zimmerer, Farbmischer, Putzrührer etc.).

Der Arbeitsprozess läuft wie folgt ab:

- Anfertigung von Vorzeichnungen auf Kartons.
- Auftragen von zwei Putzschichten (Flusssand plus Kalk) auf die zu bemalende Wand, die zuvor in „Tagwerke" aufgeteilt wird (d. h. es wird immer nur soviel Putz aufgetragen, wie der Maler an einem Tag bemalen zu können glaubt).
- Auf den feuchten Feinputz wird die Zeichnung vom Karton mittels perforierter Linien auf die Wand durchgegriffelt.
- Die entstandenen Konturen werden mit Rötelkreide ausgemalt (Vorzeichnung, *Sinopie*).
- Die wasserlöslichen, mit Kalksalzen versetzten Pigmente (Mineral- und Erdfarben) werden aufgetragen.

Die traditionelle Bilderverachtung der frühen Christen („Du sollst dir kein Bildnis machen") brachte noch bis 1250 kaum mehr als bemalte Kruzifixe und einfache Andachtsbilder hervor. Eine Wende trat erst im Gefolge der Kreuzzüge ein, als der **Byzantinismus** die Toscana erreichte und religiöse **Reformbewegungen** wie die Franziskaner der erstarrten Kirche neues Leben einhauchten. Aus dem romanischen Kultbild (noch halb Relief) entstanden nach byzantinischem Vorbild (Ikone, Mosaik) immer aufwändigere und prächtigere, gemäß dem neuen Predigtstil der Bettelorden aber auch immer rhetorischere und damit „individuellere" Bilder.

Die ersten Malerpersönlichkeiten wie *Coppo di Marcovaldo* und **Cimabue** traten zu dieser Zeit hervor, blieben aber noch den vorgegebenen Formeln und Stereotypen verhaftet. Figuren und Gegenstände reihen sich unabhängig von ihrer Größe auf einer Horizontalen auf, die das Bild durchquert (statt in die Tiefe zu gehen); Handlung entfaltet sich parallel zu Vorder- und Hintergrund (statt vor- und zurückzutreten).

Einmal getrocknet, sind die Farben mit der Wand untrennbar verbunden – die Kalksalze „versiegeln" das Bild wie unter einem durchsichtigen Film. Da sich aber nur Farben eignen, die durch den scharfen Kalk nicht zerfressen werden, ist die Farbpalette erheblich eingeschränkt. Das Malen *al secco,* mit Temperafarben, bietet ein größeres Spektrum, doch da die Pigmente in diesem Fall mit organischen Bindemitteln (Eiweiß, Eigelb, Leim) vermischt werden müssen, ist das Ergebnis weit weniger haltbar.

Die schönsten Freskenzyklen

- **San Marco,** Florenz. Ausmalung der Mönchszellen, *Fra Angelico.*
- **Cappella Brancacci,** Florenz (SM del Carmine). Szenen aus dem Leben des hl. Petrus, *Masaccio, Masolino, Filippino Lippi.*
- **Cappella dei Magi,** Florenz (Palazzo Medici-Ricardi). Zug der hl. drei Könige, *Benozzo Gozzoli.*
- **Cappella Sassetti,** Florenz (Santa Trinità). Szenen aus dem Leben des hl. Franziskus, *Domenico Ghirlandaio.*
- **Palazzo Pubblico,** Siena. Die Gute und die Schlechte Regierung, *Ambrogio Lorenzetti.*
- **Duomo San Francesco,** Arezzo. Die Kreuzeslegende, *Piero della Francesca.*
- **Duomo, San Gimignano.** Szenen aus dem Alten und Neuen Testament, *Taddeo di Bartolo, Bartolo di Fredi, Barna da Siena.*
- **Sant'Agostino,** San Gimignano. Szenen aus dem Leben des hl. Augustinus, *Benozzo Gozzoli.*
- **Duomo San Stefano,** Prato. Szenen aus dem Leben des hl. Stephanus und Johannes des Täufers, *Filippo Lippi.*
- **Abbadia di Monte Oliveto Maggiore.** Szenen aus dem Leben des hl. Benedikt, *Sodoma, Luca Signorelli.*
- **Camposanto,** Pisa. Jüngstes Gericht, *Buffalmacco.*

Gotik (um 1300-1400)

Erst die beiden großen Zeitgenossen Dantes, **Giotto** in Florenz und **Duccio** in Siena, begannen um 1300 erstmals „so zu malen, wie das Auge sieht".

Das Bild hört auf, eine undurchsichtige, undurchdringliche (Arbeits-) Fläche zu sein, sondern wird zu einem *Fenster*, durch das man auf die sichtbare Welt blickt (sinnliche Wahrnehmung, optische „Realität"). Giottos bahnbrechende, aus dem Geist der klassischen Antike geschöpfte *Raumkonzeption* (episch-dramatisch, Individuen statt „Massen") und Duccios geniale *Synthese* aus Byzantinismus und Gotik (lyrisch-musikalisch, Kollektiv, Gemeinschaft) wiesen der Malerei gleichermaßen neue, wenn auch ganz unterschiedliche Wege.

Beide malten nicht mehr nur für die Ehre Gottes (und der Kirche), sondern auch für die der Menschen (und speziell ihrer Gemeinden, die längst keine gottgegebenen Entitäten mehr waren, sondern dynamische Kommunen, die ihr Schicksal selbst in die Hand nahmen und „Geschichte machten").

Der kosmopolitische und vielseitige Giotto, den seine Heimatstadt 1334 sogar zum Dombaumeister ernannte, revolutionierte mittels neuer Techniken die **Freskenmalerei.** Der sesshafte Duccio, der zeitlebens nur Tafelbilder produzierte, erhob die **Predella** (Altarsockel) zum eigenständigen Bildträger; visuelle Miniaturen übernehmen die Rolle von Predigt und mündlicher Nacherzählung (und muten uns nicht umsonst wie *Comic Strips* an, denn genau diesen Zweck verfolgten sie auch: „in Bildern zu erzählen").

Während Giottos direkte Nachfolger Epigonen blieben, trieben die **Sienesen** Duccios Kunst zu höchster Vollendung und stießen dabei in Welten vor, die in Florenz erst Generationen später wieder erreicht wurden. Wegbereiter waren der weitgereiste **Simone Martini,** ein enger Freund Petrarcas, der den eleganten höfisch-gotischen Stil weiter vervollkommnete, und **Ambrogio Lorenzetti,** der nicht nur die ersten nicht-säkularen Bilder des Mittelalters malte (Landschaften, Städte, Stilleben, Alltagsszenen), sondern auch Träume, Visionen, Farben und Perspektiven, die teilweise sogar über die Renaissance hinausweisen.

Frührenaissance (um 1420-1490)

In der Kapelle von Santo Spirito habe ich dem Botticelli 78 Florin, 15 Soldi bezahlt, und zwar 2 Florin für Ultramarin, 38 Florin für Gold und die Vorbereitung der Holztafel, und 35 Florin für seinen Pinsel. (Zitat, unbek.)

Im Quattrocento vollzog sich die endgültige Trennung von Material, Handwerk und Technik („Pinsel") und setzte die Entwicklung zum individuellen Künstler-Unternehmer (Leiter einer Werkstatt, Bottega) ein. Gleichzeitig verwandelte sich das **Polyptychon** der Gotik (mehrteiliges Altarbild) zur einheitlichen **Pala** (gemalte Architektur statt Rahmenarchitektur) und setzte sich das Malen mit (dauerhafteren und variableren) **Öl-** statt Temperafarben durch.

Anders als der vereinheitlichende Oberbegriff suggeriert, verschwand der „alte Stil" damit aber keineswegs. Tatsächlich hat man, wenn man von Renaissance spricht, **zwei** gänzlich verschiedene, teilweise sogar regelrecht konträre Linien bzw. **Malschulen** in Betracht zu ziehen.

Die eine Linie geht von der sog. **Internationalen Gotik** aus, wie sie der weitgereiste Umbrier *Gentile da Fabriano* 1423 mit der vielbeachteten „Anbetung der Könige" in Florenz einführte. Dieser Stil hatte seinen Ursprung in der sienesisch-italienischen Gotik des frühen Trecento, war aber im Lauf der Zeit nördlich der Alpen teils höfisch-repräsentativ „verfeinert" (Miniaturmalerei), teils mit einem gewissen „Realismus" (Genremalerei) angereichert worden und sprach auf Anhieb die traditionelle Vorliebe der Italiener für Form, Schmuck und Design an. Die malenden Mönche **Fra Angelico** und **Fra Filippo Lippi** zählen ebenso zu den Vertretern dieser eher gegenständlich-dekorativen Kunst wie die eleganten Gesellschaftsmaler **Benozzo Gozzoli** und **Domenico Ghirlandaio** oder der charismatische **Botticelli.**

Die zweite, eher „revolutionäre" Linie ist ein Florentiner Sonderweg (so wie Florenz schon im 11.-13. Jh. die pisanische Romanik verschmäht und die sog. Proto-Renaissance hervorgebracht hatte) und führt von **Masaccio,** der nur ein bis zwei Jahre später als Gentile die florentiner Bühne betrat (1424/25), über **Paolo Uccello** und **Piero della Francesca** unmittelbar zu **Michelangelo.** Der Hauptbezugspunkt dieser völlig neuen und gleichermaßen rationalen (Geometrie, Perspektive) wie expressiven (realitätsnahen) Malerei ist die Kunst Giottos.

Beide „Schulen" liefen zwar parallel, tauschten sich aber gegenseitig aus, befruchteten einander und erfreuten sich trotz ihrer Gegensätzlichkeit praktisch das gesamte 15. Jh. hindurch ungebrochener Popularität – einem Fra Angelico wurde ebenso wie einem Uccello die Protektion eines Cosimo de'Medici zuteil. Die dekorative Sinnlichkeit und Eleganz des spätgotischen Zweigs entsprach den *aristokratischen* Neigungen der neureichen Bourgeoisie, die den Höfen von Mailand, Neapel, Paris und Burgund nacheiferte (Prachtentfaltung, Selbstdarstellung, Repräsentanz), die eher nüchterne und strenge Rationalität der Neuerer um Brunelleschi, Donatello und Masaccio gemahnte sie an ihre Wurzeln als Kaufleute und Citoyens (Vernunft, Bodenständigkeit, Risikobereitschaft) und entsprach voll dem *republikanischen* Geist der Stadt.

Uccellos *Sintflut,* S. M. Novella in Florenz

Renaissance

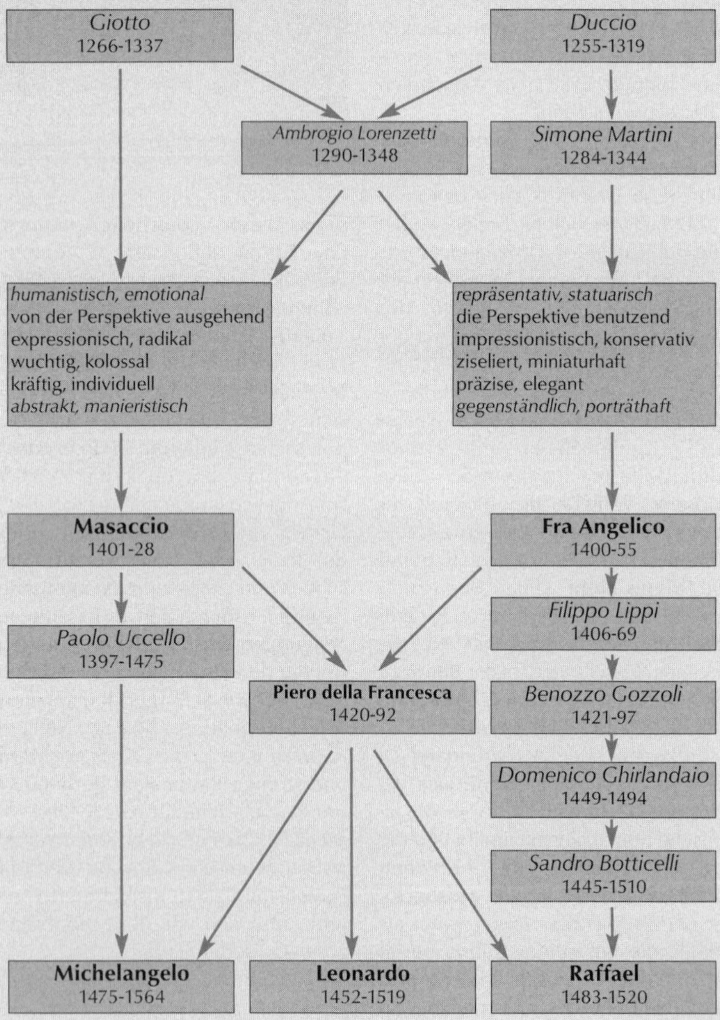

Hochrenaissance (um 1490-1520)

Die Errungenschaften der Frührenaissance (Perspektive, Naturalismus, gemalte Architektur, Porträtkunst) sind für **Michelangelo, Leonardo da Vinci** und **Raffael** selbstverständliches Allgemeingut, quasi Handwerkszeug geworden. Sie sind nicht mehr Pioniere, sondern Erben einer Tradition, an der sie selbst noch teilhatten und die durch sie ihren Höhepunkt wie ihren Endpunkt erreicht. Die Farben werden gedämpfter und gebrochener, die Figuren, die aus den Bildern hervorzutreten scheinen, voluminöser und prominenter, die Bildaussagen allgemeiner und allgemeiner verständlich. Raffael wird zum Symbol von Harmonie, Schönheit, Würde und Hoheit der Renaissance, sein Antipode Michelangelo übersteigert ihre Ideale ins Maßlose, Gigantische, Illusionistische. Beide sind vornehmlich in Rom tätig (Michelangelo gezwungenermaßen, Raffael aus Neigung), und beide finden keine Nachfolger mehr, sondern leiten zu einer neuen Epoche über.

In Florenz empfindet man die nicht mehr zu überbietende Meisterschaft der Vorfahren als besonders bedrückend. Hauptvertreter der **Manieristen** (nach Vasaris abwertendem „alla maniera di... Michelangelo") sind **Pontormo** (1494-1557), **Rosso Fiorentino** (1494-1540) und **Bronzino** (1503-1572) sowie in der Bildhauerei *Giambologna* und *Benvenuto Cellini*. Sie präsentieren die Kunst ihrer Vorbilder bewusst unruhig, überspitzt, gebrochen, manisch „verdreht", manchmal aber auch bis ins Süßliche verkitscht.

- **Fra Angelico** (um 1400-1455). Die bewegenden Kreuzigungen und Verkündigungen des Dominikanermönchs aus Fiesole und späteren Priors von San Marco sind legendär. Verzaubernde Ambivalenz: hier gotische Innerlichkeit und mittelalterliches Formempfinden (Frömmigkeit), dort die plastische Modellierung und rationale Raumaufteilung des aufgeklärten Renaissancemenschen. *Florenz (San Marco), Pisa, Cortona, San Giovanni Valdarno.*
- **Sandro Botticelli** (1445-1510). Sein Ruf als Kultmaler gründet sich auf die süße, schwermütige Sinnlichkeit seiner rätselhaften Liebes-Allegorien *Geburt der Venus* und *Primavera*. Tatsächlich war er (auch) ein zutiefst religiöser Maler, der nicht umsonst den Ideen Savonarolas anhing. Wie viele Renaissancekünstler begann er als Goldschmied, ehe er als Schüler Filippo Lippis auserwählt wurde, 1481 mit Ghirlandaio und Perugino die Sixtinische Kapelle in Rom auszumalen. *Florenz (Ognissanti, Accademia).*
- **Cimabue** (um 1240-1302) „erweckte das erste Licht in der Kunst der Malerei" (Vasari). Auf der einen Seite noch ganz in der Tradition verwurzelt, begann er als erster, das starre Schema der urchristlichen Stereotypen durch neue visuelle und dramatische Motive aufzubrechen. *Florenz (Baptisterium, Santa Croce), Pisa, Pistoia, Arezzo.*
- **Duccio di Buoninsegna** (um 1255-1319) aus Siena gelang die Kunst, eine Synthese aus byzantinischem Ikonenstil und gotischer Raffinesse und Exaltation zu formen. Kein kühner „Neuerer" wie Giotto, eher ein stiller Poet und Visionär, der die Malerei aber mindestens ebenso voranbrachte. Die glühenden Miniaturen seiner *Maestà* dienten noch Generationen von Sieneser Malern als Vorbild wie „Fundgrube". *Siena, Grosseto.*
- **Piero della Francesca** (um 1420-1492) unterscheidet sich in vielem von allen anderen Malern der Renaissance, auf die sein eigenwilliger, unverwechselbarer Stil dennoch großen Einfluss ausübte. Obwohl er an Höfen wie Ferrara, Urbino und Rimini tätig war, blieb er ein Eigenbrötler, der immer wieder in seinen Heimatort Sansepolcro zurückkehrte statt sich in der Kunstmetropole Florenz niederzulassen. Seine stilisierte, auf einfache

geometrische Grundformen reduzierte Bildsprache von strenger, fast feierlicher Wucht macht ihn zu einem der „modernsten" Maler seiner Zeit. Charakteristisch die konsequent perspektivische Anlage und die detaillierten, lichtdurchfluteten Landschaften, die vom engen Kontakt mit der flämischen Malerei zeugen. *Arezzo, Borgo Sansepolcro, Monterchi.*

• **Domenico Ghirlandaio** (1449-1494). Der berühmteste und gefragteste Freskenmaler seiner Zeit. Kein anderer Maler des Quattrocento schilderte das zeitgenössische Leben auf den Straßen und Plätzen von Florenz so anschaulich, aber auch so gefällig, so dass die illustren Clans der Stadt sich schier darum rissen, von ihm verewigt zu werden. Dennoch weit mehr als nur ein galanter Chronist, wie seine humanistisch geprägten Bibelgeschichten und vom flämischen Naturalismus inspirierten Porträts zeigen. *Florenz (Ognissanti, Santa Trinità, Palazzo Vecchio, S.M. Novella, San Marco, Dom, Spedale degli Innocenti), Pisa, Lucca, San Gimignano, Volterra, Badia a Passignano.*

Auferstehung von Fra Angelico, S. Marco

• **Giotto** (um 1266-1337). Bereits seine Zeitgenossen (Dante, Boccaccio) waren sich seiner überragenden Bedeutung bewusst, und spätestens seit Vasari rühmt die Kunstgeschichte den legendären, angeblich von Cimabue entdeckten Hirtenjungen aus dem Mugello als den „Erneuerer" der Malerei. Von Anfang an nicht auf Florenz beschränkt, schuf er seine herausragenden Werke in Assisi und Padua, weitere Reisen führten ihn u. a. nach Rom, Neapel und Mailand. 1334 wurde er zum Dombaumeister von Florenz bestellt und konzipierte den Campanile. *Florenz (Santa Croce, SM Novella, Museo Horne, Bargello).*

• **Benozzo Gozzoli** (1421-97). Der langjährige Mitarbeiter Fra Angelicos (San Marco, Rom, Orvieto) gilt oft zu Unrecht als bloßer „Illustrator" und gefälliger „Miniaturist", wie seine schwelgerischen, bis zum Wahnwitz getriebenen „Prunktapeten" in der *Cappella dei Magi* (Palazzo Medici) nahelegen könnten. Ein unsteter Wanderer zwischen Gotik und Humanismus, Prachtentfaltung und tiefer Religiösität. *Florenz, Pisa, San Gimignano, Volterra, Certaldo, Castelfiorentino.*

• **Leonardo da Vinci** (1452-1519). Geboren in Vinci nahe Florenz, übertraf er seinen Lehrmeister *Andrea del Verrocchio* (1435-1488) bereits mit seinen ersten Bildern derartig, dass dieser sich daraufhin ganz der Bildhauerei gewidmet haben soll. Verließ Florenz schon 1482 und war vornehmlich in Oberitalien (Mailand) tätig, ehe er 1500-1506 noch einmal in die Toscana zurückkehrte und u. a. die *Mona Lisa* schuf. Wie Michelangelo ein „Universalgenie" - Maler, Bildhauer und Bronzegießer, Erfinder, Wissenschaftler, Ingenieur, Kartograf, Festungsbaumeister –, das einen Großteil seiner Werke unvollendet hinterließ. Er starb 1519 am Hof Franz I in Frankreich.

• **Filippo Lippi** (um 1406-1469). Berühmt wurde der exzentrische Karmelitermönch durch seine einzigartig anmutigen Madonnen (vielleicht kein Wunder, denn seine „skandalöse" Liebe zur Nonne *Lukrezia Buti,* seinem bevorzugten „Modell", resultierte sogar in zwei Kindern). Sein an flämischen Vorbildern geschulter Realismus führte eine bahnbrechende „Vermenschlichung" der göttlichen Personen (häusliche Dekors,

Christus und die Madonna treten erstmals ohne Heiligenschein auf) in die italienische Malerei ein. *Florenz, Prato, Empoli, Montespertoli.* Sein Sohn **Filippino** (1457-1504) beendete den fast 60 Jahre zuvor begonnenen Freskenzyklus Masaccios und Masolinos in der Brancacci-Kapelle und zeigte sich als hochbegabter, aber oft allzu üppiger Stilist (Vorläufer des Manierismus). *Florenz, Prato, San Gimignano.*

• **Ambrogio Lorenzetti** (um 1290-1348). Thematisch wie geistesgeschichtlich noch deutlich im Mittelalter verwurzelt (strikte Auftragswerke!), wagte er sich in Sphären (Farben, Prospekte, Impressionen) vor, die teilweise selbst die Errungenschaften der Renaissance Generationen später verblassen lassen (erste Ahnungen einer nachperspektivischen Moderne). Die Pest löschte das größte Talent Sienas aus, als es gerade erst anfing, sich zu entfalten. *Siena (Palazzo Pubblico, Pinacoteca, Sant'Agostino, Santa Maria dei Servi), Florenz (Uffizien), Massa Marittima, Monte Siepi/San Galgano, San Casciano, Asciano, Roccalbegna.*

• **Pietro Lorenzetti** (um 1280-1348). Ambrogios älterer Bruder war wie Simone Martini ein Schüler Duccios und galt in Siena als dessen legitimer Nachfolger. Sein Markenzeichen sind spektakuläre Bühnenprospekte (Raum-Zeit-Kontinuum, Parallelhandlung) und expressive Farbgestaltung (berühmt sind seine blauroten, oft von anmutigen Engeln belebten Himmel). *Siena, Arezzo, Prato, Buonconvento, Montecchiello, Castiglione d'Orcia.*

• **Coppo di Marcovaldo** (um 1225-1280). Wie Cimabue als Vorläufer Giottos, so gilt Coppo als Vorläufer Cimabues. Nach der Schlacht von Montaperti (1260) Gefangener der Sienesen, malte er Kruzifixe und Madonnenbilder buchstäblich „um sein Leben". *Florenz (Baptisterium, Brancacci-Kapelle), Pistoia, Siena, San Gimignano, San Casciano.*

• **Simone Martini** (um 1284-1344). Schüler Duccios und einer der frühen Wegbereiter der „Internationalen Gotik". Eleganter, höfischer Stilist, der das „ritterliche" Motiv der Verkündigung in die Malerei einführte, und einer der ersten, der individuelle Porträts anfertigte (König Robert, Neapel; Kardinal Gentile, Assisi). Enger Freund Petrarcas, mit dem er sich am päpstlichen Hof von Avignon aufhielt. *Florenz (Museo Horne), Siena, Pisa, San Casciano.*

• **Masaccio** (1401-1428) machte Schluss mit der räumlichen und zeitlichen Abstraktion der Gotik, indem er Brunelleschis dreidimensionales Raumkonzept auf die Malerei übertrug. Statt der Linie setzte er Farben und Kontraste als Abgrenzung, seine kraftvollen Körper und ungeschminkten Emotionen führen in gerader Linie bis Michelangelo. Geboren in San Giovanni im oberen Arnotal, ging er schon früh nach Florenz und begann 1424 an der Seite Masolinos mit der Ausmalung der Brancacci-Kapelle. Er starb, gerade erst 27jährig, in Rom. *Florenz (SM del Carmine, SM Novella, Museo Horne), Cascia, Pisa.*

• **Sano di Pietro** (1408-1481) betrieb die größte Malerwerkstatt Sienas im 15. Jh., blieb aber konservativ ganz der Gotik verhaftet. Seine Phantasie und Kreativität tobte er dafür in wunderschönen Predellen aus. *Siena, San Gimignano, Pienza, Montepulciano, Montalcino, San Quirico, Buonconvento, Chiusi, Montemerano.*

• **Raffael** (1483-1520). Raffaello Santi aus Urbino tauchte 1504 als Bewunderer Michelangelos und Leonardos in Florenz auf, war aber ansonsten ausnahmslos außerhalb der Toscana tätig. *Florenz (Uffizien, Palazzo Pitti).*

• **Sassetta** (Stefano di Giovanni, 1392-1450) gelang als einzigem eine wirkliche Synthese aus Sieneser Gotik und Florentiner Frührenaissance; zuweilen genial, ja fast „surrealistisch". Leider befinden sich die meisten seiner Werke im Ausland. *Siena, Grosseto.*

• **Luca Signorelli** (um 1445-1523). Geboren in Cortona, Schüler Piero della Francescas. Seine kraftvoll modellierten Körper, manieristischen Farben und Aktstudien (Hauptwerk: *Jüngstes Gericht* im Dom von Orvieto) übten einen starken Einfluss auf Michelangelo aus. *Cortona, Arezzo, Borgo Sansepolcro, Prato, Volterra, Abbadia Monte Oliveto, Lucignano.*

• **Sodoma** (Giovanni Antonio Bazzi, 1477-1549). Der gebürtige Piemontese und Leonardo-Schüler gilt als einer der letzten bedeutenden Sienesen. Kein „großer" Maler, aber ein hochbegabter Exzentriker (s. sein Selbstporträt in Monte Oliveto). *Siena, Abba-*

dia Monte Oliveto, San Gimignano, Pienza, Montalcino.

• **Paolo Uccello** (1397-1475). Der „schräge Vogel“ (uccello) der Perspektive und erste moderne Maler (an dem sich denn oft auch die Geister scheiden). „Repräsentativ“ nicht einmal als offizieller Verherrlicher des mediceischen Florenz (Schlachtengemälde, gemalte Reiterstandbilder), die Form ist ihm alles. Ausgetüftelte Perspektiven und optische Brechungen saugen den Blick in die Tiefe, „zersplittern“ die Realität und lassen schwindelnd das Nichts erahnen. *Florenz (Dom, SM Novella, Accademia), Prato.*

Literatur & Musik

Die große **literarische Tradition** der Toscana, der ihrer Maler, Bildhauer und Architekten durchaus ebenbürtig, bleibt natürlich unsichtbar, wenn man von Florenz nach Siena oder Lucca fährt. Trotzdem dürfen wir nicht versäumen, zumindest ein – leider nur allzu kurzes – Schlaglicht auf die zu werfen, die so vieles überhaupt erst ermöglicht haben.

Dante (1265-1321), **Petrarca** (1304-1374) und **Boccaccio** (1313-1375) sind die drei großen Neuerer, die die „Ausdruckskraft der Volkssprache“ (Dante, *De vulgari eloquentia,* 1305) dem elitären Latein vorzogen und das Toscanische nicht allein in Italien, sondern in ganz Europa „salonfähig“ machten. Dante Alighieris Versdichtung *Divina Commedia* (1321) im florentiner Dialekt machte den Anfang, Francesco Petrarcas *Canzoniere* (1327-1348) und Giovanni Boccaccios *Decamerone* (um 1350, gedruckt 1470) folgten und wurden zum Vorbild der italienischen Literatur bis ins 19./20. Jh. Boccaccio, der Schöpfer der italienischen Prosa, fand noch im Trecento einen würdigen Nachfolger in dem Florentiner **Franco Sacchetti** (um 1335-1400), der gelehrte Petrarca wurde zum Nestor und Wegbereiter der klassischen Studien (Humanismus) in der Renaissance.

Die Volkssprache, das *Volgare,* hatte sich als Vorläufer des Italienischen bereits im 14./15. Jh. auf fast allen Gebieten durchgesetzt. In ihr schrieb **Giovanni Villani** um 1330 seine Chronik von Florenz und **Leon Battista Alberti** (1404-1472) seine Theorien über Kunst, Malerei, Architektur, in ihr verfasste **Angelo Poliziano** (1454-1494) das erste neuzeitliche Theaterstück *(Orfeo,* 1471), **Niccolò Machiavelli** (1469-1527) seine bahnbrechenden Schriften über Politik und Macht, **Giorgio Vasari** (1511-1574) seine Künstlerviten, **Benvenuto Cellini** seine von Goethe übersetzte Autobiografie (1566) und **Galileo Galilei** seine Abhandlungen über die Weltsysteme. 1535 gründeten die Medici die *Accademia della Crusca,* die noch heute über die Reinheit der Sprache wacht.

Was die **Musikgeschichte** der Toscana anbelangt, so entwickelte im 11. Jh. *Guido da Arezzo* die abendländische **Notenschrift,** 1597 wurde in Florenz die erste bekannte **Oper** aufgeführt *(Dafne* von Rinuccini/Peri), und 300 Jahre später eroberte **Giacomo Puccini** aus Lucca (1858-1924) die Bühnen der Welt.

Illustration Dantes *Göttlicher Komödie*

Geburtsdaten auf einen Blick

Mittelalter

1225	Nicola Pisano
1240	Cimabue
1245	Arnolfo di Cambio
1250	Giovanni Pisano
1255	Duccio
1265	Dante
1266	Giotto
1290	Ambrogio Lorenzetti
1304	Petrarca
1308	Orcagna
1313	Boccaccio

Frührenaissance

1374	Jacopo della Quercia
1377	Brunelleschi
1378	Ghiberti
1386	Donatello
1389	Cosimo Il Vecchio
1396	Michelozzo
1397	Paolo Uccello
1400	Fra Angelico
1400	Luca della Robbia
1401	Masaccio
1404	Leon Battista Alberti
1406	Filippo Lippi
1420	Piero della Francesca
1420	Benozzo Gozzoli

Hochrenaissance

1445	Botticelli
1445	Luca Signorelli
1449	Domenico Ghirlandaio
1449	Lorenzo Il Magnifico
1452	Leonardo da Vinci
1452	Savonarola
1469	Machiavelli
1471	Albrecht Dürer
1475	Michelangelo
1483	Raffael
1486	Andrea del Sarto

Manierismus

1494	Pontormo
1500	Benvenuto Cellini
1511	Vasari
1519	Cosimo I
1529	Giambologna
1564	Galileo Galilei
1574	Rubens

Florenz

Michelangelo verabscheute ihn: den Neptunbrunnen auf der Piazza della Signoria
Ein Kutscher verhandelt mit Kundinnen
Im Stadtviertel Santa Croce
Wickelkind am Findelhaus, SS. Annunziata

Einführung

„Man kann den Namen Florenz nicht aussprechen, ohne an hohe Paläste im Mondschein, Gärten, Terrassen, kühle Kirchen, Pinien und tiefviolette Bergschluchten zu denken; hier beginnt das Land der Träume, hier spielen die Novellen des Boccaccio... Ich hielt es beinahe für eine optische Täuschung, aber diesmal war eines meiner Ideale wahrgeworden... und alles noch unendlich schöner, als ich es vorher zu denken imstande gewesen war... Hier kann man anständig faulenzen und daneben doch Fortschritte machen." (Jacob Burkhardt, 1839)

David, Uffizien, Dom, Wiege der Renaissance, Heimat von Dante, Michelangelo, Machiavelli, Savonarola. Man kann die Leute schon fast verstehen, die einen weiten Bogen um Florenz schlagen. Keine Stadt der Welt, auch nicht Rom oder Paris, nennt in einem Umkreis von nur wenigen hundert(!) Metern eine derart grandiose und überwältigende Ansammlung von berühmten **Kunst- und Kulturschätzen** ihr eigen.

Und doch ist Florenz mehr als nur ein großes „Freiluft-Museum", es ist eine überaus lebendige, attraktive Stadt, in der es sich auch wohl sein lässt, wenn man von all der Kunst und Kultur einmal nichts (mehr) wissen will. So großartig Florenz freilich auch im Ausland dasteht, im Italien von heute spielt es nur noch eine untergeordnete Rolle. Ökonomisch laufen ihr selbst ehemalige Provinznester wie das benachbarte Prato den Rang ab, und ihre Museen, Ausstellungen und Festivals mögen nach wie vor international Aufsehen erregen, in Italien selbst gelten sie eher als alter Hut.

Florenz ist ein regelrechtes Paradies für Kunstliebhaber – man muss nur darauf vorbereitet sein, diesen Genuss mit Millionen von Gleichgesinnten zu teilen. Mit Ausnahme von Venedig und Disneyworld gibt es keinen Platz der Welt, auf dem auf so kleinem Raum so viele Menschen alle das gleiche suchen.

Die 400 Hotels der Stadt sind praktisch permanent ausgebucht. Die engen, düsteren Straßen, in die nie ein Sonnenstrahl fällt, hallen wider vom Höllenlärm der Schulklassen, und jeder unbedachte Schritt bedeutet unweigerlich, von einer rasenden Vespa oder Reisegruppe überrollt zu werden. Vor allen Restaurants, die von allen Reiseführern als „Geheimtip" empfohlen werden, heißt es sich anzustellen, und vor den Kassen der 40 und mehr Museen steht man sich ein weiteres Mal die Beine in den Bauch. Vor den berühmtesten Werken (Michelangelo über alles!) drängen sich die Massen qualvoller als in der Tokioter U-Bahn, und wer das alles hinter sich gebracht hat, dem droht das sogenannte *Stendhal-Syndrom*. In jedem Jahr werden Hunderte verstörter Touristen aus aller Welt mit den aberwitzigsten Symptomen ins Spital transportiert – die unermüdliche Hetze von Kunstwerk zu Kunstwerk, von Höhepunkt zu Höhepunkt hat eine Art **Kulturschock** zur Folge.

Dabei kannte Stendhal, der diese traumatische Erfahrung 1817 bei sich selbst diagnostizierte, noch nicht einmal den wunderbaren Stress der Parkplatzsuche und Warteschlange (oder der freudigen Überraschung, wenn das vor Wochen gebuchte Zimmer bereits von je einer netten Familie aus Pittsburgh und Yokohama geteilt wird).

Damit wir uns nicht missverstehen – wir lieben Florenz! Wir wollen aber auch nicht verhehlen, dass der Besuch dieser Stadt, zumindest solange man sie noch nicht kennt, **anstrengend** ist. Und zwar nicht zu knapp. Florenz nur mal so im Rahmen einer Toscanareise „mitzunehmen" würden wir eher nicht empfehlen.

Zwischen dem 14. und 15. Jh. war Florenz die Stadt der Städte. Eine Mischung, so muss man sich das vorstellen, aus London, Paris, Hongkong und New York, alles in einem.

Das **„Athen der Neuzeit"** wurde es auch mit Fug und Recht genannt. Seit den Griechen hatte es kein so forschungs- und experimentierfreundliches Volk mehr gegeben. Wie in Athen stand die republikanische Gesinnung, die das Bürgertum zur Blüte brachte, im Vordergrund, und wie in Athen gingen Kunst und Wissenschaft, Philosophie und Technik, der Sinn für das Schöne wie für das Nützliche und

Gedränge auf dem Ponte Vecchio

Einfache Hand in Hand. Florentiner erweckten die Bildhauerei der Griechen (nicht der Römer!) wieder zum Leben und „erfanden" die Malerei, die Architektur und die Erzählkunst, wie wir sie im Grunde heute noch kennen.

Ihr Sinn für Maß und Proportion sowie für angewandte Mathematik (von der Optik und Astronomie bis zur doppelten Buchführung) ging wie bei den Griechen einher mit einem rustikalen, ja geradezu derben Witz und einer offenen Vorliebe des „Egalitären" auch im Geschlechtlichen (Sodomie, Päderastie).

Anders als andere große Städte des Mittelalters (in Italien Mailand, Venedig, Genua) wuchs Florenz nach der Unterwerfung der Landadels und der Nachbarorte zu einer mächtigen Stadtrepublik heran, ohne je über eine bedeutende Militärmacht zu verfügen. Anders als seine toscanischen Rivalen Pisa, Lucca und Siena überwand Florenz das Mittelalter und prägte etwas ganz und gar Neues und Einzigartiges.

Die **florentiner Renaissance** war das kulturelle Resultat eines beispiellosen, auf egalitären und republikanischen (wenn auch alles andere als demokratischen) Institutionen basierenden Wirtschaftswachstums, das im Jahrhundert zuvor, im *Trecento,* angesammelt worden war und schon im 15. Jh., zur Zeit der größten Blüte, rückläufig war.

Mit dem Aufstieg der Bankiersfamilie Medici von Unternehmern zu Provinzfürsten begann der Abstieg der Stadtrepublik zum „manieristischen Hoftheater".

Beste Reisezeit

Außer von Mitte November bis Weihnachten und von Januar bis Mitte März ist in Florenz genaugenommen immer **Saison.** Ostern, Pfingsten sowie im Mai, Juni und September müsste die Stadt eigentlich durchgängig gesperrt sein. Nichts geht mehr rein, nichts geht mehr raus. Und wer da nicht vorgesorgt und bereits Wochen oder gar Monate zuvor ein Zimmer reserviert hat (in einem Hotel allerdings, das Reservierungen auch ernst nimmt), kann praktisch nur noch auf den Zufall hoffen. Was aber nicht heißen soll, dass es in der übrigen Zeit sehr viel besser wäre. Wenig Freude wird man auch im August haben, wenn die Steinwüste ein einziger Backofen und von ihren Bewohnern praktisch nahezu gänzlich verlassen ist. Womit wir beim **Klima** wären: Bildhaft ausgedrückt gleicht Florenz im Juli/August einer Bratröhre, im Winter einem feuchtkalten Kühlschrank und im Spätherbst und frühen Frühling einer klammen Duschkabine. Ideal ist das nicht gerade. Doch wenn einem das Glück lacht und der Himmel ist blau, ist Florenz zu jeder Jahreszeit schier unbeschreiblich.

Nebenbei: das vielpropagierte **Erlebnis-Weekend** zu Kunst, Kultur, Gastronomie und Shopping in Florenz sollte man, sofern es sich irgend einrichten lässt, lieber außerhalb des Wochenendes legen. Am Sonntag haben nahezu alle Geschäfte und „netten" (preiswerten) Trattorien und Weinschänken geschlossen.

Überblick & Orientierung

Die mit 420.000 Einwohnern mit Abstand **größte Stadt der Toscana** (und achtgrößte Italiens) liegt in der flachen Flussniederung des **Arno,** nur wenige Meter (40-50 m) über dem Meeresspiegel. Das Stadtgebiet erstreckt sich nahezu über das gesamte Tal und ist auf zwei Seiten eingebettet von lieblichen Hügeln, im Norden von den Ausläufern des Apennin *(Colli Fiorentini)* und im Süden von den flachen Ketten des Chianti. Die Lage am Fluss und das römische Erbe machen es dem Besucher verhältnismäßig leicht, sich zu orientieren.

Florenz liegt beiderseits des Arno, über den mehrere Brücken führen. Das schachbrettartig angelegte **Historische Zentrum** breitet sich nördlich des Flusses auf dem rechten Ufer aus, das linke Ufer wird von den Florentinern **Oltrarno** („jenseits des Arno") genannt. Mittelpunkt ist das einstige römische *Castrum* rund um die heutige **Piazza della Repubblica,** dessen klar gegliederte Straßenführung noch heute auf jedem Stadtplan ersichtlich ist. Einmal im *Centro Storico* angelangt, findet man sich sehr einfach zurecht, da die Entfernungen innerhalb des Stadtkerns minimal sind. Vom **Bahnhof** wie von allen zentralen Parkplätzen aus (s. *Praktische Informationen,* S. 174) ist man in wenigen Schritten (max. 1 km) an der **Piazza Duomo,** von wo aus praktisch alle wichtigen Sehenswürdigkeiten sowie die meisten Hotels, Restaurants, Märkte und Geschäfte in einem Umkreis von wiederum weniger als 1 km zu erreichen sind.

Problematisch sind also nicht die Entfernungen, sondern die schier unglaubliche Überfülle an Reizen, die den Besucher ständig in alle möglichen Richtungen zerren und ihn binnen kurzem jede Orientierung vergessen lassen. Als hilfreich erweist sich da die mächtige Kuppel des Doms, der immer wieder aus den unterschiedlichsten Blickwinkeln aus dem Gassengewirr vor einem auftaucht und den Weg weist. Der Arno fließt von West nach Ost; im Norden liegt die etwas höhere Hügelkette von *Fiesole*; blickt man dagegen auf die Aussichtsplattform des *Piazzale Michelangelo* mit der weithin sichtbaren Kirche *San Miniato al Monte*, hat man den Süden vor sich.

Geschichte

„Spaltungen, Extreme, Gegensätze – das ist „Firence come era", in mancher Hinsicht eine furchtbare Stadt, in der man unbequem und gefährlich lebt, eine Stadt voller Kampf und Feindschaft, eine dramatische Stadt." (Mary McCarthy)

Gründung

Woran mögen die Römer gedacht haben, als sie ihrem Castrum im sumpfigen Arnotal den wohlklingenden Namen *Florentia* verliehen? An Blüte und Macht oder an den legendären Helden *Fiorino*? An den Zusammenfluss *(fluentia)* von Arno und Mugnone oder die *Floralia*, die lasziven Frühlingsspiele zu Ehren der Göttin Flora? Welcher Version man auch den Vorzug geben mag, es ist sicherlich kein Zufall, dass La Florentia sich eine *Lilie* zum Symbol erwählte.

Die **59 v. Chr.** unter *Caesar* begründete Veteranenkolonie unterhalb des einst etruskischen Fiesole nannte eine überaus günstige Verkehrslage an der *Via Cassia* ihr eigen. Die schachbrettartige Anlage der *Colonia* mit *Cardo Maximus* (Nord-Süd-Verbindung, heute: Via Calimala, Via Roma), *Decumanus* (Ost-West-Tangente, heute: Via del Corso, Via Strozzi) und dem *Forum* an ihrem Kreuzungspunkt (Mercato Vecchio, heute: Piazza della Repubblica) bildete später auch den Grundriss der mittelalterlichen Kommune.

Noch heute folgt die *Via Torta* bei Santa Croce der Krümmung des Amphitheaters.

Die Karolinger

Mit dem Niedergang Roms widerfuhr Florenz das Schicksal aller anderen Städte Etruriens: Verwüstung durch Ostgoten und Byzantiner, allmählicher Wiederaufbau durch die Langobarden (568) und Eroberung durch Karl den Großen, durch den *Tuszien* (Toscana) **774** zur **fränkischen Markgrafschaft** wurde. Um das Jahr **1000** war die Einwohnerzahl auf rund 15.000 angewachsen, Kirchen und Abteien wurden gebaut *(San Miniato, Badia Fiesolana)* und der Mauerring bis zum Arno erweitert.

Zur gleichen Zeit verlegten die Markgrafen ihren Regierungssitz von Lucca ins aufstrebende Florenz, das seine neue Urbanität 1059 mit dem Grundstein zum *Baptisterium* krönte.

Kirche gegen Kaisertum

In den Auseinandersetzungen zwischen Kaiser und Papst (Investiturstreit) unterstützte Florenz die papstfreundliche Politik der Markgräfin *Mathilde,* die für die Eigenständigkeit und Selbstverwaltung der Toscana eintrat und ihre Ländereien 1115 Papst *Gregor VII* vermachte. Damit setzte der Kampf um die Vorherrschaft unter den mittelalterlichen Stadtstaaten ein, ausgefochten als Stellvertreterkrieg zwischen kaisertreuen **Ghibellinen,** die ein starkes, vereintes Italien unter Führung eines Kaisers anstrebten, und papsttreuen **Guelfen,** die zu ihrem eigenen Nutzen an der territorialen Aufsplitterung des Landes interessiert waren. Zwei Jahrhunderte blutiger Auseinandersetzungen und politischer Intrigen folgten, in denen Stadt gegen Stadt und Familie gegen Familie stand. Noch um 1200 stand das guelfische Florenz klar im Schatten der Ghibellinenhochburgen Pisa, Lucca und Siena, sowohl was Größe und Einwohnerzahl wie Macht und Reichtum betraf.

Die Zünfte

In Florenz etablierten sich wie überall neue Institutionen. **1138** wählten Adel und Kaufmannsfamilien erstmals **12 Konsuln** als städtisches Verwaltungsorgan, denen sie zwei Ratsorgane (Rat der Hundert und Bürgerversammlung) zur Seite stellten. Während sich die Adelsgeschlechter im Wettstreit um die höchsten Türme in inneren Fehden aufrieben, organisierte sich die Bürgerschaft in Zünften, die im Lauf des 13. Jh.s zur wichtigsten politischen und wirtschaftlichen Macht der Kommune aufstiegen. Die „höheren" Zünfte der Bankiers, Tuchmacher und Großkaufleute *(arti maggiori* im Gegensatz zu den *arti minori* der Handwerker und Gewerbetreibenden) setzten **1250** eine **erste „bürgerliche" Verfassung** durch und übernahmen **1282** unter Ausschluss des Adels auch die Regierungsgewalt. Die **Signoria,** zusammengesetzt aus den *Priori*, den Vertretern der sieben Hauptzünfte, und dem *gonfaloniere della giustizia* („Bannerträger der Gerechtigkeit") als ihrem nominellen Kopf, bildete in verschiedensten Aus- und Umformungen die formale Grundlage der Republik bis zur Zeit der Medici.

Die Republik

Voraussetzung für das Wohlergehen des Stadtstaats war die **Eroberung des Contado** – des Umlands – zur Versorgung der wachsenden Bevölkerung und zur Rekrutierung neuer Arbeitskräfte. Zur Sicherung der Handelswege und Erschließung neuer Absatzmärkte wurden die Feudalherren von ihren Kastellen vertrieben und der Landadel wurde gezwungen, sich in der Stadt anzusiedeln. Schon 1125 wurde *Fiesole* skrupellos überfallen und bis auf die Grundmauern niedergebrannt, entweder durch Eroberung oder notfalls durch Kauf wurde eine Stadt nach der anderen einverleibt: Pistoia (1329), Colle Val d'Elsa (1333), Prato (1351), San Gimignano (1354), Volterra (1361), Arezzo (1380) und 1402 sogar Pisa.

Ausschlaggebend für das **rapide Wachstum** Ende des 13. Jh. waren zwei Entwicklungen: die Aufnahme enger Beziehungen zum Papsttum und zum *Anjou*-Königreich von Neapel, die zum Aufstieg der florentiner **Bankiershäuser** (und später vor allem der Medici) führte, und der Aufschwung der **Wolltuchherstellung** mit ihren vielfältigen Fertigungsgängen (Wollkämmen, Spinnen, Färben, Weben) zur „Automation" und beherrschenden Position auf dem europäischen Markt. Dank der günstigen Lage an bedeutenden Handelsstraßen und dem schiffbaren Arno vermochte Florenz seinen Warenverkehr nicht nur über ganz Europa, sondern bis hin zum Orient auszudehnen. Das weitgespannte Handelsnetz erschöpfte bereits im 13. Jh. die Möglichkeiten des normalen Geldverkehrs (Tausch/Barzahlung), so dass das **Bankwesen** mit Wechseln, Krediten und Schecks entstand. 1252 war Florenz die erste Stadt des Mittelalters, die das kaiserliche Privileg der Münzprägung durchbrach und den *Goldflorin* herausgab, der binnen kurzem zur gefragtesten Währung Europas wurde.

Nach der vernichtenden Niederlage gegen Siena bei **Montaperti (1260),** durch die Florenz für kurze Zeit den

Ghibellinen anheimfiel, bewahrte Karl von Anjous Sieg über die deutschen Staufer (1266) Florenz vor der drohenden Übernahme durch Siena. Nach der Vertreibung der Ghibellinen spalteten sich die florentiner Guelfen in eine schwarze, päpstliche, und eine weiße, kaiserliche Partei; 1302 wurden die Weißen, unter ihnen Dante, aus der Stadt verjagt und ihre Häuser niedergerissen.

Innenpolitisch herrschte jetzt uneingeschränkt der Geldadel; man sprach bald unverblümt vom *popolo grasso*, dem „fetten Volk". Unter der Knute des Kaufmannskapitals und besonders der allmächtigen *Arte della Lana*, der Zunft der Wollhändler, verwandelten sich die Handwerker in bloße Lohnarbeiter und Proletarier. Das mittellose *popolo minuto*, das „kleine Volk", dessen Arbeit die Basis für die Prosperität der Stadt bildete, blieb, da ihm die Zugehörigkeit zu einer Zunft verwehrt blieb, politisch rechtlos und völlig dem jeweiligen Dienstherren untertan.

Die Blüte

Um 1300 war Florenz das bedeutendste Wirtschaftszentrum Europas und mit rund 100.000 Einwohnern eine seiner größten Städte (übertroffen nur von Paris, Venedig, Mailand und Neapel). Der sechste und letzte **Mauerring** (1283-1302) umschloss bereits das gesamte heutige Zentrum und bewachte die Bewohner mit 73 Türmen und 15 befestigten Toren.

Adimari-Truhe mit Hochzeitszug (um 1450)

Im Wettstreit mit Siena, Pisa und Lucca entfachte die Stadt eine schier grenzenlose **Bautätigkeit.** Anstelle des alten Regierungssitzes *Bargello* entstand ab 1299 der *Palazzo Vecchio;* bereits zuvor war der Grundstein für den monumentalen Dom (1296) und die großen Ordenskirchen *Santa Croce* (1294) und *Santa Maria Novella* (1246) gelegt worden. *Cimabue* und sein Schüler *Giotto* lösten sich von der byzantinischen Tradition und wurden zu Wegbereitern einer neuen **Kunst.** *Dante* und *Boccaccio* verfassten ihre Schriften statt in Latein im florentinischen „Volgare" und begründeten damit die italienische **Sprache.**

Krisen und Revolten

Der steile Weg nach oben erfuhr bereits im frühen *Trecento* erste Rückschläge. Belagerungen (durch Mailand) und eine **Serie militärischer Niederlagen** (gegen Pisa, Lucca) erschütterten die Republik, eine schwere **Wirtschaftskrise** (der Zusammenbruch der Bankhäuser *Bardi* und *Peruzzi)* führte zu einem Wiedererstarken des Adels, der sich mit den niederen Ständen verbündete, und mehrere Hungersnöte und Naturkatastrophen kulminierten in der großen **Pest von 1348,** die die Bevölkerung auf einen Schlag um fast die Hälfte reduzierte.

Die daraus resultierenden sozialen Spannungen zwischen Oberschicht und rechtlosen Lohnarbeitern führten 1378 zum *Tumulto dei Ciompi,* dem ersten großen organisierten **Arbeiteraufstand** der Neuzeit.

Für kurze Zeit vermochten sich die *Ciompi,* die ungelernten Tagelöhner, die die Drecksarbeit des Kämmens, Kratzens und Reinigens der Wolle besorgten, ein Mitspracherecht zu erstreiten (einer ihrer Wortführer war der Vater Donatellos), dann nahmen die einflussreichen Magnatenfamilien der Albizzi, Uzzano und Pandolfini wieder das Heft in die Hand.

Der Aufstieg der Medici

Anhaltende Unruhen und verlustreiche Kriege (u. a. gegen Volterra, Lucca) trieben die Staatsverschuldung in Rekordhöhe und führten zu Protesten gegen die herrschende Oligarchie sogar aus den eigenen Reihen. Die Stunde der „neureichen" Medici, die seit 1385 als Bankiers der Päpste zu Ansehen gekommen war, schien gekommen, doch der Apparat schlug zurück und jagte die „Staatsfeinde und Unruhestifter" aus der Stadt. **Cosimo il Vecchio** kehrte jedoch „vom Ruf des einfachen Volkes getragen" noch vor Jahresfrist **1434** „im Triumph" zurück. Von nun an hatte mit kurzen Unterbrechungen mehr als 300 Jahre lang nur noch eine einzige Familiendynastie in Florenz das Sagen.

Der gerissene Geschäftsmann und Diplomat war klug genug, die äußere Form der Republik zunächst zu wahren; er besetzte die *Signoria* mit seinen Gefolgsleuten und regierte Florenz 30 Jahre als graue Eminenz aus dem Hintergrund, bevor er 1464 hochgeehrt als *Pater Patriae,* Vater des Vaterlandes, starb.

Das „Goldene Zeitalter"

Unter der Herrschaft des Medici-Clans stieg Florenz zum geistig-kulturellen Zentrum und zur unangefochtenen **Kunstmetropole** in Europa auf. In einer Epoche weitgehender politischer und wirtschaftlicher Stabilität förderten die Nachfolger von Cosimo „dem Alten", allen voran sein Enkel **Lorenzo,** der als einer der hässlichsten Männer von Florenz galt, aber bereits zu Lebzeiten den Beinamen „der Prächtige" *(il Magnifico)* erhielt, Literatur, Philosophie, Wissenschaften und Künste in Florenz. Gleichzeitig waren sie aber tyrannische Mäzene voller Machtgier und Größenwahn, die weder vor Betrug noch vor Bestechung zurückschreckten.

Lorenzos Drang zur Selbstdarstellung und absolutistischer Regierungsstil erregten den Missmut vieler. Während seiner 23jährigen Herrschaft hatte er mehrere Mordanschläge zu überstehen, darunter den der konkurrierenden Bankiersfamilie *Pazzi*, dem 1478 sein Bruder *Giuliano* während des Hochamts im Dom zum Opfer fiel. Bis zu seinem Tod 1492 umgab er sich mit einem Heer von Spitzeln und Geheimpolizisten und verfolgte gnadenlos jede Opposition.

Bereits sein Sohn *Piero* mit dem bezeichnenden Beinamen „der Dumme" sah sich außerstande, die harte Linie des Vaters fortzusetzen; als er 1494 *Karl VIII* von Frankreich ohne Gegenwehr die Tore der Stadt öffnete, jagten ihn die empörten Florentiner kurzerhand davon.

Savonarola

Der Dominikanermönch *Girolamo Savonarola*, der in Florenz schon seit einem Jahrzehnt feurige Predigten gegen die Dekadenz und Verschwendungssucht der Herrschenden hielt und das Volk zur Buße aufrief, nutzte die Gunst der Stunde und begründete eine demokratisch fundierte **Verfassung** und den **Großen Rat der Bürgerschaft** („Rat der 500"). Sein asketischer Fanatismus störte auf Dauer aber die Geschäfte, und als seine mehr als drastische Gesellschaftskritik auch vor dem Hof des Papstes nicht Halt machte, der ihn prompt exkommunizierte und als Ketzer unter Anklage stellte, waren die Florentiner froh, ihn wieder loszuwerden. **1498** wurde der streitbare Mönch auf der Piazza Signoria öffentlich erhängt und verbrannt.

Die Rückkehr der Medici

Zerrieben zwischen den Sphären der Großmächte Frankreich im Norden und Spanien im Süden, die jeweils die Hoheit über Italien anstrebten, durchlebte Florenz noch eine kurze **republikanische Phase** – 1501 wurde Michelangelos *David* vor dem Palazzo Vecchio aufgestellt, Machiavelli war Sekretär des Zehnerrats –, bevor die Medici 1512 auf Druck der Spanier und des Papstes zurückkehrten.

Von Rom aus durch die **Medici-Päpste** *Leo X* und *Clemens VII* regiert, gelang es den Florentinern 1527 noch einmal, die verhassten Magnaten aus der Stadt zu vertreiben, doch nach elfmonatiger Belagerung durch die Truppen des Papstes und Kaiser *Karls V* (Michelangelo baute den Mauerring aus, ehe er floh) musste die Stadt sich geschlagen geben. **1532** wurde die Signoria abgeschafft und der Tyrann *Alessandro de'Medici* in den Rang eines erblichen *Herzogs von Florenz* erhoben. Alessandro wurde von seinem Vetter *Lorenzino* ermordet, und der erst 18-jährige Cosimo riss die Herrschaft an sich.

Das Großherzogtum

Als **Cosimo I 1537** an die Macht kam, wurde der größte Teil Italiens längst von ausländischen Mächten beherrscht. Cosimos mit Hilfe kaiserlicher Truppen errungener Sieg über Siena (1555) bildete die Grundlage eines **absolutistischen Regionalstaats** von annähernd den Ausmaßen der heutigen Toscana; lediglich *Lucca* gelang es als einziger Stadt der Region, ihre Unabhängigkeit (bis 1799) zu wahren. Als Cosimo I sich 1569 von seinen Protegés in Rom und Neapel zum *Großherzog der Toscana* ernennen ließ, ging eine Ära zu Ende. Das wirtschaftliche und kulturelle Leben erlahmte, und schon unter Cosimos Nachfolgern wandelte Florenz sich vom blühenden Stadtstaat zum Verwaltungszentrum einer bedeutungslosen Agrarregion. Zu dieser Zeit entstand das „typisch toscanische" Landschaftsbild mit seinen Villen und Gärten, da die gewinnbringende Investition in Produktion und Handel sich nicht mehr lohnte und die Reichen und Mächtigen das geruhsame Landleben vorzogen.

Als mit *Gian Gastone* **1737** der letzte männliche Nachkomme der Medici starb, trat das **österreichische Haus Habsburg-Lothringen** die Erbfolge an und regierte Florenz, mit Ausnahme eines kurzen napoleonischen Zwischenspiels (1801-1814), bis zur Vereinigung Italiens. Unter den Habsburgern erholte sich die Stadt und ihr Umland allmählich wieder; es erfolgte z. B. der Ausbau der Verkehrswege und des Hafens von Livorno sowie die Trockenlegung der Sumpfgebiete im Chiana-Tal und in der Maremma.

Wappen der Medici

Risorgimento

Die bürgerlich-nationale Einigungsbewegung führte im 19. Jh. zu wiederholten Aufständen gegen die Fremdherrschaft. 1859 vertrieben die Florentiner den letzten Habsburger, *Leopold II,* und schlossen sich nach einer Volksabstimmung an das **savoyische Königreich Piemont** an.

Bis Rom dem Papst abgetrotzt werden konnte, erklärte *Victor Emanuele,* der 1861 zum König des vereinten Italien ausgerufen wurde, das wiedererstarkte Florenz 1865-71 zur **provisorischen Hauptstadt** und residierte im Palazzo Pitti.

Während dieser kurzen Zeitspanne veränderte sich das Stadtbild von Florenz entscheidend. Anstelle der alten Stadtmauer entstanden die breiten **Viali** (Ringstraßen), und weite Teile des mittelalterlichen Stadtkerns (Ghetto, Mercato Vecchio) wurden abgerissen und durch protzige Repräsentationsbauten (Piazza della Repubblica) ersetzt.

Faschismus und Krieg

In den 20er Jahren terrorisierten faschistische Schlägerbanden die Stadt, der 1938 auch der „Kulturreisende" *Hitler* einen Besuch abstattete. Schon wenige Tage nach dem Kriegseintritt Italiens begannen die Florentiner, die Fassaden ihrer Kirchen einzumauern und mit Gerüsten zu verstärken; zwei Jahre später setzte der Exodus der wertvollsten Kunstschätze ein, die in endlosen Lastwagenkolonnen aufs Land gebracht wurden.

Selbst als **Hauptverkehrsknotenpunkt** zwischen dem hart umkämpften Norden und Süden Italiens blieb Florenz, im Gegensatz zu vielen ande-

Die Flutkatastrophe von 1966

Am 4. November 1966 stieg das Wasser des Arno nach tagelangen Regenfällen innerhalb 24 Stunden um mehr als 5 m über seine Ufer. Sage und schreibe 685 Mio Kubikmeter Wasser, Schutt und Geröll ergossen sich über die Stadt und vermischten sich mit Öl und Benzin aus umgestürzten Heizkesseln und Fahrzeugen und den Abwässern der Kloaken. Die reißende, stinkende Brühe überrollte das Santa-Croce-Viertel, füllte die Piazza della Signoria, umschloss den Dom und verwandelte ganz Florenz in ein apokalyptisches Venedig. 39 Menschen kamen in den Wassermassen und Schlammlawinen ums Leben, und über 70.000 Altstadtbewohner verloren Obdach wie Habe. 15 Museen und Archive, darunter die Uffizien, und 18 der bedeutendsten Kirchen, in denen das Wasser bis 4 m und höher gestanden hatte, erlitten zum Teil irreparable Schäden. Mehr als 1000 Tafelbilder, Gemälde, Fresken und Skulpturen „ersten Ranges" und ganze Magazine voller Dokumente, Handschriften, Bücher, Keramiken usf. wurden schwerstens angegriffen bzw. vernichtet.

Zum Symbol der Zerstörung, deren Ausmaß selbst die der Kriegsjahre weit übertraf, wurde Cimabues 1290 für Santa Croce gemaltes hölzernes Tafelkreuz, das zwei Tage im Morast moderte, ehe die Helfer sich zu ihm durchkämpfen konnten. Selbst nach jahrzehntelanger Restaurierung präsentiert es sich heute nur mehr als Schatten seiner selbst.

ren toscanischen Städten, von Kriegshandlungen nahezu verschont, ehe die längst zum Rückzug gezwungenen deutschen Truppen im **Juli 1944** in einer als „Aktion Feuerzauber" verbrämten Verzweiflungsaktion alle Brücken und Häuser längs des Arno verminten und in die Luft jagten. Lediglich der *Ponte Vecchio* wurde auf besondere Intervention Hitlers hin ausgenommen, dafür aber zerfiel das älteste Viertel von Florenz, das die Zufahrt zur Brücke säumte, in Trümmer. Als letzte der fünf zerstörten Brücken wurde 1957 der *Ponte Santa Trinità* wieder eingeweiht.

Florenz heute

Lediglich als Geschäfts- und Verwaltungszentrum der Region Toscana wäre Florenz heute kaum überlebensfähig. Die Stadt ist auf Gedeih und Verderb **auf den Tourismus angewiesen,** der zuverlässig rund 10 Mio Besucher in jedem Jahr in ihre Mauern spült und zahllose Klein- und Familienbetriebe im Bereich des Kunsthandwerks und des Dienstleistungsgewerbes über Wasser hält. Das Pro-Kopf-Einkommen der Florentiner liegt trotzdem nur wenig über dem italienischen Durchschnitt. Industriebetriebe fehlen fast völlig bzw. siedeln sich lieber im benachbarten Prato an, und selbst als Modestadt hat Mailand ihr den Rang abgelaufen.

Für ehrgeizige Pläne, wie ein seit langem projektiertes U-Bahnnetz und andere dringend notwendige Infrastrukturmaßnahmen, sind seit Jahren keine Mittel aufzutreiben. 1993 erschütterte ein Bombenattentat auf die Uffizien ganz Italien; die Täter sind bis heute nicht bekannt und die Schäden noch immer nicht vollständig beseitigt.

Auf Besichtigungstour

Florenz an einem Tag

Möglich ist alles. Es muss jedoch gewarnt werden. Florenz ist anstrengend und verwirrend. Wer sich wie der vorwärtshastende Italienreisende *Goethe* („ich eilte so schnell heraus wie herein") an einem Tag auch nur den gröbsten Überblick über die Stadt verschaffen will, sollte besser keinen (oder nur den flüchtigsten) Museumsbesuch einplanen, gut zu Fuß und auf eine Überfülle von Eindrücken gefasst sein. Zum Schluss hat man zwar viel gesehen, aber eigentlich wenig.

Ausgangspunkt ist der Bahnhof *(Stazione Santa Maria Novella),* zentralstes Parkhaus, Bus- und Zugterminal. Den Platz überqueren, die *Via Panzani* nehmen und zielgerade den Domplatz ansteuern. (Ein guter **Tipp:** in *Prato* oder *Pontassieve,* 18 km westlich, übernachten bzw. das Auto abstellen und per Bus oder Zug nach Florenz fahren.)

Jeden überwältigt als erstes die schiere Monumentalität des Doms **Santa Maria del Fiore.** 153 m Länge auf fast 40 m Breite (innen gemessen!), marmorgestreift mit einer von allen Seiten sichtbaren Kuppel, Wahrzeichen und Ausdruck der Überlegenheit einer stolzen Kommune zwischen Mittelalter und Renaissance. So, wie der Dom heute steht, entstand er in einem Zeitraum von 600 Jahren: von seiner Planung 1294 durch Arnolfo di Cambio bis zur erst 1887 vollendeten neugotischen Fassade.

Höhepunkt der Bauarbeiten war der Kuppelbau, denn über hundert Jahre lang wusste keiner die nahezu unüberwindliche Herausforderung zu meistern, eine Fläche von 42 m Durchmesser zu überdecken. Erst Filippo Brunelleschi gelang 1420-1434 diese architektonische Meisterleistung. Der **Aufstieg in die Kuppel** sollte zum Programm gehören: Blick auf das gotische Innere des Domes, das Kaleidoskop der Kuppelfresken und schließlich die einmalige Aussicht über Häuser und Türme von Florenz. Zum Greifen nah sind jetzt Giottos eleganter **Campanile,** das sehenswerte **Dommuseum** an der Rückfront des Doms und das achteckige **Baptisterium** vor der Fassade. Dantes Taufkirche, 1128 fertiggestellt, lässt noch deutlich byzantinischen Einfluss erkennen; wo sich die Massen gegenüber der Domfront drängen, ist die **Paradiespforte** zu sehen, ein Bronzeportal von Lorenzo Ghiberti (Original im Dom-Museum), auf der in vollkommener Ausführung alttestamentarische Szenen dargestellt sind.

Noch mehr Kunst und Kirche oder ein bisschen Bummeln? Nach Norden führt die *Via Cavour* zum Backsteinbau von **San Lorenzo** mit Werken der Renaissance-Größen Donatello, Brunelleschi und Michelangelo sowie den imposanten Medici-Grabmälern. Drumherum findet täglich ein turbulenter Straßen- und Trödlermarkt statt, und auch zur überdachten Halle des **Mercato Centrale** mit seinen lukullischen Genüssen ist es nicht weit.

Die Gegenrichtung führt in die alte „Strumpfmacherstraße" **Via dei Calzaiuoli** – heute eine der Hauptgeschäftsstraßen des Zentrums – von der bald rechts die *Via degli Speziali* abbiegt und auf die überdimensionierte **Piazza della Repubblica** mündet, die 1865 als Schneise ins Stadtbild geschlagen wurde, als Florenz kurzzeitig die Hauptstadt Italiens war. Eine Stärkung in einem der berühmten Cafés wie *Paszkowski* oder *Giubbe Rosse* könnte jetzt nicht schaden.

Überquert man den Platz, stößt man auf den wuchtigen **Palazzo Strozzi,** der als der schönste Renaissance-Palast von Florenz gilt. Die Straße, auf der so viele Touristinnen dem Kaufrausch erliegen, ist die elegant-teuere Flaniermeile **Via Tornabuoni,** die gen Süden bis zur *Piazza Santa Trinità* und links in die **Via Porta Rossa** führt. Und schon wandeln wir auf einer der ältesten Straßen von Florenz, sehen an der Piazza einen Geschlechterturm und den mittelalterlichen **Palazzo Davanzati** (um 1300). Allein der Blick in den Innenhof versetzt den Betrachter in eine andere Zeit. Wo sich die Straße weitet, wird kurz danach Krimskrams auf dem **Mercato Nuovo** unter einer Loggia aus dem 16. Jh. verkauft. Wer noch einmal nach Florenz zurückkehren möchte, darf nicht vergessen, *Porcellino*, dem Bronze-Ferkelchen, die Schnauze zu reiben.

Zur Linken sieht man jetzt die Kirche **Orsanmichele** (um 1350), die ursprünglich ein Getreidespeicher war. Die Statuen zwischen den Außenpfeilern wurden von den berühmtesten Bildhauern ihrer Zeit ausgeführt (Donatello, Ghiberti, Originale heute fast alle in Museen) und stellen Schutzpatrone der Zünfte dar.

Beim Umrunden der Kirche stößt man erneut auf die *Via dei Calzaiuoli* und folgt ihr bis zur **Piazza Signoria,** seit dem Mittelalter das politische Zentrum von Florenz. Streng und nahezu wie eine Festung herrscht der **Palazzo Vecchio** über die umliegenden Häuser; 1299 von Arnolfo di Cambio begonnen und lange der ganze Stolz der unabhängigen Stadtrepublik, ehe ab 1450 die Medici hier einzogen. Links vom Portal sieht man die Kopie von Michelangelos vielbewundertem *David* (1501-04), rechts ringen Bandinellis *Herkules und Cacus* (1533) miteinander.

Ob man nun eine Pause vor Ammanatis **Neptun-Brunnen** (1576) oder im chicen *Café Rivoire* einlegt, ist eine Frage des Geldbeutels.

Noch ein Blick auf die offene **Loggia dei Lanzi** mit ihrer berühmten Skulpturensammlung und weiter über die von den **Uffizien** umschlossene Piazza hinunter zum Arno. Auf dem Weg erahnt man unschwer die Größe dieser bedeutendsten Gemäldesammlung der Welt. Als Giorgio Vasari die Uffizien 1560-80 als Verwaltungstrakt für die Medici errichtete, baute er auf Befehl des frischgebackenen Herzogs Cosimo I auch einen 1500 m langen Verbindungsgang zwischen „Büro" und Wohnpalast. Vom Arnoufer aus kann man sehen, wie sich der **Corridoio Vasariano** über den Ponte Vecchio bis hinüber zum Palazzo Pitti schlängelt; schaut man links in die Hügel hinauf, erkennt man **San Miniato al Monte** (um 1015 begonnen), die älteste Kirche der Stadt neben dem Baptisterium.

Auf dem **Ponte Vecchio** bestimmt das langsame Geschiebe die Fortbewegung. Bereits 1170 als steinerne Brücke über den Arno erbaut, war er im Mittelalter täglicher Verkaufsstand der Metzger, Fischhändler und Gerber. Da derart niedere Gewerbe den Medici aufs höchste missfielen, wurden die „Stinker" 1593 per Dekret umgesiedelt und durch Goldschmiede und Juweliere ersetzt.

Jenseits der Brücke folgen wir dem Pfad der Massen geradewegs bis zum **Palazzo Pitti,** dem ausladendsten Renaissancepalast von Florenz. Die unzähligen Räumlichkeiten der Mediciresidenz beherbergen heute Museen, zumal die *Galleria Palatina* mit berühmten Gemälden aus dem 16. und 17. Jh. (Raffael, Tizian, Caravaggio).

Hinter dem Palast, überragt von der mächtigen **Fortezza del Belvedere,** erstreckt sich die grüne Oase der weitläufigen Gartenanlage des **Giardino di Boboli.**

Von der *Piazza Pitti* fährt der Bus 37 zurück zum Ausgangspunkt *Stazione*; wer noch einen Blick auf die berühmte Renaissance-Kirche **Santa Maria Novella** werfen möchte, steigt eine Station früher aus.

Porcellinos Nase reiben – wiederkommen

Florenz für Fortgeschrittene

Und wieder muss gewarnt werden. Wieviel Zeit sollte der Besucher für Florenz einplanen? Drei, fünf, zehn Tage? Wieviel Eindrücke kann ein unvorbereiteter Besucher verkraften, wieviele Museen, Kirchen, Statuen, Fresken? Wann tritt das besagte **Stendhal-Syndrom** ein, jener Zustand, benannt nach dem französischem Schriftsteller, der 1817 zitternd und weinend in den Uffizien zusammenbrach?

Herzrasen, Schweißausbrüche, Erschöpfungsanfälle, Tränen. Von dieser „anderen" Art von Florenz-Erlebnis berichten nicht nur empfindsamere Gemüter wie Rainer Maria Rilke, der Maler Anselm Feuerbach oder eben besagter Stendhal. Noch heute werden tagtäglich – die Statistik der Krankenhäuser und Ambulanzen belegt es – Besucher der Stadt förmlich „umgeworfen" und müssen medizinische und/oder psychologische Hilfe in Anspruch nehmen. Ein Florenz-Besuch ist also weniger eine Frage der Zeit als der **Dosierung.** Kleine Häppchen, über den Tag verteilt, sind verträglicher als ausufernde Mammutprogramme. Einen Tag nur an einer Piazza verbringen, oder in einem begrenzten Viertel, sich nur mit einem Thema, einem Kunstwerk beschäftigen, kann weitaus faszinierender sein als „das Ganze" in möglichst kurzer Zeit abzuklappern und sich dabei die Seele und die Lust aufs Wiederkommen zu verderben.

Sich einen Ort suchen, als Bezugspunkt, Fluchtpunkt, Rückzugspunkt. Einen vertrauten Topos in diesem Labyrinth von Orten und Bedeutungen. *Seinen* Ort. Das kann, das wird, für jeden ein anderer sein. Und wenn man nur jeden Tag einmal zum *Mercato Centrale* pilgert, zum Viktualienmarkt, und sich inmitten der Fülle des prallen Lebens, von Tönen, Farben und Gerüchen, von der überwältigenden Präsenz der versteinerten Vergangenheit erholt. Oder die *Boboli-Gärten*. Das Panorama der *Piazzale Michelangelo*. Eine Flaniermeile. Eine Straßenecke in Santa Croce. Ein kleines Café. Der Domplatz ist *kein* solcher Ort. Und ein Museum, speziell die Uffizien, eigentlich erst recht nicht.

Aber natürlich kann man sich auch dort solch einen Ort suchen. Und immer wieder zu ihm zurückkehren. Einen einzelnen Saal, ein einzelnes Bild, eine bestimmte Statue. Besser aber kein Museum. Sondern ein Ort, an dem Vergangenheit zumindest noch lebendig ist oder wenigstens imaginiert werden kann. Eine Kirche. Ein Kloster. Ein Panorama.

Sehenswertes

Piazza Duomo

Wo sich heute auf engstem Raum Dom, Baptisterium und Campanile drängen, lag schon in den Anfängen der Stadtgeschichte das religiöse Zentrum von Florenz. Dem Dombau musste die Vorgängerkirche *Santa Reparata* aus dem 7. Jh. weichen (die Überreste wurden 1965 ausgegraben und können heute in der Krypta des Doms besichtigt werden), das Baptisterium errichtete man über den Ruinen einer römischen Kultstätte.

Mit einem „überlaufenen Busbahnhof" verglich *John Ruskin* den Domplatz schon vor 100 Jahren. Dabei hätte er sich den Rummel von heute nicht einmal in den kühnsten Träumen vorzustellen gewagt. Keine unbesetzte Stufe im weiten Rund. Schulgören, Touristenhorden, Eisesser, Schnellzeichner, Pferdedroschken, peruanische Musikanten und russische Souvenirverkäufer bilden ein unaufhörliches Gewoge und Geschiebe, das bestenfalls an ein rauschendes Volksfest statt an einen Kirchplatz erinnert. Die Bauten, die die Piazza säumen, stammen aus den unterschiedlichsten Zeiten (was aber im übrigen bei allen Plätzen von Florenz gang und gäbe ist). Während der älteste Bau, die achteckige **Taufkirche San Giovanni,** noch auf das mittelalterliche 11. Jh. zurückgeht – Baubeginn war 1059, doch schon wenige Generationen später hielt man sie für einen Schatz aus der Antike –, überbrückt die Entstehungszeit des Doms gleich Jahrhunderte und führt über Romanik, Gotik und Renaissance bis in die Neuzeit hinein. Der gesamte Komplex, so wie er heute zu besichtigen ist, mitsamt neugotischer Fassade und Marmorverkleidung, wurde erst im späten 19. Jh., also beinahe ein ganzes Jahrtausend später als das Baptisterium, endgültig fertiggestellt.

Zur ersten Orientierung, und um einmal die ganze Dimension des Doms auf sich wirken zu lassen, empfiehlt sich eine Umrundung der Piazza. Geht man rechts herum, erblickt man die spätgotische **Loggia del Bigallo** und den **Campanile** sowie gegenüber den **Palazzo dei Canonici** mit den Statuen der Baumeister *Arnolfo di Cambio* und *Brunelleschi,* der einen deutlichen Blick auf „seine" Kuppel wirft. An der Rückfront befindet sich die **Dombauhütte,** in der Michelangelo an seinem *David* arbeitete (heute das Dommuseum), und daneben ein Gebäude, in dem Donatello gelebt haben soll. An der Nordseite ist das schönste Außenportal des Doms, die **Porta della Mandorla** mit der zum Himmel auffahrenden *Madonna in der Mandel.*

Duomo Santa Maria del Fiore

Neben dem 1150 fertiggestellten Baptisterium sah *Santa Reparata*, die Vorgängerkirche des Domes, klein und schäbig aus. Das Repräsentationsbedürfnis der aufstrebenden Kommune sowie der Konkurrenzkampf mit Pisa, Lucca und Siena und die stetig wachsende Bevölkerungszahl verlangten nach Größerem.

Unter **Arnolfo di Cambio,** dem ersten großen Baumeister des Mittelalters (der zur gleichen Zeit auch mit der Errichtung des Palazzo della Signoria und der Kirche Santa Croce beschäftigt war), wurde 1296 mit dem Bau des Doms begonnen. Sein Auftrag lautete, eine Kathedrale zu erschaffen, die die Gotteshäuser von Pisa und Siena an Größe und Schönheit weit übertrifft und damit die Überlegenheit der Kommune zum Ausdruck bringen sollte.

Noch heute ist der Dom der **viertgrößte Europas** (und nach dem Petersdom zu Rom und dem Dom von Mailand der drittgrößte Italiens). Die **Zahlen** sprechen für sich: 160 m lang, 43 m breit (im Querschiff 91 m), mit Platz für etwa 25.000 Menschen (was annähernd der Bevölkerung des damaligen Florenz entsprach), eine Kuppel von 114 m Höhe (inkl. Laterne) und bis dahin nie gesehenen Ausmaßen (Durchmesser 42,5 m), Kostenpunkt 18 Mio Goldflorin („eines der kostspieligsten Bauwerke der Welt", *Montaigne*). Die Bauarbeiten, finanziert nicht zuletzt durch deftige Steuererhöhungen, unter denen die gesamte Bevölkerung zu leiden hatte, zogen sich jedoch hin. Architekten wie *Giotto, Andrea Pisano, Francesco Talenti* und viele andere betreuten den Bau, ehe die Kathedrale 1436 endlich geweiht werden konnte – aber fertig war sie damit noch lange nicht.

Dom Santa Maria del Fiore und Baptisterium San Giovanni

Außenansicht

So wie man den Dom heute kennt, hat er jahrhundertelang nicht ausgesehen. Die ursprüngliche (unvollendete) Fassade von Arnolfo di Cambio wurde 1587 auf Befehl von Großherzog Ferdinand I abgerissen (Reste des Figurenschmucks sind im Dommuseum zu sehen), und mehr als 300 Jahre lang blieb die Fassade unverkleidet. Sein heutiges Aussehen erhielt der Dom erst nach 1875, als Florenz gerade sein kurzes Gastspiel als Hauptstadt des neuen Königreichs Italien hinter sich hatte.

Die dekorative, auf dem engen Raum des Domplatzes allerdings überladen wirkende Fassade wurde 1887 nach Entwürfen von *Emilio de Fabris* „im Stil" des 14. Jh. vollendet. Die mehrfarbige Verkleidung mit grünem Marmor aus Prato, weißem aus Carrara und rotem aus der Maremma ließ kritische Stimmen aufkommen, die den Dom als „Harlekin" oder „Zebra" bezeichneten.

Kuppel

Als rund 100 Jahre nach Baubeginn endlich der Rohbau des gigantischen Doms fertiggestellt war (1418), hatten die Florentiner eine Kirche mit einem klaffenden Krater an ihrem Ende, und niemand sah sich in der Lage, ihn mit einer krönenden Kuppel zu überdecken. Da die achteckige Öffnung des Tambours einen Durchmesser von 42 m hatte und etwa 54 m über dem Erdboden lag, war es unmöglich, ein Holzgerüst zu bauen, das eine so schwere Kuppel tragen konnte. Ein Wettbewerb wurde ausgeschrieben, bei dem die kuriosesten Vorschläge zum Vorschein kamen. Unter anderem schlug man allen Ernstes vor, das gesamte Terrain mit Erde auszufüllen und als Anreiz Münzen darunter zu mischen, damit die gesamte Bevölkerung nach dem Kuppelbau die Erde wegschaffen würde. Lediglich **Filippo Brunelleschi,** der zuvor gemeinsam mit Donatello die Bauwerke des alten Rom studiert hatte, legte eine Lösung vor, die ihn zum gefeierten Architekten des „Wunders" qualifizierte. Sein ausgeklügelter Plan bestand darin, eine **selbsttragende Kuppel** mit zwei Schalen in horizontalen Schichten zu errichten, die jeweils mit der vorausgehenden so verbunden wurden, dass jede Schicht ihr Eigengewicht tragen konnte und fest genug war, um die Arbeit an der nächsten aushalten zu können, bis der Ring geschlossen war. Mehr als 16 Jahre wurde an der Kuppel gebaut. Um die Konstruktion voranzutreiben, musste Brunelleschi neuartige Werkzeuge, leichtere Materialien und schnelltrocknenden Mörtel erfinden, und hoch über dem Erdboden ließ er zwischen den Kuppelschalen sogar eine Kantine einrichten, damit keine Zeit verloren ging, um die Arbeiter zu verpflegen. 1436 fertigte er auch noch das Modell der krönenden Laterne, die allerdings erst viele Jahre nach seinem Tod (1461) vollendet wurde.

Aufstieg

463 Stufen führen durch die doppelschalige Kuppel bis zur Laterne hinauf. Der Ausblick auf die gesamte Stadt ist unvergleichlich und lohnt die Mühe des Aufstiegs (sowie der Wartezeit vor der Kasse) allemal.

Der Blick von der umlaufenden **Galerie** des Gewölbes in die Tiefe des Kirchenraums beeindruckt jedoch kaum minder (und lässt obendrein viel von den ungeheuren Dimensionen der Konstruktion erahnen), so dass der Aufstieg im Zweifelsfall dem des Campanile in jedem Fall vorzuziehen ist.

Innenraum

Im Gegensatz zum festlichen Äußeren wirkt das dreischiffige Innere schlicht und nüchtern-gotisch. Bei der Restaurierung im 19. Jh. verlor der Dom überdies den größten Teil seines Wandschmucks und seiner plastischen Werke. Erhalten blieben die **44 Glasfenster** nach Entwürfen von *Donatello* (über dem Hauptaltar), *Ghiberti* und *Paolo Uccello.* Von letzterem stammen auch die beiden bedeutendsten Fresken des Doms an der Innenfassade und im linken Seitenschiff: Die nach exakten perspektivischen Berechnungen ausgeführten „Prophetenköpfe" der ungewöhnlichen **Uhr** (1443), deren Zifferblatt in 24 Stunden eingeteilt und im Gegenuhrzeigersinn zu lesen ist, und das berühmte **Reiterstandbild** des *John Hawkwood* (1436). Das Fresko des englischen Söldnerführers, der 18 Jahre, bis zu seinem Tod 1394, im Dienst der florentinischen Republik gestanden hatte, führte er monochrom in *terra verde* aus, um den Eindruck eines plastischen Bronzedenkmals hervorzurufen. Links daneben zeigt *Andrea del Castagno* in der gleichen Manier den Sieger der Schlacht von San Romano, Niccolò da Tolentino (1456). Eine späte Huldigung der Stadt an Dante ist rechts von den Reiterstandbildern zu sehen: *Domenico di Michelino* lässt den Dichter mit der Göttlichen Komödie unter dem Arm vor der Silhouette des Florenz des Quattrocento stehen.

In der mit Holzintarsien ausgestatteten *Sagrestia Nuova* am Ende des linken Schiffs fand 1478 Lorenzo il Magnifico Zuflucht, als sich während der Messe gedungene Mörder auf ihn stürzten; sein Bruder Giuliano fand bei dem Attentat der **Pazzi-Verschwörung,** ein Versuch des Papstes, die einflussreichen Medici zu beseitigen, den Tod.

Das monumentale **Kuppelfresko** *(Jüngstes Gericht)*, das das Thema aus der Kuppel des Baptisteriums wieder aufgreift, wurde 1572-79 von Giorgio Vasari und seinem Nachfolger Federico Zuccari entgegen Brunelleschis ursprünglichen Vorstellungen (die Kuppel sollte weiß bleiben) ausgeführt. 350 Figuren sollen in der ausdrucksstarken, erst unlängst restaurierten Bilderfolge integriert sein, die sich besonders gut beim Aufstieg in die Laterne betrachten lässt.

Campanile

Der elegante freistehende **Glockenturm** ist untrennbar mit dem Namen seines Baumeisters *Giotto di Bondone* verbunden, der zu seinen Lebzeiten jedoch nur die erste Etage fertigstellen konnte (1337). Seine Nachfolger, *Andrea Pisano* und *Francesco Talenti*, die ihn bis 1359 vollendeten, folgten anderen Vorstellungen und Ideen, weshalb der Bau trotz all seiner Grazie und Schönheit keine einheitliche Linie verfolgt. Die anmutig-leichte Farbaufteilung der Marmorinkrustationen und die durchbrochenen, nach oben sich vergrößernden Spitzbogenfenster verleihen dem nahezu 15 m breiten quadratischen Turm seine ungewöhnliche Leichtigkeit. Besonders beeindruckend sind die kunstvoll gearbeiteten Kassettenfelder mit den sechseckigen Reliefs von Andrea Pisano, Donatello und Luca della Robbia (Originale im Dommuseum) mit allegorischen Darstellungen der Künste, Tugenden und Sakramente. Dem Baptisterium zugewandt, beginnt die unterste Reihe der Felder mit der Erschaffung des Menschen, dem Sündenfall und den Anfängen menschlicher Arbeit vom Schafehüten bis zum Keltern von Wein.

Im Inneren führt eine Treppe mit 414 Stufen auf die **Aussichtsplattform** des 82 m hohen Turms. Die Aussicht ist superb, wir raten aber dennoch zur Besteigung der Domkuppel.

Battistero San Giovanni

Die Johannes dem Täufer, dem Schutzheiligen von Florenz, geweihte **Taufkirche** ist zusammen mit der Klosterkirche San Miniato das älteste mittelalterliche Bauwerk der Stadt. Ihren Stil bezeichnet man heute treffend als „Protorenaissance", da er mehr als 300 Jahre später zum Vorbild des vorherrschenden Baustils von Florenz wurde.

Dante, der 1265 hier getauft wurde, hielt das Baptisterium für einen antiken heidnischen Marstempel, und noch Brunelleschi und Alberti, die bedeutendsten Baumeister der Renaissance, glaubten fest an seine römischen Ursprünge.

In seiner heutigen Gestalt entstand das achteckige Bauwerk vermutlich zwischen **1059** und **1128,** die charakteristische weißgrüne Marmorverkleidung im florentiner Inkrustationsstil wurde gegen 1150 vollendet. Im Mittelalter fanden nur zweimal jährlich große Gemeinschaftstaufen statt, und noch bis ins 19. Jh. war das Baptisterium die einzige Taufstätte in Florenz.

Die drei mächtigen, nach dem alten römischen Straßenverlauf ausgerichteten **Bronzeportale** der Fassade zählen zu den Höhepunkten der toscanischen Skulptur. Im Süden liegt das älteste Tor nach einem Entwurf von *Andrea Pisano* mit Szenen aus dem Leben Johannes des Täufers (1330-1336), das Nordtor schmücken Szenen aus dem Leben Jesu und der vier Evangelisten von *Lorenzo Ghiberti* (1403- 1424), während das Ostportal gegenüber der Domfront auf zehn vergoldeten Tafeln Szenen aus dem Alten Testament erzählt (Original im Dommuseum). Ghibertis zweites Tor, an dem er mehr als ein Vierteljahrhundert gearbeitet hatte (1425-52), fesselte Michelangelo derart , dass er es zur **Porta del Paradiso** (s. S. 124) erhob.

Innenraum. Wand und Fußboden sind vollständig mit Marmor verkleidet. Das **Mosaik** der monumentalen achteckigen Kuppel wurde um 1220 von venezianischen Spezialisten begonnen und weist noch starke byzantinische Einflüsse auf. Den zentralen Platz über der Apsis nimmt das Bild *Christus als Weltenrichter* ein, das *Coppo di Marcovaldo* zugeschrieben wird (um 1250), dem ersten großen Maler des florentinischen Mittelalters, der auch in Pisa, Siena und Orvieto tätig war. Zu Christi Füßen kriechen die nackten Seelen des *Jüngsten Gerichts* aus ihren Sarkophagen. Zwischen Auserwählten hier und Verdammten dort breiten sich in sechs übereinanderliegenden Reihen biblische Episoden aus (von innen nach außen): die Hierarchie der Engel; Szenen aus der Genesis von der Erschaffung des Menschen bis zur Sintflut; die Josephslegende; das Leben Christi und Mariens von der Verkündigung bis zur Auferstehung; und im äußersten Kreis Szenen aus dem Leben Johannes des Täufers, die großteils von *Cimabue*, dem zweiten großen florentiner Maler vor Giotto, stammen sollen (um 1280). Die Ausschmückung der Kuppel dauerte über ein Jahrhundert und wurde erst um 1330 abgeschlossen. Dante soll von dem Mosaik, unter dem er selbst die

Ghibertis „Porta del Paradiso"

- Erschaffung Adams und Evas – Sündenfall – Vertreibung aus dem Paradies;
- Kain und Abel – Opferung – Abel als Hirte und Kain auf dem Feld – Ermordung Abels – Gottes Zorn;
- Noah und seine Söhne – Noahs Arche – Noah pflanzt den Weinstock – Der trunkene Noah;
- Abraham und Sarah – Engel erscheinen Abraham – Opferung Isaacs;
- Jakob und Esau – Jakob verkauft sein Erstgeburtsrecht – Der Betrug – Esau wird zur Jagd geschickt;
- Joseph und seine Brüder – Der Verkauf – Josef gibt sich zu erkennen; Moses – Empfang der Gesetzestafeln;
- Joshua – Belagerung Jerichos – Durchquerung des Jordan;
- Saul und David – Schlacht gegen die Philister – David und Goliath;
- Salomos Tempel – Besuch der Königin von Saaba.

Von links oben nach rechts unten. In der vierten Rahmenleiste des linken Türflügels findet man ein Selbstporträt Ghibertis (4. Kopf von oben).

Taufe empfangen hatte, zu seiner „Göttlichen Komödie" inspiriert worden sein, und noch der junge Michelangelo pilgerte fast täglich bewundernd hierher.

Rechts neben der Apsis des Baptisteriums steht das Grab des Gegenpapstes Johannes XXIII, den die Stadt Florenz 1418 aufgenommen hatte. Die Zunft der Wollhändler *(Arte di Calimala)*, die für die Verwaltung des Baptisteriums zuständig war und auch die Wettbewerbe für die Bronzetüren ausschrieb, beauftragte 1424 *Donatello* mit dem Entwurf des ersten Baldachingrabs der Renaissance; die Bronzefigur des Toten stammt von *Michelozzo.*

Museo dell'Opera del Duomo

Die 1296 gegründete **Dombauhütte** (Opera del Duomo) an der Rückfront der Kirche diente ursprünglich als Werkstatt und „Koordinationsbüro" für die Arbeiten am Dom; in ihrem Hof entstand 1501-04 Michelangelos *David.* Seit 1891 werden hier alle Skulpturen, Reliefs und Kunstwerke aufbewahrt, die man im Lauf der Zeit aus konservatorischen Gründen aus dem Dom, dem Baptisterium und dem Campanile entfernen musste. Das hervorragend geordnete und 2001 modernisierte Museum sollte jeder Florenzbesucher auf seiner Liste haben. Im **Erdgeschoss** sind im Großen Saal die **Skulpturen der ersten Domfassade** ausgestellt, die beim Abriss 1587 vor der Zerstörung gerettet werden konnten. Einzigartig unter ihnen ist Arnolfo di Cambios Figur der Kirchenpatronin, die einst die zentrale Lünette schmückte, auch *Madonna mit den Glasaugen* genannt; ein bis dahin völlig unbekanntes Stilmittel, das die Meisterschaft des ersten Dombaumeisters auch als Bildhauer unter Beweis stellt (um 1290). Eine besondere Beachtung verdient auch Donatellos körperlicher *Evangelist Johannes* (1415).

Im Gedenkraum für Brunelleschi sind seine Totenmaske, das originale Holzmodell der Domlaterne und diverse Gerätschaften für den Dombau wie Winden, Seile und Flaschenzüge ausgestellt. Im Kleinen Saal findet man kostbare Reliquien aus dem Domschatz wie einen angeblichen Finger Johannes des Täufers.

Im **Zwischengeschoss** steht **Michelangelos Pietà,** eines der bedeutendsten Werke des Künstlers (1548-55) und der abendländischen Skulptur überhaupt. Die unvollendete Marmorgruppe, die der 80jährige aus Wut zerschlug, da das Material zu brüchig und kaum zu bearbeiten war, wurde von seinem Schüler Tiberio Calcagni restauriert und ergänzt (doch dem Christus fehlt nach wie vor das linke Bein). Das Standbild, dessen Nikodemus laut Vasari die Züge Michelangelos tragen soll, befand sich bis 1981 im Dom, war aber ursprünglich für sein eigenes Grabmal in Rom bestimmt gewesen.

Im **ersten Stock** nehmen die **Werke Donatellos** einen großen Platz ein. Unübertroffen die Skulpturen der Propheten *Jeremias und Habakuk* (um 1420). Raumbeherrschend sind die beiden **marmornen Cantorie** (Sängerkanzeln) von *Donatello* und *Luca della Robbia*, die sich bis 1688 über den Sakristeitüren des Doms befanden. Insbesondere das Frühwerk della Robbias (1432-38) setzt meisterhaft das Thema des eingravierten Davidpsalms „Lobet den Herrn" in lebendige und geradezu ansteckende Heiterkeit tanzender, singender und musizierender Kinder um. Donatellos schaurige, erschütternd realistische Holzfigur der *Maria Magdalena* (um 1455) ist zusammen mit dem berühmten **Silberaltar** aus dem Baptisterium, an dem 1366-1480 nahezu alle namhaften Künstler von Florenz arbeiteten (u. a. Michelozzo, Verrocchio, Antonio del Pallaiuolo), in einem Nebenraum zu sehen.

Den großartigen **Kassettenfeldern** des Campanile ist ein weiterer Raum gewidmet, in dem die Reliefs entsprechend den vier Turmseiten angeordnet sind (Luca della Robbia sowie Andrea Pisano und Werkstatt).

Lorenzo Ghibertis Tafeln der **Paradiespforte** sind die Attraktion im Erdgeschoss beim Ausgang.

Piazza San Lorenzo

Der **Borgo San Lorenzo** verbindet den Domplatz mit San Lorenzo, der Kirche der Medici. Um Bandinellis Standbild für *Giovanni delle Bande Nere*, den Vater Cosimos I und Stammvater der Herzog-Dynastie, sowie in den angrenzenden Straßen bis hin zur Markthalle breitet sich täglich ein bunter **Trödelmarkt** voller Lederwaren, Souvenirs und Schnickschnack aller Art aus, der ebenso ein Touristenmagnet ist wie die immensen Kunstschätze hinter den Backsteinmauern der Medici-Kirche. Der Komplex San Lorenzo gliedert sich in Kirche, Alte Sakristei und Laurenzianische Bibliothek (freier Eintritt) sowie die Medicikapellen mit Krypta, Fürstenkapelle und

Neuer Sakristei (Eintritt). Insbesondere die Namen Brunelleschi, Michelangelo und Donatello sind engstens mit San Lorenzo verbunden.

San Lorenzo

Die nach dem Märtyrer Laurentius benannte Kirche wurde bereits 393 außerhalb des damaligen Mauerrings gegründet. In ihrer heutigen Gestalt geht sie auf den Renaissance-Baumeister **Filippo Brunelleschi** zurück, der sie ab 1421 im Auftrag der Medici zunächst um- und dann völlig neu baute. Obwohl ein Entwurf Michelangelos für die Verkleidung der Fassade vorlag (das Holzmodell ist in der Casa Buonarroti zu sehen), ist sie noch heute – schmucklos und im Rohzustand; ein apartes Gegenstück zum Dom.

Brunelleschi versuchte hier erstmals seine Vorstellungen von einem völlig neuen Kirchentypus zu verwirklichen – eine Synthese aus frühchristlicher Basilika und antiker Formensprache, hell, lichtdurchdrungen, klar und rational gegliedert –, sah sich aber so vielen Widrigkeiten gegenüber (u. a. ging den meisten Kapellenstiftern das Geld aus), dass er seine Vorstellungen nur bedingt umsetzen konnte. San Lorenzo kann dennoch als die erste reine Renaissance-Kirche angesehen werden. Beeindruckend das harmonische Wechselspiel von blaugrauem Sandstein *(pietra serena)* und weißem Putz, zum ersten Mal treten statt Pfeiler Säulen in antiken Proportionen als Stützglieder im Langhaus auf.

Die **Bronzekanzeln** am Ende des Hauptschiffs sind Spätwerke *Donatellos,* die nach seinem Tod von seinen Schülern zu Ende geführt wurden; die Reliefs zeigen Szenen aus der Passion Christi. Rechts vom Hauptchor findet man in der **Cappella Martelli** eine ikonografisch sehr ausdrucksvolle *Verkündigung* (1440) von Filippo Lippi mit dem hübschen Detail einer durchsichtigen Glaskaraffe, Symbol für Mariens Jungfräulichkeit, in der Aussparung des Fußbodens am vorderen Bildrand. Im linken Seitenschiff hinter der Kanzel schuf *Agnolo Bronzino* mit dem Fresko der *Marter des hl. Laurentius* (1569) eines seiner typisch manieristischen Meisterwerke. Mit verdrehten Gliedern erleidet der Heilige auf dem Rost den Märtyrertod, während die über ihm schwebenden Putten mit Kelch und Palmenzweig bereits die Überwindung seiner Leiden andeuten.

Vom linken Querschiff gelangt man zur Familienkapelle der Medici, der **Sagrestia Vecchia,** mit der Brunelleschi 1419-29 das Debüt seiner neuen Raumarchitektur feierte. Ein Meisterwerk von klaren Proportionen und

San Lorenzo mit Markt

geometrischen Grundformen (Kugel und Kubus), ein Musterbeispiel der Gliederung. Die Ausstattung – Bronzetüren, Tondi und Medaillons – besorgte sein Freund Donatello. Über den Türen zeigen zwei Stuckreliefs die Märtyrer Laurentius und Stephanus sowie rechts die Schutzheiligen der Medici, die Ärzte Cosmas und Damian; die Tondi schildern Szenen aus dem Leben des Evangelisten Johannes, Namenspatron des Stifters Giovanni di Bicci, der in der Kapelle mit seiner Gemahlin bestattet ist. Das sehr viel aufwändigere Doppelgrab der Enkel Giovanni und Piero schuf *Andrea del Verrocchio* 1472.

Durch eine unauffällige Tür vom doppelgeschossigen Kreuzgang mit schönem Blick auf Domkuppel und Campanile erreicht man die **Biblioteca Laurenziana,** *Michelangelos* Bibliothek (1524) der Familie Medici. Vom manieristischen Vestibül mit wuchtigen Doppelsäulen führt eine enorme Freitreppe von *Ammanati* zum langgestreckten Lesesaal mit schwerer Holzdecke, Reihen enger Lesepulte und Glasfenstern mit hübschen Details. Die von Cosimo il Vecchio begründete Familienbibliothek umfasst Tausende wertvoller Handschriften und Folianten, in Vitrinen sind einige der Prunkstücke ausgestellt.

Cappelle Medicee

Die Neue Sakristei und die Fürstenkapelle werden heute als Museum betrachtet und haben einen eigenen Eingang an der *Piazza Madonna degli Aldobrandini* hinter der Apsis von San Lorenzo. Schon der Eingangsbereich wirkt wie ein prunkvoll ausgestatteter U-Bahnhof. Nachdem man die Krypta durchquert hat, gelangt man in die bombastische **Cappella dei Principe.** In das von Cosimo I initiierte und 1604 begonnene Mausoleum, das teuerste Projekt in der Geschichte der Medici, sollte angeblich das Heilige Grab aus Jerusalem überführt werden, jetzt sind dort die mediceischen Großherzöge in „erlesenem Ambiente“ mit Marmor und Halbedelsteinen bestattet. Hervorzuheben sind die vom *Opificio delle Pietre Dure* eingelegten **Wappen** der 16 Städte des toscanischen Großherzogtums.

Der Gegensatz zur anschließenden **Sagrestia Nuova** (Neue Sakristei) könnte kaum größer sein. Dort kühler Pomp, hier gediegene Schlichtheit in Grau- und Weißtönen, von *Michelangelo* bewusst als Pendant zu Brunelleschis Alter Sakristei angelegt (1520-34). Nach Michelangelos Weggang nach Rom führten *Vasari* und *Ammanati* die von den Medici-Päpsten Leo X und Clemens VII zur Verherrlichung ihrer Sippe angeordneten Arbeiten zu Ende. An der Eingangswand sind Lorenzo il Magnifico und sein der Pazzi-Verschwörung zum Opfer gefallener Bruder Giuliano bestattet. Statt der geplanten monumentalen Grabaufbauten hinterließ Michelangelo jedoch lediglich eine Madonna mit dem Kind, flankiert von den von seinen Schülern gefertigten Medici-Heiligen Cosmas und Damian.

Links und rechts sind die Grabmäler der Herzöge Giuliano und Lorenzo,

Gozzolis „Zug der Heiligen Drei Könige"

Der Zug der Könige windet sich über drei Wände in märchenhafter Pracht durch eine üppige toscanische Landschaft. Die biblische Geschichte dient lediglich als Vorwand für die Inszenierung einer aristokratischen Rittersage, die genial die ornamentale Pracht der ausgehenden Gotik mit der perspektischen Klarheit der neuen Raumkonzeption Brunelleschis und Masaccios verknüpft. Lorenzo, der spätere *Il Magnifico* (der während der Entstehung der Fresken gerade 10 Jahre alt ist), führt als idealisierter jugendlicher König den Zug auf einem Schimmel mit den Wappen des Medici-Clans an, in seinem Gefolge reiten Piero, sein Vater (auf dem nachfolgenden Schimmel mit roter Kappe), und daneben Cosimo, der Großvater und Begründer der Dynastie. Gozzoli selbst ist im Hintergrund des Gefolges zu erkennen, sein rotes Käppi schmückte er mit einem selbstbewussten *Opus Benotii.* In dem Ostkaiser Johannes VIII Palaeologus und dem Patriarchen von Konstantinopel, Joseph II, die die anderen beiden Könige des mythischen Zuges darstellen (beide waren 1439 Gast des päpstlichen Konzils zu Florenz), feiert Gozzoli das mediceische Imperium als den himmlischen Ort der Vereinigung von römischer und griechischer Kirche. An den Seitenwänden jubilieren Engelschöre, die vierte Wand ist auf ein kleines Sanktuarium ausgerichtet, dessen Altar eine gefühlsbetonte *Anbetung des Kindes* von Filippo Lippi ziert (Kopie; Original in Berlin).

deren Statuen Michelangelo ihren Charaktereigenschaften entsprechende **allegorische Liegefiguren** beigesellte. Dem herrischen, extrovertierten Giuliano den Tag und die Nacht (mit Mondsichel, Eule und Theatermaske), dem grüblerischen, in Gedanken versunkenen Lorenzo den erwachenden jungfräulichen Morgen und den an die Vergänglichkeit des Lebens gemahnenden Abend. Seltsam unwirklich und theaterhaft mutet das alles an, eher wie ein Bühnenbild mit antik kostümierten Chargen denn wie eine Grabkapelle. Zwar konnten sich nur mehr Päpste und Tyrannen Michelangelos Spätwerke leisten, so teuer waren sie, aber zu sehr hing noch sein Herz an der untergegangenen Republik, um den Triumph der Medici-Dynastie verherrlichen zu können.

Palazzo Medici-Riccardi & Cappella dei Magi

Der Neubau von San Lorenzo sah kaum seiner Vollendung entgegen, da wälzte Cosimo il Vecchio bereits Baupläne für einen neuen, angemessenen Familiensitz. Zwischen 1444 und 1460 entstand nach Entwürfen *Michelozzos* ein schlichter, aber monumentaler **Stadtpalast** mit rustikaler Fassade und einem System geheimer Fluchtwege, den Cosimo aus weiser Bescheidenheit dem weitaus prachtvoller ausgefallenem Bauplan Brunelleschis vorgezogen hatte. Dennoch sorgte das Gebäude natürlich für Aufsehen (damals stand es noch frei zwischen niedrigen Ziegelhäusern) und wurde zum Vorbild zahlloser anderer Palazzi.

Herzstück des Palastes ist die kleine **Privatkapelle der Medici** im 1. Stock, die Cosimos Sohn Piero il Gottoso

(„der Gichtbrüchige") 1459 von *Benozzo Gozzoli*, dem begabtesten Schüler Fra Angelicos, vollständig ausmalen ließ. Thema sollte ein beliebtes Sujet des Quattrocento, der **Zug der Heiligen Drei Könige,** sein (s. Kastentext S. 128). Die Aktualität der Thematik lag auf der Hand. Da die Anhäufung weltlicher Reichtümer nicht mit den kirchlichen Geboten in Einklang stand, versuchten reiche Emporkömmlinge ihr Seelenheil zu retten, indem sie, wie die sagenhaften Weisen, einen Teil ihres Vermögens der Kirche stifteten. Gozzolis filigranes Schatzkästlein, nur so gespickt mit den Symbolen der Selbstherrlichkeit der Medici, vermittelt dem Betrachter ein beredtes Bild von der Prachtentfaltung der beginnenden höfischen Renaissancekultur – das schlechte Gewissen lässt sich erahnen.

Piazza San Marco

Vom Palazzo Medici führt die geschäftige **Via Cavour** geradewegs zur Piazza San Marco, eine der belebtesten von Florenz. Studenten der umliegenden Institute versammeln sich unter dem Standbild des Generals *Manfredo Fanti,* Buslinien kreuzen hier (z. B. No. 7 nach Fiesole), und eilige Touristengruppen hasten vom kraftstrotzenden David Michelangelos in der nahen *Accademia* zu den sanften Verkündigungsengeln Fra Angelicos im Kloster San Marco.

Museo di San Marco

„Zur Beruhigung und Erleichterung seines Gewissens" stiftete Cosimo il Vecchio 1436, zwei Jahre, nachdem Florenz ihn aus der Verbannung zurückgerufen hatte, 40.000 Goldflorin für den Umbau der Kirche und des Konvents von San Marco, mit dem er seinen Lieblingsarchitekten *Michelozzo* beauftragte. Mit den Dominikanern, denen er das Kloster überließ, kam ein Mönch aus Fiesole, der mit seinen Gehilfen hingebungsvoll die Zellen und Korridore mit Fresken ausschmückte. Seine Zeitgenossen nannten ihn Bruder *Angelico*, den „Engelgleichen", und es hieß bald, Gott selbst führe ihm die Hand beim Malen. Tatsächlich überarbeitete **Fra Angelico** seine Bilder nicht, da er in den ersten, spontanen Ausdruck als den von Gott gewollten vertraute.

„Seine Heiligen sind die glückseligsten, die je ein Künstler geschaffen hat", strickte *Vasari* an der rührseligen Legende des frommen Genies, „malte er ein Kruzifix, so benetzten heiße Tränen seine Wangen." Doch tatsächlich vereinen sich tiefempfundene „mittelalterliche" Religiosität und aufgeklärtes humanistisches Gedankengut in den Werken des hochgebildeten Künstlers, die der Sage vom naiven Malermönch widersprechen. Im Hospiz, der ehemaligen Pilgerherberge, sind Fra Angelicos Hauptwerke ausgestellt. Blickfang an der Stirnwand ist das großartige, 1434-36 für die Leinweberzunft gefertigte **Triptychon** der *Madonna dei Linaiuoli* (mit Johannes dem Täufer und Johannes dem Evangelisten bei geöffneten, Petrus und Markus bei geschlossenen Seitenfügeln). Zum Vergleich: die 1443 geweihte **Altar-**

Verhöhnung Christi von Fra Angelico

tafel von San Marco. Wie revolutionär sie für ihre Zeit war, wird heute nur mehr bedingt ersichtlich, tatsächlich aber führte Fra Angelico erstmals zahlreiche Neuerungen ein, die wir als selbstverständliche Bestandteile der Renaissance-Malerei erachten – die Gestaltung des Hintergrunds (eine blühende Landschaft statt „göttlicher" Goldgrund), die perspektivische Flucht, die reiche Raumausstattung. Die die Gottesmutter umgebenden Heiligen sind Schutzpatrone der Medici, eine Referenz an den Auftraggeber Cosimo. Von der herrlichen, aus dem Leben der Heiligen Cosmas und Damian erzählenden *Predella* sind leider nur mehr zwei Tafeln an ihrem Ursprungsort vorhanden; sie wurde im 19. Jh. zersägt und in alle Welt verscherbelt (drei der ursprünglich acht Tafeln sind heute in der Alten Pinakothek in München zu sehen). Zu den weiteren Höhepunkten zählen die durch ihre lauteren Farben bestechende *Kreuzabnahme* (um 1440) und das Frühwerk *Jüngstes Gericht* (1431), dessen sich weit in die Tiefe bis zum Horizont öffnenden Grabplatten als kompositorische Verbindungslinie zwischen Erwählten und Verdammten geradezu futuristisch anmuten. Fra Angelicos größtes Fresko in San Marco ist die *Kreuzigung mit Heiligen* im gegenüberliegenden **Kapitelsaal.** Dramatisch heben sich hier die Gekreuzigten vor dem dunklen Himmel ab, unter den Trauernden befinden sich die Ordensgründer Franz von Assisi, Bernhardin von Siena und der hl. Domenikus.

Im **Refektorium** kann man Domenico Ghirlandaios *Abendmahl* (1482) mit dem zwei Jahre zuvor entstandenen von Ognissanti vergleichen. Die Ähnlichkeit in der Komposition wie im Detail ist ersichtlich, nur die Katze, die dem Betrachter erstaunt entgegenblickt, ist neu. In der sog. **Foresteria** findet man Lünetten von *Fra Bartolomeo.* Am Ende des Treppenaufgangs, der zu den **Klosterzellen** im ersten Stock führt, ermahnt *Mariä Verkündigung* den Eintretenden, beim Passieren des Bildes das „Ave" nicht zu vergessen. Die Ausmalungen der 44 Zellen seiner Ordensbrüder variieren dieses Thema sowie weitere Szenen aus der Passion, vor allem aber Christi Kreuzestod. Sie sind bewusst schlicht gehalten, um die Meditation der Mönche nicht zu stören, so wird z. B. die *Verspottung Christi* (Zelle 7) lediglich durch symbolische Akte angedeutet. Auf nahezu allen Fresken sind die beiden wichtigsten Heiligen der Dominikaner präsent: San Domenico im weißen Habit und Petrus der Märtyrer mit klaffender Kopfwunde. Als **Sa-**

vonarola 1491-95 als Prior des Konvents ironischerweise gerade von hier aus seinen fanatischen Glaubenskampf gegen die Prunksucht und Dekadenz der Medici eröffnete, bewohnte er die von Fra Bartolomeo freskierten Zellen (12-14) am Ende des südlichen Gangs; vor seiner Hinrichtung 1498 auf der Piazza Signoria wurden sie zu seinem Kerker. Darstellungen von Zeitgenossen dokumentieren heute das dramatische Moment seiner Verbrennung, auch Savonarolas berühmtes Porträt von Fra Bartolomeo wird hier gezeigt. Die Doppelzelle am gegenüberliegenden Ende des Ganges (38/39), in die sich Cosimo il Vecchio zu Buße und Gebet zurückzog, wenn ihn wieder einmal das schlechte Gewissen wegen seines Reichtums plagte, malte Fra Angelico – der wusste, was man einem Mäzen schuldig ist – mit einer (freilich dezenten) *Anbetung der Könige* aus.

Unbedingt einen Blick werfen sollte man noch in *Michelozzos* würdevollen **Bibliothekssaal** (1444). Der helle Raum mit Arkaden, die erste öffentliche Bibliothek der Renaissance, wurde wegweisend für zahllose Folgebauten bis ins 20. Jh. hinein. In Vitrinen sind Handschriften aus dem Besitz des Klosters ausgestellt.

Chiostro dello Scalzo

Auf ein Klingelzeichen wird man in den harmonisch-strengen *Kreuzgang der Barfüßer* eingelassen. Die Bruderschaft Johannes des Täufers, deren Mitglieder „barfuß“ an Prozessionen teilzunehmen pflegten, beauftragte 1510 *Andrea del Sarto*, ihren Kreuzgang mit Szenen aus dem Leben ihres Patrons auszumalen. Das Besondere an den bis 1526 entstandenen dreizehn Fresken (die lange Entstehungszeit erklärt sich durch einen Frankreich-Aufenthalt des Künstlers am Hof Franz I) ist die sog. *Grisaille-Technik* in feinsten Grau- und Beigetönen.

Cenacolo di Sant'Apollonia

Ein äußerst ungewöhnliches **Abendmahlfresko** des *Andrea del Castagno* ist im ehemaligen Refektorium des Konvents zu sehen (1445-50). Castagno stellt exakt perspektivisch einen mittels verschiedenfarbiger Marmorfelder gegliederten Raum dar, in dem Jesus und die Jünger an einer Tafel sitzen, deren helles Tischtuch sich wie ein Balken durch die Komposition zieht – zugleich abstrakt und konkret, dramatisch und kühl. Castagnos Formensprache kann man sich unabhängig vom persönlichen Geschmack kaum entziehen. Ebenfalls von Castagno stammen die Passionsszenen über dem Abendmahl mit Kreuzigung, Grablegung und Auferstehung.

Piazza Santissima Annunziata

Mit wenigen Schritten erreicht man von San Marco die Piazza SS. Annunziata, für viele einer der schönsten Plätze von Florenz. Tatsächlich entsprechen seine strenge Harmonie und klare Symmetrie dem architektonischen Ideal der Renaissance. In der Mitte ein Reiterstandbild (1608) Großherzog *Ferdinands I* von Giambologna und zwei Barockbrunnen von *Pietro Tacca*, auf der einen Seite die Loggia von Brunelleschis *Findelhaus*, auf der anderen deren Nachahmung durch Antonio da Sangallo für die Bruderschaft der Serviten, im Norden die *Allerheiligste Verkündigungskirche* mit dem siebenbogigen Portikus und im Süden der *Palazzo Grifoni* mit seiner außergewöhnlichen Ziegelfassade.

Ospedale degli Innocenti

1419 übertrug die Zunft der Seidenhändler, der seit 1294 durch eine Abgabe (2 Groschen pro Meter) die Fürsorge für die *gittatelli*, ausgesetzte Kinder, anvertraut worden war, Brunelleschi die Ausführung eines Findelhauses. Die unschuldigen Kleinen *(innocenti)* konnten erst an einem Marmorbecken und später (bis 1875) an einer Drehtüre, der *ruota*, an der linken Schmalwand der Loggia abgegeben werden – schon war man die Sorgen um sie los. Die dekorativen blauweißen **Terracottamedaillons** Andrea della Robbias in den Arkadenzwickeln der Loggia führen uns die hilflosen Wickelkinder geradezu charmant vor Augen. Jedes Jahr wurden mehr als tausend Säuglinge in Florenz ausgesetzt, häufig genug unerwünschte Sprösslinge der Magnaten oder des alles andere als prüden Klerus. Die Kinder erhielten eine rudimentäre Erziehung als Klosterschüler bzw. Handwerker, bevor sie das Findelhaus verließen. Die beispielhafte Institution war die erste ihrer Art in Europa und hat sich, als Waisenhaus und Heim für ledige Mütter, bis auf den heutigen Tag erhalten.

Dank zahlreicher Spenden verfügt das Ospedale heute über Werke berühmter Künstler wie Ghirlandaio, Andrea del Sarto, Neri di Bicci oder Botticelli, die in der **Galleria** über der Loggia zu besichtigen sind (Eintritt). Auf Ghirlandaios Altarbild *Anbetung der Könige* (1488) für die Kirche des Spitals sind unter den Anbetenden auch zwei Findelkinder abgebildet. Der zu seiner Zeit äußerst populäre und vielbeschäftigte Maler, in dessen Werkstatt auch der junge Michelangelo das Handwerk erlernte, hatte sich verpflichten müssen, das Bild „eigenhändig und in qualitätvollen Farben" auszuführen. Die **Lünette** mit der *Verkündigung Mariens* am Aufgang zu der Galerie stammt von Andrea della Robbia.

Santissima Annunziata

Als die Serviten, die „Diener Mariens", Mitte des 15. Jh.s dank eines wundertätigen Verkündigungsbildes zu Geld gekommen waren, gaben sie den Ausbau ihres Oratoriums zu einer großen Wallfahrtskirche in Auftrag.

Erlauchte Baumeister wie *Leon Battista Alberti*, der seine letzte Ruhestätte in der Kirche fand, und *Michelozzo* beteiligten sich maßgeblich.

Den überdachten **Vorhof** für die Votivgaben der Pilger, den **Chiostrino dei Voti,** verwandelten um das Jahr 1510 namhafte florentiner Künstler wie Andrea del Sarto (4 Szenen aus dem Leben des *hl. Filippo Benizzi, Ankunft der Drei Weisen, Geburt Mariens),* sein hochbegabter Schüler Rosso Fiorentino *(Himmelfahrt)* und Jacopo

Pontormo *(Heimsuchung)* in eine veritable Freskengalerie.

Das einschiffige **Innere** hat eine prunkvoll-barocke Ausschmückung aus dem 18. Jh. Gleich links vom Eingang befindet sich Michelozzos *Tempietto*, ein Marmortempelchen, mit dem Gnadenbild der Verkündigung, das nur an Marienfesten enthüllt wird. Noch heute legen dort florentiner Bräute ihre Sträuße nieder. Unter den zahlreichen Kunstwerken beeindruckt Andrea del Castagnos von den Entbehrungen der Wüste gezeichneter *Hieronymus* (2. Kapelle links), zwei Kapellen weiter behandelt Perugino sein Lieblingsthema, die *Himmelfahrt Mariens*. Die von Michelozzo 1444 begonnene und von Alberti vollendete Rotunde des Chores gliedert sich in neun Kapellen. Eine Rarität aus deutschen Landen ist hier die Holzstatue des *hl. Rochus* (San Rocco) von Veit Stoß, die Kapelle rechts davon entwarf *Giambologna* als seine eigene Grabstätte. Außerdem sind auch Benvenuto Cellini, Pontormo und der Bildhauer Baccio Bandinelli in der Kirche bestattet.

Vom linken Kreuzarm führt der Weg zum **Kreuzgang** *(Chiostro dei Morti)* mit dem außergewöhnlichen Marienbildnis der *Madonna del Sacco* von Andrea del Sarto (1525), benannt nach einem Sack, auf den sich Joseph stützt (gleich über dem Eingang).

Zwischen Dom & Orsanmichele

Die enge und verkehrsreiche **Via del Proconsolo** führt von der Ostseite des Domplatzes (Dommuseum) ins mittelalterliche Herz der Stadt. Herrschaftliche Palazzi säumen hier den Weg: der um 1430 von *Brunelleschi* konzipierte **Palazzo Pazzi** (No. 10), gleich daneben (No. 12), der von *Buontalenti* begonnene **Palazzo Nonfinito,** der „Unvollendete".

Weitere sehenswerte Häuser findet man in dem links abbiegenden **Borgo degli Albizi,** so den noch erhaltenen **Wohnturm** des *Albizi*-Clans (No. 14) und den erstaunlichen **Palazzo dei Visacci** mit den Portraits bekannter Florentiner an der Fassade (No. 18).

Bargello & Museo Nazionale

Regierungssitz, Polizeipräsidium, Museum, so lautet in Stichworten die Geschichte des monumentalen, festungsartigen Palastes, der seit 1859 das Nationalmuseum mit der bedeutendsten **Skulpturensammlung** von Florenz beherbergt. Außer Skulpturen sind im Obergeschoss Majoliken, Wandteppiche, Waffen, Elfenbein-, Silber- und Goldschmiedearbeiten und die berühmte Münz- und Medaillensammlung der Medici zu besichtigen. Fünf Jahre nachdem die Florentiner 1255 zum Zeichen ihrer Sieges über den Adel eine Verfassung durchsetzten, errichteten sie in der *Via del Proconsolo* ihren ersten Regierungssitz mit dem markanten Turm. Von 1261 bis zum Umzug in den Palazzo Vecchio 1314 war der Bargello Sitz der **Podestà,** der gewählten Stadtregierung, später der **Ruota** (Gerichtsbehörde) und ab 1574 Amtssitz des Polizeipräsidenten, den die Florentiner, respektlos wie immer, *bargello* (Büttel) riefen, was dem Gebäude seinen Namen verlieh. Der mehrstöckige, wappenverzierte **Innenhof** mit Bogengängen, Brunnen und Freitreppe aus dem 14. Jh. diente bis 1782 als Hinrichtungsstätte. Von der offenen Loggia im Obergeschoss konnte man bequem dem Spektakel beiwohnen.

Hauptattraktion im Großen Saal im **Erdgeschoss** ist wieder einmal **Michelangelo,** von dem sich jedes Museum der Stadt einige Ausstellungsstücke als Kassenmagnet gesichert zu haben scheint. Der *Trunkene Bacchus* ist ein Frühwerk (1497) und zugleich seine erste Großplastik, bei der er bereits meisterhaft die Regeln der klassischen Bildhauerkunst anwendet. Hinter dem Weingott mit verschleiertem Blick und etwas unsicherem Stand verbirgt sich ein Satyr, den man erst beim Umrunden der Figur entdeckt. Der unvollendete *Tondo Pitti* (Madonna mit Kind und Johannesknabe, 1504/05) zeigt noch deutlich Spuren des Gradiereisens, das zur ersten, groben Bearbeitung des Marmors verwandt wird.

Mit der „republikanischen" Marmorbüste des *Brutus* (um 1540) spielt Michelangelo auf die Ermordung des verhassten Medici-Tyrannen *Alessandro I* durch seinen Vetter Lorenzino an, der in Florenz als „neuer Brutus" gefeiert wurde. *Benvenuto Cellini*, dessen Autobiografie Goethe ins Deutsche übersetzte, ist mit seinem berühmten *Perseus* (1545-54, s. Loggia dei Lanzi) und der überlebensgroßen Bronzebüste von *Cosimo de'Medici* (1547) vertreten, und der aus Flandern zugewanderte *Giambologna* mit der manieristischen Marmorgruppe *Florenz siegt über Pisa* (1570) und einem graziösen *Merkur* (1564), der sich mit geflügelten Fersen in die Lüfte erhebt. Seine Tierbronzen *(Adler, Truthahn, Pfau)* in der Loggia des Obergeschosses sehen ihren lebenden Artgenossen fast zum Verwechseln ähnlich.

Im Großen Saal im **ersten Stockwerk** wird man um ein Jahrhundert zurückversetzt, in die Zeit von **Donatello,** dem bahnbrechenden Bildhauer des Quattrocento. Mit dem bronzenen *David,* der seinen jugendlichen Körper in Siegerpose über dem abgeschlagenen Haupt des Goliath präsentiert, schuf Donatello die erste freistehende lebensgroße Aktfigur seit der

Der markante Turm des Bargello

Antike (um 1445). Zum Vergleich betrachte man Andrea del Verrocchios androgynen *David* (um 1470) ein Stockwerk höher, der zwar mit einem nichts verhüllenden Wams, aber blickdichtem Röckchen angetan ist. Ein weiteres Meisterwerk Donatellos ist der *Heilige Georg,* den er um 1418 im Auftrag der Zunft der Waffenschmiede für eine Nische von Orsanmichele fertigte. Von dem Wettbewerb um die **Baptisteriumspforten** (1401) sind die Entwürfe von Brunelleschi und Ghiberti zu sehen. Beide stellen die *Opferung Isaacs* dar. Lorenzo Ghiberti gewann, aber ob er wirklich die bessere Arbeit vorlegte, darüber sind sich die Experten bis heute nicht einig.

Im Hauptsaal des **zweiten Stocks** sind Werke von *Andrea del Verrocchio,* außer dem *David* vor allem die anmutige *Dame mit Blumensträußchen* (um 1475), sowie farbig glasierte Terracotta-Arbeiten von *Luca* und *Andrea della Robbia* zu sehen.

Lucas Spätwerk *Porträt einer Dame* (1465) könnte geradezu als Modell für das Schönheitsideal seiner Zeit gelten. Schon in dem frühesten dokumentierten Werk orientierte sich sein erfolgreicher Neffe Andrea am Geschmack der Auftraggeber: seine ruhige *Madonna degli Architetti* mit dekorativer Rosenumrahmung entstand für die Zunft der Steinmetze, deren Werkzeuge er am Sockel des Tabernakels abbildete.

Badia Fiorentina

Aus der Silhouette von Florenz nicht mehr wegzudenken ist der charakteristische eckige **Spitzturm** (1310-30) der ehemaligen Benediktinerabtei, der schon vor dem Campanile des Doms das Stadtbild prägte. Um 978 gegründet, erfuhr die Anlage im Lauf der Zeit zahlreiche Erweiterungen, u. a. durch Arnolfo di Cambio (um 1282) und im 17. Jh., als man die Kirche um 90 Grad drehte und aus dem ursprünglichen Lang- ein Querhaus machte. Gleich links vom Kircheneingang an der Via Dante besticht ein Frühwerk *Filippino Lippis,* die *Vision des hl. Bernhard von Clairvaux* (1484-86). Vom rechten Seitenschiff führt ein verwinkelter Gang zu dem verborgenen, doppelstöckigen **Chiostro degli Aranci,** benannt nach den Orangenbäumen, die einst seinen Hof schmückten. Das Obergeschoss des im 15. Jh. entstandenen Arkadengangs malte ein Schüler Fra Angelicos, Giovanni di Consalvo, um 1435 in kunstvoll perspektivischen Darstellungen mit Szenen aus dem Leben des hl. Benedikt aus.

Dante-Viertel

Die kurze **Via Dante Alighieri** führt in das alte und traditionsreiche Stadtviertel, das mit den Namen der Familien *Adimari, Cerchi* und *Donati* verbunden ist. Auch Dantes Familie lebte hier. In der **Casa di Dante,** einem mittelalterlich wirkenden Haus mit einem kleinen **Museum,** das Dantes Werdegang dokumentiert, erblickte der Dichter im Mai 1265 jedoch mit Sicherheit nicht das Licht der Welt, denn es stammt aus dem 19. Jh. Gegenüber in der kleinen, 1032 gegründeten Kirche *Santa Margherita* könnte er aber tatsächlich Beatrice Portinari zum erstenmal be-

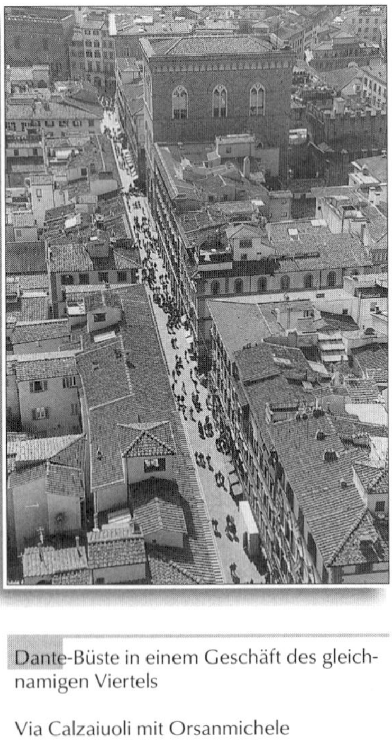

Dante-Büste in einem Geschäft des gleichnamigen Viertels

Via Calzaiuoli mit Orsanmichele

gegnet sein. Sowohl seine idealisierte Jugendliebe Beatrice wie auch Dantes spätere Gemahlin Gemma Donati sind in dieser Kirche bestattet. Die Ehe mit Gemma soll in der Kirche *San Martino* gegenüber dem unübersehbaren *Torre della Castagna* geschlossen worden sein, der ursprünglich zum Schutz der Badia errichtet worden war, vor der Fertigstellung des Palazzo Vecchio aber auch kurzzeitig als Priorensitz diente.

Orsanmichele

Der kompakte Bau an der **Via Calzaiuoli,** der „Straße der Strumpfmacher", nimmt eine Sonderstellung unter den Sakralbauten von Florenz ein. Der seltsame Name geht auf das ehemalige Kirchlein *San Michele in Orto* (der hl. Michael im Garten) zurück, an dessen Platz 1240 ein Getreidemarkt mit einer offenen, mit den Bildnissen des hl. Michael und der Madonna geschmückten Halle entstand. Nach einem Großbrand baute man die Halle 1337-57 neu auf und erweiterte sie um einen mehrstöckigen Speicher, der auch blieb, als man den Markt bald danach verlegte; die Arkaden der Loggia wurden zugemauert, und das Untergeschoss diente fortan als Oratorium. Die Doppelfunktion als **Kirche** und **Getreidespeicher** hatte das Gebäude bis ins 16. Jh. hinein.

Eingepfercht zwischen Straßen, ohne die übliche Raum schaffende Piazza davor, gleicht es noch heute eher einem befestigten Palazzo als einer Andachtsstätte.

Fassade

Bereits 1339 erhielt jede Zunft die Auflage, die Nischen zwischen den damals noch offenen Arkadenbögen mit einer Statue ihres Schutzheiligen zu schmücken.

Ausgeführt wurde das Projekt erst ab dem 15. Jh., dafür nahm aber fast die gesamte Bildhauerelite von Florenz daran teil. Wie in einem Museum spiegeln die 14 Nischenfiguren der Fassade die Entwicklungsgeschichte der **florentiner Skulptur** von *Donatello* (1386-1466) über *Andrea del Verrocchio* (1435-88) bis *Giambologna* (1528-1608). Aus konservatorischen Gründen sind die Originale (z. T. im oberen Stockwerk der Kirche aufbewahrt) durch Kopien ersetzt.

Innenraum

Das von zwei quadratischen Pfeilern unterteilte Innere ist von überraschender Größe. Einziger Schmuck ist das prunkvolle, unmittelbar nach dem Pestjahr 1348 für die ungeheure Summe von 86.000 Goldflorin an *Andrea Orcagna* in Auftrag gegebene **Marmortabernakel,** das schon vor seiner Vollendung als Weltwunder gefeiert wurde. Es enthält das kurz zuvor von dem Giotto-Schüler *Bernardo Daddi* rekonstruierte Urbild der wundertätigen *Madonna*, das dem Brand der Getreidehalle zum Opfer gefallen war; auf der Rückwand ist das kunstvolle Flachrelief von *Tod und Himmelfahrt Mariens* zu sehen. Da Marktfeilscherei und Marienverehrung aber nicht recht zusammenpassten, ließ der Rat der Stadt die offenen Arkadenbögen bald darauf schließen, so dass die ehemali-

Die Figuren von Orsanmichele

Via Arte della Lana (Eingang), von links
- Matthäus, Lorenzo Ghiberti (um 1419-22), Geldwechsler
- Stephanus, Lorenzo Ghiberti (1425-29), Wollhändler
- Eligius, Nanni di Banco (um 1412), Schmiede

Via de'Lamberti
- Markus, Donatello (1416), Leinweber
- Jacobus, Niccolò di Piero Lamberti (um 1425), Kürschner, Pelzhändler
- Madonna delle Rose, Simone Ferrucci(?) (um 1399), Ärzte, Apotheker
- Evangelist Johannes, Baccio da Montelupo (1515), Seidenspinner, -weber

Via Calzaiuoli
- Johannes der Täufer, Lorenzo Ghiberti (um 1416), Kaufleute
- Christus und ungläubiger Thomas, Verrocchio (1466-83), Handelsgericht
- Lukas, Giambologna (um 1601), Richter und Notare

Via Orsanmichele
- Petrus, Donatello (um 1425), Metzger
- Philippus, Nanni di Banco (um 1414), Sattler, Schuhmacher
- Vier gekrönte Heilige, Nanni di Banco (1415), Zimmerleute, Steinmetze
- Georg, Donatello (um 1418), Waffenschmiede

ge Markthalle seitdem nur mehr als Andachtsstätte dient. An den Wandpfeilern links sind noch heute die Öffnungen der Rutschen zu sehen, durch die das Getreide vom Speicher nach unten geschüttet wurde.

In den beiden verblüffend hohen **Sälen im Obergeschoss** (schöner Ausblick auf Dom und Palazzo Vecchio) ist das neue **Museo di Orsanmichele** untergebracht, in dem nach und nach alle Originalstatuen der Kirche zu sehen sein werden (z. Zt. noch teilweise in Restaurierung oder in anderen Museen). Zum Museum gelangt man über den gegenüberliegenden *Palazzo dell'Arte di Lana*, früher Sitz der bedeutenden Zunft der Wollweber, der mit dem einstigen Speicher durch eine Brücke verbunden ist.

Piazza della Signoria

Die Piazza der „Signori", der höchsten Beamten der Republik Florenz, ist ein **geschichtsträchtiger Ort.** Ausgrabungen förderten sowohl Funde aus der Jungsteinzeit wie Siedlungsreste der Etrusker (um 4000 v. Chr.) und Römer zutage, und im Mittelalter standen hier die Wohntürme der kaisertreuen *Ghibellinen,* deren Häuser die siegreichen *Guelfen* schleiften, um Platz für den Neubau des Rathauses zu schaffen. 1330 wurde die Piazza gepflastert, um sie „ansehnlicher und gleichmäßiger" als jeden anderen Platz der Stadt zu machen, und von „niedrigen" Gewerben wie Prostitution und Bettelei gesäubert, auf dass sie zum Forum der florentiner Gesellschaft werde.

Das Bild von der Hinrichtung Savonarolas (s. S. 79), der 1498 auf der Piazza verbrannt wurde (eine in den Boden eingelassene Platte erinnert daran), zeigt eine weite kahle Fläche ohne Brunnen oder Statuen. Erst im Cinquecento wurde der Platz mit jenen „mahnenden Lektionen in Bürgerkunde" *(Mary McCarthy)* versehen, die ihn zum Inbegriff der italienischen Piazza schlechthin machten – kolossale eherne **Standbilder** aus Marmor, Bronze und Stein, von denen Michelangelos über 4 m hoher *David* (Original seit 1873 in der *Galleria dell'Accademia*) nur das berühmteste ist.

Donatellos *Judith* (um 1460) zierte ursprünglich einen Brunnen im Hof des Palazzo Medici. Als Florenz 1495 die Medici aus der Stadt jagte, stellte man die Bronze der Tyrannenmörderin, die Judäa von dem grausamen Holofernes befreit hatte, als Sinnbild der republikanischen Kommune vor dem Portal des Rathauses auf (Original im Palazzo Vecchio), von wo sie 1504 dem monumentalen David weichen musste. Gleich daneben, ebenfalls von Donatello, hält der *Marzocco-Löwe* das Stadtwappen in seinen Pranken (Original im Bargello). Das Pendant zu dem biblischen Riesentöter David, der das Selbstbewusstsein der stolzen Republik zum Ausdruck bringen sollte, schuf Baccio Bandinelli 1533 mit der mythologischen Marmorgruppe *Herkules tötet Cacus* zum Zeichen der Macht des zurückgekehrten Medici-Clans.

Der gewaltige **Neptunbrunnen** *(Fonte del Nettune)* wurde 1565 anlässlich der Hochzeit *Francesco de'-Medicis* mit *Johanna von Österreich* in Betrieb genommen. Hatten die Florentiner Michelangelos David noch respektvoll als *il gigante* bestaunt, bespöttelten sie Bandinellis Herkules als „Melonenquetscher" und Ammanatis Neptun, der sich zudem auch den ganzen Hohn Michelangelos zuzog, als „Weißen Riesen" *(il biancone)*. Lediglich das 1594 von dem zugewanderten Flamen *Giambologna* (Jean de Boulonge) gefertigte Reiterstandbild Cosimos I blieb von gehässigen Spitznamen verschont und wurde zum Prototyp einer langen Serie von Reitermonumenten in ganz Europa.

Loggia dei Lanzi

Die 1382 als öffentliches Forum vom Rat der Stadt eingeweihte **Arkadenhalle** *Loggia dei Signori* erhielt ihren heutigen Namen im 16. Jh., als Cosimos Leibwache, die Schweizer Landsknechtsgarde der *lanzichenecchi*, hier Einzug hielt. Dieser Wandel vom Symbol der freiheitlichen Gesinnung der Republik zum Söldnerquartier ist ein beredtes Zeugnis veränderter Herrschaftsform.

Heute beherbergt die offene Halle eine **Sammlung von Statuen,** die ihresgleichen sucht. Einige stammen aus der Antike, andere aus der Renaissance oder der Zeit des Manierismus, und doch wirken sie alle wie für diese seltsame Galerie eigens angefertigt. Praktisch ausnahmslos stellen sie blutige Kämpfer dar.

Herausragend sind Giambolognas *Herkules ringt mit dem Zentauren* (1599) und seine verschlungene Figurengruppe *Raub der Sabinerinnen* (1583) sowie Benvenuto Cellinis **Perseus** (Orig. Bargello), der triumphierend das bluttriefende Haupt der Medusa in die Höhe hält. Cosimo I hatte diese Demonstration von Macht und Herrschaftsanspruch bei ihm bestellt, um den Beginn seiner Diktatur zu feiern; die Botschaft an das Volk von Florenz war unmissverständlich.

Cellini schildert in seinen „Lebenserinnerungen" minuziös den schwierigen Schaffensprozess der ersten in einem Stück gegossenen lebensgroßen Bronzefigur, mit der er Donatello wie Michelangelo zu übertrumpfen gedachte.

Palazzo Vecchio

Man stelle sich Florenz im ausgehenden 13. Jh. vor: es muss einer Großbaustelle geglichen haben. Politische Stabilität und gute Wirtschaftslage hat-

Auf der Piazza della Signoria

ten Wohlstand und den Aufstieg zu einem führenden Handels- und Finanzzentrum gebracht, binnen weniger Jahre war die Stadt um das Sechsfache ihrer ummauerten Fläche gewachsen. Der Grundstein für den Dom, der alle bis dahin bekannten Kirchen an Größe und Schönheit übertreffen sollte, war gelegt, und auch die Monumentalbauten von Santa Maria Novella und Santa Croce begruben bereits die halbe Stadt unter sich.

Der umtriebige *Arnolfo di Cambio* war als Baumeister in die Planung fast all dieser Jahrhundertwerke eingebunden, jetzt sollte er auch noch einen repräsentativen Palazzo für die Republik entwerfen, der ihr bisheriger Verwaltungssitz, der Bargello, nicht mehr genügte. Zwischen 1299 und 1314 entstand das festungsähnliche Kernstück des **Palazzo dei Priori** mit umlaufendem Wehrgang und 94 m hohem zinnenbewehrtem Turm, der bis heute als das Wahrzeichen von Florenz gilt. Hier regierten und wohnten die Mitglieder der *signoria*, die Prioren und der *gonfaloniere di giustizia*, der oberste Gerichtsherr, während ihrer kurzen Amtszeit, denn aus wohlbegründetem Misstrauen wählten die Florentiner ihre Stadtherren jeweils nur für zwei Monate und untersagten ihnen, um jegliche Einflussnahme von außen zu verhindern, ihr Domizil außer für Amtsgeschäfte zu verlassen.

In den folgenden Jahrhunderten wurde der trutzige Backsteinpalast mehrfach erweitert, ehe er 1540 von den siegreichen Medici beansprucht wurde. Herzog *Cosimo* ließ die mittelalterliche Residenz durch seine Lieblingsarchitekten *Michelozzo* (Innenhof) und *Vasari* umfassend modernisieren und verschönern. Doch seiner spanischen Gemahlin *Eleonora di Toledo* missfielen die düsteren Gemäuer im Herzen der Stadt, so dass bereits ein Jahrzehnt darauf der Umzug in den von Gärten umgebenen *Palazzo Pitti* realisiert wurde. Der „alte" Palast hieß fortan *Palazzo Vecchio.*

Seit 1872 dient der Palast wieder als Rathaus und Sitz der Kommunalregierung. Einige Räume in den Obergeschossen, die sog. *Quartieri Monumentali,* sind der Öffentlichkeit zugänglich (Eintritt s. *Museen,* S. 176).

Der **Salone dei Cinquecento,** der große *Saal des Rats der 500,* der auf Anraten Savonarolas nach der Vertreibung Piero de'Medicis ab 1495 die Geschicke der Stadt bestimmte, sollte zunächst von Michelangelo und Leonardo da Vinci freskiert werden; beide kamen jedoch über die Vorarbeiten nicht hinaus. So blieb es 70 Jahre später *Vasari* vorbehalten, die großen Siege der Stadt über Pisa und Siena in Wandbildern zu verherrlichen. Dreißig Jahre nach ihrer Entstehung in Rom gelangte auf Anordnung Cosimos Michelangelos Marmor-Allegorie **Genius des Sieges** (1532-34) in den Saal der 500, die wiederum zum Vorbild von Giambolognas *Florenz unterwirft Pisa* (1565, Original im Bargello) wurde.

Ein kleines Schatzkästlein des Manierismus ist der von Vasari entworfene **Studiolo,** das Studierzimmer des begeisterten Hobby-Naturwissenschaftlers und -Alchimisten Francesco I.

Im **zweiten Stock** sind zahlreiche Räume zugänglich, u. a. der unverkennbar von Vasari ausgeschmückte *Saal der Elemente*. Besondere Beachtung verdient der *Saal der Juno*, in dem Verrocchios graziler *Putto mit Delfin* (1476) seinen Standort fand, nachdem er aus konservatorischen Gründen am Brunnen des Innenhofs einer Kopie Platz machen musste. Über die Empore des Salone dei Cinquecento betritt man die Privatgemächer Eleonora di Toledos mit dem „Grünen Zimmer" und der anschließenden **Kapelle** mit dekorativen Fresken von *Bronzino* (1560-64), dem Meister des Manierismus. In der nach einer tugendhaften Florentinerin, die Kaiser Otto IV einen Kuss verweigert haben soll, benannten **Camera di Gualdrada** sollte man sein Augenmerk auf die schönen historischen Stadtansichten aus dem 16. Jh. richten: Auf der Piazza S.M. Novella finden Reiterspiele statt, vor Santa Croce wird ein Calcio-Turnier ausgetragen, auf dem Mercato Vecchio, der später der Piazza della Repubblica weichen musste, herrscht buntes Markttreiben. Die **Sala dell'Udienzia** und die **Sala dei Gigli** liegen im ältesten Teil des Palastes und bildeten als Versammlungssaal der Prioren ursprünglich eine Einheit. Die schönen Portale des Audienzsaals stammen von *Benedetto da Maiano,* die wunderbaren **Holzintarsien** der Türflügel am Eingang zum Liliensaal stellen Dante und Petrarca dar. Die Stirnwand des von (Anjou-)Lilien auf blauem Grund geschmückten Raums beherrscht Domenico **Ghirlandaios Fresko** der *Heiligen Zenobius und Laurentius,* umgeben von berühmten Männern der Antike, links im Hintergrund das Florenz des Cinquecento. In diesem Raum steht seit seiner Restaurierung auch das Original von **Donatellos Bronze** *Judith und Holofernes* (s. S. 138).

Die gemalten **Landkarten** auf den Schranktüren des letzten Raums, der **Sala delle Carte** oder *Guardaroba,* gewähren einen faszinierenden Einblick in die im Cinquecento bekannte Welt; der **Globus** (ca. 1565) des Mönchs und Geografen *Egnazio Danti* galt als der größte seiner Zeit. Von der zum Innenhof gelegenen „Garderobe" führte ein direkter Zugang zum Korridor Vasaris, über den Cosimo vom Volk ungesehen vom Palazzo Vecchio zum Palazzo Pitti überwechseln konnte.

Rund um Santa Croce

Östlich der Piazza Signoria gelangt man durch das hübsche Viertel entlang des *Borgo dei Greci* mit seinen zahlreichen Lederwerkstätten zur **Piazza Santa Croce,** die an der tiefsten Stelle der Stadt liegt. Im Mittelalter war der Platz vor der Kirche vom Heiligen Kreuz ein beliebter Ort für Turniere und Volksbelustigungen aller Art und zumal für das raubeinige „Fußballspiel" *Calcio* (s. *Feste,* S. 171).

Das Viertel von Santa Croce ist ein sympathischer Bezirk von Handwerkern und kleinen Leuten, dessen schmale dunkle Gassen noch heute Welten von den eleganten Einkaufsstraßen des Zentrums trennen. Nicht weit entfernt ist die nach dem aufständischen Wollwebern von 1378 benannte **Piazza dei Ciompi** mit Vasaris *Loggia del Pesce,* die nach dem Abriss des Alten Markts auf dem Areal der heutigen Piazza della Repubblica an dieser Stelle wiederaufgebaut wurde. Fische sind allerdings nur noch in den Arkadenzwickeln zu sehen, heute findet unter der Loggia ein täglicher Trödelmarkt statt.

Santa Croce

Die **größte Franziskanerkirche Italiens** wird den Worten ihres Patrons, des hl. Franziskus, wenig gerecht, der für kleine Kirchen plädierte, um in Demut Gott zu verehren. Das Prestige jedoch forderte einen Bau, der an Größe und Ausstattung dem der rivalisierenden Dominikaner (Santa Maria Novella) zumindest gleichkommen sollte. Also leistete man sich den besten Baumeister der Stadt, *Arnolfo di Cambio*, und von 1294 an entstand ein stattliches Bauwerk von 115 m Länge und 38 m Breite. Noch vor Arnolfos Tod (1302) waren Querhaus und Apsis, um 1385 das dreischiffige Langhaus mit offenem Dachstuhl vollendet; weitere Arbeiten zogen sich bis zur Einweihung 1443 hin. Die grünweiße **Marmorverkleidung** wurde erst 1863 angebracht, gleichzeitig wurde vor der Kirche dem 500 Jahre zuvor aus der Stadt verbannten *Dante* ein Denkmal gesetzt.

Santa Croce ist die an Ausstattung **reichste Kirche** von Florenz. Bedeutende Kunstwerke von Giotto bis Donatello und rund 270 Grabmäler berühmter Persönlichkeiten machen den Rundgang zu einem kurzweiligen, wenn auch nicht unanstrengenden Vergnügen. Der venezianische Dichter *Ugo Foscolo,* der selber in der Kir-

che begraben liegt, nannte Santa Croce „einen Tempel italienischen Ruhmes". Tatsächlich ruhen hier neben Michelangelo, Machiavelli und Galilei Komponisten (Rossini und Cherubini), Dichter (Vittorio Alfieri) und Philosophen (Leonardo Bruni). Die sterblichen Überreste des verbannten Dante wollte Ravenna nicht herausgeben, weshalb Florenz nichts weiter übrigblieb, als ihm ein *Kenotaph*, ein leeres Grabmonument, zu setzen. Das **Grabmal Michelangelos** (1. Kapelle rechts), dessen Gebeine 1574 Cosimo I aus Rom überführen ließ, schuf der unvermeidliche *Vasari;* auf dem Sarkophag Personifikationen der Malerei, der Skulptur und der Architektur.

Die reich mit Ornamenten und Reliefs aus der Franziskuslegende geschmückte **Marmorkanzel** *Benedetto da Maianos* (1472-76) kommt ohne Kanzelfuß und Treppe aus, die der Künstler im Innern des ausgehöhlten Langhauspfeilers versteckte. *Donatellos* vergoldetes *Sandsteinrelief der Verkündigung* (1435; 6. Kapelle rechts, hinter dem Grabmonument Machiavellis) kann als Pendant zu Masaccios Trinitätsfresko in S.M. Novella gesehen werden. Die Madonna und der Engel stehen wie auf einer Bühne; antikisierende Pfeiler, die Teile der Figuren verdecken, rahmen die Szene, über der auf dem Volutengiebel Putten spielen.

Im rechten Querschiff befinden sich **Kapellen,** durch deren Errichtung sich reiche Florentiner Familien schon lange vor den Medici ein Denkmal setzten und gleichzeitig zur Ausstattung und Finanzierung „ihrer" Kirche beitrugen.

Die **Cappella Baroncelli** wurde um 1335 von *Taddeo Gaddi*, dem begabtesten Schüler Giottos, mit Episoden aus dem Leben Mariens freskiert. Bemerkenswert sind vor allem seine Architektur- und Landschaftsdarstellungen. In einer *Nachtszene*, die als die vermutlich erste der abendländischen Malerei gilt, taucht der Glanz eines im Bild sichtbaren Engels eine graue Campagna in eigentümlich diffuses Licht. Das Altarbild mit der *Marienkrönung* im Zentrum wird als eines der letzten großen Werke Giottos angesehen (um 1330).

Die **Cappella Castellani** rechts davon malte Agnolo Gaddi mit Szenen u.a. aus dem Leben des hl. Antonius und des Nikolaus von Bari aus. Wieder von seinem Vater Taddeo Gaddi stammt die *Kreuzigung* (1340) in der Sakristei.

Die von *Giotto* gefertigten Fresken (um 1317-20) in der **Cappella Bardi** (rechts vom Hauptchor), der Kapelle der Bankiersfamilie Bardi, zeigen in betonter Schlichtheit Szenen aus dem Leben des *hl. Franziskus:* sein Verzicht auf irdische Güter, die Anerkennung des von ihm begründeten Ordens durch den Papst, die missionarische Berufung, die ihn bis in den Orient führte, Stigmatisierung, Tod und zwei seiner Erscheinungen nach dem Tod. Zwar weniger farbenfroh und erzählfreudig als die gut 20 Jahre zuvor entstandenen Franziskusfresken in Assisi,

Die Franziskanerkirche Santa Croce

Tabernakel neben Sport-Bar

schließen sie doch in vielen Details an das frühere Meisterwerk an. In derselben Kapelle wurde jetzt die wunderbare, *Bonaventura Berlinghieri* zugeschriebe Altartafel aus der ersten Hälfte des Duecento (um 1240) aufgestellt, die in lebendigen Genreszenen 20 Episoden aus der *Franziskusvita* schildert.

Die danebenliegende **Cappella Peruzzi** malte Giotto mit Szenen aus dem Lebens Johannes des Täufers (links) und Johannes des Evangelisten aus. Beide Kapellen wurden im Barock übertüncht und mit Grabmälern versehen; erst 1852 wurden die Fresken wiederentdeckt und freigelegt, was ihren z. T. schlechten Zustand erklärt.

Die **Hauptchorkapelle,** eine Stiftung der Kaufmannsfamilie Alberti, stattete *Agnolo Gaddi* 1380 mit spätgotischen Szenen aus der *Legende vom hl. Kreuz* aus, die der Kirche den Namen gab. Dem eng mit dem Franziskanerorden verknüpften Sujet verlieh 70 Jahre später Piero della Francesca (sehr wahrscheinlich angeregt von Agnolos Arbeit) triumphale Vollkommenheit in seinem berühmten Werk in Arezzo.

Ein Schmiedeeisengitter erschwert den Blick auf das berühmte Kruzifix *Donatellos* in einer weiteren **Bardi-Kapelle** am Kopf des linken Querhauses. Donatello, der einen leidenden Christus ohne jegliche Idealisierung darstellen wollte, wurde von seinen Zeitgenossen deswegen heftig kritisiert. Brunelleschi schmähte den Gekreuzigten gar als „Bauern am Kreuz“ und schuf in Konkurrenz zu seinem Freund eine „verbesserte“ Kreuzigung für Santa Maria Novella.

Museo dell'Opera di Santa Croce

Ein gesonderter Eingang rechts der Fassade führt zu zwei Kreuzgängen mit der **Pazzi-Kapelle** und dem Museum von Santa Croce. *Filippo Brunelleschi* wurde von der Familie Pazzi um 1430 mit dem Bau der Kapelle im Klosterhof beauftragt und schuf bis zu seinem Tode 1446 einen der schönsten und harmonischsten Bauten der Renaissance. Da der von Säulen getragene Vorbau im gleichen Jahr (1478) fertiggestellt wurde, das für die Pazzi durch ihren missglückten Mordanschlag auf Lorenzo und Guiliano de' Medici zum Schicksalsjahr ward, wurde niemals eines ihrer Familienmitglieder in der Kapelle bestattet. Regelmäßige geometrische Formen und einfache Proportionsverhältnisse gliedern den Innenraum bis ins kleinste Detail, durch die Rundfenster in der

Kuppel fällt ein Licht, das die weiß getünchten und mittels Pilaster, Fenster und Bögen aus grauem Sandstein gegliederten Wände wie von selbst leuchten lässt. Der umlaufende Fries mit dem Lamm Gottes und die blauweiß glasierten **Tondi** der zwölf Apostel stammen von *Luca della Robbia* (um 1470), *die* farbigen **Medaillons** der vier Evangelisten in der Kuppel werden allgemein Brunelleschi selbst (evtl. unter Mithilfe von Donatello) zugeschrieben.

In den Räumen des **Museums** von Santa Croce stand das Wasser bei der Flutkatastrophe von 1966 bis zu 5 m hoch und beschädigte einige der Kunstwerke unwiderbringlich. Als ihr „berühmtestes Opfer" bezeichnete nicht nur Papst Paul VI *Cimabues* großes **Kruzifix** (um 1287), dem man die Spuren der Zerstörung selbst nach der fast zehnjähriger Restaurierung noch immer deutlich ansieht. Es befindet sich im ehemaligen Refektorium, dessen Stirnwand Taddeo Gaddis riesiges *Abendmahl* (1340) und *Baum des Kreuzes* schmücken. Die *Ultima Cena,* in der Folgezeit ein beliebtes Motiv in klösterlichen Speisesälen, wurde hier erstmals als Wandschmuck ausgeführt. Weitere sehenswerte Werke sind abgelöste Freskenfragmente *Andrea Orcagnas,* die einst das Langhaus von Santa Croce zierten (darunter *Triumph des Todes,* um 1360), ein Fresko *Domenico Venezianos* mit Franziskus und Johannes dem Täufer sowie Skulpturen von *Tino da Camaino* und Terracotten aus der Werkstatt *Andrea della Robbias.*

Zwischen Piazza della Signoria & Palazzo Pitti

Palazzo degli Uffizi

1560 beauftragte Cosimo I *Giorgio Vasari* mit dem Bau herzöglicher Verwaltungsämter *(uffizi),* die sich an den Regierungssitz anschließen und mittels eines geschlossenen Gangs mit seiner Residenz im Palazzo Pitti verbunden sein sollten. Die **dreiflügelige Anlage** mit dem arkadengesäumten u-förmigen Freiraum, dem die Doppelfunktion von Hof und Promenade zukommt, ist zum Arno durch eine Loggia abgeschlossen. Schon kurz nach der vorläufigen Fertigstellung 1580 ließ Cosimos Sohn *Francesco I* die Loggien im Obergeschoss schließen, um seine Sammlung an Gemälden, Skulpturen und anderen Kunstschätzen unterzubringen. Die wertvollsten Stücke, darunter eine antike hellenistische Venus, kamen in die 1584 von *Buontalenti* hinzugefügte **Tribuna,** ein achteckiger Raum mit „kosmischem Grundriss" und indirektem Oberlicht, der zum Prototyp der Museumsarchitektur wurde. Ab 1587 wurden im **Hoftheater** (im 19. Jh. zerstört) die ersten Opern der Geschichte aufgeführt. Sein Nachfolger *Ferdinando I* richtete zusätzlich Kunstateliers, Werkstätten und wissenschaftliche Laboratorien ein (s. *Museen,* S. 161).

Ponte Vecchio

Ein Gang über die geschäftige *Alte Brücke* gehört zum Pflichtprogramm jedes Florenz-Besuchers. Und „alt" ist sie tatsächlich, denn schon zu Zeiten der Römer überquerte an der schmalsten Stelle des Arno die **Via Cassia** den Fluss. Obwohl die ursprüngliche Holzbrücke im Lauf der Jahrhunderte wie eine Burg befestigt worden war, fiel sie der großen Überschwemmung von 1333 zum Opfer.

Der „neue" Ponte Vecchio mit drei weitgespannten Arkaden und massivem Unterbau wurde bereits 1345 wieder in Betrieb genommen. In Buden beiderseits des Weges boten Metzger, Gerber und Kürschner, die sich sonst nirgendwo ansässig machen konnten, ihre übelriechenden Waren feil. Als die Kommune nach der Vertreibung der Medici 1495 in finanzielle Schwierigkeiten geriet, verkaufte sie die Parzellen der Brücke an die bisherigen Pächter, und die charakeristischen „Anbauten" entstanden. Vorne wurde gehandelt, hinten gehäutet und geschlachtet, und die Abfälle flogen in hohem Bogen in den Arno. Erst 1593 machte Cosimos Sohn *Ferdinando I* dem üblen Treiben ein Ende und ordnete „höhere" Gewerbe auf der Brücke an, nämlich Juweliere und Goldschmiede – eine Tradition, die sich bis auf unsere Tage erhalten hat.

Angeblich auf ausdrücklichen Befehl Hitlers blieb der Ponte Vecchio 1944 bei dem großen Bombardement auf Florenz unter dem Losungswort „Feuerzauber" als einzige Arnobrücke von der Zerstörung verschont.

Corridoio Vasariano

Auch Cosimo I hatte seine Probleme mit dem Pöbel auf der Brücke, und so beauftragte er 1565 seinen Baumeister *Vasari*, einen Gang zu bauen, der eine ebenso schnelle wie geschützte Verbindung zwischen „Büro" und Wohnung erlaubte. In nur fünf Monaten entstand der 1,5 km lange und bis zu 7 m über dem Straßenniveau liegende Korridor, der sich vom Palazzo Vecchio über die Läden auf der Brücke bis zum Pitti-Palast schlängelt und dem Herzog sogar ermöglichte, zwischendurch noch unerkannt der Messe in der Kirche **Santa Felicità** auf der anderen Seite des Flusses beizuwohnen. In der Brunelleschi zugeschriebenen Kapelle rechts vom Eingang befinden sich zwei Meisterwerke *Jacopo Pontormos* in den hellen, leuchtenden Farben des frühen Manierismus, *Verkündigung* und *Grablegung Christi* (1528), sowie die vier Medaillons mit Darstellungen der Evangelisten. Der **Verbindungsgang** dient heute als Ausstellungsraum der Uffizien, in dem u. a. eine umfangreiche Sammlung von **Selbstporträts** (ca. 1000 Werke) berühmter Meister von Dürer und Tizian bis Chagall untergebracht sind (nur nach Anmeldung, s. *Museen,* S. 176).

Palazzo Pitti

Am Südende des Ponte Vecchio beginnt das um 1175 in den Ring der Stadtmauern eingegliederte Gebiet **Oltrarno** („jenseits des Arno"). Der Pitti-Palast, dessen gewaltige Dimensionen (Fassade 205 m, 32.000 qm bebaute Fläche) optisch noch gesteigert wurden, indem er am Rand eines leicht ansteigenden Platzes errichtet wurde, war nach dem Konkurs seines Erbauers *Luca Pitti* Residenz der Medici-Herzöge und zuletzt (1864-71) des italienischen Königs (s. *Palazzi,* S. 157). Heute beherbergt der Palast insgesamt sechs Museen (s. *Galleria Palatina,* S. 166).

Giardino di Boboli

Durch den Palazzo Pitti gelangt man in den *Boboli-Garten.* Die ausgedehnte hügelige Anlage (4,5 ha) stellt mit ihren zahllosen Brunnen, Laubengängen, Zypressen-Alleen, manieristischen Statuen (u. a. Giambologna, Bandinelli) und künstlichen Grotten (Buontalenti) das typische Beispiel eines **feudalen italienischen Parks** des 16. Jh.s dar. Die Anlage des repräsentativen Gartens wurde nach ihrem Erwerb durch Eleonora da Toledo, Gemahlin Cosimos I, 1549 von *Tribolo,* einem Bildhauer und Schüler Michelangelos, begonnen und von *Ammanati, Buontalenti* u. v. a. bis weit ins 17. Jh. hinein weitergeführt.

Einzigartig ist der Blick von dem auf den Hof des Pitti-Palastes ausgerichteten *Amphitheater* mit dem gewaltigen Granitbecken aus den Caracalla-Thermen in Rom, einst Schauplatz zahlreicher Feste und *Intermedien* – Vorläufern der Oper. Publikumsliebling ist der *Bacchus-Brunnen* nahe dem Ausgang mit dem auf einer Schildkröte thronenden „Hofzwerg" Cosimos I.

Forte Belvedere

Auf der Hügelkuppe hoch über den Boboli-Gärten thront die gewaltige sternförmige **Festung,** die *Ferdinand I* 1590-95 zum Schutz vor den aufrührerischen Bürgern seiner Heimatstadt nach modernsten Erkenntnissen des Militärbaus von *Buontalenti* errichten ließ. Der im Stil der Medici-Villen gehaltene **Palazzo** auf der Esplanade der Bastion sollte im Ernstfall als Fluchtpunkt dienen; heute finden dort zuweilen Ausstellungen statt. Der Ausblick von den Terrassen der nicht umsonst „Schöne Aussicht" geheißenen Anlage ist in doppelter Hinsicht phantastisch: auf der einen Seite liegt Florenz hingebreitet, und auf der anderen die ländliche *Campagna* – der Kontrast könnte kaum größer sein. Der Zugang durch den Boboli-Garten ist heute nicht mehr möglich. Man er-

Bacchus-Brunnen im Giardino di Boboli

reicht sie am besten über die ruhige **Costa di San Giorgio,** die hinter der Kirche Santa Felicità beginnt, vorbei am ehemaligen Wohnhaus *Galileo Galileis* (No. 19) und ummauerten Gärten.

San Miniato al Monte

Hoch auf einem Hügel des linken Arnoufers erhebt sich die vermutlich **älteste Kirche** von Florenz. Der Legende nach wurde sie über dem Grab des *hl. Minias* errichtet, der während der Christenverfolgungen um 250 enthauptet wurde; der Märtyrer aber soll seinen abgeschlagenen Kopf wiederaufgenommen haben und den Hügel zum Friedhof hochgestiegen sein, um seine letzte Ruhestätte zu finden. In der Krypta unter dem Chor sind seine Gebeine aufbewahrt.

Die zweifarbig inkrustierte **Fassade** (um 1090) aus weißem Carrara-Marmor und dunkelgrünem Serpentin *(Verde di Prato)* ist das schönste Beispiel der nur in Florenz beheimateten romanischen Architektur, die man als **florentiner Protorenaissance** bezeichnet. Aufgrund des klassischen, streng geometrischen Aufbaus – unten die „Triumphbögen" und Portale einer kaiserlichen Palastfassade, darüber eine quadratische Tempelfront – hielten noch die Renaissance-Baumeister Brunelleschi und Alberti San Miniato für antik und nahmen die Dekorationen als Anregung für ihre eigene Architektur. Aufgelockert wird die Fassade durch ein erst im 13. Jh. hinzugekommenes goldgrundiges **Mosaik,** das Christus als Weltenherrscher zwischen Minias und der Madonna zeigt. Der Adler über dem Dreiecksgiebel ist das Symbol der einflussreichen *Arte di Calimala* (Zunft der Kaufleute), die seit 1288 das Patronat über die Kirche innehatte.

Die harmonischen Proportionen und die feierliche Atmosphäre des **dreischiffigen Innenraums** mit offenem Dachstuhl und wie ein Teppich sich ausbreitenden Fußbodenintarsien (1207) nimmt jeden Betrachter gefangen. Bis zur Errichtung des großen Tabernakels in der Mitte des Hauptschiffs hatte man beim Betreten der Kirche vollen Einblick in die **Krypta** unter dem erhöhten Chor, in der die Gebeine des *Minias* ruhen; darüber das große byzantinische **Apsis-Mosaik** mit dem thronenden Christus im Zentrum, das mit dem der Fassade korrespondiert (um 1297). Die korinthischen Kapitelle sind in der Mehrzahl antik. Doch nicht alles ist Marmor, was glänzt: die Säulen des Langhauses wurden beispielsweise erst im 19. Jh. mit Marmorimitationen überzogen.

Die tonnengewölbte **Cappella del Crocifisso** wurde im Jahr 1448 von *Michelozzo* auf Veranlassung Piero de' Medicis, dessen Insignien deutlich angebracht sind (Diamantring mit Straußenfeder, die Devise „Semper"), über einem Altar aus dem 11. Jh. errichtet und birgt ein wundertätiges Kruzifix. Die Majoliken innen wie außen stammen von *Luca della Robbia*, das Altarbild schmücken Tafeln zum Martyrium des Minias von *Agnolo Gaddi*. Am Hochchor eine filigran gearbeitete **Marmorkanzel** aus dem

12. Jh., rechts schließt sich die **Sakristei** mit Fresken *Spinello Aretinos* an (um 1387), die Episoden aus dem Leben des hl. Benedikt nacherzählen.

Die *Kapelle des Kardinals von Portugal*, der 1459 in Florenz verstorben war, wurde im linken Seitenschiff von einem Schüler Brunelleschis erbaut und ist mit schönen **Tondi** Luca della Robbias ausgestattet.

Zur *Piazzale Michelangelo,* dem großen Aussichtsplatz unterhalb der Kirche (mit einer weiteren Kopie des David) fährt der Bus Nr. 13. Zu Fuß (ca. 2 km) geht man von der *Ponte alle Grazie* (bei Santa Croce) über die Via di San Niccolò bis zur *Porta San Miniato,* von dort führt ein schattiger Pilgerweg bis zur Kirche.

Markt auf der Piazza Santo Spirito

Oltrarno

Durch das Viertel Santo Spirito zurück zum Zentrum

Santo Spirito, Santa Maria del Carmine, Santa Trinità – westlich und nördlich der Piazza dei Pitti schließt sich ein „volkstümlicher" Bezirk an, in dem noch ein Stück Florentiner Alltag erhalten geblieben ist. Es macht Spaß, durch die engen Gassen von **Santo Spirito** und **San Frediano** zu wandern, am *Borgo San Jacopo* unvermittelt vor einem alten **Turmhaus** zu stehen (No. 54), Durchblicke zum Arno oder Einblicke in glyzinienüberwucherte Hinterhöfe zu finden, die Auslagen der exklusiven Antiquitätenläden auf der *Via Maggio* zu studieren oder gleich um die Ecke verstaubte Trödelläden zu entdecken und sich schließlich auf der hübschen *Piazza Santo Spirito* auszuruhen.

Santo Spirito

Die schmucklose Fassade lässt kaum erahnen, dass sich hinter ihr **eines der Hauptwerke** des genialen Baumeisters **Filippo Brunelleschi** verbirgt. Hätten seine Nachfolger – Brunelleschi starb 1446, 12 Jahre nach Beginn der Bauarbeiten und 35 Jahre vor der Weihung der Heiliggeistkirche – das ursprüngliche Konzept nicht überarbeitet und verwässert, Santo Spirito wäre, wie es *Vasari* formulierte, „der bisher vollkommenste Tempel der Christenheit" geworden.

Wie im Ansatz schon bei San Lorenzo, machte Brunelleschi keinen Unterschied zwischen kirchlicher und profaner Architektur (s. *Ospedale degli Innocenti,* S. 132). Maße und Proportionen erschließen einen Raum von vollkommener Folgerichtigkeit und Geschlossenheit. Chor, Vierung und Querschiffarme sind von gleicher Gestalt, und die „Seitenschiffe", sofern man überhaupt noch von solchen sprechen kann, sind rechtwinklig, einem Umgang gleich, um alle drei Bauteile herumgeführt – eine radikale Abkehr von der traditionellen Komposition romanischer oder gotischer Kirchen. Anders als bei San Lorenzo werden die Gewölbe der Seitenschiffe statt von Pfeilern von Halbsäulen flankiert, die auf gleicher Höhe wie die Säulen und halbrunden Kapellen stehen – die Kirchenwand tritt so hervor und zurück, wirkt plastisch statt statisch, die Seitenschiffe öffnen sich zu perspektivischen Abfolgen von Bögen und Säulen, die an die zeitgenössische Skulptur und Malerei (Donatello, Masaccio) erinnern. Anstelle der planen Kassettendecke sollte ein Tonnengewölbe stehen. Blickt man vom Langhaus nach Osten, hat man trotz des frühbarocken Baldachin-Altars, der die Sicht in den Chor versperrt, den Eindruck, sich in einem Zentralbau aufzuhalten. Brunelleschis ästhetisches Ideal, die klassische Zentralkomposition mit Vierungskuppel mit dem hergebrachten romanisch-gotischen Langhaus zu verbinden, wurde zum Vorbild des Kirchenbaus auf Jahrhunderte hinaus (s. Petersdom in Rom).

Die bedeutendsten Kunstwerke im Innern sind *Peruginos* **Glasfenster** über dem Portal (um 1500) und *Filippino Lippis* Altarbild *Madonna mit Kind* (1490) mit einer der schönsten und poetischsten Hintergrundansichten von Florenz (rechtes Querschiff, 4. Kapelle). Im linken Querschiff verdient eine *Santa Monica* Beachtung, die man dem schmalen malerischen Oeuvre Verrocchios zuschreibt, Marmoraltar und Skulpturenschmuck der benachbarten **Corbinelli-Kapelle** (1492) stammen von *Andrea Sansovino.*

Vom linken Seitenschiff erreicht man durch eine mächtige Vorhalle die achteckige **Sakristei,** ein Meisterwerk *Giuliano da Sangallos* (um 1490), dessen dezidiert an Brunelleschi orientierte Raum- und Lichtkomposition Michelangelo bei der Ausführung der Neuen Sakristei von San Lorenzo inspirierte.

Cenacolo di Santo Spirito

Linker Hand der Kirche schließt sich das ehemalige **Augustiner-Kloster** an.

In dem erhaltenen **Refektorium** aus dem 14. Jh. ist ein sehr fragmentarisches Abendmahlsfresko (um 1360) zu besichtigen, das mit großer Wahrscheinlichkeit von *Andrea Orcagna* stammt. Um den relativ hohen Eintritt zu rechtfertigen, wird dem Besucher außerdem diverser romanischer Figurenschmuck der Vorgängerkirche präsentiert.

Santa Maria del Carmine & Cappella Brancacci

Auf keinen Fall sollte man den Besuch der Brancacci-Kapelle in der Kirche Santa Maria del Carmine versäumen. Als die 1286 gegründete **Karmeliterkirche** im 18. Jh. fast gänzlich einem Feuer zum Opfer fiel, blieb die Kapelle mit dem schönsten und bedeutendsten **Freskenzyklus** von Florenz wie durch ein Wunder nahezu unversehrt.

Masolino, ein ehemaliger Mitarbeiter Ghibertis, der an den Türen des Baptisteriums mitgewirkt hatte, und der damals erst 23jährige **Masaccio** übernahmen 1424 gemeinsam die Freskenausstattung der von dem reichen Patrizier *Felice Brancacci* gestifteten Kapelle.

Als Masolino kurz darauf als Hofmaler nach Budapest ging, setzte Masaccio die Arbeiten fort. Nach seinem frühen Tod vier Jahre später wurde der Zyklus erst 1480/81 durch *Filippino Lippi* vollendet. Der nach der Restaurierung 1990 wieder in intensiven Farben leuchtende Zyklus schildert in 12 Bildern den *Sündenfall* und die *Vita des Apostels Petrus.*

Masaccio war der erste Maler, der die Lektionen Brunelleschis und der neuen Bildhauer in die Malerei umsetzte; seine festen und massigen, gleichwohl geschmeidigen Körper nehmen bereits Michelangelo voraus. An den sich gegenüberliegenden Darstellungen der *Erbsünde* lässt sich die neue, revolutionäre Malweise Masaccios am deutlichsten studieren.

Während der 18 Jahre ältere Masolino im *Sündenfall* noch ganz dem „weichen", dekorativen Stil der Gotik verhaftet bleibt (Harmonie, Eleganz, Statik, Flächigkeit), wirkt die Körpersprache in der *Vertreibung aus dem Paradies* (Evas Angst und Scham, Adams Verzweiflung) expressiv und dramatisch. Alles Leid der Welt scheint auf die Schultern dieser beiden geladen.

Masaccios Menschen sind sich ihrer Schuld bewusst, ohne an Würde und Schönheit zu verlieren, und werden so zum Sinnbild der neuen humanistischen Weltanschauung der **Renaissance.** Evas verzweifelt vor ihre Blößen geschlagenen Hände gehen auf die Pose der griechisch-römischen *Medici-Venus* in der Tribuna (Uffizien) zurück, die über ein halbes Jh. später auch Botticelli bei seiner *Geburt der Venus* verwendete. Der im Flug perspektivisch verkürzt dargestellte Engel verschmilzt nahezu mit der roten Feuerwolke, von der er herabgleitet. Die Landschaft außerhalb des Paradieses ist öde und feindlich; zwei deutliche *Schatten*, ein absolutes Novum in der damaligen Malerei (zusätzlich thematisiert in der *Schattenheilung*), lassen den schleppenden Gang der gramgebeugten Gestalten

Cappella Brancacci

1. Vertreibung aus dem Paradies, Masaccio
2. Der Zinsgroschen, Masaccio
3. Predigt des Petrus in Jerusalem, Masaccio
4. Taufe der Neubekehrten, Masaccio
5. Heilung des Lahmen und Auferweckung der Tabita, Masolino
6. Sündenfall, Masolino
7. Paulus besucht Petrus im Gefängnis, Filippino Lippi
8. Auferweckung des Sohnes des Theophilus von Antiochia, Masaccio und Filippino Lippi
9. Die Schattenheilung, Masaccio
10. Petrus und Johannes verteilen Almosen, Masaccio
11. Kreuzigung Petri und Petrus und Paulus vor Nero, Filippino Lippi
12. Befreiung Petri aus dem Kerker, Filippino Lippi

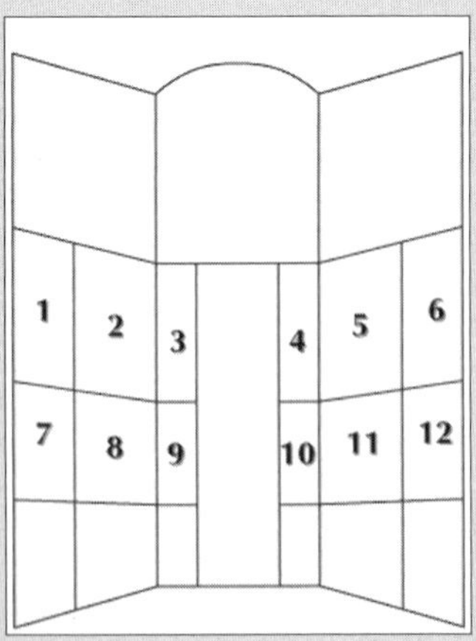

ins irdische Jammertal noch intensiver erscheinen. Vasari schreibt, dass alle großen Renaissance-Künstler die Fresken studierten, „um die Vorschriften und Regeln zu erlernen, nach denen man Gestalten richtig darstellt".

Doch auch Masolino zeigt sich als Meister der Beobachtung, so vor allem in den beiden Episoden *Heilung des Lahmen und Auferweckung der Tabita,* die er auf einen typischen florentinischen Platz verlegt. Fein gekleideten Herren flanieren vor der Häuserkulisse im Hintergrund; an Stützeisen vor den Fenstern hängen Wäsche und Vogelkäfige, zahme Affen turnen auf Gesimsen und Frauen plauschen von Fenster zu Fenster.

Das großartige Holzkreuz in der Kapelle stammt von dem Vorläufer Cimabues und Giottos, *Coppo di Marcovaldo* (um 1260).

Ognissanti

Wieder am Arno, spaziert man über die **Carraia-Brücke,** die nach dem Ponte Vecchio zweitälteste von Florenz (1218), und wirft dabei einen Blick auf die Stadtpaläste am Ufer und die elegante **Dreifaltigkeitsbrücke.** Beide Brücken wurden 1944 von der deutschen Wehrmacht gesprengt, aber nach dem Krieg in der Form, die ihnen *Ammanati* im 16. Jh. verliehen hatte, naturgetreu wiederaufgebaut.

Über den *Lungarno Amerigo Vespucci* gelangt man zur Hauskirche der Vespucci, der **Allerheiligenkirche.** Für ihren Familienaltar (2. Kapelle rechts) schuf der vielbeschäftigte *Domenico Ghirlandaio* um 1470 eine *Schutzman-*

telmadonna, die ihre rechte Hand vermutlich über Amerigo, den künftigen Entdecker und Namensgeber der Neuen Welt, ausbreitet. Die einander gegenüberliegenden Wandfresken des *hl. Augustinus* von Sandro **Botticelli** (rechts) und des *hl. Hieronymus* von **Ghirlandaio** (beide 1480) zählen zu den bedeutendsten Renaissance-Darstellungen von Kirchenvätern. Faszinierend ist der Kontrast zwischen dem sanftmütig „mittelalterlichen" Gelehrtentyp Ghirlandaios und dem „aufgeräumten" und humanistischen Visionär Botticellis. Im linken Querschiff wird in einer Kapelle die Kutte verehrt, die Franziskus beim Empfang der Stigmata getragen haben soll.

Einen Höhepunkt im Schaffen Ghirlandaios bildet sein **Abendmahl** im Refektorium des Klosters (Zugang links der Fassade). Mit den Mitteln der Perspektivmalerei lässt Ghirlandaio Bildraum und realen Raum zu einem einzigen Speisesaal verschmelzen; die Rückwand des gemalten Raumes öffnet er auf einen weiten, üppigen Garten, durch den Luft und Licht hereinströmen. Mit ebensoviel Lust am Detail sind die Freuden der Tafel mit den dekorativen Kirschen dargestellt.

Santa Trinità

Über den *Borgo Ognissanti* (No. 26 die **Casa Galleria,** eines der schönsten Beispiele des italienischen Jugendstils in Florenz) gelangt man ins Zentrum zurück. Die **Dreifaltigkeitskirche** an der von schmucken Palazzi gesäumten *Piazza Santa Trinità* mit der granitenen *Säule der Justiz* entstand, abgesehen von der dekorativen Sandsteinfassade *Buontalentis* (1593-94), im 14. Jh. Im Innern der Vallombrosanerkirche mit einer imposanten *Verkündigung* von Lorenzo Monaco, einem anmutigen Grabmal von *Luca della Robbia* (linke äußere Chorkapelle) und der so eindrucksvollen wie befremdenden Holzstatue der *Magdalena* (1464) von Desiderio da Settignano (linkes Seitenschiff) findet man in der **Cappella Sassetti** einen der großartigsten Freskenzyklen von Florenz.

In den *Szenen zum Leben des hl. Franziskus* (um 1485) verbindet Domenico **Ghirlandaio** auf einzigartige Weise religiöse, profane und antike Themen. Die Geschehnisse sind in das Florenz des Quattrocento verlegt und mit Stadtansichten und Porträts bedeutender Zeitgenossen versetzt. Die *Bestätigung der Ordensregel* durch den Papst (oben Mitte) findet mitten auf der Piazza Signoria vor der Loggia dei Lanzi statt; der Stifter Francesco Sassetti, einst Leiter der Medici-Banken in Lyon und Avignon, präsentiert sich im Vordergrund mit seinem Sohn rechts neben Lorenzo il Magnifico,

Sprengung der Santa-Trinità-Brücke 1944

dessen drei Söhne hinter dem Humanisten und Dichter Poliziano die Treppe emporsteigen. In der *Stigmatisation* (unten links) erkennen wir im Hintergrund das von Florenz eroberte Pisa, die *Wundersame Erweckung eines Knaben* (unten Mitte) findet vor der damals noch romanischen Fassade von Santa Trinità statt; unter den Beistehenden blickt ganz rechts der Künstler selbst aus dem Bild. Das von den Stifterfiguren umrahmte Altarbild der *Anbetung des Kindes* überrascht durch seinen Naturalismus und die derben Gesichter der Hirten (der erste wieder mit Zügen Ghirlandaios), ein deutlicher Hinweis auf den Einfluss der flämischen Malerei im damaligen Florenz.

Santa Maria Novella

Die weitläufige **Piazza S.M. Novella** bildet den Rahmen für die 1246 begonnene Dominikanerkirche, den ersten gotischen Monumentalbau in Florenz, und den links angeschlossenen Klosterkomplex. Noch bis ins 19. Jh. war die Piazza Schauplatz des Wagenrennens *Palio dei Cocchi*, bei dem die von Schildkröten getragenen Obelisken als Wendepunkte dienten.

Die **Fassade** der in ihrem Unterbau Mitte des 14. Jh.s im typischen Inkrustationsstil der Protorenaissance (San Miniato, Baptisterium) verkleideten Basilika musste wieder einmal lange auf ihre Vollendung warten, ehe sich 1456 in dem Großkaufmann Giovanni **Rucellai** ein finanzkräftiger Mäzen fand, der *Leon Battista Alberti* mit der Ausführung beauftragte. Albertis harmonische, streng geometrisch gegliederte Front mit klassischen Versatzmustern wie Eckpilastern, Halbsäulen, Dreiecksgiebel und Seitenvoluten wurde richtungsweisend für den Kirchenbau der Renaissance und Barockzeit. Der Name des Stifters in riesigen lateinischen Lettern unterhalb des Giebels ist ebenso eine Referenz an Rucellai wie das Emblem seines Handelshauses – ein geblähtes Segel – auf dem umlaufenden Fries.

Der dreischiffige **Innenraum** auf gotischem Grundriss mit Kreuzrippengewölbe ist reich mit Kunstschätzen der Frührenaissance (aber auch anderer Epochen) ausgestattet. Blickfang ist **Giottos** majestätische, 5,40 m hohe und fast 4 m breite **Croce Dipinta** (bemaltes Kreuz, um 1300), die nach über 12-jähriger Restaurierung – seit 2001 – wieder an ihrem alten Platz, rund viereinhalb Meter über dem Fußbodenniveau im Zentrum der Kirche hängt. (Ursprünglich war sie an der Fassade des *Lettners* befestigt, einer Mauer, die bis ins 16. Jh. den Innenraum aller großer Kirchen in Sektionen für Klerus und Laienschaft unterteilte.) Giottos bahnbrechende Leistung, die ihn zum Innovator der westlichen Malerei erhob, besteht aus dem auf die Renaissance vorausweisenden Realismus – der Körper des Gekreuzigten klebt nicht mehr wie ein flaches Abziehbild auf dem Holz, sondern hebt sich optisch plastisch davon ab.

An der linken Seitenwand, gleich hinter *Brunelleschis* kunstvoll-schlichter Marmorkanzel (1443), findet sich das zweite bedeutende Einzelwerk der Kir-

che. **Masaccios** Fresko der **Trinità** (Dreifaltigkeit, 1426) stellt einen Meilenstein in der Geschichte der Malerei dar, denn in ihr wurden erstmals die von Brunelleschi aufgestellten Regeln der Zentralperspektive angewendet. Die Fluchtlinien der Komposition, die zunächst an eine Kreuzigungsgruppe erinnert, erwecken den Eindruck, als ob sich die Wand tatsächlich in einen Raum - eine „Scheinkapelle" - öffnet, in dem sich die Figuren befinden. Die Darstellung der Dreieinigkeit (Christus, Gottvater und der hl. Geist in Gestalt einer Taube) wird von Maria, Johannes und dem außerhalb der gemalten Kapelle knieenden Stifterpaar umgeben. Der darunter in Grisaille (Grautönen) gemalte Sarkophag mit dem Skelett trägt die Aufschrift „Ich war, was ihr seid, und was ich bin, werdet ihr sein".

Die reich ausgestatteten, ursprünglich gotischen **Grabkapellen** rund um den Hauptchor zeigen, wie beliebt es unter den einflussreichen Familien war, es den Medici gleichzutun und sich in einer großen Ordenskirche bestatten zu lassen. Die **Cappella Strozzi** rechts vom Hauptchor, in der *Boccaccio* um 1350 seine Novellensammlung *Decamerone* beginnen ließ, wurde nach 1487 von *Filippino Lippi* mit Szenen aus dem Leben des Apostels Philipp und des Evangelisten Johannes freskiert; der unruhige, bemühte Stilwillen kündigt bereits den aufkommenden Manierismus an.

Die **Hauptchorkapelle** der noch bedeutenderen Bankiersfamilie *Tornabuoni* wurde 1485-90 von *Domenico Ghirlandaio* und seiner Werkstatt (zu der damals vermutlich der junge Michelangelo zählte) mit der *Marienlegende*

Die Dominikanerkirche S.M. Novella

(links) und dem *Leben Johannes des Täufers* (rechts) ausgemalt. Wie die Fresken von *Santa Trinità* vermitteln sie ein nahezu realistisches Bild des höfischen Florenz (inkl. Porträts bekannter Zeitgenossen), sofern sie nicht lediglich den Vorwand für monumentale perspektivische Palastarchitekturen abgeben.

In der **Cappella Gondi** links vom Hauptchor hängt *Brunelleschis* berühmtes **Holzkruzifix.** Basierend auf dem Studium antiker Skulpturen schuf er in Antwort auf den Christus seines Freundes Donatello (s. *Santa Croce,* S. 142), den er als „grobschlächtigen Bauern" geschmäht hatte, einen ebenso leidenden wie vergeistigten Heiland von ungewöhnlicher Intensität (um 1410).

Die Fresken der **Cappella Strozzi di Mantua** im linken Querschiff zeigen anschaulich, wie sich die Menschen des Mittelalters Hölle (rechts) und Paradies (links) vorstellten. Der Zyklus von Andrea Orcagnas Bruder *Nardo di Cione* (1357) stellt einen deutlichen Tribut an Dantes *Göttliche Komödie* dar, wie auch die neun Höllenkreise und das Porträt des Dichters im *Jüngsten Gericht* veranschaulichen. Von Orcagna selbst stammt der **Altaraufsatz,** in dem Christus Petrus den Himmelsschlüssel und Thomas von Aquin ein Buch darreicht.

Museo di Santa Maria Novella

Links vom Hauptportal befindet sich der Zugang zum ehemaligen Klosterkomplex mit dem **Chiostro Verde.** Der „Grüne Kreuzgang" leitet seinen Namen von **Paolo Uccellos** berühmtem in *terra verde*, einem grünen Farbpigment, ausgeführten Fresken ab, die u. a. mit visionärer Gewalt von den Schrecken der *Sintflut* erzählen (um 1450).

Uccello, der sich von allen Renaissancemalern am intensivsten mit den Wirkungen der Perspektive beschäftigte, zeigt links, wie Noahs Arche auf den Wogen treibt und Mensch und Tier sich verzweifelt zu retten versuchen, während sie rechts bereits gestrandet ist und trostlose Zerstörung herrscht: der aufgeblähte Torso eines Kindes, eine Krähe, die einem Ertrunkenen das Auge aushackt. Beide Bildhälften haben einen gemeinsamen Fluchtpunkt, es gibt keine sichtbare Trennungslinie zwischen vor und nach der Flut. In der Mitte steht ein Mann wie ein Fels in der Brandung, den Blick wie ein Visionär ins Weite gerichtet; über ihm beugt sich Noah aus der Arche und empfängt von der Taube den Ölzweig. Keiner weiß, wer er ist. Noch einmal Noah – oder Cosimo il Vecchio, als der Prototyp des Florentiners? Die übrigen Fresken Uccellos im Kreuzgang sind bedauerlicherweise arg beschädigt, so dass nur noch Details *(Noahs Trunkenheit)* zu erkennen sind.

Im Kapitelsaal, der sog. **Spanischen Kapelle** (da sie 1540 dem Gefolge von Eleonora von Toledo, der Gattin Cosimos I zur Verfügung gestellt worden war), wird der Besucher mit einem der größten Freskenzyklen von Florenz konfrontiert. *Andrea di Bonaiuti,* auch Andrea da Firenze genannt, hatte sich 1365 verpflichten müssen, den riesigen

Saal binnen zwei Jahren mit der Heilslehre des Thomas von Aquin und dem segensreichen Wirken des Dominikanerordens auszumalen. An der rechten Seitenwand sehen wir den Papst und Kaiser Karl IV vor dem Dom, der zu dieser Zeit noch im Entstehen war.

Türme & Paläste

Seit Ende des 12. Jh.s waren sog. **Geschlechtertürme** der Wohnsitz adliger Familien in der Stadt. Aus Verteidigungsgründen eng aneinandergebaut, mit schmalen Pforten und wenigen, schießlukenartigen Fenstern, erreichten die zumeist quadratischen *torri* aus Backstein Höhen bis 60 m und mehr – je höher der Machtanspruch und die Prunksucht eines Familienclans, umso höher das befestigte Turmhaus. 1250 und 1293 wurden im Gefolge der republikanischen Gesinnung Gesetze erlassen, die dem „Hochmut der Türme" Einhalt geboten. Die Verkürzung der *case torri* auf eine Höhe von max. 30 m sollte der angestrebten Gleichberechtigung – zumindest zwischen Adel und Bürgertum – Ausdruck verleihen. Heute sind von den mindestens 150 Wohntürmen, die Florenz noch zur Zeit Dantes das Aussehen eines „mittelalterlichen Manhattans" gaben, nur noch wenige übrig, so z. B. die *Torri Foresi* in der Via Porta Rossa, der *Torre della Pagliazza* unweit

Palazzo Davanzati

Die zahlreichen, regelmäßig angeordneten Fenster stellen einen deutlichen Fortschritt zum Turmhaus dar. Im Erdgeschoss öffnen sich weite, offene Arkaden zu Lagern und Verkaufsräumen. An der Fassade fallen Eisenringe (zum Festbinden der Pferde), Halterungen (für Fackeln) und schmiedeeiserne Stangen (zur Befestigung von Vorhängen gegen die Sonne, von Fahnen an Fest- oder Wäschestücken an Wochentagen) auf. Durch die Vorhalle, die man sich offen und von Händlern bevölkert vorstellen muss, tritt man durch ein Tor in den Innenhof mit einem Brunnen, der das Haus mit Hilfe von Flaschenzügen bis ins oberste Stockwerk mit Wasser versorgte – ein rarer Luxus, denn bis dahin ließen selbst hochgestellte Familien ihr Wasser vom öffentlichen Brunnen holen. Völlig neu waren die sanitären Anlagen in jedem Stockwerk; zwar primitiv, aber besser als gar nichts (und das war die Regel). Erst die Erfindung in die Wände eingelasser Abflussrohre machte all das funktionstüchtig; die darauffolgende Reinigung der Gasse oblag den Benutzern (resp. deren Dienstboten).

Das erste Stockwerk, der *piano nobile*, diente der Repräsentation. Hier befand sich der Salon zum Empfang der Gäste und der Speisesaal. Die kleineren Schlafräume lagen zum Hof hin. Die Wände pflegte man zum Schutz vor Feuchtigkeit mit Bildteppichen zu verkleiden; erst etwas später kam in Imitation adeliger Sitten die Mode auf, das Haus wie eine Kirche mit Fresken auszuschmücken, woraufhin die Wandteppiche durch Malereien ersetzt wurden. Die Küche lag in der dritten, obersten Etage, da Rauch- wie Dunstabzug hier am ehesten gewährleistet waren. Auf der Dachterrasse gleich daneben – die überdachte Loggia ist ein Zusatz aus dem 16. Jh. – wurde gefüttert, was später im Kochtopf landen sollte: Kaninchen, Hühner, Tauben.

des Doms oder der *Torre della Castagna* in der Via Dante.

Nach dem Niedergang der Turmhäuser kamen festungsartige **Palazzi** in Mode. Charakteristisch für die Häuser der florentiner Gotik ist ihr nüchterner, wehrhafter Festungsstil. Hinter dem abweisenden, blockartig geschlossenen Baukörper verbergen sich aber bereits prunkvolle Salons und den umliegenden Räumen Licht und Luft spendende Innenhöfe.

Neben den beiden Kommunalpalästen *Bargello* und *Palazzo Vecchio* stellt der Palazzo der Wollhändlerfamilie Davanzati *(Via Porta Rossa 13*, siehe *Museo dell'Antica Casa Fiorentina*, S. 169) das vollkommenste Beispiel für ein Wohnhaus des frühen *Quattrocento* dar (um 1330).

Mit der **Frührenaissance** änderte sich die Konzeption des Wohnhauses grundlegend. Es wurde mehr in die Breite als in die Höhe gebaut, und die Ansprüche an Komfort, aber auch an Ästhetik nahmen zu. Der traditionell wehrhafte Charakter blieb zunächst erhalten, auch wenn er keine Funktion mehr erfüllte und zum reinen Dekor wurde. Schulemachendes Vorbild wurde der 1444-64 für Cosimo d. Ä. entworfene **Palazzo Medici** *(Via Cavour 1)* von *Michelozzo*. Das massive Erdgeschoss wird von rustikalen, unregelmäßig behauenen Bossenquadern dominiert, die Geschosse darüber sind zunehmend glatter bearbeitet; Friese, Gesimse und harmonisch gereihte Fensterfronten zeigen schon deutlich klassische Elemente. Die zur Straße hin offenen Loggien der mittelalterlichen Großfamilie sind abgeschafft, man zieht sich ins Private der Höfe, Gärten und Gemächer zurück. Für Kunden, die auf eine „Audienz" im Innern des Hauses warten, errichtet man Bänke entlang der Fassade, woraus sich der Begriff der „Geschäftsbank" entwickelt. Die anmutige Intimität des Innenhofs mit seinen umlaufenden Arkaden steht in krassem Gegensatz zum monumentalen Festungsstil des Äußeren und lässt schon den Einfluss von Brunelleschis epochalem Findelhaus erkennen. Prunksäle und selbst Privatkapellen wurden von den bedeutendsten Malern ihrer Zeit (Uccello, Gozzoli etc.) ausgemalt.

Fast zur gleichen Zeit (1446) entwarf *Leon Battista Alberti* für eine konkurrierende Kaufmannsfamilie den von *Bernardo Rosselino* ausgeführten **Palazzo Rucellai** *(Via della Vigna Nuova 18)*. Der humanistisch geschulte Baumeister und Kunsttheoretiker führte ein neues ästhetisches Konzept in die Architektur ein, war aber seiner Zeit so weit voraus, dass seine Ideen erst später wieder aufgegriffen wurden. Alberti verzichtete auf die „militärischen" Bossenquader und überzog den Bau mit gleichmäßig flach verfugten Steinen; gleichzeitig gliederte er erstmals die Fassade in der Vertikalen mittels klassizistischer Pilaster.

Wie bei den Türmen begannen bald auch bei den Palazzi Konkurrenzkampf und Repräsentationsbedürfnis der Patrizierfamilien den Grundriss zu bestimmen. Der **Palazzo Pitti** auf dem linken Arnoufer sollte alles Vorherige übertreffen. Auch wenn das imposante

Palazzo Vecchio (1299)

Palazzo Medici (1446)

Palazzo Pitti (1457)

Palazzo Strozzi (1489)

Palazzo Gondi (1490)

Palazzo Salimbeni (1517)

Gebäude zur Zeit seiner Entstehung (erste Bauphase: 1458-72) nur einen Bruchteil seiner heutigen Größe aufwies, wurde der Großkaufmann *Luca Pitti* als größenwahnsinnig bezeichnet.

Der Entwurf des Kernbaus, der lediglich die mittleren sieben Fassadenachsen umfasste, wird *Filippo Brunelleschi* zugeschrieben, dessen Pläne für den Medici-Palast zuvor von Cosimo als zu „aufwändig" zurückgewiesen worden waren. Die in allen Stockwerken gleichmäßig angeordneten Fensterreihen stellten ebenso eine absolute Neuheit dar wie die weitläufige Piazza vor einem Privathaus, die bis dahin ausschließlich Kirchen oder Rathäusern vorbehalten war.

Die monumentale Erweiterung der Fassadenfront auf das Dreifache ihrer ursprünglichen Länge wurde erst zu Beginn des großherzöglichen 17. Jh.s vorgenommen.

Das Scheitern des Großprojekts Pitti – die Familie musste den Bau nach geschäftlichen Pleiten und Auseinandersetzungen mit den Medici 1472 einstellen – hielt Filippo Strozzi, ebenfalls Kaufmann, nicht ab, seinerseits den monumentalen **Palazzo Strozzi** *(Via Strozzi/ViaTornabuoni)* zu planen. Der oft als der schönste Renaissance-Palast von Florenz bezeichnete Bau wurde vermutlich von *Benedetto da Maiano* entworfen und zwischen 1489 und 1538 von *Giuliano da Sangallo* und *Cronaca* vollendet. Er war der größte Palast seiner Epoche und stellte in vielem eine geglückte Synthese aus den Palazzi Medici und Pitti dar: aggressives rustikales Äußeres im Stil der toscanischen Gotik, gemildert durch klassische Proportionen, elegante Linienführung und handwerkliche Präzision bis ins Detail (Ecklaternen, Friese, Fackelhalter, Innenhof).

Ab 1500 ging die Entwicklung der Architektur mehr und mehr von der römischen **Hochrenaissance** aus – wenn auch entscheidend vorbereitet und großteils auch ausgeführt von florentiner Baumeistern wie Alberti, Sangallo, Rosselino. Antikisierende Motive (wie Pilaster, Ädikulafenster) und die zunehmende Verschmelzung der klassischen Baustile von Kirchen und Palästen sind typische Kennzeichen der neuen Epoche. Anschauliche Beispiele dafür sind der 1520 nach einem Entwurf *Raffaels* erbaute **Palazzo Pandolfini** *(Via San Gallo 74)* und der von den Zeitgenossen ob seiner Anklänge an einen Sakralbau heftig kritisierte **Palazzo Salimbeni** *(Piazza Santa Trinità 1)*. Der gekränkte Baumeister *Baccio d'Agnolo* ließ die Inschrift *Carpere promptius quam imitari* (Kritisieren ist leichter als Selbermachen) über dem Hauptportal anbringen; in den Fensterkreuzen ist der beherzigenswerte(?) Wahlspruch der Kaufmannsfamilie Salimbeni verewigt: *Per non dormire* (Ja nicht schlafen).

Mit Beginn des 17. Jh.s ließ die Baufreudigkeit aufgrund des wirtschaftlichen und politischen Abstiegs drastisch nach. Ein beredtes Beispiel liefert der **Palazzo Nonfinito** *(Via del Proconsolo 12),* den, wie sein Name schon sagt, weder sein Baumeister *Buontalenti* (1593) noch dessen Nachfolger vollendeten. Ein unübersehbares Zeugnis der **Barock**-Architektur hinterließen *Pier Francesco Silvani* und *Antonio Ferri* (1648-56) mit dem **Palazzo Corsini** am Arnoufer *(Lungarno Corsini 10)*; doch auch hier blieb die Fassade, obwohl von gewaltigen Ausmaßen, unvollendet.

Im Zeitraum zwischen 1740 (das Großherzogtum Toscana fällt an die Lothringer) und 1860 (Anschluss an das Königreich Italien) entstanden zahlreiche Zweckbauten, wie Krankenhäuser, Schulen und andere öffentliche Einrichtungen, jedoch kaum mehr nennenswerte Privathäuser. Erst im 19. Jh., als Florenz für kurze Zeit Hauptstadt des vereinigten Königreichs war (1865-71), wurde das Stadtbild noch einmal entscheidend verändert. Teile der früheren Bausubstanz wurde kurzerhand niedergewalzt (Teile der Stadtmauer, der Mercato Vecchio, das jüdische Viertel) und durch protzige Repräsentations-Architektur ersetzt. Eines der schönsten klassizistischen Häuser des ausgehenden 19. Jh.s ist die **Villa Favard** *(Via Curtatone 1)* mit ihrer zum Arno ausgerichteten Säulenfassade.

Eine Sonderstellung in dem ganz von Renaissance und Klassizismus geprägten Stadtbild nimmt der um die Jahrhundertwende entstandene **Jugendstil** ein. *Giovanni Michelazzi*, dem bedeutendsten Vertreter des *Stile Liberty* in Florenz, ist die Fassade der 1911 erbauten **Casa Galleria** *(Borgo Ognissanti 26)* zu danken.

Museen

Als 1743 *Anna Maria Ludovica* als letzte Nachfahrin der *Medici* starb, hinterließ sie ein folgenschweres Testament. Das gesamte Kunsterbe ihrer Vorfahren sollte der Stadt Florenz gehören, wenn auch nur unter einer Bedingung: die Kunstschätze dürften nicht veräußert werden, sie müssten für immer in Florenz bleiben. Die Stadt akzeptierte dies „zum Nutzen der Öffentlichkeit und um die Neugier der Fremden anzuziehen".

Die Neugier der Fremden auf all das, was die Sammelleidenschaft der Medici zusammengerafft hat, ist heute so gewaltig, dass Warteschlangen vor den Kassen und Menschentrauben vor den „Highlights" obligatorisch sind. Beinahe noch schwieriger als eine Eintrittskarte zu ergattern ist es allerdings, sich im Dschungel der **Öffnungszeiten** zurechtzufinden und die richtige **Auswahl** zu treffen. Denn mit rund 50 Museen muss man schon rechnen.

Galleria degli Uffizi

Die Frage nach dem Sehen lässt sich auf den Unterschied zwischen Präsens *und* Perfekt *zuspitzen. Was ein Bild zum Bild macht, lässt sich sehen; dazu braucht es Zeit und Erfahrung. Die Uffizien „muss man gesehen haben"; das macht es schwer, überhaupt noch etwas zu sehen.*

In den Amtsräumen *(uffizi)* des großherzöglichen Verwaltungsbaus stellte schon *Francesco I* 1582 seine geliebte Kunstsammlung auf. Heute findet man hier, was Medici, in Sachen Repräsentation und Plaisir lange Zeit die Lehrmeister der führenden Häuser Europas (eingeschlossen die ihnen in Florenz nachfolgenden Lothringer und Habsburger), über Jahrhunderte hinweg ansammelten. Das **meistbesuchte Museum Italiens** (1,5 Mio Besucher pro Jahr) – und eines der größten der Welt – zeigt in rund 45 Sälen mehr als 1000 Werke bedeutender italienischer wie ausländischer Maler des 13.-17. Jh.s. Es verfügt außerdem über eine umfangreiche Sammlung an Skulpturen, Gobelins und vieles andere mehr. Da immer nur eine limitierte Zahl von Besuchern gleichzeitig eingelassen wird, sind lange Warteschlangen an der Kasse und qualvolles Gedrängel vor den „berühmten" Werken unvermeidlich.

Eine umfangreiche Erweiterung (um mindestens 20 Säle) und gleichzeitige Neuordnung des Museums – das danach unter dem Namen **Nuovi Uffizi** fungieren soll – ist geplant.

Im **Erdgeschoss** finden sich Reste der 1971 freigelegten romanischen Kirche *San Pietro Scheraggio*, in der heute die abgelösten Fresken der *Berühmten Männer und Frauen* (unter ihnen Dante, Petrarca und Boccaccio) von Andrea del Castagno zu sehen sind (falls geöffnet). Für eine Führung durch den *Vasari-Korridor* ist eine vorherige Anmeldung erforderlich.

Die **Besuchergalerie** im 2. Stock umfasst 45 Säle. Die Abfolge entspricht weitgehend der Chronologie. Entstehungsdatum und Herkunftsort der Werke sind überhaupt nicht, die Werktitel nur auf Italienisch angegeben.

Saal 2

Der Rundgang beginnt mit drei monumentalen Marienbildern von außergewöhnlicher Schönheit: **Cimabue** (1280), **Duccio** (1285) und **Giotto** (um 1310) schufen Darstellungen der *Maestà*, die sich im Bildinhalt gleichen (thronende Madonna mit Kind, umgeben von Engeln und Heiligen), aber unterschiedliche Auffassungen spiegeln. Folgt Cimabue noch dem flächig-dekorativen byzantinischen Stil, den der Sienese Duccio zur künstlerischen Vollendung bringt, bricht Giotto mit der Tradition und leitet eine neue Ära der Malerei ein (Körperlichkeit, Raumtiefe, gemalte Architektur).

Saal 3 (Saal d. Sienesischen Trecento)

Nach Giottos Tod verlagert sich das Zentrum der Malerei bis zum Beginn des nächsten Jh.s nach Siena. Die Brüder **Pietro** und **Ambrogio Lorenzetti** demonstrieren Raumempfinden und erzählerische Phantasie in einem linien- und farbbetonten Stil, der nicht zuletzt auf den Tafeln zum *Leben der seligen Humilitas* und zur *Legende des Nikolaus* begeistert.

Der aristokratischere **Simone Martini** macht 1333 erstmals eine *Verkündigung* zum Thema eines Altarbildes (1333). Erschrocken, fast unwillig wendet sich die Jungfrau von dem ätherisch zarten Erzengel ab, dessen wehendes Gewand seine Leichtigkeit noch unterstreicht; die weiße Lilie als Symbol der Reinheit und der Heilige Geist als Taube, umgeben von einem Kranz flatternder Engel, vervollkommnen den Mittelteil der Tafel. In den Sälen 14/15 wird man dieses

Sujet noch von Botticelli und Leonardo da Vinci behandelt finden.

Saal 5/6 (Saal der Spätgotik)

Um 1400 erreicht der Stil der „Internationalen Gotik" seinen Endpunkt und schwelgt in höfischer, manchmal gar schwülstiger Prachtentfaltung. **Gentile da Fabriano** wird mit seiner *Anbetung der Könige* (1423) zum Vorreiter der filigranen, dekorativen Spielart der florentiner Renaissance, die später von Gozzoli und Botticelli zur Perfektion getrieben wird. Die Exponate von *Masolino* und *Fra Angelico* (s. *San Marco,* S. 129), die bereits die Frührenaissance einläuten, zählen nicht unbedingt zu ihren besten Werken.

Saal 7 (Saal der Frührenaissance)

Mit der Renaissance der Antike, des Humanismus und der Wissenschaft kommen auch neue Bildinhalte auf.

Paolo Uccello, der Meister der Perspektive, bearbeitet erstmals ein profanes Thema und malt für die Medici um 1445 die *Schlacht von San Romano* (in der Florenz 1432 den Sieg über Siena und Mailand errang); ein verstörend „modernes" und chaotisches Werk, in dem die Rösser aufgeblasenen Gummipferden und die behelmten Ritter hölzernen Spielzeugpuppen gleichen.

Piero della Francesca zeigt sich als Meister der neuen Kunstform des Porträts im *Doppelbildnis des Herrscherpaares von Urbino* (um 1475); Piero verzichtet auf Schönfärberei und stellt den Herzog mit eingedrückter Boxernase und Warze und seine Gattin mit anämisch fliehender Stirn dar, belässt (bzw. verleiht) den Figuren aber gerade dadurch ihre Würde.

Masaccio, der frühverstorbene Genius der neuen Epoche, ist mit der kniffligen *Anna Selbdritt* (mit Masolino, 1424) vertreten, in der bereits deutliche Spuren seines Hauptwerks in der Brancacci-Kapelle (s. *Santa Maria del Carmine,* S. 151) aufblitzen.

Saal 8/9 (Saal Filippo Lippi)

Die Schwäche des Mönchs **Fra Filippo** für das zarte Geschlecht führte zu Skandalen, aber auch zu besonders zarten und innigen Mariendarstellungen. Seine spätere Gattin, die Nonne *Lucrezia Buti,* verewigte er ebenso in der *Marienkrönung* (1447) wie in der anmutigen *Madonna mit Kind und Engeln* (um 1465), ihr gemeinsamer Sohn *Filippino* soll eines der sich um Maria drängelnden Kinder sein.

Giottos *Maestà* begründet eine neue Ära

Saal 10-14 (Botticelli-Saal)

Eine *Allegorie der Tapferkeit* (1470), das erste bekannte Werk von **Sandro Botticelli,** führt zu dem von Schaulustigen umlagertsten Platz der Uffizien. Die berühmten mythologischen Meisterwerke *Primavera* (1482) und *Geburt der Venus* (1485) gehörten zusammen mit *Camilla und der Kentaur* (1482) als Hochzeitsbilder zur Ausstattung einer Medici-Villa. Antike und höfische, heidnische und religiöse Motive verschmelzen zu einem obskuren Reigen schwermütig-heiterer Sinnlichkeit. Insbesonders die Bedeutung des millionenfach reproduzierten *Frühling* (der Titel stammt von Vasari) ist bis heute nicht vollständig geklärt: Ovid und der Medici-Hofpoet Poliziano helfen zumindest weiter, den oberflächlichen Bildsinn zu erfassen. Venus, über der ihr Sohn Amor seine Pfeile verschießt, wandelt im Garten des ewigen Frühlings; rechts verfolgt Zephir, der wollüstige Windgott, eine Nymphe, die Schutz bei Flora, der Göttin der Blumen, sucht; links tanzen drei zart umschleierte Grazien einen Reigen, angeführt von Merkur, dem Götterboten und Beschützer des Gartens.

Der Flame **Hugo van der Goes** scheint auf den ersten Blick wenig in dieses Umfeld zu passen, doch seine *Anbetung des Kindes* (um 1478) versetzte die Kunstwelt von Florenz ob ihres poetischen Realismus ganz schön in Aufregung; *Botticelli, Filippino Lippi und Domenico Ghirlandaio* – von denen u. a. jeweils eine *Anbetung der Könige* zu sehen ist – studierten die einfachen, groben Gesichter der Hirten, die nahezu fotografisch genaue Abbildung der Blumen – und ließen sich von ihnen inspirieren.

Saal 15 (Leonardo-Saal)

Die kurze Zeitspanne der **Hochrenaissance** – mit Reduktion auf einfache, aber großzügige Formen, kräftigen, aber gedämpften Farben – leitet **Leonardo da Vinci** mit einer in dieser Form noch nie gesehenen *Verkündigung* ein (um 1475); der im *sfumato* (Dunst) sich verlierende Landschaftshintergrund verweist bereits auf das gründliche Studium physikalischer Gesetzmäßigkeiten. Neben einer unvollendeten *Anbetung der Könige* (um 1482) sind Werke seines Lehrers *Andrea del Verrocchio* zu sehen sowie von *Pietro Perugino*, dem Lehrer Raffaels, und *Luca Signorelli* aus Cortona, dessen Tondo der *Heiligen Familie* (1490) Michelangelo zu seinem Tafelbild anregte (s. Saal 25).

Saal 18 (Tribuna)

Mit dem achtseitigen, die vier Elemente symbolisierenden und von oben indirekt beleuchtetem Raum (die rot bespannten Wände stehen für das Feuer) schuf *Bernardo Buontalenti*, der Hofarchitekt der Medici, 1581 die **Vorstufe zum modernen Museum.** Hier wurden zum ersten Mal Kunstgegenstände nach vorwiegend ästhetischen Kriterien geordnet.

Die hellenistische *Medici-Venus* galt jahrhundertelang als eine der bedeutendsten Skulpturen der Antike und übte nachhaltigen Einfluss auf die toscanische Kunst von Giovanni Pisano bis Masaccio und Botticelli aus. Selbstredend ließen die eitlen Medici sich und ihre Ahnen von den berühmtesten Künstlern ihrer Zeit porträtieren, so von *Pontormo* (Cosimo il Vecchio), *Vasari* (Lorenzo il Magnifico) oder *Bronzino* (Pia de'Medici). Publikumsliebling aber ist Rosso Fiorentinos *Engel mit Laute*, der sich so hingebungsvoll seinem Instrument widmet.

Saal 20 (der deutsche Saal)

Lucas Cranach und *Albrecht Dürer* waren ebenso fasziniert von der italienischen Malerei wie die Flamen und Niederländer (so wie umgekehrt die Italiener von ihnen). Florenz hatte seine dominierende Position als Stadt der Künste allerdings bereits damals an Rom und Venedig verloren, wie auch die folgenden Säle zeigen.

Saal 25

Michelangelos revolutionärer *Tondo Doni*, sein erstes und vermutlich auch einziges Tafelbild (um 1506), entstand anlässlich der Geburt der ersten Tochter des Stifters Agnolo Doni (den Raffael mit seiner Gattin porträtierte).

Das Bild, zu dem er auch den Rahmen schuf, zeigt die heilige Familie als eine fast athletische, in komplizierten Bewegungen *(contraposto)* „verdrehte" Dreiergruppe, die ganz dem Ideal des Bildhauers von der Verschmelzung christlicher Ikonografie mit heroischer Antike entsprach; die kräftigen, kontrastreichen Farben und die umstrittenen Aktfiguren im Hintergrund, die jegliche Landschaft verdrängen, unterstreichen diesen Eindruck noch.

Saal 26 (Raffael-Saal)

Raffaelo Santi aus Urbino, der nach seiner Lehrzeit bei *Perugino* 1504 nach Florenz kam, übernahm die Errungenschaften Leonardos und Michelangelos, aber ohne die ihnen stets innewohnende Unruhe und Spannung. Harmonisch, geradezu heiter, wirkt seine berühmte *Madonna mit Stieglitz* (1506); das Porträt des Medici-Papstes *Leo X* entstand schon in Rom (1517). Als weiterer Maler der Hochrenaissance ist der gebürtige Florentiner *Andrea del Sarto* vertreten.

Saal 27

Das Ziel, das die Malerei mehr als 200 Jahre lang beharrlich verfolgt hatte, die lebendige, „naturgetreue" Wie-

Die Tribuna war von Anfang an als Galerie bestimmt

dergabe im Bild, war mit Leonardo, Michelangelo und Raffael erreicht. Ihren Nachfolgern blieben nur noch neue, eigene Wege. Vasaris Abkanzelung „a la maniera di…" (womit er zumeist „in der Manier Michelangelos" meinte) führte zum Begriff des **Manierismus,** zu dessen frühesten Vertretern **Pontormo** und **Rosso Fiorentino** zählten. Die Abwanderung der florentiner Künstler nach Rom, Oberitalien, Frankreich usf. hatte schon während der letzten Jahre der Republik begonnen (um 1520). Herzog Cosimo und seine Nachfolger beschränkten sich auf geneigte Hofmaler wie *Vasari* und *Bronzino* und die Sammelleidenschaft, diese freilich auf allerhöchstem Niveau, wie die folgenden Säle mit Werken von *Tintoretto, Parmigiano, El Greco, Rubens, Rembrandt* u. a. zeigen.

Saal 35

Die *Venus von Urbino* des Venezianers **Tizian** (1548) ist einer der bekanntesten Akte der abendländischen Kunst. Mark Twain war von ihrem Anblick ins Mark erschüttert: *„…ein Bild ohne jeden verhüllenden Fetzen oder ein Feigenblatt, der anrüchigste, gemeinste, obszönste Gemäldebesitz, an dem sich die Menschheit sattsehen kann".* Hätte er sich auf Madonnen konzentriert bzw. die verführerische Dame als Schutzpatronin der Ehe betrachtet (der Myrthenbaum im Fenster und das Hündchen auf ihrem Boudoir stehen für ewige Blüte und eheliche Treue), der humorlose Humorist hätte die Uffizien vermutlich weniger erregt verlassen. **Caravaggios** schreiendes *Medusenhaupt* (1596) auf einem Rundschild aus Pappelholz war Großherzog Ferdinando I von Kardinal del Monte als Geschenk für seine Waffenkammer vermacht worden.

Anmerkung. Seit dem Bombenattentat auf die Uffizien am 26. Mai 1993 ist die ursprüngliche Anordnung der Säle noch nicht wiederhergestellt, die Nummerierung stimmt nicht einmal mit dem „aktuellen" Faltblatt an der Kasse überein.

Galleria Palatina (Palazzo Pitti)

Die **Palastgalerie** im 1. Stockwerk des Palazzo Pitti beherbergt in den ehemaligen Prunkgemächern der Großherzöge eine der weltweit bedeutendsten Sammlungen von Gemälden aus der Hochrenaissance und dem Barock. Allein 11 Werke von *Raffael,* 10 von *Tizian* und insgesamt über 700 weitere namhafter Künstler wie Tintoretto, Rubens oder Caravaggio schmücken die prächtig ausgestatteten Salons.

Aber es sind nicht einmal so sehr die Einzelwerke, die diese Ausstellung bemerkenswert machen, sondern das ganze theatralische Ensemble. Anders als in anderen Museen sind die Werke nicht chronologisch, nach Stilrichtungen oder Ländern geordnet, sondern nach rein dekorativen Gesichtspunkten. Die als Privatsammlung der Großherzöge angelegte Galerie wurde 1640 von Cosimo II ins Leben gerufen, zur gleichen Zeit begann *Pietro da Cortona,* einer der Urheber des römischen Barock, mit der verschwenderischen Ausstattung der Repräsentationsräume. Dem Geschmack der Zeit entsprechend wandelt man mal mit Mars, Venus, Jupiter oder Apoll unter illusionistischen Stuckdecken und gemalten Planetenallegorien dahin, und in jedem Saal hängen Bilder und Fresken über- und nebeneinander von der Decke bis zum Boden. Kunst als Wandbehang.

Aus der Zeit von **Raffaels** Aufenthalt in Florenz (1504-08) stammen die berühmten Porträts des Kaufmanns *Agnolo Doni* und seiner Gattin *Maddalena Strozzi*; in Rom entstanden u. a. die rührend einfache *Madonna della Seggiola* (1513), eine weltliche Maria mit buntem Tuch, die innig ihr Kind hält, und das Bildnis einer Dame mit Schleier *(Donna Velata*, 1514), bei der es sich um Raffaels Geliebte, eine Bäckerstochter, handeln soll. Die meisten seiner Werke findet man im Saal des Saturn. Von **Tizian** sind insbesondere das Frühwerk *Konzert* (1512), das berühmte *Bildnis eines Edelmanns* (um 1545) und das Porträt seines Freundes, des Satirikers *Pietro Aretino* (1545), sehenswert.

Die Frührenaissance bis zum ausklingenden *Quattrocento* wird quer durch die Säle u. a. von Filippo Lippi (*Geburt Jesu, Tod der Lukrezia*), Luca Signorelli (*Heilige Familie*), Botticelli (Porträt der *Bella Simonetta* Vespucci), Perugino (*Maria Maddalena*), Fra Bartolomeo (*Beweinung Christi*), Andrea del Sarto (*Johannes der Täufer* und zahlreiche Darstellungen der *Himmelfahrt*) repräsentiert.

Zu den am meisten bewunderten Bildern des florentiner *Seicento* zählt Christofero Alloris *Judith*. Bei **Caravaggio,** dessen rüder Naturalismus keinerlei Rücksicht auf empfindsame Betrachter nimmt, verwundert es kaum, dass sein hingebungsvoll *Schlafender Amor* beim Publikum erheblich besser ankommt als der *Zahnzieher*. Der allgegenwärtige *Justus Sustermans* aus Antwerpen war von 1619 bis zu seinem Tod 1690 Hofmaler der Medici. Wichtigste Vertreter der nicht-italienischen Malerei sind außer Rubens (6 Werke) Murillo und Velásquez.

Mit dem Ticket für die Galerie kann man auch die ehemaligen Privatgemächer der Großherzöge *(Appartamenti Monumentali)* mit dem eindrucksvollen, ganz in Weiß gehaltenen Ballsaal besichtigen, in denen in den Jahren 1865-71 auch der italienische König Vittorio Emanuele II residierte.

Galleria dell'Accademia

Seitdem das Original des **David,** dessen Kopie vor dem Palazzo Vecchio die Neugier geweckt hat, in der Galerie der 1562 durch Cosimo I gegründeten florentiner Kunstakademie steht, kann es sich vor Besuchermassen kaum noch retten. In Ergänzung zu Uffizien und Galleria Palatina beherbergt die der Öffentlichkeit seit 1784 zugängliche Galerie eine beachtenswerte Sammlung florentiner Maler des 13.-16. Jahrhunderts.

Die vier unvollendeten **Gefangenen** (auch: *Sklaven)* Michelangelos waren für das Grabmal von Papst Julius II in Rom vorgesehen; ästhetisch beeindruckender als der glatte, „perfekte" David, winden sich ihre Körper regelrecht in dem Stein, aus dem sie sich so

David

Um den Aufstellungsort des David gab es schon Diskussionen seit der Zeit, als sich Michelangelo 1501 anschickte, aus einem einzigen, kompakten Marmorblock (an dem sich zuvor schon ein anderer die Zähne ausgebissen hatte) die erste Kolossalfigur der Neuzeit zu meißeln. Zunächst war vorgesehen, die Statue im Rahmen eines allgemeinen „Prophetenprogramms" auf einem Strebepfeiler hoch oben am Chor des Doms anzubringen, doch spätestens als die Auftraggeber der Dimensionen des David gewahr wurden, verwarfen sie die Idee – ob dabei auch „das abscheuliche Dreieck zwischen den Beinen" (Wölfflin) eine Rolle spielte, ist nicht überliefert. Im Juni 1504 wurde der Koloss nach langen Beratungen auf die Piazza della Signoria transportiert, um dort den Platz von Donatellos Judith vor dem Palazzo Vecchio einzunehmen (heute als Kopie, s. Abb. unten).

Aus dem biblischen Jüngling wurde so vollends der politische Heros, den Michelangelo in ihm wohl von Anbeginn gesehen hatte; Davids Sieg über den Riesen Goliath symbolisierte nun die Freiheit, Unabhängigkeit und Tüchtigkeit der Republik, die sich entschlossen gegen ihre äußeren wie inneren Feinde zur Wehr zu setzen bereit war. Als die vertriebenen Medici 1512 nach Florenz zurückkehrten, ließen sie zwar Davids Blöße mit einem vergoldeten Feigenblatt bedecken (1545), das Wahrzeichen der Stadt zu entfernen trauten sie sich aber nicht.

Seit 1873 nun steht der David, zwar wieder in heroischer Nacktheit, aber als isoliertes und von allen Spuren der Zeit gereinigtes „Kunstwerk" in einer eigens für ihn erstellten *Tribuna*. Andächtig wird schimmernder Marmor umrundet, der muskelbetonende *contraposto* studiert, Größe und Gewicht abgeschätzt (über 4 m, rund 180 Zentner), über die flache Brust, die ungeheuren Hände und Füsse und das Missverhältnis zwischen „dickem Kopf und Affenarmen" (Julien Green) diskutiert bzw. gelästert.

Nur an die Bedeutung, die die Figur für das städtische Leben einmal hatte, denkt im Museum niemand mehr. Revolutionäre Ideale lassen sich nun mal nicht hinter Absperrseilen verkörpern.

verzweifelt wie vergeblich zu befreien versuchen.

Auch der gleichfalls nur fragmentarisch aus dem Marmor gehauene *Matthäus* zeugt in seinem Wechselspiel von fertigen, bereits polierten und völlig unbearbeiteten Partien von Michelangelos außergewöhnlichem Schaffensprozess.

Die hübsche Truhe (*Cassone*) der Familie Adimari im Saal 2 (Lo Scheggia, dem Bruder *Masaccios,* zugeschr.) zeigt einen prunkvollen florentiner Hochzeitszug vor der Kulisse der Stadt um 1450 (Abb. S. 110). Im 3. Saal besticht die außergewöhnlich düstere und doch vor Farbe und Intensität leuchtende *Tebaide* von **Paolo Uccello,** im Saal darauf sehen wir einige anmutige Madonnen von **Botticelli.**

In den *Byzantinischen Sälen* 5-7 finden sich die ältesten Schätze der Akademie. Der unbekannte „Meister der Magdalena" schuf eine in ihr Haar wie in einen Mantel gehüllte *Maddalena* (um 1280), umgeben von Szenen aus ihrem Leben. Eine Kreuzigungsszene nach der Lehre des hl. Bonaventura (lignum vitae) zeigt Pacino di Bonaguida mit seinem zwölfästigen *Baum des Lebens* (um 1310). Nach dem Vorbild Giottos schuf Bernardo Daddi um 1340 ein bemaltes *Kruzifix.*

Im Obergeschoss sind hauptsächlich Werke der Spätgotik ausgestellt, allen voran von Andrea Orcagna und Lorenzo Monaco. Sein *Christus mit Leidenswerkzeugen* (1404) zeigt detailliert die Passionssymbole: Speer, Schwamm, Säule, Nägel und Dornenkrone; Hände „waschen sich in Unschuld", zählen Silberlinge oder schlagen das Ohr des Malchus ab.

Weitere Museen

Wer an der **Stadtgeschichte** interessiert ist, sollte das **Museo Firenze com'era** *(Florenz, wie es einmal war)* aufsuchen. Mittels Zeichnungen, Gemälden, Drucken und Stadtplänen aus mehreren Jahrhunderten lässt sich eine Reise durch die Zeit beginnen, die man dann im Archiv der **Fratelli Alinari** mit ihren zahllosen historischen Fotografien der Stadt und ihrer Bewohner beenden kann.

Wer miterleben will, wie es in einem vornehmen florentiner Wohnhaus des Quattrocento ausgesehen hat, ist im **Museo dell'Antica Casa Fiorentina** am richtigen Ort. Auch die **Casa Buonarroti** (zudem mit Frühwerken Michelangelos wie *Madonna della Scala* und *Kentaurenschlacht)* vermittelt einiges Aufschlussreiches in punkto Wohnkultur der Altvorderen.

Selbstverständlich darf in einer Stadt, in der die **Wissenschaften** schon im Mittelalter eine Rolle spielten, ein Museum zu ihrer Geschichte nicht fehlen. Ein Gang durch die verschiedenen Säle (Astronomie, Alchimie, Medizin etc.) des hervorragend geordneten **Museo di Storia della Scienza** wird zu einem informativen Vergnügen mit Raritäten wie Galileis Fernrohr und frühen Himmelsgloben.

Nicht für Schöngeister und Zartbesaitete geeignet ist das 1771 gegründete *Zoologische Museum* **La Specola** – zumindest eine spezielle Abteilung darin. Liebhaber des Außergewöhnlichen und Makabren zieht es weniger zur ausgestopften Tierwelt als zu den 10 Sälen der *Cere Anatomiche*. Anatomische Präparate aus Wachs *(cera)*, großteils um 1775–1814 hergestellte Lehrmodelle des berühmten sizilianischen Wachsbildners *Gaetano Zumbo*, veranschaulichen auf beeindruckend vollkommene und „lebensnahe" Weise die Anatomie des menschlichen Körpers. Die in Vitrinen auf Seide gebetteten offenen Schädeldecken oder schichtweise freigelegten Bauchhöhlen dienten als Anschauungsobjekt für angehende Mediziner; selbst eine eigene, äußerst naturalistisch wirkende Geburtshilfe-Abteilung ist angeschlossen.

Nicht unerwähnt bleiben darf die **Etrusker-Sammlung** des **Museo Archeologico,** die bedeutendste der Toscana. Hier findet man das Original der berühmten, 1555 gefundenen *Chimäre von Arezzo*, den *Arringatore* vom Trasimenischen See und zahlreiche Originalgräber samt Beigaben aus Volterra, Roselle, Populonia etc.

Ein heimliches Kleinod ist das erst seit 2000 bestehende **Museo Diocesano Santo Stefano al Ponte** mit seinen Tafelbildern und bemalten Holzstatuen aus kleinen Dorfkirchen der Umgebung, darunter Schätzen wie einem frühen *Giotto* oder Werken von *Masolino, Uccello, Lippi* u.a.

Leidenschaftliche **Privatsammler** der Jahrhundertwende häuften in ihren Palazzi beachtliche (Kunst-) Schätze an, die der Öffentlichkeit zugänglich sind. Der Engländer Herbert P. **Horne** hinterließ in seinem eleganten Wohnpalast aus dem 16. Jh. wertvolle Möbel, Schmuckstücke und Gebrauchsgegenstände sowie eine exquisite Sammlung Florentiner und Sieneser Maler des 14./15. Jh.s (Giotto, P. Lorenzetti, Simone Martini, Masaccio, Bernardo Daddi, Filippino Lippi). Der Kunsthändler Pietro **Bardini** kaufte schon mal eine ganze Kirche auf mitsamt Holzdecke, Glasfenstern, Grabplatten, römischen Sarkophagen, Gemälden und Statuen (Donatello, Tino di Camaino, Pollaiuolo). Der kosmopolitische Schotte Frederick **Stibbert** brachte es außer zu einigen erstaunlichen Gemälden (Botticelli, Bronzino, Allori) zu einer schier unbeschreiblichen Sammlung von Möbeln, Stoffen, Porzellan, Besteck und vor allem Waffen aus aller Herren Länder.

Spricht man in Florenz von „moderner" Kunst, heißt das meist 19. Jh. In der **Galleria d'Arte Moderna** im Palazzo Pitti faszinieren die lebendigen Alltagsszenen und Naturdarstellungen der *Macchiaioli*, der „italienischen Impressionisten" um *Giovanni Fattori* (1825-1908).

Die **Sammlung Ragione** wagt schon einen Schritt ins 20. Jh. hinein, das **Museo Marini** ist einem der berühmtesten Bildhauer des Jh.s, *Marino Marini* (1901-1980), gewidmet. (Siehe auch *Museen & Kirchen*, S. 176)

Historische Feste

Carnevale

Auch wenn der Karneval in Florenz nicht annähernd so turbulent und aufwändig gefeiert wird wie in Venedig, ist die Tradition durchaus lebendig.

Calcio Storico

Das Gegenstück zum Palio von Siena, nur weit weniger bekannt, ist der „historische Fußball" von Florenz. Gegen den nach angeblich altrömischer Sitte gepflegten *Calcio* mutet der vom „fairen" Britannien erfundene Fußball unserer Tage freilich wie eine moderate Form der Krankengymnastik an.

Der Kenner fühlt sich beim Calcio eher an rustikale Vorformen von Rugby, Catchen und American Football erinnert, wenn sie auch mit farbenprächtigen Kostümen des 16. Jh. einhergehen; daher trägt das Ereignis auch den Beinamen *Calcio in Costume*. Das raue „Spiel" soll bei den Florentinern während der monatelangen Belagerung der Stadt durch die Truppen Kaiser Karls V wieder in Mode gekommen sein.

Die gegnerischen Mannschaften kommen aus den vier ältesten Stadtteilen *San Giovanni* (Dom), *Santa Croce, Santa Maria Novella* und *Santo Spirito*. Die Spielregeln sind relativ einfach: jedes Team besteht aus 27 Spielern, die einen Lederball in ein ausgespanntes Netz zu bugsieren haben, mit welchen Mitteln oder Körperteilen auch immer. (Die meisten der robusten Muskelberge sind im „Zivilleben" heute Rausschmeißer von Diskotheken). Nach Vorrunden, die im Mai/Juni am traditionellen Austragungsort der Piazza Santa Croce stattfinden, fällt das Endspiel üblicherweise mit dem Johannestag (24. Juni, s. u.) zusammen.

Das Fest beginnt um 16 Uhr mit einem historischen Umzug durch die Altstadt, begleitet von Fanfaren und Fahnenträgern. Am Abend wird wie in Siena im Quartier des Siegers ausgiebig gezecht und gefeiert.

Die einst so populären Karnevals-Festzüge finden heute freilich an der Riviera, in Viareggio, statt.

Scioppio del Carro (Ostersonntag)

Das zirzensische Spektakel des *explodierenden Wagens* geht auf frühchristlich-heidnische Riten zurück (Feuerprobe, „Schicksalsweisung"). Während man im Dom aus Freude über die Auferstehung Christi ein „Gloria" anstimmt, entzündet ein Priester am Altar eine Rakete in Gestalt einer weißen Taube *(colombina)*.

Von einem Drahtseil gelenkt „fliegt" sie durch die Kirche und trifft draußen auf dem Platz – so Gott will – auf einen mit Feuerwerkskörpern geschmückten Ochsenkarren. Je höllischer der Lärm dabei ist, desto besser soll die Ernte und das Kirchenjahr werden.

Festa di San Giovanni (24. Juni)

Der Namenstag des Schutzpatrons von Florenz (Johannes der Täufer) endet mit einem spektakulären Feuerwerk über der Stadt. Voraus gehen u. a. das Endspiel des *Calcio Storico* (s. Kastentext oben) und ein Ruderrennen auf dem Arno zwischen Ponte Trinità und Uffizien.

La Rificulona (7. Sept.)

Das *Laternenfest* feiert den bevorstehenden Geburtstag der Jungfrau Maria. In allen Fenstern hängen erleuchtete Lampions, die schönsten und aufwändigen werden an hohen Stangen durch die Straßen und am Arno entlang getragen.

Praktische Informationen

Fl. 380.000. 49 m. Tel. 055.

Tourist-Information

Alle **APT-Büros** (*Azienda di Promozione Turistica*) verfügen über gute Materialien; je gezielter man (nach)fragt, umso besser wird man bedient.

- **APT Stazione,** Piazza Stazione 4 (auf der Seite von Santa Maria Novella), außer So (8.30-13.30) tgl. 8.30-19 Uhr, Tel. 21 22 45.
- **APT Borgo Santa Croce** 29r, Mo-Sa 9-19, So 9-14 Uhr. Telefon 2 34 04 44, Fax 2 26 45 24.
- **APT Via Cavour** 1r (nahe Dom), Mo-Sa 8.30-18.30, So 8.30-13.30 Uhr. Telefon 2 90 83 23, Fax 2 76 03 83.
- **APT-Hauptbüro,** Via Manzoni 16, Mo-Sa 9-13 Uhr. Telefon 2 33 20, Fax 2 34 62 85, info@firenze.turismo.toscana.it.

Notrufe

- **Allg. Notruf** Tel. 113.
- **Polizei** (Carabinieri) Tel. 112.
- **Pannenhilfe (ACI)** Tel. 116.
- **Polizei** (Assistenz für Ausländer bei Verlust, Diebstahl o. ä.), Via Zara 2, Tel. 4 97 71 oder Borgo Ognissanti 48, Tel. 24 81 705.
- **Notarzt** Tel. 118.
- **Fundbüro** Tel. 36 79 43 (Via Circondaria 17b), Tel. 32 83 942 (Bhf. SM Novella).

Hausnummern

In jeder Straße gibt es **rote** für Gewerbebetriebe (Geschäfte, Restaurants usf.) und **schwarze** für Privathäuser (aber auch Hotels). Gezählt werden beide Systeme getrennt (so dass es im Extremfall vorkommen kann, dass z. B. Nummer 10 und 10r einen halben Kilometer auseinander liegen).

Zimmerreservierung

Es ist zu jeder Jahreszeit dringend angeraten, Zimmer im Voraus zu **buchen.** Wer ohne Buchung nach Florenz kommt, kann sich an folgende Stellen wenden (s. a. *Unterkunft* S. 178):

- **ITA Stazione Santa Maria Novella** (*Ufficio Turismo* im Hbf.), tgl. 8.45-20 Uhr. Vermittlungsgebühr je nach Hotelkategorie € 1,55-3,50. Ansonsten kaum Hilfe, nur Behelfsstadtplan. Tel. 28 28 93,
- **ITA Peretola,** Autostrada Firenze-Mare (A 11), tgl. 11.30-18 Uhr, Tel. 42 11 800.

Anreise

Flugzeug

Der **Flughafen** *Amerigo Vespucci* liegt 6 km nordwestlich. **Direktverbindung** u. a. mit München, Frankfurt/Main, Dortmund, London, Paris, Brüssel, Barcelona, Rom, Neapel, Mailand, Bari, Catania, Olbia, Palermo, Elba. Auskunft Tel. 30 615. Zum Zentrum per Taxi oder Shuttlebus (alle 30 Min., € 4). **Internationale Flüge** (auch Charter) werden meist über den 80 km entfernten *Aeroporto Galileo Galilei* bei Pisa abgewickelt (Tel. 050/ 84 92 02). Stündlich Bus- und Zugverbindung von/nach Florenz, Fahrzeit 1 Std. Für alle Flüge ab Pisa kann man am *Air Terminal* des Florentiner Hauptbahnhofs einchecken und Gepäck aufgeben (tgl. 7.30-17.30 Uhr, Gleis 5). Fluggesellschaften siehe unter *Adressen von A–Z*, S. 195.

Zug

In Florenz halten alle Züge der **Linie München – Bologna – Rom.** Günstig sind die direkten Liege- und Schlafwagenverbindungen ab Frankfurt/Main oder München.

Bis auf Lokalzüge und den inneritalienischen *Pendolino*-Schnellzug (der in *Firenze-Rifredi* hält, Bus 28 zum Zentrum) kommen alle Züge im **Hauptbahnhof** *Santa Maria Novella* an (Sackbahnhof).

Im **Bahnhof** findet man Kofferträger, Gepäckaufbewahrung (*Deposito Bagagli* beim Bahnsteig 16, (4.15-1.30 Uhr), **Zimmerreservierung** (*Ufficio Tu- rismo*), Fundbüro, Cafeteria, Fast-Food, Apotheke und zwei Wechselstuben (*Banco San Paolo* sowie bei der Zugauskunft, *Informazioni*, tgl. 7.30-13.30, 14.30-20 Uhr). Stadtbusse und Taxis fahren von der Ostseite der Piazza della Stazione ab (linker Ausgang), wo auch das Büro des Fremdenverkehrsbüros APT liegt (s. o. *Tourist-Information*).

Die **Zugauskunft** ist unter Tel. 84 88 88 088 erreichbar.

Bus

Überlandbusse werden von verschiedenen Unternehmen betrieben, die alle ihren Sitz bzw. ihre Endhaltestelle rund um den Hauptbahnhof haben (s. *Ab- & Weiterreise*, S. 196).

Gelbe Stadtbusse *(ATAF)* versorgen auch die nähere Umgebung (Fiesole, s. u. *Stadtverkehr*.

Kleine **Öko-Busse** *(bussini,* vier Linien) verkehren zusätzlich im Zentrum von Mo-Sa.

Auto

Florenz liegt an der Hauptverkehrsader *Autostrada del Sole* (A 1) von Mailand über Bologna nach Rom. Die Ausfahrt **Firenze-Nord** führt zum Zentrum mit dem Großparkplatz *Parterre* an der Piazza della Libertà. Die Ausfahrt **Firenze-Certosa** im Süden (Parkplatz *Piazza della Calza*) liegt etwas näher am Zentrum (7 km).

Der gesamte **Innenstadtbereich** ist **Zona Blu,** d. h. von 8-20 Uhr außer für Anwohner für den privaten Autoverkehr gesperrt.

Die **Zufahrt zu Hotels** ist generell gestattet (und sei es nur, um Gepäck abzuladen). Hat das Hotel jedoch keine eigenen Stellplätze (was meist nicht der Fall ist), bleibt einem nichts anderes übrig als einen bezahlten Parkplatz aufzusuchen (oder aber die Zona Blu wieder zu verlassen und sein Glück außerhalb des Rings zu versuchen). Das illegale Parken in der Zona Blu wird mit empfindlichen Bußgeldern geahndet (bis zu € 200) und das Fahrzeug zumeist kurzerhand abgeschleppt.

Stadtverkehr

Das eigentliche Zentrum ist überschaubar und sowohl am besten wie am schnellsten(!) zu Fuß zu durchmessen. Lediglich für Ziele an der Peripherie und in die nähere Umgebung (Fiesole, Medici-Villen etc.) bieten sich Busse und Taxis oder Miet-Fahrräder und -Motorroller an.

Parken

Gebührenfreie Parkplätze findet man nur außerhalb der (deutlich markierten) Zona Blu. Innerhalb ermöglichen **blau markierte** Plätze eine Parkzeit von 8-20 Uhr (manchmal auch nur max. 2 Std.), Gebühr € 1/Std. Von 19.30-7.30 Uhr kann man für € 0.25/ Std. parken, zahlt aber min. 3 Std. Das dafür benötigte *Ticket Gratta e Sosta* ist in Kiosken, Bars und Tabakläden erhältlich (kein Verfallsdatum). Einen freien Platz findet man allenfalls sehr früh am Morgen, während der Mittagspause oder kurz nach Geschäftsschluss.

Die besten Chancen hat man noch *Oltrarno* (d. h. auf dem linken Ufer, obwohl auch dort die „Schlupflöcher" immer mehr zugestopft werden); in dem Fall nimmt man die Ausfahrt Firenze-Certosa (sollte aber unbedingt die für Randale und Autoaufbrüche berüchtigte Zone um die Piazzale Michelangelo meiden.)

Zu beachten ist die turnusmäßige **Straßenreinigung** einmal die Woche (auf entsprechende Schilder achten). Straßenarbeiten werden oft erst 24 oder 48 Std. zuvor angezeigt, weshalb man möglichst oft nach dem Wagen sehen sollte.

Abgeschleppte Fahrzeuge sind gegen eine Strafgebühr in Ponte a Greve, Viadotto all 'Indiano (24 Std., Kreditkarten, Tel. 783882) auszulösen.

Die besten durchgehend geöffneten und **bewachten Plätze** (alle anderen sind entweder deutlich teurer oder nur tagsüber bewacht) sind:

- **Parterre,** Piazza della Libertà (Ausfahrt Firenze Nord). Unterirdisches Parkhaus mit automatischer Kasse. Touristen mit Hotelnachweis zahlen € 10,30 für 24 Std. und € 7,75 von 18-9 Uhr.
- **Piazza della Calza** an der Porta Romana (Ausfahrt Firenze-Certosa). Touristentarif € 9,30 für 24 Std., € 5,15 von 18-9 Uhr.
- **Info:** www.firenze.parcheggi.it
- **Unser Tipp:** Von der Ausfahrt *Firenze-Certosa* Richtung Florenz bis *Galluzzo* fahren (3 km). Im Umkreis der Piazza gibt es zahlreiche gebührenfreie, wenn auch unbewachte Plätze. Bus 36/37 (alle 20 Min., Biglietto im Kiosk/Tabak an der Piazza kaufen und im Bus entwerten) fährt in knapp 15 Min. ins Zentrum (Stazione/Piazza S. M. Novella). Straßenreinigung ist dort am 2. Do bzw. Fr im Monat.

Stadtbus

Fast alle wichtigen Linien der **ATAF** *(Azienda Trasporti Autolinee Fiorentine)* beginnen am oder führen über den Hauptbahnhof. Kostenlose Übersichtspläne beim APT oder im Büro der ATAF am Bahnhofsplatz.

Fahrkarten erhält man an Automaten (allerdings nur bei größeren Haltestellen) sowie bei Bars und Tabakgeschäften mit dem orangenen ATAF-Logo. Tickets à € 1 und € 1,80 sind 60 bzw. 180 Min. unbegrenzt nutzbar (inkl. Umsteigen, Fahrtunterbrechung oder Rückfahrt), ein 24 Std.-Ticket kostet € 4, ein *Multiplo* (4 x 60 Min.) € 3,90.

Nachfolgend sind einige der wichtigeren **Linien** aufgeführt:

2 Stazione – Sesto Fiorentino – Calenzano
7 Stazione – Duomo – San Marco – Fiesole
10 Stazione – San Marco – Settignano
11 San Marco – S.M. Novella – Porta Romana
12/13 Stazione – Duomo – Piazzale Michelangelo
14 Duomo – Careggi
17 Cascine – Stazione – Duomo – Salviatino (Jugendherberge, Camping Camerata)
25a Stazione – San Marco – Pratolino
37 Stazione – Porta Romana – Certosa del Galluzzo – Bottai (Camping Internazionale)

Taxi

Taxis stehen in Florenz an größeren Plätzen, können per Winkzeichen angehalten und über die Rufnummern 4798 und 4390 telefonisch angefordert werden. Der Anfangstarif beträgt € 2,38.

Fahrrad/Motorrad

Fahrradfahren ist seit kurzem auch in Florenz in Mode gekommen, gekennzeichnete Fahrradwege gibt es im Zentrum.

- **Alinari,** Via Guelfa 85r, Tel. 28 05 00, Fax 271 78 71. Hollandrad um € 10, Mountain Bike um € 18, Scooter ab € 28 pro Tag. www.alinarirental.com
- **Florence by Bike,** Via San Zanobi 91r, tgl. 9-19.30 Uhr. Die Preise sind ähnlich wie oben. Tgl. City- und Countryside Tours. Tel./Fax 48 89 92, www.florencebybike.it

Parkplatz mit Aussicht – Piazzale Michelangelo

Museen & Kirchen

Ein Faltblatt mit dem aktuellen Stand der **Öffnungszeiten** (ohne Gewähr!) erhält man auf Nachfrage in den *APT*-Büros. Telefonische **Kartenreservierung** für staatliche Museen (Uffizi, Accademia, Pitti, Bargello, San Marco) Mo-Fr 8.30-18.30, Sa bis 12.30 Uhr, Tel. 29 48 83. Kostet € 1,50 pro Karte mehr, verkürzt aber Schlangestehen (gesonderte Abholschalter für *biglietti riservati*).

Achtung: Meist kein Einlass mehr in Museen etwa 30 Min. vor Schließung; Kirchen sind in der Regel 8-12 Uhr, 16-18 Uhr geöffnet. Die folgende Anordnung ist **alphabetisch,** ohne Beinamen wie *Museo, Galleria* o. ä.

- **Accademia** *(Skulpturen, Gemälde).* Via Ricasoli 60, außer Mo 8.30-19, Sa/So 8.30-22 Uhr, € 6,50.
- **Antica Casa Fiorentina** *(Wohnkultur).* Palazzo Davanzati, Via Porta Rossa 13, ist seit Jahren „vorübergehend geschlossen".
- **Antropologia/Etnologica.** Palazzo Nonfinito, Via del Proconsolo 12, außer Di 10-13 Uhr, € 3,10.
- **Archeologico** *(Etrusker).* Via della Colonna 38, Mo 14-19, Di/Do 8.30-19, Mi/Fr/Sa/So 8.30-14 Uhr, € 4.
- **Badia** *(Kirche, Kreuzgang).* Via del Proconsolo, während der Umbauarbeiten nur Mo 15-18 Uhr, frei.
- **Baptisterium.** Piazza Duomo/San Giovanni, 12-19, So 8.30-14 Uhr, € 3.
- **Bardini** *(Kunst).* Piazza de'Mozzi 1, z.Zt. wegen Renovierung geschlossen.
- **Bargello** *(Skulpturen).* Via del Proconsolo 4, außer Mo 8.30-14 Uhr, € 4.
- **Boboli-Garten** *(Palazzo Pitti).* Außer am ersten/letzten Mo des Monats 8.15-18.30 Uhr (je nach Jahreszeit), € 4 (Ticket inkl. **Porzellan- und Silbermuseum,** Besichtigungszeiten nur 14.30, 15.30 und 16.30 Uhr).
- **Cappella dei Magi** *(Gozzoli)* s. Palazzo Medici-Riccardi.
- **Cappella Brancacci** *(Masaccio)* s. S.M. del Carmine.
- **Cappelle Medicee** s. San Lorenzo.
- **Casa Buonarroti** *(Michelangelo).* Via Ghibellina 70, außer Di 9.30-14 Uhr, € 6,50.
- **Casa Dante** *(Stiche, Dokumente).* Via Santa Margherita 1r, momentan geschlossen.
- **Cenacolo di Foligno** *(Abendmahl Perugino).* Via Faenza 42, 9-12 Uhr, Spende.
- **Cenacolo di San Salvi** *(Abendmahl Andrea del Sarto).* Via San Salvi 16, außer Mo 8.30-14 Uhr, frei.
- **Cenacolo di Sant'Apollonia** *(Abendmahl Andrea del Castagno).* Via XXVII Aprile 1, außer Mo 8.30-14 Uhr, frei.
- **Chiostro dello Scalzo** *(Andrea del Sarto).* Via Cavour 69, Mo, Do, Sa 9-14 Uhr, frei.
- **Dom.** Piazza Duomo, 10-17, So 13.30-17 Uhr, **Krypta** € 3.
- **Dom-Campanile,** im Sommer 8.30-19.30, sonst 9-16.30 Uhr, € 6.
- **Dom-Kuppel,** außer So 8.30-19 Uhr, € 6.
- **Dom-Museum,** Piazza Duomo 9, Mo-Sa 9-19.30, So 9-14 Uhr, € 6.
- **Ferragamo** (Mode, 12.000 Schuhe), Via Tornabuoni 2, Voranmeldung Tel. 3 36 04 56, frei.
- **Firenze com'era** *(Stadtgeschichte).* Via dell'Oriuolo 24, außer Do 9-14, € 2,60.
- **Horne** *(Kunst).* Via dei Benci 6, außer So 9-13 Uhr, € 5.
- **Marino Marini** *(Skulpturen).* Piazza San Pancrazio, außer Di, So 10-17 Uhr, € 5.
- **Ognissanti** *(Abendmahl Ghirlandaio).* Borgo Ognissanti 42, Mo, Di, Sa 9-12 Uhr, frei.
- **Orsanmichele** *(Kirche, Museum).* Via Arte della Lana, momentan geschlossen.
- **Palazzo Medici-Riccardi** *(Cappella dei Magi).* Via Cavour 3, außer Mi 9-19 Uhr, € 4.
- **Palazzo Pitti** *(Museen)*:

Argenti *(Silber),* s. Boboli-Garten; **Arte Moderna** *(Kunst)* und **Costume** *(Geschichte der Mode),* außer Mo 8.30-14 Uhr, € 5; **Palatina** *(Gemälde),* außer Mo 8.30-19 Uhr, € 6,50.

- **Palazzo Vecchio.** Piazza Signoria, 9-19, Do 9-14 Uhr, € 5,70.
- **Pietre Dure** *(Einlegearbeiten).* Via degli Alfani 78, außer So 8.15-14, Do 8.15-19 Uhr, € 2.
- **Porcellane** *(Porzellan),* s. Boboli-Garten.

- **Preistoria** *(Prähistorie)*. Via Sant'Egidio 21, außer So 9.30-12.30 Uhr, frei.
- **Ragione** *(Kunst)*. Piazza Signoria 5, momentan geschlossen.
- **Rinascimento** (hist. Wachsfiguren), Piazza S. Croce außer So 10-19 Uhr, € 5,20.
- **San Lorenzo** *(Kirche)*, außer So 10-17 Uhr, € 2,50. *(Biblioteca Laurenziana)*, 8.30-13.30 Uhr, frei.
- **San Lorenzo** *(Cappelle Medicee)*. Piazza M. degli Aldobrandini, außer Mo 8.30-17 Uhr, € 6.
- **San Marco** *(Kirche)*. Piazza San Marco 1, 8-12, 15-18 Uhr.
- **San Marco** *(Museum, Fra Angelico)*, außer Mo 8.30-14, Sa/So 8.30-19 Uhr, € 4.
- **San Miniato al Monte.** Via del Monte alle Croci, 8.30-18.15 Uhr.
- **Santa Croce** *(Kirche, Cappella Pazzi, Museum)*. Piazza Santa Croce, 9.30-17.30 Uhr, € 3.
- **Santa Felicità** *(Kirche)*. Piazza Santa Felicità, 9-12, 15.30-18 Uhr, So 9-13 Uhr.
- **Santa Maria del Carmine** *(Brancacci-Kapelle)*. Piazza del Carmine, außer Di 10-17, So 13-17 Uhr, € 3,10.
- **Santa Maria Novella** *(Kirche)*. Piazza S.M. Novella, 9.30-17, Fr, So 13-17 Uhr, € 2,60.
- **Santa Maria Novella** *(Museum, Chiostro Verde)*, außer Fr, 9-17, So 9-14 Uhr, € 2,60.
- **Santa Trinità,** außer So 8-12, 16-19 Uhr.
- **Santissima Annunziata,** 7-12.30, 16-18.30 Uhr.
- **Santo Spirito** *(Kirche)*. Piazza Santo Spirito, außer Mi nachm. 8-12, 16-17 Uhr.
- **Santo Spirito** *(Abendmahl Orcagna)*, außer So, Mo 9-14 Uhr, € 2,10.
- **Santo Stefano al Ponte** (Museum), Piazza S. Stefano, nur Fr 16-18 Uhr, frei.
- **Spedale Innocenti** *(Gemälde)*. Piazza SS. Annunziata 12, außer Mi 8.30-14 Uhr, € 3.
- **Stibbert** *(Kunst, Waffen)*. Via Stibbert 26, außer Do 10-14, Fr, Sa, So 10-18 Uhr, € 5.
- **Storia della Scienza** *(Wissenschaftsgeschichte)*. Piazza dei Giudici 1, außer So 9.30-17, Di 9.30-13 Uhr, € 6,50.
- **Tempio Israelitico** *(Synagoge, Museum)*. Via Farini 4, außer Sa 10-17, Fr 10-14 Uhr, € 4.
- **Uffizi**. Piazzale degli Uffizi 6, außer Mo 8.30-19, Sa 8.30-22 Uhr, € 6,50.
- **Vasari-Korridor,** Führung in kleinen Gruppen auf Anfrage, Via della Ninna 5, Tel. 2 65 43 21, € 26.
- **Zoologico „La Specola".** Via Romana 17, außer Mi 9-13 Uhr, € 3,10.

Märkte

- **Mercato Centrale.** Am besten man bringt ein bisschen Appetit mit, denn ein Bummel durch die größte und schönste Markthalle von Florenz lässt einem garantiert das Wasser im Mund zusammenlaufen. Im Untergeschoss Fisch, Fleisch, Geflügel, Käse (s. *Nerbone* und *Salumeria Perini* S. 187 und 188) im Obergeschoss Obst und Gemüse. Der Markt liegt wenige Schritte nördlich von San Lorenzo an der Via dell'Ariento und ist außer So 7.30-14 (Sa auch 16-20 Uhr) geöffnet.
- Di Vormittag findet zusätzlich ein **Bauernmarkt** auf der Piazza del Mercato statt, rundherum findet man noch einige schöne alte Läden wie z. B. *Ciatti* (Via Panicale 19r unter

San Miniato al Monte – eine der ältesten Kirchen der Stadt

den Arkaden) und *Stenio* (Via Sant'Antonio 49r) mit den traditionellen Marmorbecken für Baccalà und Stockfisch.

- **Mercato Sant'Ambrogio.** Die zweite große Markthalle von Florenz liegt nur wenig mehr als 1 km östlich an der Piazza Ghiberti; Obst und Gemüse sind frischer und billiger als auf dem Zentralmarkt. Außer So 7-14 Uhr.
- **Mercato Nuovo.** Die ehemalige Loggia der Seidenhändler mit dem berühmten *Porcellino* (eher ein ausgewachsener Eber), einstmals Fundgrube für Korb- und Lederwaren, ist nur mehr eine müde Touristenabzocke voller Krimskrams made in China; im Sommer tgl. 8-19 Uhr, sonst So/Mo geschl. Via Calimala nahe Piazza Repubblica.
- **Mercato delle Pulci.** Der Flohmarkt im alten Viertel der Wollweber *(Ciompi)* nördl. von Santa Croce findet vor allem am letzten So des Monats 9-13, 16-19 Uhr statt. Piazza dei Ciompi.
- **Mercato San Lorenzo.** Der ausufernde Straßenmarkt für Leder- und Stoffwaren aller Art rund um San Lorenzo und die angrenzende Markthalle ist tgl. bis 19 Uhr in Betrieb.
- **Mercato delle Cascine.** Der typische italienische Wochenmarkt mit Klamotten, Haushaltswaren, Lebensmitteln, Büchern, Platten und Ramsch findet jeden Di 8-14 Uhr im Cascine-Park zwischen Arnoufer und Viale Lincoln statt.
- **Mercato Fiore.** Blumenmarkt unter den Arkaden der Via Pellicceria (bei der Post) Sept. bis Juni Do 8-18 Uhr.
- **Ökomarkt.** Auf der *Piazza Santo Spirito* findet jeden 2. So im Monat (außer Juli, August) ein vergnüglicher Alternativmarkt statt, auf dem u. a. auch zahlreiche Ausländer Honig, Olivenöl, Konfitüre, Käse, selbstgebackenes Brot, Korbwaren oder Spielzeug anbieten.
- **Mercato Antiquariato.** Antiquitäten- und Trödelmarkt jeden zweiten So im Monat auf der Piazza S. Spirito oder auf der Piazza Mino in Fiesole.

Unterkunft

In Florenz gibt es **mehr als 400 Hotels aller Preisklassen.** Ein halbes Dutzend der Luxusklasse (*****), nahezu ein halbes Hundert der Vier-Sterne-Kategorie, jeweils annähernd hundert der gehobenen (***) und einfachen Touristenklasse (**) sowie an Pensionen und Familienbetrieben (*). Dazu kommen noch Fremdenzimmer, Jugendherbergen, Campingplätze und Unterkünfte in der Umgebung wie z. B. in *Fiesole*. Trotzdem besteht praktisch rund ums Jahr die Gefahr, ohne Vorausbuchung kein Zimmer zu finden, ganz egal in welcher Kategorie. Besonders begehrte Objekte sind nicht selten über Monate hinaus ausgebucht. Als **Hochsaison** gilt die Zeit von April bis Juni sowie September und Oktober. Außerhalb dieser Monate gelten oft (aber nicht zwingend) niedrigere Tarife, die freilich von Hotel zu Hotel verschieden ausfallen.

Am preiswertesten sind die Unterkünfte von Dezember bis Februar sowie im August, Feiertage (Ostern!), Messen und Sonderveranstaltungen lassen aber auch während dieser Zeit die Preise sofort wieder in die Höhe schnellen.

Nahezu alle Hotels (das gilt auch für Luxusadressen) wurden weder als solche gebaut noch konzipiert. Das macht einerseits ihren Reiz aus, kann aber auch genauso in Verzweiflung stürzen. Selbst in renommierten Häusern kann es vorkommen, dass einige Gäste quasi in dunklen Höhlen voller Sperrmüll hocken, während der Nachbar am Frühstückstisch von Antiquitäten, Fresken und sonnigen Balkonen schwärmt.

Generell gilt, dass Hotels nach Wahl (außer vielleicht im Winter oder mit viel Glück) fast ausnahmslos durch rechtzeitige **Reservierung** zu bekommen sind.

Ansonsten ist man meist gut beraten, lieber eine **Zimmervermittlung** zu kontaktieren, als auf eigene Faust zu suchen. Die Auswahl ist derart groß, dass man schon bald den Wald vor lauter Bäumen nicht mehr sieht, und leider ist es nur bei wenigen Hotels üblich, *Completo*-Schilder anzubringen, die einem mühevolle Wege und zunehmende Frustration ersparen.

Unsere **Auswahl** legt den Akzent auf „typische", zentral gelegene Häuser mit Lokalkolorit und **angemessener Preisgestaltung.** Nichts gegen „Komfort", aber man sollte schon berücksichtigen, dass man in Florenz (und nicht in Athen, Valencia oder Bordeaux) wohnt: Ist man erst einmal in der Stadt angelangt, präsentiert sich das eigentliche Zentrum als derart klein und überschaubar, dass es sich wirklich nicht lohnt, es auch noch in Quadratmillimeterparzellen à la „südlich" oder „nördlich des Doms" zu rastern. Das verwirrt mehr als dass es nützt. Selbst wer *Oltrarno* (links des Arno) oder an der *Piazza della Libertà* (günstigster Großparkplatz) Quartier nimmt, erreicht in wenigen Gehminuten (oder notfalls mit dem Bus) so gut wie alle wichtigen Sehenswürdigkeiten.

Hotels****

Aus unscheinbaren Nutz- und Zweckbauten der Nachkriegszeit hat die von dem Modeschöpfer *Salvatore Ferragamo* geführte Lungarno-Gruppe (www.lungarnohotels.com) zwei betörende Design-Hotels unmittelbar am Ponte Vecchio gezaubert:

- **Gallery Hotel Art** (B 2/3) ist minimalistischer und radikaler, fernöstlich-mediterran zwischen Zen-Touch und postmoderner Coolness. 60 DZ ab € 325, 5 Suiten (z. T. mit Dachterrasse) ab € 530 inkl. BF. Vicolo dell'Oro 5, Tel. 2 72 63, Fax 26 85 57.
- **Lungarno** (B 3) ist eine Spur konventioneller („gemütlicher"), aber kaum minder durchgestylt und mit einem phantastischen Flussblick (mit Morgensonne). 57 DZ, z. T. mit Balkon oder Terrasse ab € 360, 12 Suiten ab € 560 inkl. BF. Borgo San Jacopo 14, Tel. 2 72 61, Fax 26 84 37.
- **J & J.** (C 2). Der Vorreiter der neuen toscanischen Designhotels, rund um den Kreuzgang eines Klosters aus dem 16. Jh. in einer ruhigen Wohngegend 500m östlich des Doms. 10 DZ ab € 270, 9 z. T. riesige Suiten (No. 10 mit Terrasse) ab € 352 inkl. BF. Via di Mezzo 20, Tel. 26 31 21, Fax 24 02 82. www.jandjhotel.com
- **Grand Hotel Minerva.** (B 2). Behaglichkeit und Komfort an der (verkehrsberuhigten) Piazza S.M. Novella (No. 16) im Herzen der Stadt. Eine Dachterrasse mit Pool und Panoramasicht rundet das erfreuliche Bild dieses ausgezeichneten und kompetent geführten Hotels ab. 97 Zimmer, DZ ab € 279, Suiten ab € 365 inkl. BF. Tel. 272 30, Fax 26 82 81. www.grandhotelminerva.com
- **Croce di Malta.** (A 2). Helle, freundliche Aufenthaltsräume, Garten mit Pool und eine Aussichtsterrasse prägen dieses zentrale und für seine Kategorie äußerst günstige Haus nahe dem Bahnhof. 98 Zimmer, DZ ab € 200, Suiten ab € 250. Via della Scala 7, Tel. 26 18 70, Fax 28 71 21. www.crocedimalta.it

Hotels***

- Die mit Abstand begehrteste Kategorie – noch ein Hauch von Luxus (Originalität/Authentizität) bei zumindest noch halbwegs „bodenständigen" Preisen.
- **Loggiato dei Serviti** (C 1). Das schlichte Entrée zu den Renaissance-Gewölben an der Piazza Santissima Annunziata ist so unaufdringlich wie das gesamte Hotel (nebenan findet noch heute die Armenspeisung der

Diener Mariens statt.) Arkaden, Säulen und Antiquitäten stehen neben ausgesuchten Accessoires der Moderne, jedes der geräumigen/ruhigen Zimmer ist individuell eingerichtet. 29 Zimmer, DZ ab € 201 inkl. BF. Piazza SS Annunziata 3, Tel. 28 95 92, Fax 28 95 95. www.loggiatodeiservitihotel. com

• **Porta Rossa** (B 2). Seitdem die Briten Florenz im 19. Jh. entdeckten, hat sich an der Atmosphäre des ältesten noch bestehenden Hotels der Stadt nicht viel verändert. Ein Duft nach Samt und Seide, Parfüm, Leder und Bohnerwachs. Zelebritäten von Stendhal und Balzac bis Lord Byron stiegen hier ab. 80 rudimentäre, aber meist geräumige Zimmer, DZ um € 145-170 inkl. BF. Via Porta Rossa 19, Tel. 28 75 51, Fax 28 21 79.

• **Benivieni** (B 2). Zentral, sehr ruhig und intim in einem stilvoll renovierten Palazzo des 15. Jhs. Alle 15 Zimmer mit AC, Safe, Sat-TV, Modem-Anschluss, neuwertigen Bädern. DZ € 210 inkl. BF. Via delle Oche 5. Tel. 238 21 33, Fax 239 82 48. www.hotelbenivieni.it.

• **Torre Guelfa** (B 2/3). In einem Turmhaus aus dem 13. Jh., von oben (Bar, Sitzgelegenheiten) Panoramablick par excellence. Weitere Pluspunkte: große, schöne Salons und sehr aufmerksamer, freundlicher Service. 15 komfortable, eher elegant-modern gehaltene Zimmer, DZ € 180, Suiten & Zimmer 15 mit Terrasse € 210 inkl. BF. Borgo Apostoli 8 (3.Stock, Lift). Tel. 239 63 38, Fax 239 85 77. www.hoteltorreguelfa.com

• **Orto de' Medici** (B 1). Sehr hübsches neues Hotel mit schönem Frühstücksraum und großer Sommerterrasse. 31 nicht allzu große, aber mit allem Komfort ausgestattete Zimmer, DZ ab € 140 inkl. BF, besonders schön sind Zimmer 40, 41, 45 und 46 mit großen Panoramabalkonen. Via San Gallo 30, Tel. 48 34 27, Fax 46 12 76. www.ortodeimedici.it

• **Aprile** (A 2). Charmantes und auf angenehme Weise „altmodisches" Haus voller Fresken, antiker Möbel, Gemälde und kleinem Innenhofgarten. 28 Zimmer (z. T. riesig), DZ ab € 170 inkl. BF. (Für besondere Gelegenheiten Penthousezimmer 38: eine Wucht!). Via della Scala 6, Tel. 21 62 37, Fax 28 09 47. www. hotelaprile.it

• **Burchianti** (B 2). Ein Fest für Fans von Zimmerfluchten und üppigen Fresken. Alle 10 DZ und Suiten (€ 170-220 inkl. BF) blicken auf einen ruhigen Innenhof und sind mit schönen antiken Möbeln ausgestattet. Angenehme Atmosphäre. Via del Giglio (1. Stock, Lift), Tel. 21 27 96, Fax 272 97 27. www.hotelburchian ti.com

• **Silla** (C 3). Charmant-altmodische Pension an einer begrünten Piazza am linken Arnoufer mit schöner Frühstücksterrasse und überaus freundlichem Service. 36 Zimmer, DZ € 160 inkl. BF. Via dei Renai 5, Tel. 2 34 28 88, Fax 2 34 14 37. www.hotelsilla.it.

• **Morandi alla Crocetta** (C 1). Teilweise ausnehmend hübsch eingerichtete Komfortpension im 2. Stock eines alten Klosters bei SS Annunziata. 10 Zimmer, DZ € 170-210. Via Laura 50, Tel. 2 34 47 47, Fax 2 48 09 54. www.hotelmorandi.it

• **Royal** (B 1). „Geheimtipp" für Autofahrer. Von der Ringstraße zwischen Fortezza da Basso und Piazza della Libertà fährt man direkt bis vor die Villa (Gratisparkplatz im Hof), dahinter ertreckt sich ein weiträumiger Park mit alten Bäumen (15 Gehminuten vom Dom entfernt). 39 komfortable Zimmer, EZ/DZ € 110/200 inkl. BF. Via delle Ruote 52, Tel. 48 32 87, Fax 49 09 76. www.hotelroyal firenze.it

• **Fiorino** (C 3). Das preisgünstigste Haus dieser Kategorie. Natürlich darf man kein Tophotel erwarten, aber die Gegend ist sehr nett (nahe Uffizien und Arno) und die Zimmer sind ruhig. 23 Zimmer, DZ € 110-125 inkl. BF. Via Osteria del Guanto 6, Tel. 21 05 79, Fax 21 05 80, fiorinohotel@tin.it

• **Dante** (C 2). Nüchtern-sachlich eingerichtet (TV, Minibar, AC), aber sehr günstig und ruhig mitten im Santa-Croce-Viertel. 14 Zimmer, DZ mit Kochnische (!) € 123, Garage € 10. Via San Cristofano 2, Tel. 24 17 72, Fax 2 34 58 19. www.hoteldante.it

Hotels**

• Von Ausnahmen abgesehen eine Kategorie, die man im Grunde eher meiden sollte (weder „Fisch noch Fleisch"). Im Zweifelsfall lieber eine Kategorie „tiefer" gehen und auf den zweifelhaften Komfort von „Nasszellen" und ähnlicher Details verzichten, die Zimmer unnötig verkleinern und verschandeln.

• **Alessandra** (B 2/3). Nette Familienpension mit großen, solide eingerichteten Räumen mit Charakter, teilweise Arno-Blick. 25 Zimmer, DZ € 145 inkl. BF (ohne Bad € 108. Borgo SS Apostoli 17, Tel. 28 34 38, Fax 21 06 19. www.hotelalessandra.com.

• **Bellettini** (B 2). Hohe, geräumige und ansprechend möblierte Zimmer (28, z. T. mit AC) im 2./3. Stock eines Palazzo des 15. Jhs. DZ € 130 (2 ohne Bad € 100) inkl. BF. Via dei Conti 7, Tel. 21 35 61, Fax 28 35 51. www.firenze.net

• **Desirée** (A/B 1). Freundliche, komfortable Pension nahe dem Bahnhof mit hübschem Frühstücksraum. 18 geräumige, gepflegte Zimmer mit Bad, DZ ab € 113. Via Fiume 20, Tel. 2 38 23 82, Fax 29 14 39. www.desiree hotel.com

• **Ariston** (C 2). Seriöses, gepflegtes Hotel mit Restaurant in einer ruhigen Straße rund 500 m östlich des Doms. 29 Zimmer, DZ € 103-130 inkl. BF. Via Fiesolana 40, Tel. 2 47 69 80, Fax 2 47 66 93.

Hotels*

• Fast durchweg Familienbetriebe, die lediglich ein Stockwerk eines Palazzo oder alten Bürgerhauses einnehmen; die meisten verfügen nicht einmal über zehn Zimmer. Die Preisspanne reicht von rund € 40 bis über € 120 pro DZ, die Gründe dafür muss man allerdings oft mit der Lupe suchen. Insbesondere in der von Unterkünften und Rucksäcken nur so wimmelnden **Via Faenza** (B 1) nahe dem Bahnhof ist alles etwas überteuert (oder taugt nichts).

• **Sorelle Bandini** (B 3). Eine echte Kuriosität im obersten Stock eines prächtigen Palazzo über der Piazza Santo Spirito. Die großen kahlen Zimmer, die Aufenthaltsräume und die umlaufende Loggia mit Korbstühlen vermitteln fast so etwas wie britische Kolonialatmosphäre. Von der Veranda herrlicher Blick über halb Florenz (und natürlich ist die kleine Pension fast immer ausgebucht). 12 DZ € 94 ohne, 116 mit Bad. Piazza Santo Spirito 9, Tel. 21 53 08, Fax 28 27 61.

• **Firenze** (B 2). Das Geburtshaus Gemma Donatis, der späteren Signora Dante, ist eine der besten preisgünstigen Adressen der Stadt. Etwas kleine, aber freundliche, ruhige Zimmer nur wenige Schritte abseits der Flaniermeile Via del Corso. 57 Zimmer mit Bad, DZ € 85. Piazza dei Donati 4, Tel. 21 42 03, Fax 21 23 70.

• **Cestelli** (B 2/3). Helle und behagliche Räumlichkeiten nahe Via Tornabuoni und Arnoufer. Sehr freundliche Leute, 8 z. T. riesige Zimmer ohne/mit Bad € 83/103. Borgo Santi Apostoli 25, Tel./Fax. 21 42 13.

• **Scoti** (B 2). Man meint, die Zeit sei stehengeblieben – tatsächlich ist es nur ein furchtbar nettes australisch-italienisches Paar, das sie teils aus Neigung, teils, zugegeben, auch aus Mangel an Geld, sehr behutsam zu konservieren sucht. Allein für die unnachahmliche Atmosphäre zahlt man anderswo das Mehrfache – einfach, aber mit viel Stil: zum Wohlfühlen! Und nicht nur in in dem schönen freskierten Salon mit Veranda, auch in den 9 (z. T. gigantisch großen und seit 2003 alle mit Bad versehenen) DZ ist von der exponierten Lage des Hauses an der belebten Shoppingmeile so gut wie nichts zu spüren. € 85 inkl. BF. Via Tornabuoni 8 (2. Stock, Lift), Tel./Fax 29 21 28. www.hotelscoti.com

• **Ferdinando II de' Medici** (C 2). Zentral, ruhig, neu ausgestattet und möbliert – für den Preis kann man kaum mehr verlangen. 12 DZ (z. T. zu dritt/viert nutzbar) ohne/mit Bad € 60-65/67-75 inkl. BF. Via del Presto 2 (2. Stock, Lift), Tel. 260 86 65, Fax 264 69 17, elcarcio@tin.it

• **Orchidea** (C 2). Alter Wohnturm, schöne Lage, antiquiert, aber gemütlich. 7 Zimmer ohne Bad z. T. zum hübschen Innenhof, € 65 inkl. BF. Borgo degli Albizi 11, Tel./Fax 2 48 03 46.

• **Magliani** (B 1). Spartanisch, aber hell und sauber. 6 DZ ohne Bad € 47. Via San Reparata 1, Tel. 28 73 78, hotel-magliani@libero.it

Bed & Breakfast

Großteils hochprofessionelle Betriebe, die aus mancherlei Gründen (Steuern, Bürokratie, Exklusivität) ganz bewusst auf einen Hotelstatus verzichten, nicht selten aber besser (oder zumindest preiswerter) sind als vergleichbare Hotels.

• **Palazzo Magnani Feroni** (A 3). Eine Kategorie – eine Welt! – für sich. Der hochherrschaftliche Renaissancepalast am linken Arnoufer verfügt über 12 erlesenst ausgestattete Suiten (alle mit Internet-Anschluss), von denen noch die kleinste 65 qm misst - normal sind 100. Üppige Salons, Fitnessraum, Dachterrasse, Garagen- und Rund-um-die-Uhr-Betreuung sind Selbstverständlichkeit; exklusiver gehts kaum. € 440-590 inkl. BF (Juli/ Aug., Nov. bis Weihnachten, Mitte Jan. bis Mitte März € 260-335). Borgo San Frediano 5, Tel. 239 05 44, Fax 260 89 08. www.florencepalace.com

- **Palazzo Castiglioni** (B 2). Große, hohe, freskierte Räume mit Blick auf einen grünen Innenhof - avanciert modern und behaglich zugleich. 4 DZ € 170, 2 Triple/Quadruple € 210 inkl. BF. Via del Giglio 8 (2. Stock, Lift), Tel. 21 48 86, Fax 274 05 21. www.hoteltorre guelfa.com
- **Relais delle Arti** (C 1). Ableger des *Loggiato dei Serviti* mit hübschem Frühstücksraum und kleiner Terrasse im 4. Stock. Alle 9 DZ (€ 170-180 inkl. BF) mit AC, Minibar, Sat-TV, Safe. Via dei Servi 38, Tel. 242 19 17. www.relaisdellearti.it
- **Le Stanze di Santa Croce** (C 2). Bezauberndes B&B mit Wintergarten, Terrasse und 6 hübschen, komfortablen DZ um € 160 inkl. Superfrühstück. Via delle Pinzochere 6, Tel./ Fax 200 13 66. www.viapinzochere6.it
- **Residenza Apostoli** (B 2/3). Leichtes, helles Mobiliar, Parkettböden, hohe Decken, nagelneue Bäder, freundlicher, kompetenter Service - ein kleines Schmuckstück. Nur 6 Zimmer, DZ € 130, Triple € 150 inkl. BF (Selbstbedienung). Borgo Apostoli 8 (1. Stock, Lift). Tel. 28 84 32, Fax 26 87 90. www.residenzaapostoli.it
- **Dei Mori** (B 2). Ruhige und wohnliche Pension für Nichtraucher mitten im Altstadtgewirr. 6 DZ mit Bad € 90-110. Via Dante Alighieri 12 (2. Stock), Tel./Fax 21 14 38. www.bnb.it/deimori
- **Residenza Johanna** (B 1). Behagliche und ruhige, von jungen Frauen geführte Pension im 1. Stock einer herrschaftlichen Villa gut 10 Gehminuten vom Zentrum entfernt. 11 große, neu möblierte Zimmer, DZ mit Bad € 73 inkl. BF. Via Bonifacio Lupi 14, Tel. 48 18 96, Fax 48 27 21. Einen eigenen Parkplatz gar hat die
- **Residenza Johanna II** (B 1), 6 DZ, € 78; Via della Cinque Giornate 12 (knapp 20 Min. zum Zentrum), Tel./Fax 47 33 37. www.jo hanna.it
- **Residenza Johlea** (B 1). Die Fortsetzung der Erfolgsgeschichte: noch feiner, noch schöner, noch zentrumsnäher als Johanna - und dazu noch mit einer hübschen Dachterrasse. 9 bzw. 6 DZ/Suiten mitsamt AC, Sat-TV, Safe, Modem etc. € 85-105 inkl. BF (Selbstbed.) Via San Gallo 76 & 80. Tel. 463 32 92, Fax 463 45 52. www.johanna.it
- **B & B** (C 2). Echt toll (aber nur für Frauen)! Superschöne, lichte Zimmer mit Parkett, großen Fenstern und Blick auf einen ruhigen, grünen Garten. 1 EZ € 47, 3 DZ € 83 inkl. BF (Selbstbedienung in Wohnküche). No Smoking. Borgo Pinti 31 (3. Stock, kein Lift), Tel. 248 00 56, Fax 238 12 60. www.bnb.it/beb

Ostelli/Herbergen

- **Archi Rossi** (B 1). Das sympathische und lebendige Hostel in Bahnhofsnähe bietet 90 Betten in hellen, pieksauberen Mehrbett-Zimmern mit oder ohne Bad zw. € 17 und 23,50. Frühstück € 2,10, Warmwasser gratis, Zapfenstreich 1 Uhr. Via Faenza 94r, Tel. 29 08 04, Fax 2 30 26 01, ostelloarchiros si@hotmail.com
- **Ostello Santa Monaca** (A 3). Schlafsäle im Zehnerpack, insgesamt 110 Betten à € 13, Bettwäsche und Dusche gratis, Frühstück und Mahlzeiten extra. Die Hausordnung ist drakonisch: Wecken 8 Uhr, Räumung der Zimmer 9.30 Uhr, 13-16 Uhr geschlossen, 0.30 Uhr Bettruhe. Via Santa Monaca 6 bei Santo Spirito auf dem linken Arnoufer (Bus 36/37 ab Piazza Stazione, zu Fuß rund 20 Min.). Tel. 26 83 38, Fax 28 01 85.
- **Pensionato Pio X.** (A 3) Katholische Einrichtung, trotzdem ist jedermann willkommen. 64 Betten; EZ um € 16, DZ ohne/mit Bad um € 26/29, Dreibettzimmer um € 34. Dusche gratis, Bettruhe 0 Uhr. Via dei Serragli 106 am linken Ufer (Bus wie oben), Tel./Fax 22 50 44.
- **Istituto Gould** (A 3). Britisch-protestantisch, freundlich und effektiv. 20 Zimmer ab € 26/36, mit Bad etwas teurer; auch Drei- und Vierbettzimmer. Via dei Serragli 49,

Tel. 21 25 76, Fax 28 02 74, gould.reception @dada.it

• **Casa Santo Nome di Gesù** (A 3). Einfache, aber stilvolle Zimmer (von „klösterlicher Askese" keine Spur) in einem toprenovierten Franziskanerinnen-Konvent mit wunderschönem Garten. 60 Betten, EZ mit Bad € 48, DZ ohne/mit Bad 66/76 inkl. BF (auch Mehrbett-Zimmer). Schließung 23.30 Uhr. Piazza del Carmine 21, Tel. 21 38 56, Fax 28 18 35, fmm.firenze@tin.it

• **Istituto Oblate dell' Assunzione** (C 2). Fresken, Terracotten, Antiquitäten, großer Garten, viele der 31 Zimmer mit neuen Bädern. EZ/DZ/Triple € 35 p.P. Zapfenstreich 23.30 Uhr. Borgo Pinti 15, Tel. 248 05 82, Fax 234 62 91.

• **Ostello Villa Camerata.** Die Jugendherberge liegt 4 km außerhalb in Richtung Fiesole. Zumindest in der Hochsaison ein ziemlich chaotischer Massenbetrieb. 330 Betten (10 und mehr pro Schlafsaal) ab € 13 inkl. BF. Sperrstunde 0 Uhr, Jugendherbergsausweis erforderlich. Viale Augusto Righi 2/4 (Bus 17b ab Bhf., rund 20 Min. Fahrt). Reservierung Tel. 60 14 51, Fax 61 03 00

Fremdenzimmer

• Das Fremdenverkehrsamt vergibt mehr als 100 Adressen, von denen viele allerdings nicht direkt im Zentrum liegen. Preise je nach Ausstattung rund € 30-70.

• Die **Mitwohnzentrale Firenze** (Peter Oberst) vermittelt für einen Aufenthalt ab 1 Woche Zimmer in WGs, möblierte Apartements sowie Wohnungen im gesamten Stadtbereich. Anfragen sind u.U. auch kurzfristig möglich. Via Orti Oricellari 10 (außer Sa/So 10-18 Uhr), Tel. 28 75 30, Fax 29 52 53, mwz@fol.it. www.chez.com/mwz

Hotels im Grünen

• **Torre di Bellosguardo** (****). Traumhafte Lage auf dem Hügel von Bellosguardo (Schöner Blick) am linken Arno-Ufer. Hier ist man bereits mitten in der Campagna und trotzdem nicht zu weit (rund 2-3 km) vom Zentrum entfernt. Garten, Terrasse und Swimmingpool komplettieren das luxuriöse Ambiente. 16 Zimmer, DZ ab € 280 inkl. BF. Via Roti Michelozzi 2, Tel. 2 29 81 45, Fax 22 90 08. www.torrebellosguardo.com

• **Villa le Rondini** (****). Sympathisches Haus inmitten von Gärten und Olivenhainen rund 7 km nördl. an der alten Route nach Bologna (Stadtbus). Swimmingpool, Tennis und Reiten. 40 Zimmer in drei Gebäuden unterschiedlicher Größe und Ausstattung, DZ ab € 217 inkl. BF. Via Bolognese Vecchia 224, Tel. 40 00 81, Fax 26 82 12. www.villalerondini.it.

• **Villa Betania** (***). Villa des 15.Jh.s in einem ruhigen Garten südlich der Porta Romana (mit Bus 11 in 10 Min. im Zentrum). 15 gemütliche Zimmer, DZ € 130-145 inkl. BF. Viale Poggio Imperiale 23, Tel./Fax 22 22 43. www.villabetania.it

• **Sul Ponte** (*). Freundliche Familienpension in Galluzzo 6 km südlich, mit Bus 37 knapp 15 Min. zum Zentrum. 8 DZ mit Bad € 78 inkl. BF. Via Senese 315a, Tel./Fax 204 90 56.

Gut versteckte Trattoria

Essen & Trinken

Wunder wie Enttäuschungen sind vorprogrammiert - besonders während der Hochsaison, wenn die Stadt von „erlebnishungrigen" Feinschmeckern überschwemmt wird, die alle auf einmal „typisch Florentiner Hausmannskost" genießen wollen. Den einheimischen Wirten zwingt das einen nahezu zirkusreifen Balanceakt auf: wer auf die Ausländer setzt, verliert sein Stammpublikum, wer ganz auf Einheimische setzt, wird nie zum „Geheimtipp", der jahrzehntelang ungestraft als „typisch" oder „urig" durch die Gastroführer geistern darf.

Unsere Favoriten

Florentiner Küche at its best, aber/und jedes Mal ganz anders.

- **Il Latini** (B 2). Eine Trattoria wie aus dem Bilderbuch. Man sitzt nebeneinander an langen Tischen, der Himmel hängt voller Geigen, pardon, Schinken, und der Chianti fließt in Strömen. Wenn man so will, das „Hofbräuhaus" von Florenz. Herzhafte Wurstplatten, Suppen und Eintöpfe, in denen der Löffel steht, dampfende Pasta in tiefen Tellern, Berge von deftig Gesottenem und Gegrilltem – hier isst fast jeder das Gleiche, Ausländer oder Einheimischer, hier will man keine „Überraschungen" erleben, sondern einfach (und) gut essen, und das kann man auch. Keine Speisekarte, keine Reservierung, man steht auf der Matte, wenn das Lokal öffnet (12.30 und 19.30 Uhr), aber keine Angst, es ist größer, als es aussieht. Für eine volle Mahlzeit inkl. Hauswein zahlt man um € 35, geschl. Mo und zeitweise Juli/Aug. Via dei Palchetti 6, Tel. 21 09 16.
- **Sostanza** (A 2). Die ideale Ergänzung (oder Alternative). Uralt-Trattoria (seit 1869) mit fünf, sechs langen Tischen, gesundem Proletarier-Image (Kacheln, Fußballerfotos, Marmortresen) und exzellenter traditioneller Küche (und immer voll). Zwei Besonderheiten: ein wundervolles Omelett, je nach Jahreszeit mit Artischocken oder Steinpilzen gefüllt *(Tortina di...)*, und die köstliche hausgemachte *Meringa*. Volle Mahlzeit inkl. Wein und 10 % Servizio um € 35. Ruhetag Sa/So (und im Aug.). Via del Porcellana 25r, Tel. 21 26 91.
- **La Pentola dell'Oro** (C 2). Wenn ein eigenwilliger „Neuerer" und Starkoch wie *Giuseppe Alessi* Pleite macht und neu anfängt... Aus der ursprünglichen „Mensa Sociale" ist längst ein Lokal für jedermann geworden, doch an den Prinzipien hat sich wenig verändert: soziale Preise, kein Coperto oder Servizio, auch keine Contorni - Beilagen gehören grundsätzlich dazu, schon weil es Alessi ein Greuel wäre, würden Gäste seine aparten *agrodolce*-Kreationen etwa mit Bratkartoffeln statt süßen, bissfesten Karotten ordern. Ob *Piatti Rinascimentale* (zurück zu den Wurzeln der Renaissance) oder konsequente Erneuerung und Verschlankung bis hin zum Vegetarischen, hier soll und muss man zu jeder Zeit auf Neues und Überraschendes gefasst sein (und zum Abschluss ein delikates *Omelette Medievale*). Volles Menü inkl. Tischwein um € 35, nur abends (ab 19.30 Uhr), Ruhetag So (und Aug.). Via di Mezzo 24r, Tel. 24 18 08.
- **Il Cibrèo** (D 2). Das Nonplusultra Florentiner Gastronomie bedarf weder der Genialität eines Alessi noch der frankophonen Raffinesse einer *Enoteca Pinchiorri*. Im Cibrèo speist man unverkennbar toscanisch, und doch *anders*. Was anderswo „köstlich" schmeckt, wird hier zu reiner Poesie. Toscanische Küche, auf den Punkt gebracht. Konkret, kompromisslos, mit Leidenschaft, Akribie und den besten Zutaten. Was nicht perfekt ist, wird bei *Fabio Picchi* nicht serviert, so dass selbst ein simples „Tomatenmousse" zu einer Sternstunde gerät, an die man sich noch lange zurückerinnert. Im Restaurant (Reservierung am besten *Tage* zuvor!) geht es gepflegt, aber locker zu. Alle Gerichte kosten das gleiche (Primi € 16, Secondi € 31, Dolce € 8 und werden mit einer *reichen* Auswahl an Antipasti und köstlichem selbstgebackenem Brot aus Kartoffelmehl gereicht. Weine ab € 15, kein Coperto/Servizio. Ruhetage So/Mo, geschl. Ostern, Weihnachten und im Aug. Via del Verrocchio 8r, Tel. 2 34 11 00.

• **Il Cibrèino** (D 2). In der hübschen **Trattoria** nebenan werden im Prinzip die gleichen Gerichte serviert, außer dass die Auswahl kleiner ist und man nicht reservieren kann (Öffnungszeiten 12.30 und 19 Uhr). Die Preise sind ein Hammer: Antipasti € 4, Primi € 5, Secondi € 10, Dolce € 5. Wer *Pasta* vermisst (die aus Platzgründen in der Küche Fabio Picchis nicht gefertigt werden), muss sich ins **Caffè** schräg gegenüber bequemen (Tel. 2 34 58 53).

Restaurants

• Die **Enoteca Pinchiorri** (C 2) gilt als eines der Top-Restaurants Italiens. Auch wenn hier eine Frau am Herd steht, ist das von einer „cucina della mamma" freilich weit entfernt, der französische Zungenschlag ist eindeutig dominant. Menü € 145. Ruhetag So/Mo mittag. Via Ghibellina 87, Tel. 24 27 77.

• **Oliviero** (B 2). Traditionslokal mit elegantem, angenehmem Ambiente, ausgezeichnete Antipasti und Primi (die Secondi fallen eher etwas ab). Komplette Mahlzeit ohne Wein um € 50. Ruhetag So. Via delle Terme 51r, Tel. 28 76 43.

• **Don Chisciotte** (B 1). Was für die Society das *Sabatini*, ist für die junge Elite der Don Quijote, in dem man die besten Fischgerichte der Stadt bekommt (Ausländer trifft man hier fast nie an). Menü und à la carte um € 50, preiswerte Weine. Ruhetage So/Mo mittag. Via Ridolfi 4r, Tel. 47 54 30.

• **Beccofino** (B 3). Moderne, pfiffige Küche vom Chefkoch der *Osteria di Rendola* (Montevarchi) in postmodernem, kosmopolitischem Ambiente; hervorragende Weinauswahl, Terrasse am Arno. Coperto € 2, Primi um 10, Secondi 12-20. In der Weinbar Snacks und Tellergerichte von 11.30 bis 3 Uhr. Ruhetag Mo. Piazza degli Scarlatti 1r, Tel. 29 00 76.

• **Pane e Vino** (C 3). Kreative Cucina della Mamma, intim, freundlich, nur abends geöffnet. Degustationsmenü € 31, Ruhetag So. Via San Niccolò 70r, Tel. 247 69 56.

• **Ostaria dei Centopoveri** (A 2). Innovative Osterienküche (auch Fisch), faktisch eher ein intimes Ristorante mit gehobenen Preisen (Cop. € 2,60, Secondi ab € 17.) Ruhetage Di/Mi mittags. Via Palazzuolo 31r, Tel. 21 88 46.

• **Osteria del Caffè Italiano** (C 2). Restaurant und Wein-Bar (Weine auch glasweise) im postmodernen Osterie-Look mit kleiner Sommerterrasse. Nicht ganz billig, bis spät in die Nacht geöffnet. Wagemutige machen sich an den üppigen Bollito Misto con Salsa Verde *al Carrello* (vom Wagen, € 21); auch Pizzen und Vegetarisches. Ruhetag Mo. Via Isole delle Stinche 11, Tel. 28 90 80.

• **Momoyama** (A 3). Sushi-Bar (ab € 18) und Inventive Food in avantgardistischem Ambiente, nur abends, Ruhetag Mo. Zu Recht berühmt ist der Sunday Brunch. Borgo San Frediano 10r, Tel. 29 18 40.

• **Cammillo** (B 3). Seit Jahrzehnten eine Institution der „besseren Kreise" mit einer treuen Stammkundschaft. Bollito Misto wie er sich gehört, in brodo, in der Brühe, seit neuestem auch viele Fischgerichte. Coperto € 2,60, Secondi um € 12-18 – das ist anständig. Ruhetage Mi/Do. Borgo San Jacopo 57r, Tel. 21 24 27.

Trattorie

• **Le Mossacce** (C 2). Einfache, klassische Trattoria mit Schanktresen und Hinterzimmer, mittags sehr turbulent (Andrang der Stammkundschaft). Gute Suppen *(Ribollita)* und Fleischgerichte (Roastbeef!), sehr preisgünstig (Secondi um € 7-8). Ruhetage Sa/So. Via del Proconsolo 55r, Tel. 29 43 61.

• **Coco Lezzone** (B 2). Etwas „trendig-urig", aber nach wie vor eine der besten Adressen für herzhafte florentiner Kost; freitags Fischgerichte wie Baccalà, Calamari usf. Preiswert trotz 10 % Servizio, Ruhetage Sa/So. Via del Parioncino 26r, Tel. 28 71 78.

• **Acquacotta** (C 2). Gutbürgerliche Nachbarschafts-Trattoria mit karierten Tischdecken, kleinen Nebenräumen und appetitlichen Antipasti, Pasta- und Fleischgerichten *(Ossobucco, Fiorentina* sind besonders zu empfehlen). Mahlzeit inkl. Wein um € 22, Ruhetag Di. Via dei Pilastri 51r, Tel. 24 29 07.

• **Da Benvenuto** (C 3). Schlicht und unprätentiös, eng, zum Wohlfühlen und vor allem am Abend immer randvoll besetzt. Vollständige Mahlzeit mit Wein um € 18. Via Mosca 16r, Tel. 21 48 33.

• **Marione** (B 2). Lebhafte Trattoria ohne Firlefanz gleich neben der Edelboutiquenmeile Via Tornabuoni und trotz 10 % Servizio eine der preisgünstigsten Trattorien im Zentrum überhaupt. Probieren sollte man den Bollito Misto in der Brühe oder, wenn es sie gibt, die Lammkutteln. Ruhetag So/Mo Mittag. Via della Spada 27r, Tel. 21 47 56.

• **Il Cinghiale Bianco** (B 3). Mehrstöckig, rustikal und hoffnungslos touristisch, trotzdem solide und alles andere als Nepp. Sehr günstiges Lunch Menu € 8, große Auswahl. Ruhetag Mi. Borgo San Jacopo 43r, Tel. 21 57 06.

• Das **Baldini** (A 2) liegt nicht ganz im Zentrum, aber schon das hilft, die Qualität hoch und die Preise niedrig zu halten. Ein Paradies für Fleischesser und Crostinifans, aber auch die Suppen und Paste sind einfach vorzüglich – rundum empfehlenswert. Volle Mahlzeit um € 25. Ruhetag Sa/So abends. Via il Prato 96r, Tel. 28 76 63.

• **Pallottino** (C 2). Gemütliche, hübsch gekachelte „neue" Trattoria gleich neben dem besten Eiscáfé von Florenz, dem *Vivoli*. Abends speist man bei Kerzenlicht. Volle Mahlzeit um € 20-25 (10 % Service). Ruhetag Mo. Via Isola delle Stinche 3r, Tel. 38 95 73.

• **Baldovino** (C 2). Moderne, freundliche und trotz der Größe intime, gemütliche Trattoria – einer der erfolgreichsten Newcomer der letzten Jahre. Secondi € 10-15, exzellente Pizzen (ab € 6), offene Weine. Kein Ruhetag. Via di San Giuseppe 22r, Tel. 24 17 73.

• **Borgo Antico** (B 3). Sympathisches Lokal mit Terrasse auf einem der schönsten Plätze von Florenz. Mittags isst man Pizza und Salate (um € 6), abends werden auch Fischgerichte serviert (€ 18-20). Piazza Santo Spirito 6r, Ruhetag Mo. Tel. 21 04 37.

• **Del Carmine** (A 3). Schlanke Trattorienküche, auch mit viel Fisch, sehr günstig und zuverlässig gut, mit Sommerterrasse. Ruhetag So. Piazza del Carmine 18r, Tel. 21 86 01.

• **Casalinga** (B 3). Rustikales Urgestein bei Santo Spirito mit guten, günstigen Standardgerichten (um € 5-6), vor allem am Abend immer gestopft voll mit Studenten und Künstlern. Ruhetag So. Via dei Michelozzi 9r, Tel. 21 86 24.

• **Osteria dei Benci** (C 2). Gepflegte „neue" Osteria im Zentrum mit preiswerter, wenn auch nicht übermäßig phantasievoller Auswahl (Secondi!) und Sommerterrasse. Ruhetag So. Via dei Benci 13r, Tel. 234 49 23.

• **Il Pizzaiuolo** (D 2). Und zuletzt noch *der* Pizza-Tipp par excellence! Auch hier gilt aber: unbedingt reservieren! Ruhetag So. Via dei Macci 113r, Tel. 24 11 71.

Preisgünstige Menüs

• **Il Contadino** (A 2). Menü mit Wein/Wasser mittags € 8,50, abends € 9. Unschlagbar, schon vor den Öffnungszeiten (12 und 19 Uhr) stehen sich Schlangen die Beine in den Bauch (bis 24 Uhr, Ruhetag So). Via Palazzuolo 71r.

• Zur Abwechslung empfiehlt sich das **Da Giorgio** (A 2), gleich schräg gegenüber (No. 100r).

• **Alighieri** (B 1). Menü mit Primo, Secondo, ¼ Wein, ½ Wasser und Kaffee € 10. Ruhetag Mo. Via S. Reparata 17r.

• **Il Caffè** (B 3). Schmackhaftes Lunch Menü (tgl. 12-16 Uhr) inkl. Wein für € 10 in einem der lockersten und sympathischsten Cafés von Florenz. Piazza Pitti 9r.

Osterie & Mescite

Osterien (aus Metzger- und Krämerläden hervorgegangen) fangen mit dem Essen, Mescite, eine uralte florentiner Institution, mit dem Trinken an. (Die bessere Variante des billigen Weinausschanks Mescita ist die *Enoteca.)* Die Unterschiede verwischen sich natürlich, aber vielen Lokalitäten sieht man ihre alte Bestimmung noch deutlich an. Meist servieren beide nur „Häppchen" (Crostini, Schinken, Wurstwaren), doch immer häufiger halten Suppen, Pasta, einfache Fleischgerichte Einzug.

• **Al Tranvai** (A 3). Nicht größer als eine Straßenbahn mit Vorgarten, aber gemütlicher. Tgl. wechselnde Karte mit „Klassikern" der florentinischen Küche von Ribollita bis Francesina und gutem, hausgemachtem Kuchen. Liebenswürdige Bedienung, ein paar

Tische draußen, Ruhetage Sa/So. Piazza Torquato Tasso 14r, Tel. 22 51 97.

- **Fuori Porta** (C 3). Ein Paradies „vor dem Tor“ von San Niccolò, unterhalb von San Miniato. „Neue“ Osteria mit blanken Holztischen und einer phantasievollen Auswahl an Antipasti (Käsetheke!), Primi (Suppen, Pasta, Salate, überbackene Baguettes) und offenen Weinen. Ruhetag So. Via Monte alle Croci 10r, Tel. 2 34 24 83.
- **Da Nerbone** (B 1). Der berühmte Imbissstand im *Mercato Centrale* bekochte ursprünglich nur die Leute vom Markt, heute reihen sich auch Touristen in die Warteschlange ein. Sitzgelegenheiten sind rar, die Preise fair, aber nicht übertrieben billig. Außer So 7-13 Uhr.
- **Mario** (B 1), Via Rosina 2r, Tel. 21 85 50, und **Sergio** (B 1), Piazza San Lorenzo 8r, Tel. 28 19 41, sind zwei grundanständige Marktkneipen, die traditionell nur mittags geöffnet haben (12-16 Uhr) und mit neuen, helleren Räumlichkeiten immer mehr Touristen anlocken. Ruhetag So.
- **Vini e Sapori Vecchie** (C 2). Urgemütliche „neue“ Osteria nur wenige Schritte abseits der Piazza Signoria mit leckeren Snacks und kleinen Gerichten, von 10 Uhr morgens bis spät abends. Gute Weinauswahl (auch glasweise), ein paar Tische auf der Gasse. Ruhetag Mo. Via dei Magazzini 3r, Tel. 29 30 45.
- **Boccadama** (C 2). Supergemütliche „postmoderne“ Enoteca-Osteria mit hervorragenden Snacks und Tellergerichten (alles unter € 10, Weine per Glas) an der Piazza Santa Croce. Außer Mo tgl. 8-24 Uhr. Tel. 24 36 40.
- **Fiaschetteria Balducci** (C 2). Wurstwaren und gute, günstige Tellergerichte (max. € 8) in sehr angenehmem Ambiente oder auf der Terrasse. Kein Ruhetag. Via de' Neri 2r, Tel. 21 68 87.
- **Mescita Vini** (C 1). Schon fast zu einem Mittelstands-Imbiss mutiert (Tavola Calda mit

Lampredotto, eine florentiner Spezialität, gibt es nur auf der Straße

Pasta, Polenta, Trippa usf.), sehr sympathisch. Via Alfani 70r zwischen Dom und SS Annunziata.

Vegetarisch

- **Ruth's Koscher** (C 1). Die Synagoge ist gleich um die Ecke, da ist Koscher ernst gemeint. Frisch zubereitete Gemüse- und Fischgerichte mit originell orientalischem Einschlag; ein echter Gaumenschmaus das Fisch-Couscous. Preisgünstig. Ruhetag Fr abends/Sa. Via Farini 2a, Tel. 248 08 88.
- **Caffè Latte** (C 1). Postmoderner „Milchladen" mit feiner Auswahl nicht nur an Milchprodukten, sondern auch an Suppen, Salaten, Pasta, Reisgerichten, Kuchen usf. Sympathisch! Außer So tgl. 8-24 Uhr. Via degli Alfani 33r.

Snacks & andere Spezialitäten

- **Cantinetta del Verrazzano.** Zu jeder Tageszeit (außer So 8-21 Uhr) Häppchen, *Focacce* und *Torta di Ceci*, glasweise Wein und exzellenten Espresso. Ideal für den kleinen Hunger zwischendurch und alles in allem preiswert. Via dei Tavolini 18r, Tel. 26 85 90.
- **Procacci.** Vornehmes Deli der alten Schule (seit 1885), berühmt für seine erlesenen *Panini Tartufati* (mit weißer Trüffelpaste). Via Tornabuoni 64r.
- **Lampredotto.** „Bagnato? Nass?", wird man gefragt, dann wird das dick belegte Brötchen mit den gut gewürzten, hauchdünnen *Kuttelscheibchen* noch mit heißer Brühe benetzt. Die fliegenden Händler mit dieser urflorentinischen **Spezialität** sind leider im Aussterben, aber einige gibt es noch. Mittags auf der *Piazza dei Cimatori* zwischen Dom und Palazzo Vecchio, am *Mercato Nuovo* oder an der *Piazza Ghiberti* bei Sant' Ambrogio. Auch bei *Nerbone* im Mercato Centrale bekommt man sie. Die leckere und überaus sättigende Portion kostet € 2,10.
- **Salumeria Perini** im Mercato Centrale (vom Eingang Via dell'Ariento gleich links). Die beste Auswahl an Wurst, Schinken, Pasteten und unglaublich guten Saucen und Crostini-Pasten. Außer So 7-13 Uhr.
- **Gastronomia Giuliano,** Via dei Neri 5r nahe Piazza della Signoria. Delikatessenladen (Roastbeef, Pollo, Coniglio con olive), freundlich und kompetent. Siesta 14-17 Uhr.

Cafés

- Die drei ältesten und angesehensten Cafés der Stadt entstanden praktisch zusammen mit der *Piazza della Repubblica* zu der Zeit, als Florenz für kurze Zeit Hauptstadt Italiens war – das vornehme **Gilli,** der einstige Literatentreff **Giubbe Rosse** und die polnische Brasserie **Paszkowski.** Die etwas melancholische Eleganz (Morbidität) dieser Etablissements zieht heute fast nur noch ältere Semester und Touristen an (im Paszkowski gibt es immerhin noch ausgezeichnete, überraschend preisgünstige Backwaren!).
- Etwas lebendiger geht es in dem nicht minder berühmten **Rivoire,** seit mehr als einem Jh. Synonym für feinste Trinkschokolade, auf der Piazza della Signoria zu (außer Mo 8-24 Uhr).
- Ein neuer Name in der Stadt ist **Nannini** mit seinen famosen Sieneser Gebäckspezialitäten; Borgo San Lorenzo 7r.
- **Caffè Ricchi.** Die beste Adresse Oltrarno mit Sommerterrasse an der Piazza Santo Spirito (9r); guter Kuchen, gutes Eis.
- **La Via del Te.** Ein Muss für Teefreunde, Riesenauswahl und exklusiv; außer So tgl. bis 19.30 Uhr. Piazza Ghiberti 22r.
- **Caffetteria Piansa.** Szene-Café mit Jazzbackground, moderner Kunst, Superkaffee (Arabica, Jamaica, Blue Mountain etc.) und tollem Gebäck. Außer So 7.30-20.30 Uhr. Borgo Pinti 18r. Der Hauptladen der erstklassigen Rösterei ist am Viale Europa 126.
- **Hemingway.** Tea Room, Snack-Bar und Paradies für Schleckermäuler (Mitbesitzer ist Andrea Slitti aus Monsumano Terme, der beste Chocolatier Italiens) in lässig-angenehmem Ambiente. Außer Mo 16-1 Uhr, So Brunch ab 11 Uhr. Piazza Piattellina 9r, bei Santa Maria del Carmine, Tel. 28 47 81.

Gelato/Eis

- Für das beste Eis von Florenz (viele sagen: von Italien...) reihe man sich in die Schlange vor dem **Vivoli** unweit von Santa Croce ein. Die Auswahl ist nicht mal überwältigend groß, aber was man dann auf der Zunge hat, hmmm ... (Die bescheidene *Latteria*, aus der das weltweit berühmte Eishaus hervorgegangen ist, liegt nur wenige Häuser weiter.) Via Isola delle Stinche 7r, außer Mo 13-1 Uhr.

• Annähernd so gut (bei erheblich größerer Auswahl) ist nur noch das **Festival del Gelato**, Via del Corso 75r. Ganz Unermüdliche testen auch noch das **Perchè No?,** Via dei Tavolini 19r (außer Di 8-24 Uhr) und das sizilianische **Carabè,** Via Ricasoli 60r.

Unterhaltung & Freizeit

Aktuelle **Veranstaltungstipps** mit Adressen, Terminen usf. findet man in den Tageszeitungen *La Nazione* und *La Repubblica*. Über kulturelle Veranstaltungen (Ausstellungen, Festwochen etc.) informieren auch das APT Firenze (Anfragen per Fax/Mail) und die italienischen Fremdenverkehrsbüros in München, Frankfurt/Main und Berlin.

Bars, Kneipen & Discos

Die Szene ändert sich rasch. Aufgrund der speziellen italienischen Steuergesetze sind viele Lokale offiziell als **Clubs** eingetragen, mit einem einmaligen Mitgliedsbeitrag (*Tessera),* oft ist aber der erste Abend umsonst.

Discos öffnen meist ab 22 Uhr. Eintritt (€ 8-13 inkl. Verzehrbon). Einige der größten und populärsten liegen an der Peripherie oder sind nur im Sommer geöffnet.

• **La Dolce Vita.** Kult-Treff an der Piazza del Carmine, meist so voll, dass man nicht mal reinkommt; tgl. 10-1.30 Uhr.

• **Il Caffè.** Zweifellos einer der sympathischsten Orte der Stadt; außer Mo 11-2 Uhr nachts geöffnet. Lunch Menu ab 12, Dinner ab 19 Uhr, Fr/Sa Live Music, meist Jazz, Do Kammermusik. Piazza Pitti.

• **James Joyce.** Schöne Bar mit Buchladen und großem Garten, an dem man an langen Holztischen sitzen kann. Tgl. 15-2 Uhr, Happy Hour mit Gratissnacks bis 19.30 Uhr. Lungarno Cellini 13.

• **Astor Caffè.** Schickes Glas & Chrom-Imperium am Dom mit warmer Küche bis 2 Uhr nachts; downstairs Jazz & Funk, z. T. live. Mo-Sa 10-3, So 17-3 Uhr. Piazza Duomo 20r.

• **Negroni.** Lässige Dotcom-Bar mit köstlichen Gratishäppchen zum Aperitiv. Via de' Renai 17r.

• **Art Bar.** Lokal auf zwei Geschossen an der Piazza Goldoni, bevorzugter Treffpunkt ausländischer Studenten, tgl. 19-4 Uhr. Via del Moro 4r.

• **Irish Pubs** sind groß in Mode, besonders populär sind *Fiddler's Elbow* an der Piazza SM Novella (mit Terrasse, tgl. 16-1 Uhr) gleich gegenüber der riesige *Chequers Pub* (Via della Scala 9r, tgl. 18-1.30 Uhr).

• Eine Institution ist der **Jazz Club** (tgl. 21.30-2 Uhr, Mitgliedschaft € 5,20), Via Nuova dei Caccini 3 Ecke Borgo Pinti.

• **Eskimo.** Junge, lebhafte Studentenkneipe, tgl. 18-4 Uhr, ab 23 Uhr Live Music (Jazz, Rock, Blues). Mitgliedschaft € 5.20. Via dei Canacci 12.

• **Space Electronic.** Größte und modernste Dicso im Zentrum auf zwei Etagen eines alten Palazzo in der Via Palazzuolo 37; Eintritt € 13, tgl. 22-4 Uhr.

• **Tabasco.** Florenz' älteste & populärste Gay Disco Bar, tgl. 22-4 Uhr. Piazza S. Cecilia 3r.

Musik, Theater, Film, Festivals

• **Buchungen** für Theater, Shows, Konzerte, Ausstellungen im Internet über www.box office.it

• Der **Maggio Musicale Fiorentino** zwischen April und Anfang Juni umfasst Oper, Ballett, Sinfoniekonzerte und Kammermusik und ist eine der größten Veranstaltungen dieser Art in ganz Italien. Die meisten Aufführungen finden im riesigen *Teatro Comunale* statt (Corso Italia 12, Tel. 2 77 92 36, Fax 29 69 54), andere im Teatro della Pergola und im *Teatro Verdi* (Via Ghibellina 99, Tel. 21 23 20). www.maggiofiorentino.com

- Von Juni bis Ende Aug. schließt sich nahtlos die **Estate Fiesolana** an. Sinfonie- und Kammerkonzerte, Opern-, Ballett-, Theater- und Filmaufführungen teils unter freiem Himmel im *Teatro Romano* von Fiesole, teils in Florenz etwa in *Santa Croce* oder im Hof des *Palazzo Pitti*. www.estatefiesolana.it
- **Firenze Estate.** Alljährlich Ende Juni bis Mitte Aug. stattfindendes Jazz- und Folkfestival, zumeist auf öffentlichen Plätzen (Piazza SS Annunziata, Piazza Santa Croce, Piazza delle Carmine).
- **Teatro della Pergola.** Das größte und traditionsreichste Theater der Stadt wurde 1656 zunächst in Holz und 100 Jahre später in Stein errichtet, sein heutiges Aussehen erhielt es 1847 anlässlich der Premiere von Verdis *Macbeth*. Zwischen Okt. und Mai gastieren hier die besten italienischen Theaterensembles. Via della Pergola 18. Tel. 2 26 41. www.pergola.firenze.it
- **Konzerte.** Auch außerhalb der Sommerfestivals finden permanent Konzerte statt. Die wichtigsten Ensembles/Veranstalter sind *Amici della Musica* (Tel. 60 90 12, Fax 61 01 41) und das Landesorchester *Orchestra Regionale Toscana* (Tel. 24 27 67, Fax 2 48 05 11).
- Größere **Rock- und Popveranstaltungen** finden im *Saschall* (Lungarno Aldo Moro, Bus 14), im *Palasport* (Viale Paoli, Bus 17) und im *Auditorium Flog* (Via Michele Mercati 24b, Bus 20) statt.
- **Filme.** Neue US-Filme im Original (Mo, Di) zeigt das Art-Nouveau-Kino *Odeon,* Via Sassetti 1 (www.cinehall.it). Die *Cineteca di Firenze* (Via Reginaldo Giuliani 374, www.cinetecadefenze.it) ist Juni-Sept. geschl.

Shopping

Der große Reiz von Florenz liegt in der nahezu ungebrochenen **Tradition** unzähliger kleiner, oft genug sich allerdings nur mit Mühe über Wasser haltender **Familienbetriebe,** die sich quasi seit Jahrhunderten auf ein Handwerk oder Kunstgewerbe spezialisiert haben, in dem schon ihre Vorfahren Meister waren. Namentlich gilt dies vor allem für **Schmuck, Möbel, Keramik, Papier-** und **Lederwaren** und Restaurierungsarbeiten aller Art.

Durch den Tourismus, der praktisch ganzjährig kaufkräftige Kunden aus aller Welt nach Florenz bringt, verdrängen aber auch hier zunehmend globale Allerweltsmarken die Einheimischen und Alteingesessenen aus dem Blickpunkt, selbst in der Modebranche, in der Florentiner wie *Gucci, Pucci* und *Ferragamo* geradezu zu den „Erfindern" des Markenlabel zählen.

Öffnungszeiten

Einige Geschäfte im Zentrum sind ganztags geöffnet, ansonsten gelten auch in Florenz die Regelzeiten 9-13 und 16-20 im Sommer sowie 15.30-19.30 Uhr im Winter. Mit Ausnahme von Lebensmittelläden sind nahezu alle Geschäfte Mo vormittags geschlossen (erstere bleiben dafür im Sommer Sa und im Winter Mi nachmittags zu).

Antiquitäten

- Genaugenommen fast ausnahmslos Reproduktionen, wenn auch meist ausgezeichnet gemachte, denn das Handwerk hat hier seit Jahrhunderten Tradition. Die meisten Läden konzentrieren sich am **Borgo Ognissanti** und Seitenstraßen *(Via dei Fossi)* sowie in **Oltrarno** *(Via Maggio, Via Santo Spirito, Borgo San Jacopo)*.
- Zu den angesehensten Läden zählen die auf der *Via Maggio* (z. B. **Bartolozzi,** 11r, 18r), die **Galleria Bellini** (Lungarno Soderini 3) oder **Frilli** (Via dei Fossi 26r). Wer eher etwas Einfacheres und Preisgünstigeres sucht

(oder auch Kuriositäten), wird am ehesten bei **Bracci** (Via Santo Spirito 58r) oder **La Ruota** (Via Ginori 62r, Via Guelfa 19r) fündig.

Bücher

- **Feltrinelli.** Via dei Cerretani 33r, tgl. 9-19.30 Uhr mit einer *Filiale* (Via Cavour 20r) für fremdsprachige Bücher, Film, Musik usf.
- **Edison.** Neuer, mehrstöckiger Megastore mit *Internet Point,* Piazza Repubblica 27r. Mo-Sa 9-24, So 10-13.30, 15.30-20 Uhr.
- Gute **Antiquariate** sind *Gonnelli,* Via Ricasoli 14r, und *Gozzini,* Via Ricasoli 101r (ggb. der Accademia).
- Ein guter Laden für *englischsprachige Bücher* ist **The Paperback Exchange,** Via Fiesolana 31r, auch gut sind *After Dark,* Via del Moro 86r, und *BM,* Borgo Ognissanti 4r. Die einzige große **Frauenbuchhandlung** ist *Delle Donne,* Via Fiesolana 2b.

Einrichtung

Kunst, Kunsthandwerk, Handwerk, Kitsch – ein weites Feld. Machiavelli erzählt, wie der Luccheser Despot Castruccio Castracani einmal bei einem reichen Parvenü zu Gast war. Der „Hundekastrierer" besah sich die prächtige Sammlung des Hausherrn, spuckte ihm plötzlich mitten ins Gesicht und erklärte, er habe einfach nicht gewusst wo er hinspucken solle, ohne all die Kostbarkeiten in dem Hause zu beschmutzen.

- **Marmor, Stein** und ... Einen David in Lebensgröße oder zur Not auch etwas kleiner ordert man bei *Frilli,* Via dei Fossi 26r. Für Einlegearbeiten in Pietra Dura (für den Tisch in der guten Stube) wende man sich an *Martelli,* Via del Proconsolo 41r.
- **Eisen.** Schmiedeeisernes, vom Kerzenständer bis zum Bettgestell, ist die Spezialität von *Li Puma,* Via Romana 70r.
- **Keramik.** Als Gucci des Terracotta gilt *Ginori,* dessen berühmte Manufaktur in Sesto Fiorentino in der Via dei Rondellini 17r (nahe S. M. Novella) ausstellt. Alternativen, z. T. flotter, schicker, sind *Barthel* (Via dei Fossi 11r, Via dei Serragli 234r) und *Berni* (Kacheln, Fliesen) an der Piazza Santa Maria Maggiore nahe dem Dom. Einheimische schwören auf die handgemachten Keramiken und Terracotten von *Sbigoli,* Via San Egidio 4r.
- **Möbel** en gros und en detail (Intarsien, Hölzer, Ornamente) bieten *Castorina,* Via di Santo Spirito 15r, und *Ficalbi* (Dekors, Stiche, Trompe l'Oeil), Via Romana 43r.
- **Küchenwaren** (Porzellan, Gläser, Kristall, Messer) erhält man bei *Bartolini,* Via dei Servi 30r, und *La Menagère,* Via dei Ginori 8r.

Kaufhäuser

- **La Rinascente,** Piazza della Repubblica 1 (tgl. 10.30-21 Uhr) und **Coin,** Via dei Tavolini 10r (tgl. 11-20 Uhr).

Juweliere auf dem Ponte Vecchio

Kräuter, Seifen, Elexiere

• **Farmacia di Santa Maria Novella.** Das „antike" Dekor der 1612 von den Dominikanern ins Leben gerufenen Naturheilapotheke ist beinahe ebenso berühmt wie ihre Präparate (die heutigen Räumlichkeiten entstanden freilich erst 1848). Parfüme, Seifen, Liköre und Heilmittel auf Pflanzen- und Kräuterbasis werden noch heute nach alten Formeln weitgehend in Handarbeit hergestellt. Via della Scala 16.

• Die besondere Note von Shopping und Nostalgie bestimmt auch die Atmosphäre der **Farmacie SS Annunziata** (Via dei Servi 80r) und **del Cinghiale** (Mercato Nuovo). Ebenso traditionsbewusst, aber deutlich exklusiver, gibt sich die **Profumeria Inglese** (seit 1843), Via Tornabuoni 57r.

• **Bizzarri.** Kein Programm, sondern Familienname. Hier decken sich vor allem Restaurateure alter Fresken und Tafelbilder mit Essenzen und Tinkturen ein, die, richtig präpariert, jede Chemiefarbe erblassen lassen. Via Condotta 32r südl. des Doms.

• **Da Herbore,** Via del Proconsolo 6a, führt (fast) alles, was man aus Pflanzen und Kräutern machen kann, von Brot über Tees bis zu Parfümen, die **Antica Saponeria,** Corso dei Tintori 13r, ist ein Paradies duftiger Seifen.

• Sehr witzig und kurios sind die Seifen bei **Lush,** Via del Corso 23r.

Lederwaren

• Das traditionelle Quartier der Gerber *(Tintori)* lag rund um **Santa Croce** an der niedrigsten (und damit wasserreichsten) Stelle der Stadt und wurde von den Franziskanern eifrig gefördert.

• **Scuola del Cuoio.** Die alte Klosterwerkstatt von Santa Croce ist noch heute Ausbildungsstätte. Der Besuch lohnt sich, auch wenn alles voll für den Tourismus hergerichtet ist. April bis Okt. tgl. 9-18.30, sonst So/Mo und mittags geschl. Eingang über die Sakristei der Kirche oder die Via di San Guiseppe 55 (netter, ruhiger Hof mit Bänken zum Ausruhen und Picknicken).

• Der **Borgo dei Greci** zwischen Santa Croce und Piazza della Signoria ist noch heute die Straße mit den meisten Lederwerkstätten.

• Für **Billigware,** aber auch günstige Schnäppchen, suche man die Marktstände und Läden rund um San Lorenzo auf.

Mode

• Wer große Namen sucht, wird vor allem auf der **Via Tornabuoni** *(Gucci, Versace, Prada, Trussardi, Ferragamo)* und der **Via della Vigna Nuova** zwischen Tornabuoni und Arno fündig *(Pucci, Armani, Valentino, Escada)*. Die besten Marken-Sortimenter mit großer Auswahl sowohl florentiner wie internationaler Designermode sind **Raspini** und **Luisa,** Via Roma 25r und 19r.

• **Gucci.** Guccio Gucci, der Sohn eines Strohwarenhändlers, gründete die Firma 1904. Der Ruf des Mode-Clans, der seinen Hauptsitz heute in Mailand hat, ist so legendär wie seine blutigen Fehden, die 1995 in der Ermordung des letzten Namenspatrons durch einen Profikiller gipfelten. Via Tornabuoni 75r.

• **Pucci.** Anders als „Emporkömmlinge" wie Gucci oder Ferragamo ein „illustrer Name" in der Stadtgeschichte. Die umtriebigen Pucci waren bereits treue Vasallen der Medici und reich genug, sich einen Ammanati als Architekten ihres Familienpalazzo zu leisten (Via dei Pucci Ecke Via Ricasoli). Heute empfängt *Emilio Pucci* seine illustre Kundschaft in diesen Gemäuern. Via della Vigna Nuova 97r.

Masken

• Ein Zauberladen ganz eigener Art ist das **Atelier Alice,** das sich ganz auf Herstellung und Verkauf von Masken spezialisiert hat (Renaissance, Barock, Karneval von Venedig usf.). Da schlägt die Phantasie Purzelbäume, und so manche(r) meldet sich gleich für einen 5-Tage-Kreativkurs im Workshop an. Tel./Fax 28 73 70, Via Faenza 72r. www.alicemasks.com

Musik

• **Ricordi Media Store** (Via Brunelleschi 8r) und **Disco Emporium** (Via dello Studio 11r) zählen zu den besten Adressen für CDs, Schallplatten, Noten, Instrumente etc.

• **Lintoio,** Via Leoni 4r, ist eine der raren Werkstätten, die noch heute alte oder zumindest wertvolle Musikinstrumente liebevoll restaurieren.

Papierwaren

• Handgeschöpftes Papier ist ein Traditionshandwerk, das im 12. Jh. aus China nach Florenz kam. Die Buchbinderei **Giannini** (seit 1856) ist die älteste noch bestehende Papeterie, alle ihre Artikel sind laut eigener Auskunft aus garantiert echtem Handwerkspapier des 17.-19. Jh.s gefertigt. Piazza Pitti 37r (außer So/Mo 9-19 Uhr).

• Ein schöner und seriöser Laden ist **Scriptorium** nahe dem Dom (Via dei Servi 5r).

• Edel und exklusiv ist die Auswahl bei **Pineider,** Via Tornabuoni 76r und Piazza della Signoria 14r.

• Ein Laden für preiswerte Geschenkartikel ist **Il Papiro,** Via dei Tavolini 13r, Piazzale Duomo 24r.

Schmuck

• Seitdem Großherzog Ferdinando I 1593 die „stinkenden" Fleischer und Gerber von der ältesten Brücke der Stadt vertrieb, sind auf dem **Ponte Vecchio** die Goldschmiede und Juweliere angesiedelt - ein in Florenz hochangesehenes Handwerk, das u. a. Brunelleschi, Ghiberti, Verrocchio und Cellini erlernten. Als gute Adressen gelten *Vincenti* (16r), *Piccini* (23r) und *Melli* (44r). *Gherardi* (5r) ist für seine Perlen, Gemmen und Korallen bekannt.

• **Settepassi,** Via Tornabuoni 25r (früher Ponte Vecchio), gilt als einer der ältesten Juweliere Italiens. Nicht viel nach steht ihm **Bucellati** in der gleichen Straße (71r). Silber- und Designerschmuck führt **Franconeri** (72r).

Schuhe

• **Salvatore Ferragamo.** Der Bergbauernsohn aus dem Mugello wanderte mit 16 nach Amerika aus und wurde dort zum gefeiertsten „Schuhmacher" der Welt, ehe er 1938 nach Italien zurückkehrte und sich den *Palazzo Spini-Ferroni* an der Piazza Santa Trinità zulegte. Heute führen seine Söhne das längst über bloße Schuhmode hinausgewachsene Geschäft weiter. Via Tornabuoni 16r.

• Auch **Beltrami** und **Crisci** haben es durch Maßarbeit und Geschäftstüchtigkeit zu eleganten Läden auf der Mode-Meile gebracht.

• Einen Besuch wert sind auch **Raspini** und **Rossi** auf der Via Roma (25r und 15r).

• **Maßschuhe.** *Stefano Bemer* empfängt in einem kleinen, feinen Salon am Borgo San Frediano 143r, *Francesco* in seinem altmodischen Schuhladen an der Via San Spirito 62r (auch gut gemachte, preisgünstige Schuhe, Stiefel und Sandalen prêt à porter).

Souvenirs

• **Ceramiche.** Kunst & Kitsch auf den Spuren der Renaissance-*Bottega della Robbia.* Via del Proconsolo 19r.

• **Ducci.** Drucke, Grafiken, Stiche und relativ geschmackvoller Nonsense aller Art. Lungarno Corsini 24r

• **Andreini.** Prächtiges Sammelsurium an Kitsch und Krimskrams von der Puderdose bis zur Dante-Büste. Borgo degli Albizzi 63r.

• **Campani.** Sympathischer alter Laden für Drucke und Stiche, in dem man noch Entdeckungen machen kann. Via dei Servi 22r.

Stoffe

• **Lisio.** Feine Adresse für Seide, Damaste und Brokate im alten Haus der Arte della Seta (Seidenhändlerzunft), Via dei Fossi 45r.

• Nicht minder anspruchsvoll sind **Tessuti d'Arte,** Via Porta Rossa 45r, und **Casa dei Tessuti,** Via dei Pecori 20r.

• **Busatti.** Handgearbeitete Stoffe und Textilien der berühmten Weberei aus Sansepolcro. Lungarno Torrigiani 11r, Tel. 263 85 16.

• **Passamaneria Toscana.** Stickereien, Bordüren, Troddeln, Zierbänder. Canto dei Nelli 12r (San Lorenzo).

• Ein ähnliches Paradies für Textilwaren ist **Loretta Caponi** auf der Via Tornabuoni.

Supermärkte

• **Consorzio Agrario,** Piazza Firenze 5r (beim Palazzo Vecchio).

• **Conad** im Bahnhof (Via Alamanni 2r) und Via dei Servi 56r (nahe Dom).

• **Standa,** Via Pietrapiana (nördlich Santa Croce).

Weine

- Für ein paar Fläschchen wende man sich an **Zanobini** am Mercato Centrale (Via Sant'Antonio 47r; sehr günstige Preise) oder **Alessi** beim Dom (Via delle Oche 27r).
- Für größere Einkäufe sollte man **Bonatti,** Via V. Gioberti 66r, oder **Guidi,** Viale dei Mille 69r, vorziehen, die zudem den Vorteil haben, dass sie mit dem Auto erreichbar sind.

Wichtige Adressen

Ärzte

- **24-Std.-Ärzte-Dienst,** Via Lorenzo il Magnifico 59, Tel. 47 54 11.
- **Zahnarzt-Notdienst** *(Dentist Service)* Tel. 35 54 62.
- **Deutschsprachige Ärzte.** *Dr. Claus Avril* (Dentist), Piazza dell'Olio 1, Tel. 28 78 82, *Dr. Antonio Weber* (Allgemeinmedizin, Kardiologie), Via delle Porte Nuove 20, Tel. 35 99 35, *Dr. Liane Ledwon* (Homöopathie), Via Roma 6, Tel. 2 13 395.
- **Notruf für Herzkranke** *(Emergenza Cardiologica)* Tel. 21 44 44.
- **AVO** *(Associazione Volontari Ospedalieri),* unentgeltliche Übersetzungshilfe für Krankenhauspatienten, Tel./Fax 2 34 45 67.

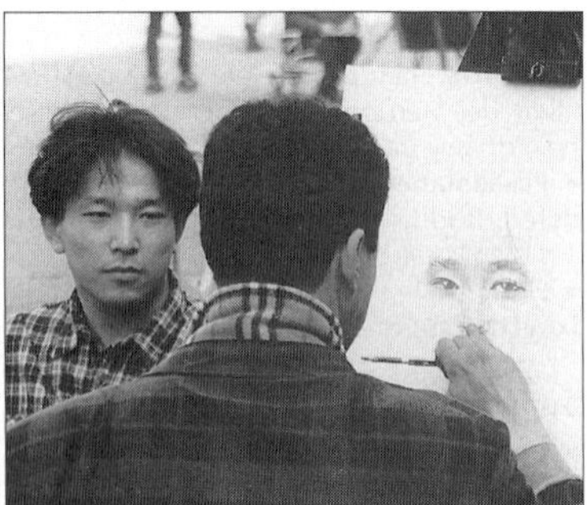

Porträtist vor den Uffizien

Allround Services

- **Platform 3000** vermietet günstig **Handys** (Cell Phones), SIM-Karten, Laptops und Fahrräder, packt und verschickt Pakete und bietet Internet-Service. Mo-Fr 9.30-20 Uhr. Via Ghibellina 1783, Tel. 265 81 17, Fax 21 56 24. Konditionen und Preise: www.platform3000.it

Apotheken

- Rund um die Uhr besetzt sind **Farmacia Comunale 13,** (Stazione Santa Maria Novella, Tel. 28 94 35), **Molteni** (Via Calzaiuoli 7r, Tel. 28 94 90) und **Moro** (Piazza San Giovanni 20r, Tel. 21 13 43).

Automobilclubs

- **ACI.** Viale Amendola 36, Tel. 2 48 61. Pannenhilfe Tel. 116.

Autoverleih

- **Avis.** Borgo Ognissanti 128r, Tel. 21 36 29, Fax 2 38 26 97,
- **Europcar.** Borgo Ognissanti 53r, Tel. 29 04 37, Fax 2 36 00 63,
- **Hertz.** Via Maso Finiguerra 33r, Tel. 2 39 82 05, Fax 2 30 20 11,
- **Maggiore.** Via Maso Finiguerra 31r, Tel. 21 02 38, Fax 29 45 78,

Banken

- Fast alle Banken haben **Automaten,** wo rund um die Uhr mit Scheckkarte Geld abgehoben werden kann.
- **Banca Nazionale delle Communicazioni** im Bahnhof (bei der Zugauskunft). Geldwechsel tgl. 7.30-13.30, 14.30-20 Uhr.
- **Deutsche Bank.** Via Strozzi 16r und Por Santa Maria 50r, Tel. 2 70 61, Fax 21 88 03.
- **American Express.** Rascher, sehr effektiver Service. Via Dante Alighieri 22r, Tel. 5 09 81, Fax 5 09 82 40.

Deutsches Institut Florenz

- Erfüllt in eingeschränktem Maße die Funktionen eines Goethe-Instituts. Via Orti Oricellari 10, Tel. 21 59 93, Fax 29 02 26. www.deutschesinstitut.it.

Film und Foto

- **Foto Ottica Fontani.** Große Auswahl, auch Optik. Viale Strozzi 18a, Tel.47 09 81.

Fluggesellschaften

- **Alitalia.** Vicolo dell' Oro 1, Tel. 2 78 81.

Führungen

- **Fremdsprachige Guides,** Assoc. Guide Turistiche Fiorentine, Via Verdi 10, halbtags (1-17 Pers.) um € 100. Tel./Fax 4220901. www.florenceguides.it

Fundbüros

- Via Circondaria 19, Tel. 36 79 43, außer So 9-12 Uhr.
- Stazione S. M. Novella, Tel. 2 35 21 90, 7-20.30, So 8.15-12.15 Uhr.

Internet

- *Internet Points* bieten außer Internet-Zugang und E-Mail-Service meist auch noch andere Dienste (Post, Fax etc.) an. Die Tarife können höchst unterschiedlich sein, Studenten erhalten fast überall Ermäßigung.
- **Internet Train.** www.internet.train.it. Via Guelfa 24a, Tel. 21 47 94. Weitere Filialen (11) u. a. Borgo San Jacopo 30r, Via dei Benci 30r. info@internet-train.it.
- **Net Gate.** 5 Filialen, u. a. Via S. Egidio 103, Tel. 234 79 67. www.thenetgate.it
- **Platform 3000.** Vermietet auch Handys, Laptops etc. Siehe Allround Services.

Konsulate

- **Deutschland.** Lungarno Vespucci 30, Tel. 29 47 22. Mo bis Fr 9.30-12.30 Uhr.
- **Schweiz.** Piazzale Galileo 10, Tel. 22 24 34.
- **Österreich.** Lungarno Vespucci 58, Tel. 265 42 22.
- **Niederlande.** Via Cavour 81, Tel. 47 52 49.

Krankenhäuser

- **Ospedale Santa Maria Nuova.** Piazza SM Nuova 1, Tel. 2 75 81.
- **Careggi.** Viale Morgagni 85, Tel. 4 27 71 11.
- **Ospedale Meyer** (Kinderkrankenhaus). Via L. Giordano 13, Tel. 5 66 21.

Kurierdienst

- **DHL** c/o Intertravel, Via Lamberti 39r, Tel. 199 19 93 45.

Post

- **Hauptpost.** Via Pellicceria 3 unweit der Piazza della Repubblica. Außer So 8.15-19, Sa 12.30 Uhr.
- **Postlagernde Sendungen** (*fermo posta*) an: Palazzo delle Poste, Via Pellicceria 1, 50123 Firenze/Italia. Zum Abholen Ausweis nicht vergessen.
- Ein Postamt befindet sich auch im **Hauptbahnhof** (Mo-Sa 8-21.45 Uhr).

Reisebüros

- **Intertravel,** Via Lamberti 39r, Tel. 199 19 93 45.
- **CTS** *(Centro Turistico Studentesco e Giovanile).* Infos, Tickets für Flüge, Züge, Busse, Fähren und Hotelvermittlung; Mo bis Fr 9.30-13.15, 14.30-18, Sa 9-12 Uhr. Via dei Ginori 25r (nahe San Lorenzo). Tel. 28 95 70. www.cts.it
- **American Express.** Buchung von Flügen, Zügen (auch Platzkarten, Liegewagen), Fähren, Stadtrundfahrten sowie (gegen kleine Gebühr) Hotelreservierung; unkompliziert, effektiv, englischsprachig. Via Dante Alighieri 22r, Tel. 5 09 81.

Schulen (Kurse)

- In Florenz gibt es mehr als 50 **Sprachschulen,** die Italienisch für Anfänger oder Fortgeschrittene anbieten. Der Preis für einen einmonatigen Kurs rangiert je nach *Istituto* sowie Ausstattung und Teilnehmerzahl um € 260-600 oder mehr.
- **Koinè.** Via Pandolfini 27, Tel. 21 38 81, Fax 21 69 49. www.koinecenter.com
- **Europeo.** Piazza delle Pallottole 1, Tel. 2 38 10 71, Fax 28 91 45. www.istitutoeuropeo.it
- **Leonardo da Vinci.** Via Bufalini 3, Tel. 29 44 20, Fax 29 48 20. www.scuolaleonardo.com
- **Lorenzo de'Medici.** Via Faenza 43, Tel. 28 73 60, Fax 2 39 89 20. www.lorenzodemedici.it

• **Dante Alighieri.** Via dei Bardi 12, Tel. 2 34 29 84, Fax 2 34 27 66. www.clida.it.
• **Machiavelli.** Piazza Santo Spirito 4, Tel. 2 39 69 66, Fax 28 08 00. www. centroma chiavelli.it
• In den Sommermonaten finden zahllose Kurse und Workshops für **Malerei, Skulptur, Keramik, Gartenbau** etc. statt, die es möglich machen, selbst bei einigen der renommiertesten Institute mal „reinzuschnuppern". Die Preise sind ähnlich wie für Sprachkurse, wenn nicht höher.
• Das **Istituto per l'Arte e il Restauro** bildet in mehrjährigen Studiengängen in Kunsthandwerk und Restaurierung aus. Sommerkurse (Juli/Aug., Teilnehmerzahl eng begrenzt) vermitteln Grundlagen der Restaurierung von Gemälden, Fresken, Holz, Papier, Marmor, Stein, Geweben und Keramik oder führen in Malerei, Zeichnen, Gartenbau, Schmuckherstellung und selbst Werbe- und Computergrafik ein. Borgo Santa Croce 10 (50122 FI), Tel. 24 60 01, Fax 24 07 09. www. spinelli.it
• **Arte.** Kurse in Design, Mode und Fotografie (Min. 4 Wochen). Via delle Conce 14r (www.arteschool.com) oder *Polimoda,* Via Pisana 77 (www.polimoda.com).

Schuster

• Sehr zufriedenstellend ist **Il Ciabbattino,** Via del Moro 88r. Weitere Adressen: Via Faenza 18r, Via dei Ginori 14r, Via Santa Monaca 9r (Oltrarno).

Schwimmbäder

• Das größte und schönste Freiluftbad ist die **Piscina la Pavoniere** im Cascine-Park (Juni bis Sept. 10-20 Uhr, € 6,20).
• Ganzjährig geöffnet ist das Hallenbad **Costoli** (Via Paoli beim Campo di Marte, Bus 3, im Sommer auch Freiluft).

Stadtpläne

• Der kostenlose **Stadtplan des APT** reicht für die meisten Bedürfnisse vollauf aus und enthält neben einem Straßenindex wichtige Adressen und Rufnummern (*nicht* identisch mit dem Plan, den man im *Ufficio Turismo* im Bahnhof bekommt).

Stadtrundfahrten

• **CAF,** Piazza Stazione 51r (Buchung notwendig, um € 34 inkl. Eintritt). **Tour I** (9.30-12.30 Uhr) führt zu Dom, Baptisterium, Accademia und Piazzale Michelangelo, **Tour II** (14.30-17.30 Uhr) zu Santa Croce, Palazzo Pitti (Palatina) und nach Fiesole. Weitere Ausflüge führen nach *Pisa*, Siena und San Gimignano (ganztags). Via Roma 4, Tel. 21 06 12, Fax 238 27 90. www. caftours.com

Veranstaltungskalender

• **Florenz Aktuell.** Kostenlose Monatsbroschüre (April bis Okt.) des Touristenbüros *APT.*

Wäschereien

• Empfehlenswert sind die Filialen von **Wash & Dry** (8-22 Uhr), u.a. Via dei Servi 105r, Via della Scala 105r, Via Nazionale 129r, Via dei Serragli 21r. Ein Waschgang (25 Min., bis 8 kg) kostet € 3,10, Trockner dito.

Zeitungen

• Die traditionelle Florentiner Zeitung ist **La Nazione;** seit 1988 gibt es auch eine Lokalausgabe von **La Repubblica,** der größten italienischen Tageszeitung.
• **Deutsche und andere fremdsprachige** Blätter und Magazine sind rund um die Uhr im Hauptbahnhof erhältlich und in der Saison in nahezu allen Kiosken im Zentrum.

Ab- & Weiterreise

Bus

Praktisch alle großen Busunternehmen der Toscana haben ihren Sitz nahe dem Hauptbahnhof. Mit Ausnahme der blaugrauen *SITA*-Busse, die den Süden/Südwesten der Toscana abdecken, fahren die Busse auf der linken (östlichen) Seite des Bahnhofs ab.

• **LAZZI,** Piazza Stazione 1, Tel. 35 10 61, betreibt Expressbusse nach Rom und anderen europäischen Hauptstädten und ist für die Region nördlich und westlich von Florenz zuständig. Nach Prato, Pistoia, Montecatini Terme, Empoli, Sesto Fiorentino, Pisa, Lucca, Viareggio, Forte dei Marmi, Livorno, Massa-Carrara, La Spezia etc.

- **CAP,** Largo F. lli Alinari 9, Tel. 21 46 37, verbindet Florenz mit dem Norden (Mugello). Nach Carmignano, Impruneta, Borgo San Lorenzo, Poggio a Caiano, Prato etc.
- **CAT,** Via Fiume 5r, Tel.28 34 00, verbindet Florenz mit dem Osten (Casentino). Nach Arezzo, Caprese, Sansepolcro etc.
- **COPIT,** Piazza S. M. Novella 22r, Tel. 21 54 51, fährt in die Region Pistoia. Nach Abetone, Poggio a Caiano, Empoli, Vinci etc.
- **SITA,** Via Santa Caterina da Siena 17r, Tel. 800 37 37 60 (num. Verde), verbindet Florenz mit dem Süden und Südwesten (Chianti, Siena, Grosseto). Nach Empoli, Greve, Vallombrosa, Poggibonsi, Colle Val d'Elsa, San Gimignano, Certaldo, Volterra, Pisa, La Verna, Arezzo, Chiusi, Piombino, Massa Mma., Follonica, Perugia, Assisi, Barberino di Mugello, Borgo San Lorenzo, Bologna, Roma, Venezia.

Mitfahrzentrale

- **Agenzia Autostop,** Borgo dei Greci 40r, Tel. 28 06 26, funktioniert nach deutschem Muster.

Zug

Im **Pendolino** und in Intercity-Zügen ist Reservierung obligatorisch, zu Hauptreisezeiten für alle Züge ratsam. **Fahrkartenschalter** tgl. 5.45-22 Uhr geöffnet, für internationale Verbindungen sowie Platzkarten, Liegewagen usf. gibt es eigene Schalter. Tel. Buchung von Fahrkarten 199 16 61 77. Die **Zugauskunft** im Bhf. ist tgl. 7.30-13.30, 14.30-20 Uhr geöffnet, Tel. 84 88 88 088.

Anschlüsse: Über Pisa Anschluss an die Küstenstrecke Genua-Livorno-Rom, über die Nebenstrecke Siena-Grosseto sind auch entlegenere Regionen mit dem Zug zu erreichen (siehe *Reisen im Land,* S. 38).

Achtung: Zugbillets vor dem Betreten des Bahnsteigs an den Automaten abstempeln (andernfalls wird bei Kontrollen eine Strafgebühr fällig).

Entfernungen (in km)

- **A**betone 90, Arezzo 81, Artiminio 30, Assisi 179,
- **B**arberino di Mugello 34, Barga 112, Bologna 105, Borgo San Lorenzo 25,
- **C**armignano 24, Carrara 126, Castagneto Carducci 143, Castelfiorentino 44, Castellina in Chianti 62, Cecina 123, Certaldo 57, Chianciano Terme 133, Chiusi 127, Colle di Val d'Elsa 50, Cortona 117,
- **E**mpoli 30,
- **F**iesole 8, Follonica 154, Forte dei Marmi 105,
- **G**reve in Chianti 32, Grosseto 210,
- **I**mpruneta 15,
- **L**ivorno 85, Lucca 74,
- **M**assa 115, Massa Marittima 134, Milano 300, Montalcino 110, Montecatini Terme 49, Montepulciano 120,
- **O**rbetello 183,
- **P**erugia 155, Pienza 120, Pietrasanta 104, Piombino 162, Pisa 77, Pistoia 37, Poggibonsi 44, Poggio a Caiano 17, Pontassieve 18, Pontremoli 165, Porto Santo Stefano 194, Prato 17, Pratolino 12,
- **R**adda in Chianti 54, Roma 280,
- **S**an Casciano in Val di Pesa 17, San Gimignano 57, San Miniato 37, San Vincenzo 146, Siena 68,
- **T**avarnelle Val di Pesa 29
- **V**aglia 18, Vallombrosa 35, Viareggio 98, Vicchio 32., Volterra 76.

Rund um Florenz

Cattedrale di Santo Stefano in Prato
Die Brücke gab Pontassieve ihren Namen
Caffè an der Piazza Mino in Fiesole

Fiesole

Wer der Enge der Straßenschluchten von Florenz entfliehen will, nehme einen Bus ins nur 8 km entfernte Fiesole. Eine angenehme Brise, der herrliche Panoramablick und die offene Weite des Hügellands garantieren ein paar erholsame Stunden. Und natürlich hat das Florenz einst an Bedeutung übertreffende Fiesole - Etruskerstadt um 600 v. Chr., römische Kolonie ab 80 v. Chr. und Bischofssitz seit 492 - auch einige Sehenswürdigkeiten zu bieten.

Nach *Mino da Fiesole,* dem Bildhauer des 15. Jh.s, ist der hübsche, weitläufige Hauptplatz mit dem **Dom San Romolo** benannt. Als die Truppen der Florentiner 1125 der rivalisierenden Nachbarstadt zeigten, wer die mächtigere Stadt ist, schonten sie außer dem Dom kaum etwas. Die dreischiffige romanische Basilika mit dem zinnenbewehrten Glockenturm (1213) wurde um 1025 begonnen und erfuhr mehrfache Veränderungen im 13. und 19. Jh.; nach umfassenden Restaurierungen kann man sich aber heute wieder ein gutes Bild von der Originalanlage mit offener Holzdecke, halbrunder Apsis und Krypta unter erhöhtem Chor machen. Das Marientriptychon auf dem Hauptaltar stammt von *Bicci di Lorenzo,* die Marmorbüste am Grabmal des Bischofs *Salutati* (im Chor) schuf *Mino da Fiesole* (um 1464).

An den Schmalseiten der Piazza behalten der strenge *Palazzo Vescovile* der Bischöfe und der wappengeschmückte *Palazzo Pretorio* der Bürger einander im Auge. Vor dem Rathaus mit der schönen Säulenloggia begegnen sich *Garibaldi* und König *Vittorio Emanuele II.* auf einem Denkmalsockel hoch zu Ross, rechts daneben lädt *Santa Maria Primerana,* vermutlich die erste Kirche Fiesoles, zu einem Blick in ihr Inneres ein; die Fresken im Chor werden Schülern Giottos zugeschrieben.

Unmittelbar hinter der Piazza Mino beginnt bereits die **Zona Archeologica,** die ursprüngliche Keimzelle der Stadt, mit den Überresten der etruskischen Zyklopenmauer, den Ruinen eines etruskischen und eines römischen Tempels und den ehemaligen *Thermen.* Das schon zu Beginn der Kaiserzeit im 1. Jh. v. Chr. angelegte **Amphitheater** (Durchmesser 34 m) befand sich in so gutem Zustand, als man es Anfang des 19. Jh.s wiederent-

Campanile von San Romolo in Fiesole

deckte, dass in ihm bei den alljährlich stattfindenden Sommerfestspielen *Estate Fiesolana* 3000 Zuschauer Platz finden. Die etruskische Steinmauer beschließt die Grabungsstätte im Norden.

Im kleinen **Archäologischen Museum** sind etruskische und römische Fundstücke wie Büsten, Skulpturen, Marmorfriese und Grabstelen ausgestellt, während das **Antiquarium Costantini** sich ganz auf Keramiken spezialisiert hat. Sakrale Kunst des 14./15. Jh.s zeigt das **Museo Bandini** zwischen Dom und Ausgrabungsplatz. Neben Werken aus der Schule von Giotto (u. a. Taddeo Gaddi) und Filippo Lippi sind eine Kreuzigung des *Lorenzo Monaco* und ein doppelseitiges Kruzifix mit einem leidenden und einem triumphierenden Christus von Neri di Bicci bemerkenswert.

Von der Westseite der Piazza Mino führt die Via San Francesco steil aufwärts zur Kirche **Sant'Alessandro,** von deren schattiger Aussichtsterrasse man einen vorzüglichen Blick auf Florenz und das Arnotal genießt. Kein Wunder, dass bereits die Etrusker und Römer an dieser Stelle ein Heiligtum hatten (die letzteren huldigten hier Bacchus, wem auch sonst).

Noch ein wenig oberhalb liegt das Kloster **San Francesco** (14. Jh.), von dem aus einst *Bernhardin von Siena* seine Mission begann. Über einen Kreuzgang erreicht man das kuriose **Museo Missionario**, das von Mitbringseln missionierender Franziskanermönche aus China und Ägypten fast überquillt.

Badia Fiesolana

Zur Badia bzw. nach *San Domenico* (s. u.) sollte man von Fiesole aus (nicht umgekehrt) zu Fuß gehen (aussichtsreicher **Wanderweg,** ca. 20 Min.). Von der Westseite der Piazza Mino führt die *Via Vecchia Fiesolana* nach unten. Unterhalb der (nicht zugänglichen) Medici-Villa *Belcanto* (1458-1461 nach Plänen Michelozzos erbaut) lädt an einer Wegkreuzung eine Bank mit fulminantem Ausblick auf Florenz zur Rast ein. Der Weg links führt steil bergab zum beeindruckenden Tor des *Riposo dei Vescovi* (No. 62), dem Rastplatz der Bischöfe bei ihrem Aufstieg nach Fiesole. *Villa Nieuwenkamp* heißt das Gebäude heute, nach einem Schüler Gauguins, der gegen 1930 hier wohnte. Nur wenig später, bereits in Sichtweite von San Domenico, zweigt von der Hauptstraße rechts der Weg zur *Badia* ab.

An der Stelle des früheren Doms von Fiesole baute man nach 1028 eine Abtei (Badia) mit einer Kirche, deren romanische **Marmorfassade** mit geometrischen Mustern in Dunkelgrün und Weiß sich bis heute erhalten hat und zusammen mit San Miniato und dem Baptisterium das schönste Beispiel der sog. **Florentiner Protorenaissance** darstellt. Wie ein kostbarer Edelstein funkelt sie in der schlichten, unverkleideten Steinmauer des rund 400 Jahre später, in der „eigentlichen" Renaissance vergrößerten und (vermutlich um 1458 nach Plänen von Alberti) vollkommen neugestalteten Kirchenhauses. Echt atemberaubend der

Kontrast zwischen der groben, nackten Fassung und der hell leuchtenden, ausgewogen und „klassisch" gegliederten Marmorinkrustation mit den drei Triumphbögen.

Das Kircheninnere ist leider nur selten zugänglich. Die Badia selbst beherbergt seit 1976 die internationale Hochschule *Università Europea*.

An der Hauptstraße (gleich gegenüber einer Bushaltestelle) liegen Kloster und Kirche **San Domenico** (15. Jh.). In diesem Konvent lebte *Fra Angelico,* bevor er 1437 nach San Marco in Florenz ging, und hier malte er als Novize seine ersten Werke. In der ersten Seitenkapelle links ist eine Altartafel (um 1430) von ihm zu sehen.

Praktische Informationen

- Fl. 15.500. 295 m. **Tel. 0 55.**
- **Info.** *APT*, Piazza Mino 37, Tel. 59 87 20, Fax 59 88 22. Das *Ufficio Relazioni Pubbliche*, Piazza Mino 26, veranstaltet geführte Ausflüge zu Gärten in der Umgebung (Mai-Juni).
- **Parken**. Kostenlose Parkmöglichkeiten auf der Piazza del Mercato oder am Ende der Via Duprè.
- **Markt.** Sa, Piazza del Mercato.
- **Feste.** *Estate Fiesolana*, Musik, Theater und Kino im Amphitheater von Juni bis August. *Fiera di San Romolo*, Fest des Stadtheiligen mit Antiquitätenmarkt am ersten So im Juli. *Fiera di San Francesco* am ersten So im Okt.

Busverbindung

- Von/nach Florenz mit Buslinie No. 7 (ab Stazione Centrale Santa Maria Novella oder Piazza San Marco) mit Zwischenstop bei San Domenico. Ab Fiesole führt eine *STAM*-Linie in Richtung Osten (Campingplatz) und danach zum Arno (Compiobbi, Il Girone).

Unterkunft

Hotels

- In Fiesole nennt sich fast jedes Hotel Villa, egal ob Luxus oder bröckelnde Nostalgie. In der **Villa San Michele** (Via Doccia 4) kann man im Ambiente des Quattrocento bis zu € 1350 pro Nacht ausgeben (dafür gilt sie aber auch als eines der besten Häuser Italiens), doch es gibt auch Alternativen.
- **Villa Aurora** (****). Schönes, gepflegtes Haus direkt an der Piazza Mino mit traumhaftem Ausblick auf Florenz. 25 Zimmer, DZ € 184, Tel. 5 91 00, Fax 5 95 87. www.aurorafiesole.com
- **Bencista** (***). Wunderbar gelegene Familienpension in den Hügeln von Fiesole mit schönem Garten, Panoramaterrasse und Bibliothek. 44 Zimmer, DZ um € 176. Via da Maiano 4, Tel./Fax 591 63. bencista@aol.it
- **Villa Bonelli** (***). Gemütliches Haus in den Hügeln mit 19 DZ € 124 inkl. BF. Via Poeti 1, Tel. 59 89 41. www.hotelvillabonelli.com
- **Villa Sorriso** (*). Direkt im Ort, das Günstigste, was die Umgebung zu bieten hat; 7 DZ (möglichst nach hinten buchen), € 62. Via Gramsci 21, Tel. 5 90 27, Fax 5 97 80 75.
- **Le Cannelle.** Charmante Pension im Zentrum, frisch renoviert, mit 4 großzügigen Zimmern ab € 67. Via Gramsci 54, Tel. 597 83 36, Fax 5 97 82 92, info@lecannelle.com

Essen & Trinken

- **I'Polpa**. Das seriöseste Lokal vor Ort; kein Schnickschnack, keine Terrasse, ehrlich-rustikale Küche zu zivilen Preisen (Secondi um € 10-12. Ruhetag Mi. Piazza Mino 21/22, Tel. 5 94 85.
- **Mario.** Nennt sich auch Enoteca und verfügt daher über eine umfangreiche Weinkarte und den Ehrgeiz der „Kreativität"; etwas beengte Terrasse auf der Piazza. Ruhetag Di. Piazza Mino 9, Tel. 5 91 43.
- Das Restaurant der **Villa Aurora** hat die schönste Terrasse im Ort, lässt sich den Ausblick aber teuer bezahlen; auf ein gehobenes Preisniveau zuzüglich 10 % Servizio sollte man gefasst sein. Ruhetag Mo, Tel. 59 90 20.

Museen

• **Sammelticket** für *Museo-Civico, Zona Archeologica, Antiquarium* und *Museo Bandini* an der Kasse Via Portigiani 1, € 6,20. Außer am 1. Di des Monats 9.30-18, im Sommer 9-19 Uhr.

• **Museo Missionario,** San Francesco, außer Mo 10-12, 15-17, Sa/So 15-17 Uhr, frei.

Certosa del Galluzzo

Nur knapp 7 km südlich von Florenz liegt wie eine Festung der weitläufige Klosterkomplex hoch über dem Tal der Ema. *Niccolò Acciaiuoli,* einflussreicher florentinischer Bürger und Politiker, ließ 1341 den Grundstein für ein Kartäuserkloster legen, das gleichzeitig eine Stätte sein sollte, die jungen Florentinern das Studium der freien Künste ermöglichte. Das Kloster war früher mit immensen Kunstschätzen ausgestattet. Nach der Plünderung durch Napoleons Truppen (1810) fehlten rund 500 Werke. In der **Pinakothek** sind Gemälde (u. a. Lucas Cranach, A. Dürer, Ghirlandaio) und Passionsfresken (um 1525) von Pontormo, der sich während der Pest in die Certosa geflüchtet hatte, untergebracht. Die Kirche **San Lorenzo** hat ein sehenswertes Chorgestühl aus dem 16. Jh. mit Engelsköpfen und Einlegearbeiten an der Unterseite der Klappsitze. Seit 1958 verwalten Zisterziensermönche das Kloster. Sie haben die schon von den Kartäusern gepflegte Tradition der Likörherstellung übernommen (Verkauf in der „Apotheke") und einen ausgezeichneten Ruf als Buchrestauratoren.

• **Öffnungszeiten:** außer Mo 9-11.30, 15-18 (im Winter 15-16.30) Uhr, frei. Bus No. 37 ab S.M. Novella. **Mit dem Auto:** Autobahnausfahrt Firenze-Certosa.

Medici-Villen

Die Herrschaftsvilla im Grünen – als Landsitz und Sommerresidenz, Kapitalanlage und Fluchtpunkt in unruhigen Zeiten – setzte sich in besseren Florentiner Kreisen in der zweiten Hälfte des 14. Jh.s durch. Bereits Mitte des Quattrocento soll es an den Hängen rund um die Stadt mehr als 800 Villen gegeben haben. Vom befestigten Gutshof, der das Stadthaus mit Öl, Wein, Getreide und Viktualien versorgte, entwickelte sich das Haus in der Campagna bald zum Refugium vor den Wirren der City, zum Ort des Müßiggangs und des beschaulichen, nostalgischen (Land-)Lebens. Das „Athen der Neuzeit" suchte und fand sein Arkadien, und der *bel paesaggio,* die blühende Gartenlandschaft, wurde zum Aushängeschild der Renaissance wie Malerei, Bildhauerei und Architektur.

Frühen literarischen Ruhm erlangte die Villa durch *Giovanni Boccaccios* sinnenfreudige Novellenerzählung **Decamerone.** Im Pestjahr 1348 trafen sich sieben junge Florentinerinnen und drei junge Männer in der Kirche Santa Maria Novella und beschlossen, der fieberkranken Stadt zu entfliehen. Auf einem Landsitz „kaum zwei Meilen von der Stadt entfernt" harrten sie zehn Tage lang aus und vertrieben sich die Zeit damit, indem sie sich wechselseitig Geschichten, eben die des Decamerone, vortrugen. Um welche Villa es sich handelte, verschwieg der Dichter freilich, und ganze Generationen von Forschern und Hobbydetektiven suchten seitdem vergeblich nach ihr.

Die meisten ehemaligen Landvillen sind heute in Privatbesitz oder als Kongresszentren o. ä. zweckentfremdet und öffnen ihre Pforten keinem gewöhnlichen Sterblichen, schon gar nicht neugierigen Touristen; andere stehen leer und verfallen oder wurden abgerissen wie die *Villa Demidoff* in Pratolino, von der nur ein herrlicher Park übrigblieb. Um sich Ärger und/ oder strikte Abweisung zu ersparen, ist es ratsam, seine Besuche auf die wenigen öffentlich zugänglichen Landsitze zu beschränken.

Villa Medicea Poggio a Caiano

Der wohl schönste Landsitz der Medici liegt inmitten einer weitläufigen Gartenanlage am Ortsrand von Poggio a Caiano 8 km südlich von Prato.

Giuliano da Sangallo entwarf das elegante Patrizierhaus 1480 für Lorenzo il Magnifico, der die Fertigstellung seines prachtvollen Besitzes jedoch nicht mehr erlebte. Nach seinem Tod residierte der Medici-Papst Leo X. in den verschwenderisch ausgestatteten Sälen, und noch vier Jahrhunderte später erachtete Vittorio Emanuele den Landsitz eines Königs für würdig. *Poliziano,* dem Dichter aus Montepulciano, der hier sein Poem *Ambra* verfasst haben soll, verdankt das Gebäude seinen Beinamen *Villa Ambra*.

Die **Fassade** mit ihrer mächtigen Arkadenloggia und der zentralen vorgelagerten Tempelfront mit ionischen Säulen und klassischem Dreiecksgiebel mit Terrakottenfries (Kopie aus der Werkstatt der Porzellanmanufaktur *Ginori*, Original von *Andrea Sansovino* im Innern) greift direkt auf das Vorbild antiker römischer Kaiserpaläste zurück und wurde ihrerseits zum Vorbild der europäischen Villenarchitektur bis ins 19. Jh. hinein. Der Aufgang war ursprünglich gerade, die geschwungene Flügeltreppe kam erst im 18. Jh. hinzu. *Filippino Lippis* kaum noch sichtbaren Dekorationen in der tonnengewölbten Vorhalle *(Opfer des Laokoon)* sind eine Anspielung auf den Mythos der trojanischen Ursprünge von Florenz. *Andrea del Sarto* und *Alessandro Allori* schufen die Fresken im *Salone di Leone X,* den Vasari als den schönsten Saal der Welt bezeichnete. Vor allem *Pontormos* bukolisches Lünettenfresko, ein Spätsommeridyll mit den Fruchtbarkeitsgöttern *Pomona* und *Vertumnus* und einer Schar lasziver Knaben (der frivolste direkt über Alloris *Pietà)* ist ein überzeugendes, farbintensives Meisterwerk des Manierismus.

Villa Medicea La Ferdinanda

Die *Villa der 100 Kamine* mit prächtigem Blick auf das Arnotal und dem sehenswerten mittelalterlichen Weiler **Artimino** erinnert in der Konzeption stark an Poggio a Caiano, wirkt aber durch die vier kompakten Bastionen an den Seiten wie eine späte Neuauflage der befestigten Villa.

Großherzog Ferdinando I. ließ sie 1594 von *Bernardo Buontalenti* als stilvolles „Jagdschlösschen“ neu errichten. Zur Ausschmückung des eleganten Gebäudes waren ursprünglich die berühmten Lünetten der 14 Medici-Villen des flämischen Malers *Justus Utens* bestimmt, die heute im Museum *Firenze com'era* (s. S. 169) ausgestellt sind.

Villa Medicea La Petraia

Ein mächtiger, in die Anlage integrierter Turm zeugt noch von dem ursprünglichen Befestigungscharakter des mittelalterlichen Landguts der Familie Brunelleschi, das 1530 in den Besitz der Medici gelangte und ab 1575 von *Bernardo Buontalenti* in ein elegantes Herrenhaus für Großherzog Ferdinando verwandelt wurde.

Bekannt wurde die Villa nicht zuletzt durch ihren von *Tribolo* angelegten Garten im italienischen Stil. Er ersann auch den berühmten Brunnen (ursprünglich im Garten der Villa Castello) mit einer bronzenen *Venus* des Giambologna, die als *Fiorenza* dem Wasser entsteigt und sich ihr Haar auswindet. Die Statue ist heute im Haus ausgestellt. Im Innern beeindruckt der schöne zentrale Innenhof, der von *Volterrano* mit den heroischen Taten der Medici freskiert wurde (1636-1648). 1860 wurde der Hof auf Veranlassung von König Vittorio Emanuele mit einem Oberlicht aus Eisen und Glas überdacht und als Ballsaal genutzt.

Nur wenige hundert Meter entfernt liegt Herzog Cosimos Lieblingsvilla **di Castello,** die lange Botticellis *Primavera* beherbergte und heute Sitz der 1583 gegründeten Sprachakademie der *Crusca* und daher nicht zugänglich ist. Der Park mit seinen prächtigen Wasserspielen, Brunnenfiguren (von Ammanati) und Grotten ist seit kurzem wieder geöffnet.

Villa di Pratolino (Demidoff)

Die Villa, die Buontalenti 1570-1575 auf Wunsch des eigenbrötlerischen Großherzogs Francesco I. baute, existiert nicht mehr, wohl aber die ausgedehnte Gartenanlage (30 ha) mit altem Baumbestand, die zu den berühmtesten ihrer Art in Italien gehört. Buontalenti legte sie als eine Art „Erlebnispark“ des 16. Jh.s an. Er brach mit der geometrischen Landschaftsarchitektur und schuf einen Landschaftsgarten im manieristischen Stil mit zahllosen, nach mythologischen Figuren benannten Grotten, Brunnen und Wasserspielen.

Villa La Ferdinanda in Artimino

Phantasie wie Können zeigte vor allem Giambologna bei der Gestaltung des 10 m hohen Kolosses **Appennino** (1580), der heute die Hauptattraktion des Parks darstellt. Ursprünglich befanden sich selbst noch im Inneren des „Riesen" zwei Grotten mit Dekorationen und Wasserspielen.

Nachdem die baufällige Villa 1821 abgerissen worden war, erwarb der russische Fürst Paul Demidoff 1872 den Besitz, richtete das ehemalige Wirtschaftsgebäude der Medici in ein Wohnhaus um und ließ den verwilderten Park mitsamt seinen noch erhaltenen „Wundern" restaurieren.

Villa Medicea Cafaggiolo

Schon im Mugello, zwischen Pratolino und Barberino, steht das beeindruckende Landhaus, das sich der „alte" Cosimo 1451 von seinem Lieblingsarchitekten *Michelozzo* im Stil einer kleinen Festung mitsamt Wehrgängen, Wachtürmen und Verteidigungsmauern errichten ließ. Die alte Via Bolognese (SS 65) führt direkt an der seit langem leerstehenden Villa vorbei.

Praktische Informationen

- **Poggio a Caiano.** 18 km westl. von Florenz auf der SS 66 Richtung Pistoia. Außer Mo 8.15-17.30 Uhr, Einlass stündl. um 8.30, 9.30 etc., € 2. Busverbindung per COPIT.
- **La Ferdinanda.** 7 km südl. von Poggio a Caiano Richtung Artimino. Von Florenz Schnellstraße nach Pisa, Ausfahrt Lastra a Signa. Besichtigung nur Di 9.30-12.30 Uhr, Voranmeldung Tel. 8 71 80 81. *Museo Archeologico Etrusco* in der Villa, außer Mi 9.30-12.30 Uhr, € 4.
- **La Petraia.** 6 km nördl. Richtung Sesto Fiorentino/Prato (Via della Petraia 40). Außer Mo 8.15-17.30 Uhr, € 2. Bus No. 28.
- **Castello** (nur Park), Via di Castello 47, Anfahrt und Öffnung wie La Petraia, € 2.
- **Pratolino.** 13 km nördl. auf der SS 65 Richtung Vaglia (Via Bolognese 65). April-Sept. Fr bis So 10-20 Uhr, € 2,60. Bus No. 25 bzw. *SITA* nach Vaglia.
- **Cafaggiolo.** 25 km nordwestlich auf der SS 65 Richtung Barberino, Voranmeldung Tel. 84 587 93.

Unterkunft & Verpflegung

- **Paggeria Medicea** (****). Luxusherberge im ehemaligen Gesindehaus der Villa La Ferdinanda bei Artimino mit weitläufigem Garten (Pool, Tennis) und allen Annehmlichkeiten (häufig mit Kongressteilnehmern der Villa überfüllt). 37 Zimmer, DZ € 180, Tel. 8 75 141, Fax 87 51 470. wwwartimino.com
- **Trattoria Da Delfina.** Die über neunzigjährige *Delfina Giusti* kochte bereits vor über einem halben Jh. für die Jagdgesellschaften der Villa. Heute steht sie natürlich nicht mehr selbst am Herd, bürgt aber nach wie vor für die hohe Qualität der zwar ländlich-rustikalen, aber nahezu perfekten Küche. Sympathische und lockere Atmosphäre (außerhalb der Saison tafeln hier vornehmlich Italiener), die Speisekarte dient eher als „Diskussionsbasis" und noch heute werden offene Weine von den umliegenden Hügeln ausgeschenkt. Kurz: eine ländliche Trattoria, wie sie im Buche steht, mit einer Küche wie im Luxusrestaurant und einer Rechnung, die angesichts der Berühmtheit von Delfina geradezu moderat zu nennen ist (Primi um € 7-9, Secondi um € 10-15, Servizio 10 %). Die Aussicht von der herrlichen Sommerterrasse auf La Ferdinanda ist ohnehin gratis. Ruhetag Mo/So abends. Via della Chiesa 1, Tel. 8 71 80 74.

Das Mugello

Rund 30 km nördlich von Florenz erstreckt sich inmitten einer lieblichen Hügellandschaft das langgestreckte fruchtbare Tal der *Oberen Sieve,* das Mugello. Noch weiter im Norden, Richtung Apennin, spricht man vom *Alto Mugello,* während das Flusstal im Osten, wo die Sieve nach Süden abzweigt und sich bei Pontassieve mit dem Arno vereint, als *Val di Sieve* bezeichnet wird.

Schon lange vor der Zeit der Autobahnen führten wichtige **Verkehrsverbindungen** durch das Mugello. Als älteste gilt die Süd-Ost-Route nach Imola über den *Passo di Giogo* (882 m) bei *Scarperia* (SS 610). 1762 wurde die erste Landstraße über den **Passo della Futa** (903 m) gebaut, auch heute noch eine überaus reizvolle und nicht allzu anstrengende Alternative zur stets überfüllten Autostrada, um von Bologna nach Florenz zu gelangen (SS 65). Im Nordosten schließlich windet sich die kehrenreiche und etwas strapaziöse SS 302 über den *Passo della Colla* (900 m) Richtung Faenza, während ganz im Osten das enge, waldreiche Tal von San Godenzo mit Forli und Ravenna jenseits des *Passo del Muraglione* (903 m) verbindet (SS 67).

Aus diesem gleichermaßen herben wie anmutigen Landstrich stammen die Vorfahren der Medici. In die *Villegiatura,* die grüne Sommerfrische des Mugello, zog sich noch Cosimo il Vecchio gerne zurück, und namhafte Künstler wie Cimabue, Giotto und Fra Angelico erblickten hier das Licht der Welt.

Oft hat uns die sanfte, harmonische Landschaft des Mugello an das Alpenvorland erinnert. Wer auf das Toscanaklischee malerisch-mediterraner Zypressen-Hügel fixiert ist, wird enttäuscht Gas geben und durchstarten, wer von hektischen Zeitgenossen fast ungestört unverfälschte Natur und hübsche mittelalterliche Städtchen (Scarperia, Borgo San Lorenzo, Vicchio) genießen will, findet hier eine attraktive Alternative zu den touristischen Trampelpfaden der „klassischen" Toscana.

Praktische Informationen

- **Telefon.** Vorwahl **055.**
- **Anreise mit dem Auto.** Von Norden auf der SS 65 parallel zur Autostrada Bologna-Firenze bzw. über die Autobahnabfahrten *Roncobilaccio* (zum Futa-Pass) und *Barberino* (nach Borgo San Lorenzo); von Süden über die Abfahrt *Incisa* Richtung Pontassieve und Rufina.
- **Busverbindungen.** Mit *SITA* und *CAP* von/nach Florenz.
- **Zugverbindungen.** Nahverkehrszüge Florenz – Faenza (an der Strecke Bologna-Rimini) über Borgo San Lorenzo und Florenz – Pontassieve – Dicomano – Borgo San Lorenzo.
- **Entfernungen** (in km von/nach Florenz). Borgo San Lorenzo 25, Scarperia 35, Barberino di Mugello 34, Vicchio 32, San Godenzo 46, Pontassieve 18.

Borgo San Lorenzo

Von woher man auch anreist, alle Wege führen nach Borgo San Lorenzo, dem **Hauptort im Herzen des Mugello.** Noch im 12. Jh. eine freie Kommune, geriet Borgo 1290 unter die Herrschaft von Florenz, das die Stadt befestigte und weiter ausbaute. Da aber schon die Römer in vorchristlicher Zeit hier siedelten, ist es nicht weiter verwunderlich, dass bereits 941 über einem Bacchustempel eine der frühesten Kirchen der Gegend errichtet wurde. Die romanische **Pieve di San Lorenzo** mit ihrem unregelmäßigen sechseckigen Glockenturm aus Ziegelstein ist die wichtigste Sehenswürdigkeit im historischen Zentrum. In ihrem Inneren vermischen sich Mittelalter und Neuzeit in geradezu vorbildlicher Form.

Im rechten Seitenschiff eine *Thronende Madonna,* die dem Giotto-Schüler Agnolo Gaddi zugeschrieben wird, und in der rechten Chorkapelle eine *Madonna* des Meisters selbst (so vermutet man zumindest). Das außergewöhnliche Fragment wurde lange Zeit in dem gegenüberliegenden Oratorium Sant'Omobono als *Madonna Nera* verehrt, ehe Restaurierungsarbeiten die undeutlichen Züge der „Schwarzen Madonna" erhellten und die Experten zu dem Schluss kommen ließ, einen echten **Giotto** vor sich zu haben. Der *Segnende Christus* im Hauptchor zwischen dem Kirchenheiligen Laurentius und Sankt Martin dagegen (ebenso wie das polychrome *Franziskus-Tabernakel* auf der rechten Seite vom Hauptportal) stammt vom berühmtesten Sohn der Stadt – dem äußerst vielseitigen Jugendstil-Künstler **Galileo Chini** (1873-1956). Er begründete 1906 in Borgo eine florierende Manufaktur, deren kunstvolle Glas-, Keramik- und Schmiedearbeiten in der gesamten Toscana verbreitet sind und Weltruf genossen (s. auch S. 472). Im Ort selbst gestalteten Chini und seine Werkstatt zahlreiche öffentliche Gebäude und Privathäuser, u. a. die Innenräume der *Villa Pecori Giraldi* (s. Museen) im Osten der Stadt, die *Misericordia* in der Via Giotto und mehrere Fassaden auf dem Viale della Repubblica. Unbedingt einen Blick werfen sollte man in das 1931 von Tito Chini dekorierte *Municipio* (Piazza Dante 2), das vom Treppenaufgang bis zum Lichthof im 1. Stock stilvoll ausgestaltet wurde.

Links vom Rathaus steht ein außergewöhnliches Denkmal. Es ist *Fido,* einem treuen Hund, gewidmet, der im Zweiten Weltkrieg an der Seite seines toten Herrn ausharrte und noch heute die Schnauze in die Luft reckt, als wollte er jeden Moment Witterung aufnehmen.

San Piero a Sieve

Heute fast schon ein Vorort von Borgo San Lorenzo ist das 6 km westlich gelegene mittelalterliche San Piero. Die hoch über dem Weiler aufragende Festung *San Martino* ließen die Medici 1569 im Freundesland errichten; in unmittelbarer Umgebung hatten sie von Michelozzo bereits die festungsartigen Villen *Trebbio* und *Cafaggiolo* (s. S. 206) erbauen lassen.

Auch das Franziskanerkloster **San Bosco ai Frati** (3 km nördlich) wurde im Auftrag und mit Segen der Medici – deutlich sichtbar an den überall plazierten Wappen – im 15. Jh. ausgebaut. Man nimmt an, dass sich hier um

600 eine der ersten christlichen Klostergemeinschaften der Toscana zusammengefunden hat. In der hübschen Klosteranlage ist ein einfaches Holzkreuz von *Donatello* zu sehen.

Praktische Informationen

- Fl. 15.000. 193 m.
- **Info.** Comunità Montana, Via P. Togliatti 45, Tel. 849 53 46, Fax 845 62 88, www.turismo.mugello.toscana.it
- **Markt.** Di, Piazzale Curtatone.
- **Fahrrad.** *Mugello Bike*, Corso Matteotti 24, Tel. 8 45 87 13.
- **Museen.** *Pieve di San Lorenzo*, 9-12, 15.30-17, So 15-17 Uhr. *Museo della Manifattura Chini* (Villa Pecori Giraldi), außer Mo, Di, Do 15-18, Sa auch 10-13 Uhr, € 2,60. *Museo di Casa d'Erci* in Grezzano (5 km), Kleidung, Handwerkszeug und Produkte der Bauern des Mugello, So 15-19 Uhr.

Unterkunft & Verpflegung

- **Park Hotel Ripaverde** (****). Modernes, zweckmäßiges Haus am Ortseingang mit 57 DZ € 140-176 inkl. BF; Tel. 8 49 60 03, Fax 8 45 93 79.
- **La Felicina** (**) in *San Piero*. Gemütliches und ruhig gelegenes Hotel mit Restaurant (kein Ruhetag) und 11 Zimmern € 52-62; Piazza Colonna 14, Tel. 8 49 81 81, Fax 8 49 81 57.
- Größer, sachlicher und moderner gibt sich **Ebe** (***) mit 25 DZ ab € 77; deutlich günstiger in der *Dipendenza* (DZ ohne Bad € 26), Tel. 84 80 19, Fax 84 85 67.
- **Casa Palmira.** Reizendes Bed & Breakfast im Grünen mit schönen, großzügigen Räumen in *Polcanto-Feriolo* (10 km Richtung Fiesole). 6 DZ/BF € 65-85. Tel./Fax 8 40 97 49. www. casapalmira.it
- **Degli Artisti.** Lokale Spezialitäten wie *Tortelli di Patate*, hübsche Sommerterrasse, sympathisch. Ruhetag Mi. Piazza Romagnoli 1, Tel. 8 45 77 07.
- **Teatro dei Medici.** Typische, unprätentiöse Landesküche in den schönen Räumen eines Renaissance-Palazzo in *La Torre* zwischen Borgo und San Piero. Ruhetag Mo. Tel. 845 32 28.

Scarperia

Der schönste Ort des Mugello; ein Abstecher in das sympathische Städtchen, zu dem Zubringerstraßen von allen Himmelsrichtungen führen (immer dem Schild *Autodromo* folgen), ist geradezu ein Muss. Als Stützpunkt an der alten Handelsstraße über den *Giogo-Pass* (Richtung Imola, Ravenna und Venedig) gelegen, war Scarperia im Mittelalter nicht unbedeutend; der mächtige **Palazzo dei Vicari** mitten im Ort, mehr Festung als Amtssitz Florentiner Statthalter, ist ein beredter Zeuge vergangener Größe. Der mit unzähligen Wappen geschmückte und erst kürzlich aufwändig restaurierte Palast wurde 1306 nach Plänen von *Arnolfo*

Der markante Glockenturm im Zentrum von Borgo San Lorenzo

di Cambio erbaut. Sehenswert sind eine Madonna aus der Werkstatt von Ghirlandaio im Obergeschoss sowie der verschwenderisch dekorierte Ratssaal. Im gleichen Palazzo ist das **Museo dei Ferri Taglienti** untergebracht. Die kleine Ausstellung dokumentiert die Geschichte und Herstellung der „schneidenden Eisen", für die Scarperia seit 500 Jahren weit über die Grenzen der Toscana hinaus bekannt ist. 1479 wurde erstmals eine Messerlieferung an einen Florentiner Bankier erwähnt, und noch 1904 stellten 46 Werkstätten Schneidewerkzeuge für jeden Gebrauch her. Heute sind es natürlich weniger Betriebe, aber ihr Ruf ist unvermindert gut.

Gegenüber erhebt sich ein freistehender Glockenturm, der zur Kirche **Santissimi Jacopo e Filippo** gehört. Auch hier zeigt sich die einstige Größe der Stadt in seiner Ausstattung; für die rechte Chorkapelle schuf *Benedetto da Maiano* ein Marmortondo und für die linke *Mino da Fiesole* ein schön gearbeitetes Tabernakel.

Südlich der Piazza, schon etwas außerhalb der Stadtmauer, findet man das **Oratorio della Madonna dei Terremoti,** ein unscheinbares kleines Kirchlein, dessen einziger Schmuck eine wundertätige Madonna ist, die *Filippino Lippi* zugeschrieben wird.

Beim Erdbeben von 1542, so die Legende, soll sie ihre Hände gefaltet haben, um den Bewohnern der Stadt beizustehen. Tatsächlich hält sie nicht wie üblich ihr Kind, sondern hat es abgestützt auf ihrem Schoß liegen, um die gefalteten Hände darüber zu erheben.

Seit 1974 macht Scarperia Schlagzeilen durch eine zusätzliche „Sehenswürdigkeit", nämlich den 5 km langen **Autodromo Internazionale del Mugello** wenig nördlich der Stadt, wo Formel-1- und Motorradrennen ausgetragen werden und Ferrari seine Testfahrten unternimmt. Für die einen ein Ort der Superlative (Tifosi, Easy Riders, Ferraristi, Schumi-Fans), für die anderen 175 ha zerstörte Naturlandschaft.

Praktische Informationen

- **Info. Pro Loco,** Via Roma 120, Fax 846 96 82.
- **Museum.** *Palazzo dei Vicari* mit *Museo dei Ferri Taglienti* (Museum der Schneidewerkzeuge). Juni-Sept. außer Mo 15-19, Sa auch 10-13, 15-18.30 Uhr; € 3.
- **Markt.** Jeden Freitag
- **Messer.** Die *Coltelleria Berti* zählt zu den besten Messerschmieden der Welt! Phänomenale Auswahl. Tgl. 10-12.30, 16-19.30 Uhr, Werkstattbesuch möglich. Via Roma 43, Tel. 84 65 85, Fax 46 80 14, colberti@dada. it.

Unterkunft & Verpflegung

- Modern und mit Komfort, aber auch mit Atmosphäre wohnt man im **Cantagallo** (**); 15 Zimmer, DZ ab € 93 inkl. BF. Viale Kennedy 17, Tel. 8 43 04 42, Fax 8 43 04 43.
- Fast direkt gegenüber der Zufahrt zum Autodromo liegt in einem kleinen Park die stilvolle **Fattoria Il Palagio.** Das Restaurant ist oft ausgebucht (Ferrari-Clan oder Familienfeiern; Ruhetag Mo), die 6 DZ € 70 inkl. BF sind gemütlich. Via Imolese 97, Tel. 84 63 76, Fax 84 62 55.
- **Zimmer** (ab € 55) vermietet auch das nette, noch vor der Fattoria gelegene Ristorante **Bronco** mit schöner Aussichtsterrasse (Ruhetag Mo); Viale Dante 95, Tel. 8 43 02 07.
- Direkt im Zentrum ist das Restaurant **Il Torrione** eine gute Wahl. Ausgiebige Karte, auch Pizze. Ruhetag Mo, Via Roma 80, Tel. 8 43 02 63.

Firenzuola

Jenseits des **Giogo-Passes,** der die Toscana mit der Romagna (Imola) verbindet, liegt das 1332 ebenfalls als Kontrollposten an der Passstraße gegründete Firenzuola. In der Umgebung wird der für diese Gegend typische graue Sandstein der Renaissance *(pietra serena)* gebrochen. Die Steinplatten findet man nicht nur im Pflaster des nach den Zerstörungen des letzten Krieges neuaufgebauten Zentrums wieder, sondern auch 11 km südwestlich auf einem denkwürdigen Friedhof am Futa-Pass (s. Kasten u.).

Vicchio

Zwischen Borgo San Lorenzo und dem 8 km entfernten Vicchio liegt der Weiler **Vespignano,** in dem 1267 **Giotto di Bondone** als Kind einfacher Bauern geboren wurde. An der doppelbögigen *Ponte di Cimabue* (Hinweisschild) soll – glaubt man Vasari – die Karriere des bedeutendsten Malers des Mittelalters begonnen haben, als Cimabue dem Hirtenjungen zufällig beim Zeichnen von Schafen begegnete und ihn mit nach Florenz nahm. Im (angeblichen) Geburtshaus des vielseitigen Künstlers wird sein Lebenswerk dokumentiert (Originale darf man aber natürlich nicht erwarten).

Auf einer Anhöhe über der Sieve und von einem Kranz von Hügeln umgeben liegt das 1295 gegründete Städtchen **Vicchio,** ebenfalls Geburtsort eines außergewöhnlichen Künstlers, denn hier erblickte um das Jahr 1400 der spätere Mönch Fra Giovanni, der Nachwelt als **Fra Angelico** ein Begriff, das Licht der Welt. Das Museum „Beato Angelico“, mit Exponaten aus den Landkirchen der Umgebung, ver-

Ein Soldatenfriedhof

Auf der aussichtsreichen Höhe des Futa-Passes breitet sich der *Cimitero Militare Tedesco* aus, der größte deutsche Soldatenfriedhof Italiens, dessen Denkmal wie ein mahnend erhobener Finger in den Himmel ragt. 30 683 Gefallene der Jahre 1939-1945 liegen hier begraben – von denen die meisten, kaum zwanzigjährig, einen sinnlosen Tod in den letzten Monaten des Krieges starben, als es nichts mehr zu verteidigen gab.

Nach der Besetzung Roms durch die Alliierten am 4. Juni 1944 und der Räumung von Florenz im August hatten sich die deutschen Truppen auf die sog. „Gotenlinie“ zurückgezogen. Die heftig umkämpfte Verteidigungslinie am Apennin – auch Operationsgebiet der Partisanen – trennte zeitweilig den deutsch besetzten faschistischen Norden vom befreiten Süden Italiens. Am 18. September durchbrachen die Alliierten am *Giogo di Scarperia* das Bollwerk – Firenzuola war bereits eine knappe Woche zuvor bei einem Bombenangriff fast vollständig zerstört worden – und zwangen die Wehrmacht zum weiteren Rückzug. Nach einem verlustreichen Winter kapitulierten die Deutschen am 29. April 1945.

mittelt einen Einblick in die religiöse Kunst des Mugello. Eine Altartafel des *Neri di Bicci* und ein romanisches Weihwasserbecken sind Glanzstücke der übersichtlichen Ausstellung.

Praktische Informationen

- **Info.** *Proloco,* Piazza Giotto 15, Mo-Fr 11.30-13.30 Uhr.
- **Museen.** *Casa di Giotto,* Di, Do 16-19 (im Winter 15-17), Sa/So 10-12, 16-19 Uhr, € 1,55. *Museo Beato Angelico,* Piazza Don Milani, Di, Do, Sa, So 15-17, Sa, So auch 10-12 Uhr, € 2,60.
- **Markt.** Do, Piazza della Vittoria. *Antiquitätenmarkt* jeden 2. So des Monats.

Unterkunft & Verpflegung

- Am Ortsrand liegt ein Park mit künstlichem See, hier findet man den **Soggiorno al Lago** (günstige Mugello-Küche) mit 17 DZ ab € 65; Tel. 8 44 86 38, Fax 8 44 83 01.
- **Villa Campestri** (***). Eines der schönsten Hotels des Mugello in einer sorgfältig restaurierten Medici-Villa in einem großen Park mit Pool und erstklassiger **Küche** (tgl., auch für Auswärtige). 21 Zimmer und Suiten, DZ ab € 145, Suite ab € 180 inkl. BF. Tel. 8 49 01 07, Fax 8 44 83 01. www.villacampestri.it.
- **Trattoria Giotto.** Einfach, bodenständig, gemütlich. Corso Popolo 57, Tel. 84 41 95.

San Godenzo

Ein Abstecher führt durch ein grün eingewuchertes Flusstal nach San Godenzo (404 m), wieder einmal die letzte Station vor einer alten Passstraße über den Apennin. Über den **Passo del Muraglione** (907 m) verkehrte man zwischen der Toscana und der Adria *(Forli* 46 km); in der Straßenmitte ist eine hohe Mauer (der *Muraglione)* gebaut worden, die als Windschutz für die Kutschen diente. Außer der Mauer – und natürlich dem Wind – gibt es dort wenig, aber die Fahrt ist beeindruckend.

In diese wilde Einöde hatte sich im 6. Jh. der Eremit *Gaudenzio* zurückgezogen. 1028 gründeten Benediktiner über seinem Grab eine Abtei, um die sich bald danach ein Ort bildete. Die drei Schiffe der romanischen **Badia** werden von massiven quadratischen Säulen unterteilt, und nicht nur der erhöhte Chor über der Krypta erinnert stark an San Miniato in Florenz (das Apsis-Mosaik – eine Marienkrönung – stammt allerdings aus den zwanziger Jahren). Auf dem Hauptaltar mit dem mumifizierten Körper des Kirchenheiligen steht ein schönes Marien-Polyptychon von *Bernardo Daddi* (1333), in der rechten Chorka-

Giotto-Denkmal in Vicchio (Piazza Giotto)

pelle findet man eine lebensgroße Holzfigur des hl. Sebastian von *Baccio da Montelupo* (1506).

1302 machte die Abtei San Godenzo „Schlagzeilen" als Ort einer Verschwörung. Die das Mugello beherrschenden *Ubaldini* trafen mit Ghibellinen und abtrünnigen Guelfen, u. a. auch mit dem verbannten Dante, zusammen, um gemeinsam gegen Florenz vorzugehen. Nennenswerte Folgen hatte das konspirative Treffen jedoch keine.

Unweit von San Godenzo liegt in einer beeindruckenden Gebirgslandschaft die von 1366 bis 1798 autonome Kommune **Castagno d'Andrea** (727 m), der Geburtsort des wilden Renaissance-Malers *Andrea del Castagno* (1423-1457).

Der kleine, nur auf einer Stichstraße erreichbare Ort ist ein idealer Ausgangspunkt für Wanderungen im urwüchsigen **Falterona-Naturschutzpark** und für eine Besteigung des **Monte Falterona** (1654 m), an dessen Südflanke die Quellen des Arno entspringen (ca. 3 Std. Aufstieg).

Praktische Informationen

- **Information.** *Nationalpark Falterona*, Castagno d'Andrea, Via del Borgo 10, Tel./Fax 8 37 51 25.
- **Museum.** *Badia San Godenzo*, tgl. 8.30-12, 15-17 Uhr.

Unterkunft & Verpflegung

- Ein kleines, familiäres Hotel mitten im Ort mit ordentlichem Restaurant (Ruhetag Di) ist **Agnoletti** (**), 7 Zimmer mit/ohne Bad, DZ ab € 36. Tel. 8 37 40 16.
- **Silvano** (**) ist etwas größer (25 Zimmer) und funktioneller; DZ ab € 50. Tel. 8 37 40 43, Fax 8 37 43 97.

Rufina

In Gegenrichtung führt die SS 67, die *Tosco-Romagnola,* von San Godenzo zurück nach Dicomano und folgt nun zwischen ausgedehnten Weinbergen und -terrassen dem Lauf der Sieve bis zu ihrer Mündung in den Arno.

Es ist rührigen *Vallombrosaner*-Mönchen zu verdanken, die im 18. Jh. das sumpfige Sievetal trockenlegten und die Hügel beiderseits der Ufer mit Oliven und Rebstöcken bepflanzten, dass der Wein des Valdisieve es rasch zu einem außergewöhnlichen Ruf brachte. Nicht zuletzt der legendäre Rote aus **Pomino** (600 m), das man über ein Sträßchen hoch über dem Tal erreicht, war schon damals über die Grenzen der Toscana hinaus bekannt.

Heute ist der nicht sonderlich attraktive Straßenort Rufina Zentrum eines ausgedehnten Anbaugebietes und *Chianti Rufina* ein anerkannter Begriff für DOCG-Qualitätsweine.

Ein **Weinmuseum** befindet sich in der Renaissance-Villa **Poggio Reale** auf einer kleinen Anhöhe über dem Ort. Die Villa wurde nach Plänen eines Schülers von Michelangelo für eine Florentiner Adelsfamilie errichtet und ist seit langem im Besitz der größten Kellerei von Rufina. Den Weinkeller der Villa hatte der Architekt so gut geplant, dass er noch heute zur Lagerung von Fassweinen benutzt wird.

Unterkunft & Verpflegung

- **La Speranza** (***) ist ein alteingesessener Albergo (seit 1852) mit Restaurant, man hat die Wahl zwischen dem Stammhaus (an der Hauptstraße) und einem Neubau (rückversetzt); 29 Zimmer, DZ ab € 62. Via Piave 14/16, Tel. 8 39 70 27, Fax 8 39 70 28.

- **Da Marino** (**) liegt zwar an der Durchgangsstraße außerhalb des Orts (Richtung Pontassieve), aber die Zimmer nach hinten haben einen malerischen Flussblick mit Wasserrauschen vom nahen Wehr. 12 nüchterne Zimmer, viele ohne Bad, DZ max. € 47. Via Masseto 21B, Tel. 8 39 70 30, Fax 8 39 85 67
- **Fattoria di Petrognano.** Sympathisch schlichte Gästezimmer auf einem ehemaligen Anwesen der Bischöfe von Fiesole (das Haupthaus war Kloster) beim Weinort *Pomino.* Pool, Tennis, gute Küche. 7 DZ à € 72 inkl. BF (Appts. nur wochenweise). Tel. 2 60 87 68, Fax 29 01 40.
- In *Montebonello* am Ortsrand von Rufina liegt zwischen Weinbergen die **Osteria La Casellina.** Das freundliche Landhaus bietet eine traditionsverhaftete Küche, je nach Jahreszeit auch Artischocken, Zucchiniblüten oder frische Kräutersaucen auf die Karte setzt. Schöne Sommerterrasse, fast mitten im Weinberg; die Preise sind zivil, Coperto wird nicht berechnet. Ruhetag Mo. Tel. 8 39 75 80.

Praktische Informationen

- **Museo della Vite e del Vino,** Villa Poggio Reale, Do-So 14-19 Uhr, € 2,60.
- **Markt.** Sa Nachmittag.

Pontassieve

Der lebendige, sympathische Ort am Zusammenfluss von Sieve und Arno (20.000 Einw.) liegt zu nahe an Florenz (18 km), um vom Tourismus gebührend wahrgenommen zu werden, andererseits aber nah genug, um von hier aus Ausflüge in die Arno-Metropole (per Zug bzw. Bus) oder ins Umland zu machen.

Ein Stop und ein Bummel durch das **Centro Storico,** das sich malerisch zwischen den Brücken entlang des Flusses hinzieht, ist allemal lohnenswert. Hauptattraktion des alten Handelszentrums, das im Zweiten Weltkrieg stark in Mitleidenschaft gezogen wurde, ist die

Chianti Rufina

Rufina-Weine sind ausgesprochen körperreiche, tanninhaltige Tropfen, die die meisten Chiantiweine (mit Ausnahme der besten des Chianti Classico) an Stofffülle und Langlebigkeit deutlich übertreffen. Allerdings produzieren noch heute zahlreiche Güter eher langweilige Massenware, so dass die Wahl eines guten Erzeugers hier ganz besonders wichtig ist. Neben den noblen Großerzeugern *Frescobaldi* (Castello di Nipozzano) und *Spalletti* (Villa Poggio Reale) sind vor allem *Galiga e Vetrice, Grignano, Bossi* und der Newcomer *Bacciano* (Tel. 8 39 92 50) erwähnenswert. Eine Besonderheit ist der unverwechselbare dunkle, schwere *Pomino* (seit 1716) aufgrund seiner extrem hochgelegenen Kalkböden (bis 700 m).

- Die *Fattoria di Selvapiana* auf halber Strecke zwischen Rufina und Pontassieve befindet sich seit über 100 Jahren im Besitz der Familie *Giuntini;* das Mustergut produziert auch einen Pomino und eines der besten Olivenöle der Toscana. Werktags 9-13, 15-19 Uhr, Tel. 8 36 98 48.
- PS. Die Großkellerei *Ruffino* in Pontassieve stellt entgegen der Annahme keinen Chianti Rufina her.

malerische zweibogige **Ziegelbrücke,** die Cosimo I. 1555 von seinem Hausarchitekten *Ammanati* errichten ließ, und die dem Ort seinen Namen gab.

Praktische Informationen

- **Markt.** Mi, Sa. *Toscanello d'Oro,* Weinmesse in der 3. Maiwoche.
- **Zug & Bus.** Regelmäßige Verbindungen nach Florenz, ins Mugello (Borgo San Lorenzo) und Richtung Arezzo, per Bus auch nach Vallombrosa.
- **Entfernungen** (in km): Florenz 18, Rufina 8, Borgo San Lorenzo 32, Vallombrosa 21.

Unterkunft & Verpflegung

- Das **Moderno** (****) ist ein großes, etwas gesichtsloses Haus, das offenbar für Gruppen konzipiert ist, die Florenz in einem Tagesausflug abhaken; 114 DZ ab € 160 inkl. BF, Via Londra 5, Tel. 8 31 55 41, Fax 8 36 92 85.
- **Locanda Nova** (*), sympathische kleine Pension, deren Betreiber ein Gespür dafür haben, wie man mit einfachen Mitteln seine Gäste verwöhnen kann; gemütlicher Innenhof; 8 Zimmer um € 39 inkl. BF. Via Filli Monzecchi 13, Tel./Fax 8 36 81 92. www.locanda nova.it
- **I Villini** (*). Nicht minder freundlich, etwas abseits gelegen, 7 Zimmer mit/ohne Bad, DZ ab € 45-50. Viale Diaz 28, Tel./Fax 836 81 40, www.ivillini.it
- **Il Girarrosto.** Sieht auf den ersten Blick gar nicht so einladend aus, entpuppt sich aber als solides Lokal mit ausführlicher Karte und erstklassigen Grillgerichten. Ruhetag Mo, Via Garibaldi 27, Tel. 8 36 80 48.

Prato

Würde Prato nicht im unmittelbaren Dunstkreis der Arnometropole liegen, wäre es eine vielbesuchte Stadt, durch die sich die Touristenströme wälzen. Natürlich stiehlt Florenz der kleineren Schwester die Show, aber das heißt noch lange nicht, dass Prato uninteressant oder gar unansehnlich wäre. Ganz im Gegenteil. Wer das historische Zentrum durchstreift, wird Prato nicht nur als eine **bedeutende Kunst-,** sondern auch als **angenehme Einkaufsstadt** schätzen lernen.

Seitdem Prato eine eigenständige Provinz ist (1992) und sich endlich von der Bevormundung durch die Florentiner befreit hat, sind die Pratesi doppelt so stolz auf ihre Stadt, die seit 1351 unter der Oberhoheit des mächtigen Nachbarn stand. Die **drittgrößte Stadt der Toscana,** am Ausgang des Bisenzio-Tals gelegen, verdankt ihre Dynamik und ihren Wohlstand seit je der **Textilindustrie.** Bereits im 12. Jh. wimmelte es in der aufstrebenden Kommune (1187) nur so von Wollspinnereien, und Kaufleute wie der legendäre *Francesco Datini* (1335-1410) nahmen es an Wirtschaftskraft ohne weiteres mit jedem Magnaten in Florenz auf. Der ökonomische Aufschwung ermöglichte es den wohlhabenden Stadtvätern sogar, zeitweise einige der besten Künstler der Zeit wie *Giovanni Pisano* oder *Bernardo Daddi* den Florentinern abspenstig zu machen. Diese rächten sich und kauften 1351 gleich die ganze Stadt von den neapolitanischen Anjou, unter deren Schutz sich die von Florenz wie Lucca bedrängte Kommune gestellt hatte. Die Pratesi behielten eine beschränkte politische Autonomie und luden weiterhin Koryphäen wie *Michelozzo, Donatello, Filippo Lippi* oder *Giuliano da Sangallo* zur Verschönerung ihrer Stadt ein.

Den größten **wirtschaftlichen Aufschwung** erlebte Prato nach dem Zweiten Weltkrieg durch die Verarbeitung von Lumpen aus Europa zu Billigstoffen für den Weltmarkt. Zwischen 1950 und 1975 vervielfachte sich die Einwohnerzahl auf über 150.000. Als in den siebziger Jahren die Länder der Dritten Welt auf den Markt drängten, kam es zu einer ernsthaften Krise. Im Zuge der Umorientierung fand man nicht nur zu einer Rückbesinnung auf traditionsreiche Qualitätsware, sondern man versuchte gleichzeitig, das Image der „Lumpenmetropole" abzustreifen und sich der kulturellen Vergangenheit zu erinnern. Heute bestreitet Prato nahezu 75 % der gesamten Textilproduktion Italiens und stellt auch hochwertige Stoffe für namhafte Designer her.

Orientierung

Trotz der industriellen Entwicklung hat der historische Kern in der Form eines unregelmäßigen Sechsecks (Stadtmauer des 14. Jh.s) sein mittelalterliches Aussehen nahezu bewahrt. Tore, u. a. die nur noch dem Namen nach existierende *Porta al Serraglio* im Norden und die entgegengesetzte *Porta Santa Trinità* (Autostrada A 11) führen in die Innenstadt mit der zentralen **Piazza del Comune** im Kreuzungspunkt der alten Hauptwege. Im Osten wird die Altstadt vom *Bisenzio* begrenzt, Brücken verbinden mit dem linken Flussufer und der Neustadt (Hauptbahnhof). Wie immer ist es für Autofahrer ratsam, außerhalb des Mauerrings zu parken.

Sehenswertes

Cattedrale di Santo Stefano

Die Besonderheit des nach romanisch-pisanischem Vorbild grünweiß gestreiften Doms (Baubeginn 1211 nach Plänen von *Giudo da Como,* im 14. Jh. vergrößert, seit 1653 Bischofskirche) ist seine ganz und gar außergewöhnliche, von einem Baldachin beschirmte **Außenkanzel** *(pergamo).* Von ihr aus wird dem Volk unten auf der Piazza seit dem 15. Jh. an bestimmten Feiertagen ein Gürtel gezeigt, von dem die Sage geht, er habe der Madonna gehört. *Michelozzo,* der große Architekt, und *Donatello,* der berühmte Bildhauer, wurden 1434 mit der Ausführung des Renaissancekunstwerks beauftragt. Eine einzige Säule in der Mitte stützt den beinahe orientalisch anmutenden Baldachin, außen an der Brüstung tanzen Donatellos anmutige Marmorputten nicht minder grazil als an seiner herrlichen Sängerkanzel in Florenz (das Original befindet sich im Dommuseum).

Innen ist die Kirche streng in drei Langhäuser unterteilt, aufgelockert durch grüne Marmorsäulen.

In der Hauptchorkapelle hinter dem Hochaltar finden wir *Filippo Lippis* berühmten **Freskenzyklus** zur Geschichte Johannes des Täufers, des

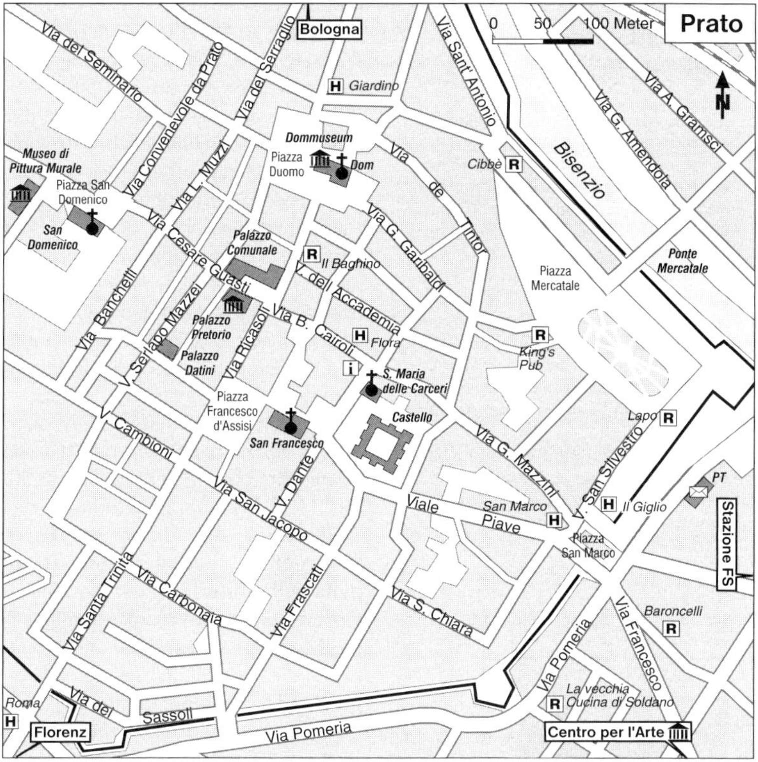

Stadtheiligen von Florenz, und Stephans, des Kirchenpatrons, den er mit seinem Gehilfen *Fra Diamante* ab 1452 ausführte (dem gleichen Jahr, in dem *Piero della Francesca* in Arezzo mit den Arbeiten an der Kreuzeslegende begann). An der rechten Seitenwand sehen wir Geburt und Namensgebung des Täufers, Abschied von den Eltern und Predigt in der Wüste. Den Höhepunkt bildet das *Gastmahl des Herodes* mit der anmutig tanzenden Salome – die Züge der Nonne *Lucrezia Buti* tragen soll, mit der der lebenslustige Karmelitermönch zwei Kinder, darunter den Sohn Filippino, zeugte – und der Präsentation des abgeschlagenen Hauptes, von dem sich die Gäste voll Ekel abwenden. Die schwarzgewandeten Mönche bei der Leichenfeier des hl. Stephanus (linke Wand, ganz rechts) sollen Selbstbildnisse der beiden Maler sein. Die Kapelle wird momentan restauriert und

La cintola, Pratos heiligste Reliquie

Als die Madonna gen Himmel fuhr, warf sie ihren Gürtel (Zeichen der Jungfräulichkeit) dem Apostel Thomas zu, der ihn vor seinem Ableben an einen Priester weitergab, dessen Tochter einen ausländischen Kreuzfahrer, nämlich *Michele Dagomari* aus Prato, liebte. Als Mitgift gelangte die wertvolle Reliquie nach Prato. Da sich Kirche und Stadt aber nicht einigen konnten, wer das kostbare Gut verwahren sollte, wurde ein Schrein mit zwei Schlüsseln angefertigt, von denen einen der Propst, den anderen der Bürgermeister erhielt.

Bis heute kann der Schrein nur mit beiden Schlüsseln geöffnet werden, wenn der Heilige Gürtel auf der Außenkanzel des Doms präsentiert wird (s. u.).

kann während dessen nur Sa 10, 11, 16, 17 und So 10, 11 Uhr mit Voranmeldung (Tel. 2 41 12) besucht werden, € 8.

Der Meister, der um das Jahr 1435 die rechts anschließende **Kapelle der Assunta** (Mariä Himmelfahrt) freskierte (neben Heiligenfiguren sind Episoden aus der Stephanslegende und dem Marienleben zu sehen), wird heute mit *Paolo Uccello* identifiziert. Kein anderer bedeutender Maler seiner Zeit beherrschte die schwierigen perspektivischen Linien so gekonnt wie er – die phantasievollen Szenen in kräftigen Farben sind eine echte Augenweide.

Im linken Seitenschiff verdient noch die Kanzel mit den Reliefs des *Mino da Fiesole* Beachtung (erneut Gastmahl des Herodes und Enthauptung des Täufers, um 1473). In der mit einem Bronzegitter abgeschlossenen **Cappella della Cintola,** in der der Heilige Gürtel aufbewahrt wird, erzählt ein Freskenzyklus (1392-1395) des *Agnolo Gaddi* die Legende der Reliquie. Ihr eigentlicher Höhepunkt freilich, die Übergabe des Gürtels, wurde bei einem späteren Fensterdurchbruch zerstört. Auf dem Altar eine *Madonna mit Kind* (1317) von Giovanni Pisano.

Museo dell'Opera del Duomo

Im Bischofspalast aus dem 15. Jh. mit einem herrlichen Kreuzgang neben dem Dom ist das Dommuseum untergebracht. Im Mittelpunkt der Sammlung stehen die sieben Originalreliefs der **Donatello-Kanzel,** deren Restaurierung mittlerweile abgeschlossen ist.

Großartig ist das Altarbild der *Beweinung des hl. Hieronymus* von Filippo

Lippi. Ganz rechts kniet der Prälat Gemignano Inghirami, der die Tafel um 1460 in Auftrag gegeben hatte (sein Familienwappen befindet sich am unteren Bildrand); sehr schön kontrastiert Lippi die schmerzreichen Gesichter der Trauernden mit den ruhigen, friedvollen Zügen des Verstorbenen.

Auch sein Sohn *Filippino Lippi* und *Paolo Uccello* sind mit Werken vertreten, weiterhin werden Miniaturen, Chorbücher, sakrale Gegenstände und Goldschmiedearbeiten ausgestellt. Nicht versäumen sollte man, einen Blick in die weitläufige, teils freskierte, teils mit Wappen ausgeschmückte *Krypta* zu werfen.

Piazza del Comune

Nur wenige Meter vom Domplatz entfernt bildet der Rathausplatz das profane (und geografische) Zentrum des Stadtkerns. Hier liegen sich der mit einem Bogengang versehene *Palazzo Comunale* (14.-16. Jh.) und der imposante, aus verschiedenen Bauelementen zusammengesetzte **Palazzo Pretorio** gegenüber. Gegen 1250 als Geschlechterturm einer guelfischen Sippe errichtet, wurde er 1284 zum Amtssitz des *Capitano del Popolo* bestimmt und im 14. Jh. in gotischen Formen ausgebaut.

Charakteristisch ist die zum erhöhten Eingang führende Freitreppe. Im Inneren des Palastes, der seit 1912 das Stadtmuseum (s. u.) beherbergt, sind vor allem die schönen Balkendecken der oberen Räume sehenswert.

Das Denkmal auf dem Platz zeigt den berühmten Prateser *Francesco di Marco Datini* (1335-1410), der einer der reichsten Männer seiner Zeit war. Der „betuchte" Kaufmann und Stofffabrikant, der mit über 200 Städten zwischen Stockholm und Beirut Handel trieb und zudem Herr einer eigenen Bank war, gilt als der Erfinder des Wechsels und der doppelten Buchführung, seine umfangreiche Korrespondenz (über 100.000 Briefe) als die reichste Fundgrube für Quellenmaterial zur Wirtschaftsgeschichte des Mittelalters überhaupt (s. *Palazzo Datini,* S. 221).

Museo Civico

Dem Museum ist ein besonderes Lob für Besucherfreundlichkeit auszusprechen: optimale Beleuchtung und Beschriftung sowie ausreichende Sitzgelegenheiten machen den Besuch zu einem wahren Vergnügen.

Zu den besonderen Exponaten der Sammlung zählt die farbenprächtige Predella Bernardo Daddis mit dem spezifisch Prateser Thema der *Geschichte des Gürtels* (1337). Doch natürlich sind auch die Lippis vertreten, auch sie in enger Verbindung zu Prato. 1453 schuf Vater Filippo eine **Madonna del Ceppo** (so nannte sich eine gemeinnützige Stiftung der Datini), in der der mächtige Francesco Datini als kleine Stifterfigur demütig zu Füßen der thronenden Jungfrau kniet. Während seiner Zeit in Prato illustrierte Filippo (zusammen mit Fra Diamante) auch die Geschichte der Gürtelreliquie: seine *Madonna della Cintola* fährt bereits in de'Glorie gen Himmel auf, als sie dem ungläubigen Thomas ihren Gürtel reicht. Von seinem Sohn Filippino, der 1457 in Prato geboren wurde, ist u. a. ein *Tabernakel* zu sehen, das er für das Haus seiner Mutter verfertigt haben soll; eine *Madonna* mit dem Domheiligen Stephanus und Johannes (1501) rührt durch die stumme Zwiesprache zwischen dem struppigen Täufer und dem neugierigen Jesuskind.

Auch *Luca Signorelli, Andrea della Robbia* und *Benedetto da Maiano* begegnet man auf dem Rundgang. Spätere Generationen sind durch so unterschiedliche Künstler wie beispielsweise *Jan van Kessel, Alessandro Salucci, Antonio Marini* und *Alessandro Franchi* vertreten.

Museo di Pittura Murale

Vom Kreuzgang der gotischen Kirche *San Domenico* (Seiteneingang von Giovanni Pisano, 1317, im Innern barockisiert) hat man Zugang zum **Museum für Wandmalerei.** In dem weitläufigen Kloster aus dem 14. Jh., in dem das Museum untergebracht ist, hielt *Savonarola* im April 1496 eine seiner glühenden Predigten. Die abgelösten Fresken und/oder Entwürfe stammen von Künstlern wie *Niccolò Gerini, Agnolo Gaddi* und *Paolo Uccello.* Insbesondere die Vorzeichnungen *(Sinopien)* mit Rötelstift geben einen ausgezeichneten Einblick in die Technik der Freskomalerei. Da jeder Sinopie in einem Schaukasten eine Abbildung des erhaltenen Freskos beigefügt ist, lassen sich auch Varianten erkennen bzw. fehlende Stellen rekonstruieren.

Castello dell'Imperatore

Ein einzigartiges **Beispiel staufischer Architektur** in Mittelitalien stellt die massive Kaiserburg mitten im Zentrum von Prato dar. *Friedrich II.* ließ sie in der damals kaisertreuen Ghibellinenstadt 1237-1248 als Stützpunkt für seine Armeen zwischen Deutschland und seinen Herrschaftsgebieten in Sizilien, Kampanien und Apulien errichten.

Das imposante Kastell besticht durch seinen klaren quadratischen Aufbau und die perfekte Symmetrie seiner Formen. Die vier Wachtürme mit quadratischem Unterbau waren bis 1768 etwa doppelt so hoch wie die heutigen; der ghibellinische Zinnenkranz, der die Außenmauern der begehbaren Wehrgänge krönt (kein Zutritt wegen Einsturzgefahr), ist eine Rekonstruktion unseres Jahrhunderts. Der einst von Säulengängen umgebene Innenhof wurde im Lauf der Jahrhunderte seiner ursprünglichen Bebauung beraubt.

Schräg gegenüber der Festung erhebt sich an der Stelle der ehemaligen Kerker der Zentralbau der Renaissance-Kirche **Santa Maria delle Carceri** von *Giuliano da Sangallo* (1484- 1495). Im Innern Majolika-Fries und Tonden von *Andrea della Robbia.*

San Francesco

Vom Kastell sind es wenige Schritte bis zu den Backsteinmauern der Franziskanerkirche mit ihrer gestreiften, von einem Renaissancegiebel abgeschlossenen Fassade (um 1300). Im Innern befinden sich die Grabmäler von

Francesco Datini (am Hauptaltar) und des Propstes *Inghirami* (im linken Seitenschiff). Ein Kreuzgang führt zur gotischen **Cappella Migliorati** im ehemaligen Kapitelsaal des Konvents, die im Auftrag der Familie *Migliorati* um 1395 von dem Florentiner *Niccolò di Pietro Gerini* freskiert wurde. Gerini, der sich in Prato bereits eine Reputation durch seine Arbeiten im Palazzo Datini erworben hatte, malte an der zentralen Wand eine dramatische Kreuzigung, eingerahmt von Episoden aus dem Leben des hl. Antonio Abate (links) und des Apostels Matthäus. Die vier Evangelisten mit ihren Symbolen an der Decke sowie Heilige und Apostel an der Eingangswand vervollkommnen die prachtvolle Ausmalung der Kapelle, die nach der 1997 begonnenen Restaurierung sicher noch wirkungsvoller zutage treten wird.

Palazzo Datini

Das einst noch weitaus umfangreichere Wohn- und Geschäftshaus der reichen Prateser Kaufmannsfamilie – mit dekorativen Malereien u. a. von *Niccolò di Pietro Gerini* selbst im Innenhof – ist das seltene Beispiel eines spätgotischen Palastes, dessen Wand- und Deckenverzierungen zumindest noch teilweise erhalten geblieben sind. Der opulente Freskenschmuck der Außenwand, leider nicht mehr vollständig, wurde 1410 nach Francesco Datinis Tod in Auftrag gegeben und erzählt in 16 Bildern das Leben des Familienpatriarchen. Heute befinden sich hier der Sitz der von Datini gegründeten gemeinnützigen Stiftung *Ceppo* und das *Datini-Archiv*.

Bei einer Restaurierung des Gebäudes wurden 1870 Verträge, Kontobücher, Briefe und Versicherungspolicen entdeckt, die jahrhundertelang unter einer Treppe eingemauert waren. Rund 125.000 Schriftstücke des Datini-Imperiums kamen zum Vorschein und sind z. T. im Archiv (nur auf Voranmeldung) einzusehen.

Piazza San Marco & Piazza Mercatale

Das zeitgenössische Gegenstück zur *Piazza del Comune* bildet der pulsierende Verkehrsknotenpunkt **Piazza San Marco** am Südostrand des Mauergürtels mit *Henry Moores* Plastik *Viereckige Form mit Einschnitt* (1974) als zentralem Ruhepunkt. Die nahegelegene, weitläufige **Piazza Mercatale** war dagegen bereits im 12. Jh. ein geschäftiger Markt – ein Bilderbuchplatz.

Palazzo Comunale mit Datini-Statue

Unbedingt sollte man von der *Porta Mercatale* einen Blick auf den Bisenzio und die hübschen Villen am gegenüberliegenden Ufer werfen.

Centro per l'Arte Contemporanea Luigi Pecci

Außerhalb der Altstadt unweit der Autostrada Firenze-Mare befindet sich Pratos neuer pompöser Museumskomplex für zeitgenössische Kunst, eine ausgesprochene Rarität im heutigen Italien (und ausdrücklicher Nachweis von Pratos Progressivität). Das 1988 von dem Industriellen *Enrico Pecci* gesponsorte und nach seinem Sohn Luigi benannte Zentrum (Entwurf von *Italo Gamberini)* versteht sich nicht nur als ein traditionelles Museum (Wechselausstellungen, weitläufiger Skulpturenpark), sondern als ein internationales Forum für interdisziplinäre zeitgenössische Kunst und Didaktik (Malerei, Plastik, Design, Videokunst etc.).

Praktische Informationen

- PR. 172.000. 63 m. **Tel. 05 74.**
- **Information.** *APT,* Piazza S.M. delle Carceri 15, sehr kompetentes Büro gegenüber dem Kastell, 9-13, 15-18 Uhr. Tel./Fax 2 41 12. info@prato.turismo.toscana.it.
- **Internet.** *Internet Train,* Viale della Repubblica 284, Tel. 59 67 64, info@internettrain.it.
- **Parken.** Zeitlich limitiert und gebührenpflichtig ist das Parken auf den Plätzen Mercatale, S.M. in Castello, San Francesco.
- **Markt.** Mo, Piazza del Mercato Nuovo. Jeden 2. So des Monats *Ökomarkt* auf der Piazza Comune.
- **Feste.** *Festa del Sacro Cingolo* (Präsentation des hl. Gürtels) am 1. Mai, 15. Aug., 8. Sept. und 25. Dez. *Palio dei Ciuchi* (Eselsrennen) in *Carmignano* (10 km südl.) am 29. Sept.

Verkehrsverbindungen

- **Bus.** Mit CAP innerhalb der Stadt, zu allen größeren Ortschaften der Provinz sowie von/nach Siena, Pistoia, Florenz (alle 15 Min. ab Piazza Stazione, € 1,80/L 3500). Info und Tickets: Piazza Duomo 17.
- **Zug.** Station der Bahnlinien Florenz-Bologna (Hbf., über Vaiano, Vernio) und Florenz-Pistoia-Lucca-Viareggio (Hbf. oder Station *Porta al Serraglio* näher am Zentrum).
- **Entfernungen** (in km): Florenz 17, Pistoia 18, Poggio a Caiano 9, Artimino 18, Lucca 50, Pisa 82, Siena 79, Livorno 91, Arezzo 84.

Unterkunft

- **Art Hotel Museo** (****). Quasi als Ergänzung zum neuen Kunstzentrum gedacht, mit Pool, Sauna und Tennis, aber unmittelbar an der Autobahn; 110 Zimmer, DZ € 180 inkl. BF. Viale della Repubblica 289, Tel. 57 87, Fax 57 88 80. www.arthotel.it
- **Flora** (***). Zweifelsohne das sympathischste Hotel im historischen Zentrum; wohnlich, elegant und gut geführt. 31 Zimmer um € 135 inkl. BF; Via Cairoli 31, Tel. 3 35 21, Fax 40 02 89.
- **Giardino** (***). Gleich um die Ecke beim Dom, modern, aber auch etwas betulich; 28 DZ ab € 119 inkl. BF. Via Magnolfi 4, Tel. 60 65 88, Fax 60 65 91.
- **San Marco** (***) an der verkehrsreichen Piazza San Marco am Rand der Altstadt wäre fast ein untadeliges Haus für seinen Preis, wäre nur nicht der störende Verkehrslärm; 41 Zimmer, DZ ohne/mit Bad € 65/92 inkl. BF. Piazza San Marco 48, Tel. 2 13 21, Fax 2 23 78.
- **Il Giglio** (**). Für das, was es ist, ganz gemütlich, 12 Zimmer meist ohne Bad um € 60-72. Piazza San Marco 14, Tel. 3 70 49, Fax 60 43 51.
- Weniger zu empfehlen sind das lärmige **La Toscana** (**), 19 Zimmer ohne/mit Bad um € 57/62, Piazza Ciardi 3, Tel. 2 80 96, Fax 2 51 63 und das allzu bescheidene **Roma** (*), 12 Zimmer um € 60, Via Carradori 1, Tel. 3 17 77.

Essen & Trinken

- **Il Pirana.** Unattraktiver kann ein (toscanisches!) Lokal kaum liegen, aber das stört die Gäste nicht. Hier bummelt garantiert niemand zufällig vorbei, hier bestellt man (möglichst rechtzeitig) seinen Tisch und weiß, was man will: frischen Fisch essen. Und den gibt es reichlich und in allen Variationen. 6-Gänge-Menü um € 50-60. Ein echtes Highlight, wenn auch sicher nicht gerade „super-toscanisch". Ruhetag So und Sa mittags. Via Valentini 110, Tel. 2 57 46.
- **Osvaldo Baroncelli.** Das elegante, intime Restaurant wird von manchen Gastroführern als Musterbeispiel für innovative toscanische Küche gepriesen; Menü um € 50 plus 10 % Servizio, Ruhetag So und Sa mittags. Via Fra Bartolomeo 13, Tel. 2 38 10.
- **Il Baghino.** Gemütliches, aber nicht gerade billiges Traditionslokal im historischen Zentrum (12 % Servizio). Ruhetag So und Mo mittags. Via dell'Accademia 9, Tel. 2 79 20.
- **Lapo.** Sympathische Trattoria im alten Stil mit entsprechender Küche & Klientel; der Speisesaal erinnert an eine Wartehalle, Tische im Freien unter der Loggia. Ruhetag So. Piazza Mercatale 141, Tel. 2 37 45.
- Das **Tonio** am gleichen Platz wird zwar häufig gelobt, doch wenn es in Prato so etwas wie eine „Touristenfalle" gibt, dann hier.
- **King's Pub.** Beliebte Pizzeria am Mercatale mit Tischen zum draußen Sitzen, auch kleine Gerichte und Salate; Ruhetag Mi. Via Garibaldi 148, Tel. 2 86 41.
- **La vecchia Cucina di Soldano** heißt eine gutbesuchte und urgemütliche Trattoria, die voll auf traditionelle Küche mit geradezu „altmodischen" Preisen setzt (Secondi um € 5-8, kein Coperto). Ruhetag So, Via Pomeria 23, Tel. 3 46 65.
- **Cibbè.** Hier essen wir im Grunde am liebsten. Sympathische, intime Osteria mit sorgfältigen, traditionellen Gerichten und kleiner Terrasse auf der Piazza Mercatale (No. 49). Ruhetag So. Tel. 60 75 09.
- **Mattei,** Via Ricasoli 20, bäckt mit die besten *Cantucci* der Toscana.
- *Filettole* (2 km nördl.) ist ein Ausflugsort in den Hügeln. Auch wenn die Anfahrt auf kurvigen Sträßchen für Ortsunkundige schwierig ist, **La Fontana** kennt jeder – und zurück kommt man schon. Man isst ländliche Ribollita, im Sommer einen der zahlreichen Salate, um sich auf ein Grillgericht einzustimmen (€ 8-15) und mit hausgemachten Kuchen abzuschließen. Ruhetag Mo und So abends. Via di Canneto1, Tel. 2 72 82.

Museen

- **Dommuseum,** Piazza Duomo, außer Di 9.30-12.30, 15-18.30, So 9.30-12.30 Uhr, € 5.
- **Museo Civico,** Piazza Comune. Wegen Renovierung geschlossen, die Hauptwerke sind währenddessen im Museo di Pittura Murale zu sehen.
- **Museo di Pittura Murale,** Piazza San Domenico, außer Di 10-18 Uhr, So nur vormittags, € 5.
- **Museo del Tessuto** (Stoffmuseum), Piazza Comune, außer Di, Sa nur vorm., 10.30-18.30 Uhr, € 2,60, So Eintritt frei.
- **Duomo,** tgl. 7-12, 13.30-19 Uhr.
- **Castello,** außer Di 9-13, 16-19 Uhr, € 2.
- **San Francesco,** Piazza San Francesco, tgl. 8-12, 16-19 Uhr.
- **Palazzo Datini,** Via Renaldesca Ecke Ser Lapo Mazzini, außer So 9-12, 16-18 Uhr, frei.
- **Centro per l'Arte Contemporanea,** Via della Repubblica 277, außer Di 10-19 Uhr, € 6,20. Bus No. 7/8 ab Zentrum.
- Infos zu den **Medici-Villen** in *Poggio a Caiano* und *Artimino* (La Ferdinanda) s. S. 205.

Chianti-Gebiet – Zwischen Florenz & Siena

Blick auf San Gimignano
Schinkenparadies im Chianti
Im Garten des Castello di Uzzano

Chianti Classico

Es gibt lieblichere, ursprünglichere und abwechslungsreichere Landschaften, und trotzdem gilt das Land der sanft gewellten Hügelketten zwischen Florenz und Siena nicht ganz zu Unrecht als das „Herz der Toscana".

Mönche und Adelige bauten hier, auf Höhen zwischen 250 und 550 m, schon im Mittelalter den berühmtesten Wein Italiens an. Da es für diesen Wein jedoch weder historisch noch geografisch eindeutige Kriterien gab und gibt, nennt man das Zentrum der Region mit den fünf „klassischen" Erzeugerorten der mittelalterlichen **Lega del Chianti** - *Greve* und *Castellina* in der heutigen Provinz Florenz, *Radda, Gaiole* und *Castelnuovo Berardenga* in der heutigen Provinz Siena - das *Chianti Classico.*

Wer heutzutage voller Bewunderung auf die „schöne alte" Kulturlandschaft blickt, irrt allerdings gewaltig. Denn zumindest bis zum 16. Jh., ehe es den von Kaufleuten zu Adeligen aufgestiegenen Medici gelang, den ewigen Widersacher Siena auszuschalten und ihre Macht über die gesamte Toscana auszudehnen, glichen die sanften Hügel und lieblichen Täler der Region eher verbrannten und verdorrten Schlachtfeldern, nur hin und wieder durchbrochen von kleinen versprengten Trutzburgen und ärmlichen Marktflecken, die mal dem einen, mal dem anderen Tribut schuldeten und sich eher schlecht als recht über Wasser hielten. Aufgrund seiner Geschichte ist das Chianti Classico in seinem Kern noch heute teils bäuerlich und teils aristokratisch geprägt. Wie vor 500 und 1000 Jahren dominieren **Burgen, Schlösser** und **Abteien** das Land (fast ausnahmlos Sitze renommierter Weingüter und Luxushotels), gibt es aber weder bedeutende Städte und Ortschaften *(Greve in Chianti,* der einzige größere Ort, entstand im Grunde erst nach der Vereinigung Italiens im 19. Jh.) noch Kirchen oder Baudenkmäler, und selbst die charakteristischen „pittoresken Dörfer" der Toscana bilden hier eher die Ausnahme als die Regel. Die ursprünglichen feudalen Strukturen sind noch heute allerorts evident in Form trutziger, selbstgenügsamer Kastelle und Abteien, die, anders als in der übrigen Toscana, nie feste, dauerhafte Ansiedlungen um sich herum ausbildeten.

Erst zur Blütezeit der Kommunen, als der Handel im ganzen Land explodierte, wuchsen in den Tälern erste bescheidene Marktflecken unter dem Schutz der Lehnsherren heran, die ihre Burgen im Lauf des 16. Jh.s in prächtige Villen und Güter umzuwandeln und in die Landwirtschaft zu investieren begannen. Schon Mitte des 16. Jh.s bildeten die Weine den wichtigsten Wirtschaftsfaktor und wurden bis nach England exportiert. Die *Mezzadria,* die Halbpacht, eine neue und „ökonomischere" Form der Leibeigenschaft, entstand, bei der die Bauern die Arbeit und Verantwortung hatten, aber nur die Hälfte der Erträge erhielten. Vom Chianti aus eroberte dieses System nach und nach die gesamte Toscana und wurde im Grunde erst nach dem Zweiten Weltkrieg (offiziell 1967) abgeschafft. Die Bauern sind noch heute die Bauern (außer dass sie das Land, das sie bearbeiten, heute womöglich auch besitzen), während sich der Adel zunehmend in eine multikulturelle Finanzaristokratie verwandelt hat, die exklusive Landhotels und Weingüter für die Konsumelite dieser Welt betreibt.

Während die Weine im Lauf der letzten Jahrzehnte ohne Zweifel immer besser geworden sind (wenn auch ironischerweise bis zu einem Punkt, an dem sie oft nicht mehr als „Chianti“ klassifiziert werden dürfen), hat sich die **klassische Landschaft** des Chianti durch den Rebanbau deutlich zu ihrem Nachteil verändert. Aus malerischen, natursteinummauerten Terrassen, die sich an sanfte, mit Ölbäumen und Zypressen bestandene Hügel anschmiegen, sind weiträumig planierte Anbauflächen geworden, die das Land ihrer natürlichen Vegetation berauben und das wellig-harmonische Terrain zu nivellieren beginnen. Wer nicht weiß, wie es im Chianti noch vor 20, ja 10 Jahren ausgesehen hat, wird den Verlust freilich kaum bemerken, und im Vergleich zu so manch anderen großen Weinbaugebieten der Welt – Piemont, Bordeaux, Baden, Burgund – mag das Chianti gar heute noch als geradezu „ursprünglich und unberührt“ durchgehen.

So oder so, ohne seinen unermüdlichen „Herzschrittmacher“, den Wein, wäre das „Herz der Toscana“ heute schon lange am Ende. Und ohne den Mythos des **Gallo Nero,** des legendären Schwarzen Hahns als erstem Markenzeichen der Welt, gäbe es mit Sicherheit nicht jene Besuchermassen, die sich jedes Jahr zwischen Ostern und Oktober durch die „alte Kulturlandschaft“ des Chianti wälzen.

Überblick & Orientierung

Mehr noch als für andere Regionen ist eine gute **Straßenkarte** unentbehrlich, da gerade die Burgen, Schlösser und Weingüter, die den Reiz des Chianti ausmachen, auf den meisten Karten nicht verzeichnet sind. Zu empfehlen ist die Faltkarte *Il Chianti* (1:70.000) vom *APT* Firenze, die man in Florenz oder bei einem der Fremdenverkehrsvereine in Deutschland gratis anfordern kann.

Die klassische Route folgt der traditionsreichen **Chiantigiana** (SS 222) von Florenz nach Siena. **Von Florenz** aus erreicht man sie am besten über die Autobahnausfahrt *Firenze-Certosa;* beim Kreisverkehr nimmt man die Via Cassia Richtung San Casciano und biegt nach ca. 1 km nach *Impruneta* (14 km) ab. Über **Greve** (31 km) und **Castellina** (51 km) führt die SS 222 bis vor die Tore von **Siena** (74 km), während die SS 429 von Castellina nach **Radda** (67 km) und **Gaiole** (77 km) führt. Von Gaiole gelangt man über **Castelnuovo Berardenga** (105 km) oder direkt auf der SS 408 nach **Siena** (134 bzw. 107 km).

Die Distanzen sind kurz, aber die Wege lang. Die Landstraßen des Chianti sind alles andere als Rennstrecken, die Ausschilderung ist oftmals verwirrend oder inexistent, und jede Abweichung, sei es, dass man sich verfahren hat oder ein Kastell oder Weingut besuchen will, führt fast unweigerlich zu unvorhergesehenen Verzögerungen.

Unterkünfte

Aufgrund des Fehlens größerer Städte sind Unterkünfte vergleichsweise rar, teuer und während der Hauptreisezeit(en) oft ausgebucht. Aus dem gleichen Grund gibt es überproportional viele Luxusherbergen und Feriendomizile, aber eine eher dünne Auswahl an preisgünstigen Quartieren für den Durchreisenden. Ausweichmöglichkeiten bietet die Hotellerie der größeren Orte entlang der Via Cassia wie Poggibonsi, Colle Val d'Elsa etc.

Impruneta

Dank seiner Lage an der Via Cassia schon seit der Antike ein bedeutender Markt vor allem für Stroh- und Töpferwaren, gilt Impruneta noch heute als Hochburg der **Terracotta** und wimmelt nur so von Keramikwerkstätten aller Art. Die elegante **Pieve di Santa Maria** am Hauptplatz mit dem zinnengekrönten Turm aus dem 13. Jh. wurde im 15. Jh. im Renaissancestil (Loggienvorbau und Innenraum) vollendet; die beiden Kapellen im Innern werden *Michelozzo* zugeschrieben. In einem silbernen Tabernakel am Altar befindet sich die wundertätige Madonna, die bei Gefahr von Kriegen, Dürren und Seuchen in einer feierlichen Prozession bis ins 14 km entfernte Florenz getragen wurde, darüber eine *Kreuzigung* in Terracotta von Luca della Robbia. Das angeschlossene Museum zeigt eine sehenswerte Sammlung mittelalterlicher Handschriften *(Codici Miniati)*, Voranmeldung Tel. 2 01 10 72.

In der dritten Oktoberwoche feiern Madonnenkult und Markttradition Wiederauferstehung in Form der **Fiera di San Luca** mit historischen Umzügen, Pferderennen, Feuerwerk, Tier- und Jahrmarkt.

Praktische Informationen

- **Info.** Via Mazzini 1, **Tel. 055**/2 31 37 29.
- **Unterkunft.** Zu empfehlen ist das *Bellavista* (*) mit Dachterrasse und schönem Blick auf Piazza und Kirche; 11 Zimmer, DZ ab € 62, Via della Croce 2, Tel. 2 01 10 83.
- **Keramik.** Eine absolute Spitzenadresse ist **Manetti Gusmano,** deren noch heute wie seit Jahrhunderten ausnahmslos handwerklich hergestellten Fliesen z. B. den Dom in Florenz und die Uffizien bedecken. Nicht billig, aber allerhöchste Qualitätsware. (PS. Sie sind auch die Eigner des renommierten Weinguts *Fontodi.)* Loc. Ferrone, Tel. 85 06 31, Fax 85 04 61. www.cottomanetti.com

Greve in Chianti

Die einzig nennenswerte städtische Siedlung des Chianti war noch im Mittelalter nichts weiter als ein Marktflecken der umliegenden Burgen und Schlösser und wuchs erst nach der Vereinigung Italiens Ende des 19.Jh.s zu einer veritablen Ortschaft heran. Glanzstück Greves ist der außergewöhnlich schöne, von vorgebauten Laubengängen und Terrassen gesäumte **Marktplatz,** der langgezogen-dreiecksförmige *Mercatale* mit seinen Hotels, Cafés, Delikatess- und Kunstgewerbeläden und der umfangreichsten Önothek des Chianti (heute: *Piazza Matteotti*). Mitten auf dem Platz thront die Statue des nahe bei Greve geborenen Seefahrers *Giovanni da Verrazzano*, an den heute in New York die Verrazzano-Bridge zwischen Brooklyn und Staten Island erinnert. Noch heute findet hier jeden Samstag Markt statt und im September die einem Volksfest ähnelnde **Sagra dell'Uva,** die größte Weinmesse des Chianti Classico. Die Kirche *Santa Croce* am oberen Ende der Piazza enthält ein schönes *Madonnen*-Fresko des „Meisters von Greve" (16. Jh.), das ursprünglich auf dem Platz aufbewahrt wurde, und ein wertvolles *Triptychon* des Florentiners Bicci di Lorenzo (um 1420, rechts des Chors).

Montefioralle

Von der hoch über Greve thronenden Festung aus kontrollierte Florenz jahrhundertelang die Wege nach Norden, ehe die Unterwerfung Sienas (1555) sie überflüssig machte und die Mehrzahl der Bewohner ins Tal übersiedelte. Das mittelalterliche Burgdorf, eine absolute Rarität im Chianti, besteht praktisch nur aus einer einzigen Gasse, die ringförmig um die Kirche *Santo Stefano* führt. In einem der Häuser des verwinkelten Borgo soll 1451 Verrazzanos Weggefährte *Amerigo Vespucci* geboren worden sein, der Amerika seinen Namen verlieh; er starb, nachdem er in spanischen und portugiesischen Diensten mehrfach den Atlantik überquert hatte und bis zur Küste Brasiliens vorgestoßen war, 1512 in Sevilla.

Von Montefioralle bis zur Abtei **Badia a Passignano** (s. *Tavarnelle,* S. 246) sind es über eine schmale Staubstraße nur 7 km.

Schlösser & Villen

Kahle Hügel, dichte Wälder, Macchia – nicht unbedingt das, was man sich unter Chianti Classico vorgestellt hat. Und doch führen links und rechts des Tals der Greve (im Sommer nur ein Rinnsal) Schotterwege und Zypressenalleen zu verborgenen Schlössern, Villen und Gehöften, in denen weltberühmte Lagen heranwachsen.

- **Castello di Vicchiomaggio.** Von den Langobarden begründet, von den Florentinern befestigt, mit einem Wachturm, der wie ein erhobener Zeigefinger über das Tal ragt.
- **Castello di Verrazzano.** Das Stammschloss des Seefahrers *Giovanni da Verrazzano* (1485-1528), der 1524 als erster Nordamerika und die Hudson-Mündung erreichte.
- **Castello di Uzzano.** Hier wurde bereits ein bekannter Tropfen produziert, als *Niccolò di Uzzano* (1359-1431) als Gegenspieler der Medici Florenz regierte und Donatello ihn mit einer berühmten Büste verewigte (Bargello, Florenz). Im 16. Jh. wurde das Kastell nach Entwürfen des Bildhauers und Baumeisters *Andrea Orcagna* in eine herrschaftliche Villa umgewandelt. Der mit Wein überwachsene Innenhof leuchtet grün im Frühjahr und feuerrot im Herbst, der prachtvolle **Park** mit Irrgärten, Statuen und jahrhundertealten Zedern und Sequoias ist mit lauschigen Picknickplätzen versehen (außer So 8-12, 13-18 Uhr, € 5,20.
- **Castello di Querceto.** In den einsamen Hügeln der *Monti del Chianti,* dem natürlichen Wall zum Arno-Tal, reifen ungewöhnlich kraftvolle Rotweine heran. Von Greve 7 km östlich Richtung Dudda/Figline Valdarno.
- **Villa Vignamaggio.** Der in 390 m Höhe angesiedelte Herrensitz (6 km südlich) gilt als eines der schönstgelegenen Güter (nicht um-

Von Mona Lisa bis Marilyn Monroe

In die Geschichte (Legende?) eingegangen ist Vignamaggio als „Geburtsort" der Mona Lisa – auf einem Balkon der Villa soll *Lisa Gherardini*, die Gattin des Schlossherrn *Francesco del Giocondo* (daher „La Gioconda"!) Leonardo 1503 Modell gestanden und ihn zu dem Porträt inspiriert haben. Doch damit noch nicht genug. Ein um eben jene Zeit nach Irland ausgewanderter Zweig der Familie, so die schöne Sage, habe dort den Namen *Fitzgerald* („Figli di Gherardo") angenommen und sei somit zum Urahn des Kennedy-Clans (J. *Fitzgerald* Kennedy) geworden. Mag das faktisch auch auf wackligen Füßen stehen, eine geniale Erfindung ist es allemal. *Verrazzano* und *Vespucci*, die Seefahrer und Entdecker Amerikas; Amerigos bildschöne Schwester *Simonetta*, Mätresse des *Giuliano de'Medici* und Lieblingsmodell *Botticellis*; Lisa Gherardini als *Leonardo da Vincis* Mona Lisa; der strahlende *JFK* in den Armen der *Marilyn Monroe* – fürwahr der Stoff, aus dem die Träume sind!

sonst drehte hier Kenneth Branagh sein Shakespeare-Spektakel *Much Ado About Nothing*). Vignamaggio wurde Anfang des 15. Jh.s über den Ruinen einer Langobardenburg als erste Villa des Chianti errichtet, die ausschließlich der Landwirtschaft und der Zerstreuung diente und keinerlei Festungsanlagen aufwies. Zum Besuch der Villa und Weinkeller Voranmeldung (Tel. 8 54 01 65), www.vignamaggio.com.

Panzano

Das malerische Festungsdorf in über 500 m Höhe wurde auf den Ruinen einer 1260 zerstörten Festung errichtet. Gradlinig steigt die steile Dorfstraße Via Verrazzano bis zur neoklassischen *Chiesa Santa Maria* auf, hinter der man die guterhaltenen Reste der alten Befestigungen sehen kann. Die sonnigen Südhänge Panzanos, nicht unzutreffend *Conca d'Oro*, „Goldgrube", getauft, zählen zu den besten und teuersten Lagen des Chianti überhaupt.

Namen wie *Castello di Rampolla* (Sammarco) oder *Fontodi* (Flaccianello) lassen das Herz jedes Weinkenners höher schlagen. Im Ort selbst gibt es keine Weingüter, nur ein paar kleinere Önotheken.

Kurz hinter dem Ort zweigt links eine Straße zu der dreischiffigen romanischen **Pieve di San Leolino** ab, von der man einen wunderbaren Blick auf Panzano und das umliegende Hügelland hat. Die 982 erstmals erwähnte Kirche wurde im 13. Jh. ausgebaut und ca. 1500 um den Arkadenvorbau, die viereckige Apsis und den zierlichen Glockengiebel erweitert. Im Innern das kostbare Tafelbild *Madonna und Kind mit Petrus und Paulus* von Meliore di Jacopo (um 1270) und die

farbige Terracottabüste des Chianti-Heiligen **San Eufrosino** (16. Jh). Der wundertätige Bischof aus Syrien wurde der Legende nach von Paulus persönlich ins Chianti gesandt, um hier das Christentum zu verkündigen, wirkte tatsächlich aber erst im 7. Jh. Weiter im Tal (Wegweiser) findet man in idyllischer Lage sein Grab, über dem Wallfahrer später ein Oratorium errichteten (leider seit Jahren geschlossen) und noch etwas tiefer die wundertätige Quelle des Eufrosino mit einem *Tempietto* und der Büste des Heiligen.

Praktische Informationen

- Fl. 12.000. 240 m. **Tel. 055.**
- **Info.** Viale Giovanni da Verrazzano 33 (Kiosk am nördl. Ortsrand), Tel./Fax 854 62 87. www.greve-in-chianti.com.

  In Panzano: *Info Chianti* (Reisebüro), Via Chiantigiana 6, Tel./Fax 85 29 33.
- **Markt.** Sa in Greve, So in Panzano.
- **Feste.** *Sagra dell'Uva* 2. Wo. im Sept.

Verkehrsverbindungen

- **Bus.** Mit *SITA* regelmäßig von/nach Florenz (1 Std.) und Panzano, nach Castellina, Radda und Gaiole spärlich, nach Siena gar nicht.
- **Entfernungen** (in km): Florenz 31, Siena 43, Arezzo 64, Impruneta 16, Tavarnelle 22, Panzano 8, Castellina 20, Radda 20.

Unterkunft

- Zwei gemütliche, kleine Stadthotels im Zentrum Greves direkt an der Piazza.
- **Albergo del Chianti** (***) mit begrüntem Innenhof samt Pool und Frühstücksterrasse, 20 Zimmer, DZ € 95 inkl. BF. Piazza Matteotti 86, Tel./Fax 85 37 63. www.albergodelchianti.it.
- Kaum weniger zu empfehlen, aber etwas lauter **Giovanni da Verrazzano** (***). 10 DZ € 98, Piazza Matteotti 28, Tel. 85 31 89, Fax 85 36 48.
- **Villa Sangiovese** (***) am Hauptplatz von *Panzano*. Ein Haus mit Stil, unter Schweizer Leitung. 26 Zimmer/Suiten in einer Villa des 18. Jhs mit parkähnlichem Garten, Pool und

Piazza Matteotti in Greve

San Tomaso bei Greve

Traumaussicht. Gutes **Restaurant** mit erfreulich moderaten Preisen (Ruhetag Mi). DZ € 98-113, Superior 139-145, Suite 145-170 inkl. BF. Piazza Bucciarelli 5, Tel. 85 24 61, Fax 85 24 63. www.italyone.com

- **Villa le Barone** (***). Das feine, gepflegte Haus der Duchessa Visconti liegt etwas außerhalb von Panzano mitten im Grünen; Pool, Tennis, gute Küche. 14 DZ € 170, in der Hochsaison nur HP. Via Leolino 19, Tel. 85 26 21, Fax 85 22 77. www.villalebarone.it
- **Relais Fattoria Valle** (***) am Ortsrand von Panzano (Richtung Greve). Mächtiges Herrenhaus im Grünen mit schönem Talblick, kl. Pool und eigenem Resto. 13 DZ € 129 inkl. BF. Tel. 85 24 82, Fax 85 27 16.
- **Villa Rosa** (***). Pastellfarben, Korbmöbel, schmiedeeiserne Betten: sehr hübsch eingerichtete Villa 3 km südl. von Panzano mit 11 DZ (2 mit Terrasse) € 75. Garten, Resto, Pool, sehr freundlicher Service – einziges Manko: in Sichtweite der Straße nach Radda. Tel. 85 25 77, Fax 856 08 35. www.hoteltorreguelfa.com
- **Da Omero** (**) in *Passo dei Pecorai* (7 km Richtung Impruneta). Etwas nüchtern, aber freundlich und mit sehr gutem Essen. 12 Zimmer mit/ohne Bad, DZ € 52/78. Tel. 85 07 15, Fax 85 04 95.
- **Ostello San Michele** bei Monte San Michele (18 km südöstl.). Hochgelegenes Landgut (900 m) mit Restaurationsbetrieb und Jugendherberge (20 Dorms à 15 Betten, 8 DZ). Tel./Fax 85 10 34.
- **Camere.** In und um Panzano gibt es zahlreiche und z. T. ausnehmend gute Angebote an Privatzimmern aller Art.

Essen & Trinken

- **Giovanni da Verrazzano.** Schmackhafte regionale Küche auf einer blumengeschmückten Veranda über der Piazza Matteotti. Menü um € 35-40. Ruhetag Mo/So abends. Tel. 85 31 89.
- **Mangiando Mangiando.** Hübsche Osteria der Salumeria Falorni (s. u.), auf deren Sommerterrasse man über die köstlichen Fleisch- und Wurstwaren gleich an Ort und Stelle herfallen kann. Tgl. 11-15, 19-22 Uhr. Piazza Matteotti 80, Tel. 54 63 72.
- **Da Nerbone.** Ableger des berühmten Imbiss vom florentiner Mercato Centrale. Auch hier gibts die guten Panini mit Bollito oder Lampredotto (€ 2.10) sowie herzhafte Snacks und Traditionsgerichte. Preiswert und gut, mit Terrasse auf der Piazza Matteotti. Ruhetag Di, Tel. 85 33 08.
- **Taverna del Guerrino** in *Montefioralle*. Ein Schmuckstück! Cucina della Mamma in Vollendung, Spezialität Fleisch und Wurst vom Holzkohlengrill. Sommerterrasse mit herrlicher Aussicht. Nur abends, Ruhetage Mo/Di. Via Montefioralle 39, Tel. 85 31 06.
- **Cantinetta da Rignana.** Darling angelsächsischer Reiseführer: drinnen rustikal, im Freien an langen Tischen mit Blick auf die idyllischen Hügel zwischen Montefioralle, Passignano und Panzano. Ruhetag Mo. Loc. *Rignana*, Tel. 85 26 01.
- **Fattoria Montagliari.** Freundliches, wenn auch etwas allzu touristisiertes Landgasthaus zwischen Greve und Panzano mit herzhafter Küche und ebensolchen Preisen. Im Sommer auch im Freien. Ruhetag Mo, Tel. 85 21 84.

• **Oltre il Giardino** in *Panzano.* Klassische Gerichte, aber auch originelle Eigenkreationen, sehr hübsche Aussichtsterrasse und faire Preise; zu empfehlen. Ruhetage Mo. Piazza Bucciarelli 2, Tel. 85 28 28.

• **Enoteca Baldi** an der Piazza Bucciarelli. Nette Atmosphäre, Verkostung glasweise, gute Snacks. Ruhetag Do.

• **Il Vescovino** in *Panzano.* Kreative Regionalküche, Garten mit Blick auf die Weinberge, gehobene Preise. Ruhetag Di, Tel. 85 24 64.

• **Osteria alla Piazza** in *La Piazza* (12 km südl., Wegweiser). Die Auswahl ist klein, aber durchdacht; hübsche Sommerterrasse. Ruhetag Mo, Tel. 0577/ 73 35 80.

Shopping

• **Antica Macelleria Falorni.** Legendäres Wurst- und Schinkenparadies unter den Arkaden der Piazza Matteotti (Nr. 69-71, auch So), wo selbst mancher Vegetarier schwach wird. Salame, Salsicce (Würste), Wildschweinschinken, Finocchiona (Fenchelsalami), Guanciale (Schweinebacke) oder Coppa di Testa (Schweinskopf), alles ist vom feinsten.

• **Antica Macelleria Cecchini.** In Deutschland werden Friseure, in der Toscana Metzger zu Superstars – und Dario Cecchini in *Panzano* ist der größte unter ihnen! Bei Dario wird der Fleischkauf zum *event,* daher muss man auch die Bistecca 1 Woche vorbestellen!
Außer Mi 9-14, Fr/Sa bis 19 Uhr. Via XX Luglio 11, Tel. 85 20 20, Fax 85 27 00.

• Die **Enoteca del Chianti Classico** in Greve ist die bestsortierte Önothek für Chianti-Weine in der Region und führt auch Vinsanto, Olivenöl, Essig etc. Ruhetag Mi. Piazzetta Santa Croce 8, Tel. 85 32 97.

• **Le Cantine.** Postmoderne Enoteca mit Riesenauswahl und Degustation (auch von Olivenöl!) per „Winomat". Tgl. 10-19 Uhr (im Sommer auch länger). Piazza delle Cantine (beim Coop), Tel. 854 64 04.

• **L.B.G.** Lederfabrikation mit Direktverkauf und Werkstattbesuch. Via G. Pastore 3, Tel. 854 47 20. www.lbgitalia.com

• **Bottega Carlo Fagiani** in Panzano, Via Verrazzano 17. Handgemachte Lederwaren (Schuhe, Taschen, Gürtel), auch auf Bestellung. Tel. 85 22 39. www.carlofagiani.com

Weine

• **Castello di Querceto.** Auch Olivenöl, Grappa, Honig. Tgl. 9-19 Uhr, Tel. 8 54 921 (s. S. 229).

• **Castello di Rampolla.** Berühmt dank des mit Cabernet versetzten Sammarco, auch gute Weißweine auf Trebbiano- und Traminer-Basis. Santa Lucia in Faulle 2 km südwestl. von Panzano. Tel./Fax 85 25 33.

• **Fontodi.** Außergewöhnlich kompakte, elegante, eindringliche Weine. Berühmt der Supertuscan *Flaccianello,* ein reinrassiger Sangiovese, neu ein exzellenter Syrah und der vorzügliche weiße *Meriggio.* Mo-Fr 9-12, 15-18 Uhr. 1 km südl. von Panzano (Toreinfahrt links), Tel. 85 20 05.

• **La Querciabella.** Zwar kein Direktverkauf, trotzdem sollte man seinen Chianti Classico oder den *Batard,* einen der besten Weißweine Italiens, bei Gelegenheit kosten. Tel. 85 38 34.

Castellina in Chianti

Castellina ist der einzige Ort des Chianti Classico mit Industrieansiedlung. Doch sollte die Silhouette der Silos und Düngemittelfabriken nicht abschrecken. Der hübsche historische Kern gruppiert sich um das mittelalterliche Kastell (14. Jh., heute Rathaus). Die neoromanische Pfarrkirche *San Salvatore* unterhalb des Burgplatzes ist ein Neubau (die alte wurde im Zweiten Weltkrieg zerstört); im Innern das abgenommene Fresko der *Thronenden Madonna* von Bicci di Lorenzo (um 1400), das etwa zur gleichen Zeit entstand wie die florentinische Stadtmauer, die von Siena vielfach belagert, aber nur ein einziges Mal (1478) bezwungen wurde. 100 Jahre später, als seitens Sienas keine Gefahr mehr drohte, begann man Wohnhäuser über den alten Befestigungsanlagen zu errichten, wo-

Il Chianti

Als in den sechziger Jahren die ersten Ausläufer der Italo-Welle – Pizza und Chianti – Deutschland erreichten, galt der Wein aus den rundbäuchigen, zunächst mit Bast, später mit Plastik umwickelten *Fiaschi* als dünner Folklorefusel, der seinem Namen – Fiasko! – vollauf gerecht wurde. Die Zeiten haben sich gründlich geändert.

Geschichte

Der Chianti war wahrscheinlich der erste trockene Rotwein der Welt. Bereits im 12. Jh. gab es in Florenz annähernd 100 Osterien, und ihre Zahl stieg im Lauf der nächsten Jahrhunderte noch sprunghaft an. So wie nördlich der Alpen das Bier zunächst von Mönchen gebraut wurde, waren es in der Toscana vor allem Ordensbrüder, die sich mit der Weinherstellung befassten. Vermutlich waren es die **Vallombrosaner,** die im 11. Jh. in ihren Abteien *Badia a Coltibuono* und *Badia a Passignano* den Weinanbau im Chianti einführten. Adel und Besitzbürgertum begannen sich erst ab dem 15./16. Jh. für Landwirtschaft und Weinanbau zu interessieren.

Von einem *Chianti* im heutigen Sinne kann man freilich erst seit dem 19. Jh. sprechen. **Bettino Ricasoli** entwickelte die klassische „Chianti-Formel", wie sie noch heute besteht (außer dass sich Misch- und Mengenverhältnisse geändert haben) um 1835 auf seinem Stammsitz *Castello di Brolio* im Süden des Chianti. Der „eiserne Baron", der nach dem Tod Cavours 1860 Premierminister Italiens wurde, züchtete die traditionelle Sangiovese-Traube zu ihrer vollen „Leistungsstärke" heran, setzte das optimale Mischverhältnis der Rebsorten fest und erfand den für den Chianti charakteristischen *Governno,* eine zweite, künstlich herbeigeführte Gärung, die dem ursprünglich eher leichten Wein mehr Reife und Substanz verlieh. Aufgrund der verbesserten Keltermethoden wird auf die Nachgärung heute allerdings mehr und mehr verzichtet.

Rebsorten

Chianti wird traditionell aus zwei roten und zwei weißen Traubensorten gekeltert, von denen der mit Abstand wichtigste der rote *Sangiovese* ist, der den Chianti (auch unter anderen italienischen Weinen) so unverwechselbar macht; ihr Anteil beträgt mindestens 75 %, bei hochwertigen Tropfen aber auch 90 % oder mehr. Die anderen vorgeschriebenen Sorten sind *Canaiolo* (rot) sowie *Trebbiano* und *Malvasia* (weiß), doch hat der Anteil der weißen Trauben stetig abgenommen, und die meisten Spitzen-Chianti verzichten heute ganz auf sie. Seit 1984 sind auch andere Sorten (maximal 10 %) zugelassen, und vor allem die Bordeaux-Rebe *Cabernet-Sauvignon* hält Einzug in die besseren Weine.

Der Mythos des Gallo Nero

Der geschichtsträchtige „Schwarze Hahn", das erste Markenlabel der Geschichte, geht auf eine populäre Legende zurück. Als die verfeindeten Stadtrepubliken Florenz und Siena 1208 ihre Territorien neu festlegen wollten, wurde vereinbart, aus jeder Stadt einen Reiter beim ersten Hahnenschrei aufbrechen zu lassen; die Grenze sollte dort verlaufen, wo sie sich treffen würden. Die listigen Florentiner hielten ihren schwarzen Hahn aber tagelang vom Fressen ab (nach einer anderen Version: von seiner Lieblingshenne), so dass das verzweifelte Tier bereits mitten in der Nacht loskrähte und der florentiner Reiter schon fast vor den Toren Sienas angelangt war, ehe sein Kontrahent überhaupt zum Aufbruch rüstete. 1384 wurde der legendäre Hahn zum Symbol der in Radda gegründeten **Lega del Chianti,** dem weltweit ersten Konsortium von Winzern, die sich genaue Auflagen hinsichtlich Anbau, Lese und Kelterung ihrer Weine auferlegten, durch eine „garantierte" Herkunftsbezeichnung von namenloser Massenware absetzten und mittels eines *bollino* (Etikett) für eine Mindestqualität ihrer Produkte einstanden. Mehr als 500 Jahre später, 1924, griffen die Winzer des Chianti Classico erneut auf das altehrwürdige Wappentier zurück und eroberten mit diesem ebenso symbolträchtigen wie einprägsamen Marketingtrick den Weltmarkt. Als List funktioniert der Gallo Nero noch heute, über die Qualität des Weins sagt er dagegen fast nichts (mehr) aus. Erst recht seitdem das berühmte Qualitätssiegel nach einem erfolgreichen Veto der Winzerfamilie *Gallo* in Kalifornien (kein Witz!) seit Anfang der 90er Jahre nicht mehr weltweit unter diesem Namen vermarktet werden darf.

Spitzenweine

Sie kommen heute nicht mehr als Chianti, sondern als **Tafelweine** auf den Markt, da sie aus anderen Trauben und/oder anders zusammengesetzen Mischsätzen als den für einen Chianti vorgeschriebenen gekeltert wurden. Reinrassige Sangiovese-Weine oder durch Cabernet-Reben und Eichenholzlagerung *(barrique)* veredelte Tropfen sind seit Jahren die unangefochtenen Stars der Szene. Andererseits wird viel experimentiert, und keineswegs alle „Designerweine" sind ihre oft astronomischen Preise auch wirklich wert.

Preise

Kriterium sollte nicht der Marktwert oder Bekanntheitsgrad sein, sondern der persönliche Geschmack. Ein Souvenir im Dreierpack kann man ohne große Bedenken fast überall erstehen, wer nach mehr sucht, muss sorgfältig auswählen. Ein Chianti Classico des letzten Jahrgangs kostet beim Erzeuger um € 10-15, eine ausgewogene Riserva oder spezielle Lage kann schon den doppelten Preis oder mehr erzielen, und für derart veredelte Chianti, dass sie schon nicht mehr so heißen dürfen, gibt es kaum noch ein Limit nach oben.

von noch heute das Tunnelgewölbe der *Via delle Volte* kündet. An die Anfänge Castellinas erinnert der etruskische *Montecalvario* am Nordrand des Orts. Der von drei Zypressen gekrönte Grabhügel aus dem 7. Jh. v. Chr. wurde 1507 entdeckt, seine Beigaben sind im *Museo Archeologico* von Siena aufbewahrt. Der Ort selbst war nie ein Zentrum der Weinwirtschaft, die Güter liegen verstreut in der Hügellandschaft wie bei Liliano oder **Fonterutoli** 5 km südlich, in dem 1208 der Mythos des „Gallo Nero" geboren wurde, als an dieser Stelle die Reiter aus Siena und Florenz aufeinandertrafen. An klaren Tagen hat man von hier einen schönen Blick auf die Türme Sienas (15 km).

Praktische Informationen

- Sl. 2500. 575 m. **Tel. 0577.**
- **Info.** *Agenzia Colline Verdi,* Via della Rocca 12, Tel./Fax 74 06 20. Reisebüro, Hotelvermittlung, Agriturismo, auch So, im Winter nur vormittags. info@collineverdi.it.
- **Markt.** Sa, Via IV Novembre.
- **Feste.** *Festa di Pentacoste,* Pfingstfest mit Weinausstellung und Gastronomie.

Verkehrsverbindungen

- **Zug & Bus.** Bahnhof in *Castellina Scalo* (15 km). *TRAIN*-Busse mehrmals tgl. von/nach Castellina Scalo, Radda, Gaiole, Fonterutoli, Siena.
- **Entfernungen** (in km): Firenze 61, Siena 24, Arezzo 67, Radda 14, Greve 20, Poggibonsi 21, Colle Val d'Elsa 30.

Hotels

- **Palazzo Squarcialupi** (***). Schickes Hotel in einem Palazzo aus dem 15. Jh. im Centro Storico. 15 große, stilvolle DZ, € 100-155 inkl. BF. 2 Suiten mit Terrasse. Via Ferruccio 22, Tel. 74 11 86, Fax 74 03 86.
- **Il Colombaio** (***). Freundliches Haus mit Garten und Pool am Nordrand der Stadt nahe der Hauptstraße. 21 Zimmer, DZ € 88-104 inkl. BF. Strada Chiantigiana 29, Tel. 74 04 44, Fax 74 04 02.
- **Salivolpi** (***). Geschmackvoll umgebauter Bauernhof in ruhiger Lage 500 m Richtung San Donato mit Garten und kleinem Pool. 18 DZ € 93 inkl. BF. Via Fiorentina 89, Tel. 74 04 84, www.hotelsalivolpi.com
- **Il Girasole** (***). Gediegener Familienbetrieb in trutziger Quadervilla in Ortsmitte (Verkehr!), 12 DZ € 98 inkl. BF. Via Trento e Trieste 45, Tel. 74 13 27, Fax 74 09 98. www.girasole.it
- **Belvedere San Leonino** (***). Umgebauter Gutshof in Bilderbuchlage rund 10 km südl. mit Pool, Resto und 28 sehr hübsch eingerichteten Zimmern € 120-130 inkl. BF. Zahlreiche Stammgäste, früh buchen! Tel. 74 08 87, Fax 74 09 24, www.hotelsanleonino.com
- **Tenuta di Ricavo** (****). Ein ganzer Weiler mitsamt Herrenhaus, Kapelle und Friedhof in einer weitläufigen Parkanlage (4 km nördl.). Ausnehmend gepflegt und stilvoll mit Pool, Restaurant, Gartenterrassen. 15 Zimmer und 8 Suiten, DZ € 175-270, Suiten ab € 250 inkl. BF. Tel. 74 02 21, Fax 74 10 14. www.ricavo.com
- **Albergo Casafrassi** (****). Landgut inmitten von Weinbergen mit Blick bis Siena; auch Agriturismo. Resto, Pool, Tennis. 33 Zimmer, DZ ab € 155 inkl. BF. Loc. Casafrassi (7 km südl.), Tel. 74 06 21, Fax 74 08 05. www.casafrassi.it

Essen & Trinken

- **Antica Trattoria La Torre.** Seit über 100 Jahren im Familienbesitz, gute Risotti und Schmorgerichte (Fasan!). Ruhetag Fr. Piazza Castello, Tel. 74 02 36.
- **Al Gallopapa.** Enoteca und Kellerlokal mit innovativer Cucina alla Mamma zu fairen Preisen. Ruhetag Do (außer im Sommer). Via delle Volte 14, Tel.74 29 39.
- **Albergaccio.** Anspruchsvolle Regionalküche mit „Ambiente" und Sommerterrasse am Westrand der Stadt, Menü ab € 40. Ruhetag So, Mi mittags. Via Fiorentina 35. Tel. 74 10 42.

• **Il Pestello.** Gutes, typisches Ausflugslokal mit Grillgerichten vom offenen Kamin in *Sant'Antonia al Ponte* 6 km Richtung Poggibonsi. Ruhetag Mi. Tel. 74 02 15.

• **Osteria di Fonterutoli.** Ein Landgasthaus, so wie es sein soll: unprätentiös, intim und gemütlich, und mit einer lebhaften Bar, die von den Einheimischen noch wie ihr Wohnzimmer benutzt wird. Die Karte ist nicht umfangreich und enthält keine Sensationen, aber jedes Gericht ist sorgfältigst zubereitet und abgeschmeckt. Unser Tipp: *Nana in umido al Ginepro*, Ente mit Wacholder geschmort, dazu glasweise die köstlichen Tropfen der Fattoria durchprobieren (s. u.). Secondi um € 10-15. Ruhetag Di, Tel. 74 02 12.

Weine

• **Castello di Fonterutoli.** Seit 1435 im Besitz der Familie Mazzei aus Florenz. Die steinigen, trockenen Böden ergeben Weine von außerordentlicher Intensität und Lebensdauer, und nirgendwo sonst macht es so viel Spaß, sie vor dem Kauf zu verkosten wie an der kleinen Bar seiner Osteria (tgl. außer Di ab 10 Uhr). Das Olivenöl von Fonterutoli ist mit das köstlichste, das wir kennen (und wurde von der New York Times als eines der besten der Welt klassifiziert). Fattoria: Mo bis Fr 8-13, 14-17 Uhr, Tel. 74 04 76.

Radda in Chianti

Das mittelalterlich ummauerte Städtchen, als einziges des Chianti Classico zudem in luftiger Hügellage thronend (nachts leuchten seine Lichterketten weit über das Land), entspricht noch am ehesten dem romantischen Klischee eines „Weindorfs". Folkloristische Weinseligkeit wie etwa im Elsass oder an der Mosel wird man hier dennoch vergeblich suchen.

Der sympathisch verwinkelte Ort, 1002 erstmals in einer Bulle Kaiser Ottos III. erwähnt, wurde 1415 zum Hauptsitz der historischen *Lega del Chianti* gewählt. Von dem Kastell, um das der Ort entstanden ist, sind nur mehr Mauerreste erhalten sowie zwei Türme, von denen der eine als Campanile der trotz der wuchtigen, antikisierenden Aufbauten aus dem 19. Jh. schlichten Pfarrkirche *San Niccolò* dient. Unterhalb, an der *Via Roma*, erhebt sich der wappengeschmückte, 1447 vollendete *Palazzo del Podestà* mit dem zierlichen Glockentürmchen (17. Jh.), das wie ein vorwitziger Ziehbrunnen auf dem Flachdach thront.

Obwohl Radda zur Kernzone des Chianti zählt, unterscheiden sich seine Weine aufgrund des hohen Kieselgehalts seiner Böden deutlich von denen der Nachbargemeinden; sie sind mächtiger und alkoholreicher, erfordern aber einen um so sorgfältigeren

Mittelalterlicher Futurismus in Radda

Ausbau und längere Reife. Im Ort selbst findet man die renommierten Fattorien *Vignale* (zugleich Luxushotel) und *Vigna Vecchia,* die übrigen liegen weit verstreut im umliegenden Hügelland. Laut Statistik zählt die Gemeinde Radda zu den am dünnsten besiedelten in ganz Italien.

Volpaia

Das von einer mächtigen Burg aus dem 12. Jh. gekrönte **Festungsstädtchen** 6 km nördlich von Radda, in dem ein bedeutender Chianti, der *Castello di Volpaia,* gekeltert wird, ist ein echtes, sorgsam restauriertes Juwel mittelalterlicher Baukunst. Das auf Wunsch der Burgherren in herrlicher Aussichtslage errichtete Pilgerhospiz *Commenda di San Eufrosino* im Stil der Florentiner Frührenaissance (1443) dient heute als Kulturhaus. (Von Radda aus Richtung Gaiole, dann Richtung Lucarelli abbiegen.)

Praktische Informationen

- Sl. 1000. 535 m. **Tel. 0577.**
- **Info.** *Proloco,* Piazza Ferrucci 1, tgl. 10-13, 15.30-19 Uhr, So und im Winter vormittags. Tel./Fax 73 84 94.
- **Markt.** 4. Mo im Monat, 15-20 Uhr.
- **Entfernungen** (in km): Florenz 50, Siena 32, Arezzo 60, Autostrada (Valdarno) 25, Greve 18, Castellina 14, Gaiole 10, Castelnuovo Berardenga 25.

Unterkunft

- **Relais Fattoria Vignale** (****). Stilvoll eingerichtetes Landgut am Ortsrand; Garten, Terrasse und Schwimmbad blicken direkt auf Weinfelder. Aufmerksamer Service unter deutschsprachigem Management, behagliche Aufenthaltsräume, 37 helle, ruhige Zimmer, davon 3 Suiten und 10 im Nebenhaus € 150-320 inkl. BF. www.vignale.it. Via Pianigiani 8, Tel. 73 83 00, Fax 73 85 92.
- **Palazzo Leopoldo.** Sehr stilvolle, geräumige Zimmer mit wertvollen Antiquitäten in einem Adelspalast mitten im Centro Storico. 6 DZ/11 Suiten mit Küche € 150-180/ab € 290 inkl. BF in einer historischen Küche oder auf der Terrasse mit Panoramablick. Via Roma 33, Tel. 73 56 06, Fax 73 80 31. www.palazzoleopoldo.it
- **La Locanda** (***). Ausgebauter Gutshof mit Pool, viel Geschmack und herrlichem Blick auf Volpaia (3 km südl.) und die Chiantihügel. 6 DZ, 1 Suite € 180-250 inkl. BF. Tel./Fax 73 88 33. www.lalocanda.it
- **Vescine** (***) in *Vescine* (6 km). Traum-Toscana wie aus dem Hochglanzprospekt (herrliche Lage, Schwimmbad, Terrasse, Antiquitäten), deutsche Leitung. 25 Zimmer, DZ ab € 198 inkl. BF. Tel. 74 11 44, Fax 74 02 63.
- **Villa Miranda** (**) in *Villa Radda* 2 km Richtung Gaiole. Rustikal-folkloristisch wie Pavarotti, kein Wunder, dass deutsche Autos Stoßstange an Stoßstange stehen. Garten mit Pool und Tennisplatz, 25 Zimmer ab € 98. Tel. 73 80 21, Fax 73 86 68.
- **Il Girarrosto** (*). Mitten im Centro Storico, 9 Zimmer mit/ohne Bad, DZ ab € 39. Via Roma 41, Tel. 73 80 10.
- **Podere Le Vigne** in *Le Vigne* (1 km östl.). Versteckt in der Landschaft liegendes Bauernhaus mit Atmosphäre, Pool, guter, herzhafter Küche und 9 DZ ab € 73 inkl. BF. Tel. 73 86 40, info@lodgingchianti.it.
- **Privatzimmer** bieten *Da Giovannino* (13 DZ mit Bad/Hzg. um € 52, Via Roma 8, Tel./Fax 73 80 56) und *Pistolesi* (5 DZ mit Bad, davon eines mit schöner Terrasse ab € 52, Via Roma 46, Tel. 73 85 56, Fax 73 81 24).

Essen & Trinken

- **Vignale.** Feinschmeckerlokal des gleichnamigen Hotels (nicht im Haus); Menüs ab € 30/38 (abends). Ruhetag Do. Piazza XX Settembre 23, Tel. 73 80 94.
- Die **Taverna Vignale** im Hotel selbst ist Teil der hauseigenen Önothek und bietet sehr reichhaltige Platten mit Schinken, Wurst, Käse, auch einige Secondi. Tgl. 16-24 Uhr.
- **Le Vigne,** s. Unterkunft, Ruhetag Di.

- **Salumeria Porciatti,** Piazza IV Novembre. Alles fürs Picknick, unser Tipp: *Carne Salata*, in Wein, Lorbeer und Salzlake gepökeltes Fleisch, zergeht auf der Zunge.

Weine

- **Vignale.** Cantina im Hotel gleichen Namens. Patriarch Baldassare Pianigiani war 1924 mitverantwortlich dafür, dass das Qualitätssiegel Gallo Nero wieder eingeführt wurde.
- **Castello di Volpaia.** Elegante, rassige Weine, auch Olivenöl, Honig, Aceto. Cantina am Hauptplatz von Volpaia, Tel. 73 80 66.
- **Monte Vertine.** In *Vertine*, einem kleinen, restaurierten Festungsdorf 3 km nördl. von Radda, Heimat des berühmten Sangiovese-Weins *Le Pergole Torte*. Tel. 73 80 09.

Gaiole in Chianti

Als Marktflecken der umliegenden Burgen genoss Gaiole einen derart wirksamen Schutz, dass es als einer der wenigen alten Orte des Chianti unbefestigt blieb – was ihm heute sichtlich zum Nachteil gereicht. Außer einigen Läden und Önotheken hat die zersiedelte Kleinstadt wenig zu bieten (nicht einmal Hotels), doch seine Schlösser, Klöster, Villen und (oft aufwändig renovierten) Bergdörfer zählen zu den ältesten und bedeutendsten der gesamten Region. Von besonderem historischem Interesse (nicht nur) für Weinkenner sind die Abtei *Badia a Coltibuono* und das *Castello di Brolio* als, wenn man so will, die beiden „Keimzellen" des Chianti (im 11. und 19. Jh.).

Castello di Brolio

Die Mauern und zinnenbekrönten Festungstürme des gewaltigen Kastells machten es jahrhundertelang zum wichtigsten Vorposten der Florentiner im südlichen Chianti. Zwar gelang es Siena zwischen 1432 und 1529 gleich dreimal, die inmitten undurchdringlicher Steineichenwälder gelegene Burg zu zerstören, doch baute man sie jedesmal nur noch größer und wehrhafter aus.

Der Ursprung der Burg geht bis auf das Jahr 1009 zurück, ehe sie 1167 in den Besitz der *Ricasoli* gelangte, deren Nachkommen noch heute zahlreiche Schlösser ihr eigen nennen. **Bettino Ricasoli** (1809-1880), der „eiserne Baron" und spätere Premierminister Italiens, ließ den Stammsitz seiner Vorfahren im neugotischen Stil Sienas zu einem Traumschloss mit 365 Zimmern ausbauen und entwickelte hier zwischen 1834 und 1837 seine klassische *Chianti-Formel*. Von den 14 m hohen und 450 m langen Bastionen und Laufgräben des 530 m hoch gelegenen Schlosses hat man eine überwältigende Aussicht bis nach Siena und Radicofani, den Monte Amiata und die Hügel Volterras.

Brolio liegt 11 km südlich von Gaiole an der SS 484 Richtung Castelnuovo Berardenga. Eine von ungewöhnlich mächtigen Zypressen gesäumte und selbst im Sommer nahezu stockfinstere Piste führt von der Hauptstraße zum Schloss und zum Parkplatz hinauf. Der Zutritt zu den Innenräumen ist dem Besucher verwehrt, es bleiben ein Gang rund um die Wehranlagen und Fronten, die schöne Aussicht und eine Kapelle (1348) mit den Familiengräbern der Familie Ricasoli (Eintritt, s. S. 242).

Das Traditionsgut selbst ist seit einigen Jahren im Besitz des Getränkekonzerns *Seagram's* (Namen wie Brolio und Ricasoli lassen sich in den USA gewinnträchtig vermarkten), worüber sich nicht nur Kulturpfleger, sondern auch Weinconnaisseure grämen. Einen wesentlich besseren Tropfen als Brolio erzeugt jedenfalls das erheblich kleinere *Castello di Cacchiano,* das Baronin *Elisabetta Ricasoli* in Sichtweite des ehemaligen Familienbesitzes betreibt.

Nur 3 km südlich von Gaiole lohnt ein Blick auf das markante **Castello di Meleto.** Seine soliden Mauern und imposanten zylindrischen Ecktürme machten es unter den Fridolfi-Risacoli zu einem der stärksten Bollwerke der Chianti-Liga. Erst spät, im 18. Jh., in eine Villa umgewandelt, veränderte es sein Äußeres dabei so gut wie gar nicht. Im Innern ein schöner Renaissance-Innenhof und ein bezauberndes kleines Theater.

Badia a Coltibuono

In 628 m Höhe ruht die mächtige **Abtei** wie eine stille Oase inmitten jahrhundertealter Steineichenwälder – zumindest wenn man nicht das Pech hat, in eine jener Veranstaltungen (Kongresse, Sommerkonzerte, Kochkurse) zu platzen, für die die umtriebige Hausherrin und Kochbuchautorin *Luisa de'Medici* bekannt ist.

Die Geschichte der Badia reicht über tausend Jahre zurück. Um 1050 übergaben die Grafen Fridolfi-Ricasoli Benediktinermönchen aus Vallombrosa eine kleine Zoll- und Pilgerstation, und 1106 legte der zum Orden übergetretene *Benedetto Ricasoli,* zuvor Herr über 20 Schlösser und Burgen, den Grundstein zum heutigen Kloster. Der Fleiß der Mönche und die Finanzkraft des frommen Grafen, der später seliggesprochen wurde, sorgten für ein rasches Aufblühen der schwerbefestigten „Abtei zur guten Ernte". Ihre Glanzzeit erlebte das Gut zur Zeit der Medici, als *Lorenzo il Magnifico* mit seinem Hofstaat häufig als Gast weilte. Unter Napoleon wurde die Abtei 1810 säkularisiert und 1842 von dem Urgroßvater des heutigen Besitzers, dem Mailänder Finanzmakler *Piero Prinetti,* übernommen.

Was man sieht, stammt aus dem 12. (Wehrturm und Kirche San Lorenzo) bzw. 15.-16. Jh. (Wohn- und Wirtschaftsgebäude). Besichtigen kann man die mehrfach umgestaltete Klosterkirche, Führungen im Innern (Garten, Kreuzgang, Weinkeller) finden dagegen nur sporadisch statt (s. u.). Im Sommer werden Seminare, Kammerkonzerte und die Kochkurse der Hausherrin veranstaltet, die nach ihrer Heirat auch das renommierte Restaurant der Abtei übernommen hatte.

Die Badia eignet sich gut als Ausgangspunkt für **Wanderungen** zu den umliegenden Schlössern Montegrossi, Cavriglia, Monteluco und San Giovanni (markierte Wege, Gehzeit zwischen 30 Min. und 4 Std.).

Praktische Informationen

- Sl. 2500. 360 m. **Tel. 0577.**
- **Info.** *Proloco,* Via Galilei 11. Tel./Fax 74 94 11. prolocogaiole@libero.it

Chianti-Gebiet

• **Markt.** Jeden 2. Mo im Monat (14-20 Uhr)
• **Castello di Brolio.** Außer Fr 10-12, 15-18, im Winter 15-17 Uhr, € 3.
• **Castello di Meleto.** Führungen Mo 15, 16.30, Di-Sa 11.30, 15, 16.30, So 11.30, 16, 17 Uhr, € 4.50. www.castellomeleto.it
• **Badia a Coltibuono.** Führungen (30 Min.) April bis Okt. Mo-Sa 14.30-16 Uhr, € 4,50.

Unterkunft

• **La Fonte del Cieco** (***). Liebevoll hergerichtetes, supersympathisches Haus, von zwei jungen Frauen geführt, mit Gärtchen und Terrassen über der zentralen Piazza. 9 Zimmer, DZ € 100-155 inkl. BF. Via Ricasoli 18, Tel. 74 40 28, Fax 74 44 07. www.lafontedelcieco.it

• **Castello di Spaltenna** (****). Luxusherberge in einem aufwändig renovierten Kloster des 13. Jh.s hoch über Gaiole (1 km). Im Sommer Candlelight Dinner zu Kammermusik im Innenhof. 38 DZ und Suiten ab € 420 inkl. BF. Tel. 74 94 83, Fax 74 92 69. www.spaltenna.it

Castello di Brolio bei Gaiole

• **Residence San Sano** (***) in *San Sano* (10 km südl.). Ein Dorf mitten im Dorf, nobel, aber zurückhaltend. 14 DZ ab € 135 inkl. BF. Tel. 74 61 30, Fax 74 61 56.

• **L'Ultimo Mulino** (****). Geschmackvoll restaurierte Mühle mit allen Schikanen (22-Meter-Pool) auf halbem Weg zwischen Radda und Gaiole (je 5 km). Nachteil: sehr im waldigen Tal versteckt. 13 DZ (z. T. mit Patio) ab € 204 inkl. BF. Tel. 73 85 20, Fax 73 86 59. www.chiantinet.it/hotelmulino.

• **Cavarchione** (**). Freundliches Landgut hoch über Gaiole (1 km) mit 9 großen, individuell eingerichteten DZ/Suiten € 115- 150 inkl. BF; sehr schön Zimmer 5 mit Blick auf Spaltenna. Pool, viel Platz (Natur), deutsche Besitzer. Tel. 74 95 50. Fax 74 44 14, cavarchione@chiantionline.com.

• **Borgo Argenina.** *Hotel de Charme* – nur selten trifft der Ausdruck so zu wie hier. Die ehemalige Modedesignerin *Elena Nappa* schuf in jahrelanger harter Arbeit mit wenig Geld, aber umso mehr Inspiration ein kleines Wunder. Verspielt, ja heimelig, aber nie prätentiös (oder gar kitschig); rustikal und doch leicht, graziös. Ob traditionsverbunden (Haupthaus) oder gekoppelt mit Avantgarde

(Villa): Stil statt Schablone – das können/haben nur wenige. Betörende Küchen und Salons (westöstlicher Divan), ein exzellentes Frühstück und der Blick auf die Weinberge der Ricasoli komplettieren das rundum erfreuliche Bild. 5 Zimmer, 2 Suiten (mit Wohnküche), 2 Häuser € 130-180, 1 Villa (4-5 Pers.) € 360 inkl. BF. Loc. Monti, je 15 km ab Siena oder Gaiole, 2 km jenseits der SS 408. Tel. 74 71 17, Fax 74 72 28. www.borgoargenina.it

Essen & Trinken

- **Carloni.** Herzhafte Regionalküche „wie bei Mamma" zu günstigen Preisen. Ruhetag Mi. Via Puccini 24, Tel. 74 95 49.
- **Lo Sfizio.** Ausgezeichnete traditionelle Gerichte, schöne Terrasse auf der Piazza. Ruhetag Mo. Via Ricasoli 44, Tel. 74 95 01.
- **Badia a Coltibuono** (12 km). Gepflegtes, gemütliches Schlemmerrevier mit herrlichem Sommergarten. Für das, was geboten wird, sehr akzeptable Preise (Primi um € 6-8, Secondi ab € 12). Ruhetag Mo, Tel. 74 90 31.
- **La Grotta della Rana.** Solide Hausmannskost, korrekt, im Sommer auch im Freien. Ruhetag Mi. In *San Sano,* Tel. 74 60 20.
- **Osteria del Castello.** Eher Schwarzwald als Toscana-Feeling im Schatten der Zypressen, und die Küche manchmal vorzüglich, manchmal aber auch völlig daneben und überteuert (Menüs € 35-40). Ruhetag Do. Castello di Brolio, Tel. 74 72 77.
- **Il Carlino d'Oro** in *San Regolo* (10 km). Landgasthaus unterhalb des Castello di Brolio mit guten Suppen und Fleischgerichten. Mittags, im Sommer Fr-So auch abends. Ruhetag Mo. Tel. 74 71 36.

Weine

- **Enoteca Montagnani,** Via Bandinelli 17. Ungewöhnlich preisgünstige Markenweine. Im Sommer tgl. 8.30-13, 15-19.30 Uhr. Tel. 74 95 17.
- **Barone Ricasoli** zu Füßen des Castello di Brolio. Werktags 8-12, 13-19, im Sommer auch So 11-19 Uhr. Tel. 74 97 10.
- **Il Palazzino.** Kleines Gut mit außergewöhnlich harmonischen, rassigen Weinen 4 km westl. von Brolio. Tel. 74 70 08.
- **Badia a Coltibuono.** Die Produkte der Fattoria (Wein, Olivenöl, Grappa, Honig) werden in einer Cantina an der Hauptstraße verkauft (9.30-13, 14-19 Uhr). Tel. 74 93 00.
- **Castello di Ama.** Die Weine mit dem berühmten Ritter Guidoricci von *Simone Martini* auf dem Etikett werden leider nicht im Direktverkauf angeboten, gehören aber unbedingt zu den besten des Chianti. Tel. 74 60 31.

Castelnuovo Berardenga

Der stark mittelalterlich geprägte, erst vor kurzem gründlich restaurierte Weiler wurde im 13. und 16. Jh. von Siena im Kampf gegen Florenz befestigt. Von den ursprünglich sieben Türmen der Anlage ist nur noch einer übrig.

Das prachtvollste Bauwerk ist die inmitten eines weitläufigen Parks gelegene *Villa Chigi* aus dem 17. Jh., einst Sitz der *Accademia Chigiana,* eine der berühmtesten Musikakademien Italiens (heute im *Palazzo Chigi-Saraceni* in Siena). Der Garten kann an Sonn- und Feiertagen kostenlos von 10-20 Uhr besichtigt werden.

Etwa auf halbem Wege nach Siena (20 km) biegt von der SS 326 eine Straße nach **Montaperti** ab, dem Schauplatz der blutigsten Schlacht des italienischen Mittelalters. An den Sieg Sienas über Florenz am 4. September 1260 erinnert eine schlichte Pyramide auf einem zypressenbestandenen Hügel unweit des Ortes (Wegweiser), von dessen Spitze sich ein schöner Blick auf die Türme von Siena bietet.

Praktische Informationen

- SI. 2000. 350 m. **Tel. 0577.**
- **Info.** Via del Chianti 61, außer So 10-13 Uhr. Tel./Fax 35 55 00.
- **Markt.** Do, Piazza Marconi.

Verkehrsverbindungen

• **Zug.** Der nächste Bahnhof befindet sich in *Castelnuovo Scalo* (5 km, kein Fahrkartenverkauf).

• **Bus.** Mit *TRAIN* regelmäßig von/nach Siena, Gaiole, Radda.

Unterkunft

• **Relais Borgo San Felice** (****) in *San Felice* 10 km nordwestl. Renommiertes Weingut mit Luxussuiten in einem restaurierten mittelalterlichen Weiler; Swimming Pool und exzellente Küche. 45 DZ und Suiten ab € 290 inkl. BF. Tel. 35 92 60, Fax 35 90 89. www.borgosanfelice.com

• **Castelletto di Montebenichi** (****). Eine Burg wie aus dem Märchen (12./13. Jh.) inmitten eines kleinen, lebendigen Weilers (510 m) auf halbem Weg zwischen Arezzo und Siena (12 km NO). Kunstwerke, Antiquitäten, liebevolle Details und Annehmlichkeiten wohin man auch blickt. Pool & Sauna, in Traumlage, sind sorgfältigst vom Haus abgeschirmt. Ein Resto gibt es nicht, aber zum Knabbern steht überall etwas bereit. Einen schweren Stand haben nur Raucher (im Gebäude) mit Hunden oder Kindern (unter 14) – quasi zum Ausgleich verstehen sich die (angemessenen!) Preise inkl. BF und Minibar. 6 DZ, 3 Suiten € 227-274. Tel. 055 99 10 110, Fax 055 99 10 113. www.castelletto.it

• **La Foresteria dell'Aia.** 6 DZ mit Bad/TV und Frühstücksterrasse € 44; Via dell'Aia 9, Tel. 35 55 65, Fax 35 55 46.

• **Il Pozzo della Citerna.** 4 DZ ab € 38 oder 2 „Suiten" (Schlaf- und Kinderzimmer) ab € 65 inkl. Küchenbenutzung (große Wohnküche). Ideal für Familien auf Reisen. Via Mazzei 19, Tel. 35 53 37, citerna@chianti doc.com.

• **Villa di Sotto** in *Villa a Sesta* (5 km nördl). B&B in einem romantischen „Bauernhaus". 5 DZ € 55-69 inkl. BF. Tel. 33 02 20, Fax 35 91 69. www.villadisotto.it

Essen & Trinken

• **Da Antonio.** Elegantes Fischrestaurant (mit zuletzt schwankenden Leistungen). Abends ausschließlich Menu Surprise € 50. Ruhetag Mo. Via del Chianti 28, Tel./Fax 35 53 21.

• **La Bottega del 30** in *Villa a Sesta* (5 km nördl.). Anheimelnde Trattoria der gehobenen Preisklasse mit gerade mal 30 Plätzen (daher der Name) und verfeinerter Traditionsküche (Michelin-Stern). Unsere Favoriten: Froschschenkelsuppe mit Steinpilzen, gefülltes Täubchen oder Kaninchen, im Brotteig gebackene Lammschulter und der köstliche Schokoladenkuchen. Außer sonn- und feiertags nur abends, Ruhetag Di/Mi. Tel. 35 92 26.

• **Caffè Camelia.** Liebevoll eingerichtetes Lokal mit Atmosphäre und sorgfältig zubereiteten kleinen Gerichten in *Villa a Sesta*. Ruhetag Mo. Tel. 35 90 46.

• **Enoteca Bengodi.** Osteria mit feiner Auswahl an Weinen, Snacks (Crostini, Carpaccio, Suppen, Würste, Käse) und Secondi. Tgl. 11-24 Uhr, Via della Società Operaia 14, Tel. 35 51 16.

Weine

• **Fattoria di Felsina.** Seit Jahrzehnten Garant für Spitzenweine, unmittelbar vor den Toren der Stadt gelegen. Neben dem Chianti Classico und dem renommierten *Fontalloro* aus 100 % Sangiovese ist der weiße *I Sistri* aus Chardonnay zu empfehlen. Mo-Fr 9-12, 14-18 Uhr, Tel. 35 51 17.

• **Castell'in Villa.** In einem der einsamsten und waldreichsten Gebiete des Chianti wird einer der opulentesten und dunkelfarbigsten Weine des gesamten Anbaugebiets produziert. 8 km nordwestl., Tel. 35 90 74.

Chianti & nördliche Colline Metallifere

Dank der günstigen Verkehrsverbindungen in den Talsenken von Pesa und Elsa entstanden entlang der antiken *Via Cassia* und der mittelalterlichen *Via Francigena* schon früh die größeren Orte, die dem Kerngebiet des Chianti noch heute fehlen: *San Casciano* in *Val di Pesa, Tavarnelle Val di Pesa, Barberino Val d'Elsa, Poggibonsi,* **Certaldo**, **Colle Val d'Elsa.** Als Handelsstädte zugleich Trutzburgen und damit Objekt der Begierde sowohl für Siena als auch Florenz, sahen sie sich einerseits dem mörderischen Konkurrenzkampf der beiden Stadtrepubliken ausgeliefert, konnten mit etwas Glück aber auch Profit aus ihm schlagen. Mit dem Sieg der kosmopolitischen Medici Mitte des 16. Jh.s setzte der ökonomische wie kulturelle Niedergang ein. Erst durch den Bau der Eisenbahn im 19. Jh. blühte die Region wieder auf; boomende Handwerksbetriebe, Manufakturen und Landgüter entstanden, und noch heute werden hierher Klein- und Leichtindustrien ausgelagert, für die in Florenz und Siena der Platz zu knapp und teuer ist.

Mit dem Mythos des Chianti Classico kann die Region nicht konkurrieren, aber das muss nicht nur von Nachteil sein. Oft nur wenige Meter abseits von Schnellstraßen und zersiedelten Suburbias öffnen sich liebliche Landschaften mit alten Mischkulturen, wie sie im „klassischen" Teil des Chianti oft schon wegrationalisiert sind, und die Städte, vom Massentourismus weitgehend verschont, leben selbstbewusst nach ihrem eigenen Rhythmus.

Noch etwas weiter westlich beginnen die ersten Ausläufer der **Colline Metallifere.** Schon die Etrusker beuteten die Bodenschätze der bis zu den Küsten des Mittelmeers sich erstreckenden „Metallhügel" aus, später verdankten ihnen Pisa und Siena den Aufstieg zu mächtigen Stadtrepubliken. Die mittelalterlichen Hügelstädte **San Gimignano** (Provinz Siena), **Certaldo,** die Stadt Boccaccios (Provinz Florenz), und das noch ältere **Volterra** (Provinz Pisa) im Zentrum der Colline verfielen mit dem Niedergang der traditionellen Handelswege zu verschlafenen „Kleinodien", die noch bis vor wenigen Jahrzehnten am Hungertuch nagten, ehe der Tourismus sie zu neuem Leben erweckte.

Überblick

Die dem Verlauf der antiken *Via Cassia* folgende, teilweise stark befahrene SS 2 schlängelt sich mehr oder minder parallel zum vierspurigen *Raccordo Firenze-Siena* (61 km). Die Schnellstraße mit insgesamt 12 Ausfahrten zwischen den beiden Metropolen ist gebührenfrei.

San Casciano in Val di Pesa

Wer sich durch die ausufernden Vororte bis ins Zentrum des aufstrebenden Handelsstädtchens 17 km südlich von Florenz vorwagt, wird mit einem ansprechenden, betriebsamen Ortskern aus dem 19. Jh. und einigen echten Sehenswürdigkeiten belohnt. Die 1304 von den Dominikanern von *Santa Maria Novella* in Florenz geweihte Kirche **Santa Maria sul Prato** birgt erstaunliche Kunstschätze aus dem Trecento, so ein *Tafelkreuz* des Simone Martini (um 1325), Reste eines großen Triptychons von Ugolino di Neri *(Madonna mit Kind, Petrus* und *Franz von Assisi,* um 1340) und eine schöne Marmorkanzel von Giovanni di Balducci da Pisa, einem Schüler Andrea Pisanos (um 1330). Zu den Pretiosen des seit 1996 in der im Krieg zerstörten Kirche *Santa Maria del Gesù* untergebrachten **Museo d'Arte Sacra** zählen eines der frühesten bekannten Werke Ambrogio Lorenzettis *(Madonna mit Kind,* 1319), das Tafelbild *Erzengel Michael und Episoden aus seiner Legende* des Florentiners Coppo di Marcovaldo (um 1250) und, allein für sich schon eine Reise wert, der wunderschön verzierte Säulenschaft (Kandelaber?) des großen französischen Zisterziensermönchs *Maestro di Cabestany,* der im 12. Jh. auch bei der Ausgestaltung von Sant' Antimo tätig war.

In dem Weiler **Sant'Andrea a Percussina** 2 km nördlich verbrachte der in Florenz in Ungnade gefallene **Machiavelli** die letzten 15 Jahre seines Lebens (1512-1527) und verfasste in einer von ihm als „Spelunke" *(Albergaccio)* verhöhnten Taverne seine ebenso bittere wie schonungslose Abrechnung mit den Herrschenden, *Il Principe*. Machiavellis Spelunke ist leicht zu finden, denn das Haus beherbergt noch heute eine Taverne, die mit dem Namen des großen Mannes Geschäfte macht und nebenbei ein kleines „Museum" betreibt.

Speziell im Frühjahr lohnt ein Ausflug in das Winzerdorf **Montespertoli** (10 km westlich), wenn auf der hübschen Piazza des Ortes eine vielbeachtete *Mostra del Chianti* stattfindet, die Besucher aus ganz Italien anzieht (letzter So im Mai bis erster So im Juni). Wer sich am Wochenende in der Nähe aufhält, sollte das Museum der romanischen *Pieve di San Piero in Mer-*

Die teuren Tropfen der Marchesi Antinori

Zwischen San Casciano und Mercatale reifen zwei der teuersten Weine Italiens heran, der *Tignanello* (80 % Sangiovese, 20 % Cabernet) und der *Solaia* (100 % Cabernet). Als die Antinori sie 1971 bzw. 1979 auf den Markt brachten, läuteten sie damit eine Revolution im Chianti ein, denn nie zuvor hatte ein Großerzeuger gewagt, die herkömmliche „Chianti-Formel" derart auszuhebeln und ganz auf neue, experimentelle Wege der Weinbereitung zu setzen.

Die als Seidenhändler zu Wohlstand gelangten *Antinori* aus Florenz befassen sich nachweislich seit 1385 mit dem Handel von Wein. Ende des 19. Jh.s bauten sie ihre Zentralkellerei in San Casciano auf, erwarben riesige Ländereien rund um die Stadt sowie zwischen Mercatale und der Badia a Passignano und etablierten sich als einer der führenden Erzeuger im Chianti sowohl in punkto Quantität wie Qualität. Das nach wie vor von einem Antinori aus Florenz (Piero) geleitete Unternehmen erstreckt sich heute über halb Italien, ja Europa (Ungarn, Kroatien) und stellt Weine aller Art vom weißen *Orvieto* bis zum *Spumante* her.

Das Aushängeschild der Antinori bildet aber nach wie vor ihr Besitz im Chianti und die gigantische, voll computergesteuerte Fertigungsanlage am Ortsrand San Cascianos (Richtung Empoli), die zu den modernsten der Welt zählt.

• **Direktverkauf:** Badia a Passignano, s. S. 249

cato mit Gemälden des 14./15. Jh. besuchen, darunter *Madonnen* von Filippo Lippi und Neri di Bicci.

Sehenswert ist auch der mittelalterliche Marktflecken **Mercatale** (5 km östlich), den man natürlich am besten am Markttag (Do) besucht. Von hier bis nach Greve sind es nur 14 km, eine erwägenswerte Alternative zu der oben empfohlenen Chianti-Classico-Route über Impruneta.

Praktische Informationen

- Fl. 17.000. 305 m. **Tel. 055.**
- **Info.** Proloco, Via Machiavelli 38, außer So 9-13 Uhr, Tel./Fax 8 22 95 58, prosanc@ftbcc.it.
- **Markt.** Mo.
- **Museen.** *Museo d'Arte Sacra*, Via Roma 31. Jan. bis Nov. Sa, So 16.30-19 Uhr, sonst Sa, So 10-12.30, 13-15.30 Uhr und nach Vereinbarung (Tel. 8 25 51), frei. *Chiesa di Santa Maria*, Zutritt beim Pförtner der Misericordia rechts neben der Kirche (außer 12-13 Uhr). *Museo di Arte Sacra a Montespertoli.* Sa/So 10.30-12.30, 16.30-18.30 Uhr, € 2,10.
- **Bus.** Mit *SITA* von/nach Florenz, mit *TRAIN* von/nach Siena (direkt oder über Tavarnelle, Poggibonsi, Colle).

Unterkunft

- **Villa Poggio ai Grilli** (****). Hübsche zweistöckige Villa im Grünen mit Restaurant, Pool und 10 komfortablen DZ à € 175 inkl. BF. Tel. 82 01 36, Fax 829 02 09.
- **Antica Posta** (***). Angenehmes, intimes Hotel in einer umgebauten Postkutschenstation an der Straße nach Florenz mit hervorragender **Küche.** 10 Zimmer, DZ € 93 inkl. BF. Piazza Zannoni 1, Tel. 82 23 13, Fax 82 22 78, anticaposta@ftbcc.it.
- Zentral, aber laut ist die Pension **Mary** (**), 15 Zimmer € 78. Viale S. Francesco 6, Tel. 82 01 39, Fax 829 01 40.
- Besser ist das familiäre **Minisoggiorno** (**), Via Leonardo da Vinci 5 (2 km Richtung Cerbaia), 8 Zimmer mit Bad und Balkon € 52, Tel. 82 07 32.

Essen & Trinken

- **Cantinetta del Nonno.** Junge, lebhafte Osteria mit Gärtchen mitten im Centro Storico. Ein Schmuckstück! Ruhetag Mi. Via IV Novembre 18, Tel. 85 05 70.
- **Caffè del Popolano.** Deftige, behutsam verfeinerte Landküche in intimem, angenehmem Ambiente. Nur abends, Ruhetag Mo. Via Machiavelli 34, Tel. 822 84 05.
- **La Calcinaia.** Kreative Fischküche, nicht ganz billig (Menü um € 42). Nur abends. Ruhetag Mo. Via Grevigiana 21, Tel. 82 06 82.
- **La Tenda Rossa** in *Cerbaia* (7 km). Schick und teuer (zwei Michelin-Sterne!) mit einer kreativen Mischung aus Regionalküche und Haute Cuisine. Ruhetag So/Mo mittag. Piazza del Monumento, Tel. 82 61 32.
- **La Biscondola.** Ausflugslokal mit großem Sommergarten auf halber Strecke nach Mercatale, Ruhetag Mo/Di mittag, Tel. 82 13 81.
- Einen soliden, preiswerten Chianti produzieren **Conti Serrestori** in *Sant'Andrea in Percussina*, Tel. 82 84 71 (man spricht deutsch).
- **Fattoria Corzano.** Die Schweizer Familie Gelpke stellt einen der besten Schafskäse der Toscana her. Loc. *San Pacrazio,* Tel. 824 81 79.

Tavarnelle Val di Pesa

Das römische *Tabernulae,* bis zum Bau der Eisenbahn Rom–Florenz eine wichtige Post- und Zollstation an der Via Cassia, präsentiert sich noch heute als dichtbesiedelter, langgezogener Straßenort. Entlang der Via Roma einige schöne Häuser aus dem 18./19. Jh., am Ortsausgang die gotische Kirche *Santa Lucia al Borghetto,* Teil eines alten Franziskanerkonvents aus dem 13. Jh. mit einer *Verkündigung* von Neri di Bicci (1471).

Im Weiler **Morrocco** (ehedem *Murrochio)* vor den Toren der Stadt lohnt das noch heute von Karmeliterinnen bewohnte Konvent *Santa Maria del Carmine* (15. Jh.) einen Besuch.

San Donato in Poggio

Ein hübscher Ort, dessen Gassen und Höfe noch ihr „mittelalterliches" Aussehen bewahrt haben, wenn auch natürlich im restaurierten Gewand der Postmoderne. Schon 1033 erhob sich hier eine mächtige Burg, um die sich Florenz und Siena stritten; 1289 von den Ghibellinen aus Siena und Arezzo bis auf die Grundmauern niedergebrannt, wurde sie von den Florentinern wiederaufgebaut, nur um 100 Jahre später erneut zu verfallen, als Händler und Pilger eine bequemere Route entlang der Via Cassia fanden. Zu sehen sind Reste der alten Stadtmauer, ein Renaissance-Palazzo der Malaspina und die dreischiffige romanische Pieve *San Donato* mit einem wehrhaften Campanile, der an weniger friedliche Zeiten erinnert.

In dem Fresko der wundertätigen *Madonna* der 1600 eigens für sie errichteten Wallfahrtskirche *Santa Maria a Pietracupa* vor den Toren der Stadt sehen Kunsthistoriker seit neuestem ein originäres Werk des Masaccio.

Die Badia a Passignano – dramatisch in einsamer Landschaft

Badia a Passignano

In einer der einsamsten und stillsten Landstriche des Chianti genau an der Grenze der Gemeinden Tavarnelle und Greve (14 km) erhebt sich die weithin sichtbare, von einem Ring jahrhundertealter Zypressen umstandene **Abtei,** die im Mittelalter als eines der reichsten und mächtigsten Klöster Italiens galt. 1049 von Benediktinermönchen aus Vallombrosa gegründet, war noch *Lorenzo de'Medici* die geistige und politische Macht der Badia so sehr ein Dorn im Auge, dass er den Papst dazu brachte, sie Kardinal *Giovanni,* seinem Sohn, zu überschreiben, woraufhin „Il Magnifico" sofort eine Garnison gegen das Kloster aufmarschieren und die Mönche vertreiben ließ. (Als Giovanni zum Papst gekrönt wurde, gab er den Vallombrosanern die Abtei zurück, jedoch nur um den Preis einer „anständigen" Pacht von 200 Scudi im Jahr.)

Die ältesten Teile der Badia stammen aus dem frühen 13. Jh., ihre Kirche ist reines Barock. Domenico Ghirlandaios **Letztes Abendmahl** (die erste bekannte Version eines *Cenacolo* aus seiner Hand, 1476), befindet sich im Refektorium, wo man es jeden Sonntag (je nach Jahreszeit 15-17 oder 16-18 Uhr) bzw. auf Anfrage hin (Tel. 8 07 16 22) besichtigen kann.

Die **Weingüter** des Klosters sind heute größtenteils im Besitz der Antinori; eine der wenigen Ausnahmen bildet das kleine Gut *Poggio al Sole*.

Barberino Val d'Elsa

Anders als die anderen Orte entlang der Via Cassia, deren Kern ganz vom 19. Jh. geprägt ist, präsentiert sich das von einer Festungsmauer umgebene Barberino fast in purem Trecento. Man betritt das hübsche Städtchen durch mittelalterliche Stadttore *(Porta Fiorentina* im Norden, *Porta Romana* im Süden) und trifft sich auf dem Marktplatz *Piazza Barberini* mit dem wappengeschmückten *Palazzo Pretorio* und der romanischen Pieve *San Bartolomeo* (mit Fragmenten eines *Verkündigungsfreskos* aus der Schule Giottos). Das kleine *Museo Civico* ist ansprechend in einem alten Pilgerhospiz von 1365 untergebracht.

Weiter südlich, nahe der Via Cassia, steht die romanische **Pieve Sant'Appiano,** eine der ältesten und schönsten Pfarrkirchen der Region. Die halbrunde Apsis und das linke Seitenschiff mit quadratischen Pfeilern sind noch Teile des vorromanischen Baus aus dem 10. Jh., Fassade und rechtes Seitenschiff (runde Säulen mit Blätterkapitellen) wurden nach dem Einsturz des Campanile 1171 gestaltet. Im Inneren ein wunderbares Relief des Erzengel Michael mit dem Drachen (12. Jh.), das ursprünglich den Portikus der Fassade zierte. Sant'Appianos einstige Bedeutung zeigt sich auch in dem seperaten *Baptisterium,* von dem noch vier Säulen erhalten sind.

Praktische Informationen

- Fl. 7000. 380 m. **Tel. 055**.
- **Info.** Via Roma 190, außer So 9-12.30, 15.30-19 Uhr, Tel./Fax 8 07 78 32.
- **Markt.** Do in Tavarnelle, Fr in San Donato.

Verkehrsverbindungen

- **Zug & Bus.** Bahnhof in *Poggibonsi* (11 km). Mit *SITA* und *TRAIN* gute Verbindung entlang der Via Cassia zwischen Florenz und Siena, nach San Gimignano/Volterra umsteigen in Poggibonsi oder Colle.
- **Entfernungen** (in km): Firenze 32, Siena 40, San Casciano 15, Certaldo 15, Barberino 3, Poggibonsi 11, Colle Val d'Elsa 19, San Gimignano 23, Castellina 17, Greve 17.

Hotels

- **Park Hotel Chianti** (****). Architektonisch nicht gerade das Gelbe vom Ei (Neubau, Toscana-Feeling Null), aber gemütlich, komfortabel, mit Restaurant und großem Pool. 43 DZ € 94. Tel. 807 01 06, Fax 807 01 21.
- **Del Chianti** (**) und **Vittoria** (**) im Centro Storico von *Tavarnelle* sind okay, aber recht laut (Durchgangsverkehr); Via Roma 136, 9 Zimmer, Tel. 8 07 7068, und Via Roma 57, 7 Zimmer, Tel. 8 07 61 80, DZ jeweils um € 57-60.
- **Torricelle Zucchi** (**) in *Sambuca* (5 km). Ruhiges und angenehmes Haus mit 13 Zimmern zu € 55. Tel. 8 07 17 80, Fax 807 11 02.

Jugendherberge

• **Ostello del Chianti** in *Tavarnelle* (März bis Okt.). Moderner Zweckbau mit diversen Sporteinrichtungen. 90 Betten à € 8 inkl. Frühstück, Mahlzeiten möglich. Via Roma 137 (am Ortsausgang Richtung Florenz), Tel. 8 05 02 65, Fax 8 05 01 04.

Essen & Trinken

• **Osteria La Gramola** in *Tavarnelle*. Freundliches und preisgünstiges Feinschmeckerlokal (Secondi um € 10) im Centro Storico mit Sommergarten. Nur abends, Ruhetag Di. Via delle Fonti 1, Tel. 8 05 03 21.

• **Il Frantoio** in *Marcialla* (5 km östl.). Gute, preisgünstige Regionalküche (Suppen! Fritto Misto!) in einer alten Ölmühle; Tische im Freien. Ruhetag Mo. Tel. 807 42 44.

• **La Scuderia** in *Badia a Passignano*. Ausflugslokal mit kleinem Garten, nicht überteuert. Ruhetag Do, Tel. 8 07 16 23.

• **Osteria di Passignano.** Weinschänke der Fattoria Antinori mit schmackhafter, phantasievoller Küche (Risotto mit Garnelen und Artischoken, Kalbslende mit Walnußsauce); Secondi um € 10-15, große Weinauswahl. Ruhetag So. Tel. 807 12 78.

Weine

• **Cantina Antinori.** Einzige Cantina mit Direktverkauf von Antinori-Weinen in der Toscana. Außer So tgl. 9-23 Uhr. Tel./Fax 807 12 78.

• **Isole e Olena** bei *Olena*. 5 km südl. von San Donato. Seit 1990 ein Star der Szene; keine Angeberweine, sondern pure Qualität, die ihren Preis hat. Mo-Sa 8-12, 14-18 Uhr, Tel. 8 07 27 63.

Certaldo

Früh am Morgen mag die „baumbedeckte Anhöhe“ *(Cerrus Altus)* noch beinahe so aussehen, wie ihr berühmtester Sohn sie vor Augen hatte – **Giovanni Boccaccio,** der 1313 in Certaldo zur Welt kam und seine letzten zwölf Jahre (bis 1375) hier verbrachte.

Das noch vollständig von seinem Befestigungswall umgürtete *Certaldo Alto,* im Unterschied zur modernen Unterstadt auch **Castello** genannt, erreicht man zu Fuß, mit dem Auto (was sich wenig empfiehlt) oder mit einer Zahnradbahn. Die auf etruskischen und römischen Bastionen errichtete Stadt unterstand ab 1164 den von *Friedrich Barbarossa* eingesetzten Grafen *Alberti,* ehe die ghibellinische Trutzburg sich im Lauf des 13. Jh.s zunehmend an Florenz binden musste und 1415 endgültig unterworfen wurde.

Ein mittelalterlicher *Borgo* als Gesamtkunstwerk – dank seiner exponierten Lage konnte der Ort sich nie vergrößern und war für spätere Generationen daher uninteressant.

Ein kurzer Spaziergang durch die kopfsteingepflasterten Gassen *Via Boccaccio* und *Via Rivellino,* und man hat fast den gesamten Ort durchmessen. Wer die paar Schritte zur *Porta Rivellino* nicht scheut, wird an klaren Tagen mit einem Miniatur-Panorama der Skyline von San Gimignano belohnt.

Boccaccios Grabplatte

Palazzo Pretorio

Der mit den Terracotta-Wappen florentinischer Statthalter gespickte Priorenpalast entstand Ende des 12. Jh.s als Residenz der Grafen *Alberti*. Im Untergeschoss, das man durch einen zweistöckigen Kreuzgang mit Ziehbrunnen betritt, befinden sich der reich ausgemalte Audienzsaal *(Sala delle Udienze)* mit einem *Benozzo Gozzoli* zugeschriebenen Fresko des hl. Thomas, der „ungläubig" die Wundmale des Auferstandenen betastet, eine Kapelle mit einem bemerkenswerten *Tabernakel,* wiederum von Gozzoli, und Kerker für Männer und Frauen.

Die mit recht verblassten Fresken geschmückten Privatgemächer und Versammlungsräume im Obergeschoss dienen heute vornehmlich Ausstellungszwecken. Von den Zinnengängen genießt man einen schönen Rundblick über die karge und doch liebliche Hügellandschaft rund um die Stadt (Eintritt).

Boccaccio

Das nach den Bombenangriffen von 1944 und zuletzt 1995 aufwändig restaurierte Turmhaus **Casa del Boccaccio** würde der 1375 verstorbene Dichter und Gelehrte wohl kaum mehr als sein „Heim" wiedererkennen, aber zumindest umweht sein „Geist" die piekfein sanierten Gemäuer der Forschungsstätte samt Bibliothek.

Die im 13. Jh. im romanischen Stil begonnene **Chiesa Santi Jacopo e Filippo** neben seinem Geburts- und Sterbehaus birgt das schlichte Grab des Dichters – die marmorne Grabplatte ist im Boden eingelassen. Sehenswert das schöne, unweigerlich an „Frau Holle" gemahnende Terracotta-Relief der *Madonna delle Neve* aus der Werkstatt der umtriebigen della Robbia.

Das **Museo di Arte Sacra** lohnt allein schon wegen der außergewöhnlichen Holzskulptur eines *Christus Triumphans* am Kreuz von ca. 1250.

Praktische Informationen

- Fl. 16.000. 70-130 m. **Tel. 0571**
- **Info.** *Proloco,* Via Boccaccio 16, Tel. 66 55 26. Im Sommer zusätzlich gut sortierter Info-Kiosk in der Unterstadt bei der Flussbrücke, Tel. 66 49 35.
- **Zahnradbahn** *(Funiculare)* ab Piazza Boccaccio in der Unterstadt (nahebei 2 Gratisparkplätze), alle 15 Min. April-Sept. 7-24, sonst 22 Uhr, € 1. Zufahrt per Auto in Certaldo Alto (außer für Hotelgäste) 10-23 Uhr gesperrt.
- **Markt.** Mi 8-13 Uhr, Unterstadt.
- **Museen.** *Palazzo Pretorio,* 9.30-13, 14-19.30 Uhr, € 3. *Casa del Boccaccio* und *Museo d'Arte Sacra,* tgl. 10-19, Di 10-16.30 Uhr; € 3.
- **Feste.** *Mercantia,* 3. Juliwoche, Straßentheater, Kleinkünstler und Gastronomie. *Corteo Storico,* 2. So im Sept.

Verkehrsverbindungen

- **Zug & Bus.** Bahnhof der Linie Firenze–Empoli-Siena in der Unterstadt. Mit *SITA* von/nach Florenz, Empoli, Poggibonsi, San Gimignano, San Casciano.
- **Entfernungen** (in km): Firenze 57, Siena 42, Pisa 79, Livorno 75, Poggibonsi 13, Barberino Val d'Elsa 15, Colle Val d'Elsa 21, San Gimignano 14, Empoli 27.

Hotels

- **Osteria del Vicario.** Wunderschönes Gasthaus rund um den romanischen Kreuzgang des alten Vikariats aus dem 13. Jh. mit herrlichem Blick von der blumenbekränzten Veranda. Erstklassige Küche (Menü € 45).

4 schöne, reizvoll „altmodische" Zimmer im Haupthaus, 16 weitere in 2 Dependancen, DZ € 88 inkl. BF. Via Rivellino 3, Tel. 66 82 28. www.osteriadelvicario.it

• **Il Castello** (**). Keine schlechte Alternative. 10 Zimmer, DZ € 78 inkl. BF. Via della Rena 6, Tel./Fax 66 82 50.

• In der Unterstadt **La Speranza** (**). 17 Zimmer ohne/mit Bad € 31/52. Borgo Garibaldi 80, Tel/Fax 66 80 14.

Essen & Trinken

• In der Oberstadt **Osteria del Vicario** (Ruhetag Mi) und **Il Castello** (Ruhetag Fr) sowie **La Tinaia** mit einem hübschen Garten (Pizzen nur abends).

• In der Unterstadt lockt der „kleine Saal zum süßen Wahnsinn", **La Saletta di Dolci Follie,** ein Weinlokal mit herzhafen Snacks, kleinen Gerichten und vorzüglichen Desserts aus der Pasticceria nebenan. Ruhetag Di. Via Roma 3, Tel. 66 81 88.

Montaione

Lebhaftes Hügeldorf über dem Elsa-Tal mit wappengeschmücktem Priorenpalast und romanischer Pieve (beachtliche Madonna aus der *Cimabue*-Schule!). Seit den 90er Jahren ein neues Mekka des „grünen" Massentourismus (über 30 Agriturismobetriebe und noch mal so viele Feriendörfer).

Sehenswert das 5 km abseits in einem Wald gelegene ehemalige Franziskaner-Kloster **San Vivaldo** („das toscanische Jerusalem") mit 17 Kapellen (1500-1515), die topografisch wie symbolisch den Leidensweg Christi rekonstruieren.

Praktische Informationen

• Fl. 4000. 340 m. **Tel. 0571.**

• **Info.** www.comune.montaione.fi.it

• **Palazzo Mannaioni** (****). Nobelherberge in einem schönen Renaissance-Palast im Centro Storico. Pool, Restaurant. 26 DZ ab € 200, 4 Suiten mit Terrasse € 300 inkl. BF. Tel. 69 83 00, Fax 69 82 99. www.palazzomannaioni.com

• **Vecchio Mulino** (***). Schlicht, aber komfortabel; 15 Zimmer, DZ € 77 inkl. BF. Tel./ Fax 69 79 66. www.hotelvecchiomulino.it

• **Carpe Diem** (***). 7 helle, freundliche DZ € 82 inkl. BF. Gutes **Restaurant** mit ausnehmend hübscher Terrasse, Menü inkl. Getränke € 30. Tel. 69 78 88, Fax 69 76 03.

• **Ostello Casa Pomponi.** 25 Betten in Zimmern. Interculturamontaione@hotmail.com

Castelfiorentino

Der belebte Ort im Elsa-Tal war als „Verkehrsknotenpunkt" und strategischer Posten bereits im 12. Jh. von großer Bedeutung. Pilger und Händler der Via Francigena und Volterrana trafen aufeinander, zuzeiten hatte der florentiner Podestà seinen Wohnsitz hier, und nach der Schlacht von Montaperti (1260) wurde in Castelfiorentino das Friedensabkommen mit Siena unterzeichnet. An der Via Volterrana stand seit 1490 ein monumentales Tabernakel der *Madonna della Visitazione* mit Szenen aus dem Marienleben von **Benozzo Gozzoli,** das der *Madonna della Tosse* hatte er bereits 6 Jahre zuvor ausgemalt. Die Freskenzyklen sind heute mitsamt ihren Sinopien in der Städtischen Kunstsammlung zu sehen. Das Museum der Kirche der Ortsheiligen Santa Verdiana überrascht mit einer *Madonna,* die Cimabue (oder Giotto) zugeschrieben wird, sowie Werken von Taddeo Gaddi und einem Kruzifix von Corso di Buono, einem Künstler aus dem Umfeld Cimabues.

Praktische Informationen

- Fl. 17.000. 36-184 m. Tel. **0571.**
- **Info.** Via Ridolfi (April-Okt.), Tel./Fax 62 90 49.
- **Markt.** Sa, Piazza Kennedy.
- **Museen.** *Raccolta Comunale di Arte* (Gozzoli), Via Tilli 41, Di, Do, Sa, So 16-19, So auch 10-12 Uhr, € 2,60. *Museo di Santa Verdiana,* Piazzale Verdiana, Sa, So 16-19, So auch 10-12 Uhr, € 2,60.
- **Albergo Lami** (**). 20 Zimmer, DZ € 49. Piazza Gramsci, Tel./Fax 640 76.
- **Ostello Castelfiorentino.** 84 Betten à € 13, Familienzimmer € 15.50 inkl. BF. Tel./Fax 640 02.

Poggibonsi

Der „historische Irrtum" der **Ghibellinenstadt,** auf die deutschen Kaiser zu setzen (noch 1220 wurde sie von Friedrich II. zur *Città Imperiale* erklärt), endete 1270 mit der totalen Zerstörung einer der größten Städte der damaligen Toscana durch die vereinigten Truppen von Florenz, San Gimignano und Colle Val d'Elsa. Heute ist Poggibonsi für Siena, was Prato lange für Florenz war, ein ausgelagerter Industriestandort und Verkehrsknotenpunkt von Straße und Schiene (Umsteigen zu Bussen nach San Gimignano, Volterra und ins Chianti).

Hinter der abschreckenden Fassade der Minimetropole verbirgt sich ein ansehnliches historisches Zentrum mit wappengeschmücktem *Palazzo Pretorio,* Stiftskirche mit mittelalterlichem Wehrturm, romanisch-gotischer Pieve *(San Lorenzo)* und vielen Geschäften.

Auf einer Anhöhe südlich findet man die Überreste der Burg sowie der von Florenz 1478 begonnenen, aber nie vollendeten Festung *Poggio Imperale.*

Sehenswert ist der romanische Portalfries *(Anbetung der Könige)* der kleinen Pieve di Santa Maria (12. Jh.) in **Talciona;** 7 km südwestl. Richtung Luco/Castello Strozzavolpe.

Praktische Informationen

- Sl. 30.000. 115 m. **Tel. 0577.**
- **Info.** Piazza Cavour 2, Tel. 986203.
- **Markt.** Di, Via Redipuglia.
- **Zug & Bus.** Bahnhof der Linie Florenz-Siena an der Piazza Mazzini. Busbahnhof am Largo Gramsci, mit *TRAIN* von/nach Florenz, Siena, Pisa, Colle, Castellina, San Gimignano, Volterra etc. Auskunft Via Trento 33, Tel. 93 72 07.
- **Entfernungen** (in km): Florenz 44, Siena 29, Pisa 79, Livorno 89, Castellina in Chianti 20, Radda in Chianti 34, San Gimignano 12, Tavarnelle 12, Colle Val d'Elsa 8.

Unterkunft & Verpflegung

- Zentral im Ort **Alcide** (***), Via Marconi 67 (80 DZ € 78, Tel. 93 75 01) und **Italia** (**), Via Trento 36 (26 Zimmer, DZ € 62, Tel. 93 61 42).
- **La Galleria,** Galleria Vittorio Veneto 20. Gute Ofengerichte (Lamm, Kaninchen etc.), Tische im Freien, Ruhetag So, Tel. 98 23 56.
- Das sympathische **Bazzino,** älteste Osteria am Ort, serviert auf einer hübschen Piazza. Ruhetag So, Via Montorsoli 63, Tel. 93 68 77.
- In der Industriezone liegt einer der bestsortierten **Supermärkte** (*Coop*) der Toscana.

Colle Val d'Elsa

Unten *(Basso)* blühen Handwerk, Handel und Kleinindustrie in einem netten, überschaubaren Zentrum aus dem 19. Jh., oben *(Alto)* erstreckt sich längs eines Höhenrückens die zweigeteilte Altstadt: das mittelalterliche *Castello* mit Turmhäusern und überwölbten Gassen aus dem 13. Jh. und der ganz der Renaissance verhaftete *Borgo*

mit eleganten Stadtpalästen und Befestigungsanlagen aus dem 16.- 17. Jh. Der Geburtsort von *Arnolfo di Cambio* war schon im Mittelalter ein Zentrum der Glas-, Woll- und Papierherstellung und konnte sich lange neben Florenz und Siena als selbstständige Guelfen-Kommune halten. Erst 1333 beugte sich die pragmatische und geschäftstüchtige Stadt der Hoheit der Florentiner und erhielt 1592 Stadtrecht und Bischofssitz. Der lebendige und dank seiner florierenden Glas- und Kristallindustrie vom Tourismus weitgehend unabhängige und daher relativ wenig überlaufene Ort bietet sich als idealer **Ausgangspunkt** für Ausflüge in die Umgebung an (Chianti, San Gimignano, Volterra, Siena).

Mittelpunkt der **Unterstadt** mit der angenehm schlichten romanischen Kirche *Sant'Agostino* (Renaissanceausstattung von Antonio da Sangallo d. Ä. und eine anmutige *Madonna delle Grazie* Taddeo di Bartolos, 1390) ist die von Arkaden gesäumte *Piazza Arnolfo* mit ihren Cafés und Restaurants. Die oberhalb der Piazza steil ansteigende *Via San Sebastiano* weicht bald einem Treppenweg mit schönen Ausblicken auf Stadt und Elsa-Tal und führt geradewegs zum Castello, dem ältesten Teil Colles.

Palazzo Campana in Colle Val d'Elsa

Wer auf das Auto nicht verzichten will, folgt der Straße Richtung Volterra und steuert die Parkplätze vor den Stadttoren von Colle Alto an.

Castello & Borgo

Weithin sichtbar ist der Backsteinkoloss **Torre di Arnolfo** (Via del Castello 63). Er gilt als Geburtshaus *Arnolfo di Cambios* (1240-1301), des ersten großen Baumeisters der Toscana, dessen Bauten das Stadtbild von Florenz prägen (Palazzo Vecchio, Dom, Santa Croce). Der mit Wandmalereien geschmückte *Palazzo dei Priori,* im 14./15. Jh. Rathaus, beherbergt eine permanente Verkaufsausstellung örtlicher Kristallwaren und das reichlich magere *Museo Civico* (eine krause Mixtur aus Arte Sacra, Renaissancegemälden und faschistischer Freikörperkultur).

Der **Dom** nur wenige Schritte weiter stellt eine kuriose „Bausünde" dar – zwar gelang es den Medici (Colle wurde erst 1592 Bischofssitz), den romanischen Vorgängerbau deutlich zu übertrumpfen, doch nur um den Preis, dass die neue Kirche den Domplatz überwucherte und ihre Rückfront weit über die Stadtmauer hinausragt. Im Innern eine seltene Marmorkanzel in Form eines römischen Sarkophags von Giuliano da Maiano (17. Jh.), der Elemente einer alten Kanzel von Tino di Camaino (Ende 13. Jh.) verwendete.

Die Piazza del Duomo wird von dem wappengeschmückten *Palazzo Pretorio* beherrscht (13. Jh.), in dem heute Funde aus etruskischen Nekropolen der Umgebung ausgestellt werden *(Museo Archeologico)*. Weiter geht es über die Via del Castello oder parallel durch die fast vollständig überwölbte **Via delle Volte** bis zum Torbogen des *Palazzo Campana,* eines zu seiner Zeit (1539) vielbeachteten Baus, der zum Vorbild zahlreicher Patrizierhäuser wurde. Die *Campana-Brücke* verbindet seit dem 16. Jh., damals als Zugbrücke, die Stadtteile Castello und Borgo.

Im Renaissanceviertel **Borgo** ragt aus der Vielzahl der Stadtpaläste der mächtige **Palazzo Renieri** heraus; der durch außergewöhnlich wuchtige Sandsteinbossen gegliederte Ziegelbau mit dem gewaltigen Medici-Wappen löste im 16. Jh. den Priorenpalast als Rathaus *(Municipio)* ab.

Blick von der Torre Grossa, San Gimignano

Zum Ausgangspunkt zurück kann man über die malerische, bogenüberspannte *Via delle Romite*. Wer weiter in den Borgo vorstößt, erreicht über die Piazza Santa Caterina die monumentale **Porta Nova** (oder *Volterrana)* mit den mächtigen Bastionen von Antonio da Sangallo d. Ä. oder (etwas mehr rechts) die kaum minder eindrucksvolle **Porta Vecchia** mit dem *Torrione*.

Casole d'Elsa

10 km südwestlich erhebt sich das von einem mächtigen Mauerring umgebene sienesische Bollwerk hoch über dem Tal der Elsa. Sehenswert sind die 1161 geweihte *Collegiata Santa Maria Assunta,* der *Palazzo Pretorio* und die *Rocca* aus dem 14. Jh.

Bei **Coneo** (2 km abseits der Route Colle-Casole) lohnt der Besuch der von verwahrlosten Gehöften umgebenen wie verwunschen wirkenden *Badia a Coneo* mit schönen romanischen Friesen. Die Abtei war einst ein wichtiger Halt auf der Pilgerroute nach Rom.

Praktische Informationen

- Sl. 18.000. 140/225 m. **Tel. 0577.**
- **Info.** *Proloco,* Via Campana 43 (Oberstadt, April bis Sept. tgl. 10-13, 15.30-19 Uhr, Tel. 92 27 91, Fax 92 36 21). *Arnolfo Tour,* Piazza Arnolfo 9, Verkauf von Bustickets etc.
- **Museen.** *Museo Civico,* Via del Castello 31, außer Mo 10-12, 16-19 Uhr (Nov. bis März nur Sa/So), € 2,60. *Museo Archeologico,* Piazza della Libertà 1, außer Mo 10-12, 17-19 Uhr, € 1,55. *Museo del Cristallo,* Via dei Fossi 8, außer Mo 15-19, Sa, So auch 10-12 Uhr, € 2,60.
- **Markt.** Fr 8-13 Uhr in der Unterstadt.
- **Schwimmbad.** Die *Piscina Olimpia* (Via XXV Settembre) gilt als das größte öffentliche Schwimmbad der Toscana. Juni bis Sept. 9-20 Uhr.

Verkehrsverbindungen

- **Zug & Bus.** Mit *TRAIN* von/nach Florenz, Siena, Poggibonsi, Volterra, weniger regelmäßig ins Chianti; nach San Gimignano über Poggibonsi, wo der nächste Bahnhof ist.
- **Entfernungen** (in km): Florenz 50, Siena 24, Pisa 87, Arezzo 88, Volterra 25, San Gimignano 14, Poggibonsi 8, Monteriggioni 10.

Hotels in Colle

- **Arnolfo** (***). Tradition und Atmosphäre prägen das wohnliche Hotel in einem Palazzo des 16. Jh.s in der Oberstadt mit schöner Aussichtslage. 32 Zimmer, DZ € 73 inkl. BF. Via Campana 8, Tel. 92 20 20, Fax 92 23 24.
- Lediglich gehobenen Vertreterstil bietet im Vergleich dazu die Bettenmaschine **La Vecchia Cartiera** (***) in der Unterstadt; 38 Zimmer, DZ € 155. Via Oberdan 5/9, Tel. 92 11 07, Fax 92 36 88.
- **Nazionale** (**). Zentral nahe der Piazza Arnolfo, etwas antiquiert, aber mit ordentlichen, wenn auch etwas dunklen Zimmern (24); DZ € 68. Via Garibaldi 20, Tel. 92 00 39, Fax 92 01 68.

Hotels im Grünen

- **Relais La Suvera** (****). Wer *Lifestyle* sucht, ist hier fehl am Platz – ein Ort der Ruhe und Beschaulichkeit, voll lauschiger Plätze und liebenswerter Katzen. Wem das wahrhaft unvergessliche Privileg, in einem der sündhaft schönen (und eigentlich „unbezahlbaren") Turmsuiten der *Villa Papale* zu nächtigen (allen voran: *Maria Gabriella)* verwehrt bleibt, und sich mit einem (vergleichsweise) „simplen" Zimmer in den Stallungen der einstigen Sommerresidenz von Papst Julius II bescheiden muss, wird den schier unglaublichen Luxus dieser Herberge zumindest in den historischen Salons und dem weitläufigen Park (selbstverständlich mit Pool) genießen. Restaurant, Bar, Tennis. 32 DZ und Suiten ab € 260, in der *Villa Papale* ab € 620 inkl. BF. Loc. *Pievescola* (15 km südl.). Tel. 96 03 00, Fax 96 02 20. www.lasuvera.it
- **Relais della Rovere** (****). Als Papst Julius II (s. o.) noch Kardinal della Rovere war, begnügte er sich mit diesem im Vergleich dazu

„bescheidenen" zweistöckigen Anwesen. 30 Zimmer mit allem Komfort, Restaurant, Garten mit Pool. DZ € 194-291, Suiten bis € 423 inkl. BF. Loc. *Badia* (1,5 km östl.). Tel. 92 46 96, Fax 92 44 89. www.chiantiturismo.it

- **Villa Belvedere** (***) in *Belvedere* (3 km östl.). Sehr schöne, gemütliche Villa (17. Jh.) mit Garten, Pool und Restaurant. Einziger Nachteil: etwas nahe am Raccordo. 15 DZ € 142 inkl. BF. Tel. 92 09 66, Fax 92 41 28. www.villabelvedere.com
- **Villa Lecchi** (***) bei *Staggia* (6 km südöstl.). Hübsch möblierte Villa aus dem 18. Jh. in Panoramalage mit Garten und Pool. 27 Zimmer, davon 20 im Haupthaus, DZ € 112-154 inkl. BF. Tel. 93 00 90, Fax 93 00 87. www.villalecchi.com
- **Villa San Lucchese** (****) in *San Lucchese* 6 km Richtung Poggibonsi. Komfortable Villa (15. Jh.) in einem gepflegten Park mit Pool und Tennis. 36 Zimmer, DZ € 175 inkl. BF. Tel. 93 71 19, Fax 93 49 27. www.villasan lucchese.com

Essen & Trinken

- **Arnolfo.** Leichte, kreative Küche mit einer Vorliebe für Steinbutt, Lamm, Tauben, Sommergemüse (Michelin-Stern, Menü um € 55). Nur 24 Plätze, frühzeitig reservieren! Ruhetag Di. Via XX Settembre 52, Tel./Fax 92 05 49.
- **Antica Trattoria.** Gepflegte Atmosphäre und Preise, kreativ-traditionell (Kichererbsensuppe mit Venusmuscheln). Ruhetag Di. Piazza Arnolfo 23 (Terrasse), Tel. 92 37 47.
- **Sapia.** Sympathisch schnörkellos, Speisekarte mit Pfiff, schöne Aussichtsveranda, erfreulich gemäßigte Preise (Primi um € 5-7, Secondi um € 10). Auf der Terrasse des **Tea Room** nebenan kann man Tees und Cocktails und für den kleinen Hunger Lasagne, Ravioli oder Salate durchprobieren. Ruhetag Mo, im Sommer bis 2 Uhr nachts. Via del Castello 4, Tel. 92 14 53.
- **La Speranza.** Urtümlicher Landgasthof der aussterbenden Art an der SP 541 10 km südlich (Abzweiger nach Casole). Gut und preisgünstig wie selten, stets bis zum Bersten gefüllt. Hausgemachte Pasta, Spezialitäten vom Holzkohlengrill.

San Gimignano

„Gosh! Saint Jimmy!"
(US-Bustourist, 1998)

Das „Manhattan des Mittelalters" zieht nicht nur Amerikaner und Japaner schier grenzenlos in Bann. Und so spucken tagaus tagein Busse endlose Schlangen von Touristen in die Gassen des kleinen Städtchens aus, das seinen Ruhm nicht ohne Ironie einer Pestepidemie verdankt, die es vor 650 Jahren jäh in Vergessenheit stürzte, als es gerade auf dem Gipfel seiner Entwicklung angelangt war.

Fünfzehn Geschlechtertürme aus dem 13. Jh., deren spektakuläre **Skyline** zu den meistfotografierten Motiven der Toscana zählt, bilden das Kapital der einzigen Stadt des Mittelalters, die sich nicht spätestens während der Renaissance ihrer „anachronistischen" Turmhäuser entledigte. 72 sollen es gewesen sein, als die Große Pest von 1348 über den Ort kam und ihn auf einen Schlag sowohl seiner ökonomischen Basis wie politischen Autonomie beraubte. Der Sturz ins historische Abseits unter der Knute der Medici und jahrhundertelange, schier unbeschreibliche Armut konservierten wie unter einer Glasglocke ein Stück Mittelalter, das heute erfolgreich mit dem Slogan „Città delle Belle Torre" für sich wirbt.

„Stadt der schönen Türme" klingt zwar schon besser als „Manhattan des Mittelalters", hat mit der Realität aber genausowenig zu tun. Denn nicht Schönheitssinn, sondern „Hader

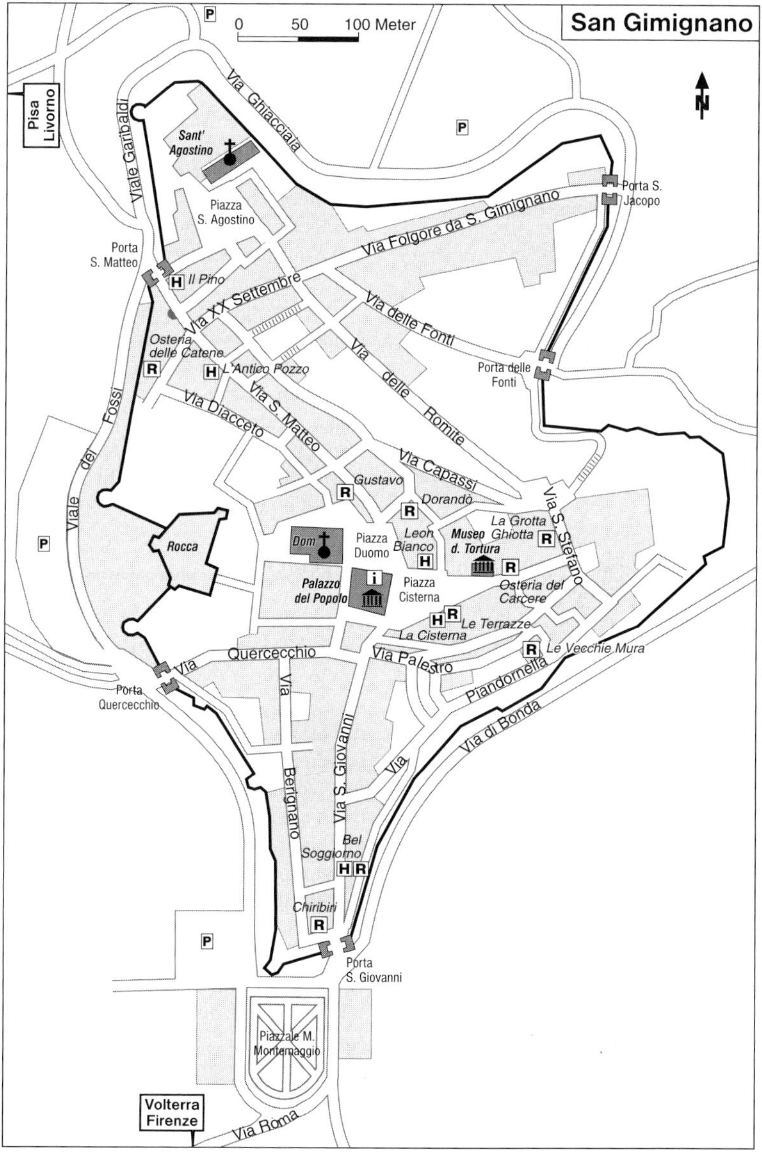

Chianti-Gebiet

Santa Fina

Was die hl. Caterina für Siena, ist die hl. Fina für San Gimignano. Schon als Zehnjährige zog sich die 1238 geborene Fina eine schwere Krankheit zu, „bereute bitterlich ihre Sünden“ und bettete sich in stillem Gebet auf ein Holzbrett, das sie nie mehr zu verlassen gelobte. Nachdem der hl. Gregor ihr in einer Vision den Tod geweissagt hatte, vollbrachte die tapfere Fina noch zahllose wundersame Taten, ehe sie, gerade erst fünfzehn, das Zeitliche segnete. Als sie starb, läuteten Engel die Glocken der Marienkirche und sprossen Veilchen aus ihrem Sterbe-b(r)ett.

und Großmannssucht“ trieben diese *„Obeliske des Hasses* gegen den Himmel“ (Eckart Peterich).

Schon Mitte des 16. Jh.s waren von den 72 nur mehr 25 übrig, und was die folgenden Zeiten überdauerte, fiel und wankte im Sommer 1944, als die deutsche Artillerie sich die von den Alliierten besetzte Stadt koste es was es wolle zurückzuholen versuchte. Vergilbte Fotografien vergangener Tage belegen das Ausmaß der Verwüstung, enthüllen aber auch, wieviel Verborgenes (oder nie Existierendes) erst im Zuge von Stadtverschönerungen neu entdeckt bzw. hinzugefügt wurde: Tore, Zinnen, Erker, Loggien, Treppen, Durchgänge, ja ganze Gassen. Als von der UNESCO zum Weltkulturerbe erklärtes Monument sieht San Gimignano heute vermutlich „mittelalterlicher“ aus als im Mittelalter selbst.

Mehr als 8 Mio Besucher strömen jedes Jahr in das kleine „St. Jimmy“, das nicht mal ein Tausendstel so viel Einwohner zählt. Natürlich ist San Gimignano ein Tummelplatz der Massen mit Kitsch & Kunst aus aller Welt, aber trotz allem immer noch ein schöner und liebenswerter Ort, dessen Reiz weniger in überragenden Bauwerken und Kunstdenkmälern liegt als in dem einmaligen und großartigen Ensemble. Und wenn sich am frühen Abend die Abgase der davonpreschenden Reisebusse vor den Stadttoren zu lichten beginnen, hat man mit etwas Glück selbst in der Hochsaison die halbe Stadt „für sich allein“ – vorausgesetzt, man bleibt in ihr über Nacht. Was wir hiermit empfehlen wollen.

Geschichte

Wie viele Orte verdankt San Gimignano seine Existenz der Frankenstraße, auf der Pilger und Händler seit dem 8. Jh. gen Rom zogen. Bereits vor der Jahrtausendwende, als die aufstrebende Handelsstadt noch den Bischöfen Volterras unterstand, errichtete man einen befestigten Mauerring um die Stadt, dem Ende des 12. Jh.s ein zweiter folgte, mit den Toren, wie sie im Prinzip noch heute bestehen. 1199 nutzte San Gimignano die Rivalitäten zwischen Florenz und Siena, um sich zur autonomen Kommune zu erklären.

Handel und der Anbau von Safran (den man zum Färben von Stoffen verwendete) führten in San Gimignano zu Wohlstand, und das ganze 13. Jh. hindurch wurde eifrig gebaut.

Die Wohntürme der vom Bürgertum in die Stadt gezwungenen Adelsgeschlechter entstanden, weniger zum Schutz vor äußeren Feinden als vor den eigenen Nachbarn, denn die innerstädtischen Fehden zwischen Guelfen und Ghibellinen nahmen bürgerkriegsähnliche Dimensionen an.

Nachdem die Pest von 1348 mehr als die Hälfte der Einwohner dahingerafft hatte, konnte sich das kleine San Gimignano nicht mehr neben den Großmächten behaupten und unterwarf sich der „Schutzmacht" Florenz. Die Stadt verarmte, zumal auch die Frankenstraße zugunsten bequemerer Überlandstraßen an Bedeutung verlor. Mitte des 15. Jh.s entfachten Florentiner Baumeister und Künstler auf Geheiß der Medici noch einmal eine kurze, wenn auch rege Bautätigkeit, die allerdings nahezu ausnahmslos einige Repräsentationsbauten wie den Dom betraf und das Stadtbild im übrigen unberührt ließ.

Kunst

Selbst zu seiner Blütezeit zu klein, um eine eigenständige Kunstszene zu entwickeln, vereinigt San Gimignano dafür eine Vielzahl von Stilen und Einflüssen aus der gesamten Toscana; Kirchen und Paläste weisen pisanische, lucchesische, sienische und florentinische Merkmale und Eigenheiten auf. In der Malerei und Bildhauerei dominierte bis Ende des 14. Jh.s die Sieneser Schule *(Taddeo di Bartolo, Lippo Memmi, Bartolo di Fredi, Barna da Siena),* ehe Florenz mit der Übernahme der Macht um 1450 die Renaissance nach San Gimignano brachte *(Benedetto* und *Giuliano da Maiano, Domenico Ghirlandaio, Benozzo Gozzoli).*

Orientierung

San Gimignano ist in seinem Stadtkern nie über seine mittelalterliche Größe hinausgewachsen – wie im 14. Jh. leben und arbeiten hier knapp 7000 Menschen – und kann von einem Ende zum anderen innerhalb weniger Minuten mühelos zu Fuß durchquert werden.

Der Nord-Süd-Verlauf der *Via Francigena* bestimmt noch heute das Stadtbild. Von Norden kommend führt sie als **Via San Matteo** bis zur **Piazza della Cisterna** und **Piazza del Duomo** hinauf und setzt sich gen Süden als absteigende **Via San Giovanni** bis zum gleichnamigen Stadttor fort. Entlang dieser beiden Straßen und Plätze spielt sich praktisch das gesamte Leben der Stadt ab.

Parken muss man prinzipiell außerhalb der Stadtmauern (bei der Reservierung von Hotels nach Ausnahmeregelungen fragen). Da alle regulären Parkplätze meist überfüllt und kostenpflichtig sind, stauen sich die Kolonnen der abgestellten Fahrzeuge entlang den Ausfallstraßen nach Certaldo, Volterra und Poggibonsi.

Sehenswertes

Piazza della Cisterna

Von der **Porta San Giovanni,** dem schönsten Tor des 2 km langen Mauerrings, führt die belebte Straße, wie im Mittelalter auf Schritt und Tritt von Herbergen, Tavernen, Amuletten (Souvenirs) und Heiligenbildchen (Postkarten) gesäumt, steil bergauf bis zum *Arco dei Becci,* dem Stadttor des ersten Mauerrings mit dem Turm der *Cugnanesi* links und dem der *Becci* (der sich Stadttor und -mauer als Fundament einverleibte) rechts. Für eine Erfrischung unterwegs (und einen Blick „hinter die Kulissen") bietet sich die luftige Terrasse der *Fattoria Tollena* hinter der grünweißen Marmorfassade der ehemaligen Kirche *San Francesco* an (No. 69); entkerntes Trecento und kühler *Vernaccia,* so liebt es gemeinhin der Tourist.

Der ungleichmäßig angelegte, ganz in Fischgrätmuster gepflasterte *Platz der Zisterne* mit seinen hochaufragenden Turmhäusern gehört zu den schönsten der Toscana. Im Zentrum der 1273 errichtete **Brunnen** mit dem Wappen des Podestà, der ihn 1346 in Travertin kleiden ließ; die tiefen Rillen am Brunnenrand lassen ahnen, wieviel Kübel Wasser im Lauf der Jahrhunderte ans Licht gezogen werden mussten. Die Breitseite nehmen die **Zwillingstürme der Ardinghelli** ein, eine der beiden führenden Familien des 13./14. Jh.s, weiter unten (links) erhebt sich der wuchtige **Torre del Diavolo** mit den „Schmissen" im Gestein; angeblich wurde er so genannt, weil sein Besitzer ihn nach einer längeren Abwesenheit höher vorfand als er ihn in Erinnerung hatte und dies dem Teufel zuschrieb.

Ein Abstecher in die *Via del Castello* führt zu der 1240 errichteten Kirche *San Lorenzo in Ponte* (deren Name an die Zugbrücke zum ehemaligen, von den Florentinern abgerissenen Kastell erinnert) und dem düsteren Dominikanerkloster, das zeitweise *Savonarola* beherbergte und noch heute als Ge-

Pause auf der Piazza della Cisterna

fängnis dient. Über den schmalen *Vicolo S. Fina* erreicht man das Haus der Stadtheiligen; die *Casa Fina* ist nicht zu besichtigen und lediglich durch eine kleine Terracottaglasur gekennzeichnet.

Piazza del Duomo

Fast nahtlos geht die *Piazza della Cisterna* in die Piazza del Duomo über. Von der Treppe des Doms (der strenggenommen keiner ist, denn San Gimignano war nie Bischofssitz) hat man den schönsten **Überblick** (von rechts nach links):

Der mit den Wappen zahlloser Podestà geschmückte, mehr oder minder liebevoll „der Dicke" genannte Rathausturm **Torre Grossa** (1298-1310) ist der höchste der Stadt; ein strenges Dekret untersagte, dass seine 54 m überschritten wurden. Der Ausblick ist, wie man sich denken kann, superb (siehe *Museen).*

Der **Palazzo del Popolo** (oder *Comunale) wurde* am 23. Dezember 1288 eröffnet. Dort trat noch am gleichen Tag der Gemeinderat zusammen. Die wappenverzierte Fassade soll der aus Colle Val d'Elsa stammende *Arnolfo di Cambio* entworfen haben, die „mittelalterlichen" Zinnen kamen allerdings erst im 20. Jh. hinzu. Über einen wahren Bilderbuch-Innenhof (Eingang neben der Touristeninfo) erreicht man das *Museo Civico*. Die anschließende **Loggia,** 1338 erstmals erwähnt und damit eine der ältesten der Toscana, war jahrhundertelang zugemauert, ehe die Bomben des Zweiten Weltkriegs sie wieder zum Vorschein brachten.

Der 1239 errichtete Ratsherrenpalast **Palazzo del Podestà** (oder *Vecchio*) diente nach der Fertigstellung des Palazzo Comunale als Wohnsitz des Podestà bzw. Gefängnis und wurde 1373 um den markanten, bogenförmigen *Voltone* erweitert; zum Palast gehört der 51 m hohe **Torre Rognosa** („der Räudige"). Daneben erhebt sich der Komplex des mehrfach umgebauten *Palazzo Chigi* (vormals *Useppi,* um 1280). Ganz links ragen die wuchtigen Zwillingstürme der Ghibellinen **Salvucci** in die Höhe, der erbittertsten Widersacher der Guelfen *Ardinghelli* am Zisternenplatz.

Collegiata Santa Maria Assunta

Die schmucklose Fassade der 1148 geweihten **Backsteinbasilika** wurde nie verkleidet. Zwar beauftragten die Florentiner 1456 Giuliano da Maiano, den Chor zu verlängern und um ein Querschiff mit Kapellen zu erweitern, das Äußere jedoch ließen sie völlig unangetastet. Ihre wahre Pracht entfaltet *Mariä Himmelfahrt* erst in ihrem von mächtigen schwarzweiß-gestreiften Säulenreihen in drei Schiffe geteilten Innern – auf den ersten Blick ein einziges gewaltiges Fresko. Phantastisch!

Beginnen wir mit der Innenfassade. Über freigelegten Überresten des Vorgängerbaus aus dem 8. Jh. prangt das expressive **Martyrium des hl. Sebastian** von *Benozzo Gozzoli* (1465, nahezu eine Kopie stellte er im gleichen Jahr für den Hauptaltar von *Sant'Agostino* her), eingerahmt von den großartigen Figuren der **Verkündigung,** zwei der äußerst raren Holzstatuen des *Jacopo della Quercia* (1421). Lässt man den Blick an die Innenwand des Hauptschiffs schweifen, hat man die derb-drastischen Höllenvisionen des **Jüngsten Gerichts** vor Augen. Die düsteren, manchmal fast ins Groteske überbordenden Szenarien von Wollust, Ehebruch, Geiz und Völlerei aus der Hand des Sienesen *Taddeo di Bartolo* (1393) lassen bereits die Visionen eines *Hieronymus Bosch* (1450-1516) aufblitzen.

Auch beide Seitenschiffe sind vollständig freskiert. Die gewaltigen, auf 1356-1367 datierten **Szenen aus dem Alten Testament** des *Bartolo di Fredi* im linken Schiff wurden im Lauf der Jahrhunderte mehrfach übermalt und weisen überdies noch heute Kriegsschäden auf, überzeugen aber durch ihre naive Wucht. Der Zyklus beginnt links oben mit der Erschaffung der Welt – wirklich „wunderbar", wie Eva im 4. Bild *(Come Dio Fece La Prima Donna)* der Rippe Adams entsteigt –, des weiteren erfahren wir von Moses und Aaron, Hiob sowie Joseph und seinen Brüdern. Man staune über die „sagenhaften" Tiere der Arche Noah und des Turmbaus zu Babel – Elefanten und Kamele, von denen der Maler offenbar gehört, die er aber ersichtlich nie selbst gesehen hat.

Das rechte Schiff ist mit **Szenen aus dem Neuen Testament** ausgemalt (um 1360). Das Werk des *Barna da Siena,* ein Schüler *Simone Martinis,* ist eines der monumentalsten Christus-Zyklen der italienischen Malerei überhaupt. Es beginnt oben rechts mit Verkündigung, Geburt, Anbetung der Könige und Flucht nach Ägypten, setzt sich mit den Wundertaten Jesu fort (Heilung des Lazarus, Vermehrung der Brote) und endet mit den Ereignissen zwischen Abendmahl und Auferstehung. Mit dem Ablauf der Chronik werden die Darstellungen immer wüster, kriegerischer, „mittelalterlicher". Während der Ausarbeitung der grandiosen *Kreuzigung* soll Barna vom Gerüst auf den Kirchenboden gestürzt sein und sich den Hals gebrochen haben – so zumindest übermittelte es 200 Jahre später Vasari, dessen „Viten" aber bekanntlich mit Vorsicht zu genießen sind. Einige Kunsthistoriker schreiben das Werk heute eher *Lippo Memmi,* dem Schwager Simone Martinis zu.

Der Marmorsarkophag der von *Giuliano* und *Benedetto da Maiano* gestalteten **Cappella di Santa Fina** (1468) am Ende des rechten Schiffs enthielt die Gebeine der 1253 verstorbenen Stadtheiligen. 1475 malte sich **Domenico Ghirlandaio** aus, wie der hl. Gregor dem siechen Mädchen (das bereits einen Heiligenschein trägt) den Tod verkündet, daneben stellte er ihre Totenfeier vor dem Hintergrund der Türme von San Gimignano dar – und porträtierte sich selbst gleich links hinter dem Bischof.

Museo Civico

In dem aufregend schönen, erst 1332 angebauten **Innenhof** des Palazzo del Popolo wurde Recht gesprochen. Das große Fresko des *Sodoma* (1507) zeigt den *hl. Ivo,* den Schutzpatron der Rechtsgelehrten bzw. eher „Rechtsverdreher", wie die nachträglich angebrachte Handschrift auf dem Richterpult suggeriert: *„Ich verspreche dir, dass du gewinnen wirst, wenn du dich mit deinem Geldbeutel beeilst"*. Darunter halten zwei Putten das Machiavelli-Wappen. Eine gedeckte Freitreppe führt zur Torre Grossa und zum Museum.

Die freskengeschmückte *Sala del Consiglio* heißt **Sala di Dante,** seit der große Dichter hier 1300 im Auftrag der Florentiner eine flammende Rede für die „gemeinsame guelfische Sache" hielt (offenbar ohne Erfolg). Die monumentale **Maestà** des *Lippo Memmi* (1317), ganz offensichlich von Simone Martinis Fresko im Ratssaal von Siena inspiriert, wurde aufgrund von Umbauten im 15. Jh. von dem Florentiner *Benozzo Gozzoli* teilweise übermalt (und womöglich auch etwas „zensiert"). Über die belanglosen Jagd- und Turnierszenen eines *Anzo da Siena* lesen wir in der Broschüre der Stadtverwaltung den denkwürdigen Satz „Dante sah diese Malereien". Nun denn.

Weitaus aufregender sind da jedenfalls die Fresken von *Memmo di Filippuccio* und *Niccolò da Segna* in der *Camera del Podestà* gegenüber dem Ratssaal. Im Gewand harmloser **Hochzeitsszenen** gewähren sie nicht nur ausgesprochen lebhafte, sondern auch ungewöhnlich deftige Einblicke in das Alltagsleben des 14. Jh.s.

Die **Pinakothek** im Obergeschoss stellt Werke der Sieneser und Florentiner Schule des 13.-15. Jh.s aus.

Im **Saal I** imponiert das mächtige **Kruzifix** des Florentiners *Coppo di Marcovaldo,* der bei der Schlacht von Montaperti 1260 in sienesische Gefangenschaft geriet und für seine Freilassung u. a. mit dieser Leidensgeschichte bezahlte. Neben zwei feinziselierten Madonnenbildnissen von *Benozzo Gozzoli* (1466) beeindrucken vor allem die beiden Tondi (Rundtafeln) der **Verkündigung** von *Filippino Lippi* (1482) zu beiden Seiten der *Muttergottes in Glorie* von Pinturicchio (1511).

Im **Saal II** besticht die um 1395 gemalte **Lebensgeschichte des hl. Gimignano** von *Taddeo di Bartolo,* der auch die suggestiven Szenen des Jüngsten Gerichts im Dom schuf. Auf den Knien des im 4. Jh. verstorbenen Bischofs von Modena ruht ein Panorama der nach ihm benannten Stadt, während die Miniaturen der Predella von seinen eindrucksvollen, aus historischer Sicht allerdings zweifelhaften Taten (wie z. B. der Errettung einer Stadt vor den Hunnen Attilas) erzählen. Im gleichen Stil hält einige Jahre später (1401) *Lorenzo di Niccolò Gerini* die **Wundersamen Taten der hl. Fina** fest (Erlösung eines Besessenen, dem prompt ein Teufel aus dem Maule fährt, Rettung eines vom Dach gefallenen Maurers sowie eines Schiffbrüchigen auf hoher See) und macht uns nebenbei mit einer damals grassierenden Mäuseplage bekannt.

Rund um den Dom

Durch einen Bogengang links vom Dom gelangt man auf die *Piazza Pecori* mit einer offenen Loggia, die *Domenico Ghirlandaio* 1476 mit einer bemerkenswert „mondänen" **Verkündi-**

gung ausmalte – meilenweit entfernt von einer biblischen Maria, blicken wir in die Studierstube eines belesenen Renaissance-Fräuleins. (Wegen der schlechten Lichtverhältnisse am besten am Abend betrachten, wenn es angestrahlt wird.)

Das **Museo d'Arte Sacra** ist nicht weltbewegend, besitzt aber einige schöne Einzelstücke wie ein raffiniertes *Vexierbild* aus dem 17. Jh. (je nach Blickwinkel verwandelt sich Christus in Maria Magdalena und Franziskus in die hl. Klara) oder ein Tafelbild, das den Wiederaufbau des 1650 abgebrannten Rathausturms zeigt. Im oberen Saal Skulpturen und Kruzifixe von Benedetto da Maiano, eine *Kreuzigung* des Benozzo Gozzoli (1465) und eine Kollektion etruskischer Fundstücke aus der Umgebung der Stadt.

Rechts des Doms betritt man die hübsche **Piazza dell'Erbe,** auf der noch heute der Gemüse- und Kräutermarkt abgehalten wird. Von dort führt ein steiler Aufstieg zu den Resten der Mediceerfestung **Rocca Montestaffoli** (1353) mit schöner Aussicht auf Stadt und Elsa-Tal.

Ausschnitt aus Gozzolis *Leben des heiligen Augustinus*

Unterhalb der Piazza del Duomo öffnet sich der *Arco della Cancelleria,* Stadttor des ersten, um 1000 errichteten Mauerrings, zur **Via San Matteo.** Obwohl keinen Deut weniger „malerisch" als die Via San Giovanni, geht es hier schon merklich ruhiger zu. Vorbei an der Chiesa *San Bartolo,* dem Turmhaus der *Pesciolini* und dem gleich mit drei unterschiedlichen Fensterformen (à la Lucca, Siena und Florenz) aufwartenden *Palazzo Tinacci* gelangt man zum nördlichen Stadttor *Porta San Matteo* (1262).

Sant'Agostino

Die schmucklose, 1280-1298 errichtete romanisch-gotische Hallenkirche der Augustiner verbirgt, wie der Dom, ihre Schätze im Innern.

Hinter dem von einer mächtigen *Marienkrönung* des *Piero Pollaiuolo* (1483) geschmückten Hauptchor entfaltet sich einer der bedeutendsten Freskenzyklen der Toscana, *Benozzo Gozzolis* **Leben des hl. Augustinus** (1465). Die von links nach rechts und von unten nach oben zu lesenden Szenen erzählen in der Chronologie von der Einschulung des Knaben im algerischen Tagaste bis zur Totenmesse des großen Theologen und Ordensgründers (354-430). Gozzolis Zyklus unterscheidet sich deutlich von der mittelalterlichen Tradition der Heiligenvita, schon weil keine der 17 Szenen ein Wunder oder ein Ereignis nach dem Tode des Kirchenvaters darstellt. In der zweiten Reihe rechts se-

hen wir das berühmte Lehrbild von der Unzulänglichkeit des menschlichen Verstandes. Augustinus steht am Meer und versucht verzweifelt, das Wesen der Dreieinigkeit zu ergründen, als ihm der Jesusknabe erscheint und sein Grübeln mit einer ebenso einfachen wie verblüffenden Geste beendet: er macht sich daran, das Meer mit einem kleinen Holzlöffelchen auszuschöpfen. Da fällt es dem Kirchenlehrer wie Schuppen von den Augen, und er begreift, dass nur der Glaube, aber nie der menschliche Verstand dazu imstande sein würde, das ganze Ausmaß der göttlichen Weisheit zu erfassen.

Am linken Chorpfeiler sehen wir noch einmal den *hl. Sebastian,* wie ihn Gozzoli auch im Dom malte. Einen völlig anderen **Sebastian** stellt er an einem Altar im linken Schiff dar. Das 1464 in Auftrag gegebene Fresko sollte das glückliche Ende einer soeben überstandenen Epidemie feiern und zeigt den Pestheiligen deshalb ausnahmsweise einmal nicht von Pfeilen durchbohrt; dieses Mal sind die himmlischen Mächte rechtzeitig in Gestalt von Engeln zu Hilfe geeilt, die die todbringenden Pfeile auffangen und zerbrechen, wie die andächtige Menge voller Dank registriert.

Zum Schluss lohnt noch ein Blick auf Bartolo di Fredis *Mariä Geburt und Himmelfahrt* (um 1390) in der Kapelle rechts des Hauptchors sowie auf Benedetto da Maianos *Cappella di Beato Bartolo* (1494, rechts vom Hauptportal) mit dem Grab des 1310 verstorbenen „Seligen" aus San Gimignano, den man wegen seiner übermenschlichen Leidensfähigkeit „Hiob der Toscana" nannte.

Die „Skyline" von San Gimignano

Ein kurzer Abstecher führt zum *Ospedale Santa Fina,* dessen Bau dank reichlicher Spendengelder bereits zwei Jahre nach dem Tod Finas (1255) begonnen wurde; in der freskierten Eingangshalle standen die Büsten von Papst Gregor und Fina, die heute im Museo Civico ausgestellt sind. Einige Meter weiter kann man in der Vorhalle des Vallombrosanerklosters *San Girolamo* eine *Ruota* bestaunen, jene hölzerne Drehtür, in die Arme ihre Neugeborenen legen konnten, um sie der Fürsorge der Kirche zu übergeben.

Die Straße führt weiter zur *Porta San Jacopo* mit einer *Malteserkirche* (1096). Von dort kann man bis zur *Porta delle Fonti* gehen mit dem nach Sieneser Muster außerhalb der Stadtmauer errichteten alten Brunnenhaus.

Pieve di Cellole

Auf einer Anhöhe 5 km nördlich der Stadt erhebt sich die malerisch von Zypressen umstandene romanische Pfarrkirche aus dem frühen 13. Jh., die Puccini zu seiner Oper *Suor Angelica* inspirierte. Sie liegt abseits der Straße nach Certaldo (Abbieger links Richtung Gambassi) und ist meist nur zur Messe (So 11 Uhr) geöffnet.

Praktische Informationen

- Sl. 7000. 330 m. **Tel. 0577.**
- **Information.** Piazza Duomo 1, März bis Nov. 9-13, 15-19 Uhr, auch Geldwechsel. Tel. 94 00 08, Fax 94 09 03. prolocsg@tin.it. www.sangimignano.com.
- **Zimmervermittlung.** *Associazione Strutture Extralberghiere,* Piazza delle Erbe 10, Tel. 94 21 94, Fax 94 12 64.
- **Markt.** Do, Piazza della Cisterna.

Verkehrsverbindungen

- **Bus.** Mit *TRAIN* mehrmals tgl. von/nach Florenz und Siena, zumeist mit Umsteigen in Poggibonsi. Direkt von/nach Volterra nur im Sommer, ansonsten über Poggibonsi; einige wenige Busse von/nach Certaldo. Haltestelle Porta San Giovanni, Tickets Piazza Duomo 1.
- **Zug.** Nächster Bahnhof in *Poggibonsi,* von dort mehrmals tgl. von/nach Florenz, Siena.
- **Entfernungen** (in km): Firenze 57, Siena 42, Poggibonsi 12, Certaldo 14, Colle Val d'Elsa 14, Volterra 30.

Unterkunft

- In den **Villen im Umkreis der Stadt** lässt es sich gut wohnen, jeder Stadtbesuch zieht aber gravierende Parkprobleme nach sich.

Hotels im Centro Storico

- Alle Stadthotels gehören der gleichen **Kategorie** (***) an und sind in entkernten historischen Gemäuern untergebracht.
- **L'Antico Pozzo.** Dezent, von außen nahezu unscheinbar (Understatement pur), intim und stilsicher eingerichtet; Noblesse bis ins Detail. 18 DZ € 150 inkl. BF. Via San Matteo 87, Tel. 94 20 14, Fax 94 21 17. www.anticopozzo.com.
- **La Cisterna.** Glamourös und rustikal zugleich; neben grandiosen Zimmern, deren Panorama allein schon das Geld wert ist, weniger schöne Räumlichkeiten (z. B. zum Innenhof) und teilweise beträchtlicher Lärmpegel. 49 Zimmer, DZ ab € 88, mit Balkon € 117 inkl. BF. Piazza della Cisterna 24, Tel. 94 03 28, Fax 94 20 80, www.hotelcisterna.it
- **Leon Bianco.** Das älteste Hotel an Platz, solide und freundlich. 17 DZ je nach Lage (laute Piazza oder Aussicht ins Tal) ab € 88, mit Aussicht € 119 inkl. BF. Piazza della Cisterna 13, Tel. 94 12 94, Fax 94 21 23. www.leonbianco.com
- **Bel Soggiorno.** Unmittelbar an der „Einfallschneise" Via San Giovanni (No. 91) gelegen, ein wirklich „schöner Aufenthalt" ist daher nur mit Talblick zu empfehlen. 22 DZ € 110-140. Tel. 94 03 75, Fax 90 75 21. www.hotelbelsoggiorno.com

Hotels im Grünen

• **La Collegiata** (****). Schierer, aber nicht protziger Luxus in einem ehem. Franziskanerkloster mit Kreuzgang (Salons), Kapelle (Restaurant) und gepflegten Gärten (mit Pool). 22 DZ ab € 365, ein Traum Zimmer 4 mit Balkon (€ 516). 3 km Richtung Certaldo. Tel. 94 32 01, Fax 94 05 66. www.lacollegiata.it

• **Villa San Paolo** (****). Freundliches Haus in gepflegter Parkanlage mit schönem Pool und Panoramablick auf San Gimignano. 18 DZ € 212 inkl. BF (118 u. 119 mit Balkon). 5 km Richtung Certaldo. Tel. 95 51 00, Fax 95 51 13. www.villasanpaolo.com

• **Pescille** (***). Rustikales Landgut mit Garten, Pool, Tennis und Blick auf die Skyline, sehr beliebt bei deutschen Aktivurlaubern. 50 DZ € 119 inkl. BF. 5 km Richtung Volterra, Tel. 94 01 86, Fax 94 31 65. www. pescille.it

• **Le Renaie** (***). Etwas abseits gelegen, aber ruhig, ohne Straßenlärm; schöner Pool, gute Küche. 25 Balkonzimmer € 124, DZ ab € 100 inkl. BF. Beim Weiler *Pancole* 7 km Richtung Certaldo. Tel. 95 50 44, Fax 95 51 26. www.hotellerenaie.com

• **Da Graziano** (***) am Südhang San Gimignanos (zu Fuß rund 700 m zur Stadt). Von vielen Gästen als angenehm und ruhig gelobt; 10 Balkonzimmer € 77. Via Matteotti 39, Tel. 94 01 01, Fax 94 06 55.

• **Casanova di Pescille.** Bezauberndes Landgut (Wein, Olivenöl, Honig, Safran) in üppiger Natur mit Pool, Resto und Blick auf San Gimignano. 8 geschmackvolle DZ mit AC, Sat-TV etc. € 90, 1 Apt. € 100 inkl. BF. 3 km Richtung Volterra. Tel./Fax 94 19 02. www.casanovadipescille.com

• **Podere Villuzza.** Schönes, sehr gepflegtes Landgut mit Terrassen, Pool und allem Komfort. 6 DZ € 90, 3 Apts. (nur wochenweise) € 110 inkl. BF. 4 km Richtung Certaldo. Tel. 94 05 85, Fax 94 22 47. www.podere villuzza.it

Budget

• **Affittacamere** (Privatzimmer). Das Niveau ist relativ hoch und entspricht teilweise mittlerem Hotel-Standard. Vor Ort wende man sich an die *Zimmervermittlung* an der Piazza della Cisterna 2; die Vermittlung ist gratis.

• **Restaurants mit Zimmervermietung.** *Le Vecchie Mura* (Via Piandornella 15, Tel. 94 02 70), *Il Pino* (Via San Matteo 102, Tel. 94 04 15) und *La Stella* (Via San Matteo 71, Tel. 94 04 44). Je nach Saison um € 55.

• **Pietro Boldini.** 6 liebevoll eingerichtete Zimmer in einem Palazzo aus dem 13. Jh. Einziger Nachteil: teilweise ohne Bad. Via San Matteo 95, Tel. 94 09 08, Fax 94 01 24.

Essen & Trinken

• **Bel Soggiorno.** Interessante, phantasievoll komponierte Gerichte, die ihren Preis allemal wert sind; die Tische an der Fensterfront sind allerdings leider (fast) immer ausgebucht. Ruhetag Mi. Tel. 94 03 75.

• **Dorandò.** Die „etruskischen und alttoscanischen Spezialitäten" können kreativ sein (manchmal sogar umwerfend), wohlfeil sind sie nicht gerade (plus 10 % Servizio). Ruhetag Mo. Vicolo dell'Oro 2, Tel. 94 18 62.

• **Osteria delle Catene.** Angenehm ungekünstelte Atmosphäre und junge, frische Jahreszeitenküche (wenn auch mit gelegentlichen Totalausfällen). Menü € 15. Ruhetag Mi. Via Mainardi 18, Tel. 94 19 66.

• **Osteria del Carcere.** Junge Osteria mit fantastischen Wurstwaren von Maestro Cecchini (Panzano), aber auch sehr guten Suppen und Fleischgerichten. Ruhetag Mi, durchgehend offen. Via del Castello 13, Tel. 94 19 05.

• **Chiribiri.** Einfache, aber reelle Trattoria an der Porta San Giovanni mit verblüffend niedrigen Preisen. Ruhetag Mi. Piazza della Madonna 1, Tel. 94 19 48.

• **Gustavo.** Nette Enoteca mit ausgezeichneten Snacks und Weinen (per Glas), im Sommer auch Bänke vor der Tür; Ruhetag Fr. Via San Matteo 29.

• Einfacher, günstiger, untouristischer (?) ist **La Grotta Ghiotta,** außer Do 12-22 Uhr, Via San Stefano 10.

• Die **Gelateria di Piazza** am Zisternenplatz wirbt gleich mehrsprachig für „bestes Eis von Welt". Da läuten eigentlich die Alarmglocken, doch so ausgiebig wir auch „testeten", müssen wir höchstes Lob zollen: macht tatsächlich süchtig!

Vernaccia di San Gimignano

Vernaccia ist kein „Markenname", sondern eine Rebsorte. Schon Michelangelo schätzte den strohgelben Weißwein, der bereits im 16. Jh. bis nach England exportiert wurde. Im Normalfall ein frischer, spritziger, zartbitterer und angenehm säurereicher Wein, ideal für den Sommer, im schlechtesten ein flacher Modetrunk, der allenfalls Party-Kriterien wie „locker, leicht und jung zu genießen" genügt. Schuld sind allzu viele Abfüller, die lediglich auf schnellen Massenausstoß statt auf Qualität setzen.

Fast alle Erzeuger stellen neben Vernaccia auch einen Chianti Colli Senesi, diverse Tafelweine sowie Olivenöl und Grappa her.

Museen

- Ein **Sammelticket** (*Biglietto Cumulativo*, € 7,50) gewährt Zutritt zu allen wichtigen Museen. **Öffnungszeiten.** März bis Ende Okt. tgl. 9.30-19.30 Uhr, sonst 10-18 Uhr.
- **Collegiata.** So nur nachmittags 13-17 Uhr, € 3,50.
- **Museo Civico** und **Torre Grossa.** Palazzo del Popolo. € 5.
- **Museo d'Arte Sacra.** Piazza Pecori. € 3.
- **Museo della Tortura,** Via del Castello (privat, nicht im Sammelticket enthalten). Sammlung mittelalterlicher Folterinstrumente, detailliert beschrieben und kommentiert (ital./ engl.). Bemerkenswert auch, dass nicht verschwiegen wird, dass viele der dargestellten Foltermethoden in zahlreichen Ländern der Welt (zumindest in ähnlicher Form) noch heute gang und gäbe sind! Tgl. 10-20 Uhr, im Winter nur an Wochenenden. € 7.

Feste

- **Festa di Santa Fina.** 12. März anlässlich des Todestages der Heiligen im Jahr 1253.
- **Fiera di Santa Fina.** 1. Mo im Aug., am Tag zuvor Hochamt im Dom.
- **Karfreitags-Prozession** in historischen Kostümen.
- **Carnevale** der Contraden (Stadtviertel) mit Maskenumzügen und Festwagen an den vier So vor Faschingsdienstag.
- **Estate Sangimignanese.** Oper, Ballett, Konzerte, Filmvorführungen etc. Mitte Juni bis Ende Aug. Höhepunkt ist das letzte Wochenende im Juli.
- **Fiera delle Messi.** Erntefest am 3. Wochenende im Juni mit Umzügen und Kampfspielen (*Giostra dei Bastioni*) in historischen Kostümen.

Weine

- **Ponte a Rondolino** (*Terruzzi & Puthod)*, Tel. 94 01 43.
- **Pietraserena,** Tel. 94 00 83.
- **Panizzi,** Tel./Fax 94 15 76.
- **Montenidoli,** Tel. 94 15 65.
- **Pietrafitta,** Tel. 94 19 19.
- **Paradiso.** Bietet von allen Gütern mit Verkaufsstelle im Ort (Via San Giovanni) das deutlich beste Preis-/Leistungsverhältnis. Tel. 94 15 00.

Monteriggioni

„Wisse, es sind nicht Türme, sondern grässliche Giganten". Schon Dante war mächtig beeindruckt von dem gewaltigen „Nordwall", den die Sienesen 1213-1219 15 km vor den Toren ihrer Stadt in die sanfte Hügellandschaft geklotzt hatten. Wie eine massive Krone sitzt die 570 m lange Festungsmauer mit 16 Türmen auf einem mit Wein und Oliven bestandenen Hügel, an dem heute achtlos die Superstrada vorüberrauscht.

Piazza der Festung Monteriggioni

Als wohl einziger Ort der Toscana, der noch heute seiner Stadtmauern bedarf, um überleben zu können, besteht Monteriggioni aus nicht viel mehr als einer kopfsteingepflasterten Piazza mit Restaurants und Souvenirshops.

Einen schönen Blick auf den Hügel und die Felder, auf denen einst die mittelalterlichen Heere aufeinanderprallten, hat man von der ehemals bedeutenden Zisterzienserabtei **Abbadia a Isola** (2 km Richtung Strove) aus dem Jahr 1001. Erhalten ist eine romanische Basilika mit einer *Madonna,* die man lange Duccio zuschrieb.

Praktische Informationen

- **Information.** *Proloco,* Largo Fontebranda 5, Tel./Fax 30 48 10.
- **Fest.** Mitte Juli dreitägige Fiesta in historischen Kostümen.
- **Zug & Bus.** Nächster Bahnhof in *Castellina Scalo* (2 km), von dort Zubringerbusse nach Monteriggioni.

Unterkunft & Verpflegung

- Intra muros – Luxus pur im **Monteriggioni** (****), 12 DZ € 200 inkl. BF. Tel. 30 50 09, Fax 30 50 11.
- Sehr gemütlich ist das **Casalta** (***) im Weiler *Strove* (4 km westl., März bis Okt.) mit sehr guter weithin gerühmter **Küche** (Ruhetag Mi). 10 DZ € 93, Tel./Fax 30 10 02.
- Touristische Allerweltskost mit 15 % Servizio im **Il Pozzo,** früher einmal eine der besten Adressen der Toscana (Ruhetag Mo/So abend, Tel. 30 41 27).
- Gut isst man in der Osteria **La Leggenda dei Frati** in *Abbadia a Isola* (schöner Sommergarten, Ruhetag Mo, Tel. 30 12 22).

Volterra

„Eine Stadt aus Wind und Stein... eine Art Insel im Binnenland, immer noch seltsam abgesondert und unwirtlich."
(D.H. Lawrence, 1927)

Volterra gilt als düster, verschlossen, schwer(mütig). Was seine Gründe hat. Über 200 m Höhenunterschied zum hellen San Gimignano machen sich bemerkbar, zumal in Frühjahr und Herbst, und nicht blühende Gartenlandschaften mit Wein, Zypressen und Oliven, sondern kahle, zerklüftete Anhöhen, die *Balze,* säumen die Stadt, die ihren Wohlstand statt auf Safran auf Kupfer und Erze baute. Im Mittelalter errichteten die Volterraner zwar das erste Rathaus der Toscana, aber nirgendwo war die Macht der Grafen und „Salzbarone" größer, da sie in Personalunion auch die Bischö-

Alabaster

Seine schimmernde, ätherische Transparenz – ein Topos der Poesiealben. Chemisch gesehen ist Alabaster nichts weiter als kristallisiertes Kalziumsulfat, also eine Art „mineralischer Gips". Schneeweiß bis elfenbeinfarben und fast durchscheinend, aber auch schiefrig gemasert oder ins Bräunliche gleitend, ist der unter Tage abgebaute Stoff erheblich weicher als Marmor und daher sehr viel leichter zu bearbeiten. Noch heute leben rund 200 Klein- und Familienbetriebe rund um Volterra von seinem Abbau und seiner Verarbeitung.

Alabaster war schon bei den Etruskern außerordentlich beliebt, aber von jeher auch starken Moden unterworfen. Im rustikalen Mittelalter eher sparsam verwendet, wurde er erst Ende des 18. Jh.s, nicht zuletzt dank der vorbildlichen Schulwerkstatt von *Marcello Inghirami* in Volterra, „wiederentdeckt". Technische Erleichterungen wie elektrische Drehscheiben und der stetig wachsende Souvenirbedarf haben Alabaster erst jüngst zu neuer Blüte verholfen, da er sich nicht nur als ideal erweist für verkleinerte Reproduktionen von Michelangelos David, sondern ebenso für Schmuck, Vasen, Geschirr, Lampenschirme, Schachfiguren und Nippes aller Art. Sein Nachteil darf allerdings auch nicht verschwiegen werden – der edle Stein reagiert ausgesprochen empfindlich auf Hitze und Feuchtigkeit.

fe stellten, und nirgendwo ihr Widerstand gegen die neue Zeit erbitterter. Volterra starb nicht durch die Pest, sondern an innerer Verkrustung.

Volaterrae, „die über das Land Dahinfliegende", ist auch nicht die mittelalterliche Stadt, als die sie auf den ersten Blick erscheinen mag, sondern im Grunde ihres Herzens noch immer ein **Hort der Etrusker.** Der gewaltige, zyklopenhafte Mauerring der *Tusci* umschließt die mehr als tausend Jahre später entstandene Stadt noch heute wie eine Nussschale, und nicht umsonst ist ihr Wahrzeichen ein *Abendschatten* der Vorzeit, dessen bizarre Schönheit nur noch von seiner Rätselhaftigkeit übertroffen wird. Eine Welt für sich. Hermetisch. Klaustrophobisch. Phantastisch.

Geschichte

Seine zentrale Lage und reichen Kupfervorkommen machten *Velathri* zu einer der mächtigsten Festungen des etruskischen Zwölfstädtebundes. Um **350 v. Chr.** dehnte es sein Territorium bis zu den Eisenerzminen von Elba aus, zur selben Zeit entstand der 7 km lange und bis zu 12 m hohe Mauerring, der nicht nur Siedlungen und Tempel, sondern auch das umliegende Acker- und Weideland umschloss und mehr als 25.000 Menschen Schutz bot. 298 v. Chr. verlor Velathri seine Unabhängigkeit an Rom und prosperierte als Kolonie *Volaterrae*.

Nach dem Fall Roms wurde die schon früh bekehrte Stadt – 66 n. Chr. wurde der Volterraner *Linus* zweiter

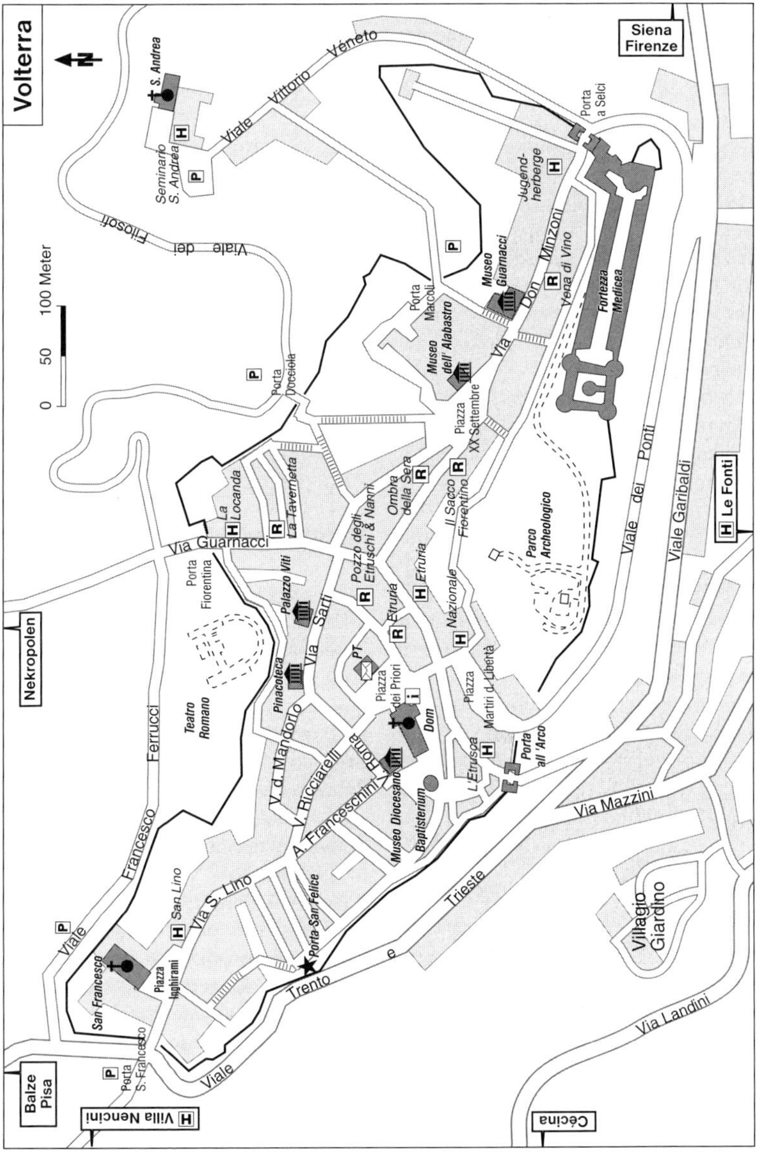
Volterra
0
50
100 Meter
Nekropolen
Balze
Pisa
Villa Nencini
Cécina
Siena
Firenze
Le Fonti
S. Andrea
Seminario
S. Andrea
Viale Vittorio Véneto
Viale dei Filosofi
Porta Docciola
Porta Marcoli
Museo Guarnacci
Museo dell' Alabastro
Via Don Minzoni
Vena di Vino
Fortezza Medicea
Jugendherberge
Porta a Selci
Piazza XX Settembre
Il Sacco Fiorentino
Ombra della Sera
Parco Archeologico
Viale dei Ponti
Viale Garibaldi
La Locanda
La Taverneta
Via Guarnacci
Porta Fiorentina
Pozzo degli Etruschi & Nanni
Etruria
Etruria
Nazionale
Piazza Martiri d. Libertà
Palazzo Viti
Via Sarti
Teatro Romano
Pinacoteca
PT
Piazza dei Priori
Dom
Porta all 'Arco
L'Etrusca
Via Mazzini
Viale Francesco Ferrucci
V. d. Mandorlo
V. Ricciarelli
Roma
A. Franceschini
Museo Diocesano
Baptisterium
Via S. Lino
San Lino
San Francesco
Piazza Inghirami
Porta San Felice
Viale Trento e Trieste
Villagio Giardino
Via Landini
Porta S. Francesco

Papst der Christenheit – Sitz mächtiger, landbesitzender Bischöfe, die neben der kirchlichen auch die weltliche Macht okkupierten. Als das Bistum ab dem 10. Jh. an Einfluss gegenüber den aufstrebenden Stadtstaaten Pisa und Siena verlor, wählte die Bürgerschaft **1193** einen Podestà und begann gleich neben dem Dom mit dem Bau des ersten Kommunalpalastes der Toscana (1208). Macht und Privilegien der Bischöfe waren damit aber noch nicht gebrochen. 1361 spitzten sich die innerstädtischen Kämpfe zwischen Guelfen und Ghibellinen derart zu, dass man Florenz zu Hilfe rief, das sich die fette Beute sogleich einzuverleiben begann.

Nach zahllosen Aufständen und zur „Verteidigung" der wichtigen Alaun-Minen (Alaun wurde als Fixiermittel für Farben verwendet und war daher von großer Bedeutung für die Textilindustrie der Arnostadt) ließ *Lorenzo Il Magnifico* die Stadt **1472** kurzerhand stürmen. Noch im gleichen Jahr begann man mit dem Bau der gewaltigen *Rocca Nuova,* die fortan die Macht der Medici sicherte und Volterra ins historische Abseits stürzte.

Orientierung

Die SS 68 von Colle Val d'Elsa (Florenz, Siena, San Gimignano) führt unterhalb der Stadt vorbei und weiter zur Küste nach Cecina.

Zentrum ist der mittelalterliche „Plätzeverbund" **Piazza dei Priori** und **Piazza San Giovanni,** um den sich nahezu alle Sehenswürdigkeiten scharen. Römisches Theater, Etruskermuseum, San Francesco und Fortezza sind von dort im Spaziergängertempo zu bewältigen, etwas mehr Kondition (oder gleich das Auto) verlangen die Balze und die etruskischen Nekropolen außerhalb der Stadtmauern. Die **Parkplätze** außerhalb des Centro Storico sind nummeriert und mit zwei Ausnahmen – dem unterirdischen Parkhaus *P1* an der Porta Etrusca und *P5* an der Porta Fiorentina – nicht gebührenpflichtig. Der Weg Richtung *P2* führt an der *Porta a Selci* (Ostello) vorbei bis unterhalb des Etruskischen Museums bzw. geradeaus zum Seminario Sant'Andrea. Bei Campern beliebt ist *P3* an der Porta Docciola.

Sehenswertes

Piazza dei Priori

Der Priorenplatz gilt als einer der besterhaltenen mittelalterlichen Plätze Europas. Schon im 9. Jh. als Marktplatz dokumentiert, versammelten sich hier die Konsuln, ehe man 1208 den Bau des ersten Rathauses der Toscana, des **Palazzo dei Priori,** in Angriff nahm.

Der monumentale, mit den Wappen florentinischer Statthalter geschmückte Backsteinbau, Vorbild des Palazzo Vecchio in Florenz, gleicht mit seinen wenigen Luken einer Festung (die gotischen Fensterreihen im Obergeschoss wurden erst später hinzugefügt). An der Fassade prangen schmiedeeiserne Fackelhände und Fahnenhalter, gut zu erkennen sind die Konsolen, auf denen die Holzgalerien aufsaßen, die den Bau in Ermangelung eines Treppenhauses umgaben. Der beiderseits auf einer Säule postierte Löwe *(Marzocco)* gemahnt an die Überwältigung Volterras 1472 durch die Medici.

Die wappengeschmückte Vorhalle führt zum freskierten Ratssaal im Obergeschoss mit dem Büro des Bürgermeisters, das ein Fresko des „Leidenden Hiob" ziert. Der Turm erhielt seinen „mittelalterlichen" Zinnenkranz erst nach dem Erdbeben von 1846 und ist seit Jahren „in restauro", kann also nicht bestiegen werden.

Rechts erhebt sich die marmorinkrustierte Rückwand des **Doms** (eine Pforte führt in eine der Chorkapellen), daneben der **Bischofspalast** (ursprünglich eine offene Getreidehalle) und gegenüber der **Palazzo Pretorio,** eine Addition einzelner Turmhäuser und Palazzi, die die Kommune im 12. und 13. Jh. aufkaufte. Der *Torre del Podestà,* in Anspielung auf die Figur rechts vom obersten Fenster seit alters her „Ferkelturm" genannt *(Torre del Porcellino),* diente als Gefängnis.

Duomo Santa Maria Assunta

Die dreischiffige romanisch-pisanische Basilika, bereits 1120 geweiht, aber im Lauf der Zeit vielfach umgestaltet (Fassade 1254, Campanile 1493), wirkt wenig einheitlich. Im Innern erdrückt eine überladene (von manchen freilich als „prächtig" empfundene) Kassettendecke aus dem 16. Jh. das mittelalterliche Kirchenschiff. Störend sind auch Blendwerk wie Säulen, die Granit vortäuschen, und „aufgemalte" Marmorinkrustationen.

Ein echtes Juwel freilich ist die farbige **Kreuzabnahme** *(Deposizione)* rechts vom Hauptaltar, die als größte und besterhaltene Holzplastik des italienischen Duecento gilt. Das Werk unbekannter Pisaner Meister aus beständigem Pappelholz ist teilweise versilbert und vergoldet, selbst das auf den ersten Blick „plan" wirkende Kreuz ist überreich ziseliert. Der Mann mit der Zange ist *Nikodemus,* den man damals noch für den Schöpfer des berühmten Volto Santo in Lucca hielt.

Das marmorne *Ziborium* des Hauptaltars wie die Engel zu beiden Seiten stammen von Mino da Fiesole (1471). Im linken Seitenschiff beeindruckt eine von vier Fabelwesen getragene **Kanzel** mit Fragmenten aus dem 12. und 13. Jh. wie den phantastischen Schreckensphantasien des *Marmorreliefs* (Opferung Isaaks, Verkündigung, Heimsuchung und Abendmahl; schön z. B., wie Judas' Verrat durch das Monster unter dem Tisch vorweggenommen wird).

In der *Cappella dell'Addolerata* (linkes hinteres Seitenschiff) eine polychrome Terracottenkrippe von Zaccaria Zacchi (um 1520) vor dem Hintergrund der Balze, durch die die Könige ziehen, gemalt um 1460 von *Benozzo Gozzoli.*

Battistero

Das achteckige *Baptisterium* (1278-1283, Kuppel aus dem 16. Jh.) war wegen Einsturzgefahr ewig geschlossen, ehe es 1995 wieder der Öffentlichkeit zugänglich gemacht wurde. Allein die dem Dom zugewandte Front ist mit

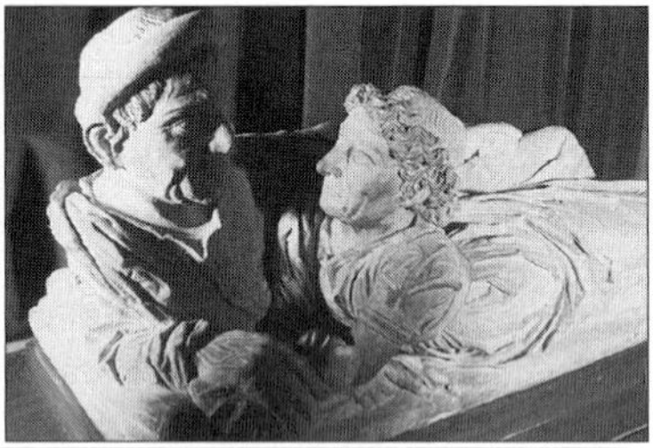

grünweißgestreiftem Marmor verkleidet, ein deutlicher Hinweis darauf, wie teuer dieser Werkstoff bereits im Mittelalter war. Im Innern das berühmte, mittlerweile nach hinten rechts verdrängte **Taufbecken** des *Andrea Sansovino* (1502) mit schönen Reliefdarstellungen der Taufe Christi und der Kardinaltugenden Hoffnung, Glaube, Gerechtigkeit und Barmherzigkeit.

Museo d'Arte Sacra

Das Museum birgt u. a. noch vorhandene Marmorskulpturen und Basreliefs aus der Frühzeit des Doms sowie einen römischen Sarkophag, der 1037 zur Ruhestätte Bischof Goffredos wurde.

Die Höhepunkte sind dankenswerterweise in einem Saal vereint, so Andrea della Robbias farbige Terracottenbüste des Volterraners **San Lino,** der 66 in Rom zum Nachfolger Petri gekürt worden war, eine Silberbüste des *hl. Okatavian* von Antonio del Pollaiuolo und Madonnenbildnisse von *Taddeo di Bartolo* (um 1400), *Rosso Fiorentino* (1521) und dem Volterraner Michelangelo-Schüler *Daniele Ricciarelli* (1545), der einen der hässlichsten Jesusknaben fertigbrachte, die man sich nur vorstellen kann.

Gli sposi – die Urne eines Ehepaares

Turmhäuser

Die Wohntürme Volterras mögen weniger spektakulär sein als die von San Gimignano, sind aber nichtsdestotrotz eine Augenweide. Nur wenige Schritte abseits der Piazza dei Priori erheben sich die Türme der *Buonparenti* (um 1250) und der Turm der *Buonaguidi,* welcher durch ein später angebautes Brückenhaus mit seinem Gegenüber verbunden wurde. Hübsch die bodennahen vergitterten „Kinderfenster" unter den eigentlichen Fenstern (zumindest ist dies die populäre Deutung), wie man sie vor allem bei der *Casa Ricciarelli* (Via Ricciarelli 34-38) beobachten kann, dem Geburtshaus des Bildhauers *Daniele da Volterra* (1509-1566).

In Verlängerung der malerischen Via Buonparenti und Via dei Sarti stößt man an der Piazza San Michele auf das älteste erhaltene Turmhaus Volterras, die **Casa-Torre Toscano,** die in ihrer Grundform wohl schon im 12. Jh. entstand. Deutlich zu erkennen die Maueröffnungen für umlaufende Balkone, Baugerüste und Fallbrücken, mit denen die Häuser miteinander verbunden werden konnten. Daneben ein etwas jüngeres Haus mit schon ebenmäßig geglätteten Quadern und größeren Fenstern und Portalen.

Pinacoteca

Glanzstück der Sammlung Florentiner und Sieneser Meister im ockerfarbenen **Palazzo Minucci-Solaini** von Antonio da Sangallo d. Ä. (um 1500) und allein schon einen Besuch wert ist die **Kreuzabnahme** *(Deposizione)* des Rosso Fiorentino (Saal 12). Das deutlich an Michelangelo geschulte Meisterwerk des Manierismus, von Rosso 1521 für die Kirche San Francesco geschaffen, mag nicht jedermanns Geschmack sein, besticht aber durch seine explodierende Farbenwucht und expressive Dramatik. Die wunderlich verrenkten Körper und Gliedmaßen, die fahlen und doch brennenden Rots und Violetts und das irritierende Raster von Kreuzen und Leitern vor dem ansonsten „luftleeren" Raum rufen einen beinahe hypnotischen, surrealistischen Effekt hervor.

Im gleichen Raum zwei Werke von *Luca Signorelli,* eine *Madonna mit Kind und Heiligen* mit einem beunruhigenden Antikenfries und eine streng monumentale *Annunciazione* (Verkündigung), entstanden 1491 und 1501 für San Giusto bzw. den Dom.

Hervorgehoben seien noch das Triptychon *Maria mit Kind und Heiligen* von Taddeo di Bartolo (Saal 4, um 1410), die ungewöhnlich anrührende *Pietà* des Francesco di Neri da Volterra (Saal 5, um 1365), die polychromen Holzstatuen der *Verkündigung* (um 1420) von Valdambrino (Saal 6) und der farbenprächtige *Cristo in Gloria* (1492) von Domenico Ghirlandaio (Saal 11), durch dessen Flusslandschaft eine Giraffe spaziert.

Palazzo Viti

Guiseppe Viti war ein bedeutender und weitgereister (Südamerika, Asien) Alabasterhändler, der 1850 den Renaissancepalazzo erwarb und umgestalten ließ. 1861 beherbergte er Vittorio Emanuele, das Originalmobiliar ist im Königszimmer noch zu sehen. In den imposanten Salons mit Alabasterarbeiten, Gemälden, antiken Möbeln und Reiseandenken drehte 1964 Luchino Visconti Teile des Films *Vaghe Stelle dell'Orsa.* Der Palast befindet sich immer noch in Familienbesitz.

Teatro Romano

Das römische Amphitheater entstand zur Zeit des Kaiser Augustus um die Zeitenwende. Jahrhundertelang unter Erdmassen verschüttet, machte man sich ab 1951 an die Ausgrabung, doch da die heutigen Italiener länger brauchen, Ruinen ans Licht zu befördern, als ihre Vorfahren, ein ganzes Theater aufzubauen, wurden die Arbeiten erst 1997 abgeschlossen.

Gut erkennbar sind die 19 Ränge des rd. 2000 Zuschauer fassenden Theaters, das halbkreisförmige *Orchestrion,* dahinter ein Graben mit einem Sockel für das Bühnenbild und die von korinthischen Säulen durchbrochene (rekonstruierte) Bühnenwand *(scenae).* Die dahinter liegenden **Thermen** wurden vermutlich erst 200-300 Jahre später errichtet, nachdem das Theater durch einen Erdrutsch verschüttet war. Unterscheiden lassen sich *Frigidarium* (Kaltwasserbad) *Tepidarium* (Abkühlbecken) und *Caldarium* (Warmwasserbad) sowie die kreisförmige Sauna.

Die „Erläuterungen" des 1997 eingeweihten Freiluftmuseums sind in einem Fachchinesisch gehalten, vor dem selbst einheimische Besucher kopfschüttelnd davorstehen.

Museo Etrusco Guarnacci

Das etruskische Museum Volterras ist das (mit Florenz) **bedeutendste der Toscana.** Von wenigen Einzelstücken abgesehen besteht der Großteil der Exponate aus Grabbeigaben und Aschenurnen (Cisten).

Der nach dem Geistlichen und Hobby-Archäologen **Mario Guarnacci** (1701-85) benannte historische Kern der Sammlung im 1. Stock mit rund 600 Aschenurnen aus Tuff, Tonerde und Alabaster aus dem 5.-1. Jh. v. Chr. wurde in den letzten Jahren um zwei „historisch-kritische" Ebenen im Erd- und Obergeschoss erweitert. Allein das Nebeneinander zweier so gegensätzlicher Ausstellungskonzepte ist ein Faszinosum für sich: hier der Sammlerstolz des 18./19. Jh.s, der endlos aneinanderreiht und nach (oft oberflächlichen) „Themen" und „Motiven" ordnet, dort die streng chronologisch vorgehende Wissenschaft der Moderne, die bewusst limitiert und nach Ursachen und Zusammenhängen forscht.

Aschenurnen. Durch die Vorliebe für den leicht zu bearbeitenden Alabaster setzte bereits im 3. Jh. eine Art Serienproduktion ein. Die Angehörigen der Verstorbenen wählten Urnen mit „passenden" Reliefdarstellungen aus (Opferszenen, Totenriten, Genien, Dämonen, Unterweltsreisen etc.) sowie vorgefertigte Musterfiguren, die nach dem Abbild der Toten mehr oder minder „realistisch" nachmodelliert wurden. Gemäß dem Glauben der Etrusker an ein leibliches Weiterleben nach dem unvermeidlichen Tod sind sie von einem recht ungeschminkten, manchmal geradezu brutalen Naturalismus, der absolut nichts „Klassisch-Griechisches" mehr an sich hat, sondern die Abgebildeten im wahrsten Sinn zu „verewigen" suchte.

Die Urnen der Guarnacci-Sammlung sind unabhängig von Alter, Material und Deckel(figur) allein nach dem Sujet ihres Reliefs angeordnet, seien es griechische Heldensagen (Säle 13-19) oder Fabelwesen und Ungeheuer (Säle 4-5). Ungemein faszinierend sind die Reisen der Verstorbenen ins Jenseits (Säle 6-9). „Abschiedsszenen zeigen die Reisen im verhangenen, von zwei oder mehr Pferden gezogenen Wagen. Der Treiber zu Fuß, ein Freund zu Pferd und Hunde geben das Geleit, während andere Reiter auf der Straße entgegenkommen. Unter der gewölbten, geteerten Plane des Wagen sitzt ein Mann oder eine Frau oder eine ganze Familie; und alles bewegt sich mit wundervollem, gemächlichem Schwung die Straße entlang" (D.H. Lawrence). Besonders ausdrucksvoll ist der Sarkophag mit der Inschrift *A. Caecina Selcia Anno XII* und dem spitzen, großäugigen Antlitz des Knaben, „der nur 12 Jahre alt wurde", datiert um etwa 100 v. Chr. (Saal 8, No. 341).

Die wertvollsten Einzelstücke sind im 1. Stock ausgestellt. Der berühmte

Terracottendeckel **Gli Sposi** *(Das Ehepaar),* eine der äußerst raren Darstellungen von zwei Figuren in sogenannter „Festmahlshaltung", lässt durch seinen unverblümten Realismus ahnen, dass es sich vermutlich tatsächlich um authentische Personen handelt. Grob, runzlig, bauernschlau das Gesicht des Alten, der mit seiner ausgemergelten Krähenhand (höhnisch?) das Zeichen für „Hörner" beschreibt, spitz, boshaft, verlebt das Antlitz seiner Gattin, die ihn mit verschränkten Armen durchdringend anstiert. Zwei, die voneinander nicht lassen können, auch wenn sie einander abgrundtief hassen – ein frühes Meisterwerk des poetischen Realismus (Saal 20).

Ein ästhetischer Genuss, aber nicht minder verstörend ist die absonderlich gestreckte Bronzestele des nackten Jünglings, die *Gabriele D'Annunzio* **Ombra della Sera** (Abendschatten) taufte (da sie ihn an die verzerrten Schatten der untergehenden Sonne erinnerte). Als den Göttern verehrte Votivfigur steht die nur 57 cm hohe Statuette (um 300 v. Chr.) zwar nicht einzig da, in ihrer Schönheit und Perfektion aber ist sie unerreicht – quasi das Werk eines antiken Giacometti (Saal 22).

Es gibt noch viel zu sehen. Ein blasierter *Senator* z. B., das Urbild eines korrupten Politikers (Saal 19 No. 205), eine *Wildschweinjagd* (14/321), das moderne „Design" von Palme und Delfin neben dem Tor Thebens, das wie der volterranische *Arco* mit drei rätselhaften Köpfen geschmückt ist (Saal 30, 2. Stock) – jeder wird seine eigene Entdeckungsreise machen (und dabei nicht vergessen, ab und zu einen Blick auf die schönen Decken und Böden des Palazzo zu werfen).

Fortezza & Akropolis

Die nach der Unterwerfung Volterras durch Florenz errichtete *Fortezza Medicea* (1472) gilt als der größte Festungsbau der italienischen Renaissance. Dass die mächtige *Rocca Nuova* mit dem gewaltigen, *Il Maschio,* „das Männchen", genannten Rundturm noch eine zweite Festung einschließt, die *Rocca Vecchia* (1343) mit dem Turm *La Femmina,* „das Weibchen", wird freilich nur wenigen offenbar, denn die gesamte Anlage dient noch heute als Hochsicherheitsgefängnis.

Auf der beim Bau der Rocca ungenutzten Fläche, dem *Piano di Castello,* entdeckte man Anfang des 20. Jh.s Ruinenfelder, die sich als Teile der etruskischen **Akropolis** herausstellten. Die ältesten Funde stammen aus dem 7. Jh.v. Chr., doch später nutzten auch Römer und mittelalterliche Bischöfe den höchstgelegenen Punkt der Stadt (550 m) für Bauten. Deutlich zu identifizieren sind ein Tempel aus dem 3-2. Jh. und eine gewaltige rechteckige Zisterne *(Piscina)* aus der Zeit des Augustus. Obwohl die Archäologen ihr Werk noch nicht einmal vollendet haben, ist die Ausgrabungsstätte zahlenden Besuchern vorbehalten. Im übrigen ist der *Parco Archeologico* eine schöne Anlage mit schattigen Bäumen zum Ausruhen und Picknicken.

Porta all'Arco

„Ein tiefer alter Torweg, nahezu ein Tunnel" (D.H. Lawrence). Mächtige Quader im Fundament, Reste der Stadtmauer aus dem 4. Jh. v. Chr., darüber ein 6 m hoher Torbogen mit schwerem, massivem Tonnengewölbe – weder Römer noch mittelalterliche Despoten vermochten dem gewaltigsten Stadttor, das die Etrusker in der Toscana hinterließen, etwas anzuhaben. Als die deutschen Besatzungstruppen es am 1. Juli 1944 sprengen wollten, um die anrückenden GIs am Vordringen zu hindern, strömten über Nacht die Bewohner der Stadt herbei und stopften es mit Felsen und Pflastersteinen zu. Wenige Tage darauf wurde Volterra befreit.

Bis heute ein Rätsel sind die drei in den Bogen eingelassenen verwitterten Köpfe. Wer will, kann in ihnen Zeus, Juno und Minerva erkennen, doch Zweifel bleiben. Nicht zu zweifeln ist an dem herrlichen Blick weit übers Land, an guten Tagen, sagen zumindest die Einheimischen, bis zum Meer.

San Francesco

Der eindrucksvolle Freskenzyklus **Legende vom wahren Kreuz** von *Cenni di Francesco* (1410) beruht auf der gleichen Vorlage (Agnolo Gaddis Zyklus von Santa Croce in Florenz) wie Piero della Francescas fast 50 Jahre später entstandenes Meisterwerk in Arezzo. Der von Adams Sohn Seth am Grab seines Vaters gepflanzte Zweig vom Baum der Erkenntnis wird zum wundertätigen Kreuz, das von den Persern geraubt wird, ehe Kaiser He-

Fortezza Medicea

raklion es im Büßergewand nach Jerusalem zurückbringt. Man beachte die heimischen *Balze,* die hier die Himmlische Stadt umgeben!

Balze

Die bis zu 100 m tiefen Brüche, Schlünde und Grate an den Nord- und Osthängen der Stadt – „als wäre ein riesiger Steinbruch ins Gleiten gekommen" (D.H. Lawrence) – sind entgegen landläufiger Meinung keine von Menschenhand produzierten Erosionserscheinungen, sondern liegen quasi in der „Natur" der porösen Lehm- und Tuffsteinböden, die wie ein Schwamm Feuchtigkeit aufsaugen und bei anhaltender Dürre buchstäblich im Innersten zerreißen. Die Erdrutsche der Balze (*balza,* Steilhang), die inzwischen weitgehend gebannt scheinen, verschlangen in der Vergangenheit wiederholt ganze Häuser, Gehöfte und Kirchen (wie den Vorgängerbau von *San Giusto)* und führten auch zur Räumung der *Badia,* die 1861 von den Mönchen verlassen wurde, aber noch heute an ihrem Platz steht.

Von der *Porta San Francesco* fährt man 1,5 km Richtung Pisa oder geht zu Fuß (Via Borgo Santo Stefano und San Giusto) bis zur etruskischen *Porta Menseri* (erster Blick auf die Balze) und weiter bis zum Gelände des Campingplatzes (zweiter und bester Blick).

Am Ende des gleichnamigen Borgo ragt die grandiose Fassade der Kirche **San Giusto** auf. Trotz ihres betont schlichten, „romanischen" Äußeren wurde sie erst 1627 als Ersatz für die in den Balze verschollene Vorgängerin erbaut (leider ist sie fast immer verschlossen, ihre Schätze befinden sich in den Museen der Stadt).

Nekropolen

Das Nordtor des etruskischen Mauerrings *(Porta Diana* oder *Portone)* ist von der *Porta Fiorentina* in 15 Minuten zu Fuß erreichbar. Geht man noch etwas weiter, tauchen rechts der Straße eine Reihe höhlenartiger Grabkammern, die *Ipogei dei Marmini,* auf sowie (Wegweiser) zwei weitere Höhlen. Viele der Urnen im Museo Guarnacci stammen aus diesen Grüften, für den Laien ist ansonsten herzlich wenig zu sehen. Planungen für eine Rekonstruktion der Grabstellen (und notabene für ein weiteres Museum) sind in vollem Gange.

Praktische Informationen

- Pl. 13.000. 530 m. **Tel. 0588.**
- **Info.** Piazza dei Priori 20, Tel./Fax 8 72 57, info@volterratur.it. Tgl. 10-13, 14-18 Uhr, So nur vormittags. *Consorzio Turistico,* Tel./Fax 8 72 57. www.volterratur.it
- **Markt.** Sa 8-13 Uhr. Viale F. Ferrucci.

Verkehrsverbindungen

- **Bus.** Mehrmals tgl. über Colle Val d'Elsa nach Siena und Florenz, über Larderello nach Massa Marittima, über Pontedera nach Pisa. Von/nach San Gimignano nur im Hochsommer direkt,sonst über Colle oder Poggibonsi.
- **Zug.** Eine Nebenlinie der Strecke Genua-Rom führt von Cecina nach *Saline di Volterra* (10 km südwestl.), von dort fahren Zubringerbusse.
- **Entfernungen** (in km): Florenz 76, Siena 50, Livorno 73, Pisa 65, Colle Val d'Elsa 37, Cecina 39, San Gimignano 29, Larderello 36, Massa Mma. 64.

Unterkunft

Hotels in der Stadt

- **San Lino** (****). Solides Haus mit 43 „Zellen“ und Pool im Innenhof des einstigen Nonnenklosters. DZ € 81-99 inkl. BF, Garage € 11. Via San Lino 26, Tel. 8 52 50, Fax 8 06 20. www.hotelsanlino.com
- **La Locanda** (****). Etwas gewollt, überladen und zuckrig (gemäß US-Geschmack?), dafür z. T. mit Hydromassage oder Whirlpool. 19 Zimmer, DZ € 85-155 inkl. BF. Via Guarnacci 24, Tel. 8 15 47, Fax 8 15 41. www.hotel-lalocanda.com
- **Etruria** (***). Zentrales Stadtdomizil, recht sympathisch, wenn auch manchmal etwas arg laut und hektisch. 22 Zimmer, DZ ab € 68, zwei ohne Bad € 52; Via Matteotti 32, Tel./Fax 8 73 77.
- **Nazionale** (***). Über das älteste Hotel Volterras (seit 1890) schrieb D.H. Lawrence 1927: „Einfach und etwas derb, aber ganz freundlich und angenehm in seiner improvisierten Art“; 38 Zimmer, DZ ab € 68. Via dei Marchesi 11, Tel. 8 62 84, Fax 8 40 97.
- **L'Etrusca.** *Appartamenti* in einem restaurierten Stadtpalais € 65-70. Via Porta all'Arco 37, Tel./Fax 8 40 73.
- Außerhalb der Mauern, aber nur einen Spaziergang vom Zentrum entfernt, ruht in traumhafter Lage inmitten eines schattigen Gartens die **Villa Nencini** (***). Swimmingpool (10x20m), Liegewiese, Frühstücksterrasse, eine herrliche Aussicht, Parkplatz, Restaurant und eine freundliche Wirtsfamilie – für alles ist gesorgt. 36 DZ ab € 73 sowie 3 ohne Bad € 52. Borgo Santo Stefano 55, Tel. 8 63 86, Fax 8 06 01.

Hotels im Grünen

- **Le Fonti** (****). Neubau im gepflegten Landhausstil mit Panoramablick ca. 10-15 Gehminuten zur Stadt. Parkplätze, großer Pool, Restaurant. 67 Zimmer, DZ € 99-134, Suiten ab € 186 inkl. BF. Tel. 8 52 19, Fax 9 27 28. www.parkhotellefonti.com
- **Villa Rioddi** (***). Gartenhotel mit Pool in einer umgebauten Postkutschenstation mit 14 hellen, geräumigen DZ € 100 in *Rioddi*, 3 km Richtung Cecina. Tel. 8 80 53, Fax 8 80 74. www.sirt.pisa.it/villarioddi
- **Il Vecchio Mulino** (***). Gradliniges Landgasthaus am Ortsrand von *Saline di Volterra* (9 km) mit weithingerühmter Küche (Wild, Trüffel, Steinpilze). 9 Zimmer, DZ ab € 67. Tel. 4 40 60, Fax 4 42 38.

Budget

- **Seminario Sant'Andrea** (oder *Vescovile*). Schmucklose, aber geräumige Klosterzimmer, uneingeschränkt zu empfehlen. Das Kloster liegt außerhalb des Zentrums, ist aber noch gut zu Fuß erreichbar und bietet Parkplätze direkt vor der Tür. 25 Zimmer mit 2-4 Betten, ohne Bad um € 14, mit Bad um € 18 pro Person. Viale Vittorio Veneto 2, Tel. 8 60 28, Fax 9 07 91.
- **Ostello San Pietro.** Sympathische, erst kürzlich renovierte Jugendherberge in einem Park bei der Fortezza. 80 Zimmer mit 2-10 Betten um € 16 pro Person (ohne Frühstück), ganzjährig offen. Aufnahme 8-10, 18-23.30 Uhr. Via del Poggetto 2, Tel./Fax 8 55 77

Essen & Trinken

- **Ombra della Sera.** Gepflegtes Restaurant mit leichter, schlanker Küche und Sommerterrasse, nicht ganz billig, aber seinen Preis wert (Secondi um € 10-14, 10 % Servizio). Ruhetag Mo. Via Gramsci 70, Tel. 8 66 63.
- **Il Sacco Fiorentino.** Freundlich-elegante Trattoria mit exzellenten Fleischgerichten (ein Traum das zarte, hauchdünn aufgeschnittene *Carré di Cinghiale*). Menü um € 30. Ruhetag Mi. Piazza XX Settembre 18, Tel. 8 85 37.
- **Etruria.** Generationen von Toscana-Reisenden als Institution und „Geheimtipp“ vertraut (Fresken, Terrasse an der Piazza dei Priori), mittlerweile aber nicht viel mehr als Fließbandverköstigung für eilige Sightseeing-Touristen. 7 Menüs € 13-20, Ruhetag Mo. Tel. 8 60 64.
- **Da Badò.** Nette Trattoria „wie auf dem Land“ (vorne Bar und Stehimbiss mit Fußballbildchen), exzellente hausgemachte Pasta und deftige Schmorgerichte wie *Cinghiale* oder *Coniglio in Umido*. Nur mittags, Ruhe-

tag Mi. Borgo San Lazzero 9 (bei Esso-Tankstelle in der Unterstadt), Tel. 8 64 77.

- **Lo Sgherro.** Stammlokal der Steinmetze (und im Herbst der Jäger), woran auch die Besucher des nahen Campingplatzes, die sich in die Hinterzimmer der kleinen Bar verirren, (noch?) nicht viel geändert haben. Ruhetag Mo. Borgo San Giusto 74, Tel. 8 64 73.
- **Pozzo degli Etruschi.** Sieht touristisch aus (und ist es auch), aber das Essen ist in Ordnung, der Service freundlich, und bei gutem Wetter kann man im Innenhof speisen; reichhaltiges Billigmenü um € 12. Ruhetag Fr. Vicolo delle Prigioni 28, Tel. 8 06 08.
- **La Vena di Vino.** Kleine urige Osteria, Weine per Glas, Snacks, Menüs ab € 8-10. Via Don Minzoni 30, Tel. 8 14 91.
- **Trattoria Albana** in *Mazzolla* (6 km SO). Winzige Bilderbuchtrattoria mit frischer, herzhafter Kost – einfach (und) gut! Ruhetag Di, Tel. 83 90 01. Besucher sollten nicht versäumen, bei den herrlichen „Duftgärten" **Giardini Venzano** im alten Augustinerkloster unterhalb von Mazzolla vorbeizuschnuppern. Zig Sorten Thymian, Rosmarin, Lavendel ...
- Bei **Nanni** hocken Volterraner und Backpacker Schulter an Schulter auf harten Holzbänken und reißen sich um die Holzofenpizza ab € 5,15. Ruhetag So, Vicolo delle Prigioni 40.
- **Pizzicheria Da Pina,** Via Gramsci 64. Schinken, Wurst- und Käsewaren und ausgezeichnete *Panini Diabolici* (€ 3).

Valli del Diavolo

Die feuerspeienden Erdspalten und übelriechenden Dämpfe *(putizze),* das Zischen und Blubbern der Schwefelquellen und kochenden Schlammhügel ließen Dante und seine Zeitgenossen glauben, sie sähen das Inferno, die Pforte zur Hölle, vor sich. Ende des 19. Jh.s entstanden hier die ersten und größten geothermischen Anlagen der Welt, die aus heißem Wasserdampf Strom erzeugten, und heute erwecken die Täler mit ihren bizarren Kühltürmen und sich kilometerlang über die Hügel windenden Schlangen aus Stahl und Aluminium eher Assoziationen an Cristo und „Land Art".

Nirgendwo auf dem Kontinent ist es unter der Erdoberfläche so heiß wie hier. Der vulkanische Magmabrei nur wenige hundert Meter unter der dünnen Erdkruste bringt das im Erdinnern zirkulierende Wasser zum Kochen und stößt es unter ungeheurem Druck durch Risse und Spalten an die Oberfläche. Schon die Etrusker nutzten die in *lagoni,* brodelnden Tümpeln und Teichen zutagetretenden Borsalze als Heilmittel und für die Glasur ihrer Keramiken, im Mittelalter gewann man Schwefel, Vitriol und Alaun, das Volterraner Händler und Kaufleute in ganz Italien vertrieben. 1777 entdeckte Francesco Hoefer, Direktor der habsburgisch-großherzöglichen Apotheken, die bis dahin aus Zentralasien eingeführte Borsäure von neuem, ehe der Franzose Francois de Larderel 1818 eine Methode fand, sie auch industriell zu fördern. Nach ihm ist heute der Ort benannt, der das Zentrum der sich über eine Fläche von nahezu 200 km² erstreckenden Teufelstäler bildet – Larderello. Seit 1905 nutzt man die heißen Dämpfe fast ausschließlich zur Gewinnung von Energie, die von der staatlichen *ENEL* heute in das gesamtitalienische Netz eingespeist wird (nahezu 4 Milliarden kWh im Jahr), und die einen Großteil der italienischen Eisenbahn und bis zu 45 % der toscanischen Haushalte mit Strom versorgt. Was einst als Eingang zur Hölle erschien, gilt heute als Monument sanfter Naturnutzung.

• **Enoteca Scali.** Sehr gute Auswahl, im Sommer tgl. Verkostung. Via Guarnacci 13.

Museen

• Mit einer **Sammelkarte** kann man die drei erst genannten Museen besuchen, € 7, Familienticket € 14.
• **Museo Etrusco Guarnacci,** Via Don Minzoni 15. Tgl. 9-19 Uhr, Nov. bis Mitte März 9-14 Uhr.
• **Pinacoteca,** Via dei Sarti 1, wie oben.
• **Museo d'Arte Sacra,** Via Roma 13. Tgl. 9-13, 15-18 Uhr, im Winter 9-13 Uhr.
• **Palazzo dei Priori.** Tgl. 10-13, 15-18 Uhr, € 1.
• **Teatro Romano & Acropoli Etrusca.** Außer im Winter tgl. 10-18.45 Uhr. € 2.
• **Palazzo Viti,** Via dei Sarti 41, April-Nov. 10-13, 14.30-16.30 Uhr, € 4.
• **Museo Storico dell'Alabastro.** Zur Geschichte des Alabasterhandwerks. Piazza XX Settembre 5. Tgl. 9-18.30 Uhr, € 2,60.

Feste

• **Gioco delle Bandiere** am letzten So im Sept. Das „Spiel mit den Fahnen" soll auf den Freudentaumel zurückgehen, mit dem die Stadt 1406 den Sieg der Florentiner über Pisa begrüßte. Die Fahnenschwinger Volterras in den Kostümen der 12 *Contrade* (Stadtteile) sind eine Berühmtheit und treten auf Traditionsfesten in ganz Europa auf.
• **Palio delle Contrade** in *Pomerance* (23 km südl.) am 2. Sonntag im Sept.

Shopping

• Seriöse Adressen für Alabaster-Waren sind **Artigianato Locale,** Via Guarnacci 33, und die 1895 gegründete **Cooperativa Artieri Alabastro** (Showroom an der Piazza dei Priori 5), die in ihren Werkstätten auch Wochenkurse anbietet, Info Fax 8 62 24. Sehr zu empfehlen ist auch ein informativer Werkstattbesuch im **Laboratorio Rossi,** Via del Mandorlo.

Colline Metallifere

Die „metallträchtigen Hügel" ziehen sich zwischen Siena und dem Chianti im Westen bis zu den flachen Küstenebenen Pisas, Livornos und Grossetos hin. Mehr als 3000 Jahre gruben und schürften hier Etrusker und Römer, Feudalherren und Kirchenfürsten, die Stadtrepubliken Siena und Pisa, die Medici, die toscanischen Großherzöge und zuletzt der italienische Staat nach Kupfer, Silber, Eisen, Erz, Alaun, Bor, Quecksilber, Kristallen und vielem anderen mehr. 1225 wurde in *Massa Marittima* der erste Bergbaukodex der Welt aufgestellt. Erst seit weniger als zwanzig, dreißig Jahren ruhen die meisten der alten Bergwerke und Ausgrabungsstätten.

Nicht, dass es nichts mehr auszugraben gäbe, aber die Knochenarbeit lohnt nicht mehr, die Metalle bzw. Eisenerze kommen heute von weit her, werden aus Afrika, Südamerika, Zentralasien importiert.

Da man sich so lange fast ausnahmslos für das Innenleben der Metallhügel interessierte, ließ man deren Oberfläche weitgehend unangetastet, so dass die Colline Metallifere bis heute von einer nahezu einzigartig reichen und dichten „ursprünglichen" Vegetation bedeckt sind. Macchia, Steineichen, Ginster und wilde Kräuter in einer stillen, menschenleeren Landschaft mit einsamen Forstpfaden, aus dem Nichts auftauchenden Zufahrten zu alten Stollen oder Gruben und unscheinbaren und „unverbrauchten" Bergnestern – kein Wunder, dass in den Hügeln schon seit Jahren eine neue Form der Nutzung boomt, der **Naturtourismus.** Immer öfter begegnet man Gruppen von Bikern, Trekkern und Reitern und gehen Gehöfte in die Hände von Ortsfremden über, die längst nicht mehr nur aus Deutschland und der Schweiz, sondern zunehmend auch aus Florenz, Siena, Pisa, Livorno kommen.

Das Herz der Colline Metallifere schlägt in den *Valli del Diavolo,* den „Tälern des Teufels" zwischen den Alabasterhügeln und Salinen Volterras, die einst die halbe Toscana mit Salz versorgten, und in der alten Bergbaumetropole Massa Marittima weiter südlich, schon an der Pforte zur Maremma.

Larderello

35 km südlich von Volterra, zwischen den mittelalterlichen Weilern **Pomarance** und **Castelnuovo Val di Cecina** und zu Füßen des 875 m hohen *Aia del Diavolo* (Teufelsflügel), liegt das nach ihrem Gründer Francois de Larderel benannte Zentrum der Geothermischen Felder der *Valli del Diavolo*. Von der Modellstadt des 19. Jh.s mitsamt Kirche und Schule sind Rudimente erhalten.

Hauptsehenswürdigkeit ist neben der 1956 erbauten Kirche des Stararchitekten *Michelucci* (Bahnhof von Florenz) das neue Kuppelzelt des **Museo della Geotermia.** Über das Museum hinaus können ein geothermisches Kraftwerk, ein *Soffione* (Bohrloch mit Dampffontäne) und ein rekonstruierter *Lagone Coperto* von 1830 (ein überdeckter See, in dessen Kuppel die aufsteigenden Dämpfe zur Gewinnung von Wärme und Borsäure aufgefangen wurden) besichtigt werden.

Praktische Informationen

- **Museo della Geotermia.** Mitte März bis Mitte Sept. Mo-Fr 10-12, 13.30-17.30, Sa/So 10-12.30, 13.30-18.30, sonst Mo-Fr 10-16, So 9-12.20, 13.20-17.30 Uhr. Eintritt frei. Informative Broschüren auch auf deutsch.

Unterkunft & Verpflegung

- **Il Pomarancio** (***) in *Pomarance*. Angenehmes, ganzjährig geöffnetes Hotel in einem Stadtpalast aus dem 18. Jh. mitten im Centro Storico mit Garten, Schwimmbad und Aussichtsterrasse. 18 teilweise freskierte Zimmer, DZ € 80. Gutes Restaurant. Tel./Fax 0588/6 46 16.
- **La Sorgente** (***) in Bagni delle Gelleraie bei Radicondoli. Sympathisches, rustikal eingerichtetes Landhaus mit Thermalbad inmitten urwüchsiger Natur. 24 Zimmer, DZ um € 73 inkl. Bar und Restaurant. Tel. 0577-79 31 50, Fax 79 31 07.

SPECIALITA SENESI
RISTORANTE

Siena

Morgens einen Caffè auf dem Campo...
Gotik in Reinkultur – der Campanile
Gasse mit Contraden-Schmuck
Monte Siepi, südwestlich von Siena

Einführung

„Siena ist eine so gut erhaltene Stadt, dass es wie ein Pompeji des Mittelalters anmutet." (Hippolyte Taine, 1866)

„Siena ist eine komplizierte Stadt. Zu Recht hat man sie mit Schöpfungen der Natur verglichen – einer Meduse oder einem Stern. Der Straßenplan hat nichts von moderner Monotonie und der Tyrannis des rechten Winkels. Ihr Rathausplatz, Il Campo genannt, hat eine organische Gestalt – er erinnert an die konkave Seite einer Muschel. Er ist gewiss einer der schönsten Plätze der Welt, keinem anderen ähnlich, und daher schwer zu beschreiben." (Zbigniew Herbert, 1962)

„Siena, die Mystische", „Gotik auf Hügeln", „Mittelalter pur" sind erst seit vergleichsweise wenigen Jahren gängige Schlagworte. Die einzig übriggebliebene nahezu perfekt **gotische Stadt** Italiens, ja Europas stand lange Zeit so sehr im Schatten des nahen, übermächtigen Florenz, dass selbst die überschwenglichsten Toscanaliebhaber sie allenfalls einer Stippvisite für wert erachteten. Eine vergessene Insel im Strom der Zeit. Ein Provinznest am Rand des Existenzminimums.

Die Zeiten haben sich geändert. „Die schönste im ganzen Land", menschelt es heute im Boulevard, und in dem Maß, wie das Interesse an Renaissance und Humanismus geschwunden ist (und Florenz im Tourismus erstickt), ist das „ursprünglichere" Mittelalter gewaltig auf dem Vormarsch. Die **Magical Mystery Tour** der internationalen Toscana-Fraktion verschmäht mehr und mehr die „Rationalität" und „Künstlichkeit" der Florentiner Hochkultur und entdeckt freudig die erdbraunen und „naturnahen" Gassen und Plätze der magischen *Civitas Virginis,* der Stadt der Jungfrau, und pilgert zum Fest der Feste, dem „spektakulären und gewalttätigen" **Palio,** dem Sinnbild Sienas schlechthin, der mit einem „mittelalterlichen Ritterspiel" etwa so viel zu tun hat wie Gotik mit Goethe oder Minnesang.

In Siena erlebt der Reisende noch eine scheinbar heile, überschaubare und in sich geschlossene Welt; angesichts der weltweiten Unwirtlichkeit der Städte ein Mikrokosmos von menschlichen Proportionen. 1956 war das rote Siena eine der ersten Städte Italiens, die ihr historisches Zentrum für den Verkehr sperrte und Gewerbebetriebe dazu anhielt, sich in günstiger gelegenen Provinzorten (wie Poggibonsi, Colle Val d'Elsa) anzusiedeln.

Der Verzicht auf Wachstum lieferte die Sienesen allerdings auf Gedeih und Verderb dem Fremdenverkehr aus – mit allen Folgeerscheinungen. Hinter prächtigen Fassaden schimmeln Kammern, in die seit Jahrhunderten kein Sonnenstrahl gefallen ist, durch das enge Gewirr der Gassen kommt kein Feuerwehrauto oder Krankenwagen, abertausende zur gleichen Zeit duschende Hotelgäste lassen die Wasserversorgung zusammenbrechen, und rund um die Service-City jagt ein Verkehrschaos das andere und klettern die Preise (nicht zuletzt für die Einheimischen) in immer astronomischere Höhen. Schon bald droht das Centro Storico sich in ein von seinen Bewohnern entvölkertes Freilichtmuseum voller Hotels, Restaurants, Banken und Boutiquen zu verwandeln.

Florenz und Siena

Beide Städte kämpften im Mittelalter um die Vorherrschaft in der Toscana, und beide gründeten ihren Reichtum und ihre Macht im Handel (Florenz mit Seide und Wolle, Siena mit Getreide und Bodenschätzen). Ansonsten jedoch könnten die Gegensätze nicht größer sein. Hier im lieblichen Tal des Arno und eingebettet in eine blühende Gartenlandschaft das offene, kosmopolitische Florenz, Anziehungspunkt für Kaufleute und Künstler aus aller Welt, dort trutzig und isoliert auf drei Hügeln thronend das wehrhaft ummauerte Siena, selbstgenügsam, verschlossen und in sich gekehrt. Hier urbane Bürger und Patrizier, die im Wohlstand aufs Land zogen und prächtige Parks und Villen rund um die Stadt erblühen ließen, dort Großgrund- und Minenbesitzer vom Land, die ihren Reichtum in die Festung Siena trugen und im Schutz massiver Stadtburgen die ersten Bankiers des Abendlands wurden.

Sowohl Siena als auch Florenz verstanden sich als Nonplusultra, als Avantgarde ihrer Zeit, als sie 1260 im größten und blutigsten Gemetzel des italienischen Mittelalters aufeinandertrafen. Siena gewann die Schlacht, doch es war ein Pyrrhussieg. Wie 600

Auf dem Campo

Jahre später der industrialisierte Norden und der agrarisch-aristokratische Süden im amerikanischen Bürgerkrieg, standen einander auf engstem Raum zwei fast gleich starke Gegner mit diametral entgegengesetzen sozialen und ökonomischen Konzepten gegenüber, von denen der eine über kurz oder lang auf der Strecke bleiben musste.

Die **Blütezeit Sienas** fiel in die Zeit des *Rats der Neun* (1287-1355), als der Adel von der Regierung ausgeschlossen war und wohlhabende, auf Friede und Ordnung bedachte Kaufleute die Geschicke der Stadt bestimmten. Fast das gesamte Stadtbild, wie wir es heute noch sehen – Campo, Rathaus, Straßenzüge, Durchgänge, Plätze,

Häuserreihen – entstand im wesentlichen in jenen sechs Jahrzehnten. In größerem Umfang verändert hat Siena sich nur noch einmal, rund 100 Jahre später, in der kurzen Zeitspanne (1460-1480), als *Piccolomini* Päpste waren und die **älteste** noch heute bestehende **Bank** der Welt begründet wurde. Seit der Eroberung durch Florenz (1555) entstanden praktisch überhaupt keine nennenswerten Bauten mehr im Kern der Stadt.

Geschichte

„Einst hatten die Bürger der Stadt Siena einen Feldherrn, der sie von feindlichem Druck befreit hatte; täglich berieten sie, wie er zu entlohnen sei, und urteilten, keine Belohnung, die in ihren Kräften stände, wäre groß genug, selbst nicht wenn sie ihn zum Herrn der Stadt machten. Endlich erhob sich einer und meinte: Lasst uns ihn umbringen und dann als Stadtheiligen anbeten. Und so ist man mit ihm verfahren.“ (Jacob Burckhardt, 1860)

Da weder Etrusker noch Römer auf ihren Hügeln ernsthaft siedelten, führten die geltungsbedürftigen Sienesen ihre Ursprünge auf *Senio,* einen der Söhne Remus' zurück. Dieser Legende verdanken sie ihr Wappentier, die römische Wölfin, die Romulus und Remus säugte. Tatsächlich erblickte Siena erst als **spätrömische Kolonie** *Sena Julia* das Licht der Welt. Der kleine Bischofssitz (313) an der *Via Clodia,* der späteren Frankenstraße, reüssierte, und dank lukrativer Woll- und Getreidegeschäfte und der reichhaltigen Silber- und Erzvorkommen der nahen *Colline Metallifere* bildete sich schon sehr viel früher als in Florenz eine selbstbewusste Bürgerschaft heraus, die immer offener gegen Bischöfe und Feudaladel rebellierte und sich 1147 zur freien Kommune erklärte. Selbstgewählte **Konsuln** übernahmen die Macht, der Landadel wurde gezwungen, seine Kastelle zu räumen und sich innerhalb der Stadtmauern niederzulassen, und unter der Protektion der staufischen Kaiser entstanden die ersten „globalen“ Banken und Handelsgesellschaften der Moderne, deren Dienste selbst englische Königshäuser und römische Päpste in Anspruch nahmen.

Zur gleichen Zeit begannen die endlosen ökonomischen und machtpolitischen Rivalitäten mit Florenz, zusätzlich zugespitzt durch den wachsenden Zwist zwischen Papst und Kaisertum, Guelfen und Ghibellinen, die die Stadt in einen nahezu pausenlosen Kriegszustand nach außen wie innen versetzten: Kaufleute kämpften gegen Adelige, *Terzi* (Stadtdrittel) gegen Terzi und *Contrade* (Unterbezirke) gegen Contrade. Immer neue Spiele um Macht und Wohlstand und immer neue Varianten republikanischer Regierungsformen wurden erprobt, und immer von neuem, ähnlich wie in Florenz, drohte mal der Geburts- und mal der Geldadel die Macht zu usurpieren.

1260 besiegte Siena in der blutigsten Schlacht des italienischen Mittelalters das florentinisch-päpstliche Heer bei **Montaperti;** über 10.000

Florentiner fielen, mehr als 15.000 gerieten in Gefangenschaft. Der Papst exkommunizierte die gesamte Stadt, und Sienas Kaufleute und Bankiers erlebten bange Jahre, da viele ihrer Geschäftspartner mit Berufung auf den Kirchenbann ihre Schulden nicht mehr beglichen.

Nach dem Ende der Staufer (1268) und der ausgleichenden Niederlage gegen Florenz bei Colle Val d'Elsa (1269) übernahmen Guelfen in der ehemaligen Ghibellinenhochburg das Ruder.

Unter dem Regime des **Rats der Neun** *(Consiglio dei Nove,* 1287-1355) erlebte Siena die mit Abstand längste Friedensperiode seiner Geschichte, ehe die **Pest von 1348** den Aufstieg der Stadt jäh stoppte. Fast zwei Drittel seiner 60-80.000 Einwohner erlagen der Seuche, und die darauffolgenden politischen Unruhen und ökonomischen Turbulenzen erschütterten die Republik bis in ihre Grundfeste. Dem vermochten auch Sienas große Heilsgestalten, die *hl. Caterina* (1347-1380) und der feurige Prediger *San Bernardino* (1380-1444), nicht abzuhelfen. Sienas „frühkapitalistische" Erfolgsformel „Rohstoffe, Banken, Grundbesitz" erwies sich im Angesicht der von Florenz ausgehenden Zeichen der „Neuen Zeit" (Pragmatismus, Wissenschaft, verarbeitende Industrien) als überholt.

1355 stürzte der Adel mit Unterstützung der *popolani* (Handwerker und kleine Gewerbetreibende) den Rat der Neun, 1371, noch vor den *Ciompi* in Florenz, revoltierten die Wollweber. Trotz aller Zerreißproben blieb Siena – von Unterbrechungen abgesehen – noch fast 200 Jahre lang eine freie und souveräne Stadtrepublik, aber ihre Zeit war abgelaufen. Die Ära der Kleinstaaten war vorbei, und Italien wurde zunehmend zum Spielball der europäischen Großmächte.

1530 rückte Kaiser Karl V. von Spanien, der mit Hilfe der Medici bereits der Republik Florenz den Garaus gemacht hatte, in die Stadt ein. Die Sienesen verteidigten ihre Unabhängigkeit im Bündnis mit den Franzosen bis aufs Messer und vertrieben die kaiserlichen Statthalter wieder. Der darauffolgenden jahrelangen Belagerung durch Cosimo I. und seine Söldnertruppen konnten sie auf Dauer nicht widerstehen; **1555** kapitulierten die letzten der 8000 noch übriggebliebenen Bewohner der Stadt. Einige hundert Männer und Frauen flohen nach *Montalcino* und erhielten die letzte freie Stadtrepublik Italiens pro forma noch vier weitere Jahre am Leben, ehe auch sie fielen.

1865 war Siena die erste Stadt der Toscana, die sich per Volksentscheid dem neuen italienischen Staat anschloss.

Kunst

Welche Stadt hat schon einer **Farbe** ihren Namen gegeben? Das warme, leuchtende, ins Bräunliche changierende Rostrot der Sieneser Lehmböden, die Farbe der Sieneser Maler, ist ein für allemal als *Siena* in den Sprachschatz der Welt eingegangen.

Civitas Virginis – die Stadt der Jungfrau

Alle bedeutenden Kunstwerke Sienas entstanden weder aus Kunstliebe noch aus Frömmigkeit. Sie dienten einem Zweck, und nicht selten sogar einem militärischen.

Am Vorabend der Schlacht von Montaperti (1260) schwor der sienesische Heerführer seine Truppen auf ein Bildnis der hl. Jungfrau ein, der er die Schlüssel der Stadt übergab und somit zur offiziellen Schutzpatronin Sienas erkor. Nach dem Sieg über die verhassten Florentiner huldigte ganz Siena der **Madonna mit den großen Augen** als der Königin der Stadt. Bald stellte man jedoch fest, dass mit der kleinen romanischen Ikone am Hochaltar des Doms „kein Staat" zu machen war. Allzu statuarisch und „unrealistisch" wirkte sie im Vergleich zu ihren neueren, „nach antikem Vorbild" geschaffenen byzantinischen Schwestern (s. *Madonna del Bidone* von Coppo di Marcovaldo). Ihre Nachfolgerin wurde die **Madonna del Voto** (um 1265). Von dem ursprünglichen fünfteiligen Ikonenfries ist nur mehr die halbfigurige Jungfrau selbst mit dem Kind erhalten. Von ihrer einstigen Bedeutung kündet noch die Krone anstelle des Heiligenscheins, ihr reiches Geschmeide und das güldene Herz. (Eine aufsehenerregende Alternative fertigte **Guido da Siena,** Sienas erster namentlich bekannter Maler, 1270 im Auftrag des Dominikanerordens).

Aber auch diese Himmelskönigin kam den Sienesen schon bald zu klein, zu unscheinbar und vor allem: zu wenig „sienesisch" vor. 1308 beauftragte die städtische Dombaubehörde daher **Duccio di Buoninsegna** mit der Herstellung eines Altarbildes, das alles bis dahin Gekannte in den Schatten stellen sollte – einer wahren **Maestà** (Majestät), die es endlich verdienen würde, Königin von Siena genannt zu werden. Duccio arbeitete drei Jahre an der Tafel, ehe das offizielle „Staatsporträt" der Maestà am 9. Juni 1311 im Triumphzug durch die Straßen Sienas zum Dom überführt wurde. Allein die Ausmaße waren monumental: 5 m lang, 4,70 m breit und auftragsgemäß beidseitig bemalt, damit es am Hochaltar von beiden Seiten betrachtet werden konnte. Duccios waghalsiger „Spagat" zwischen Kirche und Kommune, Tradition und Moderne (Byzantinismus und Gotik) erschien allen derart glänzend gelöst, dass man ihm sogar verzieh, im Grunde weit über das Ziel hinausgeschossen zu sein (so dass mehr als ein Jahrhundert verging, ehe wieder etwas annähernd Neues und Revolutionäres geschaffen werden sollte). Das traditionelle Ikonenschema schrumpfte unter Duccios Händen zu einem dekorativen Apostelfries zusammen, während sich auf dem eigentlichen Bild Engel, Heilige und selbst Zeitgenossen „naturalistisch" und in voller Größe wie ein „Hofstaat" um eine Madonna drängen, die kaum mehr als überirdische Gestalt, sondern wie eine tatsächliche Königin wirkt, die ihren Untertanen Audienz gewährt.

Der Dom als Domäne des Bischofs war das eine, das praktische Vorbild für Stadt und Bürgerschaft das andere. Kaum prangte Duccios Maestà am Hochaltar, beauftragte der Rat der Neun dessen Schüler **Simone Martini** mit einer entsprechenden Maestà für das soeben fertiggestellte Rathaus. Martini löste seine Aufgabe nicht weniger brillant. Der Thron seiner „Majestät" erinnert eher an einen mobilen Feldherrnstuhl denn an die Fassade des Doms wie bei Duccio, und der große Tragebaldachin kennzeichnet die anstatt in herrschaftliches Ultramarin in schlichtes Graubraun angetane Madonna deutlich als eine „Reisende", die mitsamt ihrem Gefolge der auserwählten Stadt Siena einen Staatsbesuch abstattet.

PS. 1334 fand man bei der Verlegung von Wasserrohren unter dem Campo eine verschüttete antike *Venusstatue*. Trotz heftiger Proteste des Großteils der Bevölkerung stellte man die heidnische Göttin vor dem Rathaus auf. Nach der Pestepidemie von 1348 war ganz Siena von ihrer Schuld überzeugt und flehte die hl. Jungfrau um Vergebung für die Sünde an. Man zerstückelte die schamlos nackte Venus und vergrub ihre Einzelteile heimlich auf Florentiner Territorium, auf dass sie in Zukunft dem bösen Nachbarn Schaden zufügen möge.

- **Madonna degli Occhi Grossi,** um 1220. Dommuseum.
- **Madonna del Bidone,** Coppo di Marcovaldo, 1261. Santa Maria dei Servi.
- **Madonna del Voto,** um 1265. Dom.
- **Maestà,** Guido da Siena, 1270. San Domenico.
- **Maestà,** Duccio di Buoninsegna, 1308-1311. Dommuseum.
- **Maestà,** Simone Martini, 1315. Palazzo Pubblico.

Duccios Maestà (Ausschnitt)

Sienas Malerei steht unverdientermaßen im Schatten der Florentiner. In der verhältnismäßig kurzen Zeit, in der sie mit dieser konkurrierte (um 1260-1360), war sie ihr sogar deutlich überlegen. **Duccio di Buoninsegna** (ca. 1255-1318) entdeckte keine neuen Welten wie sein Zeitgenosse Giotto, trieb aber die Kunst des Mittelalters (als eine Synthese aus Byzantinismus und Gotik) zu einer derartigen Vollkommenheit, dass er mit Giotto zum Wegbereiter der modernen Malerei wurde. So unterschiedlich ihre Ansätze und Ziele auch waren (hier der gelehrte, kosmopolitische Florentiner, dort der autodidaktische, heimatverbundene Sienese), so schafften sie jeder auf seine Weise den Ausbruch aus der in Formelhaftigkeit erstarrten Ikonografie des Mittelalters zu einer unverwechselbaren und eigenständigen Bildsprache („Kunst").

Während Giotto in Florenz über Generationen hinweg unerreicht blieb, entfesselten Duccios Nachfolger in Siena eine künstlerische Produktivität, die von der (ganz auf Florenz und die Renaissance fixierten) Kunsthistorik bisher noch viel zu wenig gewürdigt wird. **Simone Martini** (1284-1344), **Pietro Lorenzetti** (ca. 1280-1348) und vor allem Pietros jüngerer Bruder **Ambrogio Lorenzetti** (ca. 1290-1348) wagten revolutionäre Kompositionen von bis dahin unbekannter Poesie, Raumaufteilung und Farbnuancierung. Von Ambrogio Lorenzetti, den selbst *Lorenzo Ghiberti,* der hundert Jahre später das meistbeachtete Werk seiner Zeit, die Paradiespforte schuf, überschwenglich als „einen einzigartigen Meister seiner Kunst und viel besser und wesentlich gelehrter als alle anderen" beurteilte, stammen außerdem das vermutlich erste, zumindest aber bedeutendste nichtreligiöse Gemälde des Mittelalters (die Monumentalfresken der *Guten und Schlechten Regierung* im Palazzo Pubblico, s. S. 295) und wahrscheinlich auch die ersten Stilleben und Landschaftsdarstellungen der abendländischen Kunst überhaupt.

Über der Malerei nicht zu vergessen sind die bedeutenden gotischen Steinmetzarbeiten der „Gastkünstler" *Nicola* und *Giovanni Pisano* und Sienas großer Bildhauer der Frührenaissance, **Jacopo della Quercia** (ca. 1374-1438), der mit Donatello und Ghiberti zu den wichtigsten seiner Zeit zählte. Am Taufbrunnen des Baptisteriums verewigten sich alle drei einträchtig nebeneinander.

Orientierung

Siena erstreckt sich über drei bis 300 m hohe, teilweise steil abfallende Hänge und ist dementsprechend nicht in Viertel, sondern Drittel *(Terzi)* gegliedert. Im Südwesten der **Terzo di Città,** der älteste Stadtteil mit dem Dom auf dem höchsten Punkt der Stadt, im Nordwesten der **Terzo di Camollia** mit den Monumentalkirchen der Dominikaner und Franziskaner zu beiden Seiten, und im Südosten der

Keramiktafel mit Symbol der Tartuca

Die Contrade

An fast jeder Straßenecke fallen sie ins Auge, die kleinen dekorativen Keramiktafeln mit Symbolen, die noch heute die Zugehörigkeit jedes Häuserblocks zu einer *Contrada* anzeigen. Die Geschichte dieser selbst in Italien einmaligen „Nachbarschaftsvereinigungen" geht bis ins 11. Jh. zurück, ehe die einzelnen Wehrdörfer und Streusiedlungen sich zu einer Kommune mit Rathaus und gemeinsamer Festungsmauer vereinigten. Die Contrade waren selbstständige Einheiten innerhalb der Stadt mit eigener Verwaltung, Gerichtsbarkeit und Miliz, eigenen Taufkirchen, Brunnen, Schutzheiligen, Farben und Flaggen, Vorstehern *(Priori)*, Heerführern *(Capitani del Popolo)* und Bannerträgern *(Gonfalonieri)*. Im 14. Jh. entstanden ihre noch heute gebräuchlichen **Namen und Symbole:** *Aquila* (Adler), *Pantera* (Panther), *Tartuca* (Schildkröte, s. u.), *Chiocciola* (Schnecke), *Onda* (Welle) und *Selva* (Wald) im Terzo Città, *Civetta* (Eule), *Leocorno* (Einhorn), *Nicchio* (Muschel), *Valdimontone* (Widder) und *Torre* (Turm) im Terzo San Martino, *Drago* (Drache), *Giraffa* (Giraffe), *Oca* (Gans), *Lupa* (Wölfin), *Istrice* (Stachelschwein) und *Bruco* (Raupe) im Terzo Camollia. (Die heutige Zahl 17 geht auf eine Neuordnung von 1730 zurück, zuvor waren es auch mal 40, 60 oder mehr.)

Die Zugehörigkeit zu einer Contrada ist noch heute für jeden Sienesen selbstverständlich, auch wenn sich ihr Aufgabenbereich inzwischen im wesentlichen auf soziale Aktivitäten wie Jugendarbeit, Altenpflege und die Veranstaltung von Festen beschränkt. Mögen Kritiker im heutigen *Palio* auch nicht mehr sehen als eine gutfunktionierende Geldmaschine, bewegt und eint die Menschen der Stadt bis heute nichts so sehr wie diese jahrhundertealte Tradition, ohne die die Contrade wohl kaum bis in unsere Tage überlebt hätten. Soziologen führen die Tatsache, dass Siena zu den am wenigsten von sozialen Problemen erschütterten Städten Italiens zählt (Kriminalität, Drogen, Obdachlosigkeit), unmittelbar auf das Bestehen dieser Institution zurück.

Zwischen Ende April und Anfang September feiern die Contrade ihre **Feste** (die meisten im Juni), zudem unterhält jede Contrada ein kleines **Museum,** in dem ihre Fahnen, Kostüme, Waffen usf. aufbewahrt werden. Daten, Adressen und Öffnungszeiten erfährt man beim Verkehrsamt der Stadt; in der Regel ist eine Voranmeldung von mindestens drei bis fünf Tagen erforderlich.

Terzo di San Martino. Die durch die Terzi führenden „Hauptverkehrsadern (Fußgängerzone!) verlaufen auf dem Grat der jeweiligen Höhenzüge *(Via di Città, Via Banchi di Sopra* und *Via Banchi di Sotto).* Parallel zu ihnen verlaufen tieferliegende, durch schmale Gassen verbundene „hintere Straßen", doch Querverbindungen zwischen den Terzi gibt es keine (da die Hügelrücken durch steile Einschnitte voneinander getrennt sind). Von den Höhen hinab führen alle Straßenzüge zu einem zentralen Punkt in der Mitte, genau an der niedrigsten Stelle der Stadt, an der das Herz Sienas schlägt, dem muschelförmigen **Campo** („das Feld") mit dem *Palazzo Pubblico* (Rathaus).

Mögen die geografischen Ausmaße des Centro Storico auch bescheiden sein, sollte man Siena allein schon aufgrund seiner Höhenunterschiede und kopfsteingepflasterten Gassen keinesfalls „unterschätzen" (festes Schuhwerk!).

Sehenswertes

Für Siena sollte man wenigstens zwei ganze Tage reservieren. Da die Wege kurz sind, am besten einen nur fürs Schauen, Bummeln und um sich zu orientieren und einen weiteren hauptsächlich für Museen, gezielte Gänge und Abstecher.

Unsere Einteilung orientiert sich an den beiden wichtigsten Plätzen der Stadt, dem *Campo* und der *Piazza del Duomo* (zu Fuß rund 5 Minuten voneinander entfernt), daran anschließend beschreiben wir Abstecher vom Campo zu den in vier verschiedenen Himmelsrichtungen gelegenen Ordenskirchen der Dominikaner, Franziskaner, Augustiner und Serviten.

Il Campo

Der historische wie geografische **Mittelpunkt Sienas** schmiegt sich wie ein neunstrahliger Fächer in die Senke der drei Hügel, auf denen die Stadt erbaut ist. Rundum in einem Halbkreis die makellos schlichten, rostroten Fassaden mittelalterlicher Häuser und Paläste. Darunter, wie ein Bühnenbild, die drei harmonischen Blöcke des Rathauses mit dem schlanken *Torre del Mangia,* dessen Schattenriss im Lauf des Tages wie der Zeiger einer Uhr über die Terracottenmuschel wandert. Pure Magie auf dem vielleicht schönsten Platz der Welt! Manchmal aber auch fast ein Alptraum, wenn im Sommer die Massen sich durch die Scharen der Gaukler, Laienmusiker und Feuerschlucker aus allen Fußgängerzonen des Globus schieben oder während der Tage des Palio sich der Platz gar vollends in ein infernalisches Tollhaus verwandelt.

Die einzigartige Harmonie der Piazza ist kein Zufall, sondern das Ergebnis strenger **Baubestimmungen,** mit denen die Sienesen schon um 1300 Schönheit, Ordnung und Harmonie ihres Stadtbildes zu sichern gedachten. Exakte Vorschriften legten Zahl, Höhe und Abstände von Geschossen ebenso fest wie den Krümmungsgrad von Fassaden, die Beschaffenheit von Baumaterialien oder die obligatorische

Verwendung zwei- oder dreibogiger „Sieneser" Fenster. (Wie sehr man noch heute Wert auf Einheitlichkeit legt, bezeugen die uniformen Sonnendächer und -schirme der umliegenden Cafés und Trattorien, Farbtupfer sind allenfalls bei der Bestuhlung gestattet.) Bereits 1340 war die Fläche wie heute vollständig mit Backsteinen im Fischgrätmuster belegt; neun helle, sich strahlenförmig ausbreitende Travertinbänder feiern die Souveränität des Volkes in Form des „Rats der Neun".

Am oberen Muschelrand wurde 1342 über eine 25 km lange Rohrleitung ein öffentlicher Brunnen bewässert, über den die Menschen der Stadt sich so freuten, dass sie ihn **Fonte Gaia** (Fröhliche Quelle) tauften. Er ist bis heute der einzige Zierbrunnen im wasserarmen Siena!

Die Reliefs (1414-1419), ein Meisterwerk des *Jacopo della Quercia* (Erschaffung Adams, Vertreibung aus dem Paradies, Allegorien der Tugenden), sind leider nur mehr plumpe Kopien des 19. Jh.s. Die Reste der Originale sind im Untergeschoss von S.M. della Scala zu sehen.

Palazzo Pubblico

An der tiefsten Stelle der Piazza, monumental, aber weder erhöht noch isoliert oder sonstwie herausgehoben, ragt das Rathaus empor *(Siena's Decla-*

Blick auf den Campo in Richtung Dom

ration of Independence, Henry James), in seiner erlesenen Schlichtheit das wohl vollkommenste Beispiel gotischer Architektur in Italien überhaupt. Schon 1297, zwei Jahre vor dem Palazzo Vecchio in Florenz, begann man mit den Arbeiten am dreigeschossigen Mitteltrakt, 1344, zwei Jahre nach dem Rathaus, wurde der Turm vollendet, und 1680 erhielt der Backsteinpalast seine endgültige Form mit der Travertinfassade im Erdgeschoss. Über den gotischen Drillingsfenstern des ersten Stocks ist das Wappen der Medici zu erkennen (aus der Zeit, als Siena bereits dem Großherzogtum angehörte), und darüber die große Kupferscheibe mit dem Strahlenkranz und dem Zeichen des San Bernardino, dem Christus-Monogramm IHS. Eingefasst in jeder Fensterbogenspitze die *Balzana,* das weiß-schwarze Wappenschild Sienas. Hinter dem Rathaus findet auf der **Piazza del Mercato** noch heute der tägliche Lebensmittelmarkt statt.

Torre del Mangia

Mit einer Höhe von 102 m (inkl. Aufbau) ist der **Rathausturm** das zweithöchste mittelalterliche Bauwerk Italiens. Der schlanke Backsteinschaft entstand zwischen 1325 und 1344, die helle Speerspitze aus Travertin, die dem Turm erst so recht „die Krone aufsetzt“, kam wie das Untergeschoss des Palazzo erst 1680 hinzu.

Obwohl an der niedrigsten Stelle der Stadt plaziert, sollte er alle anderen Türme Sienas in den Schatten stellen, und seine Glocke, die die Bürger bei Fehden, Kriegen oder Seuchen zusammenrief (oder auch nur das allabendliche Schließen der Stadttore verkündete), musste in der gesamten Stadt gehört werden können. Seinen Namen soll er einem Glöckner verdanken, den man *Mangiaguadagni* (etwa „Geldfresser“) rief. Der Aufstieg über angeblich 332 und ziemlich enge Stufen ist beschwerlich, doch die Aussicht über die Dächer Sienas und über das Land hinaus verschlägt einem den Atem (Eintritt s. *Museen,* S. 322).

Museo Civico

Romanische Bögen, schwere Balkendecken, gotische Kreuzgewölbe – allein das prunkvolle Innenleben des Sieneser **Stadtpalastes** ist den Besuch wert. Umso mehr, als seine Säle gleich drei der wichtigsten Werke der mittelalterlichen Kunst überhaupt bergen.

Der Rundgang durch die Repräsentationsräume im 1. Stock führt durch reichgeschmückte Säle des 15.-19. Jh.s – freskiert u. a. von Spinello Aretino *(Sala di Balia,* 1407), dem Sieneser Manieristen Domenico Beccafumi *(Sala del Concistoro,* Standesamt, 1529) und Ambrogio Lorenzetti *(Anticamera del Concistoro)* – bis zur Kapelle des Großen Ratssaals im rückwärtigen Drittel des Mitteltrakts. Die **Cappella del Consiglio** wie auch ihr Vorraum sind vollständig mit Fresken von Taddeo di Bartolo ausgeschmückt (1407-1414): Antikenporträts, Tugendallego-

Der Torre del Mangia ist eines der höchsten mittelalterlichen Bauwerke Italiens rien, ein überlebensgroßer Christophorus, innen Szenen aus dem Marienleben. Das Altarbild der *Heiligen Familie* (1536) stammt von Sodoma, das kunstvoll geschnitzte Chorgestühl (1415-1428) schuf Domenico di Niccolò.

Der große (nach einer verschollenen drehbaren Weltkarte Ambrogio Lorenzettis benannte) Ratssaal **Sala del Mappomondo** wird beherrscht von der lyrischen **Maestà** *Simone Martinis* (1315). Martini benutzte die Saalwand regelrecht wie ein Fenster, durch das er die Madonna, Jesus und die Engel und Heiligen, die er demonstrativ als ihren „Hofstaat" ausweist, aus einem dunkelblauen Himmel geradewegs ins Rathaus einschweben lässt, um „dabeizusein", wenn über die Geschicke der Stadt verhandelt wird. Nichts dokumentiert das gewachsene Selbstbewusstsein der Kommune deutlicher; hier geht es nicht mehr um den Schutz der Muttergottes, um Dank oder Verehrung, sondern allein um ihre Vorbildfunktion für die Menschen Sienas und das Gemeinwohl ihrer Republik.

Geradezu wie ein Faustschlag ins Gesicht wirkt dagegen, von Martini nur 13 Jahre später gemalt, das ganz und gar nicht mehr lyrische Reiterporträt des Condottiere **Guidoriccio da Fogliano** auf seiner Strafexpedition gegen Montemassi. Die trockene, gewellte Landschaft ohne Baum noch Gras mit ihren Zwingburgen und Feldlagern unter einem sengend blauen Himmel gilt als eine der ersten und großartigsten Naturdarstellungen der abendländischen Kunst.

Buon e Cattivo Governo

Der dreiteilige Freskenzyklus bedeckt jeweils eine Wandseite mit der *Allegorie der Schlechten Regierung und ihrer Folgen für Stadt und Land,* der *Allegorie der Guten Regierung* und den *Folgen der Guten Regierung für Stadt und Land.*

Personifizierung der **Schlechten Regierung,** umgeben von den *Lastern,* ist die *Tyrannis* (des Alleinherrschers), die die *Justitia* in Fesseln schlägt. Wir sehen Mord und Totschlag in den Straßen, zerstörte Stadtmauern, links *Timor,* der mit gezücktem Schwert aus dem Stadttor schießt, plündernde Soldatenhaufen, verwaiste Felder und Ruinen. Kein Wunder, dass der Zustand des Freskos deutlich schlechter ist als das der guten Regierung, dem Ergebnis von Vernunft, Gerechtigkeit und republikanischer Herrschaft.

Allegorie der Guten Regierung. Zu Füßen der Tugenden (Friede, Tapferkeit, Klugheit, Großmut, Mäßigung, Gerechtigkeit), in deren Mitte die Civitas, die Verkörperung des Buon Governo, thront, rechts knieende Feudalherren und geknebelte Söldner, links der Rat der Stadt. Über dem letzten in der Reihe befindet sich der Thron der Justitia (Gerechtigkeit) und über ihr die Sapientia (Weisheit) mit einer Waage, die von der Justitia im Gleichgewicht gehalten wird. Von den beiden Waagschalen führen Seile zu Concordia (Eintracht), die sie bündelt und an den Rat weitergibt. Darunter steht geschrieben: *„Richtet eure Augen auf, die ihr regieret, um die zu bewundern, die hier*

Unmittelbar darunter das noch ältere Fresko *Die Übergabe eines Kastells* (um 1310), das **Duccio** zugeschrieben wird.

An der Fensterfront ein weiteres *Christusmonogramm* des San Bernardino, gegenüber eine *Schlacht von Valdichiana* (Lippo Vanni, 1370), an den Säulen Darstellungen von Bernardo Tolomei, dem Gründer des Olivetanerordens (Sodoma) sowie der Stadtheiligen Bernhardin (Sano di Pietro) und Katharina (Vecchietta) und das grausame Tafelbild *Kindermord zu Bethlehem* (1482) vom „Spezialisten" Matteo di Giovanni.

erscheint. Seht, wieviel Gutes von ihr kommt, wie süß das Leben und wie ruhig die Stadt ist, in der man diese Tugenden pflegt."

Die Aufforderung an die Regierenden ist genauso unzweideutig wie die Allegorie, die es ihnen selbst in die Hände legt, für ein ausgewogenes Verhältnis zwischen Recht und Herrschaft zu sorgen. „Ambrosius Laurentii de Senis hic pinxit" – Ambrogio Lorenzetti aus Siena hat dies gemalt.

Über die **Folgen der Guten Regierung** für Stadt und Land gibt der Höhepunkt des Zyklus Auskunft. Froh, hell und betriebsam zeigt sich die Stadt (eine Idealstadt, doch oben links der Dom Sienas), eine Stätte der Begegnung und des Wohlstands, das Land drumherum wirkt friedlich und kultiviert: Mensch, Natur und Gesellschaft in idealer Harmonie. Kleinbürgerliche Idylle, mag man spotten, doch fehlt noch genau das, was ein solches Urteil erst ermöglichen würde – das Individuum; der subjektive, „perspektivische" Blick, der die Welt ganz auf sich bezieht, wird erst hundert Jahre später aufkommen. Lorenzetti, obschon in vielem noch dem Mittelalter verhaftet, lässt hier die erste Vision einer egalitären und humanen Gesellschaft aufscheinen, in der Stadt und Land, der Bauer, der seine Sau vor sich hertreibt, und der Patrizier, der hoch zu Ross zur Falkenjagd reitet, zwar immer noch verschiedenen Klassen zugehören, aber keine unversöhnlichen Gegensätze mehr sind und Hand in Hand zum Frieden und Wohlstand des Gemeinwohls beitragen.

Die südwärts anschließende **Sala della Pace** *(Friedenssaal),* der Tagungsraum des Neunerrates, ist mit den größten und bedeutendsten Wandmalereien des Mittelalters mit nichtreligiösem Thema bedeckt. Der einzigartige, wenn auch teilweise leider arg verblasste dreiteilige Freskenzyklus über die **Folgen einer guten und schlechten Regierung** wurde im Auftrag des Rates zwischen 1338 und 1340 von *Ambrogio Lorenzetti* erstellt und zeigt zum ersten Mal in der europäischen Malerei wirklichkeitsnahe Ansichten eines Stadt- und Landlebens (s. Kastentext oben).

In der abschließenden **Sala dei Pilastri** befinden sich noch sehenswerte Einzelwerke wie Ambrogio Lorenzettis Glasbild des *Erzengel Michael* (um 1335). Von der rückwärtigen Loggia im Obergeschoss hat man einen schönen Blick auf den Marktplatz und die angrenzenden Gemüsegärten bis weit in die Ebene hinein.

Zwischen Campo & Dom

Der Knotenpunkt der drei Hauptstraßen oberhalb des Campo – *Banchi di Sopra, Banchi di Sotto* und *Via di Città* – hieß nicht umsonst **Croce del Travaglio,** *Kreuz der Plackerei,* denn mühsam in der Tat muss es gewesen sein, die Parteigänger der drei Terzi an dieser heiklen, gleichzeitig trennenden wie verbindenden Stelle daran zu hindern, sich gegenseitig die Schädel einzuschlagen (was trotzdem oft genug vorkam). Barrikaden, Wasserwerfer und Polizeiknüppel gehörten hier jahrhundertelang zur Tagesordnung.

An besseren Tagen trafen sich hier zumindest die Händler und Kaufleute der Bezirke, um Streitigkeiten zu schlichten, Zinsen, Warentermine und Preisabsprachen zu besprechen. Dies führte im 15. Jh. zur Einrichtung der **Loggia della Mercanzia** (1417-1428), halb Handelsgericht, halb Börse, halb spätgotisch und halb schon der Renaissance verpflichtet (und daher außer mit Aposteln auch mit Statuen bedeutender Römer wie *Cicero* und *Cato* bestückt, die für die Handelsherren als Vorbilder gelten konnten). Die von mittelalterlichen Wohnpalästen flankierte **Via di Città** steigt zum ältesten und höchstgelegenen Teil der Stadt an. An der *Costarella di Barbieri* hat man den schönsten Blick auf den Campo, etwas weiter bergauf steht der elegant in die Biegung der Straße eingepasste **Palazzo Chigi-Saracini** (1320) mit seinen vornehmen Spitzbogenfenstern. Im Durchgang zum pittoresken Innenhof die Statue Papst Julius' III., dem erlauchtesten der Saracini, im Hof Büsten weiterer Familienmitglieder und ein wunderschöner Ziehbrunnen. Seit 1939 ist in dem Gebäude die berühmte *Accademia Musicale Chigiana* untergebracht, deren Lehrer und Studenten aus aller Welt im Sommer (teils im Innenhof, teils in den Prunksälen) vielbeachtete Klassikkonzerte veranstalten. Die wertvolle Kunstsammlung (Werke von Botticelli, Sodoma, Pinturicchio usf.) ist nur auf Anfrage zu besichtigen.

Schräg gegenüber der *Palazzo delle Papesse* (Via di Città 126), den Pius II. 1460 von Bernardo Rossellino für seine Schwester Caterina („die Päpstin") errichten ließ. Über die rechts abzweigende *Via Capitano* gelangt man zum Dom.

Piazza del Duomo

Am **höchsten Punkt Sienas** (346 m), fast 30 m über dem Campo gelegen, erhebt sich der Dom vor dem weitläufigen Komplex des bereits im 9. Jh. gegründeten Hospitals *Santa Maria della Scala,* das jahrhundertelang als eines der größten und fortschrittlichsten der Welt galt.

Duomo Santa Maria Assunta

Die Kunsthistoriker sind sich darin einig, dass die Kathedrale von Siena der **schönste gotische Bau Italiens** ist. Außen wie innen vollständig mit grünweiß-gestreiftem Marmor verkleidet, Resultat einer gut 200jährigen Bauzeit und unzähliger Planungsänderungen, ein Monumentalbau und doch nur ein Bruchteil dessen, was die ehrgeizigen Sienesen geplant hatten, thront *Mariä Himmelfahrt* hoch über den Dächern der Stadt (und lässt selbst die Florentiner vor Neid erblassen).

Wie bereits die Florentiner, empfanden auch die Sienesen ihren Dom schon während des Baus als deutlich zu klein geraten und sannen daher auf Abhilfe. 1316 verlängerte man den Chor nach Osten, geriet dabei aber über die Anhöhe hinaus und musste erst einmal einen soliden Unterbau schaffen, woraus später die Taufkirche (Baptisterium) wurde.

Geradezu wahnwitzig war jedoch der Plan der Stadtväter, die Florenz und Pisa unter allen Umständen zu übertrumpfen gedachten, den schon vorhandenen Dom noch einmal zu überbauen und eine so gewaltige Kathedrale zu errichten, dass der alte Dom nurmehr das Querschiff abgeben sollte! Und sie zogen ihn hoch, den „Duomo Nuovo", mit drei Schiffen und einer gigantischen Front (die noch heute pathetisch die Stadt überragt), doch statische und finanzielle Schwierigkeiten und die durch die Pest von 1348 um fast zwei Drittel verringerte Bevölkerung setzten dem ehrgeizigen Unternehmen ein Ende.

Was davon übriggeblieben ist, ist erstaunlich genug (und z. T. sogar zu besteigen, wenn man das Dommuseum besucht).

Der Dom, wie er heute steht, wurde **vor 1200** im romanisch-pisanischen Stil begonnen. **1258** übernahmen die ganz der Gotik verpflichteten *Zisterziensermönche* des nahen San Galgano die Bauleitung und vollendeten bis 1267 Mittelschiff, Kuppel und Chor. Zwischen **1284** und 1297 arbeitete *Giovanni Pisano,* der bedeutendste Bildhauer seiner Zeit, an der Marmorverkleidung der Fassade, die die verschiedenen Bauphasen deutlich zu erkennen gibt. Noch ganz romanisch-pisanisch der um 1250 begonnene, 1313 vollendete **Campanile,** dessen markante gleichmäßige Streifung und sich aufwärts steigernde Fensterzahl ungeahnte Leichtigkeit suggerieren.

Fassade

Die reich dekorierte Zuckerbäckerei mag die Geschmäcker scheiden, man muss jedoch bedenken, dass die Fassade im Laufe von Jahrhunderten entstand.

Eindeutig romanisch die ruhigen Rundbogenportale, doch schon deren Giebel spitzen sich zu und darüber, eher dekorativ addiert als architektonisch gegliedert, ragt es immer üppiger gotisch empor zu Säulen, Strebepfeilern, Büsten und Statuen von Propheten und Philosophen, Königen und Sibyllen, ein Feuerwerk aus Kreis, Bogen, Dreieck und Viereck in gestreiftem Marmor.

Der Oberteil mit der großen Rosette und den drei durch Turmpfeiler getrennten (aus statischen Gründen asymmetrisch ausgebildeten) Giebeln erinnert nicht von ungefähr an den Dom von Orvieto, denn er wurde aufgrund einer inzwischen erfolgten Erhöhung des Mittelschiffs erst gegen 1370 aufgesetzt; die neugotischen Mosaiken kamen gar erst im 19. Jh. hinzu. (Alle Statuen und Büsten sind Kopien, die Originale befinden sich im Dommuseum.)

Innenraum

Das durch ungewöhnlich hohe Arkaden in drei Schiffe geteilte, in mystisches Halbdunkel getauchte Innere wirkt ungewöhnlich expressiv, gleichzeitig streng und orientalisch verspielt, noch verstärkt durch die dekorative Marmorstreifung der romanischen Pilaster und das tiefblaue, mit Goldsternen ausgemalte Deckengewölbe. (Als Wagner den *Parsifal* komponierte, ließ er sich Skizzen der Kathedrale schicken, die seiner Vision vom Heiligen Gral wohl sehr nahe kam.) Den Sims zieren intensive und erstaunlich veristische Terracottabüsten von 171 Päpsten von Petrus bis zum 12. Jh.

Einzigartig ist der vollständig aus farbigem Marmor kunstvoll zu Bildern zusammengesetzte **Fußboden.** Mehr als drei Dutzend namhafter Künstler (darunter Sassetta, Pinturicchio, Beccafumi, Matteo di Giovanni) arbeiteten fast zwei Jahrhunderte über an dem Kunstwerk (1369-1562) und verfeinerten dabei fortlaufend ihre Technik. In den Stein geritzte, mit Teer ausgefüllte *Sgraffiti* weichen später *Intarsien,* die wie ein Mosaik mit mehrfarbigem Marmor eingelegt sind. Es beginnt mit Sibyllen, Heilsgestalten, Propheten und Allegorien – am Hauptportal *Hermes Trismegistos,* der ägyptische Mystiker und Alchemist, darüber die sienesische Wölfin im Kreis der Wappen verbündeter Städte; nahe der Vierung das *Glücksrad* und der grandiose *Monte Pulchria* (Berg der Weisheit) Pinturicchios. Zum Chor zu steigern sich die Szenarien zu schlachtenreichen Bibelszenen *(David und Goliath, Tanz ums Goldene Kalb,* ein weiterer *Kindermord zu Bethlehem* von Matteo di Giovanni) bis hin zur *Opferung Isaaks* Domenico Beccafumis (1547) – das größte Opfer vor Gott, das des eigenen Sohnes, programmatisch direkt am Hauptaltar.

Der Großteil der Felder, so auch die Opferung, ist nur zu bestimmten Zeiten des Jahres aufgedeckt – in der Regel von Mariä Himmelfahrt, 15. August, bis einen Monat danach.

Cappella Chigi

Die 1660 von Papst Alexander VII. (einem Chigi-Saracini) gestiftete Barockkapelle enthält die wundertätige **Madonna del Voto,** flankiert von den Stadtheiligen Bernardino und Caterina (s. *Civitas Virginis,* S. 290).

Chor

Am marmornen Hochaltar besticht das von kerzentragenden Engeln gerahmte Bronzetabernakel Vecchiettas (1467), die Engel an den Chorpfeilern wie auch die Fresken der Apsis stammen von Beccafumi (1550). Das großartige **Rosettenfenster** ist das vermutlich älteste Glasgemälde Italiens und wurde 1287 von Duccio entworfen *(Tod, Himmelfahrt und Krönung Mariens).* Die wundervollen **Holzintarsien** des gotischen Chorgestühls wurden 1503 von *Fra Giovanni da Verona,* dem unglaublichen Olivetanermönch aus der Abbadia di Monte Oliveto Maggiore, geschnitzt. Geradezu schwindelerregend öffnen sich Fenster auf Pastoralen, Stadtpanoramen, Innenräume und „hingetuschte" Stilleben. Vögel, Volieren, Schreibfedern. Ein Hase wie von Dürer.

Die Kanzel des Nicola Pisano

Sie gilt als das wertvollste Einzelstück des Doms. Zwischen 1265 und 1268 unter Mithilfe seines Sohnes Giovanni und Arnolfo di Cambios geschaffen, ist sie die zweite und vielleicht schönste der vier Kanzeln der Pisani (Pisa, Baptisterium, 1259, Pistoia, 1298-1301, Pisa, Dom, 1302-1311). Das achteckige Becken ruht auf ebensoviel Säulen aus Granit, Porphyr und grünem Marmor, von denen vier auf beutereißenden Löwen und säugenden Löwinnen stehen und die mittlere von den Allegorien der sieben Künste und der Philosophie getragen wird. (Die „asymmetrische" neunte Säule wurde notwendig, die im 16. Jh. angebaute Treppe zu stützen). Die **Reliefs** der Brüstung verschmelzen ingeniös Antike und französische Gotik und geben Stationen aus dem Leben Christi wieder (Geburt, Anbetung der Könige, Flucht nach Ägypten, Kindermord in Bethlehem, Kreuzigung und Jüngstes Gericht). Bewundernswert lebendig die ausdrucksstarken Gesichter und Charaktere selbst bei den enggedrängten Massenszenen der *Kreuzigung* (das entsetzte Zurückweichen der Umstehenden) oder des *Jüngsten Gerichts* (absolutes Chaos).

Cappella Ansano

Die auf Höhe der Kanzel liegende, dem hl. *Ansanus* (er soll im 3. Jh. das Christentum nach Siena gebracht haben) gewidmete Kapelle birgt das Grabmonument Kardinal Pedronis, ein frühes Hauptwerk von *Tino di Camaino* (um 1317) und eine auf 1430 datierte Grabplatte von Donatello. Ebenfalls von Donatello stammt die Bronzestatue *Johannes des Täufers* (1457) in der Mittelnische der **Cappella di San Giovanni Battista;** die Fresken zum Leben Johannes' sind von Pinturicchio (1504, teilweise später übermalt).

Libreria Piccolomini

Die Bibliothek, eine der prachtvollsten der Renaissance, stiftete 1495 Kardinal Francesco Piccolomini (der spätere Papst Pius III.) zum Andenken an seinen Oheim *Enea Silvio Piccolomini* (1405-1464). Der überaus festlich von Pinturicchio 1502-1509 **freskierte Saal** erzählt in zehn Wandbildern von den wichtigsten Lebensstationen des großen Humanisten, Poeten und Gelehrten, der im Alter von 41 Jahren dem weltlichen Leben entsagte und als Papst Pius II. die „Idealstadt" Pienza aus dem Boden stampfen ließ. Der Zyklus beginnt rechts oben mit dem

Aufbruch zum Konzil von Basel, zeigt ihn als Dichter, den Kaiser Friedrich III. in Frankfurt ehrt (Bild 3), als Erzbischof Sienas (5) und seine Krönung zum Papst (7), der in Mantua zum Kreuzzug gegen die Türken aufruft (8) und Katharina von Siena heiligspricht (9). Dekorativ und allenthalben wiederkehrend, selbst auf dem Fußboden, der emblematische Halbmond des Piccolomini-Wappens. Die antike Marmorgruppe der *Drei Grazien,* 1500 in Rom ausgegraben und kurz darauf von Francesco Piccolomini käuflich erworben, war lange wegen ihrer „unschicklichen Blöße" ins Museum verbannt gewesen.

Hübsch sind auch die intarsierten Schränke des Antonio Barili (Eintritt, s. *Museen,* S. 322).

Piccolomini-Altar

Der Altar neben dem Eingang zur Bibliothek entstand schon einige Jahre früher als diese (1481). Die Statuen des *Paulus* und *Petrus* galten lange als frühe Werke Michelangelos (1501-1504), sie sind zumindest nach seinen Entwürfen gearbeitet.

Rund um den Dom

Links der Domfassade führt der *Vicolo di San Girolamo* ins Gassengewirr der Contrada Selva (Rhinozeros-Brunnen und Renaissance-Kirchlein *San Sebastiano)* und weiter hinunter (als einzige Querverbindung zwischen zwei Terzi) bis zum gotischen Brunnenhaus *Fonte Branda* und über eine Treppengasse wieder hinauf zur Kirche *San Domenico.*

Museo dell'Opera del Duomo

Das Museum wurde 1870 in einem Teilabschnitt des unvollendet gebliebenen *Duomo Nuovo* eingerichtet. Vom Obergeschoss führen Treppen zum **Facciatone,** dem Laufgang der 1355 aufgegebenen monumentalen Südfassade, von der man einen phantastischen Blick auf den Dom und die übrige Stadt hat. Im übrigen lohnt allein schon die **Maestà** Duccios den Besuch des Museums.

Im **Erdgeschoss** *(Galleria delle Statue)* sind die wertvollsten Originalskulpturen Giovanni Pisanos von der Domfassade geborgen (darunter ein schöner *Platon).* Sehr eindrucksvoll auch Donatellos Marmor-Tondo *Madonna mit Kind* und ein Steinrelief von Jacopo della Quercia.

Die Nummerierung der Säle (chronologische Anordnung) beginnt im Obergeschoss!

Saal 1. Hauptblickfang in Saal 1 ist die suggestive **Madonna degli Occhi Grossi** (Madonna mit den großen Augen). Wie ein Totem aus einer fremden, „exotischen" Welt. Das älteste erhaltene Zeugnis sienesischer Malerei (um 1210) war einst Hauptaltarbild des Doms, vor dem die Sienesen den Fahneneid schworen (s. S. 290). Genau betrachtet ist es ein Flachrelief, das nachträglich bemalt wurde.

Weitere Höhepunkte sind ein Altarbild mit vier Heiligen des Ambrogio Lorenzetti (um 1340) und eine neunteilige Bebilderung des *Credo* (Die Glaubenssätze) von Taddeo di Bartolo. Umrahmt von eigenwilligen „Porträts" des Sodoma zwei Preziosen von

Sano di Pietro (1408-1481), die durch ihre ungewöhnlich intensive Farbgebung wie ihr Sujet faszinieren: San Bernardino predigt vor dem Palazzo Pubblico und vor seiner Stammkirche San Francesco, Frauen und Männer durch Stoffbahnen strikt voneinander geschieden.

Durch die Säle 2 und 3 führt der Weg zum „Panorama" des *Facciatone*.

Saal 6 *(Sala di Duccio)*. Die ursprünglich beidseitig bemalte, 5 mal 4,68 m große und am Hochaltar ausgestellte **Maestà** wurde 1771 auseinandergesägt, um in Kapellen des Doms Platz zu finden. Seit der Überführung ins Dommuseum (1878) fehlen sämtliche Tafeln der Predella (Fußstück) und des Giebels, von denen einige sich in Museen befinden (London, New York, Washington) und andere als verschollen gelten (s. auch S. 290).

Man hat Duccios Meisterwerk zurecht als „die Geburt des modernen Raumes" gefeiert, „ein in aller Malerei bis dahin unerreichtes Maß an Zusammenhang und Standfestigkeit". Mehr noch als auf dem Kultbild selbst wird sein Können auf der Rückseite deutlich, auf der der Erzähler (oder besser: Dichter) Duccio zu Wort kommt.

Die 14, großteils noch einmal unterteilten Tafeln (insgesamt 26, zu lesen ab dem Einzug in Jerusalem links unten) illustrieren Stationen aus dem Leben Jesu. Der erste Eindruck eines Comics ist gar nicht so falsch, denn genauso war es auch gedacht: eine Geschichte in Bildern zu erzählen. Ohne Rücksicht auf Tradition oder Marienkult (die das Hauptbild deshalb stärker an byzantinische Vorgaben bindet) entzündet Duccio in den Miniaturen ein Feuerwerk nie gesehener perspektivischer und dramatischer Konstellationen. Die immer wiederkehrenden Stadtansichten (Tore, Säle, Höfe, Loggien, Treppen, Türen) suggerieren nicht nur die Identifikation Sienas mit dem Himmlischen Jerusalem, sondern führen zu ebenso eigenwilligen wie ingeniösen Spielen auf verschiedenen Ebenen.

Man betrachte z. B. *Verhör Christi* und *Petri Verleugnung* (fünfte Tafel unten links). Unten ein Innenhof; eine Treppe und ein vorspringender Erker verbinden halb naturalistisch, halb illusionär mit einem Innenraum, der eine offene (aufgeschnittene) Bühne ist. Während im Hof Männer um ein Feuer sitzen und schwatzen, tritt eine Magd hervor und denunziert Petrus als Jünger Christi; während Petrus noch mit abwehrender Geste leugnet, schweift unser Blick zu dem gefesselten und von Soldaten umringten Christus, der über ihm zum Verhör gezerrt wird – zur gleichen Zeit und am gleichen Ort, oder aber auch nur als Projektion einer Lüge.

Aus nahezu jeder der 26 Szenen gingen Dutzende von Schulwerken hervor, von Simone Martini und den Brüdern Lorenzetti bis zu jenem rätselhaften „Barna", der den Dom San Gimignanos ausmalen half. Die Signatur am Fuß des Throns der Madonna lautet: *„Mutter Gottes, gewähre Siena Frieden und langes Leben dem Duccio, der dich gemalt hat".*

Im gleichen Saal noch ein Frühwerk (*Madonna di Crevole,* 1283) und die großartige **Geburt der Jungfrau** (1342) von Pietro Lorenzetti. Von Duccio inspiriert, wagte er es zum ersten Mal, die Konventionen eines Triptychons zu brechen und es nur mit einer einzigen Szene auszumalen.

Im **Saal 7** *(Sala di Jacopo della Quercia)* sind Skulpturen von Sienas bedeutendstem Bildhauer zu bewundern, darunter eine schöne *Madonna mit Heiligen* aus Holz (um 1420).

Der Dom, eine der schönsten gotischen Kirchen Italiens

Battistero San Giovanni Battista

Die Taufkirche (1316-1327) entstand bei der Verlängerung des Domchors, als wegen des abschüssigen Geländes ein Unterbau nötig wurde. Das von gedrungenen Pfeilern getragene Kreuzgewölbe ist vollständig mit Fresken von Vecchietta und anderen Künstlern (um 1450) bedeckt. Als eines der bedeutendsten Werke der italienischen Bildhauerkunst gilt das sechseckige, von einer Marmorstatue Johannes des Täufers gekrönte **Taufbecken** von Jacopo della Quercia (1417-1429).

Die umlaufenden Bronzereliefs erzählen aus dem Leben des Täufers, die Eckstatuen sind Personifikationen der Tugenden (zu lesen von der Apsis aus): *Verkündigung der Geburt des Täufers* von Jacopo della Quercia, *Geburt* und *Predigt des Täufers* von Giovanni di Torino, *Taufe Christi* und *Gefangennahme Christi* von Ghiberti und die hochdramatische *Enthauptung des Täufers* Donatellos, der auch zwei der Tugenden, *Treue* und *Hoffnung*, schuf. (Eintritt, s. *Museen*, S. 322)

Ospedale Santa Maria della Scala

Gegenüber der Domtreppe, von der sie ihren Namen bezieht, erhebt sich der riesige Komplex des im 13./14. Jh. errichteten Hospitals, das bereits 823 als Pilgerhospiz an der Frankenstraße gegründet wurde.

Seit 1985, als *Italo Calvino* in seinen Mauern starb, wird es nicht mehr als Hospital benutzt (auch wenn gewisse medizinische Einrichtungen noch verblieben sind). 1995/96 wurden verschiedene Säle als **Museum** wiedereröffnet, erste Etappe eines geplanten Kulturzentrums, das bereits das Archäologische Museum und diverse Ausstellungsräume umfasst (mit Dokumentationen zur Restauration von Duccios Glasfenstern und Jacopo della Quercias Fonte Gaia).

Der große Saal **Il Pellegrinaio** (Pilgersaal) wurde 1439-1444 von *Domenico di Bartolo* (und anderen Künstlern) mit einzigartigen und hochinteressanten Darstellungen des Krankenhauslebens und der Medizingeschichte des 15. Jh.s freskiert.

Ein zentrales Thema ist die Armenspeisung (soziale Verpflichtung), sehr instruktiv das dritte Fresko rechts *(La Cura degli Infirmi)*, das den Rektor des Spitals bei der Visite im Kreis seiner Ärzte, Chirurgen, Pfleger, Schwestern und Priester zeigt.

Zu besichtigen sind außerdem die von Vecchietta ausgemalte *Alte Sakristei* (1446-1449) und die 1250 entstandene und im 16. Jh. umgestaltete Kirche *Santissima Annunziata* (mit einer Bronzestatue des Auferstandenen von Vecchietta).

Das seltsame, grottenähnliche **Oratorio di Santa Caterina della Notte** (das seinen Namen den häufigen „nächtlichen" Visiten der Heiligen verdanken soll) wurde im 14. Jh. von einer Laienbruderschaft gegründet, die sich des Seelenheils der Toten annahm (gleich unterhalb des Spitals, an der Piazza della Selva, befand sich zu jener Zeit das Massengrab der Armen), ehe es dank der Berühmtheit der Heiligen im 17. Jh. zu einer Wallfahrtsstätte umgewandelt wurde. Unter den Kirchenschätzen und Reliquien ragt ein Tafelbild der *Madonna mit Kind* von Taddeo di Bartolo (um 1400) heraus.

Museo Archeologico. Seit 1993 werden in einem Seitentrakt des Ospedale archäologische Funde aus der Provinz Siena ausgestellt. Angesichts der zahllosen Kunstschätze der Stadt eher ein Ort für Kenner und Numismatiker.

Zwischen Dom & Campo

Die durch die Contrada der Schildkröte *(Tartuca)* führende *Via del Capitano* ändert jenseits der *Via di Città* ihren Namen in *Via San Pietro* mit Sienas größter Gemäldesammlung im *Palazzo Buonsignori*, die im 14. Jh. angelegt wurde.

Pinacoteca Nazionale

Sienas Pinakothek beherbergt auf drei Stockwerken insgesamt 36 Säle, doch keine Angst, fast alle Höhepunkte befinden sich im 2. Stock, und auch wenn beinahe die Hälfte aller Gemälde aus der Zeit von 1360-1550 Sienas Lieblingsmotiv, die Madonna mit Kind darstellen, lohnt sich der Besuch unbedingt! Die Anordnung ist chronologisch, die Nummerierung beginnt im Obergeschoss. (Im 3. Stock kann man sich, wenn man will, die in der Mehrzahl flämischen Highlights der *Collezione Spannochi* ansehen, darunter auch zwei *Dürer* und ein *Tintoretto.)*

Saal 1 beherbergt die sienesischen „Primitiven" aus dem „dunklen" Duecento. Eher bemalte Flachreliefs als Malerei; anrührend, mystisch, totemhaft, fremd. Ein Jesus voller Milde und Melancholie, aber noch ohne jedes Zeichen von Schmerz oder Leid (um 1210).

In **Saal 2** sind byzantinisch geprägte Tafelbilder von *Guido da Siena,* dem ersten namentlich bekannten Künstler der Stadt (aktiv um 1260-1280) sowie aus der Werkstatt *Duccios,* um 1270-1300, ausgestellt. (Man beachte die Lücken in den Tafeln, die einst mit Edelsteinen besetzt waren.)

Säle 3 & 4 mit Arbeiten von **Duccio,** darunter eine besonders lebhafte und bewegte *Madonna mit Kind* (um 1310) und die kleine **Madonna dei Francescani** (um 1300), die von Duccios Vorliebe für Franz von Assisi zeugt.

Saal 5 ist *Bartolo di Fredi* (1358-1410) gewidmet. Sehr schön die *Anbetung der Könige* (um 1380) mit Affen und Kamelen vor dem Panorama Sienas.

Saal 6. Die erzählerische Kraft des ansonsten eher „höfisch" geprägten **Simone Martini** beweist sein herrlich naives, volkstümliches Tafelbild *Die vier Wunder des hl. Agostino Novello* (1330) mit einem durch Siena fliegenden „Superman" als Retter in allen Lebenslagen. Bemerkenswert die plastische Zartheit der *Madonna mit Kind* neben der herben Strenge der *Madonna della Misericordia,* die ihren Umhang schützend über die Gläubigen breitet, zwei Frühwerke Martinis.

Saal 7 ist den Brüdern Lorenzetti gewidmet. Landschaftsansichten, wie man sie noch nie gesehen hatte, zeigt **Ambrogio Lorenzetti** in seinen Miniaturen *Castello in Riva a un Lago* (Kastell an einem Seeufer) und **Città sul Mare** *(Stadt am Meer,* s. S. 85), beide um 1340 gemalt. Der Betrachter schaut dreidimensional wie bei einer Luftaufnahme auf Kastell und Stadt, die in ein glühendes, bernsteingrünes Licht getaucht sind (es handelt sich um *Talamone,* den damaligen Hafen der Republik Siena); obwohl aus der Totalen gesehen, erblickt man nicht einen einzigen Streifen Himmel. (Theorien, die Bilder seien Teile einer größeren Komposition, haben sich nicht bestätigt; vielleicht stellten sie Türen eines kartografischen Schranks dar, der Dokumente zu den dargestellten Orten aufbewahrte.) *Zuletzt (Okt. 2002) überraschenderweise im Saal 12 ausgestellt.*

Von bestürzender Intensität sind die düsteren Visionen des Jenseits in der halluzinierenden **Allegoria della Re-**

denzione (Allegorie der Erlösung), die wahrscheinlich schon unter dem Eindruck der um sich greifenden Pest entstand (an der beide Brüder 1348 starben). Hingehaucht, wie traumhaft, die Paradiesszenen oben links; die leuchtenden Blaus lassen bereits einen Gauguin aufscheinen. Kühne, fast impressionistische Farbgebung (sieht man von dem eher konventionell gestalteten rechten Bilddrittel ab) bestimmt auch die *Beweinung des toten Christus* gegenüber. Im gemusterten Boden der *Verkündigung* (1344) folgt der Maler bereits bemerkenswert versiert den Gesetzen der Zentralperspektive, die erst Generationen nach ihm in Florenz formuliert wurden. Von **Pietro Lorenzetti** besticht vor allem der klare, plastische *Karmeliter-Altar* (1329), obwohl von der mehrteiligen Tafel wichtige Teile und der gesamte Rahmenaufbau fehlen (verschollen oder in amerikanischen Museen). Seine Meisterschaft zeigt sich gerade auch im Kleinen, man beachte nur die beiden Gläser auf dem rosafarbenen Brunnen (zweite Miniatur links unten), die schon die neue Gattung des „Stillebens" antizipieren.

Saal 11 zeigt Werke des *Taddeo di Bartolo* – wir befinden uns jetzt bereits in der Spätgotik –, darunter ein gewaltiges Kruzifix aus dem Ospedale Santa Maria della Scala mit der expressiven Steinigung der wundertätigen Ärzte Cosmas und Damian.

Säle 12/13. Eine erste Synthese aus sienesischer Gotik und florentinischer Frührenaissance gelang *Giovanni di Paolo* (1403-1482) mit seiner ausdrucksstarken *Madonna dell'Umilità* (Madonna der Demut, 1455). Von dem einzig großen (und letzten!) Sieneser Maler der neuen Ära, dem zeitweise nahezu „surrealistischen" *Sassetta* (1392-1451), finden sich außer einer *Madonna mit Kind und Engeln* (keines seiner Meisterwerke, aber dennoch deutlich anders als alles andere) nur wenige Fragmente.

Säle 16/17. Sassettas Schüler *Sano di Pietro* (1408-1481) betrieb das größte Malatelier Sienas und tobte seine Begabung hauptsächlich in den Predellen seiner sonst eher konventionellen Werke aus. Siehe seine Darstellung Sienas mit dem köstlichen Esels-Motiv in *Die Jungfrau legt Papst Callistus III Siena ans Herz* oder die überaus anrührende Darstellung des *Christophorus,* der Jesus huckepack durch den Wald trägt.

Der Höhepunkt der Pinakothek – wie der Sieneser Malerei (Ende 15. Jh.) – ist damit überschritten. Es bleiben *Vecchietta, Sodoma* und die Hauptwerke der Sieneser Renaissance (im 1. Stock), doch gerade die Werke Sodomas in der Pinakothek vermögen kaum zu überzeugen.

Der letzte sienesische Maler, kurz vor dem Untergang der Republik, war der Manierist *Domenico Beccafumi;* zumindest originell sind (Saal 27) *Madonna und Kind bei gemeinsamer Lektüre* (1543) und seine Entwürfe für den Domfußboden.

Zurück zum Campo gelangt man über die Via di Città oder, auf einem lohnenswerten Umweg, über die Kirche *Sant'Agostino* (s. S. 315).

Zwischen San Domenico & Campo

Die Mehrzahl der Besucher beginnt ihren Aufenthalt in Siena an der *Piazza San Domenico* (Parkplätze, Busbahnhof etc.). Vom Parkplatz unterhalb der Festungsmauer gibt es einen Zugang zur **Fortezza Medicea** (oder *Santa Barbara),* heute eine beschauliche Gartenanlage mit den Ausstellungsräumen der *Enoteca Nazionale*. Die weitläufige Festung, eher Symbol der Unterwerfung als furchteinflößende Rocca, entstand erst nach der Einnahme Sienas durch Cosimo I. (1555), der die gedemütigten Sienesen nicht auch noch durch eine protzige Zwingburg gegen sich aufbringen wollte.

San Domenico

Mit ihren mächtigen Proportionen beherrscht die immense Hallenkirche der Dominikaner, 1225 im Stil der Gotik begonnen, wie ein Fels den westlichen Teil der Stadt. Das einschiffige Innere besticht durch seine Weite und Schmucklosigkeit.

Sehenswert ist die von Sodoma ausgemalte *Katharinenkapelle* mit Fresken zur Lebensgeschichte der Heiligen, die gleich unterhalb der Kirche ihr Domizil hatte *(Ohnmacht, Ekstase* und *Fürbitte für einen zum Tode Verurteilten).* Das Haupt der in Rom bestatteten Schutzheiligen der Dominikaner bewahrt ein *Marmortabernakel* (1466) auf, eine Kapelle an der Rückfront birgt das einzige Bild, das vermutlich noch zu ihren Lebzeiten gefertigt wurde, ein Fresko von *Andrea Vanni* (um 1380). Nach langer Abwesenheit kehrte erst vor wenigen Jahren *Guido da Sienas* anrührende **Maestrà** (1270), eines der ältesten und bedeutendsten Madonnenbildnisse Sienas (s. S. 290), an seinen Ursprungsort zurück (mittlere Chorkapelle links).

Im Kreuzgang findet jeden 3. Sonntag im Monat ein **Flohmarkt** statt. Der Blick von der Piazza auf Siena mit dem steilaufragenden Dom und dem Rathausturm im Hintergrund ist herrlich.

Zum Campo führt der Trampelpfad der *Via della Sapienza* erst steil bergab, dann steil hügelan (ein erster Vorgeschmack auf Siena) bis unmittelbar zur Hauptgeschäftsstraße *Via Banchi di Sopra*.

Ein kurzer Abstecher rechts hinab führt zur **Casa di Santa Caterina** (s. Kastentext).

Nur ein Katzensprung weiter talabwärts, direkt unterhalb von San Domenico, steht das älteste und schönste **Brunnenhaus** Sienas, die *Fonte Branda*. Da die auf porösem Kalk- und Tuffstein erbaute Stadt notorisch wasserarm war und die Hauptbrunnen sich naturgemäß in den Talsenken befanden (nahe oder gar außerhalb der Stadtmauern), mussten sie ausreichend geschützt werden. Der festungsgleiche, zinnengekrönte Bau mit hohen gotischen Bögen und Löwenwasserspeiern entstand 1246. (Weitere sehenswerte Brunnenhäuser sind die unterhalb von San Francesco außerhalb der Stadtmauer gelegene *Fonte Ovile,* 1262, und die *Fonte Nuova* in der Via Pian d'Ovile zwischen Porta Ovile und Piazza Salimbeni.)

Via Banchi di Sopra

Der mittelalterliche Straßenzug mit seinen wuchtigen Bankpalästen, heute die Flaniermeile und Hauptgeschäftsstraße Sienas, führt stadtauswärts zu der Florenz zugewandten *Porta Camollia* (13. Jh.), die den Eintretenden seit 1560 mit dem schönen Spruch „Cor magis tibi Sena pandit" (etwa: „Siena öffnet dir sein Herz weiter als dieses Tor") begrüßt, stadteinwärts zum Campo.

Nicht Fürsten und Grafen, sondern Banker und Broker beherrschten das mittelalterliche Siena. Kein Wunder also, dass die Bank *Monte dei Paschi di Siena* an der **Piazza Salimbeni** als die älteste noch heute bestehende der Welt gilt. In der Mitte der trutzige, gotische *Palazzo Salimbeni* aus dem 14. Jh. mit Zinnenkranz und Spitzbogenfenstern, rechts und links die Renaissancepaläste *Spanocchi* (1473) und *Tantucci* (1548) – das macht noch heute etwas her! Gegründet wurde die *Monte* 1472 als Stiftung der Stadt Siena, teils um Geldverleihern und Wucherern das Wasser abzugraben, teils um das Umland (von daher der Name *Paschi*, „Schafweiden") mittels zinsgünstiger Kredite in „blühende Landschaften" zu verwandeln.

Als sich die Bank zum 500jährigen Jubiläum 1972 eine durchgreifende Modernisierung ihrer Paläste leistete, kam noch ein vierter, fast fensterloser Festungsbau hinter dem Palazzo Salimbeni zutage, der heute das Archiv mit wertvollen Handschriften- und Gemäldesammlungen beherbergt. Als Gebäude noch weit älter ist der aus massivem Stein errichtete **Palazzo Tolomei** der gleichnamigen Bankiersfamilie. 1205 begonnen, die Obergeschosse kamen 1267 hinzu, ist er der älteste gotische Privatpalast Si-

Casa di Santa Caterina

Caterina Benincasa, 1347 als Tochter eines Färbers geboren, hatte schon als Kind Visionen und blieb auch nach ihrem Eintritt in den Dominikanerorden im Elternhaus, wo sie wie ein Einsiedler lebte. Obwohl sie weder lesen noch schreiben konnte, pflegte die rhetorisch begabte Unruhestifterin eine rege Korrespondenz mit Päpsten und Kaisern, ehe es ihr 1377 gelang, Papst Gregor XI. zur Rückkehr von Avignon nach Rom zu bewegen. Als in Frankreich daraufhin Gegenpäpste ausgerufen wurden und es zum Krieg kam, starb sie 1380 in Rom an gebrochenem Herzen, wie es heißt. Der aus Siena stammende Papst Pius II. sprach sie 1461 heilig, und Pius XII. erklärte sie 1939 neben Franz von Assisi zur Schutzpatronin ganz Italiens.

Nach Caterinas Heiligsprechung wurde das gesamte Haus mitsamt Garten und Färberwerkstatt in eine Gedenkstätte umgewandelt. Die frühere Küche (Reste einer Feuerstelle) wurde im 16. Jh. ein freskengeschmücktes Oratorium, und anstelle des Gartens trat das *Oratorio del Crocifisso* mit dem bemalten Kruzifix, vor dem die Heilige 1375 die Wundmale empfangen haben soll (Eintritt frei, s. *Museen*).

enas. (Ironie des Schicksals, dass heute dort ausgerechnet die Stadtsparkasse von Florenz residiert!) Die Piazza mit der sienesischen Wölfin diente bis zur Fertigstellung des Rathauses (um 1310) als Versammlungsort der Bürgerschaft, der Rat der Republik tagte in der gegenüberliegenden Kirche *San Christoforo* (die ihr heutiges Gesicht erst im 18. Jh. erhielt).

Blick vom Torre Mangia auf San Francesco

Zwischen Campo & San Francesco

Zwischen *Piazza Tolomei* und *Piazza Salimbeni* steigt die *Via dei Rossi* rechts zum höchsten Punkt des Ostteils bis zur Franziskanerkirche empor. An einer kleinen abschüssigen Piazza steht kurz zuvor die von einer Bronzeskulptur geschmückte *Fonte della Contrada del Bruco,* einst Quellbrunnen der Franziskanermönche, der 1887 von der Contrade der Raupe restauriert wurde. (Von dort gelangt man über die abschüssige *Via del Comune* zum Stadttor *Porta Ovile* und dem doppelbogigen *Fonte Ovile,* einer kleineren Ausgabe der *Fonte Branda* knapp außerhalb der Stadtmauer.)

San Francesco

Der gotische Backsteinbau, die Kirche des *hl. Bernhardin*, wurde 1326 begonnen, aber erst rund 150 Jahre später vollendet (Campanile von 1765). Noch mehr als San Domenico beeindruckt die einschiffige Basilika der Franziskaner durch den riesigen, feierlich wirkenden Innenraum mit offenem Dachstuhl, hohen Glasfenstern und grünweißer, an der Marmorverkleidung des Doms orientierter Streifung. Eine gewaltige, beeindruckende Leere, unterbrochen lediglich von sehenswerten **Fresken der Lorenzetti** im linken Querschiff: von Pietro eine wunderbare rotbraune *Kreuzigung* (1331) mit rauschenden Englein, wie sie eigentlich erst viel später, in der Renaissance, in Mode kamen, von Ambrogio, etwa zur gleichen Zeit gemalt, das außergewöhnlich dramatische *Martyrium der Franziskaner in Ceuta,* mit frappierend exotischen Physiognomien und antiken Götterbildern (Minerva, Mars, Venus), und gegenüber *Der hl. Ludwig von Anjou verabschiedet sich von Papst Bonifaz VIII* (köstlich die Gesichter der Zuschauer).

Die an den Kreuzgang aus dem 15. Jh. anschließenden Seminarräume werden heute von der Universität von Siena genutzt.

Oratorio di San Bernardino

Das Oratorium wurde Ende des 15. Jh.s. an der Stelle errichtet, an der Sienas berühmtester Prediger (1380-1444) seine feurigen Tiraden gegen die Wuchergeschäfte, Sippenfehden und Spielleidenschaft seiner Mitbürger hielt. Wegen „übermäßiger Verehrung Jesu" zeitweilig vom Papst der Ketzerei beschuldigt, predigte der aus einer wohlhabenden Adelsfamilie stammende, hochgebildete Bernhardin nicht nur in seiner Heimatstadt, sondern in ganz Italien und zumeist auf öffentlichen Plätzen, da Kirchen die Zahl seiner Anhänger nicht mehr aufnehmen konnten.

Im Erdgeschoss werden das Herz des Heiligen und das Schild mit der zwölfstrahligen Sonne und dem Christusmonogramm IHS (Iesu hominorum salvator, Jesus Retter der Menschheit) aufbewahrt, das er bei seinen Predigten stets bei sich führte (und wie es auch am Rathaus „seiner" Stadt zu sehen ist), rechts am Hauptaltar ist eine *Madonna mit Kind* von Sano di Pietro zu sehen. Das eigentliche Bethaus befindet sich im Obergeschoss; ein wahres Monument der Renaissance, wurde es 1496-1518 von Sodoma, Domenico Beccafumi u. a. mit Darstellungen aus der Mariengeschichte ausgemalt (Eintritt s. *Museen,* S. 322).

Biegt man auf dem Rückweg durch einen Torbogen in die *Via Provenzano Salvani* ein, gelangt man zur barocken Pfarrkirche der Contrada der Giraffe, **Santa Maria di Provenzano,** gegen 1600 als letzte wichtige Kirche Sienas errichtet. Eine „an einer unheilbaren Krankheit" leidende „Sünderin" soll 1594 an dieser Stelle von einer wundertätigen Marien-Ikone geheilt worden sein, ein Ereignis, das wenig später zum zweiten Palio (dem des 2. Juli) führte.

Der Palio

Ein unvergleichliches und entsprechend vermarktetes Spektakel, aber trotzdem weit mehr als bloß ein farbenfrohes Volksfest. Zweimal im Jahr – und in vollem Ernst und nicht nur zum Gaudium der Touristen – verwandelt sich die Stadt in ein kolossales historisches Theater, in dem Reiter der verschiedenen Contrade um den *Palio* (lat. pallium), ein Seidenbanner mit der Madonna, kämpfen. Von einem „mittelalterlichen Pferderennen" oder gar „Sportereignis" ist das strenge und unbeugsame Ritual weiter entfernt als der Mond.

Das traditionell in Fraktionen zerrissene Siena erfand schon im 11. Jh. zirzensische Kampf- und Wettspiele aller Art, um die ständigen Feindseligkeiten innerhalb der Stadt in gemäßigtere Bahnen zu lenken. Geblieben ist das raue, waghalsige Rennen auf ungesattelten Pferden rund um den Campo, das zu Ehren von Mariä Himmelfahrt an jedem **16. August** und seit 1594 aus Anlass des „Wunders" der *Maria di Provenzano* zusätzlich an jedem **2. Juli** stattfindet. Von den 17 Contraden dürfen aus Sicherheitsgründen immer nur 10 teilnehmen (sieben, die beim letzten Palio nicht dabei waren, und drei, die dazugelost werden), doch mörderisch genug ist die wilde Hatz noch immer, und die Tierschützer Italiens gehen seit Jahren auf die Barrikaden, das „barbarische Steinzeitspektakel" endlich abzusetzen.

Das Rennen selbst dauert nur wenige Minuten, doch schon Wochen zuvor beginnen nach festen, eingeübten Ritualen die Vorbereitungen, die genauso wichtig genommen werden wie das Ereignis selbst. Eine Woche vor dem Kampf wird die Außenbahn des Campo mit Sand aufgeschüttet (und die besonders enge und gefährliche Kurve San Martino mit Matratzen gepolstert), und ganz Siena fiebert immer hektischer dem Ereignis entgegen und schmückt sich mit den Farben und Flaggen der Contrade. Drei Tage vor dem Rennen werden im Beisein der Honoratioren der Stadt die Pferde ausgewählt und den Jockeys *(fantini)* zugelost, die traditionell Ortsfremde sind (und noch heute zumeist aus der Maremma stammen). Am Abend desselben Tages beginnt das erste von fünf **Proberennen** (an den folgenden Tagen jeweils um 9 und 19 Uhr), und am Vorabend, nach der letzten großen Probe, ziehen sich die teilnehmenden Parteien in ihre Contrada zurück, um dort an langen Tischen ausgiebig zu tafeln und zu zechen. Man trinkt sich Mut zu, schließt Wetten ab, versucht das Pferd der Konkurrenz außer Gefecht zu setzen oder den gegnerischen Jockey zu bestechen – fast alles ist erlaubt, wie beim Rennen selbst, und fast alles ist in der Geschichte des Palio schon vorgekommen.

Wenn am entscheidenden Tag um 15 Uhr die Glocken des Rathausturms läuten, werden in den Kirchen der Contrade die Pferde eingesegnet und beginnen die letzten Kostüm- und Orchesterproben für den historischen Umzug, den **Corteo Storico**, der sich bald darauf zum Domplatz in Bewegung setzt, um dem Erzbischof die Referenz zu erweisen. Tamboure, Fahnenschwinger, Bannerträger, Knappen, Pagen, Reiter, Lanzenträger, Trommler, Trompeter, Heerführer und Zunftrepräsentanten – alle haben ihre festgelegten Aufgaben, Kostüme und Accessoires, alles ist Ritual und Geschichte, nichts ist dem Zufall überlassen. Zu Füßen des Rathauses drängen sich wie

Sardinen gut und gern 50.000 Schaulustige in der Mitte der Arena sowie auf Tribünen, Balkonen, Brüstungen, Zinnen und Dachvorsprüngen rund um den Platz. Um 20 Uhr hören die Glocken auf zu läuten, und wenn nach zahllosen Fehlstarts das Startseil fällt und die an die Jockeys verteilten Ochsenziemer in Aktion treten, gibt es kein Halten mehr und die Stimmung auf dem Platz nähert sich dem kollektiven Wahnsinn. Nur der Sieg zählt, entscheidend ist nicht der Reiter, sondern das Ross, das die Nase vorn hat. Ekstase, Triumphgeheul, Kollaps, Ohnmacht, Tränen, Hysterie, Beschimpfungen, Racheschwüre – die ganze Stadt hallt wider von hemmungslosen Emotionen. Doch damit ist der Palio noch nicht zu Ende. Nach der feierlichen Ehrung der Sieger versammelt man sich zu einem *Te Deum* im Dom (beim Juli-Palio in Santa Maria di Provanzano), und danach wird in den Stadtteilen lautstark bis in die frühen Morgenstunden gefeiert oder der Schmerz betäubt. Die Erste-Hilfe-Station des Krankenhauses hat in Palio-Nächten Hochbetrieb.

Hinweis

Wer ärgstem Gedränge und stundenlanger Warterei in glühender Hitze zumindest halbwegs entgehen will, sehe sich entweder nur die Proberennen an (das Ereignis selbst wird live im TV übertragen) oder miete sich (am besten schon ein Jahr zuvor) für einige hundert Mark einen Tribünenplatz. Ein Formel-1-Rennen ist nichts dagegen! Der „Drang" nach einem dritten Palio im September ist daher verständlicherweise groß, aber noch ist man sich nicht einig, ob er eher eine Ausnahme bleiben oder eine Institution werden soll.

Zwischen Campo & Sant'Agostino

Rechterhand vom Palazzo Pubblico sticht die *Via Giovanni Duprè* in die Contrada der *Onda* (Welle) ein, vor deren Kirche (eine der ersten Barockkirchen Sienas, aber weiterhin in Backstein erbaut) die hübsche *Fonte Agata* mit ihrem Symboltier, dem Delfin, sprudelt.

Dahinter steigt die Straße steil empor zur **Aussichtsplattform** *Prato di Sant'Agostino*.

Sant'Agostino

Die 1259 gegründete Ordenskirche der Augustiner wurde im 18. Jh. vollständig barockisiert (und dient heute

Palio-Plakat

nicht mehr als Kirche), weist aber noch einige wertvolle Schätze auf, darunter eine *Kreuzigung* des umbrischen Meisters *Perugino* (1506).

Die *Cappella Piccolomini* enthält ein außergewöhnliches Fresko **Ambrogio Lorenzettis,** ursprünglich Teil eines Zyklus zur Geschichte der frühchristlichen Märtyrerin *Katharina von Alexandria,* Namenspatronin der sienesischen Heiligen und eine der am häufigsten gemalten weiblichen Heilsgestalten überhaupt (u. a. von Holbein, Dürer, Cranach, Rubens, Tizian, Raffael, Caravaggio).

Die *Maestà* (1338), deren Thron von den weitgeöffneten roten Flügeln eines Engels gebildet wird, zeigt, wie die Gemarterte ihr abgeschlagenes Haupt dem Christuskind darbringt, das erschrocken vor dem Rotkehlchen (Symbol des Todes), das ihm die Mutter zeigt, zurückweicht. Ganz links die *hl. Agathe,* die ihre amputierten Brüste darbietet (Eintritt s. *Museen,* S. 322).

Accademia dei Fisiocritici

Die 1691 gegründete Akademie der Naturwissenschaften beherbergt ein herrlich altmodisches Museum voller Kuriositäten und Raritäten: Bei den Exponaten handelt es sich um ausgestopfte Fische und Vögel, Käfer und Schmetterlinge, Fossilien von Urtieren, die einst durch Sienas Sümpfe robbten (Mastodon, Nashorn, Flusspferd, Krokodil), Pilze aus Terracotta, Meteoriten, Mineralien und vieles mehr (Eintritt frei).

Von der Augustinerwiese sind es nur wenige Schritte zu Sienas kleinem **Botanischen Garten** und zur Pinakothek. Stadtauswärts gelangt man in die Contrada der Schnecke *(Chiocciola)* mit der 1320 gegründeten Karmeliterkirche *San Niccolò al Carmine,* die einst Pietro Lorenzettis berühmten Altar barg; im Innern der 1517 erneuerten Kirche Werke von Sodoma und Beccafumi.

Zwischen Campo & Santa Maria dei Servi

Der Weg führt entlang der *Banchi di Sotto* durch den vergleichsweise untouristischen und angenehmen Stadtteil **Terzo di San Martino** bis zum äußersten Südostrand der Stadt – ein schöner Spaziergang mit einem atemberaubenden Panorama von der Ordenskirche der Serviten aus auf Siena.

Palazzo Piccolomini

Hinter der mächtigen Fassade des monumentalen Familienpalastes, den Papst Pius II. 1469 bei seinem Lieblingsarchitekten *Bernardo Rossellino* in Auftrag gab, verbirgt sich seit 1775 Sienas Staatsarchiv mit abertausenden Pergamenten (ab 736), Originalschriftstücken (u. a. von Dante, Boccaccio, Caterina, San Bernardino, Pius II.), kaiserlichen Urkunden, päpstlichen Bullen, Siegeln, Maßen, Gewichten und vielem mehr. Im **Museo dell'Archivio di Stato** (tatsächlich nur ein winziger Saal inmitten einer köstlichen Kafka-Szenerie, in die sich kaum je ein Besucher verirrt; 4. Stock, Lift) wird ein besonders kostbarer Teil dieser Preziosen ausgestellt, die **Tavolette di Bic-**

cherna der Sieneser Zoll- und Finanzbehörde, die die Umschlagdeckel ihrer Jahresbücher von 1258 bis ins 17. Jh. hinein von hervorragenden Künstlern wie Ambrogio Lorenzetti, Taddeo di Bartolo, Sano di Pietro, Lucca di Tomé, Giovanni di Paolo, Vecchietta und Beccafumi schmücken ließ. Ein wahrhaft rarer Glücksfall einer Vermählung von Kunst und Bürokratie.

Loggia del Papa & Via del Porrione

Wenige Schritte hinter der Universität, einer der ältesten Italiens (1240), stehen die Renaissance-Arkaden von Pius' **Loggia del Papa** (1462) und die kleine Kirche *San Martino* (16. Jh.), die dem Terzo den Namen gab.

Über die Via del Porrione (die ihren Namen später in San Martino bzw. dei Servi ändert) gelangt man zur Ordenskirche der 1233 bei Florenz gegründeten Bruderschaft der Diener Mariens, die zahllosen exilierten Florentiner Ghibellinen Unterschlupf gewährte.

Santa Maria dei Servi

Die Kirche stammt wie ihr wuchtiger quadratischer Campanile aus dem 13. Jh., wurde aber im 15. umgebaut. Das dreischiffige Innere beeindruckt durch eine seltene Harmonie von Gotik (Apsis und Querschiff) und Renaissance (Längsschiffe).

Gleich am Eingang befinden sich Freskenreste in den typischen Pastellfarben *Pietro Lorenzettis* (die von seinen Schülern stammen), im rechten Seitenschiff ist die berühmte byzantinische **Madonna del Bardone** des 1260 bei Montaperti in Sieneser Gefangenschaft geratenen *Coppo di Marcovaldo* zu bewundern (siehe Text *Civitas Virginis*). Der gerade in Siena so populäre *Kindermord zu Bethlehem* ist in der Servitenkirche gleich zweimal vertreten, als Tafelbild vom „Spezialisten" *Matteo di Giovanni* (1491, 4. Altar rechts) und als leider etwas ramponiertes Fresko Pietro Lorenzettis (um 1340, 2. Querschiffkapelle rechts; am Altar eine *Madonna* von Lippo Memmi, um 1317).

Besser erhalten ist Lorenzettis großartiges **Festmahl des Herodes** (2. Querschiffkapelle links), bei dem er sich erneut als Meister der „Parallelmontage" zeigt; sein Einfall, in der einen Bildhälfte das Haupt des Täufers „braten" und in der anderen der Salome servieren zu lassen, muss wohl seinerzeit einige Verstörung hervorgerufen haben.

Von der Servitenkirche ist es nicht weit zur wuchtigen **Porta Romana** (1327) oder zur trutzigen **Porta Pispini,** einem perfekt erhaltenen Befestigungstor.

Auf dem Weg zurück ins Zentrum kann man einen Abstecher zur Renaissance-Kirche **Santo Spirito** machen, die trotz ihres Ursprungs (Ende 15. Jh.) noch in „mittelalterlichem" Backstein errichtet wurde. Im Innern Fresken von Sodoma und eine *Marienkrönung* Beccafumis. Der Weg führt weiter über die *Via di Pantaneto* mit der kleinen, barocken **San Giorgio-**Kirche der Contrada des Einhorns, die sich als einer der wenigen Pfarrbezirke Sienas noch heute mit den Fahnen der Contrade schmückt.

Praktische Informationen

Im Überblick

- Sl. 58.000. 320 m. Tel. **0577.**
- **Info.** Piazza del Campo 56, Tel. 28 05 51, Fax 28 10 41. Außer So 8.30-19.30, So 9-15 Uhr. aptsiena@siena.turismo.toscana.it.
- **Hotelreservierung.** *Siena Hotel Promotion,* Piazza San Domenico, außer So 9-20, im Winter 9-19 Uhr. Tel. 28 80 84, Fax 28 02 90, info@hotelsiena.com. www.hotelsiena.com
- **Märkte.** Tgl. Piazza del Mercato. *Wochenmarkt* Mi 8-13 Uhr Piazza La Lizza. *Flohmarkt* jeden 3. So im Monat, Piazza del Mercato.
- **Post.** Piazza Matteotti 1.
- **Polizei.** Ausländeramt (*Ufficio Stranieri*), Piazza Jacopo della Quercia, Mo-Sa 8.30-10.30 Uhr. *Questura,* Via del Castoro (24 h).
- **Fundbüro.** Casato di Sotto 23, Mo bis Fr 9-12.30 Uhr.
- **Internet.** *Internet Point,* Via del Paradiso 10 (beim McDonald's, Piazza Matteotti), internetpoint@iol.it. *Internet Train,* Via di Città 121, Tel. 22 63 66, info@internettrain.it.
- **Sprachkurse.** *Scuola Leonardo da Vinci,* Via del Paradiso 16, Tel. 7249097. www.scuolaleonardo.com

Stadtverkehr

Auto

- Das **Centro Storico ist für den Individualverkehr gesperrt.** Mit einer Hotelreservierung kann man in die Stadt hineinfahren (z. B. um das Gepäck abzuladen), doch in den engen Gassen wird man sich als Ortsfremder schwertun, und einen Parkplatz (es sei denn übers Hotel) wird man garantiert nicht finden.
- **Parken.** Gebührenpflichtige Parkplätze sind rund um die Altstadt verteilt, z. B. vor allen Stadttoren. Die beiden größten sind *Stadio Fortezza* bei San Domenico und *Il Campo* (4 Stockwerke, unterirdisch) bei der Porta Tufi. Zu empfehlen ist auch *San Francesco* zwischen den Toren Pispini und Ovile (z. T. unterirdisch, per Rolltreppe nach San Francesco). Gebühr jeweils um € 1/hr. www.sienaparcheggi.com
- Einigermaßen zentrumsnahe **„freie" Parkplätze** findet man an dem auf San Domenico zuführenden *Viale Vittorio Veneto* und seinen Seitenstraßen. Am besten vor 8 Uhr oder gegen Mittag ansteuern und sorgsam auf die Schilder für Markttag (Mi) und Straßenreinigung achten.
- **Autoverleih.** *Hertz,* Viale Sardegna 37, Tel. 4 50 85. *Avis,* Via Simone Martini 36, Tel. 27 03 05. *Sartini,* Str. di Cerchiaia 27, Tel. 28 10 74 (auch Vespa).

Stadtbus

- Recht passabel funktionierendes Minibussystem im Zentrum; Ticket- und Infostelle an der *Piazza Gramsci,* Unterführung La Lizza.

Taxi

- Piazza Stazione (Bhf.), Piazza Matteotti und *Radio-Taxi* (Tel. 4 92 22, 7-21 Uhr).

Fahrrad

- *DF Bike,* Via dei Gazzani 16, Tel. 28 83 87. *Perozzi,* Via del Romitorio 5, Tel. 22 31 57 (auch Vespa).

Unterkunft

- Von Großhotels abgesehen, die vornehmlich für Reisegruppen und Geschäftsleute zur Verfügung stehen, sind **Sienas Hotels** eher kleine, intime Häuser, sodass selbst außerhalb der Saison eine Reservierung nötig ist. Einige der schönsten (und teuersten) Hotels liegen **außerhalb der Stadt.** Alle **preisgünstigen Unterkünfte** (mit Ausnahme der Jugendherberge) sind im Zentrum angesiedelt.

Im Centro Storico

- **Grand Hotel Continental** (****). Mit dem Panoramalift als Loge durch die glasgedeckte Renaissance: eher Hollywood als Toscana. Aber natürlich mondän. 40 DZ ab € 300, 11 Suiten ab € 500, BF € 25. Banchi di Sopra 85, Tel. 5 60 11, Fax 560 15 15. www.ghcs.it

• **Palazzo Ravizza** (***). Mit feinem Understatement als „Pensione" gekennzeichnet, tatsächlich aber eines der schönsten (und begehrtesten!) Stadthotels. Alle Zimmer in dem stilvollen Palazzo wurden kürzlich neu ausgestattet (AC, Sat-TV etc.), die schönsten rühmen sich Deckengemälden, antiken Mobiliars und eines herrlichen Panoramablicks. Hübscher, gepflegter Garten mit Terrasse. 30 DZ € 120-210 inkl. BF (Nov.-März, Juli bis Mitte Aug., sonst nur HP). Piano dei Mantellini 34, Tel. 28 04 62, Fax 22 15 97, www.palazzoravizza.it

• **Duomo** (***). Sachlich-zeitlos bis altmodisch-gemütlich, von einigen der 23 Zimmer (DZ € 130 inkl. BF) Superblick auf den Dom. Via Stalloreggi 38, Tel. 28 90 88, Fax 4 30 43. www.hotelduomo.it

• **Toscana** (***). Trutziger Stadtpalast nahe Campo mit 42 großzügigen, teilweise aber recht „mittelalterlichen" Zimmern, DZ € 83. Via C. Angiolieri 12, Tel. 4 60 97, Fax 27 06 34.

• **Cannon d'Oro** (**). Schmucklos und verwinkelt, aber recht sympathisch mit 30 z. T. überraschend geräumigen Zimmern, DZ € 86. Via Montanini 28, Tel. 4 43 21 Fax, 28 08 68, cannonst@tin.it

• **Piccolo Hotel Etruria** (**). Gute Lage, aber teilweise recht enge, lichtlose Räume. 13 Zimmer, DZ € 73. Via delle Donzelle 3, Tel. 28 80 88, Fax 28 84 61, hetruria@tin.it

• **Centrale** (**). Im 3. Stock eines Palazzo (kein Lift), in dem im 19. Jh. eines der ersten Hotels Sienas war. 7 Zimmer, DZ € 70, davon 2 mit Terrasse. Via Angiolieri 26, Tel. 28 03 79, Fax 421 52, hotelcentrale.siena@libero.it

• **Locanda Garibaldi** (**). Modernisiertes und neu möbliertes ehemaliges Billighotel über einer Trattoria. 6 DZ € 70 inkl. BF. Via G. Duprè 18, Tel. 28 42 04.

• **Bernini** (*). Familiäre, superfreundlich geführte Pension mit traumhafter Aussicht und Frühstücksterrasse. 10 Zimmer ohne/mit Bad € 62/82 inkl. BF. Gäste der Zimmer 10 u. 11 (Triple) sollen vor lauter Verzauberung schon mal tagelang vergessen haben, das Hotel zu verlassen. Via della Sapienzia 15, Tel./Fax 28 90 47. www.albergobernini.com

• **Alma Domus** (*). Für einen „Gotteslohn" nehmen auch die Dominikanerinnen des *Casa dei Pellegrini* unterhalb von San Domenico keine armen Pilger mehr auf. 27 DZ, z. T. mit Aussicht, ohne/mit Bad € 52/60. Via Camporegio 37, Tel. 4 41 77, Fax 4 76 01.

• **Tre Donzelle** (*). Spartanisch, aber korrekt und in Superlage. 27 helle, geräumige Zimmer (nur die Matratzen lassen manchmal zu wünschen übrig) ohne/mit Bad, DZ € 44/57. Via delle Donzelle 5, Tel. 28 03 58, Fax 22 39 33.

• **Il Casato.** Stilvolle *Residenza d'Epoca* in einem freskierten Stadtpalast. 12 Zimmer, DZ € 140, Suiten € 165-195 inkl. BF. Via Casato di Sopra 33. www.hotelrooms.it/ilcasato

• **Palazzo del Testa.** 6 Dachzimmer mit Traumblick auf Siena und 2 Apts. mit Küche ab € 70. Via dei Pontani 3, Tel. 412 34, 333 345 6205.

Am Rand des Centro Storico

• Eine gute Wahl für den, der einigermaßen sorglos mit dem Auto vorfahren, aber trotzdem das Zentrum zu Fuß erreichen möchte.

• **Villa Liberty** (***). Geschmackvoll renovierte Jugendstil-Villa (halb Marmor, halb Parkett) mit kleinem Gärtchen im Innenhof; Garage oder Parkplatz vor dem Haus. 18 Zimmer, DZ € 118. Viale Vittorio Veneto 11, Tel. 4 49 66, Fax 4 47 70. www.villaliberty.it

• **Lea** (**). Nur wenige Meter weiter, im gleichen Stil, aber einfacher; familiär, ruhig und preisgünstig. 10 DZ € 85 inkl. BF. Viale XXIV Maggio 10, Tel./Fax 28 32 07, hotellea@libero.it

• **Chiusarelli** (***). Gemütliches Haus mit Flair (seit 1870), kürzlich umfassend renoviert (AC). Restaurant, Parkplatz, Gärtchen im Innenhof. 49 DZ € 108 inkl. BF. Viale Curtatone 15, Tel. 28 05 62, Fax 27 11 77. www.chiusarelli.com

• **Minerva** (***). Sehr gepflegtes und freundliches, im Jahr 2000 umfassend modernisiertes Haus mit Garage. 59 Zimmer, z. T. mit Superblick und/oder Terrasse (3 Standard, 5 Superior), DZ € 96-102 inkl. BF. Via Garibaldi 72, Tel. 28 44 74, Fax 433 43. www.albergominerva.it

• **Santa Caterina** (***). Auf den ersten Blick wenig einladend, aber der wirklich *bezau-*

bernde Garten (und die daran angrenzenden Zimmer) versöhnen mit allem. 22 Zimmer, DZ € 115-144 inkl. BF. Via Piccolomini 7 (bei Porta Romana), Tel. 22 11 05, Fax 27 10 87. www.hscsiena.it

- **Moderno** (***). Nicht gerade modern, aber gemütlich mit hübschem Garten. Leicht zu erreichen (Porta Pispini/Porta Ovile), per Rolltreppe in wenigen Minuten zur Oberstadt (San Francesco). 62 Zimmer, DZ € 87 inkl. BF. Via Peruzzi 19, Tel. 28 84 54, Fax 27 05 96. www.sienanet.it/moderno

Im Grünen

- **Villa Scacciapensieri** (****). *Altri Tempi*, Andere Zeiten, heißt beziehungsreich das Restaurant dieses liebenswürdigen, traditionsreichen Hauses inmitten eines schönen Parks mit Blick auf Siena. Herzliche, unaufdringliche Gastfreundschaft (man spricht dt.), lauschige Plätze und Terrassen, Pool, Tennis - ein Ort zum Wohlfühlen. (Und mit dem Bus ist man in wenigen Minuten in Siena). 27 geräumige, komfortable DZ (teils mit Balkon) € 170-230, 3 Suiten € 285 inkl. BF. Via di Scacciapensieri (3 km nördl.), Tel. 414 41, Fax 27 08 54. www.villascacciapensieri.it
- **Villa Patrizia** (****). Kleines, behagliches Grandhotel von schlichter Eleganz inmitten eines Parks mit Pool und Tennisplatz. 33 DZ € 187-258. Via Fiorentina 58 (3 km N). Tel. 5 04 31, Fax 5 04 42. www.villapatrizia.it
- **Park** (****). Klassisch-elegantes Renaissance-Schloß inmitten weitläufiger Gärten auf einem Hügel oberhalb der Stadt (2 km) mit Schwimmbad, Tennis, Golf. Grandiose Salons und Veranden, vorzügliche Küche. 69 Zimmer, DZ € 225-355, Suiten € 430-710. Tel. 4 48 03, Fax 4 90 20. www.parkhotelsiena.it

Ostello

- **Ostello Guido Riccio** (3 km nördl.). Zweckmäßige Jugendherberge mit über 100 Betten und Self-Service-Resto. Mehrbettzimmer pro Kopf € 15 inkl. BF. Aufnahme 7-10, 15-23.30 Uhr. Via Fiorentina 89 in *Stellino* (Bus 15 ab Piazza Gramsci). Tel. 5 22 12, Fax 5 61 72.

Die Fonte Gaia ist ein zentraler Treffpunkt

Essen & Trinken

• Die **Küche Sienas** ist kräftiger, derber und stärker gewürzt als die florentinische, und noch mehr als dort stehen Grill, Spieß und Bratrost im Vordergrund. Eine Besonderheit ist die Vielfalt köstlicher Suppen auf der Basis von Brot, Gemüse und Olivenöl wie *Ribollita*, *Acquacotta*, *Zuppa di Cavolo* (mit Kohl), *Stracciatella* (mit Huhn), *Frantoiana* (mit Speck, Kartoffeln, weißen Bohnen) etc.

• Unbedingt versuchenswert sind **Gebäckspezialitäten** wie die Kalorienbombe *Panforte*, eine Art Honigpfefferkuchen mit kandierten Früchten, *Ricciarelli*, Mandelplätzchen mit Honig, Vanille und Orangeat oder die etwas einfacheren *Cavallucci* mit Nüssen, Gewürzen und Anis.

Ratskeller

• Gotische Backsteingewölbe finden sich in Siena zuhauf, und nichts liegt näher, als sie gewinnbringend zu nutzen. *Rustikale Gemütlichkeit* und *typisch toscanische Küche* ist das Markenzeichen von „Ratskellern" mit schmiedeeisernem Talmi-Schick, die natürlich v. a. Gäste aus Übersee anziehen. Mehr Ambiente als gute Küche, aber abgesehen vom obligatorischen Coperto und Servizio (bis 15 %!) nicht einmal überteuert (in mancher „Trattoria" zahlt man kaum weniger).

• Vielleicht nicht der „nobelste", aber mit Abstand bester Vertreter dieser Zunft ist die **Antica Osteria da Divo** in antiken Kellergewölben unter der zweiten Stadtmauer von Siena. Verschlankte Traditionsgerichte, ausführliche Fischkarte, Secondi um € 18-21. Kein Ruhetag. Via Franciosa 25, Tel. 28 43 81.

• **Da Mugolone.** Etwas weniger prätentiös und mit ungewöhnlich vielen Pilz- und Wildgerichten (Hase, Reh, Fasan) sowie Raritäten wie *Capretto* und *Cervello Fritto*, Ruhetag Do. Via dei Pellegrini 8, Tel. 28 32 35.

Trattorie

• **Antica Trattoria Botteganova.** Auch ohne großes Tamtam eine der besten Adressen der Toscana. Vorzügliche Küche (kreativ, aber ohne Mätzchen, immer traditionsbewusst), intime, lockere Atmosphäre, hervorragende, nicht überteuerte Weinauswahl – ein Genuss ohne Reue (Michelinstern). 3 Menüs € 43-50. Nur abends, Ruhetag Mo. Via Chiantigiana 29 (am besten per Taxi), Tel. 28 42 30.

• **Osteria Le Logge.** Populär und immer voll; für die urgemütliche „Bibliothek" unten sollte man am besten Tage zuvor reservieren (oder Italiener sein), Ausländer kommen meist ins Obergeschoss und staunen erst mal, dass es nur eine italienische Karte gibt. „Das hat den Vorteil, dass sich Amerikaner und Deutsche ein wenig schüchterner benehmen als gemeinhin", meint Stammgast Otto Schily. So oder so ist fast immer was los in der „Loge" der Eitelkeiten, auch wenn die Küche unserer Meinung nach besser sein könnte (wir halten uns an die Vorspeisen und speziell an die köstlichen *Malfatti*). Im Sommer auch Tische auf der Straße. Ruhetag So. Via del Porrione 33, Tel. 4 80 13.

• **Alla Speranza.** Das Vergnügen, auf einem der schönsten Plätze der Welt zu tafeln, muss man zwar mit Tausenden teilen, die auf dem Pflaster ihre Wegwerf-Pizzen futtern – aber Nepp ist es in Anbetracht des Gebotenen trotzdem nicht. Piazza del Campo 32, Tel. 28 01 90.

• **Antica Trattoria Papei.** Eine Institution. Solide, grundanständige Küche (ohne Ausrutscher), freundlicher Service, maßvolle Preise (Secondi € 6-9), dazu eine schöne (beheizbare) Terrasse an der Piazza Mercato – macht Spaß! Ruhetag Mo. Tel. 28 08 94.

• **La Torre.** Das unscheinbare Lokal hinter dem Rathaus hat sich selbst als „Geheimtipp" nur wenig verändert seit der Zeit, als hier Metzger und Gemüsefrauen vom Markt verkehrten; gemütlich und großzügig geht es nach wie vor zu, die Portionen sind reichlich und „man kriegt, was man sieht", da Gastraum und Küche ineinander übergehen. (Abzuraten ist lediglich von „Grillgerichten", die de facto aus der Fritteuse stammen.) Secondi ab € 6, Menü € 18. Via Salicotto 7, Ruhetag Do, Tel. 28 75 48.

• Das touristische „Abseits" beginnt oft schon eine Straße weiter. **Da Dino** bietet eine besonders reichhaltige Auswahl bei seinem Menu Turistico (€ 17 mit Wein, Kaffee, Dessert); Ruhetag Fr, Via Casato di Sopra 71, Tel. 28 90 36.

Osterie

• **Castelvecchio**. „Neue Osteria", die eine betont schlanke, gesundheitsbewusste Küche auf ihr Banner geschrieben hat (täglich wechselnde Speisekarte, Mi vegetarisches Menü). Sachliche, beinahe coole Atmosphäre. Wird dem hohen Anspruch nicht immer gerecht (Experimente, lange Wartezeiten), doch alles in allem eine gute Wahl (Menü € 24). Ruhetag Di, Via Castelvecchio 65, Tel. 4 95 86.

• **La Chiacchiera.** Den Nachweis, dass eine „Armeleuteküche" keine schlechte Küche sein muss, meistert dieses vergnügliche kleine Lokal, das sich ganz der Tradition der *piatti poveri senesi* verschrieben hat, mit Bravour. Auf dem Programm stehen vor allem Eintöpfe (*Acquacotta, Ribollita*), Pasta *col sugo finto* (ohne Fleisch), Schmorgerichte und Innereien (Kutteln, Nierchen, Ragouts). Antipasti und Primi um € 4,50-6, kein Coperto oder Servizio – billiger gehts wirklich kaum. In den beiden winzigen Gasträumen geht es immer gedrängt und ungezwungen-fröhlich zu, im Sommer auch Tische draußen. Kein Ruhetag. Costa San Antonio 4, Tel. 28 06 31.

• **Hosteria Il Carroccio.** Freundlicher Familienbetrieb, alle Sieneser Klassiker, das Probiermenü (inkl. Wein/Wasser € 25) erlaubt freie Wahl unter allen angebotenen Gerichten – zu empfehlen; im Sommer auch Tische im Freien. Ruhetag Mi. Via Casato di Sotto 32, Tel. 4 11 65.

• **Boccon del Prete.** Im jungen und dynamischen „Pfaffenhäppchen" lässt es sich wohl schmausen. Sehr gute Antipasti und Primi (um € 6-8), einige wenige, aber ausgezeichnete Secondi *(Fiorentina).* Ruhetag So. Via San Pietro 17, Tel. 28 03 88.

• **L'Osteria.** Typisches Nachbarschaftslokal (Spez. *alla brace,* vom Grill) mit sehr günstigen Preisen (Sec. € 6,50-10). Ruhetag So. Via dei Rossi 79. Tel. 28 75 92.

• **Osteria da Trombicche.** Weinstube mit guten Snacks und Gerichten um € 5,20, Ruhetag So. Via delle Terme 66.

• **Il Grattacielo.** Wer hier zu schnell vom Tisch aufsteht, stößt an die Decke, weshalb dieses *Urgestein* einer Osteria treffend „Wolkenkratzer" heißt. An den paar kleinen Tischen laben sich Handwerker, Studenten und Rentner an Wurst, Braten, Käse, Schinken, und oft ist es so voll, dass man ein *Chiuso*-Schild davorhängen muss. Im Sommer auch draußen. Ruhetag So. Via dei Pontani 8.

Bars & Cafés

• **Nannini.** Die Familie von Gianna, der Rocksängerin, und Alessandro, dem Rennfahrer, ist eine Sieneser *Institution,* und das gilt auch für ihre Cafés. Ihr bestes heißt nicht umsonst *Conca d'Oro,* Goldgrube, und bietet Frühstückshörnchen, Kuchen und typische Backwaren wie Panforte, Ricciarelli, Cavallucci oder Pan dei Santi vom Feinsten (und keineswegs teurer als anderswo); 7-24 Uhr, Banchi di Sopra 24. Eine Terrasse hat ihr Café auf der Piazza Matteotti.

Auch Sienas bestes **Eis** gibts bei *Nannini* (Piazza Salimbeni Ecke Banchi di Sopra), aber alternativ sollte man auch mal das von *Costarella* (Via di Città Ecke Costarella di Barbieri) kosten.

• **Enoteca Italiana.** Italiens einzige *nationale* (staatliche) Önothek ist in der Fortezza Medicea untergebracht. Großer Show Room im Kellergewölbe, 32-seitiger Katalog mit mehr als 1000 Weinen, Degustation per Glas oder Flasche, im Sommer auch im Freien. Di-Sa 12-1, Mo bis 20 Uhr, Tel. 28 84 97.

• Für den späten Abend empfehlen sich **Caffè 115** (Pub, American Bar, 19-2 Uhr), Via dei Rossi 115, und der gemütliche Tea-Room **Bogart,** Porta Giustizia 11 unterhalb der Piazza del Mercato (21-2 Uhr, wochenends ab 17 Uhr).

Museen

• **Sammeltickets** *(Biglietto cumulativo),* z. B. für Dommuseum, Baptisterium, Libreria Piccolomini, € 7,50.

• **Museo Civico** im Palazzo Pubblico. Tgl. 10-18.30, Nov. bis Feb. 10-17.30 Uhr. € 6,50.

• **Torre del Mangia,** Piazza del Campo. 10-19, im Winter bis 16 Uhr, € 5,50. Da der Aufgang extrem eng ist, ist nur eine beschränkte Zahl von Besuchern auf einmal zugelassen.

• **Pinacoteca Nazionale,** Via San Pietro 29. Außer So (8-13) und Mo (8.30-13.30) tgl. 8.15-19 Uhr, € 4. Schlechte Lichtverhältnisse, ansonsten gut gegliedert und beschriftet.

- **Duomo S. Maria Assunta.** Mitte März bis Okt. 7.30-19.30, sonst 7.30-17, So ab 14 Uhr.
- **Libreria Piccolomini** im Dom, 9-19.30, im Winter 10-13, 14-17 Uhr, € 1,50.
- **Museo del Duomo,** Piazza del Duomo. Mitte März bis Sept. 9-19.30, Okt. 9-18, sonst 9-13.30 Uhr. € 5,50.
- **Battistero San Giovanni,** Piazza San Giovanni. Im Sommer wie Dommuseum, im Winter 10-13, 14-17 Uhr. € 2,50.
- **Oratorio di San Bernardino,** Piazza San Francesco. Mitte März bis Okt. 10.30-13.30, 15-17.30 Uhr. € 2,50.
- **Ospedale Santa Maria della Scala,** Piazza del Duomo. März bis Nov. 10-18, sonst 10.30-16.30 Uhr. € 5,20. Vorbildlich geordnet und beschriftet.
- **Museo Archeologico,** im S.M. della Scala (Öffnung wie dort, aber am 1., 3., 5. So im Monat geschl.), frei.
- **Sant'Agostino.** März bis Nov. tgl. 10.30-13.30, 15- 17.30 Uhr. € 2.
- **Accademia dei Fisiocritici,** Prato di Sant' Agostino 5. Außer Sa/So und Do nachm. 9-13, 15-18 Uhr, frei.
- **Museo dell'Archivio di Stato,** Palazzo Piccolomini, Banchi di Sotto 52. Außer So 9-13 Uhr, frei.
- **Casa di Santa Caterina,** Costa S. Antonio. Tgl. 9-12.30, 15-18 Uhr, frei.
- **Orto Botanico,** Via Mattioli 4. Außer So 8-12.30, 14.30-17.30, Sa 8-12, frei.
- **Palazzo delle Papesse** (zeitgen. Kunst, Wechselausstellungen), Via di Città, außer Mo 12-19 Uhr, € 5.
- **Museen der Contrade.** Besuche nur nach Voranmeldung (1 Woche zuvor); Adressen/Telefonnr. beim Tourismusbüro.

Feste

- **Palio** am 2. Juli und 16. Aug. In manchen Jahren dritter Palio im Sept. Info: www.ilpalio disiena.com
- Im Sommer **klassische Konzerte** im Palazzo Chigi-Saracini und auf verschiedenen Plätzen der Stadt. www.chigiana.it
- **Siena Jazz.** Festival & Workshop Ende Juli/Anfang Aug. www.sienajazz.it
- Am 30. April wird der Geburtstag der Santa Caterina gefeiert.

Shopping

- **Antica Drogheria Manganelli,** Via di Città 71. Versorgt Sienas High Society seit 1879 mit Weinen, Spirituosen und Delikatessen. Eine wahre Fundgrube, aber nicht gerade der billigen Sorte.
- **Consorzio Agrario,** Via Pianigiani 9/ Piazza Matteotti. Der größte Supermarkt im Centro mit einer ständigen Verkaufsausstellung von diversen Weinen, Olivenöl und Grappa.
- **Libreria Feltrinelli,** Banchi di Sopra 64, und **Libreria Senese**, Via di Città 64, sind die größten Buchhandlungen Sienas.

An- & Weiterreise

Flug

- **Flughafen** bei Sovicille, loc. *Ampugnano* (4 km), Tel. 29 22 26. www.siena-airport.it

Bus

- **TRAIN** (blaue *SITA*-Busse) mehrmals tgl. von/nach San Gimignano, Volterra (Umsteigen in Poggibonsi), Grosseto, Pienza, Montepulciano, Montalcino, Arezzo, Rom etc. Von/nach Florenz praktisch stündl. entweder Expressbus (1 Std.) od. über Colle Val d'Elsa, Poggibonsi, Barberino, San Casciano (ca. 2 Std.). Busbhf. mit Info- und Ticketschalter (Tel. 20 41 11) an der Piazza La Lizza.

Zug

- Mehr als ein Dutzend Züge tgl. von/nach Florenz (1.30 Std.) und Grosseto (2.30 Std.). Der Bahnhof (Piazza Fratelli Rosselli) liegt 2 km nördlich des Zentrums, Busse 9 und 10 fahren zur Piazza Matteotti. Zugauskunft (frei) Tel. 147 888 088.

Entfernungen (in km)

- Firenze 88, Livorno 116, Pisa 106, Perugia 107, Roma 230, Grosseto 93, Massa Marittima 65, San Galgano 32, Buonconvento 28, Abbadia Monte Oliveto 35, Asciano 26, Montalcino 41, Pienza 52, Montepulciano 65, Chiusi 79.

Rund um Siena

San Galgano

Das Dach ist der Himmel. Die Fresken sind Wolken. Der Boden ist eine duftende Wiese. Und statt einer Orgel summen die Bienen.

Wenn Gott das Licht ist, wie *Bernhard von Clairvaux* postulierte, der Doyen der Zisterzienser, die die abendländische Architektur Anfang des 12. Jh.s mit der Einbeziehung des (Tages)Lichts revolutionierten, dürfte man Gott selten so nahe sein wie im Innern des **ältesten gotischen Kirchenbaus Italiens.**

Als sich der Ritter **Galgano Guidotti** 1180 in die Einsamkeit des Monte Siepi zurückzog und zum Zeichen der Abkehr von Gewalt und Müßiggang sein Schwert in einen Fels rammte, verwandelte es sich in ein Kreuz. Nach seinem frühen Tod (1181) wurde er bereits vier Jahre später von Papst Lucius III. heiliggesprochen, und Zisterziensermönche und junge Adelige aus Siena errichteten über seinem Grab ein erstes Kloster, das schon bald zu klein wurde, so dass man ins tiefer gelegene Tal zog, um dort einen größeren Bau zu errichten. Die Mönche, darunter Brüder aus Clairvaux, übernahmen den Baustil ihrer französischen Ordenskirchen (wenn sie ihn auch kräftig mit Sieneser Elementen mischten) und läuteten so um 1218 die Gotik in Italien ein. Der Bau der Kirche währte über 80 Jahre, da die innovativen Zisterzienser bald überall als Baumeister begehrt waren und auch beim Ausbau des Sieneser Doms mithelfen mussten. Schon im 15. Jh. verlor das Kloster an Bedeutung. Florentiner Söldnerheere und ein skrupelloser Abt, der das Blei des Kirchendachs verscherbelte, trugen zu seinem weiteren Verfall bei, und als 1786 der Campanile über dem Dach zusammenstürzte, war sein Schicksal besiegelt. Die Kirche wurde zu einem offenen Steinbruch, in dem sich jeder nach Herzenslust bediente.

Auf dem Grundriss eines Kreuzes, unterteilt von 16 mächtigen Kreuzpfeilern aus Travertin, bedeckt der dreischiffige Bau eine Fläche von 69 m Länge und 21 m Breite. In der nach Osten ausgerichteten rechteckigen Apsis steht ein einfacher steinerner Altar, auf den die ersten Strahlen der Morgensonne fallen. Unter freiem Himmel wirkt er fast wie ein heidnischer, vorchristlicher Opfertisch. Außer der spektakulären Kirchenruine ist von dem Kloster nur noch der Ostflügel mit Sakristei, Kapitelsaal und einem Teil des Kreuzgangs übriggeblieben. Nachdem sich in den 60er Jahren vereinzelte Zisterzienser und später Olivetanerinnen um die Restaurierung der Gebäude und der schwer angeschlagenen Kirche kümmerten, leben hier heute unter der Schirmherrschaft eines aufgeschlossenen Fratre ehemalige Drogensüchtige, die aufopferungsvoll für die Erhaltung der Abtei sorgen und neben Landwirtschaft einen kleinen Andenkenladen und eine Falkenzucht betreiben.

Chiesa di Monte Siepi

Den Hügel oberhalb San Galganos beherrscht noch heute die dekorative Rotunde aus Ziegel- und Naturstein, die schon kurz nach dem Ableben des Eremiten an der Stelle errichtet wurde, an der er der Legende nach sein Schwert in den Felsen rammte. Beinahe wie ein etruskisches Kuppelgrab steht sie nun da (und eine der ganz seltenen Rundkirchen der Toscana). Die konzentrischen Ringe, die sich im Innern der Kuppel fast schwindelerregend fortsetzen, symbolisieren Unendlichkeit, darunter eingelassen ist der Stein mit dem Schwertknauf San Galganos (der freilich aus dem 19. Jh. stammt).

Die im 14. Jh. angebaute *Kapelle* wurde 1334 von **Ambrogio Lorenzetti** mit einer revolutionären *Maestà* und Szenen aus dem Leben des Galgano ausgemalt. Dominierende Figur ist nicht die thronende Madonna selbst, sondern die ganz in Weiß gekleidete *Eva* ihr zu Füßen (die berühmte Figur des *Friedens* in Siena vorwegnehmend) mit einem Ziegenfell über der Schulter (Symbol der Unkeuschheit) und in den Händen eine Feige (die Frucht der Ursünde) und eine Schriftrolle haltend, die Maria als *Regina,* als „Königin" ausweist.

Italiens älteste gotische Kirche: San Galgano

Lorenzettis kühne Vision der Madonna als einer von Sünden reinen *Neuen Eva,* die zwischen Gott und den irrenden Geschöpfen der Sünderin, die vom Baum der Erkenntnis aß und sich mit Tierfellen bedecken musste, vermittelt, missfiel seinen Auftraggebern allerdings so sehr, dass er die schwangere Himmelskönigin (mit einer Weltkugel statt des Knaben im Arm) mit einer konventionellen Madonna übermalen musste. Wie aus der abgelösten Sinopie (rechts vom Eingang) ersichtlich, musste er außerdem auch die *Verkündigung* darunter verändern; anstatt die Botschaft des Engels mit artig gekreuzten Armen entgegenzunehmen, klammerte sich Maria in der ursprünglichen Version völlig verstört und fassungslos an eine Säule.

Chiusdino

12 km westlich von San Galgano thront in 564 m Höhe die pittoreske Heimatstadt des Ritters mit den Kirchen *San Michele Archangelo* (die die Gebeine des Heiligen aufbewahrt) und *San Sebastiano* (mit einem Relief Galganos über dem Portal, 1466) sowie dem kleinen *Oratorio della Compagnia di San Galgano* im ehemaligen Geburtshaus des Ritters.

Von Chiusdino lohnt ein Abstecher nach **Montieri** (7 km). Der hübsche, an einen Berghang geschmiegte Ort verfügt dank seiner einst ertragreichen Silberminen (daher auch sein Name) über einige für einen Ort dieser Größe außergewöhnlich prächtige und aufwändige Palazzi aus dem 15. und 16. Jh.

Von San Galgano selbst ist man in wenigen Minuten in **Monticiano** (4 km) mit der romanischen Pieve *Sant' Agostino* am Hauptplatz, die mit einigen schönen Fresken von *Bartolo die Fredi* ausgeschmückt ist (nur nachmittags geöffnet).

Praktische Informationen

- **Öffnungszeiten.** San Galgano/Monte Siepi tgl. 8-12, 14 Uhr bis Sonnenuntergang, frei.
- **Centro Italiano Rapaci** (Falken-Zentrum von San Galgano). April bis Okt. außer MoDi 9.30-17 Uhr, € 3,10.
- **Bus.** Mit *TRAIN* ab Siena oder Massa Marittima.
- **Anfahrt.** Ab Siena Richtung Grosseto/ Massa Marittima (34 km). Weiterfahrt über *Murlo* (32 km) nach *Buonconvento* (45 km) an der Via Cassia nach *Massa Marittima* (33 km) oder *Grosseto* (61 km).
- **Locanda del Ponte** (****) in *Ponte a Macereto* (18 km). Komfortables Landhaus mit Garten, Pool, Tennis am „Strand" der Merse. 23 DZ € 130, gute Küche (Ruhetag Mi), Tel. 75 71 08, Fax 75 71 10.
- **Da Vestro** (**) in *Monticiano* (4 km). Sympathisches Haus am Ortsrand mit Garten und guter Küche (Ruhetag Mo). 12 Zimmer, DZ € 57, Via Senese 4, Tel. 75 66 18, Fax 75 64 66. www.davestro.it
- **Il Palazzetto** (**) in *Palazzetto* 5 km Richtung Massa Mma. 7 DZ € 44, Tel./Fax 75 11 60.

Bagni di Petriolo

Eine echte Rarität – das einzige Beispiel einer *befestigten* mittelalterlichen Therme. Malerisch spiegeln sich die Ruinen der verwitterten Sieneser Wehrtürme und des alten (rekonstruierten) Badehauses in der schwefelgrünen, naturbelassenen *Piscina* (43°) inmitten dichter, schier endloser Wälder.

Praktische Informationen

Therme. Die Anlage befindet sich im Wiederaufbau. Info: Fax 0577 75 70 92. www.termesaluteambiente.com/petriolo

• **Anfahrt.** Über die SS 223 Siena-Grosseto (30 km).

• **Grand Hotel Terme di Petriolo** (****). Fitness- und Lifestyle-Zentrum mit Pool, Hallenbad, Tennis. 60 Zimmer, DZ € 112-216 inkl. BF. Tel. 0564 90 88 71, Fax 90 87 12. www.ouverture.it/petriolo

• **Castello di Monte Antico** (***). Bilderbuchkastell (10. Jh.) mit Pool und Panoramaterrasse. 24 DZ, 18 Apts. € 60-70. Einziger Nachteil: häufige Events (Jubiläen, Hochzeiten etc.). Loc. *Monte Antico,* Tel. 0564 99 10 25, Fax 99 10 03. www.castellodimonteantico.it

• **Locanda nel Cassero.** Hübsche Osteria mit 4 DZ à € 62 im historischen Zentrum von *Civitella Mma.* Tel. 0564 90 06 80, Fax 57 73 94.

• **L'Aia di Gino.** Vergnügliche Osteria der Wahltoscanerin *Rita Holzleiter.* Ruhetag Di. Loc. *Jesa.* Tel. 0577 75 80 47.

Murlo

„Wir haben die Etrusker wiedergefunden!", frohlockten italienische Gazetten vor einigen Jahren, als Genforscher der Universität Turin Erbanlagen (DNA) der *Lukumonen* im Blut der Einwohner von Murlo (25 km südlich) feststellen konnten.

Tatsächlich ist der kleine, befestigte Ort rund um den *Palazzone,* den alten Bischofspalast, derart abgelegen, dass es mit dem „genetischen Etruskertum" seiner wenigen Bewohner durchaus seine Richtigkeit haben könnte. Fundstücke der nahen Etruskersiedlung *Poggio Civitate* (7. Jh. v. Chr.) zieren das 1995 eingeweihte **Museum** im *Castello di Murlo* mit einer schönen Rekonstruktion eines Wohnhauses mit reichverzierten Friesen und Dachpfannen (z. T. Originale).

Praktische Informationen

• **Info.** In *Vescovado di Murlo* (Tel. 81 42 13), an jedem zweiten Mo auch *Markt.*

• **Museo Etrusco** (oder *Antiquarium di Poggio Civitate*). April bis Sept. außer Mo 9.30-13, 15-19 Uhr, im Juli/Aug. auch Mo und abends (21-23 Uhr). Tel. 81 40 99, € 2,60.

• **Zug & Bus.** Bahnhof in *La Befa* (10 km südl.). *TRAIN*-Busse von/nach Siena, Buonconvento.

• **Albergo di Murlo** in *Vescovado* (***). Nüchterner Neubau, aber mit Schwimmbad und Tennis. 44 Zimmer, DZ € 93 inkl. BF. Tel. 81 40 33, Fax 81 42 43. www.albergodimurlo.com

• **Mirella** (***) an der Straße zwischen Casciano und Vescovado. 29 Zimmer, DZ € 83. Tel. 81 76 67. www.hotelmirella.com

• Die **Trattoria dell'Arco** in *Castello di Murlo* rückte auf die Titelblätter der Weltpresse, als ihr Wirt in einer Fotomontage als „waschechter Etrusker" auf einem Volterraner Urnendeckel posierte. Trotz dieser Publicity gibt es weder an Paste noch Pizze etwas auszusetzen. Ruhetag Mo, Tel. 81 42 62.

Zwischen Florenz & Arezzo

Franziskanerkloster La Verna
Dante-Denkmal in Poppi
Überragt alles – das Castello in Poppi

Überblick

Je nach Lust und Laune kann man die Strecke Florenz–Arezzo schnell oder beschaulich zurücklegen.

- Für **Zeitraffer,** die die Toscana in 7 Tagen abhaken: auf der *Autostrada del Sole* in einer knappen Stunde (rund 70 km).
- Für **Städtereisende,** die ein bisschen trödeln wollen, aber nicht allzu viel Zeit zu verschenken haben: auf der SS 69 durch das Arnotal parallel zur Autobahn, aber mit ein paar lohnenswerten Stops unterwegs (rund 85 km).
- Für **Genussreisende,** die sich auch durch endloses Gekurve nicht aus der Ruhe bringen lassen und dafür mit herrlichster Natur und außergewöhnlichen Kunstschätzen belohnt werden: durch das **Pratomagno**-Gebirge und das **Casentino** (circa 150 km).

Durchs Obere Arnotal

Man verlässt Florenz über die SS 67 in Richtung *Pontassieve* (s. S. 214), wo sie dem Lauf des Arno folgend nach Süden abbiegt und zur SS 69 wird. Bei *Incisa in Val d'Arno* überquert sie den Fluss und verläuft durch die abwechslungsreiche, z. T. aber auch arg zersiedelte und durch Industrie verschandelte Landschaft des **Valdarno Superiore.** Gerade weil hier jeder nur „auf Durchfahrt" ist, haben sich an den Rändern, in den sanften Hügeln beiderseits des Tals, bis heute noch überraschend viele kleine **Idyllen** erhalten.

Zwei Bergzüge grenzen das Arnotal ein. Links steigen die Ketten des *Pratomagno* bis 1600 m hoch, rechts breiten sich die vergleichsweise lieblichen Höhen der *Monti del Chianti* (800 m) aus.

Figline Valdarno

Der mittelalterliche Weiler, den die *Ubertini* mit einer Burg befestigten und die Bischöfe von Fiesole 1175 zum neuen Bischofssitz wählten, breitet sich rund um die von Bogengängen gesäumte unregelmäßige *Piazza Marsilio Ficino* aus. Sehenswert sind die *Collegiata di S. Maria* mit einer *Madonna* des *Maestro di Figline* aus dem frühen 14. Jh. und das *Spedale Serristori* mit Apotheke und schöner Majolika-Sammlung. Figline ist ein **idealer Ausgangspunkt** für Ausflüge in die Berglandschaft des Pratomagno und zur Klosteranlage *Vallombrosa* sowie ins Chianti.

Pieve San Pietro a Cascia

Kunstliebhaber werden einen Abstecher nach **Cascia** bei Regello machen, wo sich in der romanischen Pfarrkirche *San Pietro* das älteste überlieferte Werk des 1401 im nahen San Giovanni Valdarno geborenen **Masaccio** befindet.

Doch auch die schon von weitem an ihrem hohen Campanile erkennbare *Pieve* lohnt einen Umweg. Der große, ganz aus Sandstein errichtete Bau wurde laut einer Inschrift 1073 geweiht und hat sich sein ursprüngliches Aussehen bis heute weitgehend bewahrt. Acht Arkaden auf je sechs Säulen und einem Pfeiler gliedern sie harmonisch in drei Schiffe, die Kapitelle sind z. T. mit reichem Figurenschmuck (Blattwerk, Ritter, Tier- und Menschenköpfe) besetzt. Das am unteren Bildrand auf den 23. April 1422 datierte **Triptychon von San Giovenale** wurde erst 1961 als die erste authentische Arbeit Masaccios identifiziert. Das 1982 restaurierte Werk zeigt eine Madonna auf dem Thron, die die Füße ihres hingebungsvoll an den Fingern lutschenden Kindes in der Rechten hält, während die Linke das nackte Kind stützt. Die vor der Stufe des Throns knieenden Engel sind in Rückenansicht zu sehen, ein Kunstgriff der Raumaufteilung, den Masaccio später auch bei den Fresken der *Brancacci*-Kapelle mehrfach anwendet. Auf den beiden Seitenflügeln sind links die Heiligen Bartholomäus und Blasius und rechts Ambrosius und Antonius abgebildet.

Praktische Informationen

- Fl. 16.000. 126 m. **Tel. 0 55.**
- **Information.** Piazza Salvo d'Acquisto 58, Tel. 95 15 69, Fax 95 31 12.
- **Markt.** Di.
- **Museum.** *Pieve San Pietro,* 7.30-12, 15-19 Uhr. *Collegiata,* Voranmeldung Tel. 95 85 18.
- **Shopping.** *Le Mall,* vielbesuchtes **Outlet** der Firmen Gucci, Armani, Loro Piana, Sergio Rossi, Yves St. Laurent in *Leccio* (10 km nördl.). Modelle zweiter Wahl 20-50 % günstiger. April-Okt. Mo-Sa 10-19, So 15-19 Uhr.

Verkehrsverbindungen

- **Zug & Bus.** Station der Linie Florenz – Arezzo. Mit *SITA* von/nach Cascia, Reggello, Vallombrosa.
- **Entfernungen** (in km): Cascia 10, Vallombrosa 21, Florenz 34, Arezzo 45, Greve in Chianti 19, Siena 59.

Unterkunft & Verpflegung

- **Antica Taverna Casagrande** (***). Landhaus des 15. Jh.s, einst Sitz der als Weinproduzenten bekannten Grafen Serristori und noch heute Gutshof (Weinmuseum). Resto, Pool, 20 Zimmer (sowie Apts.) um € 180. Tel. 95 44 851, Fax 95 44 322. www.villacasagrande.it
- **Villa la Palagina.** Villa des 16. Jh.s (Baron Ricasoli) inmitten eines großen Landguts (Produzent des Laudemio-Olivenöls). 19 geschmackvolle, teils moderne, teils herrschaftliche DZ und Suiten € 114-139 inkl. BF. Resto, 2 Pools. Tel. 95 02 029, Fax 95 20 01. www.palagina.it
- **Torre Guelfa** (*). Sympathisches Haus mit sehr empfehlenswerter **Küche** (tgl., Terrasse auf der Piazza); 18 Zimmer, DZ um € 57. Piazza Ficino 50, Tel. 91 55 733, Fax 95 44 995.

San Giovanni Valdarno

Ein Stop in dem hübschen Städtchen, das bereits zur Provinz Arezzo gehört und im 13. Jh. eine wichtige Rolle unter den *terre murate* (befestigten Städten) der Florentiner einnahm, lohnt allemal. Hier wurde 1401 **Masaccio,** der Wegbereiter der Renaissance, geboren. Das Zentrum ist einfach und übersichtlich: zwischen parallelen Straßenzügen zwei Plätze, *Cavour* und *Masaccio,* dazwischen eines der ältesten Rathäuser der Toscana, der mit rund 250 Wappen geschmückte **Palazzo Pretorio.** Der markante Bau mit umlaufender Loggia und hochaufragendem Wehrturm soll wie die Stadt selbst um 1290 von *Arnolfo di Cambio* geplant worden sein.

An der Piazza Masaccio dahinter erhebt sich die dreischiffige Renaissance-Basilika *Santa Maria delle Grazie,* die nach erheblichen Zerstörungen im 2. Weltkrieg fast vollständig erneuert werden musste. In der Vorhalle (1840) prangt das farbenfrohe Terracottenrelief *Himmelfahrt Mariens* von Giovanni della Robbia, und am Hochaltar wird in drastischen Bildern ein Wunder dargestellt, das noch heute zahllose Wallfahrer auf die Gnade der Madonna hoffen lässt. Es zeigt die 75jährige *Monna Tancia*, die dank ihrer Gebete zur Jungfrau ihr Enkelkind, dessen Eltern im Pestjahr 1478 gestorben waren, stillen und vor dem Tod retten konnte; Vasari schreibt das Fresko einem Schüler Peruginos zu. Prunkstück des **Museums** gleich nebenan ist eine *Verkündigung* des Fra Angelico (um 1430), aber auch einheimische Künstler wie Giovanni da San Giovanni (1592-1636) und Masaccios jüngerer Bruder *Lo Scheggia* (1406-1486) sind vertreten. Das **Geburtshaus Masaccios,** in dem von Zeit zu Zeit Ausstellungen stattfinden, findet man am Corso Italia 83.

Praktische Informationen

- AR. 20.000. 134 m. **Tel. 0 55.**
- **Info.** Piazza Cavour 1, Tel. 9 12 63 26, Fax 9 12 11 23.
- **Markt.** Sa.
- **Museum.** *Museo di Santa Maria delle Grazie*, Piazza Masaccio, außer Mi 11-13, 16-19 Uhr, So nur nachm., € 2,60.
- **Fest.** Am 24. Juni wird Johannes der Täufer, der Schutzheilige der Stadt, mit einem Umzug geehrt. Schon seit 1738 ist der *Carnevale* von San Giovanni ein Begriff (an den Sonntagen vor Faschingsdienstag).

Unterkunft & Verpflegung

- **River** (***). Modernes Haus am Arno, aber vornehmlich mit Blick auf die Durchfahrtsstraße; 41 Zimmer, DZ ab € 77, Via F. Cervi 10, Tel. 9 12 24 35, Fax 9 12 02 19.

• **Ostello La Badiola.** In einer wiederaufgebauten Abtei aus der Zeit Karl des Großen in wunderschöner Hügellage auf dem anderen Arnoufer. 57 Betten € 10, Mahlzeiten € 7,50. Tel. 347 50 17 478, Fax 91 39 022, badiola@tin.it

• **Osteria dell'Angelo.** Nett, gemütlich und preisgünstig (Menü mit Wasser/Wein € 13), Ruhetag So, Sa mittags. Via Madonna 3, gleich neben der Basilika, Tel. 94 37 99.

• **Hosteria Costachiara.** Grundsolide, bodenständige Land-Osteria (so wie sie sein sollte, aber nur selten ist) auf dem anderen Arnoufer (4 km Richtung Persignano). Exzellente hausgemachte Pasta, vorzügliche Fleischgerichte, im Sommer auch im Garten. Ruhetag Di, Mo abend. 4 Zimmer € 68. Tel. 94 43 18.

Montevarchi

Ein Kuriosum mittelalterlicher Stadtbaukunst ist das ellipsenförmig angelegte und nahezu mit San Giovanni zusammengewachsene Montevarchi knapp 5 km weiter südlich.

Im **historischen Zentrum** der Wirtschaftsmetropole des oberen Arnotals an der Piazza Varchi erheben sich der *Palazzo del Podestà* und die im 18. Jh. umgestaltete Kollegiatskirche *San Lorenzo* mit einem schönen *Tempietto* aus blauweißen Terracotten von Andrea della Robbia. Unweit der Piazza befindet sich das ehemalige Kloster *San Lodovico* aus dem 16. Jh. mit sehenswerter Bibliothek und einem der ältesten *Paläontologischen Museen* Italiens, in dem gutkonservierte, bis zu 3 Mio. Jahre alte Fossilien sowie Schädel von Urtieren wie Elefant, Bison und Tiger gezeigt werden, die einst das Arnotal durchstreiften.

Praktische Informationen

• AR. 23.000. 144 m. **Tel. 0 55.**

• **Info.** Palazzo Comunale, Piazza Varchi 5, Tel. 9 10 82 01.

• **Museen.** *Museo d'Arte Sacra*, Via I. del Lungo 4, Di, Do, Sa 10-12 Uhr, € 1,60. *Museo Paleontologico*, Via Poggio Bracciolini 36, außer Mo 9-12.30, 16-18 Uhr, € 3.

• **Shopping.** *Outlet Prada.* Loc. *Levanella,* Mo-Sa 9.30-18 (Sa Mittagspause), So 15-18 Uhr. Tel. 9 19 01.

• **Markt.** Do, Piazza XX Settembre.

Unterkunft & Verpflegung

• Das **Valdarno** (****) ist ein wuchtig-moderner Kasten in einem Erschließungsgebiet am Arno, 50 Zimmer, DZ ab € 120. Via Traquandi 13, Tel. 9 10 34 89, Fax 9 10 34 99. An der Hauptdurchgangsstraße liegen **Delta** (***), 40 Zimmer, DZ ab € 93, Viale Diaz 137, Tel. 90 12 13, Fax 90 17 27 und **Aurora** (*), 8 DZ ohne Bad ab € 46. Viale Diaz 89, Tel. 347 6722 647.

• Die **Osteria di Rendola** liegt etwas außerhalb (5 km Richtung Mercatale), aber die Anfahrt lohnt sich. Leichte, phantasievolle Küche, gerne mit Fisch und Schalentieren (mehrgängiges Probiermenü € 39), freundlich, leger, intim (je 8 Tische innen und auf der Terrasse). Ruhetag Mi/Do mittags, Tel. 9 70 74 91.

Loro Ciuffenna

Keine 10 km östlich von Montevarchi am rechten Arnoufer liegt Loro Ciuffenna, ein **imposantes Bergnest** auf einem 328 m hohen Felsvorsprung an den Hängen des *Pratomagno.* Zum mittelalterlichen Zentrum gelangt man über eine romanische Brücke, die den tief in den Fels eingeschnittenen Sturzbach Ciuffenna überspannt.

Grüße aus San Giovanni

Sturzbach von Loro Ciuffenna

Knapp 2 km weiter im kleinen Weiler **Gropina** erhebt sich die beeindruckende **Pieve San Pietro,** eine der schönsten und besterhaltenen romanischen Pfarrkirchen der Toscana (um 1130-1190). Ausgrabungen ergaben, dass an dieser Stelle bereits eine frühchristliche Kapelle (4. Jh.) und ein Benediktinerkloster der Langobarden (8. Jh.) bestanden.

Die halbrunde Apsis aus sauber gefügtem Sandstein ist außen mit Blendbögen und offener Galerie strukturiert, während innen doppelte Säulenarkaden übereinanderliegen; eine lombardische Bauart, die auch bei der Pieve von *Romena* (s. S. 337) zu finden ist. Im dreischiffigen Inneren verblüffen vor allem die ausdrucksstarken Steinmetzarbeiten der **Kapitelle.** Im rechten, älteren Schiff sind außer schönen Tiermotiven (Schwein mit Ferkeln, Wolf, Adler, Tiger) drei Ritter mit Schild und Lanze im Kampf gegen ein von einem Teufel besessenes Monster zu sehen, links weitere Dämonen und biblische Szenen (Samson tötet den Löwen); das seine Jungen säugende Schwein wird als Symbol der Mutter Kirche gedeutet, eine äußerst seltene und originelle Darstellung. Die auf einem verknoteten Säulenpaar halbrund stehende **Kanzel** aus Pietra serena ist gleichfalls mit menschlichen Figuren und archaischen Bestien geschmückt, das herausgearbeitete Lesepult ruht auf den Evangelistensymbolen Löwe und Adler zwischen einem Propheten mit Buch.

Praktische Informationen

- **Info.** *Proloco*-Büro an der Brücke, im Sommer außer Mi 10.30-12.30, 16.30-19.30 Uhr.
- **Bus.** Mit *LAZZI* von/nach Montevarchi und Arezzo.
- **Museen.** *Museo Venturino Venturi*, gewidmet dem in Loro Ciuffenna geborenen zeitgenössischen Künstler; Piazza Matteotti 7, Sa/So 10.30-12.30, 16.30-19.30 Uhr, € 1,50.
- **Pieve San Pietro.** Tgl. 8-12, 15-17, im Sommer 8-12, 15-19 Uhr. Sollte trotzdem geschlossen sein, schließt der *Pievano* (Klingel gegenüber Seiteneingang) auf.

Unterkunft & Verpflegung

- Eine ordentliche Adresse am Ortseingang ist **Il Cipresso** (**) mit 24 Zimmern, DZ € 49. Gute Küche. Via de Gasperi 28, Tel. 9 17 11 27, Fax 9 17 20 67. Näher am „Zentrum" bietet **Al Tartufo** (**) 7 Zimmer zum gleichen Preis; Via Fondaccio 10, Tel. 9 17 27 42.

• **L'Acquolina.** Die bodenständigen Gerichte der urgemütlichen Osteria mit Blick ins Grüne sind ebenso ein Erlebnis wie die Produkte der ökologischen *Kooperative* **La Paterna** (Weine, Olivenöl, Marmeladen usf.). Ruhetag Mo/Di. 3 Zimmer (mit Küche) € 52, kl. Zeltplatz. Tel. 97 75 14. Loc. *Paterna,* 4 km Richtung Arezzo.

Weiterfahrt

• **Nach Arezzo** sind es von hier nur noch rund 30 km, die man auf der SS 69 oder – schöner! – auf der abwechslungsreichen Nebenstrecke der schon von den Etruskern angelegten *Strada di Sette Ponti* (Straße der sieben Brücken) zurücklegen kann.

Durchs Casentino

Die Route beginnt wie die vorige, führt von *Pontassieve* aber auf der kurvenreichen SS 70 in Richtung Osten und über den **Passo della Consuma** (1060 m), die Grenze zwischen den Provinzen Firenze und Arezzo, ins Casentino. Die Landschaft mit ihren beachtlichen Erhebungen und Vertiefungen (vermutlich ehemaligen Seen) entstand in der letzten Phase der Faltungen des Apennin und ist ein uraltes Siedlungsgebiet, wie zahlreiche etruskische Funde belegen. Auch der **Arno** spielt eine bedeutende Rolle im Landschaftsbild des Casentino: an den Hängen des Monte Falterona nördlich von Stia entspringend, fließt er an Poppi und Bibbiena vorbei in Richtung Arezzo, ehe er dort einen weiten Bogen beschreibt und auf Florenz zufließt.

Obwohl das Casentino ein landschaftlich sehr abwechslungsreiches und für Radfahrer und Wanderer geradezu ideales Gebiet ist, wird die Gegend vom Toscana-Tourismus weitgehend links liegen gelassen. Umso präsenter sind die italienischen Sommerfrischler, Rentner und Pensionäre, die in den heißen Monaten hochgelegene Orte wie Consuma, Saltino, Chiusi della Verna und Camaldoli bevölkern und manche Hotelhalle wie den Aufenthaltsraum eines Seniorenheims aussehen lassen.

Saltino

An den Ausläufern des *Pratomagno*-Massivs zwischen dem südöstlichen Arnotal und dem Casentino und nur einen Katzensprung vom Kloster Vallombrosa entfernt entstand 1892 dank der Initiative eines Schweizer Grafen der **Luftkurort** Saltino, der sich rasch zu einem Sommersitz der feinen europäischen Gesellschaft entwickelte. Chalets und großzügige Palasthotels *(Grand Hotel, Croce di Savoia)* erinnern noch heute an diese Epoche, in der sogar ein Lokalbähnchen vom Arnotal heraufführte. Hier im August ein Zimmer zu finden ist reine Glückssache, obwohl es über 300 Betten gibt. In den dichten Wäldern der Umgebung gibt es neben Tannen und Fichten Ulmen, Kastanien, Ahorn und Buchen sowie zahlreiche Farne, Ginster und kleinblütige Alpenveilchen.

Abbazia di Vallombrosa

„Vallombrosa/So reich als fromm, das sich zu allen Zeiten/Gastfreundlich gegen Fremdlinge bewies“ (Ariost, Rasender Roland). Seit sich um das Jahr

1000 die ersten Einsiedler in das abgelegene *Schattige Tal* zurückzogen und der Reformist *Giovanni Gualberto* 1051 nach den strengen Regeln des Benediktinerordens die Glaubensgemeinschaft der Vallombrosaner gründete, hat sich einiges verändert. Aus einer kleinen Kapelle wurde im 15. Jh. eine weitläufige, nahezu festungsähnliche Klosteranlage, die im 17. Jh. ihr heutiges Aussehen erhielt. Zwischenzeitlich säkularisiert, untersteht die Abtei seit 1963 wieder der Obhut der Mönche. In der **Klosterkirche** erzählen Fresken aus dem Leben des später heiliggesprochenen Ordensgründers, der erbittert gegen die Simonie der Amtskirche (das Schachern mit Ablässen und Ämtern) kämpfte und für eine deutliche Wiederbelebung des christlichen Glaubens im 11. Jh. sorgte.

Rund um die knapp 10 km vom Consuma-Pass entfernte Abtei erstrecken sich schier endlose Wälder (1279 ha), die als **Naturreservat** unter staatlicher Aufsicht stehen. Ein Netz von Wanderwegen führt zu verlassenen Kapellen, Quellen und dem 1037 m hohen *Paradisino*, dem „kleinen Paradies", das den Mönchen als Einsiedelei zur inneren Einkehr verhalf.

Praktische Informationen

- Fl. 3000. 995 m. **Tel. 055.**
- **Info.** *Proloco,* Via San Gualberto 40, Tel. 78 43 97.
- **Museum.** *Abbazia*, tgl. 8-12, 15-19 Uhr, frei.

Busverbindungen

- Mit *SITA* von/nach Florenz über Pontassieve nach Saltino (ca. 90 Min.) und über den Consuma-Pass nach Bibbiena.

Unterkunft & Verpflegung

- Von den Hotels in Saltino hat uns am besten **Le Terrazze** (***) gefallen; ruhig gelegen und von wahrhaft riesigen Terrassen umgeben, 22 DZ € 72; Via della Chiesa 1, Tel. 86 20 30, Fax 86 21 70, leterrazze@dino net.it
- Direkt beim Kloster liegt das familiäre **Villino Medici** (*), 15 Zimmer € 52, ohne Bad deutlich günstiger. Via Vallombrosa 123, Tel. 86 20 17.
- Auf der Passhöhe des Consuma ist das **Miramonti** (**) einen Aufenthalt wert. Hausgemachte Pasta, gigantische Fleischportionen vom Grill und köstliche Pilzgerichte in allen Variationen sind die Spezialitäten der Küche, die sich sehen lassen kann. Und wer sich danach keine Serpentinen mehr zutraut, ist in einem der 37 Zimmer (DZ € 40 mit teilweise herrlichem Talblick) bestens aufgehoben. Via Consuma 45, Tel. 8 30 65 66, Fax 8 30 64 69.

Zwischen Pratovecchio & Stia

Hinter dem Consuma-Pass führt die **SS 70** durch eine grandiose Gebirgslandschaft ins Herz des Casentino.

Pratovecchio

Um einen Bummel durch die hübsche Ortschaft mit ihren zahlreichen Bogengängen zu machen, ist ein Abstecher von der Hauptstraße angesagt, aber die beiden Sehenswürdigkeiten – das Kastell und die Pfarrkirche von Romena – erfordern ohnehin einen kleinen Umweg.

Paolo Uccello, der Fanatiker der Perspektive, nach dem der Hauptplatz benannt ist, wurde **1397** hier geboren, hat aber leider keine Zeugnisse in seiner Heimatstadt hinterlassen. In der Kruzifixkapelle der *Propositura* nördlich der Piazza Uccello findet der

Souvenir, Souvenir!

Liebenswerter Trödel neben edlen Antiquitäten, bunter Ramsch neben Designerstücken - Nutzloses und Originelles verführt an jeder Straßenecke. *Wollen kaufen? Comprare!* gestikulieren die fliegenden Händler auf der Arnobrücke wie am Strand, Märkte und Magazzini sind Fundgruben für jeden Geschmack. Zarte Stickereien, duftende Seifen, bemalte Keramiken, fein genähte Schuhe, schmiede-

eiserne Lüster, marmoriertes Papier und schillernde Seide – alles handgearbeitete Kostbarkeiten, denn nirgendwo haben Handwerk und Kunst eine so lange und gemeinsame Tradition. Aber die Kitschindustrie blüht nicht minder. Mini-Davids, Blech-Pinocchios, Dantebüsten und Pisas Campanile in Schneekugeln treten als Erinnerungsstücke an toscanische Highlights die Reise um den Erdball an.

Einkaufen – und Genießen

Fare la spesa. Die Toscana ist ein Schlaraffenland für Genießer, allerdings auch auch für *Kenner*. Allerorten stößt der Fremde auf Zauberworte wie *fresca, casalinga, nostrale* – frisch, hausgemacht, aus eigenem Anbau. Die Toscani sind stolz auf die Vielfalt und Qualität ihrer Produkte, und noch der Kauf einer Scheibe Schinken, einer Melone oder eines Stücks Käse wird automatisch zu einem

anregenden *Dialog*. Da kostet, klopft und schnüffelt man, diskutiert, vergleicht Preise und wählt schließlich das Frischeste und Schmackhafteste (nicht etwa das „Schönste“) aus. Auch der tumbeste Tedesco lernt schnell, daß es nicht „wurscht“ ist, welcher Wurst er den Vorzug gibt, und daß sachverständiges Einkaufen eine *Kunst* sein kann (und eine lustvolle noch dazu).

Menschen

Ein altes Geschlecht. Selbstbewußtsein und Bodenständigkeit haben sich seit Jahrhunderten in den Charakter der Toscani eingebrannt. Natürliche Vornehmheit. Bauern, Handwerker, Signori, jeder hat etwas von jedem in sich. Kritisch gegenüber Staat, Kirche und Obrigkeit jeglicher Art, aber einmischen... *ma...*, was solls? Maßvolles Sich-Zurücknehmen. Zugegeben, ein sperriger,

nicht immer leicht zugänglicher Menschenschlag. Nicht überschäumend, wie man sich „Italiener" oft vorstellt, eher nüchtern, geradeaus. Keine Ja-Sager und garantiert kein Volk von Kellnern und Dienstmädchen, aber herzlich und freizügig gegen jedermann, der ihnen nicht mit Herablassung gegenübertritt. Wer das als Sturheit oder gar Arroganz interpretiert, hat etwas gründlich mißverstanden.

Landschaften

Schön und faszinierend sind sie zu jeder Jahreszeit, die Hügel der Toscana. Ganz besonders im Frühjahr, wenn sie in allen Farben des Regenbogens leuchten, und im Herbst, wenn sie golden schimmern wie die Tafelbilder Sieneser Maler. Aber die schönen Bilder täuschen auch. „Natur" ist in Wahrheit über Generationen gehegte und gepflegte *Kultur*. Liebliche Landschaften, die gestern noch das

Auge erfreuten, sind heute Agrarwüsten. Stramm ausgerichtet reihen sich Weinstöcke aus. Raps und Sonnenblumen verzaubern die Ebenen nur einige Wochen im Jahr. Mohn im Weizenfeld? Da muß ein Herbizid her. Violette Schwertlilien zwischen Oliven? Da muß der Traktor durch. Und selbst die Zypressen, das *Markenzeichen* der Toscana, sind bedroht. Ein Parasit läßt sie austrocknen und absterben.

Dörfer

Keine Hektik, keine Reisegruppen. Manche scheinen so still und in sich gekehrt, daß man es kaum wagt, in ihren Mikrokosmos vorzudringen. Beim Krämer kennt man sich, die Plastikstühle vor der Bar sind für untätige Alte reserviert, an die Mauern verwinkelter Gassen drücken sich mißtrauische Katzen. Aus eingewucherten Türen und verträumten Höfen dringt Bratengeruch und Fernsehgeplapper.

Küste

Verschwenderisch mit Buchten und Stränden ist die Toscana ausgestattet – kein Wunder, sie grenzt in ihrer gesamten Länge (329 km) ans Meer. Was heute ein Segen ist, galt aber lange als Fluch. Die *mal aria* (Malaria), die üble Luft, die von den Sümpfen der Lagunen aufstieg, zwang die Bevölkerung jahrhundertelang, die Küste zu meiden und sich „malerisch“ auf Hügeln anzusiedeln. Wild und rup-

pig und sanft und lieblich kann sie sein, hier mit Dünen und schattigen Pinienhainen, dort mit felsigen Halbinseln und üppig wuchernder Macchia. In den Häfen dümpeln schnittige Yachten neben pittoresken Fischerbooten, leider den letzten ihrer Zunft. Ganz im Norden leuchten die *Marmorbrüche* der Apuanischen Alpen wie frisch gefallener Schnee über goldgelben Stränden und bunten *Bagni*.

Alltag

Pronto?! Kein Schritt mehr ohne permanente Standortbestimmung für die Lieben daheim. Telefonino-Geklingle gehört einfach dazu, in der Bar, im Theater, selbst während der Messe soll es schon unter der Soutane passiert sein. Da ändern auch Verbote nichts. Die Nachfahren der Vandalen (erst mal alles plattmachen) sind buchstäblich von keiner Respektlosigkeit mehr abzuhalten: Striptease auf

öffentlichen Plätzen (mit den „ollen *Statuen*" nehmen wirs noch allemal auf!), Graffiti am *Domportal* und auf *Renaissancegemälden* (Angela ti amo! Killroy was here!), Matsch- und Müllberge am Ende eines jeden Sightseeing-Tages. Nur mit toscanischer Gelassenheit und der Grandezza wahrer Signori läßt sich das alles überstehen – ein Gläschen Heilwasser kann dabei nicht schaden.

Romanik

Giottos Erzengel verbeugt sich voller Ehrfurcht vor Maria und verkündet ihr Gottes Willen. In die fromme und bodenständige Welt der schlichten, fast schmucklosen *Pfarrkirchen* und *Abteien* bricht im Gefolge der Kreuzzüge ab 1050 byzantinisch-orientalischer Prunk ein. Ausgehend von der Hafenmetropole Pisa ziehen neue Baustile (Kuppeln und Basiliken) und Gerüche (Gewürze) durchs Land. Die

schwarzweiß-getigerte *Pisaner Romanik* mit ihren kunstvoll gedrechselten *Schaufassaden* erobert die gesamte Toscana außer Florenz, das einen eigenen, maßvolleren Weg geht. Begabte Steinmetze und „Dekorateure" schulen sich an bis dahin als „heidnisch" verpönten antiken Skulpturen und oströmischen Ikonen und werden zu Bildhauern und Malern, den ersten Künstlern der Neuzeit.

Gotik

Simone Martinis Gabriel kniet wie ein anmutiger Ritter vor einem keuschen Burgfräulein. Die Zeit Dantes und Petrarcas spricht erstmals von einer Liebe, die nicht mehr nur die Gottes/zu Gott ist. Die Marienverehrung als sakrale Sublimierung der Minnegedichte erreicht ihren Höhepunkt, als eine ganze Stadt, *Siena,* sich der Jungfrau weiht. Die starre, „gottgewollte" gesellschaftliche Ordnung

gerät ins Wanken. *Bettelorden* wie Franziskaner und Dominikaner rütteln an festgefügten Ideen und Hierarchien. Die immer selbstbewußteren Bürger der aufblühenden Städte bauen *Rathäuser* und in Konkurrenz zu Adel und Klerus, ihren angestammten Herren, selbst Kathedralen. Geld spielt eine immer größere Rolle. Bauschmuck wird zu Design, das Handwerk emanzipiert sich zu Kunst.

Renaissance

Zwischen Caritas und Eros – die Verkündigung beginnt einer *Verführung* zu ähneln. Der höfische Edelmann wird zum bürgerlichen Galan *(Fra Angelico, li)* und am Ende der Epoche zum absolutistischen Hofmann *(Leonardo da Vinci, re)*. Gleichzeitig wandeln sich die Medici von Händlern und Bankiers zu selbstherrlichen Fürsten. Mit der *Wiedergeburt der Antike* erreicht die Toscana (Flo-

renz) ihren Kulminationspunkt, während ökonomisch wie politisch bereits der Niedergang einsetzt. Mehr als nur ein „Stil", übt die Rückkehr zu den Idealen des klassischen Altertums umfassenden Einfluß auf das Geistesleben (Sprache, Humanismus, Individualität) und nahezu alle Aspekte des öffentlichen Lebens aus (Technik, Erziehung, Wohlfahrt, Entwicklung des neuzeitlichen *Wohnhauses*).

Stadtansichten

Jeder Ort eine neue Eroberung. Draußen vor den Toren uniforme Stadtplanung, konsumorientierte Häßlichkeit. Drinnen im Zentrum *gewachsene Geschichte*, individuell, unverwechselbar, aber auch Gewirr und *anregendes Chaos*. Verschlungene Ellipsen um eine Mitte, den Ruhepunkt einer Piazza, eines Palazzo, einer Kirche. Jede Stadt ein steinernes Meer, ein schwindelerregendes Abenteuer.

Kunstfreund jedoch ein sehenswertes Triptychon (14. Jh.) des *Giovanni del Biondo*, und im Saal der Podestà im ehemaligen Cassero Werke des *Maestro di Pratovecchio*.

Castello di Romena

Vom **Kastell** Romena glaubt man endlos weit blicken zu können – aber schließlich wurde es mit seinen 14 Türmen (von denen heute nur noch einer unversehrt ist) auch zu diesem Zweck gebaut. Die Grafen *Guidi*, die Feudalherren dieses Landstrichs, errichteten im Hochtal des Casentino fast überall mächtige Burgen, um sich die Florentiner vom Leib zu halten, und bewahrten sich ihre Unabhängigkeit länger als jedes andere Adelsgeschlecht der Toscana. Dafür schien ihnen jedes Mittel recht; ein *Maestro Adamo* fälschte laut Dante (Inferno, Canto XXX) florentinische Silbermünzen für die Herren Guidi und landete dafür 1281 auf dem Scheiterhaufen.

Dante selbst, der 1289 nur wenige Kilometer von hier bei der *Schlacht von Campaldino* auf der Seite der siegreichen Guelfen gegen die Aretiner kämpfte (wappengeschmückte Gedenksäule an der Kreuzung der SS 70 und 310 Pontassieve–Stia), soll in der Burg Herberge genommen haben.

Pieve San Pietro a Romena

Vom Kastell führt eine Schotterstraße zu der **romanischen Landkirche,** deren aufwändig mit übereinanderliegenden Arkaden gestaltete Apsis uns am Rand eines leuchtend gelben Sonnenblumenfelds erwartete. Ausgrabungen unter der Kirche bezeugen, dass es bereits einen lombardischen Vorgängerbau aus dem 8.-9. Jh. mit drei Apsiden gab (seit 1971 zugänglich). Eine Inschrift auf einem Kapitell im Innern nennt das Entstehungsdatum des heutigen Baus, einer der ältesten Kirchen des Casentino: das „Hungerjahr 1152". Der Unterbau des quadratischen Glockenturms wurde von dem vorromanischen Wachturm übernommen.

Im dreischiffigen Innern verdienen neben dem leicht erhöhten doppelgeschossigen Chor wieder die Kapitelle mit pflanzlichen und figürlichen Darstellungen besondere Beachtung. Außergewöhnlich die Inschrift an der Deckplatte des Kapitells der 2. Säule links, an der ein Künstler namens „Albricus" sich selbstbewusst als Ausführenden benennt.

Apsis der Pfarrkirche San Pietro

Das zweite Kapitell rechts ist mit Szenen aus dem Leben des Kirchenpatrons Petrus (Schlüsselübergabe, Fischzug) geschmückt.

Stia

Den kleinen Ort an den Ausläufern des *Monte Falterone* zählen manche zu den schönsten Weilern der Toscana. Jenseits eines reißenden Wildbachs beginnt das historische Zentrum mit der arkadengesäumten großzügigen Piazza. Hier kann man zum Vergleich eine weitere romanische (leider zwischenzeitlich barockisierte) Pfarrkirche, **Santa Maria Assunta,** besuchen; da sie in ihrer Innenausstattung, vor allem den kunstvoll verzierten Kapitellen, San Pietro ähnlich ist, nimmt man an, dass sie die selben Steinmetze gestalteten. Kunstschätze aus späterer Zeit sind eine *Verkündigung* (1414) von Lorenzo di Bicci (erste Kapelle rechts) und Arbeiten aus der Werkstatt der della Robbia in beiden Chorkapellen; die *Madonna mit Kind* (1437) stammt von Andrea della Robbia selbst. Eine *Thronende Madonna* wird nach neueren Forschungen dem Umkreis Giottos zugeschrieben.

Stia ist berühmt für seine **handgearbeiteten Wollwaren** und Patchwork-Decken; wenn rund um den mit Löwen und Schlangen verzierten Brunnen an der *Piazza Tanucci* der große Wochenmarkt stattfindet, ist die Auswahl am größten.

Praktische Informationen

- AR. 3070. 420 m. **Tel. 0575.**
- **Info.** Pratovecchio, Via Roma 9, 9-12.30, 16-19.30 Uhr. Infobüro des *Naturpark Casentino* (geführte Exkursionen, Karten, Hütten), Via Brocchi 7, Tel. 50 30 01, Fax 50 44 97. www.casentino.it.
- **Markt.** Fr in Pratovecchio, Di nachmittags in Stia.
- **Museen.** *Castello di Romena*, Sa/So 10-12, 15-18 Uhr; € 3. *Pieve di Romena*, 9-12, 15-18 Uhr.

Verkehrsverbindungen

- **Zug.** In Stia endet die Lokalbahn Arezzo-Bibbiena-Stia.
- **Bus.** Mit *SITA* von/nach Florenz, Poppi, Bibbiena, Arezzo.

Unterkunft & Verpflegung

- Zwei kleine Hotels in Stia, **La Foresta** (**) mit 7 DZ ab € 62 (Via Roma 27, Tel. 50 46 50) und **Falterona** (***), 9 DZ € 80 inkl. BF (Piazza Tanucci, Tel. 50 45 69, Fax 50 49 82).
- Das Restaurant **La tana degli orsi** in Pratovecchio verdient einen besonderen Hinweis; sorgfältig zubereitete Gerichte, verlockende Karte, durchdachte Auswahl an Weinen; außer So nur abends, Ruhetag Mi. Via Roma 1, Tel. 58 33 77.

Poppi

Poppi, das sich aus einer modernen Unterstadt im Tal und der historischen Oberstadt zusammensetzt, ist für uns einer der schönsten Orte des Casentino. Die sympathische Kleinstadt in stolzer Hügellage mit weiten Ausblicken ins Land fiel als eines der letzten Bollwerke der *Guidi* erst 1440 aufgrund eines Verrats an Florenz.

Geblieben ist ihr alles überragendes mächtiges **Kastell,** eine wahre Bilderbuchburg mit Wassergraben, Ziehbrücke und hohem Turm. Nach der Schlacht von Montaperti nach Plänen des legendären Baumeisters *Lapo* errichtet (1260-72), fügte *Arnolfo di Cambio* 1291 den bereits deutlich „repräsentativeren" linken Trakt hinzu. Die Guelfen-Zinnen und die Renaissance-Wappen im eleganten Innenhof waren erst das Werk Florentiner Statthalter. Eine Freitreppe aus Stein führt vom Hof zu den Holzgalerien im Obergeschoss mit Bibliothek und **Kapelle.** Der kleine quadratische Raum wurde um 1330 von dem Giotto-Schüler *Taddeo Gaddi* vollständig freskiert; von links sehen wir: Jesus trifft Johannes in der Wüste, Tanz der Salome, Auferstehung der Drusina, Himmelfahrt des Evangelisten Johannes, Präsentation Jesu im Tempel und Tod Mariens. Das zweite Stockwerk, der Wohnbereich der Grafen, ist ein aufschlussreiches Dokument einstiger Wohnkultur (Wand- und Deckenverzierungen, Kamine, Fensternischen).

Dem allgegenwärtigen Dante, der von fast allen Burgen der Region sagen konnte *„Ich war dorten"*, hat man vor dem Kastell ein Denkmal gesetzt.

Folgt man der kopfsteingepflasterten Straße abwärts, gelangt man zum Hauptplatz mit dem Kuppelbau des 1657 zum Dank für den Schutz vor Seuchen errichteten **Oratoriums** mit einem anmutigen Bildnis der *Madonna contro il Morbo*, das der Werkstatt Filippo Lippis zugeschrieben wird.

Die schnurgerade **Hauptstraße** mit ihren schönen, schattigen *Portici* (Bogengängen), ein Charakteristikum fast aller Casentino-Orte, wird von der romanischen Kirche **San Fedele** abgeschlossen, deren Turm neben dem des Kastells das Stadtbild prägt; die anschließende Abtei wurde 1185 von Vallombrosanern gegründet.

Praktische Informationen

- AR. 6000. 437 m. **Tel. 05 07.**
- **Markt.** Sa.
- **Museum.** *Castello dei Conti Guidi*, im Sommer tgl. 10-18 Uhr, sonst nur Do-So, € 3. Im Preis enthalten ist der Besuch einer hübschen Ausstellung über bäuerliche Kultur.

Verkehrsverbindungen

- **Zug.** Von der Bahnstation *Ponte a Poppi* Lokalzüge nach Stia und Arezzo.
- **Bus.** Mit *SITA* nach Bibbiena und Florenz (über Stia, das ist nicht der nächste Weg).
- **Entfernungen** (in km): Florenz 58, Arezzo 33, Romena 10, Stia 10, Bibbiena 6.

Unterkunft & Verpflegung

- Ehemalige Wirtschaftsgebäude des Kastells bilden ein gemütliches Hotel mit Restaurant, das **Casentino** (***); im hübschen Garten zwischen den Gebäuden kann man essen oder sich entspannen. 32 Zimmer, DZ € 62 inkl. BF., Piazza della Repubblica 6, Tel. 52 90 90, Fax 52 90 67. www.emmeti.it/albergocasentino
- Einfache Zimmer um € 21 gibt es von Juli bis Oktober auch im Kloster: **Monastero Camaldolesi,** Via Morandini 46, Tel. 55 60 13, Fax 55 60 01.

Die Arkaden sind charakteristisch für Poppi

• In der Unterstadt *Ponte a Poppi* blickt man vom Pool des modernen **Parc Hotel** (***) auf Old Poppi; 42 Zimmer z. T. mit Terrasse, DZ € 88 inkl. BF. Via Roma 214, Tel. 52 99 84. www.parchotel.it

• **Francioni** (**). Kleine Villa mit Aussicht (und Pool!) in *Porrena* (3 km). 14 Zimmer, DZ € 57 inkl. BF. Tel. 50 00 39, Fax 55 01 38.

• **La Pietraia.** Hübsches B&B auf einem Gut mit Blick auf Poppi. 5 Apts. € 62-77, Juli/Aug. € 72-93 inkl. BF. Pool. Via Aretina, Tel./Fax 52 05 62. www.lapietraia.com

Die Camaldulenser

Der Aretiner Graf *Maldolo* hatte Romuald durch eine Landschenkung die Gründung des Klosters ermöglicht, das fortan den Namen des Wohltäters – *Ca(sa di) Maldolo* – trug. Die benediktinische Kongregation gewann rasch an Bedeutung, sodass rund 100 Jahre nach ihrer Gründung der Papst die Camaldulenser und ihre strengen Regeln anerkannte. Neben Armut, Gebet, Arbeit und praktizierter Nächstenliebe gehörte von Anfang an auch die Verbreitung von Wissen zu den obersten Geboten des Ordens; die zur Zeit der Medici gegründete *Accademia Camaldolesi* veranstaltet noch heute regelmäßig Kongresse in den Räumen des Klosters.

Camaldoli

Wie ein schützender Gürtel umgeben dichte, unzugängliche Bergwälder (816 m) das von dem *hl. Romuald* 1012 gegründete **Benediktinerkloster.** Doch den asketischen Wahrheitssucher und seine Mitbrüder trieb es noch tiefer in die Einsamkeit; erst 6 km entfernt und 300 m höher fanden sie den idealen Ort für ihre Einsiedelei, den *Eremo di Camaldoli.* Die landschaftlich mit Abstand schönste Strecke zu der abgeschiedenen Abtei windet sich von Poppi aus in die Berge hoch (20 km).

Vor den wie eine Siedlung gruppierten 20 Einsiedlerhäuschen des **Eremo,** von denen 5 noch aus der Zeit des Gründers stammen sollen, ragt die vielfach erneuerte *Chiesa del Salvatore* mit ihren Zwillingstürmen auf; der barocke Stil, den sie heute zeigt, will freilich wenig zu der schlichten Zurückgezogenheit der Einsiedelei passen. Nicht versäumen sollte man, in der Vorhalle der *Madonna mit Kind* von Mino da Fiesole Aufmerksamkeit zu schenken.

Im tiefergelegenen **Monastero** (in rund 40 Min. auch gut zu Fuß erreichbar) scheint sich vornehmlich die historische *Apotheke* mit ihren „Klosterspezialitäten" großer Beliebtheit zu erfreuen (Mi geschlossen). Wie das zugehörige *Hospiz,* einst Waisen-, Kranken- und Gästehaus in einem, stammt sie aus dem Jahr 1513, doch Zeugnisse von Heiltätigkeiten der Mönche sind schon seit 1048 überliefert. Viele Wandlungen erfuhr im Lauf der Zeit die Klosterkirche, ehe sie ihr heutiges Aussehen im 17./18. Jh. annahm; im reich ausgestatteten Innern Gemälde u. a. von Vasari, darunter ein Porträt der Kirchenpatrone *Hilarius und Donatus.*

Praktische Informationen

- **Bus.** Mit *LFI* mehrmals tgl. von/nach Bibbiena (Bahnstation).
- **Museum.** *Eremo,* 9-11.15, 15-18 Uhr, So 9-11, 15-18 Uhr. *Monastero,* 8.30-12.30, 14.30-18.30 Uhr.

Unterkunft & Verpflegung

- In der **Foresteria** des Klosters gibt es Zimmer (um € 21 pro Bett), doch praktisch sind sie fast immer von Gruppen ausgebucht. Tel. 55 60 13, Fax 55 60 01.
- Günstig und zufriedenstellend sind die Herbergen mit Restaurant gegenüber dem Kloster, **La Foresta** (*) und **Camaldoli** (*), € 36/46, Tel./Fax 55 60 15 bzw. Tel. 55 60 19, Fax 55 60 73.

Bibbiena

Der **Hauptort des Casentino** und sein bedeutendstes wirtschaftliches Zentrum, dessen exponierte Hügellage bereits die Etrusker zu schätzen wussten, war im Mittelalter als Vorposten des nur 30 km entfernten Arezzo eine hart umkämpfte Stadt. Ihre Herren, die Bischöfe von Arezzo, konnten Bibbiena allerdings nur bis 1360 halten, danach fiel die Burg an Florenz.

Reste des *Cassero* sind noch am höchsten Punkt der Stadt, der **Piazza Tarlati,** zu sehen. Die *Chiesa Sant'Ippolito* gegenüber, eine Gründung des 12. Jh.s, bewahrt neben einer fast lebensgroßen Holzskulptur einer *Madonna* aus dem 13. Jh. ein bemaltes Kruzifix, das man lange Zeit Duccio zuschrieb; das spätgotische Polyptychon der *Thronenden Madonna* im Chor schuf Bicci di Lorenzo (um 1430). Aus der Zeit der Renaissance stammen der *Palazzo Dovizi* in der gleichnamigen Straße und die gegenüberliegende Kirche *San Lorenzo* mit Terrakottareliefs (Geburt Christi und Kreuzabnahme) aus der Schule der della Robbia.

Etwas nordöstlich (1,5 km) besaßen die Dominikaner von San Marco in Florenz ein Hospiz, das auf eine aufsehenserregende Marienerscheinung zurückging. In der heutigen Unterkirche von **Santa Maria del Sasso** ist noch der Fels *(sasso)* zu sehen, an dem die Jungfrau erschienen sein soll, worauf die Bewohner Bibbienas von der furchtbaren Pest von 1348 verschont blieben. Durch einen Brand 1486 zerstört, wurde das Hospiz nach Plänen des Renaissancekünstlers *Giuliano da Maiano* ebenso neu errichtet wie der von vier Säulen getragene *Tempietto* für das verehrte Gnadenbild im Innern. Um das Bildnis der *Madonna del Sasso* (um 1435) von Bicci di Lorenzo ranken sich wiederum Legenden, da es wunderbarerweise bei dem Brand unversehrt geblieben war.

Pieve di Sant'Antonino a Sócana

Wenige Kilometer südlich von Bibbiena, bei Rassina, liegt noch ein besonderes Exemplar der vielen ländlichen Pfarrkirchen des Casentino, die *Pieve a Sócana*. Das Besondere an Sócana ist, dass es seit mehr als **2500 Jahren** als Stätte ununterbrochener

Religiosität dient. Heidnische Kulte treffen sichtbar mit frühchristlicher Frömmigkeit zusammen; hinter der Apsis steht noch der monumentale Opferaltar der Etrusker, auf dessen Oberfläche man Rinnen für den Blutabfluss erkennen mag. Grabungen unter der Kirche haben die Existenz eines etruskischen Tempels nachgewiesen, und römische Spuren finden sich an der Basis des Glockenturms. Bereits im 6. Jh. errichteten Christen ein einfaches Gotteshaus, dessen Fragmente durch eine Glasplatte unter dem Altar der sorgsam restaurierten und von barocken Zutaten befreiten Pieve aus dem 10. Jh. zu sehen sind.

Praktische Informationen

- AR. 10.000. 425 m. **Tel. 05 75.**
- **Info.** Via Berni 23, außer So 8.30-13.30, 16-18.30 Uhr. Tel./Fax 59 30 98.
- **Markt.** Do.
- **Museen.** *Santa Maria del Sasso*, 7-12, 15-19.30 Uhr. *Pieve a Sócana*, im Sommer 8-13, 16-19, im Winter 9-12, 15-17.30 Uhr.

Verkehrsverbindungen

- **Zug.** Lokalzüge verbinden Bibbiena mit Arezzo und Stia.
- **Bus.** Mit *SITA* von/nach Florenz (über den Consuma-Pass), mit *LFI* nach La Verna und Camaldoli.
- **Entfernungen** (in km): Arezzo 30, Florenz 60, Poppi 6, La Verna 27.

Unterkunft & Verpflegung

- **Borgo Antico** (***) gilt als Bibbienas bestes Hotel; 13 Zimmer, DZ um € 72 inkl. BF., Via Dovizi 18, Tel. 53 64 45, Fax 53 64 47. www.brami.com
- Angenehm scheint auch das **Brogi** (***); im Restaurant-Garten sitzt man ungestört im Freien, günstiges Touristenmenü; 15 DZ ab € 36, Piazza Mazzoni 7, Tel. 53 62 22, Fax 53 62 23.
- Außerhalb des Zentrums liegt das **Giardino** (***) mit 22 DZ ab € 51 (Piazza Palagi 2, Tel. 59 31 94, Fax 53 64 73).
- **Il Bivio,** ist der unspektakuläre Name eines Landgasthauses an einer „Gabelung" der SS 208 Richtung La Verna (6 km). Drei Schwestern kochen ihre lokalen Gerichte (Pasta, Wild, Pilze) so, als ob sie für die Großfamilie kochen würden – und das schmeckt Italienern (und auch uns) immer noch am besten. Ruhetag Mo, Tel. 59 32 42.

La Verna

An einen karg aufragenden Felsgrat des *Monte Penna*, dem „heiligen Berg der Toscana", schmiegt sich in 1129 m Höhe das **Kloster** La Verna.

Ein Graf aus Chiusi, Orlando Cattani, dessen Leben sich durch die Begegnung mit einem abgerissenen Mönch radikal verändert hatte, schenkte diesem *Poverello* 1213 den Berg.

Der Mönch war **Franz von Assisi,** der mit einigen Anhängern in völliger Abgeschiedenheit die Nähe Gottes suchte, und dem hier 1224 ein Engel die Wundmale Christi aufdrückte. Der stigmatisierte Franziskus empfing das Wunder in Demut und machte wenig Aufhebens davon; zwei Jahre später, am 14. September 1226, verstarb er, erst 44jährig, bei Assisi.

Wir hatten uns den Besuch des Klosters allerdings anders vorgestellt. Vor lauter Gewusel und Gewimmel, singenden Jugendgruppen und knipsenden Touristenhorden nicht der leiseste Gedanke an Stille, Ruhe, Frieden, an alles, was Franziskus und seinen Mitbrüdern so kostbar war. Vielleicht sollte man sich besser an einem kühlen Herbsttag aufmachen (doch nicht zu spät, es kann hier tüchtig schneien), um dem Geist des Ortes nachzuspüren?

Nahe dem alten Eingangstor steht die kleine Kirche *Santa Maria degli Angeli,* deren Grundstein Franziskus noch selbst gelegt haben soll, gleich dahinter erhebt sich die **Chiesa Maggiore** (Hauptkirche) aus dem 15. Jh. mit ausnehmend schönen Terrakotten von *Andrea della Robbia*. In einer der rechten Seitenkapellen werden Reliquien des Heiligen aufbewahrt; ob Knochensplitter oder Gehstock, es wird alles verehrt, was mit ihm in Verbindung gebracht werden kann.

In einem verglasten Wandelgang erzählen *Fresken* die bereits legendären **Lebensstationen** des Heiligen: wie er die kostbaren Kleider seines Vaters zurückweist, sich wie ein Bettler kleidet und zu predigen beginnt, erste Anhänger findet und vor dem Papst erscheint, den Orden gründet, mit den Tieren spricht und selbst Bruder Wolf bekehrt und schließlich die Wundmale empfängt und aus dem Leben geht.

Der Korridor führt zur dritten Kirche, der *Chiesa delle Stimmate*. Ein Stein im Boden markiert die Stelle, an der das Wunder der Stigmatisierung stattgefunden haben soll und über der später die Kirche errichtet wurde. Weitere Stätten wundersamer Begebenheiten wie Grotten und Höhlen, in denen Franziskus meditierte, oder ein Fels, unter dem er zeitweilig hauste, können ebenfalls besichtigt werden.

Praktische Informationen

- **Santuario della Verna,** tgl. 7-19.30 Uhr.
- **Fest.** Am letzten So im Aug. wird in *Chiusi della Verna* an die Begegnung Francescos mit dem Grafen Orlando erinnert.

Unterkunft & Verpflegung

- Im Ort **Chiusi della Verna** (952 m) unterhalb der Klosteranlage befinden sich eine Reihe kleiner Hotels, die im Sommer gern von stadtflüchtigen Italienern aufgesucht werden.
- **Da Giovanna** (**) und **Bellavista** (**) liegen beide an der Hauptstraße Via San Francesco und haben DZ ab € 50; Tel. 59 92 75 bzw. 59 90 29.
- **Pastor Angelicus** ist eine zum Kloster gehörige Herberge am Ortsanfang mit einfachen DZ ab € 36, Tel. 59 90 25.
- Im Kloster selbst gibt es eine ausnehmend hübsche **Foresteria,** aber wer nicht Wochen oder Monate zuvor reserviert, hat in der Hauptsaison kaum eine Chance; mit HP um € 44 pro Person, Auskunft und Reservierung Tel. 53 42 10, Fax 59 93 20.

Wandern

Kurz vor dem Eingangstor zum Klosterbereich führt ein rotweiß markierter Rundwanderweg zum Gipfel des **Monte Penna** (1282 m); etwa 150 m Höhenunterschied, schattiger Weg, herrliche Aussicht, rund 45 Min.

Arezzo & Umgebung

Pieve di S. Maria, die älteste Kirche Arezzos
Kapuzinermönch von Eremo delle Celle
Der Palazzo Comunale in Cortona

Arezzo

„Der letzte mittelalterliche Krieg wurde 1943 und 1944 in Italien geführt. Gegen befestigte Städte auf berühmten Anhöhen, um die seit dem achten Jahrhundert gekämpft worden war, stürzten sich bedenkenlos die Heere neuer Könige... Wenn die Soldaten mit ihren Dienstfeldstechern in der gotischen Kirche von Arezzo hochschauten, trafen sie in den Fresken Piero della Francescas auf die Gesichter ihrer Zeitgenossen.“ (Michael Ondaatje, 1992)

Einst eine bedeutende Etruskersiedlung am Westabhang des Apennin, ist Arezzo heute eine typisch toscanische **Provinzhauptstadt** mit fast 100.000 Einwohnern. Gesichtslose Betonburgen und billige Wohnsiedlungen sind der erste, wenig einladende Eindruck, doch die ursprünglich terrassenförmig an einem Hügel angelegte Oberstadt um den Dom hat sich ihr mittelalterliches Aussehen weitgehend bewahrt.

Nach Pisa und Lucca war Arezzo die dritte toscanische Kommune gewesen, die sich das Recht nahm, Konsuln zu wählen; im 12. und 13. Jh. erlebte sie ihre Blüte als freie Stadtrepublik. Zu dieser Zeit entstanden das Rathaus, der Dom, die romanischen Kirchen, die prächtigen Palazzi, das Geburtshaus Petrarcas und die ganz und gar außergewöhnliche Piazza Grande mit ihren Turmhäusern und hölzernen Balkonen, die sich jeden ersten Sonntag im Monat in den größten Floh- und **Antiquitätenmarkt** der Toscana verwandelt.

Geschichte

Dank seiner außergewöhnlich günstigen **Lage am Kreuzungspunkt von vier Tälern** (Valdarno, Valdichiana, Val Tiberina und Casentino) erlangte Arezzo schon vor unserer Zeitrechnung Bedeutung. Vom 4. bis 2. Jh. v. Chr. hatten die **Etrusker** auf der *Collina di Pionta* südöstlich des heutigen Zentrums eine ihrer größten und mächtigsten Lukumonien (noch in frühchristlicher Zeit stand dort der Vorgängerbau des Doms), und unter **Kaiser Augustus** war *Arretium* ein namhaftes Zentrum des römischen Imperiums samt Forum, Thermen und Amphitheater, mit Rom und Florenz durch die *Via Cassia* verbunden und wirtschaftlich bedeutend wegen seiner im ganzen Reich hochgeschätzten korallfarbenen Vasen.

Bereits 270 erhielt die Stadt den ersten **Bischofssitz.** Ab etwa 1000 entwickelte sich Arezzo unter seinen Bischöfen, die als Feudalherren neben ihrer kirchlichen auch weltliche Macht ausübten, zu einer politischen und kulturellen Metropole ersten Ranges mit einer eigenen **Universität.** Lange bevor 1277 der heutige Dom begonnen wurde, bauten die Bürger der Stadt in Konkurrenz zu den Bischöfen die zentral gelegene *Pieve Santa Maria Assunta*, hinter der Ende des 12. Jh.s der Marktplatz, die *Piazza Grande*, entstand. In der *Schlacht bei Campaldino* 1289 wurde das kaisertreue Arezzo von den guelfischen Florentinern, auf deren Seite auch Dante kämpfte, besiegt und fortan zum Spielball fremder

Söldnerheere. 1337 wurde Arezzo zum ersten Mal, 1384 endgültig für 40.000 Gulden an Florenz verkauft (zum Vergleich: Prato 1351 für 17.000 Gulden). Von da an blieb seine politische wie kulturelle Entwicklung an Florenz gebunden.

Für die Medici war die Stadt, deren Bevölkerungszahl zudem unablässig abnahm, bedeutungslos; Machiavelli hätte sie, nach einer Rebellion ihrer Bürger, am liebsten dem Erdboden gleichgemacht. Erst im 19. Jh. erlebte Arezzo wieder einen Aufschwung durch die Anbindung an die Eisenbahnlinie Florenz – Rom (1862-1866).

Wirtschaftliche Bedeutung besitzt Arezzo heute vor allem durch seine Bau- und Bekleidungsindustrie sowie die **Schmuckherstellung;** pro Monat werden hier rund 11 Tonnen Reingold verarbeitet und in alle Welt exportiert.

Orientierung

Die **Via Garibaldi** umgibt halbkreisförmig das historische Zentrum und markiert den Mauerring, der Arezzo im 12. Jh. umschloss. Der fast pfeilgerade **Corso Italia,** der das Zentrum von Süd nach Nord durchläuft, war als *Borgo maestro* schon immer die Hauptachse von Arezzo. Er beginnt in der Unterstadt bei den *Bastioni di Santo Spirito,* Resten eines im 19. Jh. ausgebauten Stadttors des Seicento, und führt zunächst durch hässliches Neustadtgebiet, ehe er jenseits der *Via Garibaldi* als Fußgängerzone bis zum höchsten Punkt der Stadt, dem **Domplatz,** ansteigt.

Berühmte Aretiner

Jeder weiß, was ein Mäzen ist, aber dass der Namensgeber Gaius Clinius **Maecenas** (gest. 9 v. Chr.), Förderer von Horaz und Vergil, in Arezzo geboren wurde, weiß niemand. Auch von dem Benediktinermönch Guido (mit den Beinamen **Guido d'Arezzo** oder *Guido Monaco,* um 990-1050) haben die wenigsten gehört, dabei ist er der Erfinder der Notenschrift. Der Dichter und Humanist **Petrarca** (1304-1374; s. Abb. u.) wurde zwar in Arezzo geboren, besuchte seine Heimatstadt später aber nur noch einmal auf der Durchreise nach Rom. Der Maler-Architekt **Giorgio Vasari** (1511-1574) hingegen, der als Florentiner par excellence gilt, blieb sein Leben lang der Heimatstadt verbunden, heiratete eine Aretinerin und kaufte dort ein Haus. Die Maler *Margaritone* (1216-1293), **Spinello Aretino** (1333-1410) und dessen Sohn *Parri* (1387-1453) lebten und arbeiteten in Arezzo. Auch einen zynischen Chronisten seiner Zeit (oder wie er sich selber nannte, „Sekretär der Welt") brachte Arezzo hervor: **Pietro Aretino** (1492-1557), der später vornehmlich in Rom und Venedig lebte, wurde in ganz Italien wegen seiner kecken Schmähschriften und „präzisen Beschreibungen von Sexualakten" (Hermann Kesten) bewundert und angefeindet.

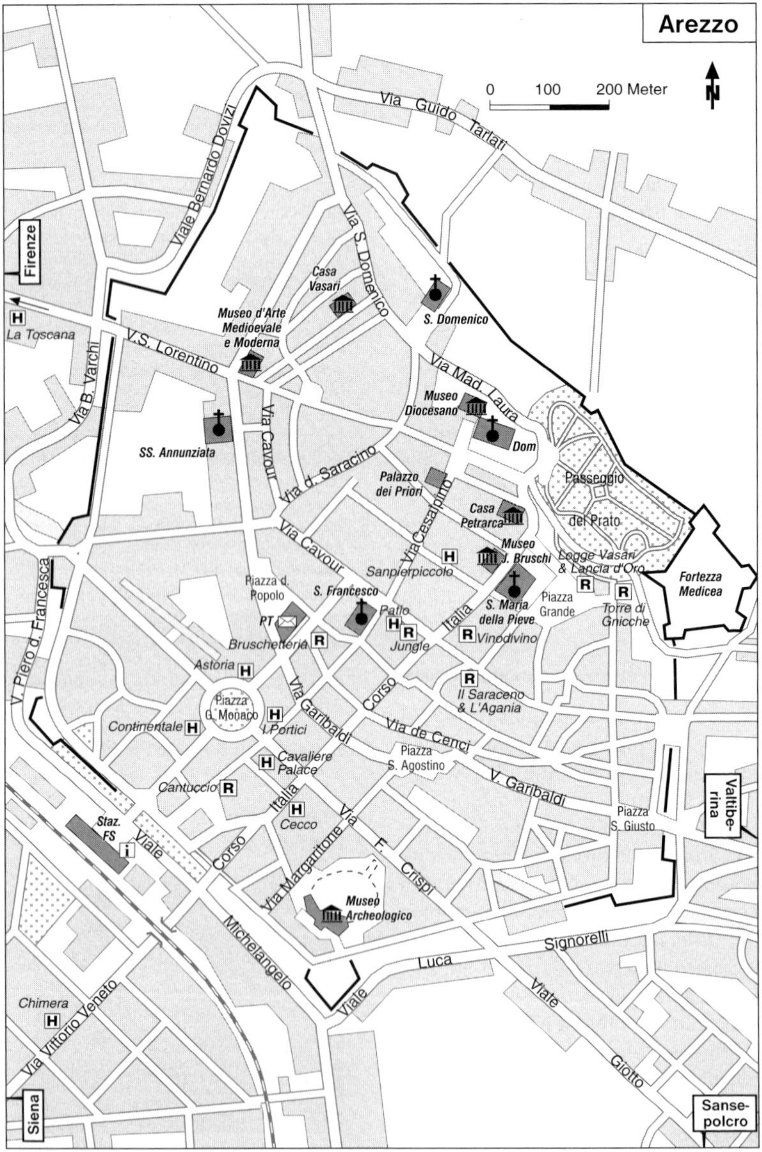
Arezzo
0
100
200 Meter
N
Via Guido Tarlati
Viale Bernardo Dovizi
Firenze
H
La Toscana
Via B. Varchi
V.S. Lorentino
Via S. Domenico
Casa Vasari
Museo d'Arte Medioevale e Moderna
S. Domenico
Via Mad. Laura
Museo Diocesano
Dom
SS. Annunziata
Via Cavour
Via d. Saracino
Palazzo dei Priori
Via Cesalpino
Casa Petrarca
Passeggio del Prato
Museo J. Bruschi
Logge Vasari & Lancia d'Oro
Fortezza Medicea
Sanpierpiccolo
Piazza d. Popolo
S. Francesco
Patio
Jungle
S. Maria della Pieve
Piazza Grande
Torre di Gnicche
Vinodivino
Italia
PT
Bruschetteria
Astoria
V. Piero d. Francesca
Piazza G. Monaco
Continentale
I Portici
Via Garibaldi
Corso
Il Saraceno & L'Agania
Via de Cenci
Piazza S. Agostino
Cavaliere Palace
V. Garibaldi
Cantuccio
Cecco
Piazza S. Giusto
Valtiberina
Staz. FS
i
Viale
Corso Italia
Via Margaritone
Via F. Crispi
Museo Archeologico
Michelangelo
Viale Luca Signorelli
Viale Giotto
Chimera
Via Vittorio Veneto
Siena
Sansepolcro

Am Corso zwischen Via Garibaldi und Via Cavour trifft man sich zur abendlichen Passeggiata, und hier liegen auch die chicen Geschäfte und teuren Antiquitätenläden. Die Reste der heutigen *Stadtmauer* stammen aus der Zeit der Medici und markieren halbkreisförmig die wichtigsten Umgehungs- und Hauptverkehrsstraßen mit dem Bahnhof.

Sehenswertes

San Francesco

Nicht die schönste (die Pieve) und nicht die bedeutendste Kirche der Stadt (der Dom) zieht die Besucher Arezzos in ihren Bann, sondern die unscheinbare Franziskanerkirche mit den weltberühmten Fresken des **Piero della Francesca.**

Das bescheidene Äußere des gotischen Backsteinbaus (1318-77), dessen einziger Schmuck ein Rundfenster des französischen Meisters *Guillaume de Marcillat* über dem Portal ist (s. a. Dom), steht in krassem Gegensatz zum reich freskierten Innern der einschiffigen Hallenkirche.

Über der Hauptattraktion sollte man z. B. nicht an den (soweit noch erhaltenen) Fresken des **Spinello Aretino** und seiner Schüler vorübergehen. An der Innenfassade hat sein Sohn *Parri* das *Gastmahl der Pharisäer* gestaltet, eine *Verkündigung* (um 1400) im rechten Schiff stammt ebenso wie die Darstellungen des *hl. Michael* in der rechten Chorkapelle von Spinello selbst (auf dem Altar ein Triptychon des Niccolò di Pietro Gerini, *Die Jungfrau reicht dem ungläubigen Thomas den Gürtel*), weitere Fragmente finden sich in den linken Seitenkapellen. Das bemalte Kreuz über dem Hauptaltar ist aus dem 13. Jh. und gilt als Arbeit des sog. *Maestro di San Francesco*, eine *Verkündigung* an der Seitenwand der linken Chorkapelle wird Luca Signorelli zugeschrieben.

Piero della Francesca (s. *Sansepolcro*, S. 361) erhielt den Auftrag zur Ausgestaltung der Hauptchorkapelle 1453 nach dem Tod Bicci di Lorenzos, den die Aretiner Kaufmannsfamilie Bacci zunächst mit der Arbeit beauftragt hatte. Thema des Freskenzyklus ist die von Jacobus de Voragine in der *Legenda aurea* erzählte **Kreuzeslegende** (s. S. 350/351) von ihren Anfängen in der Zeit der Genesis bis zur Rückführung des geraubtes Kruzifixes nach Jerusalem 615. Die Abfolge der 10 Bilder erscheint auf den ersten Blick willkürlich, folgt aber tatsächlich einem exakt durchkomponierten Schema, dem zufolge die Ereignisse auf den beiden Kapellenwänden miteinander korrespondieren (z. B. die Szenen 2/8, 4/6, 5/9). Die klaren, leuchtenden Farben, der ernste und feierliche Ton, die fast abstrakt zu nennende Bildsprache mit ihren geometrischen Grundformen, perspektivischen Bildräumen und Lichtdramaturgien, die Ruhe und Reinheit der Gestalten, die lyrische, luftige Weite der Landschaftsdarstellungen – ganze Bibliotheken widmen sich dem 300 qm großen Freskenzyklus, der zu den schönsten der Renaissance gehört und Piero auf einen Schlag zum „modernsten“ Maler des

Die Kreuzeslegende

Die „Erzählung" in San Francesco beginnt im oberen Feld der rechten Seitenwand (s. Schema r.).

1 Tod des greisen Adam, dahinter rechts Eva. Geradezu naturalistisch die fast nackten Alten und ihre Nachkommen. Der Erzengel Michael reicht Seth einen Zweig vom Baum der Erkenntnis, in Adams Mund gepflanzt wird ein Baum daraus. König Salomon lässt ihn für den Bau eines Tempel fällen, das Holz findet aber keine Verwendung und wird schließlich zum Bau einer Brücke benutzt.

2 Die Königin von Saba erkennt die Bedeutung des Holzes, kniet anbetend nieder und prophezeit Salomon, dass an ihm einer gekreuzigt werden wird, durch den das Reich der Juden ein Ende finden würde.

3 Salomon lässt das Holz vergraben, es wird aber trotzdem gefunden. Die Prophezeiung erfüllt sich. Nach dem Tode Christi wird das Kreuzesholz abermals vergraben.

4 300 Jahre später erscheint Kaiser Konstantin im Traum ein Engel, der ihm weissagt, dass er Maxentius besiegen wird, wenn er sich dem Kreuzeszeichen anvertraut („In diesem Zeichen wirst du siegen"). In der monumentalen Nachtszene, eine der ersten der europäischen Malerei, zeigt sich Pieros Genialität in der Behandlung von Licht und Schatten.

5 Konstantin (im Vordergrund mit einem weißen Kreuz in der Hand) bezwingt unter der Adlerfahne (Signum des Heiligen Römischen Reiches) Maxentius 313. Er bekehrt

sich zum Christentum und sendet seine Mutter Helena nach Jerusalem, das Wahre Kreuz zu finden.

6 Verkündigung Mariens. Die Szene gehört nicht zur Legende, sie ist eine von Pieros Abwandlungen.

7 Helena befragt den Leviten Judas, der den Ort des vergrabenen Kreuzes nicht preisgeben will. Nachdem sie ihn 7 Tage in einem Brunnen hat hungern lassen, verrät er die Stelle.

8 Auf Golgatha werden drei Kreuze zutage gefördert. Das Wahre Kreuz erkennt man daran, dass es einen toten Jüngling zum Leben erweckt. Im Bildhintergrund links das Heilige Jerusalem, das unverkennbar eine Darstellung Arezzos ist (s. Abb. l.)

9 Wieder 300 Jahre später raubt der Perserkönig Chosroes das Kreuz. Er verhöhnt es, indem er es mit Götzenbildern neben seinem Thron aufstellen lässt. Der byzantinische Kaiser Heraklius besiegt ihn in einer dramatischen Schlacht und lässt ihn enthaupten. Den knieenden König, der sein Urteil erwartet, umstehen drei Mitglieder der Stifterfamilie Bacci. Man nimmt an, dass ein Großteil des Bildfelds von Gehilfen Pieros ausgeführt wurde.

10 Heraklius bringt das Wahre Kreuz 615 nach Jerusalem zurück. Die Tore öffnen sich erst, als er seine Rüstung abgelegt hat und im Büßergewand um Einlass bittet.

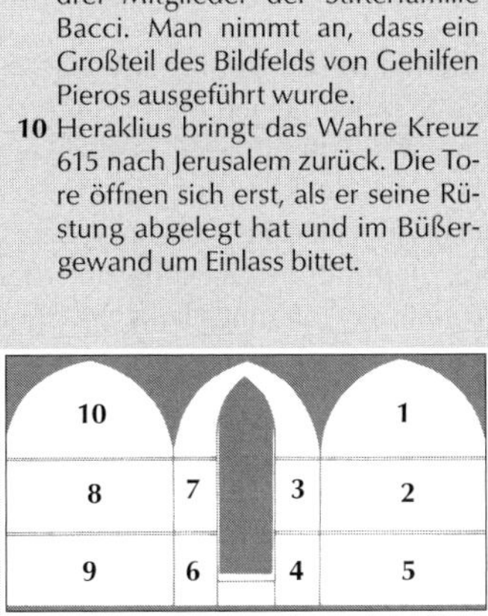

Quattrocento machte. Für die Ausmalung der Mittelapsis benötigte der Künstler mit seinen Gehilfen alles in allem ein gutes Jahrzehnt (1453-1464).

Im Traum Konstantins (der Züge des byzantinischen Kaisers tragen soll) und in den anspielungsreichen Schlachtenbildern (5 und 9) wird deutlich, dass Piero nicht nur eine Legende, sondern aktuelle Zeitgeschichte malte. 1453 war Konstantinopel von den Türken erobert worden, und der Kreuzzugsgedanke hatte, vor allem bei den Franziskanern, wieder stark an Aktualität gewonnen. Im „Zeichen des Kreuzes" sollten die Ungläubigen so wie damals wieder zurückgeschlagen werden. Eine Werbekampagne für Kreuzzüge, so man will.

Die aufwändige millimeterweise durchgeführte **Restaurierung** der Fresken, ist nach 15jähriger Arbeit (rd. 5,1 Mio. €) abgeschlossen. Wer die Fresken nicht nur vom Kirchenschiff aus, sondern aus nächster Nähe erleben will, muss sich zu einer Besichtigung im Chor (halbstündl., Audioguide in Englisch) rechtzeitig anmelden.

Pieve di Santa Maria

Die ganz aus Sandstein errichtete Marienkirche (Mitte 12. Jh.), allgemein nur als die *Pieve* (Pfarrkirche) bezeichnet, ist die älteste bestehende Kirche Arezzos. Ihre in einer späteren Bauphase im 13. Jh. entstandene, an Pisa und Lucca erinnernde **romanische Fassade** gilt als eine der schönsten der Toscana. Wie ein transparentes Gitter der hinteren Kirchenwand vorgestellt, drängen sich über 5 Blendarkaden im

Untergeschoss drei übereinander angeordnete Galerien zerbrechlicher, unterschiedlich ornamentierter Säulen, deren Zahl (von 12 auf 24 auf 36) sich zunehmend steigert, während ihr Abstand immer enger wird. Den Bogen des romanischen *Hauptportals* schmückt eine Darstellung der zwölf Monate, weitere Portalskulpturen zeigen Mariendarstellungen des Aretiners *Marchione* (1216) und die Taufe Christi. Der filigrane, fast 60 m aufragende **Campanile** (1330) wird von den Aretinern „Turm der 100 Löcher" genannt, auch wenn es nur 40 romanische Zwillingsfenster sind, die seine Fläche durchbrechen.

Der Turm der 100 Löcher

Das **Innere** mit drei Schiffen zeigt einen unregelmäßigen Grundriss, der auf Unebenheiten des Geländes zurückzuführen ist. Vasari hatte hier 1560 im Sinne des Barock tüchtig „aufgeräumt", doch heute ist der alte Zustand nahezu wiederhergestellt. Beachtung verdienen die *Kapitelle* der hohen Säulen mit menschlichen und tierischen Köpfen, das *Taufbecken* mit Reliefs zum Leben Johannes des Täufers von Giovanni d'Agostino und die beiden Flachreliefs (12./13. Jh.) mit Krippenszenen und der Anbetung der Könige an der Innenfassade.

In der restaurierten **Krypta** unterhalb des Presbyteriums, dem ältesten Teil der Kirche, befindet sich eine wertvolle edelsteinbesetzte *Reliquienbüste* (1346) von Bischof Donatus, dem Schutzpatron der Stadt.

Am Hauptaltar, den früher ein bemaltes Kruzifix des *Margaritone* (um 1260, jetzt im linken Chor) schmückte, bildet das **Polyptychon** (1320-24) des *Pietro Lorenzetti* den Höhepunkt der Besichtigung. Im Auftrag des Bischofs Guido Tarlati geschaffen, zeigt das wunderbar komponierte Tafelbild eine voller Zärtlichkeit auf ihren Sohn blickende Madonna, die umgeben ist vom Stadtpatron Donatus und dem Evangelisten Johannes links, Johannes dem Täufer und Matthäus rechts. Paarweise angeordnete Heilige und Apostel, überragt von je einer Heiligen schließen diese Gruppe ab. Das Feld über der Madonna wird mit einer für Pietro typischen, von der Himmelfahrt gekrönten *Verkündigung* auch thematisch beschlossen: Maria steigt zum

Himmel empor, um dort ihren Sohn wiederzufinden.

Eine kleine Kuriosität ist das Fresko an der linken Säule des Presbyteriums, das die rivalisierenden Ordensgründer *Franziskus* und *Domenikus* einträchtig nebeneinander zeigt und aus der Giotto-Schule des 14. Jh. stammt.

Piazza Grande

Gleich hinter der Apsis der Pieve begann im 12. Jh. der Marktplatz bzw. Gemeindeplatz *(platea communis)*. Im Lauf der Jahrhunderte wuchsen Gebäude der unterschiedlichsten Stilrichtungen – Geschlechtertürme, mittelalterliche Turmhäuser mit Holzbalkonen, elegante Palazzi – rund um den trapezförmigen und leicht abschüssigen Platz.

Neben der Rückfront der Pieve erhebt sich die Renaissancefassade des Justizpalastes, daneben schließt sich der von der Laienbruderschaft Misericordia errichtete **Palazzo della Fraternità dei Laici** an. Gotische Elemente im unteren Teil verschmelzen mit denen der Renaissance im Obergeschoss, Künstler wie Spinello Aretino (Fresko in der Lünette über dem Portal), Bernardo Rossellino (Schutzmantelmadonna im Giebelfeld des Portals) und Giorgio Vasari (Uhrturm) waren an der Ausführung beteiligt. Die Uhr (1552) zeigt Stunden, Tage und Mondphasen an.

Der **Palazzo delle Logge,** von Vasari „zur Ehre und zum Nutzen der Stadt" 1573-81 ausgeführt (davor die Rekonstruktion eines Schandpfahls), verbindet den Platz im Norden mit dem Corso Italia und dem wappengeschmückten **Palazzo Pretorio** aus dem 14. Jh.

Schon im 16. Jh. war die Piazza Schauplatz des in unserer Zeit wiederbelebten Reiterspiels **Giostra del Saracino.** Wenn am ersten Sonntag im September acht Reiter der vier Stadtviertel in historischen Kostümen die Holzfigur des Sarazenen mit Lanzen attackieren, gilt es, nicht von dem gefährlich auspendelnden Morgenstern der sich drehenden Figur getroffen zu werden. Das Stadtviertel mit der höchsten Punktzahl gewinnt die „goldene Lanze", 1535 war der Preis „eine Elle violetter Atlasseide".

An jedem ersten Sonntag im Monat quellen die Piazza Grande und die umliegenden Gassen außerdem von den Besuchermassen des größten und populärsten **Antiquitätenmarkts** der Toscana über.

Casa Petrarca

Unweit des Doms steht in der **Via dell'Orto** ein Haus mit dem klangvollen Namen Casa Petrarca, in dem der berühmte toscanische Dichter am 20. Juli 1304 mit Sicherheit jedoch nicht geboren wurde.

Nachdem das Original im 2. Weltkrieg fast völlig zerstört wurde, ist das heutige Gebäude eine Rekonstruktion aus dem Jahr 1948. Hier ist der Sitz der renommierten *Accademia Petrarca di Lettere, Arti e Scienze*, die seit 1974 den jährlichen Petrarca-Preis für Literatur verleiht. Zu sehen gibt es eine Bibliothek mit 20.000 Bänden, diverse Stiche, Briefe und Memorabilien. Den Brunnen auf der Straße vor dem Haus, den *Pozzo di Tofano*, erwähnt Boccaccio in seinem Decamerone.

Duomo San Donato

Vorbei am *Prato*, dem Stadtpark mit einem gewaltigen Petrarca-Denkmal (der Dichter blickt auf sein „Geburtshaus“) und den Überresten der von Sangallo konzipierten Medici-Festung am Südende, gelangt man zum höchsten Punkt der Stadt, auf dem sich der Dom erhebt.

Die Bauarbeiten für den am Schnittpunkt dreier Hauptverbindungswege errichteten Dom begannen 1277, als Arezzo noch eine freie Stadt mit ca. 15.000 Einwohnern war. Da sich die Geschicke bald änderten, zog sich die Fertigstellung bis ins 16. Jh. hin, Campanile und Fassade wurden gar erst im 19. bzw. 20. hinzugefügt. Anders als die Dome der anderen großen Stadtrepubliken besitzt der Bau weder Querschiff noch Kuppel und entstand eher unter dem Eindruck der Ordenskirchen. Am rechten Seitenportal des Doms befindet sich die Terracottengruppe *Muttergottes mit Stadtpatron Donatus und Papst Gregor X* von Lamberti (um 1400).

Auffallend im **dreischiffigen Innern** sind die farbenprächtigen *Glasfenster* mit Darstellungen aus dem Neuen Testament von *Guillaume de Marcillat*, dem aus Chartres stammenden Dominikanermönch, der von 1518 bis zu seinem Tod 1529 in Arezzo wirkte. Über dem Hauptaltar, dessen Unterbau noch vor 1289 zu datieren ist, steht ein reichverzierter spätgotischer *Marmoraufsatz* mit kunstvollen Reliefs sieneser, florentiner und aretiner Künstler des Trecento mit Szenen aus dem Leben des 240 in Arezzo geborenen Bischofs und Märtyrers Donatus, der unter Diokletian verfolgt und 304 enthauptet wurde.

In der rechten Chorkapelle werden seine Reliquien aufbewahrt, in der linken ist das Grabmal des Aretiner Papstes Gregor X (gest. 1276) zu finden. Im linken Seitenschiff hat **Piero della Francesca,** nachdem er mit den Fresken von San Francesco fertig war, eine kräftige *Maria Maddalena* im roten Umhang gestaltet. Ihr Haar, dem alle Künstler immer so gern Tribut zollen, hat Piero ganz detailverliebt einzeln über ihre Schultern gebreitet. Das monumentale Marmorgrabmal des Bischofs Guido Tarlati daneben (gest. 1328) drückt deutlich aus, dass er mindestens so sehr Herrscher wie Kirchenmann war; der omnipräsente *Vasari* hat die pompöse Orgelempore entworfen.

San Domenico

Von der Via Ricasoli aus lohnt ein Blick auf den wappenverzierten **Palazzo dei Priori** (1333, im Lauf der Jahre freilich vielfach restauriert). Kurz darauf biegt die **Via Sassoverde** zur 1275 begonnenen Dominikanerkirche am Rande eines weiten Platzes ab.

Die unvollendete Fassade mit der hochgezogenen Glockenwand wirkt so schlicht wie der einschiffige Innenraum mit bemalter Balkendecke. Die Wände waren einst von einheimischen Künstlern, allen voran Spinello Aretino und Sohn Parri, reich freskiert, wovon heute nur mehr Fragmente erhalten sind; eine Ausnahme bildet Spinellos *Verkündigung* in der rechten Chorkapelle. Von den Familienschreinen an den Seitenwänden ist als einzige die gotische *Dragondelli-Kapelle* (1370) geblieben, ihr Wandbild aus Sieneser Schule zeigt Jesus im Tempel mit den Schriftgelehrten.

Das überlebensgroße *Holzkruzifix* am Hochaltar ist neben dem (durch die Flut arg lädierten) von Santa Croce in Florenz das wichtigste und best erhaltene Werk des jungen **Cimabue.** Es entstand um 1265, noch vor Baubeginn der Kirche. In seiner Typisierung des Gekreuzigten verweist es noch auf byzantinischen Einfluss, innovativ dagegen ist die Darstellung von Maria und Johannes an den Enden des Kreuzbalkens.

Casa Vasari

Giorgio Vasari hat in seiner Geburtsstadt deutliche Spuren hinterlassen. Nicht immer kann man seine „Verschönerungen" als besonders geglückt bezeichnen, aber er hatte eben seinen besonderen Geschmack. Nach diesen Vorstellungen schmückte er ein hier erworbenes Haus mit Fresken aus und hat uns auf diese Weise das seltene Beispiel eines Wohnhauses im manieristischen Stil hinterlassen.

Im quadratischen *Saal des Abraham* ist vor allem die Decke sehenswert. Die Wandfresken der *Camera della Fama* zeigen einen ritterlich aussehenden Vasari umgeben von berühmten Künstlern, deren „Viten" er in diesen Räumen diktiert haben soll.

Casa Museo di Ivan Bruschi

Schon zu seinen Lebzeiten war das Haus von *Ivan Bruschi* (1920-1996), dem leidenschaftlichen Sammler und Initiator der *Fiera Antiquaria* (erstmals 1968), Treffpunkt internationaler Kunstkenner und Antiquitätenliebhaber. Jetzt kann auch die Öffentlichkeit bestaunen, welch immense Schätze sich während eines Sammlerlebens anhäuften; rund 500 Objekte unterschiedlichster Richtungen finden sich in der bemerkenswerten *Casa Museo.*

Museo d'Arte Medievale e Moderna

Die in dem 1445 von *Bernardo Rossellino* erbauten **Palazzo Bruni-Ciocchi** untergebrachte Gemäldegalerie gibt einen Überblick über toscanische Malerei und die nicht unbedeutenden Künstler der Region.

Margaritone d'Arezzo, einer der ersten bekannten einheimischen Künstler, ist mit Werken aus der Mitte des Duecento vertreten, darunter einem *San Francesco* in der Kutte der Franziskaner. *Niccolò di Pietro Gerini, Spinello Aretino* und Sohn *Parri* begegnet man in den folgenden Sälen. Von *Bartolomeo della Gatta* stammt eine Darstellung des *San Rocco* (1278) mit der Fraternità an der Piazza Grande im Hintergrund, natürlich noch ohne Uhrturm.

Eng mit Arezzo verbunden ist auch die *Madonna della Misericordia* von Neri di Bicci, deren Predella von der Gründung der Kirche Santa Maria delle Grazie erzählt. Von Luca Signorelli (*Anbetung des Kindes*, 1487), Rosso Fiorentino (*Madonna*, um 1520) und Giorgio Vasari (*Gastmahl des Ahasver,*

1548) bis zu Künstlern des 19. Jh. (Giovanni Fattori) reichen die Exponate im Obergeschoss.

Santissima Annunziata

Die Verkündigungskirche an der Via Garibaldi entstand Ende des 15. Jh.s. Ein Überrest des gotischen Vorgängerbaus nach Entwürfen des Mönchs *Bartolomeo della Gatta* ist das rechte Nebenportal mit dem Fresko einer *Verkündigung* (1370) von Spinello Aretino. Antonio da Sangallo d. Ä. versah 1520 die bedeutendste Renaissancekirche Arezzos mit einer Vorhalle, und der französische „Fensterspezialist" *Marcillat* schuf die eindrucksvollen Glasgemälde. Bei einem Rundgang im Innenraum trifft man am ersten Seitenaltar links wieder auf Vasari mit einer frühen *Kreuzabnahme* (1529).

Amphitheater & Museo Archeologico Mecenate

Über die Via Crispi im Südteil der Stadt gelangt man zu der Ruine des **römischen Amphitheaters** aus dem 2. Jh., das einmal 8000 Zuschauern Platz bot. Aus einem Teil der Tribüne und reichlich „Bauschutt" errichteten Olivetanermönche im 16. Jh. ein Kloster, das heute eine reichhaltige Sammlung aus der Zeit der Etrusker und Römer beherbergt.

Das bedeutendste Fundstück aus der etruskischen Zeit Arezzos, die bronzene **Chimäre** aus dem frühen 4. Jh. v. Chr., ist allerdings im Archäologischen Museum von Florenz untergebracht. Als der *lione* und andere Bronzen 1553 beim Bau der Stadtmauer gefunden wurden, ließ Cosimo I sie ohne Zögern nach Florenz bringen, wo die kunstvollen Arbeiten selbst Experten wie Cellini in Verzücken versetzten. Am Bahnhofsplatz ziert eine Kopie des seltsamen Fabelwesens in Löwengestalt, aus dessen Rücken der Kopf eines Ziegenbocks wächst und dessen Schwanz in einen Schlangenkopf ausläuft, einen Springbrunnen.

Interessant sind nicht zuletzt die Fundstücke aus spätrömischer Zeit, die im heutigen Stadtgebiet ans Tageslicht kamen: lebensgroße Statuen, ein Kopf der Livia, der Gattin Kaiser Augustus, außerordentlich gut erhaltene Mosaiken mit Jagdszenen und Wagenlenkern.

Der von den Römern so geschätzten *terra sigillata*, korallrotem Tongeschirr mit erhabener Verzierung, ist eine Sonderabteilung gewidmet.

Santa Maria delle Grazie

1428 besuchte Bernhardin von Siena eine Kapelle, die man über einer heidnischen Kultstätte mit wundertätigem Wasser errichtet hatte. Der Heilige ließ alle Spuren des Kults tilgen und beauftragte Parri di Spinello, eine *Schutzmantelmadonna* (Madonna delle Grazie) zu malen.

Für das Bild schuf Andrea della Robbia einen prächtigen Altar aus Marmor und Terracotta, um den wiederum *Benedetto da Maiano* 1480 eine Wallfahrtskirche mit elegantem Renaissance-Portikus baute. 2 km südöstl., erreichbar über Viale Michelangelo und Via Mecenate.

Praktische Informationen

- AR. 95.000. 296 m. **Tel. 05 75.**
- **Info.** *APT,* Piazza della Repubblica 28 (am Bahnhof), Mo-Fr 9-13, 15-18.30, So 9-12 Uhr, Tel. 37 76 78, Fax 2 08 39. info@arezzo.turismo.toscana.it.
- **Märkte.** *Fiera Antiquaria* (Antiquitätenmarkt) am ersten So des Monats rund um die Piazza Grande. *Wochenmarkt* Sa.
- **Post.** Via G. Monaco 34.
- **Fest.** *Giostra del Saracino,* traditionell am 1. So im September, seit neuestem auch am 3. So im Juni. *Concorso Internazionale Polifonico Guido d'Arezzo* (Chorwettbewerb) in der 2. Augusthälfte.

Verkehrsverbindungen

- **Zug.** Arezzo liegt an der Hauptstrecke Florenz-Rom (mit Verbindung bis München oder Napoli), auch Venedig, Mailand, Triest und Pistoia können *direkt* erreicht werden. Fahrkarten verkauft u. a. das Info-Büro am Bahnhofsplatz. Lokalbahnen verbinden mit Stia (über Bibbiena/Poppi) und Sinalunga (über Monte San Savino/Lucignano).
- **Bus.** 24 *Stadtbus*-Linien verkehren werktags 6-21 Uhr, Terminal und Info Viale P. della Francesca. Mit *LFI* von/nach Siena, Cortona, Grosseto, mit CAT nach Sansepolcro, mit SITA nach Florenz, mit SAM nach Urbino etc. Busterminal am Bahnhof.
- **Entfernungen** (in km). Bibbiena 31, Cortona 39, Sansepolcro 40, Perugia 74, Florenz 81, Urbino 110.

Unterkunft

- **Cavaliere Palace** (****). Intimes Haus in einer ruhigen Seitenstraße mitten im Centro Storico. Trotz einiger (umbaubedingter) Mängel eine gute Adresse. 27 Zimmer, DZ € 135 inkl. BF. Via Madonna del Prato, Tel. 2 68 36, Fax 2 19 25.

Die Chimäre, ein Wahrzeichen Arezzos

• **Patio** (****). Konzept-Hotel eines passionierten Globetrotters, dessen 7 DZ/Suiten in einem Stadtpalast des 18. Jh.s den Gast mit allem Komfort (AC, Jacuzzi) nach Australien, Marokko oder China entführen. Klingt spleenig, überzeugt aber! DZ € 176, Suiten ab € 224 inkl. BF. Via Cavour 23, Tel. 40 19 62, Fax 274 18. www.santaflora.it

• **I Portici** (****). Seide, Kaschmir, Damast – dem verwöhnten Gast soll es an nichts mangeln. Jedes der 8 DZ/Suiten im 4. Stock einer Familienresidenz ist daher auch mit Antiquitäten und Marmorbädern ausgestattet. DZ ab € 155, Suiten ab € 260 inkl. BF. Via Roma 18, Tel. 40 31 32, Fax 30 09 34. www.hoteliporti ci.com

• **Torre Santa Flora** (****) in *Subbiano* (10 km N). Geschmackvoll ausgebaute Kutschenstation des 12. Jh.s. mit intimen Salons, guter Küche und Pool mit Blick aufs Arnotal. 11 DZ € 144, 5 Suiten ab € 225 inkl. BF. Tel. 42 10 35, Fax 48 96 07. www.santaflora.it

• **Casa Volpi** (***). Rundum erfreulicher Familienbetrieb in schöner Villa mit Park 2 km vom Zentrum mit 15 komfortablen, leicht und zurückhaltend möblierten Zimmern und Suiten ab € 83. Gutes, preiswertes Restaurant mit vorzüglicher Hausmannskost, im Sommer auch im Freien. Loc. *Le Pietre*, Tel. 35 43 64, Fax 35 99 71. www.casavolpi.it.

• **Continentale** (***). Solide, wenn auch nicht sehr einfallsreich; 74 Zimmer, DZ € 98. Piazza Guido Monaco 7, Tel. 2 02 51, Fax 35 04 85.

• **Cecco** (**). Vom hässlichen Äußeren darf man sich nicht abschrecken lassen; 42 Zimmer, DZ ab € 57. Corso Italia 215, Tel. 2 09 86, Fax 35 67 30.

• Das **Astoria** (**) hat bessere Zeiten gesehen. 32 Zimmer, DZ ohne/mit Bad € 47/62. Via Guido Monaco 54, Tel. 2 43 61, Fax 2 43 62.

• **Foresteria Sanpierpiccolo.** Möblierte, teilweise freskierte Zimmer mit Pfiff in einem ehemaligen Serviten-Konvent. 12 EZ/DZ mit Bad p.P. € 28,40, auch HP/VP möglich. Ein Glücksgriff; unbedingt reservieren! Via Bicchieraia 32, Tel. 37 04 74, Fax 32 42 19.

• **Ostello Villa Severi**. Bett € 13, Mahlzeiten extra. Via F. Redi 13, Tel./Fax 29 90 47. www.peterpan.it

Essen & Trinken

• Keinesfalls versäumen sollte man die typische Aretiner Spezialität *scottiglia*, einen Fleischeintopf, in dem man im Herbst neben Huhn, Kaninchen und Lamm auch Wild finden wird, alles mit Kräutern geschmort und auf Brot angerichtet. Eine andere lokale Köstlichkeit ist Ente, Huhn, Taube oder Kaninchen *in porchetta*, also mit einer Kräuterfüllung wie beim gegrillten Schweinchen, das es auf jedem Wochenmarkt gibt.

• **Vinodivino.** So stellt man sich eine gute und zeitgemäße Trattoria vor: vorzügliche Produkte, verschlankte, den Jahreszeiten angepasste Traditionsküche, helle, intime Räumlichkeiten, freundlicher Service. Hauptgerichte um € 13. Im 1. Stock einer Villa am Corso Italia (No. 53). Ruhetag Mo. Tel. 32 31 81. Weiter Bestand hat die schöne, gleichnamige **Enoteca** (Via Cesalpino 10, Ruhetag So) mit ihren leckeren Snacks.

• **Bruschetteria Toscana.** Jung, unkompliziert, sympathisch, mit großer Sommerterrasse im Hof. Sehr gute Pastagerichte und lokale Spezialitäten, auch gute Auswahl an Fisch

Wappen am Palazzo Pretorio

und Meeresfrüchten. Secondi ab € 10, Ruhetag Di. Via di Tolletta 14, Tel. 29 98 60.

- An einem lauen Abend unter den Arkaden der Piazza Grande zu tafeln, gehört für manchen zum touristischen Höhepunkt. **Logge Vasari** (Ruhetag Di, 15 % Servizio, Tel. 2 58 94) und **Lancia d'Oro** (Ruhetag Mo, Tel. 2 10 33) liegen nebeneinander, haben beide eine ausführliche Speisekarte (auch Pizzen) und überdurchschnittliche Preise.
- Im **Cantuccio** sollte man Fleisch vom Holzkohlengrill bestellen, schmackhaft und auf den Punkt gegart wie selten. Primi ab € 5, Secondi ab € 8. Ruhetag Mi, Via Madonna del Prato 78, Tel. 2 68 30.
- **L'Agania.** Gemischter kann das Publikum kaum sein – Businessmen im Schlips und Handwerker in der Kluft, Aretiner und Touristen, es ist immer voll und es wird ungezwungen und flott gespeist. Primi und Secondi ab € 5; Experimentierfreudigen ist *grifi e polenta* (Ragout aus Kalbsbacken) zu empfehlen. Ruhetag Mo, Via Mazzini 10, Tel. 29 53 81.
- **Il Saraceno** zwei Häuser weiter ist etwas anspruchsvoller und im Preis ein wenig höher, Spezialität des Hauses ist die Steinpilzsuppe; Ruhetag Mi, Via Mazzini 6, Tel. 2 76 44.
- **La Torre di Gnicche.** Enoteca mit einer kleinen, aber feinen Speiseauswahl (Pasta, Suppen, Grifi all'Aretina); einige Tische draußen, nur abends, Ruhetag Mi. Piaggia San Martino 8, Tel. 35 20 35.
- **Jungle.** Multikulti mit Stil: Crossover-Cuisine in original (!) US-Dekor der 50er/60er Jahre. Sa 12-16 Uhr Jungle Buffet € 17. Ruhetag Di. **Bar** tgl. 18-2 Uhr. Via Cavour 23, Tel. 40 19 62.
- Eine gute **Gelateria** ist an der Ecke Via de'Cenci und Via Madonna del Prato.

Museen

- **Museo Archeologico,** Via Margaritone 10, 8.30-19.30 Uhr, € 4.
- **Museo d'Arte,** Via San Lorentino 8 (Ecke Garibaldi), 8.30-19.30 Uhr, € 4.
- **Casa Petrarca,** Via dell'Orto 28, außer So 10-12, 15-17 Uhr, frei.
- **Casa Vasari,** Via XX Settembre 55, außer Di 9-19, So 9-13 Uhr, frei.
- **Casa Museo Ivan Bruschi,** Corso Italia 14, außer Mo 10-13, 14-18 Uhr. € 3.
- **San Francesco,** 8.30-12, 14-18.30 Uhr. Fresken (Voranmeldung Tel. 2 40 01 oder via Internet: www.pierodellafrancesca.it) € 5.
- **Pieve di Santa Maria,** 8-13, 15-18.30 Uhr.
- **Duomo,** 7-12.30, 15-19 Uhr. Weitere Werke der Domausstattung sind im *Museo Diocesano* untergebracht, Do bis Sa 10-12 Uhr, € 2,60.
- **San Domenico,** Piazza S. Domenico, 9-18.30 Uhr.
- **SS. Annunziata,** Via Garibaldi 185, 8-12.30, 15.30-19 Uhr.
- **Santa Maria delle Grazie,** Via S. Maria, 8-19 Uhr.

Durchs Obere Tibertal nach Sansepolcro

Verlässt man Arezzo gen Nordosten über die SS 73, beginnt kurz hinter Anghiari das **Val Tiberina**, eine dünnbesiedelte fruchtbare Landschaft, die im Norden an die Marken und an die Region Umbrien grenzt, zu der sie schon mehr als zur Toscana gehört. Auch der Tiber, der am Monte Fumaiolo am Rand der Emilia Romagna entspringt, streift nur kurzzeitig toscanisches Gebiet, bevor er in umbrische Gefilde überwechselt.

In den ausgedehnten, z. T. unter Naturschutz stehenden Wäldern ist außer zahlreichen Rotwildarten auch noch bisweilen der Apenninwolf anzutreffen.

Monterchi

An der Grenze der Regionen liegt der Ort, dessen Name sich von *Mons Erculis*, Hügel des Herkules, einer Kultstätte der Etrusker und Römer, herleiten soll.

Wer in das kleine Bergstädtchen kommt, weiß was er sucht, nämlich eine berühmte „Schwangere“, die **Madonna del Parto** von **Piero della Francesca.** Pieros Madonna ist keine Himmelskönigin, sondern eine einfache Bürgersfrau in blauem Kleid, das wegen ihrer Leibesfülle an den Nähten schon offen steht. Sorgenvoll hält sie sich den angeschwollenen Leib, stützt sich in der Hüfte ab und scheint den Moment der Geburt ebenso herbeizusehnen wie zu fürchten. Zwei Engel, keine ätherischen, sondern ländliche Wesen in grünem bzw. rostbraunem Gewand mit roten und grünen Strümpfen halten die Vorhänge eines Baldachins auf.

Das Bild befindet sich heute leider nicht mehr in der Friedhofskapelle, wo Piero, dessen Mutter aus Monterchi stammte, es 1460 ausführte. Seit einer umfassenden Restaurierung ist die Madonna trotz heftiger Proteste der Bevölkerung in einem klimatisierten Glaskasten in der ehemaligen Schule des Orts zu besichtigen. Um den Eintrittspreis zu rechtfertigen, installierte man eine aufwändige Dokumentation (Schautafeln, Videos), von der ausländische Besucher freilich nur etwas haben, wenn sie genügend Italienisch verstehen.

Madonna del Parto in Monterchi

Praktische Informationen

- **Museo della Madonna,** Via della Reglia, außer Mo 9-13, 14-19, Nov. bis April 9-13, 14-18 Uhr, € 3,10.
- Das **Ticket** berechtigt auch zum Besuch des nicht uninteressanten *Museums der Waagen und Gewichte,* Via XX Settembre.
- **Al Trovato.** Ordentliche Regionalküche, Ruhetag Mo. Piazza Umberto I, Tel. 701 11.

Anghiari

Abseits der Hauptstraße erkennt man bereits von weitem die grandiose Silhouette der 430 m hoch gelegenen Hügelstadt. Der Nachwelt hat sie sich durch eine **Schlacht** im Jahr 1440 ins Gedächtnis eingeprägt, bei der die Florentiner die Mailänder *Visconti* besiegten und ihren Anspruch auf die östliche Toscana behaupteten (Leonardo da Vinci hat sie im Großen Saal des Palazzo Vecchio in Florenz festgehalten).

Das Leben des kleinen Städtchens spielt sich noch in denselben Mauern ab wie vor 500 Jahren, und wir konnten uns des Eindrucks nicht erwehren, dass damals wohl mehr Leben in den engen Gassen herrschte als heute. Selbst der *Palazzo Pretorio* aus dem 14. Jh. steht nur noch als bloße Sehenswürdigkeit da. Menschen trifft man noch am ehesten auf der weitläufigen Piazza IV Novembre aus dem 19. Jh. mit Stadttheater, Gelateria und Gedenkkapelle für die Opfer des 1. Weltkriegs.

Eine monumentale Passage verbindet mit der Via Matteotti, die pfeilgerade wie ein Strich durch die Landschaft auf *Sansepolcro* zuführt.

Praktische Informationen

- **Info.** Piazza del Popolo 9, **Tel. 0575-** 78 95 22.
- **Museum.** *Museo Taglieschi*, Piazza Mameli 16, außer Mo 8.30-19, So 9-13 Uhr, € 2.

Unterkunft & Verpflegung

- **La Meridiana** (***) in schöner zentraler Lage; akzeptable Küche (Ruhetag Sa). 22 Zimmer, DZ € 52, Piazza IV Novembre 8, Tel. 78 81 02, Fax 78 79 87.
- Am Ortsrand Richtung Sansepolcro liegt das komfortablere **Oliver** (***) mit 38 Zimmern (z. T. Terrasse), DZ € 62 inkl. BF. Via della Battaglia 16, Tel. 78 99 33, Fax 78 99 44.
- **Locanda Castello di Sorci.** Ländliche Trattoria vom Vergnüglichsten – im Sommer, wenn an langen Tischen im Freien geschmaust wird, herrscht regelrecht Volksfestatmosphäre. Es gibt nur ein Menü, jeden Tag der Woche ein anderes (drei Gänge), alles ist hausgemacht, reichhaltig und sagenhaft billig. Die begehrtesten Plätze sind auf den beiden Loggien (reservieren!), Ruhetag Mo. 3 km Richtung Monterchi. Tel. 78 90 66.

Caprese Michelangelo

Ein Abstecher in die Bergwelt des südlichen Casentino (18 km) führt in den kleinen Ort Caprese (1800 Einw.), der sich heute stolz Caprese Michelangelo nennt, da hier 1475 das Multitalent **Michelangelo Buonarroti** das Licht der Welt erblickte.

Michelangelo selbst scheint weniger stolz auf seinen Geburtsort gewesen zu sein, denn bereits als 18jähriger bezeichnete er sich strikt als „Fiorentinus". Die *Casa del Podestà* an der höchsten Stelle des Orts erhebt den Anspruch des „Geburtshauses", was nicht ganz unwahrscheinlich ist, da der Vater der Bürgermeister von Caprese war. Selbstverständlich beherbergt es ein Museum, doch Originale darf man natürlich nicht erwarten.

Unterkunft

- Das moderne **Cristallo** (***) mit Panoramablick am Ortsrand hat 8 DZ € 52; Via Pratolino 289A, Tel. 79 38 39.
- In der „Hauptgasse" versteckt sich die gemütliche **Buca di Michelangelo** (**); die 22 Zimmer, DZ € 52 sind oft ebenso ausgebucht wie das Restaurant (Ruhetag Mi) mit Aussichtsterrasse; Via Roma 51, Tel. 79 39 21, Fax 79 39 41.
- Das **Ostello Michelangelo** im Ortsteil *Fragaiolo* bietet Mai bis Sept. Schlafplätze zu € 10,30. Tel. 79 20 92, Fax 79 39 94.

Museen

- **Museo Michelangiolesco,** 9.30-18.30 Uhr, Nov.-Mai außer Mo 10-17 Uhr, € 2,10.

Borgo Sansepolcro

Die Industrie- und Handelsstadt an der Grenze zu den Marken wirkt so geordnet, weil alle ihre Straßen – mit Ausnahme der Hauptstraße und Fußgängerzone *Via XX Settembre* – im **Schachbrettmuster** verlaufen.

Piero della Francesca

In dieser wechselvollen Zeit kam – vermutlich um 1420 – der Sohn eines Tuchmachers auf die Welt, der Sansepolcro über die Grenzen Italiens hinaus bekannt machen sollte:

Obwohl Piero della Francesca in der florentiner Werkstatt des *Domenico Veneziano* in die Lehre ging, die bedeutendsten Künstler seiner Zeit kennen lernte und später in Rom und am Hof der Herzöge von Urbino und Ferrara arbeitete, zog es ihn immer wieder in die Heimat zurück. Hier, fern der großen Kunstzentren, entwickelte er seinen ganz eigenen und unverwechselbaren Stil, den sich Maler bis hin zu Picasso als Vorbild nahmen. In Sansepolcro ließ sich der wohlhabende Junggeselle einen Stadtpalast bauen und diktierte im Alter, nahezu erblindet, theoretische Traktate über die Geometrie, die Perspektive und die Mathematik, die seine Malweise so sehr beeinflusst hatten. Er starb 1492 in seiner Geburtsstadt, die sich heute stolz den Beinamen *Città di Piero* gibt. Sein Grab ist nicht erhalten.

Ihren Namen *Heiliges Grab* erklärt die Stadt damit, dass Kreuzfahrer im 10. Jh. Reliquien vom Grab Christi mitgebracht und ein Oratorium dafür gebaut hätten, um das sich ein mittelalterlicher Borgo bildete. Ehe 1441 Florenz den Ort aufkaufte, wurde er von diversen Machthabern beherrscht.

Das **historische Zentrum** von Borgo (denn so und nicht anders nennen die Einheimischen ihren Ort), ein Rechteck innerhalb z. T. gut erhaltener Stadtmauern mit vier Toren und Medici-Festung, ist klein und übersichtlich. Von der zentralen *Piazza Torre di Berta*, alljährlich im September Schauplatz eines Armbrust-Turniers, erreicht man mit wenigen Schritten sämtliche Sehenswürdigkeiten.

Rundgang

An der geschäftigen Via Matteotti gleich links vom Dom steht der manieristische *Palazzo delle Laudi* mit arkadenumstandenen Innenhof (heute Sitz der Stadtverwaltung). Durch die *Porta della Pesa* gelangt man zur Piazza San Francesco mit der gleichnamigen Kirche aus dem 13. Jh. und dem gegenüberliegenden Sanktuarium *Santa Maria delle Grazie*, dessen hölzerne Eingangsportale und schwere Holzdecke im Innern außergewöhnliche Zeugnisse kunstvoller Schnitzarbeiten sind.

Der Stadtpalast Piero della Francescas in der Via Aggiunti 71 (gegenüber ein Denkmal des Malers) wird auch als sein Geburtshaus bezeichnet, was aber mit Sicherheit falsch ist. Wenig weiter biegt rechts die *Via del Buon Umore* ein, die man allein wegen ihres schönen Namens („Gutelaunestraße") einmal gegangen sein sollte; sie stößt auf die Palazzi *Ducci del Rosso* und *Graziani* an der Via XX Settembre. Wer *San Lorenzo* mit seiner *Kreuzabnahme* (um 1530) von Rosso Fiorentino besuchen will, folgt der Straße Richtung Porta Romana und biegt links in die Via Luca Pacioli ein, an deren Ende die Kirche liegt.

Duomo San Giovanni

Der dem Evangelisten Johannes geweihte dreischiffige Bau ging im 11. Jh. aus einer Klosterkirche der Camaldulenser hervor und wurde 1515 von Papst Leo X. zum Dom geweiht. Hinter der strengen gotischen Fassade befand sich einst Piero della Francescas berühmte *Taufe Christi* (London, National Gallery), die die Mitteltafel des Triptychons von *Matteo di Giovanni* (Museo Civico) über dem Altar bildete. Als Ersatz dafür sieht man heute ein Pieros *Auferstehung* nachempfundenes, dem Sieneser Nicolò di Segna zugeschriebenes Polyptychon aus dem 15. Jh. In der linken Chorkapelle wird der *Volto Santo* verehrt (s. *Lucca,* S. 417); das Holzkruzifix mit der polychromen, aus Nussbaumholz geschnittenen Figur des Gekreuzigten geht auf die aus dem Orient stammende Tradition zurück, Christus als Priester und König, der den Tod überwunden hat, darzustellen. Ob Peruginos *Himmelfahrt Christi* nach ihrer Restauration im Dom verbleiben wird, ist noch nicht entschieden.

Museo Civico

Hauptziel kunstinteressierter Besucher ist das im ehemaligen Palazzo Comunale untergebrachte Museo Civico mit Werken von **Piero della Francesca,** dem aus Cortona stammenden **Luca Signorelli** und weiteren Künstlern der toscanisch-umbrischen Schule wie dem Einheimischen *Santi di Tito* (1536-1603), dem ein ganzer Saal gewidmet ist. *Resurrezione* (Auferstehung) heißt das Fresko Piero della Francescas (um 1459), das Aldous Huxley, der 1924 eigens um seinetwillen nach Sansepolcro gekommen war, als „schönste Malerei der Welt" bezeichnet hat. Wie ein Triumphator, das Banner des Kreuzes in der Hand, mit starrem, eindringlichem Blick, entsteigt Christus dem Grab, während die Wachen schlafen (in dem kräftigen Soldaten ohne Helm hat sich der Künstler selbst porträtiert). Im gleichen Raum sind noch die ausdrucksvollen Porträts der Heiligen *Giuliano* und *Ludovico da Tolosa* (um 1460) zu sehen. Ebenfalls von Piero stammt das Polyptychon der von Szenen der Passionsgeschichte umgebenen *Madonna della Misericordia* (Schutzmantelmadonna).

Im folgenden Saal beeindruckt die gewaltige *Prozessionsstandarte* (1505) Luca Signorellis mit einer Kreuzigung auf der Vorder- und Sant'Antonio Abate und Sant'Egidio, dem Schutzheiligen Sansepolcros, auf der Rückseite. Auch Matteo di Giovannis Seitentafeln, die einst Pieros *Taufe Christi* im Dom flankierten, sind hier verwahrt.

Praktische Informationen

- AR. 16.000. 330 m. **Tel. 05 75.**
- **Info.** Piazza Garibaldi 2, Tel./Fax 74 05 36, Mo bis Fr 10-12, 15.30-17.30 Uhr.
- **Museum.** *Museo Civico,* Via Aggiunti 65, tgl. 9-13.30, 14.30-19.30, Okt. bis Mai 9.30-13, 14.30-18 Uhr, € 6.
- **Markt.** Di und Sa Vormittag.
- **Fest.** *Palio della Balestra.* Ab Ende Aug. finden jeden So Wettbewerbe in historischen Kostümen auf der Piazza Torre di Berta statt, deren Höhepunkt am 2. So im Sept. das Armbrustschießen zwischen Sansepolcro und Gubbio bildet, bei dem auch die berühmten

Sbandieratori (Fahnenschwinger) Sansepolcros ihr Können zeigen.

- **Shopping.** Weberei *Busatti* (Hauptgeschäft in Florenz, www.busatti.com), Via Piero della Francesca 48A, Tel. 74 15 39.
- **Bus.** Mit *LFI* von/nach Umbrien (Città di Castello, Perugia), mit *SITA* von/nach Arezzo (Bahnstation) und Caprese Michelangelo (über Pieve S. Stefano).

Unterkunft

- **Borgo** (****). Modernes fünfstöckiges Haus 2 km vor der Stadt. Korrekt, gemütlicher als es aussieht. 76 Zimmer, DZ € 114 inkl. BF. Via Senese Aretina 80, Tel. 73 60 50, Fax 74 03 41. www.borgopalace.it
- **Oroscopo** (***). Villa in einem ruhigen Wohnviertel mit Spitzenrestaurant (s. u.) und 12 sehr schönen, sehr gepflegten DZ mit Stilmöbeln € 62-93 inkl. BF. Piazza Togliatti 68, (1,5 km Richtung Pieve San Stefano), Tel./Fax 73 48 75. www.relaisoroscapo.com
- **Fiorentino** (***). Das gemütliche alteingeführte Haus (seit 1807) bietet die beste Unterkunft innerhalb der Stadtmauern. 21 Zimmer, DZ € 70. Via L. Pacioli 60, Tel. 74 03 50, Fax 74 03 70. www.albergofiorentino.com
- **Da Ventura** (**). Zentrale Lage und bekannt gutes Restaurant, aber nur 7 Zimmer; DZ € 47. Via Aggiunti 30, Tel./ Fax 74 25 60.
- Unweit der Porta Fiorentina liegt das **Orfeo** (**) mit 14 Zimmern um € 49. Viale Diaz 12, Tel. 74 20 61, Fax 74 22 87.

Essen & Trinken

- **Fiorentino.** Gemütliches Resto im ersten Stock des gleichnamigen Hotels; man setzt auf Tradition (auch bei Coperto und 10 % Servizio) und pflegt die klassische Küche des oberen Tibertals (Lamm, Wild, Tauben, Steinpilze). Ruhetag Fr, Tel. 74 20 33.
- **Oroscopo.** Kreative toscanisch-umbrische Küche mit viel Trüffel, Pilzen, Wild, aber auch exzellenten Fischgerichten; nur abends, im Sommer auch im Freien. Secondi € 16-25. Ruhetag So. Tel. 73 48 75.
- **Da Ventura.** Nettes Lokal im gleichnamigen Hotel mit ausgezeichneter Regionalküche (Bistecca, Lamm, Taube, Kaninchen), in der Saison Pilze und Trüffel. Volles Menü um € 26. Ruhetag Sa. Tel. 74 25 60.
- **Il Convivio.** Moderne Osteria mit guter, bodenständiger Regionalkost, auch Vegetarisches, Menü um € 18. Ruhetag Di. Via Traversari 1, Tel. 73 65 43.
- **Enoteca Guidi.** Weithin gerühmte Schänke mit ausgesucht köstlichen Snacks (Wurst, Käse, Pasta, diverse Carpacci) und Weinen. Seit 2002 auch 6 Zimmer. Ruhetag Mi, Sa/So Mittag. Via Luca Pacioli 44, Tel. 73 65 87, info@enotecaguidi.com
- **Il Punto Macrobiotico** bietet preisgünstige vegetarische Küche; Fr ist Fischtag, Ruhetag So und Mo Abend. Via Giordano Bruno 48a.

Durch die Valdichiana nach Cortona

Die Chiana ist ein fauler Fluss. So träge, dass die Römer sogar überlegten, sie rückwärts fließen und statt in den Tiber in den Arno münden zu lassen. Daraus wurde nichts, denn das Gebiet versumpfte, so dass man 1551 beschloss, einen Kanal zu bauen und die Chiana zum Arno zu leiten. Dank des **Canale Maestro,** der allerdings erst im letzten Jahrhundert fertiggestellt wurde, ist das Chiana-Tal, von Dante noch als verpesteter Sumpf bezeichnet, heute fruchtbares Weideland, auf dem sich die berühmten weißen Rinder, die *chianine,* das optimale Fleisch für eine ordentliche *bistecca fiorentina* anfressen.

Monte San Savino

Das Städtchen auf einer mit Oliven bestandenen Anhöhe über dem Esse-Tal ist die Heimat des Bildhauers und Architekten Andrea Contucci (1460-

1529), den man den *Sansovino* nannte. An der **Piazza di Monte** mit dem hochragenden *Torre* von 1339 weist eine Tafel auf seine letzte Wohnstätte hin. Am Platz liegen Tauf- und Pfarrkirche nebeneinander, letztere mit einem von Sansovino entworfenen *Chiostro*. Ebenfalls von ihm ist die fünfbogige *Loggia dei Mercanti* mit ihren eleganten, zum Corso hin sich öffnenden Säulen gegenüber dem mächtigen Renaissancebau des **Palazzo di Monte,** den Antonio di Sangallo d. Ä. 1516 für Kardinal Antonio di Monte errichtete. Durch den Innenhof gelangt man zum *Giardino Pensile*, einem „hängenden" Garten mit Zisterne und schönem Blick über die Dächer.

Im Innern des heutigen Rathauses eine reich mit Schnitzwerk versehene Tür im 1. Stock, die dem größten „Holzkünstler" des 16. Jh.s, *Giovanni da Verona* (s. *Monte Oliveto,* S. 587) zugeschrieben wird. Wenig weiter beherrscht der trutzige *Cassero* die **Piazza Gamurrini.** In der danebenliegenden Kirche *Santa Chiara* sind Terracotten von Sansovino und aus der Werkstatt der della Robbia zu sehen.

Knapp vor der 1550 von Giorgio Vasari entworfenen *Porta Fiorentina* mit dem Medici-Wappen biegt rechts die **Via Zanetti** zum alten Ghetto mit der ehemaligen *Synagoge* ab. Eine bedeutende jüdische Gemeinde hatte sich schon seit dem 16. Jh. im Ort angesiedelt, 1799 wurde sie während der französischen Besatzung vertrieben.

Unweit (2 km) findet man das **Santuario di Santa Maria delle Vertighe,** eine Wallfahrtskirche aus dem 14. Jh., die wegen eines Altaraufsatzes des Aretiners *Margaritone* (1216-1293) besuchenswert ist. In der Mitte, noch ganz im starren byzantinischen Stil, thront eine *Madonna mit Kind,* umgeben von vier Bildern aus ihrem Leben (Verkündigung, Geburt, eine ganz ohne Pomp dargestellte Anbetung der Könige und Himmelfahrt).

Das **Castello di Gargonza,** ein winziges Festungsdorf 5 km westlich, beherrscht von der Höhe seines Hügels aus das Umland. Fast wäre es dem Verfall preisgegeben gewesen, hätten nicht Denkmalschützer die Initiative ergriffen und es in ein Ferien- und Studienzentrum verwandelt. Dante hielt sich hier zu Beginn seines Exils als Gast der Ubertini, der Herrn von Monte San Savino, auf.

Praktische Informationen

- AR. 7800. 330 m. **Tel. 05 75.**
- **Information.** *Proloco* Piazza Gamurrini 25, Tel. 84 30 98.
- **Museum.** *Museo del Cassero,* außer Mo 9-12, 15-18 Uhr, € 1,55.
- **Markt.** Mi.

Unterkunft

- Unmittelbar vor der Porta Fiorentina mit schönem Blick ins Chianatal liegt das **San Gallo** (***); 18 Zimmer, DZ € 66, Piazza V. Veneto, Tel. 81 00 49, Fax 81 02 20.
- Gar nicht schlecht ist das **Il Monte** (*) mit 7 DZ € 47. Via Aldo Moro 5, Tel. 84 44 44.
- **Baldovino di Monte.** Bezauberndes B&B mitten im Centro Storico mit 6 sehr stilvollen DZ € 90 inkl. BF. Corso Sangallo 13, Tel./Fax 81 02 92. www.baldovinodimonte.com

Essen & Trinken

- **La Terrazze,** natürlich mit schöner Terrasse, rundum gemütlich. Menu Turistico € 16/24. Ruhetag Mi; Via di Vittorio 2/4, Tel. 84 41 11.

- **La Badessa.** Frische, kreative Küche in den Räumen eines ehemaligen Klosters, ein Fisch- und ein Fleischmenü, köstliche Desserts. Mahlzeit um € 45. Ruhetag Mo/ Di mittags. Via Conte Cungi 60, Tel. 84 47 17.
- **Belvedere.** Rustikales Landgasthaus auf einem Hügel (Loc. *Bano),* Spezialität sind Pici, Chianina-Rind und Wildschwein. Ruhetag Mo, Tel.84 95 88.
- Alimentari, Bar, Ristorante in einem: **La Scuderia** in *Palazzuolo* deckt alle Grundbedürfnisse, die ländlich-deftige Küche ruft Erinnerungen an die Kochkunst der *Mamma* wach. Ruhetag Mi, Tel. 84 70 14.

Lucignano

Ein **Juwel mittelalterlicher Stadtbaukunst** liegt auf 390 m Höhe am Rand der Valdichiana. Umstellt von Stadtmauern und Toren, wölben sich die Steinhäuser des malerischen Weilers in elliptischen Ringen rund um die Festungstürme der *Rocca,* die dem Erzengel Michael geweihte *Collegiata* und die romanische Kirche *San Fran-cesco* – aus der Luft gesehen ein geschlossener Komplex wie aus dem Lehrbuch für harmonischen Städtebau. Ein rundum sympathischer Ort. Klein, aber fein ist das **Museum** im *Palazzo Comunale.* Vertreten sind Künstler wie Luca Signorelli (*Madonna, Stigmatisierung des hl. Franziskus*), Pietro di Giovanni und Bartolo di Fredi. Prunkstück der Sammlung ist der *Baum von Lucignano,* ein goldener Reliquienschrein des 15. Jh.s, von dessen mehr als 2 m hohen „Stamm" sich 24 mit fein gear-

Chianine – die berühmten weißen Rinder der Valdichiana

beitetem goldenem Blattwerk und korallenumrahmten Heiligenmedaillons geschmückte Äste ausbreiten.

Praktische Informationen

- **Tel. 0575.**
- **Markt.** Do.
- **Museum.** *Museo Comunale*, außer Mo/Mi 10-13, 14.30-18 Uhr, € 3.
- **Fest.** *Maggiolata Lucignanese* an den beiden letzten Maisonntagen; Umzug mit blumengeschmückten Wagen und Gesangswettbewerbe.

Unterkunft & Verpflegung

- Eine Oase im Zentrum der Ellipsen ist **Da Totò** (***). Im ruhigen Garten gibts sogar einen Pool, die angenehmen Zimmer (14) blicken ins Chianatal oder auf die aparte Freitreppe der Kollegiatskirche, und das **Restaurant** mit Tischen im Freien bietet exzellente Hausmannskost (Totò ist Verfasser eines vielbeachteten Werks zur traditionellen Küche). DZ € 78 inkl. BF. Piazza del Tribunale 6, Tel. 83 67 63, Fax 83 69 88.
- **La Rocca.** Osteria mit vorzüglichen Fleischgerichten (Lamm, Ente, Chianina-Rind); Ruhetag Di. Einige Zimmer für € 50. Via G. Matteotti 13, Tel./Fax 83 61 75.
- Wenige Kilometer außerhalb im Ortsteil *Pieve Vecchia* findet man eine der billigsten Übernachtungsmöglichkeiten der ganzen Toscana, die stattliche „Toscanaranch" **Lady Godiva** (*) mit Resto und florierendem Nightclub (tgl. 22-4 Uhr). 10 Zimmer, DZ € 20-26. Tel. 83 68 97, Fax 83 68 88.
- **Locanda dell' Amorosa** (****) 10 km südl. bei *Sinalunga*. Unaufdringliche Eleganz und liebevolle Perfektion in den Gebäuden eines feudalen Gutshofs aus dem 14. Jh. 14 DZ € 234-320, 6 Suiten € 365 inkl. BF. In den ehemaligen Stallungen ist das weithin gerühmte **Restaurant** untergebracht; *Cucina Casalinga* vom Feinsten in gepflegt-rustikalem Ambiente. Menü um € 52, Ruhetag Mo/Di mittags. Tel. 0577/67 94 97, Fax 63 20 01. www.amorosa.it.
- **Da Forcillo.** Wunderbares kleines Resto mit Sommerveranda, vorzüglichen Traditionsgerichten und supersympathischen Preisen (Ruhetag Mo). 5 Zimmer. *Sinalunga-Pieve*, Tel. 0577/63 01 02.

Castiglion Fiorentino

Der Name lässt keinen Zweifel, wer seit 1384 das Sagen hatte. Wo sich heute die Kleinstadt (11.200 Einw.) zwischen Arezzo und Cortona mit vortrefflicher Aussicht auf die Valdichiana ausbreitet, spähten schon Etrusker und Römer ihre Gegner aus, und Wehrtürme und Verteidigungsmauern mit Stadttoren umgeben noch immer den **historischen Stadtkern.** Von der *Porta San Michele* (davor die octogonale Wallfahrtskirche *Madonna della Consolazione* im Stil der Spätrenaissance) steigt die Via San Michele steil zum Hauptplatz mit dem *Palazzo Comunale* und den neun wappengeschmückten Bögen der *Logge del Vasari* auf und führt weiter zur *Pinacoteca* und zum höchsten Punkt mit dem *Cassero.* Die *Pinakothek* in der ehemaligen Kirche Sant'Angelo beherbergt eine sehenswerte Gemäldesammlung mit Werken von Taddeo Gaddi, Margaritone und Bartolomeo della Gatta.

Wenig südlich von Castiglion Fiorentino grüßt eine nahezu intakte Burg aus dem 11. Jh. mit 263 m langen Zinnenmauern und hohen Wehrtürmen von ihrem Hügel, das **Castello di Montecchio Vesponi.** *John Hawkwood* alias *Giovanni Acuto,* der berüchtigte englische Söldnerführer, der uns durch Paolo Uccellos Fresko im Dom zu Florenz bekannt ist, hatte hier im 14. Jh. sein Lehen.

Praktische Informationen

- **Info.** Proloco, Corso Italia 111, Tel. **0575/** 65 82 78.
- **Museum.** *Pinacoteca Comunale*, außer Mo 10-12.30, 16-18.30 Uhr, € 3.
- **Fest.** *Palio dei Rioni* am 3. So im Juni.
- **Zug & Bus.** Lokalzüge und *LFI*-Busse verbinden Castiglion Fiorentino mit Arezzo bzw. Cortona.

Unterkunft

- **Villa Schiatti** (***). Landgut im Grünen mit Superaussicht, Pool und Restaurant. 10 Zimmer, DZ € 77, Suite € 93 inkl. BF. Loc. *Montecchio* (5 km Richtung Cortona). Tel. 65 14 81, Fax 65 14 82. www.villaschiatti.it

Cortona

In beeindruckender Lage hoch über dem Chianatal bietet Cortona, eine der ältesten Städte Italiens, immer wieder neue **Panorama**-Blicke: Über die Valdichiana nach Monte San Savino, nach Umbrien zum Trasimenischen See und bis zu den Vulkanhängen des Monte Amiata. Es ist nur allzu verständlich, dass sich die Etrusker hier wohlfühlten und mittelalterliche Fürsten sich um die strategisch so günstig gelegene Stadt rissen.

Und mittelalterliches Gepräge – steile Gassen, schmale Treppen, terrassenförmig angelegte Plätze – bestimmt noch heute das Bild der Stadt, die stolz darauf ist, dass *Luca Signorelli* (1445-1523) in ihren Mauern geboren ist.

Geschichte

Der bereits bei Livius in der Schilderung der Schlacht am Trasimenischen See erwähnte Name geht auf das in einer Inschrift überlieferte *Curtun* der **Etrusker** zurück, deren Spuren sich bis ins 8. Jh. v. Chr. verfolgen lassen. Gräberfunde in der Umgebung und bis heute erhaltene Teile der Stadtmauer lassen vermuten, dass Cortona dem **Zwölfstädtebund** angehörte. Im 4. Jh. schloss die Stadt ein Bündnis mit Rom, das die Bewohner in der Folge zu römischen Bürgern machte. Nach dem Niedergang des Römischen Imperiums fielen 450 n. Chr. die **Goten** ein und sorgten dafür, dass die Stadt jahrhundertelang in Vergessenheit geriet.

Erst im 12. Jh. erlangte Cortona den Status einer freien Kommune, wurde 1325 **Bischofssitz** und erlitt nach einer kurzen Blütezeit das Schicksal nahezu aller Städte der Region, als es 1411 für die beachtliche Summe von 60.000 Gulden an Florenz veräußert wurde und danach verfiel. 1556 ließ Cosimo I am höchsten Punkt der Stadt die *Fortezza Girifalco* errichten.

Orientierung

Parken außerhalb der Stadttore ist ein Muss. Es macht keinen Unterschied, ob man vor der Porta Sant'Agostino, Santa Maria oder Colonia hält, alle Straßen führen zur **Piazza della Repubblica,** dem *centro* schlechthin. Von dort lädt die Hauptgeschäftsstraße **Via Nazionale** (mit Infobüro) zum Bummel zur aussichtsreichen **Piazza Garibaldi** am südlichen Ortsende ein.

Der höchste Punkt der Stadt der Höhenunterschiede liegt bei der Festung im Nordosten, der niedrigste bei der Piazza Garibaldi.

Sehenswertes

Palazzi

Blickfang der anheimelnden *Piazza della Repubblica* ist zweifellos der **Palazzo del Comune** mit breiter Freitreppe und zinnenbekröntem Uhrturm. Die erste Erwähnung des Rathauses datiert von 1241, entscheidende Veränderungen wie Fenster, Treppe und Turm kamen erst im 16. Jh. hinzu. Auch der *Palazzo del Popolo* gegenüber hat mehrfache Umbauten erfahren. Nur wenige Schritte entfernt, aber schon auf dem nächsten Platz, der *Piazza Signorelli*, schließt sich der **Palazzo Pretorio** an, der ursprünglich als Privatpalast der *Casali*, einer der

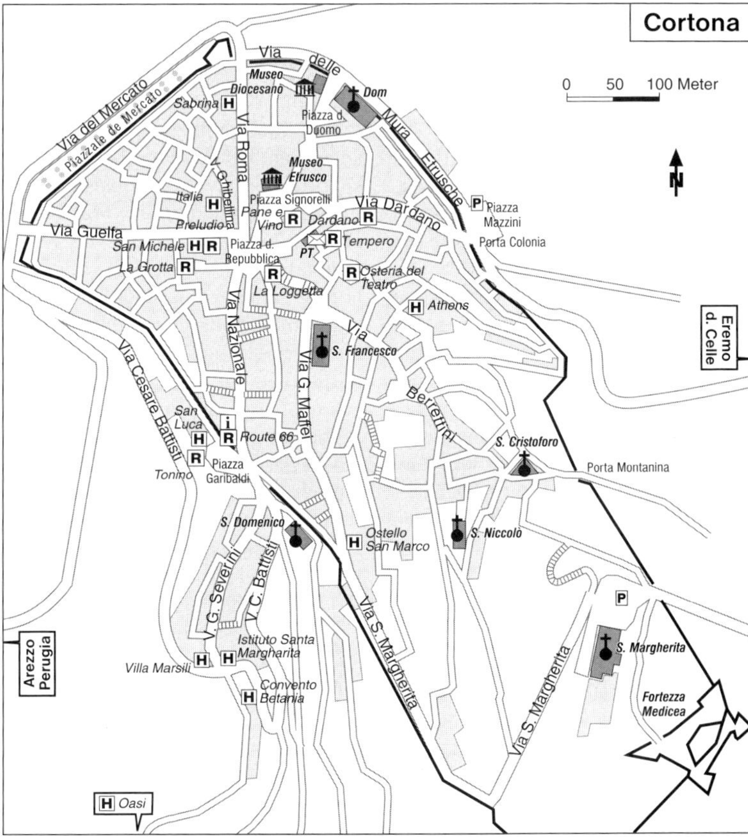

mächtigsten Familien im Cortona des 14. Jh.s, errichtet wurde. Die 1613 von Filippo Berrettini frühbarock umgestaltete Fassade sowie den Innenhof zieren Wappen der ab 1411 amtierenden florentiner Statthalter.

Museo dell'Accademia Etrusca

Das Museum der 1727 gegründeten Akademie zeigt in 16 Sälen auf zwei Stockwerken Exponate verschiedenster Epochen, von ägyptischen Schaustücken aus dem zweiten Jahrtausend vor unserer Zeitrechnung bis zu Werken des aus Cortona gebürtigen Futuristen *Gino Severini* (1883-1966).

Das Hauptaugenmerk aber gilt etruskischen Funden der Umgebung. Gleich im Hauptsaal hängt in einem Tempietto der berühmte, 1840 nahe der Stadt gefundene **Leuchter von Cortona,** eine bronzene Grablampe aus dem fünften vorchristlichen Jh., dessen 16 mit Olivenöl gespeisten Brennstellen reich mit mythologischen Figuren - Sirenen und Satyrn - dekoriert sind. Weiter werden seltene etruskische Münzen, Aschenurnen, Gebrauchs- und Schmuckgegenstände, Bronzestatuetten sowie das kleine rechteckige Bronzestück, das deutlich die Inschrift *curtun* erkennen lässt, gezeigt.

Sakrale Gemälde von Neri di Bicci, Luca Signorelli, Bartolomeo della Gatta und Bicci di Lorenzo sind ungeordnet über verschiedene Räume verteilt.

Piazza del Duomo

Nur wenige Schritte weiter und der nächste Platz mit herrlicher Aussicht öffnet sich, die *Piazza del Duomo* mit Bischofspalast, Dom und Chiesa del Gesù, die heute das Diözesanmuseum beherbergt. Der **Dom Santa Maria** wurde Ende des 15. Jh.s anstelle einer frühromanischen Pieve nach Entwürfen von *Giuliano da Sangallo* im Stil der Frührenaissance erbaut. Im dreischiffigen Innern barocker Hochaltar sowie Gemälde von Alessandro Allori und aus der Werkstatt Luca Signorellis.

Museo Diocesano

Das Diözesanmuseum in der ehemaligen, durch einen Umbau im frühen 16. Jh. mit zwei übereinanderliegenden Schiffen versehenen Jesuskirche ist ein Juwel der Kleinstadt. Die meiste Beachtung erfährt **Fra Angelicos** *Verkündigung* (1433/34). Maria empfängt die Botschaft in einer Loggia inmitten eines blühenden Gartens, im Bildhintergrund links oben ist die Vertreibung aus dem Paradies dargestellt; keine willkürliche Ausschmückung, sondern folgerichtige Verbindung. Des Menschen Sündhaftigkeit erfordert Gottes Versöhnung in Gestalt seines Sohnes.

In einem weiteren Werk des seliggesprochenen Dominikanermönches lassen sich in der farbenfrohen Predella Landschaften aus der Umgebung Cortonas (Trasimenischer See, Castiglion del Lago) identifizieren.

Pietro Lorenzetti ist mit einer *Thronenden Madonna* (um 1320) vertreten, um deren Sitz sich vier Engel scharen (eine ähnliche Darstellung findet man in den Uffizien). Aus der gleichen Schaffensperiode Pietros stammt ein

gemaltes Kruzifix in Saal 2 und ein weiteres am Ende der Treppe, die zum ehemaligen Oratorium der Jesuskirche mit Fresken aus der Vasari-Schule führt. Auf etwa 1335 ist eine *Madonna mit Kind* zu datieren, die gerne Duccio di Buoninsegna zugeschrieben wird, was aber selbst die Verantwortlichen des Museums anzweifeln. Die noch heute verehrte Ortsheilige *Margherita* und Szenen aus ihrem Leben stellte kurz nach deren Tod 1297 ein unbekannter lokaler Künstler dar. Ein weiteres Highlight ist eines der seltenen Polyptychen des genialen Sienesen **Sassetta.**

Luca Signorelli hat in der ursprünglich für den Dom bestimmten *Kreuzabnahme* nach Meinung vieler Experten eine seiner besten Arbeiten geschaffen. Auf den Betrachter wirkt besonders der Kontrast zwischen der blühenden (toscanischen) Landschaft und den schmerzvollen Zügen der biblischen Figuren im Vordergrund.

Ein steiler Weg führt zu San Cristoforo

Vom Domplatz auf & ab

Über die *Via del Gesù* abwärts gelangt man in die stimmungsvolle *Via Ianelli*, in der die Zeit seit dem Mittelalter stehengeblieben zu sein scheint. Unweit davon an der *Porta Santa Maria* (Via Roma stadtauswärts) sind noch etruskische Mauerblöcke auszumachen, die zum beträchtlichen Teil das Fundament des mittelalterlichen Mauerrings bildeten (die Etruskermauer aus dem vierten vorchristlichen Jh. hatte eine Länge von 2600 m).

Bergauf führt über die Via Maffei die *Via Berrettini*, vorbei am Geburtshaus

(No. 33) des Architekten und Barockmalers Pietro Berrettini, genannt *Pietro da Cortona* (1597-1669). Zuvor noch liegt *San Francesco,* eine der ältesten Franziskanerkirchen, 1245 von *Elia Coppi,* einem Ordensbruder des Franziskus, gegründet.

Noch älter als San Francesco ist das weiter östlich gelegene Kirchlein **San Cristoforo,** dessen Ursprünge bis auf das Jahr 1192 zurückverfolgt werden können. Von dort sind es nur wenige Schritte zur massiven, noch halb etruskischen *Porta Montanina,* von der aus man einen herrlichen Blick in die weite Landschaft genießt.

Steil, aber schön geht der Weg weiter zur höchstgelegenen Kirche Cortonas, dem 1897 zu Ehren der Ortsheiligen errichteten **Santuario di Santa Margherita.** Im „neogotischen" Innern der stattlichen Wallfahrtskirche ein von Pietro da Cortona entworfener silberner Reliquienschrein mit den Gebeinen der 1297 in dem von ihr gegründeten Spital verstorbenen Heiligen; Reliefs an ihrem Wandgrab (1362) erzählen von ihrer Vision, ihrer Buße und ihrem Tod.

Die von Gino Severini mit 15 Leidensstationen Christi versehene *Via Crucis* (d. i. Via Santa Margherita) führt mit schönen Panoramablicken zurück zur Piazza Garibaldi.

San Niccolò

Die dem hl. Nikolaus geweihte Kirche (15. Jh.) mit der anmutig schlichten Vorhalle – manche sehen in ihr die schönste Kirche Cortonas – ist vor allem wegen ihrer beidseitig bemalten **Prozessionsstandarte** von Luca Signorelli sehenswert; auf der Vorderseite eine expressive *Grablegung Christi,* auf der Rückseite die *Madonna mit den Aposteln Petrus und Paulus.* Das Fresko am Eingang, das gleichfalls Signorelli zugeschrieben wird, wurde 1847 durch Zufall freigelegt.

San Domenico

Außerhalb der Stadtmauer, nahe der Piazza Garibaldi, liegt die **Klosterkirche der Dominikaner** im einfachen Stil der Bettelordenskirchen. 1415 fand hier der junge Fra Angelico Zuflucht. Den Hochaltar schmückt ein bedeutendes, ursprünglich für San Marco in Florenz bestimmtes spätgotisches *Triptychon* (1402) des Lorenzo di Niccolò di Gerini mit einer zentralen *Marienkrönung.*

Etruskergräber

Unweit der von einer großen Kuppel gekrönten Renaissance-Kirche *Madonna del Calcinaio* unterhalb von Cortona versteckt sich zwischen Zypressen die **Tanella di Pitagora.** Mit dem griechischen Philosophen Pythagoras von Croton hat sie freilich nicht das mindeste zu tun (irgendwann muss jemand Croton mit Cortona verwechselt haben und eine Legende entstand). Tatsächlich ist die „kleine Höhle" eine spätetruskische Grabanlage (4.-1. Jh.) mit kreisförmiger Plattform, die eine rechteckige, von Steinblöcken bedeckte Grabkammer trägt; im Innern Nischen für sechs Aschenurnen.

Weitere Gräber liegen beim Vorort **Sodo** (an der Straße nach Arezzo, Hinweisschild).

Eremo delle Celle

Ein **magischer Ort,** den bislang glücklicherweise nur wenige Fremde aufsuchen. (Auch wir hatten nicht viel erwartet, und waren umso mehr überrascht.) Gerade mal 4 km von Cortona entfernt ist man in einer anderen Welt. Das idyllische Tal längs eines Gießbaches präsentiert sich so verschwiegen und weltabgeschieden wie eine **Einsiedelei** nur sein kann. Allein Wasserrauschen und Vogelgezwitscher durchbrechen die Stille. Wie muss es erst 1211 gewesen sein, als Franziskus zum ersten Mal hierher kam, zunächst in den Grotten am Bach hauste, und später mit seinen Schülern eine erste Zelle errichtete. Die karge, winzige *Cella*, die Franz nach seiner Stigmatisierung noch einmal aufsuchte, ehe er als Sterbender 1226 nach Assisi zurückkehrte, ist in ihrer Urform erhalten und kann besichtigt werden.

In dem kleinen, am Fels klebenden Konvent aus dem 16. Jh. leben heute Kapuzinermönche, die im Sommer Seminare zu verschiedenen Themen anbieten. Auskunft erhält man unter Tel. 60 33 62, Fax 60 10 17.

Abbazia di Farneta

Ohne den Spürsinn und das unermüdliche Engagement eines umtriebigen Priesters, der sich selber augenzwinkernd in eine Reihe mit Don Camillo stellt, wäre die Abtei von Farneta 10 km westlich von Cortona heute wohl nichts weiter als ein nichtssagender Schutthaufen. *Don Sante Felice* ist es zu verdanken, dass die scheinbar unbedeutende Kirche, die er als junger Mann übernahm, sich inzwischen zu einer wahren Fundgrube der Kunstgeschichte gemausert hat.

Als Don Sante anhand alter Akten nämlich erfahren hatte, dass „seine" Kirche eine der ältesten der Gegend sein müsse, begann er zu graben, Verkleidungen abzunehmen und Verschüttetes freizulegen. Was in jahrelanger Schufterei endlich ans Tageslicht kam, kann sich sehen lassen. Unbestreitbarer Höhepunkt ist eine wunderbare **Krypta** aus dem 9. Jh. mit von römischen Säulen gestützten Tonnen- und Kreuzgewölben.

In einem kuriosen **„Museum"** neben dem Pfarrhaus sind Don Santes tragbare Schätze zu besichtigen, ein liebenswertes Sammelsurium von Kunstschätzen, Krimskrams und Trödel, von paläontologischen Fossilien und etruskischen Urnen bis zu römischen Münzen und mittelalterlichen Raritäten wie Terracotten von Petrus und Paulus aus

Farneta – romanischer Figurenschmuck

dem 14. Jh. Den kapitalsten Fund des rührigen Priesters muss man freilich in Florenz besuchen (Museo della Preistoria): „Linda", eine Elefantendame, ruhte 2 Millionen Jahre nahe seiner Kirche, bis Don Sante ihr Skelett entdeckte.

Praktische Informationen

• AR. 22.600. 494-651 m. **Tel. 05 75.**

• **Info.** *APT*, Via Nazionale 42, tgl. außer So. Tel. 63 03 52, Fax 63 06 56. info@cortonantiquaria.com

• **Internet.** *Route 66*, Piazza Garibaldi 3. www.route66.cortona.com.

• **Sprachkurse.** Polymnia (seit 1999). Vicolo Boni 18, Tel. 61 25 82. www.polymnia.net

• **Markt.** Sa, in Camucia Do.

• **Feste.** Fast jeden Monat findet eine andere *Sagra* statt, in deren Mittelpunkt je nach Jahreszeit Schnecken, Wildschwein oder Kastanien stehen; populär ist die *Sagra della Bistecca* am 14./15. Aug. *Antiquitätenmesse* vom letzten Augustwochenende an (14 Tage). *Giostra dell'Archidado*, Bogenschützenfest in historischen Kostümen an Pfingsten.

Verkehrsverbindungen

• **Zug.** Bahnhof *Camucia* der Linien Bologna–Florenz–Rom und Florenz–Arezzo-Castiglion Fiorentino–Chiusi Scalo ca. 5 km südl. vom Zentrum. Bahnhof *Terontola* der Linie Arezzo-Perugia ca. 11 km südlich. Buszubringer ab der Piazza Garibaldi verbinden mit den Bahnhöfen.

• **Bus.** Mit *LFI* von/nach Florenz, Arezzo, Castiglion del Lago.

• **Entfernungen** (in km): Castiglion Fiorentino 11, Arezzo 30, Perugia 55, Sansepolcro 60, Assisi 70, Siena 80, Florenz 107.

Unterkunft

Hotels im Stadtgebiet

• **Villa Marsili** (****). Von außen fast unscheinbar, präsentiert sich die 2002 eröffnete Herberge in einem Stadtpalast des 18. Jhs. (vormals u. a. Schule) großzügig und luxuriös, aber ohne jeden Protz. Alle 27 Zimmer blicken ins Chianatal und sind stilvoll und mit neuester Technologie (u. a. Internet) ausgestattet. DZ € 132-165 inkl. BF, DeLuxe ab € 180, Suiten mit Traumbädern € 260-310. Via Severini 48, Tel. 60 43 48, Fax 60 56 18. www. villamarsili.com

• **San Michele** (****). In einem sanierten Renaissancepalast mitten im Centro Storico. Angenehme Atmosphäre, nie überladen oder gar auftrumpfend. 37 Zimmer, DZ € 134-150, Suiten (No. 214 mit Riesenterrasse) € 165-200 inkl. BF. Via Guelfa 15, Tel. 60 43 48, Fax 63 01 47. www.hotelsanmichele.net

• **San Luca** (***). Gemütliches Haus mit der wohl grandiosesten Aussicht der Stadt (Achtung: der 1. Stock ist oben, der 6. unten!). 57 Zimmer, 25 davon mit Balkon (etwas enge Bäder, aber sonst ok), DZ € 98, Triple € 132 inkl. BF. Piazza Garibaldi 2, Tel. 63 04 60, Fax 63 01 05. www.sanlucacortona.com

• **Italia** (***). Solide, freundlich, familiär; einfache, aber bequeme Zimmer (27), die ihren Preis wert sind; DZ € 88 inkl. BF. Via Ghibellina 7, Tel. 63 02 54, Fax 63 57 63.

• **Sabrina** (***) erweckt den Eindruck einer kleinen Familienpension, und genau das ist sie auch. 8 DZ € 72 inkl. BF. Via Roma 37, Tel. 63 03 97, Fax 60 46 27.

• **Athens** (*). Nicht ganz einfach zu finden, aber unbedingt empfehlenswert. Lockere und unkomplizierte Atmosphäre in einem alten Zisterzienserkloster, im Sommer allerdings oft durch US-Studenten ausgebucht; ein Traum Zimmer 1 mit Frühlingsfresken. Schöne Aussichtsterrasse. 22 DZ meist ohne Bad € 28-36. Via San Antonio 12, Tel. 63 05 08, Fax 60 44 57.

Hotels im Grünen

• **Relais Il Falconiere** (****). Erlesenes Traumhotel in einer Villa aus dem 17. Jh. mit Blick auf Cortona. Großer Garten und Pool. Sorgfältigst restauriert bis ins Detail (Türen, Treppen, Fliesen), nicht „auf alt" getrimmtes Kunsthandwerk. Exzellentes Restaurant mit Panoramaterrasse. 9 DZ im Haupthaus (Turmzimmer!), 3 Suiten im Nebenhaus ab

€ 217, oft schon Monate im Voraus ausgebucht. Loc. *San Martino* (3 km). Tel. 61 26 79, Fax 61 29 27. www.ilfalconiere.com

- **Oasi Neumann** (***). Gewaltiges Konvent unweit der Stadt, mönchisch-frugal und zugleich weltoffen-freundlich, mit schönen Gärten und Panoramaaussicht. 70 Zimmer, DZ ohne/mit Bad € 39/80 inkl. BF. Tel. 63 02 54, Fax 63 04 77. www.oasineumann.com
- **Locanda del Mulino** (***). Gehobener Landgasthof in einer alten Mühle mit weithin gerühmter Küche (Ruhetag Mo). 9 DZ (nach vorne zur Straße) € 93 inkl. BF. Loc. *Montanare* (7 km). Tel. 61 41 92, Fax 61 40 54.
- **Villa Petrischio** (***). Herrenhaus auf einem Hügel inmitten von 6 ha Grundbesitz (Oliven, Wald) mit Pool (ohne Restaurant). 10 DZ/Suiten im Haupt- und im Nebenhaus (ebenerdig), geschmackvoll, z. T. sogar luxuriös, € 140-195 inkl. BF. Loc. *Farneta* (15 km). Tel./Fax 61 03 16. www.villapetrischio.it
- **Farneta** (***). Gleich unterhalb der Abbazia, etwas rückversetzt von der Straße und umgeben von Wiesen und Feldern; gemütlich. 7 DZ € 85. Ortsteil *Farneta* (10 km), Tel./Fax 61 02 41. www.farneta.it

Herbergen

- **Istituto Santa Margharita.** Das von Serviten-Schwestern geführte Haus hat den Charme eines Pensionats für ältere Fräulein. Die Zimmer (72 Betten), z. T. mit weitem Blick ins Tal, sind günstig: € 20 pro Nase im DZ mit Bad, € 13 im Mehrbettzimmer; Viale Battisti 15. Tel. 63 03 36, Fax 63 05 49.
- **Casa Betania.** Gleich gegenüber, mit sehr hübschem Garten und Terrasse. DZ ohne/mit Bad € 34/39. Via Severini 50, Tel. 6 28 29, Fax 60 42 99.
- **Ostello San Marco,** Schlafplatz € 10. Via Maffei 57, Tel./Fax 60 13 92. www.cortona hostel.com

Essen & Trinken

- **Tonino** lässt sich seine herrliche Aussichtsterrasse teuer bezahlen (Secondo € 15-20 plus 15 % Servizio), bietet aber ansonsten tadellose Küche. Ruhetag Di. Piazza Garibaldi 1, Tel. 63 05 00.
- **Preludio.** Ambitioniert, die Karte verlockt mit Steinpilz- und Trüffelgerichten; 10 % Servizio, Ruhetag Mo. Via Guelfa 11, Tel. 63 01 04.
- **La Grotta** mit Tischen im Freien auf einem kleinen Platz ist stets gut besucht, von Touristen wie Einheimischen, was immer ein gutes Zeichen ist; sehr zu empfehlen. Ruhetag Di. Piazzetta Baldelli 3, Tel. 63 02 71.
- **Osteria del Teatro.** Beachtliche bis ausgezeichnete Regionalküche zu erschwinglichen Preisen (Secondi € 8.50-12) und guten (auch lokalen) Weinen in 3 schönen Räumen (1 für Nichtraucher) eines kleinen Palazzo (einige Tische auf der Freitreppe außen). Ruhetag Mi. Via Maffei 5, Tel. 63 05 56.
- **Dardano.** Bodenständig, rustikal, preisgünstige einheimische Kost (Sec. € 5-8). Ruhetag Mi. Via Dardano 24. Tel. 60 19 44.
- **Tempero.** Spezialität brasilianisch (abends *Churrasco* bis zum Abwinken € 20); Tische im Freien. Via Benedetti 10, Tel. 60 60 64.
- **Pane e Vino.** Vorzügliche Taverne an der Piazza Signorelli, in der man erstklassige Snacks und Primi sowie gute (auch offene) Weine serviert. Ruhetag Mo. Tel. 63 10 10.
- **Route 66.** *Drink, food & fun* lautet das Motto dieser Kombination aus Bar, Kneipe und Restaurant; Ruhetag Mo. Via Nazionale 78. Im *Saloon* um die Ecke Disco mit live music von 20-3 Uhr.
- **Snoopy,** Piazza Signorelli 29, ist beliebter Treff der Eisschlecker.

Museen

- **Museo dell'Accademia Etrusca,** außer Mo 10-19, Nov.-März 10-17 Uhr, € 4,20.
- **Museo Diocesano,** außer Mo 9.30-13, 15.30-19, Okt.-März 10-13, 15-17 Uhr, € 5.
- **Duomo,** 8-12, 15-18.30 Uhr.
- **San Niccolò,** 9-12, 15-18 Uhr.
- **Fortezza,** außer Mo 10-18 Uhr (April-Sept.), € 3.
- **Eremo delle Celle,** 9-12, 16-19 Uhr.
- **Abbazia di Farneta,** tagsüber immer offen, mehrsprachiges Infomaterial liegt aus.
- **Etruskergräber** *(Tanella di Pitagora, Melone del Sodo)* sind nur auf Voranmeldung zu besichtigen. Tel. 63 04 15, € 10,50.

Zwischen Florenz & Lucca

Park der Villa Graziana bei Collodi
Piazza Mazzini in Pescia
Blick auf San Miniato Basso

Überblick

„Das ganze Land ist dort so gartenhaft und geschmückt wie bei uns die ländlichen Szenen, die auf dem Theater dargestellt werden." (Heinrich Heine, 1829)

Die sanfthügelige, blühende **Gartenlandschaft** am Fuße des Apennin zwischen Florenz und Lucca ist noch heute eine der schönsten der Toscana. Der Traum vom *Neuen Arkadien* und seinen *„lächelnden und tanzenden Landleuten"*, in dem sich noch Heine wiegte, ist freilich schon lange ausgeträumt (sofern er überhaupt jemals Bestand hatte). Die Idylle der verwunschenen Campagna mit Maulbeerbäumen, wildem Lorbeer, Weinranken und Olivenhainen ist auf einige wenige verschwiegene Winkel weit abseits der Durchgangsstraßen und Leichtindustrien reduziert worden. Arbeitsintensive Terrassenwirtschaft und traditionelle Mischkultur rechnen sich nicht mehr. Rebstöcke und Olivenbäume haben sich heute maschinengerecht wie die Spielzeugsoldaten auszurichten, und Baumschulen und der massenweise Intensivanbau von Exportartikeln wie Spargel, Artischocken und Schnittblumen lassen auch dem buntesten „Unkraut" keine Chance mehr.

Nur 74 km sind es von Florenz nach Lucca – und doch braucht so manch einer mehr als eine Woche dafür. Das liegt nicht an den Straßenverhältnissen, sondern an den allzu vielen lockenden Abstechern rechts und links des Wegs. Wer die *Autostrada A 11* verschmäht, die die beiden Städte direkt miteinander verbindet, und stattdessen die Landstraßen SS 66 (Richtung Pistoia) und SS 435 (weiter nach Lucca) verfolgt, wird unterwegs die Qual der Wahl haben. Da sind das stolze, mittelalterliche **Pistoia** (mit einem der schönsten Märkte weit und breit), das nostalgische Thermalbad **Montecatini Terme** und die Blumenstadt **Pescia,** das herrlich gelegene **Vinci**, der Geburtsort Leonardos, der vergnügliche **Park des Pinocchio** und das alte Weindorf **Montecarlo.** Lohnende Abstecher gen Süden führen zum betriebsamen „Mini-Florenz" **Empoli** und zum „altdeutschen" **San Miniato** (mit einem bedeutenden Trüffelmarkt). Und wer am liebsten Natur pur hat, sollte das vom Tourismus noch nahezu unberührte Hinterland der **Pistoieser Berge** und der **Pesciatiner Schweiz** besuchen.

Stadtidylle

Pistoia

Mehr als die meisten Städte der Toscana hat sich Pistoia die **dunkle Atmosphäre des Mittelalters** bewahrt. Nicht nur geografisch, auch kulturell liegt sie zwischen Pisa und Florenz – dem „getigerten" Schwarz-Weiß seiner pisanisch-romanischen Kirchen steht der eisengraue Stein seiner Stadtpaläste im Stil der Florentiner Renaissance gegenüber.

Im Trecento (Dante) und selbst noch in der Renaissance (Michelangelo und Machiavelli) stand die ungebärdige Stadt, deren Bewohner sich als Nachkommen des römischen „Rebellen" *Catilina* verstanden, bei ihren Nachbarn in äußerst schlechtem Ruf. Von hier nahm der Zwist der *Guelfen* und *Ghibellinen,* der im Mittelalter die gesamte Toscana erschütterte, als Familienfehde zweier einander in Blutrache innig verbundener Clans seinen Ausgang. Aus dem Begriff „Pistoieser" wurde später nicht umsonst *Pistole*, ein Wort das vor der Einführung der Feuerwaffe einen scharfen, spitzen Dolch benannte, der in Pistoia ebenso häufig hergestellt wie benutzt wurde. Aus den kleinen Mordwaffen entwickelte sich eine weitere Spezialität der einheimischen Schmiede: die Fertigung von präzisen chirurgischen Instrumenten.

Heute ist die Hauptstadt der gleichnamigen Provinz in der fruchtbaren Ebene des *Ombrone* am Südabhang des Apennin ein **Zentrum des Gartenbaus** und auf der Autobahn von Florenz aus (35 km) in weniger als einer halben Stunde zu erreichen.

Geschichte

Aus dem römischen *oppidum Pistoriae* (2. Jh. v. Chr.), einem kleinen befestigten Stützpunkt an der *Via Cassia*, entwickelte sich ein wichtiges Handelszentrum der Langobarden, ehe Pistoia 1115 den Status einer freien Kommune mit selbstgewählten Konsuln erlangte. Der **wirtschaftliche Aufschwung** durch Handel, Bankwesen und Tuchproduktion ging einher mit reger Bautätigkeit; noch vor Ablauf des Jh.s wurden sämtliche Kirchen erneuert sowie der Befestigungswall vergrößert und mit 60 Wachtürmen versehen; 1177 gab man sich eine eigene Verfassung.

Doch die Blütezeit Pistoias hielt nicht lange. Machtansprüche der guelfischen Nachbarn Florenz und Lucca waren vorprogrammiert, und selbst innerhalb der kaisertreuen Stadt rieben sich die Anhänger der „Schwarzen" und „Weißen" in blutigen Fehden auf. 1254 hatten die mächtigen Nachbarn Pistoia erstmals militärisch besiegt, und 1306 folgte nach elfmonatiger Belagerung die endgültige **Unterwerfung.** Ein Jahrzehnt lang hatte der Luccheser Condottiere *Castruccio Castracani* in der Stadt das Sagen, danach stand Pistoia bis zur Eingliederung ins Herzogtum Toscana (1530) unter **Florentiner Protektorat.**

Während dieser 200 Jahre „relativer Selbstständigkeit" wuchs die Stadt auf circa 12.000 Einwohner an und entstand der Mauerring, der die Altstadt noch heute umgibt, regenerierte sich die Wirtschaft und bildeten sich Hand-

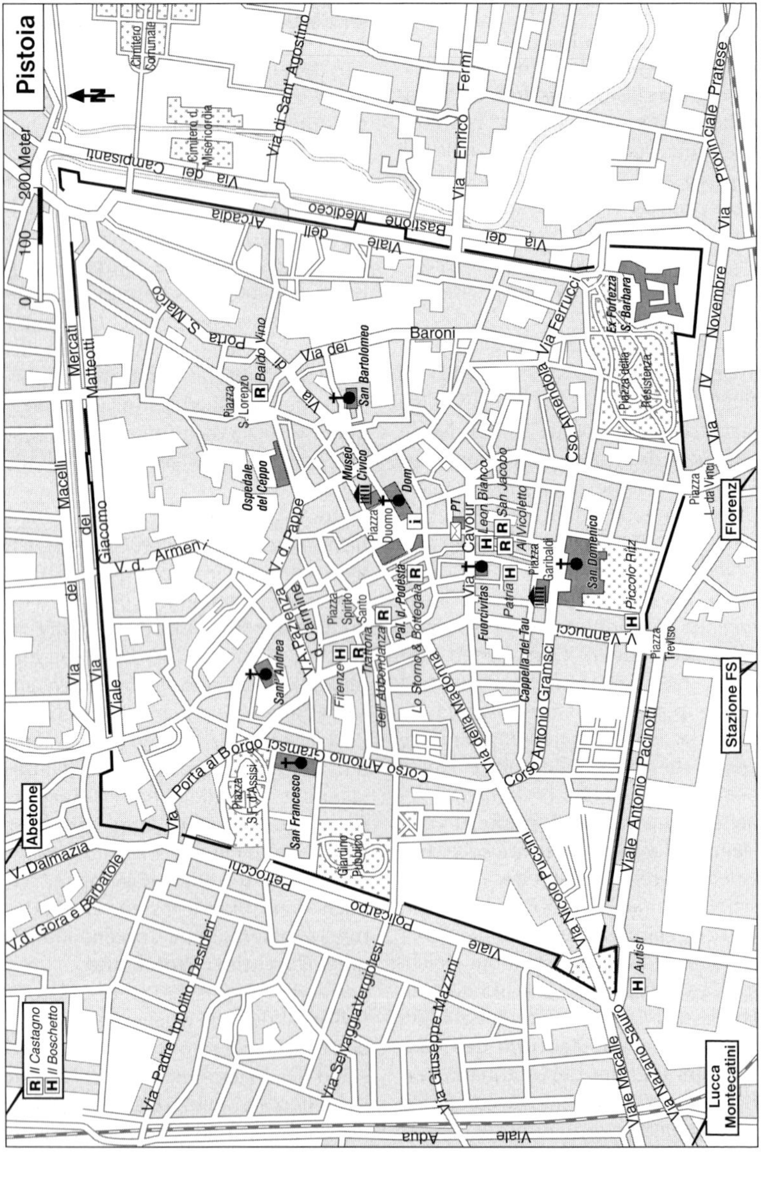
Pistoia
0
100
200 Meter
Abetone
Florenz
Stazione FS
Lucca
Montecatini
R Il Castagno
H Il Boschetto
Cimitero Comunale
Cimitero d. Misericordia
Via dei Campisanti
Via di Sant' Agostino
Via Enrico Fermi
Viale dell' Arcadia
Bastione Mediceo
Via dei Baroni
Via Ferrucci
Ex Fortezza S. Barbara
Piazza della Resistenza
Via IV Novembre
Via Provinciale Pratese
Piazza L. da Vinci
Cso. Amendola
Porta S. Marco
Via di Baldo Vino
Piazza S. Lorenzo
San Bartolomeo
Ospedale del Ceppo
Museo Civico
Dom
Piazza Duomo
PT
Leon Bianco
San Jacobo
Al Vicoletto
Piazza Garibaldi
San Domenico
Piccolo Ritz
Via Cavour
Fuorcivitas
Patria
Cappella del Tau
Corso Antonio Gramsci
V. Vannucci
Piazza Treviso
Viale Antonio Pacinotti
Via Macelli
Via dei Mercati
Via del Giacomo Matteotti
Viale
V. d. Armeni
V. d. Pappe
V. A. Pazienza
d. Carmine
Piazza Spirito Santo
Trattoria dell' Abbondanza
Pal. d. Podestà
Lo Storno & Bottegaia
Firenze
Sant' Andrea
Via della Madonna
Via Porta al Borgo
Piazza S. F. d'Assisi
San Francesco
Giardino Pubblico
Via Nicolò Puccini
V. Dalmazia
V.d. Gora e Barbatole
Viale Petrocchi
Viale Policarpo
Via Padre Ippolito Desideri
Via Selvaggia Vergiolesi
Via Giuseppe Mazzini
Viale Macallè
Via Nazario Sauro
Autisti
Viale Adua

werkszweige, in denen die **metallverarbeitende Industrie** von heute ihren Ursprung hat.

Wegen ihrer Munitionsfabriken war Pistoia im 2. Weltkrieg Ziel heftiger Bombardements der Alliierten und erlitt beträchtliche Zerstörungen. Heute werden in den restaurierten Werkshallen Eisenbahnwaggons und Autos gefertigt. Ihren Ruf als „grüne Stadt" hat sich Pistoia dank zahlreicher Baumschulen und Gärtnereien erworben.

Orientierung

Das Herz der Stadt bildet die **Piazza della Sala.** In den umliegenden Gassen und rund um den schlichten Renaissancebrunnen mit dem Florentiner *Marzocco,* einem eher gemütlich dreinblickenden Löwen, der bei den Pistoiesen *Leoncino* heißt – ein Deminutiv, das einiges über ihre Einstellung zu Florentinern aussagt –, findet der Alltag mit täglichem Markttreiben statt. Ein paar Schritte weiter und man steht auf dem offiziellen Zentrum, der **Piazza del Duomo.**

Die Straßenführung rund um die **historische Innenstadt** richtet sich nach dem Verlauf der römischen Befestigung, der nächste Ring (*Corso Gramsci*) folgt dem Lauf des teilweise noch erhaltenen Befestigungswalls aus dem 12. Jh. und wird wiederum von der Stadtmauer aus dem 14. Jh. mit vier Eckbastionen und der Fortezza eingeschlossen. Außerhalb liegt die **Neustadt,** so auch das Bahnhofsviertel rund um die Piazza Dante, das im vorigen Jahrhundert entstand.

Rund um den Domplatz

Auf der weitläufigen *Piazza del Duomo* konzentrieren sich religiöse wie weltliche Repräsentationsbauten auf engstem Raum einträchtig beisammen. Rechts der romanische Dom neben dem Palast der Bischöfe (mit dem Informationsbüro der Stadt), schräg gegenüber der Palast der *Podestà* neben dem Rund des getigerten Baptisteriums, auf der anderen Seite der wappengeschmückte *Palazzo del Comune* und links der mittelalterliche Geschlechterturm *Torre di Catilina,* so genannt, weil Catilina 62 v. Chr. hier (oder bei Cutigliano) gefallen sein soll.

Duomo Santi Zeno e Jacopo

Als Ersatz einer mehrfach veränderten frühchristlichen Kirche des 5. Jh. begann man 1108 mit dem Bau des Doms. Seine Baumeister orientierten sich bei der **gestreiften Marmorverkleidung** und den Arkadengalerien der Fassade an Pisaner und Luccheser Vorbildern, ohne jedoch deren Reichtum und Vollkommenheit zu erreichen. 1311 setzte man eine **Säulenhalle** vor die drei Portale, deren mittleres Tonnengewölbe mit farbigen *Majolika-Kassetten* von Andrea della Robbia geschmückt ist, von dem auch das *Madonnenrelief* (1505) über dem Eingang stammt. Die beiden Marmorstatuen am Giebel stellen die Kirchenpatrone San Jacopo und den Veroneser Bischof San Zeno (gest. 352) dar.

Der markante **Campanile** neben der Domfront soll bereits als befestigter Wachturm der Langobarden gedient

haben, ehe er um 1300 um drei Geschosse im pisanischen Stil erhöht wurde (glaubt man Vasari, nach Entwürfen von Giovanni Pisano und Fra Guglielmo da Pisa). Vollendet und mit einem aus Ziegelstein gemauerten Glockengeschoss versehen wurde der 67 m hohe Turm erst im späten 15. Jh.

Im **Innern** der dreischiffigen Kirche fallen zunächst der offene Dachstuhl und die romanischen Kapitelle ins Auge. Das **Taufbecken** am Eingang wurde nach einem Entwurf von *Benedetto da Maiano* gestaltet. Die wichtigsten Ausstattungsstücke finden sich im rechten Seitenschiff; gleich zu Beginn das Grabmal des *Cino da Pistoia*, einem Juristen und Verseschreiber, der um 1337 von einem unbekannten sieneser Künstler zwischen den Kirchenpatronen dargestellt wurde, und ein gemaltes **Kruzifix** des Florentiners *Coppo di Marcovaldo* (um 1275). In der **Cappella di San Jacopo** steht der berühmte, vollständig mit Reliefs verkleidete **Silberaltar,** ein Meisterwerk toscanischer Schmiedekunst, an dem gleich mehrere Generationen von Künstlern von der Gotik bis zur Renaissance arbeiteten. Der älteste Teil an der Front stellt 15 Szenen aus dem Neuen Testament dar (Andrea di Jacopo d'Ognabene, 1316), rechts sind 9 Darstellungen des Alten Testaments bebildert (Leonardo di Giovanni, um 1370), links erzählt derselbe Künstler 9 Episoden aus dem Leben des Apostel Jakobus. Pistoia war damals eine wichtige Station der italienischen Pilger auf dem Weg zu dessen Grab in Santiago de Compostela (Nordspanien), dem bedeutendsten Wallfahrtsort des europäischen Mittelalters. Insgesamt 628 aus Silberblech getriebene und teilweise vergoldete Figuren hat man an der Altarverkleidung gezählt. Die beiden Prophetenfiguren links am Altaraufsatz soll *Brunelleschi* (1450) geschaffen haben.

In der **linken Chorkapelle** verbirgt sich hinter einem roten Samtvorhang eine von Verrocchio begonnene und von seinem Schüler Lorenzo di Credi 1585 vollendete *Madonna* zwischen Zeno und Johannes; beiden wird auch die Gestaltung des Grabmals für Kardinal Niccolò Forteguerri beim linken Seitenportal zugeschrieben.

Fuorcivitas – getigerte Ästhetik

Battistero San Giovanni

Das achteckige Baptisterium, mit seiner grünweißen Marmorverkleidung ein Schmuckstück des Domplatzes, wurde 1338-59 nach Plänen *Andrea Pisanos* errichtet.

Im Türsturz über dem **Hauptportal** Szenen aus dem Leben des Johannes, die Madonna zwischen dem Täufer und dem hl. Rochus im Feld darüber führten Andreas Söhne Tommaso und Nino aus.

Die zierliche **Außenkanzel** rechts war (wie in Prato) für Predigten im Freien gedacht. Im beeindruckenden Innenraum, der sich nach sorgsamen Restaurierungsarbeiten wieder in seiner ursprünglichen Gestalt zeigt, ist ein ausladendes, von *Lanfranco da Como* signiertes Taufbecken aus dem Jahr 1226 erhalten.

Antico Palazzo dei Vescovi

Das bereits 1091 dokumentierte, danach jedoch mehrfach umgestaltete Gebäude war bis 1786 Sitz der Bischöfe und beherbergt heute u. a. das **Dommuseum.**

Die „prächtigen Gefäße" des Pistoieser Domschatzes wurden bereits von Dante im Inferno besungen (wo sie von dem „schwarzen" Bösewicht Vanni Fucci gestohlen wurden, XXIV. Gesang), bedeutendstes Einzelstück ist ein *Reliquiar* des Lorenzo Ghiberti (1407), das einen Knochen des hl. Jakobus verwahren soll.

Seit bei Restaurierungsarbeiten etruskische Grabstelen aus dem 6. Jh. v. Chr. sowie römische Gebäudereste zu Tage gefördert wurden, führt ein **Archäologischer Pfad** mit Ausstellungsmaterialien aus mehreren Jahrhunderten durch die Geschichte des Palastes.

Palazzo del Podestà

Das schlichte Gebäude rechts neben dem Baptisterium wurde 1367 als Amtssitz der Podestà errichtet und beherbergte als Palazzo Pretorio später die Florentiner Statthalter. Hübsch der originale Innenhof mit freskierten Gewölben und einer steinernen Gerichtsbank aus dem Jahr 1507. Die lateinische Inschrift könnte noch heute der im Gebäude untergebrachten Justizbehörde als Wahlspruch gelten: *„Dieser Ort hasst, liebt, bestraft, bewahrt, ehrt/Verruchtheit, Gesetze, Verbrechen, Rechte, Rechtschaffene."*

Palazzo del Comune & Museo Civico

Die Grundsteinlegung des schmukken Palazzo mit den symmetrischen Maßwerkfenstern ist für das Jahr 1294 dokumentiert; angeregt wurde der Bau während der Amtszeit des Florentiner Podestà *Giano della Bella*, der zu den Initiatoren des Palazzo Vecchio in Florenz gehört hatte. Ursprünglich nur doppelgeschossig mit einer großen offenen Loggia im Untergeschoss, wurde er bis ins 17. Jh. aufgestockt und erweitert, mit Mediciwappen geschmückt und 1637 mit einer Verbindungsbrücke zum Dom versehen. Der rätselhafte schwarze Marmorkopf, der links vom Mittelfenster aus dem Gemäuer ragt, soll nach landläufiger Deutung den 1114 von den Pisanern bezwungenen Maurenkönig Mugahid von Mallorca darstellen.

In den freskengeschmückten Räumen im Obergeschoss dokumentiert das **Museo Civico** die Kunstgeschichte Pistoias. Bedeutendstes Ausstellungsstück ist die romanische **Pala di San Francesco** eines unbekannten Luccheser Meisters um Berlinghieri (13. Jh.). Die 1981 restaurierte Tafel zeigt in leuchtenden Farben zu Seiten des Heiligen je vier Szenen aus seinem Leben und vier Wunder, die er nach seinem Tod vollbrachte. Weitere Glanzstücke sind eine anrührende *Beweinung Christi* aus dem beginnenden 14. Jh. (Lippo di Benivieni?), das Polyptychon *Madonna und Heilige* des sog. Maestro del 1310 und ein hölzerner Engel des Francesco di Valdambrino. Ferner sind Altarbilder aus Pistoias Kirchen ausgestellt, häufig vom Typ der *Sacra Conversazione*, bei der die Künstler (Lorenzo di Credi, Gerino Gerini, Ridolfo del Ghirlandaio) vier Heilige um die thronende Madonna gruppierten.

Im Obergeschoss befindet sich das Dokumentationszentrum **Giovanni Michelucci,** in dem das Schaffen des gebürtigen Pistoiesers und wohl bedeutendsten italienischen Architekten des 20. Jh.s (1891-1990) anhand von Zeichnungen, Fotos und Modellen gewürdigt wird.

San Bartolomeo in Pantano

Vorbei am Palazzo der Familie *Rospigliosi* (aus der Papst *Clemens IX.* stammte) gelangt man zur **romanischen Basilika** San Bartolomeo. Als hier 761 eine erste Kirche entstand, hatten sich die Christen noch mit einem Stück Land im Sumpfgebiet (*pantano*) außerhalb der Stadtmauern begnügen müssen, daher der Beiname.

Ab 1159 ließen die Benediktiner über dem Vorgängerbau eine Säulenbasilika mit offenem Dachstuhl und streng gegliederter pisanischer Fassade errichten. Das beeindruckende **Relief** im Türsturz des Hauptportals (vermutlich aus der Werkstatt des Gruamonte, um 1167) zeigt unter zwei Löwen Christus mit Aposteln und dem ungläubigen Thomas; der antikisierende Stil erinnert stark an die Darstellungen auf römischen Sarkophagen.

Der dreischiffige, von Kapitellsäulen gegliederte Innenraum ist sehr lang und eng. Am Ende des linken Schiffs steht die **Kanzel,** die *Guido da Como* um 1250 mit Szenen aus dem Leben Christi skulptierte. Noch ganz dem einfachen lombardischen Stil verpflichtet, deutet sich in der plastischen Ausarbeitung der Figuren bereits der Übergang zur expressiven gotischen Formgebung eines Giovanni Pisano an (s. *Sant'Andrea,* S. 386). Da die Kanzel im Lauf der Zeit mehrmals versetzt wurde, ist sie nicht mehr im Ganzen erhalten; abgelöste Relieffelder können an der Wand des Seitenschiffes betrachtet werden.

Ospedale del Ceppo

1287 entstand das Hospiz einer wohltätigen Institution, die sich *Ceppo* nannte (nach dem Opferstock für die Almosen). 1515 fügte man nach dem Vorbild von Brunelleschis berühmtem

Findelhaus in Florenz einen eleganten Portikus an, der 1535 mit einem dekorativen **Majolikafries** aus der Werkstatt der della Robbia vollendet wurde. Mit der Ausführung der überaus eindringlich und realistisch dargestellten Werke der Wohltätigkeit und Barmherzigkeit, denen sich das Hospiz widmete (Kleiden der Armen, Beherbergen, Krankenpflege, Gefangenenbetreuung, Erteilung der Sterbesakramente, Armenspeisung und -tränkung) war vor allem *Santi Buglione* betraut.

San Giovanni Fuorcivitas

„Außerhalb der Stadt", d. h. außerhalb des ersten mittelalterlichen Mauerrings, lag eine frühchristliche Kirche, die ihren Beinamen auch nach diversen Umbauten und Erweiterungen im 12.-14. Jh. behielt und heute ganz zentral an der Via Cavour zu finden ist.

Ungewöhnlicherweise ist nicht ihre Fassade, sondern ihre dem Zentrum zugewandte **Nordflanke** nach Pisaner Vorbild reich mit grünweißer Marmorinkrustation, großzügigen Blendarkaden und doppelter Zwerchgalerie als Schauseite dekoriert. Über dem Seitenportal ein wunderbares **Abendmahlsrelief** (um 1160) des einheimischen Bildhauers *Gruamonte*, der sich in einer Inschrift selbstbewusst als „magister bonus" bezeichnet.

Im Innern der einschiffigen Kirche, der man ihre schlimmen Kriegsschäden heute kaum mehr ansieht, steht

Majolikafries am Ospedale del Ceppo

eine herrliche **Kanzel** mit neutestamentarischen Reliefs (um 1270) von *Fra Guglielmo da Pisa,* einem Schüler Nicolà Pisanos. Von dessen Sohn Giovanni sind die Skulpturen des Weihwasserbeckens mit Personifizierungen der Tugenden in der Mitte des Kirchenraums. Links vom Altar ein farbenfreudiges *Polyptychon* des Taddeo Gaddi (um 1355), bemerkenswert auch eine *Heimsuchung* des Luca della Robbia (um 1444).

Sant'Andrea

Zum Vergleich sollte man nach Fuorcivitas den Besuch der Pieve di Sant' Andrea nordwestlich des Domplatzes anschließen. Für uns die vielleicht schönste Kirche Pistoias. Wieder ist der Bau, diesmal die Fassade, nach dem Vorbild Pisas mit grünweißen Marmorstreifen verziert, wieder begegnen wir am Türsturz des Hauptportals einem **Fries** des Meisters *Gruamonte,* der uns hier zusammen mit seinem Bruder Adeodato *Zug und Anbetung der Könige* (1166) zeigt (schön sind auch die Seitenportale mit den Tierreliefs).

Und wieder ist eine **Kanzel** der Höhepunkt. Von den berühmten Kanzeln der *Pisani* (die anderen befinden sich in Pisa und Siena) ist diese zwischen 1281 und 1301 entstandene als das Hauptwerk von Nicolas Sohn Giovanni anzusehen. Sieben rote Porphyrsäulen, von denen die mittlere auf einer Gruppe aus Löwe, Greif und Adler ruht, tragen das sechseckige Becken. Die nahezu vollplastisch herausgemeißelten Relieffelder zeigen Verkündigung und Geburt Christi, Anbetung der Könige, Kindermord in Bethlehem, Kreuzigung und Jüngstes Gericht. Ganz besonders die beiden letzten Szenen faszinieren durch ihre expressive Dynamik und die feinziselierten Gesichtszüge ihrer Figuren. Von Giovanni Pisano sind auch die Statue des *hl. Andreas* im rechten Seitenschiff und das in einem Tabernakel aufbewahrte *Kruzifix*. Gegenüber am ersten Altar, vor einer *Auferstehung* Gerino Gerinis, sieht man ein kleines Holzkreuz, das ihm gleichfalls zugeschrieben wird.

Cappella del Tau

Von dem hellblauen griechischen *T,* das die Ordensbrüder auf ihrem Habit trugen, leitet sich der Name des bereits seit 1777 profanierten Konvents des Spitalsordens von Sant'Antonio Abate aus dem 14. Jh. ab. Eine ehemalige Kapelle ist vollständig mit **Fresken** ausgemalt, die zu den schönsten Pistoias zählen. Anonyme Künstler des 14./15. Jh.s verliehen in herrlichen, detailfreudigen Bildern Szenen aus der Bibel und der Antoniusvita Ausdruck. In den Kreuzgratgewölben sieht man Szenen aus der Schöpfungsgeschichte, der obere und mittlere Teil der Wände ist mit Episoden aus dem Alten und Neuen Testament ausgemalt, die unteren Felder illustrieren das Leben des hl. Antonius Abate und die Gürtellegende (s. *Prato,* S. 215).

Fondazione Marino Marini

Ebenfalls im Konventsgebäude befindet sich seit einiger Zeit ein Dokumentationszentrum für den weltberühmten, in Pistoia geborenen Bildhauer *Marino Marini* (1901-1980). Zu sehen sind Teile seines grafischen Werks, Aquarelle und Ölbilder, sowie einige seiner Skulpturen, darunter drei jener bekannten fülligen Frauenakte, die er *Pomona* nannte, und eines seiner typischen Pferde.

San Francesco

Die große einschiffige Franziskanerkirche (Länge 61 m) hat, wie viele ihrer Art, ein wechselvolles Schicksal hinter sich: 1294 begonnen, später mal Speicher, mal Kaserne, dazwischen barockisiert und erst im 18. Jh. mit ihrer heutigen Fassade versehen. Was sie anziehend macht, sind ihre schönen **Wandmalereien,** die z. T. erst in den 30er Jahren wiederentdeckt und (soweit möglich) restauriert wurden. Die Fresken der Hauptchorkapelle mit Szenen aus der Franziskus-Vita werden dem Giotto-Schüler *Puccio Capanna* zugeschrieben, in den Seitenkapellen waren eher einheimische Künstler am Werk. Die Ausmalung der Sakristei und des dahinterliegenden Kapitelsaals (*Lebensbaum, Propheten*) schreibt man Koryphäen aus Siena zu (vermutlich Lippo Memmi und Pietro Lorenzetti, oder zumindest deren Schüler).

Praktische Informationen

- PT. 86.000. 65 m. **Tel. 0573.**
- **Info.** Palazzo dei Vescovi, Piazza Duomo 4. Außer So 9-13, 15-18 Uhr, Tel. 2 16 22, Fax 3 43 27. aptpistoia@comune.pistoia.it. Auch Internet und Fahrradvermietung. *Koinè Viaggi*, Via della Madonna 8, Reisebüro, Fahrkartenverkauf, Tel. 2 47 51, Fax 36 67 85.
- **Markt.** Mi und Sa auf dem Domplatz. *Antiquitätenmarkt* an jedem 2. Wochenende im Monat (außer Juli/Aug.) auf dem Gelände der ehem. Waggonfabrik *Breda*, Via Pacinotti.
- **Post.** Via Roma 5.
- **Fest.** *Giostra dell'Orso*. Das alljährliche „Bärenturnier" am 25. Juli auf dem Domplatz ist kaum weniger spektakulär als der Palio von Siena, aber vergleichsweise fast unbekannt. Reiter in den historischen Kostümen der Stadtviertel Löwe, Hirsch, Drache und Greif müssen mit Lanzen einen stilisierten Bären erlegen, um zum „Ritter der goldenen Sporen" ernannt zu werden.
- **Zoo.** 4 km westl. in *La Verginia*, Via Pieve a Celle 160a (Stadtbus No. 29), tgl. 9-17 Uhr, € 7,30.

Verkehrsverbindungen

- **Bus.** Mit *COPIT* (Piazza San Francesco) von/nach Abetone, Empoli, Vinci, Florenz, mit *LAZZI* (Station beim Bahnhof) von/nach Montecatini, Lucca, Viareggio, Florenz. Die *Stadtbusse* fahren fast alle über den Bahnhof und decken den gesamten innen- und außerstädtischen Bereich ab.
- **Zug.** Der seit 1845 bestehende und 1889 erneuerte Bahnhof an der Piazza Dante Alighieri liegt an der Linie Florenz–Viareggio, eine Lokallinie verbindet mit Castagno–Pracchia–Porretta Terme.
- **Entfernungen** (in km): Montecatini Terme 15, Prato 17, Collodi 26, Florenz 35, Lucca 42, Abetone 50, Pisa 67, Livorno 86, Siena 101.

Unterkunft

- **Leon Bianco** (***) und **Patria** (***) sind solide Traditionshäuser in zentraler Lage mit je 27 Zimmern, DZ um € 95. Via Panciatichi 2, Tel. 2 66 75, Fax 2 67 04 bzw. Via Crispi 6/8, Tel. 2 51 87, Fax 36 81 68.
- Das **Piccolo Ritz** (***) zwischen Zentrum und Bahnhof gibt sich redlich Mühe, dem Namen gerecht zu werden; 21 Zimmer, DZ ohne/mit Bad € 57/82. Via A. Vannucci 67, Tel. 2 67 75, Fax 2 77 98.

• **Il Boschetto** (***). Für Wasserfreunde. 11 DZ € 75 inkl. BF und Zutritt zur *Aqua Party* (Pool mit Solarium, Bar etc.). Via Adua 469 (2 km N), Tel. 40 13 36, Fax 40 10 13.

• **Il Convento** (***). Angenehmes, ruhiges Haus mit Pool in einem ehemaligen Franziskanerkloster mit guter Küche; 23 DZ € 98. In *Pontenuovo* (4 km), Via San Quirico 33, Tel. 45 26 51, Fax 45 35 78.

• **Firenze** (**). Zentral, und vor kurzem umfassend renoviert und modernisiert (AC, Sat-TV). 20 Zimmer, DZ € 65-72 inkl. BF. Via Curtatone e Montanara 42, Tel. 2 31 41, Fax 2 16 60.

• **Autisti** (*). Das preisgünstigste Angebot. 21 Zimmer (7 mit Bad) € 26-31, der große Parkplatz vor dem Hotel löst Parkprobleme. Viale A. Pacinotti 89, Tel. 2 17 71.

Essen & Trinken

• **Al Vicoletto.** Modernisiertes Traditionslokal, die Karte weist auch viele Fischgerichte auf (Secondi um € 10-15). Ruhetag Fr/Sa mittags. Via Panciatichi 4, Tel. 2 92 30.

• **San Jacopo.** Traditionelles gemütliches Ristorante, konservativ-gut, mit üppigen Portionen und anständigen Preisen; überraschend viele Gerichte mit Fisch oder Meeresfrüchten. Ruhetag Mo/Di mittags. Via Crispi 15, Tel. 32 77 86.

• Rund um das Marktviertel gibt es eine Reihe von Lokalen, von denen die **Trattoria dell'Abbondanza** (in der gleichnamigen Straße No. 10) den meisten Zuspruch findet (vielleicht auch wegen ihrer Terrasse); Secondi um € 6-8; Ruhetag Mi, Do Mittag, Tel. 36 80 37.

• **Lo Storno,** gleich hinter der Piazza Sala, ist noch am ursprünglichsten geblieben; das Angebot an Antipasti und Desserts ist zwar dürftig, aber ansonsten reelle Kost zu günstigen Preisen; Tische im Freien; Ruhetag So. Via del Lastrone 8, Tel. 2 61 93.

• **La Bottegaia.** Lebhafte, junge Osteria mit schmackhaften Antipasti, Primi und Tellergerichten (um € 6-8). Große Terrasse. Ruhetag Mo/So Mittag. Via del Lastrone 17. Nur wenige Häuser weiter (No. 4) ist die ursprüngliche *Vineria* (Weine, Käse, Crostini). Tel. 36 56 02.

• **Baldo Vino.** Enoteca mit guter Küche und kleiner, ruhiger Terrasse an der Piazza San Lorenzo; Wurst- und Käseplatten, Secondi um € 10-14. Außer So 17.30-0.30. Tel. 215 91.

Museen

• **Sammelticket** für Museo Civico, Diocesano, Marino Marini € 6,20.

• **Museo Civico,** außer Mo 10-19, So 9-12.30 Uhr, € 3,10. Zutritt zum Dokumentationszentrum im 2. Stock frei.

• **Museo Diocesano** im Palazzo *Rospigliosi*, Ripa del Sale 3. Außer So/Mo 10-13, 16-19 Uhr, € 3,10.

• **Antico Palazzo dei Vescovi.** Nur Führungen (max. 20 Personen), Di, Do, Fr 10-13, 15-17 Uhr, € 3,60.

• **Marino Marini,** Corso Silvano Fedi 72. Außer Mo 10-13, 15-18, So 10-13 Uhr, € 3,10.

• **Museum für chirurgische Instrumente.** Spezialmuseum des Ceppo-Hospitals, nur auf Voranmeldung. Piazza Giovanni XXIII, Tel. 35 22 09.

• **Cassa di Risparmio.** Nein, kein Museum, sondern sehenswerte Jugendstil-Schalterhalle der Sparkasse in der Via Roma, ausgestattet mit Fresken von Galileo Chini (s. auch *Viareggio*) und Schmiedeeisen- und Glasarbeiten aus der Werkstatt des Giuseppe Michelucci.

• **Duomo Santi Zeno e Jacopo,** 8.30-12.30, 16-19 Uhr. *Cappella di S. Jacopo* 10-12, 16-17.45, So 11.20-12, 16-17.30 Uhr, € 2.

• **Battistero,** außer Mo 9.30-12.30, 15-18, So 9.30-12.30 Uhr.

• **San Bartolomeo,** 8.30-12, 16-18 Uhr.

• **Fuorcivitas,** 8-12, 16-18.30 Uhr.

• **Cappella del Tau,** Corso Silvano Fedi 70, außer So 9-14 Uhr.

• **Sant'Andrea,** 8-12.30, 15.30-19 Uhr.

• **San Francesco,** 7.30-12, 16-19 Uhr.

Im Grünen

• Durch dichte Wälder und auf immer enger werdenden Sträßchen fährt man nach **Castagno** (10 km nördl.) am Rand der Pistoieser Berge. Der nette Weiler ist als (unauffälliges)

„Freiluftmuseum" zeitgenössischer Künstler, deren Werke sich bald an einer Hauswand, bald auf einer Piazza oder in einem Hof finden, allein schon für sich sehenswert. Unauffällig inmitten der Treppengassen liegt auch die freundliche Trattoria **Da Ildo** mit bekannt guter, unverfälschter Regionalküche; am Wochenende „Themen"-Menüs um € 18 inkl. Wein. Ruhetag Mi (außer im Sommer), Via di Castagno 34, Tel. 4 21 37.

• Feiner isst man etwas oberhalb des Orts bei **Il Castagno di Pier Angelo;** auf der herrlichen Sommerterrasse schmecken die Köstlichkeiten des Hauses doppelt gut. Rustikales Ambiente, aber Küche für Feinschmecker; Menüs € 38 (Terra), € 46 (Mare). Nur abends (außer So), Ruhetag Mo, Tel. 4 22 14.

Sammlung Gori/ Fattoria di Celle

• Querfeldein über Felder und Wiesen führt der Weg durch den einzigartigen experimentellen **Kunstgarten** des Prateser Textilmagnaten Giuliano Gori. Futuristische *Land Art*-Installationen und Plastiken, magische Steinkreise und stählerne *Environments* fügen sich zu einem postmodernen Garten Eden, der seinesgleichen sucht.

• **Fattoria di Celle.** Nur nach Voranmeldung. Via Montalese, Santomato di Pistoia 4 km östl. Richtung Montale/Montemurlo. Tel. 47 99 07, Fax 47 94 86. Festes Schuhwerk und genügend Zeit (mind. 3-4 Std.) mitbringen.

Ausflug in die Pistoieser Berge

Als *Montagna Pistoiese* bezeichnet man das Gebiet nördlich Pistoias bis zu den Pässen des Apennin.

Wo die Emilia-Romagna an die Toscana grenzt, führt die *Ximeniana* (oder Strada del Brennero, SS 12) über den Abetone-Pass Richtung Modena und gelangt man über die SS 64 nach Porretta Terme und Bologna. Die passierbaren Pfade des bergigen Landstrichs waren schon von alters her Handelswege und Heerstraßen – Hannibal soll den Apennin mit seinen Elefanten nordöstlich des Abetone überquert haben, und die *Porrettana* verlor erst mit Inbetriebnahme der Autobahn Bologna-Florenz 1932 ihre Funktion als „Tor zum Norden".

Da die Pistoieser Berge richtige Berge sind (der *Cimone* bringt es auf immerhin 2165 m), entwickelte sich hier rund um **Abetone** eines der **wichtigsten Wintersportgebiete Italiens,** während die waldreiche Landschaft im Sommer Wanderer und erholungssuchende Ausflügler anzieht.

Der Hauptort **San Marcello Pistoiese** liegt von grünen Nadel- und Kastanienwäldern umgeben noch in moderater Höhe (650 m) und gilt gerade deshalb als ein vorzüglicher Luftkurort.

Geschäft mit Kupfer- und Porzellanwaren am Marktplatz

Eine Sehenswürdigkeit der besonderen Art ist seine 220 m lange *Hängebrücke* im Ortsteil Mammiano hoch über der fischreichen Lima; sie wurde 1922 von Arbeitern einer Stahlfabrik gebaut, die sich dank ihrer den Weg zur Arbeit abkürzten.

7 km weiter breitet sich **Cutigliano** unterhalb des *Monte Cuccola* (1042 m) aus. Der *Palazzo dei Capitani* im mittelalterlichen Zentrum zeugt noch von der Zeit (ab 1373), als Cutigliano Sitz eines Amtmanns war, der die verwaltende, militärische und juristische Macht innehatte; angesichts der ständigen Familienfehden und dem berüchtigten Banditenwesen der Grenzregion sicherlich kein ruhiger Posten.

Von Cutigliano führt eine **Seilbahn** zur Skistation *Doganaccia* in 1525 m Höhe und weiter zum *Croce Arcana* (mit Berghütte), einem idealen Ausgangspunkt für Trekkingtouren. Zwischen Cutigliano und Abetone lohnt ein Abstecher zu dem winzigen Ort **Rivoreta** mit einem ungewöhnlichen *Ökomuseum*, das anhand von Rundgängen zu verschiedenen Themen (Natur, Religion, Landwirtschaft, Eisproduktion, Eisenbearbeitung) mit den Lebensverhältnissen in der Region vertraut macht; in Ergänzung dazu werden Kurse zu traditionellen Handwerksarbeiten wie Flechten oder Weben angeboten.

Beeren und Pilze aus den Pistoieser Bergen

Praktische Informationen

- **Info.** *APT San Marcello,* Viale Villa Vittoria 129a, Tel. **0573**/63 01 45, Fax 62 21 20. *Cutigliano,* Via Roma 25, Tel. 6 80 29, Fax 6 82 00. apt12pistoia@tin.it
- **Museum.** *Museo della Gente dell'Appennino* in *Rivoreta.* Im Aug. 9.30-12.30, 16-18 Uhr, sonst nur Sa/So 9.30-12.30, 15.30-17.30 Uhr.

Verkehrsverbindungen

- **Bus.** Zwischen den einzelnen Orten verkehren *COPIT*-Busse.
- **Entfernungen** (in km von/nach Abetone): Cutigliano 12, Pistoia 50, Pisa 85, Modena 96.

Unterkunft & Verpflegung

- Viele Hotels haben nur während der Skisaison (Mitte Dez. bis April) und Juni bis August geöffnet.
- In **San Marcello** kann man bei *Il Cacciatore* (***) ganzjährig übernachten; 25 Zimmer, DZ € 67 inkl. BF, Via Marconi 727, Tel. 63 05 33, Fax 63 01 34. Sehr angenehm ist die heimelige Locanda-Osteria *Il Poggiolo* (*). 14 Zimmer, DZ € 46-51, Via del Poggiolo 52, Tel./Fax 63 01 53.
- In **Cutigliano** ist das zentrumsnahe *Rondo Priscilla* (***) mit Garten und Pool ganzjährig geöffnet; 18 DZ € 52 inkl. BF, Via della Liber-

tà 2, Tel. 6 81 48, Fax 6 85 13. Eine Panoramaterrasse und preiswerte traditionelle Gerichte bietet die *Trattoria da Fagiolino;* Ruhetag Mi/Di abends, Via Carega 1, Tel. 6 80 14. Noch traditionsbewusster geht es in der *L'Osteria* zu. Ruhetag Mo/Di Mittag, Via Roma 6, Tel. 36 82 77.

Südlich von Pistoia

Von Monsummano nach Empoli

Tropfsteinhöhlen und Schwitzkuren – und am besten natürlich die Kombination aus beidem – sind die Spezialität des 14 km westlich von Pistoia gelegenen Thermalbads **Monsummano.** Entspannend und lindernd wirken die heißen Dämpfe aus dem Erdinnern und das bis zu 34°C warme Wasser der unterirdischen Seen in der 100 m tiefen *Grotta Giusti*. Die Grotte wurde 1849 durch Zufall entdeckt und trägt den Namen des in Monsummano geborenen Dichters Giuseppe Giusti (1809-1850). **Monsummano Alto,** das alte Wehrdorf mit Befestigungsturm 340 m hoch über dem Ort, der auch ein wichtiges Zentrum der italienischen Schuhherstellung (150 Fabriken) ist, hat ebenso wie das über herrliche Landschaft blickende **Montevettolini** von der Entwicklung nicht viel abbekommen.

Südlich von Monsummano führt eine weite Schleife über Cerreto Guidi und Vinci nach Empoli wieder ins Gebiet der Provinz Firenze zurück. Von dort lohnen sich je nach Interesse Abstecher in die „Trüffelstadt" San Miniato oder nach Montelupo mit seinem außergewöhnlich reichhaltigem Keramikmuseum.

Entlang der **SS 436** Richtung Süden erstrecken sich die *Padule di Fucecchio,* das **größte Binnen-Sumpfgebiet Italiens** (1800 ha) und Refugium für rd. 150 Vogelarten. Dem vorbeifahrenden Autofahrer fallen die Sümpfe kaum auf, organisierte Führungen machen mit der seltenen Flora und Fauna dieser einzigartigen Landschaft bekannt.

Bei **Stabbia,** wo man Spuren von Siedlungen aus der Bronzezeit entdeckt hat, biegt die Straße nach **Cerreto Guidi** ab. In dem Weiler, seit 1086 Besitztum der Grafen Guidi und ab dem 13. Jh. in florentiner Hand, ließ sich *Cosimo I* 1565 eine stattliche Villa mit strenger Fassade und großzügiger Außentreppenanlage errichten, an deren Ausführung *Buontalenti* beteiligt war. Makabre Berühmtheit erlangte die Villa durch den Mord an Cosimos Lieblingstochter Isabella, die 1576 von ihrem Gatten, der ihre Romanze mit einem anderen entdeckt hatte, kurzerhand umgebracht wurde.

Praktische Informationen

- PT. 14.500. 23 m. **Tel. 0572.**
- Die Therme **Grotta Giusti** ist von März bis Dez. außer So 9-19 Uhr geöffnet; Minimalprogramm: Grotte und Hydromassage (ca. 90 Min.) € 40. www.grottagiustispa.com
- **Padule di Fucecchio,** Führungen über Tel. 0573/8 45 40.
- **Villa Medicea** in *Cerreto Guidi* mit Museum (Medici-Porträts), außer am 2. und 3. Mo des Monats 8.15-19 Uhr, € 2.
- **Slitti.** Das Café von *Andrea Slitti,* Italiens vielleicht bestem Chocolatier, ist unbedingt einen Besuch wert. Als Designer („rostige"

Werkzeuge aus Schokolade) wie als Erfinder (*Lattenero* als Quintessenz aus Milch- und Bitter-Schokolade) verblüfft der Autodidakt, der 1988 die Kaffeerösterei seines Vaters übernahm, die Fachwelt seit Jahren. **Tipp:** heiße Trinkschokolade mit Peperoncino – Genuss pur! Via Francesca Sud 1268 (2 km Richtung Fucecchio), außer So 7-13, 15-20 Uhr. Tel./ Fax 64 02 40. www.slitti.it (Bezug in Dtld. über www.vincent-becker.de).

Unterkunft

• **Grotta Giusti** (****).Wellness-Hotel in einer eleganten Villa inmitten üppiger Natur (Fitnesspfade, Tennis, Golf, Pool, Thermalhallenbad) mit zahllosen Beauty- und Anti-Stress-Angeboten (nicht obligatorisch). 58 DZ und 6 Suiten, nicht sonderlich groß, aber mit allem Komfort, je nach Saison ab € 110/190 p.P. inkl. HP. Jan/Febr. geschl. Tel. 907 71, Fax 907 72 00. www.grottagiustispa.com

• Ebenfalls unweit der Grotte liegt **La Speranza** (**), DZ € 37-47. Via Grotta Giusti 162, Tel. 5 13 13.

Vinci

5 km hinter Cerreto schmiegt sich Vinci, die Stadt Leonardos, an den Südhang des **Monte Albano,** dessen geschützes Territorium und ausgedehntes Netz von markierten Wanderwegen ein echtes Paradies für Naturfreunde ist.

In dieser noch heute ländlichen Umgebung mit weiten Olivenhainen kam im Weiler **Anchiano** 1452 der uneheliche Sohn einer Magd zur Welt, der nicht nur als Künstler, sondern auch als Naturforscher, Baumeister und Ingenieur seiner Zeit weit voraus war: **Leonardo da Vinci** (1452-1519). Seine *Mona Lisa* kennt jeder, der Erfinder und Wissenschaftler jedoch, der in Skizzen und Zeichnungen zahllose Entwürfe für mehr oder minder kuriose Maschinen zum Fliegen, Tauchen, Rad fahren und erfolgreichen Kriegführen hinterlassen hat (um nur einige zu nennen), ist vielen unbekannt. Aber auch mit der Last des gemeinen Alltags beschäftigte sich der unermüdliche Forscher, der mit einem Minimum an Schlaf ausgekommen sein soll, wie nicht zuletzt seine Pläne zur verbesserten Produktivität von Olivenpressen, Webstühlen und Schleifmaschinen beweisen.

Das **Museo Leonardiano** in dem Vinci überragenden mittelalterlichen Kastell der Grafen Guidi richtet sein Hauptaugenmerk auf diese zumeist nicht realisierten Entwürfe. Rund 50 anhand von Leonardos Skizzen nachgebaute Modelle vermitteln einen ausgezeichneten Einblick in die Ideenwelt und schier unerschöpfliche Phantasie des Renaissance-Genies. Darunter sieht man natürlich auch den *carro automotore*, den Vorgänger unseres Fahrrads, aus Holz geschnitzt, aber schon mit Pedalen und Kettenantrieb ausgestattet. Die Zeichnung dafür wurde erst 1966 aufgefunden, in der Zwischenzeit war 1817, ein paar Jahrhunderte nach Leonardo, das Laufrad „entdeckt" worden.

Sämtliche Handschriften und Zeichnungen Leonardos werden als Faksimile in der **Biblioteca Leonardiana** aufbewahrt. Wie wertvoll ein Notizbuch im Original sein kann, zeigt die Summe, die Bill Gates dafür auf einer Auktion zu zahlen bereit war: er ließ es sich € 26,7 Mio kosten!

Praktische Informationen

• Fl. 13 800. 98 m. **Tel. 0571.**
• **Info.** Via della Torre 11, 10-18 Uhr, Tel. 56 80 12, Fax 56 79 30.
• **Museen.** *Museo Leonardiano*, März-Okt. 9.30-19, sonst 9.30-18 Uhr, € 2,60. *Casa di Leonardo*, Geburtshaus in Anchiano (4 km), Zeiten wie Museum, frei. *Biblioteca Leonardiana*, Di bis Fr 15-19 Uhr.

Unterkunft & Verpflegung

• **Alexandra** (***). Von außen freudloser als innen, 37 Zimmer, DZ € 114. Via dei Martiri 38, Tel. 5 62 24, Fax 56 79 72.
• Nächstbeste Wahl ist **Gina** (***) mit 25 Zimmern, DZ € 83 inkl. BF. Via Lamporecchiana 13, Tel. 5 62 66, Fax 56 79 13.
• Gut und günstig isst man bei **Il Nicchio** (Ruhetag Di), im Sommer auch auf einer schönen Veranda. Spez. sind Fisch und hausgemachte Desserts. Via Fucini 16, Tel. 560 54.

Empoli

Die auf halber Strecke zwischen Florenz und Pisa am Unterlauf des Arno gelegene Stadt gehört schon seit 1182 zu Florenz, eine Tatsache, die ihrer Entwicklung nicht geschadet hat. Heute ist Empoli ein wichtiges **Zentrum der Bekleidungs- und Glasindustrie,** dessen historischer Kern mit seinen hübschen und betriebsamen Einkaufsstraßen erstaunlich lebendig und urban wirkt: die Nähe zur 35 km entfernten Arnometropole macht sich bemerkbar.

Collegiata Sant'Andrea

An der zentralen **Piazza Farinata degli Uberti** – benannt nach dem Ghibellinenführer, der Florenz 1260 nach der *Schlacht von Montaperti* vor der Zerstörung durch die Sienesen rettete – erhebt sich die Kollegiatskirche des hl. Andreas. Bereits in einem Dokument von 780 erwähnt, wurde sie 1093 erneuert und bis ins 19. Jh. hinein weiter ausgebaut. Im letzten Weltkrieg arg in Mitleidenschaft gezogen, musste der Backstein-Campanile nach Originalplänen neu errichtet werden.

Vom anmutigen *Najaden-Brunnen* (1827) in der Mitte der arkadengesäumten Piazza lässt sich die außergewöhnlich harmonische, grün-weiße **Marmorfassade** besonders gut betrachten. Sie wurde Ende des 12. Jh. angefügt und orientiert sich im Gegensatz zur „getigerten" Architektur der Kirchen Pistoias deutlich an der klassischen Geometrie der florentiner Protorenaissance (San Miniato al Monte). Der Giebel ist eine Ergänzung des 18. Jh. Das Innere wurde durch Umbauten um 1735 entscheidend verändert. Die Kunstschätze der heute einschiffigen Kirche befinden sich fast ausnahmslos im Museum, lediglich an dem Triptychon von *Lorenzo di Bicci* sollte man nicht achtlos vorbeigehen.

Museo della Collegiata

Rechterhand der Kirche schließt sich das sehenswerte **Kollegiatsmuseum** an. Gleich im ersten Raum, dem ehemaligen Baptisterium, ist eine *Pietà* (1424) von Masolino zu bewundern; das Fresko befand sich ursprünglich an der Wand über dem marmornen *Taufbecken* (1447) von Bernardo Rossellino. Der anschließende Raum ist Skulpturen gewidmet, das älteste Werk ist ein Tondo *Madonna mit Kind* (Anfang 14. Jh.) des Tino di Camaino. Im oberen Stock schließt sich die **Pinakothek**

Sant'Andrea an der Piazza Farinata

mit Gemälden des 14.-17. Jh. an, in der u. a. Agnolo Gaddi, Niccolò di Pietro Gerini, Lorenzo Monaco, Lorenzo di Bicci und Filippo Lippi vertreten sind. Die realistische Holzskulptur des *hl. Stephan* stammt von Francesco di Valdambrino. Ein ganzer Raum ist Vater und Sohn *Botticini* gewidmet, deren Engel an Botticelli erinnern. Dem Museum angeschlossen ist die **Stephanskirche** mit Freskenfragmenten von *Masolino*, der hier 1424 die *Kreuzeslegende* (s. *Arezzo*, S. 350) malte. Eine Darstellung Empolis im Quattrocento ist auf einer Tafel Bicci di Lorenzos zu sehen, die San Nicholas zeigt, der die Stadt vor der Pest beschützt.

Chiesa di San Michele

In **Pontorme,** heute ein Vorort Empolis (Richtung Florenz), wurde Jacopo Carrucci (1494-1556) geboren, der als *Pontormo* im Florenz der Hochrenaissance mit seinem kühnen manieristischen Malstil Furore machte. In der Michaelskirche seines Geburtsortes sind zwei seiner Frühwerke (um 1515) zu sehen, eine Tafel mit einem kraftstrotzenden Erzengel Michael und eine mit dem Evangelisten Johannes.

Keramikmuseum Montelupo Fiorentino

6 km östlich von Empoli liegt der schon seit alters her für seine Keramikproduktion bekannte Ort **Montelupo** mit dem sehenswerten *Museo Archeologico e della Ceramica*. Die überlegt angeordnete Sammlung umfasst

eine archäologische Abteilung sowie eine umfangreiche Keramik-Ausstellung. Von etruskischen *buccheri* und bemalten antiken Vasen über Keramik aus dem gesamtitalienischen Raum bis zu den Renaissance-Majoliken (glasierte Keramik) aus Montelupo entfaltet sich ein weites Spektrum. Schautafeln und zusätzliche Videovorführungen informieren über Rohmaterialien, Bearbeitungstechniken und Restaurierungsarten.

Praktische Informationen

- Fl. 43.000. 27 m. **Tel. 0571.**
- **Info.** Via G. del Papa 41, Tel. 75 79 99, Fax 98 00 33.
- **Märkte.** *Wochenmarkt* Do. *Antiquitätenmarkt* an jedem letzten Sa des Monats. *Keramikmarkt in Montelupo* an jedem 3. So im Monat.

Verkehrsverbindungen

- **Zug.** Empoli liegt an den Bahnlinien Florenz–Siena (über Poggibonsi) und Florenz–Pisa, der Bahnhof ist recht zentral an der Piazza Don Minzoni.
- **Bus.** Mit *COPIT* nach Vinci und Pistoia, mit *SITA* nach Certaldo, mit *LAZZI* Richtung Florenz, San Miniato und Pisa.
- **Entfernungen** (in km): San Miniato 10, Florenz 35, Lucca 45, Pisa 49, Siena 65.

Unterkunft & Verpflegung

- **Tazza d'Oro** (***). Zentral, gemütlich. 41 Zimmer, DZ ab € 80 inkl. BF. Via G. del Papa 46, Tel. 7 21 29, Fax 7 73 70.
- **Plaza** (*). Liegt gut und zentral; 17 Zimmer, meist ohne Bad, DZ € 57 inkl. BF. Piazza Vittoria 11, Tel. 7 47 51.
- **Ostello Ponte de'Medici** in *Fucecchio-Ponte a Cappiano* (13 km NW). 2002 in einer alten Brückenfestung eingerichtet; 2-8-Bett-Zimmer. Tel. 40 14 09, Fax 40 37 12.
- **Il Cantuccio.** Elegantes, intimes Lokal (nur 20 Plätze) mit interessanter, raffinierter Küche; Mahlzeit um € 35 (sofern man sich mit den Trüffeln zurückhält). Ruhetag Mo. Via Piave 2, Tel. 94 45 33.
- **La Panzanella.** Vergnügliche, bodenständige Trattoria, man isst gut und billig (manchmal sogar vorzüglich). Ruhetag Sa/So. Via dei Cappuccini 10, Tel. 92 21 82.
- **Café de l'Accademia.** Gutes, preiswertes Fischlokal mit kleiner Terrasse in der Altstadt. Ruhetag So. Via del Gelsomino 28, Tel. 721 85.

Museen

- **Museo della Collegiata,** außer Mo 9-12, 16-19 Uhr. *Chiesa di Santo Stefano*, Via dei Neri, außer So/Mo 10-12 Uhr, € 2,60 (Museum & Kirche).
- **Museo della Ceramica** in Montelupo, Via Bartolomeo Sinibaldi 43, außer Mo 10-18 Uhr, € 3. Das Museum organisiert auch Führungen zu Grabungsstätten der Umgebung, Tel. 5 10 87.

San Miniato

Noch bis zum letzten Krieg führte San Miniato den Beinamen „al Tedesco", so eng war seine Geschichte mit der deutschen verbunden. 963 ließ der in Rom zum Kaiser gekrönte *Otto I* an dem Kreuzungspunkt der *Via Francigena* von Rom nach Florenz und der *Via Clodia* von Florenz nach Pisa ein **Kastell** bauen, von dem aus die Markgrafen von Tuscien über die damalige Toscana regierten. 1046 wurde dort *Mathilde von Canossa* geboren, zu deren Stammburg Heinrich IV pilgerte, um 1077 von Papst Gregor wieder in den Schoß der Kirche aufgenommen zu werden. Und 1218 ließ *Friedrich II* dort eine **Kaiserburg** errichten, von der nur ein Turm blieb, den – Ironie der Schicksals – ein Offizier der deutschen Wehrmacht am 27. Juli 1944 in die Luft sprengte. Man hat den Turm zwar wieder aufgebaut, auf seinen Beinamen jedoch verzichtet San Miniato seitdem. Unter Feinschmeckern hat San Miniato einen guten Klang als **Trüffel**-Metropole, in der sich im Oktober/November Gourmets und Händler aus ganz Italien einfinden.

Rundgang

Das Zentrum bildet die schattige „Domwiese" mit dem im 12. Jh. begonnenen **Duomo di San Genasio** mit romanischer Ziegelfassade, Renaissance-Portalen und dem zinnengekrönten *Torre di Matilda*, einem alten, später aufgestockten Wehrturm. Im angeschlossenen **Museo Diocesano** findet man neben wertvollen Kirchenschätzen einige schöne Tafelbilder von Filippo Lippi *(Kreuzigung)*, Andrea del Castagno *(Gürtel-Madonna)* und eine Sieneser *Maestà* aus dem Umkreis Duccios.

Auf der Kuppe oberhalb der Domwiese ragt der restaurierte Stauferturm **Torre di Federigo** in die Höhe; 129 Stufen führen hinauf, Wahnsinnsblick auf die Täler von Elsa und Arno und das langgestreckte mittelalterliche Straßendorf. In dem Gebäude rechts des Doms (seit dem 16. Jh. *Bischofspalast*) residierten die Markgrafen und wurde Mathilde geboren. Der Durchgang unter dem Palast hindurch führt zur langgestreckten **Piazza della Repubblica** mit der konkaven Linie des reichfreskierten *Priesterseminars*. Links führt die Straße zum **Palazzo Comunale,** dessen Ratssaal eine *Stillende Madonna* aus der Giotto-Schule (um 1393) und interessante Freskendekorationen zieren (darunter eine schöne Ansicht des alten Kastells). In der **Casa Bonaparte** nahe der gleichnamigen Piazza (Via Maioli 4) logierte 1778 und 1796 Napoleon, als er dem italienischen Zweig der Familie einen Besuch abstattete. Die Bonaparte gehörten schon seit dem 13. Jh. zu den angesehensten Familien der Stadt, ihre Spuren (und Gräber) finden sich nahezu überall, so auch in der Kirche **San Francesco** oberhalb der Piazza. Der massige Backsteinbau der Franziskaner ersetzte 1276 die erste Kirche San Miniatos, die die Langobarden 783 dem Märtyrer *Minias*, dem Namenspatron der Stadt, geweiht hatten.

Praktische Informationen

- Pl. 26.000. 160 m. **Tel. 0571.**
- **Info.** Piazza del Popolo 5, Tel./Fax 41 87 39. www.sanminiatotartufo.it
- **Markt.** Di; Do in *San Miniato Basso.* Jeden 1. So im Monat Antikmarkt, jeden 2. So Ökomarkt (außer Juli/Aug).
- **Museen.** Ob Napoleons Totenmaske, die Sammlungen der Misericordia oder der Diözese, archäologische Funde oder die alte Straße *Via Angelica* mit ihren Kirchen, ein

Torre di Federigo

ganzes System von Museen hat sich im Ort etabliert. Sammelticket (€ 5,20), einheitliche Öffnungszeiten außer Mo 10-13, 15-18 Uhr.

• **Feste.** *Trüffelfest* am 3. Sa/So im Okt.

Verkehrsverbindungen

• **Zug.** Bahnhof der Linie Florenz-Pisa in *San Miniato Basso* (2 km), in Empoli Anschluss an die Linie Siena-Grosseto.

• **Bus.** *APT*-Busse (Tel. 40 03 35) verkehren zwischen Unter- und Oberstadt sowie mit Pisa, Florenz, Empoli, Vinci usf.

• **Entfernungen** (in km): Florenz 40, Pisa 42, Siena 70, Livorno 54, Empoli 10, Castelfiorentino 17, Vinci 20, Certaldo 27.

Unterkunft

• **Miravalle** (***). Das einziges Hotel der Oberstadt wirkt etwas verstaubt, ist aber sehr gemütlich mit herrlicher Aussicht über Elsa- und Arnotal. 18 DZ € 77; Piazza Castello 3, Tel. 41 80 75, Fax 41 96 81. www.albergomiravalle.com

• **Centro Turistico San Martino** (***). Kommunales Jugendkulturhaus (für jedermann) in einem umgebauten Konvent (Einlass 7.30-10, 17.30-21 Uhr) mit 26 Zimmern, DZ € 58. Via Cesare Battisti 70, Tel. 40 14 69, Fax 40 37 12.

• **Demora del Grifo.** B&B mit 5 großen, luftigen, mehr als ansprechend möblierten Zimmern. Bäder sind extra, dafür gibt es eine Küche mit Kochstellen und ein Esszimmer mit Balkon. DZ (z. T. als Quadruple möglich) € 60. Besonders schön *Camera Gialla* – da bleibt man gern auch länger. Via Battisti 31, Tel./Fax 4 26 97.

• **Villa Sonnino** (***). Hübsche, geräumige Zimmer mit allem Komfort (AC, Sat-TV, Modem) in einer schönen Villa aus dem 15. Jh. mit Park und Blick auf San Miniato. Restaurant und 12 Zimmer, DZ € 83-93, Suite € 130 inkl. BF. Abfahrt bei San Miniato-Catena. Tel. 48 40 33, Fax 48 51 75. www.villasonnino.com

• **Quattro Gigli** (***) in *Montopoli* (9 km). Bezauberndes Hotel in einem Stadtpalast aus dem 14. Jh. mit Pool und exzellenter, weithin gerühmter Küche (s. u.). 14 DZ, z. T. mit Terrasse, € 80-93. Tel. 46 68 78, Fax 46 68 79. www.quattrogigli.it

Essen & Trinken

• **Trüffelmarkt.** Der *Mercato del Tartufo Bianco* findet an jedem Wochenende im Nov. statt, schon ab Mitte Okt. gibt es zahlreiche Volksfeste, Trüffeltage usf. in der näheren Umgebung. In vielen Läden im Ort kann man Trüffeln erstehen (Saison Okt. bis Dez.). Auskunft über *Associazione Tartufai* Tel./Fax 4 20 14.

• **L'Antro di Bacco.** Sympathische Osteria im Zentrum, Primi € 5-7, Sec. € 8-12. Nur abends, Ruhetag So. Via IV Novembre 13, Tel. 433 19.

• **Da Omero.** Renommierte, über zweihundertjährige Trattoria in der Unterstadt mit Terrasse und Spezialitäten vom Holzkohlengrill. Menu Turistico um € 15, Ruhetag Sa. Piazza della Pace 4, Tel. 40 05 20.

• **Il Convio.** Klassisch-eleganter Landgasthof unterhalb von San Miniato mit herrlicher Gartenterrasse im Grünen. Ungezwungene Atmosphäre, weder Coperto noch Servizio und daher durchaus erschwinglich, es sei denn man lässt sich vom Duft der Trüffel allzu sehr verführen. Sehr zu empfehlen die phantastischen Tagliolini und Risotti (mit oder ohne Trüffel), die Secondi vom Holzkohlengrill und selbst die Desserts. Ruhetag Mi. Via San Maiano (trotz Ausschilderung nicht ganz einfach zu finden), Tel. 40 81 14.

• **Caffè Centrale.** Anheimelndes Kaffeehaus mit Panoramaterrasse; preiswerte Schnellgerichte (Ruhetag Mo), Via IV Novembre 19.

• **Trattoria dell'Orcio Interrato** in *Montopoli* (9 km). Einzigartige, kreative Gerichte und Menüs auf den Spuren des Mittelalters und der Renaissance – ein Gedicht! Wunderbares Ambiente im ehemaligen Rathaus der Stadt (heute Hotel) mit großer Sommerterrasse. Für das, was geboten wird, extrem günstig (Sec. € 15-20). Ruhetag Mo. Piazza Michele, Tel. 46 68 78.

Westlich von Pistoia

Montecatini Terme

Zu seiner Glanzzeit, um die Jahrhundertwende, zählten Montecatinis weitläufige Parks, prachtvolle **Thermalbäder** und glamouröse Palasthotels zu den mondänsten Treffpunkten der feinen Gesellschaft Europas. Die Liste der Zelebritäten, die die eleganten Salons des „Baden-Baden der Toscana" noch bis zu Beginn des Zweiten Weltkriegs bevölkerten, würde Seiten füllen. Heute übernachten in Italiens größtem Kurort jährlich 1,7 Mio Gäste, rund 500.000 davon sind Deutsche. Auch wenn die illustre Klientel inzwischen weitgehend durch Kassenpatienten ersetzt ist, liegt noch immer ein Hauch von *Belle Epoque* über dem Ort. Man flaniert gelassen in den gepflegten Anlagen, nimmt sein Wasser in einem der berühmten Badehäuser, wandelt mit dem Trinkglas zu den Klängen des Kurorchesters, zerstreut sich im Caffè und auf der Trabrennbahn, beim Luxus-Shopping oder im Varieté.

Die gesundheitsfördernden Quellwasser, die vor allem Magen, Darm, Leber und Galle sowie Rheuma und Bronchitis zugute kommen, wurden schon in der Antike und im Mittelalter ausgiebigst genutzt. Unter den Medici, die sich 1583 in den Besitz der alten pisanischen Befestigung setzten, verfielen die Anlagen, ehe Großherzog Leopold, der Sohn Maria Theresias und spätere Kaiser, der die Toscana von 1765 bis 1790 regierte, neue Bäder errichtete, einen Park anlegte und Montecatini zu einer Zuflucht des Adels und der Hochfinanz machte.

Rundgang

Entlang des großzügig angelegten **Kurparks** reihen sich die gepflegten „Stabilimenti" wie *Torretta, Excelsior, Leopoldine* oder *Tamerici* wie Perlen an der Kette – es bleibt jedem selbst überlassen, seinem Wohlbefinden oder neudeutsch *wellness* in der anregenden Kulisse von Jugendstil, Neugotik, Neorenaissance oder spätem Klassizismus zu frönen; es ist für jeden Geschmack etwas da. Ein Basrelief am *Tamerici-Pavillon* an der Viale Verdi zeigt *Galileo Chini* (er lauscht mit aufgestütztem Kopf gedankenverloren drei Musen), den großen Konzeptkünstler des italienischen Jugendstils (s. *Viareggio,* S. 472), dessen kapriziöse Handschrift die Architektur der Bäderstadt mehr als alles andere geprägt hat; unverwechselbar z. B. in der Innenausstattung des sehenswerten *Palazzo del Municipio* in derselben Straße.

Das mit Abstand schönste der acht Badehäuser ist die geradezu verschwenderisch ausgestattete **Terme Tettuccio** am Ende der Viale Verdi (Eintritt, s. u.). Das prunkvolle Ambiente mit seinen Tempeln, Kolonnaden, Keramiken und allegorischen Mosaiken in der imposanten Trinkhalle machen den von *Ugo Giovannozzi* in den 20er Jahren restaurierte Thermalpalast zu einer echten Sehenswürdigkeit.

Eindrucksvoll sind aber auch die prachtvollen, im Liberty-Stil der Jahrhundertwende errichteten **Grand Hotels** wie die *Locanda Maggiore*, in der Verdi und Puccini in angemessener Umgebung an ihren Opern komponierten, und gesehen haben sollte man auch die *Portici Gambrinus* und das einstmals mondäne Spielcasino *Kursaal*, heute ein heruntergekommenes Sanierungsobjekt, dessen Abriss längst beschlossene Sache zu sein scheint. Ein Symbol für eine verflossene Ära.

Auf dem Hügel oberhalb breitet sich das mittelalterliche **Montecatini Alto** mit einer pittoresken Piazza und Resten der pisanischen Befestigungsanlage aus. Hinauf gelangt man seit 1898 in nicht einmal zehn Minuten atemberaubender Fahrt mit einer roten Zahnradbahn, der *Funicolare*.

Praktische Informationen

- PT. 22.000. 27 m. **Tel. 0572.**
- **Info.** APT, Viale Verdi 66a, Tel. 77 22 44, Fax 7 01 09, apt@montecatini.turismo.toscana.it
- **Markt.** Do, rund um die Kreuzung von Via Martini und Via Garibaldi.
- **Bäder.** *Terme Tettuccio*, Viale Verdi, tgl. 7-12 Uhr, Tageskarte € 12.
- **Museum.** *Accademia d'Arte Dino Scalabrino* (Viale Diaz 8) mit Schenkungen von Künstlern, außer Mo 15.30-19.30 Uhr, frei.

Verkehrsverbindungen

- **Zahnradbahn** nach Montecatini Alto. Außer Mo alle 30 Min. von 10-13, 15-24 Uhr; Hin- und Rückfahrt € 3,10.
- **Zug & Bus.** Beim Bahnhof an der Via Toti (tgl. mehrfach Züge Richtung Florenz bzw. Viareggio) ist auch der *LAZZI*-Busbahnhof.
- **Entfernungen** (in km): Pistoia 15, Lucca 33, Firenze 48, Pisa 55, Livorno 73.

Unterkunft

- **La Pace** (*****). Gepflegter Luxus inmitten von Belle-Epoque-Pretiosen mit Zimmerpreisen € 300; Corso Roma 12, Tel. 7 58 01, Fax 7 84 51, www.grandhotellapace.it
- Daneben gibt es fast zwei Dutzend 4-Sterne-Häuser, von denen vor allem die traditionsreichen **Plaza e Locanda Maggiore** (Piazza del Popolo 7, Tel. 7 58 31, Fax 76 79 85) und **Croce di Malta** (Viale IV Novembre 18, Tel. 7 58 71, Fax 76 75 16) zu nennen wären.
- **Le Magnolie.** Ausgesucht schön und geschmackvoll eingerichtete Jugendstilvilla (Salon! Speisesaal!) mit 4 DZ und 2 Suiten ab € 139 inkl. BF. Pool, Fitnesscenter und Tenniscourt des benachbarten Hotel Michelangelo können benutzt werden. Viale Fedeli 15, Tel. 91 17 00, Fax 7 28 85, initaly@initaly.com
- Aus dem schier unüberschaubaren Mittelklasse-Angebot (***) ragen das **Torretta** mit schönem Garten und Pool (63 Zimmer, DZ ab € 67, Viale Bustichini 63, Tel. 7 03 05, Fax 7 03 07, www.hoteltorretta.it) und das zentral gelegene, recht geschmackvoll renovierte Fin-de-Siècle-Haus **Columbia** (60 Zimmer, DZ ab € 78, Corso Roma 19, Tel. 7 06 61, Fax 77 12 93, www.hotelcolumbia.it) heraus.
- Recht sympathisch ist das **Buenos Aires** (**), auch wenn (oder gerade weil) dort die Zeit ein wenig stehen geblieben ist; 20 Zimmer, DZ € 47. Viale Don Minzoni 15, Tel. 7 80 79, Fax 7 81 89.
- In der zentralen **Via delle Saline,** aber auch in den Straßen **Trieste** und **Torino** ist beinahe jedes Haus ein günstiges Hotel mit DZ-Preisen um € 40-50.

Essen & Trinken

- Die **Enoteca Giovanni** gilt als das exklusivste (und teuerste) Lokal des Ortes; in der **Cucina Giovanni** gleich daneben stillt man den „kleinen Appetit zwischendurch". Ruhetag Mo. Via Garibaldi 25-27, Tel. 7 16 95.
- **Il Cucco** macht vergleichsweise wenig von sich her (und ist auch erheblich preisgünstiger), bietet aber eine ebenso gute Küche. Ruhetag Di. Via del Salsero 3, Tel. 7 27 65.
- **Lo Stuzzichino** ist ein populäres Lokal ohne Schnickschnack mit einem vielfältigen Ange-

bot an Fischgerichten; zurecht beliebt sind auch das Antipasti-Buffet und die Holzofenpizze. Ruhetag Di. Corso Roma 45, Tel. 7 95 57.

- In **Montecatini Alto** trifft man sich zur *Fettunta* auf der dichtgedrängten Piazza. Ob bei *La Torre*, *Giusti* oder *Le Maschere* vor dem alten Theater, ist nicht so wichtig, Hauptsache, man ist dabei. Am besten ist **La Torre,** auch wenn 10 % Servizio etwas übertrieben sind. Ruhetag Di. Piazza Giusti 8/9, Tel. 7 06 50.

Prunkvoll-mondänes Ambiente – Terme Tettuccio

Pescia

Die **Blumenstadt** Italiens, von deren Märkten täglich Millionen von Schnittblumen, in erster Linie Nelken und Gladiolen, nach ganz Europa verschickt werden, dehnt sich nur 8 km westlich von Montecatini beiderseits des Flüsschens Pescia aus. Aber nicht nur Blumen, auch Baumschulen, Spargelkulturen und endlose Felder mit Ölbäumen beherrschen die *Valdinievole* und das fruchtbare Tal der Pescia, in dessen oberem Teil auch Papierfabriken und Gerbereien angesiedelt sind.

Auch der Ort, dessen Name sich von der langobardischen Bezeichnung für Fluss ableitet, steht ganz im Zeichen des Flusses, wiewohl dieser oft nur als mickriges Rinnsal daherkommt. An seinen Ufern ließen sich die ersten Siedler nieder, es entwickelten sich Handel und vom Wasser abhängige Handwerkszweige wie Seidenwebereien, Gerbereien und Papierfabriken – zunächst unter dem Patronat Luccas (12./13. Jh.), dann von Florenz (ab 1339). Rechts und links des Flusses liegen die beiden Zentren der seit 1699 zur „Città" aufgestiegenen Stadt, die den Delfin in ihrem Wappen trägt. Im Westen umgibt die von einem Kastell überragte Altstadt die *Piazza Grande*, jenseits des *Ponte del Duomo* erstreckt sich am linken Flussufer der sakrale Ortsteil mit *Dom*, Hospital, Konvent und *Franziskus-Kirche*.

Duomo

Über den Resten eines romanischen Vorgängerbaus, von dem noch der Campanile (1302) erhalten ist, entstand 1726, nachdem Pescia Bischofssitz geworden war, die Kathedrale (Fassade von 1895). Bis 1697 schmückte Raffaels *Baldachinmadonna* das Innere der Kirche, eine der bedeutendsten Altartafeln des frühen Cinquecento, dann erwarb Großherzog Ferdinand trotz erheblichen Widerstandes der Bürger die Madonna, und Pescia musste sich mit einer Kopie Pietro Dandinis begnügen, die in der *Cappella Turini* rechts vom Hauptaltar ausgestellt ist. Das Original befindet sich noch heute im Palazzo Pitti in Florenz.

Sant'Antonio Abate

Eine unauffällige Kostbarkeit zwischen Dom und San Francesco ist die kleine, dem Abt Antonius gewidmete Kirche aus dem 14. Jh., deren Apsis mit sehenswerten **Fresken** von *Bicci di Lorenzo* ausgemalt ist, die selbstverständlich die Vita des Kirchenpatrons illustrieren. An der linken Wand erkennt man im Hintergrund zwischen Höllenvision und Dämonen eine mittelalterliche Stadtansicht von Pescia.

Eine relativ einfache Holzschnitzerei aus dem 13. Jh. ist die umbrisch-toscanischen Künstlern zugeschriebene *Kreuzabnahme*; auch wenn der Volksmund der Gruppe den Namen *Santi brutti* (Hässliche Heilige) gegeben hat, ist es eine anrührend schöne Arbeit, die in Haltung und Bewegung der Gestalten mehr ausdrückt als so manches prachtvolle Gemälde der Hochrenaissance.

San Francesco

Die einschiffige gotische Hallenkirche aus dem 13. Jh. ist von franziskanischer Einfachheit, von der zwischenzeitlichen Barockisierung ist kaum mehr etwas zu spüren. Aber weniger die Kirche selbst als das in ihr aufbewahrte **Tafelbild des Ordensgründers Franziskus** am Ende des rechten Langschiffs zieht die Besucher in ihren Bann. Die von *Bonaventura Berlinghieri* in der unteren Bildmitte signierte Tafel von 1235 ist eines der ersten Altarbilder eines Heiligen überhaupt und, nur knapp ein Jahrzehnt nach dem Tode Francescos gemalt, wahrscheinlich eine Darstellung, die seinem Aussehen und Wesen sehr nahe kommt. Der Heilige, dessen Wundmale deutlich zu sehen sind, ist von sechs typischen Szenen aus seinem Leben umgeben. Die Fresken in der rechten der drei Apsiskapellen werden Bicci di Lorenzo (15. Jh.) zugeschrieben, das Triptychon *Sant'Anna* (1335) in der linken Kapelle stammt von dem Luccheser Angelo Puccinelli.

Piazza Grande

Über den im Krieg total zerstörten **Ponte San Francesco** gelangt man zur anderen (weltlichen) Flussseite und in die gute Stube Pescias, die *Piazza Mazzini,* die jeder nur **Piazza Grande** nennt, Flaniermeile und Marktplatz in einem. Es ist ein schöner geschlossener Platz mit unaufdringlichen Palazzi an seinen Längsseiten, in denen Bäcker, Friseure, Bars und Geschäfte aller Art auf ihre Kunden warten; die Schmalseiten begrenzen der wappengeschmückte *Palazzo del Vicario* im Norden und die Barockkirche *Madonna di Piè di Piazza* (mit schöner Holzdecke) im Süden. Parallel zu der langgestreckten Piazza verläuft die *Ruga degli Orlandi,* eine der ältesten Gassen der Stadt.

Praktische Informationen

- PT. 19.000. 62 m. **Tel. 0572.**
- **Info.** Piazza Mazzini 11, außer So 9-12.30, Mo, Mi, Fr auch 15-17 Uhr. Tel. 49 22 19, Fax 47 69 13.
- **Markt.** Sa auf der Piazza Grande.
- **Mercato dei Fiori.** Die gigantische Halle mit der imposanten Überdachung liegt in der Via Salvo d'Acquisto 10/12 (Richtung Collodi). Ab 5 Uhr früh werden hier Blumen und Pflanzen en gros versteigert.
- **Fest.** *Palio dei Rioni,* Bogenschießen am 1. So im Sept. auf der Piazza Grande.

Verkehrsverbindungen

- **Zug.** Die Bahnstation der Linie Florenz–Viareggio liegt ca. 2 km südl. des Zentrums im Ortsteil *Castellare*.
- **Bus.** Mit *LAZZI* von/nach Pisa, Pistoia, Montecatini, mit *CLAP* von/nach Montecarlo, Lucca, Viareggio; *Stadtbus* innerhalb von Pescia mit *COPIT,* Station an der Piazza XX Settembre.

Unterkunft & Verpflegung

- **Villa delle Rose** (***). Hübsches Haus in einem Park mit Pool und ordentlichem Restaurant, aber weit vom Zentrum gelegen. 106 Zimmer, DZ € 83-129; Via del Castellare 21, Tel. 45 13 01, Fax 44 40 03.
- Gegenüber dem alten Blumenmarkt liegt das **Dei Fiori** (***) mit 50 Zimmern, DZ € 83; Via VIII Settembre, Tel. 47 78 71, Fax 49 00 21.
- **Cecco.** Solides, klassisches Ristorante mit hübscher Sommerterrasse (aber leider auch einiges an Lärm und Abgasen). Ruhetag Mi. Via Forti 96, Tel. 47 79 55.
- **La Buca.** Recht ordentliches Kellerlokal, das ein interessantes Fischmenü und ein Menu Turistico für den halben Preis anbietet; Ruhetag Mi. Piazza Mazzini 4, Tel. 47 73 39.

Museen

- **Museo Civico,** Tafelbilder und Malereien des 14./15. Jh.s; Piazza S. Stefano 1, Mi, Fr, Sa 10-13, 16-19 Uhr, frei.
- Die **Gipsoteca** (Gipsfigurensammlung) im Palazzo del Podestà zeigt Werke des Pesciatiner Bildhauers Libero Andreotti; Piazza del Palagio 6, Fr/Sa 10-13, 16-19 Uhr, Mi und So nur nachm., € 2.

Im Grünen

- Im malerischen Burgdorf **Uzzano** mit unvergleichlichem Blick auf die Valdinievole setzt man im **Bigiano** ganz auf traditionelle Gerichte, die allesamt untadelig auf den Tisch kommen; ein Menü zu € 22 gibt Gelegenheit, ein bisschen von allem zu probieren, abends gibt es auch Pizza. Der Garten mit Ausblick macht das Essen an schönen Tagen erst recht zum Vergnügen. Ruhetag Di. Via Bardelli 5, Tel. 47 63 41.

La Svizzera Pesciatina

Nördlich von Pescia verlaufen zwei Gebirgstäler, die der Genfer Historiker Carlo Sismondi im 19. Jh. die **Pesciatiner Schweiz** taufte. Er wusste, wovon er sprach: Dichte Laub- und Nadelwälder, Hügel und Berge (*Monte Battifolle*, 1008 m), schmale Sträßchen und abgeschiedene Dörfer zeigen ein ungewohntes Gesicht der Toscana. Die charakteristischen zehn Burgdörfer, die *Castella*, sind alle um das Jahr 1000 entstanden, von einer Ringmauer umgeben und liegen auf der Spitze eines strategisch wichtigen Hügels.

Pietrabuona, dessen Unterdorf sich in der Papierherstellung einen Namen gemacht hat, ist der Ausgangspunkt, es folgt *Medicina* mit seinen Wachtürmen, *Fibbialla*, wo Florenz und Lucca sich eine Schlacht lieferten, *Aramos* auf einem Felsvorsprung über der Pescia, *Sorana* mit einer hübschen Kirche, *San Quirico* und schließlich **Castelvecchio,** dessen dem hl. Thomas geweihte Pieve mit bemerkenswert furchterregenden Fratzen das wichtigste romanische Bauwerk der Region darstellt.

Nach *Stiappa* folgt **Pontito,** das nördlichste Burgdorf, terrassenförmig angelegt, mit steilen (Treppen-) Gassen und konzentrisch verlaufenden Straßen. In **Vellano,** dem Hauptort der Svizzera Pesciatina, kann man ein letztes Mal einen weiten Blick über die Landschaft schweifen lassen und dann aufseufzen, geschafft.

Unanstrengend ist die Rundfahrt nicht, denn jedes Dorf will neu erkämpft werden. Wanderfreunde haben es da besser, die können sich die zehn Orte in fünf Etappen à 4 Std. erlaufen. Da das Gebiet sehr untouristisch ist, gibt es wenig Übernachtungsmöglichkeiten, meist Agriturismo-Höfe, z. B. in San Quirico und Stiappa.

Praktische Informationen

- **Info.** *Proloco* in *Pietrabuona*, Via della Scaletta 4, Tel./Fax 40 80 13.

Montecarlo

Seit mehr als tausend Jahren wird in Montecarlo ein vollmundiger **Weißwein** gekeltert; im Mittelalter einer der teuersten Weine der Toscana, sprach ihm selbst noch Cosimo I begeistert zu. Der Weiler *Vivinaia* (von Via Vinaria, Weinstraße) erhielt erst 1333 seinen heutigen Namen, als Karl IV von Böhmen auf dem lieblichen Hügel im Luccheser Vorland die Burg *Mons Carolis* befestigen ließ. Innerhalb der teilweise noch erhaltenen Stadtmauern entfaltet sich ein nahezu intakter mittelalterlicher Kern mit Überresten der *Rocca*, der romanischen *Collegiata di Sant'Andrea* (mit einer im 16. Jh. freskierten Krypta) und dem glanzvollen *Teatro dei Rassicurati* (1795), in dem seit 1973 wieder regelmäßig Aufführungen stattfinden.

Praktische Informationen

- LU. 3500. 150 m. **Tel. 0583.**
- **Info.** *Proloco,* Via Carmignani 4, Tel./Fax 22 88 81.

Unterkunft

• **Antica Casa dei Rassicurati.** Ein bezaubernder Platz, ruhig und versteckt mitten im Centro Storico gelegen. Die Zimmer sind schlicht, aber komfortabel, das Ambiente entspricht eher einem kleinen Luxusdomizil. 8 DZ € 62. Via della Collegiata 11, Tel. 22 98 01, Fax 2 24 98.

• **Casa Satti.** Stadtpalast mit hübschem Garten und historischen Salons voller Gemälde und Antiquitäten. 1 Zimmerflucht für zwei € 115, 1 Suite (4-5 Pers.) € 210 inkl. BF. Via Roma 31, Tel. 223 47, Fax 220 07, www.casasatti.com

• **La Nina.** Angenehmes, gepflegtes Landgasthaus im Grünen mit hervorragender Küche und 10 Gästezimmern € 52-62. 2 km nordöstl., gute Ausschilderung (s. u.). Tel. 2 20 18, Fax 2 21 78, infolanina@libero.it

Essen & Trinken

• **Forassiepi.** Restauriertes Traditionslokal am Ortsrand mit atemberaubenden Ausblicken und sehr guter, kreativer Küche. Ruhetag Di/Mi mittags. Via della Contea, Tel. 22 94 75.

• **Taverna di Mario.** Klassische Gerichte der Region zu leicht gehobenen Preisen, im Sommer sitzt man auf der schönen Piazza; Ruhetag Mo, Piazza Carrara 12, Tel. 2 25 88.

• **Dal Pallini** in *Turchetto* etwas unterhalb des Orts Richtung Lucca. Bar-Pizzeria mit erstaunlich guter Auswahl an „klassischen" Gerichten; Ruhetag Di, Tel. 27 63 38.

• **Da Baffo.** Rustikale Landgaststätte der Winzerfamilie *Carmignani* (s. u.); festes Menü, nur auf Vorbestellung. Ruhetag Mo. Tel. 223 81.

• **La Nina.** Spezialität sind Grillgerichte, aber auch Wild und Fisch. Große Terrasse, viel Natur, freundlicher Service. Ruhetag Mo/Di, Tel. 2 20 18.

Weine

• Der relativ wenig bekannte **Montecarlo Bianco** gilt bei Kennern als einer der besten Weißweine der Toscana. Der goldgelbe, nach Glyzinien duftende Tropfen präsentiert sich, obwohl traditionell säurearm, überraschend reif, samtig und mit beachtlichem Volumen. Gewonnen wird er zum überwiegenden Teil aus spätgelesenem Trebbiano (60-70 %), den Rest machen Pinot Grigio, Pinot Bianco, Sauvignon und andere Sorten aus. Die besten Weine kommen aus den Lagen von *Cercatoia* rund 2 km südl. von Montecarlo. Einen Bianco wird man für etwa € 6-9, eine Riserva für € 12-15 erstehen.

• **Fattoria del Buonamico.** Außer Weißweinen wird ein vorzüglicher Rosso (aus Sangiovese, Cabernet und Syrah) hergestellt sowie ein sehr gutes Olivenöl. *Cercatoia,* Via di Montecarlo 43 (Richtung Lucca), Tel. 2 20 38.

• **Viticoltore Carmignani.** Bianco, Rosso und ein außergewöhnlicher, Duke Ellington gewidmeter *For Duke* aus 70 % Syrah und 30 % Sangiovese. *Cercatoia,* Via della Tinaia 7, Tel. 2 23 81.

Collodi

Das alte, malerisch an einem Hang gelegene **Bergdorf** bildet zusammen mit der wie ein Riegel vorgelagerten *Villa Garzoni* und ihrer berühmten Parkanlage eine geschlossene Einheit. Wer nach Collodi hinaufsteigt und in den engen, unebenen Gassen umherwandert, findet sich in einer stillen, abgeschiedenen Welt wieder, die kontrastvoller zu der „unten" kaum sein könnte. Denn fast alle Besucher kommen wegen einer ganz anderen Attraktion, die zum Markenzeichen Collodis geworden ist: sie wollen zu *Pinocchio.* Und für ihre Bedürfnisse gibt es dort „unten" riesige Parkplätze, zahllose Bars und Pizzerien und Souvenirs über Souvenirs ...

Parco di Pinocchio

Als der gebürtige Florentiner **Carlo Lorenzini** (1826-90) am 7. Juli 1881 unter dem Pseudonym *Collodi* die erste Fortsetzung seiner *Avventure di Pinocchio* in einer Kinderzeitschrift veröffentlichte, hatte er sein nicht gerade erfolgsverwöhntes Leben als Journalist und Theaterkritiker beinahe schon hinter sich. Die Geschichten begeisterten große wie kleine Kinder und wurden bald zu Italiens berühmtestem Kinderbuch, das in mehr als 80 Sprachen übersetzt, vielfach verfilmt und immer wieder neu interpretiert wurde. Collodi, der Ort, aus dem Lorenzinis Mutter stammte und in dem der Autor seine Kindheit verbrachte, hat ihm mit dem Park ein (einträgliches) Denkmal gesetzt.

Am Anfang des Rundgangs illustriert eine Mosaikwand von *Venturino Venturi* die bekanntesten Szenen des Buchs. Auf einem Pfad mit 21 Stationen durchlebt der Besucher dann Pinocchios abenteuerliche Welt, die phantasievollen lebensgroßen Bronzefiguren, die dazugehören, stammen von *Pietro Consagra* (1972). Weiter wollen wir nichts verraten, nur dass es uns im Maul des *Pescacane*, des grossen Haifischs, am besten gefallen hat. Die Herberge *Gambero Rosso*, in der Pinocchio von Fuchs und Kater ausgenommen wird, hat der renommierte Architekt *Giovanni Michelucci* aus Pistoia gebaut. Viel Spaß, Kinder!

Collodi, ein malerisches Bergdorf

Villa Garzoni

Die prachtvolle Villa, die das Dorf zum Tal hin abschließt und deren Haupttor bis ins 18. Jh. den einzigen Zugang nach Collodi bildete, fasziniert die Besucher noch heute. Erste Entwürfe für die Villa des Markgrafen Garzoni stammen von 1633, 1714 wurde der sog. „Sommerpalast" errichtet, und 1783 verlieh der Luccheser Ottavio Diodati der barocken **Gartenanlage** mit ihren sich weit den Hang hinaufziehenden Treppen und Terrassen ihr heutiges Aussehen. In ihrer ursprünglichen Form erhalten geblieben sind Theater und Badepavillon, die Wasserläufe und Kaskaden und die zahllosen Skulpturen mythologischer Wesen, die den Park bevölkern.

Praktische Informationen

- **Info.** Via del Colle 54, außer Mo 9.30-13, 14.30-18 Uhr, Tel. **0572-**42 93 42.
- **Parco di Pinocchio.** Tgl. 8.30 Uhr bis Sonnenuntergang, € 7. www.pinocchio.it
- **Villa Garzoni.** *Park* 9 Uhr bis Sonnenuntergang, € 5,20, die *Villa* ist bis auf weiteres nicht zu besichtigen.

Ein Denkmal für Pinocchio

Fuchs und Kater beim Schmaus

C'era una volta ...

– Un re! – No ragazzi avete sbagliato. C'era una volta un pezzo di legno.

„Es war einmal...", so fängt die Erfolgsstory an, – „Ein König!" –, „Nein, Kinder, da irrt ihr euch. Es war einmal ein Stück Holz!" Das junge Königreich Italien spitzt die Ohren und folgt gebannt dem von Meister Geppetto geschnitzten *burattino*, der Gliederpuppe mit den rotzfrechen Manieren und der unverschämt langen Nase, die mit jeder Lüge länger wird, durch eine gefahrvolle Welt voller Abenteuer. Pinocchio, mal Prahlhans, mal Hasenfuß, hat Gefährten und Widersacher. Die sprechende Grille und die blauhaarige Fee stehen auf seiner Seite, das listige Gespann Fuchs und Kater will ihm an den Kragen. Der freiheitsdürstende Pinocchio, dem jedes Mittel recht ist, um einmal ein richtiger Junge aus Fleisch und Blut zu werden, wird immer wieder pädagogisch zurechtgebogen, wenn er zu aufsässig war oder den Mund mal wieder zu voll genommen hat.

Collodi wollte ihn als Rebell sterben lassen, von Fuchs und Katze aufgeknüpft, doch der Herausgeber setzte das „brave" Happy End durch – ein geläuterter Pinocchio erwacht eines Tages und ist ein „richtiger" Junge mit allen dazugehörigen Qualitäten. Den Preis, den er dafür zahlt, ist der Verlust seiner Träume und seiner Kindheit. Weder seine Gefährten noch seine Feinde wird er je wiedersehen.

Lucca & Garfagnana

Über den Dächern von Lucca
Emigrantendenkmal in Coreglia Antelminelli
Mit Dachgarten – der Torre Guinigi

Lucca

„Die Lage gehört zu den schönsten, die ich je bei einer Stadt gesehen habe. Rings um die Mauer sind auf dem inneren Wall zwei bis drei Reihen Bäume gepflanzt.. Von außen sieht man nur einen Wald, der die Häuser verbirgt... “ (Michel de Montaigne, 1581)

Wenn Florenz Hassliebe und Siena unerwiderte Liebe ist, dann ist Lucca Liebe auf den ersten Blick. Wenn auch mit Bauchgrimmen. Denn auch Lucca ist ein Monstrum. Ein liebenswertes allerdings.

Kein David, kein Schiefer Turm, weder Schatzkästlein des Mittelalters noch Perle der Renaissance. Der große Tourismus macht einen Bogen um Lucca. Und doch besitzt die Stadt etwas so Einzigartiges, dass selbst das Guiness-Buch der Rekorde geradezu vor Neid erblasst: die größte vollständig erhaltene **Stadtmauer** Europas, Luccas Segen und Fluch in einem. So abschreckend, so uneinnehmbar wirkte das stolze Bollwerk, das die Stadt seit dem 16. Jh. schützt, dass es nicht einmal einer ernsthaften Belagerung standhalten musste. Als einzige Stadtrepublik der Toscana widerstand Lucca den „machiavellistischen“ Florentinern und sah sich selbst dann noch als Hort des Bürgertums, als ringsum längst absolutistische Fürsten herrschten. Der Preis, den die ebenso reiche wie frömmelnde „Stadt der 100 Kirchen“ dafür zahlen musste, war hoch. Ihr Festungsring schloss sie *ein* (konservierte), aber ebenso *aus* (isolierte), und die eingemauerte, von jedem Fortschritt abgeschlossene Enklave verfiel in Stagnation und Rückständigkeit. Nach dem Zweiten Weltkrieg beharrte Lucca als einzige Stadt der roten Toscana darauf, in ununterbrochener Folge von Christdemokraten regiert zu werden, und ist bis auf den heutigen Tag die einzige, deren Bevölkerungszahl ab- statt zunimmt.

Stolz auf ihre Vergangenheit und alles, was sie von der Welt außerhalb ihrer Mauern (und damit auch von der übrigen Toscana!) unterscheidet, bewahrt Lucca noch heute den morbid-**nostalgischen Charme** eines liebenswerten Städtchens der Jahrhundertwende – nicht zu groß und nicht zu klein, betriebsam, aber überschaubar, gemütlich, aber nicht verstaubt.

Geschichte

Luk – Sumpf. Das Erbe der Etrusker scheint noch durch, als die **Römer** 180 v. Chr. am Ufer des Serchio eine bedeutende Militärbasis anlegen. Noch heute markiert nicht wie in anderen toscanischen Städten der Dom, sondern das schachbrettartige Muster des Forums den Mittelpunkt der Stadt.

Die 570 nach Etrurien eindringenden **Langobarden** erhoben Lucca am Knotenpunkt der alten Fernstraßen *Via Aurelia/Via Clodia* zur Herzogstadt, und unter den nachfolgenden **Franken** Karl des Großen wurde es 774 zum Zentrum der Markgrafen von Tuszien und zur führenden Metropole der Toscana. Die strategisch günstige Lage an der *Via Francigena* erleichterte den

Handel mit den Märkten Europas und dem Orient, der Wohlstand zog den Ruf nach Unabhängigkeit mit sich und führte bereits **1080,** rund hundert Jahre früher als in Florenz und Siena, zur Wahl von Konsuln. 1162 erkannte Kaiser Friedrich Barbarossa Lucca als freie Stadt an.

Vom unermesslichen Reichtum des 11. und 12. Jh.s zeugen noch heute die zahllosen Kirchengründungen aus jener Zeit; in Konkurrenz zu den Bischöfen errichteten die selbstbewussten Bürger ein eigenes Gotteshaus am Forum (*San Michele in Foro*) und begannen 1190, einen zweiten Mauerring um ihre Stadt zu legen. Als Lucca Viareggio zum Hafen auszubauen versuchte, kam es zum ersten von vielen Kriegen mit Pisa, die erst 1284 ein Ende fanden, als Pisa die Seeherrschaft an die mit Lucca verbündeten Genuesen verlor.

Ein ungleich mächtigerer Rivale erwuchs Lucca in Florenz. Zusätzlich geschwächt durch die endlosen Fehden zwischen Guelfen und Ghibellinen, begann die Seidenstadt ihre Monopolstellung zu verlieren und fiel 1314 sogar kurzfristig an einen pisanischen Ghibellinenführer, der die republikanische Verfassung aufhob und sich zum Alleinherrscher aufschwang. Die Zeit war reif für **Castruccio Castracani** (1281-1328). Schon der Name des skrupellosen Raubritters und Söldnerführers ließ seine Feinde erschauern („Hundekastrierer"), und binnen weniger Jahre machte er sich die halbe Toscana untertan. Den Sturm auf Florenz (und Oberitalien) verhinderte nur eine tödliche Malaria, die sich der selbsternannte Herzog zuzog, zumindest nach Ansicht Machiavellis, der ihm eine Biografie widmete und als den idealen „Principe" verherrlichte.

Erst Ende des 14. Jh.s kehrten wieder ruhigere Zeiten ein. Unter dem strengen Regime des adligen Stadtvogts **Paolo Guinigi** (1400-1430) erlebte Lucca eine letzte Blütezeit, ehe im 16. Jh. auch sie von der Krise der toscanischen Textilproduktion ergriffen wurde. Die Zeit des unbegrenzten Wachstums war vorbei. Ein Großteil der nicht mehr lukrativ anlegbaren Vermögen floss, wie in Florenz, in die berühmten **Luccheser Villen,** sprich in die Landwirtschaft, ein anderer, kaum minder beträchtlicher in das gigantische Projekt des **dritten Festungsrings.**

Über hundert Jahre vergingen bis zu seiner Fertigstellung (1645), aber seine einzige Bewährungsprobe schlug bei der großen Überschwemmung 1812; Florenz und die Medici hatten Besseres zu tun, als sich vor den Toren des einstigen Rivalen eine blutige Nase zu holen.

Isoliert und selbstgenügsam bewahrte die Luccheser Republik ihre Unabhängigkeit bis 1799, als Napoleon sie als Fürstentum für seine Schwester *Elisa Baciocchi* requirierte.

Nach einem kurzen, aber wichtigen Interregnum unter bourbonischer Herrschaft (1814-47) fiel Lucca gerade noch rechtzeitig an die Toscana, um wenige Jahre später (1860) dem vereinigten Königreich Italien beitreten zu können.

Kunst

Wohlhabend, fromm und bodenständig. Die Prahlerei Pisas und die Mystik Sienas blieben Lucca ebenso fremd wie der unbärdige Ehrgeiz der Florentiner. Luxusartikel wie Seide, Damast, Samt, Gold- und Silberbrokate „made in Lucca" überschwemmten die Welt des Mittelalters und der Renaissance, doch für die Schaufassaden ihrer Kirchen und Paläste holten die Luccheser Lombarden wie *Guidetto da Como*, und ihre Ausschmückung übertrugen sie Pisanern, Sienesen und Florentinern wie *Nicola Pisano*, *Jacopo della Quercia* und *Donatello*. Ihrem bedeutendstem Baumeister, **Matteo Civitali** (1436-1501), der die Errungenschaften der Florentiner Renaissance in die Stadt einführte, errichteten sie ein Denkmal, doch über die Tore Luccas ist sein Ruhm kaum gedrungen. Erst Jahrhunderte später waren es Musiker, die Luccas Ruf als Kunststadt etablierten – der grandiose Cellovirtuose **Luigi Boccherini** (1743-1805), Hofkompositeur Friedrich Wilhelm II von Preußen und des Hofs von Madrid, der „Teufelsgeiger" **Nicolò Paganini,** der 1809 im *Teatro del Giglio* seine ersten großen Triumphe feierte, und **Giacomo Puccini** (1858-1924).

Orientierung

Lucca liegt zwischen Apuanischen Alpen und Monte Pisano auf dem linken Ufer des *Serchio*. Alle wichtigen Zu-

Auf der Stadtmauer von Lucca

fahrtswege führen sternförmig auf die **Stadtmauer** zu, die vollständig das **Centro Storico** umschließt. Das Zentrum ist klein und überschaubar, in rund 15 Minuten (Nord-Süd-Richtung) schlendert man bequem von einem Stadttor zum anderen.

Wie jede toscanische Stadt hat Lucca einen weltlichen und einen geistlichen Mittelpunkt, **Piazza San Michele** am einstigen Forum Romanum und **Piazza San Martino** mit dem Dom. Die schmale Hauptgeschäftsstraße **Via Fillungo** (Fußgängerzone) verläuft in Nord-Süd-Richtung mitten im Herzen der Stadt.

Die Stadtmauer

Der voll begehbare Festungswall umschließt die Stadt in seiner heutigen Form seit dem 16. Jh. Unter Doppelreihen mächtiger Platanen und Kastanien kann man wie einst Puccini rund um die Stadt flanieren (4,2 km) und die einmalige Aussicht auf Dächer, Kirchtürme und umliegende Hügel genießen. Die großzügige Anlage der **Passeggiata delle Mura,** halb Promenade und halb Park, wurde zwar erst 1819 unter Herzogin Marie Louise von Bourbon angelegt, doch schon Montaigne schwärmte 1581 von den herrlichen Bäumen der Stadt.

Bruchstücke der Vorgänger, des römischen und des mittelalterlichen Mauerrings, sind nur mehr vereinzelt erhalten, da man ihre Steine zum Bau des heutigen Bollwerks verwendete. Das **römische Lucca** war deutlich kleiner und von einem 8 m hohen Wall umgeben, von dem noch Spuren an der Kirche *Santa Maria della Rosa* sichtbar sind (das Amphitheater lag außerhalb der Stadtmauer).

Der 1190-1260 errichtete **mittelalterliche Mauerring** bezog neue, nach Norden und Osten sich ausbreitende Vororte ein und hatte vier Tore, von denen die *Porta San Gervasio* erhalten ist. Mit seinen 130 von Bäumen gekrönten Geschlechtertürmen (wie heute noch der *Torre Guinigi*) breitete sich Lucca, so ein Zeitgenosse, vor dem erstaunten Reisenden aus „wie ein Wald".

Der **dritte Ring** (1504-1645) wurde durch den Fortschritt der Artillerie notwendig, diente aber ebensosehr als ABM-Maßnahme für die unzufriedene und arbeitslose Bevölkerung. Ein gewaltiger Damm von 12 m Höhe und 30 m Breite wurde rund um die Stadt aufgeschüttet, mit 6 Mio Backsteinen verblendet und mit 11 gemauerten **Bastionen** bestückt, deren Gewölbe Munitions- und Proviantlager aufnahmen. Zum Schluss zog man einen 300 m breiten Gürtel um Wall und Stadt, so dass jeder, der sich näherte, schon von weitem zu sehen war, und umgab diesen mit einem 8 m breiten Wassergraben, der den Zugang auf drei mit Zugbrücken versehene Tore – *San Pietro* (1566) im Süden, *Santa Maria* (1593) im Norden, *San Donato* (1629) im Osten – beschränkte.

Erst 1812 ließ Fürstin Elisa ein viertes Tor in die Mauer brechen, um die Stadt auch in ihrer Breite durchqueren zu können (*Porta Elisa*), zwei weitere kamen im 20. Jh. hinzu.

Die endgültige Entmilitarisierung des Walls erfolgte 1819, als Herzogin Marie Louise seine 126 (niemals abgefeuerten) Kanonen entfernen und die Passeggiata anlegen ließ.

Am Bollwerk *Paolino* veranstaltet die Umweltorganisation *CISCU* **Führungen** durch den Untergrund mit seinen Pulverkammern und Zisternen.

Rundgang

Der beste Rundgang beginnt an der **Piazza Risorgimento** im Süden. Auf diese Weise betritt man Lucca wie das Paradies durch die **Porta San Pietro** (Petruspforte), die älteste der Stadt, und erreicht über die Bastion Santa Maria mit dem klassizistischen *Antico Caffè delle Mura* (1885) die Via Veneto und die **Piazza Napoleone.**

Die rechteckige, von Platanen bestandene Piazza Grande kam 1806 im Auftrag *Elisa Baciocchis* zustande. Der 1578 von dem Florentiner Ammanati begonnene **Palazzo Ducale** (der rechte Flügel kam erst 1728 hinzu) entstand an der Stelle der 1369 von den Bürgern geschleiften Zwingburg Castruccio Castracanis und ist heute Sitz der Provinzregierung.

In der Mitte des eher französisch anmutenden Platzes steht ein Denkmal für Herzogin Maria-Luisa, an der Ostseite erhebt sich das wichtigste Theater der Stadt, das klassizistische **Teatro del Giglio** (seit 1675, 1819 erneuert) mit dem Lilienwappen der Bourbonen, in dem einst Paganini aufspielte und Opern von Puccini und Rossini uraufgeführt wurden.

Santi Giovanni e Reparata

Von Römern, frühchristlichen Märtyrern, Langobarden und mittelalterlichen Meistern erzählt das wahrhaft faszinierende und „vielschichtige" Innere der Basilika aus dem 12. Jh. Der Abstieg in den Bauch der alten Taufkirche – das Lucca von heute liegt dank der Anschwemmungen des Serchio gut 3 m höher als das antike – lohnt unbedingt, auch wenn sich nicht jedes Detail auf Anhieb erschließen mag. (Wir raten zu einer **Führung,** speziell wenn man das Glück haben sollte, auf eine(n) der deutschen MitarbeiterInnen des Archäologenteams zu treffen.)

An der Basis Fragmente von Häusern und Thermen aus der Zeit der Römer (um 180 v.-100 n. Chr.): Mauern, Säulen, Fußböden, Mosaiken. Auf den Fundamenten bauten ab etwa 450 die ersten Christen: Taufbecken, Kapellen, Altäre, Gräber, Sgrafitti, Kultstätten für Märtyrer und Reliquien. Im 6./7. Jh. errichteten die Langobarden eine erste Basilica, die 750 ihre Bischofswürde an den Dom verlor und daraufhin der *hl. Reparata* (der ersten Patronin auch von Florenz) geweiht wurde. Schon um 900 wies die Kirche praktisch die Grundrisse des heutigen Baus auf, der ab 1187 über den Fundamenten aller Vorgängerbauten entstand. Aus dieser Zeit stammen noch das **Portal** und die Weite des romanischen Innenraums; Fassade wie barocke Kassettendecke kamen erst im 17. Jh. hinzu.

Als man das Baptisterium um 1390 mit einer **Kuppel** versah, geschah das

genau zu der Zeit, als man in Florenz schon lange darüber nachdachte, wie man die Vierung des Doms überspannen könne.

Bekanntlich löste erst Brunelleschi das Problem auf der Basis antiker Vorbilder, von denen sich wohl auch die Luccheser Baumeister inspirieren ließen. Für den Florentiner Dom hätte die hier gewählte „einfache" Lösung – ein Kreis, der in ein Viereck übergeht – zwar ohnehin nicht gereicht, doch Brunelleschi war interessiert genug, sich die Arbeiten in Lucca an Ort und Stelle anzusehen. Der Blick zu der schmalen Kreisöffnung hinauf ist wahrhaft imposant.

Palazzo Controni-Pfanner

Duomo San Martino

Der nach dem fränkischen Schutzheiligen Sankt Martin (Martin von Tours) benannte Dom birgt zwei der konträrsten Kirchenschätze Italiens – das byzantinisch dunkle, geheimnisumwobene **Volto Santo** (Heiliges Antlitz), eines der berühmtesten Kruzifixe der Christenheit, und den von geflügelten Putten umtanzten Sarkophag der **Ilaria del Carretto** von *Jacopo della Quercia*.

Die 1070 von Papst Alexander II, dem vormaligen Bischof Anselmo von Lucca, geweihte Kirche wurde ab 1070 im typisch **romanisch-pisanischen Stil** hochgezogen; erst bei der Erweiterung im 14. Jh. flossen mehr und mehr **gotische Elemente** ein, das Innere präsentiert sich fast rein gotisch. Die reich geschmückte **Fassade** (1204) ist das Werk des Lombarden *Guidetto da Como*, der auch die Fassade von San Michele schuf.

Anders als dort öffnen sich die Bögen zu einer offenen Vorhalle, während die Asymmetrie der Arkaden durch den bereits vorhandenen Campanile bedingt war. Die oberen, mit Travertin verkleideten Etagen des 59 m hohen Glockenturms wurden erst nach der Vollendung der Fassade (1261) aufgesetzt.

Das **Atrium,** die traditionelle Domäne der Geldwechsler, Heilkräuter- und Reliquienhändler, ist reich mit Reliefs skulptiert. In der Lünette des Portals rechts eine plastische *Enthauptung des hl. Regulus* und in der linken eine *Kreuzabnahme*, beide von Nicola Pisano (um 1265), der vermutlich auch die Motive im Türsturz (*Verkündigung, Christi Geburt, Anbetung der Könige*) meißelte. Das Hauptportal zeigt Szenen aus dem Leben des hl. Martin (Predigt, Heilung eines Besessenen, Totenerweckung, Bischofsweihe), darunter sieht man schöne Personifizierungen der *Zwölf Monate* (Dreschen, Beerenpflücken, Weinlese usf.).

Der elegante, dreischiffige **Innenraum** wurde vornehmlich im 14./15. Jh. ausgestaltet. Von *Matteo Civitali*, dem bedeutendsten Renaissancekünstler Luccas, stammen u. a. Kanzel, Weihwasserbecken, die Einlegearbeiten im Marmorboden und einige der Grabmäler. Das **Reiterstandbild des Sankt Martin,** der seinen Mantel mit dem Bettler teilt (am Eingang rechts) gilt als eine der ersten vollplastischen Skulpturen des Mittelalters überhaupt (um 1240) und befand sich ursprünglich an der Außenfassade, wo heute eine Kopie angebracht ist.

Im **rechten Seitenschiff** bemerkenswerte Altarbilder, darunter ein äußerst ungewöhnliches *Letztes Abendmahl* des Venezianers Tintoretto (1592, dritte Kapelle) und eine *Madonna mit Heiligen* von Domenico Ghirlandaio (1490, Sakristei). Rechts der Apsis der monumentale *Grabaltar* des hl. Regulus von Matteo Civitali (1484), links ein *Johannes Evangelista*, den die Stadt 1410 zur Erinnerung an die Befreiung Luccas von Pisa bei Jacopo della Quercia bestellt hatte.

Grabmal der Ilaria del Carretto. Anmut und blühendes Leben noch im Tod, in samtschimmerndem Carrara-Marmor eher gehaucht als gehauen von Jacopo della Quercia (1406-08) aus Siena. Die 19jährig im Kindbett verstorbene Gemahlin des Stadtvogts Paolo Guinigi ruht, scheinbar nur schlafend, auf einem freistehenden Sarkophag; ihr zarter Körper zeichnet sich deutlich unter einem sanft fließenden Gewand ab, das ihre Formen eher betont als verhüllt, zu ihren Füßen wacht aufmerksam-verspielt ein junger Hund, laut Vasari das Zeichen ehelicher Treue. Antike und Frührenaissance, höfische Kultur und graziler Naturalismus in perfekter Synthese, umspielt von tanzenden Putten mit Girlanden von Blumen und Früchte (Eintritt). Die Antithese dazu ist der

Der Volto Santo und Fresko zur Legende

Volto Santo

Der Legende nach wurde das sagenumwobene Kruzifix von dem Pharisäer Nikodemus, der Christus vom Kreuz abnahm, geschnitzt, mit einem unbemannten Schiff 782 im Hafen von Luni angespült und von einem führerlosen Ochsengespann geradewegs nach Lucca gebracht. Vom 12. Jh. ab auf Münzen geprägt, die über die Frankenstraße Verbreitung bis nach England und Skandinavien fanden, wurde der statt mit einem Lendenschurz mit einer bodenlangen Kutte bekleidete bärtige Christus zum Vorbild zahlloser Kruzifixdarstellungen in ganz Europa. Nicht zuletzt in Südtirol und im Süden Deutschlands führten das lange Gewand und das schmale, orientalisch wirkende Gesicht zu dem fatalen Missverständnis der sog. „virgo fortis", der starken, bärtigen Jungfrau oder „hl. Kümmernis". Tatsächlich wurde der Volto Santo nicht vor dem 11. oder 12. Jh. gefertigt (und womöglich von einem Kreuzzug aus dem Orient mitgeführt), geht aber auf wesentlich ältere Vorläufer zurück, die die Legende begründeten.

La Luminaria

Lucca leuchtet! Am 13. September wird das *Heilige Antlitz* noch heute in prachtvolle Gewänder aus Brokat gehüllt, der Tempietto öffnet sich für Jedermann, und am Abend zieht eine feierliche Prozession durch die fackelerleuchteten Straßen Luccas – so wie es schon Heinrich Heine 1829 halb schaudernd und halb ergriffen miterlebte: *„Tausend und aber tausend Lampen und Kerzen und Mädchengesichter flimmerten aus allen Fenstern..."*.

Volto Santo. Streng, hölzern, düster, mittelalterlich. Ein gewaltiger marmorner Renaissance-*Tempietto* von Matteo Civitali (1484) umschließt das übermannshohe Kruzifix aus schwarzem Zedernholz, dessen bärtiger Heiland von den Menschen des Mittelalters als ein „authentisches" Bildnis Christi verehrt wurde und bis heute das Ziel zahlloser Pilger aus aller Welt ist. Zwei noch heute bestehende Luken im linken Portal erlaubten den Gläubigen, die die Stadt vor Sonnenaufgang verlassen mussten, einen letzten Blick auf das *Heilige Kreuz* zu werfen (s. auch Kastentext S. 417).

Das 1994 errichtete **Museo della Cattedrale** gegenüber dem linken Domflügel bewahrt neben anderen Kirchenschätzen vor allem die kostbaren Roben und die Krone des Volto Santo auf.

San Michele in Foro

Von allen Kirchen Luccas zeigt die auf dem Platz des antiken Forumtempels 1143 begonnene Michaelskirche am stärksten **Pisaner Formen.** Im 14./15. Jh. diente sie zudem als Versammlungsort der Bürgerschaft, da Lucca erst relativ spät ein eigenes Rathaus baute. Die von einem kolossalen *Erzengel Michael*, dem Drachentöter, gekrönte **Fassade** mit vierstöckiger Loggia wurde wie die des Doms von *Guidetto da Como* entworfen, wirkt aber verspielter und wollüstiger und bietet eine wahre Orgie an Galerien, Monstern, Fabeltieren, Ornamenten und gedrechselten Säulen, von denen nicht eine der anderen gleicht. Eine „Schauwand" sondergleichen – auch wenn die extrem hoch über den Giebel ragenden Galerien darauf hindeu-

ten, dass später lediglich die Mittel gefehlt haben, die gesamte Kirche im Sinn der aufstrebenden Gotik zu „erhöhen“. Nach der Vereinigung Italiens in den Jahren 1861-66 wurde das bereits vorhandene Bestiarium noch um Porträts berühmter Zeitgenossen wie Cavour, König Vittorio Emanuele und Papst Pius IX erweitert. Die *Strahlenkranz-Madonna* am rechten Eckpfeiler schuf Matteo Civitali zum Dank für die überstandene Pest von 1476-80.

Das dreischiffige **Innere** wurde im 19. Jh. weitgehend vom Barock entrümpelt und präsentiert sich heute wieder wohltuend schlicht, auch wenn die 1512 gezogene Gewölbedecke anstelle des offenen Dachstuhls den Raum nach wie vor unnötig verdunkelt. Am ersten Seitenaltar rechts eine schöne, weiß glasierte *Terracotten-Madonna* von Andrea della Robbia, und im rechten Querschiff ein Tafelbild in den leuchtenden Farben *Filippino Lippis* mit den Pestheiligen Rochus und Sebastian sowie Hieronymus und Helena (um 1480). Der bedeutendste Schatz der Kirche ist das fast 4 m hohe, bemalte **Triumphkreuz** über dem Hauptaltar (Christus ohne Seitenwunde in Triumphpose) eines unbekannten Luccheser Meisters aus dem Duecento (um 1220).

Piazza San Michele

Der **historische Mittelpunkt** Luccas, das einstige Forum Romanum. Buden, Stände, Cafés und Rummel, dass man seinen Sinnen kaum traut, mittendrin versteckte Kleinodien wie die puttengeschmückte *Farmacia Centrale* (Via Roma 42) oder das Backwarenparadies *Taddeucci* (Piazza San Michele 34). An der Südflanke der Kirche gedenkt eine Statue des unglücklichen **Francesco Burlamacchi,** der Mitte des 16. Jh.s zum Aufstand der Stadtstaaten gegen die Medici aufgerufen hatte, aber nach handfesten Drohungen der Florentiner von den feigen Patriziern der Stadt an Cosimo I ausgeliefert wurde, der ihn 1548 prompt enthaupten ließ. Dreihundert Jahre später wussten es die Luccheser besser; 1863, gleich nach der Gründung des neuen italienischen Staats, errichteten sie ihm ein Denkmal als „erstem Märtyrer der italienischen Einheit“.

Wer das Gebäude mit der offenen Loggia schräg gegenüber für eine Art Messezentrum hält, geht nicht ganz fehl, doch handelt es sich zugleich um das erste Rathaus der Stadt. Der **Palazzo Pretorio** wurde 1492 nach Plänen von Matteo Civitali erbaut und 1588 von seinem Enkel Vincenzo erweitert; zwischen Weinkartons und Ölfässern thront die Statue des Baumeisters selbst.

Eine Antwort auf die Frage, wie Luccas Kirchen vor dem Einfluss der Pisaner aussahen, gibt **Sant'Alessandro,** die älteste noch nahezu „im Urzustand“ erhaltene Kirche der Stadt; ihr Grundmuster dürfte auf das Jahr 1000 zurückgehen. Schlichte Fassade, Mittelportal, anstelle eines Rundbogens ein einfacher Dreiecksgiebel, darüber eine angedeutete Galerie, innen eine

Schaufassade – San Michele in Foro

schmucklose dreischiffige Basilika. (Der Durchgang befindet sich rechts vom Palazzo Ducale.)

Casa Puccini

Kein Opernrepertoire ohne *La Bohème, Madame Butterfly, Tosca* oder *Turandot*. Als der Kettenraucher **Giaccomo Puccini** 1924 an Kehlkopfkrebs starb, galt er bereits als ein Monument der Opernwelt. Ganz Italien trauerte, die Flaggen der öffentlichen Gebäude waren auf Halbmast. Obwohl er aus einer alten Musikerdynastie stammte, die seit 1712 die Organisten des Doms stellte, entschied sich der junge Chorknabe von San Michele nach einer Aufführung von Verdis *Aida* gegen die Familientradition und ging ans Konservatorium von Mailand, um das Komponieren zu erlernen. *„Verdi: der Schlachtruf! – Puccini: der Brunftschrei!“*, höhnten Italiens Patrioten später über Puccinis „Salonerotik und Décadence“, doch der Erfolg gab dem instinktsicheren Theatermann, der an Libretti und Ausstattungen mindestens ebenso feilte wie an seinen Arien und Kompositionen, im nachhinein recht. Das Haus unweit der Piazza, in dem Puccini am 28. Dezember 1858 geboren wurde, ist heute ein **Museum.** In dem kleinen Palazzo aus dem 15. Jh. wuchs er mit seinen Eltern, seiner Großmutter, vier Schwestern und einer Dienstmagd auf. Zu sehen sind außer den Räumlichkeiten Memorabilien vom Steinway-Flügel, auf dem er die *Turandot* komponierte, bis zu Handschriften und Kleidungsstücken des Meisters.

San Frediano

Die **älteste Kirche Luccas** wurde im 6. Jh. von dem irischen Pilger und späteren Bischof *Fredianus* gegründet. Der heutige Bau entstand zwischen 1112 und 1230, wobei man die Fassade entgegen christlicher Tradition nach Osten verlegte, um eine Ausrichtung gegen die inzwischen hochgezogene mittelalterliche Stadtmauer zu vermeiden.

Prunkstück San Fredianos ist das prächtige **Fassadenmosaik,** wie es in der gesamten Toscana nur noch bei *San Miniato al Monte* in Florenz zu finden ist. Das deutlich byzantinisch geprägte Mosaik der *Himmelfahrt Christi* von Berlinghiero Berlinghieri (um 1230) zeigt den von Engeln getragenen Heiland in der Mandorla und darunter die Zwölf Apostel; die Madonna in der Mitte fiel einem späteren Fenster zum Opfer.

Der 52 m hohe **Campanile** mit Ghibellinen-Zinnen diente – wie alle Glockentürme – bis weit ins 12. Jh. hinein zugleich als Wehrturm und Verteidigungsanlage. Den schönsten Blick auf den Turm und die halbrunde Apsis hat man von der Stadtmauer aus.

Der **Innenraum** mit hoher Balkendecke und antiken Säulenkapitellen (teilweise stammen sie aus dem nahen Amphitheater) wirkt monumental und feierlich. Gleich in der ersten Seitenschiffkapelle rechts erhebt sich der imposante romanische Taufbrunnen **Fonta Lustrale** (Mitte 12. Jh.), einer der schönsten seiner Art, umgeben von überaus plastischen, an römischen

Sarkophagen geschulten Reliefdarstellungen des Leben Moses (die ägyptischen Soldaten, die das Rote Meer durchqueren, erscheinen als mittelalterliche Ritter). Das noch heute benutzte Taufbecken dahinter wurde von Matteo Civitali (1489) gearbeitet, seitlich darüber prangt eine mit Fruchtgirlanden geschmückte *Verkündigung* von Andrea della Robbia.

Zwei sehenswerte **Fresken** des Amico Aspertini (um 1508) im linken Seitenschiff zeigen die Überführung des Volto Santo von Luni nach Lucca (man beachte die im Hintergrund abgebildeten *Geschlechtertürme,* s. S. 417) und die wundersame Errettung Luccas vor einer Überschwemmungskatastrophe durch den hl. Fredianus, der den Serchio umleitete.

In der **Cappella Trenta** ein vierteiliger Altaraufsatz von Jacopo della Quercia, *Madonna mit Kind und Heiligen,* 1413-22 aus einem einzigen Marmorblock gehauen. Darunter ein römischer Sarkophag, der die Gebeine des 729 auf einer Pilgerfahrt in Lucca verstorbenen angelsächsischen Königs Richard enthält.

Die **Cappella di Santa Zita** birgt den mumifizierten Leichnam der 1696 heiliggesprochenen *Patronin der Mägde,* um die sich zahlreiche Legenden ranken. So soll Zita (geb. 1218) Brot gestohlen haben, um es an die Armen zu verteilen, doch bei jeder Kontrolle ihrer Herrschaft hatte es sich unter ihrer Schürze flugs in Rosen verwandelt. Ein andermal soll ihr die Herrschaft untersagt haben, ständig in die Kirche zu gehen, worauf bei jeder Messe die Madonna persönlich einsprang, um ihre Aufgaben zu übernehmen. Am 26. April jeden Jahres findet eine Prozession zu Ehren der hl. Zita statt.

Rund um San Frediano

Die Stadtmauer erlaubt nicht nur einen prächtigen Blick auf San Frediano und das Umland, sondern auch auf den barocken **Palazzo Controni-Pfanner,** der 1667 von einem Kaufmann erbaut und 1860 von den Pfanners aus Konstanz erworben wurde, um darin die erste Bierbrauerei Italiens einzurichten. Im hübschen Garten neben den Statuen der vier Jahreszeiten und Rosenstauden wurde bis in die zwanziger Jahre Bier ausgeschenkt. Auch bedeutende Ärzte hat die Familie (der Palazzo ist noch heute in ihrem Besitz) hervorgebracht, eine Sammlung medizinischer Instrumente kann bei der Besichtigung der historischen Räume bestaunt werden (Eintritt, s. *Museen*).

Nur wenige Schritte weiter erhebt sich der mächtige *Palazzo Tegrami* (Via Cesare Battisti 16), eines der schönsten alten Stadthäuser Luccas. Vis à vis der Kirche (Via San Frediano 8) wohnte 1809 der „Teufelsgeiger" *Nicolò Paganini,* der die junge Fürstin Elisa derart beeindruckt haben soll, dass sie ihn vom Ersten Virtuosen sofort zum Direktor des *Teatro del Giglio* beförderte, worüber „tout Lucca" sich noch jahrzehntelang das Maul zerriss (und nicht zu Unrecht, wie es heißt).

Ein schöner Weg zur Via Fillungo (s. S. 423) führt durch die schmale, mittelalterliche *Via Anguillara* mit zahlreichen Überresten alter Turmhäuser.

Piazza Anfiteatro

Wo man einst Löwen auf Gladiatoren hetzte und Hühner und Lämmer zur Schlachtbank trieb, wird heute höchstens gutgläubigen Touristen der Hals abgeschnitten.

Das **römische Amphitheater** wurde erst im 13. Jh. durch den mittelalterlichen Mauergürtel „eingemeindet“. Mit dem Untergang Roms war auch die Arena verfallen und breitete sich an ihrer Statt ein wucherndes Armenviertel aus, in dem sich Obdachlose, Taglöhner und Verfemte niederließen, die die Ränge des Theaters als willkommenes Baumaterial nutzten. Erst 1830, zu diesem Zeitpunkt lag die eigentliche Arena bereits mehrere Meter unter dem Straßenniveau, ließ Herzogin Marie Louise den Platz räumen und in einen gepflasterten Marktplatz umgestalten.

Von den vier großen Bögen, den ehemaligen Eingangstoren zum Oval, ist noch einer nahezu erhalten (am niedersten Gebäude der Piazza), während an der umlaufenden *Via di Anfiteatro* (beispielsweise gegenüber dem Haus No. 32) sogar noch deutlich Bogenreste des früheren Amphitheaters zu sehen sind.

Auch heute noch kein Prunk-, sondern trotz einiger schicker neuer Cafés und Boutiquen eher ein „armer“ Platz – und wahrscheinlich deshalb so sympathisch.

Die Piazza Anfiteatro – von der römischen Arena zum Marktplatz umgewandelt

Torre Guinigi

130 **Wohntürme** zählte Lucca im Mittelalter. Übriggeblieben ist nur ein einer, 44 m hoch, aus solidem Backstein und ein echter Blickfang schon von weitem, da wie seit 600 Jahren noch heute von mächtigen Steineichen gekrönt. 230 Stufen führen hinauf zur Plattform, von der aus man einen herrlichen Panoramablick über die Kirchtürme und Dächer der Stadt und die nahen Berge genießt (Eintritt s. *Museen*, S. 429). Dass gerade dieser Turm erhalten blieb (im übrigen nur Teil eines ganzen Imperiums von umliegenden Case, Torre und Palazzi der durch Seidenhandel reich gewordenen „Medici von Lucca"), ist kein Zufall. Nachdem auf Geheiß Castruccio Castracanis (teils um seine Macht zu demonstrieren, teils um Baumaterial für seine eigene Fortezza Augusta zu gewinnen), Anfang des 14. Jh.s alle Geschlechtertürme der Stadt abgetragen worden waren, blieb es später allein dem mächtigen Stadtregenten *Paolo Guinigi* (1400-1430) vorbehalten (bzw. ein Bedürfnis), den ehemaligen Familienstammsitz in alter Pracht und Höhe wiederaufbauen zu lassen. Im Erdgeschoss noch deutlich erkennbar die typischen, im Mittelalter offenen Arkadengänge für Geschäfte und Zerstreuungen, die später zugemauert wurden. In einer der ehemaligen Loggien, zwei Häuser weiter, befindet sich das hochinteressante **Museo Storico della Liberazione,** in das nicht zuletzt gerade Deutsche einen Blick werfen sollten (s. *Museen,* S. 429).

Via Fillungo

Sie ist seit jeher Luccas beliebtestes und belebtestes Pflaster. Handtuchschmal und gesäumt von Palazzi und Wohntürmen aus dem 14. und 15. Jh., hat sie trotz ihrer zahlreichen eleganten Läden noch heute etwas von einem orientalischen (mittelalterlichen?) Souk an sich. Je nach Jahreszeit zwischen 17 und 20 Uhr spielt sich entlang der rund 600 m langen Flaniermeile wie seit dem Mittelalter die tägliche *Passeggiata* ab. Der etwas verblichene, aber immer noch eindrucksvolle Glanz von Läden und Geschäften, die seit einem Jahrhundert oder mehr an ihrer Stelle stehen, verleihen dem Corso noch heute das unvergleichliche Flair einer „guten Stube".

Dekors, Schilder und originale Innenausstattungen aus dem **Fin de Siècle** oder den Zwanziger Jahren sind dabei keine Seltenheit. Zu den bemerkenswertesten Objekten zählen u. a. die Juweliere *Pellegrino* (No. 111) und *Chioccetti* (No. 20), die ehemalige *Profumeria Venus* (No. 65), Puccinis Lieblingscafé *Caffè di Simo* (No. 58) oder die kleine, nahezu pariserisch anmutende Jugendstilpassage No. 102. **Carli** (No. 95) gilt sogar als das älteste noch bestehende Ladengeschäft ganz Italiens; die kleine Goldschmiedewerkstatt zog 1655 in die Via Fillungo ein und bietet heute bereits in der 14. Generation Pretiosen, Webstoffe, Münzen, Messgeräte und antike Uhren feil. Neben den reich verzierten Schauvitrinen prangt ein Nürnberger Panzerschrank aus dem 17. Jh.

An der Ecke Via Buia steht das Geburtshaus des Barockkomponisten *Luigi Boccherini* (1743-1805). Etwas weiter südlich erheben sich der mächtige *Torre delle Ore*, der Lucca bis 1471 die Stunden schlug, die schon seit langem verschlossene Kirche *San Cristoforo* aus dem 13. Jh., früher zugleich Zunfthaus der Weber und Stoffhändler, gleich links von ihr Haus und Werkstatt des *Matteo Civitali*, dem Renaissancebaumeister Luccas, und gegenüber ein weiterer typischer Familienpalazzo, die *Casa di Monna Vanna* (No. 7). Die **Ecke Fillungo/Via Roma** gilt als Herz Luccas. Hier trifft man sich bei den Ruhebänken des „florentinischen" *Palazzo Cenami* von Nicolo Civitali (1530), flaniert den Corso hoch oder die wenigen Schritte bis zur Piazza San Michele, oder man wirft im Vorübergehen einen kurzen Blick auf die im „typisch Luccheser Stil" erbaute Kirche **San Giusto** (12. Jh.) an der Via Cenami. Kein Auswärtiger würde je vermuten, dass er sich hier an der „höchsten Stelle" der Stadt befindet, doch die Luccheser wissen es, denn genau aus diesem Grund errichteten einst die Langobarden an diesem Platz ihre erste Kirche.

Forisportam

Das ganze Gebiet westlich der Nord-Süd-Achse *Via della Rosa/Via dell'Arcangelo Custode* lag zur Zeit der Römer „foris portam", vor dem Tor.

Genau an der Stadtgrenze lag 1309 das kleine Kirchlein **Santa Maria della Rosa,** deren Westwand den einzig noch erhaltenen Teil der römischen Stadtmauer birgt. (Besonders gut sind die großen, roh behauenen Steinblöcke des Walls im Inneren der Kirche zu sehen.) Schon mehr als 100 Jahre früher hatte man dagegen den Bau der wenige Schritte weiter nördlich gelegenen romanisch-pisanischen **Santa Maria Forisportam** begonnen, die ihren denkwürdigen „Ehrentitel" bis heute behalten hat. Als einziges erhaltenes Tor des erweiterten mittelalterlichen Stadtrings erhebt sich gleich westlich der Kirche die von zwei stattlichen, halbrunden Verteidigungstürmen eingefasste **Porta San Gervasio** von 1260.

Die letzten Überreste des breiten Wassergrabens (*fosso*) rund um die mittelalterliche Stadtmauer sind noch in der **Via del Fosso** zu sehen. Der funktionslos gewordene Graben führte zur Ansiedlung zahlloser Färbereien und Gerberwerkstätten und trieb Tag und Nacht Tausende klappernder Webstühle entlang der Straße an. Gleich dahinter schließt sich der Park der *Villa Bottini* an, zusammen mit dem 1820 von Fürstin Elisa eingerichteten **Botanischen Garten** (150 m weiter südlich) einer der wenigen öffentlich zugänglichen Grünanlagen Luccas. Nach Norden zu führt die Via del Fosso über die barocke Mariensäule der *Madonna del Stellario* (1687) auf die gewaltige Franziskanerkirche **San Francesco** zu. Mit dem Bau begann man schon 1228, nur zwei Jahre nach dem Tod des hl. Franz von Assisi; riesig und leer ganz im typischen Stil der Bettelordenskirchen das einschiffige

Innere mit hoher Balkendecke und eingelassenen Grabplatten. Stadteinwärts trifft man rechterhand der Via Fratta auf die hübsche Kirche **San Piero Somaldi,** ein Dom im Miniaturformat mit zweigeschossiger Arkadenloggia und grünweißer Marmorstreifung. Im Türsturz des Mittelportals (1203) übergibt Guidetto da Como, der Architekt der Fassaden von Dom und San Michele, Petrus den Schlüssel der Stadt.

Museo Nazionale Villa Guinigi

Der langgestreckte Backsteinpalast des damaligen Stadtvogts Paolo Guinigi (1418-1420) beherbergt seit 1968 die **Sammlungen des Nationalmuseums.** Im Erdgeschoss römische Mosaiken und Säulen (zum Teil aus Santi Giovanni e Reparata), etruskische und ligurische Grabfunde, mittelalterliche Tafelbilder und Bauplastiken und Werke des unermüdlichen Matteo Civitali. Höhepunkt sind die berühmten **Luccheser Kruzifixe** im ersten Saal des Obergeschosses, darunter ein signiertes Kreuz von *Berlinghiero Berlinghieri,* der das Mosaik von *San Frediano* schuf (um 1220), sowie das auf 1288 datierte Kreuz *Deodato Orlandis,* des Schöpfers der Fresken von *San Piero a Grado* bei Pisa.

Neben wertvollen Seiden- und Brokatstoffen aus dem 16.-18. Jh. ist noch die Gemäldesammlung mit einigen (z. T. in Lucca entstandenen) Werken Fra Bartolomeos erwähnenswert, darunter die monumentale *Erscheinung Gottvaters vor Maria Magdalena und Katharina von Siena* (1509).

Palazzo Mansi

Der **Stadtpalast** der Familie, die auch die berühmte Villa in den Luccheser Hügeln ihr eigen nannte (s. u.), wirkt von außen zurückhaltend, ist innen aber umso prunkvoller mit Salons, Ballsälen und Wandmalereien aus dem 18. Jh. ausgestattet.

Höhepunkt ist die dekorative *Camera degli Sposi,* ein opulentes Brautgemach im Rokokostil mit kostbaren Luccheser Samt- und Seidenstickereien. Mode und Accessoires des 18. und 19. Jh. führt das einst im Palazzo Controni-Pfanner beheimatete **Museo dei Costumi.**

Die 1847 von Leopold II anlässlich Luccas Aufnahme in das Großherzogtum Toscana gestiftete **Pinacoteca** enthält vornehmlich Gemälde des 15. bis 18. Jh.s, darunter Werke von *Fra Bartolomeo, Andrea del Sarto, Vasari, Sodoma, Beccafumi* und der Manieristen *Pontormo* und *Bronzino.*

Jugendstilvillen

Ein kurzer Spaziergang durch den **Viale Matteo Civitali** (unweit der Porta Santa Maria) führt an einigen zwischen 1909 und 1914 von *Gaetano Orzali* entworfenen Häusern vorbei; besonders schön die Villa Barsanti (No. 258) oder die Nummern 295, 312 und 396.

Auf der linken Seite des Bahnhofsplatzes erhebt sich der **Palazzo Giurlani** von *Belluomini* und *Chini,* den Neubegründern Viareggios (s. dort), und etwas weiter östlich finden sich weitere schöne Villen entlang des *Viale Giusti.*

Praktische Informationen

- LU. 85.600. 19 m. **Tel. 0583.**
- **Info.** Piazza Santa Maria 35, Tel. 91 99 31, Fax 46 99 64, influcca@lucca.turismo.toscana.it. Auch Geldwechsel, Internet Point. Prospektausgabe auch an der Piazzale Verdi (Busparkplatz), Tel. 44 19 44.
- **Geld.** *Deutsche Bank*, Via Fillungo 78.
- **Post.** Via Vallisneri 2. Telefonzentrum, Via Cenami 19, tgl. 7-23 Uhr.
- **Internet.** Via Cesare Battisti 58 (bei San Frediano). Tgl. 9-24 Uhr, Tel./Fax 46 98 73.
- **Märkte.** *Wochenmarkt* Mi/Sa 8-13 Uhr, Via dei Bacchettoni bei der Porta Elisa. *Markthalle* (Lebensmittel) an der Piazza del Carmine. *Antiquitätenmarkt* (Mercato Antiquariato) jedes dritte Wochenende im Monat an der Piazza Antelminelli beim Dom. *Handwerksmarkt* (Mercato Artigianato) am letzten Wochenende d. Monats an der Piazza San Giusto.
- **Sprachkurse.** *Centro Koiné,* Via Antonio Mordini 60, Tel. 49 30 40, Fax 49 16 89. *European School,* Via dell' Olivo 9, Tel. 46 71 46, Fax 49 23 31, www.italiancourses.it

Stadtverkehr

Parken

- **Parkplätze** im Centro Storico sind rar und fast ausnahmslos gebührenpflichtig (blaue Markierungen; gelbe sind für Anwohner).
- **Illegale Parker** außerhalb der Mauern, d. h. an bzw. nahe der Ringstraße, werden in der Regel geduldet (es sei denn natürlich, sie behindern den Verkehr).
- **Plätze im Centro** gibt es am ehesten im Ostteil der Stadt (Anfahrt Porta Elisa).

Öffentliche Verkehrsmittel

- **Mini- und Linienbusse** der *CLAP.*
- **Taxistände** am Bahnhof und an den Plätzen Santa Maria, Napoleone und Verdi (Tel. 58 13 05).

Fahrrad & Scooter

- **Poli** (Tel./Fax 49 37 87) und **Bizzarri** (Tel. 49 60 31) beide an der Piazza Santa Maria sowie **Mete Bike,** Via del Sasso 6 nahe Piazza Napoleone (Tel. 49 05 91). Um € 2,10 pro Std. oder € 10,40 pro Tag.
- **Rent a Scooter.** Piaggio 50cc € 31/Tag, € 186/Wo. Via Mazzini 20, Fax 46 69 19, serchiomotori@dealer.piaggio.com

Unterkunft

Im Centro Storico

- **Ilaria** (****). Freundliches, komfortables First-Class-Hotel an der malerischsten Straße Luccas, sehr leicht zu erreichen (über Porta Elisa, eigener Parkplatz). Im Sommer finden direkt nebenan Freiluftkonzerte statt. 30 Zimmer, DZ € 190-210 inkl. BF. Via del Fosso 266, Tel. 46 92 00, Fax 99 19 61. www.hotelilaria.com
- **Universo** (***). Seit 1857, 100 Jahre lang das erste Haus am Platz, ein Hauch von Belle Epoque, zentral, mit Parkplatz und Restaurant. 60 Zimmer von unterschiedlicher Qualität, DZ € 150 inkl. BF. Piazza del Giglio 1, Tel. 49 36 78, Fax 95 48 54. www.hoteluniversolucca.it
- **La Luna** (***). Hundertmal geht man dran vorbei, ohne das sympathische Hotel im Herzen der Altstadt zu erkennen – dezent! Mit Garage, doch der Weg dorthin mitten durch die Fußgängerzone erfordert Nerven. 30 helle, freundliche Zimmer, im 2. Stock z. T. mit Fresken, DZ € 99. Corte Compagni 12, Tel. 49 36 34, Fax 49 00 21. www.hotellaluna.com
- **San Martino** (***). Sehr ruhiges, intimes Hotel in einer stillen Seitengassse mit einem jungen, sympathischen Team (man spricht deutsch). 9 DZ mit AC, Frigo, Sat-TV, Modem € 98 inkl. BF. Via della Dogana 7, Tel. 46 91 81, Fax 99 19 40, www.albergosanmartino.it
- **Piccolo Hotel Puccini** (***). Recht kleine, aber korrekte Zimmer. 14 DZ € 80. Via di Poggio 9, Tel. 5 54 21, Fax 5 34 87. www.hotelpuccini.com
- **Diana** (**). Freundliches Familienhotel, einfach, aber tip-top sauber. 15 DZ € 67-93. Via del Molinetto 1, Tel. 49 22 02, Fax 46 77 95. www.albergodiana.com

Die einstige Gerberstraße Via del Fosso

Bed & Breakfast

• **Palazzo Alexander.** Eleganter, exklusiver Wohnsitz in einem Stadtpalast des 12. Jhs. (4 Etagen, Lift). Exzellenter Service, alle Zimmer sind stilvoll möbliert (Antiquitäten, Parkett) und mit AC, Minibar, Sat-TV, Safe, Modem etc. ausgestattet. DZ € 170, Suiten € 230 inkl. BF. Via Santa Giustina 48, Tel. 58 35 71, Fax 58 36 10. www.palazzo-alexander.com

• **La Romea.** 4 ausgesucht schöne, geräumige DZ und 1 Suite (mit Traumbad), perfekt abgestimmt zwischen alt und neu, im 1. Stock eines historischen Palazzo. € 120-135 (Suite € 150) inkl. BF. Vicolo delle Ventaglie 2, Tel. 46 41 75, Fax 47 12 80. www.laromea.com

• **Alla Corte degli Angeli.** Junges, schickes „Maison de Charme" in einer ruhigen Seitenstraße bei San Frediano mit 6 Suiten € 140. Via degli Angeli 23. Tel. 49 35 95, Fax 99 19 89. www.allacortedegliangeli.com

• **La Bohème.** Hübsche Zimmer im Luccheser Stil mit großen Bädern, Internetanschluß etc. – für den Preis absolut top! 5 DZ € 95 inkl. BF (auf Wunsch im Zimmer). Via del Moro 2, Tel./Fax 46 24 04. www.boheme.it

• **Sainte Joustine.** 8 große, schön möblierte Zimmer auf 2 Etagen, DZ € 68/52 (Bad außen). Via S. Giustina 30, Tel. 58 79 64.

• **San Frediano.** Solide, ruhig, freundlich. 3 DZ mit, 3 ohne Bad € 62/47 inkl. BF. Via degli Angeli 19, Tel. 46 96 30, Fax 99 17 72.

• **Da Elisa.** Einfach, aber geräumig und korrekt. 5 DZ € 50, Triple € 67 (Bad außen). Via Elisa 25, Tel. 49 45 39, Fax 47 16 09.

Rund ums Centro Storico

• **Stipino** (**). Angenehmes, sympathisches Haus mit Garten(terrasse) und Parkplatz, rund 10-15 Gehminuten vom Centro Storico entfernt. 20 Zimmer, zur Straße mit AC, DZ € 70. Via Romana 95, Tel. 49 50 77, Fax 49 03 09. Kaum schlechter ist das **Melecchi** (**) gleich nebenan (14 Zimmer, DZ € 70 inkl. BF).

• Die **Locanda Buatino** (s. *Trattorien)* vermietet 6 einfache Zimmer um € 40-45. Borgo Giannotti 508, rund 5 Min. zum Zentrum, Tel. 34 32 07, Fax 34 32 98.

Im Grünen

- **Villa La Principessa** (****) in *Massa Pisana* (4 km). Einst Residenz von Napoleons Schwester Elisa, mit herrschaftlichen Salons und Kaminzimmern in einem großzügigen Park mit Pool. 41 DZ € 180-275, Suiten ab € 380 inkl. BF. Tel. 37 00 37, Fax 37 91 36. www.hotelprincipessa.com
- **Villa San Michele** (****) in *San Michele in Escheto* (5 km). Palazzo aus dem 17. Jh. inmitten von Olivenhainen, äußerlich fast unscheinbar, innen üppig, wenn auch im Vergleich zur Principessa geradezu „nüchtern" ausgestattet; mit Pool und Tennis (2 km), ohne Restaurant. 22 Zimmer, DZ € 180-232. Tel. 37 02 76, Fax 37 02 77. www.hotelvillasanmichele.it
- **Villa Rinascimento** (***) in *Santa Maria del Guidice* (9 km). Rustikales Landhaus zwischen Weinbergen und Oliven mit schönem Weitblick, eher Ferienhaus als Villa und stark von Deutschen frequentiert. März bis Mitte Nov., mit Pool und Tennisplatz. 15 DZ (z. T. im modernen Anbau) € 95-136 inkl. BF. Tel. 37 82 92, Fax 37 02 38. www.villarinascimento.it
- **Villa Casanova** (**) in *Balbano* 12 km westl. nahe Lago di Massaciuccoli. Gutshof im Grünen, einfach, rustikal, sympathisch (eher Jugendherberge als Hotel). 40 geräumige Zimmer in 3 Gebäuden, größtenteils „antik" (sparsam) möbliert (ohne TV, Tel., Minibar, aber mit Dusche/Bad). Pool, Tennis, Mountainbikes. Gute, bodenständige Küche. DZ € 67 inkl. BF, HP € 51 p.P. Tel. 54 84 29, Fax 36 89 55.

Jugendherberge

- **Ostello San Frediano** (seit 2001). 140 Betten in einem ehemaligen Konvent, mit Bar und Resto (Mahlzeiten € 8). Schlafplatz € 15-16, DZ € 39, Quadruple € 78, BF € 1,55/3,60 (Büffet). Der Herbergsvater, Herr *Stasi,* hat alles im Griff. Via della Cavallerizza 12, Tel. 46 99 57, Fax 46 10 07. www.ostellolucca.it

Essen & Trinken

Restaurants

- **Buca di Sant'Antonio.** Tradition (seit 1782), rustikales Ambiente (gemütlich), polyglotte Atmosphäre und verblüffend moderate Preise erzeugen einen unwiderstehlichen Sog. Ausgezeichnet die *Risotti* und das *Capretto* (Zicklein), wenn möglich Tisch im oberen Saal (für Stammgäste u. Italiener) reservieren. Ruhetag Mo, So abends. Via della Cervia 3, Tel. 5 58 81.
- **Puccini.** Ein Fischrestaurant in Lucca, das war noch vor wenigen Jahren eine Sensation! Elegante Einrichtung, hübsche intime Terrasse, nicht billig, aber seinen Preis (meist) wert; Secondi ab € 15. Ruhetag Di/Mi mittags. Corte San Lorenzo 1, Tel. 31 61 16.

Trattorien & Osterien

- **Da Giulio in Pelleria.** Groß, lebhaft und zu jeder Zeit gestopft voll mit Handwerkern, Sekretärinnen und Honoratioren neben ausländischen Bus-Touris, BMW-Roadies und Backpackers – allein schon das *Ambiente* kann süchtig machen, von den bewunderungswürdigen Leistungen von Küche und Service(!) ganz zu schweigen. Am besten, man bestellt lässig von allem eine *mezza portione* bis man nicht mehr kann, von den köstlichen Gemüsesuppen, vom *Farro* mit Linsen oder Bohnen, vom *Bollito Misto* mit Salsa Verde, vom *Stoccafisso* und/oder *Baccalà*, von den *Seppie* mit Mangold oder dem herrlich deftigen *Tartare di Cavallo* (Tatar vom Pferd). Alle Antipasti und Primi € 4,15, alle Secondi € 7,25 – da isst man sich glücklich und satt. Ruhetag So/Mo. Via delle Conce 45, Tel. 5 59 48.
- **Da Leo.** Seit über 100 Jahren schlichte Trattoria, urig, bodenständig, laut und gut. Primi um € 5, Secondi ab € 8. Wermutstropfen: innen nur Nichtraucher, außen Aufschlag 10%! Ruhetag So. Via Tegrimi 1, Tel. 49 22 36.
- **Da Guido.** Kürzlich aufgefrischtes Urgestein einer Ecktrattoria; Menü € 12. Ruhetag So. Via Cesare Battisti 28, Tel. 472 19.
- **Osteria Baralla.** Betont schlichtes, angenehmes Ambiente in einem restaurierten Pa-

lazzo am Amphitheater; gute Primi, Antipasti und ausgewählte Luccheser Spezialitäten. Ruhetag So. Via Anfiteatro 5, Tel. 44 02 40.

- **Locanda di Bacco.** Ungekünstelter Bistrostil, gute Tagesgerichte um € 8-10. Ruhetag Di. Via San Giorgio 6, Tel. 49 31 36.
- Etwas außerhalb der Stadtmauern (5 Min. zu Fuß) liegt das vergnügliche **Buatino:** unglaublich voll, unglaublich laut, unglaublich preisgünstig, kurz: ein Prachtstück von Trattoria. Ruhetag So. Borgo Giannotti 508, Tel. 34 32 07.
- Eine Pizzeria und Trattoria abseits vom Rummel: **Agli Orti di Via Elisa** in der gleichnamigen Straße (No. 16) mit schönem Innenhof, Ruhetag Mi/Do mittags. Tel. 49 12 41.

Snacks

- **Antica Drogheria.** Ein echtes Unikum – alle Gerichte um € 2,50-3,50, billiger gehts wirklich nicht. Ruhetag So. Via Elisa 7.
- **Gastronomia Il Cuore.** Gute Wurst- und Käsewaren, Salate aller Art (Vitello Tonnato!); Via Battistero 2 zwischen Dom und Piazza Giusto. Ebenfalls zu empfehlen sind *La Cacioteca*, Via Fillungo 242 (für Käse) und die *Pizzicheria* **La Grotta,** Via Anfiteatro 2.

Im Grünen

- **La Mora** in *Sesto a Moriano* (10 km). Luccheser Luxus-Küche in Vollendung in einer alten Poststation mit Sommergarten. Das elegante Restaurant bietet schlanke, leichte Küche auf Basis alter Rezepte mit fangfrischen Forellen, Aalen, Stören und Weißfischchen aus dem Serchio und Tauben, Lämmern, Zicklein, Pilzen und Kräutern aus der Garfagnana. 2 Menüs um € 40, für ein Restaurant dieser Klasse (Michelin-Stern) überraschend preisgünstig. Ruhetag Mi. Tel. 40 64 02.

Cafés & Bars

- **Caffè di Simo,** Via Fillungo 58. Jugend(stil) mit Sommerterrasse, Touristen und Einheimische auf der Suche nach Puccini.
- **Antico Caffè delle Mura,** Piazzale Vittorio Emanuele. Sommergarten (bis 1 Uhr nachts) auf der Stadtmauer, Ruhetag Di.
- **Pasticceria Taddeucci,** Piazza San Michele 34. *Die* Adresse für Luccheser Backwaren; einige Tische im Freien.
- **Caffè Loggia dei Mercanti.** Postmoderne an der Via Fillungo 42. Kaffee, Eis, Cocktails.
- **Gelateria Veneta** (seit 1927), Via Vittorio Veneto 74. Das beste Eiscafé Luccas, relativ ruhig nahe der Stadtmauer gelegen.
- **Casina Rossa** in *Ponte San Pietro* (4 km westl.). *Summertime!* in der Kombination Disco & Acqua Park, Ruhetage Mo/Di.

Museen

- **Sammelticket** Grab der Ilaria, Dommuseum und Baptisterium € 5,50. Kirchen sind außer dem Dom 12-15 Uhr geschlossen.
- **Grab der Ilaria** im Dom, außer So 9.30-16.45, Sa bis 18.45 Uhr, € 2.
- **Museo della Cattedrale,** Piazza Antelminelli, April-Okt. tgl. 10-18, sonst 10-14 Uhr. € 3,50.
- **Battistero San Giovanni,** tgl. 10-18 Uhr, € 2.
- **Museo Nazionale di Villa Guinigi,** Via della Quarconia 4. Außer Mo 9-19, So 9-14 Uhr, € 4.
- **Pinacoteca Nazionale** im Palazzo Mansi, Via Galli Tassi 43. Außer Mo 9-19, So bis 14 Uhr, € 4.
- **Casa Puccini,** Corte San Lorenzo, Juni bis Sept. 10-18, sonst 10-13 und 15-18 Uhr, € 3.
- **Torre Guinigi,** Via Sant'Andrea. März bis Sept. 9-21, Okt. 10-18, Nov. bis Febr. 9-16.30 Uhr, € 3,50.
- **Torre delle Ore,** Via Fillungo, Öffnung und Preis wie *Guinigi,* Kombiticket € 5.
- **Museo Storico della Liberazione,** Via Sant'Andrea, Mi und Sa 15-18 Uhr, frei.
- **Palazzo Pfanner-Controni,** Via degli Asili 33, März bis Nov. tgl. 10-18 Uhr, € 4 (Palast und Garten).
- **Baluardo/Museo Virtuale della Città.** Multimediamuseum in den Katakomben der Stadtmauer. Baluardo San Paolino, Juni-Aug. 15.30-22.30, Sept.-Nov. 10.30-18.30 Uhr, Ruhetag Di. € 5. Tel. 46 99 91, www.comune.lucca.it/baluardo
- **Botanischer Garten,** Via del Fosso. Außer So 9.30-12.30, April bis Okt. auch Sa/So 15.30-18.30 Uhr, € 2,60.

Feste

- **Luminaria di Santa Croce.** Lichterprozession des Volto Santo durch die Straßen der Stadt am Abend des 13. Sept., am folgenden Morgen Hochamt im Dom.
- **Palio della Balestra.** Armbrustwettbewerb in mittelalterlichen Kostümen auf der Piazza San Michele am 12. Juli.
- **Prozession der Santa Zita** am 26. April.
- **Salone dei Comics.** Festival der Comics und Animationsfilme, Okt./Nov., Tel. 44 21 40.

Shopping

- Reichtum (oder zumindest Geld) legt man in Lucca noch heute bei den Juwelieren der Fillungo an; der älteste und angesehenste ist **Carli,** Via Fillungo 95.
- Handgemachte Bucheinbände? Vergoldete Bilderrahmen? Kostbare Spiegel? Zu finden in den **Antiquitätenläden** der *Via del Battistero* und *Via del Gallo* am Dom. Gegenüber dem Torre Guinigi restauriert *Tito Galligani* lädierte Engelsflügel und andere Kostbarkeiten; zum Staunen & Stöbern.
- Man liebt sie oder man hasst sie. Seit 1830 werden in der *Manifattura Tabacchi di Lucca* **Toscano-Zigarren** („Satansspargel") hergestellt, die aufgrund ihrer speziellen Fertigung (starke Fermentierung) zu den ungewöhnlichsten (und stärksten) Zigarren der Welt zählen. Die traditionellen Sorten heißen *Toscani* und *Toscani Extra Vecchio.* Erhältlich in den Bars *Casali,* Piazza San Michele, *Pacini,* Piazza Napoleone.
- Olivenöl, Wein und Honig aus den Colline Lucchesi? **Enoteca Vanni,** Piazza San Salvatore 7. **Lucca in Tavola,** Via San Paolino 130.
- Nicht käuflich ist der köstliche *Duft* in der kleinen **Zuckerbäckerei** Via San Paolino 96, Ecke Via Galli Tassi, wohl aber deren Quelle.

Blumenladen in Lucca

An- & Weiterreise

Zug

- **Bahnhof.** Südlich der Stadtmauer an der Piazza Ricasoli (Porta San Pietro). Infoschalter 7-20.30 Uhr.
- **Station** der Linien Firenze–Pisa–Viareggio und Barga–Aulla (Garfagnana), nahezu stündl. von/nach Firenze (1:15), Pisa (0:30), Viareggio (0:20), Livorno (1:00), Aulla (1:45) usf.

Bus

- Der **Busbahnhof** liegt an der Piazzale Verdi am Westrand der Altstadt.
- **CLAP** (Tel. 58 78 97) bedient vornehmlich Stadt und Provinz (Marlia, Segromigno, Montecarlo, Pescia, Bagni di Lucca, Barga, Castelnuovo di Garfagnana, Collodi, Forte dei Marmi, Lido di Camaiore, Marina di Pietrasanta, Massa, Viareggio).
- **LAZZI** (Tel. 58 48 76) fährt nach Firenze, Pisa, Livorno, La Spezia, Montecatini Terme, Pistoia, Prato, Bagni di Lucca, Forte dei Marmi, Marina di Carrara/Massa, Ponte a Moriano, Torre del Lago, Viareggio etc.

Entfernungen

- (in km): Livorno 46, Massa 45, Viareggio 24, Pisa 22, Montecatini Terme 28, Pistoia 43, Prato 59, Firenze 74, Montecarlo 15, Collodi 17, Pescia 19, Bagni di Lucca 27.

Die Villen von Lucca

Ab Ende des 16.Jh.s. investierten die großen Familien mehr und mehr in Landbesitz und Villen. Rund 300 soll es im Umland von Lucca geben, aber lediglich drei von ihnen sind zu besichtigen. Viele zählen sie zu den schönsten und prachtvollsten ihrer Art in Italien, andere kanzeln sie respektlos als *steingewordene Hochzeitskuchen* ab. Die Geschmäcker sind halt verschieden.

Lohnenswert ist der Besuch der Gärten und Parks, vor allem die der **Villen Grabau** und **Reale,** mit seltenen Bäumen, originellen Kreuzungen und den in der Gegend berühmten Kamelien (Blütezeit März/April).

Villa Mansi

Säulen, Büsten, Medaillons und Loggien, so weit das Auge reicht; allein die Dachbalustrade wird hier von 28 Statuen gekrönt. Die von prächtigen Gärten mit Fischteichen und Wasserspeiern umgebene Villa wurde im wesentlichen 1634-35 ausgebaut, ehe sie einige Jahrzehnte später von der Luccheser Kaufmannsfamilie Mansi erworben und 1742 teilweise neugestaltet wurde.

Das Innere mit dem *Salone Grande* wurde großzügig mit kostbarem Mobiliar und venezianischen Gemälden barockisiert, Speisesaal und Schlafgemächer mit anmutigen Groteskmalereien im pompejanischen oder „exotischen“ Stil (Elefanten, Mohren, Papageien, Sphinxe, Einhörner) ausgemalt.

Villa Reale

Nach dem Ende der kurzen, aber heftigen Ära *Elisa Baciocchis,* die die Villa 1806 erwarb und umbauen ließ, fiel das Anwesen zeitweise an den italienischen König *Vittorio Emanuele,* daher ihr Name „königlich“. Im Vergleich zur Villa Mansi geradezu schlicht, ja fast rustikal wirkend, besteht ihr Reiz vornehmlich in dem grandiosen Park mit aufwändig gestalteten Wasserspielen und Fischteichen, dem „grünen“ Theater mit Figuren der

Commedia dell'Arte und der Kamelien-Allee.

Hier empfing die Fürstin illustre Gäste von Metternich bis Paganini und feierte rauschende Feste, die in ganz Italien für Klatsch und Tratsch sorgten.

Villa di Camigliano (Torrigiani)

Die schönste und bedeutendste der Luccheser Villen wurde zu Beginn des 16. Jh. erbaut und von einem Luccheser Botschafter am Hof des Sonnenkönigs erworben und umgestaltet. Sie wirkt plastisch und klar gegliedert. Die manieristische Fassade setzt sich im Innern in elliptischen Treppenanlagen, aufwendigen Stuckdekors, kostbaren Möbeln, Stichen und illusionistischen Malereien fort. Zeitgleich mit der Neugestaltung der Villa um 1700 wurde der *Garten der Flora* mit Fischteichen, eleganten Aufgängen und einem überkuppelten Nymphäum angelegt.

Praktische Informationen

- **Villa Mansi** bei *Segromigno*; 8 km Richtung Pescia, von dort 4 km nördl. Außer Mo 10-13, 15-18 Uhr, € 6,50 (Park und Villa).
- **Villa Torrigiani** bei *Camigliano,* wenige km südöstl. der Villa Mansi. März-12. Sept. 10-12.30, 15-18.30 Uhr, Park € 6, Park u. Villa € 8.
- **Villa Reale** bei *Marlia,* 1 km östl. der SS 12 Richtung Garfagnana. Führungen durch den Park März bis Nov. außer Mo 10, 11, 12, 15, 16, 17, 18 Uhr. € 6.
- **Villa Grabau** (200m v. der Villa Reale). Klassizistische Villa mit mehreren charakteristischen Gärten. Ostern-Okt. außer Mo, Di vormittags 10-13, 15-19 Uhr, € 4,20 (Park), € 5,50 (Park und Villa).
- **Villa Oliva** (Buonvisi) in *San Pancrazio,* ebenfalls unweit der Villa Reale. Nur Parkbesichtigung März-Nov. 9.30-18.30 Uhr, € 5.

Garfagnana

Vor nicht langer Zeit noch der Inbegriff von Provinzialität, ein abgelegenes Tal, in dem sich Fuchs, Hase, Schafhirt und Bauer Gutenacht sagen, wird die Garfagnana inzwischen mehr und mehr als ein „alternatives" **Wander- und Trekkingparadies** geschätzt. Ein Stück Toscana, das nicht unbedingt „typisch", aber mit seinen lieblichen Tälern und mit Kastanien- und Buchen bestandenen Berghängen von hohem landschaftlichen Reiz ist.

Garfagnana – „großer erhabener Wald", nannten die Vorfahren das fruchtbare **Tal des Serchio** zwischen den Apuanischen Alpen im Westen und dem toscanischen Apennin im Osten. Felsen, Canyons und langgezogene Ebenen, in denen einst Gletscher lagen, begleiten den Fluss, der im Frühjahr und Herbst unversehens zum reißenden Strom anschwellen kann, bis vor die Tore Luccas, das er schon oft genug mit seinen Wassermassen zu überspülen drohte. An seinen Ufern und den wilden Wassern seiner Seitentäler erinnern Burgdörfer und Kastelle, romanische Pfarrkirchen und einsame Klöster an eine bewegte Vergangenheit, in der sich Langobarden und Franken, Feudalherrn und Raubritter und später die Stadtrepubliken Lucca, Pisa und Florenz erbitterte Kriege um die strategisch wichtigen Ländereien lieferten. Im 14./15. Jh. nahmen die mächtigen **Herzöge von Este** aus Modena und Ferrara den Großteil der Region in Besitz, um den Toscanern den Zugang über die Alpen nach Oberitalien zu versperren. Mit Ausnahme kurzer Epochen blieb die Garfagnana bis ins 19. Jh. hinein ihre Domäne und wurde erst nach der Vereinigung Italiens 1860 wieder toscanisch.

Überblick & Orientierung

Man unterscheidet zwischen der sanften **Hügellandschaft** des *Media Valle del Serchio* (Mittleres Serchiotal) und der eigentlichen, raueren und steileren *Garfagnana*. Von Lucca kommend erreicht man das Tal über die legendäre **Passstraße SS 12,** die bei Bagni di Lucca nach Nordosten abzweigt und durch den Apennin nach Modena führt.

Auf der Höhe von **Castelnuovo,** dem Hauptort der Garfagnana, hat man die Wahl, die Apuanischen Alpen in einem Bogen zu umfahren und bei **Aulla** auf die Autostrada A 15 Parma-La Spezia zu stoßen (58 km), oder sie in westlicher Richtung zu durchqueren und **Massa** (24 km) oder **Pietrasanta** (27 km) und damit die Mittelmeerküste anzusteuern.

Eine **Eisenbahnlinie** durch das Serchio-Tal verbindet Lucca bei Aulla mit dem Haupteisenbahnnetz zwischen Toscana-Küste (Pisa, Livorno) und Oberitalien (Parma, Mailand, Verona).

Praktische Informationen

- LU. **Tel. 0583.**
- www.garfagnana.it
- www.serchio.net
- www.garfagnanaturistica.info
- **Zug.** Stationen der Linie Lucca–Aulla sind (u. a.) Borgo a Mozzano, Fornoli (Bagni di Lucca), Fornaci di Barga, Castelnuovo di Garfagnana, Poggio, Piazza al Serchio. Züge verkehren mehrmals tgl., die Bahnhöfe liegen aber oft weit entfernt von den Orten (Bagni di Lucca, Barga), und Zubringerbusse sind ein Geduldsspiel. Fahrzeit Lucca – Aulla knapp 2 Std.
- **Bus.** *CLAP*-Busse verkehren regelmäßig zwischen Lucca und Castelnuovo und darüber hinaus, jedoch nicht bis Aulla. Von Castelnuovo fahren 2x tgl. Busse nach Pietrasanta/Forte dei Marmi sowie nach San Pellegrino, wo man nach Modena umsteigen kann.
- **Entfernungen** (ab Lucca in km): Borgo a Mozzano 22, Celle Puccini 28, Bagni di Lucca 27, Barga 37, Coreglia Antelminelli 39, Castelnuovo 50, Castiglione 57, Vagli di Sotto 67, Aulla 107.

Ponte del Diavolo

Schon nach wenigen Kilometern hinter Lucca wird das liebliche Tal des Serchio schrundig, felsig und pittoresk. Nach 18 km passiert man **Diécimo** („10 römische Meilen") mit dem mächtigen Campanile der Pieve *Santa Maria* (13. Jh.), und nach 22 km erreicht man schließlich das bereits 80 m höher gelegene Städtchen **Borgo a Mozzano** mit dem „Wahrzeichen" der Garfagnana, der *Ponte della Maddalena*, im Volksmund und in den Tourismusbroschüren nur **Teufelsbrücke** geheißen. Die 93 m lange, verwegen geschwungene Brücke mit drei kleineren Bögen und einem tollkühnen vierten, der sich wie ein Katzbuckel 19 m steil in die Höhe schwingt, soll ihren Namen der nicht leicht zu widerlegenden Ansicht verdanken, nur dem *Teufel* habe eine derart verrückte Konstruktion einfallen können (doch die Legenden um den Namen sind buchstäblich

Legion). Sie stammt in ihrer heutigen Gestalt vermutlich aus dem 13. Jh., doch verbürgt ist, dass an dieser Stelle auf Veranlassung der Markgräfin *Mathilde von Canossa* bereits 1101 eine Brücke den Fluss überspannte.

Der unterhalb der Brücke gelegene Ort schmückt sich mit Palazzi illustrer Luccheser Sippen wie der Castracani und Guinigi, und der Kirche *San Jacopo* mit einigen Robbiana. Alle zwei Jahre im April verwandelt Borgo sich in ein buntes Blumenparadies und feiert die **Biennale der Azaleen.**

Essen & Trinken

- **Osteria I Macelli.** Hausgemachte Pasta, gute Fleischgerichte und Desserts – und phantastische Drinks. Ruhetag So. Tel. 887 00.
- **Locanda del Borgo.** Köstliche Regionalküche, auf Vorbestellung Menü mit Fischen aus dem Serchio. Ruhetag Di. Tel. 88 92 86.

Bagni di Lucca

Bei **Fornoli** folgt die SS 445 weiter dem Lauf des Serchio und führt in die „obere“ Garfagnana, während die SS 12 dem Lauf der wilden *Lima* folgt und über Abetone bis weiter zum Brenner führt. Über eine prächtige Platanenallee und vorbei an der imposanten, 1840-60 konstruierten Kettenbrücke **Ponte delle Catene,** die der noch etwas berühmteren Brooklyn-Bridge (1883) zum Vorbild gedient haben soll, gelangt man nach 3 km nach Bagni di Lucca mit seinen verfallenen Parks und neoklassizistischen Villen und Monumenten.

Verwegene Bögen – die Teufelsbrücke

Bereits römische Konsuln und toscanische Markgrafen legten sich in die **schwefel- und eisenhaltigen Quellen,** um Gicht, Rheuma, Arthritis und Impotenz zu lindern, doch so richtig fashionable wurden die *Bäder von Lucca* erst, als Napoleons Schwestern Pauline und Elise (1805-14 Fürstin von Lucca und Großherzogin der Toscana) das luftige Tal zu ihrem Lieblingsaufenthalt erkoren.

Gekrönte Häupter und Dichterfürsten wie Shelley und Lord Byron zogen zahlungskräftige Gäste aus aller Welt und vor allem aus England an, was 1839 gar zum Bau einer anglikanischen Kirche (und kurz darauf eines Friedhofs) führte. Der russische Prinz Demidoff stiftete ein Kurhaus und ein Hospital, und selbst der unverbesserliche Spötter Heinrich Heine schwärmte geradezu entrückt: *„Ich habe nie ein reizenderes Tal gesehen, besonders wenn man von der Terrasse des oberen Bades, wo die ernstgrünen Zypressen stehen, ins Dorf hinabschaut."* (Reisebilder, 1829).

Als die High Society Ende des 19. Jh.s das Strandleben entdeckte (in Viareggio und Forte dei Marmi, Ischia und Capri), war bereits der Anfang vom Ende gekommen. Die heute noch bestehenden Thermen – „19 Quellen, die als echte hyperthermale Mineralwasser anerkannt sind und zur Gruppe der kalkhaltigen Schwefel-Bikarbonat-Quellen gehören; Fangobäder und Zahnfleischmassagen gehören ebenso zum Angebot wie Hydromassagen und Vaginalspülungen" – liegen dank aktueller Zeitgeist-Angebote („Ökologie und Spiritualität", Meditation mit tibetischen Lamas) wieder voll im Trend.

Das an Weihnachten 1837 eingeweihte **Casino,** zu dessen Premiere eigens das *Roulette* erfunden wurde, möchte an die gute alte Tradition, betuchten Gästen das Geld aus der Tasche zu ziehen, wiederanknüpfen, doch die seit Jahren geplante Wiedereröffnung steht in den Sternen.

Die Bäder von Lucca bestehen aus drei Teilen. Hoch über **Ponte a Serraglio** an der Lima mit dem *Casino Municipale* thront der Ortsteil **Bagni Caldi** mit dem neoklassizistischen *Tempietto Demidoff* (1825) und einer Gedenktafel am Tor der Piazza San Martino: *„Auf diesem heiteren Hügel wohnte Heinrich Heine im Herbst 1882".* Im vornehmen Ortsteil **Villa** weiter flussaufwärts kann man im Pavillon des *Circolo dei Forestieri* noch heute die obligatorischen Makronenplätzchen zum „Five O'Clock Tea" einnehmen oder bei einem Spaziergang zur nostalgischen *Villa Ada* die wehmütige Aura einer *Evangelina Whipple* (Arsen & Spitzenhäubchen und die Ladykillers lassen grüßen) einatmen.

Unternehmungslustigen sei danach ein Ausflug zum 842 m hohen Bergdorf **Montefegatesi** (5 km nördl.) empfohlen und von dort zum Naturschutzgebiet **Orrido di Botri** (Besuchereingang Ponte Gaio). Die aufregendste der 12 Wegrouten führt durch die enge *Botri*-Schlucht mit steilen, bis zu 200 m aufragenden Kalkwänden entlang eines Wildbaches. Zahlreiche Raubvögel – Falken, Sperber, Bussarde und der seltene Steinadler – sind in dieser ursprünglichen Felslandschaft anzutreffen.

Praktische Informationen

- LU. 7500. 150 m. **Tel. 0583.**
- **Info.** *Pro Loco,* Piazza Jean Varraud 1, Tel. 80 99 11, Fax 80 78 77.

Verkehrsverbindungen

- **Zug.** Der Bahnhof ist in *Fornoli* (3-4 km).
- Per **Bus** nur wenige Direktverbindungen von/nach Lucca, zumeist ist Umsteigen an der Hauptlinie Lucca–Castelnuovo nötig.

Unterkunft & Verpflegung

- Unter dem halben Dutzend Drei-Sterne-Hotels ragen das **Corona** in *Ponte a Serraglio* (20 Zimmer, z. T. mit Flussblick, DZ € 62-78 inkl. BF. Tel. 80 51 51, Fax 80 51 34) und das in Panoramalage auf halbem Weg nach *Bagni Caldi* gelegene **Bernabó** heraus (8 DZ € 72 inkl. BF. Tel. 80 52 15, Fax 80 53 43).
- Unsere Wahl fiele aber allemal auf das **Roma** (*) in *Villa,* in dem schon Puccini und Toscanini nächtigten. Mag sich seit ihrer Zeit auch nicht allzuviel verändert haben, so ist es doch ein Ort mit viel Atmosphäre und einem hübschen Park, auf den die meisten der 13 Veranda-Zimmer mit/ohne Bad blicken (DZ ab € 45, Via Umberto I, Tel./Fax 8 72 78).
- Eine gute Wahl ist der **Circolo dei Forestieri** in *Villa;* im Sommer wird unter den Arkaden oder hinten auf einer kleinen Terrasse an der Lima serviert (Ruhetag Mo, Tel. 8 60 38).
- Eine Alternative ist die turbulente und etwas chaotische Pizzeria **Da Vinicio** beim Casino (auch Fisch- und Fleischgerichte, Ruhetag Mo, Tel. 8 72 50).

Coreglia Antelminelli

Vom Tal schrauben sich die Serpentinen 7 km lang bis auf fast 600 m Höhe hinauf. Das außergewöhnliche **Museum der Gipsfiguren und Emigration** ist die Hauptattraktion des netten Bergdorfs voll großer fetter Katzen. Die Herstellung von Gipsernem aller Art – Krippenfiguren, Büsten, Totenmasken, Tiere, Madonnen – blickt in dem Ort auf eine lange Tradition bis ins 17. Jh. zurück.

Die *figurinai,* Handwerker und fahrende Händler in einem, zogen mit ihren Werken und reichlich Gips versehen von Markt zu Markt, nagten aber meist nur am Hungertuch und mussten schließlich mit gebrochenem Herzen in alle Welt auswandern – daher der Name dieser kuriosen, aber auch nachdenklich stimmenden Exposition, die zumal an heißen Sommerwochenenden zahllose Besucher in das angenehm frische und freundliche Bergdorf lockt. (Und das eine oder andere wertvolle Stück kann man natürlich auch erstehen.)

Praktische Informationen

- **Info.** *Proloco,* Via Roma 8, Tel. 7 81 82.
- **Museum.** *Museo della Figurina di Gesso e dell'Emigrazione* im Palazzo Vanni. Außer So 9-13, im Sommer auch So 10-13, 16-19 Uhr, € 2,10. Tel. 7 80 82.

Unterkunft & Verpflegung

- Nirgends in der Garfagnana wohnt man preisgünstiger. Neben der Ortskirche über dem Ristorante **La Posta** (gemütlich, schöner Blick, Parking vorm Haus, 16 Zimmer z.T. ohne Bad, DZ € 32, Tel. 7 80 27), am Ortsrand im **Cacciatore** mit heimeliger Sommerterrasse (7 DZ mit/ohne Bad € 38, Tel. 7 80 22) und 1 km außerhalb im **Grillo** (rustikale Gartenzwergidylle mit Pizzeria, 26 Zimmer mit/ohne Bad, DZ € 43, Tel./Fax 7 80 31).

Blick auf Barga und die Apuanischen Alpen

Barga

Der malerische Ort hängt wie ein Aussichtsbalkon über dem Tal und ist allein schon deshalb einen Ausflug wert. Die blühende **Seidenstadt** war römisches Fort, langobardische Burg und Bistum der Luccheser Bischöfe, ehe sie 1341 an Florenz fiel und von den Medici mit Palazzi und Privilegien überhäuft wurde. Durch die Vereinigung Italiens 1860 verlor Barga seine bevorzugte Stellung und viele seiner Bewohner emigrierten nach Amerika und Argentinien. An der *Porta Reale* am Eingang zum Centro Storico zeigt ein Wappen das Symbol der Stadt, die segelgeschmückte *barca*. Auf dem höchsten Punkt der Altstadt mit engen, steilen Treppengassen und Bogengängen ragt der imposante romanische **Duomo San Cristoforo** empor. Die im 10. Jh. begonnene Basilika erhielt um 1200 ihr eindrucksvolles Portal mit dem Fries einer Weinlese und zwei säulentragenden Löwen, die im dreischiffigen Innern als Stützen der schönen **Marmorkanzel** von *Guido Bigarelli,* einem Schüler des Guido da Como (um 1250), wiederkehren. Über den schlanken, roten Marmorsäulen anrührende Reliefdarstellungen von Verkündigung und Geburt, Anbetung der Könige und Prophezeihung des Jesaia. Der seltsame Riese in der Chornische stellt den Kirchenpatron Christophorus dar, eine bemalte Holzfigur aus dem 11. Jh.

Grandioser Blick vom **Arringo,** der Terrasse des Domplatzes, auf das Ser-

chio-Tal und das Panorama der Apuanischen Alpen mit dem markanten Gipfel des *Pania di Croce* (1858 m).

Praktische Informationen

- LU. 11.000. 410 m. **Tel. 0583.**
- **Information.** *Proloco,* Piazza Angelio 3, Tel. 72 34 99. Reisebüro *Il Ciocco,* Via Pascoli, Tel. 72 31 54.
- **Markt.** Sa in Barga, Fr in Fornaci di Barga. *Antiquitätenmarkt* jeden 2. So im Monat.
- **Feste.** *Festival Opera Barga* in der ersten, *Barga Jazz* in der zweiten Augusthälfte, Info Fax 72 37 45. www.barganews.com/garfanana
- **Museen.** *Museo Civico,* Piazzale Arringo. Archäologische Funde von der Steinzeit bis zur Zeit der Römer. Do bis Sa 10-12, So auch 16-18 Uhr, € 1,55.

Verkehrsverbindungen

- **Zug.** Bahnhof in *Fornaci di Barga* (4 km).
- **Bus.** *CLAP*-Busse von/nach Lucca und Castelnuovo.

Unterkunft & Verpflegung

- **Villa Libano** (***). Sympathie-Villa mit gepflegtem Garten, Open-Air-Restaurant, Swimmingpool und herrlichen Ausblicken auf die Apuanischen Alpen, zentral und doch ruhig. 26 Zimmer, DZ ab € 52. Via del Sasso 6, Tel. 72 30 59, Fax 72 41 85.
- **Alpino** (***). Zentral und gemütlich, mitten im Geschehen (seit 1902), mit Bar, Önothek und vorzüglicher Küche (Ruhetag Mo, außer im Sommer). 9 Zimmer, DZ ab € 57. Via Pascoli 41, Tel. 72 33 36, Fax 72 37 92.
- **La Terrazza** (**) in *Albiano* (5 km nördl.). Populäres Ausflugslokal mit 13 Zimmern, DZ € 52; Ruhetag Mi, Tel. 76 61 55, Fax 76 64 45.
- **Osteria Angelio.** Trendiges Szenelokal mit guten Snacks und Tellergerichten. Ruhetag Mo. Piazza Angelio, Tel. 72 45 47.
- **Locanda Fuori Porta.** Ristorante-Pizzeria mit Dachgarten und Terrasse am Rande des Centro Storico (Ruhetag Mi, Tel. 72 39 72).
- **Caffè Capretz.** Im Centro Storico. Ruhetag Di, Piazza Salvo Salvi.

Rund um Barga

Eremo di Calómini

Beim Weiler **Vergemoli** (9 km) auf dem rechten Ufer des Serchio ragt eine steile Felswand empor, in der vor tausend Jahren die Madonna einem Mädchen erschienen sein soll. Aus einer Kapelle wurde im 14. Jh. eine **Einsiedelei** *(eremo)* und dank der Spenden der Wallfahrer mit der Zeit ein mehrstöckiges, wie ein Schwalbennest im Felsen hängendes Kloster. Teile des heute von Kapuzinern bewohnten Baus reichen bis 15 m tief in das Gestein hinein, eindrucksvoll ist die Sakristei mit schönen Intarsienschränken aus dem frühen 18. Jh.

Grotta del Vento

Die unterirdische *Grotte des Windes* zu Füßen des 1858 m hohen Pánia del Croce noch etwas weiter westlich (7 km) gilt als eine der größten **Tropfsteinhöhlen** Europas und ist, wie sich unschwer an den zahllosen Souvenirläden ablesen lässt, eine vielbesuchte Sommerwochenendattraktion. Stalagmiten über Stalaktiten in den schillerndsten Farbtönen, eine perfekt erschlossene Märchenlandschaft voller Wasserfälle, Kristallseen und jähen Abgründen.

Selbst im Sommer herrschen in dem unterirdischen Reich Temperaturen von lediglich 10°C, Sweater und festes Schuhwerk sind angeraten.

Praktische Informationen

- **Eremo di Calómini.** Die *Antica Trattoria dell'Eremita* verfügt über einen Speisesaal mit schöner Sommerveranda und 8 Zimmer (ohne Bad, DZ € 41). Tel./Fax 76 70 20.

• **Grotta del Vento.** April-Mitte Okt. tgl. 10-18 Uhr, drei geführte Rundgänge: Einstündig (€ 6,50), zweistündig (€ 10,50), dreistündig – nahezu die gesamte Höhle, 3,5 km – (€ 15,50). Ansonsten außer für Gruppen nach Anmeldung nur Sa/So geöffnet (Tel. 72 20 24, Fax 72 20 53. www.grottadelvento.com).

Castelnuovo di Garfagnana

Die **historische Hauptstadt der Garfagnana** erlitt im Zweiten Weltkrieg schwere Schäden, doch hat sich die kleine lebendige Stadt recht gut erholt und etabliert sich zunehmend als Zentrum eines Wander- und Aktivtourismus, der die umliegenden Berge und Hänge mit Hütten, Pisten, Trekkingpfaden und Campingplätzen überzieht.

1429 sagte sich die bedeutende **Textilstadt** am Zusammenfluss von Serchio und Turrite von Lucca und der Toscana los und blieb bis zur Einigung Italiens Lehen der Herzöge von Este aus Modena. Als ihr prominentester Statthalter regierte *Lodovico Ariosto*, der Dichter des *L'Orlando Furioso* (Der Rasende Roland), die Stadt von 1522-25 (hasste aber offenbar jede Sekunde davon). Die schon im 14. Jh. von Castruccio Castracani ausgebaute **Rocca Ariostesca** (heute Sitz der Stadtregierung) wurde nach Ariosts Weggang umfassend im Renaissancestil renoviert und kann teilweise besichtigt werden (Studierzimmer des Dichters, Großer Audienzsaal). Am Rand des lebhaften Stadtkerns erhebt sich der den Heiligen *Peter und Paul* gewidmete Dom mit einer als *Cristo Nero* verehrten Holzskulptur (15. Jh.) im Innern.

Praktische Informationen

• LU. 8000. 280 m. **Tel. 0583.**

• **Info.** *Comunità Montana*, Via V. Emanuele 9, Tel. 64 49 11, 65 89 90, Fax 64 49 01. Auskünfte über Wege und Berghütten, Vermittlung von Bergführern und Trekkingtouren, Wanderkarten. Juni bis Sept. tgl. 9-13, 15.30-19.30, sonst außer So 9-13, 15.30-17.30 Uhr. *Robin Fly Travel Agency*, Via Azzi 9, Tel./Fax 6 21 00. *Garfagnana Vacanze*, Piazza Erbe 1, Tel. 36 51 69, Fax 64 84 35. Touren zu Fuß, per MB, Pferd etc.

• **Markt.** Jeden Do.

• **Fahrrad.** *Mountain Bike Club Garfagnana* im Ortsteil Piano Pieve (2 km), Tel. 6 87 55.

Verkehrsverbindungen

• **Zug.** Der Bahnhof liegt nahe dem Zentrum *(Piazza Stazione)*.

• **Bus.** Mehrmals tgl. mit *CLAP* (Tel. 6 20 39) von/nach Lucca, Barga, Castiglione, San Pellegrino, Vagli Sotto. 2x tgl. über Seravezza nach Forte dei Marmi und Pietrasanta (Fahrzeit 2:30 Std., So nur im Sommer).

• **Entfernungen** (in km): Lucca 45, Aulla 57, Pietrasanta/Forte dei Marmi 45, Viareggio 54, Castiglione 7, Barga 14, Vagli Sotto 15, San Romano 14, Passo Radici 30, Modena 120.

Unterkunft

• **Da Carlino** (***). Gepflegtes Haus im Zentrum mit Sommerterrasse und 30 Zimmern z. T. mit Balkon, 28 DZ € 62 inkl. BF. Via Garibaldi 15. Tel. 64 42 70, Fax 6 26 16.

• **Ludovico Ariosto** (***). Hübsche Jugendstilvilla vor den Toren der Stadt mit 11 teilweise sehr geräumigen Zimmern, DZ € 62. Via Azzi 28, Tel. 6 23 69, Fax 6 56 54.

• **La Vecchia Lanterna** (*). Nette Familienpension mit Garten 1,5 km außerhalb an der Straße nach Barga. 10 DZ € 52. Via Fabrizi 26, Tel. 63 93 31, Fax 6 33 31.

Essen & Trinken

• **Da Carlino.** Im Restaurant des Hotels (s. o.) speist man vorzüglich – und betont leicht bis *rein* vegetarisch! Ruhetag Mo.

• **Triti.** Helle, gemütliche Trattoria mit erstklassigen Bistecche und Grillgerichten, aber auch sehr guten Pizzen. Ruhetag Mi. Via Roma 31, Tel. 6 21 56.

• **Da Marchetti.** Nette Osteria im Centro Storico mit einfachen Gerichten der Region, leider nur mittags; Ruhetag So. Via Fulvio Testi 10, Tel. 63 91 57.

• **Vecchio Mulino.** Stimmungsvolle Schänke wie Annodazumal, ein echtes Juwel mit Marmortresen, raumhohen Regalen, vorzüglichen Weinen und Antipasti, außer So 7.30-20 Uhr, Via Vittoria Emanuele 12, Tel. 6 21 92.

• **L'Aia di Piero.** Spezialitäten der Garfagnana wie Speck, Honig, Kastanien- und Dinkelmehl, Pilze, Trüffeln, Kräuterschnäpse. Tgl. außer Mo nachm., Via Fabrizi 6. www.aiadipiero.com

Parco dell'Orecchiella

Der über 50 ha große Naturschutzpark umfasst kontrastreiche Landschaften von wildreichen Buchen- und Kastanienwäldern bis zu über 2000 m hohen Felswänden. Unweit des *Besucherzentrums* (Museum, Bärengehege) befinden sich das eindrucksvolle Kalksteinmassiv *Pania di Corfino* und ein *Botanischer Garten* mit außergewöhnlicher Gebirgsflora.

Praktische Informationen

• **Centro Visitatori.** Wenige km nördl. des pittoresken Weilers **San Romano di Garfagnana** (550 m) zu Füßen der mächtigen *Fortezza delle Verrucole.* Tgl. von 1.7.-15.9., sonst Sa/So; Nov. bis Ostern geschl. Tel. 61 90 98, Fax 61 90 02.

• **Orto Botanico.** 25.6.-10.9. tgl. Führungen 9-12.30, 14.30-18 Uhr.

• **Unterkunft** im Park im *Rifugio Orecchiella* (1230 m), Tel. 61 90 10, Fax 62 34 88, oder im 2001 eröffneten *Ostello ai Canipai* in San Romano; 12 Zimmer, Tel. 61 34 26. www.aicanipai.it

Vagli di Sotto

Von *Poggio* (8 km) führt eine schöne Straße zum 600 m hohen **Lago di Vagli** zu Füßen des *Monte Pisanino* (1945 m). Die Bergdörfer **Vagli di Sotto** (am Seeufer) und **Vagli di Sopra** (am Hang) zählen zu den ältesten der Garfagnana und wurden wahrscheinlich schon von den Ligurern gegründet.

Der langgezogene, 1953 aufgestaute See birgt ein Geheimnis. Alle zehn Jahre, wenn das Wasser zu Wartungszwecken abgelassen wird, tauchen die Ruinen einer versunkenen Stadt aus der Tiefe auf: eine Kirche, ein Campanile, zwei Dutzend Häuser mit abgedeckten Dächern.

Fabbrica di Careggine hieß der mittelalterliche Ort, seine Enthüllung ist jedesmal ein wahrhaft pathetisches Schauspiel, das Abertausende von Neugierigen anlockt. (Turnusgemäß wäre der nächste Termin im Jahr 2004.) Im Sommer werden Boote und Kajaks vermietet und laden die Apuanischen Alpen zu Trekking, Climbing, Mountainbiking und Horseriding ein, wie es Neudeutsch heißt. Im Winter kann man an der 1100 m hohen **Station Formica** sogar skifahren.

Praktische Informationen

• **Tourismus.** *Centro Ippotrekking,* Reitkurse, Ausritte, Vermietung von Mountainbikes, Tel. 66 41 97. *Cooperativa il Lago,* Exkursionen per Motorboot, Kanuvermietung, Tel. 66 40 57. Auskünfte im Hotel *Le Alpi* (s. u.).

• **Unterkunft.** Hotel-Restaurant **Le Alpi** (***), ganzjährig. 15 Zimmer, DZ ab € 52, Tel. 66 40 57, Fax 66 43 47. In *Roggio* (5 km nördl.) **La Guardia** (*), 8 DZ ohne Bad € 45, Tel. 64 91 21.

Durch den Apennin

Von Castelnuovo führt die schöne, aber serpentinenreiche **SS 324** über *Castiglione di Garfagnana* zum 1529 m hohen **Passo delle Radici** an der Grenze zwischen toscanischem und emilianischem Apennin (30 km) und von dort weiter bis **Modena** (120 km). Zurück in die Garfagnana kann man über **San Pellegrino in Alpe** fahren, den höchstgelegenen Ort des Apennin (1523 m), einst Poststation und Pilgerhospiz, heute beliebter **Ausgangspunkt für Trekkingtouren.**

Auf der alten Pilgerstraße *Via Vandelli* gelangt man wieder nach Castelnuovo (20 km).

Unterkunft

- **Il Casone** (***) in *Profecchia* 7 km vor dem Radici-Pass. In der Garnison aus dem 18. Jh. gibt es 38 Zimmer (DZ € 42-61) und eine gute Küche. Tel. 64 90 28, Fax 64 90 48.

Museum

- **Museo Etnografico** in *San Pellegrino.* Hervorragend aufgemachtes und gelegenes Völkerkundemuseum im alten Hospiz, das anschaulich das Leben der Bauern, Schäfer und Handwerker im Apennin vor Augen führt. Juni bis Sept. außer Mo 9.30-13, 14.30-19, sonst 9-12, 14-17 Uhr. € 1,55.

Castiglione di Garfagnana

Nach seiner Zerstörung durch Lucca (1277) wurde Castiglione ein treuer Vasall der Luccheser und blieb bis ins 19. Jh. eine toscanische Enklave mitten im Machtbereich der Este. Im Innern des malerischen, von einem vollständig erhaltenen **Mauerring** mit Bastionen und Toren umgebenen Dorfs erheben sich Überreste einer Rocca aus dem 11. Jh. und die hübsche Pfarrkirche *San Michele* im typisch romanisch-pisanischen Stil.

Viele Besucher kommen allein wegen des herrlichen Panoramas auf das Serchio-Tal und die umliegenden Gebirgsmassive.

Durch die Apuanischen Alpen

Über Castelnuovo geht die Fahrt entlang dem schmalen Tal der *Turrite Secca* mit dem Stausee *Isola Santa* durch eine nahezu unberührte Berglandschaft auf die Marmorbrüche des 1589 m hohen *Monte Altissimo* zu. Beim Weiler **Tre Fiumi** (17 km) gabelt sich die Straße und führt rechts über die Marmorbrüche von *Arni* nach **Massa** (42 km) und links an *Seravezza* vorbei nach **Pietrasanta** (45 km) und in die Versilia.

Vagli di Sotto

Apuanische Riviera & Versilia

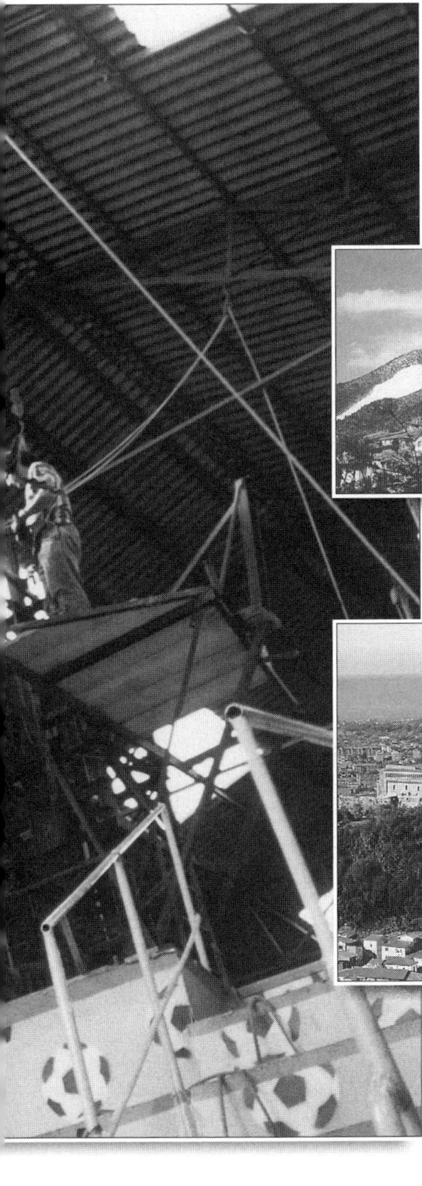

Karnevalsvorbereitungen in Viareggio
Kein Schnee, sondern Marmor
Küstenpanorama bei Massa

Die Toscanische Küste

Die toscanische Küste erstreckt sich über eine Länge von 329 km (nicht eingerechnet die der Inseln) und besteht im wesentlichen aus folgenden vier Abschnitten.

Ihre Namen sind mehr oder minder willkürlich (und fallen denn auch nicht rein zufällig mit den jeweiligen Provinzgrenzen zusammen), funktionieren aber längst wie „eingetragene Warenzeichen".

Apuanische Riviera & Versilia

zwischen Carrara und Viareggio (Provinzen Massa-Carrara & Lucca)

Zwei Namen, eine Region (Meer, Gebirge, dazwischen ein schmaler, dichtbesiedelter Küstenstreifen). Auf der einen Seite praktisch ein einziger, ununterbrochener Sandstrand, gut 30 km lang, bis zu 200 m breit und von einer Kette nahezu lückenlos ineinander übergehender Badeorte bestanden, auf der anderen Seite die marmorgeschwängerten und im Winter schneebedeckten *Apuanischen Alpen,* die zwar nur Höhen von max. 2000 m erreichen, aber ihren Namen nicht von ungefähr tragen und dank ihrer Formation und Küstennähe erheblich höher wirken als sie de facto sind.

Schöner und interessanter als die Orte an der Küste sind zumeist ihre „Stammorte" im Hinterland – tatsächlich jedoch nie mehr als 10, 15 km vom Meer entfernt: *Carrara, Massa, Pietrasanta* und *Camaiore* – sowie das Hinterland selbst mit seinen Kastanienwäldern, Felsgipfeln und Marmorbrüchen.

Badeorte: Marina di Carrara, Marina di Massa, Forte dei Marmi, Marina di Pietrasanta, Lido di Camaiore, Viareggio.

Pisanische Riviera
zwischen Viareggio & Livorno (Provinz Pisa)

Der Name ist eine Mogelpackung, denn faktisch handelt es sich zum größten Teil um das Schwemmland der Flüsse Serchio und Arno. Noch im Mittelalter war hier nichts weiter als eine einzige große Lagune, die den natürlichen Hafen des heute 10 km vom Meer entfernten *Pisa* bildete. Teile des Deltas bilden einen Naturschutzpark, der die ursprüngliche Flora und Fauna der Sümpfe und Küstenwälder zu erhalten versucht.

Badeorte: Marina di Pisa, Tirrenia.

Etruskische Riviera
zwischen Livorno & Piombino (Provinz Livorno)

Südlich von Livorno wird die Küste immer felsiger und Hügel, Pinienwälder und Weinberge rücken dichter ans Meer heran. Flache, kilometerlange Strände, wie nördlich von Viareggio und noch bei Livorno selbst, sind selten; an ihre Stelle treten mehr oder minder große Buchten, teils pittoresk von Felsklippen und Höhenzügen eingerahmt (wie bei Castiglioncello), teils sich in mehr oder minder breiten Flusstälern weitend (wie bei Vada, Cecina und San Vincenzo). Je weiter man nach Süden vorstößt, desto häufiger trifft man auf Spuren der Etrusker, die diesen Landstrich vor 3000 Jahren erst kultivierten und bewohnbar gemacht haben. Im Hinterland erheben sich malerische, von mittelalterlichen Kastellen überragte Bergdörfer wie Montescudaio, Bibbona, Bolgheri, Castagneto Carducci, Suvereto oder Campiglia, noch weiter landeinwärts erstreckt sich die noch heute nahezu menschenleere Macchia der *Colline Metallifere*. Einzige größere Orte sind *Cecina* (Ausflugsmöglichkeit zur Etruskerstadt *Volterra*) und *Piombino* (Fährhafen nach *Elba*).

Badeorte: Castiglioncello, Vada, Marina di Cecina, Marina di Bibbona, Marina di Castagneto, San Vincenzo, Baratti.

Porto Santo Stefano am Monte Argentario

Die Maremma
zwischen Follonica & Monte Argentario (Provinz Grosseto)

Mittlerweile Oberbegriff für die gesamte Südtoscana (soweit sie mit der Provinz identisch ist), im Wortsinne aber nur der flache, von unregelmäßigen Hügelketten durchsetzte Küstenstreifen zwischen Piombino und Orbetello, einst eine langgezogene, mit Inseln gespickte Lagune. Die ungesunden, malariageschwängerten Sümpfe der *Bitteren Maremma* sind legendär und bildeten bis in die Mitte des 20. Jh.s hinein ein nahezu vergessenes „Niemandsland" zwischen Rom und Livorno, Latium und Toscana. Es ist die landschaftlich vielfältigste und abwechslungsreichste Region der Küste, wild und üppig, sanft und karg zugleich. Langgestreckte, von dichten Pinienwäldern gesäumte Sandstrände (wie bei Follonica, Castiglione) wechseln sich ab mit beinahe „afrikanisch" anmutenden Steppenlandschaften (wie bei Alberese) oder schroffer mediterraner Schönheit mit schwer zugänglichen Felsbuchten (wie am Monte Argentario). Im Hinterland der südlichen Colline Metallifere und an den dem Meer zugewandten Abhängen des erloschenen Vulkankegels Monte Amiata ruhen trutzige, oft auf alten etruskischen Fundamenten aufgebaute Bergdörfer, wie Roccastrada, Sovana, Pitigliano, Capalbio, und das stolze Massa Marittima.

Badeorte: Follonica, Punta Ala, Castiglione della Pescaia, Marina di Grosseto, Principina a Mare, Talamone, Monte Argentario, Ansedonia.

Anreise & Weiterfahrt

Entweder über die Autobahnen **A 1** *Bologna–Firenze* und **A 11** *Firenze–Mare* bis Viareggio oder, kürzer und kurzweiliger, parallel zur alten *Frankenstraße* über die **A 15** *Parma–La Spezia* durch die wildromantische Berglandschaft der *Lunigiana* in die Provinz Massa-Carrara und ans Meer.

Älter noch als die Frankenstraße ist die **Via Aurelia.** Die Römer legten sie vor zwei Jahrtausenden an, um Gallien zu erobern. Noch bis vor wenigen Jahren war die unter dem Faschismus zweispurig ausgebaute *Staatsstraße 1* praktisch die einzige Verbindung zum Süden der Toscana und nach Rom. Erst 1997 wurden die letzten Lücken der sogenannten **Superstrada** geschlossen, die sich seitdem als breites Betonband mal parallel und mal als Ersatz zur alten Aurelia durch die Landschaft fräst.

Die reguläre **Autostrada A 12** *Genua–Livorno* zweigt nördlich von Livorno ins Landesinnere ab und führt gebührenpflichtig bis auf die Höhe von *Vada* nördlich von Cecina, wo sie sich mit der ausgebauten Aurelia vereinigt und ab dort als Superstrada **E 80** gebührenfrei ist.

Die vierspurige „neue" **Via Aurelia (A 1)** dagegen führt als mautfreie Stadtautobahn an Livorno vorbei und mehr oder minder an der Küste entlang, wo die ursprüngliche Via Aurelia nach wie vor die einzelnen Orte miteinander verbindet.

Die **mautfreie Schnellstraße** bis in den Süden der Toscana als „Autobahn" zu bezeichnen, wäre freilich übertrieben. Das zusammengeflickte Machwerk, das aus den unterschiedlichsten Gründen (Lokalpolitik, Bürgerproteste, Korruption, Umweltschutz, Finanzen) jahrelang immer wieder gestoppt werden musste, erweist sich über weite Strecken als eine gefährlich wellige und permanent reparaturbedürftige Piste, deren Geschwindigkeitsbegrenzung (90-110 km/h) ihre volle Berechtigung hat.

Zumindest auf längeren Strecken – und anders sollte man sie gar nicht erst benutzen – erleichtert sie das Fortkommen allerdings durchaus. Als Segen hat sie sich für viele Orte erwiesen, die der Aurelia zwar einmal ihre Existenz verdankten, aber zuletzt an ihrem Verkehr zu ersticken drohten. Als Fluch durchschneidet sie brutal historisch gewachsene Kulturlandschaften und Gemeinden, deren alte Ortsteile heute in alle Winde zerstreut sind.

Strände & Bagni

Die „charakteristische" *Pineta* entlang der Küste wurde erst im 19. und 20. Jh. angepflanzt, um Sumpfgebiete und Marschland trockenzulegen, wo ehemals Lagunen waren. Die ersten toscanischen Badeorte entstanden daher hoch oben im Norden, in Reichweite des gesunden Klimas der Apuanischen Alpen, entlang dem schmalen Landstrich zwischen Carrara und Viareggio. Südlich von Livorno, das selbst einst als Seebad galt, entwickelten sich Badeorte erst sehr viel später, bevorzugt in hügeligen und felsigen Regionen (Castiglioncello) und auf den Inseln (Elba, Monte Argentario).

Wasserqualität und Sauberkeit der Strände haben sich dank der zunehmenden Anstrengungen der meisten Küstengemeinden, insbesondere seit Anfang/Mitte der 90er Jahre, deutlich verbessert. Als besonders vorbildlich gelten die Abschnitte zwischen Forte dei Marmi und Viareggio, Punta Ala und Marina di Grosseto sowie am Südhang des Monte Argentario. Als direkt gesundheitsgefährdend werden inzwischen keine Strände der Region mehr eingestuft. Nennenswerte Industrieanlagen sind lediglich bei Marina di Carrara, Livorno, Rosignano sowie Piombino und Follonica angesiedelt. Ungleich verschmutzter aber sind die Mündungsge-

Der Lido von Viareggio

biete von Flüssen und Kanälen, insbesondere von Arno, Cecina und Ombrone, deren unmittelbaren Einzugsbereich man besser meiden sollte.

Die **Hochsaison** an den Stränden fällt mit den italienischen Schulferien zusammen und dauert von Mitte Juni bis Mitte September. Spätestens am ersten Augustwochenende jedoch geraten auf einen Schlag gleich Millionen von Italienern in Bewegung und fallen wie Heuschreckenschwärme über die Küste her. Höhepunkt ist traditionell die Zeit um Mariä Himmelfahrt am 15. August (*Ferragosto*), wenn nahezu alle Fabriken, Geschäfte und Dienstleistungsbetriebe im ganzen Land geschlossen sind.

Bagni. Gewöhnungsbedürftig ist für viele Nicht-Italiener die nahezu „preußisch" anmutende Manier, die Strände feinsäuberlich zu parzellieren und mit *Bagni* (Badeanstalten) zu bestücken. Der Grund ist: Italiener „gehen" nicht einfach an den Strand, sie verlegen ihre ganze Wohnung dorthin. In den Strandhochburgen herrscht denn auch, zumindest an der Oberfläche, eine geradezu „teutonisch" anmutende Zucht und Ordnung, sozusagen als grobes Raster, um den schier grenzenlosen Freizeitdrang der unzähligen Cliquen und Familien zumindest einigermaßen in geordnete Bahnen zu lenken.

Die Bagni für sich kosten keinen Eintritt, wohl aber deren Ausstattung. Die Tarife richten sich nach der Saison und sind von Ort zu Ort und sogar von Bagno zu Bagno (die wie Hotels in Kategorien unterteilt sind) verschieden. Für den obligatorischen Sonnenschirm mit zwei Liegestühlen (sowie die kostenlose Benutzung von Duschen und WCs) zahlt man in der Hochsaison meist um € 10-15 pro Tag, für eine zusätzliche Liege werden um € 5- und für eine eigene Badekabine um € 10 fällig. Dazu kann man natürlich Spiel- und Tauchgerät ausleihen, Tretboot, Scooter, Wasserski fahren, das Drachenfliegen erlernen usf.

Freie Strände (*Spiagge Libere*) liegen fast immer an den Ortsrändern und zwischen den einzelnen Orten. Dank des in den letzten Jahren enorm gewachsenen Umweltbewusstseins der Italiener (das zuvor freilich nahezu inexistent war) sind stinkende Kloaken und Müllabladeplätze abseits der bewachten Bagni glücklicherweise erheblich weniger häufig anzutreffen als früher. Das größte Problem stellen hier nicht selten die Parkplätze dar, die entweder heillos überfüllt sind oder aber sich derart „menschenleer" präsentieren, dass so mancher Autobesitzer keine ruhige Minute am Strand verbringen kann.

Lunigiana

„Toscana" steht dran, aber man glaubt es kaum. Wer über die **Autostrada Parma – La Spezia** in die Toscana einreist, reibt sich zunächst verwundert die Augen. Keine Zypressen und Olivenhaine, stattdessen dichte, unberührte Mischwälder mit kargen Weiden und verfallenen Höfen, und am Straßenrand verhärmte Frauen in geblümten Kitteln, die Steinpilze, Brombeeren oder Schafskäse an die Vorüberfahrenden verhökern.

Das **Land der 100 Burgen** (tatsächlich sind es noch viel mehr), das klingt romantisch, doch die Wirklichkeit sieht anders aus. Über die **Via Francigena,** die Frankenstraße (s. Kasten S. 449), zogen jahrhundertelang Raubritter und Heerscharen durch das enge Magra-Tal gen Süden, mordend, plündernd, Bastionen, Wehre und Burgen anlegend. Wildes Land, armes Land. Von *Aulla* führen eine Straße und eine Nebenstrecke der Eisenbahn in die benachbarte *Garfagnana* und von dort weiter bis *Lucca*. Die Toscana einmal ganz anders, aber auch lohnend.

Burgen & Schlösser

Das kleine Flusstal im Dreiländereck Ligurien, Toscana und Emilia-Romagna hatte seine Blütezeit im Mittelalter, als Päpste, Kaiser und Pilger auf dem Weg nach Rom hier durchkamen. Niemand zog ungesehen durch dieses Tal, weder Byzantiner noch Langobarden, Goten oder Franken, Banditen oder Pilger, hier wurde bewirtet und abkassiert, um Wegezoll gestritten und um Landbesitz gekämpft. Vom 12. bis weit ins 18. Jh. hinein beherrschte der Markgrafenclan der **Malaspina** („böser Stachel", welch treffender Name!) das einträgliche Tal und erwies sich als wahrer Weltmeister im Burgenbauen. In *Pontremoli*, *Filattiera* (7 km), *Villafranca* (12 km), dem ummauerten *Filetto* (14 km), *Bagnone* (18 km), *Aulla* (23 km) etc.

Die lange Zeit in Vergessenheit geratene Pilgerroute führt parallel zur Autostrada A 15 über den nur 1039 m hohen **Cisa-Pass,** folgt dem Flussbett der Magra und erreicht nach kurzem das im Tal sich ausbreitende **Pontremoli,** das historische und kulturelle Zentrum der Lunigiana mit verwitterten alten Mühlen, Brücken und Gassen rund um den barocken *Dom* mit der weithin leuchtenden grünen Kuppel. Die „Stadt der Bücher" (10 500 Einw.), seit Alters Heimat der *bancarelle*, der fahrenden Buchhändler, vergibt noch heute einen bedeutenden Literaturpreis. Im Zentrum der *Torre del Campanone*, neben dem Glockenturm des Doms einziges Überbleibsel der Zwingburg Castruccio Castracanis, die 1320 die in Guelfen und Ghibellinen zerstrittene Stadt in zwei Hälften zerschnitt. Im 16. Jh. errichteten die Malaspina am höchsten Punkt (240 m) das *Castello del Piagnaro* (Innenhof, Brunnen und Kapelle entstanden rund 200 Jahre später), in dem heute eines der ungewöhnlichsten *Museen* der Toscana eingerichtet ist (s. Kasten S. 450).

Im Sommer kaum mehr als ein Geröllbett, verwandelt sich die *Magra* im Winter und Frühjahr in einen reißenden Strom. Am Zusammenfluss von Aulla und Magra war das im Zweiten Weltkrieg stark ramponierte **Aulla** (23 km) bereits zur Zeit der Rompilger ein bedeutender Verkehrsknotenpunkt. Die imposante, viereckige *Brunella*-Burg entstand im 16. Jh., nachdem Genua den Ort den Malaspina abgekauft hatte. Für Naturfreunde interessant ist das *Museo di Storia Naturale* in der Festung, das anschaulich Flora und Fauna der Lunigiana (Botanischer Garten, Terrarien und Aquarien) vorführt und erläutert.

Rund 9 km hinter Aulla zweigt die kurvenreiche Passstraße SS 446 ab, auf der man nach 12 km zu dem auf einem malerischen Felskamm ausgebreiteten Burgdorf **Fosdinovo** gelangt, dem einstigen Stammsitz der Malaspina. Die gewaltige, in ihrem Kern seit 1340 nahezu unveränderte **Rocca Malaspina** (520 m) war 1306 eine der vielen Stationen von Dantes Exil. Deutlich zu erkennen die unterschiedlichen Bauphasen des ungewöhnlich guterhaltenen Schlosses (im 16. und 17. Jh. im Renaissancestil erweitert), das noch heute von einem Zweig der Malaspina bewohnt wird. Im Innern „Dantes Gemach" und Sammlungen mittelalterlicher Waffen und Liebhaberobjekte (s. *Museen*).

Von hier sind es 8 km bis zur Via Aurelia und 14 km nach Carrara. **Luni,** der Ort, der der Lunigiana ihren Namen gab, liegt heute weitab vom Geschehen zwischen Autostrada und Via Aurelia inmitten duftiger Wiesen und Äcker.

Die Frankenstraße

Über mehr als sieben Jh. hinweg verband die **Via Francigena** Mitteleuropa mit Italien, mit Rom. Die wichtigste Handels- und Pilgerstraße des Mittelalters wurde um 600-700 von den Langobarden als Verbindungsweg zwischen Pavia, ihrer oberitalienischen Hauptstadt, und Rom angelegt, und im 9. und 10. Jh. von den Franken weiter ausgebaut. Da weite Strecken des alten römische Straßennetzes durch versumpfte Tiefebenen führten, musste ein Weg über die Hügel geschaffen werden, der auch besser vor Überfällen und Plünderungen, etwa durch Byzantiner und Sarazenen, zu schützen war. An strategisch wichtigen Stellen entstanden befestigte Kastelle, Abteien und Pilgerhospize, die zu größeren, z. T. noch existenten Ortschaften wurden.

Lange nahezu in Vergessenheit geraten, ist die alte Pilgerstraße seit einigen Jahren wieder in den Blickpunkt des Interesses gerückt. Ihr Verlauf ist dank der detaillierten Wegbeschreibung des Erzbischofs von Canterbury, der die beschwerliche Reise zum Grab des Apostels Petrus nach Rom im Jahre 994 unternahm, ziemlich exakt rekonstruierbar: Von Oberitalien (Pavia, Parma) kommend erreichte sie die Toscana am 1039 m hohen **Cisa-Pass** (parallel zur heutigen Autostrada Parma-La Spezia) und folgte dem Flussbett der Magra bis ans Meer. Von **Luni** aus, dem einstigen Marmorhafen der Römer, stimmte sie bis **Pietrasanta** mit dem Verlauf der antiken Via Aurelia überein, ehe sie über **Camaiore** nach **Lucca,** der Residenz der Langobarden, abzweigte. Über **San Miniato, San Gimignano, Colle Val d'Elsa** und **Monteriggioni** erreichte sie **Siena,** von dort verlief sie weitgehend auf den Pfaden der römischen **Via Cassia** und führte über **Bagno Vignoni** und **Radicofani** nach Latium und Rom.

Museum der Statuen & Stelen

Ein einzigartiges Museum ist im *Castello del Piagnaro* zu **Pontremoli** zu besichtigen, von dem aus der Blick weit über die grünen Hänge der Lunigiana schweift. Die ebenso eigentümlichen wie faszinierenden Stelen und Menhire der ligurisch-keltischen Ureinwohner, die das Magra-Tal bis zum Erscheinen der Römer beherrschten, entführen in eine stille, rätselhafte, archaische Welt. Die ältesten dieser anthropomorphen Steine stammen aus dem Neolithikum vor vier- bis fünftausend Jahren, die jüngsten, die im fünften bis sechsten Jh. vor Christus entstanden, reichen in die Anfänge der römischen Geschichte.

Die zumeist halbmeterhohen Sandsteinfiguren – vermutlich Muttergottheiten und vergöttlichte Helden und Stammesoberhäupter – haben noch wenig Menschliches an sich, ihre Entwicklung zu verfolgen ist so spannend wie einem Kind zuzusehen, das mit Knetmasse formt.

Die archaischsten bilden noch ein einheitliches („phallisches") Ganzes, bei dem einfache Attribute (Brüste, fischförmige Messer) lediglich angedeutet sind, während in der nächsten Periode Kopf und Rumpf bereits getrennt und Extremitäten wie Attribute (zum Messer kommt eine Axt, zu den Brüsten Halsschmuck) feiner und deutlicher ziseliert sind. Erst in der letzten Periode, die bereits etruskische Einflüsse verrät, runden sich die eckigen Stelen allmählich zu runden Statuen, aus Relief wird Plastik.

Über die Menschen, die sie schufen, weiß die Forschung wenig, ihr Siedlungsgebiet war aber keineswegs auf das Bergland Liguriens beschränkt, wie ähnliche Funde z. B. in der Maremma (s. *Massa Marittima,* S. 539) bezeugen.

Die 177 v. Chr. gegründete römische Kolonie *Luna* war der erste Marmorhafen Carraras und noch vom 5. bis frühen 13. Jh. Bischofssitz, ehe Stadt und Hafen verlandeten und verlassen wurden. Erhalten sind die Ruinen des einst 6000 Zuschauer fassenden **Amphitheaters** sowie Reste des Forums, eines Tores und zweier Tempel. Fundstücke der Ausgrabungen sind im kleinen *Archäologischen Museum* zu sehen.

Praktische Informationen

- MS. **Tel. 0187.**
- **Info.** *Pontremoli,* Piazza Municipio (Innenhof), Tel. 83 32 78. *Aulla,* Palazzo Comunale, Tel. 42 14 39. *APT Massa-Carrara,* Fax 0585/86 90 15. www.lunigiana.ms.it

Verkehrsverbindungen

- **Zug.** In *Pontremoli* und *Aulla* halten Züge aus Mailand, Turin und Bologna Richtung Pisa/Livorno. Eine Nebenstrecke führt von Aulla über Castelnuovo di Garfagnana bis nach Lucca, die Fahrzeit beträgt knapp 2 Std.
- **Bus.** Mit *CAT* ab Pontremoli/Aulla nach Massa und Carrara.
- **Entfernungen** ab Pontremoli (in km): Parma 81, Aulla 23, Castelnuovo di Garfagnana 81, Lucca 107, Fosdinovo 44, Carrara 53, Massa 55, Pisa 105, Firenze 165.

Unterkunft

- **Napoleon** (***) in *Pontremoli.* 32 DZ € 77. Piazza Italia, Tel. 83 05 44, Fax 83 15 91.
- **Golf Hotel** (***) in *Pontremoli.* Das größte Hotel der Lunigiana liegt rund 1 km außerhalb. 82 Zimmer, DZ € 99. Tel. 83 15 73, Fax 83 15 91.
- **Costa d'Orsola.** Bezauberndes Agriturismo/B&B in einem kleinen Weiler mit herrlichem Blick auf Pontremoli (5 km). Pool, Tennis. 14 Zimmer, DZ € 83-135 inkl. BF. Tel./Fax 83 33 32.
- **Locanda La Lina** in *Bagnone.* Längst ein Geheimtipp! Gemütlicher Gasthof im histori-

schen Ortskern mit vorzüglicher Küche (Ruhetag Do, Spezialitäten Gemüsetorte und Lamm). 5 DZ € 49. Piazza Marconi, Tel./Fax 42 90 69.

- **Il Giardinetto** (**) in *Fivizzano.* Wie aus einer anderen Ära: einer der ältesten Gasthöfe der Toscana (seit 1882) mit Statuengarten und hervorragender Küche (Ruhetag Mo). 14 Zimmer, DZ € 42. Jeden Umweg wert! Via Roma 151, Tel./Fax 0585 920 60.
- **Villa Belvedere** (***) bei *Fosdinovo.* 20 Zimmer, DZ € 57, Via Nazionale, Tel. 6 88 06, Fax 67 01 96.

Essen & Trinken

- Die stark ligurisch beeinflusste Küche ist bekannt für ihre Gemüsetorten (*torte d'erbe*) und die schmackhaften *Testaroli,* dünne Mais- oder Weizenfladen mit einer Sauce aus Basilikum und Schafskäse (Pesto). Im Herbst sollte man Gerichte mit Kastanienmehl probieren, Wild und Pilze sind weitere Spezialitäten der Region.
- **Caveau del Teatro** in *Pontremoli.* Elegante, gemütliche Osteria in einem Stadthaus aus dem 17. Jh. Lunigiana-Küche mit Esprit. Ruhetag Mo. Piazza del Teatro, Tel. 83 33 28.
- **Da Bussè** in *Pontremoli.* Familiäre Osteria gleich neben dem Dom, eine der ältesten und besten Adressen für herzhafte Lunigiana-Küche. Nur mittags, außer Sa/So. Ruhetag Fr, Tel. 83 13 71.
- **Giardino da Bacciottini** in *Pontremoli.* Moderne Trattoria mit Önothek und schöner Flussterrasse, Ruhetag So abend/Mo (außer im Sommer). Via R. Armani 13, Tel. 83 01 20.
- **Gavarini** in *Villafranca-Mocrone.* Sorgfältige Regionalküche, sehr freundliches Haus, auch Zimmer. Ruhetag Mi (außer im Sommer), Tel. 49 31 15.

Museen

- **Museo delle Statue-Stele Lunigianesi** in *Pontremoli.* Außer Mo 9-12, 15-18 (Okt. bis Mai 14-17 Uhr). € 3,10. Tel. 83 14 39.
- **Museo Etnografico** in *Villafranca in Lunigiana* auf halber Strecke zwischen Pontremoli und Aulla. Sammlung alltäglicher Gebrauchsgegenstände und Handwerksprodukte mit eigenen Abteilungen für Küche, Medizin, Volksglaube usf. Außer Mo 9-12, 15-18, im Sommer 16-19 Uhr, € 2,60.
- **Museo del Territorio Alta Valle Aulella** in *Casola in Lunigiana* (25 km östl. von Aulla). Halb archäologischer Park (Stelen, Menhire), halb ethnologisches Freiluftmuseum, das den halben Ort miteinschließt. Eine Abteilung ist dem *Canto del Maggio* (Maisingen) gewidmet, einer Art „Urform" des Volkstheaters. Außer Mo 9-13, 16-19 Uhr, im Winter nur vormittags. € 2,60. Tel. 0585/9 03 61.
- **Museo di Storia Naturale** in *Aulla,* Fortezza della Brunella. Außer Mo 9-12, 14-18 Uhr, € 3,10.
- **Rocca Malaspina** in *Fosdinovo,* außer Di tgl. Führungen 10, 16, 17 und 18 Uhr (min. 6 Pers.), € 5.
- **Museo Archeologico di Luni,** außer Mo tgl. 9-19 Uhr, € 2,10, Tel. 6 68 11.

Steinpilze sind eine Spezialität der Lunigiana

Apuanische Riviera & Versilia

Quasi in Fortsetzung von Cote d'Azur und Ligurischer Riviera dehnt sich zwischen **Marina di Carrara im Norden** und **Viareggio im Süden** ein 32 km langer, feinsandiger Strandstreifen mit nahezu lückenlos ineinander übergehenden Badeorten mit Hotelpalästen, Feriensiedlungen und Campingplätzen. Auch wenn *Riviera Apuana* und *Versilia* praktisch eine Einheit bilden, gehören sie verschiedenen Verwaltungen an und haben auch historisch und kulturell wenig miteinander gemein.

Zählte die Versilia (Provinz Lucca) schon seit jeher zum Einzugsgebiet der Toscana (Lucca, Pisa), orientierte sich die Region um Massa-Carrara traditionell eher nach Genua und Ligurien. Und während Massa und Carrara im Grunde ein einziges urbanes Gewebe bilden, das sich von den Bergen bis zum Meer erstreckt – selbst die Badeorte *Marina di Carrara* und *Marina di Massa* weisen mit Industrierevieren und Hafenanlagen annähernd städtischen Charakter auf -, präsentieren sich die Orte der Versilia (*Pietrasanta, Camaiore, Viareggio*) kleiner, deutlich voneinander abgesetzt und augenfällig wohlhabender, und ihre Badestationen (*Forte dei Marmi, Marina di Pietrasanta, Lido di Camaiore*) grüner, weitläufiger und vornehmer (allerdings auch im schlechten Sinne „touristischer"). Familiär oder spießig, nostalgisch oder scheußlich, das ist freilich auch eine Frage der Jahreszeit.

Was im Sommer noch verschreckt, wenn Sonnenschirme und Campingplätze sich wie preußische Armeen in Zehnerreihen ausrichten und endlose Blechkarawanen über die Promenaden dieseln, kann im Frühjahr und Herbst (oder Winter!) ungeahnten Glanz, ja fast etwas wie *Flair* entfalten.

Die Apuanischen Alpen

Nur wenige Kilometer von den Sandstränden des Tyrrhenischen Meeres entfernt ragen steil die Bergketten der **Alpi Apuane** aus der Ebene empor. Auch wenn ihr höchster Gipfel nicht einmal 2000 m misst (*Monte Pisanino*, 1947 m), wirken die schroffen Felswände, schmalen Grate, bizarren, unverwechselbaren Silhouetten und aus der Ferne wie frisch gefallener Schnee leuchtenden **Marmorbrüche** der Apuanischen Alpen weitaus hochgebirgshafter als der höhere Apennin, von dem sie sich geologisch denn auch wesentlich unterscheiden. Ergebnis eines vor mehr als zehn Millionen Jahren unter enormem Druck erst zusammengefalteten, dann aufgetürmten Meeresbodens, bestehen sie gänzlich aus hartem Kalkstein bzw. seiner kristallinen Form, dem Marmor.

Die eigentümliche Kombination von Bergland und Meeresnähe lässt selbst noch in nahezu alpinen Regionen neben Buchen und Steineichen typisch mediterrane Gewächse wie Rosmarin, Wacholder und sogar Orchideen gedeihen, ehe sie mit zunehmender Höhe dichten Kastanienwäldern, karstigen Weiden und riesigen Geröllmassen weichen. Zum Schutz der einzigartigen Naturlandschaft, in der es über 1300 Höhlen gibt und seltene Vogel- und Wildtierpopulationen zu Hause sind, wurde 1985 der über 20.000 ha große **Naturpark der Apuanischen Alpen** eingerichtet.

Viele Straßen, Pisten und Pfade führen ins Bergland und bieten atemberaubende Ausblicke auf Bergketten, mittelalterliche Bergdörfer, Marmorbrüche, Rivierastrände und blaues Meer.

Die meisten **Wanderwege** sind gut bis ausreichend markiert, rund 30 meist ganzjährig geöffnete **Berghütten** (*Rifugi*) bieten unterwegs Logis. Wanderkarten sind in Buchhandlungen und Fremdenverkehrsbüros der größeren Orte sowie in den Zentren des Parks in Seravezza, Lido di Camaiore und Castelnuovo di Garfagnana erhältlich (z. B. *Alpi Apuane* von Edizioni Multigraphic, Florenz, 1:25.000). Doch selbst mit dem Auto und einer guten Straßenkarte lässt sich die Region recht eindrucksvoll erschließen. www.parcapuane.toscana.it

Carrara

Carrara? Marmor! Kaum ein Ortsname der Welt ist derart eins mit seinem bekanntesten Produkt. Eingebettet in einen grünen Talkessel direkt unter den Steinbrüchen der Apuanischen Alpen, gibt es kaum einen Punkt in der Stadt, an dem sie nicht wie Schneefelder über den roten Ziegeldächern aufleuchten würden.

Carrara (von *kar*, vorrömisch „Stein") war schon vor mehr als 2500 Jahren von Sklaven und Marmorbrechern bewohnt, die die tonnenschweren Monolithe mit Hilfe von zehn- bis zwölfspännigen Ochsenkarren bis zum Hafen von Luni schleiften. Ihre größte Blüte erlebte die Stadt unter Kaiser Augustus, der Rom „neu einkleiden" ließ, und dann wieder ab dem 13. Jh., als die aufblühenden Stadtstaaten der Toscana sich gegenseitig in Prachtbauten zu übertrumpfen suchten. Ohne den Marmor von Carrara kein „Schiefer Turm" von Pisa, keine Domkapellen zu Florenz, kein David von Michelangelo.

Im Mittelalter zunächst von Byzantinern und Langobarden beherrscht, war Carrara aufgrund seiner strategischen Lage wie wirtschaftlichen Bedeutung jahrhundertelang ein Zankapfel zwischen Pisa, Lucca, Genua, Mailand und Feudalgeschlechtern wie den Malaspina, die dank wechselnder Verbündeter die Geschicke des Orts mehr als drei Jahrhunderte prägten (1442-1790). Kein Wunder, dass die streitbaren *Marmoristi* Carraras – die sich im übrigen noch heute weder als richtige Ligurer noch als richtige Toscaner empfinden – einen ausgeprägten Hang zum Anarchismus entwickelten, der bis heute eine Rolle in der Stadt spielt. Demonstrationen, Streiks und Arbeitskämpfe gehören zu Carrara wie der Marmor selbst, aber Kommunismus ohne Bürokratie und Staat blieb natürlich auch hier nichts weiter als ein schöner Traum.

Das relativ kleine, je nach Geschmack als schmuddelig oder nostalgisch (Patina!) zu bezeichnende Zentrum ist in wenigen Minuten durchmessen, doch zumal Liebhaber des Fin de Siècle und des Jugendstil (Läden, Reklameschilder, Häuserfronten) sollten sich etwas Zeit nehmen, die Stadt zu erkunden.

Duomo Sant'Andrea

Glanzstück Carraras ist der Ende des 11. Jh.s begonnene Dom, ein recht gelungenes und harmonisches Beispiel des Übergangs von der Romanik zur Gotik. Die **Fassade** aus zweifarbigem (inzwischen ergrautem) Marmor, im unteren Teil durch rundbogige Blendarkaden gegliedert, geht oben in gotisches Spitzenwerk und eine pisanische Zwerchgalerie mit Fensterrosette über. Der viergeschossige Glockenturm entstand 1280.

Wohltuend schlicht das **dreischiffige Innere** mit offenem Dachstuhl, unter dem Marmorschmuck einheimischer Künstler ragt das im 15. Jh. errichtete Grabmal des Märtyrers und Stadtpatrons *San Ceccardo* heraus (rechtes Seitenschiff), der im 9. Jh. Bischof von Luni war. Sehenswert auch die mehrfarbige, aus einem einzigen Block gehauene *Kanzel* (16. Jh.) und das *Taufbecken* im angrenzenden Baptisterium.

Am Domplatz rechts posiert der Genueser Admiral *Andrea Doria* etwas linkisch als Meeresgott Neptun – **Fontana del Gigante** (1559) –, da der Florentiner *Baccio Bandinelli* (der auch den Herkules auf der Piazza della Signoria schuf) die Statue unvollendet ließ. Schräg gegenüber das Haus des befreundeten Apothekers, in dem Michelangelo bei seinen Aufenthalten in der Stadt weilte.

Die benachbarte, von barocken Palazzi und Arkaden aus dem 16.-18. Jh. gesäumte **Piazza Alberica** mit ihrem marmorinkrustierten Pflaster ist der schönste Platz der Stadt. Jeden zweiten Sommer verwandelt sie sich in ein gigantisches Freiluftatelier, in dem Bildhauer aus aller Welt um die Wette modellieren.

Von hier sind es nur wenige Schritte zur Hauptgeschäftsstraße **Via Roma** (Fußgängerzone), an deren Ende sich der im 16. Jh. über den Resten einer mittelalterlichen Burg errichtete Palazzo Cybo-Malaspina erhebt.

Im Jahre 1769 mit der Bischofsresidenz zur **Accademia di Belle Arti,** eine der ersten bedeutenden Kunstakademien Italiens vereinigt, beherbergt sie heute eine Pinakothek, eine Sammlung von Marmorskulpturen und archäologische Funde wie den berühmten *Stein von Fantiscritti*, einen von namhaften Besuchern des gleichnamigen Marmorbruchs signierten römischen Altar.

Museo del Marmo

Etwas unterhalb der Stadt (an der Verbindungsstraße nach Marina di Carrara) liegt das einzigartige, hervorragend aufgemachte **Marmor-Museum,** das in mehreren Abteilungen und anhand umfangreicher Dokumentationen (Steinproben, Werkzeuge etc.) anschaulich die Geschichte des Marmors von der Entstehung über die Techniken des Abbaus bis zu seiner Verarbeitung referiert.

Praktische Informationen

- MS. 67.000. 90 m. **Tel. 0585.**
- **Info.** Viale XX Settembre 85, Tel. 86 90 15. In *Marina di Carrara* Piazza Menconi 6, Tel. 63 25 19.
- **Trekking.** *Club Alpino Italiano,* Via Giorgi 4, Tel. 48 80 81. Information und ggf. Buchung von Touren durch die Apuanischen Alpen.
- **Markt.** Mo, Piazza Gramsci. Mi in Avenza, Do in Marina di Carrara.

Verkehrsverbindungen

- **Zug.** Bahnhof der Linie Genua–Livorno–Rom in *Avenza* (4 km, Busse nach Carrara alle 10 Min.).
- **Bus.** Mit *CAT* regelmäßig von/nach Massa, Marina di Carrara, Marina di Massa und mehrmals tgl. von/nach Pontremoli, Aulla, Colonnata, Pietrasanta, Viareggio, Lucca, Pisa, Firenze.
- **Entfernungen** (in km): La Spezia 31, Pontremoli 53, Massa 7, Marina di Carrara 7, Marina di Massa 13, Viareggio 34, Pisa 55, Firenze 128.

Unterkunft

- **Michelangelo** (***). Sehr freundliches, gemütliches Haus (wenn man vom Äußeren einmal absieht) voller Kunst und Antiquitäten. *(Luciano Lattanzi,* Jg. 1925, als bildender Künstler u. a. in London, Paris und den USA tätig, übernahm das Hotel der Familie erst vor wenigen Jahren; sein Buch *Ein Europäist aus der Provinz. Sa-Tierischer Bericht Berlin 1950/51,* erschien 1997 im Zambon-Verlag.) 34 Zimmer, DZ € 88. Corso Fratelli Rosselli 3, Tel. 77 71 61, Fax 7 45 45. hm.carrara @tin.it
- Ein gutes Dutzend Hotels in *Marina di Carrara* (7 km), aber das Angebot im benachbarten *Marina di Massa* ist besser und vielfältiger.

Essen & Trinken

- *Lardo di Colonnata* heißt die lokale Köstlichkeit, mit Meersalz, Knoblauch und Rosmarin in Marmor gepökelter „marmorweißer" Speck, duftig, zart und überhaupt nicht „rustikal" – unbedingt probieren!
- **Ninan.** Betont leichte, kreative Regionalküche, klein, aber fein (Michelinstern). Ruhetag So. Via Bartolini 3, Tel. 7 47 41.
- **La Tavernetta.** Gute Fischküche, alles ist frisch zubereitet. Sec. ab € 10, Ruhetag Mi. Piazza Alberica 10, Tel. 77 77 82.
- **Osteria Contrada.** Originelle Speisekarte, sehr nett und gemütlich. Sec. € 7-10, Ruhetag Mo. Via G. Ulivi 2, Tel.77 69 61.
- **Gargantou** in *Avenza* (4 km). Bodenständige Osteria mit traditioneller toscanisch-ligurischer Küche, im Sommer auch im Freien. Ruhetag So. Via Luni 4, Tel. 5 26 69.
- **Da Venanzio** in *Colonnata* (8 km). Eine Institution. Intimes Feinschmeckerlokal mit verfeinerter Landküche, Heimat des *Lardo di Colonnata.* Ein Genuss der *Antipasto della Casa* (4 Gänge), Menü € 31. Ruhetage Do/So abend. Tel. 75 80 62.
- **Locandapuana** in *Collonata.* Gelungene Mischung aus Tradition und Erneuerung, auch in der Küche. Sympathisch Gastgeber wie Preise. Ruhetag Mo/So abends. Tel. 76 80 17.
- **Da Gero** in *Marina di Carrara* (7 km). Herzhafte ligurische Fischküche mit genau dem richtigen Touch „Kreativität". Sommerveranda. Ruhetag So, Viale XX Settembre 305, Tel. 78 65 34.

Museen

- **Accademia di Belle Arti,** auf Anfrage, Tel. 7 16 58.
- **Museo del Marmo,** Viale XX Settembre, außer So 10-20, im Winter 8.30-13.30 Uhr, € 3,10. Tel. 84 57 46.

Shopping

- **Circolo Culturale Anarchico,** Via Ulivi 8b. Anarchistenbuchhandlung, eine echte Rarität, zum Stöbern, Schmökern, Kaufen.
- **Foto Bessi** in der Passage an der Piazza Matteotti. Sehenswertes Fotoarchiv des 1986 verstorbenen Inhabers zum Thema Marmor.
- **Laboratorio Carlo Nicoli,** Piazza XXVII Aprile (etwas außerhalb der Stadt). Gilt seit sechs Generationen als das bedeutendste Bildhaueratelier Carraras.

Marmorbrüche

Die Hauptattraktion Carraras sind die Marmorbrüche von *Colonnata* auf rund 530 m Höhe (7 km) und von *Fan-*

Carrara-Marmor

„Diese Art Marmor ist von größerer Festigkeit, sie ist angenehmer und weicher zu bearbeiten, und man kann ihr eine schönere Polierung geben, als jeder anderen Marmorart", schwärmte Giorgio Vasari 1499 vom *weißen Gold* der Apuanischen Alpen – rein chemisch gesehen nichts weiter als doppelt kristallisierter Kalk. Als die Region vor 200 Millionen Jahren noch vom Meer bedeckt war, setzten sich abgestorbene Muscheln und Schalentiere ab und verfestigten sich im Lauf von Jahrmillionen zu Kalkstein. Die extreme Hitze im Gefolge der großen Kontinentalverschiebung vor 40 Millionen Jahren presste ihn zu hartem Kristall, der unter ungeheurem Druck zugleich zusammen- und nach oben geschoben wurde und sich zu einem Gebirgsmassiv aufwarf – der Marmor der Apuanischen Alpen war geboren. Aber Marmor ist nicht gleich Marmor, und keineswegs jeder ist so weiß wie der begehrte blasse *Statuario* Michelangelos. Eingelagerte metallische Salze sprenkeln, masern oder flecken den ursprünglich schneeweißen Stein grünlich, hellgrau, bläulich, rötlich oder auch mischfarben wie den dekorativen *Mischio* von Stazzema, der besonders in der Barockzeit Verwendung fand. Insgesamt zählt man allein in Carrara über 60 verschiedene Sorten Marmor.

Die Sklaven Kleinasiens, die ihn für die Villen, Tempel und Denkmäler der Römer abbauten, trieben Holzpflöcke in Bohrlöcher und übergossen sie so lange mit Wasser, bis sie sich dehnten und den Block vom Berg sprengten. Mittels Seilwinden wurden die tonnenschweren Blöcke auf eingeseifte Rundhölzer gehievt und an langen Hanfseilen ins Tal herabgelassen, eine Prozedur, bei der Todesfälle und grausige Verstümmelungen an der Tagesordnung waren, wenn die gigantischen Quader einmal außer Kontrolle gerieten. Bis zu zehn-, ja zwanzigspännige Ochsenkarren besorgten den Weitertransport bis zum Hafen von Luni. Noch eineinhalb Jahrtausende später, zu Zeiten von Donatello und Michelangelo, wurde der Marmor kaum anders gewonnen und transportiert. Erst im 19. Jh. revolutionierten neuartige Sägetechniken den Abbau, übernahmen Aufzug- und Seilbahnkonstruktionen den Transport und wurde eine 20 km lange Eisenbahntrasse bis zur Küste gebaut. Heute wird mit modernster Großtechnik gearbeitet – elektrische Diamant- und Edelstahlsägen schneiden pro Stunde bis zu 15 qm Marmor aus dem Berg, und PS-starke Bagger heben die 20-40 t schweren Blöcke auf Sattelschlepper, die sie zum Hafen von Marina di Carrara bringen, von wo sie in alle Welt verschifft werden. Noch heute leben fast zwei Drittel der Einwohner Carraras mittelbar oder unmittelbar vom „weißen Gold". Von den rund 200.000 t Stein, die jeden Monat in Umlauf kommen, ist der Löwenanteil für die Bauindustrie bestimmt (und nur etwa 1 Promille für „Kunst"), und während der Abbau selbst seit einigen Jahren stagniert, blühen umso mehr Verarbeitung und Import/Export-Geschäfte. Da es nirgendwo auf der Welt ein derartiges Know How in dem hochspezialisierten Umgang mit Marmor und Granit aller Art gibt, wird das edle Gestein selbst aus Afrika, Zentralasien und Südamerika nach Carrara verschifft, um hier geschnitten und bearbeitet zu werden. Trotzdem sind noch heute mehr als 100 Steinbrüche rund um die Gemeinden Carrara und Massa aktiv und versorgen Bankpaläste, Luxushotels, U-Bahnen und Airports rund um den Globus mit repräsentativem Luxus.

tiscritti auf etwa 450 m Höhe (5 km). Es lohnt sich, beide anzuschauen, da sie durchaus verschieden sind. Die Wege sind gut ausgeschildert.

Cave di Fantiscritti

Auf der schmalen, aber gut asphaltierten Straße muss man jederzeit gewärtig sein, auf einen Sattelschlepper mit einem 20-Tonnen-Block zu stoßen. Unterwegs passiert man die *Ponti di Vara*, ein Teilstück des alten Brücken- und Tunnelsystems der 1876-91 errichteten, aber heute leider nicht mehr genutzten Eisenbahntrasse. Auf der *Piazzale* von Fantiscritti endlose Reihen von Souvenirshops, die Käsebrettchen und Miniatur-Davids aus Marmorabfall verkaufen, während man aus gebührender Entfernung beobachtet, wie die schimmernden Blöcke mit diamantbesetzten Stahlseilen aus dem Berg herausgeschnitten werden wie Butter. Mutige wagen sich noch etwas höher den Berg hinauf, kehren aber schon bald mit schlotternden Knien zurück: zu steil, zu viele Lastwagen.

Unbedingt einen Besuch wert ist das private Freiluftmuseum **Cava Museo** von Walter Danesi (Eintritt frei), das neben allerlei Kitsch auch wirklich Sehenswertes bietet wie alte Arbeitsgeräte (von der Säge bis zum Pressluftbohrer) oder das lebensgroße Modell einer Bergarbeiterhütte, wie sie noch bis vor gar nicht so langer Zeit(!) gang und gäbe war.

Zweimal Marmor – in Blöcken aus dem Berg geschnitten und verarbeitet an der Domfassade von Carrara

Cave di Colonnata

Wer von Fantiscritti kommt, braucht nur etwa knapp die Hälfte des Wegs bis zur Stadt zurücklegen, ehe ein Wegweiser in die richtige Richtung weist. Die einstige römische Sklavenkolonie (daher ihr Name) wirkt weniger geschäftig, dafür bieten schwindelerregende Untiefen links und rechts der Straße fast hautnahen Kontakt mit Marmorbrüchen (speziell bei *La Piana* schräg gegenüber einem unvermeidlichen Souvenirshop).

Vorbei an weiteren Buden und Geschäften gelangt man nach wenigen Kilometern zum **Dorf Colonnata.** Von „Ursprünglichkeit“ ist natürlich längst nicht mehr viel vorhanden, trotzdem ist es noch immer ein Erlebnis. Den köstlichen *Lardo di Colonnata* kann man hier überall kosten, jeder noch so unscheinbare Krämerladen belegt einem für wenig Geld einen wunderbaren Panino.

Rund um Carrara

Eine schöne Route führt in Kehren empor zum 1357 m hohen **Campo Cecina** (20 km) mit dem *Rifugio Carrara* (ganzjährig, 36 Betten), im Winter eine beliebte Skistation (Autobus ab Carrara). Bei klarer Sicht hat man von hier aus einen Panoramablick auf die höchsten Gipfel der Apuanischen Alpen (*Pisanino* 1945 m, *Sagro* 1748 m, *Tambura* 1889 m), Massa-Carrara, die Versilia und das Meer.

Auf dem Rückweg führt die Route über das mittelalterliche Burgdorf **Fosdinovo** (15 km) mit der *Rocca Malaspina* (s. S. 448) und auf der Via Aurelia zurück zum Ausgangspunkt, nach Carrara (16 km).

Massa

Die **Provinzmetropole** zu Füßen der mittelalterlichen *Rocca* wurde mehr als drei Jahrhunderte lang (1442- 1741) von den Grafen Malaspina beherrscht und fiel erst 1859 an die Toscana. Zentrum der freundlichen Residenz- und Beamtenstadt ist die von Orangenbäumen gesäumte *Piazza Aranci* mit dem rostbraunen **Palazzo Malaspina** (1560, heute Präfektur; die üppig verzierte Fassade entstand erst um 1700). Im 1665 angefügten Loggienhof die absonderliche Barock-Grotte *Il Grotesco* mit Neptun und Putten, und die faschistische Bronze eines Fußballspielers (!) unter den Arkaden des Obergeschosses.

Zwischen Palast und Berge zwängt sich die Altstadt mit dem **Duomo Santi Pietro e Francesco** am Ende der Via Dante, eher „repräsentativ" als schön. 1389 spätgotisch begonnen, danach höfisches Experimentierfeld von Renaissance bis Barock und schließlich 1936 von den Faschisten um eine klassizistische Marmorverkleidung erweitert. Das barocke Innere birgt Grabmäler des Malaspina-Clans und in der *Cappella SS Sacramento* (rechts vom Hauptaltar) Reste eines Madonnen-Freskos von *Pinturicchio* (um 1480).

Unbedingt lohnend ist ein Spaziergang zu der hoch über der Stadt thronenden **Rocca Malaspina,** schon wegen der unvergleichlichen Aussicht. Man staunt, wie dichtbesiedelt die Küste ist und Städte und Ortschaften nahezu nahtlos ineinanderübergehen. Bereits im 10. Jh. entstanden auf der Anhöhe erste Wehrtürme, im 13. wurden sie von einem Mauerring umschlossen, im 15. fügten die Malaspina ein Renaissanceschloss hinzu und sorgten im 17. für weitere Bastionen und Befestigungen.

1997 wurde die Festung nach jahrelanger Restaurierung wiedereröffnet und kann besichtigt werden.

Praktische Informationen

- MS. 67.000. 65 m **Tel. 0585.**
- **Info.** *APT* Marina di Massa, Viale Vespucci 24, Tel. 24 00 63, Fax 86 90 15. apt@massacarrara.turismo.toscana.it.

• **Markt.** Di in Massa, Fr in Marina di Massa. *Antiquitätenmarkt* jeden ersten Sa im Monat in der Via Bastione.

Verkehrsverbindungen

• **Zug & Bus.** Bahnhof im Süden der Stadt. Mit *CAT* regelmäßig zum Zentrum, nach Marina di Massa, Carrara, Pietrasanta usf.

Unterkunft

• Beide Stadthotels taugen nicht viel, dafür reihen sich mehr als 70 Hotels und Pensionen in **Marina di Massa** (5 km); zählt man die Satelliten *Ronchi* und *Poveremo* hinzu, sind es sogar weit über 100. Im Hochsommer ist oft nur Halbpension möglich.

• **Cavalieri del Mare** (***) in *Ronchi.* Villa aus dem 18. Jh. in einem großen Park mit Pool und Privatstrand. 26 Zimmer, DZ € 125-150 inkl. BF. Via Verdi 23, Tel. 86 80 10, Fax 86 80 15. www.cavalieridelmare.com

• **Tirreno** (***). Nostalgische Villa der Jahrhundertwende an der Strandpromenade, kleiner Dachgarten, 33 DZ € 95-120, Via Mazzini 2, Tel. 24 61 73, Fax 24 08 27.

• **Italia** (***). Gepflegtes Art-Nouveau-Hotel an der Promenade seit 1900, mit Dachgarten. 25 DZ € 73-88, Lungomare Vespucci 5, Tel. 24 06 06, Fax 24 35 80.

• **Parma Mare** (***). Gutbürgerlich-solide in der zweiten Reihe mit Garten und Garage, 18 DZ € 67-93. Via delle Pinete 34, Tel. 24 10 44, Fax 24 46 32.

• **Villa Carla** (**) mit großem Garten unmittelbar an der Promenade. 14 DZ um € 50. Via Mazzini 18, Tel. 86 94 54, Fax 86 19 38.

Jugendherberge

• **Ostello Apuano.** Wunderschöne Villa von 1890 nur wenige Meter vom Strand; das Haupthaus ist für Frauen und Paare/Familien reserviert. Geöffnet März-Sept. 7-23.30 Uhr. 6-Bett-Zimmer, einige DZ/Vierer, p.P. € 8,25, alle Mahlzeiten möglich. Via delle Pinete 237, Tel. 78 00 34, Fax 77 42 66, ostelloapuano@hotmail.com

Essen & Trinken

• **Osteria del Borgo.** Modern-rustikal mit Marmortischen und traditioneller, aber deutlich verschlankter Küche; tgl. wechselnde Gerichte, gut und preiswert. Ruhetag Di. Via Beatrice 17, Tel. 81 06 80.

• **Il Passagero.** Freundliches Restaurant im Kellergewölbe eines alten Palazzo an der Piazza Aranci. Ruhetag So. Via Alberca 1, Tel. 48 96 51.

• **Alimentaria Vecchia Martana,** Via Beatrice 65. Deli (Wurst, Käse, Schinken) mit hübschen Kachelbecken zum Wässern von Baccalà und Stoccafisso.

• **Da Riccà** in **Marina di Massa** (5 km). Elegantes, nicht ganz billiges Fischrestaurant mit Terrasse. Ruhetag Mo. Lungomare di Ponente. Tel. 24 10 70.

• **La Peniche.** Gemütliches Lokal auf einem kleinen Kanalboot, günstige Gerichte von Pizze bis Hummer; Ruhetag Mo (außer im Sommer). Via Lungo Brugiano 3, Tel. 24 00 17.

• **Farfarello.** Sympathisches Mini-Lokal in der Fußgängerzone, tgl. wechselnde Auswahl an frischgemachter(!) Pasta, Fischen und Desserts. Nur abends, Ruhetag Mi (außer im Sommer). Via Colombo 30, Tel. 86 90 90.

• **Eucalipto.** Unprätentiös und touristisch, aber reell (große Portionen, kleine Preise). Via delle Pinete 78, Tel. 24 01 05.

• **Il Bottaccio** in *Montignoso* (6 km). Spitzenrestaurant mit Michelinstern in einer alten Mühle mit tropischem Gewächshaus, Seerosenbecken und Sommerterrasse; Menü um € 70, auch Suiten. Tel. 34 00 31, Fax 34 01 03.

Museum

• **Rocca Malaspina.** Vom Dom knapp 30 Min. zu Fuß, mit dem Auto ein Katzensprung, aber nicht einfach zu bewältigen; notfalls Fahrzeug an der Quelle unterhalb der Auffahrt stehenlassen. Außer Mo 9-12, 17-22, im Winter 14-17 Uhr, € 3,10.

Rund um den Monte Altissimo

Auf den Spuren Michelangelos – von Massa nach Pietrasanta statt auf dem direkten Weg (11 km) rund um den

1589 m hohen *Monte Altissimo* (ca. 65 km).

Die Südwest-Flanke des Monte Altissimo, aus dem sich Michelangelo den Werkstoff für seine Skulpturen besorgte, gilt zurecht als die schönste der Apuanischen Alpen. Steil fallen die dicht mit Pinien, Buchen, Kastanien, Wein und Orangen- und Olivenhainen bedeckten Hänge von über 1000 m hohen Kämmen bis zum Meer hin ab. Den Gipfel kann man von *Arni* aus ersteigen, Touren und Wanderungen lohnen insbesondere von *Levigliani* (Besuch des größten Höhlenkomplexes Italiens, des **Antro del Corchia** mit Stalaktiten-Galerie) und *Stazzema* aus.

In Massa folgt man den Wegweisern nach *San Carlo*. Die schmale und serpentinenreiche, aber ausgesprochen schöne und wenig befahrene Straße eröffnet immer wieder atemberaubende Panoramen auf Meer und Küste.

Hinter dem 1151 m hohen **Passo del Vestito** passiert man die Steinbrüche von *Arni* (24 km) und trifft auf die Straße, die links nach *Castelnuovo di Garfagnana* (17 km) und rechts zur Küste zurückführt. Kurz nach der 1125 m langen **Galleria del Cipollaio** sind Abstecher zur Sommerfrische **Levigliani** (650 m) und nach **Terrinca,** dem ältesten Dorf der Versilia, möglich. In Richtung *Stazzema* erreicht man den Weiler **Ponte Stazzemese,** der am 19. Juni 1996 weltweit traurige Berühmtheit erlangte, als der reißende Wildwasserbach *Vezza* über seine Ufer trat und den halben Ort mit sich riss.

Stazzema

Das hübsche, von dichten Kastanienwäldern geschützte Bergdorf (445 m), in dessen üppigen Gärten sogar Feigen, Kiwis, Bambus und Bananen gedeihen, ist ein idealer Ausgangspunkt für Wanderungen und kleinere Bergtouren, u. a. auf den *Monte Nona* oder den *Monte Matanna.*

Gleich bei der Ortseinfahrt erhebt sich auf einem Felssporn im Schatten hoher Zypressen die im 9. Jh. begonnene *Pieve Santa Maria Assunta*, weiter im Ort selbst ein hübscher **Uhrturm** (1738) mit Marmorsturz und Mediciwappen, dessen Zählwerk noch heute die Stunden anzeigt.

Seravezza

Michelangelo habe den *Statuario* des Monte Altissimo seiner „edlen Blässe“ wegen geschätzt, kolportieren die bunten Bilderbücher, doch die Wahrheit sieht anders aus. Den Medici war Carraras politische wie pekuniäre „Ungebärdigkeit“ schlicht ein Dorn im Auge geworden, so dass Papst Leo X, der Sohn Lorenzos, „seinen“ Bildhauer 1518 kurzerhand in das befreundete Pietrasanta schickte, um dort den Marmor zu holen. Dass es am Altissimo noch überhaupt keine Marmorbrüche gab (geschweige denn Transportwege und geeignete Arbeitskräfte), kümmerte den selbstherrlichen Mediceer-Papst natürlich wenig, so dass sich der Schöpfer des David erst einmal zum Ingenieur und Straßenbauer degradiert sah, wollte er an sein Arbeitsmaterial kommen. Michelangelo ließ sich in dem kleinen, schon damals bestehenden Weiler am Zusammenfluss von *Serra* und *Vezza* nieder und beaufsichtigte von 1518 bis 1520 den Fortgang der Arbeiten.

Den nur 6 km von Pietrasanta entfernten Ort zieren heute ein marmorner *Dom* und der 1560 von Cosimo I in Auftrag gegebene *Palazzo Mediceo* (etwas außerhalb des Ortskerns), in dem seit 1996 auch ein *Museum der Volkskultur* Platz findet. Im Ort befindet sich außerdem das *Zentrum des Naturparks der Apuanischen Alpen.*

Von Seravezza (55 m) führt ein kleines Sträßchen, das fast exakt dem Verlauf der von Michelangelo entlang der Serra angelegten Trasse folgen soll, auf die **Marmorbrüche** des Altissimo zu. Nach 8 km hat man **La Polla** an der Quelle der Serra erreicht. Für den Rückweg kann man die etwas bessere Straße über *Azzano* (455 m) nehmen, von wo aus man die schönste Aussicht auf den Berg hat. Ganz in der Nähe liegt die vollständig aus Marmor gebaute romanische **Pieve della Cappella,** deren freistehender Campanile bereits um 1000 errichtet worden sein soll. Die Fensterrosette, „das Auge Michelangelos" genannt, soll einer Zeichnung des Meisters zugrunde liegen.

Praktische Informationen

- LU. **Tel. 0584.**
- **Info.** *Besucherzentrum Alpi Apuane*, Seravezza, Via Corrado del Greco 11, Tel. 75 821, Fax 75 82 03, info@parcapuane.toscana.it Karten, Vermittlung von geführten Touren, Exkursionen zu Pferd usf. *Proloco Stazzema*, Piazza Europa, Tel. 77 521, 77 52 26.
- **Markt.** Mo in *Seravezza.*
- **Museum.** *Museo del Lavoro e delle Tradizioni Popolari*, Palazzo Mediceo, Seravezza, außer Mo 16-19.30 Uhr, € 2,60.
- **Antro del Corchia.** Führungen (ca. 2 Std., 2 km) € 10,50. Info Tel./Fax 0584/77 84 05. www.antrocorchia.it

Busverbindungen

- Mit *CLAP* von/nach Pietrasanta, Querceta (Bhf.), Stazzema, Levigliani sowie Castelnuovo di Garfagnana (2x tgl.).

Unterkunft & Verpflegung

- **Procinto** (*) in *Stazzema.* Überaus angenehmer, ganzjährig geöffneter Gasthof mitten im Ort mit einfacher, aber sehr guter Küche (Kaninchen, Taube, Wildschwein, Pilze; im Sommer auch im Garten). 14 DZ ohne/mit Bad € 39/42, Tel./Fax 77 70 04.
- **Oasi Nostra Signora del Sacro Cuore** (***). Wunderschöne Villa mit Palmenhof in *Seravezza,* 2002 von den Schwestern des benachbarten Konvents als Hotel eröffnet. 12 Zimmer, DZ € 62. Via Marconi 504, Tel./Fax 75 60 36.
- **Ulisse** in *Seravezza.* Urgemütliche Trattoria mit großem Sommergarten und vorzüglicher, gehobener Landküche. Ruhetag Di (außer im Sommer). Via Campana 63, Tel. 75 74 20.

Pietrasanta

„Mir gefällt Pietrasanta: ein schönes Städtchen mit einem einzigartigen Platz, einer großartigen Kathedrale, vor dem Hintergrund der Apuanischen Alpen", schrieb der im nahen Valdicastello geborene „Dichter der italienischen Einheit", *Giosuè Carducci* (1835-1907).

Der nach seinem Gründer, dem Luccheser Podestà *Guiscardo Pietrasanta* benannte **Hauptort der Versilia** wurde 1250 zum Schutz gegen die Übergriffe Pisas und Genuas angelegt und stellt mit seinem geometrischen Raster und fest umrissenen Grenzen das erste Beispiel für Städteplanung in der Toscana dar. Nach wechselvollem Schicksal 1513 durch einen Schiedsspruch des Medici-Papstes Leo X an Florenz gefallen, entwickelte sich Pietrasanta zu einer zweiten **Marmormetropole,** die im Gegensatz zum „industriellen" Carrara bis heute ein Zentrum von Kunst und Handwerk geblieben ist.

Henry Moore, Joan Mirò, Pomodoro und Fernando Botero lebten und arbeiteten hier über Jahre hinweg, und in den zahllosen (angeblich über 700) Ateliers der Stadt üben sich noch heute Praktikanten und Hobbysteinmetze aus aller Welt am billigen Marmor oder am Bronzeguss.

Durch die *Porta a Pisa* (1324), das letzte noch übriggebliebene Tor zur Altstadt, betritt man die weite, langgestreckte **Piazza Duomo** zu Füßen des schon von den Langobarden besetzten Burghügels.

Die 1504 in Marmor verkleidete, ansonsten wohltuend schlichte Fassade der 1256 begonnenen **Collegiata San Martino** bildet einen markanten Kontrast zu ihrem „mittelalterlichen" Backstein-Campanile, der ebenfalls erst im frühen 16. Jh. aufgerichtet wurde. Schräg vis à vis schlägt der *Torre dell'Ore* seit 1534 die Stunden, und am Nordende der anmutigen Piazza sprudelt der *Marzocco*-Brunnen mit dem florentiner Löwen, während *Leopold II* das beginnende 19. Jh. ins Gedächtnis ruft, als der letzte toscanische Großherzog mit der Trockenlegung der Sümpfe für einen neuen Aufschwung in der Stadt sorgte.

Gleich neben der Statue beginnt der rund zehnminütige Aufstieg zur Ruine der *Rocca di Sala*, doch muss man nicht gar so weit steigen, um die schöne Aussicht auf Stadt und Umland zu genießen. Die auf Geheiß des bauwütigen Luccheser Despoten Castruccio Castracani zurückgehende Kirche *Sant'Agostino* (14. Jh.) dient heute ebenso wie das benachbarte *Augustinerkloster* als Ausstellungs- und Kulturzentrum, in dem auch eines der renommiertesten Museen der Region seinen Platz gefunden hat.

Museo dei Bozzetti

Das originelle Museum bewahrt Bearbeitungsstufen von Kunstwerken aus Marmor oder Bronze auf, die seit Mitte des 19. Jh.s in Pietrasanta geschaffen wurden (u. a. von Botero, Pomodoro, Marini, Hartung, MacBride, Henri Georges Adam, die Liste wird ständig erweitert).

Neben Skizzen, Entwürfen und Modellen von zeitgenössischen Originalen (aus Gips, Holz, Marmor usf.) finden sich aber auch solche, die für die Reproduktion klassischer Skulpturen wie etwa von Michelangelo verwendet wurden.

Ein Besuch in einer der zahlreichen **Werkstätten** sollte nicht fehlen, wofür sich vor allem das renommierte Atelier der Brüder *Palla* an der Piazza Carducci (unmittelbar vor der Porta Pisana) anbietet. Welch grandiose Mischung aus Kitsch und Kunst, Genie und Wahnsinn!

Als beste **Bronzegießerei** gilt die *Fonderia Artistica Versiliese* (Via del Castagno 23), die u. a. die Kopie der Paradiespforte in Florenz anfertigte.

Praktische Informationen

- LU. 25.000. 20 m. **Tel. 0584.**
- **Info.** Piazza Duomo, Tel./Fax 79 52 60. APT in Marina di Pietrasanta/Tonfino, Via Donizetti 14, Tel. 2 03 31, Fax 2 45 55. marina@versilia.turismo.toscana.it.
- **Markt.** Do auf der Piazza Statuto, Sa in Marina/Tonfano. *Antiquitätenmarkt* jeden ersten So im Monat auf der Piazza Duomo.
- **Bildhauerkurse** werden in und um Pietrasanta den ganzen Sommer über veranstaltet. www.pietrasanta.it

Verkehrsverbindungen

- **Zug.** Bahnstation der Linie La Spezia–Pisa–Livorno.
- **Bus.** Mit *CLAP* oder *LAZZI* von/nach allen unten angegebenen Orten.
- **Entfernungen** (in km): Massa 11, Marina di Pietrasanta 5, Camaiore 14, Forte dei Marmi 7, Viareggio 12, Seravezza 6, Stazzema 14, Castelnuovo di Garfagnana 45, Pisa 30, Lucca 34.

Unterkunft

- **Albergo Pietrasanta** (****). Traumhaft große, schöne, liebevoll mit Antiquitäten eingerichtete Zimmer mit Marmorbädern in einem eleganten Stadtpalast aus dem 17. Jh. mit idyllischem Innenhof und Wintergarten. 31 Zimmer, DZ € 240-270, Suiten € 370-440 inkl. BF. Via Garibaldi 35, Tel. 79 37 26, Fax 79 37 28. www.albergopietrasanta.com.
- **Palagi** (***). Zentral, aber etwas überteuert und laut. 14 DZ € 130. Piazza Carducci 23, Tel. 7 02 49, Fax 7 11 98.
- **Stipino** (**). 13 DZ € 78, Via Provinciale 50 etwas nördl. des Zentrums, Tel. 7 14 48.
- **Da Piero** (**). Einfach, familiär und ruhig, mit Restaurant, (1,5 km Richtung Marina); 7 DZ € 57 inkl. BF. Via Traversagna 25, Tel. 79 00 31, vitalianove@hotmail.com
- Gut 100 Hotels und Pensionen tummeln sich an dem über 5 km langen und bis zu 200 m breiten Strand von **Marina di Pietrasanta** mit den vier Abschnitten (von N nach S) *Fiumetto, Tonfano* (Zentrum), *Motrone* und *Le Focette*.

Essen & Trinken

- **Enoteca Marcucci.** Ungezwungene Atmosphäre, man speist gut bis vorzüglich zwischen Weinregalen, im ruhigen Hof oder an langen Tischen auf der Straße. Korrekte Preise (volle Mahlzeit um € 35). Nur abends, Ruhetag Mo. Via Garibaldi 40, Tel. 79 19 62.
- **Nonsolovino.** American Bar und Restaurant, gute Küche, tgl. neues Menü. Ruhetag Mo/Di. Vicolo San Biagio 5, Tel. 7 05 10.
- **Trattoria da Sci.** Einfach, reell, urig, nett; mittags und abends früh speisen die Einheimischen (Handwerker), später die Ausländer. Deftige Eintöpfe und Schmorgerichte. Ruhetag So. Vicolo Porta a Lucca 5, Tel. 79 09 83.
- **La Giudea.** Kleine Trattoria auf zwei Stockwerken mit guter, preiswerter Hausmannskost wie Baccalà oder Sardinen mit Kartoffeln. Ruhetag Mo. Via Barsanti 4, Tel. 47 15 14.
- **Gatto Nero.** Gutbürgerliche Trattoria mit Ambitionen, viele Gäste kommen nur wegen der schönen Terrasse. Ruhetag So. Piazza Carducci 32, Tel. 701 35.

Werkstatt mit Gipsentwürfen

• **Martinatica** in *Baccatoio* (1 km). Wohlfühl-Trattoria mit Sommergarten, Ruhetag Mi, Via Martinatica, Tel. 79 25 34.
• **La Bussola** in *Le Focette* gilt als der legendärste Nachtclub der Versilia; Disco-Dancing bis 4 Uhr nachts.

Museen

• **Museo dei Bozzetti,** Via Sant'Agostino 1. Außer So/Mo Okt. bis Mai 14.30-19, Juni/Sept. 16-19, Juli/Aug. 18-20, 21-24 Uhr, € 2,10.
• **Museo Archeologico Versiliese,** Piazza Duomo, vorübergehend geschlossen.
• **Casa Carducci** (Geburtshaus Giosuè Carduccis) in *Valdicastello*, im Sommer außer Mo 17-20 Uhr.

Shopping

• **Onyx Florence,** Via Aurelia 59, exklusive Marmorprodukte aller Art (auch Einzelanfertigung).
• Populistischer und billiger ist **Fialdini,** ebenfalls an der SS 1.

Sant'Anna di Stazzema

Im Morgengrauen des 12. August 1944 trieben Angehörige der 16. SS-Panzerdivision „Reichsführer SS" unter Sturmbannführer Walter Reder 132 Männer, Frauen und Kinder vor der Dorfkirche zusammen, metzelten sie nieder und setzten sie in Brand, so dass viele der Opfer, das jüngste 3 Monate, das älteste 86 Jahre alt, nie mehr identifiziert werden konnten. Als sich Reders Verband am Abend zur Küste zurückzog, ließ er alles in allem 560 Tote hinter sich zurück (während der Major notierte, lediglich einige „Banditen niedergemacht" zu haben). An das Verbrechen erinnert heute ein Mahnmal und das **Museum des Widerstands** im Ort.

• *Museo Storico della Resistenza*. März bis Sept. außer Mo 9.30-16.30, So 15-19 Uhr, Eintritt frei. Von Pietrasanta 7 km östl. bis *Monteggiori*, im 14. Jh. Privatbesitz Castruccio Castracanis, von dort weitere 7 km bis Sant'Anna (650 m) inmitten weiter Kastanienwälder.

Forte dei Marmi

Von der Jahrhundertwende bis in die 60er Jahre war die 1788 unter Großherzog Leopold I angelegte „Marmorfeste" zwischen Marina di Massa und Marina di Pietrasanta das mondänste **Seebad** Italiens. Hier gingen die „Bella Gente" ihrer Zeit von D'Annunzio bis zur Duse ein und aus, und Thomas Mann, den es zwischen den Weltkriegen immer wieder in das exklusive Strandbad zog, verewigte es in seiner Erzählung *Mario und der Zauberer*. Noch heute leben im Ort Nachfahren von Henry Moore und vielen anderen Prominenten, die hier Villen besaßen.

In Forte dei Marmi ist alles etwas teurer, aber auch exklusiver. Nicht Hochhäuser, sondern feine, von Gärten und *Pinete* umgebene Villen mit maximal drei Stockwerken säumen die Promenade, und selbst die Liegestühle und Sonnenschirme der *Bagni* (wenn man sich schon kein Hotel mit eigenem Strandbad leisten kann) wahren vergleichsweise vornehme Distanz. Im Zentrum rund um die restaurierte **Fortezza** an der Piazza Garibaldi reihen sich schicke Designerboutiquen und In-Cafés, und wenigstens einmal am Tag lässt man sich auf der 300 m ins Meer ragenden Flanier-Mole sehen.

Praktische Informationen

- LU. 10.000. **Tel. 0584.**
- **Info.** Viale Franceschi 8b, Tel. 8 00 91, Fax 8 32 14, forte@versilia.turismo.toscana.it.
- **Markt.** Mi (im Sommer auch So), Piazza Marconi.
- **Feste.** Unter den zahllosen Sommerfestivals ragt das *Festival der Politischen Satire* heraus (Info Fax 8 38 43).
- **Zug & Bus.** Bahnhof in *Querceta* (4 km), gute Busverbindung in alle Orte der Versilia.

Unterkunft

- Nur wenige der rund 100 Hotels und Pensionen sind ganzjährig geöffnet, darunter auch die Superluxusherberge **Byron** (*****).
- Wem € 300 pro Nacht etwas zu viel sind, begnügt sich mit einem Stern weniger in der Jugendstil-Villa **Goya.** 48 DZ € 160-200. Viale Carducci 69, Tel. 78 72 21, Fax 78 72 69. www.hotelgoya.it
- Das **Moderno** (**) ist das einzige Hotel der Versilia direkt am Strand (und ohne Restaurant auch kein Pensionszwang); nur Juni bis Okt. 15 DZ € 73. Via Matteotti 44, Tel. 78 74 22, Fax 8 60 86. moderno@versilia.toscana.it.
- Preisgünstige Alternativen sind das nette **Blume** (***) neben dem Luxusdomizil Byron, 27 DZ ab € 78 inkl. BF (Via della Repubblica 55, Tel. 78 72 35, Fax 8 63 83) und die Pension **Villa Elena** (**), 25 DZ € 60-72. (Viale Morin 36, Tel./Fax 78 75 32), beide nur April bis Okt.

Essen & Trinken

- **Lorenzo.** Service und Ambiente einer gehobenen Pizzeria, laut, ungezwungen und fröhlich (fast alle Gäste sind Einheimische) – der Michelinstern kommt fast einem Wunder gleich. Fische und Krustentiere von makelloser Frische, nichts Abgehobenes oder „Kreatives“ – so mag es der Italiener. Menü um € 65, Ruhetag Mo. Viale Carducci 61, Tel. 8 40 30.

Strand von Forte dei Marmi

• **Osteria del Mare.** Sehr schöne „Neue Osteria" an der Promenade mit guter Küche und vielen Plätzen zum Draußensitzen. Ruhetag Do. Viale Franceschi 4, Tel. 8 36 61.

Camaiore

Das römische *Campus Maior* ist heute ein freundliches, beschauliches Provinzstädtchen, in das sich allenfalls im Sommer ein paar Strandurlauber verirren. Wie Pietrasanta wurde Camaiore Mitte des 13. Jh.s von Lucca als Festungsstützpunkt ausgebaut. Aus dieser Zeit stammt die 1278 begonnene romanische *Collegiata Santa Maria Assunta* mit dem schlanken *Campanile* (1350) und dem *Bischofspalast*.

Abgeschlossen wird die zentrale **Piazza San Bernardino di Siena** vom Stadttor *Arco della Vergine* mit hübschem Uhrturm und Marienfresko (17. Jh.). Erheblich älteren Ursprungs ist das kleine Kirchlein *San Michele* an der nahen Piazza Diaz (8.-11. Jh.). Das danebenliegende *Pilgerhospiz*, einst eine wichtige Station an der Frankenstraße, beherbergt heute das *Museo d'Arte Sacra*. Eine kleine Perle ist die 760 geweihte Benediktinerabtei **Badia di San Pietro** etwas außerhalb des Zentrums (rund 500 m östl. der Hauptgeschäftsstraße Vittorio Emanuele). Die wuchtige, an Sant'Antimo erinnernde romanische Basilika wurde im 12.-13. Jh. errichtet und hat ihr ursprüngliches Aussehen nahezu vollkommen bewahrt. Zwei Säulen im Innern schmücken Fresken aus der Schule Giottos. Eine weitere sehenswerte Pfarrkirche findet man ca. 2 km außerhalb an der Straße nach Lucca (Hinweisschild). Apsis und Glockenturm der 810 von den Langobarden begründeten *Pieve Santi Stefano e Giovanni Battista* (Reste der Vorgängerkirche sind noch sichtbar) ähneln San Pietro, im Innenraum ein römischer Sarkophag, der als Taufbecken diente.

Das Strandbad **Lido di Camaiore** (9 km), im Norden fast nahtlos in Marina di Pietrasanta und im Süden in Viareggio übergehend besticht durch die hübschen, palmenbestandenen Blumenterrassen oberhalb seiner Strandpromenade.

Praktische Informationen

• **LU.** 32.000. 50 m. **Tel. 0584.**

• **Info.** Piazza San Bernardino di Siena, Tel. 98 05 51. *APT*-Hauptbüro sowie Zweigstelle des Nationalparks der Apuanischen Alpen in *Lido di Camaiore*, Viale Colombo 342, Tel. 61 73 97, Fax 61 86 96, lido@versilia.turismo.toscana.it.

• **Markt.** Fr, Via Oberdan. Mo in Lido di Camaiore, Viale Europa.

• **Museum.** *Museo d'Arte Sacra*, Via IV Novembre 71. Kirchenkunst aus dem 13.-16. Jh., flämische Wandteppiche. Di, Do, Sa 16-19.30, So 10-12, frei.

• **Fest.** *Festa del Nome di Gesù* am 1. Juni zum Gedenken an die Pest von 1528.

Verkehrsverbindungen

• **Zug & Bus.** Mit *CLAP* von/nach Lido di Camaiore, Viareggio-Camaiore (Bhf.), Pietrasanta, Carrara, Lucca, Pisa, Pistoia, Florenz.

Unterkunft

• **Locanda Le Monache** (***). Der behagliche, zentral gelegene Gasthof, bereits in der fünften Generation im Familienbesitz, empfiehlt sich allein schon dank seiner guten Küche und moderaten Preise, 14 DZ € 78 inkl. BF. Piazza XXIX Maggio 36, Tel. 98 92 58, Fax 98 40 11. www.lemonache.com

• **Conca Verde** (**). Eine ruhige und sympathische Alternative etwas außerhalb im Grünen. Schöner Garten, sehr gute Küche (Ruhetag Di). 17 DZ € 62. Via Misciano 22, Tel. 98 96 86, Fax 98 96 86.

• **Centro Storico.** Freundliches Gasthaus mit guter, solider Küche (Terrasse, Ruhetag Mo) und 8 Zimmern um € 40. Via Cesare Battisti 66, Tel. 98 97 86.

• **Villa Ariston** (****) in *Lido di Camaiore*. Die in einem Park gelegene Jugendstilvilla, in der schon Puccini und Marlene Dietrich zu Gast weilten, ist eines der stilvollsten Häuser der Küste. Swimming Pool, Tennis und Strandbad mit gutem Restaurant (s. u.). 40 DZ ab € 300 inkl. BF. Viale Colombo 355, Tel. 61 06 33, Fax 61 06 31, www. villaariston.it

Essen & Trinken

• **Locanda Le Monache** (im gleichnamigen Hotel). Rustikal, freundlich, mit vorzüglichen Antipasti (Crostini, Ricotta Fritta) und Fleischgerichten vom Grill; Ruhetag Mi (außer Juli/Aug.).

• In der Hauptgeschäftsstraße Vittorio Emanuele findet man zwei gute **Feinkostläden:** *Salumeria Bonuccelli* (No. 9) und *Gastronomia Da Lando* (No. 39).

• **Il Vignaccio** in *Santa Lucia* (5 km). Ausflugslokal mit wunderschöner Sommerterrasse in den Hügeln von Camaiore und typischer Landküche (Spanferkel, Steaks vom Holzkohlengrill, Reistorte); Ruhetag Mi, außer Sa/So nur abends. Tel. 91 42 00.

• **Emilio e Bona.** Phantasievoll variierte Traditionsküche in einer alten Ölmühle. Ruhetag Mo. Via Lombrici 22, Tel. 98 92 89.

• **Ariston Mare** in *Lido di Camaiore*. Nirgendwo in der Toscana kann man derart gut und gepflegt auf einer Terrasse direkt am Strand speisen; fast unwiderstehlich.Nur abends, Ruhetag Mo (außer im Sommer), Viale Colombo 660, Tel. 90 47 47.

• **Gastronomia Giannoni** am Lido, Viale Colombo 444. Gutsortierter Laden, in dem man sich fürs Picknick am Strand eindecken kann.

Viareggio

Das Nizza der Toscana mit der eleganten palmengesäumten *Passeggiata*, der schönsten **Küstenpromenade** Italiens mit Palasthotels, Cafés, Villen, Chalets und Badeanstalten im Stil der Belle Epoque.

Schon um 1860 schossen erste *Bagni* und *Pavillons* mit Cafés, Kabaretts und Modegeschäften an dem kilometerlangen feinsandigen Strand empor. Nachdem 1917 eine Feuersbrunst die gesamte Pracht der Wunderwerke aus Holz, Glas, Gips und Keramik in einer einzigen Nacht hinweggerafft hatte, beschloss man unverzüglich den Neuaufbau – mit festen Grundmauern und Fundamenten diesmal, aber ganz im Geist des untergegangenen Fin de Siècle. Und so stieg zwischen 1924 und 1930 eine wundersame, zwischen Jugendstil, Klassizismus, Orientalismus und Art Déco oszillierende Prozession von Stuck, Keramik, Erkern, Friesen, Türmchen, Arkaden,

Alltag am Lido – Souvenirverkäufer

Kuppeln und Balkonen aus der Asche, die Viareggio trotz aller Auswüchse des Massentourismus noch heute zu einem Erlebnis machen.

Wohl nicht „typisch toscanisch", aber ein überaus angenehmer Ort (es sei denn zur Hochsaison Juli/August) mit zahllosen Hotels, Restaurants, Bars und Cafés für jeden Geschmack und einer Lage, die unbeschwerte Sonnentage am Meer ebenso möglich macht wie Wanderungen im Küstengebirge oder Tagesausflüge bis Lucca, Pisa, Carrara oder Livorno. Schon mancher kam nur für eine Nacht und blieb eine Woche.

Geschichte

1172 errichtete Lucca zum Schutz der Küstenstraße *Via Regia* (daher der Name der späteren Stadt) ein Kastell, zu dessen Füßen sich ein Fischernest entwickelte. Erste Versuche im 15. Jh., Luccas einzigen Zugang zum Meer zur Hafenstadt auszubauen, scheiterten an den malariaverseuchten Sümpfen. 1534 ersetzte man die veraltete Burg durch den (noch heute am Kanal aufragenden) *Torre Matilda* und versuchte von neuem, Siedler an die Küste zu locken.

Erst die erfolgreiche Regulierung des Delta von Arno und Serchio durch den *Canale Burlamacco* (1741) führte zum erhofften Aufschwung. 1820 ernannte Herzogin Maria Luisa von Lucca Viareggio zur Stadt und ließ zwei Hafenbecken, die Strandpromenade und das charakteristische Netz von Straßen und Alleen im Schachbrettmuster anlegen.

Pauline Bonaparte, die Schwester Napoleons, und internationale Zelebritäten wie Shelley und Lord Byron ließen sich nieder und trugen zum wachsenden Ruhm der jungen Stadt bei.

Heute lebt Viareggio fast ausnahmslos vom Tourismus und vom Karneval, der jedes Jahr Massen anzieht Seine Schiffswerften besitzen einen großen Ruf, sind aber im globalen Wettbewerb immer weniger konkurrenzfähig, und auch der Fischfang ernährt nur noch mühsam, seit schwimmende Fischfabriken aus Übersee sogar das Mittelmeer durchpflügen.

Orientierung

Zentrum ist die 3 km lange Uferpromenade (*Viale Regina Margherita* bzw. *Viale Carducci*) zwischen Canale Burlamacco und Hafen im Süden (Autobahnausfahrt Centro) und der Piazza Puccini schon fast an der Grenze zu Lido di Camaiore im Norden (Ausfahrt Marco Polo). Etwa auf halber Strecke markiert ein Uhrturm die Einmündung der *Via Leonardo da Vinci* mit ihren Hotels und Pensionen.

Haupteinkaufsstraße ist die parallel zum Meer angelegte *Via Cesare Battisti* mit den Markthallen an der Piazza Cavour. Der Bahnhof liegt zehn Blocks landeinwärts, von ihm führt die *Via Mazzini* bis zum Meer.

Promenade

Vom Canale Burlamacco aus passiert man Strandbäder, (ehemalige) Kino-

Karneval am Strand

Nirgends auf der Welt sind die Festwagen größer, bunter und pfiffiger als beim Carnevale von Viareggio, dem nach Venedig berühmtesten Italiens. Monatelang arbeiten ganze Teams von Spezialisten – Bildhauer, Maler, Mechaniker, Elektriker, Fachleute für Hydraulik und Statik- an den gewaltigen, bis zu 20 m hohen, 10 m breiten und mit Myriaden von Blüten geschmückten Prunkwagen, die im Festzug mit bis zu hundert maskierten Narren und Närrinnen an Bord vollautomatisch über die Uferpromenade rollen.

Schon Brunelleschi und Leonardo da Vinci konstruierten im Florenz der Medici hydraulisch bewegte Drehbühnen und Theaterapparaturen, die spektakuläre Szenenwechsel und dramatische Showeffekte ermöglichten. 1883 rollten erstmals buntgeschmückte Festwagen der Società del Carnevale durch die Straßen Viareggios, die von den Zimmerleuten der Schiffswerften mit riesigen Mohren aus Holz und Pech (nach dem Vorbild der Livorneser Mohren) bestückt waren. 1922 sah das Debüt großer mechanisch bewegter Pappmaché-Figuren, deren Herstellung einen eigenständigen Handwerkszweig ins Leben rief, die *Carristi*, die 1946 ihre eigenen Werkstätten (Hangar Carnevale) erhielten, die 2000 durch die noch perfektioniertere „Karnevalsstadt" **Cittadella del Carnevale** ersetzt wurden. Denn die kühnen und witzigen, elektronisch und hydraulisch bewegten und gesteuerten „Wundermaschinen" der Wagenmacher Viareggios sind heute längst so begehrt, dass sie auf Bestellung bis nach New Orleans und Rio verschickt werden und die Carristi selbst eine Karriere als Bühnenbildner bei Film und Theater machen können.

- **Corsi Mascherati** – Blumenkorso und Maskenumzug – finden während der Karnevalswoche tgl. sowie am Sonntag davor und danach statt (insgesamt zehnmal).
- **Fondazione Carnevale.** Tel. 96 25 68, Fax 470 77. www.viareggio.ilcarnevale.com
- **Cittadella del Carnevale.** Via S. Maria Goretti (Richtung Camaiore, beim Coop). 16 Hallen, Cafeteria, Museum, März-Aug. Ausstellung der Festwagen. Eintritt € 6.

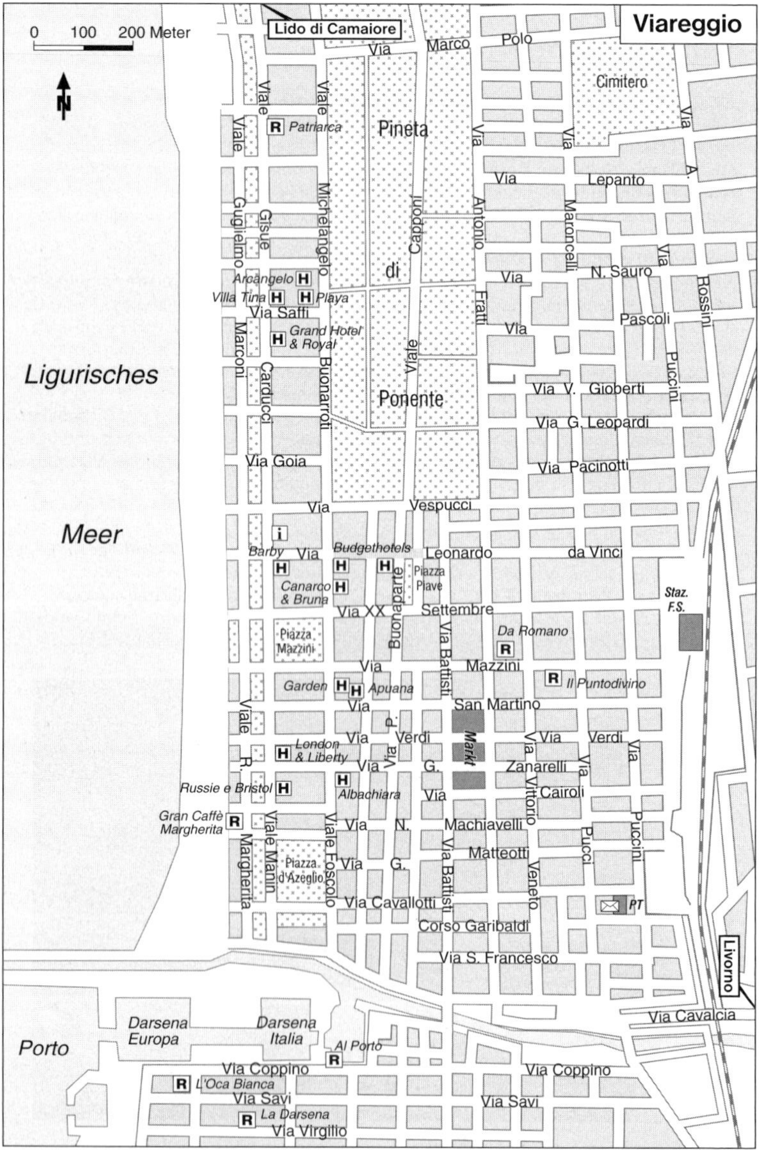

Viareggio
0 100 200 Meter
N
Lido di Camaiore
Ligurisches Meer
Porto
Darsena Europa
Darsena Italia
Pineta di Ponente
Cimitero
Via Marco Polo
Viale Guglielmo Marconi
Viale Gisuè Carducci
Viale Michelangelo Buonarroti
Viale Capponi
Via Antonio Fratti
Via Maroncelli
Via A. Rossini
Via Lepanto
Via N. Sauro
Via Pascoli
Via Puccini
Via Saffi
Via V. Gioberti
Via G. Leopardi
Via Pacinotti
Via Goia
Via Vespucci
Via Leonardo da Vinci
Via XX Settembre
Via Buonaparte
Piazza Plave
Piazza Mazzini
Via Mazzini
Via Battisti
Via San Martino
Via Verdi
Via P.
Via G. Zanarelli
Via Vittorio Veneto
Via Cairoli
Via N. Machiavelli
Via G. Matteotti
Via Pucci
Viale R. Margherita
Viale Manin
Viale Foscolo
Piazza d'Azeglio
Via Cavallotti
Corso Garibaldi
Via S. Francesco
Via Cavalcia
Via Coppino
Via Savi
Via Virgilio
Markt
Staz. F.S.
PT
Livorno
R Patriarca
H Arcangelo
H Villa Tina
H Playa
H Grand Hotel & Royal
i
H Barby
H Budgethotels
H Canarco & Bruna
R Da Romano
R Il Puntodivino
H Garden
H Apuana
H London & Liberty
H Albachiara
H Russie e Bristol
R Gran Caffè Margherita
R Al Porto
R L'Oca Bianca
R La Darsena

paläste und das elegante *Emporio Duilio 48* (1928), eines der originellsten Art-Déco-Bauten der Stadt, ehe man das *Chalet Martini* (1899) erreicht, den einzigen Holzbau der ursprünglichen Jugendstilära, der wie durch ein Wunder den Großbrand von 1917 überlebte. Unmittelbar daneben erhebt sich, wie das Bühnenbild für eine Puccini-Oper, das Wahrzeichen Viareggios, das **Gran Caffè Margherita** (1928) mit seinen Kuppeln und Belvedere-Türmchen.

Hysterisch bunt, obszön orientalisch und schockierend selbstbewusst, stellt es das Meisterstück der beiden Künstler *Galileo Chini* (s. Kastentext S. 472) und *Alfredo Belluomini* dar, deren eklektischer Stil Viareggio mehr als alles andere geprägt hat.

Auf der gegenüberliegenden Seite reihen sich (zumeist von Belluomini konzipierte) **Palasthotels,** deren Namen, *Plaza e de Russie, Bristol, London, Liberty,* noch heute von ihrer einstigen Stammkundschaft, wohlhabenden Briten und Russen künden.

Einige, von Chini dekorierte **Villen** finden sich in der schmalen *Via d'Annunzio* bei der Piazza Mazzini sowie kurz hinter den beiden klassizistischen Prachthotels *Palace* und *Grand Royal* (jeweils 1925 von Belluomini entworfen) an der *Via Firenze* und *Via Giusti.*

Das Ende der Promenade markieren die Strandbäder und Luxusherbergen *Principe di Piemonte* (1922) und *Excelsior* (1925, mit einem Segelschiff Chinis am Portal) und die *Villa Puccini* (1919), in der der Komponist zusammen mit Chini, der auch das Haus entwarf, bis zu seinem Tod 1924 an *Turandot* arbeitete.

Strände

Die Strände Viareggios sind die breitesten (bis 250 m) und feinsandigsten der nördlichen Toscana (auch wenn die von Forte dei Marmi und Lido di Camaiore ihnen in dieser Hinsicht kaum nachstehen).

Im Stadtbereich kann man nur in den obligatorischen *Bagni* baden; die Tarife sind je nach Saison und Badeanstalt verschieden und hängen in der Regel aus.

Die **freien Strände** beginnen gleich südlich des Hafens und erstrecken sich über 6 km weit bis nach Torre del Lago. Vom *Viale dei Tigli* parallel zur Küste führen Fußpfade durch die Pineta (10-15 Min.). Wer den Anmarsch scheut, biegt nach dem Hafen rechts auf den Viale Europa ab und folgt den Wegweisern zur *Spiaggia di Levante.* (Achtung: Der Viale Europa ist eine Sackgasse und führt nicht bis Torre del Lago; im Sommer und an schönen Wochenenden herrscht hier ärgste Parkplatznot – besser Bus nehmen).

Praktische Informationen

- LU. 60.000. **Tel. 0584.**
- **Info.** *APT,* Viale Carducci 10, tgl. 9-13, 16-19 Uhr (So 9-13, Juli/Aug. durchgehend); Tel. 96 22 33, Fax 4 73 36. www.versilia.turismo.toscana.it. Juni bis Sept. zusätzlich Infokiosk am Bahnhof, Tel. 4 63 82.
- **Märkte.** *Wochenmarkt* Do 8-20 (im Winter 13 Uhr), Piazza Cavour. *Fischmarkt,* Viale Europa, Hafen. *Antiquitätenmarkt* letztes Wochenende des Monats, Piazza Manzoni.

Galileo Chini

Handwerk als Kunst, Kunst als Handwerk – 500 Jahre nach Brunelleschi und Donatello feierte die revolutionäre „Neuerung" der Renaissance Wiederauferstehung in Gestalt des gebürtigen Florentiners Galileo Chini (1873-1956). Der Maler, Keramiker, Dekorateur, Architekt, Bühnenbildner und erfolgreiche Unternehmer, dessen Familien-Werkstatt in Borgo San Lorenzo im Mugello die gesamte Toscana mit Keramiken und anderen Kunststücken im *Liberty*-Stil der Belle Epoque belieferte, reiht sich voll in die große *Bottega*-Tradition der *della Robbia* ein.

Der Jugendstilrebell zählte 1902 zu den Gründern des italienischen Art Nouveau, gestaltete 1909, bereits ein Star, Kuppel und Säle des neuen Biennale-Pavillons in Venedig und ging 1911 auf Einladung König Chulalongkorns für drei Jahre als Palastdekorateur nach Bangkok. Als enger Mitarbeiter Puccinis, der ihm ab 1918 die Ausstattung aller seiner Opern anvertraute und an der Gesamtkonzeption der *Turandot* beteiligte, kam er in die Versilia und zeichnete ab 1924 zusammen mit dem Architekten *Alfredo Belluomini* für den Wiederaufbau der 1917 abgebrannten Strandpromenade Viareggios verantwortlich. Mehr als nur „Schmuck" oder „Blickfang", sind Chinis Dekors fester Bestandteil, ja bestimmendes Element einer Architektur, die oft (wie im Fall des *Gran Caffè*, s. u.) kaum mehr als eine Plattform für phantasievolle Szenarien abgibt. Seine zahllosen Putten, Allegorien, Füllhörner, Früchte- und Blütengirlanden, typische Motive der Renaissance, zeugen von seiner engen Verbundenheit mit der florentiner Tradition.

Außer in Viareggio, Borgo San Lorenzo und Florenz sind Arbeiten Galileo Chinis u. a. in Prato, Pistoia, Montecatini Terme, Pisa und Arezzo zu sehen.

- **Post.** Via Garibaldi, Piazza Dante.
- **Bank.** Deutsche Bank, Via Mazzini 30.
- **Sprachkurse.** *Istituto Linguistico Mediterraneo*, Via Bonaparte 207, Tel. 96 38 50. *Società Dante Alighieri*, Tel. 4 83 71.
- **Fahr- und Motorräder.** *Motobici Center*, ganzjährig, Via Regia 63, Tel. 94 50 80.

Verkehrsverbindungen

Taxi

- Piazza Dante (Bhf.), Piazza d'Azeglio und unter Tel. 4 70 00.

Zug

- **Bahnhof** an der Piazza Dante nördlich des Zentrums.
- Station der **Hauptstrecke** Genua-Pisa-Livorno und Endstation der **Nebenstrecke** Florenz-Pistoia-Lucca.

Bus

- Mit *CLAP* (Piazza d'Azeglio, Tel. 5 37 04) von/nach Lucca, Camaiore, Pietrasanta, Massa, Forte dei Marmi, Torre del Lago.
- Mit *LAZZI* (Piazza Mazzini, Tel. 4 62 34) von/nach Firenze, Lucca, Pistoia, Montecatini Terme, Pisa, Livorno und nördl. bis nach La Spezia. Im Sommer halbstündlich zu den freien Stränden südlich der Stadt.

Schiff

- Im Sommer durch die **Kanäle** zum Lago Massaciuccoli (rund 2-3 Std.). *Ecotour*, Tel./Fax 484 49. www.toscanamare.com/ecoturism.htm. **Tagesausflüge** nach Elba, Capraia, Cinque Terre und Portofino. Auskunft *APT*.

Entfernungen (in km)

- Parma 180, Pisa 21, Lucca 25, Livorno 39, Firenze 97, Torre del Lago 8, Massaciuccoli 13, Camaiore 9, Pietrasanta 12, Forte dei Marmi 14, Marina di Massa 21, Carrara 34.

Unterkunft

- Palasthotel oder Jugendstilvilla, das ist hier die Frage. Nicht weniger als 8 Vier-Sterne-Herbergen und rund 120 weitere Hotels und Pensionen, davon etwa die Hälfte mit einem Stern, erwarten den Besucher. Deutliche Preisnachlässe in der Vor- und Nachsaison (im Extremfall bis zu 50 %) können selbst Gäste exklusivster Häuser erwarten.

Palasthotels

- **Plaza e de Russie** (****). Unter den Hotelpalästen der Belle Epoque das am aufwändigsten restaurierte und am erlesensten ausgestattete (Carraramarmor, Muranoglas, antikes Mobiliar), exklusive Dachterrasse für Frühstück, Lunch und Dinner. 52 Zimmer mit Balkon und Meerblick, DZ ab € 140 (außer im Aug.). Piazza d'Azeglio 1, Tel. 4 44 49, Fax 4 40 31, www.plazaederussie.com
- **Grand Hotel & Royal** (***). Der einstige Stolz der Stadt kann seit der Übernahme durch *Best Western* von „Belle Epoque" nur mehr träumen, bleibt aber weiterhin eine gute Wahl (März bis Okt.). Garten mit Swimming Pool. 107 Zimmer, DZ ab € 140 (außer im Aug.). Viale Carducci 44, Tel. 4 51 51, Fax 3 14 38. www.bestwestern.it
- **Liberty** (***), Gemeinschaftswerk von Belluomini & Chini, innen eher zeitlos-modern eingerichtet, mit kleinem Dachgarten, (April bis Okt.). 50 Zimmer, DZ € 110-150 inkl. BF. Viale Manin 18, Tel. 4 62 47, Fax 4 62 49. www.hotellibertyviareggio.it
- **London** (***). Gemütliches Art-Nouveau-Haus ggb. dem Strand mit kleinem Garten im Innenhof. 22 Zimmer, DZ € 130 inkl. BF. Viale Manin 16, Tel. 498 41, Fax 475 22. www.hotellondon.it
- **Garden** (***). In der zweiten Reihe, freundlich und solide, allerdings viele Gruppen. 41Zimmer, DZ € 100 (außer im Aug.). Via Foscolo 70, Tel. 440 25, Fax 454 45.
- **Villa Tina** (***). Ausnehmend hübsche und gut geführte Jugendstil-Perle direkt an der Promenade. 4 historische DZ im 1.Stock € 130, 9 DZ im 2. Stock (203, 204 mit Terrasse) € 100 inkl. BF (außer im Aug.). Via Saffi 2, Tel./Fax 444 50, hotelvillatina@tin.it

Villen

- Zumeist kleine, gemütliche Familienbetriebe (*), die nur während der Saison (April bis

Okt.) geöffnet sind und im Juli/Aug. fast ausnahmslos Pensionsgäste aufnehmen. Die meisten findet man rund um den Stadtpark *Pineta di Ponente* und besonders viele in der Via Leonardo da Vinci.

- **Villa Cley.** Freundliche Pension mit ausgesprochen hübschem Frühstücksgarten im Hof, 9 Zimmer, DZ € 45; Via Leonardo da Vinci 24, Tel. 3 09 68. In der gleichen Straße sind noch *Stella del Mare* (No. 14), *Dolly* (19), *Bali* (41), *I Quattro Assi* (58), *Lary* (73) und *Mimosa* (109) zu empfehlen.
- Nur einen Steinwurf entfernt liegen das hübsche **Barby,** 10 DZ ab € 50 (Via d'Annunzio 26, Tel. 4 45 51, hotelbali@tin.it), und die Villen **Bruna** und **Canarco,** DZ € 47-52, Via Buonarroti 10 und 22, Tel. 94 46 17 bzw. 4 62 89.
- Weitere gute Adressen (Febr. bis Okt.) sind **Albachiara,** 7 frisch renovierte DZ € 45 (außer im Aug.), Via Zanardelli 81, Tel./Fax 4 45 41, das sehr ruhige, solide **Arcangelo,** 19 DZ € 54-67, Via Carrara 23, Tel. 4 71 23, bruno137@interfree.it, und das **Playa** an der Promenade, 9 DZ € 48-55, Via Saffi 20, Tel. 4 42 23.

Essen & Trinken

- Die Auswahl ist gewaltig. Spezialität sind natürlich Fische und Frutti di Mare.

Restaurants

- **Romano.** Eines der besten Fischrestaurants Italiens, trotzdem geht es sympathisch locker und ungezwungen zu (nur 12 Tische). Menü Degustazione um € 55. Ruhetag Mo. Via Mazzini 120, Tel. 3 13 82.
- **L'Oca Bianca.** Seit Jahren im Wettstreit mit dem *Romano* um die No.1 Viareggios; eine Spur trendier, im Gastraum wie in der Küche. Nur abends, Ruhetag Di (außer Juli/Aug.). Via Michele Coppino 409, Tel. 38 84 77. Im dazugehörigen **Bistrot** delektiert man sich an frischen Austern, Meeresfrüchten, Käse und Wein.
- **Il Patriarca.** Die beste Adresse für den, der Glanz und Glamour sucht und seine feinste Garderobe ausführen möchte; wer prominent genug ist, darf sogar sein handsigniertes Foto an der Wand hinterlassen. Ruhetag Mi/Do Mittag. Viale Carducci 79, Tel. 5 31 26.
- **Al Porto.** Alteingesessenes Fischlokal am Hafen mit (nach Umzug) großer Sommerterrasse im Obergeschoss. Secondi € 10-15, Servizio 10 %. Ruhetag So. Via M. Coppino 118C, Tel. 38 38 78.

Trattorien & Osterien

- **Osteria No. 1.** Stimmt aufs Wort! Vorzügliche, frischzubereitete Gerichte ohne Extravaganzen, Holztische, nette Bedienung und kleine Preise. Am Abend immer gerammelt voll (vor allem im Freien), mittags Festpreismenü. Einziger Nachteil: für einen Spaziergang etwas zu weit vom Zentrum (Auto oder Fahrrad). Ruhetag Mi. Via Niccolò Pisano 140, Tel. 38 89 67.
- **Il Puntodivino.** Sehr nette Mischung aus Enoteca und Trattoria (Teilhaber ist der Wirt des *Romano*) mit wenigen, aber ausgezeichneten und preisgünstigen Gerichten; gemütlich. Ruhetag Mo. Via Mazzini 229, Tel. 3 10 46.
- **La Darsena.** Aus der „urigen Fischerkneipe" am Hafen (früher *Bar Aurora)* ist eine sympathische Multi-Kulti-Trattoria geworden, in der mittags (und im Winter sowieso) noch die Einheimischen essen und trinken, während am Abend für Touristen gedeckt und die Preise etwas heraufgesetzt sind. Es gibt nichts „Besonderes", aber was es gibt, ist lecker und reichlich; allein von den *Antipasti Mare* (acht Schüsseln!) und den *Spaghetti Scoglie* wird man mehr als satt und zahlt nicht mehr als € 16,50. Nur 5 kleine Tische im Freien, unbedingt reservieren. Ruhetag So. Via Virgilio 172 (jenseits des Hafens), Tel. 39 27 85.

Cafés

- **Gran Caffè Margherita.** Seit 1928 *der* Treffpunkt der Stadt (auch wenn Puccini als vielzitierter „Stammgast" ausfällt, da er bei der Eröffnung schon vier Jahre tot war). Im übrigen auch ein gutes, wenngleich nicht ganz billiges Restaurant mit kleinem Garten an der Rückfront; Ruhetag Mi, Tel. 96 25 53.

• **Gelateria Mario.** Viareggios beste und berühmteste Eisdiele mit Köstlichkeiten wie frischen Sorbets und gefrorenem Obst. Via Petrolini 1, schräg hinter dem Tito al Molo.

• **Trocadero.** Freiluft-Disco in der Pineta del Ponente, nur im Sommer, aber dann bis in die frühen Morgenstunden. Viale Capponi 4.

Museum

• **Museo Archeologico** und **Pinacoteca Viani** in der neoklassizistischen Villa Paolina, Via Machiavelli 2, außer Mo 9-13 (So 16-19 Uhr), Juli/Aug. 18-24 Uhr, € 2,50.

Shopping

• **Di Vino in Vino,** Via Garibaldi 5. Weine und Gastronomie.

• **Gastronomia Sergio,** Via Zanardelli 151 (in den Markthallen). Rosticceria und Enoteca.

• **Versilia Yacht Chandler,** Via Coppino 247 (am Hafenbecken). Edles Zubehör (nicht nur) für Yachteigner aus Holz, Messing, Kupfer und anderen edlen Materialien.

Weiterreise

• **Von Viareggio/Pisa nach Livorno.** Eine gute Alternative zu der vielbefahrenen und wenig attraktiven Via Aurelia ist der kleine Umweg über die Arno-Mündung und die Badeorte *Marina di Pisa* und *Tirrenia* (s. *Pisa*, S. 501).

Dekorative Fassade – das Eden-Kino

Rund um Viareggio

Von *Massarosa* (9 km) führt ein Abzweiger nach **Pieve a Elici** mit der sehenswerten romanischen Pfarrkirche *Santi Ambrogio e Pantaleone* (8.-12. Jh., im linken Schiff ein *Marienfresko* der Giotto-Schule aus dem frühen 13. Jh.). Von dort immer geradeaus (die Landstraße Camaiore–Lucca überquerend) auf kurvenreicher Strecke (10 km) zum malerischen Bergdorf **Gombitelli** (495 m) an den Felshängen des Monte Calvario. Das abgelegene, für sein Schmiedehandwerk bekannte Dorf geht bis auf die Römer zurück und gilt als eine der wenigen noch übriggebliebenen römisch-gallischen „Sprachinseln" der Toscana. Bei dem Weiler **Massaciuccoli** oberhalb des gleichnamigen Sees (13 km, Wegweiser *Antiquarium*) steht in schöner Aussichtslage die Ruine einer römischen *Villa* aus dem 2. Jh.; im angrenzenden *Museum* sind Funde aus der römischen und der Langobardenzeit ausgestellt. Der Wegweiser *Zona Archeologica* führt zu Resten von *Thermen* und der romanischen Pfarrkirche *San Lorenzo* mit einem weiten *Rundblick* über Ruinen, Massaciuccoli-See, Kanäle und Meer.

Torre del Lago Puccini

Über den schnurgeraden *Viale dei Tigli*, eine schöne uralte Lindenallee inmitten der Pinienwälder der Macchia Lucchese, gelangt man nach 6 km nach Torre del Lago, das sich seit dem Tod seines Ehrenbürgers mit dem Beinamen Puccini schmückt. Rechts geht es zum Meer, links zum **Lago di Massaciuccoli,** dem letzten Überbleibsel der riesigen Lagune, die noch im Mittelalter den natürlichen Hafen von Pisa bildete. Erst im 18. Jh. begann man ernsthaft mit der Trockenlegung des Sumpfgebiets an der Mündung von Arno und Serchio, baute Kanäle zur Regulierung des Wasserstandes und pflanzte die Pineta an.

Der größtenteils schilfbewachsene See bedeckt eine Fläche von rund 7 qkm, ist bis zu 4 m tief und ausnehmend fisch- (Aale, Hechte, Schleie) und vogelreich. Mehr als 250 Arten, von denen gut 100 hier nisten, haben die *Birdwatchers* der nahen Vogelwarte beim Ort Massaciuccoli gezählt, darunter seltene Reiher und Stelzenläufer. Im Sommer herrscht ein reger Ausflugsverkehr mit *Booten* aller Art und durch die Kanäle bis nach Viareggio.

Villa Puccini

In der hübschen Jugendstilvilla verbrachte der 1858 in Lucca geborene Giacomo Puccini seine zweite Lebenshälfte (1891-1924), die er, wie er es sich immer gewünscht hatte, nahezu ausnahmslos seinen beiden „Lieblingsinstrumenten" widmete, dem Piano und dem Jagdgewehr. Hier, mit Blick auf den See (heute steht die Villa rund 40 m vom Ufer entfernt), komponierte er fast alle seine bekannten Opern – *Manon Lescaut* (1893), *La Bohème* (1896), *Tosca* (1900), *Madame Butterfly* (1904) –, bevor er 1921 nach Viareggio übersiedeln musste, da das feuchte Klima am See seiner Gesundheit abträglich war (der passionierte

Kettenraucher starb am 29.11.1924 in Brüssel an den Folgen einer Kehlkopfoperation). In Viareggio arbeitete er an seiner letzten großen Oper (*Turandot*, 1926 posthum uraufgeführt), kehrte aber zwischendurch immer wieder in seine geliebte Villa am See zurück. Das Haus ist **Museum** und Mausoleum zugleich, da Puccini auf seinen Wunsch hin in einer Kapelle im Innern der Villa beigesetzt wurde. Die seit seinem Tod unangetastet gebliebenen Räume bergen zahllose persönliche Erinnerungsstücke (Klavier, Partituren, Gewehre) und verströmen noch heute jenes seltsame, von Melancholie geprägte Flair des Fin de Siècle – eine merkwürdige Mischung aus Klassizismus, Jugendstil und Chinoiserien, die auch vor Kitsch nicht zurückschrecken.

Praktische Informationen

- LU. **Tel. 0584.**
- **Info.** Viale Marconi 225, Tel./Fax 35 98 93.
- **Markt.** Fr, Piazza della Pace.
- **Feste.** Das *Festival Puccini* findet jeden Juli/Aug. im großen Freilufttheater am See statt. Auskunft: Viale Puccini 257, Tel. 35 93 22. www.puccinifestival.it

Unterkunft

- Am See **Butterfly** (*), 10 DZ € 52, Tel./Fax 34 10 24, und **Da Antonio** (*), 18 DZ € 47, Tel. 34 4 18 77, beide mit Restaurant und ganzjährig offen (im Sommer allerdings tüchtig laut und wenig zu empfehlen).
- Netter und ruhiger ist **Villa Rosy** (*) mit einem hübschen Garten, 16 Zimmer, DZ € 50-56 (außer Juli/Aug.). Tel. 34 13 50, Fax 35 41 41. www.villarosy.viareggio.it

Weitere Hotels im Ort selbst und Richtung Meer.

Essen & Trinken

- In einem Pavillon am See **Da Cecco** (Ruhetag Mo, Tel. 34 10 22), an der Via Aurelia (127) das vorzügliche Fisch- und Wildlokal **Lombardi** (mit Terrasse, Ruhetag Di, Tel. 34 10 44) sowie am Meer **Angelo** (Viale Europa 20, Tel. 34 16 68).

Museen

- **Museo Antiquarium** in *Mássarosa,* März bis Okt. außer Mo 9-12, Di, So auch 15-18 Uhr, sonst nur Sa/So oder nach Voranmeldung (Tel. 9 32 96).
- **Museo Villa Puccini,** außer Mo alle 30 Min. Führungen für max. 25 Pers. Mai bis Okt. 10-12.30, 16-19, sonst nur bis 17 Uhr, € 5.

NAZIONE
IL TIRRENO
LA NAZIONE
IL TIRRENO
DAL GALILEI
SI VOLA
DIRETTI
AI CARAIBI

Pisa

Auf dem Corso Italia – Pisas Prachtstraße
Palazzo dei Cavalieri
Buffalmaccos *Jüngstes Gericht*
Arnomündung bei Marina di Pisa

Einführung

„Sismondi vergleicht den Turm mit der gewöhnlichen Darstellung des babylonischen Turmes in Kinderbüchern. Das ist ein glückliches Bild und gibt einen besseren Begriff von dem Gebäude als ganze Kapitel ausführlichster Beschreibung. Der Turm hängt jedenfalls so sehr, wie es sich der anspruchsvollste Tourist nur wünschen kann." (Charles Dickens, 1845)

Alle wollen von ihr nur „das eine" – den **Torre Pendente** sehen. Ein schweres Erbe für eine Stadt, deren Glanzzeit zwar 800 Jahre zurückliegt, aber einmal eine Weltstadt war wie heute New York, Hongkong oder Singapur. Allein der Bushalteplatz vor dem *Campo dei Miracoli* ist größer als das „Feld der Wunder" selbst, und zusammengenommen bilden sie für die überwiegende Zahl der Besucher praktisch alles, was sie von der Stadt zu sehen bekommen.

Aber Pisa ist mehr als nur der „Schiefe Turm" – eine junge und lebendige **Handels- und Universitätsstadt** von rund 100.000 Einwohnern, die zwar sichtlich von vergangener Größe zehrt, aber stolz und selbstbewusst genug ist, ihr eigenes Leben zu leben. Pisa, und nicht Florenz oder Siena, war die erste bedeutende Stadtrepublik der Toscana, und ihre Pionierleistungen in Sachen Politik, Ökonomie und Kultur wurden zum Vorbild aller anderen. Wie Venedig ursprünglich eine Lagunenstadt mit direktem Zugang zum Meer, war Pisa eine der wichtigsten Seemächte des Mittelalters und hätte womöglich anstelle von Florenz die Führungsrolle in der Toscana übernommen, wäre nicht bereits im Lauf des 13. Jh.s die Lagune verlandet, sodass Pisa sich vom Meer, der Quelle ihres Reichtums, zunehmend abgeschnitten sah und der wachsenden Konkurrenz zu See (Genua) wie zu Land (Florenz, Siena) bald nichts mehr entgegenzusetzen hatte. Ohne ihre Universität, die sie seit 500 Jahren am Leben erhält (und die sie ausgerechnet ihren einstigen Todfeinden, den Medici, verdankt), wäre Pisa heute wahrscheinlich wirklich nichts weiter als ein großer zubetonierter Parkplatz rund um das *eine*, das alle von ihr wollen: den Turm, den Vermaledeiten.

Geschichte

Vermutlich eine Gründung der Griechen im 7. Jh. v. Chr., besiedelten später Etrusker den Lagunenort und gaben ihm den Namen *Pisa* („Mund" von Arno und Serchio). Die Römer legten einen ersten, befestigten Hafen an *(Portus Pisanus)*, der später als Flottenstützpunkt und Handelsbasis diente. Nach dem historischen Sieg **1063** über die Sarazenen bei Messina und Palermo stieg Pisa zur führenden Seemacht des Mittelmeers auf und begann gleich darauf mit dem Bau des größten und glanzvollsten Doms der Christenheit. 200 Jahre währte die Blütezeit der Stadt, während der Pisa zusammen mit Venedig zur ersten europäischen Kolonialmacht seit den Römern aufstieg. Die **Kreuzzüge,** in den Augen der Pisaner nichts weiter als unverhüllte Eroberungsmissionen, scheffelten einen ungeheuren Reichtum an Seide, Teppichen, Gewürzen, Gold und Elfenbein in die Hafenstadt, und schon Ende des 11. Jh.s waren Pisaner die ersten Bürger Italiens, die frei über ihre Geschicke verfügen konnten. 1162 übergab Kaiser *Friedrich I (Barbarossa)* der kaisertreuen Stadt die Verfügungsgewalt über die gesamte toscanische Küste, ihr Machtbereich umfasste zu dieser Zeit Sizilien, Sardinien, die Balearen und weite Teile Nordafrikas, Griechenlands und des Nahen Ostens.

Erst Ende des 12. Jh.s (und im Rahmen des eskalierenden Machtkampfs zwischen Papst und Kaisertum) sah sich Pisa der zunehmenden Konkurrenz anderer Stadtrepubliken, wie Lucca, Siena und Florenz, ausgesetzt. Die vernichtende Niederlage der pisanischen Flotte **1284** bei Meloria (Livorno) gegen Genua läutete das Ende der einstigen Weltmacht ein. Ein Guelfe, *Ugolino della Gherardesca*, übernahm die Macht in der Ghibellinenhochburg, wurde 1288 gestürzt und mitsamt seinen Söhnen dem Hungertod überantwortet (Dante, 33. Gesang des Inferno, s. u.). Mit dem vorzeitigen Tod Heinrich VII, den selbst Dante als möglichen „Einiger Italiens" gefeiert hatte, ging 1313 auch die letzte Hoffnung der Kaisertreuen dahin, die Geschicke noch einmal herumzuwerfen; der deutsche Kaiser fand seine letzte Ruhestätte im Dom der Stadt, die ihm bis zuletzt am treuesten ergeben war.

Politische Machtkämpfe und die fortgesetzte Verlandung des Hafens führten zu einem dramatischen wirtschaftlichen Verfall. **1406** sah Florenz die Zeit gekommen, den Rivalen endlich loszuwerden und besetzte die entkräftete Stadt. Fast 150 Jahre lang ließen die Medici die verhasste Stadt verrotten, ehe sie sich als Großherzöge der Toscana zu großzügigen Förderern (ihres eigenen Ruhms und Vermögens) aufspielten. Sie ließen die Flussläufe des Arno und Serchio regulieren, bauten Brücken, Kanäle, Kirchen und Paläste und nicht zuletzt die Universität, die Pisa vor dem endgültigen Ruin retten sollte.

Kunst

Pisas Beitrag wirkt auf den ersten Blick unbedeutender, als er ist. Erst die ungenierte, pragmatische Weltoffenheit der Seefahrerrepublik, die mit Kolonialwaren aller Art auch Künstler und Kunstwerke aus dem byzantinischen und islamischen Raum ins mittelalterliche Italien importierte, machte es möglich, die jahrhundertelange Lähmung und Erstarrung des bilderfeindlichen Christentums aufzubrechen. Der frische Wind aus Osten ließ die Pisaner aber auch die Römer in einem anderen und neuen Licht sehen, wie umgekehrt das klassische Erbe der Antike maßvoll auf die allzu verschwenderische und „orientalische" Lust am Dekor einwirkte. Die **Pisaner Romanik** setzte in der gesamten Toscana (und darüber hinaus) neue Maßstäbe für die religiöse Architektur und beeinflusste auch die großen Kirchenbauten von Florenz und Siena entscheidend. Die Wiederentdeckung der *Skulptur* im Geist der Antike ließ **Nicola Pisano** zum ersten bedeutenden Bildhauer der Neuzeit werden.

Seine Plastiken inspirierten nicht nur Generationen von Bildhauern und Baumeistern nach ihm (von Jacopo della Quercia bis Michelangelo), sondern übten durch ihre Dreidimensionalität und Dramatik auch einen wegweisenden Einfluss auf die neue Malerei der Cimabue, Giotto und Duccio aus.

Orientierung

Wie Florenz erstreckt sich Pisa zu beiden Seiten des Arno. Der *Campo dei Miracoli* (Domplatz) und das *Centro Storico* sowie die meisten Sehenswürdigkeiten und Hotels befinden sich auf dem **Nordufer,** die „Neustadt" des 19. Jh.s mit Bahnhof, Busbahnhöfen und der Einkaufstraße *Corso Italia* auf dem **Südufer.** Zentrum ist die Piazza Garibaldi zwischen *Ponte di Mezzo,* die die beiden Stadtteile miteinander verbindet, und dem mittelalterlichen *Borgo Stretto,* der Hauptgeschäftsstraße der Altstadt mit dem angrenzenden *Marktviertel.*

Die Orientierung fällt an sich leicht, problematisch ist jedoch das fremdenfeindliche Einbahnstraßensystem, das selbst versierte Autofahrer ins Schwitzen bringt. Für Tagesgäste gibt es einen riesigen, teilweise sogar gebührenfreien **Parkplatz** außerhalb der Stadtmauern am Campo dei Miracoli. Übernachtungsgäste können mit einer Bescheinigung ihres Hotels auch im Centro Storico parken (im Einzelfall im Hotel nachfragen).

Sehenswertes

Campo dei Miracoli

Wie die Wolkenkratzer *Manhattans* ist der Campo dei Miracoli, das *Feld der Wunder,* Symbol wie Vorreiter einer ganzen Epoche und auch ohne das „Weltwunder" seines Turms (der schon schief war, als man ihn erbaute und „in Wirklichkeit" sich sogar noch mehr neigt, als jedes Bild von ihm vermitteln kann) etwas ganz und gar Einmaliges.

Der Campo dei Miracoli unterscheidet sich von allen anderen Plätzen der Toscana grundsätzlich. Er ist **keine Piazza,** zentrales Manifest eines bürgerlichen und kommunalen Selbstverständnisses, wie es erst in späteren Jahrhunderten zustande kommen sollte, sondern ein separater, am Rande der Stadt angesiedelter **Tempelbezirk,** der in ganz Italien nur ein Pendant kennt, den Vatikan. Und tatsächlich suchte Pisa schon früh seinen eigenen Weg zum Heil.

Nicht als Vasallen des Papstes sahen sich die pisanischen Kreuzzügler auf dem Weg ins Heilige Land, sondern als Welteneroberer und „neue" Römer, die in ihren Mauern das *Himmlische Jerusalem* samt Heiligem Grab und Felsendom wiederauferstehen lassen wollten. Ihre unverblümt mit der Ausbeute der Sarazenenkriege finanzierte Kathedrale schmückten sie unverfroren mit byzantinischen und islamischen Stilformen, bauten römische Triumphbögen und Skulpturen dran und krönten sie obendrein mit einer Statue der *Jungfrau* (statt mit einer

Christusfigur, wie die Florentiner sie zur gleichen Zeit San Miniato al Monte aufsetzten) – noch einen Schritt weiter, wenn auch erst ein gutes Jahrhundert später, sollten nur die Sienesen gehen, als sie ihre gesamte Stadt der Madonna zu Füßen legten.

Die vier Monumente der grünen Wiese – der 1063 begonnene **Dom,** das **Baptisterium** (1152), der **Campanile** (1173) und der **Camposanto** (1278), der Friedhof – sind das Ergebnis einer Bauzeit von weit über 200 Jahren. Doch anders als sonst in der Toscana macht sich der enorme Zeitunterschied hier kaum bemerkbar. Der Platz wirkt noch heute ausgewogen, in sich geschlossen, wie aus einem Guss.

Baumaterial (weißer Carrara-Marmor), architektonisches Prinzip und Schmuckwerk (Streifung, gereihte Blendbögen unten, gereihte Säulengalerien oben) sind bei allen Bauten nahezu identisch und lassen den Campo dei Miracoli als eine unverrückbare **monolithische Einheit** erscheinen.

Man muss ihn nicht mögen, aber nichts kommt ihm gleich. Kühle Ästhetik, frostige Marmorfarben, abweisende Fassaden und eine Weite, in der der Einzelne sich klein und verloren vorkommen muss – so werden heutzutage Bankpaläste und Shopping Malls auf die grüne Wiese geklotzt.

Duomo Santa Maria Assunta

Unmittelbar nach dem Sieg über die Sarazenen begonnen, 1063, etwa zur gleichen Zeit wie San Marco in Venedig und das Baptisterium in Florenz, wurde die Kirche bereits 1118, noch unvollendet, von Papst Gelasius II geweiht. Seitdem steht der Dom (Mitte des 12. Jh.s verlängerte man noch das Langhaus und fügte eine neue, monumentalere Apsis an) in seinen Grundzügen praktisch unverändert da.

Aber das ist nicht das einzige, was ihn von allen anderen toscanischen Kirchenbauten unterscheidet. Pisas Dom war die erste italienische Kirche überhaupt mit einem **kreuzförmigen Grundriss** und einer **Vierungskuppel.** Laut Vasari war ihr erster Baumeister der Grieche *Busketos* (ital. *Buscheto*), der sie nach dem Vorbild byzantinischer Basiliken und islamischer Moscheen formte.

Als Florenz und Siena im 13. Jh. beschlossen, Pisa unter allen Umständen zu übertrumpfen, übernahmen sie – auch wenn sie ansonsten in vielen architektonischen Bereichen andere Wege gingen – den pisanischen Grundaufbau von Kreuz und Kuppel.

Die klar gegliederte, reich dekorierte **Fassade** – Inbegriff der toscanischen Romanik – wurde um 1160 von *Guglielmo* vollendet, der als Bildhauer auch die (ältere) Bauskulptur schuf. Über drei *Portalen* im Stil römischer Triumphbögen türmen sich vier nach oben zu sich verjüngende **Säulenloggien,** den Giebel krönt eine von Aposteln flankierte Madonnenstatue Andrea Pisanos *(Kopie aus Plastik!).*

Die tief eingemeißelten **Blendarkaden** setzen sich an den Wänden der Seitenschiffe und Querhäuser fort, zwei Inschriften *(Quo Pretio Muros ...)* künden selbstbewusst von der Herkunft der Gelder, die in den Bau flossen.

Von den ursprünglichen **Bronzetüren** blieben nach der Brandkatastrophe von 1595 (die des Hauptportals wurden von der Bottega des Giambologna neu geschaffen) einzig die der **Porta di San Ranieri** übrig. Die nach dem Schutzpatron Pisas benannte Pforte, durch die sich heute der Strom der Sightseer ins Kircheninnere ergießt, ist eine der großartigsten Pionierleistungen der abendländischen Bildhauerkunst; eine annähernd vergleichbare Arbeit wurde erst 150 Jahre später von Andrea Pisano mit der Südpforte des florentiner Baptisteriums geschaffen. Die gegen 1180 nach dem Vorbild römischer Bronzen und byzantinischer Elfenbeinminiaturen gegossenen Reliefs des *Maestro Bonnano* (zu lesen ab der Verkündigung links unten) erzählen Szenen aus dem Leben Christi und Mariens, darunter reihen sich alttestamentarische Propheten zwischen Palmen.

Detail aus dem Domportal – die Flucht nach Ägypten

Der **Innenraum** besticht durch seine monumentale Größe. Schier unüberschaubar reihen sich die Säulenarkaden des 100 m langen Mittelschiffs und setzen sich nach allen Seiten und bis in die Querschiffe fort. Der orientalische Einschlag ist unverkennbar; wären nicht die vergoldete **Kassettendecke** (aus dem 17. Jh.) und das monumentale **Apsis-Mosaik** des Thronenden Christus zwischen Maria und dem *Evangelisten Johannes* (1302, von Giovanni Cimabue), man hätte fast den Eindruck, in einer Moschee zu sein. Im rechten Querschiff ragt gleich beim heutigen Eingang das **Grabmal Heinrichs VII** auf. Der 1313 in Buonconvento von der Malaria dahingeraffte deutsche Kaiser, in dem sogar Dante den Einiger Italiens sah (Paradies, 30. Gesang), ruht in einem Sarkophag mit Zwölf Aposteln von *Tino da Camaino*; die übrigen noch erhaltenen Fragmente des Grabs – die Statuen des Kaisers und seiner Berater – sind im Dom-Museum aufbewahrt. *Kruzifix* und *Kerzenleuchter* am **Hauptaltar** sind Werke Giambolognas aus dem 17. Jh., das hübsche Tafelbild der *hl. Agnes* mit dem Lamm (Innenseite des rechten Chorpfeilers) stammt von Andrea del Sarto. Erst kürzlich frisch renoviert schwingt der große bronzene **Hängeleuchter** sanft hin und her, der *Galileo Galilei* 1587 auf die Gesetze der Pendelbewegung gebracht haben soll.

Die bei dem Dombrand von 1595 schwerbeschädigte **Kanzel** Giovanni Pisanos (1302-11) ist die letzte und größte, aber nicht unbedingt schönste der vier, die er und sein Vater Nicola in Pisa, Siena und Pistoia schufen. Vier der neun äußeren Säulen sind als Figuren gearbeitet: *Erzengel Michael, Christus* mit den vier Evangelisten zu Füßen (der kniende Atlant unter Johannes wird als Selbstbildnis Pisanos angesehen), *Ecclesia*, die Personifikation der Kirche, gestützt auf die vier Kardinalstugenden und im Arm zwei Säuglinge (Altes und Neues Testament), sowie *Herkules*. Die Mittelsäule bilden die Sinnbilder von Glaube, Liebe und Hoffnung. Die ehemals farbigen Reliefs der Brüstung erzählen Szenen aus dem Leben Christi (Geburt des Täufers, Verkündigung und Heimsuchung, Geburt und Verkündigung an die Hirten, Anbetung der Könige, Darbringung im Tempel und Flucht nach Ägypten, Kindermord in Bethlehem, Judas' Verrat und Geißelung, Kreuzigung und Jüngstes Gericht) und werden eingerahmt von Propheten und Sibyllen.

Battistero

Wie ein gewaltiger, filigran gehämmerter Reliquienschrein steht vor der Fassade des Doms die **Taufkirche.**

Die Anlage als freistehender Zentralbau geht auf die frühchristliche Tradition zurück, dass nur Getaufte das eigentliche Gotteshaus betreten durften. Mehr als 200 Jahre dauerte der Bau der 1152 von *Diotisalvi* begonnenen Rotunde, trotzdem wirkt sie dank der am Dom ausgerichteten Grundstruktur völlig einheitlich. Die verschiedenen Bauphasen lassen sich trotzdem deutlich unterscheiden: unten die Blendarkaden und Säulenloggien aus dem 12. Jh., darüber gotische Zierformen und Skulpturen der Propheten und Apostel von Nicola und Giovanni Pisano, die ab 1260 bzw. 1285 die Bauleitung inne hatten, und schließlich die in 55 m Höhe von einer Statue Johannes des Täufers bekrönte Kuppel, die 1358 aufgesetzt wurde.

Die Außenfiguren an den Galerien und Portalen sind Kopien (Originale im Dommuseum). Das **Hauptportal** zeigt an römischer Sarkophagkunst geschulte Darstellungen der Monate und Apostel und zwei Szenen aus dem Leben des Täufers (Tanz Salomes und Enthauptung, links Taufe Jesu).

Der **Innenraum** wirkt feierlich und lichterfüllt. 145 Stufen führen über die Gallerie hinauf bis ins eindrucksvolle Innere der zweischaligen Kuppel. Zentral erhöht das spätromanische, mit Blattwerk und Rosetten ziselierte *Taufbecken* (1246) des Guido Begarelli aus Como, links davon die epochale **Kanzel** Nicola Pisanos (1255-1260), die älteste der vier Pisani-Kanzeln. Das sechseckige Becken wird von sieben Granitsäulen getragen (Symbolzahl der Tugenden), von denen drei auf Löwen ruhen (Symbol der Stärke). Unter den Relieffiguren der Tugenden ragt die revolutionäre *Fortitudo* eines nach antikem Vorbild gemeißelten

Herkules heraus, die erste bekannte Aktfigur seit der Antike. Die fünf *Relieftafeln* der Brüstung erzählen lebensnah, noch ohne die gotische Feinheit, aber auch ohne die enge Gedrängtheit der Domkanzel Giovannis, von Geburt Jesu, Anbetung der Könige, Darbringung im Tempel, Kreuzigung und Jüngstem Gericht. Pisano ließ sich erkennbar von den römischen und etruskischen Sarkophagen des Gräberfelds inspirieren, die er damals noch täglich vor Augen hatte (sie wurden erst 1279 in den Camposanto überführt) – die gebärende Maria erinnert in Haltung und Kopfschmuck deutlich an die Verstorbenen auf etruskischen Urnendeckeln, und die herbe Madonna der Königsanbetung findet ihr unmittelbares Vorbild im Phädra-Sarkophag im Camposanto.

Campanile

Die schneeweiße „Säulensäule" wäre auch ohne ihre weltberühmte Schräglage einmalig und unterscheidet sich deutlich von allen anderen Kirchtürmen der Welt. Ihre Blendbögen und auf sechs Galerien gleichförmig gereihten Marmorarkaden – jede einzelne ein kleines griechisches Rundtempelchen – passen sich in vollkommenem Einklang den übrigen Bauten des Platzes an (statt mit einer auftrumpfenden „gotischen" Vertikalen den Kontrast zu betonen). Ein dezidiertes Gespür für *Maß* und *Harmonie,* den Wegbereitern der „Wiedergeburt der klassischen Antike", war jedenfalls selbst den als ehrgeizig und hoffärtig geltenden Pisanern nicht abzusprechen.

Wollte man Statikern und Statistikern trauen, dürfte der „Schiefe Turm", an dem schon Galilei seine helle Freude hatte, als er vor mehr als 400 Jahren von seiner Plattform aus die Gesetze des freien Falls erkundete, schon längst nicht mehr stehen. Zumal in den letzten beiden Jahrhunderten wurden tausendfach Anstalten unternommen, ihn zu „retten" oder zumindest sein weiteres Einsinken in den weichen Untergrund zu stoppen, jedoch mit unterschiedlichem, teilweise auch gegensätzlichem Erfolg. Seit November 1990 war der Zugang zum Turm vollends gesperrt, und kaum jemand hätte für möglich gehalten, dass nach etwas mehr als einem Jahrzehnt wieder Besucher die 293 Stufen seiner Wendeltreppe erklimmen könnten.

Bonnano, der Meister der Domtüren, begann mit dem Bau des Turms 1173. Rund zehn Jahre später war er bis zum dritten Stock gewachsen, neigte sich in dem sandigen Terrain aber bereits derart zur Seite, dass die Arbeiten eingestellt wurden. (Soviel zur „Legende", der **Torre Pendente** sei von seinen Erbauern „mit Absicht" schief konstruiert worden.) Erst 100 Jahre später,

Anatomie eines Weltwunders

Höhe/Gewicht 54,73 m, 14.500 t
Basisdurchmesser 18 m
Neigungswinkel 5° 28′
Überhang 1998 4,86, **2000** 4,74
Säulen 180
Bauphasen

- 1173-1184 Stockwerke 1-3
- 1277-1284 Stockwerke 4-6
- 1350-1352 Glockengeschoss

1277, als der Turm an der Südseite bereits 28 cm in den Boden eingesunken war, riskierte man den Weiterbau. Der neue Baumeister *Giovanni di Simone* „korrigierte" die Schräglage, indem er die nächsten Stockwerke entgegen der Neigung mauern ließ (die Säulen auf der Südseite sind bis zu 7 cm höher), wodurch der Torre Pendente zwar die Form einer Banane anzunehmen begann, aber immerhin – wenn auch auf unsicheren Füßen – stehenblieb. 1350, schloss *Tommaso Pisano* den Bau mit einem wiederum horizontal nivellierten siebten Stockwerk, dem Glockengeschoss ab; auf das ursprünglich geplante Kegeldach verzichtete man wohlweislich.

Seit der Fertigstellung „arbeitete" das Erdreich unter dem Turm ohne Unterlass weiter, so dass der Überhang nahezu 5 m betrug. Dank ebenso spektakulärer wie kostspieliger Rettungsaktionen gelang es zuletzt, die zunehmende Neigung nicht nur zu stoppen, sondern den Turm mittels Bleigewichten und Stahlseilen um 12 cm aufzurichten, so dass er im Sommer 2000 erstmals wieder bestiegen werden konnte.

Camposanto

Der Nachbildung des Himmlischen Jerusalem folgte die Inbesitznahme der Erde der Heiligen Stadt. 1202 brachte Pisas Erzbischof vom Kreuzzug 53 Schiffsladungen **Erde von Golgatha** mit, um den vornehmsten Bürgern der Stadt die Bestattung in „heiliger Erde" zu ermöglichen, und 1278 begann man unter der Leitung von *Giovanni di Simone* mit dem Bau des *Heiligen Feldes*, des letzten großen Bauwerks der Wunderwiese, das den Platz nach Norden abschließt. Wie die immer wieder verwendeten römischen Sarkophage und Grabplatten des imponierenden Kreuzgangs bezeugen, ließen sich Pisas Patrizier noch bis ins 18. Jh. hier bestatten – **Friedhof** und **Antiken-Museum** in einem. Faszinierend ist der *Phädra-Sarkophag* der Markgräfin Beatrice (in der Mitte des Gangs gegenüber dem Eingang), dessen Relief Nicola Pisano zu den Kanzelfiguren des Herkules (Hippolyt) und der Madonna (Phädra) inspirierte.

Im 14. und 15. Jh. waren die Wandelgänge von Künstlern wie Benozzo

Das Wahrzeichen Pisas ist wirklich schief

Gozzoli, Taddeo Gaddi, Spinello Aretino und Antonio Veneziano vollständig mit monumentalen **Freskenzyklen** ausgeschmückt worden. Während der amerikanischen Bombardements auf den Militärflughafen und die Brücken Pisas im Juli 1944 schlug eine verirrte Granate in den Camposanto ein und brachte das Blei der Dachkonstruktion zum Schmelzen. Fast alle Fresken, vor allem Gozzolis *23 Episoden aus dem Alten Testament* (1468-84), wurden ein Opfer der Flammen, doch wenigstens konnte man teilweise die darunterliegenden Rötelzeichnungen retten, die heute im *Museo delle Sinopie* ausgestellt sind.

Vergleichsweise unversehrt (so dass man sie wiederherstellen konnte) blieben einzig die schaurig-düsteren Zyklen des Florentiners Bonamico di Martino genannt **Buffalmacco** – *Triumph des Todes* (Trionfo della Morte), *Jüngstes Gericht* und *Inferno* sowie die *Tebaide* (Aus dem Leben der Eremiten), die man heute zu den bedeutendsten Monumentalmalereien des 14. Jh.s zählt. Teils unter dem Eindruck der Pest von 1348, teils unter der inquisitorischen Fuchtel der Dominikaner entstanden Visionen der Hölle und der Macht des Todes über die Lebenden, die zu den aufwühlendsten Bildkompositionen des Mittelalters zählen.

Die abgenommenen Fresken, darunter auch Taddeo Gaddis *Versuchung Hiobs,* sind heute in einem Seitentrakt des Camposanto untergebracht.

Da man die Juden von der heiligen Erde nicht ausschließen konnte, ihre Toten aber nicht innerhalb der Stadt haben wollte, spart die Stadtmauer hinter dem Camposanto ein kleines Viereck aus, den **Cimitero Ebraico,** auf dem die Juden ihre Toten bestatten konnten (s. *Museen,* S. 499).

Museo dell'Opera del Duomo

In den 23 Sälen des alten **Dominikanerklosters** am Ostende des Platzes werden nicht zuletzt die Kunstwerke des Dombezirks aufbewahrt, die durch Kopien ersetzt werden mussten. Dazu zählen wertvolle **Originalfriese** und **Fassadenornamente** von *Guglielmo* und *Rainaldo* (12. Jh.) sowie Skulpturen von Guido da Como, Nicola und Giovanni Pisano, Tino da Camaino (Heinrich VII) und Nino Pisano, aber auch islamische Beutestücke wie der berühmte *Bronzegreif,* der bis 1828 als Siegestrophäe das Dach über dem Hauptchor schmückte (heute ist dort eine Kopie angebracht).

Die Säle 9 und 10 zeigen Kostbarkeiten des **Domschatzes,** darunter die grazile *Elfenbein-Madonna* Giovanni Pisanos (1299), die früher in einem Tabernakel am Hauptaltar aufbewahrt wurde.

Das Obergeschoss birgt u. a. einen farbigen **Altaraufsatz** mit einem bemitleidenswerten *Lazarus* von Benozzo Gozzoli (um 1470), **Intarsien** des Chorgestühls aus dem 15. Jh. und alte **Farbstiche** der zerstörten Fresken des Camposanto. Fast surrealer Blick auf den Kreuzgang mit dem Torre Pendente.

Museo delle Sinopie

Im alten **Hospiz des Klosters Santa Chiara** werden seit 1989 die abgelösten *Sinopien* der zerstörten Camposanto-Fresken ausgestellt (Gozzoli, Buffalmacco, Gaddi, Spinello Aretino).

Da die Anlage originalgroßer *Vorzeichnungen mit Rötelkreide* auf die vorverputzte Wand (benannt nach der für ihre Erdfarben berühmten Stadt Sinope am Schwarzen Meer) der erste Arbeitsschritt bei der Freskomalerei ist, und zwischen Vorzeichnung und Fresko immer noch eine weitere Putzschicht liegt, bleiben Sinopien meist auch dann erhalten, wenn das Fresko selbst bereits verwittert oder zerstört ist.

Sinopien machen daher nicht nur die Restaurierung und Konservierung beschädigter Werke möglich, sondern gewähren auch wertvolle Einblicke in ihre Entstehung und decken nachträglich angebrachte Veränderungen oder Übermalungen auf.

Centro Storico

Der Kern der Altstadt erstreckt sich zwischen dem Domplatz im Norden und dem Arno im Süden sowie zwischen der *Via Santa Maria* im Westen und dem **Borgo Stretto** im Osten. Die von Arkaden und der typisch pisanischen Kirche *San Michele in Borgo* (14. Jh.) gesäumte Flanier- und Einkaufsstraße des historischen Zentrums mündet am Arno in die zentrale Piazza Garibaldi und die älteste Brücke Pisas, den im Zweiten Weltkrieg zerstörten und später wiederaufgebauten **Ponte di Mezzo.** Am Westrand des Borgo Stretto erstreckt sich das schönste und lebendigste Quartier der Altstadt mit zahllosen Bogengängen, schmalen Marktgassen und kleinen Läden und Trattorien rund um die pittoreske **Piazza Vettovaglie.**

Piazza dei Cavalieri

Der *Platz der Ritter* war bereits römisches Forum und bildete im Mittelalter als *Piazza delle Sette Vie* das weltliche Zentrum Pisas. Unter der künstlerischen Federführung Giorgio Vasaris ließen die siegreichen Medici den einstigen Mittelpunkt der Stadt in einen kalten Repräsentations- und Exerzierplatz umgestalten, der von den Pisanern noch heute eher gemieden wird. Die gesamte Nordseite der Piazza nimmt der imposante, mit Wappen, Sgraffiti und Büsten toscanischer Großherzöge geschmückte (1810 von Napoleon in eine noch heute bestehende Eliteschule umfunktionierte) **Palazzo dei Cavalieri** ein (1560-62).

Vor der napoleonischen Freitreppe thront Cosimo I im Habit eines *Stephansritters* auf einem Delfin (als Symbol der Seeherrschaft). Der von Cosimo ins Leben gerufene Orden (benannt nach dem Sieg von Florenz über Siena am 2. August, Sankt Stephanstag, 1554), sollte angeblich die Küste vor Sarazeneneinfällen schützen, diente aber in Wahrheit als einschüchternde Polizei- und Ordnungsmacht gegenüber den Pisanern selbst.

Ihre Kirche, **Santo Stefano dei Cavalieri** (1565-69 nach Entwürfen Vasaris) trat an die Stelle einer alten Sebastianskirche; die Seitenflügel dienten ursprünglich als Umkleidekabinen der Ordensritter und wurden erst im 17. Jh. zu Seitenschiffen ausgebaut (im barocken Innern Tafelbilder von Vasari,

Bronzino und Trophäen aus den Türkenkriegen, *s. Museen)*. Zwei mittelalterliche Turmhäuser, darunter den berühmten „Hungerturm", ließ Vasari im *Palazzo dell'Orologio* aufgehen.

Im **Torre della Fame** verhungerte 1288 Graf *Ugolino della Gherardesca*, der Flottenführer der Seeschlacht von Meloria, der von den Pisanern fälschlicherweise des Verrats und der angestrebten Tyrannei beschuldigt und mitsamt seinen vier Söhnen eingekerkert wurde. Dante besang seine Leiden im 33. Gesang des Inferno, Heinrich Wilhelm von Gerstenberg verewigte ihn 1768 in seinem düsteren Sturm-und-Drang-Drama *Ugolino*.

San Francesco

Östlich der Piazza gründeten die **Franziskaner** noch zu Lebzeiten des Heiligen (um 1211) ein Kloster, das 1265-70 von Giovanni di Simone (dem Architekten des Campanile) um eine große, einschiffige Hallenkirche erweitert wurde (Fassade von 1603). Im Inneren das Grab von Ugolino della Gherardesca mit einer *Kreuzigung* von Spinello Aretino (2. Chorkapelle rechts) und Reste eines *San Galgano*-Freskos von Taddeo Gaddi (3. Chorkapelle links); den Hauptchor krönt ein gotischer Altaraufsatz Tommaso Pisanos (um 1360). Über einen Kreuzgang erreicht man die sehenswerte, 1397 von Taddeo di Bartolo mit Szenen aus dem Marienleben freskierte *Sakristei*.

Santa Caterina

Noch vor den Franziskanern begannen die **Dominikaner** mit dem Bau einer Kirche (1251). Die 1330 vollendete Fassade zeigt den typischen Stil der Pisaner Romanik mit Blendarkaden und Säulenloggien; ungewöhnlich die schöne, von Büsten gerahmte *Rosette*. Im Innenraum das gotische *Grabmal für Erzbischof Saltarelli* von Nino und Tommaso Pisano (1342) mit den Ordensheiligen Domenikus und Petrus dem Märtyrer und das vielleicht bedeutendste, aber auch umstrittenste Werk der Pisaner Malerei, *Francesco Trainis* Kultbild **Glorie des hl. Thomas von Aquin** (1325). Im Zentrum, gottähnlich, der große Moraltheologe der Dominikaner, darüber Paulus, Moses und die Evangelisten, seitlich Aristoteles und Plato im Gewand mittelalterlicher Kirchenfürsten, und im Staub ihm zu Füßen der „Ketzer" Averroes (ein der „Irrlehre" bezichtigter arabischer Philosoph und Aristotelesforscher, 1126-1198) – ein typisches Propagandatraktat der Art, wie es die Chefinquisitoren und „Hunde des Herrn" liebten (s. *Museen,* S. 499).

Nur wenige Schritte nordostwärts erhebt sich die dreischiffige Benediktinerkirche **San Zeno,** eine der ältesten Pisas. Die asymmetrische Fassade mit der Vorhalle stammt in ihren Grundzügen aus dem 11. Jh., die Kapitelle sind großteils aus der Römerzeit.

Am Arno

Wie in Florenz säumen prächtige **Stadtpaläste** aus dem 16. und 17. Jh. das Ufer. Vom Ponte di Mezzo aus erreicht man gen Osten (Lungarno Me-

diceo) das Nationalmuseum San Matteo (zuvor die Palazzi *Toscanelli*, einst Wohnhaus von Lord Byron, heute Staatsarchiv, und *Medici*, aber bereits im 13./14. Jh. errichtet, heute Präfektur) und noch weiter, über den Ponte Vittoria hinaus, die grüne Uferpromenade *Viale delle Piagge* mit der Kirche **San Michele degli Scalzi** (2,5 km), deren Turm fast so schief steht wie sein berühmtes Pendant auf der Wunderwiese. An der Hauptfront zwischen Ponte di Mezzo und Via Santa Maria (Lungarno Pacinotti) steht der ausnehmend hübsche **Palazzo Agostini,** der einzige noch erhaltene Pisaner Backsteinpalast des frühen 15. Jh.s, mit dem ältesten Café der Stadt, dem traditionsreichen *Caffè dell'Ussero* („Zum Husaren", seit 1794).

Auf dem Ufer gegenüber korrespondieren dazu der gotische **Palazzo Gambacorti** (Sitz der Stadtverwaltung seit 1689) mit den zurückversetzten *Logge dei Banchi* der Tuch- und Seidenhändlergilde (1603-05 nach Entwürfen Bernardo Buontalentis gebaut). Von dort führt die Hauptgeschäftsstraße Pisas, der *Corso Italia,* schnurstracks weiter bis zum Bahnhof.

Palazzi am Arno

Museo Nazionale di San Matteo

Während sich die Besucherströme über die Domwiese schieben, steht das **Benediktinerkloster** am Arnoufer, das seit dem 2. Weltkrieg eine der bedeutendsten Kunstsammlungen der Toscana beherbergt, selbst zur Hochsaison meist leer. Die Sammlung umfasst Meisterwerke toscanischer und speziell pisanischer Malerei und Bildhauerei des 12.-15. Jh.s, nahezu einmalig ist ihr Repertoire an bemalten **Tafelkreuzen** aus dem Frühmittelalter. Nur selten lässt sich der Übergang von der statuarischen „Triumphpose" des byzantinisch-romanischen Stils zum „Leidenden Christus" der Frühgotik so anschaulich studieren wie hier.

Der Parcours ist weitgehend chronologisch gegliedert (windet sich allerdings etwas unentschlossen zwischen Malerei und Skulptur hin und her).

Die lebhaften Farben und manchmal fast abstrakten Züge des **Maestro di San Martino** beeindruckten selbst Cimabue und Giotto. Gezeigt werden einige seiner Hauptwerke wie die eindrucksvolle *Stillende Madonna* (um 1280); fast wie ein Fläschchen wirkt ihre Brust, so losgelöst vom Körper.

Francesco Traini, der bedeutendste Pisaner Maler des Trecento, ist u. a. mit einem *hl. Domenikus* von 1344 vertreten. Ansonsten beherrschen weitgehend Sienesen das Feld, allen voran **Simone Martini** mit seinem grandiosen, 1311 für die Kirche Santa Caterina geschaffenen Polyptychon *Madonna mit Kind und Heiligen* (darunter Domenikus und Petrus Martyr). Des weiteren finden sich Werke seines Schwiegersohns *Lippo Memmi,* eine sehr schöne *Kreuzigung* des Pietro-Lorenzetti-Schülers Luca di Tommè (um 1366) sowie Arbeiten von Spinello Aretino und Taddeo di Bartolo (Tafeln mit der Legende des hl. Galgano, ein Polyptychon mit musizierenden Engeln). Auf einer *Kreuzigung* aus dem 15. Jh. ist ein schönes Panorama des Domplatzes mit dem Schiefen Turm.

Höhepunkt der Gemäldesammlung ist der ungewöhnlich kraftvolle, dynamische *Apostel Paulus* des **Masaccio** (Saal 6), die einzige noch an ihrem Ursprungsort verbliebene Tafel seines berühmten *Pisaner Polyptychons* von 1426. Das großartige Altarbild wurde im 18. Jh. zersägt, seine übrigen 11 Teile befinden sich u. a. in London, Berlin, Neapel und Malibu. Im gleichen Saal eine (eher beiläufige) *Madonna mit Kind* von Fra Angelico (1423), ein schönes *Madonnen-Relief* Michelozzos (1430) und eine ungewöhnliche *Marienkrönung* des Florentiners Neri di Bicci (mit einer ausladenden Zuschauergalerie, auf der sich die Besucher wie im Volkstheater drängen). Deutlich an antiken Kaiserbüsten geschult zeigt sich **Donatellos** meisterhafte Bronze des frühchristlichen Märtyrers *San Rossore* (1426). Im letzten Saal beeindruckt die wunderbare pastellfarbene *Kreuzigung* des **Benozzo Gozzoli** (oben Sonne und Mond, unten klein der Stifter; um 1468) sowie, bereits im Kreuzgang, die zweifache *Sacra Conversazione* des Domenico Ghirlandaio (rechts die schönere, sorgfältiger ausgearbeitete von 1485). Entlang des gesamten Kreuzgangs sind **Skulpturen** aufgereiht, darunter eine anmutige, lebensgroße *Verkündigungsgruppe* aus bemaltem Holz von Francesco di Valdambrino (um 1430). In einem eigenen „Figurensaal" steht die berühmte Marmorstatue der *Madonna del Latte*, der Stillenden Madonna, die Andrea Pisano und sein Sohn Nino 1345 für die Arno-Kirche Santa Maria della Spina schufen.

Zum Ausruhen und Spazierengehen lädt der **Giardino Scotto** am gegenüberliegenden Ufer ein. Park und Pfauengehege wurden im 19. Jh. angelegt, Giuliano da Sangallos *Neue Zitadelle* entstand Mitte des 15. Jh.s zur Verstärkung der Stadtmauer gen Osten.

San Nicola

Am Südende der Via Santa Maria, nahe dem Arno-Ufer, versteckt sich ein weiterer „Schiefer Turm". Der Anfang des 14. Jh.s aufgerichtete **Campanile** begann ebenfalls kurz nach Baubeginn im Sand zu versinken, da half auch Andrea Pisanos ungewöhnliche Konstruktion (unten rund, oben sechseckig) nicht weiter. Die Schräglage ist schon von außen deutlich wahrnehmbar, wird aber erst im Innern wirklich interessant, wenn man nämlich den Küster bewegen kann, die Pforte zur grandiosen **Wendeltreppe** des Glockenturms aufzuschließen; Vasari zufolge soll sie Bramante zu seiner berühmten „Reitertreppe" im Vatikan inspiriert haben.

Die Kirche aus dem 12. Jh. ist innen vollständig barockisiert (in einer Seitenkapelle stößt man jedoch unvermutet auf eine *Madonna delle Grazie* von Francesco Traini).

Universität

Die 1543 von Cosimo I installierte Universität, deren einzelne Gebäude sich vom Arno bis weit über den Domplatz hinaus erstrecken, geht auf eine alte Rechtsschule des 12. Jh.s zurück, die bereits 1329 das päpstliche Siegel erhielt, Theologie, Jura und Medizin zu lehren. Ihr bedeutendster Absolvent (und später Lehrer) war der 1564 in Pisa geborene Galileo Galilei. Heute sind rund 40.000 Studenten an der nach Florenz zweitgrößten Universität der Toscana eingeschrieben. Wenige Schritte nördlich von San Nicola (Via Santa Maria 26) ist das Studienzentrum **Domus Galilaeana,** das, wie viele der alten Palazzi entlang der Marienstraße, zur Universität gehört. Auch der **Botanische Garten,** einer der ältesten Europas, dient nach wie vor vornehmlich Forschungszwecken, steht aber auch Besuchern offen (s. *Museen,* S. 500).

Santa Maria della Spina

Das bizarre Schatzkästlein am Hochufer des Arno, das auf den ersten Blick wie eine Kirche aussieht, ist in Wahrheit ein steingewordener **Reliquienschrein für einen Dorn** *(spina)* der Christuskrone. Ursprünglich eine einfache offene Gebetshalle für Reisende und Fischer am Arnoufer (1230), wurde das eigentliche Oratorium ab 1332 im pisanisch verbrämten Stil der Spätgotik hochgezogen (unten Rundbögen und Marmorstreifung, oben pure Zuckerbäckerei). Die von Streben, Stützen, Pfeilern, Baldachinen und Statuengalerien mit Engeln und Aposteln nur so überquellende und von einer Madonnenstatue Andrea und Nino Pisanos gekrönte Schmuckschatulle am Flussufer wurde 1871, nachdem Hochwasser die Kapelle mehrfach zu zerstören drohten, Stein für Stein abgetragen und an ihrer heutigen Stelle wieder aufgebaut. Im Innern die Figurengruppe *Madonna mit Petrus und Johannes dem Täufer* von Andrea Pisano (um 1345) und eine Kopie der berühmten *Madonna del Latte*, deren Original (wie auch das der meisten Außenfiguren) sich im Museo Nazionale befindet.

Ein kurzer Spaziergang am Arno führt zu der 1148 geweihten Vallombrosanerkirche **San Paolo a Ripa d'Arno,** einer hübschen Miniaturausgabe des Doms samt Marmorstreifung, drei Portalen, Loggienarkaden und Kuppel. Am gegenüberliegenden Ufer erkennt man die *Arsenali Medicei*, die von Cosimo I im 16. Jh. errichteten Werften, und das massive Backsteinkastell **Torre Guelfa,** das die Stadt vor Angreifern vom Meer schützte.

Navi Romane/Antike Schiffe

Im Dezember 1998 entdeckte man bei Bauarbeiten auf dem Gelände des Bahnhofs Pisa-San Rossore (rund 500 m nördlich des Domplatzes) Teile des alten Stadthafens mitsamt einer ganzen Flotte außergewöhnlich gut erhaltener Schiffe aus der römischen Antike. Unter den rund 16 Schiffen, die bislang geborgen werden konnten – vornehmlich 10-30 m lange Frachter samt Ladung – befindet sich auch ein Kriegsschiff, wie man es bis dato lediglich aus schriftlichen Aufzeichnungen gekannt hatte.

Aus Sicherheitsgründen sind die Ausgrabungen der Öffentlichkeit nur beschränkt zugänglich. Im Arsenale Mediceo am Arno können verschiedene Kleinfunde wie Münzen, Amphoren etc. besichtigt werden.

Die Südstadt

„Mezzogiorno", sagt man im Centro Storico, so als läge „da drüben" am anderen Ufer des Arno schon Kalabrien. Die zwischen 1870 und 1925 neugestaltete Südstadt setzte einen Schwerpunkt mit der Piazza Vittorio Emanuele, die 1862 zur Einweihung des Bahnhofs angelegt wurde, und der Prachtstraße **Corso Italia** mit ihren Palästen im neugotischen und Jugendstil. Eine dampfgetriebene Trambahn verband die beiden Stadthälften und mit dem 12 km entfernten Strandbad *Marina di Pisa*. 1872 starb in einer der gerade erst fertiggestellten Straßen der nach langem Exil im Ausland illegal nach Italien zurückgekehrte „Einiger Italiens", **Giuseppe Mazzini** (1805-72); sein Sterbehaus der heutigen Via Mazzini 29 kann besucht werden. An eine Seitenwand der Kirche San Antonio an der Piazza Vittorio Emanuele sprühte **Keith Haring** 1989 das Graffiti *Tuttomondo*, sein größtes Wandgemälde in Europa.

Galileo Galilei

Eppur si muove, „Und sie bewegt sich doch". Die trotzigen Worte vor dem Inquisitionstribunal gehören zu Galileos Legende wie der Schiefe Turm und der Bronzeleuchter im Pisaner Dom.

1564 als ältester Sohn einer adeligen, aber verarmten florentiner Familie in Pisa geboren, entdeckte Galileo während des Medizinstudiums sein Interesse an der Mathematik (zu der damals noch Astronomie und Physik zählten) und setzte sein Studium in Florenz fort. Mit 25 lehrte er bereits in Pisa und unternahm seine bahnbrechenden Untersuchungen zur Schwerkraft (Fall- und Pendelbewegungen), mit 28 wurde er Professor in Padua und bekannte sich erstmals öffentlich zu dem von Copernicus (und von Kepler in Deutschland) vertretenen Weltsystem, nach dem die Erde sich um die Sonne als Mittelpunkt des Universums bewegt. Dank der Weiterentwicklung des in Holland erfundenen Fernrohrs erforschte er die Mondphasen, die Sonnenflecken und die Sterne der Milchstraße und entdeckte 1610 drei Jupitermonde, die er nicht ohne Berechnung „Mediceische Sterne" taufte, da er sich um den Posten des Ersten Mathematikers und Philosophen am Hof des Großherzogs in Florenz beworben hatte.

1615 wurde Galileo erstmals nach Rom zitiert und „ermahnt", seine Lehren stünden im Widerspruch zur Bibel. Verboten wurde ihm jedoch nichts, im Gegenteil; 70 Jahre nach Copernicus' Tod wurde dessen Weltbild selbst innerhalb der Kirche längst offen diskutiert, wenn auch nur als *Hypothese*, nicht als Fakt. Als Galileo in seinem „Dialog über die Weltsysteme" (1632) die copernicanische Lehre dennoch empirisch zu begründen versuchte, wurde der mittlerweile 70jährige von neuem vor das Inquisitionstribunal befohlen. Der begnadete Polemiker und Querulant, der selbst seinen Gönner, Papst Urban VIII gegen sich aufbrachte (Urban hatte den Druck der Schrift, in dem er sich nun als *Simplicio* verspottet sah, zuvor ausdrücklich befürwortet), war einen Schritt zu weit gegangen. Als Galileo abschwor, war jedem klar, dass er log (er sah jedoch weder ein Folterinstrument noch war die Rede davon, ihn zu verbrennen). Die Kirche hatte ihr Gesicht gewahrt.

Die letzten sieben Jahre seines Lebens verbrachte der zuletzt nahezu erblindete Galileo im Hausarrest seiner Villa in Arcetri in den Hügeln oberhalb von Florenz, wo er am 8. Januar 1642 starb. Erst 360 Jahre nach seinem Tod, 1992, rang die katholische Kirche sich dazu durch, den großen Gelehrten formell zu rehabilitieren und ihren „Irrtum" einzugestehen.

Busstop an Keith Haring's *Tuttomondo*

Praktische Informationen

Im Überblick

- Pl. 93.000. 4 m. **Tel. 050.**
- **Info.** *APT Piazza Stazione,* Tel. 4 22 91. *APT Via C. Cammeo 2* (außerh. der Stadtmauer, am Domplatz), tgl. 8.30-19.30, So 10-16 Uhr. Tel. 56 04 64, info@pisa. turismo.toscana.it. *APT-Hauptbüro,* Via P. Nenni 24, Tel. 92 97 77, Fax 92 97 64, www. pisa.turismo.toscana.it
- **Internet.** *Internet Train,* Via San Lorenzo 65, Tel. 97 05 96, info@internetrain.it. *Internet Planet,* Piazza Cavalotti 3, Tel. 83 07 02. Tgl. 10-24, So 16-24 Uhr.
- **Märkte.** Tgl. außer So *Lebensmittelmarkt* an der Piazza Vettovaglie und den umliegenden Gassen. *Antiquitätenmarkt* jedes zweite Wochenende im Monat (außer Juli/Aug.) auf der Piazza dei Cavalieri.
- **Post.** Piazza Vittorio Emanuele II (schöne Jugendstil-Decke).
- **Polizei.** *Questura,* Via Mario Lalli, Tel. 58 35 11. *Carabinieri,* Via Guido da Pisa, Tel. 54 25 41. *Stadtpolizei,* Via del Moro 1, Tel. 50 14 44.

An- & Weiterreise

Flugzeug

- Der **Flughafen** *Galileo Galilei* (Tel. 50 07 07) ist der größte der Toscana. Regelmäßige Zug- oder Busverbindungen nach Pisa (Bus 7) und Florenz. www.pisa-airport.com

Eisenbahn

- Der **Hauptbahnhof** *Pisa Centrale* liegt an der Piazza Stazione im Südteil der Stadt. Information, Zugauskunft (tgl. 7-21 Uhr), Gepäckaufbewahrung (24 Std.). Bus 1 fährt in 10 Min. zum Domplatz.
- Viele Züge der Linien Florenz–Pisa und Genua–Rom halten auch an der **Stazione San Rossore** nahe dem Domplatz.

Überlandbus

- Alle Busstationen liegen an der Piazza Vittorio Emanuele nördlich des Hauptbahnhofs. Viele der Busse halten auch an der Piazza Manin nahe dem Domplatz.
- Mit *LAZZI* (Tel. 4 26 88) von/nach Florenz, Lucca, Viareggio, Massa-Carrara, Pistoia, Montecatini Terme.
- Mit *CPT* (Tel. 88 41 11) von/nach Livorno, Volterra (über Pontedera), Larderello, Calci, San Giuliano Terme, Marina di Pisa und Tirrenia.

Entfernungen (in km)

- Firenze 78, Livorno 25, Lucca 30, Viareggio 20, Carrara 53, San Piero a Grado 5, Marina di Pisa 12, Tirrenia 17, Calci 14, Pontedera 22.

Stadtverkehr

Taxi

- **Radio Taxi** Tel. 54 16 00. Standplätze: Flughafen (Tel. 2 85 42), Bahnhof (4 12 52), Domplatz (56 18 78), Piazza Garibaldi (58 00 00).

Stadtbus

- **Linie 1** beschreibt einen Rundkurs zwischen Hauptbahnhof und Domplatz.
- **Linie 7** verbindet Bahnhof mit Flughafen.

Fahrrad

- **Antonelli,** Stadträder/Mountain Bikes; Via Gobetti 55 (nördlich des Domplatzes), Tel. 3 77 27 61. April-Sept. auch So offen, pro Tag um € 10-15, auch Wochentarife.

Mietwagen

- Mehr als zehn Firmen haben ihren Sitz am **Flughafen,** darunter *Avis, Europcar, Hertz.*

Unterkunft

- **Mehr als 30 Hotels** aller Klassen, nahezu zwei Drittel davon im Centro Storico, die übrigen auf dem Südufer meist in Bahnhofsnähe. Wenig empfehlenswert sind zentrumsnahe, aber extrem lärmgeplagte Hotels entlang der Einfallsstraßen zum Domplatz.

Tourist

- **Relais dell'Orologio** (*****). 2003 eröffnet. Dreistöckiges Stadthaus aus dem 14. Jh. mit Garten, 21 Zimmern und 4 Suiten. Via della Faggiola 12, Tel. 83 03 61, Fax 55 18 69. www.relaisdellorologio.it
- **Royal Victoria** (***) am Arno (seit 1839). Lange Zeit eine der feinsten Adressen der Toscana und noch heute mit viel Stil und Atmosphäre augestattet. Wer bereit ist, für den unvergleichlichen Flair dieses alten, schönen Hauses ein paar kleinere Unzulänglichkeiten in Kauf zu nehmen, wird wahrlich begeistert sein. 48 Zimmer, DZ € 102 inkl. BF, drei ohne Bad € 68. Lungarno Pacinotti 12, Tel. 94 01 11, Fax 94 01 80. www.royalvictoriahotel.it
- **Grand Hotel Duomo** (****). Hinter der wenig ansprechenden Fassade verbirgt sich zumindest ein Hauch von Eleganz, der die happigen Preise rechtfertigt. 94 Zimmer, DZ € 173 inkl. BF, Via S. Maria 94, Tel. 82 50 88, Fax 56 04 18.
- Im **Francesco** (***) schräg gegenüber wohnt man letztlich auch nicht viel schlechter. 13 Zimmer, DZ € 104-120 inkl. BF, Via Santa Maria 129, Tel. 55 41 09, Fax 55 61 45.
- **Ariston** (***). Kein Hotel ist leichter mit dem Auto anzusteuern, trotzdem ist man in wenigen Schritten am Domplatz und kann sich in einem Gärtchen vom Stress erholen. 33 Zimmer, DZ ab € 88. Via Cardinale Maffi 42, Tel. 56 18 34, Fax 56 18 91.
- **Villa Kinzica** (***). Mit etwas Glück kann man sogar noch vom Bett aus den Torre Pendente sehen, mit etwas Pech braucht man Ohropax bis nach Mitternacht. 34 Zimmer, DZ € 103 inkl. BF. Piazza Arcivescovado 2, Tel. 56 04 19, Fax 55 12 04.
- **Di Stefano** (***). Zentral gelegenes Haus mit Dachterrasse und z. T. Domblick, ideal für den nicht zu anspruchsvollen Gast aus Übersee. 25 Zimmer, DZ mit Bad € 85, ohne € 60. Via Sant'Apollonia 35, Tel. 55 35 59, Fax 55 60 38.
- **Verdi** (***). Gilt eher als 2. Wahl, dabei wohnt man keinen Deut schlechter, mit Sicherheit aber ruhiger als anderswo; Parkplatz vor dem Haus. 32 Zimmer, DZ € 95 inkl. BF. Piazza della Repubblica 5, Tel. 59 89 47, Fax 59 89 44.

Budget

• **Amalfitana** (**). Als „Geheimtipp" leider schon zu bekannt, als dass man auf Anhieb ein Zimmer finden könnte. Zentral, freundlich, ruhig, solide eingerichtet und im Idealfall mit Blick auf das Gärtchen des ehemaligen Konvents, mehr kann man nicht verlangen. 21 DZ € 62-72 inkl. BF. Via Roma 44, Tel. 2 90 00, Fax 2 52 18.

• Nur ein schwacher Abklatsch, trotzdem eine beliebte Alternative ist das gleichgroße **Cecile** (**) gleich nebenan. DZ ohne/mit Bad € 49/60. Via Roma 54, Tel. 2 93 28, Fax 2 03 60.

• **Am Domplatz.** Deutlich am sympathischsten ist das „repräsentative" und trotz seiner exponierten Lage vergleichsweise ruhige **Gronchi** (*); 23 geräumige, blitzsaubere DZ ohne Bad (z. T. Blick auf den Garten) ab € 32. Piazza Arcivescovado 1, Tel. 56 18 23. Steif wirkt dagegen das **Helvetia** (*) wenige Schritte entfernt (23 DZ € 42, mit Bad € 57; Via Don Boschi 31, Tel. 55 30 84). Einfach, aber familiär und gemütlich ist das renovierte **Galileo** (*), 8 Zimmer, DZ ohne/mit Bad € 42/55 (Via Santa Maria 12, Tel./Fax 4 06 21).

• **Am Markt.** Die Familienpension **Serena** (*) bietet 13 größtenteils geräumige Zimmer ohne Bad, DZ € 41; Via Cavalca 45, Tel./Fax 58 08 09. Das etwa gleichgroße **Rinascente** (*) ist auch empfehlenswert, allerdings ist im gleichen Haus eine beliebte Kneipe untergebracht; DZ ohne/mit Bad € 52/62. Via del Castelletto 28, Tel./Fax 58 04 60.

• **Am Südufer.** Eine Alternative fern vom Tagestouristen-Rummel, in einer ruhigen Seitenstraße des Corso Italia (Fußgängerzone) gelegen, ist das **Clio** (*) an der Piazza Gambacorti; 10 DZ € 41, mit Bad € 51. Via San Lorenzino 3, Tel. 2 84 46.

• Eine Reihe weiterer Hotels findet man in der **Peripherie des Hauptbahnhofs,** darunter **Milano** (**) und **Roseto** (**) in der Via Mascagni und **Pisa** (**) in der Via Manzoni, doch liegen die Preise hier schon deutlich höher (DZ mit Bad ab € 64).

Jugendherberge

• **Ostello Il Convento** in *Madonna dell'Acqua* (Juli bis Sept.) in einem renovierten Kloster 2,5 km nördlich des Campo dei Miracoli (Bus No. 3). Schöne Lage im Grünen, Garten. 73 Betten € 10,40, 15 DZ um € 42, Frühstück extra. Via Pietrasantina 15, Tel./Fax 89 06 22.

Im Grünen

• **Santa Croce in Fossabanda** (***). 2002 eröffnet, in einer Dominikanerabtei des 14. Jh.s mit wunderschönem Kreuzgang. Garten, Parkplatz. 67 Zimmer, DZ € 93 inkl. BF. Piazza Santa Croce (15 Gehminuten zum Zentrum). Tel. 97 09 11, Fax 971 10 44. www.fossabanda.it

• **La Sterpaia.** Rustikales Landgut mit Restaurant im *Parco di San Rossore* (s. S. 502). 57 Zimmer, DZ € 62 inkl. BF. (Achtung: Sa/So meist überfüllt). Tel. 52 30 19, Fax 52 30 22. www.sanrossore.it

• **Villa di Corliano** (***). Stilvoll eingerichtete Villa aus dem 17. Jh. in einem Park zu Füßen des Monte Pisano mit schönem Blick; ohne große Konzessionen an den „Zeitgeist", aber trotzdem funktional. 15 DZ € 103, ohne Bad € 67. *San Giuliano Terme* (Ortsteil Rigoli) rund 8 km Richtung Lucca. Tel. 81 81 93, Fax 81 88 97. www.villadicorliano.com

Essen & Trinken

• Obwohl Pisa kaum mehr als 10 km vom Meer entfernt liegt, speist man hier wie in Florenz oder Siena – d. h. kräftig, erdverbunden, typisch toscanisch eben. Die traditionellen *Cèe alla Pisana*, in Öl, Knoblauch und Salbei ausgebackene Glasaale, werden heute im Zeichen des Tier- und Umweltschutzes kaum mehr offen angeboten. Eine andere typische Spezialität, die man probieren sollte, ist *Francesina*, ein Haschée aus Rindfleisch, Tomaten, Zwiebeln und Peperoncini.

Restaurants

• **La Mescita.** Geschmackvolle Einrichtung, unaufdringlicher Service, täglich wechselnde Karte und sorgfältige wie einfallsreiche Küche. Und das alles zu durchaus angemessenen Preisen: Antipasti/Primi € 7-10, Secondi € 14-16. Ruhetag Mo. Via Cavalca 2, Tel. 59 86 67.

• **Al Ristoro dei Vecchi Macelli.** Intimes Gourmetlokal „bei den alten Schlachthöfen", die vornehmste Adresse Pisas; Menü um € 45, Ruhetag Mi/So mittags. Via Volturno 49, Tel. 2 04 24.

• **Artilafo.** Originelle, pfiffige Küche in intimem Rahmen (im Sommer auch im Innenhof). Nur abends, Ruhetag So. Via Volturno 38, Tel. 2 70 10.

• **Lo Schiaccianoci.** Das Fischrestaurant Pisas; traditionell, gemächlich und etwas altbacken, was aber keinesfalls auf die Küche zutrifft. Ruhetag So. Via Vespucci 104 (nahe Hbf.), Tel. 2 10 24.

Trattorien & Osterien

• **Osteria dei Cavalieri.** Coole Atmosphäre, immer voll (zumeist von Einheimischen), solide, schlanke Küche mit Phantasie. Mittags preisgünstige Tellergerichte, abends auch einfallsreiche Menüs *(Terra, Mare, Verdure)* um € 23-28. Gutsortierte Getränkekarte, aber auch offene Weine. Ruhetag So/Sa mittag. Via San Frediano 16, Tel. 58 08 58.

• **La Grotta.** Sympathische Kitsch-Osteria in Pappmaché-Grotte. Hier kocht man trotzdem nicht nur für Touristen, sondern einfach, bodenständig und ohne Firlefanz, Secondi um € 10, nach 23 Uhr noch kleine Snacks. Ruhetag So. Via San Francesco 103, Tel. 57 81 05.

• **Vineria di Piazza.** „Neue" Trattoria am alten Markt. Unter den Laubengängen der Piazza delle Vettovaglie Tische im Freien (innen nur Nichtraucher). Verschlankte Traditionsküche zu erstaunlich niedrigen Preisen; Ruhetag So. Keine Reservierung.

• **Enoteca il Colonnino.** Sehr nette, lockere Atmosphäre (im Sommer auch im Garten), gute Küche und Weine zu moderaten Preisen (€ 6-10). Jeden Do Themenabend (Wein & Käse, Wild, Schokolade, Sushi). Nur abends, Ruhetag So. Via S. Andrea 37, Tel. 340 359 95 71.

• **Al Banco della Berlina.** Trattoria mit vorwiegend jungem Publikum in der Südstadt mit leichter, frischer Küche und netter Sommerterrasse. Nur abends (18-1 Uhr), Ruhetag Mi. Piazza dei Facchini 3, Tel. 2 84 61.

• **Cagliostro.** Gutbesuchte Szenekneipe mit hübschem Garten im Innenhof. Ordentliche, wenn auch nicht ganz billige Gerichte bis nach Mitternacht, Ruhetag Di. Via del Castelletto 26, Tel. 57 54 13.

• **Sant'Omobono.** Relikt der „guten alten Zeit", familiäre, preisgünstige Trattoria im Marktviertel Secondi um € 8. Ruhetag So. Piazza Omobono/Via Cavalca.

• **Da Bruno.** Typ „gemütliche" Trattoria, wie täglich herangekarrte Busladungen gerne bestätigen werden (12 % Servizio, Ruhetag Di). Via Bianchi 12, Tel. 56 08 18.

• **Mensa Universitaria,** Via Martini (Durchgang links vom Palazzo Cavalieri), geschlossen Juli-Sept.

Im Grünen

• **Sergio.** Seit 1970 der Witzigmann Pisas: ebenso genial wie umtriebig. Seine neueste Station ist ein elegantes (Garten-)Restaurant auf dem Gelände des *Park Hotel California* (Via Aurelia 338, 2,5 km N). Ruhetag So/Mo mittags. Tel. 89 40 68.

• **Re di Puglia.** Rustikales Grillparadies in *Coltano* an der Via Aurelia Sud. Fiorentina, Lamm, Kaninchen, Zicklein, im Sommer im Freien, im Winter im Kaminzimmer; freundlich und preiswert. Außer So nur abends, Ruhetag Mo. Tel. 96 01 57.

Cafés & Bars

• **Pasticceria Salza.** Gemütliches Traditionscafé (seit 1898) mit erstklassigen Kuchen und Snacks, im Sommer unter den Arkaden. Ruhetag Mo. Borgo Stretto 46.

• **Antico Caffè dell'Ussero.** Das älteste Café Pisas (seit 1794). Lungarno Pacinotti 27.

• Das beste **Eiscafé,** jeden Abend Treffpunkt von halb Pisa, findet man an der Piazza Garibaldi: die *Bottega del Gelato.*

• **Happy Drinker Pub.** Nomen est Omen (bis 2 Uhr nachts). Vicolo dei Poschi (Wegweiser ab Borgo Stretto).

Museen

Am Domplatz

• **Cattedrale,** April bis Okt. 10-19.40Uhr (So 13-19.40), im Winter 10-12.45, So 15-16.45 Uhr. € 2.

- **Battistero.**
- **Camposanto.**
- **Museo dell'Opera del Duomo**.
- **Museo delle Sinopie.**

Jeweils 8-19.30 Uhr, € 5. Diverse Sammeltickets, z. B. alle „4 Monumente" plus Dom € 10,50.

- **Torre Pendente.** 8 Uhr bis Sonnenuntergang alle 40 Min. (max. 40 Pers.) Voranmeldung möglich (und ratsam!). € 15 (keine Ermäßigungen!). www.duomo.pisa.it/info

Andere Standorte

- **Navi Romane** (Ausgrabungsstätte). Voranmeldung (min. 1 Wo.). Tel. 3 21 54 46, € 8. www.navipisa.it. Kleinfunde im
- **Arsenale Mediceo,** Lungarno Simonelli, außer Mo 10-13, 14-19 Uhr, Sa/So 11-13, 14-22 Uhr € 3.
- **Museo Nazionale di San Matteo,** Lungarno Mediceo. 8.30-19.30, So 8.30-13.30 Uhr. € 4.
- **Museo di Palazzo Reale,** Lungarno Pacinotti 46. Außer So 9-14 Uhr, € 3.
- **Orto Botanico,** Via Ghini 5. Mo bis Fr 8-17, Sa 8-13 Uhr, frei.
- **Cimitero Ebraico,** Eingang Largo Cocco Griffi (außerhalb der Stadtmauer), So 6-12, im Sommer auch Mi 16-18 Uhr, frei.
- **San Francesco,** Piazza San Francesco, tgl. 9-12, 16-19 Uhr.
- **Santa Caterina,** Piazza Martiri della Libertà. Häufig verschlossen, die beste Zeit ist vor oder nach der Messe (So 7.30, 9, 12, Mo, Di 17, Mi-Sa 18 Uhr).
- **Santa Maria della Spina,** Lungarno Gambacorti, außer Mo 11-13.30, 14.30-20 Uhr, € 1,10.
- **Santo Stefano dei Cavalieri** (Museum des Stephansritterordens), Piazza dei Cavalieri 8, 10-19, So 11.30-17.30 Uhr, € 1,50.

Feste

- **Gioco del Ponte.** Farbenprächtiger „Kampf um die Brücke" Ponte di Mezzo zwischen den nördl. (Tramontana) und südl. Stadtvierteln (Mezzogiorno) am letzten So im Juni.
- **Regatta Storica di San Ranieri.** Historischer Ruderwettkampf am Namenstag des Stadtheiligen am 17. Juni. Am Abend zuvor Kerzenbeleuchtung der Arno-Promenade zu Ehren des Heiligen (*Luminaria di San Ranieri*).

Shopping

- Fast alle besseren Geschäfte konzentrieren sich auf dem Borgo Stretto und vor allem auf dem Corso Italia. Dort sind u. a. die **Buchhandlung** *Feltrinelli* (No. 50, außer So tgl. 9-20 Uhr) und das **Kaufhaus** *Upim* (No. 116).
- Ideal fürs **Picknick** (Schinken, Wurst, Käse, Fertiggerichte) sind *Gastronomia Gratin*, Via Crispi 66, und *Simi*, Via San Martino 6 (Seitenstraße des Corso Italia). Eine besonders gute Metzgerei am Markt ist *Cesqui*, Piazza delle Vettovaglie 22a.

Rund um Pisa

San Piero a Grado

Nur 6 km westlich, an der verlandeten früheren Mündung des Arno, erhebt sich einsam in der Ebene die großartige **romanische Basilika,** die ihren Namen dem Apostel Petrus verdankt, der im Jahr 44 an dieser Stelle zum ersten Mal italienischen Boden betreten und eine christliche Gemeinde um sich geschart haben soll. Die Bocca, die Mündung des Arno, hat sich seitdem um gut 6 km gen Westen verlagert.

Von der Via Aurelia aus erreicht man San Piero a Grado über eine schöne alte Platanenallee am Südufer des Arno. Außen sind noch Grundmauern römischer Hafenanlagen zu erkennen, antike Säulen und Kapitelle fanden für den Bau der Kirche selbst Verwendung. Der Campanile wurde 1944 von deutschen Truppen als Wachturm genutzt und schwer beschädigt. Die schlichte, dreischiffige Kirche aus Tuffstein und Ziegeln wurde um 1050 erbaut. Ungewöhnlicherweise hat sie keine Fassade, sondern wird auf beiden Seiten von Apsiden abgeschlossen (drei an der Ost-, eine an der Westseite), so dass man das Innere von Norden her betritt. Der deutlich von der altertümlichen Basilika inspirierte Innenraum mit dem 60 m langen Mittelschiff beeindruckt durch sichtbares Gebälk, schlanke Kapitellsäulen, rotweißgestreifte Bögen und monumentale gotischen **Wandmalereien.** Die um 1300 von dem Luccheser *Deodato Orlando* gemalten Fresken **(1004-09)** beginnen mit den Büsten der Päpste von Petrus bis Johannes XVIII, schildern darüber 20 großflächige Szenen aus dem Leben Petri und werden abgeschlossen von den Mauern des Himmlischen Jerusalem, von denen sich Engel herabbeugen. Unter einer der Apsiden hat man Fundamente eines Vorgängerbaus aus dem 4. und eines weiteren, langobardischen, aus dem 6. Jh. freigelegt, unter einem Baldachin in der Mitte der ursprünglichen Kirche steht der antike Altar. (Geöffnet tgl. 8-19 Uhr).

Von San Piero a Grado geht es auf schnurgerader Straße immer am Arno entlang bis ans **Meer** und weiter nach **Livorno** (außer im Hochsommer eine geradezu ideale Alternative zur vielbefahrenen und wenig attraktiven Via Aurelia). Von der heiteren Melancholie der einstigen Idylle – windschiefe Pfahlbauhütten, kleine, ins Wasser gebaute Fischlokale, pittoreske, an langen Auslegern hängende Fischernetze

Die romanische Basilika San Piero

– sind heute freilich nur mehr Spurenelemente zu erahnen.

Marina di Pisa

Es gibt annehmlichere Strände an der toscanischen Küste als ausgerechnet an der „Pisanischen Riviera“ zwischen Arno-Mündung, Livorneser Petrochemie und Großflughafen Galileo Galilei. Trotzdem lohnt ein Ausflug in das alte, anheimelnd morbide Bürgerbad. Anlagen und Villen aus der Gründerzeit zeugen von seiner Glanzzeit Anfang des 20. Jh.s, als noch eine dampfbetriebene Trambahn von Pisa hierher führte, und die marmorverkleidete Kirche *Santa Maria Assunta* kündet von noch früheren Zeiten des Ruhms. Da es im Ort selbst keine Strände gibt und sie weiter außerhalb so schmal sind, dass man sie mit Wellenbrechern schützen muss, damit sie nicht davonschwimmen, ist der Badebetrieb längst 5 km weiter südlich in das zersiedelte und wenig schöne **Tirrenia** gezogen.

Unterkunft & Verpflegung

- Beide Hotels von *Marina* liegen an der Promenade und sind gute Alternativen zu preisgünstigen Unterkünften in Pisa: **Manzi** (***), 26 Zimmer, Via Pisana 25, Tel. 3 66 26, und **Milena** (**), 11 Zimmer, Via Padre Agostino 14, Tel. 3 68 63, DZ je nach Saison ab € 60.
- In *Tirrenia* gibt es gut zwei Dutzend Hotels aller Preisklassen (** bis ****).
- Der Küstenabschnitt zwischen Marina di Pisa und Tirrenia ist gespickt mit Strandbädern und Ausflugslokalen, in denen man teilweise direkt am Strand essen kann.
- **L'Enoteca.** Antipasti, Primi, Tellergerichte. Ruhetag Mo. Via Maiorca 95, Tel. 354 43.
- **Da Gino.** Fische & Meeresfrüchte zu fairen Preisen. Ruhetag Mo/Di. Via delle Curzolari 2, Tel. 354 08.
- **Dante e Divana** in *Tirrenia.* Eines der renommiertesten Fischrestaurants der Toscana. Spezialitäten (für 2) sind Fischfondue und Krustentierplatte. Ruhetag So/Mo mittags. Viale Tirreno 207c, Tel. 38 48 82.

Parco di San Rossore

Zwischen den Mündungsarmen von Arno und Serchio erstreckt sich der fast 5000 ha große Park von **San Rossore,** Teil eines weitaus größeren Naturschutzgebietes zwischen Viareggio und Livorno, das *Migliarino* und *Massaciuccoli* mit einbezieht. Das dichtbewaldete und wildreiche Areal (Eichen, Pinien, Strandkiefern, Macchia), einst kaiserlicher Forst und später Domäne der toscanischen Großherzöge und italienischen Könige, untersteht heute der Region Toscana.

Wasser als Charakteristikum des Parks findet sich in unzähligen Tümpeln, Teichen, Gräben und Kanälen bis hin zum Meer und seiner nahezu unberührten Küstenlandschaft. Sehr interessant sind z. B. *Le Lame,* ausgedehnte Sumpfgebiete nördlich der Arnomündung mit seltener Vegetation und reicher Vogelfauna. Am Strand von *Gombo* (mit einer für Besucher nicht zugänglichen Villa) wurde 1822 die Leiche des bei einer Seereise von Livorno nach Viareggio über Bord gegangenen *Percy B. Shelley* angespült. Lord Byron und seine Freunde verbrannten den Toten vor Ort (seine Asche wurde in Rom beigesetzt) und brachten lediglich sein Herz zurück ins heimische England.

- Problemlose Anfahrt von Pisa über die *Viale delle Cascine* (4 km).
- Vom Besucherzentrum *Tenuta San Rossore* aus können Di, Do, Sa, So organisierte Führungen zu Fuß, per Mountainbike oder Bus gemacht werden. Info und Voranmeldung Tel./Fax 53 01 01. www.parcomsrm.it
- Vom Besucherzentrum *Casale della Sterpaia* aus finden Ausritte und Kutschfahrten statt. Tel./Fax 52 30 22. Hier befindet sich auch die **Foresteria**.
- An Sonn- und Feiertagen sind einige Abschnitte des Parks frei zugänglich. Fahrradmiete pro Std./Tag € 5,50/15,50.

Certosa di Pisa

Von der ursprünglichen Anlage des 1366 gegründeten Kartäuserklosters ist praktisch nichts mehr erhalten, da es im 17./18. Jh. vollständig im Barockstil ausgebaut wurde. Sehenswert sind die beiden *Kreuzgänge* (der kleinere stammt noch aus dem 15. Jh.) und die prunkvolle *Sala di Granduca* der toscanischen Großherzöge. Das 1591 gegründete und der Universität Pisa angeschlossene *Museo di Storia Naturale* beherbergt eine umfangreiche Sammlung von Mineralien, Fossilien und präparierten Tieren aller Art.

Die Kartause liegt 1 km außerhalb des Städtchens **Calci** 14 km östlich von Pisa. Im Ort die hübsche, nach dem Vorbild der Pisaner Romanik errichtete Pfarrkirche *Sant'Ermolao* (11./12. Jh.) mit einem romanischen Taufbecken (um 1180) nach Art eines römischen Sarkophags.

• *Certosa* und *Museo.* Außer Mo 9-18 (im Winter 12), So 9-12 Uhr, € 4.

Pontedera

Das Kultgefährt **Vespa** gehört zur Toscana wie der Schiefe Turm. Nach dem Motto „Schwerter zu Pflugscharen" wurde die quirlige *Wespe* 1946 von der ehemaligen Waffenschmiede *Piaggio* aus Abfallprodukten der Kriegswirtschaft entwickelt. Das nach rein praktischen Gesichtspunkten mit Zweitakt-Heckmotor konstruierte Billiggefährt wurde binnen kurzem zum Symbol italienischer Lebensart.

1993 übernahm der erst 29jährige *Giovanni Alberto Agnelli*, Neffe und designierter Kronprinz des Turiner Fiat-Patriarchen Gianni Agnelli, das Ruder der heruntergewirtschafteten Firma und leitete eine überraschende „Renaissance" des Rollers ein. Agnelli, der sich wie viele italienische Entrepreneurs als Linker gab, residierte bis zu seinem vorzeitigen Tod (er starb 1998 an Krebs) wie ein Medici-Fürst in einer Villa über der Stadt und war als Mäzen sozialer, wissenschaftlicher und kultureller Projekte weit über die Region hinaus bekannt.

Praktische Informationen

• Pl. 26.135. 14 m. **Tel. 0587.**

Unterkunft & Verpflegung

• **Armonia** (****), seit 1860, DZ € 180, Tel. 27 85 11 (www.hotelarmonia.it) und **Il Falchetto** (***), DZ € 77, Tel. 21 21 13, Fax 22 11 83, beide zentral an der Piazza Caduti Cefalonia e Corfù.

• **Aeroscalo.** Gute traditionelle Küche, Ruhetag Mo. Via Roma 8, Tel. 5 20 24.

• **Da Beppe** in *Staffoli* (16 km). Die Rückkehr des verlorenen Sohnes, oder: renommiertes Feinschmeckerlokal mit grandioser Fischküche (Michelin-Stern) in Papas alter Fernfahrerkneipe. Menü um € 50, Ruhetag Mo/So abend. Tel. 0571/3 70 02.

• **Amedei.** Preisgekrönte Schokolade vom Allerfeinsten – für manche sogar noch besser als die von *Slitti* (s. S. 391). Via San Gervasio 29 in *La Rotta* (2 km O). Tel. 48 48 49, Fax 48 32 08. www.amedei.it

• **Museo Piaggio.** Mehr als 60 Exponate der legendären „Wespe" von der ersten Generation bis zum heutigen Kat-Modell sind zu besichtigen, dazu zahllose Dokumente zur Sozialgeschichte des Rollers. Mi-Sa 10-18 Uhr, frei. Viale Piaggio 7, Tel. 27 17 20. www.piaggio.com

Livorno & Etruskische Riviera

Etruskische Riviera – zwischen Livorno & Piombino

Fortezza Nuova in Livorno
Rettungshundetraining an der Küste
Suvereto

Livorno

„Man kann nicht sagen, dass diese Stadt schön sei... aber sie hat einzelne Schönheiten, die vielen der größeren Städte fehlen, und eine Lebendigkeit und ein Bienengesumm der tätigen Menschen...“ (Ernst Moritz Arndt, 1799)

Livornos Ruf als „kulturarme“ Industriestadt bekommt ihr nicht schlecht. Der zweitgrößte Ort der Toscana und ihr größter **Handels- und Passagierhafen** zeigt sich auch ohne Tourismus bunt, geschäftig und überaus lebhaft. Nirgendwo findet man so viel fahrendes Volk und Afrikaner, die auf den Gehsteigen ihre Waren ausbreiten, an Abenden und am Wochenende flanieren Matrosen und die Kadetten der Accademia Navale, der größten Militärakademie Italiens, durch die Gassen der Altstadt, und Dutzende Schulen, Institute und Ausbildungsstätten sorgen für ein **betont junges und kosmopolitisches Flair,** von dem zahlreiche preiswerte Pensionen, Trattorien und Szenekneipen zeugen.

Livorno ist zwar eine vergleichsweise junge Stadt, aber deshalb nicht ohne Tradition. Toleranz und Freigeistertum gelten als ihre hervorstechendsten Eigenschaften seit 1593, als die Medici ihre berühmten *Leggi Livornine* erließen, um Verfolgte und Freiheitssuchende aus aller Welt in die toscanische Hafenstadt zu locken, und die Industrialisierung des 19. Jh.s setzte eine radikale Arbeiterschaft in ihren Docks und Fabriken frei, die sie 1921 zum idealen Gründungsort der Kommunistischen Partei Italiens machte. Livorno gilt noch heute als die „röteste“ Stadt der roten Toscana.

Die berühmtesten Söhne der Hafenstadt sind aber nicht etwa Seefahrer, sondern Künstler wie **Pietro Mascagni** (1863-1945), der Komponist der *Cavalleria Rusticana*, und die Maler **Giovanni Fattori** (1825-1908) und der später in Paris zu Weltruhm gelangte **Amadeo Modigliani** (1884-1920). (Als man 1984 vermeintliche Jugendwerke des „Meisters der langen Hälse“ aus den Kanälen fischte, hoffte man schon auf eine Sensation, doch der Coup entpuppte sich lediglich als ein Studentengag.)

Geschichte

Als Livorno im 16. Jh. Stadt wurde, hatten alle anderen Städte der Toscana ihren Höhepunkt bereits längst überschritten. Nach der Niederlage der pisanischen Flotte gegen Genua 1284 war das römische *Liburnum* nahezu in die Steinzeit zurückgefallen, ehe Florenz, das dringend eines eigenen Hafens bedurfte, 1421 den Genuesen das marode und malariaverseuchte Nest abkaufte.

Es vergingen jedoch noch hundert Jahre, ehe *Giulio de'Medici* (der spätere Papst Clemens VII) ein Fort errichten ließ (*Fortezza Vecchia*), und weitere fünfzig, bevor *Cosimo I* die Gründung einer richtigen Stadt beschloss. Bereits 1571 musste daher eine zweite, noch größere Festung her (*Fortezza Nuova*), um *Buontalentis* fünfzackige Musterstadt mitsamt Dom und Piazza

Grande ausreichend zu schützen. **1593** kam der Wendepunkt in der Geschichte Livornos, als Cosimos Nachfolger *Ferdinando I* die noch fast unbevölkerte Stadt zum **Freihafen** erklärte und ihren Bewohnern Straferlass und Religionsfreiheit zusicherte. Mit den Heimatlosen und Geächteten – Juden, Armenier, muslimische Türken, orthodoxe Griechen, calvinistische Holländer, ehemalige Piraten – zogen Handel und Wandel, aber auch Aufsässigkeit und Freiheitsdurst in die Stadt ein. Werften und Industrien entstanden, und mit ihnen eine stolze, aufrührerische Arbeiterschaft, die eher zum revolutionären oder napoleonischen Frankreich hielt als zu den feudalistischen Großherzögen der Toscana und **1921** als Avantgarde des italienischen Kommunismus entscheidend zur **Gründung des PCI** beitrug. Nicht zuletzt deshalb schlug hier der Faschismus besonders breite Schneisen der Verwüstung ins Stadtbild (was u. a. zur völligen Vernichtung der jüdischen Gemeinde führte). Im Zweiten Weltkrieg wurde Livorno aufgrund seiner Schlüsselindustrien härter bombardiert als jede andere Stadt der Toscana und nahezu zur Hälfte in Schutt und Asche gelegt.

Orientierung

Die (alte) *Via Aurelia* verläuft in Nord-Süd-Richtung mitten durch die Stadt und kreuzt dort den *Viale Carducci*, der ostwärts zum Bahnhof und westwärts geradewegs zur Altstadt führt. Vom überdimensionalen Oval der *Piazza della Repubblica* zieht sich die Hauptgeschäftsstraße **Via Grande** bis hinunter zum alten Hafen *(Porto Mediceo)*. Mittelpunkt des vom **Fosso Reale,** einem fünfeckigen, einst durchgehend schiffbaren Graben umgebenen historischen Zentrums ist die **Piazza Grande** mit dem nach dem Krieg wiederaufgebauten *Duomo San Francesco* (1594-1606). Zwischen den beiden Medici-Festungen *Fortezza Vecchia* und *Fortezza Nuova* erstreckt sich das malerische Viertel **Venezia Nuova.** Unterhalb des alten Hafens führt die langgezogene Uferpromenade **Viale Italia** zu den Strandbädern *Ardenza* und *Antignano* und zurück auf die Via Aurelia.

Sehenswertes

Quattro Mori

In keiner anderen Stadt der Toscana konnte ein derartig denkwürdiges **Monument** wie das der *Vier Mohren* an der Piazza Micheli am alten Hafen entstehen. Oben thront Großherzog Ferdinand I, der Bezwinger der Sarazenen, am Sockel ihm zu Füßen winden sich vier schwarze Galeerensklaven in ihren Ketten. Der Florentiner Bildhauer *Pietro Tacca* fügte sie 1624 dem bereits bestehenden Heldendenkmal an. Schmerz und abgrundtiefe Resignation, aber auch unbeugsamer Stolz steht in ihren Gesichtern geschrieben, und voller Sehnsucht scheinen sie aufs Meer hinaus zu starren. Mitgefühl mit den Geknechteten dieser Erde war nicht gerade ein hervorstechender Charakterzug einer Zeit, in der auch im Hafen Livornos tagtäglich die Ware Mensch umgeschlagen wurde.

Venezia Nuova

Vom Standbild der Mohren aus erblickt man bereits die trutzige **Fortezza Vecchia,** die den alten Hafen nach Norden abschließt. 1521-1534 nach Plänen von *Antonio da Sangallo d. J.* gebaut (der kurz darauf Architekt von Sankt Peter in Rom wurde), schließt sie als letzten Überrest der pisanischen Befestigung den Turm *Mastio di Matilde* (1077) ein. Zwischen der alten und der neuen Festung erstrecken sich die malerischen Wasserstraßen der **Fossi Medicei,** ein dicht verzweigtes Netz von Kanälen, Brücken und Gassen voller *Magazzini* und *Cantine,* das nicht von ungefähr an Venedig erinnert. Mittendrin erhebt sich der achteckige Zentralbau von *Santa Caterina* mit seiner 63 m hohen Kuppel (im Innern der Kirche eine *Marienkrönung* von Giorgio Vasari), gleich daneben, rein äußerlich ein unscheinbarer Palazzo, der berüchtigte Kerker der Dominikaner, in dem selbst noch im Zweiten Weltkrieg prominente Regimegegner (wie der spätere Staatspräsident Sandro Pertini) einsaßen. Gleich um die Ecke in der Via San Marco gründete am 21. Januar 1921 Antonio Gramsci im alten *Teatro San Marco* (heute ein Kulturhaus) den *Partito Comunista Italiano*. Die gigantische, fünfzackige **Fortezza Nuova** (1571-1590) kann im Gegensatz zur baufälligen alten ohne weiteres besucht werden, sie dient als Parkanlage und Ausstellungszentrum.

Fosso Reale

Der „königliche", unter Cosimo I angelegte und einst durchgehend schiffbare Festungsgraben verläuft rund um den historischen Kern, wurde aber bereits im 19. Jh. teilweise überbaut, um Raum für „repräsentative" und menschenfeindliche Aufmarschplätze wie die unendlich leere, baumlose **Piazza della Repubblica** zu schaffen. Die **Via Grande,** noch lange nach ihrer Entstehung im 16. Jh. einer der längsten und prachtvollsten Boulevards Italiens, präsentiert sich heute nurmehr als ein trauriges Monument faschistoider Nachkriegsarchitektur. Es empfiehlt sich, dem Lauf des Fosso zu folgen (und auf der anderen Seite des Grabens dem *Mercantino Americano* einen Besuch abzustatten), bis linkerhand der ockerfarbene **Mercato Nuovo delle Vettovaglie** am Ufer auftaucht. Der im neoklassizistischen Stil von 1894 erbaute „Viktualienmarkt" aus Glas und Schmiedeeisen prunkt im Innern mit Säulen, Karyatiden und Loggien und birgt im „Nebenschiff" einen sehenswerten Fischmarkt. Über die lebendigen Marktstraßen *Via Cardinale* und *Via del Giglio* erreicht man die Via Grande; wer dem Fosso folgt, stößt auf die (gleichfalls wieder überbaute) *Piazza Cavour* und kann von dort über die Bankenstraße Via Cairoli zur *Piazza Grande* vorstoßen.

Museo Civico Giovanni Fattori

Die von *Giovanni Fattori* (1825-1908) ins Leben gerufene Schule der **Macchiaioli** („die in die Macchia gingen, um zu malen") mag vielleicht kei-

ne Sternstunde in der Geschichte der Malerei darstellen, doch die Werke der **toscanischen Impressionisten** in der Manier eines Degas, Manet oder Pissarro sind ohne Zweifel einen Besuch wert. Die Pinakothek ist seit einiger Zeit in der von einem Park umgebenen *Villa Mimbelli* (1865) untergebracht (s. *Museen*). (Von Amadeo Modigliani, dem berühmtesten der „Farbkleckser", besitzt Livorno leider keine Werke).

Viale Italia

Von der *Terrazza Mascagni* hat man an schönen Tagen einen Blick bis zum Küstenwachturm *Calafuria*, den Inseln Gorgona und Capraia und sogar bis Elba und Korsika. Das **Acquario Comunale** gilt als eines der besten seiner Art in ganz Italien, ein Muss für Liebhaber mediterraner Unterwasserwelten und erleuchteter Rundum-Bassins. Nur wenige Meter weiter verrottet das einstige Prachthotel der Stadt, das *Gran Hotel Palazzo* (1884) mit dem *Bagno Pancaldi*, dem ersten Strandbad des 19. Jh.s.

Noch weiter südlich sollte man mit dem Auto fahren (oder einen Bus nehmen). Die imposante *Accademia Navale* entstand aus der Zusammenlegung der Akademien von Genua und Neapel (1877) und ist noch heute die größte Militärschule Italiens. Zwischen ihr und der 1868 erbauten Pferderennbahn *(Ippodromo Caprilli)* erstreckt sich eine beeindruckende Prozession von **Liberty-Villen** mit herrlich bizarren „maurischen" Türmchen, Erkern und Arkaden.

Der Festungsgraben Fosso Reale

Kurz hinter der neoklassizistischen *Rotunda* des Strandbads *Ardenza* zweigt die Via Pacinotti ins Land ab und führt immer weiter bergauf bis zum populären Wallfahrtsort *Montenero* (s. S. 513).

Praktische Informationen

- Ll. 163.000. **Tel. 0586.**
- **Info.** *APT,* Piazza Cavour 6, außer So 9-13, Mi/Do auch 15-17 Uhr, Tel. 20 46 11, Fax 89 61 73, info@livorno.turismo.toscana.it. Im Sommer zusätzlich ein Kiosk am Porto Mediceo, Tel. 89 53 20. Reisebüro *Viaggi e Turismo,* Via Ricasoli 15; Tickets für Züge, Flüge, Fähren, Aushang von Fahrplänen usf.
- **Märkte.** Der *Mercato Centrale* ist außer So/Mo 9-13 Uhr geöffnet. *Mercantino Americano,* Piazza XX Settembre. Ursprünglich ein Schwarzmarkt, auf dem die GIs des nahen US-Stützpunkts *Camp Darby* PX-Waren wie Zigaretten, Levis, Stiefel und Fallschirme (für die Olivenernte) losschlugen, heute ein ganz normaler, gut sortierter Flohmarkt; außer So 9-19.30, Mo ab 12 Uhr. *Wochenmarkt.* Fr in der Via Trieste (nahe Bhf.).
- **Taxi.** Piazza Grande, Tel. 89 80 94.
- **Stadtrundfahrten.** *Livorno dall'Aqua.* Im Sommer werden tgl. *Bootstouren* durch die mediceischen Kanäle angeboten; ca. 1 Std. € 5, mit Besichtigung der Fortezza Vecchia ca. 2 Std. € 8,50.
- **Post.** Via Cairoli 46.
- **Konsulate.** *D,* Piazza della Vittoria 56, Tel. 89 00 08. *CH,* Via Cogorano 25, Tel. 89 41 32.
- **Sprachkurse.** *Istituto Linguistico Mediterraneo,* Via Marradi 30, Tel. 80 43 25.

Verkehrsverbindungen

Zug

- Livorno ist Knotenpunkt der Linien Genua–Rom und Pisa–Firenze. Der Hauptbahnhof liegt 2 km östlich des Zentrums am Ende des Viale Carducci.

Bus

- Mit *ATL* (Largo Duomo 2, Tel. 88 42 62) von/nach Pisa, Marina di Pisa und Orte der Provinz Livorno (Castiglioncello, Cecina, San Vincenzo, Piombino usf.); mit *LAZZI* (Piazza Manin, Tel. 89 95 62) von/nach Pisa, Lucca, Viareggio, Empoli, Pistoia, Firenze.

Fähren

- Von Livorno ist man in 4 Std. in Korsika, in 10 in Sardinien, in 19 in Sizilien und in 24 in Barcelona, nach Elba benötigt man rund 4 und nach Capraia knapp 3 Std. Die wichtigsten lokalen Schiffahrtsgesellschaften sind *Toremar* (Piombino, Elba, Capraia), Porto Mediceo (8 -12 Uhr!), Tel. 89 61 13, Fax 88 72 63 und *Mobylines* (Elba, Korsika, Sardinien), Stazione Marittima, Tel. 82 68 23, Fax 82 68 24.

Entfernungen

- (in km): Pisa 24, Viareggio 40, Lucca 46, Firenze 85, Castiglioncello 21, Cecina 36, San Vincenzo 60, Piombino 82, Grosseto 135, Roma 321.

Unterkunft

- Livorno verfügt über unverhältnismäßig viele gute und preiswerte Hotels und Pensionen aller Klassen. Obwohl nicht gerade eine „Touristenstadt", sind erhebliche Preisnachlässe außerhalb der Saison (bis 50 %) die Regel.

Tourist

- **Gran Duca** (***). Livornos Touristenhotel Nrummer 1 unmittelbar bei den Vier Mohren am *Porto Mediceo.* In die alte Stadtmauer integrierter Palazzo mit Aussichtsterrasse, Garage, Hallenbad, Sauna, Restaurant – ganz passabel, allerdings an einer lauten Hauptstraße gelegen. 72 Zimmer, DZ € 96-124 inkl. BF. Piazza Micheli 16, Tel. 89 10 24, Fax 89 11 53, www.granduca.it.
- **Boston** (***). Solides, freundliches Mittelklassehotel in guter Lage; 35 Zimmer meist mit Balkon, DZ € 85-103. Piazza Mazzini 40, Tel. 88 23 33, Fax 80 20 44.

• **Città** (***). Nur wenige Schritte vom Markt entfernt, modern eingerichtet; 21 Zimmer, DZ € 83-103. Via di Franco 32, Tel. 88 34 95, Fax 89 01 96.

• **Ariston** (***). Renoviertes Hotel im 1. Stock eines Stadtpalazzo an der Piazza della Repubblica (No. 11) mit 12 hohen, schönen, teilweise aber etwas lärmigen Zimmern. DZ € 62-77. Tel. 88 01 49, Fax 88 91 92.

Budget

• **Marina** (*). Freundliche, blitzsaubere Villa mit hübschem Garten und großzügigen, teilweise freskierten Zimmern (zur Straße hin etwas laut und meist ohne Bad). Restaurant, 12 Zimmer, DZ € 57. Corso Mazzini 24, Tel. 83 42 78, Fax 83 41 35.

• **Giardino** (**). Sachlich, nüchtern, aber relativ ruhig, da in einem Innenhof gelegen (Parkplatz). 21 DZ € 62-75. Piazza Mazzini 85, Tel./Fax 80 63 30.

• **Goldoni** (*). Zweistöckiges ruhiges Haus im Zentrum mit kleinem Innenhof (Garten). 11 Zimmer ohne/mit Bad € 52/62. Via E. Mayer 42, Tel./Fax 89 87 05.

• **Dante** (*). Nette Pension mit angenehmer Atmosphäre (hübscher Salon) in einem Patrizierhaus am Fosso Reale, auf Wunsch mit Frühstück und Mahlzeiten. 6 DZ ohne Bad ab € 30, je 1 Drei- und Vierbett-Zimmer (das einzige zum Kanal) ab € 42. Scali d'Azeglio 28, Tel. 89 34 70.

Außerhalb des Zentrums

• **Rex** (****). Modernes Terrassenhotel auf einer Klippe über dem Meer in *Antignano* (9 km) mit Lift zum Privatstrand. 66 Zimmer/Suiten, DZ € 135. Tel. 58 04 00, Fax 50 95 86. www.hotelrex.it

• **Gennarino** (***). Traumhafte Jugendstilvilla mit Gärtchen in der Nähe der Accademia Navale; ohne Restaurant. 23 Zimmer, DZ € 88-93. Viale Italia 301, Tel. 80 31 09, Fax 80 34 50, www.hotelgennarino.it

• **Universal** (***). Villa mit Privatstrand, Pool und Terrasse am Meer in *Antignano* (8 km). 32 Zimmer, DZ € 114-129 (in Vor-/Nachsaison bis 40 % Preisnachlass). Tel. 50 03 98, Fax 50 03 27.

• **Il Romito** (***). Hotel unterhalb des renommierten **Fischrestaurants** (Ruhetag Mi) auf einer Klippe über dem Meer an der Straße nach Castiglioncello (14 km). 15 Zimmer ab € 83. Tel./Fax 58 05 20. www.romito.it

• **La Vedetta di Montenero** (***). In einem großen Park unterhalb von *Montenero* (16 km S) gelegene Villa des 18. Jh.s mit spektakulärer 370 qm-Panoramaterrasse auf den Golf von Livorno. 31 geräumige Zimmer mit allem Komfort und z. T. Meerblick, DZ € 120-140 inkl. BF. Tel. 57 99 57, Fax 57 99 69. www.tuscany.net/vedetta

Jugendherberge

• **Ostello Villa Morazzana.** Eher Residenz im Grünen als Jugendherberge; 131 Betten à € 13, 22 DZ ohne/mit Bad € 26/42, Via di Collinet 68, Tel. 50 00 76, Fax 50 24 26.

Essen & Trinken

• Zwei Gerichte haben den Ruf der Livorneser Küche über Italien hinaus verbreitet: *Triglie alla Livornese*, Rotbarben im Tomatensud, und der feuerrote **Cacciucco.** Letzteren als „Fischsuppe“ zu bezeichnen, führt freilich in die Irre. Vielmehr handelt es sich um einen deftigen *Eintopf* auf der Basis von Tomaten, Rotwein, Olivenöl, Knoblauch und geröstetem Brot, dessen Hauptbestandteil weniger aus „Fisch“ denn aus Cozze, Vongole, Polpi und Calamari besteht. Nicht umsonst ist Cacciucco aus dem türkischen *kacukli*, „Durcheinander“, abgeleitet, und so wird er daher nicht nur überall anders aussehen (je nachdem was „drin“ ist), sondern auch ganz unterschiedlich schmecken (je nachdem wie oft sein Sud schon „wiederaufgekocht“ ist). Der Grat zwischen „Gedicht“ und „Pampe“ ist schmal, was aber keinesfalls abschrecken, sondern nur vor Enttäuschungen bewahren soll.

Restaurants

• **La Chiave.** Kleine, aber phantasievolle Karte, korrekte Preise (Secondi € 12-15), lockere bis fröhliche Atmosphäre; nur abends. Ruhetag Mi. Scali delle Cantine 52, Tel. 88 86 09.

• **Ciglieri.** Hochgelobter Gourmettempel in *Ardenza* (5 km), für unseren Geschmack abgehoben und überteuert (Menü € 55). Ruhetag Mi. Via Franchini 38, Tel. 50 81 94.

Trattorien

• **Sottomarino.** Eine *Institution.* Tümlich, „originell", maritim getäfelt und immer voll (im Sommer zusätzlich kleiner Innenhof). Die riesige Portion *Cacciucco* reicht gut für zwei (um € 25). Ruhetag Do (und Juli). Via Terrazzini 48, Tel. 88 70 25.

• Etwas billiger und weniger überlaufen ist **Da Carlo** (mit Tischen im Freien), Viale Caprera 43, Ruhetag So. Tel. 89 70 50.

• **L'Antica Venezia.** Ungezwungene, gemütliche Osteria mit Marmortischen und preiswerten Fischgerichten im Quartiere *Venezia Nuova.* Ruhetag So/Mo. Via dei Bagnetti 1, Tel. 88 73 53.

• **Vecchia Livorno.** Einfache, unkomplizierte Kneipe mit handfester und preisgünstiger Livorneser Küche (gute Primi!). Ruhetag Di. Scali delle Cantine 34, Tel. 88 40 48.

Osterien

• **Il Tartufo.** Trüffel mit Tagliolini, Tortellini, Gnocchi, Eiern (selbst die Coperto-Butter ist zart getrüffelt). Doch von wenigen Gerichten abgesehen sind die Preise der kleinen, aber feinen Osteria (zehn Tische, winziger Garten im Innenhof) so sensationell wie die Qualität der Küche. Alles kommt frisch, heiß und perfekt abgestimmt auf den Tisch; ein Muss sind die köstlichen *Stoccafisso* und *Baccalà* (*alla Livornese* oder *al forno* mit Kartoffeln), traumhaft die frischen Gemüseaufläufe und die ofenwarme *Torta di Mele.* Nur abends, Ruhetag Mo. Via Oberdan 70, Tel. 88 47 35.

• **Cantina Nardi.** Mittags populäres Bistro mit wenigen, aber frischen und hausgemachten Gerichten, abends Enoteca mit leckeren Snacks. Ruhetag So. Via Cambini 6, Tel. 80 80 06.

• **In Caciaia.** Neue Osteria im Ortskern von *Antignano* (8 km) mit sorgfältig zubereiteten Livorneser Klassikern; Veranda. Tel. 58 04 03.

• **Ghinè Cambrì.** Vergnügliche Osteria-Enoteca mit hübscher Sommerterrasse in *Castellaccio* (11 km S). Ruhetag Mo/Di (außer im Sommer). Via di Quercianella 263, Tel. 57 94 14.

Cafés, Bars & Snacks

• Unbedingt versuchen sollte man den *Ponce alla Livornese,* heißen schwarzen Kaffee mit Rum, oder *Persiana,* einen Cocktail aus Anis und Minzlikör.

• **Enoteca DOC.** Weine und Snacks (Crostini, Carpacci, Suppen, Salate) tgl. außer Mo 10-1 Uhr. Via Goldoni 40, Tel. 88 75 83.

• **Attias.** Rustikaler Stehimbiss (Schinken, Würste, Crostini), an der Theke oder zum Mitnehmen (innen auch Restaurant). Ruhetag So. Via Ricasoli 127.

• **Marameo.** Szenelokal mit reicher Auswahl an Pasta, Salaten, Carpacci etc. Garten. Ruhetag Mo. Scali delle Cantine 92.

• **Cibo per la Pace.** Noch trendiger: *Organic food.* Ruhetag So. Corso Amadeo 69, Tel. 89 35 91.

• **Da Cecco** (Via Cavallotti 2) und **Torteria Gagarin** (Via del Cardinale 24 am Markt). *Farinate* und *Cecine* (Fladen aus Kichererbsenmehl) aus dem Holzkohlenofen, ideal für den kleinen Hunger zwischendurch.

• **Caffè Déco.** Hübsches Szene-Café mit ruhigem Innenhof, Via Cambini 10.

• **Pasticceria Dolli.** Gute Auswahl an Gebäck und Kuchen, im Salon de Thé oder im Freien auf der Piazza Grande.

• **Gelateria Dollino,** Via Grande 72. Das beste Eiscafé Livornos.

• **V.A.D.** Umwerfender Käseläden an der Piazza Cavallotti Ecke *Via del Giglio.* In dieser Straße zwischen Via Grande und Mercato findet man noch diverse andere exzellente Lebensmittelläden.

Museen

• **Museo Civico Giovanni Fattori,** Via San Jacopo in Acquaviva, außer Mo 10-13, 16-19 Uhr, € 4,15.

• **Acquario Comunale,** Piazza Mascagni, vorübergehend geschlossen.

• **Fortezza Vecchia.** Besichtigung nur im Sommer im Rahmen von Führungen (Sa/So), Auskunft beim *APT.*

Feste

• *Coppa Barontini.* Nächtlicher, von Fackeln erleuchteter Ruderwettkampf der Stadtteile vor der Fortezza Nuova am letzten So im Juni. *Palio Marinaro.* Historischer Ruderwettstreit vor der Terrazza Mascagni am ersten So im Juli.

Santuario di Montenero

Eines der wichtigsten Pilgerzentren der Toscana in prächtiger Aussichtslage 193 m hoch über dem Meer. Nachdem die wundertätige *Madonna di Montenero* 1345 am Strand von Ardenza angeschwemmt worden war, errichtete man ihr auf dem Berg eine Kapelle, die im Lauf der Zeit zu einem Wallfahrtskomplex (sehenswert die *Galleria degli Ex Voto)* im reinen Spätbarock erwuchs. An guten Tagen schweift der Blick bis nach La Spezia, Piombino, Elba und sogar Korsika.

• Tgl. 6.25-12.30, 14.30-18.30 Uhr. Von Ardenza oder Antignano aus (Wegweiser) rund 10 km bergauf. Den Gipfel erklimmt man per Auto oder Zahnradbahn (€ 1), der wahre Pilger geht zu Fuß.

• Gute, preisgünstige Übernachtung im Hotel **Montallegro** (**), 23 Zimmer mit/ohne Bad ab € 49, Tel. 57 90 30. www.montallegro.net

Quattro Mori – ein Wahrzeichen Livornos

Etruskische Riviera

Castiglioncello

Strandbad des 19. Jh.s an einem Felskap mit Pinienhainen und „Bilderbuchstränden", lange Zeit Adresse der feinen Gesellschaft und florierende Künstlerkolonie. Halb beschwingt, halb etwas betulich geht es noch heute zu, auch wenn im Sommer die schmalen Badebuchten mit den malerischen Bagni dem Andrang der Massen kaum noch standhalten. Ein weitläufiger Ort mit viel Grün und ohne ausgeprägtes Zentrum, aber mit viel „Ambiente" (Parks, Yachthafen, Mediceer-Turm, Castello Pasquini) und rund vierzig oft recht charmanten Hotels, die den Ort (außer im Juli/August) auch für den Durchreisenden attraktiv machen.

Gen Süden schließt sich fast nahtlos das weniger charmante *Rosignano Solvay* mit seinen Chemiebetrieben an, bald danach ziehen sich die Colline Metallifere immer weiter zurück und weichen der Pineta.

Praktische Informationen

- LI. **Tel. 0586.**
- **Information.** Via Aurelia 967, Tel./Fax 75 22 91.
- **Markt.** Do, Mo in Rosignano.

Verkehrsverbindungen

- **Zug.** Bahnhof der Linie Livorno-Grosseto im Zentrum (nur Lokalzüge).
- **Bus.** Mit *ATL* von/nach Livorno und den Küstenorten bis Piombino.
- **Entfernungen** (in km): Pisa 42, Livorno 22, Vada 5, Rosignano Mmo. 6, Cecina 10, San Vincenzo 26, Piombino 61.

Unterkunft & Verpflegung

- **Villa Parisi** (****). Nostalgisches Familienhotel in idyllischer Lage unter Pinien hoch über dem Meer; Pool, Tennis. 20 Zimmer, DZ € 120-340 je nach Saison. Via Monti 10, Tel. 75 16 98, Fax 75 11 67. www.emmeti.it/villaparisi
- **Baia del Sorriso** (***). Villa über einer felsigen Bucht mit herrlichem Blick auf Castiglioncello; 36 Zimmer, DZ ab € 93. Via Aurelia 1023 (nördl. Ortsanfang), Tel. 75 25 70, Fax 75 26 77.
- **Bartoli** (*). Intimes Haus mit Garten nahe dem Torre Medicea. 19 Zimmer, DZ ab € 47, im Hochsommer nur HP. Via Martelli 9, Tel. 75 20 51.
- **Torre Medicea.** Sehr gepflegtes Fischrestaurant im alten Wachturm am Meer mit schöner Aussichtsterrasse. Ruhetag Di (außer April bis Okt.). Tel. 75 42 60.
- **Ciucheba.** Die eleganteste Disco weit und breit (indoor/outdoor), auch Mahlzeiten. Do bis Sa ab 23 Uhr, Via Pineta Sud 18, Tel. 75 24 50.

Rosignano Marittimo

Der schon von Etruskern, Römern und Langobarden besiedelte **Bergort** im Landesinneren (4 km) war jahrhundertelang von Pisa und Florenz umkämpft; Lorenzo de'Medici ging hier in den Wäldern und Sümpfen von Vada auf die Jagd. Den mittelalterlichen Kern überragt die *Rocca*, deren älteste Teile bis auf das 9. Jh. zurückgehen, im Innern des Mediceer-Kastells eine Zisterne und eine Kirche aus dem 15. Jh.

Im *Archäologischen Museum* im Palazzo Bombardieri sind etruskische und römische Funde und der Kerker des mächtigen *Torrione di Levante* (Ostturm) zu besichtigen. In der Kirche *San Nicola* an der Hauptstraße Via Gramsci ein wertvolles hölzernes Kruzifix aus dem 12. Jahrhundert.

Praktische Informationen

- **Info.** Via Gramsci 19 (Juni bis Sept.), Tel./Fax 79 29 73.
- **Museum.** *Museo Civico*, Juli bis Sept. 9-13, 17-22 Uhr, sonst nur vormittags, € 2,60.
- **Essen & Trinken.** Sehr zu empfehlen ist die vorzügliche und preiswerte Trattoria **La Gattabuia** mit deftigen Gerichten der Livorneser Küche wie Stoccafisso mit Kartoffeln, Kutteln mit weißen Bohnen, gefüllten Tauben und Kaninchen. Außer So nur abends, Ruhetag Di, im Sommer auch im Freien. Via Gramsci 32, Tel. 79 97 60.

Vada

Obwohl schon die Etrusker und Römer Volterras hier ihren Hafen hatten, wirkt der Ort im Vergleich zu Castiglioncello wie aus der Retorte, hat aber einige der schönsten **Strände** weit und breit: feinsandig, manchmal fast weiß (*Spiaggia Bianca*) und außer im Juli/August vergleichsweise wenig überlaufen. Nach Süden bis *Marina di Cecina* (8 km) rückt der Pinienwald immer dichter ans Meer heran und lassen sich außerhalb des Sommergetümmels – so zwischen *Molino a Fuoco* und *Mazzanta* – sogar noch richtige kleine „Oasen" mit Pinienhainen, Kanälen, alten Brücken und verschwiegenen Buchten finden, die zumindest von ferne an die Zeiten erinnern, als die Küste noch nicht mit Feriensiedlungen und Campingplätzen überzogen war.

Praktische Informationen

- LI. **Tel. 0586.**
- **Info.** Piazza Garibaldi 93 (Via Aurelia), Tel. 78 83 73, Fax 78 50 30.
- **Markt.** Fr
- **Zug & Bus.** Lokalzüge und -busse von/nach Livorno, Cecina, San Vincenzo, Piombino usf.
- **Entfernungen** (in km): Livorno 29, Castiglioncello 5, Cecina 7, Piombino 53.

Unterkunft & Verpflegung

- Vier **Hotels** im Zentrum: Familiär und recht nett, rund 50 m vom Strand entfernt **Elly Mar** (***), 12 DZ € 106, Via del Mare 31, Tel. 78 74 52. Unscheinbar, aber z. T. mit Meerblick **Quisisana** (**), 32 DZ € 83, Via di Marina 37, Tel. 78 82 20. Recht akzeptabel **Il Giaguaro** (**) einen Block dahinter, 11 DZ € 62, Via Cavalleggeri, Tel./Fax 77 02 42. Rustikal, aber in Strandnähe **Lido** (**), 14 DZ ab € 68, Via Lungomare 7, Tel./Fax 78 82 18.
- Das elegante Fischrestaurant **Il Duccale** im ehem. Palazzo des Großherzogs. Ruhetag Mo. Piazza Garibaldi 35, Tel. 78 86 00.

Cecina

Dank seiner strategischen Lage am *Cecina*-Fluss schon zu Etrusker- und Römerzeiten eine wichtige **Drehscheibe** zwischen Rom, Pisa und Volterra, entwickelte sich der heutige Ort erst im 19. Jh., nachdem das sumpfige Schwemmland der *Alta Maremma* von der Malaria befreit worden war. Seit die sich mitten durch Cecina durchwälzende Aurelia vor einigen Jahren zur Fußgängerzone geworden ist *(Corso Matteotti)*, hat die einzige Stadt zwischen Livorno und Grosseto, die nicht in erster Linie vom Tourismus lebt (Handel, Landwirtschaft, Nahrungsmittelindustrie), unübersehbar an Lebensqualität gewonnen.

Das napoleonische **Schachbrettmuster** ihrer Straßen und Parks setzt sich nahtlos fort bis in die penibel gereihten Liegestuhlreihen des maritimen

Appendix **Marina di Cecina** (3 km). Zwischen Pineta, Ort und Strand liegen gut zwanzig Hotels, ein halbes Dutzend Campingplätze und ein nagelneuer Aquapark.

Praktische Informationen

- Ll. 26 500. 15 m. **Tel. 0586.**
- **Info.** Piazza S. Andrea 6 in *Marina di Cecina*, Tel./Fax 62 06 78.
- **Kulturzentrum** *Villa Guerazzi* mit Museo Archeologico, Museo della Vita Contadina und Osteria-Enoteca in *San Pietro in Palazzi* (1 km). Tel. 61 16 41, Fax 61 16 01.
- **Markt.** Großer Wochenmarkt jeden Di.
- **Feste.** *Festa della Madonna*, nächtliche Lichterprozession der Fischerboote an Mariä Himmelfahrt (15.8.); *Targa Cecina*, Karneval am 1. und 2. So im Sept.

An- & Weiterreise

- Per Auto oder Zug durch das Tal der Cecina nach *Volterra* (39 km); s. S. 269.
- Lohnenswert ist die Route durch die Colline Metallifere über *Pomerance* (46 km) und *Larderello* (58 km) bis *Massa Marittima* (88 km); s. S. 537.
- **Zug.** Station der Linie Livorno–Grosseto mit Anschluss zum 30 km entfernten Bahnhof *Saline di Volterra* (von dort per Bus 10 km nach Volterra).
- **Bus.** Mit *ATL* von/nach Livorno, San Vincenzo, Piombino, Montescudaio, Casale, Bibbona und zu den Stränden. Keine Verbindung mit Volterra!
- **Entfernungen** (in km): Livorno 36, Volterra 39, Piombino 46, Grosseto 98.

Unterkunft

- **Posta** (***). Sympathisches, sehr gepflegtes Haus an einem ruhigen Platz mitten im Zentrum (seit 1916). 14 Zimmer, DZ € 98. Piazza Gramsci 12, Tel. 68 63 88, Fax 68 07 24. www.postahotel.it
- **Palazzaccio** (***). Alte Poststation am Ortsrand, mit Parkplatz, Restaurant. 40 Zimmer, DZ € 70 (Aug. € 103). Via Aurelia Sud 300, Tel. 68 25 10, Fax 68 62 21.
- **Il Ponte** (*). Nicht berauschend, aber akzeptabel; 20 Zimmer ohne/mit Bad € 42/52. Largo Primo Maggio 3, Tel. 68 07 95.
- **Stella Marina** (***) in *Marina*. Gepflegtes Haus mit Privatstrand und Pool. 89 Zimmer, z. T. mit Balkon, DZ € 84-88 inkl. BF (Juli/Aug. nur HP). Viale Vittoria 159, Tel. 62 03 93, Fax 62 12 08. www.hotel-stella-marina.it
- **Settebello** (***). Mit Strandbad und Dachterrasse. 32 DZ € 72-80 (außer im Aug.). Viale Vittoria 91, Tel. 62 00 39, Fax 62 12 90.

Essen & Trinken

- **Scacciapensieri.** Elegantes Restaurant mit kreativer Küche (seit Jahren Michelin-Stern). Ruhetag Mo. Via Verdi 22, Tel. 68 09 00.
- **L'Antica Cecina.** Eine Osteria (fast!) wie sie sein sollte, mit Marmortischen, preiswerten Weinen, regionalen Spezialitäten (Cacciucco, Stoccafisso, Kutteln), hausgemachten Kuchen und vielen Stammgästen; Ruhetag So. Via Cavour 17, Tel. 68 15 28.
- **Olimpia** in *Marina*. Vorzügliche Fischküche in einem Strandbad mit Blick aufs Meer. Leichtes, elegant-modernes Ambiente, im Sommer offene Terrasse. Menü € 36, 57, toll: Antipasti- oder Primi-Menüs ab € 20. Ruhetag Mo. Viale Vittoria 68, Tel. 62 11 93.
- **El Faro** in *Marina*. Die Küche ist fast genau so gut, das Ambiente aber eher altbacken „maritim" und die Preisgestaltung undurchsichtiger. Ruhetag Mi. Viale Vittoria 70, Tel. 62 01 64.
- **La Cinquantina.** Vergnüglicher „Weingarten" (Osteria-Enoteca) in der *Villa Guerazzi* (1 km) mit guter wie preiswerter Maremmenküche. Kein Ruhetag, Tel. 66 90 04.

La Strada del Vino

Die renommiertesten und teuersten Weine der Toscana reifen nicht etwa im „klassischen" Chianti, sondern an den sanften Küstenhängen zwischen Cecina und Castagneto Carducci heran (*Sassicaia*, *Solaia* und *Ornellaia*). Soviel zur „Lage" und zum Potential der hiesigen Tropfen.

Entlang der **Weinstraße von Montescudaio** wird man gewiss keine Spitzengewächse finden, aber darum geht es auch nicht. Von Cecina aus führt die schöne Rundfahrt auf schmalen Sträßchen durch pittoreske Bergdörfer an den Westhängen der Colline Metallifere nach rund 25 km beim Straßenkaff *La California* (in Wahrheit eher „Texas") auf die alte Via Aurelia zurück.

Montescudaio

Das verwinkelte Städtchen, das dem DOC-Anbaugebiet seinen Namen verliehen hat, liegt 242 m hoch nur 13 km von Cecina entfernt.

Von der weiten Piazza vor der *Abbazia Santa Maria Assunta* hat man einen herrlichen Panoramablick auf die Wälder und Hügel Volterras und die Küstenebene von Cecina. Im Ort selbst stehen einige schöne Stadtpaläste aus der Zeit der Großherzöge, wie der *Palazzo della Contessa* an der Piazza della Libertà.

Guardistallo

In dem schon von Etruskern besiedelten Ort hinterließen vor allem die Bischöfe von Volterra und die Grafen Gherardesca (s. *Bolgheri,* S. 519) vielfältige Spuren. Das Straßenbild zieren viele Kirchen aus dem 13.-16. Jh. und das prächtige, kürzlich renovierte *Teatro Marchionneschi* von 1882.

Casale Marittima

Fast alle Häuser des malerischen, extrem steilen und hügeligen Orts sind sorgsam vom Putz befreit und zeigen stolz ihre „natürlichen" Sand- und Backsteinfassaden vor – proper und putzig, eher Puppenstübchen als „Mittelalter". Die Erklärung liefern die Schilder der Läden und Cafés: die lieblichen Gefilde sind fest in deutscher und schweizerischer Hand. Das soll nicht abschätzig sein, aber die Proportionen etwas zurechtrücken. Spaß macht der Spaziergang durch das schmucke Dörfchen allemal.

Bibbona

Einfacher und authentischer. Man parkt vor der Stadtmauer. Überall schöne Gassen, Bogengänge, Tore und Unmengen von Katzen, auf einer Anhöhe die anmutige Pieve *San Ilario* (11.-14 Jh.), über dem 1615 unter Cosimo II errichteten *Municipio* das Wappen der Medici. Vor dem Tor die sehenswerte, unter dem Eindruck der Predigten Savonarolas errichtete Renaissancekirche *Santa Maria della Pietà* (1492) von Vittorio Ghiberti, dem Sohn Lorenzos.

Anstatt die Küste anzusteuern kann man von hier auch direkt nach *Bolgheri* und *Castagneto Carducci* (s. S. 520) weiterfahren.

Praktische Informationen

- **Info.** *Proloco* in *Casale*, Piazza del Popolo, Tel. 65 23 06. Montescudaio, Guardistallo und Casale gehören zur Provinz Pisa, haben aber dennoch die gleiche Vorwahl **(0586)** wie Cecina und Bibbona.
- **Markt.** Do in Bibbona, Fr in Montescudaio.

Unterkunft

- Die traumhafte Terrasse der **Locanda L'Erba Voglio** in *Casale* mit weitem Blick bis zum Meer ist eine der schönsten der Küste. Wer in einem der 7 schlicht, aber geschmackvoll eingerichteten Zimmer übernachten will (DZ ab € 60), muss frühzeitig reservieren. Patron Noé Bianconi, früher Italienischlehrer in Frankfurt, bietet seit 1984 Sprachkurse an (Auskunft Tel./Fax 65 21 13). Ruhetag Mo, Via Roma 6, Tel./Fax 65 23 84.

Essen & Trinken

- Die Osteria **Il Frantoio** in *Montescudaio* serviert preiswerte und bodenständige Gerichte wie Gemüsesuppen, Pappardelle mit Hase oder Steinpilzen, Wildschwein mit Oliven, Stinco al Forno; nur abends, Ruhetag Mo. Via della Madonna 11, Tel. 65 03 81. In der Bäckerei *La Scalinata* nebenan bekommt man gutes Brot und Gebäck (tgl. 9-13 Uhr).
- Ein solides Ausflugslokal mit Terrasse (und deutscher Speisekarte) ist die **Osteria del Pinzagrilli** in *Guardistallo*; Ruhetag Mi, Via Palestro 37, Tel. 65 53 50.
- Die **Osteria dei Messeri** in *Bibbona* bietet einfache, schmackhafte toscanische Küche zu günstigen Preisen. Nur abends, Ruhetag Mi. Via dello Statuto 8, Tel. 67 03 78.

Weine

- Die DOC-Weine von Montescudaio basieren auf den traditionellen Rebsorten Sangiovese (Rosso) und Trebbiano (Bianco), außerdem werden Vin Santo und ein interessanter Rosato produziert.
- Ein Spitzengut ist **Poggio Gagliardo.** Tel. 63 07 75.

Marina di Bibbona

Südlich von Cecina sind die Strände (außer im Hochsommer) immer weniger überfüllt. In *Marina di Bibbona* ist der Strand lang (4 km) und breit und mit einer französischen Festung aus dem 18. Jh. geschmückt, und alles geht hier recht ungeordnet und locker zu. Nicht umsonst trifft man hier in der Vor- und Nachsaison besonders viele Deutsche und Schweizer an.

Pineta und immer häufiger Dünen setzen sich nach Süden bis über San Vincenzo hinaus fort. Einige der schönsten Abschnitte sind allerdings Staatslehen wie der wunderbare, von ausgebleichten Baumstämmen übersäte Strand *Cioccaie* unterhalb von Bolgheri oder Domäne von Ferienresidenzen wie dem Club Med bei Donoratico.

Praktische Informationen

- **Info.** Via dei Melograni 2 (Juni bis Sept.), **Tel. 0586-**60 06 99.
- **Markt.** Mi.

Unterkunft und Verpflegung

- **Marinetta** (****). Eines der traditionsreichsten Hotels der Küste, in einem großen Pinienwald gelegen. Strandbad und Pool. 80 Zimmer, alle mit Veranda, DZ € 124-144 inkl. BF (außer im Juli/Aug.). Tel. 60 05 98, Fax 60 01 86. www.hotelmarinetta.it
- **Nina** (***). Hell, freundlich, mit Garten, Terrassen und großem Sonnendach. 27 DZ z. T. mit Meerblick € 68-78 (außer im Aug.). Tel. 60 00 39, Fax 60 02 99. www.hotelnina.it
- **La Pineta.** Schon kein Geheimtipp mehr: Fischküche vom Feinsten in einem Holzpavillon/Strandbad unmittelbar am Meer (am äußersten Nordrand des Ortes). Freundlich-intim (nur 10 Tische), Menüs € 50, 55. Ruhetag Mo (sowie Okt./Nov.), Tel. 60 00 16.

Denkmal der Nonna Lucia in Bolgheri

Bolgheri

Eine 5 km lange und schnurgerade **Zypressenallee,** die schönste und längste der Toscana, führt von der Aurelia nach Bolgheri hinauf.

Der wie eine befestigte Zwingburg angelegte Ort, halb Dorf, halb feudaler Gutshof der Grafen *Gherardesca*, geht in seiner heutigen Gestalt auf das 16.-18. Jh. zurück. Das seit über tausend Jahren hier ansässige, ursprünglich langobardische Adelsgeschlecht, aus dem viele bekannte Feldherren, Politiker und Kardinäle hervorgingen, hat seine Stammburgen weiter südlich in Donoratico und Castagneto Carducci; ihr berühmtester Spross war der 1288 im Hungerturm verschmachtete Podestà von Pisa, Graf Ugolino (s. *Pisa*, S. 481/490). Höfe dieser Art waren in der Toscana der berüchtigten *Mezzadria* (Halbpacht) gang und gäbe, aber Bolgheri ist allein schon aufgrund seiner schieren Größe und seit 200 Jahren fast unveränderten Bausubstanz eine echte Rarität. Rührend in diesem Ambiente das lebensgroße Terracotta-„Denkmal" der *treuen Dienerin Nonna Lucia* an dem Platz, an dem der „Nationaldichter Italiens", *Giosuè Carducci*, einen Teil seiner Jugend verbrachte. Im Sommer wird Bolgheri mittlerweile zu einem kleinen Rummelplatz mit Souvenirshops, Önotheken, Pizzerien und Cafés.

Gleich zu Anfang der Allee steht die **Tenuta San Guido** der mit den

Gherardesca verschwägerten Marchesi Incisa. Als im Zweiten Weltkrieg die Zufuhr des geliebten Bordeaux ausblieb, beschlossen die passionierten Pferdezüchter und Weinliebhaber kurzerhand, die Bordeaux-Rebe selbst anzubauen, woraus Jahre später (1968) der erste reinsortige Cabernet-Wein Italiens entstand. Der durchschlagende Erfolg und die internationale Reputation des **Sassicaia,** den viele als den besten Rotwein Italiens bezeichnen, leitete damals fast allein die überfallige Qualitätsverbesserung der toscanischen Weinerzeugung ein, die bis dahin fast ausnahmslos auf billige Massenware gesetzt hatte.

Praktische Informationen

- LI. **Tel. 0565.**
- **Unterkunft.** *Affittacamere La Mimosa,* Osteria Vecchia 146d, Tel. 74 96 44.
- **Essen & Trinken.** *Osteria Gola e Vino,* Ruhetag Di, Tel. 76 20 45. *L'Aquolina in Bocca,* Ruhetag Mi.
- **Weine.** Weder auf der *Tenuta San Guido* (Sassicaia) noch auf dem fast ebenso berühmten Gut *Ornellaia* sind Besucher willkommen.
- **Rifugio Faunistico.** Von Nov. bis Mai kann man das wunderschöne Naturreservat am Strand von *Bolgheri* besuchen. Auskunft Tel. 77 71 25 (Vigili Urbani, Donoratico).

Castagneto Carducci

Ein Bergdorf (fast) wie aus dem Bilderbuch – kein Wunder, dass es vor Jahren als Location einer Seifenoper um deutsche „Toscana-Aussteiger“ herhalten musste. Der Ortskern entwickelte sich in konzentrischen Kreisen um das im 11. Jh. gemauerte *Castello* der Grafen della Gherardesca (s. Bolgheri), ehe Castagneto Marittimo sich vom 18. Jh. ab auch gen Westen ausdehnte. Vor dem *Municipio* die Büste von **Giosuè Carducci** (1835-1907), dem Nobelpreisträger und „Dichter des neuen Italiens“, der hier und in Bolgheri seine Jugend verbrachte und nach dem sich der Ort seit 1907 stolz benennt. Vom kleinen Park des *Piazzale Belvedere* 200 m über dem Meer hat man einen wunderbaren Blick über das Hügelland und die Küste. Zum Kastell zählt die kleine Kirche *San Lorenzo* mit einem schönen bäuerlichen Kruzifix im Portal, sehenswert ist auch die dekorative *Fonte di Marmo* (an der Umgehungsstraße), die einer der Gherardesca der Kommune stiftete, nachdem man ihn 1863 in den ersten italienischen Senat gewählt hatte.

Ein übertrieben breiter Highway führt von der Aurelia zum populären, vornehmlich aus Ferienhäusern und Campingplätzen bestehenden Badeort **Marina di Castagneto** (auch als *Donoratico Mare* bekannt). Etwas exklusiver als Bibbona, etwas feinsandiger und unverbauter, frei zugänglich im Südteil und beim *Antico Forte* (18. Jh.). **Donoratico** selbst ist nichts als ein Dienstleistungszentrum an der Aurelia. Nur der Name erinnert noch an die Stammburg der Gherardesca, von der nur mehr die pathetische Ruine eines gewaltigen *Torre* (um 1000) geblieben ist, der aus der Landschaft ragt. Etwas weiter südlich hat der *Club Mediterranée* sein Refugium. Wie nicht anders zu erwarten, ist der Strand hier nicht nur am schönsten, sondern auch am ursprünglichsten (die Clubberer frequentieren lieber den Swimmingpool). Menschenleere, unverbaute **Dünenlandschaften** und Pinienhaine erwarten den Wanderer, der von Marina di Castagneto aus südwärts am Meer entlang schlendert. (Außerhalb der Saison von Mai bis Mitte Sept. kann man u. U. auch vor dem Gelände parken; auf dem Zufahrtsweg selbst herrscht Parkverbot).

Praktische Informationen

- LI. 8500. 195 m. **Tel. 0565.**
- **Info.** *Proloco* (Juni bis Sept.), Piazza del Popolo 1, Tel./Fax 76 50 42.
- **Markt.** Mo, Piazza del Popolo. Do in Donoratico.
- **Fahrrad.** Eva Odörfer, Via Cavour 15.

Verkehrsverbindungen

- **Zug.** Bahnhof in *Donoratico* (6 km), Buszubringer zum Ort und zu den Stränden.
- **Bus.** Mit *ATL* von/nach allen untengenannten Orten.
- **Entfernungen** (in km): Livorno 57, San Vincenzo 15, Piombino 33, Grosseto 84, Marina di Castagneto 10, Bolgheri 8, Sassetta 7, Suvereto 21, Campiglia Mma. 35, M. Marittima 56.

Unterkunft

- In Castagneto selbst gibt es keine Unterkünfte.
- **Bambolo** (***) bei *Donoratico* (4 km). Traumresidenz (nicht nur) für Radfans in einer Poststation aus dem 18. Jh. mit Pool, Sauna usf. Der Padrone ist begeisterter Radsportler und hält für seine Gäste Routen durch die halbe Toscana parat. 35 DZ € 79-93 inkl. BF (außer Juli/Aug.), Tel. 77 52 06, Fax 77 53 46. www.hotelbambolo.com
- **Zì Martino** (***) in *San Giusto* (2 km). Beliebte Locanda mit guter, bodenständiger Küche; freundlich, ständig renoviert, um deutschem Komfortbedürfnis Rechnung zu tragen. 23 DZ € 83-93 (außer im Aug.), Tel. 76 60 00, Fax 76 34 44. www.zimartino.com
- **Il Bambolo** (*), 10 Zimmer mit/ohne Bad € 38-54, Tel. 77 50 55. Fürs simple Übernachten an der Via Aurelia.
- **Villa Tirreno** (***) in Marina di Castagneto (10 km). Freundliches Hotel (seit 1927) in der zweiten Reihe mit 30 Zimmern. DZ € 74-90 inkl. BF (außer im Aug.). Tel. 74 40 36, Fax 74 41 87. www.villatirreno.com
- **Miramare** (*). Strandlokal mit 9 Schuhkartons zum Schlafen (€ 31-36), im Sommer stets ausgebucht; Via del Tirreno 21, Tel./Fax 74 40 31. Nur Schritte entfernt **Etrusconia** (*), 12 DZ ab € 57, Via della Gherardesca 2, Tel./Fax 74 46 46.

Essen & Trinken

- **Da Ugo.** Einfache, rustikale, preiswerte Landküche; zu empfehlen sind Grillgerichte und die in Rotwein und Kräutern geschmorte Taube im Topf. Schöne Panoramaterrasse; Ruhetag Mo (außer im Sommer). Via Pari 3, Tel. 76 37 46.
- **Bagnoli.** Gepflegtes Landgasthaus im Wald, aber mit Blick bis zum Meer. Gute, verfeinerte Bauernküche (in der Saison auch Wild). Ruhetag Mi. Tel. 76 36 30. Loc. *Bagnoli* (4 km).

- **La Tana del Pirata** in *Marina*. Gutes, familiäres Fischlokal mit eigenem Strandbad. Ruhetag Di (außer Juni-Sept; Nov.-März geschl.). Via Milano 17, Tel. 74 41 43.

Weine

- **Grattamacco.** Das kleine Gut in den Hügeln zwischen Castagneto und Bolgheri produziert einen der besten Weißweine der Küste (aus Vermentino und Trebbiano), verlegt sich aber zunehmend auf seinen Rosso (Sangiovese und Cabernet). Hinter Castagneto dem Wegweise *Il Cacciatore* folgen. Tel./Fax 76 38 40.
- **Satta Michele.** Experimentierfreudiges Gut unterhalb von Castagneto, das außer den obligatorischen DOC-Bolgheri-Weinen (Bianco und Rosso) auch andere sehr interessante Tropfen herstellt. Vigna al Cavaliere 61, Tel. 76 38 94.

Küste oder Colline

Südlich von Castagneto rücken die Ausläufer der Colline Metallifere immer dichter an die Küste heran und erreichen sie am Nadelöhr von San Vincenzo, wo das Schwemmland der Cecina (Alta Maremma) endet und hinter der Elba vorgelagerten Halbinsel von Piombino die eigentliche Maremma beginnt.

Folgt man Richtung Süden der Küste, erreicht man den Badeort San Vincenzo (sowie Populonia und Piombino), wählt man die Inlandsroute, passiert man einige der romantischsten Bergdörfer der Küste (Sassetta, Suvereto, Campiglia Marittima).

Beide Routen treffen sich wieder bei dem langgezogenen Straßenort **Venturina** an der Via Aurelia fast exakt in der Mitte zwischen San Vincenzo (11 km), Piombino (14 km) und Follonica (18 km).

Sassetta & Suvereto

Hinter Castagneto ändert sich die Landschaft schlagartig, wird einsam und „hinterwäldlerisch“. Inmitten dichter Kastanienwälder erscheint trutzig an einen Felshang geschmiegt **Sassetta** (340 m), ein ebenso malerischer wie „unpraktischer“ Ort, da alle Gassen bergab führen (und demgemäß wieder steil bergauf). In der Kirche *Sant'Andrea Apostolo* befindet sich ein römisches Taufbecken mit dem Wappen der pisanischen Orlandi, die hier bis zur Ankunft der Florentiner im 15. Jh. herrschten.

Sassetta und Suvereto trennen nur 14 km, und doch ist es, als beträte man eine andere Welt – aus dem Schwarzwald direkt ans Mittelmeer. Flora, Fauna und Klima verändern sich hier quasi im Minutentakt, Buchen und Kastanien weichen Kakteen und Korkeichen.

Die Ursprünge des reizvollen, historisch genau an der Grenze der Einflusssphären von Pisa und Siena gelegenen Orts **Suvereto** gehen auf das Jahr 1000 zurück, als die Aldobrandeschi hier eine *Rocca* errichteten. Durch die *Porta alla Silici* der guterhaltenen pisanischen Stadtmauer aus dem 14. Jh. gelangt man in die von der Ruine der alten Burg überragte Oberstadt mit der hübschen Piazza Gramsci. Rege Bautätigkeit und frischrestaurierte Gemäuer verraten Suveretos Beliebtheit nicht zuletzt bei deutschen und schweizerischen Investoren. Bereits runderneuert ist der elegante, zinnenbekrönte *Palazzo Comunale* aus dem 13. Jh. mit seiner markanten überdachten Arkadentreppe, aufgefrischt die Kirche

Sant'Agostino (1313) und der *Torre del Ghibellino* und in großzügige Ferienappartements umgewandelt das Kloster *San Francesco* (13. Jh.), von dem man wenigstens noch den Kreuzgang einigermaßen unversehrt erhalten hat.

Praktische Informationen

- LI. **Tel. 0565.**
- **Info.** *Sassetta,* Via di Castagneto, Tel. 79 43 33, Fax 79 42 03. *Suvereto,* Via Matteotti, Tel. 82 93 04.
- **Feste.** *Oktoberfest* (Festa d'Ottobre) an den letzten drei Sonntagen des Monats in Sassetta mit Umzug in historischen Kostümen. *Palio dell'Imperatore* am 14. Aug. in Suvereto zu Ehren Heinrichs VII, der 1313 in Pisa bestattet wurde; im Oktober *Kastanien-* und *Wildschweinfeste.*

Unterkunft & Verpflegung

- **La Selva** (**) in *Sassetta.* Sympathischer, ruhiger Gasthof mit guter Küche in einem kleinen Park 1 km vor dem Ort; 20 Zimmer, DZ € 62-68 inkl. BF. Tel./Fax 79 42 39.
- **C'era una Volta** in *Sassetta.* Nettes kleines Gasthaus mit typischer Küche (Pilze, Wild); Ruhetag Mi (außer im Sommer). Piazza Plebiscito, Tel. 79 41 02.
- **Ombrone** in *Suvereto.* Schickeriaschwemme gegenüber dem Rathaus (Tische im Freien), in der man mit etwas Glück freilich hervorragend speisen kann; Wein- und Ölverkauf. Ruhetag Mo. Piazza dei Giudici 1, Tel. 82 93 36.
- **Il Caminetto** in *Suvereto.* Freundliche „neue" Osteria mit einfacher, unverfälschter Küche (und einer Vorliebe für Wild), Tische im Freien. Ruhetag Mo. Piazza San Francesco 7, Tel. 82 81 18.

Weine

- Die Winzer des **Val di Cornia** rund um Suvereto beginnen denen von Bolgheri ernsthaft Konkurrenz zu machen. Neben den Rebsorten für den einfachen DOC Bianco und Rosso (Trebbiano und Sangiovese) werden zunehmend auch fremde Sorten gekeltert; den *Giusto di Notri* von Tua Rita auf der Basis von Cabernet und Merlot zählen Kenner heute bereits zu den „großen" Weinen Italiens. Alle drei genannten Güter liegen gut erreichbar direkt unterhalb von Suvereto an der Straße zum Campo Sportivo.
- **Tua Rita,** Notri 81. Auf dem kleinen, erst 1992 gegründeten Mustergut wird sogar schon der traditionelle Val di Cornia verschnitten und heißt hier *Perlato di Bosco;* auch Grappa und Olivenöl. Tel. 82 92 37.
- **Ambrosini,** Tabarò 95. Gute und sehr preiswerte DOC-Weine sowie Olio Extravergine. Tel. 82 93 01.
- **Montepeloso,** Montepeloso 82. Schweizerisches Gut, das neben typischen Val di Cornia-Weinen auch einen sehr angenehmen *Rosato* produziert. Tel. 82 81 80.

Campiglia Marittima

Die Aussichtsplattform vor der *Porta a Mare* bietet das vielleicht **spektakulärste Panorama** der gesamten Küste. Unten die Ebene von Venturina, davor zinnenbekrönte Castelli auf olivenberingten Höhen und der steinerne Friedhof der Pieve San Giovanni, links das Meer mit der Bucht von Follonica, geradeaus die Halbinsel von Piombino mit dem Höhenrücken von Elba und rechts, auf den ersten Blick verwirrend, noch einmal das Meer mit dem Golf von Baratti.

Durch die *Porta a Mare* betritt man das Innere des Orts mit seinen verwinkelten Treppenwegen und Torbögen, überragt von der Ruine der *Rocca* aus dem 12. Jh. Die *Via Roma* führt hinauf zur zentralen *Piazza della Repubblica* mit ihren Cafés und dem wappengeschmückten *Palazzo Pretorio* (12./15. Jh.), am anderen Ende der Stadt steht das Haupttor *Porta*

Fiorentina mit den Emblemen der Herren (Pisaner Kreuz, Florentiner Lilie, Gherardesca-Säule und Windhund von Campiglia), die die Geschicke des Orts bestimmten, der vor 1000 als Kastell der Gherardesca begann und 1158-1406 zu Pisa gehörte, ehe er schließlich Florenz anheimfiel. Zurück zum Ausgangspunkt steigt man über die malerische Treppengasse *Via Curtatone* (ein beliebtes Fotomotiv) bis hinunter zum *Teatro dei Concordi* außerhalb des Stadttors, einem kleinen Juwel des Risorgimento, in dem noch heute regelmäßig Aufführungen stattfinden.

Pieve di San Giovanni

Unterhalb von Campiglia erhebt sich inmitten des Gemeindefriedhofs in ergreifender Schönheit und Schlichtheit die bereits im 10. Jh. erwähnte **romanische Pfarrkirche** *San Giovanni.* In ihrer heutigen Form wurde sie um 1170 von „Matteo dem Sünder" erbaut, wie man auf einem Stein lesen kann; auf einem anderen (unter dem Dach der Campiglia zugewandten Seitenkapelle) ist das rätselhafte Palindrom *Sator Arepo Tenet Opera Rotas* gemeißelt.

Ein wahrhaft magischer Ort, umfasst von stummen, steinernen Grabplatten aus dem 15. Jh. mit einem herrlichen Rundumblick auf Meer, Campagna und Campiglia (s. Farbfototeil **Romanik** rechts unten). Der Friedhof ist über Mittag 12-14 Uhr geschlossen.

Durch die Porta a Mare betritt man Campiglia Marittima

Praktische Informationen

- Ll. 5000. 280 m. **Tel. 0565.**
- **Info.** *Proloco,* Piazza della Vittoria 5, Tel./Fax 83 89 58.
- **Feste.** *Corteo Storico* im Mai, historischer Kostümumzug mit Paliowettkampf.

Verkehrsverbindungen

- **Zug.** Nächster Bahnhof in *Campiglia Stazione* (8 km).
- **Bus.** *ATM*-Busse von/nach allen untengenannten Orten.
- **Entfernungen** (in km): Piombino 18, Venturina 5, Suvereto 9, San Vincenzo 10, Follonica 32, Massa Mma. 42.

Unterkunft

- **Castello di Magona.** Bilderbuchburg unterhalb von Campiglia in einem weitläufigen Park mit Blick auf Elba (Panoramapool), im 19. Jh. Residenz des Großfürsten Leopold II. Zu Gast in der Vergangenheit (aber mit allen Schikanen: AC, Internet, große Travertin-Bäder), und so ungezwungen und intim, dass man niemals das Gefühl hat, in einem „Hotel" zu sein (ehe die Rechnung kommt; und die ist standesgemäß). 5 DZ € 227-284, 6 Suiten € 370-625 inkl. BF. Tel. 85 12 35, Fax 85 51 27. www.castellodimagona.it

Essen & Trinken

- **Il Cappellaio Pazzo.** Zauberer, Schmeichler, Freund – einem wie Denny Bruci verzeiht man fast alles. In der vergnüglichen Hinterwäldlerschänke des *Verrückten Hutmachers* (aus Lewis Carrols *Alice in Wonderland*) ist nichts perfekt außer das Chaos, aber das auf allerhöchstem Niveau. Tatar von Scampis, Spaghetti mit Algen und Seeigeln, Wolfsbarsch auf Colonnata-Speck – wer hier nicht halbe Portionen ordert, um sich durch das Schlaraffenland zu kosten, muss verrückt sein. Gegessen wird im Speisesaal mit Hutkollektion oder auf der Terrasse der exzentrischen „Kolonialvilla", die ein verschrobener britischer Ingenieur der Etruscan Mines 1902 mitten in die toscanische Macchia setzte (2 km unterhalb von Campiglia an der Straße nach San Vincenzo). Menü um € 50, Ruhetag Di. Dazu 6 **Zimmer** € 42. Tel. 83 83 58.
- **Il Canovaccio.** Kleines, sympathisches Lokal in der Altstadt mit Terrasse; keine Secondi, aber erstklassige Primi, Antipasti sowie ganz außergewöhnlich leckere Desserts (Zitronenmeringe!). Nur abends, Ruhetag Di (außer im Sommer). Via Vecchio Asilo 1, Tel. 83 84 49.
- **Pizzica.** Aussichtsterrasse und gute regionale Küche an der Porta al Mare. Ruhetag Mo. Piazza della Vittoria 2, Tel. 83 83 83.

Rocca San Silvestro

Die seit 1004 dokumentierte **antike Bergarbeiterstadt** in den Hügeln Campiglias ist seit 1996 Bestandteil des neugegründeten *Parco Archeologico Minerario di San Silvestro*. Die imposante, von den Pisanern bereits im 14. Jh. wieder verlassene *Rocca* ist von einem teilweise noch gut erhaltenen Mauergürtel umgeben, in dessen Innern sich deutlich verschiedene Sektionen unterscheiden lassen. An der Spitze der Wachturm mit dem Herrensitz, darunter Kirche und Friedhof, daran anschließend das Dorf der Bergarbeiter und auf der anderen Seite der Zitadelle die „Industriezone", in der man Eisen, Blei, Kupfer und Silber (u. a. zur Münzherstellung) gewann. Schächte und Schmelzöfen aus der Zeit der Etrusker belegen, dass man an dieser Stelle schon vor mehr als 2500 Jahren tätig war. Das sehr weitläufige, fast 450 ha große Areal kann praktisch durchgehend erwandert werden – gutes Wetter und festes Schuhwerk vorausgesetzt, ein echtes Vergnügen. In einer herrlichen Mittelmeerlandschaft mit Ausblicken bis zum Meer

begegnet man allenthalben Zeugnissen von den Etruskern bis zu den Medici und den Überresten der britischen *Etruscan Mines*, die die metallhaltigen Hügel noch bis zu Beginn des 20. Jh.s abbauten. Eine zusätzliche Attraktion ist das Bergwerksmuseum mit der **Miniera del Temperino,** einem 360 m langen begehbaren Stollen.

Mehr als nur eine Ruine – die Rocca San Silvestro

Praktische Informationen

- Der **Parco Archeologico Minerario di San Silvestro** liegt 3 km unterhalb von Campiglia an der Straße nach San Vincenzo; Parkplatz für Busse/Camper an der Straße, für Pkw 800 m weiter in *Temperino* (Kasse und Museum). Öffnungszeiten: Juni bis Sept. außer Mo 9-20 Uhr, sonst Sa/So 9 Uhr bis Sonnenuntergang bzw. nach Voranmeldung (Tel. 83 86 80, Fax 83 87 03). Restaurant und Café, weitere Museen und Parkplätze in Vorbereitung. Die Zeiten für Führungen ändern sich permanent.
- Die **Miniera** kann ausschließlich im Rahmen von Führungen besichtigt werden, die Juli/Aug. und So alle 30, sonst außer über Mittag alle 60 Min. stattfinden, € 6,20.
- **Rocca.** Führung sowie Transport per Shuttle Bus bzw. Trambahn ab Temperino € 6,20, Sammelticket € 10,40, für Familien (max. 5 Pers.) € 26; Dauer etwa 1 Std.
- Der Park inkl. Rocca ist darüberhinaus aber auch individuell begehbar (€ 3); eine **Broschüre** mit Wanderwegen und „Lehrpfaden" ist auf deutsch vorrätig. Von Temperino bis zur Rocca sind es zu Fuß rund 90 Min.

Venturina

Das langgezogene Straßenkaff an der Aurelia wäre kaum der Rede wert, gäbe es nicht die schon von den Römern genutzten Thermen.

Die antike **Terme Caldana** (neuerdings auch euphemistisch *Valle del Sole* geheißen) liegt in Sichtweite der Via Aurelia am Nordrand der Stadt. Neben der regulären Kuranlage versteckt sich hinter dem Eingang einer Pizzeria ein großes, vielbesuchtes Thermalschwimmbad *(Piscina)* mit einer konstanten Wassertemperatur von 32°C.

Mit Abstand schöner und atmosphärischer ist das **Calidario** am Ostrand von Venturina (beim Stadion rund 500 m von der Aurelia). Das idyllisch unterhalb eines Berghangs gelegene, halbrund gemauerte Bassin wird von unterirdischen Quellen gespeist, die ohne Unterlass (ca. 12.000 l pro Min.) brunnenfrisches, ca. 35°C warmes Thermalwasser ins Becken pumpen. Hier ist rund ums Jahr fast zu jeder Tageszeit etwas los; bei Hochbetrieb Restaurant mit Pizzeria, Piano-Bar und Diskothek.

Praktische Informationen

- **Markt.** Fr.
- **Calidario.** April bis Sept. tgl. 8.30-24, sonst 9-20 Uhr. Eintritt € 14 (Kinder die Hälfte), Liegen etc. kosten extra. www.calidario.it
- **Piscina Valle del Sole.** Außer Di tgl. 9-24 Uhr (im Sommer ohne Ruhetag), € 12. www.termevalledelsole.it
- **Terme di Caldana** (***). Rundum gemütliches kleines Kurhotel wenige Schritte abseits der Thermen mit einem hübschen Gärtchen vorm Haus, angenehm und ruhig; die wenigen Kurgäste (meist älteren Jahrgangs) belegen bevorzugt die Zimmer im Erdgeschoss. 13 Zimmer, DZ um € 78. Via Aurelia Nord 16 (unmittelbar vor der Einfahrt zur Therme scharf links abbiegen), Tel./Fax 85 14 00.
- **Rossi** (**). Nichts Besonderes, aber solide und freundlich; 15 DZ mit Bad um € 47, (einige auch ohne, Zimmer nach hinten oder zur Seite nehmen); Via Indipendenza 190, Tel. 85 12 56.

San Vincenzo

Die **Strandhochburg** der Etruskischen Riviera lässt das einstige Fischernest, das die Pisaner 1304 mit dem Bau eines Küstenturms ins Leben riefen, zumindest noch erahnen. Das unscheinbare Türmchen steht noch heute, aus dem Fischerhafen wurde ein Yachtrevier, das vor allem als malerische Kulisse für Fotos von spektakulären Sonnenuntergängen dient. Hauptattraktion ist der 5 km lange, wenn auch im Zentrum nicht allzu breite Strand, Schlagader ist die Flaniermeile *Via Vittorio Emanuele II* mit ihren Cafés und Boutiquen (und einer veritablen Jugendstilgarage !). Die kuriose Seilbahn in der Oberstadt dient nicht etwa (Wasser)Skispringern, sondern einer Sodafabrik, die den Kalk der Colline abbaut, die hier bis fast ans Meer reichen.

Nach *Populonia* und *Piombino* führt eine gut ausgebaute Schnellstraße durch den Piniengürtel des **Parco di Rimigliano,** hinter dem sich kilometerlang frei zugänglicher feiner Sandstrand erstreckt. Durch Drehkreuze kommt man in die Pineta, am Strand finden sich mancherorts sogar Picknickplätze, Duschen und Toiletten, nur das Grillen ist streng verboten.

Praktische Informationen

- Ll. 7500. **Tel. 0565.**
- **Info.** Via Beatrice Alliata 2, Tel. 70 15 33, Fax 70 69 14.
- **Markt.** Sa.
- **Feste.** Von Viareggio hat man sich den *Carnevale* (mitsamt Festwagen vom Vorjahr) und von Siena den österlichen *Palio della Costa Etrusca* geborgt.
- **Fahrrad.** *Bici Badaloni*, Via Principessa 111, Tel. 70 14 34. *Cento Ciclo*, Tel. 70 44 88.

Verkehrsverbindungen

- **Zug.** Station der Linie Genua–Rom.
- **Bus.** Mit *LAZZI* oder *ATM* von/nach Livorno, Cecina, Piombino, Baratti, Venturina und ins Hinterland. Richtung Follonica/Massa Mma. (Provinz Grosseto) ist zumeist Umsteigen nötig.
- **Entfernungen** (in km): Livorno 60, Campiglia 10, Populonia 18, Piombino 21, Follonica 28, Grosseto 73.

Unterkunft

- **Park Hotel I Lecci** (****). Eine Stadt für sich, in einem Park am Strand 3 km südlich, mit Pool, Tennis, Fitness-Center, Disco-Bar etc. 74 DZ nach Saison ab € 125-290 inkl. BF. Tel. 70 41 11, Fax 70 32 24.
- Am südlichen Stadtrand (noch im Gehbereich zum Zentrum):
- **Sabbia d'Oro** (***). Modernes Haus mit eigenem Strandbad; 35 Balkon-DZ € 136-160 (außer Juli/Aug.) inkl. HP; B&B nur auf Anfrage. Tel./Fax 70 15 75. www.hotelsabbiadoro.it
- **Etrusco** (**). Etwas eng, aber akzeptabel, mit einem schattigem Garten. 8 DZ € 55-72. Tel. 70 16 07, Fax 70 48 36.
- **La Lanterna.** 6 DZ, klein, aber gut ausgestattet, über dem Bagno der *Residenze La Lanterna,* € 95-105 inkl. BF & Strandservice (im Aug. € 145). Tel. 70 63 60, Fax 70 63 61. www.residencelalanterna.com
- **Affittacamere Aurora.** Einfach, aber gemütlich, in einem Garten am Strand. 12 DZ ohne Bad € 37. Tel. 70 19 82, 70 18 68. *Alternative:* **La Zaffera,** Tel. 70 30 82.
- **La Centrale** (***). Wie der Name sagt, mitten im Zentrum, aber mit Front zum Meer. 18 DZ € 72-85 (außer Aug.). Piazza Umberto I, Tel. 70 15 05, Fax 70 10 88.
- Am (ruhigeren) nördlichen Stadtrand **Villa Lo Scoglietto** (***). 35 Zimmer, DZ € 73-83 (außer Juli/Aug.) inkl. BF & Strandservice. Tel. 70 16 14, Fax 70 44 32.
- **Il Mulinaccio** (**). Ruhig, fast idyllisch (zumindest solange der benachbarte Campingplatz nicht in Betrieb ist) lebt es sich in dem ehemaligen Herzogspalast 4 km Richtung Populonia; 21 Zimmer, DZ ab € 67. Via Caldanelle 3, Tel. 70 15 56, Fax 70 55 12.

Essen & Trinken

- **Il Gambero Rosso** zählt seit Jahren zu den besten und kreativsten Küchen Italiens (zwei Michelin-Sterne). Die Speisekarte des kleinen stilvollen Restaurants über dem Yachthafen enthält vorwiegend Fischgerichte, aber auch die geschmorten Tauben sind ein Gedicht. Das Menu Degustazione (€ 70) ist garantiert ein Erlebnis, auch wenn man sich an manchen Abenden zwischen lauter Deutschen wiederfindet, die begeistert die *Sterneköche* Italiens herunterbeten. Ruhetag Di. Piazza della Vittoria 13, Tel. 70 10 21.
- Die Terrasse über dem Meer ist das große Plus des **Il Delfino,** Via Cristoforo Colombo 4, Tel. 70 11 79, besser, allerdings auch teurer, isst man bei **La Bitta,** Piazza Vittorio Veneto 1, Tel. 70 40 80.
- **Bagno Nettuno.** Einfache, aber reelle Kost à la Spaghetti Mare erwarten den Gast nur wenige Fußbreit über dem Meer; bei Flut und Wetter ist eine kleine Mutprobe vonnöten, um das schlichte Strandlokal zu erreichen, beim Sonnenuntergang im Frühjahr und Herbst das pure Vergnügen. Via Costa 3, Tel. 70 10 95.
- **Il Bucaniere.** Volksausgabe des *Gambero Rosso* in einem ehemaligen Bagno. Juni-Sept., nur abends. Via Marconi 8, Tel. 70 55 55.

Populonia & Golf von Baratti

Den weitgeschwungenen *Golf von Baratti* hatten sich die **Etrusker** bereits zur Zeit der Villanova-Kultur im 9. Jh. v. Chr. zum Siedlungsgebiet ausersehen. *Pupluna*, eine der seltenen Stadtgründungen Etruriens, die direkt am Meer lag, gehörte schon im 7. Jh. dem mächtigen Zwölf-Staaten-Bund an und zählte zu seiner Glanzzeit mehr als 25.000 Einwohner.

Der nach dem Fruchtbarkeitsgott Dionysos auch oft als *Fufluns* bezeichnete Ort war eine reiche Industriemetropole, die Zinn, Eisen, Blei und Kupfer der nahen *Colline Metallifere* förderte und verarbeitete, von ihrem Hafen bis nach Griechenland und Kleinasien verschiffte und ab dem 4. Jh. von der benachbarten Insel *Ilva* (Elba) auch Erze zum Verhütten bezog. Der Niedergang begann jedoch schon unter den Römern. 79 v. Chr. belagerte Sulla die Akropolis und zerstörte den 2,5 km langen Mauerring. In frühchristlicher Zeit war Populonia noch Bischofssitz, verödete aber endgültig, als die Bischöfe 835 vor der immer weiter um sich greifenden Malaria nach Massa Marittima flohen.

Die Reste des etruskischen Pupluna zerfielen oder schlummerten bis ins 20. Jh. hinein unter einer bis zu 7 m hohen Schlackenhalde.

Baratti

Die herrlich gelegene und von gewaltigen Schirmpinien bestandene Bucht mit dem kleinen Hafen ist ein

Strand am Golf von Baratti

wahrer Traum. Der **Strand** ist es leider weniger, aber sonst wäre es hier wohl schon längst nicht mehr auszuhalten vor lauter Ferien- und Hotelanlagen. Zumindest im Sommer ist die Bucht natürlich trotzdem stets von Badelustigen übervölkert.

Pozzino, kleiner Brunnen, wird bis heute ein zum Gemüseanbau genutzter Abschnitt der Bucht genannt. An diesem ungewöhnlich dicht beim Meer stehenden Brunnen deckten sich schon zu Vorzeiten Schiffe mit Frischwasser und Gemüse ein, gerieten dabei in Stürme und zerschellten an den nahen Felsen.

Die berühmte Silberamphore und der „Apoll von Populonia", die heute im Archäologischen Museum von Florenz bzw. in Paris im Louvre stehen, wurden hier gefunden, und noch jedes Jahr bringen Taucher neue etruskische und römische Funde ans Tageslicht.

Die Nekropole

Die Etrusker produzierten so viel Eisenerz, dass sie bald nicht mehr wussten, wohin mit den Schlacken, so dass sie ab dem 4. Jh. anfingen, sie trotz ihrer Pietät gegenüber den Ahnen einfach über die Totenstadt laufen zu lassen. Als Italien für seine Rüstung im Ersten Weltkrieg die noch bis zu 50 % erzhaltigen Ablagerungen an der Bucht von neuem ausbeutete, kamen die Grabstätten zum Vorschein. Die aufgehäufte Schlacke hatte sie zwar vor Plünderungen bewahrt, aber Druck und Hitze hatten ihre Dächer beschädigt oder einstürzen lassen.

Die Ausgrabungsstätte **San Cerbone** weist verschiedene Typen von Gräbern aus einem Zeitraum von etwa 700-450 v. Chr. auf, benannt sind sie meist nach ihren Beigaben (Fächer, Geschmeide, Wagen usf.), die größtenteils im Archäologischen Museum von Florenz aufbewahrt werden.

Die Gräber der ältesten Zeit (7.-6. Jh.) sind *Tumuli*, Rundgräber mit bis zu 25 m Durchmesser und abgeschlossen von einer mit Erde bedeckten Kuppel, unter der sich die rechteckigen Totenkammern befanden. Die wegen ihrer schieren Größe beeindruckende **Tomba dei Carri** (nach den in ihrem Innern gefundenen Kriegswagen) betritt man durch einen 12 m langen Gang (*dromos*). Eine andere Variante dieser Hügelgräber hat vor dem Zugang noch einen Vorbau. Jüngeren Datums (um 550-450) sind die etwas näher am Meer gelegenen, aus Travertinquadern errichteten *Ädikulagräber* in Form eines rechteckigen kleinen Häuschens bzw. Tempelchens mit Satteldach. Als einzige widerstand die *Tomba del Bronzetto del Offerente* (Grab der Bronzestatue eines Opfernden) einigermaßen unversehrt dem ungeheuren Druck des 7 m hohen Schlackeberges; in ihrem Innern fand man außer der namengebenden Statue Totenbetten wie Urnen, was auf unterschiedliche Begräbnisriten hinweist.

Populonia

Der eigentliche Ort erstreckt sich innerhalb eines mittelalterlichen Mauerrings auf einem Hügel 180 m hoch

über dem Golf. Nach dem Verfall erlangte der Hügel dank seiner strategischen Lage erst im 14. Jh. wieder Bedeutung, als das einflussreiche Adelsgeschlecht der *Appiani* ihn mit einer mächtigen **Rocca** befestigte, um einen von Florenz unabhängigen Kleinstaat aufzubauen. Von der einstigen Festung sind noch zwei trutzige, zinnenbekrönte Türme erhalten, rund der eine, eckig der andere, von denen man einen herrlichen Blick bis nach Livorno

Etruskisches Ädikulagrab

hat. Das Dorf besteht praktisch nur aus einer einzigen Straße und lebt fast ausnahmslos vom Fremdenverkehr.

In der *Villa Gasparri* ist ein privates **Etruskermuseum** mit Fundstücken aus der Umgebung zu besichtigen (Grabbeigaben wie Streitwagen und Bronzestatuetten, Sarkophage, Büsten, Vasen, Kandelaber usf.).

Praktische Informationen

- **Parco Archeologico di Baratti.** Mai bis Sept. außer Mo 9-20 Uhr, Juli/Aug. tgl., sonst 9-14 Uhr, geführter Rundgang € 10.30, Familienticket € 26.
- **Museum.** *Museo Etrusco*, Via di Sotto 8, außer Mo 9 Uhr bis Sonnenuntergang, € 1,50. *Torre di Populonia*, tgl. 9-19, im Winter 9-13, 15-18 Uhr, € 2. Vor dem Ort gebührenpflichtiger Parkplatz.

• **Boot.** Im Sommer Bootsverleih, ein- bis mehrstündige Touren (rund € 8 pro Std.) und „Taxis" zu Badestränden. Tel. 4 51 19 und 4 51 14.

Verkehrsverbindungen

• **Zug & Bus.** Bahnhof *Campiglia Mma.* oder *Piombino. ATM*-Busse von/nach Campiglia, Venturina, Piombino und San Vincenzo.

Unterkunft & Verpflegung

• **Alba** (*) in *Baratti.* Einfaches, sympathisches Haus in hübschem Garten nur wenige Meter vom Strand. 10 DZ € 52-62, Tel. 2 95 21. Am Hafen vermietet die Trattoria **Canessa** im Sommer 4 Zimmer, Tel. 2 95 30.

• **Il Lucomone** in *Populonia.* Elegante Trattoria im Castello mit guter Regionalküche (Fisch). Ruhetag Mo. Tel. 2 94 71.

• In *Baratti* ist die Trattoria **Canessa** am Hafen zu empfehlen (ganzjährig, Ruhetag Mo). **La Perla** über dem Strand (Bar, Ristorante, Pizzeria) hat einen Superblick auf die Bucht (Ruhetag Mi, Tel. 2 95 29).

Piombino

Piombino (von *piombo*, Blei) kann im Sommer, wenn sich die Autos vor den **Elbafähren** stauen, tatsächlich ein recht „bleihaltiger" Ort sein, seinen Ruf als hässliche Industrie- und Hafenstadt hat es trotzdem nicht ganz verdient. Ein Hauch von alter Eleganz, erstaunlich gute Einkausfmöglichkeiten und eine pittoreske Altstadt rund um den alten Hafen verdienen durchaus einen Abstecher.

Am Hafen von *Falesia* verhütteten schon Etrusker und Römer das Eisenerz Elbas. Noch im Mittelalter Populonia an Bedeutung klar unterlegen, wuchs Piombino im 12./13. Jh. als pisanische Festungsstadt heran und bildete unter den Fürsten Appiani im 15.-17.Jh. einen der wenigen von Florenz unabhängigen Kleinstaaten der Toscana, ehe es 1814 dem Großherzogtum zugeschlagen wurde. Die industrielle Revolution brachte die Hochöfen und Hüttenwerke, die die Peripherie Piombinos noch heute dominieren und im Zweiten Weltkrieg Ziel von Bombardierungen wurden, die die halbe Stadt dem Erdboden gleichmachten.

Die Hauptgeschäftsstraße *Corso Italia* (größtenteils Fußgängerzone) führt vom zentralen Verkehrsknotenpunkt Piazza Gramsci zum mächtigen pisanischen Wehrturm *Torrione* (1212) und dem Stadttor *Torre Rivellino* (1417). Dahinter schlängelt sich der *Corso Vittorio Emanuele II* durch die verwinkelte **Altstadt** und führt am gotischen *Palazzo Comunale* (12.-15. Jh.) und der Abteikirche *Sant'Antimo* (14. Jh.) vorbei zum Hafen mit seinen Gassen und Höfen. Von der erhöhten *Via Panoramica* aus hat man einen wunderbaren Blick auf Elba und das Meer.

Praktische Informationen

• Ll. 38.000. **Tel. 0565.**

• **Info.** Via Ferruccio, Tel. 22 56 39, apt7 piombino@livorno.turismo.toscana.it sowie am Fährhafen, Tel. 22 56 39.

• **Markt.** Mi, zwischen Via Ferrer und Via Gori. *Markthalle*, Via Giordano Bruno beim Torrione.

• **Shopping.** Piombino hat erstaunlich gute Modeläden und Boutiquen, z. B. entlang der Via Cesare Lombroso (ab Piazza Gramsci).

Verkehrsverbindungen

• **Zug.** Vom *Campiglia Stazione* fahren regelmäßig Anschlusszüge nach Piombino, das zwei Bahnhöfe hat, einen im Zentrum und einen am Fährhafen.

• **Bus.** Mit *ATM* vom Hafen oder vom Zentrum (Via Leonardo da Vinci) von/nach Livorno, Cecina, Baratti, San Vincenzo, Venturina, Campiglia Mma, Follonica etc.

• **Parken.** 100 m vom Fährhafen, um € 2,60 pro Tag. Für Tagesausflüge nach Elba zu empfehlen (dort in den Bus umsteigen oder Vespa mieten).

• **Fähren.** Alle 50 Min. nach Portoferraio/Elba (6-22 Uhr); Fahrzeit knapp 1 Std. Ticket-Verkaufsstellen 1 km vor dem Hafen. Für die Hauptsaison empfiehlt sich rechtzeitige Reservierung. Einfache Überfahrt um € 5-7 (Fahrrad extra), für Autos € 25-50, verbilligte Tarife außerhalb der Saison. Am Hafen mindestens 1 Std. vor Abfahrt; dort kann es ganz schön chaotisch zugehen. www.toremar.com bzw. www.mobylines.it.

• **Entfernungen** (in km): Firenze 160, Pisa 100, Livorno 82, Grosseto 77, Siena 115, Rom 265, San Vincenzo 23, Baratti 12, Venturina 14, Campiglia Mma. 19, Follonica 35.

Unterkunft

• **Centrale** (****). Zentral, geräumig und mit Stil, das einzig wirklich wohnliche Hotel der Stadt; 40 Zimmer, DZ ab € 115-135; Piazza Verdi 2, Tel. 22 01 88, Fax 22 02 20.

• **Moderno** (***). Modern nicht gerade, eher gemütlich, aber leider recht laut; 17 DZ € 47-62. Corso Italia 44, Tel./Fax 3 32 04.

• Funktioneller, aber unpersönlicher ist **Collodi** (***); 27 DZ € 40-57, Via Collodi 7, Tel. 22 42 72, Fax 22 43 82.

• Umfassend renoviert ist das **Italia** (***). 12 DZ € 74. Via XX Settembre 39, Tel. 22 09 22, Fax 22 80 35.

• **Il Piave** (**) ggb. dem Bahnhof ist schlicht, aber solide; 12 Zimmer, DZ € 52, Piazza Niccolini 2, Tel. 22 60 50.

• Enge Zimmer und erratische Preise charakterisieren das **Roma** (**), das dafür in einer ruhigen Seitenstraße liegt; 15 Zimmer, DZ € 50-60. Via San Francesco 43, Tel. 3 43 41. Fax 3 43 48.

Essen & Trinken

• **Osteria Carugi.** Klassisches Lokal in der Fußgängerzone mit ehrlicher Regionalküche und Terrasse; Ruhetag So. Via Ferrer 10, Tel. 22 44 22.

• **Il Garibaldi Innamorato.** Familiäre Osteria, frische Fische und Meeresfrüchte nach Marktangebot, gut vor allem die Antipasti. Ruhetag Mo. Via Garibaldi 5, Tel. 4 94 10.

• **Osteria Volturno,** Corso V. Emanuele 43.

• **Gelateria Montebianco,** Via Copernico 23 (Ecke Corso Italia). Die beste Eisdiele der Stadt.

• Entlang der **Via Cesare Lombroso** (ab Piazza Gramsci) gibt es einige ausgezeichnete Delikatessgeschäfte (Käse, Wurst, Schinken).

Maremma

Felder, Pinien, Zypressen – die Maremma
Die malerische Oberstadt von Castiglione
Palazzo della Provincia in Grosseto
Straßenszene in Pitigliano

Überblick

„Siena mi fè, disfecemi Maremma."
„Siena schuf mich, die Maremma zerbrach mich."
(Dante, Canto V Purgatorio)

„Tutti la chiamano Maremma, Maremma, ma a me mi pare una Maremma amara...
io c'ho perduto una persona cara...
Sia maledetta Maremma, Maremma,
sia maledetta Maremma chi l'ama."
„Alle nennen sie Maremma, Maremma,
aber mir kommt sie bitter vor...
ich selbst verlor dort einen, der mir lieb war...
Sei verflucht, Maremma, Maremma,
sei verflucht, wer sie liebt."
(Volkslied)

Die Maremma (von *marittima,* am Meer gelegen) wurde zum Zentrum des etruskischen Reiches, nachdem es den **Etruskern** gelungen war, mit Hilfe von Entwässerungskanälen Teile der Meeresbucht trockenzulegen. Damals reichte das Meer noch weit bis ins Landesinnere hinein, und wo heute die Ruinen ihrer Städte inmitten von Weizenfeldern in der Hitze schmoren, lagen einst Häfen, die über schiffbare Flüsse, Kanäle und Lagunen direkt mit dem Meer verbunden waren.

Schon vor der Zeit der **Römer** begannen die Flüsse und Lagunen zu verlanden, und spätestens als der Weizen aus Sizilien und Ägypten billiger kam als der vor der eigenen Haustür – Globalisierung ist keineswegs erst ein Phänomen von heute –, ließ Rom den ökonomisch unrentablen Standort verfallen, und die Maremma versumpfte. Die **mal aria,** die schlechte Luft (Malaria), die von den Sümpfen aufstieg, vertrieb die Bewohner in die höhergelegenen Regionen, und blühende Metropolen wie *Populonia* und *Roselle*, noch Bischofssitze der frühen Christen, verfielen, als der Klerus nach Massa Marittima und Grosseto flüchtete.

Fast zweitausend Jahre lag der Fluch der Malaria über den Maremmen. Vom Mittelalter bis weit ins „aufgeklärte" Zeitalter der Medici hinein waren sie Hort anrüchiger **Feudalgeschlechter** wie der *Aldobrandeschi* (weder Pisa noch Siena kümmerten sich um den Landstrich, es sei denn, um Häfen wie *Piombino* und *Talamone* auszubauen) und noch bis Mitte des 20. Jh.s Domäne feudaler **Großgrundbesitzer,** die mit Hilfe der *mezzadria* (Halbpacht) die Bevölkerung bis aufs Blut aussaugten. *Di poco si compa, di niente si more* (mit wenig schlägt man sich durch, mit nichts stirbt man) – vor den Besitzverhältnissen und dem Hunger hatten die Menschen der Maremma noch mehr Angst als vor dem Sumpffieber, das „gottgegeben" war. *Seid verwunschen, Maremmen!*, sangen die Hirten, die Bauern, die Holzfäller und Fischer, und verehrten Rebellen, Wilderer und Briganten, die „denen da oben" ein Schnippchen schlugen.

Erst im 19. Jh. gelang es den **Habsburgern** unter Großherzog Leopold II dank gezielter Anpflanzungen (Piniengürtel) und Entwässerungen, den größten Fluch von der Maremma zu nehmen. *Massa Marittima* erstand als Bergbauzentrum der Colline Metallifere wieder auf, und *Follonica* und *Grosseto* wurden als Industriestandorte entdeckt und gefördert.

Während des Faschismus schickte Mussolini Veteranen des Ersten Weltkriegs, landlose Bauern und Zwangsarbeiter zur Trockenlegung in die Sümpfe, doch die endgültige Ausrottung der Malaria brachte erst das im Zweiten Weltkrieg entwickelte amerikanische DDT.

Nördliche Maremma & Hinterland

Follonica

Nicht gerade eine Schönheit, doch sollte man sich von der „Hochhaussilhouette" nicht allzu sehr abschrecken lassen. Zusammen mit Viareggio bildet der für toscanische Verhältnisse extrem junge Ort praktisch das einzige „städtische Pflaster" an der Küste, und auch wenn der Bauboom der 60er Jahre viel verschandelt hat, bewahrt doch das Zentrum in Teilen noch den Charakter einer freundlichen Kleinstadt des 19. Jh.s.

Follonicas Geburtsjahr lässt sich auf das Jahr 1830 datieren, als Großherzog *Leopold II* die Minen wiedereröffnete und dadurch Eisenhütten und Stahlgießereien entlang der Bucht entstanden. Industrie und Sommerfrische, Strände und Schlote taten einander nicht allzu weh, ehe auch der Tourismus zur Industrie wurde und man den ansehnlichen Ort mit Beton zu übergießen begann. Außer seinen Stränden und guten Einkaufsmöglichkeiten bietet der zweitgrößte Ort der Provinz einige sehenswerte Erinnerungen an die Zeit der Frühindustrialisierung, namentlich die teilweise restaurierten Gießereien und Fabrikanlagen der 1830-1860 angelegten *Città Fabbrica* (Eingang durch ein schönes Schmiedeeisentor an der Via Bicocchi) und der Kirche *San Leopoldo*, der ersten Stahlkonstruktion der Toscana.

Wer einen freien Strand sucht, sollte nach **Torre Mozza** 3 km nördlich der Stadt fahren.

Praktische Informationen

- GR. 24.000. **Tel. 0566.**
- **Info.** Via Roma 51, Tel. 5 20 12, Fax 5 38 33, infollonica@grosseto.turismo.toscana.it
- **Markt.** Die *Markthalle* im Zentrum ist tgl. außer So geöffnet. *Wochenmarkt* Fr (Via de Gasperi, nördl. des Zentrums).
- **Feste.** *Carnevale Maremmano* im Febr., *Fuocci d'Artificio*, Feuerwerk am Strand, 15. Aug.

Verkehrsverbindungen

- **Zug.** Bahnhof der Linie Genua–Rom.
- **Bus.** Mit *TRAIN* von/nach Siena, Grosseto, Castiglione, Massa Mma. und fast alle wichtigen Orte der Provinz, mit *ATM* von/nach Venturina, Piombino, Suvereto.
- **Entfernungen** (in km): Pisa 110, Livorno 81, Piombino 32, Massa Marittima 19, Siena 84, Scarlino 14, Castiglione della Pescaia 32, Grosseto 47, Rom 234.

Unterkunft

- Mehr als zwei Dutzend **Mittelklassehotels** teils im Zentrum, teils an den Stadtstränden.
- **Martini** (***). Freundliches und intimes Jugendstilhotel mitten im *Zentrum,* erst vor we-

nigen Jahren gründlich überholt; 16 DZ € 113. Via Pratelli 16, Tel./Fax 4 32 48. Alternativen sind das etwas preisgünstigere **Giardino** (***), 43 DZ € 93 (Piazza Vittorio Veneto 10, Tel. 4 15 46, Fax 4 44 57) und für Freunde des Maritimen das auf Pfählen ins Meer hinausgebaute **Piccolo Mondo** (***), 12 DZ € 114 inkl. BF (Lungomare Carducci 2, Tel. 4 03 61, Fax 4 45 47).

• Annehmbare *Strandhotels* (April bis Okt.) sind die zentrumsnahen **Parrini** (***) (Strandbad, 36 Balkonzimmer € 103, Lungomare Italia 103, Tel. 4 02 93, www.hotelparrini.it) und **Miramare** (**) (25 recht bescheidene Zimmerchen direkt am Strand ab € 57 (ohne Bad), Lungomare Italia 84, Tel./Fax 4 15 21).

Essen & Trinken

• **San Leopoldo.** Verfeinerte Regionalküche in hellen, gepflegten Räumen mit hübschem Sommergarten, günstiges Mittagsmenü. Ruhetag Mo; Via IV Novembre 8, Tel. 4 06 45.

• **Da Paolino.** Ambitionierte Fischküche, Menüs 25-40. Ruhetag Mo; Piazza XXV Aprile 33, Tel. 4 46 37.

• **Santarino.** Für Liebhaber deftigerer Genüsse. Gemütliche Trattoria am Marktplatz, die letzte ihrer Art (traditionelle Fischküche); Ruhetag Di (und zeitweise Okt.), Piazza XXIV Maggio 21, Tel. 4 16 65.

• Eine flottere, zeitgenössischere Alternative ist **La Osteria** (Ruhetag Mo, Via Santini 4, Tel. 4 21 42).

• Spaghetti, Pizza, aber auch einfache, billige Fischgerichte bekommt man auf der Strandterrasse des **Da Ciro** am Lungomare Italia, Tel. 4 07 48.

• **Pescheria Pallino** im Mercato (außer So 7.30-13.30 Uhr) bietet das vielleicht größte und beste Angebot an Fischen und Krustentieren in der gesamten Toscana.

• **Cantina Capitani,** Via Pratelli 10. Gute Adresse für einfachen und bekömmlichen *Sfuso*, offene Rot- und Weißweine (ab € 1,20 pro Liter).

• **Gastronomia/Enoteca,** Via Bicocchi 85, Weine und Delikatessen, und **La Pasta del Re,** Via Colombo 1 (ggb. dem Markt), Fertiggerichte zum Mitnehmen, außergewöhnlich guter *Insalata di Polpo*.

• **Peggi,** Via Bicocchi 50. Die schickste Bar mit guter Auswahl an Kuchen, Gebäck, Frühstückshörnchen etc.

Gavorrano

Geröllhalden und verrostete Fördertürme weisen den Weg zur Lehensburg des Ritters Nello Pannocchieschi, der laut Dante seine Braut Pia de Tolomei aus Siena in den Kerker werfen und ermorden ließ, nachdem sich die Kurfürstin Margeritha Aldobrandeschi in ihn verguckt hatte. Pia de Tolomei zu Ehren feiert das mittelalterliche Städtchen, zwischen 1898 und 1970 Sitz eines der größten Eisenerzbergwerke Europas, jeden Sommer ein großes Kostümfest (*Il Salto della Contessa* am 6. Aug.). Die Rocca ist nur eine Rekonstruktion, aber vom Aussichtsbalkon mitten im Ort hat man einen herrlichen Blick auf die Colline und die Küstenebene, und in der Chiesa *San Giuliano* findet man (unter Panzerglas) eine außergewöhnlich anmutige Marmorstatue der *Madonna mit Kind* des Sienesen Giovanni d'Agostino (um 1336).

Praktische Informationen

• **Information.** *Proloco,* Piazza XXIV Maggio, Tel. **0566-**84 32 32.

• **Markt.** Do.

• **Museum.** *Museo della Miniera,* Tel. 84 62 82, nach Voranmeldung.

• Hotel **Bellavista** (*) am Ortseingang gelegen, einfach, aber mit schönem Blick auf die Bucht. 8 DZ € 36-52. Tel. 84 44 40. www.albergobellavista.it

• **Da Balbo** in *Scarlino*. Rustikale Trattoria mit schöner Fernsicht und preisgünstigen Regionalgerichten (Wild, Schmorbraten), geschl. Di und Okt. Tel. 3 72 04.

Massa Marittima

Um 1310, als die freie Republik *Massa Metallorum* den Höhepunkt ihrer Entwicklung erreicht hatte und den **ersten Bergbaukodex** der Welt verabschiedete, hatte die Stadt rund 10.000 Einwohner.

Durch Pest und Malaria reduzierte sich ihre Zahl derart dramatisch, dass 250 Jahre später kaum noch 500 Menschen in ihren Mauern lebten. Noch bis ins 19. Jh. hinein blieb die Stadt nahezu unbewohnt und konnte so ihren mittelalterlichen Charakter „wahren" wie kaum eine andere. Erst 1830, nachdem die Malaria teilweise besiegt war, öffneten die jahrhundertelang verschlossenen Minen und Bergwerke wieder, und heute leben in Massa etwa genauso soviel Menschen wie vor 700 Jahren.

Geschichte

Schon in vorgeschichtlicher Zeit besiedelt, wurde der Hügel in der Antike zum Zentrum der *Colline Metallifere*, in dem Etrusker und Römer Kupfer, Eisen und Silber abbauten. Die Entwicklung zur Stadt setzte ein, als der Bischof von Populonia 835 mit den Gebeinen des hl. Zerbonius, der als Stadt-

Blick auf Massa Marittima und den Dom San Cerbone

heiliger verehrt wird, in die 400 m hoch gelegene Ortschaft flüchtete.

Zwischen dem 11. und 13. Jh. entstand um den Bischofssitz die **Unterstadt** *Città Vecchia* mit dem Dom und im folgenden die **Oberstadt** *Città Nuova* (das Quartier der Bergarbeiter).

1225 erklärte sich Massa gegen den erbitterten Widerstand von Bischöfen und Feudaladel *(Aldobrandeschi)* zur **autonomen Stadtrepublik.** Sowohl von Pisa wie Siena ihrer Bodenschätze und strategischen Lage wegen begehrt, konnte sich die kleine Republik über 100 Jahre halten, ehe sie sich 1335 den Sienesen ergeben musste. 1380 wurde in Massa als Sohn der aus Siena zugezogenen Familie Albizzeschi der *hl. Bernhardin* geboren. Nach dem Sieg der Medici fiel Massa 1555 an das Herzogtum Toscana und versank in Bedeutungslosigkeit, ehe es den Habsburger Großherzögen im 19. Jh. gelang, die Region malariafrei zu machen und die Bergwerke wieder zu eröffnen.

Orientierung

Die Hügelstadt ist von einer teilweise gut erhaltenen **Stadtmauer** aus dem 12.-14. Jh. umgeben. Da die Parkmöglichkeiten im Centro Storico (Fußgängerzone) arg begrenzt sind, hat man weitere Parkzonen entlang der alten Via Massetana geschaffen. Das Zentrum gruppiert sich um die **Piazza Garibaldi** mit Dom und Rathaus und die Flaniermeile **Corso della Libertà** mit Restaurants, Önotheken, Goldschmiedeläden und dem Geburtshaus des hl. Bernhardin (No. 61).

Piazza Garibaldi

Für manche ist er der schönste Platz der Toscana. Nicht zu groß und überladen, sondern unregelmäßig, verwinkelt und leicht abschüssig, und wie sein asymmetrisch zu ihm stehender Dom mit der breitgeschwungenen Freitreppe klar, streng, harmonisch und überschaubar (und wie jeder mittelalterliche Platz ohne Baum noch Strauch). Seit fast 800 Jahren bildet er nahezu unverändert die Arena des geistigen wie weltlichen Lebens der kleinen Stadt; Ort der Feste und Turniere, Behörden und Banken, Theaterkulisse, Nachrichtenbörse, Ausstellungszentrum und Museum. Humane Architektur, die jede Fußgängerzone der Moderne zum Horrormovie macht.

An der Schmalseite der **Palazzo Comunale,** im 16. Jh. aus der Zusammenlegung mehrerer alter Wohn- und Turmhäuser entstanden; ältester Teil ist der fast fensterlose *Torre del Bargello,* der ehemalige Kerker (um 1230); zentral das ungeliebte Mediceer-Wappen, rechts unten die sienesische Wölfin. Dem Rathaus gegenüber die *Loggia del Comune* aus dem 14. Jh. (erst im späten 19. mit dem Obergeschoss versehen), noch heute Treffpunkt der Alten und der Fremden, links vom Bargello die *Casa dei Conti di Biserno,* bis ins 17. Jh. Residenz der Bischöfe, bevor sie den neugotischen *Palazzo Vescovile* neben dem Dom bezogen (mit einer weiteren Wölfin, auf einer Säule postiert). An der abschüssigsten Stelle der um 1230 gebaute **Palazzo del Podestà** (oder *Pretorio*) mit der kleinen Freitreppe und den Wappen von Massa, Siena und der Podestà, die zwischen 1426 und 1633 dort residierten, heute ein *Museum*.

Das **Museo Archeologico** zeigt auf drei Stockwerken etruskische, vorgeschichtliche und römische Fundstücke aus der Region. Glanzstück ist die kleine Pinakothek im Erdgeschoss mit der farbenprächtigen *Maestà* des **Ambrogio Lorenzetti;** das um 1335 für die Kirche San Pietro all'Orto gemalte Altarbild wurde erst 1867 im Kloster *Sant'Agostino* in fünf Teile zerlegt wiederaufgefunden. In stiller Traurigkeit ob der bevorstehenden Leidensgeschichte ihres Kindes, das sich wie schutzsuchend an sie klammert, sitzt die Madonna auf einem Thron mit Stufen in den Farben der drei Tugenden, verkörpert durch die weiße *Fides* (Treue), die grüne *Spes* (Hoffnung) und die in ein flammendes Rot gewandete *Caritas* (Liebe), umgeben von Propheten, Heiligen, Aposteln und Engeln (darunter rechts der Schutzpatron Massas, der hl. Zerbonius mit seinen Gänsen), die sich am Horizont in einem wahren Meer von Heiligenscheinen verlieren.

Eine Kuriosität unterhalb der Piazza (Via Ximenes, am Parkplatz) sollte man sich nicht entgehen lassen: Die Fresken des hinter drei Spitzbogen versteckten Brunnens **Fonte dell'Abbondanza** mit den frivolen Darstellungen des *Fruchtbarkeitsbaums* (um 1265).

Duomo San Cerbone

Ein Musterbeispiel für Dominanz und Zurücknahme, Auftrumpfen und Pietät zugleich. Die dem *hl. Zerbonius*, dem ersten Bischof Populonias (570-573) geweihte Kirche wurde um 1000 begonnen; frühromanisch sind noch Teile der Südseite, die Säulen und Pfeiler am Hauptportal und einige wunderbare Flachreliefs im Innern.

Der Hauptbau entstand **1228** im Stil der **Pisaner Romanik** und wurde zwischen 1287 und **1304 gotisch** vollendet (sowie um Querschiff und eine neue Apsis erweitert). Deutlich gotisch zeigt sich vor allem die effektvoll asymmetrisch zum Platz angelegte **Fassade** mit der anmutig schlichten Giebelloggia aus der Werkstatt Giovanni Pisanos (die mittleren Säulen stehen auf Pferd, Mensch und Greif). Der spätromanische *Türsturz* des Hauptportals (um 1250) zeigt Szenen aus dem Leben des San Cerbone. Das dreischiffige **Innere** hatte ursprünglich einen offenen Dachstuhl (das drückende Kreuzgratgewölbe wurde erst im 17. Jh. eingezogen). Am Eingang rechts ein römischer *Sarkophag* aus dem 3. Jh., über dem Hauptportal erkennt man eine Statue des Cerbone (mit Gans) und die Rosette (um 1400) mit Szenen aus dem Leben des Heiligen. Die Innenfassade schmückt ein anrührendes frühromanisches **Relief** (um 1000) der *Zwölf Apostel* und des *Kindermords zu Bethlehem*.

Im **rechten Seitenschiff** das aus einem einzigen Travertinblock gehauene *Taufbecken* mit Reliefs aus dem Leben Johannes des Täufers von Giroldo da Como (1267), in dem 1380 der hl. Bernhard getauft wurde, und in der rechten Chorkapelle ein *Kruzifix* des

Sienesen Segna di Bonaventura (um 1300). Der marmorne Hochaltar aus dem 17. Jh. bewahrt ein farbiges *Holzkruzifix* des Giovanni Pisano (1288).

In der Krypta hinter dem Altar ruhen in einem **Sarkophag** des Sieneser Bildhauers Goro di Gregorio (1324) die Gebeine des **hl. Zerbonius.** Der aus Afrika stammende Geistliche (493-573), ein Schüler des hl. Regulus, erhielt als Bischof Populonias den Ehrennamen „Apostel der Maremma" und starb auf der Flucht vor den Langobarden auf Elba. Die acht einst farbigen *Reliefs* schildern in bewegten volkstümlichen Bildern das Leben des Heiligen: wie er vom Gotenkönig Totila einem Bären vorgeworfen wird, die Messe liest, beim Papst verleumdet und nach Rom zitiert wird, unterwegs Kranke heilt und den Durst päpstlicher Gesandter stillt, indem er eine Hirschkuh melkt, wie die legendären Gänse des Capitols seine Unschuld bezeugen und das Himmlische Gloria erschallt. Zum Grabmal gehören elf marmorne Apostelstatuen an den Wänden der Krypta. Einen letzten Höhepunkt bildet die Altartafel der *Madonna delle Grazie* (um 1316) in der linken Chorkapelle, die man lange für ein authentisches Werk Duccios hielt, die zumindest aber aus seiner Werkstatt stammen dürfte.

Città Nuova

Über die an der Piazza Garibaldi abzweigende und auf der Höhe der *Porta alle Silici* in eine steile Treppengasse mündende *Via Moncini* gelangt man in die Oberstadt mit den Resten der mächtigen sienesischen *Fortezza*. Von der Festung der Massetaner übernahmen die Sienesen den quadratischen Wehrturm **Torre del Candeliere** (1228), den sie nach der Einnahme der Stadt 1335 um ein Drittel zurechtstutzten und mit ihrer eigenen Festung durch einen weitgeschwungenen gotischen Bogen, den 22 m langen **Arco Senese** verbanden. Turm und Bastion können bestiegen werden, von dort hat man einen schönen Blick auf Massa und die Bucht von Follonica bis nach Elba.

An der *Piazza Matteotti*, dem Zentrum der Oberstadt, erhebt sich der *Palazetto delle Armi* (1443), dem man seine einstige Bestimmung als Waffenarsenal kaum ansieht, und der heute das kunsthistorische Bergbaumuseum *Museo di Arte e Storia delle Miniere* beherbergt. Links geht es durch die *Porta San Francesco* hügelab zur **Via dei Bastioni,** einer parkähnlichen Promenade entlang der gewaltigen Sieneser Festungsmauer.

Rechterhand der Piazza Matteotti gelangt man zum kleinen, aber feinen Ölmühlen-Museum *Antico Frantoio* und zur mächtigen Hallenkirche *Sant'Agostino*. Die 1273 begonnene Augustinerkirche mit einem Kreuzgang aus dem 15. Jh. bildete das Zentrum des für seine Zeit (13. Jh.) außergewöhnlich rational und geradlinig angelegten Stadtteils der Minenarbeiter (*Terziere di Villanova* mit dem Lamm im Wappen), dessen Hauptquartier heute das alte romanische Bethaus *San Pietro all'Orto* neben Sant'Agostino ist.

Balestro del Girifalco

Der Wettstreit der Armbrustschützen zählt zu den spektakulärsten historischen Festen der Toscana. Sieger des 1959 wiederbelebten Wettstreits der drei *Terziere* Cittavecchia, Borgo und Cittanuova ist, wer mit der Armbrust *(balestra)* einen stilisierten Falken *(gerfalco)* als Symbol des Feindes trifft. Die Waffe wurde im 11. Jh. von Kreuzfahrern aus dem Orient eingeführt und gelangte über die Seerepubliken Genua und Pisa nach Massa. Eingeleitet wird das Fest von einem Umzug in farbenprächtigen Kostümen und der Show der *Sbandieratori*, der Fahnenschwinger. Wie beim Palio ist es für den Außenstehenden schwer zu unterscheiden, wo das „authentische" Fest beginnt und das Touristenspektakel endet, Tatsache ist, dass der Balestro für die Einwohner von Massa *das* Ereignis des Jahres darstellt. Das Turnier findet am Sonntag nach dem 20. Mai zu Ehren des San Bernardino und am zweiten Sonntag im August von Mariä Himmelfahrt und der Gründung der Republik Massa am 31. Juli 1225 statt.

Praktische Informationen

- GR. 10 500. 400 m. **Tel. 0566.**
- **Info.** *Ufficio Turistico*, Via Norma Parenti 22, Tel. 90 27 56, Fax 94 00 95, amatur@cometanet.it (meist deutschsprachig besetzt). *Massa Veternensis*, Reisebüro, Hotelvermittlung, Bustickets, Piazza Garibaldi 18, Tel. 90 20 62, Fax 90 18 70.
- **Markt.** Mi, in der Oberstadt.
- **Feste.** Im Kreuzgang von Sant'Agostino findet im Juli eine der größten *Mineralien-Messen* Italiens statt. Im Aug. werden auf der Piazza Garibaldi Theaterstücke und Konzerte, darunter ein *Folk Blues Festival*, aufgeführt.

- **Sprachkurse.** *L'Abbecedario.* Tel. 328 864 10 01. www.abbecedario.org
- **Fahrrad.** *Biciclette Sumin*, Mountainbikes, Rennräder, Zubehör; Valpiana (7 km Richtung Meer), Tel./Fax 91 91 11. www.suminluciano.com
- **Baden.** Der *Lago dell'Accesa*, ein schilfumwachsener Vulkansee 6 km von Massa Mma., verlockt mit herrlichem Wasser zu einem Badestop, Zugänge und Liegemöglichkeiten sind aber begrenzt.

Verkehrsverbindungen

- **Zug & Bus.** Bahnhof in *Follonica.* Mit RAMA von/nach Follonica, Siena, Grosseto, Volterra (Umsteigen in Monterotondo), einmal tgl. direkt nach Florenz.
- **Entfernungen** (in km): Follonica 19, Siena 62, Grosseto 62, Firenze 132.

Umzug beim Balestro del Girifalco

Unterkunft

• **Il Sole** (***). Komfortables Hotel in einem Stadtpalast mitten im Centro Storico (Garage, aber kein Restaurant). Empfehlenswert sind rückwärtige Zimmer, da sich an der schmalen Hauptstraße etliche Bars und Spielsalons befinden. 50 Zimmer, DZ € 70-80 inkl. BF. Corso della Libertà 43, Tel. 90 19 71, Fax 90 19 59, hotelilsole@tin.it

• **Duca del Mare** (***). 2001 gründlich renoviert, in schöner Aussichtslage am Ortseingang , mit Pool, Parkplatz, Resto. 28 Zimmer, DZ € 72-92 inkl. BF. Piazza Dante Alighieri, Tel. 90 22 84, Fax 90 19 05.

• **Il Girifalco** (**). Familiär, recht rustikal, am Stadtrand mit Pool, Resto, Parkplatz. 30 Zimmer, DZ um € 60 inkl. BF. Tel./Fax 90 21 77. www.ilgirifalco.com

• **Massa Vecchia** (**). Schweizer Landgut mit freundlich-familiärer Atmosphäre, Garten, Pool, Mountainbikeverleih (Touren, eigene Werkstatt). 32 Zimmer, DZ ab € 89 inkl. BF. Loc. *Massa Vecchia* (Zufahrt von der Umgehungsstraße Follonica-Siena). Tel. 90 38 85, Fax 90 18 38. www.massavecchia.it

• **Tenuta del Fontino.** Sehr angenehmes, gepflegtes Landgut (Wein, Olivenöl) unter deutscher Leitung in *Fontino* (7 km). Clou ist ein wunderschöner, naturbelassener Badesee mit Liegewiese. 25 Zimmer, davon 7 in der Villa € 90-106 inkl. BF. Tel. 91 92 32, Fax 91 96 84. www.tenutafontino.it

• **Ostello Le Clarisse.** Nagelneue, in einem ehemaligen Nonnenkloster eingerichtete Herberge mit 6 Zimmern à 4-12 Betten € 15 inkl. BF. Ganzjährig. Piazza XXIV Maggio, Tel. 90 11 15, leclarisse@libero.it

• **Ostello S. Anna.** Kirchliche Einrichtung außerhalb der Stadtmauer, 91 Betten € 21-24. Via Gramsci 7, Tel. 90 46 11, Fax 90 46 00.

Essen & Trinken

• Das **Vecchio Borgo** gehört zu den wenigen Lokalen, in denen die Secondi besser sind als die Vorspeisen; zu empfehlen sind vor allem die Fleischgerichte vom Grill (Bistecca, Tagliata, Agnello), die im Hauptraum am Kaminfeuer zubereitet werden. Menu Turistico um € 21. Ruhetag So abend/Mo. Via Parenti 12, Tel. 90 39 50.

• **Da Tronca.** Typische Osteria, billig und gut, besonders zu empfehlen Baccalà und Trippa. Tronca, ein echter Kauz, hat eher noch sich selbst als seine Küche den deutschen Gästen angepasst. Nur abends, Ruhetag Mi. Vicolo Porte 5, Tel. 90 19 91.

• **Grassini.** Seit Jahrzehnten eine Institution als Stehkneipe mit leckeren Panini, seit 1996 eine gemütliche und preiswerte Osteria. Via della Libertà 3, Tel. 94 01 49.

• **Il Gatto e la Volpe.** Trotz Aufmachung kein Nepp (Coperto und Servizio im Preis inbegriffen), netter Speisesaal und Tische im Innenhof. Ruhetage Mo/Di mittag. Vicolo Ciambellano 12, Tel. 90 35 75.

• Pizza-Fans haben die Qual der Wahl zwischen **Vanni** und **Tre Archi** auf der schönen Piazza Garibaldi und **Le Mura** (Via Parenti) mit seiner Panoramaterrasse.

• **Da Bracali** (Michelin-Stern) in *Ghirlanda* (2 km). Auch wenn hier und da ein Bröckchen Trüffel oder Gänseleber seinen Duft verbreitet, stolze Preise fürwahr, nach denen man selbst in Florenz lange suchen muss (Menüs um € 50-60); Ruhetag Di, Tel. 90 23 18.

Museen

• **Museo Archeologico,** Piazza Garibaldi, außer Mo 10-12.30, 15.30-19, im Winter 17 Uhr, € 3.

• **Torre del Candeliere,** Piazza Matteotti, außer Mo 10-13, 15-18, im Winter 11-12.30, 14.30-16.30 Uhr, € 2,50.

• **Museo della Miniera,** Via Corridini (am Ortsrand). Instruktives Bergwerksmuseum in einem alten 700 m langen Stollen; gezeigt werden Abbaumethoden und Werkzeuge vom Mittelalter bis zur Neuzeit sowie eine Mineraliensammlung. Führungen alle 45 Min. außer Mo 10-12, 15.30-17.45, im Winter 17 Uhr, € 5,20.

• **Antico Frantoio,** Via Populonia (Oberstadt). Olivenpresse aus dem 18. Jh. April bis Sept. außer Mo 11.30-13, 16-19 Uhr, € 1,50.

• **Centro Carapax.** Vom *WWF* gesponsortes Zentrum zur Wiederansiedlung von Schildkröten und Weißstörchen in der Maremma. Das 15 ha große Gelände zu Füßen der Stadt bietet eine einmalige Gelegenheit, die Tiere in ihrer natürlichen Umgebung zu beobachten. Auch „Exotica" wie spektakuläre Dschungel- und Wüsten-Kröten fehlen nicht. Störche-Fütterung in einer fußballfeldgroßen begehbaren Voliere im Sommer 18, sonst 16 Uhr. Juni bis Mitte Sept. tgl. 9-12.30, 16-19 Uhr, sonst Sa/So 9-12.30, 14.30-17 Uhr oder nach Vereinbarung. € 3,10. Tel. 94 00 83. www.carapax.org

Zwischen Massa Marittima & Grosseto

In der **waldreichen Hügellandschaft** zwischen Massa Marittima, Siena und Grosseto haben sich – temporär oder für immer – besonders viele Ausländer, zumeist Deutsche und Schweizer, angesiedelt. In der unwegsamen und dünnbesiedelten Region, in der Generationen vom Bergbau lebten, spielte Landwirtschaft nie eine bedeutende Rolle, wurde aber auf Kleinparzellen intensiv zur Grundversorgung mit Öl, Wein, Gemüse und Obst betrieben. Nach der Schließung der Minen in den 60er Jahren konnten die meisten Dörfler ihre kleinen Gärten auf dem Land aus Mangel an Geld nicht mehr halten und mussten sie zum Verkauf geben.

Vorbei an trutzigen, malerischen Bergdörfern wie **Prata, Tatti** oder **Boccheggiano** (wo noch die Überreste eines alten Bergwerks und in der Ortskirche eine feine Marmorstatue des *hl. Sebastian* von dem Florentiner Bartolomeo Cennini zu sehen sind) gelangt man nach **Montemassi.**

Das markante **Kastell,** das Siena erst 1328 eroberte und von Simone Martini mit seinem grandiosen Fresko im Ratssaal unsterblich gemacht wurde, geriet erst in den letzten Jahren wieder in die Schlagzeilen, nicht zuletzt durch den vielbeachteten Kampf des Schriftstellers Carlo Fruttero gegen eine Spekulantensiedlung an dem berühmten Hügel.

Durch eine wunderbare, immergrüne Landschaft mit herrlichen Ausblicken über die Küstenebene der Maremma erreicht man **Roccatederighi** (535 m), ein ebenso reizvolles wie außergewöhnliches Ensemble aus Felsblöcken, Burgruine und Steinhäusern. Ort und Festung der seit dem 13. Jh. unter dem Schutz Sienas stehenden Grafen Tederighi wurden auf und zwischen vulkanischen Trachitfelsen errichtet, die bis heute Mauern und Fundamente zahlreicher Häuser bilden. Über ein stetiges Auf und Ab kleiner Gässchen erreicht man die beeindruckende *Piazetta Senese*, die mit Uhrturm, Resten der Stadtmauer, Felskatarakten und der romanischen Pieve *San Martino* eine eindrucksvolle Kulisse für ein Panorama bis zum Mittelmeer abgibt.

Nur wenige Kilometer weiter erreicht man **Roccastrada,** den größten Ort im Hinterland der Maremma zwischen Massa und Grosseto. Auf einer 475 m hohen Felsplatte mit weiten Blick über die Ebene von Grosseto türmt sich der Ort, im Mittelalter Zentrum des Silber- und Kupferabbaus, um die Ruine eines Kastells aus dem 11. Jh., das 1316 an Siena fiel. Sehenswert der *Torre Senese* (13. Jh.) und die romanische Chiesa *San Niccolò* mit Fresken des Ghirlandaio-Schülers Giovanni Tolosani (*Verkündigung* und *Madonna mit Kind*).

Praktische Informationen

- **Information.** *Roccastrada,* Piazza Gramsci 11, Tel./Fax 56 32 81.
- **Feste.** *Palio Storico* in Roccatederighi am 14. Aug.
- **Markt.** Mi in Roccastrada.

Verkehrsverbindungen

- **Bus.** Mit *RAMA* von/nach Siena und Grosseto, Umsteigen ab Massa.
- **Entfernungen** (km ab Massa): Prata 12, Roccatederighi 23, Roccastrada 40, Grosseto 73.

Unterkunft

- **Marconi** (*) in *Roccastrada,* 9 DZ ohne Bad € 36, Via Mazzini 8, Tel. 56 50 62.
- **Sant'Uberto** (***) bei *Piloni* 10 km nördl. Villenanlage im Grünen mit großem Pool, Resto, div. Sportstätten sowie 19 Zimmern (plus Apts.) € 72-114 inkl. BF. Tel. 0564/ 57 54 66, Fax 57 54 19, www.belagaio.it
- **Locanda del Gabellino** (*) in *Gabellino* zwischen Prata und Boccheggiano, 11 Zimmer mit/ohne Bad € 31, Tel. 0566/99 82 00. Populäre Gaststätte.

Essen & Trinken

- **La Schiusa** in *Prata,* tgl. frisch zubereitete Pasta di Casa, Wildgerichte und Verdure alla Griglia, Gemüse vom Grill; Ruhetag Mi (außer im Sommer), Tel. 0566/99 77 03.
- **Garum** in *Roccatederighi,* freundliches Lokal im Centro Storico, Menu Turistico um € 13, Tel. 0564/ 56 74 45.
- **La Conchiglia** in *Roccatederighi.* Bestes Fischlokal der Alta Maremma! Via Roma 24, Ruhetag Di (außer im Sommer). Tel. 0564/ 56 74 30.

Castiglione della Pescaia

Einer der schönsten und sympathischsten Badeorte der Küste mit einem kleinen Fischer- und Yachthafen an der Mündung der Bruna.

Der alte, von einer trutzigen Ringmauer mit elf Wachtürmen umschlossene Stadtkern wird von einer malerischen und zum Teil noch heute bewohnten pisanischen **Rocca** aus dem 14. Jh. überragt, von der man einen wunderbaren Blick über den Ort und die Küste genießt. Von hier bis nach Grosseto erstreckte sich der sagenumwobene *Lago Prile* der Etrusker; der noch von Catull und Cicero erwähnte Binnensee wurde erst im 19.Jh. endgültig trockengelegt, doch bildet der fast 1000 ha große *Padule di Castiglione* noch heute eines der größten zusammenhängenden Sumpfgebiete Italiens.

Im Juli/August ist die Hölle los (zumal sich der gesamte Durchgangsverkehr über die schmale Bruna-Brücke zwischen Stadtkern und Hafen vorbeizwängt), aber außerhalb der Spitzenzeiten kann der Aufenthalt im Ort sehr angenehm sein. Beiderseits der Bruna-Mündung erstrecken sich breite **Sandstrände** mit Pinienwäldern. 7 km nördlich führt eine Stichstraße zum malerischen **Le Rocchette** (zahlreiche Hotels, Campingplätze und Bagni, aber auch freie Strände), und noch etwas weiter nördlich (21 km) erreicht man das mondäne Touristenzentrum **Punta Ala.** Wer Golfplätze, Luxushotels, Ferraris und Yachten bewundern möchte, ist dort richtig.

Von Castiglione nach Süden führt die SS 322 schnurgerade bis nach Marina di Grosseto (10 km) durch die dichtbewachsene **Pineta del Tombolo** (Schauplatz des Romans *Das Geheimnis der Pineta* von Fruttero & Lucentini) mit einigen (allerdings wenigen) direkten Zugängen zum Meer.

Eine Möwe erreicht **Tirli** mit drei Flügelschlägen, das Auto kurvt 17 km in endlosen Serpentinen durch Steineichen- und Kastanienwälder. Das 450 m über dem Meer gelegene Bergdorf entstand als Zufluchtsort für Fischer und Bauern, denen ein befestigtes Augustinerkonvent Schutz vor Söldnern und Piraten bot; wer länger blieb, musste Jäger, Holzfäller oder Köhler werden. Heute fliehen die Sommertouristen hierher vor der Hitze am Meer und den ewigen Spaghetti Vongole.

Praktische Informationen

- GR. 7500. **Tel. 0564.**
- **Info.** Piazza Garibaldi 6, Tel. 93 36 78, Fax 93 22 77.
- **Markt.** Sa, Piazza Ponte Giorgini am Kanal. Im Sommer tgl. *Fischmarkt* (ab 17 Uhr) am Hafen unterhalb der Via Colombo.
- **Fahrradverleih.** *Baricci*, Piazza della Repubblica 23, Tel. 93 46 90. *Esso*-Tankstelle Riva del Sole, Tel. 93 30 09.

Verkehrsverbindungen

- **Zug.** Bahnhof in Grosseto.
- **Entfernungen** (in km): Grosseto 20, Follonica 46, Livorno 115, Siena 95, Firenze 165, Roma 205, Vetulonia 24, Tirli 17.

Hotels

- **L'Approdo** (****). Gepflegtes Stadthotel am Yachthafen mit Dachterrasse und 48 klimatisierten DZ um € 90-120. Via Ponte Giorgini 29, Tel. 93 34 66, Fax 93 30 86. www.hotellapprodo.com

Blick von der Rocca auf den Strand von Castiglione della Pescaia

• **Miramare** (***). Etwas verstaubt, aber sympathisch und das einzige Hotel mit vollem Meer- und Strandblick (Zimmer zur Straße allerdings recht laut). 37 Zimmer mit/ohne Bad € 73/93. Via Veneto 35, Tel. 93 35 24, Fax 93 36 95, miramare@tin.it

• **Corallo** (***). Angenehme Familienpension mit exzellenter, weithin gerühmter Küche, etwas eingeschlossen im Häusergewirr hinter dem Strand, was im Sommer freilich eher eine Wohltat ist. 14 DZ € 108 inkl. BF (bzw. einer der seltenen Fälle, wo eine Halbpension, um € 78 p.P., wirklich lohnt). Via N. Sauro 1, Tel. 93 36 68, Fax 93 62 68.

• **Roma** (***). Mitten im Zentrum, einige Zimmer mit Blick auf Yachthafen und Meer. 39 Zimmer, DZ € 93, ohne Bad € 60. Via Colombo 14, Tel. 93 35 42, Fax 93 11 75.

• **La Portaccia** (*), 13 Zimmer, Via San Benedetto Po 7, Tel. 93 38 25, und **Bologna** (*), 12 Zimmer, Piazza Garibaldi 8, Tel. 93 37 46, beide im *Centro Storico* mit Zimmern ohne Bad um € 44-50.

• **Park Hotel Zibellino** (****) in *Le Rocchette* (7 km nördl.). Teil einer großen, in der Pineta gelegenen Ferienanlage mit Pool, Resto und eigenem Strandbad. 45 DZ je nach Saison € 105-200 inkl. BF, Tel./Fax 94 11 52. www.roccamare.it

• **Tana del Cinghiale** (**) in *Tirli*. Gepflegtes und ruhiges Landhaus 450 m hoch über der Küste mitten im Wald gelegen, ideal für Wanderer, Pilzsucher, Mountainbiker; 7 DZ um € 67 inkl. BF. Tel./Fax 94 58 10.

Essen & Trinken

• **Corallo.** Die beste Küche am Ort (s. *Hotels*). Freundlich-eleganter Familienbetrieb (nur 30 Plätze), hausgemachte Pasta, Obst und Gemüse aus eigenem Anbau. Ruhetag Di (außer im Sommer).

• **Pierbacco.** Kreative, wenn auch bisweilen bemüht originelle Küche (Hummerravioli in Orangencreme), Terrasse mitten im Flaniergewühl. Ruhetag Mi (außer im Sommer). Piazza Repubblica 24, Tel. 93 35 22.

• **Da Romolo.** Traditionsrestaurant in der Fußgängerzone mit kleiner Sommer-Terrasse. Corso della Libertà 10, Tel. 93 35 33.

• **Osteria nel Buco.** Rustikale Musik- und Gutelaute-Schänke in der Oberstadt, gute hausgemachte Pasta. Ruhetag Mo (außer im Sommer). Via del Recinto 11, Tel. 93 44 60.

• **Il Cacciatore** und **Da Vildo** in *Tirli*. Von der Küche der Fischer (Pesce, Calamari, Cozze) zu der der Bauern und Jäger (Funghi, Cinghiale) in knapp 17 km. Tel. 94 58 20 bzw. 94 58 39, Ruhetag jeweils Di.

• In der Rosticceria **Il Cantuccio** bekommt man gute Fertiggerichte zum Mitnehmen; im Sommer tgl. geöffnet. Via Pascoli 6.

• **Cafés** und **Gelaterien** säumen die Flaniermeile Corso della Libertà. Etwas geruhsamer geht es in dem kleinen namenlosen Fischercafé am (Yacht-)Hafen gleich neben dem Fischmarkt zu (Via Porto Canale).

• **Havanna Music Pub.** Spaghetti, Pizza & Drinks direkt am Strand; Via Roma, im Sommer tgl. 19-3 Uhr.

Vetulonia

Lange Zeit galt **das etruskische Vetluna** als verschollen. Erst Ende des 19. Jh.s entdeckte der verbissene Hobby-Archäologe Isidoro Falchi die einst mächtige und blühende Lukomonie in dem abgelegenen Weiler Colonne di Buriano 344 m hoch über dem Bruna-Tal (20 km nordwestlich von Grosseto), worauf König Umberto I dem Dorf 1887 wieder den alten Namen Vetulonia verlieh. Ihre Blütezeit im 7. bis 6. Jh. v. Chr. verdankte Vetulonia den Metallerzvorkommen am *Lago dell'Accesa* (unterhalb von Massa Mma.) und ihrer Verbindung zum Meer. Denn damals breitete sich am Fuß des Stadthügels nicht wie heute eine weite Ebene, sondern eine große schiffbare Lagune aus, der *Lacus Prilius*, an dem auch das nur 15 km (Luftlinie) entfernte *Roselle* einen schwunghaften Handelshafen betrieb. Ob Vetulonia, Zentrum des Bernsteinimports und der Goldschmiedekunst und die ältere der beiden Metropolen, nach dem 6. Jh. von Roselle beherrscht wurde oder ob allein die Versumpfung des „Sees" an ihrem frühen Niedergang Schuld trug, liegt bis heute im Dunkel. Die Römer jedenfalls zeigten keinerlei Interesse mehr an ihr; Vetulonia ist das einzige Mitglied des etruskischen Zwölfstädtebundes, das nicht von Römern besiedelt wurde und später einen Bischofssitz erhielt.

Von der alten Etruskerstadt, deren Mauern sich von der Hügelspitze entlang der heutigen Zufahrtsstraße bis ins Tal hinunterzogen, blieb wenig erhalten. Am höchsten Punkt des Ortes Reste der einst 5 km langen Zyklopenmauer, etwas weiter abwärts (bei der Ticket-Verkaufsstelle) zwei jüngere **Grabungsstätten,** *Costa dei Lippi* und *Costa Murata* (eine Straße, vielfältige Ummauerungen, eine Zisterne). Die wichtigste archäologische Zone, die **Scavi di Città,** liegt unübersehbar direkt neben der Zufahrtsstraße am Ortsbeginn. Hier sind deutlich Reste eines Häuserkomplexes beiderseits einer gebogenen Straße, von der Gassen abzweigen, erkennbar.

Die **Nekropolen** liegen unterhalb des Ortes (Richtung Grilli) an der Via dei Sepolcri. Charakteristisch für Vetulonia sind die *Circoli* oder *Tholos-Gräber,* von einem Erdhügel bedeckte Steinkreisgräber mit einer zentralen Grabkammer. Vom *Belvedere* genannten Grab führt eine Staubstraße weiter bergab zur **Tomba della Pietrera** (7. Jh.), die, wie ihr Name besagt, lange als Steinbruch ausgebeutet wurde. Allein die Ausmaße der mit einer mächtig vorkragenden Pseudokuppel versehenen Grabstätte sind beachtlich: mit einem Durchmesser von 70, einer Höhe von 14 und einem Umfang von 210 m zählt sie zu den größten etruskischen Kuppelgräbern überhaupt. 28 m misst der Zugang zur zentralen, doppelstöckigen Grabkammer, die Mauern weisen eine Dicke von über 3 m auf.

Berühmt ist die Tomba della Pietrera aber auch wegen der hier gefundenen Fragmente lebensgroßer Götterstatuen, die als älteste Großplastiken Etruriens gelten. Aus konservatorischen Gründen wurde die Kuppel zuletzt mit einem festen Dach abgedeckt, weswegen das Grab nicht zugänglich war (und das kann dauern).

Noch weiter hügelab liegt die aus der gleichen Zeit stammende und ähnlich gigantische **Tomba del Diavolino 2,** die noch einmal schön die Gewölbekonstruktion der Etrusker (z. T. restauriert) verdeutlicht. Massive Platten begrenzen den Eingang, die Wände des Dromos sind aus geschichtetem Stein, in der Mitte der Grabkammer ist noch der Sockel des Stützpfeilers erhalten. Das „Teufelchen", nach dem das Grab benannt ist, stellte sich im übrigen als Bronzestatuette des Totengottes Charon heraus; *Diavolino 1* wurde abgetragen und ist heute, wie fast alle Fundstücke Vetulonias, im Archäologischen Museum von *Florenz* (s. S. 170) zu bewundern.

Praktische Informationen

- **Essen & Trinken.** *Taverna Etrusca*, Bar-Pizzeria im Ort mit 5 Einfachzimmern je nach Saison um € 40-45. Tel. 94 98 02.
- Die **Gräber** können (noch?) gratis besichtigt werden (tgl. 9 Uhr bis Sonnenuntergang, elektronische Schließanlage), bei den Grabungsfeldern (April-Sept. tgl. 10-19, sonst 9-18 Uhr) zahlt man € 2,50 Eintritt.
- **Museo Archeologico Antiquarium,** Juni-Sept. 10-14, 16-20, sonst 10-16 Uhr, € 4,20.

Roselle

9 km nordöstlich von Grosseto ein anderer Hügel, eine andere **etruskische Stadt.** Auch *Rusellae* gehörte zum Zwölfstädtebund und hatte seine Blütezeit im 6. vorchristlichen Jh., doch während es von Vetulonia nach dem Jahr 294 v. Chr. keine Zeugnisse mehr gibt, wurde Roselle von den Römern eingenommen und bis zur Zeit des Augustus (1. Jh. v.Chr.) zu einer römischen Metropole ausgebaut. Unter langobardischer Herrschaft wurde die Stadt Bischofssitz und überstand auch noch die fast vollständige Zerstörung durch die Sarazenen (935), ehe die Bischöfe 1138 ihren Sitz nach Grosseto verlegten. Die letzten Bewohner verließen Roselle im 16. Jh. und überließen sie dem Verfall. Die sich über **zwei Hügelkuppen** erstreckende Etruskerstadt wurde spätestens im 6. Jh. mit einem 3,2 m langen Mauerring aus immensen, bis zu 7 m hoch geschichteten Steinblöcken umgeben, innerhalb dessen Steinbauten entstanden, gepflasterte Straßen verliefen und ein ausgeklügeltes System von Zisternen und Kanälen die Wasserver- und -entsorgung garantierte. Die römische Eroberung brachte eine Verlagerung des Stadtzentrums mit sich; die neuen Herren füllten die Mulde zwischen den Hügeln auf und errichteten dort ihr **Forum,** das sich heute als weitläufiges Ruinenfeld darbietet (Reste von Wandverkleidungen, Marmor- und Mosaikböden aus dem 2.-1. Jh.). Unweit einer befestigten Straße entstanden die *Thermen* und auf dem ehemaligen Nordhügel das ovale **Amphitheater** aus augusteischer Zeit. In einem südlich des Forums erst 1966 freigelegten Heiligtum entdeckte man 18 Marmorstatuen der julisch-claudischen Kaiserfamilie (heute im Archäologischen Museum von Grosseto) sowie Überreste einer römischen Villa. Von der letzten Phase der Besiedlung sind über etruskischen und römischen Ruinen die Grundmauern eines Turms der Aldobrandeschi-Festung (9. Jh.) und einer frühchristlichen Kirche mit Glockenturm und Taufbecken erhalten – entstanden aus den Trümmern der Antike, vermengten sie sich wieder mit denselben nach dem Niedergang Roselles 1138 und der Verlegung des Bischofssitzes nach Grosseto.

Museum

- **Parco Archeologico di Roselle.** Das Freilichtmuseum ist tgl. ab 9 Uhr geöffnet, im Sommer (Mai bis Aug.) bis 19.30, im Winter (Nov. bis Febr.) 17.30, ansonsten 19 Uhr. € 4,20.

Grosseto

Die Umwandlung der mediceischen Stadtmauer in einen öffentlichen Wallgarten durch Großherzog Leopold II (1835) hat Grosseto nicht zu Unrecht den Beinamen **Piccola Lucca** oder *Lucca der Maremmen* eingetragen.

Tatsächlich hat sich Grosseto einen angenehmen provinziellen Charakter bewahrt, liegen Anmut und Fäulnis, Rückständigkeit und Rebellion auch hier nahe beieinander. Nicht umsonst gilt die Hauptstadt der größten toscanischen Provinz in der Szene als Hochburg von Punk, Trash, Drogen und American Football.

Als zur Medici-Zeit hochrangige Sträflinge die Wahl zwischen den Verliesen Volterras oder einem Amt in Grosseto hatten, soll es nicht wenige gegeben haben, die dem Kerker den Vorzug gaben. Und noch Mitte des 19. Jh.s, als die Habsburger begannen, die Stadt gezielt zu erweitern und zu verschönern, verloren sich kaum viel mehr als 3000 Einwohner in der riesigen Festung, die die Medici dreihundert Jahre zuvor (1574-1593) in den Schwemmsand des Ombrone-Flusses gesetzt hatten. Den Aufstieg zu einer weit über ihre mittelalterlichen Dimensionen hinausschießenden **Handels- und Landwirtschaftsmetropole** verdankt Grosseto erst dem 20. Jh., nachdem es den vereinten Kräften von Mussolinis Zwangsarbeitern (in den 30er Jahren) und dem amerikanischen Insektenkiller DDT (in den 50er Jahren) gelungen war, die fiebrigen Sümpfe rund um die Stadt trockenzulegen.

Geschichte

Grossetos Geschichte begann als Poststation und Kastell an der Via Aurelia. Nach der Zerstörung Roselles durch die Sarazenen (935) verlegte Papst *Innozenz II* den Bischofssitz 1138 kurzerhand nach Grosseto, das sich daraufhin als Festungsstadt und Zentrum der Salzgewinnung entwickelte.

Bis 1336, als Grosseto von Siena geschluckt wurde, herrschte das Feudalgeschlecht der Aldobrandeschi über die Stadt, nach Sienas Niederlage gegen Florenz fiel sie 1559 an das Herzogtum Toscana. Die Medici ließen nach bewährtem Muster eine Festung mit einem rundum laufenden Backsteinwall errichten, doch dem Sumpffieber wurden auch sie nicht Herr. Ab Mitte des 18. Jh.s versuchten es die Lothringer und Habsburger, aber erst Leopold II gelang es zwischen 1830 und 1860, Grosseto einigermaßen bewohnbar zu machen. In den Dreißiger Jahren siedelte Mussolini landlose Bauern aus dem Veneto an und belebte das Stadtbild mit faschistischen Prunkbauten (wie dem noch heute bestehenden *futuristischen* Postamt), was später zu heftigen Bombenangriffen der Alliierten auf die Stadt führte. Der Wiederaufbau nach Kriegsende ließ Grosseto um mehr als das Fünffache wachsen.

Überblick

Dank der neuen Autostrada zwängt sich der Durchgangsverkehr seit 1995

nicht mehr auf der alten Via Aurelia mitten durch den Ort hindurch.

Das historische Zentrum liegt innerhalb der mediceischen Stadtmauern und der in den Wall miteinbezogenen Zitadelle der Sienesen (*Casone*). Zentrale Achse und Hauptgeschäftsstraße ist die Flaniermeile **Corso Carducci** (Fußgängerzone) zwischen der Piazza Nuova im Norden und der Porta Vecchia im Süden, den Mittelpunkt bildet die arkadengesäumte **Piazza Dante** mit Dom und Provinzpalast.

Rundgang

Ausgangspunkt ist die **Piazza Dante.** Auf der Fläche, die einst das Kastell der Aldobrandeschi, der frühesten Herrscher der Stadt, einnahm, erhebt sich der neugotische, am Sieneser Rathaus orientierte *Palazzo della Provincia*

(1900), heute Sitz der Provinzregierung. Ein pathetisches Denkmal erinnert an den Großherzog *Leopold II* (1797-1870), der als gütiger Patron dargestellt wird, der die Schlange der Malaria zertritt und die Maremma in Gestalt einer siechen Mamma mit Kind vor dem sicheren Verderben bewahrt.

Vom ursprünglichen Bau des **Duomo San Lorenzo,** der 1294 begonnen und nach der Annexion Grossetos von der Sieneser Dombauhütte um 1350 vollendet wurde, sind nur noch Rudimente wie das ansehnliche *Südportal* erhalten. Der Campanile wurde um 1420 angebaut, die neugotische, mit rotweißem Marmor inkrustierte Fassade entstand erst 1840-45. Im mehrfach umgestalteten, dreischiffigen Innern bleibt als Schmuckelement lediglich das erhaltene Mittelstück einer *Himmelfahrt Mariens* (1474) des Sienesen Matteo di Giovanni (linkes Querschiff) in Erinnerung.

Die ältesten Kirchen Grossetos sind *San Pietro* am Corso Carducci und die benachbarte **San Francesco,** die beide aus dem 13. Jh. stammen. Die schlichte, später von den Franziskanern übernommene Hallenkirche der Benediktiner birgt neben Freskenresten aus dem 14. Jh. und dem schönen Kreuzgang mit dem *Bufala*-Brunnen ein bemaltes *Kruzifix* am Hauptaltar (um 1285), das dem jungen Duccio zugeschrieben wird.

Das **Museo Archeologico e d'Arte della Maremma** bewahrt antike Fundstücke aus Vetulonia, Talamone, Pitigliano, Sovana und natürlich Roselle, die angeschlossene **Pinakothek** birgt einige schöne Tafelbilder der Sieneser Schule, allen voran ein *Jüngstes Gericht* von Guido da Siena (um 1280) und die grazile *Kirschenmadonna* (Madonna delle Ciliege) von Sassetta (1450).

Entlang der 5 km langen **Stadtmauer** mit sechs Bastionen und zwei Toren kann man wie in Lucca gemütlich spazierengehen und die Dächer und Plätze der Stadt von oben betrachten.

Marina di Grosseto und das vollkommen zersiedelte **Principina a Mare** sind unattraktive Strandbäder ohne jegliches Flair – wimmelnde Ameisenhaufen im Sommer, tote Geisterstädte den Rest des Jahres. Freie Strände findet man vornehmlich nördlich von Marina di Grosseto sowie südlich von Principina bei Alberese.

Praktische Informationen

- GR. 72.000. 10 m. **Tel. 0564.**
- **Info.** *APT,* Viale Monterosa 206, Tel. 46 26 11, Fax 45 46 06. www.grosseto.turismo.toscana.it
- **Markt.** Do, Piazza de Maria vor der Porta Vecchia.
- **Museum.** *Museo Archeologico e d'Arte della Maremma,* Piazza Baccarini 3. Außer Mo Mai-Okt. 10-13, 17-20 Uhr, sonst 9-13 Uhr. € 5.

Verkehrsverbindungen

Zug

- Grosseto ist **Bahnstation** der Linie Genua–Rom mit Anbindung an Pisa und Florenz sowie nach Siena (ca. 90 Min., sehr schöne Fahrt).

Bus

- Mit *RAMA*-Bussen (Via Oberdan, Tel. 45 67 45) zu allen größeren Orten der Provinz (Follonica, Massa Mma., Orbetello, Porto San Stefano, Pitigliano) sowie von/nach Siena, Livorno und Rom.

Entfernungen

- (in km). Livorno 134, Follonica 34, Siena 74, Castiglione 22, Roselle 7, Vetulonia 22, Marina di Grosseto 12, Principina a Mare 17, Alberese 15, Talamone 28, Orbetello 40, Porto Santo Stefano 50, Rom 190.

Unterkunft

In der Stadt

- **Bastiani Grand Hotel** (****). Sehr gediegen, fast altmodisch schön, in einem aufwändig renovierten vierstöckigen Bau der Jahrhundertwende nur wenige Schritte vom Dom. Hübsche Dachterrasse. 48 Zimmer, DZ um € 140-160. Piazza Gioberti 64, Tel. 2 00 47, Fax 2 93 21. www.hotelbastiani.com
- Ansonsten hat man die Wahl zwischen verblichenem Glanz und glanzloser Funktionalität.
- Die erste Kategorie, jeweils im Centro Storico, repräsentieren das **Leon d'Oro** (39 DZ ab € 103, einige wenige ohne Bad um € 62; Via San Martino 46, Tel. 2 21 28) und das **Maremma** (30 DZ ab € 103), Via Fulceri de Calboli 11, Tel. 2 22 93).
- Zur zweiten Kategorie zählt das solide, gut ausgestattete **Lorena** (****) ggb. dem Bahnhof; 60 Zimmer, DZ um € 140 inkl. BF. Via Trieste 3, Tel. 2 55 01, Fax 2 55 31.
- Zentral und günstig ist das **Mulinacci** (***), 13 DZ um € 80 inkl. BF. Via Mazzini 78, Tel. 284 19, mulinacci@libero.it
- Angenehmstes Billighotel (*) ist das **Appennino** etwas außerhalb der Stadtmauer; 11 Zimmer, DZ ohne/mit Bad € 41/49. Viale Mameli 1, Tel. 2 30 09.
- Eine **Casa dello Studente** mit 24 Zimmern (DZ € 19) ist in der Via Spartaco Lavagnini, Tel. 2 24 03, Fax 41 56 33.

In Strandnähe

- Wer lieber in Strandnähe wohnt, findet in der Pineta von *Marina di Grosseto* das **Ariston** (***), 36 DZ ab € 103 (Tel. 3 40 62).

Das Postamt von Grosseto ist ein Relikt aus der Mussolini-Zeit und das etwas schummrige **Lola Piccolo** (***), 24 DZ € 83 (Tel. 3 44 02), beide mit Strandbad.

• Als Billigalternative kommt die Pension **Tre Stelle** (*) in Frage (11 Zimmer ab € 52, Tel. 3 45 38).

• In *Principina a Mare* lohnt das relativ ruhige Gartenhotel **Grifone** (***), das allerdings nur von Ostern bis Anfang Okt. geöffnet hat (ca. 400 m zum Strand, 38 DZ € 124, Via Pesce Persico 2, Tel. 3 13 00).

Essen & Trinken

• **Canapone.** Durchdachte, kreative Küche, die gut und gerne einen Michelin-Stern verdient hätte – jeder Gang ein Vergnügen! Elegantes, futuristisches Ensemble, im Sommer speist man auf dem schönen Domplatz. Angesichts der Qualität mehr als faire Preise: Menu Terra € 32, Menu Mare € 38. Ruhetag So. Piazza Alighieri 3, Tel. 2 45 46.

• **Buca di San Lorenzo.** Kellerlokal in der Festungsmauer. Die Küche ist typisch Maremma-Art, also ausgewogen zwischen Fisch und Fleisch (trifft aber manchmal beides nicht so ganz). Gehobene Preise, Ruhetag So. Via Manetti 1, Tel. 2 51 42.

• **Canto del Gallo.** Wer einfache und derbere, aber auch etwas preisgünstigere Kost vorzieht, ist im „Hahnenschrei" richtig. Besonders empfehlenswert sind die Primi, d. h. die traditionellen Suppen und hausgemachten Pasta. Nur abends, Ruhetag So, Via Mazzini 29, Tel. 41 45 89.

• **Lorena.** Gepflegtes Restaurant am Bahnhof mit ausgezeichneter Küche. Ruhetag Mo. Via Mameli 23. Tel. 2 26 95.

• **Terzo Cerchio** in *Istia d'Ombrone* (6 km). Definitiv etwas für Schlemmer, wie schon der Name (Dantes „dritter Kreis" der Hölle) suggeriert. Gekocht wird typisch „maremmanisch" und nach historischen Rezepten; große Sommerterrasse. Ruhetag Mo. Tel. 40 92 35.

• **Affinity.** Adresse für Nachtschwärmer, außer So 19-2 Uhr. Strada Garibaldi, gleich hinter dem Dom.

• Die **Macelleria Chiti** (Via dei Barberi 16) wird gerühmt für ihre Fleisch- und Wurstwaren.

Parco Naturale della Maremma

Für uns **der schönste und vielfältigste Nationalpark der Toscana.** Zeitweise kommt man sich vor wie in Afrika, Kentucky, oder wie auf einem fernen Planeten. Windzerzauste Pinien- und Kiefernhaine. Sümpfe und Schilfgürtel, in denen Reiher und Kraniche nisten. Die letzten Weideflächen freilaufender Rinder und Wildpferde in der Toscana und in ganz Italien. Von Wanderdünen und/oder felsigen Steilküsten gesäumte kleine Badebuchten und Grotten. Die duftende, undurchdringliche Macchia eines bis 400 m hohen **Küstengebirges** mit Wildschweinen, Hirschen, grandiosen Ausblicken und den halb verfallenen Ruinen alter Klöster und Wehrtürme.

Ein herrliches Stück „ursprünglicher" Maremma – könnte man sagen, stimmt aber nicht. Denn in Wahrheit ist dies eine **Kulturlandschaft,** die der Mensch mittels Deichen, Entwässerungskanälen und ausgedehnten Anpflanzungen erst vor relativ wenigen Jahrzehnten mühsam den Naturgewalten abgetrotzt hat. Heute dagegen lässt man bewusst und kontrolliert (fast) alles wieder verfallen und nähert sich so einem faszinierenden „Urzustand", den es faktisch zuvor allerdings nie gegeben hat. Eine Landschaft, die sich noch heute, auch ohne jedes Zutun des Menschen (bzw. gerade dadurch) ständig verändert. Durch die rapide Verlandung des Ombrone und damit der gesamten Bucht ist beispielsweise allein der Strand von Marina di Alberese in den vergangenen zehn Jahren um mehrere Meter (in Länge wie Breite) geschrumpft und mutet heute zeitweise nahezu wie ein Urwald an.

Der Naturpark

Der rund 100 qkm große Park wurde 1975 eingerichtet und erstreckt sich über eine Länge von etwa 15 km und eine Breite von etwa 5 km zwischen *Principina a Mare* im Norden und *Talamone* im Süden.

Der **Nordteil** umfasst das Mündungsgebiet des *Ombrone* mit den Sümpfen der *Trappole* mit flachen Dünen, stehenden Gewässern und pampaartigem Weideland. Südlich der Ombrone-Mündung führt eine **Stichstraße** durch eine herbe, teilweise dicht mit Schirmpinien- und Kiefernwäldern bestandene Dünen- und Steppenlandschaft von ebenso makelloser wie trostloser Schönheit bis zum **Strand** von **Marina di Alberese.** Die an den eingezäunten Weiden der Rinder und Pferde vorbeiführende Straße wird bei Bedarf gesperrt, wenn der (bezahlte) Parkplatz am Strand voll ist.

Der **zentrale und südliche Teil** des Parks wird von dem mit dichter Macchia bedeckten Höhenzug der **Monti dell'Uccellina** eingenommen. Strand und Dünengürtel weichen bis zu 100 m hoch aufragenden Steilwänden mit Kalkhöhlen, in denen man Spuren von Steinzeitmenschen gefunden hat. Der noch heute sehr wildreiche mediterrane Küstenwald rund um den 417 m hohen *Poggio Lecci* (Füchse, Dachse, Wild- und Stachelschweine, Wiesel, Damwild, einige letzte Exemplare der Wildkatze) sind mit Wachtürmen gespickt, die Sieneser, Spanier und Medici zwischen dem 14. und 17. Jh. gegen die Sarazenen errichteten. Ein frühes Zeugnis der Urbarmachung und Besiedelung der Maremma ist die pittoreske Ruine des im 10. Jh. gegründeten und seit Mitte des 16. Jh.s verlassenen Benediktinerklosters *San Rabano*.

Wanderwege

Die Anzahl der ausgewiesenen Wege variiert von Jahr zu Jahr, praktisch handelt es sich zumeist um Rundkurse zwischen 4 und 12 km Länge, die sich je nach Schwierigkeitsgrad in 2 bis 5 Stunden absolvieren lassen, zum Teil aber auch miteinander kombinierbar sind.

Ausgangspunkt ist die Zentrale des Parks in dem Örtchen *Alberese* mit der auf dem Hügel thronenden *Villa* Großherzogs Leopold II, von der aus er 1830-60 die Entwässerungsarbeiten in der Maremma beaufsichtigte. Die lohnendsten Touren führen zur Abtei San Rabano (6 km), den Wachtürmen Castel Marino und Torre Lungo (5 km), zur Strandbucht Cala di Forno (12 km) und zur Ombrone-Mündung (4 km). Detaillierte Merkblätter und Wegbeschreibungen sind auf deutsch vorrätig.

Der naturbelassene **Strand** von *Marina di Alberese* ist frei zugänglich, zu entrichten sind lediglich Parkgebühren (Achtung: die Zufahrtsstraße wird gesperrt, wenn der Parkplatz voll ist).

Butteri – die letzten Cowboys

Die letzten Sattelkünstler Italiens führen noch heute ein hartes Leben – von Marlboro-Abenteuer und Lagerfeuerromantik keine Spur. Auch wenn sich ihre Lebensumstände seit einiger Zeit deutlich verbessert haben – die bei den Touristen beliebten Rodeos sorgen für ein willkommenes wie notwendiges Zubrot -, ist ihr Dasein karg und entbehrungsreich. In der Regel waren schon ihre Väter und Vorväter *Butteri* gewesen, und noch bis vor wenigen Jahrzehnten blieb kaum einer der hier Ansässigen von Sumpffieber, Cholera und/oder Tuberkulose verschont. Das fachliche Können der Butteri war und ist bis heute über jeden Zweifel erhaben. Als Buffalo Bill 1905 in Italien gastierte, kam es auf seinen Wunsch zu einem Wettkampf zwischen ihnen und den Mitarbeitern seiner *Wild West Show*, den die „echten" Cowboys zu Colonel Codys Verblüffung haushoch verloren.

Die zähen und robusten **Maremma-Pferde** sind das Ergebnis einer jahrtausendealten Züchtung. Rassen, die bis auf die Etrusker zurückgehen, vermischten sich im Lauf der Zeit mit denen von Hunnen, Goten und Langobarden und wurden von den Medici im 17. Jh. noch einmal mit importierten Arabern aus Syrien gekreuzt. Ihre legendäre Ausdauer auch unter härtesten Bedingungen machte sie bis zu den Afrika-Feldzügen in den Dreißigerjahren zum Rückgrat der italienischen Kavallerie.

Die von tiefschwarz bis nahezu weiß changierenden **Rinder** mit den markanten lyraförmigen Hörnern stammen vermutlich von alten Steppenrassen Ungarns und Vorderasiens ab, die im Lauf der zahlreichen Barbareneinfälle im 6.-8 Jh. nach Mittelitalien eingeführt wurden.

Praktische Informationen

• **Parco Naturale della Maremma.** Besucherzentrum *(Centro Visite del Parco)* mit Kartenbüro und Parkplatz am Ortsrand von Alberese, Tel. 0564/40 70 98, Fax 40 72 78. www.parks.it/parco.maremma

• **Im Sommer** (15. Juni bis 30. Sept.) kann das Gelände nur eingeschränkt besucht werden, d.h., man muss sich einem **geführten Rundgang** anschließen. Mehrere Touren stehen zur Wahl, die schönsten werden aber nur Mo, Mi, Do, Sa, So und feiertags angeboten: A1 (fünfstündig, Beginn 7 Uhr) führt zum verfallenen Kloster San Rabano, A2 (vierstündig, 8 und 16.30 Uhr) zu den mittelalterlichen Wachtürmen *(Le Torri)* und zum Meer; möglich ist auch eine Kombination beider Touren. Tgl. 7.30 und 16 Uhr kann eine rund dreistündige „didaktische" Tour (A5/A6, *Forestale e Faunistico)* absolviert werden (Einführung in Flora und Fauna). Gebührenpflichtig ist auch der Rundweg A7 vom Parkplatz Marina di Alberese zur Ombrone-Mündung (€ 3). Eine **Voranmeldung** ist ratsam, da die Besucherzahlen zeitweise derart hoch sind, dass Interessenten zurückgewiesen werden müssen. Vom Besucherzentrum fährt stdl. ein Bus zum Weiler *Pratini* (8 km), wo die meisten markierten Wanderwege beginnen. Die Parkordnung ist strikt, so ist es z.B. generell verboten, sich außerhalb der vorgeschriebenen Routen zu bewegen. Festes Schuhwerk, Kopfbedeckung und Wasserflasche sind ratsam. Ticketbüro tgl. 7-18 Uhr.

• **Strand.** Mai bis Sept. kostet die Zufahrt per Auto nach Marina di Alberese (Fahrräder frei) 8-18 Uhr € 4,20 (8-13, 13-18 Uhr je € 2,60); Tickets sind 2 Tage im Voraus buchbar. Alternative (bzw. wenn der Parkplatz voll ist): alle 30 Min. Bus ab Alberese (Fahrzeit 10 Min., € 4).

• **Außerhalb des Sommers** (1. Okt. bis 14.Juni) kann man sich im Park von 8 Uhr bis 1 Std. vor Sonnenuntergang auf eigene Faust bewegen, die Touren (bis auf A7, s.o.) sind freilich nach wie vor kostenpflichtig.

• **Aktivitäten.** Reitausflüge führt das *Centro Turismo Equestre Rialto* in Alberese durch, Tel. 40 71 02 oder 0368/3 72 03 48. Wer den *Butteri* bei der Arbeit zusehen möchte, wende sich an die Landwirtschaftliche Kooperative in Alberese, Tel. 40 71 80.

• **Feste.** *Merca del Bestiame* am 1.-3. Mai, Rodeo mit Brandzeichnung der Füllen und Jungstiere. *Torneo dei Butteri* oder *Rodeo della Rosa* am 15. Aug., Reiterspiele, bei denen sich die Butteri eine Rose vom Ärmel abjagen. *Cavalcada* am 17. Aug., Reiterprozession nach Marina di Alberese.

Bus

• Nur wochentags von/nach Grosseto. Auskunft *RAMA* Tel. 40 41 69.

Unterkunft & Verpflegung

• In und um Alberese vermieten viele Familien Privatzimmer, in *Rispescia* 8 km nordöstl. findet man das winzige Hotel **Rispescia** (8 DZ € 62), Tel. 40 53 09, Fax 40 57 35. Gutes Essen.

• Bars und Pizzerien in Alberese, am Strand von Marina di Alberese stehen im Sommer Imbisswagen.

Talamone

Città sul Mare – von Sienas Traum einer blühenden „Stadt am Meer" ist nichts geblieben als Ambrogio Lorenzettis grandiose Miniatur (Pinakothek Siena), die als das erste Landschaftsstilleben der Malerei der Neuzeit gilt (s. S. 85). Und seitdem der römische Jet Set die Felsnase am Südhang der Monti dell'Uccellina quasi zu seiner Kolonie erklärt und mit Villen und Feriensiedlungen vollgestopft hat, ist es auch mit dem beschaulichen **Fischerdorf** vorbei, das noch vor 15, 20 Jahren als Geheimtipp durchging.

Dennoch bleibt Talamone einer jener magischen Orte, deren Reiz man sich nur schwer entziehen kann – man muss ja nicht gerade Ostern, Pfingsten, am 1. Mai oder zu Ferragosto hierherkommen. Und ebensowenig zum Badeurlaub, denn Talamone selbst verfügt nur über einen Strand, der sich allenfalls in Quadratzentimetern messen lässt. Was aber natürlich keinen stört, der eine Yacht in dem von Jahr zu Jahr vergrößerten Hafen sein eigen nennen kann.

Das *Tlamu* der Etrusker und *Telamon* der Römer soll seinen Namen Telamon verdanken, dem Vater des Ajax, der hier auf der Suche nach dem Goldenen Vlies gestrandet sein soll. 225 v. Chr. war Talamone Schauplatz der Seeschlacht von Campo Regio, bei der es den Römern und Etruskern gelang, den Vorstoß der Gallier zu stoppen. Zum Dank errichtete man einen prächtigen Tempel, dessen Giebelrelief der *Sieben gegen Theben* heute als einer der schönsten und besterhaltenen der hellenistischen Bildhauerei gilt (Museum von Orbetello). Anfang des 14. Jh.s eroberte Siena den Felshügel von den Aldobrandeschi, und Anfang des 16. brandschatzten nacheinander Genuesen, Türken und Sarazenen den Ort, ehe die Spanier 1556 jene mächtige Burg errichteten, deren graue, aus der Ferne wie ein surrealer Betonklotz wirkende Ruine Talamone noch heute überragt. Unter den Medici verfiel der Ort von neuem und wäre wohl vollends von der Landkarte verschwunden, wäre nicht Garibaldi am 6. Mai 1860 hier gelandet, um auf seinem Feldzug gegen Sizilien Proviant und Waffen aufzunehmen. Dem Befreier Italiens zu Ehren wurde Talamone Ende des 19. Jh.s wieder bevölkert, im Zweiten Weltkrieg allerdings so schwer beschädigt, dass es von neuem wiederaufgebaut werden musste.

Das Meer ist überall deutlich spürbar und wirkt doch gleichzeitig sehr fern, schlendert man durch die engen und steilen Gassen von Talamone.

Womöglich macht das mit den wahren Reiz dieses unnachahmlichen Ortes aus.

Praktische Informationen

- GR. 2000. **Tel. 0564.**
- **Info.** *Proloco* Fonteblanda (nur im Sommer), Piazza Uccelina, Tel. 88 61 02.
- **Markt.** Fr in Fonteblanda.
- **Museum.** *Acquario della Laguna.* Neues Brauchtumsmuseum (Fischerei, Leben an der Lagune) auf dem Weg nach Talamone, Juli/Aug. tgl. 17.30-23 Uhr, sonst außer Mo 9.30-12.30, 15-17.30 Uhr, € 2,60.
- **Boot.** Ausflüge zum Strand von Cala di Forno oder Angeltouren mit „Rino dem Fischer", Tel. 88 71 50 (Minimum 5 Pers., € 26 p. P.).

Verkehrsverbindungen

- **Zug.** Bahnhof der Linie Genua–Rom in Fonteblanda (Bummelzüge).
- **Bus.** *RAMA*-Busse von/nach Grosseto und Orbetello.
- **Entfernungen** (in km): Follonica 62, Grosseto 28, Orbetello 23, Fonteblanda 4, Alberese 17, Marina di Alberese 25, Magliano 22, Scansano 40, Rom 167.

Unterkunft

- **Telamonio** (****). Vor wenigen Jahren verschlafene Familienpension, heute dank besserer „Ausstattung" ein Vier-Sterne-Domizil. Die Zimmer sind dadurch aber eher noch kleiner geworden, und Meerblick genießt man allenfalls vom Dachgarten aus. 30 Zimmer, DZ € 80-104 (außer im Aug.) inkl. BF. Via Garibaldi 1, Tel. 88 70 08, Fax 88 73 80, gitavnet@tin.it

• **Capo d'Uomo** (***). Empfehlenswerter, wenn auch vielleicht etwas weniger up to date, in wunderbarer Panoramalage auf einem Felsen über dem Klippenstrand. Ostern bis Mitte Okt. 24 DZ um € 93-118 inkl. BF. Via Cala di Forno 7, Tel. 88 70 77, Fax 88 72 98. www.hotelcapoduomo.it

• **Baia di Talamone** (***). Neues Hotel direkt an Straße und Yachthafen, laut und überteuert. 16 DZ € 85-105 (außer Aug.). Via della Marina 8, Tel. 88 73 10, Fax 88 73 89.

• In *Fonteblanda* (4 km) **Rombino** (***), 2001 neu eröffnet, mit Pool. 40 Balkonzimmer, DZ € 70-103 inkl. BF. Via Aurelia Antica 40, Tel. 88 55 16, Fax 88 55 24.

• **Affittacamere** *Marsili*, ganzjährig, mit Garten, 8 DZ z. T. mit Balkon oder Terrasse, € 25-36; Via Montianese 37, Tel. 88 55 73, Fax 88 63 72.

Essen & Trinken

• **La Buca** an der alten Stadtmauer. Empfehlenswert *Mare Mosso*, „bewegtes Meer" oder „was der Fischer so fängt" (leider auch immer mehr Brot), eine ganze Mahlzeit für sich, und die superzarten, gutgewürzten *Moscardini in Galera*. Ruhetag Mo (außer im Juli/Aug.), Tel. 88 70 67.

• Die einzige echte Alternative ist seit Jahr und Tag **Da Flavia** an der Piazza Garibaldi, Ruhetag Di, Tel. 88 70 91.

• **Ristoro Buratta.** Halb Osteria, halb Biergarten, leger und fröhlich. Antipasti und Gerichte vom Holzkohlengrill. Nur Ostern bis Okt., Ruhetag So und Mi abend (außer Mai bis Aug.) Vor der Einfahrt zum Campingplatz scharf rechts abbiegen und 4 km vertrauensvoll die Hügel entlang fahren. Tel. 88 56 14.

Strände

• **Unterhalb des Kastells** führt eine Treppe zu einer kleinen, mit Kies und Beton aufgeschütteten Badebucht.

• Wer es etwas weniger beengt mag, sucht sich einen Platz an der **Bucht von Bengodi** schräg gegenüber oder fährt nach **Marina di Alberese** oder an die mit Campingplätzen gespickte Bucht von **Ansedonia** südlich des Ortes.

Magliano in Toscana

Das hübsche **Bergdorf,** Erbe des antiken Heba wenige km nördlich, wurde von den Etruskern gegründet. Die Stadtbefestigung der Sieneser stammt, ungewöhnlich genug, aus der Zeit der Renaissance (15. Jh.). Sehenswert sind die romanisch-gotische Kirche *San Giovanni Battista* mit einer Renaissance-Fassade von 1471 und der wappengeschmückte *Palazzo dei Priori* (1430) an der Piazza della Libertà.

Außerhalb der Stadtmauern erhebt sich die romanische Kirche *Sant'Annunziata* mit Fresken des Sienesen Neroccio (15. Jh.) und dem mächtigen, über tausend Jahre alten *Ulivo della Strega*, der Legende nach einer der ältesten Ölbäume Europas. In vorchristlicher Zeit soll der „Hexenbaum" Mittelpunkt eines heidnischen Fruchtbarkeitskults gewesen sein, und vielen Dorfbewohnern gilt er noch heute als „verwunschen" (zu finden im Hof der Kirche). Am südlichen Talrand des Flüsschens Albegna (2 km) ruht in der Nähe einer etruskischen Totenstadt inmitten von Olivenhainen die Ruine der Kirche *San Bruzio* aus dem 11. Jh. mit einer schönen, mit romanischen Allegorien geschmückten Apsis. Zwischen Magliano und Scansano trifft man auf das kleine, wie eine Festung angelegte **Pereta.** Ein zinnenbewehrtes Tor führt in das mittelalterliche Zentrum mit dem hochaufragenden Turm der Aldobrandeschi (12. Jh.), der letzte Zufluchtsort der Kurfürstin Margherita und des Ritters Nello aus *Gavorrano* (s. S. 538).

Praktische Informationen

- GR. 4000. 130 m. **Tel. 0564.**
- **Markt.** Mi.

Unterkunft & Verpflegung

- **I Butteri** (*), 8 DZ € 34-42. Via Provinciale 8, Tel. 58 98 24.
- **Antica Trattoria Aurora.** Nette Trattoria mit Sommergarten an der Porta San Giovanni. Gute Regionalküche, zu empfehlen *Padellata Maremmana,* ein Pfannengericht mit Zicklein, Kaninchen und Huhn. Ruhetag Mi. Via Lavagnini 12, Tel. 59 20 30.
- Eine Alternative ist **Da Guido** mit Sommergarten, Ruhetag Di, Via dei Faggi 9, Tel. 59 24 47.

Scansano

Scansano war im 19. Jh. offizieller Sommersitz der Provinzverwaltung, die während der heißen Monate regelmäßig von Grosseto in das nur 28 km entfernte, aber 500 m hoch gelegene Bergstädtchen verlegt wurde. Etwas von der geruhsamen Atmosphäre der „guten alten Zeit" ist noch heute spürbar. Das kleine Centro Storico verrät noch einiges von seiner mittelalterlichen Herkunft (Rocca der Aldobrandeschi), ansonsten ist Scansano eine moderne Kleinstadt, die überwiegend von der Landwirtschaft und dem Weinanbau lebt.

Praktische Informationen

- GR. 4500. 500 m. **Tel. 0564.**
- **Info.** Via Settembre 33 (nur im Sommer), Tel. 50 71 22.
- **Markt.** Fr.
- **Entfernungen** (in km): Talamone 40, Arcidosso 50, Monte Amiata 57, Montemerano 21, Saturnia 27, Manciano 28, Pitigliano 47.

Unterkunft & Verpflegung

- **Antico Casale** (****). Gemütliches Landhotel mit Gutshof 4 km außerhalb in Panoramalage mit Pool, Reitstall, guter Küche. 15 freundliche, etwas kleine DZ € 100-130 inkl. BF. Tel. 50 72 19, Fax 50 78 05. www.anticocasalediscansano.com
- Im Ort ein bescheidenes, akzeptables Stadthotels, **Magini** (**), 20 DZ € 62. (Via XX Settembre 64, Tel. 50 71 81).
- Essen kann man in der Osteria **Il Rifrullo** (Via Marconi 3, Tel. 50 71 83) und im gepflegten Gewölbe der **Cantina** (auch Olienoteca, Via delle Botte 1, Tel. 50 76 05).
- Ein vielbesuchtes Ausflugslokal vor den Toren der Stadt ist **Franco e Silvana.** Familiäre Trattoria mit schattigem Innenhof; hausgemachte Pasta und Fischgerichte; Via Scansanese Richtung Montorgiali, geschl. Mo und zeitweise Sept., Tel. 58 02 14.

Weine

- Der **Morellino di Scansano** ist kein „großer", aber ein ehrlicher, charaktervoller Wein mit ausgeprägtem Fruchtaroma (Sauerkirsche). Gekeltert wird er aus dem Sangiovese-Grosso-Klon *Morellino* (85 %) und lokalen Rebsorten wie Grinto oder Alicante. Fast 90 % der in dem 3-500 m hohen Hügelland zwischen Magliano, Scansano und Montemerano reifenden Gewächse werden von der Genossenschaft *Cantina Cooperativa del Morellino di Scansano* abgefüllt.
- **Sellari Franceschini.** Das Traditionsgut (seit 1877) produziert einen nahezu „rustikalen" Morellino der alten Schule und einen spritzigen *Biondello dei Gaggioli* aus Trebbiano und Malvasia. Ortsteil Gaggioli, Via Marconi 63, Tel. 50 71 38.
- **Banti Erik** hat großen Anteil an der Wiederentdeckung des Morellino und baut seine besten Riserve im Barrique aus. Loc. Fosso dei Mulini, Tel. 50 80 06.

Angler am Monte Argentario

Laguna di Orbetello & Monte Argentario

Lagune von Orbetello – Überblick

Vor einigen Jahrtausenden lag der **Monte Argentario,** der *Silberberg*, als Insel vor der Küste der Maremma. Heute verbindet eine rund 4 km lange und 500 m breite **Landzunge** den Berg mit dem Festland, um die sich im Lauf der Zeit zwei langgezogene, halbkreisförmige **Sandbänke** (Nehrungen) gebildet haben, der *Tombolo di Feniglia* im Süden und der *Tombolo di Giannella* im Norden, die die sogenannte „Lagune von Orbetello" umschließen.

Sogenannt deshalb, da es sich um kein stehendes Gewässer handelt, denn durch Sickerung über den Treibsand der Tomboli tauscht sich das Wasser permanent aus und ist überdies durch Kanäle sowohl mit dem Meer als auch mit dem Albegna-Fluss verbunden. Der rund 26 qkm große Küstensee ist im Durchschnitt nur ca. 1 m tief und wurde schon von den Römern als Salzgarten und Fischteich genutzt. In der Mitte der Landzunge liegt seit dreitausend Jahren, durch befestigte Wälle vor dem umliegenden Wasser geschützt, die Stadt *Orbetello*, die seit Mitte des 19. Jh.s durch einen künstlich aufgeschütteten *Damm* mit dem Monte Argentario verbunden ist.

Ein Teil der nördlichen Lagune (*Laguna di Ponente*) wurde vor einigen Jahren zu einem 800 ha großen **Naturpark** unter Schirmherrschaft des WWF erklärt. Durch die seichte Süßwasserlagune der **Oasi di Orbetello** führen Stege zu Aussichtspunkten und Wachtürmen. Zwischen Dünen, Schilfrohr, Pappeln, Pinien und Lärchen nisten seltene Vogelarten, wie z. B. weiße Reiher, Stelzenläufer und Flamingos (Mückenschutz nicht vergessen). Anders als der von Feriensiedlungen und Campingplätzen übersäte Tombolo di Giannella besteht der sehr viel ältere **Tombolo di Feniglia** noch weitgehend aus ursprünglicher Natur mit dichten Wäldern, in denen man mit Glück Rehen und Wildschweinen begegnen kann, und mit einigen der schönsten *Strände* der Maremma, die sich freilich nur per Fuß oder mit dem Fahrrad erreichen lassen (s. *Port'Ercole,* S. 567).

Orbetello

An dem ansehnlichen Lagunenstädtchen mit dem ungewöhnlichen **spanischen Flair** rauscht normalerweise der Verkehr vorbei. Anlass genug, es zu entdecken, es sei denn im August, wenn die Urlauber der nahen Campingplätze in die Flaniermeile *Corso Italia* einfallen, die tatsächlich alles bietet, was man so zum Leben braucht: Restaurants, Cafés, Pizzerien, Alimentari, Supermärkte, Enotheken, Banken, Apotheken, Hotels, Pensionen, Kinos, eine Post und (zwischen Via Marsala und Piazza Plebiscito) sogar eine Markthalle.

Der **wichtigste Hafen der Etrusker** wurde später von Römern, Byzantinern und Langobarden übernommen, im Mittelalter (1417) von Siena erobert und 1555 schließlich von den Spaniern okkupiert, die Orbetello zum Flottenstützpunkt ausbauten und der Stadt ihr heutiges Gesicht aufdrückten. Der kleine **spanische Besatzungsstaat** *(Stato dei Presidi)*, der den Monte Argentario, Talamone, Ansedonia, Capalbio und Porto Azzurro auf Elba umfasste, hatte bis 1707 Bestand, danach übernahmen ihn Österreicher und Bourbonen, so dass Orbetello erst 1815 an das Großherzogtum Toscana fiel. Seine letzten großen Tage erlebte der Hafen unter dem Faschismus; 1933 startete von hier aus der „Volksheld" *Italo Balbo* zu seinem Transatlantikflug zur Weltausstellung in Chicago.

Lobhudeleien à la „Venedig der Maremmen" sind natürlich verfehlt, aber ein Spaziergang entlang der palmenbestandenen **Promenade** *Viale Mura di Levante* lohnt tatsächlich, speziell wenn die untergehende Sonne die Lagune in ein Feuermeer verwandelt. Unter der Balustrade der Kaimauer ruhen die mächtigen Felsblöcke der etruskischen *Zyklopenmauer* aus dem 4. Jh. v. Chr., und wenige Meter außerhalb, Richtung Argentario, steht malerisch mitten im stillen Wasser eine alte *Windmühle,* ein Relikt der Spanier genau wie die *Befestigungsanlagen* und *Stadttore* (1557-1620), die die gesamte Altstadt umgeben.

In der *Polveriera di Guzman* (1692), dem alten Pulvermagazin, zeigt heute das **Archäologische Museum** etruskische und römische Bronzen und Keramiken. Siena hinterließ den anmutig-schlichten **gotischen Dom** mit seiner Goldpatina aus Travertin (1376), der im 17. Jh. von den Spaniern um zwei Seitenschiffe erweitert und barockisiert wurde. Bemerkenswert das frühromanische (9.-10 .Jh.), vermutlich aus einem Vorgängerbau stammende *Antependium* (Altarverkleidung) mit traditionell christlichen Symbolen wie Löwe, Pferd, Schlange, Taube, Weidenruten und Weintrauben. Im Palazzo gegenüber ist der berühmte *Frontone di Talamone* ausgestellt, das exzellent erhaltene Fragment eines Wagenlenkers aus dem Mythos der Sieben gegen Theben (s. *Talamone* S. 558).

Praktische Informationen

- GR. 15.000. **Tel. 0564.**
- **Information.** Piazza della Repubblica, Tel./Fax 86 04 47.
- **Markt.** Sa, Viale Caravaggio (Neustadt).

• **Museen.** *Museo Archeologico Guzman*, zuletzt wegen Renovierung geschl. *Frontone di Talamone*, Piazza della Repubblica. Juni bis Sept. tgl. 10-12.30, 16-20, sonst Do/Fr/Sa 16-20, Sa/So 10-12.30 Uhr, € 2,10.
• **Naturparks.** *Oasi di Orbetello*. Via Aurelia km 148. Führungen Sept. bis Mai Do, Sa, So 10 und 14 Uhr, € 4,15. Tel./Fax 82 02 97 oder 86 24 39. Eine Art „Volksausgabe" davon inkl. Picknickplätzen ist der *Bosco di Patanella*, Via Aurelia km 50; tgl. 9.30-12.30, 14.30-19.30 Uhr, € 2,60.
• **Feste.** *Aalfest* und *Palio* mit Booten auf der Lagune in spanischen Kostümen des 18. Jhs. im August.

Verkehrsverbindungen

• **Bus.** Mit *RAMA* von/nach Siena, Grosseto, Follonica, Porto San Stefano und anderen Orten der Provinz (ab Viale Mura di Ponente nahe dem Dom). Tgl. direkt von/nach Florenz und Rom.
• **Zug.** Vom Bahnhof *Orbetello Scalo* (1 km) ca. 15 Züge tgl. entlang der Linie Rom–Grosseto–Livorno.
• **Entfernungen** (in km): Florenz 185, Livorno 178, Grosseto 43, Rom 152, Pitigliano 60, Porto San Stefano 9, Port'Ercole 7.

Unterkunft

• **Relais San Biagio** (****). Intimes Hotel in einem Stadtpalast im Zentrum. 15 DZ/Suiten € 150-200 inkl. BF. Via Dante 34, Tel. 86 05 43, Fax 86 77 87. www.tuscany.net/sanbiagio
• **I Presidi** (***). Schöner Blick auf die Lagune, kürzlich umfassend renoviert und verschönert. 61 Zimmer, DZ € 105-130, Suiten ab € 155 inkl. BF. Via Mura di Levante 34, Tel. 86 76 01, Fax 86 04 32. www.ipresidi.com
• **Piccolo Parigi** (*). Schlichte Familienpension von altem Schrot und Korn. 15 Zimmer, DZ € 54-62. Corso Italia 169, Tel. 86 72 33.
• **Verdeluna.** Aufgemöbelte Allerweltspension gegenüber der Bar *Nationale*. 12 DZ € 103. Via Banti 1 Ecke Corso Italia, Tel. 86 74 51.
• **Tony & Judy.** Lebhafter Jugend- und Travellertreff. 6 DZ € 77. Corso Italia 12, Tel. 86 71 09.
• **La Locanda di Ansedonia** bei *Orbetello Scalo* (4 km). Schön eingerichtetes Haus mit Garten und guter Küche, leider nahe der Via Aurelia; 12 DZ € 90-124 inkl. BF. Via Aurelia Sud, Tel. 88 13 17, Fax 88 17 27.
• **Lido di Gianella** (**). Familiäres Strandhotel am gleichnamigen Lido mit sehr schmackhafter **Fischküche** (Ruhetag Mo, außer im Sommer). 15 DZ € 83 (außer im Aug.). Tel./Fax 82 10 34.

Essen & Trinken

• Die **Aale** (*anguille*) der Lagune, geschmort, gesotten, gebraten oder mariniert, sind eine Delikatesse.
• **Da Egisto.** Alteingesessene Trattoria mit gutem Menu Turistico um € 20. Ruhetag Mo. Corso Italia 190, Tel. 86 74 69.
• Moderner und schicker ist die **Osteria del Lupacante** nur wenige Schritte weiter (Menü um € 30). Ruhetag Di (außer im Sommer), Corso Italia 103, Tel. 86 76 18.
• **Il Pitorsino.** Der Inbegriff einer lauschigen, gemütlichen Trattoria: Landgasthof für Feinschmecker an der Aurelia (Richtung Ansedonia). Hervorragende Küche (Fleisch, Wild, Fisch), allerdings auch Preise (Menüs € 45-55). Ruhetag Mi (außer im Sommer), Tel. 86 21 79.

Monte Argentario – Überblick

Das felsige Vorgebirge war eine Insel, ehe der Verlandungsprozess der Lagune von Orbetello einsetzte und das Eiland mit der Küste verband. Der einst dicht bewaldete *Silberberg*, der in dem 635 m hohen *Monte Telegrafo* gipfelt, wurde in den letzten fünfzig Jahren gleich mehrfach ein Opfer spektakulärer Großbrände, nicht zuletzt als Reaktion auf den Versuch der Agnelli-Schwester Susanna, einer engagierten Naturschützerin, der Bodenspekulation Einhalt zu gebieten. Die letzten großen Feuer von 1981 brannten nahezu den gesamten Waldbestand nieder. An der herben, wildromantischen Schönheit des Monte hat das allerdings nur sehr wenig geändert, nur die Villen und Feriensiedlungen haben noch weiter zugenommen.

Der Name der Halbinsel stammt übrigens nicht, wie sich in der erzreichen Toscana vermuten ließe, vom Silberabbau, sondern von einer antiken römischen Bankiersfamilie, die ihrer großen Silberschätze wegen *Argentarii* genannt wurde. Und das Geld regiert hier noch immer.

Außer dem Besuch der pittoresken Hafenstädtchen *Porto Santo Stefano* und *Port'Ercole* lohnt vor allem die wunderschöne, abwechslungsreiche Rundfahrt um das Massiv. Die rund 30 km lange, kurvenreiche **Strada Panoramica** ist zwar nicht durchgehend asphaltiert und teilweise in recht schlechtem Zustand, doch außer nach starken Regenfällen auch mit einem normalen Pkw (oder per Mountainbike) ohne weiteres zu bewältigen. Duftende Macchia-Hänge, zerfranste Kaps, felsige Steilküsten und immer wieder herrliche Ausblicke auf die Inseln Giglio und Giannutri sind der Lohn der Mühe.

Die kleinen Badebuchten, die einem verheißungsvoll entgegenleuchten, werden in den meisten Fällen freilich ein unerreichbarer Traum bleiben, da schroff abfallende Felswände und/oder undurchdringliches Dickicht (bzw. die Sperren von Villen- und Ferienkomplexen) den Zutritt über Land zumeist unmöglich machen.

Seine herbe Unwegsamkeit und die Tatsache, dass sich auf dem Monte schon seit Jahrzehnten Prominenz aus dem In- und Ausland angesiedelt hat, allen voran die Umweltschützerin Susanna Agnelli, die lange Jahre Bürgermeisterin von Port'Ercole war, haben dem Argentario bis heute die schlimmsten Auswüche des Massentourismus erspart.

Porto Santo Stefano

Das bunte, rege Hafenstädtchen zu Füßen einer mächtigen Festung wurde erst 1557 von den Spaniern angelegt. Gelb, rosa und ockerfarben schmiegen sich die Häuser der nach dem Zweiten Weltkrieg mehr oder minder naturgetreu wiederaufgebauten Altstadt malerisch in die Bucht und die umliegenden Hänge, auch wenn fast jedes Jahr neue hässliche Betonklötze das Panorama verschandeln. Am **Porto Nuovo** (auch *Arturo* genannt) findet täglich der lebhafte Fischmarkt statt, und von hier aus starten die Fährschiffe nach Giglio und Giannutri. Der kleinere **Porto Vecchio** der Fischer und Yachteigner schließt sich etwas weiter westlich an.

Die **Fischer** von Porto Santo Stefano haben keinen leichten Job – man sieht es ihnen an. Ihre Fanggründe liegen längst nicht mehr vor der Küste, sondern bei Sardinien oder noch weiter weg, und immer öfter kommen sie nach tagelangen Fahrten mit einem Fang zurück, der zuwenig zum Leben und zuviel zum Sterben ist. Und so bleibt vieles noch Handarbeit, was anderswo längst von Maschinen erledigt wird. An ihnen liegt es jedenfalls nicht, dass der Fisch hier so teuer ist – zumindest für die meisten Einheimischen, die ihn sich schlicht nicht mehr leisten können.

Praktische Informationen

- GR. 9000. **Tel. 0564.**
- **Info.** Corso Umberto 55, Tel. 81 42 08, Fax 81 40 52.
- **Markt.** Di. Fischmarkt tgl. am Hafen. Beste Einkaufsstraße ist die *Via Roma* (Panficio, Pasticceria, Alimentari, Farmacia etc.).
- **Feste.** *Palio Marinaro* am 15. Aug., Turnier in historischen Kostümen in Erinnerung an die Sarazenenüberfälle auf die Stadt.

Verkehrsverbindungen

- **Zug.** Bahnhof in *Orbetello.*
- **Bus.** Mit *RAMA* von/nach Port'Ercole und Orbetello, dort umsteigen zu allen wichtigeren Orten der Provinz sowie nach Siena, Florenz, Rom.
- **Schiff.** Tgl. mehrmals zur *Isola del Giglio* (1 Std.). Einfache Überfahrt um € 9,30, Rundfahrt *(Giro)* inkl. Aufenthalt und Badepause (Mo, Mi und Fr 9 Uhr, Mitte Juni bis Ende Sept. tgl.) um € 14,50. Info/Vorbestellung: *Toremar* (www.toremar.it), Tel. 81 08 03, Fax 81 84 55 und *Maregiglio* (www.maregiglio.it), Tel. 81 29 20, Fax 81 11 60.
- **Kreuzfahrten** inkl. Badepause/Lunch tgl. nach Argentario, Giglio, Giannutri (9.45-18.30 Uhr, € 43) und Uccellina, Elba, Montecristo, Giglio (9-19 Uhr, € 54). Vega Navigazione, Fax 81 12 31. www.veganavi.it
- **Entfernungen** (in km): Orbetello 10, Port' Ercole 13, Talamone 30, Grosseto 45, Capalbio 32, Manciano 49, Pitigliano 68, Roma 162, Firenze 193.

Yachten ersetzen heute Fischerboote

Unterkunft

• Die meisten Hotels liegen nicht im Centro Storico, sondern entlang der Küste oder (mehr oder minder hoch) über der Stadt.

• **La Caletta** (***). Freundliches Hotel nur wenige Gehminuten von der Altstadt entfernt, mit Tauchschule und eigenem Badeplateau. 26 Zimmer mit Meerblick, DZ € 88-130 inkl. BF. Via Civinini 10, Tel. 81 29 39, Fax 81 75 06. www.hotelcaletta.it

• Ebenfalls recht sympathisch ist die **Villa Domizia** (***) in *Santa Liberata* etwa auf halbem Weg zwischen Orbetello und Porto Santo Stefano. Schöne Strandterrasse, 24 DZ € 108-157 inkl. BF. Tel. 81 27 35, Fax 81 11 19. www.villadomizia.com

• Wer nur auf der Durchreise ist, ist womöglich in dem Panoramahotel **La Lucciola** (**) (ganzjährig, Dachgarten, Garage, 59 Zimmer € 80; Via Panoramica 243, Tel. 81 29 76, Fax 81 22 98) am besten aufgehoben.

• **Da Alfiero** (**). Trattoria mit Blick auf den Porto Nuovo und 18 DZ € 77 inkl. BF. Via Cuniberti 12, Tel. 81 40 67, Fax 81 30 94.

• **Week End** (*). Pension am Ostrand der Altstadt, familiär, unkompliziert (man spricht deutsch) und mit kleinem Resto; 15 DZ um € 60 inkl. BF. Via Martiri d'Ungheria 3, Tel./Fax 81 25 80.

Essen & Trinken

• **Taverna del Buchino.** Gute, streckenweise innovative Küche. Hübsche Terrasse mit Blick über den Alten Hafen. 5 Menüs € 24-42, Ruhetag Do. Corso Umberto I, Tel. 81 06 78.

• **Da Virgilio.** Reelle, bodenständige Trattoria mit Terrasse über dem Fährhafen; Viale Barellai 30, Tel. 81 46 13.

• **Il Marinaio.** Lockere, preisgünstige Taverne am Alten Hafen mit Terrasse am Kai.

• **Dal Greco** am alten Hafen. Trendy und teuer, genau das Richtige für Yachtbesitzer und müßige Voyeure; Ruhetag Di. Via del Molo 1, Tel. 81 48 85.

• Wer aufs Geld achten muss, setzt sich auf die Terrasse des **Da Siro** über dem Hafen (Ruhetag Mo, Corso Umberto 102, Tel. 81 25 38) oder in den kleinen Garten der Pizzeria-Spaghetteria **Lo Sfizio** am Corso Umberto 26.

• **La Fontanina di San Pietro.** Vielleicht die beste Küche der Stadt in den Hügeln von *San Pietro* rund 3 km südl.; Ruhetag Mi, Tel. 82 52 61.

• **Moresco.** Noch etwas teurer und exklusiver, mit einer überdachten Veranda (ausschließlich Fensterplätze!) und Panoramablick bis Giglio; Ruhetag Di. 6 km östl. bei Cala Moresca, Tel. 82 41 58.

• **Disco Strega del Mare** bei Cala Moresca (6 km). Eine der schicksten Open-Air-Discos der Küste. Super-Laser-Nächte!

Port'Ercole

Noch idyllischer und geschützter als Porto Santo Stefano liegt der bis auf die Römer zurückgehende *Hafen des Herkules* an der Südostseite des Monte. Die Spanier verwandelten das Fischernest im 16. Jh. in ein Bollwerk überdimensionaler, fast surreal anmutender Festungsanlagen wie *Stella* und *San Filippo*, in denen sich heute betuchte Condominiumsbesitzer verschanzen (kein Zutritt). Über dem noblen Yachthafen erstreckt sich eine hübsche kleine **Altstadt** mit gotisch-sienesischen Torbögen und dem erstaunlich zurückhaltenden Gouverneurspalast *Palazzo Cansani* (17. Jh.) am Aussichtsplatz Santa Barbara. In der Pfarrkirche *Sant'Erasmo* wurde 1610 der unter „mysteriösen" Umständen am Strand von Feniglia ums Leben gekommene **Caravaggio** beigesetzt. Der malariakranke Maler hatte vier Jahre zuvor in Rom im Streit einen seiner Liebhaber erschlagen und sich in Port'Ercole vor den gedungenen Mördern des Malteserordens versteckt gehalten.

Östlich des früheren Römerhafen *Cala Galera* beginnen die langen, fein-

sandigen Strände des **Tombolo di Feniglia.** Eine 6 km lange Stichstraße zwischen Strand und Lagune führt zu einem großen Parkplatz (teilweise reserviert für Anwohner, Strandbäder, Restos und Campingplatzbesucher). Von hier kann man wunderschöne Wanderungen durch die Wälder und entlang den Stränden der Nehrung unternehmen.

Unterkunft

- **Il Pellicano** (****). Der paradiesisch in einer eigenen Badebucht gelegene Villenkomplex etwas außerhalb (4 km) gehört zu den teuersten und renommiertesten Hotels der Toscana. 41 DZ und Suiten € 400 aufwärts. Tel. 85 81 11, Fax 83 34 18, www.pellicanohotel.com
- **Don Pedro** (***). Etwas bieder ausgestattet, aber in einem schönen Garten in Gehweite der Stadt an der Via Panoramica gelegen. April bis Okt. 44 DZ z. T. mit Meerblick um € 140. Tel. 83 39 14, Fax 83 31 29, hoteldonpedro@tin.it

Kriegerdenkmal in Port'Ercole

- **Marina** (***). Kleines Stadthotel am Hafen. 12 DZ € 103 inkl. BF. Lungomare A. Doria 30, Tel. 83 30 55, www.hotelmarina.it.
- **La Conchiglia** (*). Nur wenige Schritte abseits vom Hafen, trotzdem relativ ruhig (Hinterhaus). 12 DZ € 62. Via della Marina, Tel. 83 31 34.

Essen & Trinken

- Fast alle Cafés und Restos reihen sich entlang der Hafenpromenade Lungomare Andrea Doria.
- Als bestes Restaurant gilt der freilich etwas steife und überteuerte **Gambero Rosso** (Ruhetag Mi, Tel. 83 26 50).
- Gleich daneben findet man die schnörkellose, aber recht nette Trattoria **La Lampara;** Zuppa di Pesce muss man vorbestellen, relativ günstige Preise (Tel. 83 30 24).
- Immer gut besucht ist die Pizzeria **La Pirata,** einige Tische im Freien (Ruhetag Mi).

Südliche Maremma & Hinterland

Ansedonia

Der weitläufige und zersiedelte Ort liegt auf dem Gebiet des antiken *Cosa,* der ersten römischen Kolonie an der Etruskerküste.

Das 273 v. Chr., noch vor dem Bau der Via Aurelia errichtete Municipium verfiel bereits vor der Zeitenwende, nachdem seine ursprüngliche Aufgabe, die Etrusker zu „befrieden“, erfüllt war, und wurde im 5. Jh. von den Goten vollends zerstört. Auf dem Freigelände des **Museo Nazionale di Cosa** oberhalb Ansedonias kann man inmitten von Olivenhainen die Ruinen der im typischen Feldlagerstil mit mächtigen Ringmauern und schnurgeraden Straßen errichteten Stadt besichtigen. Durch das gut erhaltene Stadttor *Porta Romana* erreicht man das einstige *Forum* und das *Capitol*, den höchsten Punkt der *Akropolis* mit einer gewaltigen Zisterne und herrlicher Rundsicht auf die Lagunen von Orbetello und Burano und den Monte Argentario.

Am Südrand Ansedonias liegt unweit des mittelalterlichen *Torre Puccini* (in dem der Komponist kurzzeitig an Tosca gearbeitet haben soll) der einstige Hafen von Cosa, *Portus Cusanus*. An der Einfahrt zum Hafen schlugen die Römer einen bis zu 20 m tiefen Kanal senkrecht in die Felsen am Strand, die sogenannte **Tagliata Etrusca,** die den Ort mit der damals noch bestehenden Lagune von Burano verband; bei Flut füllte sie die Lagune auf, bei Ebbe bewahrte sie das Hafenbecken vor der Versandung. Zu der eindrucksvollen Anlage gehört auch die sehr viel ältere, fast 300 m lange künstlich erweiterte Felsspalte *Spacco della Regina*, um die sich zahllose etruskische und heidnische Sagen ranken.

Praktische Informationen

- GR. **Tel. 0564.**
- **Museum.** *Museo Archeologico Rovine di Cosa*, Mai bis Sept. außer So 9-19, sonst 9-14 Uhr, € 2,10, Tel. 88 14 21.
- **Essen & Trinken.** *La Strega*, nette, unkomplizierte Trattoria am Meer; nur mittags, April-Sept. kein Ruhetag. Via della Tagliata 50, Tel. 88 20 09. *La Lampara*, idyllisch im Pinienhain am Kanal gelegene Trattoria mit Schrebergartenatmosphäre (gegenüber eine Fahrradvermietung).

Lago di Burano

Der mit dem 7 km entfernten Meer durch einen schmalen Kanal verbundene **Schilfsee** (Salzgehalt 15-30 %) blieb als Rest der einstigen Lagune erhalten und bildet heute ein einzigartiges Rückzugsgebiet für seltene Tierarten. In dem 410 ha großen **Naturreservat** des WWF kann man Zugvögel und Wasservögel wie Reiher, Kraniche, Flamingos und den eleganten *Cavaliere d'Italia* beobachten.

- **Lago di Burano.** Geführte Wanderungen Sept. bis April So 10 und 14 Uhr und nach Voranmeldung. In der übrigen Zeit Vogelobservation und Schmetterlingsgarten. Via Aurelia km 131, Tel./Fax 0564/89 88 29, oasiburano@inwind.it.

Capalbio

Hell leuchtet *Caput Album* auf seinem grünen Hügel schon von weitem dem Besucher entgegen. Das ausnehmend fein herausgeputzte Städtchen, gegründet von den Etruskern und später Feudalbesitz der Aldobrandeschi und Orsini, gilt als Hort der römischen „Toscana-Fraktion", die die malerischen Gemäuer aufwändig restaurieren ließ. Eine teilweise begehbare **Stadtmauer** aus dem 15. Jh. (schöner Blick über die Maremmen bis zum Meer) umgibt das Centro Storico, das man durch die *Porta Senese* betritt. Über den Ruinen der alten Rocca erhebt sich heute der *Palazzo Collacchioni*. Die weitgehend romanisch erhaltene Pieve *Santa Nicola* (12. Jh.) mit ihrem ungewöhnlich spitzen Kirchturm birgt im Innern sienesische Fresken aus dem 14.Jh. Mangels anderer Einnahmequellen erwarb sich der noch heute von dichten, wildreichen Wäldern umgebene Ort lange den Ruf eines wüsten Räubernestes; die verblichenen Steckbriefe von Wilderern und Briganten schmücken heute die Wände der Tavernen statt die Polizeistuben.

Praktische Informationen

- GR. 3500. 220 m. **Tel. 0564.**
- **Info.** Via Collacchioni, Tel. 89 66 11, Fax 89 66 44.
- **Zug.** Bahnhof in *Capalbio Stazione* oder *Chiarone Stazione*.
- **Markt.** Mo.

Unterkunft & Verpflegung

- **Agrialbergo Capalbio** (*). 15 DZ, etwas nüchtern, aber in netter Gartenanlage € 62-72 inkl. BF. Capalbio Scalo, Tel. 89 84 72, Fax 89 87 63. www.agrialbergo.it
- **I Poggi Etruschi.** Biologisches Landgut mit sehr schönen, geschmackvoll eingerichteten Zimmern in 3 ebenerdigen Gehöften. Pool, Tennis, Reitschule. DZ € 94 (Juli/Aug. € 124) inkl. BF. Fax 89 67 90. www.poggietruschi.com
- **Privatzimmer** bei *Bianca Biagianti*, (€ 52), Via Nuova 11, Tel. 89 60 14.
- **Da Maria.** Sympathische Trattoria mit guten hausgemachten Pasta und Wildgerichten und *La Buttera*, einer Art Fiorentina mit Kräutern; schöne Sommerterrasse, Ruhetag Di. Via Belvedere 3, Tel. 89 60 14.
- **Il Frantoio.** Hier wird eine Spur phantasievoller gekocht als bei Maria, aber nur abends, bei Candlelight (auch im Garten). Ruhetag Di. Piazza Providenza, Tel. 89 64 84.
- **Il Cantinone.** Klassische Küche in den Gewölben des Kastells; Ruhetag Mo. Via Porticina 12, Tel. 89 60 73.

Giardino dei Tarocchi

Der vor Phantasie und Spiellust explodierende Skulpturengarten der Bildhauerin **Niki de Saint Phalle** (1930-2002) ist so etwas wie ein Lunapark der modernen Künste. Fabeltiere, Türme, Labyrinthe, Göttinnen, Schicksalsräder – bizarre, schockfarbene Gebilde von deftiger, clownesker Erotik, die man begehen, auf die man klettern, in die man sich setzen kann.

Die durch ihre provozierenden *Nanas*, groteske „Weiberpuppen" aus Polyester, berühmt gewordene US-Künstlerin erfüllte sich 1979 den Traum, auf einem Areal nahe Capalbio die *Arkana*, die 22 wichtigsten und symbolträchtigsten Karten des *Tarot*, in überlebensgroße Figuren aus Beton und Majolika zu formen. Skurril, schrill, obszön und esoterisch ruhen sie nun auf einem Hügel unter etruskischem Himmel und passen für die einen in die Landschaft wie die Faust aufs Auge, während sie für die anderen wie die magische Beschwörung all jener Ängste und Albträume sind, die der Pyrrhussieg der banalen Römerwelt über den phantasievollen Kosmos der Etrusker über uns gebracht hat. *„Die meisten Plastiken Nikis"*, so Niki über sich selbst, *„haben etwas Zeitloses, sind Erinnerungen an alte Kulturen und Träume; voller Abenteuer, böser Drachen, versteckter Schätze, menschenfressender Mütter und Hexen, Ahnungen des Himmels ebenso wie der Abstieg in die Hölle."*

- Mitte Mai bis Mitte Okt. tgl. 14.30-19.30 Uhr, Eintritt € 10,40. In der übrigen Zeit kann man die Plastiken nur von der Straße aus oder per Voranmeldung bewundern. Tel. 0564/89 51 22, Fax 89 57 00, www.nikidesaintphalle.com. Von Capalbio oder der Via Aurelia (Ausfahrt *Chiarino Stazione*) Richtung *Pescia Fiorentina* (jeweils rund 4 km).

Manciano

Lebendiges, sympathisches Städtchen ohne den Massenandrang des nahen Pitigliano (daher ideal zum Übernachten), gekrönt von einem imposanten sienesischen **Kastell** (1350) über der mittelalterlichen Altstadt. Interessierte können sich im **Museum** die prähistorischen Funde aus dem Tal der Fiora anschauen oder die von Eremiten aus dem Tuffstein geschlagenen Felshöhlen der Einsiedelei *Poggio Conte* (12./13. Jh.) etwas außerhalb (nur zu Fuß erreichbar).

Praktische Informationen

- GR. 6000. 440 m. **Tel. 0564.**
- **Info.** Via Roma 2, Tel./Fax 62 92 18.
- **Markt.** Sa.
- **Museen.** *Museo Preistoria e Protostoria della Valle del Fiora*, Via Corsini 5. Außer Mo 9.30-15.30, So 9.30-13 Uhr, € 2,10. *Poggio Conte*, auf Anfrage, Tel. 62 92 22.

Verkehrsverbindungen

- **Zug.** Der nächste Bahnhof befindet sich in *Orbetello.*
- **Bus.** Mit *RAMA* von/nach Grosseto, Orbetello, Siena, Firenze.
- **Entfernungen** (in km): Grosseto 65, Orbetello 41, Siena 120, Capalbio 35, Scansano 28, Pitigliano 19, Sovana 27, Saturnia 12, Montemerano 7.

Unterkunft & Verpflegung

- **Il Boscaccio** (***), in einem Park etwas außerhalb Richtung Montemerano; 16 Zimmer € 77 inkl. BF, Tel. 62 0283, Fax 62 03 80.
- **Rossi** (***), renoviertes Stadthotel im Zentrum, 12 DZ € 88 inkl. BF; Via Gramsci 3, Tel./ Fax 62 92 48.
- **Miravalle** (*), jung, freundlich, mit guter, bodenständiger Küche (Ruhetag So), 10 DZ ab € 52, Via Gramsci 47, Tel./Fax 62 02 45.

- **Da Paolino.** Traditions-Trattoria mit einfacher, herzhafter Maremmenküche; als Primo empfehlen wir *Tagliolini alla Paolino* mit Wurst und Gemüsen der Saison (Artischocken, Erbsen, Pilze); Ruhetag Mo, Via Marsala 41, Tel. 62 93 88.

Im Wundergarten der Niki de Saint Phalle

Montemerano

Ähnlich wie Capalbio ist das pittoreske Bergdorf auf halber Strecke zwischen Manciano und Saturnia ein Lieblingsdomizil wohlhabender Römer, wie die perfekt restaurierten mittelalterlichen Gemäuer und zahlreichen guten Hotels, Restaurants und Geschäfte bezeugen. Der im 15. Jh. von den Sienesen erneuerte Mauerring schützt das 300 m hoch gelegene Dorf, von wo aus man herrliche Blicke über die Hügellandschaft genießt. Am Ortseingang die romanische, mehrfach umgestaltete Pfarrkirche **San Giorgio** aus dem 13. Jh. mit wunderbar naiven Fresken aus dem Leben Georgs, des Drachentöters, und Höllenvisionen des Jüngsten Gerichts (15. Jh.), einem Polyptychon des Sano di Pietro (1458) und der bezaubernden *Madonna della Gattaiola* („mit Katzendurchstieg").

Unterkunft & Verpflegung

- **Villa Acquaviva** (***). 2 km Richtung Scansano. Azienda mit kleinem Hotel, kein Luxus, aber außergewöhnlich behaglich und geschmackvoll, mit schattigem Garten in einer weitläufigen Anlage (das Gut produziert Wein, Olivenöl, Honig u. Konfitüren). Pool, Tennis, Restaurant. 8 Zimmer in der Villa, 18 im Anbau. DZ € 103-114, Suiten € 155-180 inkl. BF. Tel. 60 28 90, Fax 60 28 95, www.relaisvillaacquaviva.com
- **L'Oliveto** (***). 19 DZ, die meisten mit Balkon, € 98 inkl. BF. Via Fermi 20 (am Ortsausgang Richtung Scansano), Tel. 60 28 49, Fax 60 26 39.
- **Ciavatta** (***). Hübsches, 2001 neu eingerichtetes Agritourismo-Landgut mit Restaurant, Pool und 20 DZ € 47-77 inkl. BF. Tel. 60 27 70, Fax 60 26 57, leginestre@ftbcc.it
- **Locanda Laudomia** (*). Ausflugslokal mit guter ländlicher Küche an der Straße nach Manciano (3 km), 12 DZ € 67, Tel. 62 00 13, Fax 62 00 62.
- **Affittacamere** *La Piaggia*, hübsches Haus mit Ausblick, 8 DZ € 52-67, Tel./Fax 60 29 09.
- **Da Caino.** Elegantes Restaurant mit kreativer Maremmenküche, eine der feinsten Adressen der Südtoscana (2 Michelin-Sterne). Für ein volles Menü ohne Wein muss man mit rund € 80 rechnen. Angeschlossen ist die Enoteca Perbacco. Ruhetag Mi/Do mittag (außer im Sommer), Via Canonica 3, Tel. 60 28 17.
- **Passaparola.** Freundlich-rustikal, in einer umgebauten Ölmühle im Centro Storico mit Sommerterrasse und Panoramablick. Sorgfältig zubereitete Speisen, freundliches Ambiente, zivile Preise (Secondi um € 9-12). Ruhetag Do. Circolo della Mura 21, Tel. 60 28 35.
- **Osteria Passaparola.** Bar mit Gastraum, in dem einfache, herzhafte Gerichte wie Pasta, Suppen, Trippa, Gemüseaufläufe serviert werden; Ruhetag Do. Via del Bivio 16, Tel. 60 29 39. Auch 6 **Zimmer** (€ 52-62).

Feste

- Pferdemarkt, Antiquitätenausstellung und Reiterfest *Raduno Cavalieri ed Amazzoni* am zweiten Wochenende im Juni.

Saturnia

Die *Saturnalien* waren *das* Fest der Römer und können als Vorläufer unseres Weihnachten und Karneval zugleich gelten. Jung und Alt, Arm und Reich huldigten dem Gott der Saaten, d. h. der Fruchtbarkeit und des Überflusses. Und wenn man so will, und etwas Glück hat, wirkt dieser Zauber sogar noch heute nach.

Die Thermen

Kommt man von Manciano, sieht man unten im Tal zwischen parkenden Autoschlangen schon die sanft aufsteigenden Nebelschwaden über den Schilfwäldern wabern. Stündlich mehr als zwei Millionen Liter schwefelhaltiges, zwar infernalisch nach faulen Eiern stinkendes, aber dafür umso gesünderes Wasser fließt und sprudelt hier frei durch die Gegend. Bei einer verfallenen Mühle stürzt sich das 37,5°C heiße Wasser in dampfenden Kaskaden eine Felswand hinab und sammelt sich in einer runden, „natürlichen Badewanne" aus Travertin, ehe es über samtweich ausgespülte Stufen, in denen es sich herrlich aalen lässt, weiter in die Tiefe sickert.

Die **Cascate del Mulino** sind das ganze Jahr über frei zugänglich und fast zu jeder Tag- und Nachtzeit gut besucht. Vor allem an den Wochenenden und in lauen Sommer(voll-mond)nächten finden im Kreis von fröhlichen Campern, Großfamilien und Horden von Jugendlichen wahre Volksfeste statt. An die Heilwirkung des angeblich Gicht, Rheuma, Bronchitis und Verdauungsbeschwerden kurierenden Vollbads dürften dabei die allerwenigsten denken, doch der Spaßfaktor ist enorm. (Achtung: Schmuck oxidiert im schwefelhaltigen Wasser, was aber nicht weiter tragisch ist, denn nach einer Weile verschwinden die Verfärbungen von selbst wieder.)

Wer es bequemer und weniger volkstümlich mag, fährt weiter zur **Quelle** auf dem Parkgelände des luxuriösen Kurhotels *Terme di Saturnia,* dessen Thermalschwimmbad (mit Umkleidekabinen, großer Liegewiese) gegen eine Gebühr benutzt werden kann (tgl. 9.30-17 Uhr € 12,50, Sa/So € 14).

Der Ort

Der auf einem 300 m hohen Travertinplateau lagernde Ort war schon besiedelt, bevor er zum etruskischen *Aurinia* wurde, und galt bereits Plinius als eine der ältesten Stadtgründungen Italiens (ca. 900 v. Chr.). Über den mächtigen Zyklopenmauern der Etrusker türmten ab 280 v. Chr. die Römer und im Mittelalter die Aldobrandeschi und Sienesen ihre Festigungsanlagen auf.

Zentrum ist die mit schattigen Steineichen, Ulmen und Kastanien bestandene Piazza *Vittorio Veneto* mit der Pfarrkirche und den Resten des Kastells der Aldobrandeschi (Privatbesitz, kein Zutritt). Linkerhand der Kirche führt der „naturbelassene" Pfad der römischen *Via Clodia* nach wenigen Metern zur *Porta Romana,* an deren Außenseite noch deutlich Blöcke der teilweise erhaltenen etruskischen Mauer sichtbar sind.

Eingefleischte Etrusker-Fans pilgern trotz der schlechten Wegstrecke zu den **Tumuli** (Hügelgräber) von *Pian di Palma* rund 10 km nördlich Saturnias. Viel zu sehen gibt es für den Laien dort nicht, aber die schöne Wanderung durch die einsame Macchia versöhnt so manchen.

Praktische Informationen

- GR. 2000. 295 m. **Tel. 0564.**
- **Info.** Piazza Vittorio Veneto 8, tgl. außer So 10-13, 15-19 Uhr. Tel. 60 12 80.
- **Bus.** Umsteigen in Mancanio; wer lediglich zu den Thermen will, sollte dem Fahrer zuvor Bescheid sagen.

Unterkunft

- **Terme di Saturnia** (****). Es gibt elegantere und luxuriösere Hotels, aber die Atmosphäre hier ist unvergleichlich. Hauptattraktion sind die große Therme (viele der 90 Zimmer liegen unmittelbar über der *Piscina)* und das überwältigende Wellness- und Freizeit-Angebot (Tennis, Golf, Sauna, Mountainbiking, autogenes Training, Fitnessprogramme, Diätkochkurse, Kosmetik etc.) DZ ab € 155-222, Suiten ab 440 inkl. BF. Tel. 60 01 11, Fax 60 12 66. www.termedisaturnia.it

• **Villa Clodia** (***). Mitten im Zentrum, aber idyllisch-ruhig in einem gepflegtem Garten mit Pool und herrlichem Panoramablick – eines der angenehmsten Hotels dieser Preisklasse weit und breit (in der Saison Mindestaufenthalt von 3 Tagen). 9 DZ € 83 inkl. BF. Via Italia 43, Tel. 60 12 12, Fax 60 13 05.

• **Saturnia** (**). 15 DZ z. T. mit Balkon € 83. Via Mazzini 4, Tel./Fax 60 10 07.

• **La Stellata** (*). Kleiner, rustikaler „Ableger" des *Terme di Saturnia* auf einem Hügel bei den Cascate del Mulino; gute Küche, im Sommer vorm Haus. 13 DZ € 110, in der Hochsaison nur HP. Tel. 60 29 78, Fax 60 29 34.

• **Villa Garden.** Zu Füßen des Orts gelegene Villa von Michele Aniello, dem Besitzer der Trattoria *Due Cippi*. 6 DZ € 103. Via Sterpeti 56, Tel./Fax 60 11 82.

• **Pian del Mulino.** Geschmackvolles B&B unweit der Therme mit 6 geräumigen DZ € 58-68 inkl. BF. Tel./Fax 60 12 73. Eine ganze Reihe von **Privatzimmern** ist im Ort selbst verfügbar.

Essen & Trinken

• **I Due Cippi.** Historische Trattoria am Hauptplatz Vittorio Veneto mit schöner Sommerterrasse und ganz vorzüglicher toscanischer Küche mit Schwerpunkt auf Wild (Reh, Hirsch, Wildschwein, Wachteln, Wildente); unser Favorit ist das *Carpaccio di agnello e capra*, hauchdünnes Lamm- und Zickleinfilet in Olivenöl. Ruhetag Di, Tel. 60 10 74.

Eine natürliche Badewanne – die Thermen

- Die **Enoteca Due Cippi** gleich nebenan offeriert auf einer separaten Terrasse schmackhafte Antipasti und Primi.
- **Bacco e Cerere.** Önothek mit Wurst- und Käsewaren und gemütliche Trattoria im Obergeschoss (nach hinten auch Garten) mit guten traditionellen Maremmengerichten. Ruhetag Di (außer Sept./Okt). Via Mazzini 4, Tel. 60 12 35.

Sovana

Wie kaum ein anderer Ort der Toscana führt Sovana fast nahtlos ins **13. Jh.** zurück. Der bereits nahezu verrottete und verödete Weiler wurde erst vor wenigen Jahren vor dem Verfall gerettet und zu einem Schmuckstück ausgebaut, das sich zumindest zu Zeiten lebhaften Zuspruchs erfreut, wie schon die Anzahl der Parkplätze vor dem Ort beweist. Dass Sovana dem Schicksal einer sterilen „Museumsstadt“ dabei nur knapp entging, muss man wohl in Kauf nehmen, doch glücklicherweise fehlt dem „mittelalterlichen Kleinod“ alles Spektakuläre, das es zu einem zweiten San Gimignano machen könnte.

Sovana war ein wichtiges **Zentrum der Etrusker,** wie schon die zahlreichen Grabstätten der Umgebung bezeugen, danach römische Gemeinde und schließlich Hauptsitz des von den Langobarden eingesetzten Clans der *Aldobrandeschi,* der zwischen dem 9. und 13. Jh. weite Teile der Südtoscana beherrschte. Im Jahr 1021 wurde hier der berühmteste Spross der Familie geboren, der Cluniazensermönch *Ildebrando* (Hildebrand), der sich als Reformpapst **Gregor VII** zum Gegenspieler der deutschen Kaiser machte und Heinrich IV 1077 zum Bußgang nach Canossa zwang. Mit dem Untergang des feudalen Rittertums war auch Sovanas Schicksal besiegelt, auch wenn sich die Kommune noch bis 1660 als Bischofssitz hielt. Nach dem 14. Jh. entstand (mit einer einzigen Ausnahme) praktisch kein einziges Gebäude mehr, und der Dom, das bedeutendste Bauwerk des mittelalterlichen Gemeinwesens, erhebt sich heute inmitten von Zypressen und Gemüsegärten an der Peripherie, als habe er niemals dazugehört.

Rundgang

Gleich am Ortseingang fällt die Ruine der mächtigen *Rocca Aldobrandeschi* (11.-13. Jh.) ins Auge. Zentrum ist die malerische **Piazza Pretorio.** Rechts der wappengeschmückte *Palazzo Pretorio* aus dem 13. Jh. mit der *Loggia del Capitano,* an der Stirnseite das anmutige Turmhäuschen des *Palazzeto dell'Archivio* mit dem Glockenturm, links das einzige Renaissancegebäude, der *Palazzo Bourbon del Monte* aus dem 16. Jh. neben der schlichten, fast unverändert aus dem 12. Jh. überkommenen Kirche **Santa Maria,** deren Inneres eines der wertvollsten vorromanischen Kunstwerke der Toscana birgt, das grazile **Ziborium** vor dem Hochaltar, das einzige seiner Art in ganz Mittelitalien. Der von vier korinthischen Säulen getragene und mit Trauben, Weinranken und Pfauen geschmückte Altarbaldachin aus Travertin ist das Werk lombardischer Steinmetze des 8. Jh.s.

Da sowohl die Via di Mezzo wie die Via del Duomo zum größten und bedeutendsten Bauwerk Sovanas, der Kathedrale, führen, kann man einen Rundweg gehen. An der Via del Duomo (No. 45) passiert man das Geburtshaus des Mönches *Ildebrando* (alias Gregor VII), dem Sovana die Bischofswürde verdankte.

Der den Aposteln Petrus und Paulus geweihte **Duomo Santi Pietro e Paolo** entstand in seiner heutigen Form zwischen dem 10. und 14. Jh. Die alte Fassade ging durch spätere Anbauten verloren, das heutige *Hauptportal* entstammt noch dem Vorgängerbau aus dem 8. Jh. und beeindruckt durch außergewöhnlich schöne frühromanische Flachreliefs (Vögel, Ritter zu Pferd, Gorgonenhäupter, die rätselhafte Figur des „Schwimmers" rechts oberhalb der Lünette).

Das dreischiffige Innere wird durch schwarzweiß gestreifte Pfeiler gegliedert und wirkt bis auf sein gotisches Kreuzgewölbe noch fast authentisch romanisch. Eindrucksvoll sind die reichverzierten *Kapitelle* im lombardischen Stil, man erkennt unschwer Adler, *Daniel in der Löwengrube* oder einen aparten *Sündenfall* (2. Säule links) mit einer Eva, die im Angesicht Gottes und der züngelnden Schlange verzweifelt ihre Blöße zu bedecken sucht. Sehenswert ist auch die vorromanische *Säulenkrypta* unter dem Chor, die wiederum dem Vorgängerbau aus dem 8. Jh. entstammt.

Praktische Informationen

- GR. 500. 295 m. **Tel. 0564.**
- **Info.** Palazzeto di Archivio (selten offen), Tel. 61 40 74. www.sovana.com
- **Museen.** *Museo Etrusco* im Palazzo Pretorio, April-Okt. tgl. 10-19 Uhr, sonst Sa/So 10-16 Uhr, € 1,55. *Duomo* und *Santa Maria* tgl. 10-18 Uhr.

Unterkunft & Verpflegung

- **Taverna Etrusca** (***). Nicht gerade eine „Touristenfalle", aber 8 bescheidene Kammern für € 77 ist tüchtig. Im **Restaurant** geht es etwas gemäßigter zu (Secondi um € 8-12), gefallen haben uns die Crostini, die Suppen und das *Capretto a Finocchio Selvatico.* Mit Garten, Ruhetag Mo. Piazza del Pretorio 16, Tel. 61 61 83, Fax 61 41 93.
- **La Scilla** (*). Kleine, aber schlicht-schöne, da liebevoll restaurierte Zimmer (8 DZ € 92 inkl. BF). Via Siverio, Tel. 61 65 31, Fax 61 43 29. www.scilla-sovana.it
- Solide bis sehr gut speist man im hauseigenen Resto **Dei Merli** gegenüber; schöne Terrasse, Ruhetag Di.
- **Privatzimmer** *Guiseppe Santarelli,* Via Pretorio 12, 2 DZ € 47, Tel. 61 61 86.

Die Nekropole

Die **etruskische Totenstadt** des bereits im 8. Jh. v. Chr. besiedelten *Suana* erstreckt sich längs eines rund 3 km langen Tuffsteinrückens außerhalb des Orts.

Die Gräber selbst entstammen in der Mehrzahl dem 3.-2. Jh., als die Zeit der Etrusker ihren Höhepunkt schon überschritten hatte und die Bewohner der Stadt sich mit den Römern zu arrangieren begannen.

Ungewöhnlich vielfältig ist ihr **Formenreichtum,** der vom *Tomba del Tempio* (Tempelgrab), der vornehmsten und aufwändigsten Art der Bestattung, bis zu den wabenförmigen

Urnen-Nischen der in den Tuffstein geschlagenen *Colombarien* (Taubenschläge) reicht. Die Gräber liegen verstreut, die wichtigsten sind aber ohne weiteres zu Fuß zu erreichen bzw. können punktuell mit dem Auto „angepeilt" werden.

Das aufwändig aus dem Tuffstein gemeißelte Tempelgrab **Tomba Ildebranda** (Hildebrandgrab) gilt als das monumentalste seiner Art überhaupt. Die verwitterte Anlage erhebt sich terrassenförmig über einem künstlichen Podium, zu dem Seitentreppen hinaufführen. Von den zwölf mit prächtigen Kapitellen verzierten Säulen, die die Kassettendecke der offenen Vorhalle trugen, ist nur mehr eine erhalten, auch von den Friesen und der ursprünglichen Bemalung sind lediglich noch Spurenelemente ersichtlich. Die Grabkammer ist im Vergleich zur Gesamtanlage überraschend klein (man nimmt daher an, dass sie nur einen einzigen Toten aufgenommen hat) und ist durch einen langen Gang (Dromos) unterhalb des Podiums zu erreichen. (Eine Rekonstruktion des Hildebrandgrabes ist im örtlichen Museum aufgestellt.)

Nicht versäumen sollte man den wildromantischen **Cavone** unweit der Grabstätte, den größten und längsten jener künstlich aus dem Fels geschlagenen *Hohlwege*, die die Etrusker rund

Unverwechselbar – die Piazza Pretorio

um die Stadt angelegt hatten. Selbst im Sommer herrscht im Halbdunkel des noch heute gutbefahrbaren Wegs angenehme Frische. Mittendrin links auf etwa 4 m Höhe eine *Swastika*, das alte Sonnensymbol des Sanskrit, auf der Wegsohle weitere Grabreste.

Vom Parkplatz an der Tomba Ildebranda führt eine steile Treppe zum stark beschädigten Ädikulagrab *Tomba del Tifone* aus dem 2. Jahrhundert.

Ebenfalls nicht weit entfernt, aber schwerer zugänglich, liegt das einst von acht Säulen getragene Tempelgrab *Tomba Pola*. Der leider schon arg verwitterte Tympanonfries der **Tomba della Sirena** zeigt eine geflügelte Scylla, die mit ihren schlangengleichen Extremitäten zwei Gefährten des Odysseus erwürgt. Die darunterliegende Nische symbolisiert den Eingang zur Totenwelt und barg eine Liegefigur des Toten sowie männliche und weibliche Dämonen.

• **Übersichtstafeln** am Ortseingang und an der Straße von/nach Saturnia geben eine erste Orientierung; weitere Informationen bekommt man im Etruskermuseum bzw. in den Hotels. Die Gräber können tgl. 10-19 (im Winter 10-17) Uhr besichtigt werden. Sammelticket € 3,60. Festes Schuhwerk und evtl. eine Taschenlampe erweisen sich als nützlich.

• **Tomba della Sirena.** Fährt man auf der Hauptstraße rechts an Sovana vorbei, liegt unmittelbar hinter dem Tunnel, der unterhalb des Orts den Tuffstein durchbricht, ein kleiner Parkplatz, von dem ein schmaler Pfad ins Tal hinabführt, ehe er zur Grabstätte wieder emporsteigt. Auf der Wegstrecke sind zahlreiche Colombarien zu sehen. Verfolgt man den Pfad weiter talauswärts, stößt man auf den Hohlweg *Cava di San Sebastiano*. Zurück auf dem gleichen Weg.

• **Tomba Ildebranda.** Nur 750 m weiter liegt an einer Brücke ein weiterer Parkplatz mit Hinweisschildern zu den Gräbern Ildebranda und Tifone; der Weg geradeaus führt geradewegs in den Cavone. Passionierte Wanderer können dem Hohlweg folgen und gelangen nach einigen Abenteuern und schönen Ausblicken (mit etwas Glück und Geschick) wieder nach Sovana zurück.

Pitigliano

Schroff ragt aus grünen Tälern gelbbrauner Tuffstein empor, bildet Wülste, Höhlen und Vorsprünge und geht kaum merklich in das Fundament von Häusern über. Wahrlich spektakulär wächst Pitigliano aus dem Gestein und ist von ihm auf den ersten Blick kaum zu unterscheiden. „Malerisch“, frohlocken die Besucher, ehe sie sich im Verkehr den Berg hinaufquälen und auf die leidige Parkplatzsuche begeben; „praktisch“ dachten die Etrusker, bedurften sie doch selbst in unsichersten Zeiten fast keiner Stadtmauern, um sich unerwünschte Gäste vom Leib zu halten. Später, alles wie gehabt, blickten die Römer, die Aldobrandeschi, die Orsini und die Sienesen von dem aussichtsreichen Hügel ins Land hinaus.

Genau genommen thront das Städtchen nicht „wie ein Adlerhorst auf einem Berg“, wie es immer heißt, sondern haben drei zusammentreffende Bäche tiefe Schluchten in das vulkanische **Tuff-Plateau** geschlagen, so dass Pitigliano nach drei Seiten steil abfällt und auf einer mit der Ebene verbunden bleibt (am schönsten ist das Panorama, wenn man von Manciano kommt). Die Etrusker höhlten in den allgegenwärtigen Felswänden Grabkammern aus, sogenannte *Colombarien*, die heute meist als Weinkeller, Garagen, Ställe oder Rumpelkammern Verwendung finden, bis vor wenigen Jahrzehnten aber noch als Unterkünfte der Armen dienten.

Bei einem **Rundgang** wird sehr bald deutlich, wie sehr das mächtige Guelfengeschlecht der Orsini den Ort nach 1293 beherrschte. Unmittelbar vor dem mittelalterlichen Stadtkern wacht ein Bär, das Wappentier des Clans (*orso*, Bär) mit dem Kopf eines Löwen am Aufgang des gewaltigen **Palazzo Orsini,** an dessen Fassade das Motiv noch einmal als Wappen wiederkehrt. 1545 hatten die Orsini angeblich nach Plänen des Florentiner Baumeisters *Guiliano da Sangallo* die mittelalterliche Zitadelle in einen standesgemäßen Palazzo umwandeln lassen und entstand der Innenhof mit sechseckigem Brunnen, dazu ein neues, reichverziertes Portal und der auf ionischen Säulen ruhende Portikus. Im Innern ist heute u. a. das neugestaltete *Museo Civico* mit etruskischen Funden der näheren Umgebung untergebracht. Noch im gleichen Jahr errichtete man zur Wasserversorgung des Palastes und des Orts ein **Aquädukt,** von dem noch 15 große und mehrere kleinere Bögen zu sehen sind, so vor allem an der *Piazza della Repubblica*, wo sie den dekorativen Hintergrund für den hübschen Renaissancebrunnen liefern.

Über die *Via Roma* gelangt man zum Dom. Rechts wie links der Straße herrscht pures Mittelalter, ein Labyrinth von Gassen, Gässchen und Treppenwegen, die mal an einer Hauswand, einem Brunnen, einer Stadtmauer oder schier am Abgrund enden. Der im 18. Jh. außen wie innen vollständig im Barockstil umgebaute **Duomo Santi Pietro e Paolo** passt auf den ersten Blick wenig in diesen Rahmen. Die papsttreuen Orsini hatten jedoch vergeblich versucht, Sovana den Bischofssitz abzutrotzen (der kam erst 1660 nach Pitigliano), so dass die Medici sich bemüßigt fühlten, den allzu unscheinbaren Vorgängerbau später von Grund auf umzugestalten. Der weithin sichtbare Wehrturm wurde dabei zum eleganten Campanile, das Portal zieren Statuen der beiden Kirchenpatrone. Im Inneren ein prächtiger barocker Hochaltar und Werke des Einheimischen *Francesco Zuccarelli* (1702-88), der 1752 nach England auswanderte und sich einen Namen als Mitbegründer der Royal Academy machte. Das fröhliche *Travertin-Bärchen* auf dem nach Papst Gregor VII benannten Domplatz ist wieder das Wappentier der Orsini und hockt schon seit 1490 auf seinem Podest. Folgt man der Via Roma (jetzt: Via Generale Orsini) weiter, trifft man auf die kleine Pieve **Santa Maria.** Die 1274 erstmals erwähnte Kirche wurde 300 Jahre später im Renaissancestil umgestaltet, weist aber an der Außenwand ein faszinierendes, nahezu etruskisch anmutendes *Relief* mit Sirenen auf (11. Jh.?). Noch ein Stück weiter erreicht man das Ortsende mit der auf etruskischen Mauerresten errichteten *Porta di Sovana*.

Der Rückweg zur Piazza della Repubblica führt durch die malerische **Via Zuccarelli.** Bogenüberspannte *Vicoli* und schmale Treppenwege verlieren sich beiderseits der engen Gasse, in die kaum je die Sonne fällt, und Panoramaterrassen (am schönsten am *Vicolo Goito* und *Vicolo di Riforme*) eröffnen weite Blicke ins Tal der Meleta. Dies sind die Straßen des ehemaligen **Ghettos.** Die außergewöhnlich große jüdische Gemeinde der Stadt, die noch bis zum Faschismus mehr als 10 % aller Einwohner stellte, war im 15. Jh. entstanden, als viele jüdische Familien Roms vor den Borgia, den Todfeinden der Orsini, nach Pitigliano geflohen waren.

Unbedingt sehenswert ist die in den letzten Jahren sorgfältig wiederhergerichtete **Synagoge,** in der seitdem auch wieder regelmäßig Gottesdienste stattfinden.

Praktische Informationen

- GR. 4000. 315 m. **Tel. 0564.**
- **Info.** Via Roma 6, Tel./Fax 61 44 33.
- **Markt.** Mi.
- **Museen.** *Museo Civico Archeologico,* außer Mi 10-13, 15-18, im Sommer 16-19 Uhr, € 2,60. *Museo Diocesano* (Sakralkunst), April bis Sept. außer Mo 10-13, 15-18 Uhr; € 2,60. *Sinagoga Ebraica,* April bis Okt. 10-13, 15-19 Uhr Mi, Fr, So, sonst nach Voranmeldung (Tel. 61 63 96).

Verkehrsverbindungen

- **Bus.** Mit *RAMA* (Piazza Petruccioli beim Hotel Guastini) von/nach Sovana, Sorano, Orbetello, Rom, Grosseto (über Manciano).
- **Entfernungen** (in km): Orbetello 60, Manciano 19, Sorano 9, Sovana 9, Saturnia 31, Santa Fiora 44.

Aufgang zum Palazzo Orsini in Pitigliano

Unterkunft & Verpflegung

• Nur ein einziges Hotel, **Guastini** (**), dessen 27 Zimmer (DZ € 62) denn auch schnell belegt sind; Talblick und Restaurant kann man als Aktivposten verbuchen. Piazza Petruccioli, Tel. 61 60 65, Fax 61 66 52.

• **Fremdenzimmer.** *Il Tufo Rosa* (Tel. 61 70 19, Fax 61 77 84) und *La Magica Torre* (Tel./Fax 61 62 60), beide an der Piazza Petruccioli. *Casa de Carrai,* Via San Francesco 68B, Tel. 0338/677 32 42, DZ ohne Bad € 26.

• **Il Tufo Allegro.** Kreative Küche im Tuffsteinkeller. In der Saison Trüffel- und Wildgerichte, große Käseauswahl. Menü ab € 25, Ruhetag Di. Vicolo della Costituzione 1, Tel. 61 61 92.

• Zu empfehlen sind noch die Trattorien **La Tavernaccia,** Via Roma 43, und **Del'Orso** mit hübscher Terrasse am Dom, tgl. 12-24 Uhr, Menu Turistico € 15.

Weine

• Der **Bianco di Pitigliano** aus Trebbiano (ca. 70 %) und zwei bis drei lokalen Rebsorten, blass- bis strohgelb, ist ein trockener Weißwein, der zwar auf eine beträchtliche Tradition zurückblicken kann, aber mehr an umbrische Weine wie den Orvieto Classico als an die besten toscanischen Tropfen (etwa aus Montecarlo oder San Gimignano) erinnert.

• **La Cantina Incantata.** Enoteca an der Piazza Petruccioli 6. Freie Besichtigung der Tuffsteinhöhlen für Wein- und Pecorino-Lagerung.

Sorano

Der kleinere Zwillingsbruder Pitiglianos ist kaum weniger malerisch und verwinkelt, aber nicht ganz so spektakulär. Zumindest von weitem. Große Teile der Altstadt bröckeln bedrohlich, Erdrutsche vertreiben die Bewohner, der „pittoreske" Ort verfällt. Auch hier lösten 1293 die Orsini die Aldobrandeschi ab und ließen im 15. Jh. die **Fortezza** ausbauen, die das Stadtbild beherrscht; die Wappen beider Geschlechter sind über dem Portal der Festung zu sehen.

Im Innern interessante Fresken mit ornamentalen Motiven, Szenen eines Festmahls und gregorianische Noten, die sehr wahrscheinlich zu einem Lied aus Boccaccios *Decamerone* gehören (April-Okt. tgl. 10-13, 15-19, sonst 14-17 Uhr). Am Ortseingang etruskische Grabanlagen, die in den weichen Fels geschlagenen *Colombarien,* wie sie auch in Pitigliano und bei Sovana zu finden sind.

Unterkunft

• **Della Fortezza** (***). Seltene Gelegenheit, mit Stil in einer alten Burg zu übernachten; allein die Ausblicke sind schon fast ihr Geld wert. 16 Zimmer, DZ € 90-120, Suiten € 200-225 inkl. BF. Piazza Cairoli, Tel. 63 20 10, Fax 63 32 09. www.fortezzahotel.it

Südtoscana

Sant'Antimo bei Montalcino
Brunnen an der „Poststation" in Radicofani
Schwatz unter Signore in Montepulciano
Schrundig und rissig – die Crete

Überblick

Die Südtoscana, ein riesiges und im Vergleich zum Norden mit all seinen „Highlights" zwischen Florenz, Siena und Pisa noch heute nahezu vernachlässigtes Gebiet (was allerdings nicht heißen soll, es sei vom Tourismus „verschont" geblieben), ist im Prinzip auf zwei Wegen zu erreichen. Über Siena und/oder die Autostrada del Sole, oder entlang der Küste über Livorno und Grosseto. Die Region rund um das mächtige Massiv des erloschenen Vulkankegels **Monte Amiata,** dessen Silhouette das gesamte Hinterland der Maremma beherrscht, bildet exakt die Grenze zwischen den Provinzen Siena und Grosseto.

Keine schöne, oft aber auch nur beschönigende Romantik mehr wie etwa um Florenz, San Gimignano und Lucca, sondern, wenn man so will, **Toscana pur.** Und gleichzeitig fehlt doch nichts, was (zumindest für den Fremden) den überwältigenden Reiz einer alten Kulturlandschaft ausmacht. Bezaubernde Städtchen wie **Montepulciano** und **Pienza,** Abteien und Klöster wie **Sant'Antimo** und **Monte Oliveto Maggiore,** in aller Welt berühmte Weinorte wie **Montalcino,** traditionsreiche Bäder wie *Chianciano Terme* und **Bagno Vignoni,** auf Hügeln, Graten und Tuffsteinfelsen thronende Bergnester wie **Pitigliano, Sovana** und **Saturnia.**

Die Crete

Fährt man von Siena aus Richtung Süden, gelangt man in das Land der schweren Lehmböden, das man *Crete Senesi* nennt (*creta*, Ton, Lehmerde). Eine sanfte und doch dramatische Landschaft wie kaum eine andere der Toscana, seit Jahrhunderten ausgedörrt von der Sonne und ausgewaschen vom Regen, war sie schon im Mittelalter das immer wiederkehrende, charakteristische Lieblingsmotiv der Sieneser Maler.

Der schwere, wasserabweisende Boden bot nie gute Anbauflächen, so dass bereits Etrusker und Römer die Wälder abholzten, die die Böden einmal zusammenhielten. Fast ungehindert schweift der Blick über Weizenfelder, Weiden und nackte Hügelkuppen in unendliche Weite, hier und da sanft gegliedert von dunklen Zypressenreihen oder jäh zerrissen in schrundige Risse, Spalten und Abgründe.

Das Gesicht der Crete wandelt sich unaufhörlich, abhängig von der Jahreszeit und dem Grad des Eingreifens des Menschen. Riesige Flächen sind erst in den letzten zehn, zwanzig Jahren von Planierraupen niedergewalzt und mit Weizen bebaut worden, und auch die sehr intensive, vornehmlich von sardischen Hirten betriebene Schafzucht (an die 200.000 Tiere sollen in den Crete weiden) ist erst wenige Jahrzehnte alt.

Grün zeigt sich die Crete nur wenige Monate. Auf die frühe Ernte im Juni folgt die lange Dürre des Sommers, und schon im frühen Herbst, nach dem ersten Umpflügen, liegt ein Hauch von *Terra di Siena* in allen Tönen vom schwerem Braun bis zum fast weißen Grau oder rostigen Rot über der Landschaft. Viele Höfe stehen leer (und werden gerne von Ausländern aufgekauft, die hier ein paar Wochen im Jahr romantisches Landleben pflegen), da die neuen Monokulturen (Weizen, Raps, Sonnenblumen) nur mit Hilfe aufwändiger Maschinerie rationell zu bewirtschaften sind, was von neuem zu einer Art von Großgrundbesitz führt, wie er schon vor Jahrhunderten gang und gäbe war.

Asciano

Die kleine **Hauptstadt der Crete** – und damit der Schafzucht und Pecorino-Herstellung – war bereits eine Domäne der Etrusker (*Museo Archeologico*) und Römer (Mosaikenböden im Hof der *Antica Farmacia*, Corso Matteotti 80) und zwischen dem 13. und 15. Jh. ein wohlhabendes Handelszentrum, in dem selbst die bedeutendsten Künstler Sienas wie Ambrogio Lorenzetti und Simone Martini arbeiteten. Ein Spaziergang entlang der Hauptstraße *Corso Matteotti* führt über den prägnanten Uhrturm nach links zur *Piazza del Grano* mit dem wappengeschmückten *Palazzo del Podestà* und dem schmucken Renaissancebrunnen *Fonte del Grano* (1471).

Glanzstück der Stadt ist die schöne romanische Stiftskirche **Sant'Agata** (1040 begonnen) mit ihrem außergewöhnlichen byzantinischen Grundriss mit zwei vorspringenden Querschiffen. Der obere Ziegelteil des imposanten Glockenturms kam ebenso erst später hinzu (um 1220) wie die gotische Fassade mit der Freitreppe (im 14. Jh.). Ein echtes Juwel der Romanik ist der Altarraum mit seinen Kreuzgewölben und der achteckigen Kuppel, ganz im warmen Ton des Travertin gehalten, der noch heute vor den Toren der Stadt abgebaut wird (s. u.).

Das neu gestaltete **Museo Archeologico e di Arte Sacra** birgt Kleinodien Sienesischer Malerei von der Duccio-Schule bis zu Matteo di Giovanni (1430-95), dem „Spezialisten" für den Kindermord zu Bethlehem. Die bedeutendsten Werke sind der spektakuläre *Drachentöter Michael* von Ambrogio Lorenzetti und das anrührend „byzantinische" Triptychon der *Geburt der Jungfrau* (um 1425) des unbekannten *Maestro dell'Osservanza* (in dem manche den großen Sassetta sehen). Ungewöhnlich auch die *Verkündigung* des Taddeo di Bartolo (auf der der Erzengel und nicht die Jungfrau die Hände ehrerbietig über der Brust kreuzt), des weiteren Arbeiten von Barna da Siena und Bartolo di Fredi.

Rapolano

In der Umgebung Ascianos liegen dicke Platten von **Travertin** über der Lehmschicht der Crete. Bereits von den Etruskern abgebaut, schmückte es im Mittelalter und in der Renaissance die Fassaden der Kirchen und Palazzi Sienas und ist noch heute ein begehrter Baustoff, dessen Vorräte allerdings zur Neige gehen. Sein Ursprung liegt in den zahllosen Thermalquellen:

Wenn das 38°C warme Wasser an der Oberfläche abkühlt, lagert sich das darin enthaltene Kalziumkarbonat am Boden ab und verhärtet zu Kalkstein, wenn die Quelle versiegt.

Die bedeutendsten Travertin-Brüche liegen zu Füßen des malerischen **Serre di Rapolano** (9 km) mit seiner massiven *Grancia*, einem der wenigen noch erhaltenen befestigten Getreidespeicher des Mittelalters. **Rapolano** selbst ist ein hübscher Ort mit einer guterhaltenen Stadtmauer und Geschlechtertürmen.

Die Thermalbäder **Antica Querciolaia** und **San Giovanni,** die dem Ort seinen Beinamen *Rapolano Terme* geben, liegen außerhalb und empfehlen sich für einen Tages- oder Kurzbesuch.

Praktische Informationen

- Sl. 6 500. 200 m. **Tel. 0577.**
- **Info.** Corso Matteotti 18 (Mai bis Okt.), Tel. 71 95 10.
- **Märkte.** Sa Asciano, Do Rapolano, Fr Serre di Rapolano.
- **Museen.** *Museo Archeologico e di Arte Sacra,* Corso Matteotti 120 (Palazzo Corboli), außer Mo 10-18 Uhr, € 4,20.
- **Terme Antica Querciolaia.** 2000 total renoviertes u. modernisiertes Zentrum wenige Meter jenseits des Raccordo Siena-Arezzo. Piscina (32-37°) mit großer Liegewiese tgl. 10-19, Sa 10-24 Uhr; Mo-Do € 11, Fr-So € 13. Tel. 72 40 31. www.termeaq.it
- **Terme San Giovanni.** Thermalpool (39°) Mo-Fr € 10, Sa/So € 12.

Verkehrsverbindungen

- **Zug.** Bahnstationen in *Rapolano Terme* und *Asciano.*
- **Bus.** Mit *TRAIN* von/nach Siena, Monte Oliveto, Buonconvento.
- **Entfernungen** (in km): Siena 26, Arezzo 64, Rapolano 10, Monte Oliveto Maggiore 9, Buonconvento 18, San Giovanni d'Asso 15, Montisi 22.

Unterkunft & Verpflegung

- In *Asciano* **Il Bersagliere** (***), 16 Zimmer, DZ € 69 inkl. BF (Via Roma 41, Tel. 71 87 15, Fax 71 00 28) und gleich daneben **One Way** (*), 8 DZ ohne Bad € 31 (Via Roma 13, Tel./Fax 71 87 55).
- **Terme San Giovanni** (***) mit Park und Thermalbad, 60 Zimmer, DZ € 84 inkl. BF. Tel. 72 40 30, Fax 72 40 53. www.termesangiovanni.it
- **La Mencia.** Restaurant mit Garten und separater *Gastronomia* (10-14, 18-21 Uhr), am Abend auch Holzofen-Pizza. Ruhetag Mo. Corso Matteotti 77, Tel. 71 82 27.
- **Osteria La Pievina** (3 km nördl.). Bekannt für hausgemachte Pasta, Suppen und Fischgerichte. Ruhetag Mo/Di, Tel. 71 83 68.

Auf dem Corso Matteotti in Asciano, dem Zentrum der Crete

Abbadia di Monte Oliveto Maggiore

Eine der interessantesten und schönsten Abteien der Toscana mit wunderbaren **Freskenmalereien** von Luca Signorelli und Sodoma. Der wuchtige Backsteinkomplex erhebt sich weithin sichtbar am Hang einer mit jahrhundertealten Zypressen bestandenen Hügelkuppe inmitten der dramatischen Crete.

Zur Abtei gehören Kirche, Bibliothek, Priesterseminar, eine Herberge sowie diverse Kapellen, Kreuzgänge und Wirtschaftsgebäude, so dass sie beinahe wie eine kleine, befestigte Stadt wirkt.

Über dem mächtigen Torbau mit einer Zugbrücke heißt eine glasierte Terracottaskulptur der *Madonna mit Kind* den Eintretenden Willkommen, den Scheidenden segnet der *hl. Benedikt*. Beide Werke stammen von Luca della Robbia.

Der backsteingepflasterte, von dichten Zypressenreihen gesäumte Weg zur Abtei führt auf halber Strecke an einer gewaltigen *Zisterne* vorbei, die seit Jahrhunderten für die Bewässerung der Blumen-, Gemüse- und Heilkräutergärten sorgt.

Die heutigen Klostergebäude entstanden in mehreren Bauphasen zwischen 1387 und 1514. Rechts befindet sich die gotische Kirche (1400-1417), 350 Jahre später in klassischem Barock dekoriert, daran anschließend der Kreuzgang, links Priesterseminar, Herberge und Cantina (Verkaufsstelle der Klosterprodukte).

Geschichte

Monte Oliveto, der Ölberg, Symbol für Leid und Triumph Christi. 1313 zog der sienesische Adelige und Rechtsgelehrte *Giovanni Tolomei* (1272-1348), der sich später Bernardo nannte, mit zwei Freunden in die Einöde (die er schon damals als „deserto“ – Wüste bezeichnete!), um ein gottesfürchtiges Dasein nach den Regeln des hl. Benedikt zu fristen (*ora et labora*, bete und arbeite). Nach sechs Jahren erschienen ihm in einer Vision Jesus und die Madonna, ganz in Weiß gekleidet, und bestärkten ihn in seinem Vorhaben, eine Kongregation zu gründen, die er *Santa Maria di Monte Oliveto* nannte und dem Benediktinerorden unterstellte. Im Unterschied zum schwarzen Habit des Mutterordens (Farbe der Buße) trugen die *Olivetaner* aber getreu Bernardos Vision ein weißes (Farbe des Taufgewandes, des Paradieses). Im großen Pestjahr 1348 zog Bernardo mit achtzig seiner Brüder nach Siena, um den Kranken zu helfen, und wurde mitsamt den meisten seiner Gefährten ein Opfer der Seuche. Der Orden der Olivetaner besteht als reformierter Zweig der Benediktiner noch heute und ist über die gesamte Welt verbreitet; die Mehrzahl der Novizen stammen heute aus Asien und Lateinamerika.

Die Intarsien

Ein Kosmos aus Birnbaum, Nussbaum, Steineiche, Kastanie, Olive und Ahorn, verschieden getönt, gemasert, gebeizt, eingelegt und zusammengefügt. Träume aus Holz, Träume auf

Die Legende des hl. Benedikt

1 Wie B. sein Elternhaus verlässt, um in Rom zu studieren.
2 Wie B. die Schule zu eng wird und er Rom wieder verlässt.
3 Wie B. einen zerbrochenen Trog wieder instandsetzt (s. Abb. rechts)
4 Wie B. sich von einem Mönch das Eremitengewand überstreifen lässt.
5 Wie B. sich trotz der Störversuche des Teufels in seiner Einsiedelei mit Speis und Trank versorgen lässt.
6 Wie B. am Osterfest von einem Pfaffen (rechts sein Heim, Himmelbett, reich gedeckter Tisch) auf göttliche Eingebung hin ein Festmahl kredenzt wird (s. Abb. unten)
7 Wie B. vor seiner Höhle den Bauern von Gott predigt.
8 Wie B. von fleischlichen Gelüsten geplagt wird und sich zur Strafe in einem Dornbusch wälzt.

9 Wie B. auf Bitten der Mönche ihr Abt wird.
10 Wie die Mönche den strengen B. wieder loswerden wollen, indem sie ihm einen Giftbecher reichen, der unter seinem Blick zerbricht.
11 Wie B. zum Ruhme Gottes zwölf Klöster errichtet.
12 Wie B. die römischen Jünglinge Placidus und Maurus als Schüler annimmt.
13 Wie B. einen Mönch bestraft, den der Teufel in Versuchung gebracht hatte.
14 Wie B. eine Quelle entspringen lässt.
15 Wie B. eine ins Wasser gefallene Axtschneide zu ihrem Stiel zurückkehren lässt.
16 Wie B. Maurus übers Wasser gehen lässt, um den verunglückten Placidus zu retten.
17 Wie B. einen Krug Wein, den ein Knecht ihm vorenthalten wollte, in eine Schlange verwandelt.
18 Wie B. das Komplott des Florentius vereitelt, indem er das vergiftete Brot von einem Raben davontragen lässt.
19 Wie B. und die Mönche standhaft bleiben, als Florentius ihnen leichte Mädchen ins Kloster schickt.
20 Wie B. seine Lieblingsschüler Maurus und Placidus nach Frankreich und Sizilien schickt. *Ab hier Luca Signorelli.*
21 Wie B. berichtet wird, dass Florentius die gerechte Strafe Gottes ereilt hat.
22 Wie B. nach Monte Cassino zieht und eine heidnische Apollo-Statue niederreißen lässt.
23 Wie B. den Teufel von einem Stein verjagt.
24 Wie B. einen von der Mauer gefallenen Mönch wieder zum Leben erweckt.

25 Wie B. zwei Mönche, die sich in einer Schänke vergnügt haben, zur Rede stellt.
26 Wie B. den Bruder des Valerianus zurechtweist, der das Fastengebot nicht einhält.
27 Wie B. die List des Gotenkönigs Totila durchschaut, der zur Audienz einen verkleideten Höfling geschickt hat.
28 Wie B. Totila die Ehre erweist, nachdem dieser sich reuig zu ihm bemüht hat. *Ab hier wieder Sodoma.*
29 Wie B. die Zerstörung Monte Cassinos durch die Langobarden (581) voraussagt.
30 Wie B. die Mönche mit wundersam vermehrtem Mehl und Fischen speist.
31 Wie B. im Traum zwei Mönchen erscheint und ihnen befiehlt, ein neues Kloster zu bauen. (Der Mönch mit dem Senkblei soll Fra Giovanni, der Meister der Intarsien, sein).
32 Wie B. die Geister zweier adeliger Nonnen, die ihre Mägde schikaniert hatten und aus ihren Gräbern entwichen sind, zurechtweist.
33 Wie B. einen verstorbenen Mönch, den die geweihte Erde nicht aufnehmen will, erlöst, indem er ihm eine Hostie auflegen lässt.
34 Wie B. einem Mönch vergibt, der das Kloster verlassen wollte und dabei einem Untier begegnete.
35 Wie B. allein durch seinen Blick die Fesseln eines von den Goten gefangengenommen Bauern zu lösen vermag.

Holz, geträumt vor 500 Jahren, 1503 bis 1505. Die wunderschönen Schnitzereien und Intarsien des **Chorgestühls** der Kirche stammen aus der Hand des *Fra Giovanni da Verona* (demselben, der auch die Einlegearbeiten im Dom zu Siena schuf).

Die aberwitzigen Fluchtlinien der Zentralperspektive saugen den Blick in die Tiefe, bezaubern und lassen schwindeln zugleich – Fensterbretter der Illusionen. Landschaften erstrecken sich in die Tiefe des 16. Jh.s, sienesische Lehmhügel wechseln ab mit Stadtansichten (Siena, der Muschelplatz) und wie zufällig aufgestoßenen Schranktüren, in denen Stilleben arrangiert sind: Vasen, Bücher, Sanduhren, Granatäpfel. Ein Totenschädel. Eine Laute mit gesprungenen Saiten. Und immer wieder Vögel. Kleine, große, unscheinbar graue, buntgefiederte, anmutige, stolze. Bruder Johannes liebte die Vögel über alles.

Das eindrucksvolle **Lesepult** schuf ein anderer Bruder, *Fra Raffaele da Brescia* (1530). Erklärter Liebling der Besucher ist die lebensgroße getigerte Katze. Die handwerklich wie künstlerisch hochbegabten Mönche spezialisierten sich schon früh auf die Pflege und das Binden von Handschriften und unterhalten noch heute eine Restaurationswerkstatt. Unter den mehr als 40.000 Bänden der **Libreria,** deren Eingangspforte wieder von Fra Giovanni geschnitzt wurde, befinden sich kostbare Handschriften und handgemalte Chorbücher aus dem 14.-18. Jh. (der Zugang, jahrelang versperrt, soll demnächst wieder möglich sein).

Die Fresken

Den zweiten großen Schatz des Klosters bergen die Bogengänge des Klosterhofs (*Chiostro Grande*, 1426-43). 8 der **35 Episoden aus dem Leben des hl. Benedikt** (*San Benedetto*, 480-547) stammen von **Luca Signorelli,** der 1497 an der Westwand begann, aber schon im Jahr darauf nach Orvieto weiterzog, die übrigen Fresken malte ab 1505 der gebürtige Piemontese *Giovanni Antonio da Bazzo* (1477-1549), laut Vasari *„ein maßlos fröhlicher und zügelloser Mensch, der sich durch seine äußerst lockere Lebensweise den Namen Sodoma verdient hat"*.

Den frommen Mönchen jedenfalls bereitete der lebenslustige Maler ebensoviel Freude wie Ungemach, wenn er die *Versuchung Benedikts* durch die „leichten" Mädchen allzu drastisch beschrieb oder gnadenlos Äbte und Persönlichkeiten der Zeit karikierte. Von seinem ausgeprägten Selbstbewusstsein, aber auch seiner Meisterschaft als Maler zeugt das raffinierte *Selbstbildnis* der dritten Episode, in der er sich mit seinen beiden Lieblingstieren, zwei gezähmten Dachsen, geschickt in der Bildmitte inszeniert; links trennt ein Groteskenpfeiler den „eigentlichen" Bildinhalt von ihm ab, und über ihm liegt der Fluchtpunkt der Galerie, der den Blick des Betrachters auf seine Person lenkt (s. S. 589).

Der Zyklus beginnt an der **Ostwand,** der vielleicht schönsten, mit 9 Episoden von **Sodoma** (vom Eingang gesehen an der gegenüberliegenden Wand links).

Praktische Informationen

- **Abtei.** Tgl. 9.15-12, 15.15-17.45 (im Winter 17 Uhr), Eintritt frei. Tgl. 18.15 Uhr (So 18.30) Messe mit gregorianischen Gesängen.
- **Bottega.** Produkte der klostereigenen Fattoria wie Honig, Duftessenzen, Kräuterextrakte, Konfitüren, Olivenöl oder der herrliche Kräuterlikör *Flora di Monte Oliveto* (aus 26 Kräutern des Klostergartens).
- **La Torre.** Im Turmhaus der Abtei isst man recht anständig (im Sommer auch im Freien). Ruhetag Di. Tel. 70 70 22.
- **Unterkunft.** Die Abtei verfügt über 50 Gästezimmer, pro Person um € 20, Tel. 0577/ 70 76 11, Fax 70 76 70.

Buonconvento

Das freundliche Städtchen an der Via Cassia besticht durch ein überraschend intaktes Stadtbild innerhalb seines Sieneser Mauerrings. Buonconvento diente bereits in der Antike als Marktplatz und war lange ein wichtiger Vorposten Sienas. 1313 starb hier der deutsche Kaiser Heinrich VII, der im Dom zu Pisa beigesetzt wurde. Das **Museo di Arte Sacra** ist nicht groß, besitzt aber einige schöne Werke der Sieneser Schule von *Sano di Pietro, Pietro Lorenzetti* und *Luca di Tomé.*

12 km östlich erhebt sich die *Rocca* von **San Giovanni d'Asso** über die umliegenden Hügelketten. Hier findet im November ein großer **Trüffelmarkt** statt. Sehenswert ist die romanische Kapelle *San Pietro in Villare* aus dem 11. Jh. mit schönen Steinmetzarbeiten und antiken Säulenresten am Portal. Nach weiteren 6 km trifft man auf **Montisi** mit Resten einer Burg aus dem 13. Jh. und einer alten *Grancia* (Kornspeicher) des Ospedale della Scala zu Siena.

Praktische Informationen

- Sl. 8000. 150 m. **Tel. 0577.**
- **Info.** Via Soccini 32, Tel. 80 97 1, Fax 80 72 12.
- **Markt.** Sa, Piazzale Garibaldi.
- **Museum.** *Museo di Arte Sacra,* Via Soccini 18, außer Mo März-Nov. 10.30-13, 15-19 Uhr, sonst nur Sa/So 10-13, 15-17 Uhr, € 3,10.
- **Trüffelmarkt.** 2./3. Wochenende Nov. Fax 80 32 03, comunesangiovanniasso@wind.it

Verkehrsverbindungen

- **Zug & Bus.** Bahnhof der Linie Siena-Grosseto. Mit *TRAIN* von/nach Monte Oliveto Maggiore, Montalcino, San Quirico d'Orcia, Pienza, Montepulciano.
- **Entfernungen** (in km): Siena 28, Asciano 18, Monte Oliveto Maggiore 9, Montalcino 15, San Quirico d'Orcia 16, San Giovanni d'Asso 12, Montisi 18, Pienza 26, Montepulciano 38.

Unterkunft & Verpflegung

- **Roma** (**). Ganz gemütliches Hotel im Centro Storico (Fußgängerzone), 14 DZ € 52. Via Soccini 14, Tel. 80 60 21, Fax 80 72 84.
- **Pieve a Salti** (**), 3 km. Landgut mit großem Grundbesitz (Agriturismo), im Haupthaus 24 DZ € 88 inkl. BF. Restaurant, 2 Pools, Tennis. Tel./Fax 80 73 02. www.pieveasalti.it
- **Locanda di Montisi** (**). B&B de Charme im Centro Storico von *Montisi.* 7 DZ € 103-124 inkl. BF (April/Okt. 83-103). Tel. 84 59 06. www.lalocandadimontisi.it
- **La Romita** in *Montisi* (18 km). Kreative, von Mittelalter und Renaissance inspirierte Landhausküche („Bischofssuppe" *Zuppa al Vescovado* aus Taube und Fasan, der köstliche Schmorbraten *Brasato all'Agrosto).* Menüs € 30-60, im Sommer im Garten. Ruhetag Mi. Tel./Fax 82 41 86.
- **Osteria Assotartufi** in *San Giovanni d'Asso.* Nomen est omen. Juni-Sept. tgl. 6-18 Uhr Trüffelexkursion (inkl. Sant'Antimo etc.). Tel. 80 30 76. www.assotartufi.it

Montalcino

Der kometenhafte Aufstieg des **Brunello** hat das Winzerstädtchen und seine Landschaft in den letzten Jahren grundlegend verändert.

Der hübsche Ort mit seinen verwinkelten Gassen innerhalb der alten sienesischen Stadtmauer, von der man hinreißende Ausblicke auf die Täler von Ombrone, Orcia und Asso genießt, wurde für den Tourismus hergerichtet, und die moderne Weintechnologie hat rundum unübersehbare, im Winter fast wüstenhaft anmutende Schneisen in die lieblichen Hügel geschlagen.

Das schon von Etruskern und Römern besiedelte Montalcino (*Mons Licinus*, Steineichenberg) schlug sich nach der Schlacht von Montaperti (1260) auf die Seite Sienas und widerstand im 16. Jh. als dessen wichtigster Vorposten 30 Jahre dem spanischen Söldnerheer des Tyrannen Cosimo I. Nach der Kapitulation Sienas 1555 riefen geflüchtete Sienesen in der kleinen Festung die unabhängige *Republik Siena in Montalcino* aus, die noch vier weitere Jahre den Truppen der Medici standhielt, ehe auch sie sich geschlagen geben musste und in das toscanische Großherzogtum aufging.

Zentrum der von der mächtigen, 1360 errichteten **Fortezza** überragten Stadt ist die abschüssige „Straßengabelung" der **Piazza del Popolo.** Der Einfluss Sienas, auch wenn im Portikus des Rathauses die Statue des Siegers, Cosimo I, steht, ist deutlich spürbar. Der wappenverzierte **Palazzo Comunale** mit dem grotesk schlanken Glockenturm (dem man im 16. Jh. noch ein weiteres Stockwerk aufsetzte) wurde schon um 1260 begonnen, die *Loggien* kamen später hinzu. Die **Fiaschetteria del Brunello** an der Piazza kann als „Keimzelle" des Brunello gelten, denn genau an dieser Stelle hatte *Tancredi Biondi-Santi* 1888 seine erste Weinhandlung und Probierstube eingerichtet.

Einen schönen Blick auf das Umland genießt man von der Wallfahrtskirche *Madonna del Soccorso* (17. Jh.) außerhalb des Mauerrings. Der Aufstieg auf die Zinnen der *Fortezza* lohnt nur bei klarem Wetter, denn viel mehr als eine Aussicht (s. *Museen)* bekommt man für sein Geld eigentlich nicht geboten. Die neoklassizistische *Collegiata San Salvatore* bewahrt in der Taufkapelle einige sehenswerte romanische Friese und Skulpturen des Vorgängerbaus aus dem Jahr 1000 auf. Zu den größten Schätzen des 1999 im alten Augustinerkonvent wiedereröffneten, rundum gelungenen **Museo Civico e Diocesano** zählen außer Tafeln von „Superstars" wie Ambrogio Lorenzetti *(Petrus und Paulus)* und Simone Martini *(Madonna mit Kind)* u.a. Werke von Sano di Pietro, Vecchietta, Giovanni di Paolo, Giambologna und Bartolo di Fredi, der gegen 1380 viel in Montalcino arbeitete. Unter den zahlreichen wertvollen Kruzifixen und Holzstatuen ragt ein *Thronender Petrus* des Valdombrino (1425) heraus.

Feste

Zwei ausgelassene Straßenfeste, an denen an langen Tischen bis in die Nacht hinein gefeiert und getafelt wird, sind die **Torneo di Apertura** (Eröffnung der Jagdsaison, 2. So im Aug.) und **Sagra del Tordo** (Drosselfest, letzter So im Okt.; anstelle der rar gewordenen Drosseln verspeist man heute freilich Hühnchen). Beide beginnen mit einem Umzug und einem Turnier der Bogenschützen in historischen Kostümen.

Praktische Informationen

- Sl. 5500. 565 m. **Tel. 0577.**
- **Info.** Costa del Municipio 8, außer Mo 10-13, 14-17.40 Uhr. Tel./Fax 84 93 31.
- **Markt.** Fr, Via della Libertà.
- **Museen.** *Museo Civico* im Convento di Sant'Agostino, Via Ricasoli, außer Mo 10-18, Jan.-März 10-13, 14-17 Uhr, € 4,50. *Fortezza*, im Sommer tgl. 9-20 Uhr, € 2,10. *Museo del Vetro*, Glasmuseum im Kastell *Poggio alle Mura* (13. Jh., 19 km südl.), tgl. 10-19 Uhr, € 2,50. *Sant' Antimo* s. S. 595.
- **Fahrrad.** *Orso on Bike.* Tel. 347 05 35 638, Fax 83 55 45. www.bikemontalcino.it

Verkehrsverbindungen

- **Zug.** Bahnhöfe der Linie Siena–Grosseto in *Torrenieri* (9 km) und *Sant'Angelo in Colle* (17 km).
- **Bus.** Mit *TRAIN* von/nach Siena, Buonconvento, Torrenieri (Anschluss nach Pienza, Montepulciano), im Sommer auch nach Sant'Antimo und zum Monte Amiata; mit *RAMA* nach Grosseto.
- **Entfernungen** (in km): Siena 41, Arezzo 86, Grosseto 57, Pienza 25, Sant'Angelo in Colle 10, Sant'Antimo 10, Buonconvento 15, Monte Amiata 36.

Unterkunft

- **La Vecchia Oliviera** (***). Angenehmes Haus mit Pfiff und Komfort (Hydromassage-Bäder) in idealer Lage (Parkplatz an der Porta Cerbaia) mit kleinem Garten und Pool. Exzellentes Frühstück (inkl.). 13 Zimmer (sehr schön die geräumigen Eckzimmer 7, 9), DZ € 165-175. Tel. 84 60 28, Fax 84 60 29. www.vecchiaoliviera.com
- **Dei Capitani** (***). Gediegen und sympathisch, mit atemberaubender Aussicht (nicht nur vom Pool), aber auch etwas konservativ und bedächtig (sowie hellhörig!). 26 DZ ab € 103 inkl. BF. Via Lapini 6, Tel. 84 72 27, Fax 84 72 39. deicapitani@tin.it
- **Il Giglio** (***). Jahrzehnte lang das einzige Hotel am Ort (seit 1900). Freundlich, erst kürzlich umfassend renoviert und mit sehr guter Küche. 12 Zimmer z. T. mit Panoramablick, DZ um € 72, mit Terrasse € 78. Via Soccorso Saloni 5, Tel./Fax 84 81 67, hotelgiglio@tin.it
- **Palazzina Cesira.** Bed & Breakfast vom Feinsten! Umsichtige Gastgeber der edlen Aufenthaltsräume und ausnehmend hübschen 5 Zimmer im obersten Stock eines restaurierten Palazzo sind der in Montalcino geborene Amerikaner Roberto und seine römische Gattin – ein wahrer Traum die Suite für € 103. No smoking im Gebäude, keine Kinder unter 14. Ab € 68 inkl. BF. Via Soccorso Saloni 2, Tel./Fax 84 60 55. www.montalcinoitaly.com

Weinverkostung in Montalcino

Brunello di Montalcino

Der wuchtige und opulente Brunello gilt als einer der großen Rotweine der Welt. Von einem Chianti unterscheidet er sich schon dadurch, dass er ausschließlich aus einer Rebsorte, der *Sangiovese Grosso*, erzeugt wird sowie durch seine extrem lange Lager- und Reifezeit (mindestens 4 Jahre, davon 3 im Eichenholzfass). Die auf die Gemeinde Montalcino beschränkte, also vergleichsweise geringe Anbaufläche, trägt zu seiner Exklusivität bei. Spitzenprodukte eines guten Jahrgangs bewahren ihre samtige Fülle mehr als ein Menschenleben lang.

In den Hanglagen um Montalcino betrieben schon die Etrusker Weinbau, der Brunello von heute wurde um 1870 von der Familie *Biondi-Santi* aus speziell geklonten Sangiovese-Reben entwickelt. Den endgültigen Durchbruch brachte aber erst die Gründung der Winzergenossenschaft Montalcino 1967 und die anschließende Zuerteilung des DOCG-Prädikats.

Eine preisgünstige Alternative ist der „kleine Bruder" **Rosso di Montalcino,** der aus Trauben zweiter Wahl gekeltert und nur ein Jahr ausgebaut wird, in guten Jahren aber durchaus an Rasse, wenn auch nicht an Eleganz dem Brunello nahekommen kann. Bei der dritten Lese werden die Trauben für den einfachen *Sfuso* geerntet, der meist offen verkauft wird, und aus der weißen Moscato-Traube wird der mild-süße *Moscadello* hergestellt.

- **Il Palazzo.** 10 DZ um € 80 im Stadtpalast einer alteingesessenen Familie – ruhig, familiär und auf Wunsch mit Rundumbetreuung (Mountainbikes, Weinproben etc). Suite für 4 € 180, Apt. mit Superblick (bis 6 Pers.) € 260 inkl. BF. Hübsche Terrassen. Via Panfilo dell'Oca 23, Tel. 84 72 51, Fax 84 69 00. www.ilpalazzo.tuscany.nu
- **Il Giardino** (*). 10 einfache, zweckmäßige DZ mit Bad ab € 50 ohne BF. Via Cavour 4, Tel./Fax 84 82 57.

Essen & Trinken

- **Re di Macchia.** Intimes Feinschmeckerlokal mit guter, kreativer Küche (Schmorbraten in Brunello), Hauptgerichte um € 17-19 plus Coperto. Ruhetag Do. Via Soccorso Saloni 21, Tel. 84 61 16.
- **Sciame.** Junge Osteria mit „Piatti Locali" wie der *Scottiglia*, einem Eintopf mit Huhn, Schwein und Kaninchen; Secondi € 5-10. Ruhetag Di, Via Ricasoli 9, Tel. 84 80 17.
- **Grappolo Blu.** Gemütliche, rustikale Taverne mit wenigen, aber guten Gerichten (um € 10). Ruhetag Mi. Scale di Via Moglio, Tel. 84 71 50.
- **Enoteca Osteria Osticcio.** Vorzüglich sortierte Önothek mit leckeren Snacks und kleinen Gerichten und super Blick. Außer So 9-20 Uhr. Via Matteotti 23, Tel. 84 82 71.
- **Poggio Antico.** Das helle und freundliche Restaurant des renommierten Weinguts zwischen Montalcino und Sant'Angelo (5 km) ist uneingeschränkt zu empfehlen. Guter Service, bodenständige Küche, hübscher Sommergarten. Menu Degustazione € 45, Ruhetag So Abend/Mo. Tel. 84 92 00.
- **Taverna dei Barbi.** Die traditionsreiche Fattoria (Wein, Olivenöl, Pecorino, Schinken, Würste, Salami) ist eine *Institution.* Menü ab € 30, Ruhetag Di Abend/Mi (außer im Aug.). 6 km Richtung Sant'Antimo, Tel. 84 93 57.
- **Osteria del Vecchio Castello.** In einer Pfarrkirche aus dem 12. Jh., sehr gut, aber auch sehr teuer (Menüs € 60-80) gepaart mit penetrantem Weinkult – genau das Richtige für amerikanische Brunellotouris. *Pieve di San Sigismondo* (11 km), Tel. 81 60 26.
- **Fiaschetteria del Brunello,** Piazza del Popolo. Kaffeebar und Weinverkostung, außer Mo 7.30-0 Uhr.

- **Enoteca della Fortezza.** Brunello glasweise, bei schönem Wetter auch im Garten, gute Snacks. Tgl. 10-13, 14.30-20 Uhr.
- In der Bäckerei **Lambardi,** Via Saloni 15, wird noch alles selbstgemacht.

Weine

- Zum **Weinkauf** empfiehlt sich, direkt eines der Erzeugergüter aufzusuchen. Billigangebote darf man nicht erwarten (eine Verköstigung meist auch nicht), aber günstiger als in den Edelboutiquen vor Ort kommt man allemal weg. Außer Wein führen die meisten Güter Olivenöl, Grappa, Honig, Konfitüren usf.
- **Preise.** Für einen *Brunello* des letzten Jahrgangs muss man mit mindestens € 22-25 rechnen, ein *Rosso* kostet um € 10-12.
- In den Südlagen von **Sant'Angelo in Colle** reifen einige der besten Weine Montalcinos heran. Die Großgüter *Poggione* und *Col d'Orcia* gehörten früher zusammen; beide produzieren ebenso hervorragende wie preisgünstige, aber trotz ihrer Nachbarschaft völlig unterschiedliche Weine (die von Col d'Orcia eher leicht und schlank, die von Poggione gewichtig, alkoholbetont und tanninreich).
- **Poggione.** Büro (in Sant'Angelo) und Kellerei (am Ortsrand) sind getrennt; Tel. 86 40 29.
- **Col d'Orcia.** Unweit der Bahnstation im Tal, tgl. außer So nachm. 8.30-12.30, 14.30-18.30 Uhr, Tel. 80 80 01.
- **Lisini.** Ein bewusst traditionalistisches Gut, das betont kompakte und körperbetonte Weine produziert, an der Staubstraße, die nördlich von Sant'Angelo nach Sant'Antimo führt. Tel. 86 40 40.
- **Talenti.** Kleine, aber feine Fattoria direkt an der Hauptstraße unterhalb von Sant'Angelo. Tel. 86 40 43.

Sant'Antimo

Keine 10 km südlich von Montalcino ragt in einer stillen einsamen Landschaft das Schiff von Sant'Antimo empor, eine der schönsten romanischen Kirchen Italiens.

Einst bildete sie den Mittelpunkt einer großen Benediktinerabtei, die in ihrer Glanzzeit im 10.-12. Jh. die einflussreichste der gesamten Toscana war. Karl der Große soll sie 781 zum Dank für seine Krönung gestiftet haben, sein Sohn Ludwig der Fromme schenkte ihr immense Ländereien und verlieh ihrem Abt den Titel eines „Pfalzgrafen des hl. Römischen Reiches“. Schon im 13. Jh. mochten aber weder die Päpste noch die aufstrebenden Stadtstaaten Florenz und Siena mehr für sie aufkommen, 1462 wurde sie von Papst Pius II endgültig aufgelöst und dem Bischof von Montalcino unterstellt. Das Kloster verfiel zu Staub, nur die Kirche blieb. 1118 hatte man mit ihrem Bau begonnen, 1260, obwohl noch nicht vollendet, wurden die Arbeiten eingestellt.

Das braungelbe Travertinkleid fügt sich fast vollkommen in das Tal ein. Eine flaschengrüne Zypresse flankiert den untersetzten Campanile wie ein zweiter Glockenturm. Bizarre **Fabelwesen,** Sphinxe, Greifen, Adler, Widder, Löwen schmücken Portale und Fassaden; ein einzelner Hase fügt sich ein. Noch aus der Gründungszeit stammt die frühromanische Keimzelle der Abtei, die *Karolingische Kapelle,* die heute als Sakristei genutzt wird; markant heben sich ihre rohen, unbehauenen Quader von dem geglätteten Gestein des Kirchenbaus ab.

Das **Innere** ist hell und harmonisch, durch die Fenster der schmucklosen Wände fällt grelles Tageslicht. Keine Gemälde, keine Fresken, keine Skulpturen zieren den Raum; selbst der Altar ist nur ein einfacher römischer Grabstein. Zwei Reihen heller Säulen mit Kapitellen gliedern die Schiffe und treffen sich im halbrunden Chorumgang, durch den noch einmal Licht einfällt.

Der prägende Einfluss der französischen *Zisterzienser*, die die schöne Schlichtheit und Geradlinigkeit der italienischen Romanik ihres mystischen Halbdunkels berauben und in magisches Licht tauchen, ist unübersehbar und dokumentiert sich auch an dem reichen Schmuck der Alabasterkapitelle mit ihren Pflanzen, Tieren und Fabelwesen.

Das besonders schöne Relief *Daniel in der Löwengrube* (zweite Säule rechts) gilt als das Werk des aus dem Burgund stammenden *Meisters von Cabestany* (um 1150). Erst seit kurzer Zeit wieder in die Kirche zurückgekehrt sind die polychrome Statue der *Madonna di Sant' Antimo* (13. Jh., sichtbar überrenoviert, aber in ihrer hölzernen Puppenhaftigkeit sehr anrührend) und das rätselhafte *Kruzifix*, von dem man heute annimmt, dass es aus Katalonien stammt.

Seit 1980 wird Sant'Antimo von italienischen und französischen Augustinern bewohnt, die großen Anteil daran haben, dass die Kirche innen wie außen restauriert werden konnte.

Praktische Informationen

- **Öffnungszeiten.** 10.30-12.30 (So 9.15-10.45), 15-18 Uhr. Messen im gregorianischen Stil tgl. 9 und 19, So 11 und 18.30 Uhr.
- **Anfahrt.** Von Montalcino auf einer Asphaltstraße (10 km), von Sant'Angelo auf einer Schotterpiste (8 km). Die nächste Ortschaft ist *Castelnuovo dell'Abate*, Busse ab Montalcino (außer So).

Unterkunft & Verpflegung

- **Locanda Sant'Antimo.** Bar-Trattoria am Ortseingang von Castelnuovo dell'Abate mit Pizzeria und Terrasse (Ruhetag Di), 8 Zimmer € 50. Tel./Fax 83 55 48.
- Gleich gegenüber lockt die sympathisch bodenständige Trattoria **Bassomondo** des Brunello-Winzers Vasco Sassetti mit leckeren Antipasti und Primi (Ruhetag Mo).

San Quirico d'Orcia

Seinen etruskischen Ursprüngen gemäß thront San Quirico anders als die anderen Orte an der Via Cassia in luftiger Höhe (425 m). Dank seiner strategischen Lage entwickelte sich das kleine Städtchen bereits im 6. Jh. zu einem lebendigen Marktflecken, in dem 1154 die Krönung Friedrich Barbarossas zum Kaiser verhandelt wurde, ein Ereignis, das die Einwohner noch heute mit einem Fest feiern. Der historische Kern weist noch deutliche Spuren der alten Befestigungen auf, Zentrum ist die langgestreckte *Via Dante Alighieri* mit der kleinen romanischen *Chiesa Santa Maria Assunta* (11. Jh.) am einen und dem *Palazzo Chigi* (1679) am anderen Ortsende.

Ein echtes Kleinod der Übergangszeit zwischen Romanik und Gotik ist die **Collegiata di Orsenna** mit ihren prächtigen **Portalen.** Das gotische *Südportal* mit den auf Löwen stehenden Atlanten, ursprünglich für die Fassade von Sant'Antimo bestimmt, wurde um 1280 von Mitarbeitern Giovanni Pisanos skulptiert, der zu der Zeit Dombaumeister zu Siena war, eindeutig romanisch präsentiert sich das rund hundert Jahre früher entstandene

Westportal mit den gedrechselten Säulen und kämpfenden Drachen in der Lünette. Im Innern der im 17. Jh. barockisierten Kirche beeindrucken das intarsierte *Chorgestühl* des Antonio Barili (um 1490) und das farbenprächtige *Triptychon* der Madonna mit den beiden Johannes, Täufer und Evangelist, von Sano di Pietro (um 1470).

Praktische Informationen

- Sl. 3000. 420 m. **Tel. 0577.**
- **Info.** Via Dante Alighieri 33, Tel./Fax 89 90 05.
- **Markt.** 2. und 4. Di im Monat.
- **Feste.** *Festa del Barbarossa* in Erinnerung an das Treffen zwischen Friedrich Barbarossa und Papst Hadrian mit historischem Umzug und Bogenschützenturnier am 3. Wochenende im Juni.
- **Relais Palazzo del Capitano.** In einem der ältesten Häuser der Stadt mit schönem Garten. 11 edle und z. T. große Zimmer, DZ ab € 130, Suiten € 190 inkl. BF. Via Poliziano, Tel./Fax 89 90 28. www.palazzodelcapitano.com
- **Affittacamere L'Orcia.** 12 Zimmer mit/ohne Bad ab € 34; Via Dante Alighieri 49, Tel. 89 76 77, 349 4 02 96 86.
- **Il Tinaio.** Junge, preisgünstige Osteria, auch Tische draußen. Ruhetag Do. Via Dante 35A.
- **Al Vecchio Forno.** Elegant-rustikale Trattoria mit guter *Cucina Casalinga* und Garten. Ruhetag Mi. Via Piazzola 8, Tel. 89 73 80.

Verkehrsverbindungen

- **Zug & Bus.** Bahnhof in *Torrenieri* (6 km). Mit *SIRA* oder *TRAIN* von/nach Siena, Firenze, Grosseto, Bagno Vignoni, Castiglione d'Orica, Arcidosso, Santa Fiora. Von/nach Montalcino und Pienza Umsteigen in Torrenieri. Montepulciano und Chiusi erreicht man besser mit dem Zug.
- **Entfernungen** (in km): Siena 44, Buonconvento 16, Montalcino 16, Pienza 10, Montepulciano 22, Chianciano Terme 31, Perugia 97, Bagno Vignoni 6, Castiglione d'Orcia 8.

Bagno Vignoni

Ein dampfendes **Wasserbecken** statt einer Piazza bildet den Kern des attraktiven Weilers, in dem schon Etrusker und Römer „ihre Bäder nahmen". Die verwitterten Mauern, Treppen, Erker und Loggien der alten Häuserfronten, die aufsteigenden Dampfschwaden der heißen Thermalquellen (51 °C) und der leise, betörende Geruch von Schwefel – am rechten Tag und zur rechten Zeit die pure Magie! Kein Wunder, dass der Kinozauberer Andrej Tarkowski hier und in San Galgano Aufnahmen für sein Leinwandpoem *Nostalghia* drehte. Am schönsten ist es hier bei Sonnenaufgang und -untergang, wenn Schwaden und Häuserfronten in satten Goldtönen erglühen. Das **Becken der Caterina,** in dem neben der Heiligen aus Siena auch Lorenzo il Magnifico und Papst Pius II badeten, wurde im 15. Jh. angelegt. Der Renaissance-Palazzo der Piccolomini (mit ihrem Mondsichel-Wappen über dem Portal) wurde als Kurresidenz der Familie von Bernardo Rossellino erbaut (der auch Pienza entwarf) und beherbergt heute das Hotel *Le Terme*. Das neue Thermalbad befindet sich im Park des Hotels *Posta-Marcucci*.

Im (noch?) frei zugänglichen **Parco dei Mulini** am Ortseingang werden derzeit die mittelalterlichen Mühlenanlagen und „Badeanstalten" ausgegraben (bzw. rekonstruiert).

Praktische Informationen

- **Thermalbad.** Tgl. 8.30-19.30 Uhr, € 10 oder € 7 (nur nachmittags).

• **Posta-Marcucci** (***). Komfortabel und gemütlich (ein bißchen „wie früher"), mit dem Lift gehts von den 46 Zimmern direkt zum Thermalbad. DZ ab € 123 inkl. BF. Tel. 88 71 12, Fax 88 71 19. www.hotelpostamarcucci.it

• **Le Terme** (***). Atmosphärischer, aber leider etwas bieder renoviert. 29 DZ ab € 90 inkl. BF („mit Aussicht" zum Becken unbedingt Tage zuvor reservieren); Tel. 88 71 50, Fax 88 74 97.

• **Ostaria della Orcia** (****). Restaurierte Poststation unterhalb des Orts mit Garten und Pool; 8 DZ ab € 170. Tel. 88 71 11, Fax 88 89 11, hotelorcia@libero.it.

• **Locanda del Loggiato.** Charmantes B&B in einer liebevoll zwischen Tradition und Avantgarde restaurierten Herberge des 13. Jh.s am Katharinenbecken (Zimmer *Acqua* mit Blick auf die Piazzetta). 8 DZ ab € 130 inkl. BF. Tel. 88 89 25, Fax 88 83 70. www.loggiato.it

• **Osteria del Leone.** Ungekünstelte Regionalküche in liebevoll gestalteten Räumlichkeiten (auch Garten). Ruhetag Mo, Tel. 88 73 00.

Castiglione d'Orcia

Eine Burg und eine Piazza wie aus dem Märchenbuch. Die ungewöhnlich mächtige, polygonale **Rocca a Tentennano** der maremmanischen Raubritter Aldobrandeschi hoch über dem Orcia-Tal (540 m) flößte den Sienesen soviel Respekt ein, dass sie sie 1301 lieber kauften als stürmten. Der Ort selbst verzaubert mit herrlichen Aussichten, pittoresken Gassen und der betörenden **Piazza Vecchietta,** benannt nach dem großen Sohn der Stadt, dem Maler und Bildhauer Lorenzo di Pietro, der sich *Il Vecchietta* nannte (um 1410-80).

Die kleine Kirche *Santi Stefano e Degna* (12./13. Jh.) barg einst unermessliche Kunstschätze, von denen einige, allen voran eine ätherische *Madonna delle Grazie* von Pietro Lorenzetti, seit kurzem wieder zurück gekehrt sind.

Praktische Informationen

• **Rocca di Tentennano.** Juni-Sept. tgl. 10-13, 15-19 Uhr. € 2.

Pienza

Nata da un pensiero d'amore e da un sogno di bellezza.

Pienza, die Stadt des Pius, um mit den Worten des Dichters Giovanni Pascoli zu sprechen, wurde *„geboren aus einem Gedanken der Liebe und einem Traum der Schönheit"*. Als der große Sieneser Humanist und Gelehrte *Enea Silvio Piccolomini* 1458 Papst Pius II wurde, entschloss er sich, sein Heimatdorf Corsignano neu zu gründen und zu einer **Città Ideale,** einer Musterstadt der Renaissance zu machen. Er gewann den bedeutendsten Architekten seiner Zeit, *Leon Battista Alberti*, das Projekt auf dem Reissbrett durchzuplanen, und betraute *Bernardo Ros-*

Katharinenbecken in Bagno Vignoni

sellino, der bereits Albertis wegweisenden Palazzo Rucellai in Florenz errichtet hatte, mit der Gestaltung und Ausführung. Obwohl die Arbeiten außergewöhnlich zügig voranschritten – Dom, Piccolomini-Palast und Bischofspalast entstanden in der Rekordzeit von nur fünf Jahren (1459-1464) –, sollten jedoch weder Papst noch Architekt die Vollendung ihres Traums miterleben, und nach Pius' Tod blieb die geplante Stadt auf einige wenige Straßen und Plätze beschränkt.

Da die Hügellage alles andere als ideale Voraussetzungen für die Idealstadt bot, mussten die Planer Pienzas von Anfang an zu raffinierten Tricks greifen, um die gewünschten Wirkungen zu erzielen.

So legten sie den **Corso Rossellino,** der das gesamte Zentrum zwischen den beiden Stadttoren durchzieht, mit Absicht leicht gekrümmt an, um den Blick von einem Tor zum anderen zu verhindern, und geriet das Herz Pienzas zu einem Meisterwerk der **Perspektive** sprich der gezielten Täuschung, um die tatsächlichen Dimensionen des Platzes und seiner Bebauung zu verschleiern.

Piazza Pio II

Ein perfekt konstruiertes **Bühnenbild** vor dem grandiosen Panorama der halben Südtoscana. Die Trapezform ist ein perspektivischer Trick, um den Platz ausladender und die Domfassade erhabener erscheinen zu lassen. Vom *Rathaus* aus gesehen laufen die Fronten der Bebauung – rechts Papstpalast (*Palazzo Piccolomini*), links Bischofspalast (*Palazzo Vescovile*) – nicht parallel, sondern scherenförmig auseinander und noch über die Domfront hinaus; um die Illusion zu vervollständigen (und den Fluchtpunkt noch weiter zu verlagern), baute man den Chor weit über den Abhang hinaus (was allerdings zu gravierenden statischen Problemen führte und noch heute permanente Stützmaßnahmen erfordert). Die aparte Farbgestaltung – das Perlweiß der gliedernden Travertinbänder, das Ziegelrot des Bodens – und der anmutig in den Raum gesetzte Ziehbrunnen *Pozzo dei Cani* (1462) machen die Kulisse perfekt.

Duomo Santa Maria Assunta

Unter dem Dreiecksgiebel das Wappenrund des Pius mit den Himmelsschlüsseln des Petrus. Der lichtdurchflutete Innenraum, in drei gleichmäßig hohe Längsschiffe (eine absolute Rarität in der Toscana) unterteilt, verrät den Einfluss der gotischen Hallenkirchen Süddeutschlands, die der Humanist Pius auf seinen Reisen wegen ihrer Helligkeit schätzengelernt hatte. Die Altarbilder der *Madonna mit Kind und Heiligen* stammen von den Sieneser Quattrocento-Malern (von rechts) Giovanni di Paolo, Matteo di Giovanni (mit der Geißelung Christi) und Sano di Pietro, die *Mariä Himmelfahrt* im Chor malte Vecchietta (links segnet Pius die abgeschnittenen Brüste der hl. Agatha). Bemerkenswert auch das gotische Chorgestühl (um 1462), das Taufbecken von Rossellino und Fragmente romanischer Skulpturen der Vorgängerkirche.

Palazzo Piccolomini

Der dreistöckige Bau nach dem Vorbild des Palazzo Rucellai in Florenz, mit einem eleganten Arkadenhof und *Hängenden Gärten* mit traumhaftem Blick über das weite Val d'Orcia bis zum Monte Amiata, entspricht ganz Albertis Ideal der Harmonie von Natur und Architektur. „Dieses Bauwerk mit seiner gesamten Ausstattung steht als Kunstdenkmal unter deutschem Schutz", verfügte Generalfeldmarschall Kesselring selbstherrlich im September 1943. Nachzulesen in dem als **Museum** eingerichteten Obergeschoss, das noch bis 1962 von Nachfahren der Piccolomini bewohnt war. Zu bewundern ist u. a. das Schlafgemach des Pius und seine Privatbibliothek (rührend das kleine Lesepult mit Kerzenhalter zwischen Bettstatt und Kamin).

Palazzo Vescovile & Museo Diocesano

Um Kosten für die Erschließung Pienzas zu sparen, „überredete" der Papst viele seiner Würdenträger, gleichfalls in die Stadt des Pius zu investieren. Einer der ersten, die seinem Ruf folgten, war Kardinal *Rodrigo Borgia*, der als Papst Alexander VI (1492-1503) nicht nur mit allen Freundenmädchen Roms ins Bett stieg, sondern selbst seine Tochter (Lucrezia), Mutter und Großmutter nicht verschonte. Über dem Portal des Palazzo ist noch heute das Stierwappen (sic!) der Borgias zu erkennen.

Das **Diözesanmuseum** hat einiges zu bieten. Aushängeschild ist die berühmte *Madonna di Monticchiello* von Pietro Lorenzetti. Anrührend der tragbare Altar mit 48 bunten Bildern aus dem *Leben Jesu* von Bartolo di Fredi (beste volkstümliche religiöse Dichtung) oder seine *Madonna della Misericordia* (1364). Prachtvoll das berühmte englische **Pluviale** (Chormantel) des Pius, eines der besterhaltenen Textilien des europäischen Mittelalters (Anfang 14. Jh.), das in phantastisch filigranen Stickereien Szenen aus dem Leben der Jungfrau, der Margarethe von Antiochia und der Katharina von Alexandria zeigt. Holzstatuen, flämische Wandteppiche, Goldschmiedearbeiten und Werke u. a. von Sassetta und Vecchietta vervollständigen die Sammlung.

San Francesco

Die schlichte Hallenkirche der Franziskaner ist der einzige noch erhaltene Bau des Mittelalters in Pienza (13. Jh.). Freskenreste erzählen aus dem Leben des hl. Franz (schön der Wolf im Chor rechts unten, der dem tierlieben Heiligen fromm die Pfote reicht). Das Kloster selbst mitsamt dem Kreuzgang ist seit 1993 ein Hotel.

Pieve di Corsignano

Unterhalb der Stadt – zu Fuß durch das Stadttor Al Santo links des Doms, mit dem Auto über die Straße nach Montepulciano zu erreichen – erhebt sich einsam die alte Hauptkirche Corsignanos, in der 1405 auch der Knabe Enea Piccolomini getauft worden war. Die im ausgehenden 12. Jh. im lombardischen Stil errichtete Kirche besticht durch ihre schönen romanischen Portale mit Fabelwesen, Sirenen und Reitern und dem (unvollendeten) zylindrischen Campanile.

Abbadia Sant'Anna in Camprena

Der Kultfilm *The English Patient* (1996) hat den 1324 gegründeten Ableger von Monte Oliveto Maggiore auch über die Grenzen der Toscana hinaus bekannt gemacht. Hauptanziehungspunkt des Olivetanerklosters sind die **Fresken** Sodomas im Refektorium, die er 1503 sozusagen als „Examensarbeit" für das Mutterkloster anfertigte. An der Stirnwand drei Szenen einer *Wundersamen Brotvermehrung* (vor einer Campagna mit Kolosseum, vor einer Flusslandschaft mit Triumphbogen und vor der Meeresküste), am Eingang, eingerahmt vom hl. Benedikt und Olivetanermönchen sowie der Madonna mit der hl. Anna, eine *Pietà*, an der Längswand Caterina di Siena, Papst Gregor und Bernardo Tolomei.

In der 7 km von Pienza entfernten Abtei kann man auch günstig übernachten (Abzweiger an der Straße von/nach San Quirico).

Monticchiello

Das Bilderbuchdorf abseits der großen Straßen (etwa gleich weit von Pienza und Montepulciano entfernt) rückt einmal im Jahr ins Scheinwerferlicht der Öffentlichkeit, wenn ein Großteil seiner 250 Bewohner allabendlich auf die „Bühne" tritt. Kritiker und Theaterleute aus aller Welt feiern das 1967 gegründete radikaldemokratische **Teatro Povero di Monticchiello** seit Jahren als Avantgarde. Die Themen der „armen" Theatermacher liegen buchstäblich vor ihrer Tür: Landflucht, Arbeitslosigkeit, Fremdenhass, Politikverdrossenheit, der gewöhnliche Faschismus. (Mitte Juli bis Mitte August.)

Der schmuck herausgeputzte mittelalterliche *Borgo* ist aber auch außerhalb der Theatersaison einen Besuch wert. Ein wahres Juwel ist das Innere der schlichten romanisch-gotischen Backsteinkirche **Santi Leonardo e Cristoforo.** Die sienesischen Künstler, die sie um 1300-1330 ausmalten, waren zwar keine Duccios, aber sie verstanden ihr Handwerk. Als älteste Fresken gelten die des Chors (mit dem mehr als 5 m hohen *Christophorus,* dem Schutzheiligen des Ortes). In der rechten Chorkapelle eine Kopie von Pietro Lorenzettis *Madonna di Monticchiello* (1325, Original in Pienza).

Praktische Informationen

- Sl. 2700. 490 m. **Tel. 0578.**
- **Info.** Piazza Pio II, tgl. 9-13, 15-18.30 Uhr. Tel./Fax 74 90 71. www.comunedipienza.it
- **Markt.** Fr.
- **Dom.** 8-13, 14.30-19 Uhr.
- **Museen.** *Museo Piccolomini,* außer Mo 10-12.30, 15-18 Uhr, Führung € 3. *Museo Diocesano,* außer Di 10-13, 15-18.30 Uhr, € 4,15.
- **Feste.** *Fiera del Cacio.* Das traditionelle Pecorinofest der „Hauptstadt des Käse" findet jeden 1. So im Sept. auf der Piazza Pio statt (ab 16 Uhr bis in die Nacht). *Fiera dell'Artigianato,* Trödelmarkt, 3. Wochenende im Sept. Im Aug. werden *Konzerte* veranstaltet.
- **Shopping.** Fast alle Lebensmittel- und Antiquitätenläden sind auch So geöffnet.
- **Scuola di Lingua e Cultura Italiana per Stranieri,** Sant'Anna in Camprena (s. Unterkunft). Tel./Fax 74 80 37. www.nautilus-mp.com

Verkehrsverbindungen

- Bahnhof Torrenieri, 16 km westlich von Pienza. Mehrmals tgl. Busse von/nach Siena (über Buonconvento, San Quirico) und Montepulciano.
- **Entfernungen** (In km): Montalcino 25, San Quirico d'Orcia 10, Siena 52, Arezzo 61, Chiusi 34, Chianciano Terme 22, Monticchiello 6, Montepulciano 13.

Unterkunft

- **Il Chiostro** (***). Schönes Stadthotel in einem ehemaligen Franziskanerkloster mit Fresken, Gewölben, Holzdecken, aber modernstem Komfort in herrlicher Aussichtslage. Pool. 37 Zimmer, DZ ab € 176 inkl. BF. Corso Rossellino 26, Tel. 74 84 00, Fax 74 84 40. www.relaisilchiostrodipienza.com
- **Corsignano** (***). Knapp außerhalb des Stadttors gelegen mit 36 Zimmern unterschiedlicher Qualität, DZ € 99 inkl. BF. Via della Madonnina 11, Tel. 74 85 01, Fax 74 81 66.
- **San Gregorio Residence.** Aufwändig restaurierte Fascismo-Villa am Stadttor, 3 DZ/16 Apartments ab € 70/95; auch Wochenpreise. Via della Madonnina 4, Tel. 74 81 75, Fax 74 83 54.
- **Il Giardino Segreto.** Schöne große Zimmer mit Traumgarten vorm Haus, sehr freundlich und angenehm! 5 DZ/Apts. € 62-67. Via Condotti 13, Tel. 6 04 52, mucci@ftbcc.it
- **Camere in Pienza,** nette, stilvolle Zimmer um € 52-83. Corso Rossellino 23, Tel. 74 85 50.
- **La Saracina** (7 km Richtung Montepulciano). Mustergültiges Landgut mit Schwimmbad und 6 DZ/Suiten mit allem Komfort ab € 180 inkl. BF. Tel. 74 80 22, Fax 74 80 18. www.lasaracina.it
- **Azienda Agricola Sant'Anna in Camprena.** Spartanisches Klosterleben auf den Spuren des „Englischen Patienten". 15 Zimmer ab € 25 pro Person, HP € 45. Tel. 74 83 03, Fax 74 80 37.

Piazza Pio II und Duomo S. M. Assunta

Essen & Trinken

- **La Cucina di Fiorella.** Das reizende kleine Lokal serviert gehobene *Cucina alla Mamma* (Funghi, Lamm, Fisch); Secondi um € 12. Ruhetag Mi. Via Condotti 11, Tel. 74 90 95.
- **Il Prato.** Helles, freundliches Restaurant knapp außerhalb der Stadtmauer mit traumhaftem Panoramagarten; exzellente hausgemachte Pasta! Ruhetag Mo. Via Santa Caterina 1, Tel. 74 99 24.
- **La Buca delle Fate.** Gute Küche, trotz des Rummels faire Preise (Secondi um € 6-8), zu empfehlen! Ruhetag Mo. Corso Rossellino 38, Tel. 74 84 48.
- **Latte di Luna.** Freundliche Trattoria mit hübscher Terrasse, aber zu hohen Preisen für das, was die Küche letztlich bietet. Ruhetag Di. Via San Carlo 2, Tel. 74 86 06.
- **Dolce Sosta.** Bar-Pasticceria mit sehr gutem Eis. Corso Rossellino 87.
- **Taverna di Moranda** in *Monticchiello*. Gehobene Regionalküche, z. T. richtig gut (Primi!), aber nicht immer so, wie sie sein sollte. Ruhetag Mo. Tel. 75 50 50.
- Pienza wird als **Hauptstadt des Pecorino** gefeiert. Zu den besten Läden zählen *La Bottega del Naturista,* Corso Rossellino 16 (tgl. 8-20 Uhr) und *La Cornucopia,* Piazza Martiri della Libertà.

Montepulciano

Von trutzigen Mauern umgeben thront Montepulciano (*Mons Politianus*) auf einer langgezogenen **Tuffsteinkuppe** in luftigen 600 m Höhe über den Tälern von Orcia und Chiana. Enge, steile, mittelalterliche Gassen und weite, offene Plätze mit repräsentativen Palazzi – das in dieser Ballung absolut einmalige Wechselspiel von rustikaler **Gotik** (Siena) und urbaner **Renaissance** (Florenz) macht Montepulciano zu einem architektonischen Kleinod.

Vor den ungetrübten Genuss haben die Götter allerdings den Schweiß gesetzt – Kondition und festes Schuhwerk sind hier ganz besonders angesagt, auch wenn man nicht vorhat, an dem typischen Fest der Stadt teilzunehmen, bei dem man zentnerschwere Fässer das steile Pflaster bis zur Piazza Grande hochwuchtet.

Geschichte

Bereits im 6. vorchristlichen Jh. von den Etruskern gegründet, erlebte die Stadt eine erste Blütezeit unter den Römern, die ihr den Namen (angeblich nach dem römischen Geschlecht der Publici) verliehen. Zur Zeit der Stadtkommunen war das zwar wohlhabende, aber militärisch schwache Montepulciano Spielball der großen Rivalen Florenz und Siena, ehe es 1511 endgültig an die Florentiner fiel.

Unter den Medici des 15. und 16. Jh.s, die in der bis dahin deutlich sienesisch geprägten Bergstadt eine Bauorgie ohnegleichen entfesselten, erlebte die *Perle des Cinquecento* ihre Blütezeit. Die Handschrift berühmter florentinischer Baumeister wie der beiden Sangallos, Michelozzos oder Vignolas ist allgegenwärtig.

Orientierung

Von Norden, von der **Porta al Prato** her, windet sich der von Palazzi gesäumte **Corso** (der unterwegs mehrfach seinen Namen wechselt) in steilen Serpentinen durch die Stadt und den Hügel hinauf bis zur zentralen **Piazza**

Grande (Gehzeit rund 15-20 Min.), um danach zur *Fortezza* und der **Porta delle Farine** hin wieder abzufallen.

Aufgrund der starken Höhenunterschiede ist es selbst mit einem Stadtplan nicht immer ganz einfach, sich zurechtzufinden. Parken kann man aufgrund der Gegebenheiten praktisch ausschließlich außerhalb der Mauern (günstig ist Parkplatz No 8).

Sehenswertes

Der Corso

Schon kurz hinter der wuchtigen **Porta al Prato** (nach 1511 wie die gesamte mittelalterliche Stadtmauer auf Anordnung der Medici vom Festungsspezialisten Antonio da Sangallo d. Ä. massiv verstärkt) nimmt einen unmissverständlich der florentinische *Marzocco* in Empfang. Vorbei an dem von Giacomo da Vignola entworfenen **Palazzo Avignonesi** (Via di Gracciano 91) – die im 14. Jh. aus dem päpstlichen Avignon zugewanderte Patrizierfamilie war einer der ersten Weinproduzenten Montepulcianos und gehört noch heute zu den renommiertesten Erzeugern des *Vino Nobile* – erreicht man mit wenigen Schritten den unverwechselbaren **Palazzo Bucelli** (No. 73) mit seinen eingemauerten Stelen und etruskischen Aschenurnen – unschwer sind Medusen, Delfine, Zentauren erkennbar -, ehe wieder rechts wie eine Tempelfront die helle Marmorfassade von **Sant'Agostino** aufscheint. Der originelle Kontrast zwischen Renaissance (Aufbau) und Spätgotik (Obergeschoss) ist ein Werk des Donatello-Schülers Michelozzo, von dem auch die Terracottabüsten der Madonna zwischen Johannes dem Täufer und dem hl. Augustinus in der Lünette stammen (das Innere wurde im späten 18. Jh. vollständig umgestaltet). Von dem markanten Glockenturm gleich gegenüber ruft der *Pulcinella*, das Wahrzeichen Montepulcianos, die seit langem „rote" Stadt noch heute im Stundenrhythmus zum Kirchgang auf.

Zum Domplatz gibt es zwei Wege – entweder an der *Loggia del Mercato* rechts die Via delle Erbe (und gleich wieder links die Via di Poggiolo) hoch, oder weiter den Corso entlang, der ab hier als *Via di Voltaia* die Hauptgeschäftsstraße des Centro Storico bildet. Auf No. 21 der elegante *Palazzo Cervini* von Antonio Sangallo d. J. (Kardinal Cervini wurde 1555 Papst Marcellus II), auf No. 27 das prachtvolle Jugendstil-**Café Poliziano.**

Ab der kleinen *Chiesa del Gesù* wird der Corso zur *Via dell'Opio*, von der bald rechts die *Via del Teatro* (mit dem *Teatro Poliziano* aus dem 19. Jh.) zur Piazza Grande aufsteigt.

Wer die Via dell'Opio weiter verfolgt, stößt auf das Geburtshaus des berühmtesten Sohnes der Stadt, *Angelo Ambrogini*, besser bekannt unter dem Namen seiner Heimatstadt als *Poliziano* (Via Poliziano 5).

Piazza Grande

Der unregelmäßig bebaute, im traditionellen Fischgrätmuster gepflasterte *Große Platz* ist das Zentrum und der höchste Punkt der Stadt. Die Westseite nimmt der wuchtige **Palazzo Comu-**

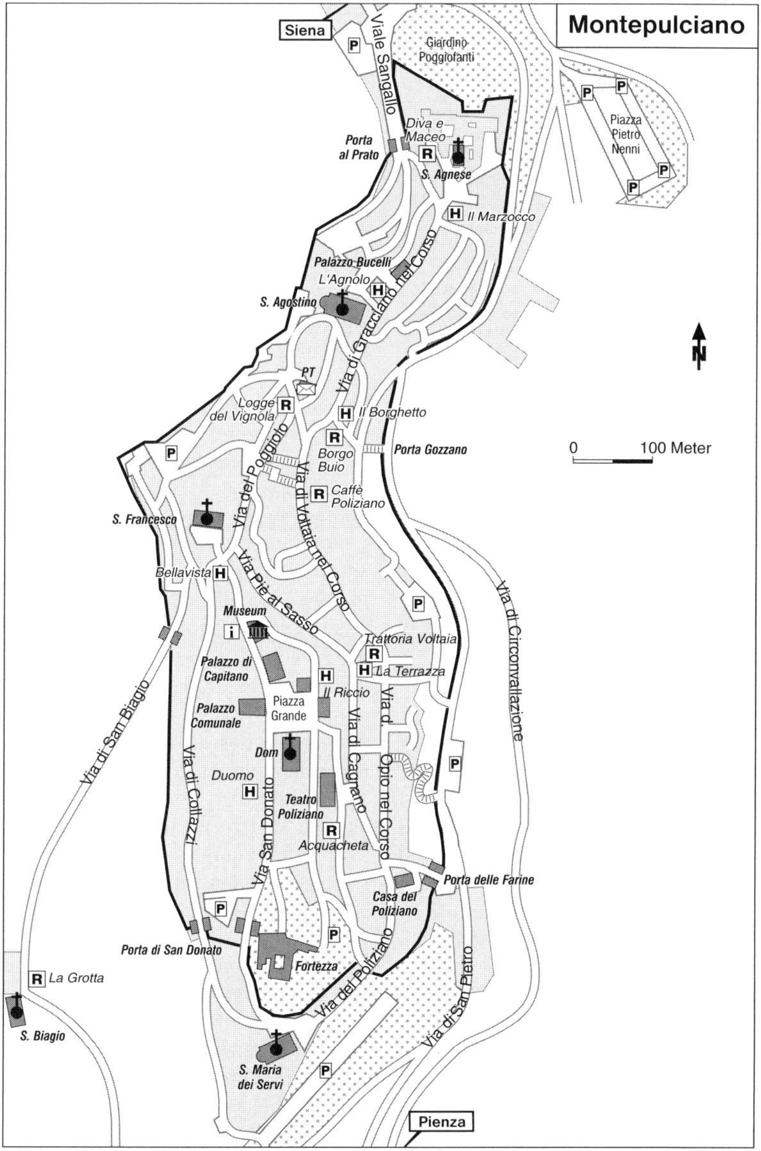
Montepulciano
Siena
Giardino Poggiofanti
Viale Sangallo
Piazza Pietro Nenni
Diva e Maceo
Porta al Prato
S. Agnese
Il Marzocco
Palazzo Bucelli
L'Agnolo
S. Agostino
Via di Gracciano nel Corso
PT
Logge del Vignola
Il Borghetto
Borgo Buio
Porta Gozzano
0
100 Meter
Via del Poggiolo
Via di Voltaia nel Corso
Caffè Poliziano
S. Francesco
Bellavista
Via Piè al Sasso
Via di Circonvallazione
Museum
Trattoria Voltaia
Palazzo di Capitano
La Terrazza
Il Riccio
Piazza Grande
Palazzo Comunale
Via d. Opio nel Corso
Via di Cagnano
Via di San Biagio
Dom
Duomo
Via di Collazzi
Teatro Poliziano
Via San Donato
Acquacheta
Porta delle Farine
Casa del Poliziano
Porta di San Donato
Fortezza
Via del Poliziano
La Grotta
Via di San Pietro
S. Biagio
S. Maria dei Servi
Pienza

Angelo Poliziano

Lorenzo und Poliziano und der junge Michelangelo - sie hielten in der einen Hand die neue Welt und in der anderen die alte (Michael Ondaatje, Der Englische Patient).

Angelo Poliziano, einer der gelehrtesten Männer der Renaissance (1454-1494), Humanist, Altphilologe und enger Freund Lorenzo il Magnificos sowie Erzieher seiner Söhne, schrieb nicht nur wissenschaftliche Abhandlungen, sondern übersetzte Plato, Homer und andere griechische Klassiker ins Italienische und erwies sich als Schriftsteller von bahnbrechendem Rang. Seine lyrischen Versdichtungen *Stanze per la giostra* (Stanzen auf das Turnier) inspirierten die bedeutendsten Künstler seiner Zeit wie Michelangelo, Leonardo und Botticelli, und seine szenische Orpheuslegende *La Favola d'Orfeo* (1471) kann, mehr als 100 Jahre vor Shakespeare, als erster Vorläufer des modernen Dramas gesehen werden. Domenico Ghirlandaio verewigte Poliziano auf mehreren seiner Fresken in Florenz (Santa Trinità, Santa Maria Novella).

nale ein, der mit seinem fast ansatzlos emporstrebenden Wehrturm an den Palazzo Vecchio in Florenz erinnert. Ende des 14. Jhs. begonnen, erhielt er 1424 seine endgültige Gestalt nach Plänen von Michelozzo. Vom Turm bietet sich ein überwältigender Rundblick über die Stadt bis nach Siena, dem Trasimenischen See und dem Monte Amiata. An der Nordseite steht der gotische **Palazzo del Capitano del Popolo** (heute Gericht), eines der wenigen übriggebliebenen Gebäude aus dem 14. Jh., mit dem eleganten Renaissance-Brunnen **Pozzo dei Leoni** davor (1520, mit Greifen und Löwen, die das Medici-Wappen halten); daneben der **Palazzo Nobili-Tarugi** von Giacomo da Vignola (1570), dessen ionische Kolossalpilaster und manieristische Pfeilerloggien (im 2. Stock später zugemauert) bereits den Übergang von der Renaissance zum Barock markieren. An der Ostseite schließt sich der **Palazzo Contucci** an, den Antonio da Sangallo d. Ä. 1519 über dem ältesten bekannten Weinkeller der Stadt errichtete (das barocke Obergeschoss wurde erst 1690 aufgesetzt).

Duomo Santa Maria Assunta

Der frühbarocke Dom entstand erst 1592-1630, nach der Verlegung des Bischofssitzes von Chiusi nach Montepulciano. Von dem romanischen Vorgängerbau aus dem Quattrocento blieb nur der Campanile, aber nicht einmal die Fassade vollendete man. Glanzstück des dreischiffigen Innern ist das farbenfrohe **Triptychon** der *Mariä Himmelfahrt* am Hochaltar, das Taddeo di Bartolo um 1400 für die Vorgängerkirche malte. Wunderbar die anrührenden Szenen der Predella aus dem *Leben Jesu* (vom Einzug in Jerusalem bis zur Begegnung in Emmaus), die deutlich an seine Fresken in San Gimignano erinnern. Die flankierenden Frauenfiguren, stark an Ghiberti und Donatello gemahnende Allegorien der **Fides** (Treue) und **Sapientia** (Weisheit), schuf Michelozzo 1437 für das Grabmal des Humanisten Bartolomeo Aragazzi (Erzbischof und Sekretär Papst Martins V). Von dem beim Umzug in den Barockdom zerstörten Grab sind außerdem Reliefs und die *Liegefigur des Bischofs* (links vom Hauptportal) erhalten. Weitere Glanzlichter sind *Taufbrunnen* und *Altar* von Andrea della Robbia (1. Seitenkapelle links) und das hübsche Tafelbild der *Madonna mit Kind* von Sano di Pietro (um 1460).

Museo Civico / Pinacoteca

Der Palazzo *Neri-Orselli* unweit des Domplatzes, einer der wenigen erhaltenen Ziegelbauten der Sieneser Spätgotik in Montepulciano, beherbergt das **Stadtmuseum.** Zu den Höhepunkten der Sammlung zählen Terracotten von Andrea und Luca della Robbia, kleine Tafelbilder von *Sano di Pietro* und *Sodoma* sowie Wappen, Chorbücher, etruskische Grabbeigaben aus Chiusi – alles in allem eher bescheiden.

Madonna di San Biagio

Auf einer Wiese unterhalb der Stadtmauer erhebt sich am Ende einer langen Zypressenallee der ganz in Travertin gewandete **Kuppeldom des hl. Blasius,** einer der monumentalsten Zentralbauten der Hochrenaissance. Der Entwurf Antonio da Sangallos d. Ä. (1518) basierte auf den ursprünglichen Plänen Bramantes für den Petersdom zu Rom, dessen Bauleitung damals in den Händen von Antonios älterem Bruder Giuliano lag (bevor Michelangelo sie übernahm). Auch die daneben liegende *Canonica* (Pfarrhaus) und der bildschöne Ziehbrunnen wurden jeweils nach Entwürfen Sangallos realisiert, wenn auch erst fünfzig Jahre nach seinem Tod (1594).

Praktische Informationen

- Sl. 14.000. 605 m. **Tel. 0578.**
- **Info.** Piazza Grande 7, effiziente Zimmervermittlung, Tel. 71 74 84, Fax 75 27 49, stradanobile@ bccmp.com.
- **Markt.** Do.
- **Museen.** *Museo Civico,* Via Ricci 10, außer Mo 10-13, 15-19, € 4,15. *Torre di Palazzo Comunale,* außer So 9-13 Uhr, gratis.
- **Sprachkurse.** *Cooperativa il Sasso* (Claus Wohlfahrt), Via dell'Opio 3, Tel. 75 83 11, Fax 75 75 47.
- **Fahrrad.** *Ciclopposse,* Via Matteotti 45, Tel./Fax 71 63 92. Mountainbikes etc.

Piazza Grande mit Palazzo Comunale

Verkehrsverbindungen

• **Zug.** Bahnhof *Montepulciano Stazione* (12 km) der Linie Siena–Firenze oder *Chiusi Stazione* (20 km) an der Hauptlinie Firenze–Roma.

• **Bus.** Mit *LFI* von/nach Siena, Firenze, Chiusi, Pienza, San Quirico, Torrenieri (Anschluss nach Montalcino) sowie (seltener) Cortona, Arezzo und Grosseto (nur im Sommer). Haltestellen vor den beiden Stadttoren.

• **Entfernungen** (in km): Florenz 120, Siena 65, Arezzo 60, Cortona 32, Perugia 74, Pienza 13, Montefollonico 9, Chianciano Terme 9, Chiusi 21.

Unterkunft

• **Il Borghetto** (***). Intimes, sympathisches, in die Stadtmauer gebautes Hotel mit Blick auf die Valdichiana. Kleiner Nachteil: alle 11 Zimmer sind anders – mal mit Fliesen und Balkendecke, mal nüchtern-cool. DZ € 95. Via Borgo Buio 7, Tel. 75 75 35, Fax 75 73 54. www.ilborghetto.it

• **Il Marzocco** (***). Gutbürgerlich gepflegtes Haus mit Restaurant nahe der Porta al Prato. 16 meist geräumige Zimmer, DZ € 88. Piazza Savonarola 18, Tel. 75 72 62, Fax 75 75 30.

• **Duomo** (***). Ordentliches Mittelklassehaus in Domnähe, im Vergleich zu den oberen eher etwas steril. 13 DZ € 98. Via San Donato 14, Tel./ Fax 75 74 73.

• **La Terrazza** (**). Renovierte ehemalige Familienpension, kleiner Parkplatz hinterm Haus (dort auch Haupteingang). 12 Zimmer, DZ € 93, Triple € 124 inkl. BF. Via Pie al Sasso 16, Tel./Fax 75 74 40.

• **L'Agnolo.** Angenehmes Bed & Breakfast im Zentrum (Via di Gracciano nel Corso 63), 5 Zimmer um € 80. Tel./Fax 75 70 95.

• **Il Riccio.** Freundliche Pension nahe der Piazza Grande mit bildschönem Entrée und luftiger Dachterrasse, aber (leider!) nur 5 DZ € 60. Via Talosa 21, Tel./Fax 75 77 13. www.ilriccio.net

• **Bellavista.** Helle Privatzimmer mit z. T. schönem Ausblick (6 DZ € 50). Die Familie wohnt freilich nicht selbst im Haus, muss telefonisch gerufen werden. Via Ricci 25, Tel. 75 73 48.

• **La Costa** in *Montefollonico.* Historische Residenz mit Garten, Restaurant und überwältigender Panoramaterrasse (400 qm). 15 sehr schöne, stilvolle Zimmer, DZ € 100-130, mit Balkon/Jacuzzi € 180-200 inkl. BF. Tel. 66 94 88, Fax 66 88 00. www.lacosta.it

Essen & Trinken

• **Diva e Maceo.** Für den, der noch an Wunder glaubt. Bilderbuch-Trattoria ohne Bilder, Chichi oder „Ambiente“, sondern „nur“ einfach, billig, bodenständig und gut. Ruhetag Di. Via di Gracciano 92, Tel. 71 69 51.

• **La Grotta.** Hier ist Atmosphäre Trumpf, man hat die Wahl zwischen Gewölbe aus dem 15. Jh. oder Sommergarten vis à vis von San Biagio. Gehobene Küche, gehobene Preise (Menü um € 42), Ruhetag Mi, Tel. 75 76 07.

• **Le Logge del Vignola.** Gepflegtes, wenn auch etwas eng bestuhltes Lokal im Centro Storico. Lunch Menü € 18, Probiermenü € 37. Ruhetag Di. Via delle Erbe 6, Tel. 71 72 90.

• **Osteria Borgo Buio.** Enoteca (Snacks bis 24 Uhr) mit großzügigem, gemütlichem Gastraum, in dem frische, herzhafte Jahreszeitenküche geboten wird. Ruhetag Do. Via Borgo Buio 10, Tel. 71 74 97.

• **Osteria dell´Acquacheta.** Bistro-Atmosphäre, verschlankte Küche, günstige Preise; Ruhetag Di. Via del Teatro 22. Tel. 75 84 43.

• **Caffè Poliziano.** Traditionscafé (seit 1869) im renovierten Liberty-Stil der Zwanziger Jahre (besonders angenehm der Raum links der Bar mit atemberaubender Aussicht). Gute Tellergerichte um € 6-10, Ruhetag Do. Via di Voltaia 27.

• **Trattoria di Voltaia.** Urige Taverne mit Holzbänken auf der Gasse. Ruhetag Sa. Via Voltaia nel Corso 86.

• **Pecorella,** Via del Corso 31. Gastronomia mit erstklassigem Pecorino der Fattoria Cugusi.

• **La Chiusa** in *Montefollonico* (8 km). Rustikal-elegantes Landgasthaus mit Sommerterrasse und Panoramablick, seit Jahren eine der Vorzeigeadressen der Toscana (Michelin-Stern). Menü um € 80, Ruhetag Di. 14 Zimmer und Suiten ab € 310. Tel. 66 96 68, Fax 66 95 93.

Feste

- **Cantiere Internazionale dell'Arte.** Musikliebhabern ist Montepulciano seit Jahrzehnten ein Begriff als Heimstatt des 1976 von *Hans Werner Henze* begründeten *Festivals der modernen Musik*, das im Juli/August stattfindet.
- **Bravio delle Botti.** Wettkampf der *Contraden* (Stadtteile) Montepulcianos in historischen Kostümen, bei dem nahezu zentnerschwere Weinfässer durch die steilen Gassen zur Piazza Grande gerollt und dort bei einem ausgiebigen Festmahl geleert werden. Letzter So im August.
- **Bruscello.** Halb mittelalterliches Minnefest rund um Mariä Himmelfahrt, halb höfisches Renaissancetheater mit Musik- und Stegreifimprovisationen auf der Piazza Grande. 14.-16. August.

Weine

- In Montepulciano wird man noch verwöhnt – viele der besten Erzeuger haben Verkaufsräume im Ort, in denen man probieren kann!
- **Poliziano,** Piazza Grande, Tel. 71 54 62.
- **Avignonesi,** Via di Gracciano 91, Tel. 75 78 72.
- **Del Cerro,** Piazza San Francesco, Tel. 75 60 63. **Contucci,** Piazza Grande, Tel. 75 70 06, mit Besuch der sehenswerten Keller, z.T. aus dem 14. Jh.
- **Boscarelli.** Unser Lieblings-Nobile (eine Wucht für große Anlässe: die *Riserva del Nocio*). Das kleine, aber feine Gut liegt zwischen Cervognano und Aquaviva (5 km östl.), Tel. 76 76 08.

Vino Nobile

Weine aus Montepulciano wurden schon im 14. Jh. geschätzt (doch dass ihr Name von der „Nobilität" herrühre, auf deren Konsum sie beschränkt gewesen sei, ist eine Legende). In seiner heutigen Form und Konsistenz gibt es den Nobile erst seit wenigen Jahrzehnten, und zusammen mit dem Brunello und dem Chianti bildet er seit 1981 das DOCG-Dreigestirn der Toscana. Anders als der Chianti basiert er auf der *Prugnolo Gentile*-Rebe, einer Abart des Sangiovese, auch sind Mischgut (Canaiolo und Mammolo, der für den charakteristischen Veilchenduft sorgt) sowie Reifung anders (vorgeschrieben sind zwei Jahre Lagerung, nach dreien darf er sich Riserva nennen). Seine preisgünstigere Variante ist der *Rosso di Montepulciano*, neben dem meist auch noch ein *Chianti Colli Senesi* ausgebaut wird.

- **Preise.** Ein Nobile des letzten Jahrgangs kostet um € 9-15.

Zwischen Montepulciano & Monte Amiata

Chiusi

Das auf einem 375 m hohen **Tuffsteingrat über dem Chiana-Tal** thronende Chiusi war einst einer der mächtigsten der zwölf Stadtstaaten des etruskischen Bundes; von hier aus soll der sagenhafe *König Porsenna* etwa 500 v. Chr. Rom erobert und gebrandschatzt haben. Damals besaß Chiusi noch eine direkte Schiffsverbindung mit Rom und dem Meer (über Chiana und Tiber), und der nahe *Lago di Chiusi* war ein geschäftiger Binnenhafen. Unter den Römern, die *Clusium* seine typische Feldlagerform verliehen, war Chiusi bereits im 5. Jh. Bischofssitz, ehe die Goten und Langobarden über sie kamen und der Verfall einsetzte. Im Mittelalter wurde Chiusi abwechselnd von Siena, Perugia und dem päpstlichen Orvieto regiert, ehe es 1556 an das Großherzogtum der Medici fiel und aufgrund der ungesunden Luft (*mal aria*), die von den Sümpfen aufstieg, zu guter Letzt auch von den Bischöfen verlassen wurde.

Der poröse Tuffsteinfels von Chiusi wurde zum Zweck der Wasserversorgung von den Etruskern fast vollständig ausgehöhlt. Das kilometerlange Netzwerk unterirdischer Stollen, Korridore, Speicherbecken und kommunizierender Röhren – in dem man laut Aufzeichnungen des Plinius lange Zeit das Grabmal König Porsennas vermutete – diente später den frühen Christen als Fluchtweg und Versteck vor den Nachstellungen der Römer. Ein kurzer Stollenabschnitt unter dem Domplatz mit einer 12 m unter der Erdoberfläche liegenden Zisterne, etwas pompös **Labirinto di Porsenna** genannt, kann besichtigt werden.

Der Dom **San Secondiano** gilt als eine der frühesten Kirchengründungen Italiens (558). Davon noch erhalten sind 18 ionische und korinthische Marmorsäulen, die die dreischiffige Basilika unterteilen und vermutlich aus Tempeln des römischen Forums stammen. Der heutige Bau aus dem 13. Jh. wurde Ende des 19. mitsamt falschen „byzantischen Mosaiken" unsachgerecht umgebaut, so dass er einen eher zwiespältigen Eindruck erweckt. Vor dem Altar sind Reste eines römischen Mosaikfußbodens zu sehen.

Das **Museo della Cattedrale** bietet nicht allzu viel, sieht man einmal von einer Sammlung bemalter und verzierter *Chorbücher* aus Monte Oliveto Maggiore (um 1456) sowie von dem bereits auf Leinwand (statt wie damals noch üblich auf Tafel) gemalten Andachtsbild der *Madonna mit Kind* von Sano di Pietro (1455) ab.

Museo Etrusco

Die touristische Hauptattraktion Chiusis ist das 1871 gegründete und seit 1901 in einem neoklassizistischen Bau am Domplatz beheimatete **Etruskermuseum.** Gezeigt werden kolorierte Aschenurnen aus Ton und Alabaster, Flachreliefs mit Darstellungen von Festbanketten und Musikanten, Masken, Amphoren, Sphinxe, Sarkophage, Haus- und Küchengeräte, Schmuck aus Gold und Elfenbein – kurz, das Spektrum ist groß und die Auswahl ungemein reichhaltig. Geradezu „afrikanische" Assoziationen stellen sich bei manchen Objekten ein, die man so in keinem anderen Museum der Toscana sehen kann. Abgenommene Wandfresken und Fotografien aus Gräbern, die mangels Restaurierungsmöglichkeit wieder verschlossen sind, runden die insgesamt ausgezeichnet präsentierte und ausgeleuchtete Ausstellung ab.

Etruskergräber

Die wichtigsten Gräber liegen nahe beieinander an der Straße, die nach Lago di Chiusi führt (Via delle Tombe Etrusche). Das älteste und schönste, die nach dem Wandfresko eines kleinen Tanzaffen benannte *Tomba della Scimmia* (5. Jh.), ist allerdings bereits seit Jahren geschlossen. Besichtigen kann man das kreuzförmige Dromosgrab (Ganggrab) **Tomba del Leone** und die sorgsam restaurierte **Tomba della Pellegrina** (Grab der Pilgerin,

3. Jh.) mitsamt bemalten Aschenurnen und Sarkophagen (besonders hübsch Gallier mit rotkolorierten Haaren und Bärten). Zwei weitere Gräber in der Umgebung, *Tomba del Granduca* und *Tomba del Colle* (mit Darstellungen eines Gastmahls und eines Wagenrennens) werden nur auf besonderen Wunsch gezeigt (s. *Museen*).

Katakomben

Eine nicht alltägliche Erfahrung ist der Besuch der Katakomben **Santa Mustiola.** Mustiola, eine zum Christentum konvertierte römische Patrizierin (viele Römer besaßen damals Villen und Landhäuser bei Chiusi) wurde als Märtyrerin verehrt, da sie trotz aller Folterungen ihrem Glauben nicht abschwor (sie starb 274). Ihr Grab – wie das zahlloser anderer Christen – wurde im 17. Jh. gefunden, als Bauern einige km vor der Stadt einen Brunnen bohrten und auf die Katakomben stießen. Die teils aufgemauerten, teils mit Tropfsteinhöhlen verbundenen unterirdischen Stollen – darunter ein ganzer ausnahmslos mit Kindergräbern –, sind noch nahezu im Originalzustand erhalten. Eine wahre Fundgrube sind die zahlreichen lateinischen Inschriften. Die **Besichtigung** wird vom Museo della Cattedrale (s. u.) organisiert, die Exkursion dauert rund 1 Stunde.

Praktische Informationen

- SI. 9000. 375 m. **Tel. 0578.**
- **Info.** Proloco, Piazza Duomo 1, tgl. 10-13, 16-19 Uhr, So nur vormittags. Tel./Fax 22 76 67, prolocochiusi@bcc.tin.it
- **Markt.** Di (Mo in Chiusi Scalo).
- **Feste.** Fest zu Ehren der *hl. Mustiola* mit Feuerwerk am See am 3. Juli. *Palla al Bracciale*, Volksfest mit Schweinewettrennen am 2. Sa im Sept.

Verkehrsverbindungen

- **Zug.** Bahnhof der Linie Firenze–Roma in *Chiusi Scalo* (3 km).
- **Entfernungen** (in km): Siena 80, Montepulciano 22, Arezzo 67, Orvieto 51, Cetona 10, Abbadia San Salvatore 45.

Unterkunft

- **La Sfinge** (*). Einziges Hotel im Ort. Nüchterner Zweckbau, aber erst kürzlich renovierte Zimmer, 10 DZ € 67. Via Marconi 2, Tel/Fax 2 01 57.
- **Il Patriarca** (****). Stilvoll restaurierte Villa des 19. Jhs. in einem Park mit alten Pinien und Zypressen. Pool, sehr gute Küche. 24 Zimmer, DZ € 116-155, Suite € 168 inkl. BF. 4 km Richtung *Querce al Pino*. Tel. 27 44 07, Fax 27 45 94. www.ilpatriarca.it
- **La Fattoria** (***) in *Lago di Chiusi* (4 km). Landhaus in einer ruhigen Parkanlage über dem See, sehr angenehm. 8 DZ € 93-103. Gutes Restaurant (Ruhetag Mo, außer im Sommer, Menu Turistico € 18), mit hübscher Terrasse. Tel. 2 14 07, Fax 2 06 44.
- In *Chiusi Scalo* (3 km) **Centrale** (***), 21 Zimmer € 62 (Tel. 2 01 18, Fax 22 20 43) und die kleine, recht anständige Pension **La Rosetta** (*), 11 Zimmer mit/ohne Bad ab € 36, Tel. 2 00 77.

Essen & Trinken

- **La Zuppa Solita.** Suppenkaspars Paradies! Mit Kichererbsen und Steinpilzen, mit Linsen und Kastanien, mit Zucchini und Basilikum ... Aber natürlich gibt es auch gute Pasta und Fleischgerichte (und recht faire Preise); Ruhetag Di. Via Porsenna 21, Tel. 2 10 06.
- **La Zaira.** Hier kommen selbst die Römer her! Drei „etruskische" Menüs (um € 25-40), leckere Desserts, gute Weine (Weinkeller im unterirdischen Tuffstollen, auf Anfrage zu besichtigen). Ruhetag Mo (außer im Sommer). Via Arunte 12, Tel. 2 02 60.

- **Il Kantharos.** Enoteca mit Probierstube für toscanische Snacks, freundlich und gut. Ruhetag Mo. Via Porsenna 37, Tel. 2 19 36.
- Die Ausflugslokale **Da Gino** (Tel. 2 14 08) und **Pesce d'Oro** (Tel. 2 14 03) am See servieren *Pesce Brustico* („etruskisch" im Ganzen über Schilffeuer gegrillt).

Museen

- **Museo Etrusco,** Via Porsenna 93, tgl. 9-20 Uhr, € 4,15, Tel. 22 44 52.
- **Tombe Etrusche.** Besichtigung über das Museo Etrusco (Tel. 2 01 77); ein Führer begleitet die Interessenten zu den Gräbern.
- **Museo della Cattedrale** und **Labirinto di Porsenna,** Piazza del Duomo, Mai bis Okt. tgl. 9.30-12.30, 16-19, So 9-13 Uhr, € 1,55 und € 2,60. Tel. 22 64 90.
- **Catacombe Cristiane,** Mai-Okt. tgl. 11 und 17 Uhr sowie auf Anfrage (Tel. 22 64 90), € 3,10. Deutsche Begleitbroschüre, Sweat Shirt und Taschenlampe nicht vergessen.

Cetona

Der malerische Weiler zu Füßen des 1147 m hohen **Monte Cetona** ringelt sich in einem perfekten Oval um die von Zypressen und Schirmpinien umstandene **Rocca.** Im Kern liegt die *Kollegiatskirche* aus dem 13. Jh. (mit einem Fresko der *Mariä Himmelfahrt*), die kleine Neustadt aus der Renaissance imponiert mit der weitläufigen *Piazza Garibaldi* und dem einst in die Stadtmauer integrierten Rundturm *Torre del Rivellino.*

Die Anfänge Cetonas reichen bis in die Altsteinzeit. Spuren von **Höhlensiedlungen** (um 1500 v. Chr.) sind im *Archäologischen Park von Belverde* (5 km) und die dazugehörigen Fundstücke im *Prähistorischen Museum* im Ort zu sehen. Einen Besuch wert ist auch das restaurierte **Franziskanerkonvent** des Padre Eligio (s. u., 2 km Richtung Sarteano, tgl. 8.30-12, 16-19 Uhr).

Praktische Informationen

- Sl. 3000. 385 m. **Tel. 0578.**
- **Info.** Piazza Garibaldi 64, Tel./Fax 23 91 43.
- **Markt.** Sa.
- **Museen.** *Museo per la Preistoria del Monte Cetona,* Via Roma 37, außer Mo 9-13, 17-19 Uhr. € 2,10. *Parco Archeologico di Belverde,* Anmeldung im Museum, Tel. 23 76 32. Im Sommer tgl. Führungen.

Unterkunft & Verpflegung

- **Residenza Santa Chiara** (***) bei *Sarteano* (6 km). Klarissenkonvent des 16. Jhs. in hübschem Park. Nur 12 Zimmer, DZ € 130, Suite € 155 inkl. BF. Tel. 26 54 12, Fax 26 68 49. www.conventosantachiara.it
- **La Rocca** und **Mary** (**) in *Sarteano* (8 km), 10 DZ € 44, Tel. 26 55 61 bzw. 26 56 49.
- **La Frateria di Padre Eligio** im Convento di San Francesco. Eine der schönsten und zugleich kuriosesten Adressen der Toscana. Ende der 70er Jahre überließ der Franziskanerorden das verrottete Kloster Padre Eligio, dessen Organisation *Mondo X* sich drogenabhängiger Jugendlicher annimmt. Mit Hilfe der jungen Leute richtete Bruder Eligio in zwölf Jahren Arbeit nicht nur Kloster mitsamt Kirche und Kreuzgang wieder her, sondern schuf eine kleine, stilvolle Herberge, die selbst Lifestyle-Magazine mittlerweile als „Geheimtipp" handeln. Aufmerksamer und fürsorglicher als von den sympathisch „unprofessionellen" Klosterzöglingen kann man sich kaum umhegen lassen. 6 DZ € 196 inkl. BF. Das mehrgängige **Menü** von erlesener Einfachheit und Harmonie (Beweis, dass es keiner Luxusprodukte bedarf!) kostet € 80. Ruhetag Di. Tel. 23 82 61/Fax 23 92 20. www.lafrateria.it
- **Sobborgo.** Gourmetlokal mitten im Zentrum mit Gartenterrasse; Ruhetag Mo. Tel. 23 91 91.
- **Osteria da Gagliano** in *Sarteano.* Einfach und sehr sympathisch. Ruhetag Di. Via Roma, Tel. 26 80 22.

San Casciano dei Bagni

Schon Horaz kannte die Heilquellen von San Casciano. Neben dem renovierten Kurhaus aus der Medici-Ära ist ein neues, modernes Kurzentrum (Fango, Rheuma-, Inhalationskuren etc.) entstanden. Von der großzügigen Panoramaterrasse des hübschen, verwinkelten Weilers, der im Mittelalter unweit der Bäder entstand, hat man einen wunderbaren Blick auf die noch weitgehend unberührte Hügellandschaft an der Grenze der Provinz Siena mit Umbrien und Latium.

Praktische Informationen

- Sl. 2000. 580 m. **Tel. 0578.**
- **Info.** Tel. 5 81 41.
- **Centro Termale Fonteverde.** *Piscina* außen/innen mit Liegewiese € 12, Sa/So € 14. Tel. 5 72 41. www.fonteverdeterme.com
- **Markt.** 1. u. 3. Do im Monat.

Unterkunft & Verpflegung

- **Terme de'Medici** (****). 2002 eröffnetes Wellnesshotel im luxuriös restaurierten Palast des Großherzogs Ferdinand I. 68 Zimmer, 12 Suiten, DZ ab € 360 inkl. BF und Thermalbad. Tel. 5 72 41, Fax 5 72 00. www.fontever determe.com
- **Sette Querce** (***). Hinreißendes Designerhotel (Tricia Guild, London) in warmen Pastellfarben mit 9 geräumigen Suiten, großteils mit Balkon oder Terrasse, um € 145-207 inkl. BF. Schöner Garten unter alten Eichen. Tel. 5 81 74, Fax 5 81 72. www.settequerce.it
- **La Fontanella** (**). Gutes, solides Haus nahe den Thermen. 14 Zimmer, DZ € 93. Tel. 5 83 00, Fax 5 83 36.
- **La Crocetta.** Schönes B&B mit außergewöhnlich guter Küche. 8 DZ € 95. Tel. 5 83 60, Fax 5 83 53, lacrocetta@ftbcc.it
- **Daniela.** Restaurant des *Sette Querce* an der Piazza Matteotti mit Enoteca und Sommerterrasse. Mutiges Design, junge, frische Küche (Menü um € 25. Ruhetag Mi (außer im Sommer), Tel. 5 80 41. Sehenswert ist auch die **Bar Centrale** der Familie Boni einige Häuser weiter.

Radicofani

Weithin sichtbar und geradezu das Wahrzeichen der Südtoscana ist der aus der Spitze eines 720 m hohen Berges aufragende Turm der **Rocca** von Radicofani. Die 1155 von Papst Hadrian IV in Auftrag gegebene Festung (im gleichen Jahr, in dem er Friedrich Barbarossa zum Kaiser krönte) kontrollierte jahrhundertelang das Grenzgebiet zwischen Toscana, Latium und Umbrien und diente im 13. Jh. einem Raubritter als Hauptquartier, dessen Namen selbst Dante (im *Inferno*) und Boccaccio (im *Decamerone*) nur mit Schaudern niederschrieben: Ghino di Tacco. Von den (restaurierten) Mauerabschnitten der bei einer gewaltigen Pulverexplosion 1735 zerstörten Burg blickt man auf die grandiose Vulkanlandschaft des Dreiländerecks.

Im Ort selbst steht die schöne romanische Pieve *San Pietro* (13. Jh., nach Kriegsschäden 1946 wiederaufgebaut) mit gefälligen *Robbiana* von Andrea und Giovanni della Robbia, von wo es nur wenige Schritte sind bis zur langgezogenen Hauptstraße *Via Magi* mit dem Renaissance-Kirchlein *Sant'Agata* (Altar von Andrea della Robbia, Holzkruzifix aus dem Trecento) und dem wappengeschmückten *Palazzo Pretorio* (1255). Eine tolle **Aussicht** hat man von der Promenade der Via delle Maccione auf das Val d'Orcia und den Monte Amiata.

Unterhalb des Orts, an der Via Cassia, steht die zweistöckige Medici-Villa **La Posta** (von Buontalenti, 1584-87), einst Zoll- und Poststation, später Jagdhaus der Großherzöge und bis ins 20. Jh. hinein die einzige „standesgemäße" und berühmt-berüchtigte Unterkunft zwischen Rom und Siena, in der noch Chateaubriand, Montaigne und Charles Dickens („eine zugige, knarrige, raschelnde, wurmstichige Atmosphäre, wie ich sie nirgends sonst erlebt habe") abstiegen. Viele hübsche Details: Pferdeställe, Wappen, Medici-Brunnen.

Praktische Informationen

- Sl. 1300. 815 m. **Tel. 0578.**
- **Info.** Via Magi 31, Tel. 5 56 84 (nur im Sommer 8-14 Uhr).
- **Rocca** (mit Park), tgl. 10 Uhr bis Sonnenuntergang (im Winter nur Sa/So).
- **Markt.** 2. und 4. Do im Monat.

Unterkunft

- Im Ort, an der Umgehungsstraße Via Matteotti, **La Torre** (**), 10 DZ € 47, Tel. 5 59 43.
- Ein kleines Juwel ist die **Locanda La Palazzina** in *Le Vigne* (6 km Richtung Sarteano) mit 10 DZ in einem ehemaligen eleganten Jagdhaus mit Pool ab € 106 inkl. BF. Tel. 5 57 71, fattorialapalazzina@virgilio.it

Monte Amiata

Allgegenwärtig beherrscht der Buckel des erloschenen Vulkans, mit **1738 m** der höchste Berg der Toscana, das sanftgewellte Umland. Seine dichtbewaldeten Hänge, die sich bis weit ins Orcia-Tal und die Maremma hineinziehen und im Winter sogar das Skifahren erlauben, sind, nur hier und da unterbrochen von niedriger Heidevegetation (Macchia, Wacholder, Rosmarin), bis zum Gipfel vollständig mit Kastanien, Ahorn, Buchen und Tannen bedeckt.

Das Gebirge mit seinen Wäldern war wie unsere Mutter, die uns stillte, verklärte der Dichter Ernesto Balducci nachträglich seine Heimat. Der karge, steinige Boden gab jedoch kaum etwas her, und im Schatten des Amiata, eisig kalt im Winter und glühend heiß im Sommer, herrschte deshalb jahrhundertelang unvorstellbare **Armut** und Not. Wer kein Auskommen als Holzfäller, Köhler, Schreiner oder Maultiertreiber fand (die Alternativen heute heißen Forstwirtschaft oder Möbelfabrik), musste Schafe hüten, Pilze sammeln oder ins **Bergwerk** gehen. Schon die Etrusker bauten die metallhaltigen Ablagerungen des erloschenen Vulkans ab (Antimon, Mangan und Zinnober, aus dem Quecksilber gewonnen wird), doch der Bergbau im großen Stil lohnte nur vergleichsweise kurze Zeit. Seit den 60er/70er Jahren sind nahezu alle Gruben wieder geschlossen, und heute gewinnt man allenfalls noch Strom aus den heißen Wasserdämpfen, die da und dort wie Geysire aus den Flanken des Kraters schießen. (Die allgegenwärtigen Anlagen der *ENEL* sind zwar nicht gerade schön, aber zumindest keine „Industrie" im üblichen Sinne.)

Blick auf den Monte Amiata

Wie Perlen in einer Krone reihen sich Städtchen und **Bergdörfer** rund um die Hänge des Berges. Heute wachen gleich zwei Provinzen, Siena und Grosseto, über sie, was auf den ersten Blick willkürlich erscheint, aber handfeste Gründe hat (geografische, historische, soziale). Während auf der raueren und den kalten Tramontana-Winden ausgesetzten Nord- und Ostseite Städte und Weiler sich unter der strengen Fuchtel der **Benediktiner** des Klosters *San Salvatore* etablierten, die den störrischen Bauern und Holzfällern Gottesfurcht und Handwerk einbläuten, entwickelten sich auf der sanfteren, dem Tyrrhenischen Meer zugewandten Süd- und Westseite Trutzburgen und Wehrdörfer unter der Knute der adeligen **Raubritter** *Aldobrandeschi*, die die halbe Maremma zu ihrem feudalen Großgrundbesitz machten. Streng, ja sogar verschlossen, wie noch manche ihrer Bewohner, wirken aber beide Seiten des Amiata, und auch wenn der Tourismus der letzten Jahre zahlreiche neue Erwerbsmöglichkeiten eröffnet hat, ist die Abwanderung in die Städte und Industriegebiete noch heute nicht gestoppt.

Vetta Amiata

Man kann den zwischen Dezember und März, manchmal aber noch bis in den Mai(!) mit Schnee bedeckten Amiata großzügig umrunden oder ihn nahezu in seiner Gänze überqueren.

Gut ausgebaute Serpentinenstraßen führen von mehreren Punkten bis zur **Gipfelstation** *Vetta Amiata* (1700 m) mit dem 1910 errichteten, nicht von ungefähr an den Eiffelturm erinnernden **Eisenkreuz.** Von der riesigen, mit alpenähnlichen Chalets und Sesselliftanlagen gespickten Parkfläche sind es nur wenige Gehminuten bis zur Bergspitze mit weitem Blick über Toscana, Umbrien und Latium, vorausgesetzt der Gipfel ist nicht von Wolken eingehüllt, was meistens der Fall ist.

Im Winter wird der Amiata von Römern wie Toscanern als **Skigebiet** genutzt. Von vier verschiedenen Ausgangspunkten führen insgesamt 15 Skilifte bis zur Gipfelstation.

Verkehrsverbindungen

- **Zug.** Der Bahnhof *Monte Amiata* der Linie Siena–Grosseto liegt 22 km von Castel del Piano entfernt. Abbadia San Salvatore erreicht man fast ebensogut ab *Chiusi Stazione* an der Linie Florenz–Rom (45 km).
- **Bus.** *RAMA* verbindet praktisch alle Orte am Amiata miteinander sowie mit Grosseto (über Scansano und Roccalbegna), *SITA* mit Siena und *SIRA* mit Orvieto und Rom. Von den Orten der Provinz Grosseto fahren Busse auch nach Saturnia, Pitigliano und Sovana.

Unterkunft & Verpflegung

- **Contessa** (****) an der Station *Prato della Contessa* (1454 m), 28 DZ € 78, (April bis Mitte Juli und Sept. bis Mitte Dez. deutlich reduziert), Tel./Fax 0564/ 95 90 00. Legendär ist sein *Restaurant* mit nach „Themen" wie Wild, Fleisch, Pilze, Kastanien, Mittelalter etc. komponierten Menüs (um € 25).
- Am Gipfelkreuz des Monte Amiata vermieten die Hotels **Sella** (***), 17 DZ ab € 72 (Tel./Fax 0577/78 97 47) und **La Croce** (***), 12 Zimmer, DZ € 93 (Tel.Fax 0577/78 97 48) u. a. Mountainbikes, Ski und Skiausrüstung.

Wandern & Wintersport

- **Wandern.** Der 28 km lange Wanderweg *Anello dell'Amiata* (*Ring des Amiata*) führt auf Höhen zwischen 900 und 1300 m einmal rund um den Berg. Für die gesamte Strecke benötigt man ca. 8-10 Stunden (der Schwierigkeitsgrad ist gering), doch kann man den Weg an verschiedenen Stellen wieder verlassen. Rastplätze und Hütten sind vorhanden, Unterkunftsmöglichkeiten dagegen saisonbedingt. Der Weg ist durchgängig rotweiß markiert, ein gewisser Nachteil ist die eingeschränkte Sichtweite, da man sich fast permanent durch dichte (Buchen-)Wälder bewegt. Günstigster Ausgangspunkt ist der Parkplatz am *Laghetto Verde* 2 km westl. von Abbadia San Salvatore (große Übersichtstafel).
- **Wanderkarte** *Massiccio del Monte Amiata* 1:25.000, Verlag Multigraphic.
- **Skifahren.** Die längste Piste misst rund 1500 m, Skiausrüstung kann notfalls angemietet werden (s. o.). *Skischulen* findet man in Abbadia San Salvatore und Castel del Piano. *Langlaufloipen* sind zwar zahlreich vorhanden (und führen z. T. bis weit ins Orcia-Tal hinein), doch die meisten Winter sind dafür nicht schneereich genug.

Abbadia San Salvatore

Im Juli/August beliebte **Sommerfrische** und **Ausgangspunkt für Wanderungen,** verwandelt sich das kleine Städtchen an der Ostflanke des Amiata (825 m) im Dezember/Januar in ein wuselndes **Wintersportzentrum.**

Das von den Benediktinern gegründete **Kloster** war seinerzeit eines der ältesten der Toscana und eines der größten und einflussreichsten ganz Italiens. Der Legende nach 743 von dem Langobardenkönig *Ratchis* gestiftet, erlebte die Abtei ihre Blütezeit im 11. Jh.; als 1299 die Zisterzienser sie übernahmen, hatte sie ihre besten Tage schon hinter sich.

Die (vor)romanischen Ursprünge der 1036 geweihten **Kirche** mit den mächtigen Türmen (von denen einer unvollendet blieb) sind noch heute deutlich erkennbar. Im Chor ein romanisches *Kruzifix* (um 1150) und Fresken von *Francesco Nasini* (1621-1695), dem Maler aus Castel del Piano, dem man am Amiata häufig begegnet (in der *Erlöserkapelle* rechts eine Darstellung des König Ratchis), darunter die **Hallenkrypta** aus 13 Schiffen der langobardischen Ursprungskirche (um 770), deren Kreuzgewölbe und ornamentierte Säulenkapitelle ohne Zweifel zu den schönsten vorromanischen Bauwerken der Toscana zählen.

Zum Komplex gehören noch ein Kreuzgang aus dem 16. Jh. und eine *Schatzkammer* mit Sakralwerken des 8.-16. Jh., darunter eine beeindruckende vergoldete Reliquienbüste (1381) des 336 verstorbenen Märtyrers Marcus.

Zentrum des Orts ist der langgezogene *Viale Roma*, von dem aus man die Abtei in wenigen Schritten erreichen kann.

Tore an der Ostseite des Viale führen in den Ortsteil **Castellina,** dessen ausgeprägter Siedlungscharakter im 15./16. Jh. entstand, als Abbadia San Salvatore als Quecksilbermetropole Italiens galt und zu beträchtlichem Wohlstand gelangte.

Nur 5 km südlich von San Salvatore dominiert eine imposante, aus dunklem Lavagestein erbaute *Rocca* der Aldobrandeschi aus dem 13. Jh. den ursprünglich zum Klosterbesitz gehörigen Weiler **Piancastagnaio** inmitten dichter Kastanienwälder (827 m). Sehenswert sind auch die Kirche *Santa Maria Assunta* (1279) und einige gotische Palazzi.

Bagni San Filippo

Die *Bäder des hl. Philipp* – ein Tal im Wald, eine warme Quelle (25 bis 52°C), eine Telefonzelle, eine Bar, eine Handvoll Häuser und ein liebevoll renoviertes Kurhotel aus dem 19. Jh., das ist schon fast alles. Sympathisch!

Am Ortsrand weist ein Schild talwärts zum **Fosso Bianco** (500 m), einem verzauberten, sprich schneeweiß verkalktem Wasserfall mit „Naturbadewannen", in denen es sich herrlich im warmen, milchiggrünen Thermalwasser plantschen lässt. (Alternativ dazu steht natürlich auch ein richtiges Thermalschwimmbad zur Verfügung.)

Die **Einsiedelei** des heiligen Philipp, der hier im 13. Jh. in einer Grotte Zuflucht suchte, um der Wahl zum Papst zu entgehen, findet man abseits der Straße nach Campiglia d'Orcia.

Praktische Informationen

- Sl. 7500. 830 m. **Tel. 0577.**
- **Info.** *APT Amiata*, Via Adua 25, Tel. 77 58 11, Fax 77 58 77, info@amiata.turismo.it. *Amiata Viaggi*, Via Udine 10, Tel. 77 74 64, Bustickets etc.
- **Markt.** 2. und 4. Do im Monat, in Piancastagnaio 1. und 3. Sa.
- **Museen.** *Schatzkammer* der Abtei, im Sommer tgl. 10-12, 16-19 Uhr, sonst Voranmeldung (Tel. 77 80 83). *Parco Museo Minerario.* Auf dem Gelände der einstigen Quecksilbermine, im 19. Jh. eine der bedeutendsten der Welt; interessante Dokumente zu Geschichte und Abbau des Erzes. Tgl. 9-13, 15-20 Uhr, € 2,60.

• **Feste.** *Palio* in Piancastagnaio am 18. Aug.

• **Fahrrad.** *Bici e Bike*, Via Adua, Tel. 77 64 89.

• **Skischule.** *Scuola di Sci Monte Amiata*, Tel./Fax 78 97 40.

• **Thermalbad** in *Bagni San Filippo*. Ostern bis Okt. tgl. 8.30-19 Uhr (Di 16.30). € 10, ab 15 Uhr € 7.

Verkehrsverbindungen

• **Bus.** Mit *SITA* von/nach Siena, Montepulciano, Santa Fiora, Arcidosso (Umsteigen nach Grosseto), mit *SIRA* nach Bagni San Filippo.

• **Entfernungen** (in km): Siena 78, Orvieto 65, Grosseto 82, Piancastagnaio 5, Bagni San Filippo 8, Radicofani 16, Vetta Monte Amiata 13, Santa Fiora 17, Arcidosso 26, Castel del Piano 30, Roccalbegna 40, Seggiano 37, Montalcino 48, Montepulciano 44, Chiusi 45.

Unterkunft & Verpflegung

• **Parco Erosa** (***). Rustikal-gemütlich, viel Grün rund ums Haus, gutes Essen (**Menü** € 16), Pool und Sommerterrasse (beides Seltenheiten am Amiata) – empfehlenswert. 50 Zimmer, DZ € 80-103. Am Ortseingang Richtung Piancastagnaio, Tel. 77 63 25, Fax 77 64 45.

• **Relais San Lorenzo** (***) in *Bagni S. Filippo*. Historisches Gemäuer inmitten üppiger Natur (Wald); Restaurant und Pool. 18 DZ (plus Apts.) € 93 inkl. BF. Tel. 78 50 03. hotel.sanlorenzo@iol.it

• **Garden** (**). Nahezu nostalgische Familienpension. 13 DZ ohne/mit Bad € 34/52. Via Asmara 34, Tel. 77 80 50.

• **Terme San Filippo** (***). Schönes Kurhotel (Ostern bis Okt.) mit Garten, Thermalschwimmbad und angenehmer Atmosphäre. 27 Zimmer, DZ ab € 88 inkl. BF. Tel. 87 29 82, Fax 87 26 84. www.termesanfilippo.it

- **Saxa Cuntaria** in *Piancastagnaio* (Piazza Matteotti). Enoteca-Osteria mit Terrasse (bis 1 Uhr nachts), Ruhetag Di. Tel. 78 41 04.
- **Il Ritrovo di San Filippo** in *Bagni S.Filippo,* Enoteca mit kleinen, aber feinen Gerichten (Tel. 87 20 12); nicht minder zu empfehlen ist die **Osteria La Spugnone** gleich neben der Pfarrkirche (Tel. 87 20 30).

Santa Fiora

Das malerische Städtchen am Südhang des Amiata war im 11./12. Jh. Hauptsitz der Grafen Aldobrandeschi. Man betritt die ausnehmend hübsche, größtenteils aus dunklem Vulkangestein erbaute **Altstadt** durch einen Bogengang des *Palazzo Sforza-Cesarini* (16.Jh.). Neben Überresten der Burg und einem kleinen jüdischen Ghetto ist die romanische Pieve **Santa Fiora e Lucilla** (13. Jh.) ein wahrer Hort Robbianischer Terracotten; erwähnenswert: drei Basreliefs (1464) bilden die Kanzel, im linken Schiff *Taufe Jesu* und eine schöne *Madonna della Cintola* (Gürtelmadonna) jeweils von Andrea della Robbia. An einigen Häusern finden sich noch Tragbalken aus Lavastein mit romanischen Skulpturen und Reliefs.

Weiter unten im Talgrund ließen die Mailänder Sforza, die 1439 durch Einheirat an die Macht kamen, das kristallklare Quellwasser der Fiora zu einem ummauerten Fischweiher, der **Pescheria,** aufstauen. Noch heute wimmelt es dort von riesigen Forellen. Der kleine Park mit seinen Picknickplätzen ist nur im Sommer täglich geöffnet, doch lohnt die stimmungsvolle Anlage so oder so einen Besuch (außen, unter verschlungenen Delfinen, ist noch der alte Waschplatz des Weilers erkennbar). Nur wenige Schritte weiter erhebt sich die Kirche *Sant'Agostino* (1309) mit einer anmutigen polychromen *Madonnenstatue* aus Holz, die Jacopo della Quercia zugeschrieben wird.

Praktische Informationen

- GR. 3000. 690 m. **Tel. 0564.**
- **Info.** Piazza Garibaldi (nur im Sommer), Tel./Fax 97 71 42.
- **Markt.** 1. und 3. Do im Monat.
- **Museen.** *La Pescheria*, Juli/Aug. tgl. 9-20 Uhr, sonst Sa/So 10 Uhr bis Sonnenuntergang, € 1.
- **Feste.** *Palio delle Sante*, Prozession mit Turnier der Bogenschützen am letzten So im Juli. *Festa delle Croci*, Prozession der Kruzifixe am 3. Mai.

Unterkunft & Verpflegung

- **Fiora** (***). Freundliches Hotel in einem alten Stadtpalast mit Garten und Aussichtsterrasse. 39 Zimmer, DZ € 83 inkl. BF. Via Roma 8, Tel. 97 70 43, Fax 97 81 54, hotelfiora@inwind.it
- Alternative ist das **Eden** (**) schräg gegenüber, 20 DZ ohne/mit Bad € 41/47. Tel./Fax 97 70 33.
- **Al Barilotto.** Gemütliche Trattoria mit Rustikalcharme und günstigen Preisen (Menüs ab € 16 inkl. Wein oder Wasser). Ruhetag Mi. Via Carolina 24 (Zentrum), Tel. 97 70 89.
- **La Ponte.** Nett, freundlich, wenige, aber gute Gerichte, mit Terrasse. Ruhetag Di. Via Roma 16, Tel. 97 72 95.

Weiterfahrt

- Wie alle Orte am Süd- und Westhang des Monte Amiata gehört Santa Fiora zur Provinz Grosseto. 5 km nördl. zweigt die SS 323 nach

Skurrile Formationen – Bagni S. Filippo

Saturnia (36 km), *Sovana* (44 km), *Pitigliano* (52 km) und *Sorano* (55 km) ab, bis Grosseto (direkt) sind es 65 km.

Arcidosso

Überragt vom mächtigen gotischen Zinnenturm des **Kastells** der Aldobrandeschi (11.-13. Jh.) ist Arcidosso der einzige Ort am Amiata, der selbst auf einem Hügel thront. Der Aufstieg vom *Corso Italia* zur restaurierten *Rocca* (heute Ausstellungszentrum) führt durch wappengeschmückte Tore und steile verwinkelte Treppengassen, vorbei an Brunnen, Torbögen und alten Pfarrkirchen – ein reizvolles und betriebsames Städtchen ohne große „Höhepunkte", aber mit Flair. Zweifellos das städtischste Pflaster am Amiata.

Etwas außerhalb, an der Straße nach *Montelaterone*, errichteten die Benediktiner der Abtei San Salvatore zur Missionierung der Hirten und Bauern bereits 835 die Pfarrkirche **Santa Maria ad Lamulas** (von *mula,* Mauleselin), die um 1200 mit drei halbrunden romanischen Apsiden und Säulenkapitellen neu aufgebaut wurde; Fassade und Campanile kamen erst später hinzu.

Praktische Informationen

- GR. 4000. 660 m. **Tel. 0564.**
- **Info.** Via Ricasoli 1, Tel. 96 60 83, im Sommer im Kastell.
- **Markt.** Di.

Die Pescheria von S. Fiore

Unterkunft & Verpflegung

- Im Zentrum **Dayana** (***). Nicht aufregend, aber der Garten versöhnt. 26 DZ € 62 (Via Risorgimento 4, Tel./Fax 96 62 57).
- Am Ortsrand Richtung Santa Fiora **Toscana** (***), 49 DZ € 82 inkl. BF (Via Lazzaretti 39, Tel./Fax 96 74 86).
- **Luce Sorgente** (****). Toscana & Wellness im Grünen wie aus dem Versandhauskatalog – mit Pool, Tennis, Resto und Panoramablick in die Maremma. 100 Zimmer und Suiten, DZ ab € 115-130 inkl. BF. Tel. 96 74 09, Fax 96 71 88. www.lucesorgente.it
- **Aiuole** (***). Vergnüglicher Landgasthof an der Auffahrt zum Vetta Amiata mit 30 einfachen, aber korrekten DZ mit Bad € 62 und exzellenter, unverfälschter Regionalküche (Ruhetag Mo, außer im Sommer). Tel. 96 73 00, Fax 96 67 47.

Parco Faunistico dell'Amiata

In dem mehrere tausend Hektar großen **Wildpark** zwischen Arcidosso und den Berghängen des *Monte Labbro* lassen sich in einer wunderschönen und urwüchsigen Wald- und Hügellandschaft mit etwas Glück Hirsche, Rehe, Mufflons, Wildschweine, Stachelschweine, Raubvögel und sogar Wölfe beobachten. Gekennzeichnete Pfade führen durch die verschiedenen, einzelnen Tierarten zugeordneten Areale. Im Eingangsbereich sowie beim Podere dei Nobili (Wirtschaft und Bar) ist Picknick gestattet.

- **Parco Faunistico** bei *Zancona* rund 3 km Richtung Monticello Amiata, Tel. 96 68 67. Außer Mo tgl. von Sonnenauf- bis Sonnenuntergang, € 3. www.parcofaunistico.it

Castel del Piano

Lehen der Abtei San Salvatore (890), Mündel der Aldobrandeschi, 1332 von Siena erobert und 1559 ins Mediceische Großherzogtum überführt – aus nahezu jeder Epoche seiner über tausendjährigen Geschichte bewahrt der ansehnliche Ort Erinnerungen, doch schon die Römer wussten seine angenehme Lage zu schätzen *(castrum plani)*. Recht ungewöhnlich präsentiert sich die erst im 19. Jh. errichtete **Neustadt** mit weitläufigen, fast napoleonischen *Risorgimento*-Dimensionen (*Piazza Garibaldi*). Die barocke *Chiesa dell'Opera* (1870) ist ein regelrechtes

David Lazzaretti, der Rebell Gottes

Freiheit, Gleichheit, Brüderlichkeit lautete die Losung des charismatischen Briganten und Fanatikers David Lazzaretti, der seinen Anhängern das Reich Gottes auf Erden predigte und erbittert gegen die herrschenden Macht- und Besitzverhältnisse am Amiata zu Felde zog. Der 1834 in Arcidosso geborene Sohn eines Fuhrmanns versammelte, halb religiöser Sektenchef, halb anarchistischer Volkstribun, eine rasch wachsende Schar von Armen und Unzufriedenen um sich und lieferte von seinem Stützpunkt auf dem Monte Labbro aus Polizei, Justiz und Kirche einen jahrelangen Guerillakrieg, der erst mit seiner kaltblütigen Ermordung durch Carabinieri während eines Protestmarschs durch Arcidosso endete. Da seine Heimatstadt sich weigerte, ihm ein Grab zur Verfügung zu stellen, wurde er 1878 auf dem Friedhof von Santa Fiora bestattet. Sein Andenken wird noch heute von zahlreichen Anhängern seiner sozialrevolutionären Visionen und Ideen hochgehalten.

„Museum" der lokalen Künstlerfamilie *Nasini*, deren bedeutendster Vertreter, Francesco, in nahezu allen Orten am Amiata tätig war (s. Abbadia San Salvatore, S. 617.)

Von Castel del Piano zum Gipfelkreuz des Amiata sind es 12 km.

Il Giardino di Daniel Spoerri

Ein Garten als Parabel für den Weg des Lebens. Das Faszinierende, ja geradezu *Magische* dieses 16 ha großen Geländes mit Skulpturen und Installationen des Schweizer Aktionskünstlers *Daniel Spoerri* und seiner Freunde ist das innige wie witzige **Zusammenspiel von Kunst und Natur.** Hier steinalte Oliven, dort ein Hügel mit *Einhörnern.* Hier ein Biotop mit seltenen Orchideen, dort ein Hain mit *Fleischwolf-Fontäne* oder bronzenen *Werwölfen.* Ein *Labyrinth,* in dem man sich verliert – und findet. Viel Zeit (min. 2-3 Std.) zum Schauen, Staunen, Wandern und Entdecken sollte man mitbringen.

Praktische Informationen

- GR. 4500. 640 m. **Tel. 0564.**
- **Info.** Via Marconi 9 (Piazza Garibaldi), Tel. 97 35 34.
- **Markt.** 1. Mi im Monat.
- **Fest.** *Palio*, Pferderennen auf der Piazza Garibaldi am 8. Sept.
- **Il Giardino di Daniel Spoerri** bei *Seggiano-Pescina* (1 km). Ostern-30.6. Sa/So, Juli-15.9. außer Mo 16-20, 16.9.-31.10. 15-19 Uhr oder nach Vereinbarung, Tel. 95 04 57. € 7. www.danielspoerri.org

Unterkunft

- **Silene** (***) in *Seggiano Pescina*. Spezialitäten der Hoch-Maremma (Wild, Pilze, Trüffel) mal traditionsbewusst, mal inspiriert (Weinbergschnecken „alla montagnola", nach Bergmannsart). Menüs um € 35, Ruhetag Mo/So abends. 7 Zimmer ab € 47. Tel./Fax 95 09 93.
- **Casa Corsini.** Enoteca und Gastronomia, ein Hauch von Lifestyle in der Beschaulichkeit. Außer So tgl. Snacks & Lunch, Fr/Sa auch Dinner. Corso Nasini 46, Tel. 95 73 08.

Monte Labbro

Wie ein Zahn ragt aus der Spitze des 1193 m hohen Monte Labbro, der im Gegensatz zum vulkanischen Amiata ganz aus Kalkstein besteht, der *Torre di David* hervor. Man erreicht ihn auf einer Piste abseits der Straße nach Triana/Roccalbegna, das letzte Stück muss man zu Fuß gehen. Lohn ist ein grandioses Panorama und die Erinnerung an eine der schillerndsten Gestalten der Südtoscana, **David Lazzaretti,** der 1872 auf dem Berg eine aus Bauern, Handwerkern und Hirten bestehende „Landkommune", die *Giurisdavidici* gründete, die jahrelang die Obrigkeit bis nach Rom in höchste Alarmstufe versetzte.

Die letzten Überreste der militanten Sekte (Turm, Kapelle, Grotte) wirken noch heute wie eine beredte Anklage gegen Adel, Landbesitzer und Klerus, die das Land jahrhundertelang aussaugten wie Vampire.

Roccalbegna

Ein weithin leuchtender, von einem sienesischen Wachturm gekrönter Kalksteinfelsen erhebt sich majestätisch über der kleinen *Festung am Albegna-Fluss* zu Füßen des Monte Labbro. An der zentralen Piazza des mittelalterlichen Weilers steht die romanische Kirche **Santissimi Pietro e Paolo** aus dem 13. Jh. (ein eingeknickter Tragbalken des Portals lässt ihre Fassade merkwürdig „schief" aussehen) mit einem Meisterwerk **Ambrogio Lorenzettis** am Altar.

Von der ursprünglich mehrteiligen Tafel (1340) sind nur noch drei Teile erhalten, eine *Madonna delle Ciliege* mit einem lebhaften Christuskind mit Kirschen in seinen Fäusten sowie die Kirchenpatrone *Paulus* und *Petrus*. Hinter der Kirche steigt ein Pfad zur Ruine der *Rocca* und zum ehemaligen **Oratorio del Santo Crocifisso** (1388) an, das neben Gemälden Francesco Nerinis ein *Kruzifix* des Luca di Tommè (um 1360) bewahrt. Von dem Kalkkegel der **Pietra** hoch über der Stadt (erst steiles Sträßchen, dann Stufen) hat man einen grandiosen Blick über den ungewöhnlich klar und geometrisch angeordneten Ort mit seinen alten Backsteindächern bis zum Meer.

Entlang den Schluchten der zwischen Talamone und Orbetello ins Meer mündenden Albegna liegt der 130 ha große Naturpark **Rocconi.** Einen Vorgeschmack von der spektakulären und wilden Schönheit der Landschaft vermittelt ein Blick von der Flußbrücke in Roccalbegna. Besuche nur nach Voranmeldung.

Praktische Informationen

- GR. 1500. 525 m. **Tel. 0564.**
- **Info.** Via XXIV Maggio (nur im Sommer), Tel. 98 91 04.

- **Museen.** *Pietro e Paolo*, tgl. 9-12.30, 16-17 Uhr. *Oratorio del Crocifisso,* nach Voranmeldung, Tel. 98 91 22.
- **Bosco Rocconi.** Information unter Tel. 98 91 15, 98 90 98, boscorocconi@tiscali net.it

Unterkunft & Verpflegung

- **La Pietra** (***). Kleine Idylle am Ortsrand (Richtung Scansano). 7 hübsche, frisch renovierte DZ mit prächtiger Aussicht € 62 inkl. BF. Tel. 98 90 19, locanda_lapietra@lycos.it
- **Relais Dimora di Baccinello.** Exklusives Landgut mit Pool und Restaurant; 3 DZ € 90-140, 2 Suiten € 110-150. Tel. 98 20 13, Fax 98 20 16. www.casavacanzetoscana.com
- **Locanda La Pieve** (**) in *Semproniano*. Liebenswert und verschwiegen. 7 DZ € 60 inkl. BF. Tel. 98 72 52, lapieve@laltramaremma.it
- **Il Mulino.** Kleine, ehrliche, ungekünstelte Osteria mit tgl. wechselndem Angebot. Nur Fr-So, Aug./Sept. geschl. Tel. 98 71 17.

Panoramablick auf Roccalbegna

TIZZI

Anhang

Einen Stoiker lässt die Verheißung der Warenwelt kalt
Entspannung nach getaner Arbeit
Im Skulpturengarten der Niki de Saint Phalle

Auswahlbibliografie

Angesichts der Unzahl von Titeln beschränken wir uns auf eine Auswahl der besten Standardwerke, egal ob im Handel oder im Antiquariat (www.zvab.com).

Reiselektüre

Als ideale Reiselektüre (aber nicht nur!) empfehlen wir:

- **Mary McCarthy:** *Florenz* (1959), KiWi 1995. Ein ebenso origineller wie pointierter Wegweiser durch die „Steine von Florenz" (Originaltitel). Eine unverzichtbare Lektüre für jeden Toscana-Reisenden.
- **Martina Meuth/Bernd Neuner-Duttenhofer:** *Toskana. Küche, Land und Leute,* Droemer Knaur 1997/2001.
- *Die neue Toskana,* Droemer Knaur 2000. Anregend, vergnüglich, aber auch mit viel „Hintergrund": die Toscana aus der Sicht zweier exzellenter Küchenjournalisten.
- **Gene Brucker:** *Florenz in der Renaissance. Stadt, Gesellschaft, Kultur* (1969), Rowohlt 1990. Verständliches Werk eines renommierten amerikanischen Renaissance-Forschers.
- **Irving Stone:** *Michelangelo* (1934), Rowohlt TB 2000. Fesselnder, gutrecherchierter Populärschmöker über M. und seine Zeit, ebenso lehrreich wie unterhaltsam.
- **Carlo Fruttero/Franco Lucentini:** *Der Palio der toten Reiter,* Piper 2000. Vergnügliche Kriminalmysterien rund um den Palio von Siena. Ebenfalls in der Toscana spielt *Das Geheimnis der Pineta.*
- **Dietmar Polaczek:** *Geliebtes Chaos Italien,* Koehler & Amelang 1998. Das witzigste und intelligenteste Buch zum „Phänomen Italien", das wir kennen.
- **Bettina Dürr:** *Toscaniaden. Auf Umwegen und Nebenpfaden durch eine Traumlandschaft,* Bastei Lübbe 1996.

- *Himmlische Reisen,* Bastei-Lübbe 2000. Zwischen Reisebericht und Essay, liebevoll beobachtet, anregend geschrieben.
- **Christoph Hennig:** *Toskana,* Oase 1999. Erfrischende (wenn auch nicht immer neue) Bilder und An-Sichten „im Gegenlicht".
- **Attilio Brilli:** *Italiens Mitte. Alte Reisewege und Orte in der Toskana und Umbrien,* Wagenbach 1998. Vergessene Routen, neu verlebendigt.
- **Alice Vollenweider:** *Die Küche der Toskana,* Wagenbach 2000. Kenntnisreich und anregend, mit schönen und einfachen Rezepten.

Spezialführer

- **Picchio Bello 2003 ff.** *Der pfiffige Reisebegleiter. Orte. Sehenswertes. Ausflüge. Feste. Veranstaltungen. Märkte.* www.picchio-bello.de

Wandern/Trekking/Rad

- **Christoph Hennig:** *Richtig Wandern: Toscana*. DuMont 2000.
- **Bernhard Irlinger:** *Radtouren in der Toskana*, Bruckmann 1994, 2001.
- **Ralph Eder:** *Radwandern Toskana,* Stöppel 1997, 2003.
- **Eberhard Schmitt-Burk:** *Toskana per Rad,* Kettler 1999, 2001.
- **Harald Rüsseler:** *Abenteuer Trekking: Toskana,* Bruckmann 2000.
- **Helmut Dumler:** *Toskana, Wandern und Erleben,* Bruckmann 1999.
- **Heitzmann/Gabriel:** *Wanderführer Toskana Nord,* Bergverlag Rother 2001.

Kunst & Kultur

- **Klaus Zimmermanns:** *Toscana,* Dumont 2001. Zu Recht fast schon *der* Klassiker des Genres.
- **H.-J. Fischer:** *Toskana,* Prestel 1999.
- *Toskana, Kunst und Architektur,* Könemann 2001. Handlich, preiswert.
- **Sabine Poeschel:** *Kunstdenkmäler in der Toscana. Ein Bildhandbuch,* Wissenschaftl. Buchgesellschaft 2003.

Gastronomie

- **Osterie d'Italia,** *Italiens schönste Gasthäuser,* Hallwag 2002/03 ff. Fast jeder Tipp ein Volltreffer, unverzichtbar für jeden Italienreisenden.
- **Claudia Nenzel:** *Toskana. Landhotels und Restaurants. Weingüter. Einkaufen,* Dumont 2002.
- **Slow Food.** *Unterwegs zu Wein und Kultur. Südtoskana, Montalcino, Montepulciano,* Hallwag 2002.
- **Hellmuth Zwecker/Manuela Zardo:** *Trattorie del Chianti. Ländliche Küche der toskanischen Hügellandschaft,* Hugendubel 1996. Vom gleichen Autor und in gleicher Ausstattung *Cappellaio Pazzo. Die toskanische Fischküche* (1991) und *Il Cibrèo di Firenze. Vom Essen und Trinken in Florenz* (1996).
- **Veronelli,** *Restaurants in Italien,* Vehling 2002 ff. Für Italien aussagekräftiger als der frankophone *Michelin.*
- **Restaurantführer Italien,** *Nord und Rom,* Hallwag 2001 ff. Dt. Ausgabe des *Gambero Rosso,* die Alternative zum *Veronelli.*
- **Emanuela Stramana:** *Die echte Küche der Toskana. Originalrezepte und Geschichten,* Seehamer 2000. Sehr seriös und authentisch.

- Hilfreich bei der Suche nach exquisiten (nicht notwendigerweise teuren) Unterkünften ist der **Guide de Charme,** *Hotels und Landgasthäuser mit Charme in Italien,* GeoCenter 2002 ff. Alternativ: **Kleine Hotels mit Charme,** *Toskana und Umbrien,* Christian 2003 ff.

Wein

- **Veronelli,** *Weine aus Italien,* Heyne 2001 ff.
- **Vini d'Italia,** Gambero Rosso/Hallwag 2000 ff.
- **Maureen Ashley:** *Toskana. Hugh Johnsons Weinreisen,* Hallwag 2000.
- **Norbert Lewandowski:** *Die Weine der Toskana,* Collection Rolf Heyne 2003.

Bildbände

Die meisten eignen sich bloß zum Verschenken (wofür sie wohl auch gedacht sind). Zu den lobenswerten Ausnahmen zählen:

- **Bruno Racine:** *Lebenskunst in der Toskana,* Gerstenberg 2000.
- **Ana Bini (u. a.):** *Toskana. Die Kunst zu leben,* Collection Rolf Heyne 2002.
- **Wolftraud de Concini:** *Das große Toskana-Buch,* Ellert & Richter 2000.
- **Scalini/Marton:** *Florenz,* Hirmer 1999.
- **Bentley/Palmer:** *Die schönsten Dörfer der Toskana,* Gerstenberg 1997. *Die schönsten Landstädte der Toskana,* Gerstenberg 2001.
- **Dieter Richter (u. a.):** Toskana, Bucher 2001.
- **Christian Prager (u. a.):** *Toscana,* Reich/Luzern 2001.
- **Dorothea Ritter:** *Florenz und die Toskana. Fotografien 1840-1900,* Edition Braus 1997.

Kunstbände

- **Die Kunst der italienischen Renaissance,** *Architektur, Skulptur, Malerei, Zeichnung,* Könemann 1994. Umfassend, empfehlenswert; häufig im Sonderangebot zu finden.
- **Wandmalerei der Frührenaissance in Italien,** 2 Bände, Hirmer 1996.
- **Uffizien und Palazzo Pitti,** Hirmer 1994.
- **Italienische Malerei.** *Die Uffizien, Florenz.* Taschen 2000.
- **Die Brancacci-Kapelle,** Metamorphosis 1994.
- **Sienesische Malerei,** Dumont 1997.
- **Wolfram Prinz:** *Die Storia, oder die Kunst des Erzählens in der italienischen Malerei und Plastik des späten Mittelalters und der Frührenaissance,* 1260-1460, 2 Bde., Philipp von Zabern 2000.
- **Werner Jacobsen:** *Die Maler von Florenz zu Beginn der Renaissance,* Deutscher Kunstverlag München 2000.
- **Fernand Braudel:** *Modell Italien, 1450-1650.* Klett-Cotta 1999. Exzellent bebilderte Abhandung des großen französischen Historikers.
- **Monografien.** „Klassiker" sind die Bände des Mailänder Kunstarchivs **Scala** (auf deutsch). Nicht minder preiswert, aber großteils besser betextet, ist die Reihe *Meister der italienischen Kunst* von **Könemann,** (u. a. Botticelli, Brunelleschi, Donatello, Duccio, Fra Angelico, Giotto).

- **Niki de Saint-Phalle:** *Der Tarot-Garten.* Zürich 1999. www.benteliverlag.ch

Background

- **Giorgio Vasari:** *Künstler der Renaissance. Lebensbeschreibungen italienischer Baumeister, Maler und Bildhauer* (1550), Manesse (Auswahl) 2000.
- **Jacob Burckhardt:** *Die Kultur der Renaissance in Italien* (1869), Insel 1997. Der Klassiker, der den Begriff der R. geprägt hat.
- **Zbigniew Herbert:** *Ein Barbar in einem Garten* (1965), Suhrkamp 1996. Schöner Essayband mit Aufsätzen u.a. über Siena, Etrusker, Kirchenbau.
- **Peter Burke:** *Die Renaissance in Italien*, Wagenbach 1992.
- **Ernst Piper:** *Der Aufstand der Ciompi*, Pendo 2000. *Savonarola. Prophet der Diktatur Gottes*, Pendo 1998.
- **Verena Auffermann:** *Das geöffnete Kleid. Von Giorgione zu Tiepolo,* Berlin Verlag 2000. Essays u. a. zu Uccello, Piero della Francesca, Pontormo.
- **Millard Meiss:** *Malerei in Florenz und Siena nach der großen Pest. Künste, Religion und Gesellschaft in der Mitte des 14. Jahrhunderts,* Verlag der Kunst, Dresden 1999.
- **Samuel Edgerton:** *Giotto und die Erfindung der dritten Dimension,* Verlag der Kunst 2000.
- **Anthony Grafton:** *Leon Battista Alberti, Baumeister der Renaissance,* Berlin Verlag 2002.
- **Ross King:** *Das Wunder von Florenz. Architektur und Intrige: Wie die schönste Kuppel der Welt entstand,* Knaus 2000.
- **Horst Bredekamp:** *Florentiner Fußball. Die Renaissance der Spiele,* Wagenbach 2001.
- **Sandro Botticelli.** *La Primavera,* Wagenbach 2002.
- **Belting/Blume** (Hrsg.): *Malerei und Stadtkultur in der Dantezeit,* Hirmer 1989.
- **Maurizio Viroli:** *Das Lächeln des Niccolò. Machiavelli und seine Zeit,* Pendo 2000, Rowohlt TB 2001.
- **Roger D. Masters:** *Fortuna ist ein reißender Fluss. Wie Leonardo da Vinci und Niccolò Machiavelli die Geschichte verändern wollten,* List 2000.
- **Roland Le Mollé:** *Giorgio Vasari. Im Dienst der Medici,* Klett-Cotta 1998.
- **Iris Origo:** *Im Namen Gottes und des Geschäfts. Lebensbild eines toscanischen Kaufmanns der Frührenaissance,* Wagenbach 1997. *Toskanisches Tagebuch 1943/44. Kriegsjahre im Val d'Orcia,* Beck 1991.
- **Christiane Kohl:** *Villa Paradiso. Als der Krieg in die Toskana kam,* Goldmann 2002.
- **Friederike Hausmann:** *Kleine Geschichte Italiens von 1943 bis Berlusconi,* Wagenbach 2002. (Hg.) *Berlusconis Italien – Italien gegen Berlusconi,* Wagenbach 2002. *Machiavelli und Florenz. Eine Welt in Briefen,* dtv 2001.

Reisebeschreibungen

- **D.H. Lawrence:** *Etruskische Orte* (1932), Wagenbach 1999.
- **Stendhal:** *Reise in Italien. Rom – Neapel – Florenz* (1817), Diederichs 1996.

- **Charles Dickens:** *Bilder aus Italien* (1845), Winkler 1997.
- **Heinrich Heine:** *Reisebilder* (1822-1846), Goldmann 1994.
- **Rainer M. Rilke:** *Das Florenzer Tagebuch* (1898), Insel 1996.
- **Peter Kammerer/Ekkehart Krippendorf:** *Reisebuch Italien. Von Südtirol bis zur Toskana,* Rotbuch 1998. Überarbeitete Neuauflage des legendären „Alternativreisebuchs" von 1979.

Belletristik

- **Dante Alighieri:** *Die Göttliche Komödie,* Insel 2002, dtv 2000.
- **Giovanni Boccaccio:** *Der Decamerone* (2 Bde.), Manesse 2001.
- **Franco Sacchetti:** *Die wandernden Leuchtkäfer. Renaissancenovellen aus der Toscana* (2 Bde.), Wagenbach 1991.
- **Niccolò Machiavelli:** *Geschichte von Florenz,* Manesse 1993. *Der Fürst,* Insel 2001. *Discorsi,* Insel 2000.
- **Baldassare Castiglione:** *Der Hofmann,* Wagenbach 1999. „Ratgeber"-Bestseller für den Mann von Welt der Renaissance.
- **Benvenuto Cellini:** *Mein Leben,* Manesse 2000. Neuübersetzung der berühmten Autobiographie.
- **Vasco Pratolini:** *Chronik armer Liebesleute* (1947), Beck & Glückler 1989. Der Chronist des Florenz der kleinen Leute.
- **E.M. Forster:** *Zimmer mit Aussicht* (1908), btb 1998. *Der* Klassiker angelsächsischer Toscanasehnsucht.
- **Nino Filastò:** *Alptraum mit Signora; Der Irrtum des Dottore Gambassi u. a.,* Aufbau TB 1999 ff. Literarische Kriminalromane aus Florenz.
- **Magdalen Nabb:** *Tod in Florenz* u.a., Diogenes. Die „Donna Leon von Florenz" lebt seit 1975 in der Toscana.
- **Robert Gernhardt:** *Ich Ich Ich,* Heyne 1999. Köstliche Satire über Selbstverwirklichung und Toscana-Therapie, Heyne 1998.
- **Kinta Beevor:** *Der Garten im Himmel,* Heyne 2002. Erinnerungen (engl. *A Tuscan Childhood).*
- **Frances Mayes:** *Das Paradies heißt Bramasole,* Goldmann TB 2001. Von Glück und Unglück des eigenen Häuschens (engl. *Under the Tuscan Sun). Rückkehr ins Paradies,* Blessing 2001.
- **Marianne Schneider (Hg.):** *Florenz. Eine literarische Einladung,* Wagenbach 2002.
- **Andreas Beyer (Hg.):** *Toskana. Ein literarisches Landschaftsbild,* Insel 2001.

Sprache

- **Ela Strieder:** *Italienisch Wort für Wort,* Reise Know-How Verlag, 2002.
- **Michael Blümke:** *Italo Slang – das andere Italienisch,* Reise Know-How Verlag, 2002.
- **Michael Blümke:** *Italienisch für Opernfans,* Reise Know-How Verlag, 1999.
- **Michael Blümke:** *Italienisch kulinarisch Wort für Wort,* Reise Know-How Verlag, 2002.

HILFE!

Dieses Reisehandbuch ist gespickt mit unzähligen Adressen, Preisen, Tipps und Infos. Nur vor Ort kann überprüft werden, was noch stimmt, was sich verändert hat, ob Preise gestiegen oder gefallen sind, ob ein Hotel, ein Restaurant immer noch empfehlenswert ist oder nicht mehr, ob ein Ziel noch oder jetzt erreichbar ist, ob es eine lohnende Alternative gibt usw.

Unsere Autoren sind zwar stetig unterwegs und versuchen, alle zwei Jahre eine komplette Aktualisierung zu erstellen, aber auf die Mithilfe von Reisenden können sie nicht verzichten.

Darum: Schreiben Sie uns, was sich geändert hat, was besser sein könnte, was gestrichen bzw. ergänzt werden soll. Nur so bleibt dieses Buch immer aktuell und zuverlässig. Wenn sich die Infos direkt auf das Buch beziehen, würde die Seitenangabe uns die Arbeit sehr erleichtern. Gut verwertbare Informationen belohnt der Verlag mit einem Sprechführer Ihrer Wahl aus der über 150 Bände umfassenden Reihe „Kauderwelsch" (siehe unten).

Bitte schreiben Sie an:

REISE KNOW-HOW Verlag Peter Rump GmbH, Osnabrücker Str. 79

D-33649 Bielefeld, oder per e-mail an: info@reise-know-how.de

Danke!

Kauderwelsch-Sprechführer – sprechen und verstehen rund um den Globus

Afrikaans ● Albanisch ● Amerikanisch - *American Slang, More American Slang* ● Amharisch ● Arabisch - Hocharabisch, für Ägypten, Algerien, Golfstaaten, Irak, Jemen, Marokko, Palästina-Syrien, Sudan, Tunesien ● Armenisch ● *Bairisch* ● Baskisch ● Bengali ● *Berlinerisch* ● Brasilianisch ● Bulgarisch ● Balinesisch* ● Burmesisch ● Cebuano ● Chinesisch ● Dänisch ● *Deutsch - Allemand, Duits, German, Nemjetzkii, Tedesco* ● *Elsässisch* ● Englisch - *British Slang, Australian Slang, Canadian Slang, Neuseeland Slang*, für Australien ● Esperanto ● Estnisch ● Finnisch ● Französisch - für Frankreich, für Restaurant & Supermarkt, für den Senegal, für Tunesien, *Französisch Slang, Franko-Kanadisch* ● Galicisch ● Georgisch ● Griechisch ● Guarani ● Hausa ● Hebräisch ● Hieroglyphisch ● Hindi ● Indonesisch ● Irisch-Gälisch ● Isländisch ● Italienisch - *Italienisch-Slang,* für Opernfans, kulinarisch* ● Japanisch ● Javanisch ● Jiddisch ● Kantonesisch ● Kasachisch ● Katalanisch ● Khmer ● Kisuaheli ● Kinyarwanda ● *Kölsch* ● Koreanisch ● Kroatisch ● Kurdisch ● Laotisch ● Lettisch ● Lëtzebuergesch ● Lingala ● Litauisch ● Madagassisch ● Makedonisch ● Malaiisch ● Mallorquinisch ● Maltesisch ● Mandinka ● Mongolisch ● Nepali ● Niederländisch ● Norwegisch ● Paschto ● Patois ● Persisch ● Pidgin-English ● *Plattdüütsch* ● Polnisch ● Portugiesisch ● Quechua ● *Ruhrdeutsch* ● Rumänisch ● Russisch ● *Sächsisch* ● *Schwäbisch* ● Schwedisch ● *Schwiizertüütsch* ● *Scots* ● Serbisch ● Singhalesisch ● Sizilianisch ● Slowakisch ● Slowenisch ● Spanisch - *Spanisch Slang,* für Lateinamerika, für Argentinien, für Chile, für Costa Rica, für Cuba, für die Dominikanische Republik, für Ecuador, für Guatemala, für Honduras, für Mexiko, für Nicaragua, für Panama, für Peru, für Venezuela, kulinarisch* ● Tagalog ● Tamil ● Tatarisch* ● Thai ● Tibetisch ● Tschechisch ● Türkisch ● Ukrainisch ● Ungarisch ● Urdu ● Usbekisch ● Vietnamesisch ● Weißrussisch ● *Wienerisch* ● Wolof

toscana
italien 1:200 000
umbrien
italien 1:200 000
ligurien/piemont
italien 1:250 000

Alle Reiseführer von Reise

Reisehandbücher
Urlaubshandbücher
Reisesachbücher
Rad & Bike

Afrika, Bike-Abenteuer
Afrika, Durch
Agadir, Marrakesch und Südmarokko
Ägypten
Alaska ⇗ Canada
Algerische Sahara
Amrum
Amsterdam
Andalusien
Äqua-Tour
Argentinien, Uruguay und Paraguay
Äthiopien
Auf nach Asien!

Bahrain
Bali und Lombok
Bali, die Trauminsel
Bali: Ein Paradies ...
Bangkok
Barbados
Barcelona
Berlin
Borkum
Botswana
Bretagne
Budapest
Bulgarien

Cabo Verde
Canada West, Alaska
Canadas Ost, USA NO
Chile, Osterinseln
China Manual
Chinas Norden
Chinas Osten
Costa Blanca
Costa Brava
Costa de la Luz
Costa del Sol
Costa Dorada
Costa Rica
Cuba

Dalmatien
Dänemarks Nordseeküste
Dominik. Republik
Dubai, Emirat

Ecuador, Galapagos
El Hierro
England – Süden
Erste Hilfe unterwegs
Europa BikeBuch

Fahrrad-Weltführer
Fehmarn
Florida
Föhr
Fuerteventura

Gardasee
Golf v. Neapel, Kampanien
Gomera
Gran Canaria
Großbritannien
Guatemala

Hamburg
Hawaii
Hollands Nordseeins.
Honduras
Hongkong, Macau

Ibiza, Formentera
Indien – Norden
Indien – Süden
Irland
Island
Israel, palästinens. Gebiete, Ostsinai
Istrien, Velebit

Jemen
Jordanien
Juist

Kairo, Luxor, Assuan
Kalifornien, USA SW
Kambodscha
Kamerun
Kanada ⇗ Canada
Kapverdische Inseln
Kenia
Korfu, Ionische Inseln
Krakau, Warschau
Kreta
Kreuzfahrtführer

Ladakh, Zanskar
Langeoog
Lanzarote
La Palma
Laos
Lateinamerika BikeB.
Libanon
Libyen
Ligurien
Litauen
Loire, Das Tal der
London

Madagaskar
Madeira
Madrid
Malaysia, Singap., Brun.
Mallorca
Mallorca, Reif für
Mallorca, Wandern
Malta
Marokko
Mecklenb./Brandenb.: Wasserwandern
Mecklenburg-Vorp. Binnenland
Mexiko
Mongolei
Motorradreisen
München
Myanmar

Namibia
Nepal
Neuseeland BikeBuch
New Orleans
New York City
Norderney
Nordfriesische Inseln
Nordseeküste NDS
Nordseeküste SLH
Nordseeinseln, Dt.
Nordspanien
Nordtirol
Normandie

Oman
Ostfriesische Inseln
Ostseeküste MVP
Ostseeküste SLH
Outdoor-Praxis

Panama
Panamericana, Rad-Abenteuer
Paris
Peru, Bolivien
Phuket
Polens Norden
Prag
Provence
Pyrenäen

Qatar

Rajasthan
Rhodos
Rom
Rügen, Hiddensee

Sächsische Schweiz
Salzburger Land
San Francisco
Sansibar
Sardinien
Schottland
Schwarzwald – Nord
Schwarzwald – Süd
Schweiz, Liechtenst.
Senegal, Gambia
Simbabwe
Singapur
Sizilien
Skandinavien – Norden
Slowenien, Triest
Spiekeroog
Sporaden, Nördliche
Sri Lanka
St. Lucia, St. Vincent, Grenada
Südafrika
Südnorwegen, Lofoten

Know-How auf einen Blick

Sylt
Syrien

Taiwan
Tansania, Sansibar
Teneriffa
Thailand
Thailand – Tauch- und Strandführer
Thailands Süden
Thüringer Wald
Tokyo
Toscana
Trinidad und Tobago
Tschechien
Tunesien
Tunesiens Küste

Umbrien
USA/Canada
USA/Canada BikeBuch
USA, Gastschüler
USA, Nordosten
USA – der Westen
USA – der Süden
USA – Südwesten, Natur u. Wandern
USA SW, Kalifornien, Baja California
Usedom

Venedig
Venezuela
Vereinigte Arab.Emirate
Vietnam

Westafrika – Sahel
Westafrika – Küste
Wien
Wo es keinen Arzt gibt

Edition RKH

Burma – im Land der Pagoden
Finca auf Mallorca
Durchgedreht – 7 Jahre im Sattel
Geschichten aus d. anderen Mallorca
Goldene Insel
Mallorquinische Reise, Eine
Please wait to be seated!
Salzkarawane, Die
Schönen Urlaub!
Südwärts durch Lateinamerika

Praxis

All Inclusive?
Als Frau allein unterwegs
Canyoning
clever buchen – besser fliegen
Daoismus erleben
Dschungelwandern
Essbare Früchte Asiens
Fernreisen
Fernreisen, Fahrzeug
Fliegen ohne Angst
Fun u. Sport im Schnee
GPS f. Auto, Motorrad
GPS Outdoor
Heilige Stätten Indiens
Hinduismus erleben
Höhlen erkunden
Inline-Skaten Bodensee
Inline Skating
Islam erleben
Kanu-Handbuch
Kreuzfahrt-Handbuch
Küstensegeln
Maya-Kultur erleben
Orientierung mit Kompass und GPS
Paragliding-Handbuch
Pferdetrekking
Reisefotografie
Reisefotografie digital
Reisen und Schreiben
Respektvoll reisen
Richtig Kartenlesen
Safari-Handbuch Afrika
Schutz vor Gewalt und Kriminalität
Schwanger reisen
Selbstdiagnose u. Behandlung unterwegs
Sicherheit/Bärengeb.
Sicherheit/Meer
Sonne, Wind und Reisewetter
Survival-Handbuch, Naturkatastrophen
Tauchen in kalten Gewässern
Tauchen in warmen Gewässern
Transsib – von Moskau nach Peking
Trekking-Handbuch
Tropenreisen
Vulkane besteigen
Was kriecht u. krabbelt in den Tropen
Wein Guide Dtschl.
Wildnis-Ausrüstung
Wildnis-Backpacking
Wildnis-Küche
Winterwandern
Wohnmobil/Indien
Wracktauchen weltweit

KulturSchock

Afghanistan
Ägypten
Brasilien
China
Golf-Emirate, Oman
Indien
Iran
Islam
Japan
KulturSchock
Marokko
Mexiko
Pakistan
Russland
Spanien
Thailand
Türkei
Vietnam

Wo man unsere Reiseliteratur bekommt:

Jede Buchhandlung der BRD, der Schweiz, Österreichs und der Benelux-Staaten kann unsere Bücher beziehen.
Wer trotzdem keine findet, kann alle Bücher über unseren Internet-Shop unter **www.reise-know-how.de** oder **www.reisebuch.de** bestellen.

Register

A

B

C

D

E

F

G

H

I, J

K

L

M

N

O

P, Q

R

S

T

U

V

Karten & Abbildungen

Farb-Kartenatlas

S/w-Karten

Danksagung

Für ihre freundliche und hilfreiche Unterstützung danken wir den italienischen *Fremdenverkehrsämtern*, insbesondere **Dr. Italo Somarriello** *(ENIT Deutschland)*, den Mitarbeitern des ENIT-Büros München, **Dr. Leila Pruneti** *(Giunta Regionale Firenze)* sowie den **APT Firenze** und **Lucca** für zusätzliches Bildmaterial.

Dank auch an **Dina** und **Francesco** sowie **Lea** und **Alberto,** die uns viel über ihr Land vermittelt haben, was man nicht aus Büchern lernen kann.

Bildquellennachweis

Alle Schwarzweiß- und Farbabbildungen stammen von **Hella Kothmann** und **Wolf-Eckart Bühler,** außer auf folgenden Seiten (F = Farbbildteil):

Azienda di Promozione Turistica (APT), Firenze: S. 110, 165, 417

Ente Nazionale Italiano per il Turismo (ENIT), München: S. 163, 274, 357, F13 u.r., F18/19 gr. Abb., F19 o. r., F20 o., F21 o.

IN*forma*CITTA', San Giovanni Valdarno: S. 332

Kepler-Kommission der BAdW, München: S. 417

André Pentzien: S. 571, 623

Die Autoren

Hella Kothmann

Geboren in Naila bei Hof, Studium der Literatur- und Kommunikationswissenschaften in München. Arbeitet als freie Autorin, Veröffentlichungen u.a. zur Literatur in Thailand *(Frauen in Thailand,* München 1989, *Das siamesische Lächeln,* Köln 1994) und in Vietnam *(Frauen in Vietnam,* München 1994).

Wolf-Eckart Bühler

Geboren in Hamburg, aufgewachsen in Düsseldorf, Studium in München (Literatur und Theaterwissenschaft). Freier Autor *(Filmkritik, SZ, FAZ, Rundschau ...),* Regisseur und Produzent *(Red Harvest Film)* von Kino- und Fernsehfilmen *(Pharos of Chaos* mit Sterling Hayden, *Der Havarist* mit Burkhard Driest, Hannes Wader, *Amerasia,* Porträts u.a. von Paolo Conte).

Beide unternehmen seit Jahren, teils aus Passion, teils aus Profession, ausgedehnte Reisen quer durch alle Kontinente. An der geschundenen Erde Vietnams und an einem wilden Stück Land in der Toscana ist ihr Herz schließlich hängen geblieben (der Unterschied ist weniger groß, als es den Anschein haben mag; z. B. die gleiche Diskrepanz zwischen *Image* und *Realität).* In der übrigen Zeit wohnen sie in München. In der gleichen Reihe ist (seit 1992) ihr *Reisehandbuch Vietnam* erschienen.

Blattschnitt & Zeichenerklärung

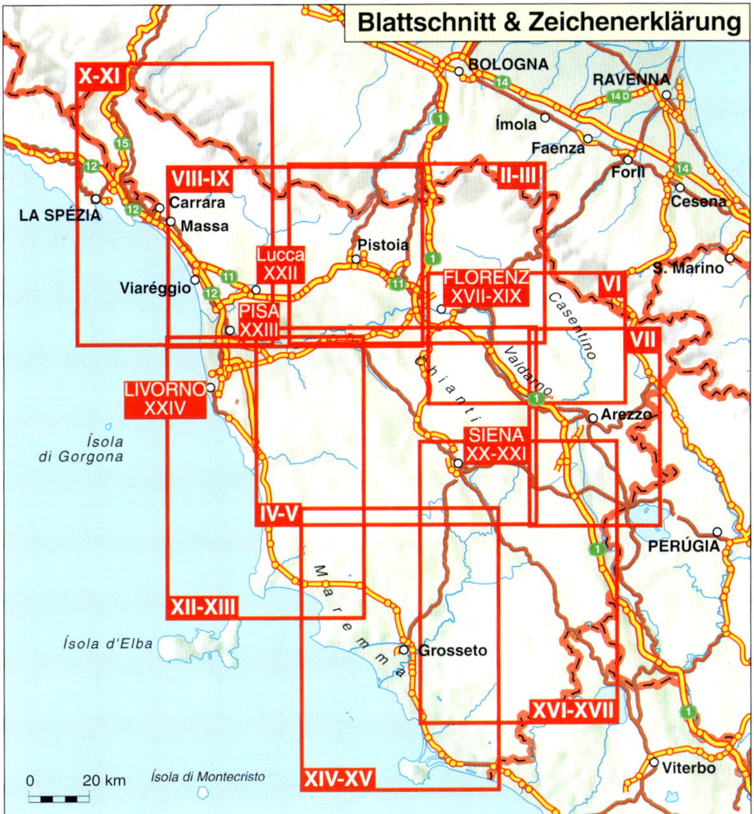

Zeichenerklärung

Autobahn mit Anschlussstelle	Flughafen • Flugplatz
Autobahnraststätte	Kastell • Thermalbad
Schnellstraße	Kirche • Kloster
Fernstraße	Höhle • Ruinenstätte
Hauptstraße	Museum • Post
Nebenstraßen	Hotel • Restaurant
Eisenbahn	Sonstige Sehenswürdigkeit

Farbkarten-Atlas

Módena
M. Cimone
2165
Fanano
Gággio Montano
Silla
Módena
Lizzano in Belvedere
Porretta Terme
Castiglione dei Pépoli
Abetone
Pte. d. Venturina
Corno alla Scale
1945
Cutigliano
Sambuca Pistoiese
Montepiano
632
64
la Lima
S. Marcello Pistoiese
Pracchia
Vico
12
66
Vérnio
Lucca
Pontepetri
Sammommè
M. Battifolle
1109
Prunetta
Piastre
Pitéccio
Castelvécchio
Vaiano
Colognora
Vellano
Capostrada
le Pozze
Pietrabuona
Goraiolo
Pistóia
Montale
325
Villa Basilica
Serravalle Pistoiese
Collodi
Montecatini Terme
Péscia
Uzzano
E76
Prato
Serravalle
Lucca
Montecarlo
Monsummano Terme
Bisenzio
11
Campi Bisénzio
M. Albano
S. Baronto
Lucca
Chiesina Uzzanese
Póggio a Caiano
Lamporécchio
Carmignano
Altopáscio
436
La Ferdinanda
Ponte di Masino
Vinci
Signa
Artimino
Galleno
Cerreto Guidi
Lastra a Signa
Fucécchio
Montelupo Fiorentino
S. Croce sull'Arno
Émpoli
Arno
67
Marcignana
Pontorme
Castelfranco di Sotto
Pisa
Livorno
Siena
Castelfior.
Ponte a Elsa
S. Vincenzo a T.

Farbkarten-Atlas

Vicopisano
Biéntina
Castelfranco di Sotto
S. Croce sull'Arno
Montecatini
Cáscina
67
Pontedera
Ponte a Elsa
S. Miniato
Fontanella
Monte-spértol
Pisa
la Serra
Ponsacco
Casastrada
Castel-fiorentino
Livorno
Paláia
429
Capánnoli
Toiano
Elsa
Montaione
Certaldo
Lorenzana
Péccioli
Gambassi Terme
Casciana Terme
439
S. Vivaldo
la Sterza
il Castagno
S. Luce
S. Gimignano
Castellina Maríttima
Balze
Miemo
Volterra
68
Castèl S. Gimignano
Riparbella
Saline di Volterra
1
Cásole d'Elsa
S. Pietro in Palazzi
Montescudáio
68
439
Cécina
Guardistallo
Casale Marittimo
Pomarance
Mensano
La California
Bibbona
Radicondoli
C o l l i n e M e t a l
Forte di Bibbona
Bólgheri
Larderello
San Guido
1
Canneto
439
Marina di Castagneto-Donoratico
Chius-dino
Castagneto Carducci
Terme del Bagnolo
Monterotondo Maríttimo
Travale
Piombino
Massa M.
Montieri

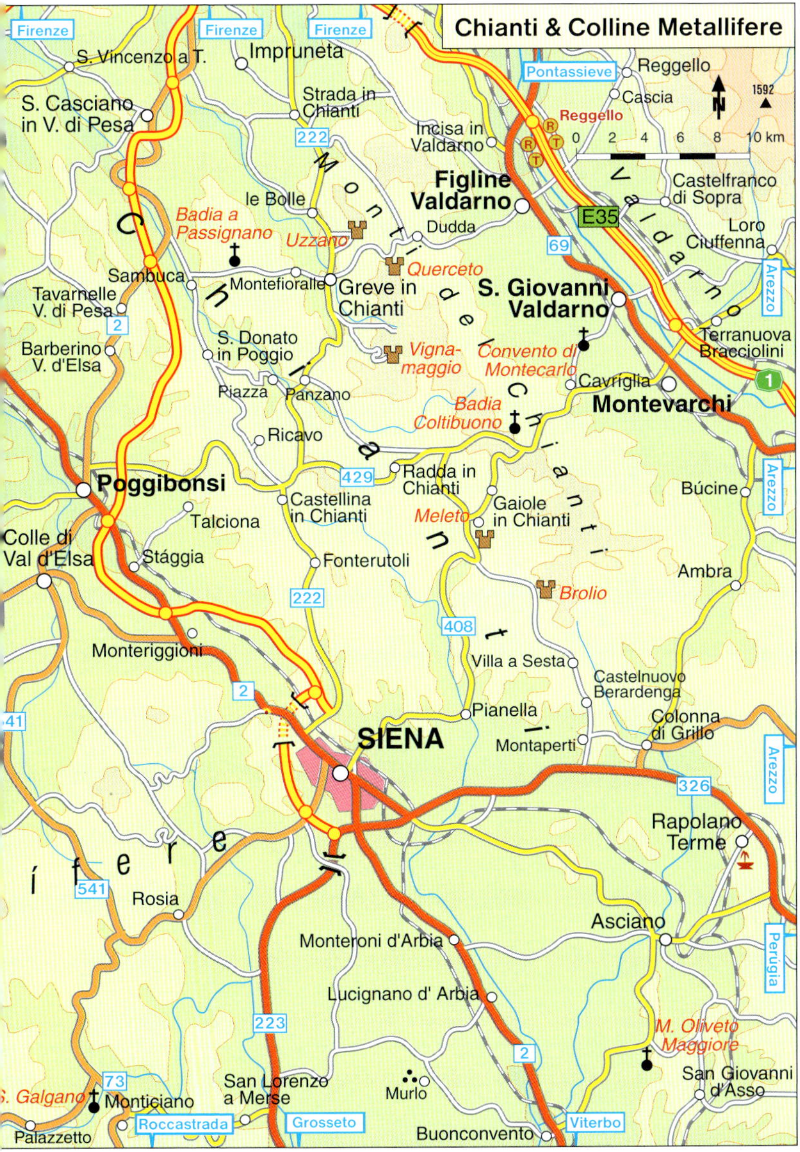
Chianti & Colline Metallifere
Firenze
Firenze
Firenze
S. Vincenzo a T.
Impruneta
S. Casciano in V. di Pesa
Strada in Chianti
222
Incisa in Valdarno
Pontassieve
Reggello
Cascia
Reggello
1592
0 2 4 6 8 10 km
Figline Valdarno
Castelfranco di Sopra
le Bolle
Badia a Passignano
Uzzano
Dudda
E35
69
Loro Ciuffenna
Querceto
Sambuca
Montefioralle
Greve in Chianti
S. Giovanni Valdarno
Tavarnelle V. di Pesa
2
Arezzo
S. Donato in Poggio
Vignamaggio
Convento di Montecarlo
Terranuova Bracciolini
Barberino V. d'Elsa
Piazza
Panzano
Cavriglia
Montevarchi
1
Badia Coltibuono
Ricavo
Poggibonsi
429
Radda in Chianti
Arezzo
Búcine
Castellina in Chianti
Gaiole in Chianti
Talciona
Meleto
Colle di Val d'Elsa
Stággia
Fonterutoli
Ambra
222
Brolio
408
Monteriggioni
Villa a Sesta
Castelnuovo Berardenga
2
Pianella
41
SIENA
Colonna di Grillo
Montaperti
Arezzo
326
Rapolano Terme
541
Rosia
Asciano
Monteroni d'Arbia
Perúgia
Lucignano d' Arbia
223
M. Oliveto Maggiore
2
73
San Lorenzo a Merse
Murlo
San Giovanni d'Asso
S. Galgano
Monticiano
Roccastrada
Grosseto
Viterbo
Palazzetto
Buonconvento
Monti del Chianti
Valdarno
Chianti
Colline Metallifere

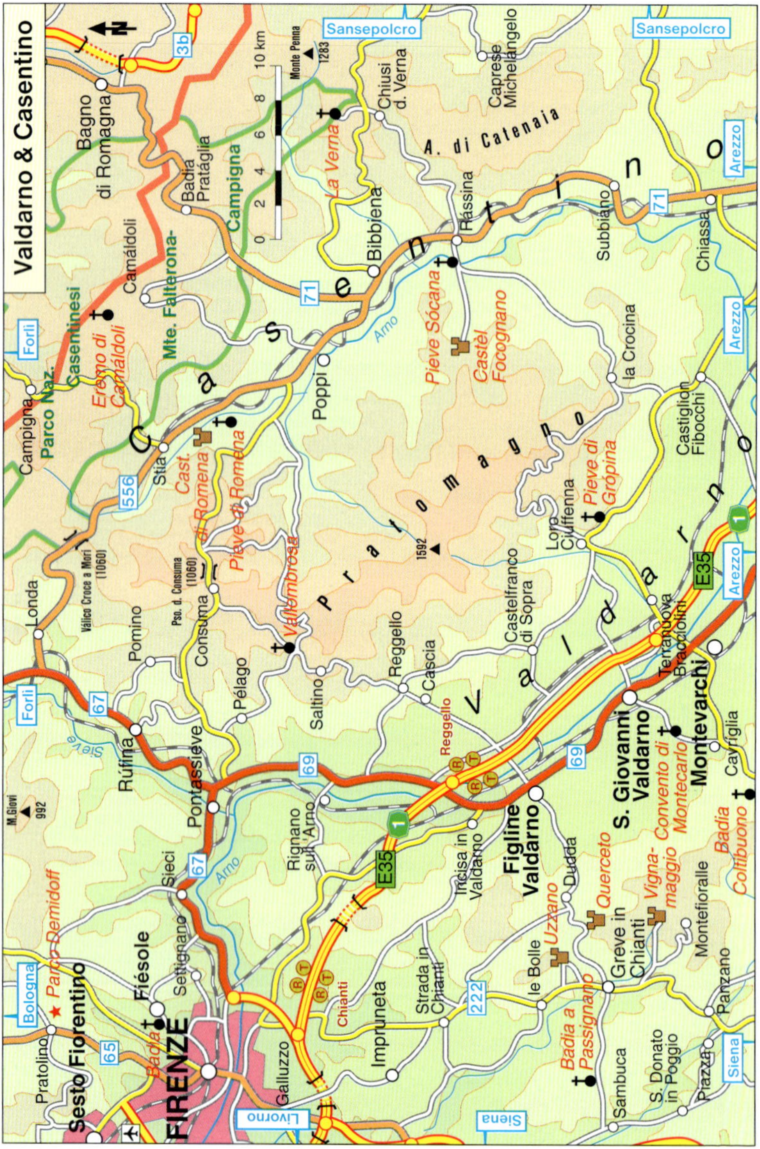
Valdarno & Casentino
Casentino
Pratomagno
Valdarno
Bagno di Romagna
Badia Pratáglia
Camáldoli
Eremo di Camáldoli
Parco Naz. Casentinesi
Mte. Falterona-Campigna
Campigna
Monte Penna 1283
La Verna
Chiusi d. Verna
Caprese Michelangelo
A. di Catenaia
Bibbiena
Rássina
Subbiano
Chiassa
Poppi
Pieve Sócana
Castèl Focognano
la Crocina
Castiglion Fibocchi
Stia
Cast. di Romena
Pieve di Romena
Vállico Croce a Mori (1060)
Pso. d. Consuma (1060)
Londa
Pomino
Consuma
Vallombrosa
1592
Pélago
Saltino
Reggello
Cascia
Castelfranco di Sopra
Loro Ciuffenna
Pieve di Grópina
Terranuova Bracciolini
Montevarchi
Cavriglia
Badia Coltibuono
S. Giovanni Valdarno
Convento di Montecarlo
Figline Valdarno
Incisa in Valdarno
Rignano sull'Arno
Pontassieve
Rúfina
Sieve
M.Giovi 992
Sieci
Arno
Fiésole
Settignano
Parco Demidoff
Sesto Fiorentino
Pratolino
Badia
FIRENZE
Galluzzo
Impruneta
Strada in Chianti
Chianti
le Bolle
Uzzano
Querceto
Dudda
Greve in Chianti
Vigna-maggio
Montefioralle
Badia a Passignano
Sambuca
S. Donato in Poggio
Panzano
Piazza
Sansepolcro
Arezzo
Forlì
Bologna
Livorno
Siena
0 2 4 6 8 10 km

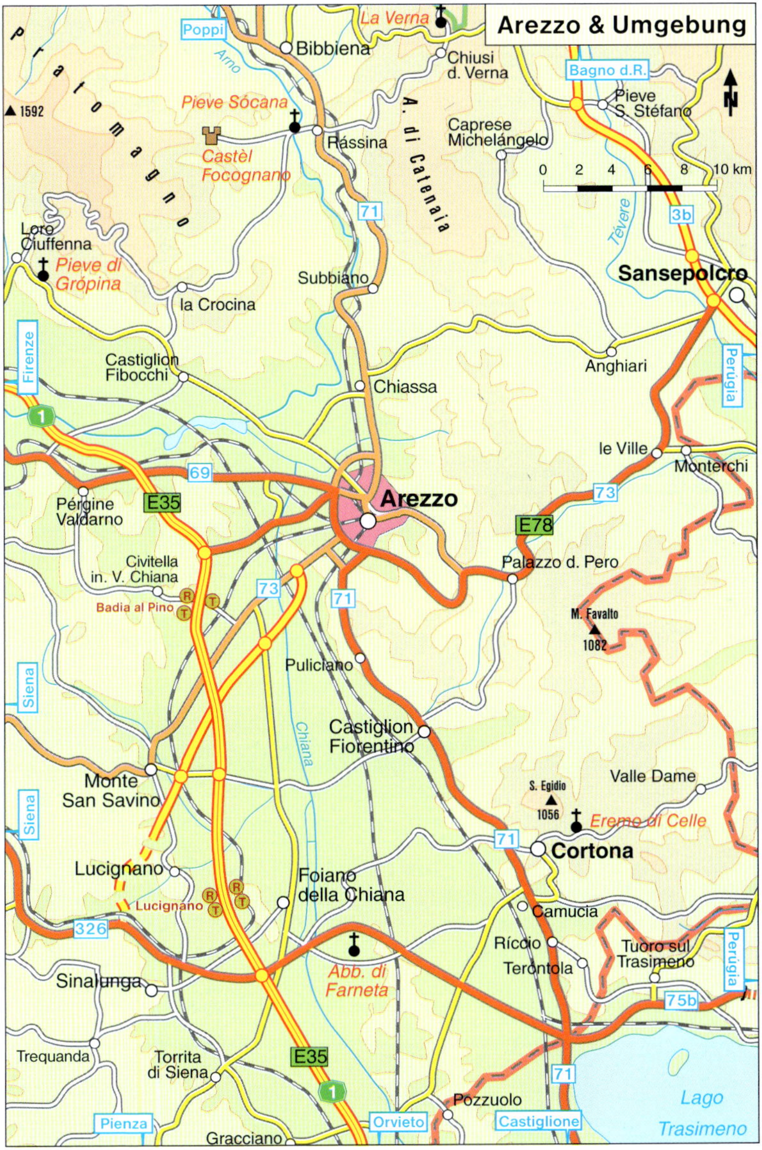

Farbkarten-Atlas

Cásola in Lunigiana
Piazza al Sérchio
Focce di Radici (1529)
Módena
Pievepélago
Módena
S. Pellegrino in Alpe
Equi Terme
Monzone
Sérchio
Castiglione di Garfagnana
Vagli Sopra
Castèlnuovo di Garfagnana
Vagli Sotto
Colonnata
Castelvécchio Páscoli
La Spézia
Ísola Santa
Barga
Arni
1589
M. Altissimo
Gallicano
Coréglia Antelminelli
Grotta del Vento
Fornaci di Barga
Massa
Fornovolasco
Levigliani
Bagni di Lucca
Fórnoli
Seravezza
Stazzema
Borgo a Mozzano
Ponte del Diavolo
Forte d. Marmi
Querceta
S. Anna
Cológnora
Pietrasanta
Camaiore
Pieve di Bráncoli
Versilia
Villa Basilica
Marina di Pietrasanta
S. Martino in Freddana
Marlia
Collodi
Lido di Camaiore
Valpromaro
Parco di Pinocchio
Massarosa
E54
Viaréggio
Quiesa
Monte di Quiesa
Lucca
Capánnori
Porcari
Massaciúccoli
Lago di Massaciúccoli
Torre del Lago Puccini
Marina di Torre del Lago
Migliarino
Vecchiano
Migliarino
S. Giuliano Terme
Monte Pisano
917
439
San Rossore
Certosa di Pisa
Gombo
PISA
Vicopisano
Biéntina
Arno
Livorno
Volterra
Volterra

Farbkarten-Atlas

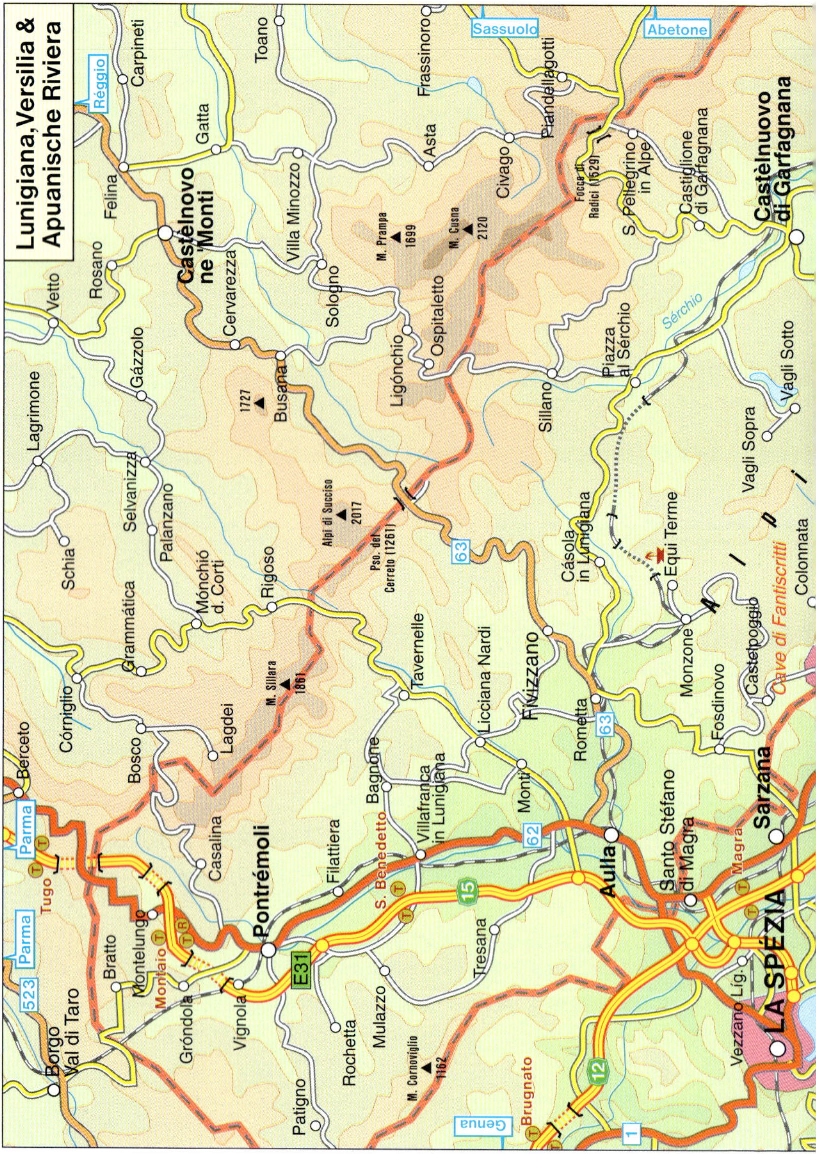
Lunigiana, Versilia & Apuanische Riviera
Réggio
Sassuolo
Abetone
Parma
Parma
Genua
523
E31
15
12
1
62
63
63
Carpineti
Toano
Frassinoro
Piandelagotti
Gatta
Felina
Castelnovo ne' Monti
Villa Minozzo
Asta
Civago
Rosano
Vetto
Cervarezza
Sologno
M. Prampa 1699
M. Cusna 2120
Foce di Radici (1529)
S. Pellegrino in Alpe
Castiglione di Garfagnana
Castelnuovo di Garfagnana
Lagrimone
Gàzzolo
Busana
1727
Ligónchio
Ospitaletto
Piazza al Sérchio
Sérchio
Vagli Sotto
Vagli Sopra
Sillano
Schia
Selvanizza
Palanzano
Mónchio d. Corti
Rigoso
Alpi di Succiso 2017
Pso. del Cerreto (1261)
Cásola in Lunigiana
Equi Terme
Colonnata
Grammática
Córniglio
Berceto
Bosco
Lagdei
M. Sillara 1861
Tavernelle
Licciana Nardi
Fivizzano
Monzone
Castelpoggio
Cave di Fantiscritti
Alpi
Rometta
Fosdinovo
Bagnone
Villafranca in Lunigiana
Monti
Casalina
Pontrémoli
Filattiera
S. Benedetto
Aulla
Santo Stéfano di Magra
Sarzana
Magra
Tugo
Bratto
Montelungo
Montaio
Gróndola
Vignola
Borgo Val di Taro
Rochetta
Mulazzo
Tresana
M. Cornoviglio 1162
Patigno
Brugnato
Vezzano Líg.
La Spezia

Barga
Coreglia Antelminelli
Fornoli
Abetone
Pistóia
Firenze
Lucca
Castelvecchio Páscoli
Fornaci di Barga
Borgo a Mozzano
Pieve di Brancoli
S. Martino in Freddana
Gallicano
Fornovolasco
Grotta del Vento
Isola Santa
A p u a n e
Arni
1589
M. Altissimo
Levigliani
Stazzema
S. Anna
Seravezza
Querceta
Pietrasanta
Camaiore
Valpromaro
Massarosa
Monte di Quiesa
Massaciúccoli
Lago di Massaciúccoli
Migliarino
Vecchiano
S. Giuliano Terme
PISA
Monte Pisano
917
Certosa di Pisa
Carrara
Massa
Forte dei Marmi
Marina di Pietrasanta
Lido di Camaiore
Viaréggio
Versilia
Quiesa
E54
Torre del Lago Puccini
Marina di Torre del Lago
Migliarino
San Rossore
Gombo
Arno
Livorno
Lérici
Tellaro
Montemarcello
Améglia
Luni
Marina di Carrara
Marina di Massa
Portovénere
L I G U R I S C H E S
M E E R
0 2 4 6 8 10 km

Pisanische und Etruskische Riviera
Firenze
Lucca
Pisa
Siena
Korsika
Sardinien
LIVORNO
Cáscina
Cécina
Volterra
Pontedera
Ponsacco
Vicopisano
Arnáccio
Vicarello
Collesalvetti
Torretta
Lorenzana
Capánnoli
Casciana Terme
Péccioli
Paláia
la Serra
Casastrada
Toiano
Montaione
S. Vivaldo
il Castagno
la Sterza
Balze
Saline di Volterra
Pomarance
Miemo
Castellina Marittima
S. Luce
Riparbella
Guardistallo
Casale Marittimo
Montescudáio
Fine
Savalano
Rosignano Marittimo
Gabbro
Montenero
Castagnolo
San Piero a Grado
San Rossore
Arno
Marina di Pisa
Tirrénia
Calambrone
Ardenza
Antignano
Calafúria
Quercianella
Castiglioncello
Rosignano Solvay
Vada
S. Pietro in Palazzi
Marina di Cécina
Cécina
1
67
206
439
68

Colline Metallífere
Maremma
LIGURISCHES MEER
Golfo di Follónica
Golfo di Baratti
Ísola d'Elba
Siena
Grosseto
439
1
La California
Bibbona
Forte di Bibbona
Bólgheri
San Guido
Marina di Castagneto-Donoratico
Castagneto Carducci
Canneto
Larderello
Terme del Bagnolo
Monterotondo Marittimo
Sassetta
Suvereto
Rocca di S. Silvestro
Campiglia Marittima
Venturina
San Vincenzo
Riva degli Etruschi
Baratti
Populónia
288
Piombino
Follónica
Massa Marittima
Lago dell'Accesa
Valpiana
Scarlino Scalo
Gavorrano
Scarlino
0 2 4 6 8 10 km
N

Maremma
Montepulciano
Castel d. Piano
Arcidosso
Siena
Siena
Volterra
Cécina
Buonconvento
Montalcino
Sant' Ángelo in Colle
Murlo
Bagni di Petriolo
Merse
Cinigiano
Granaione
Pagánico
Campagnático
Arcille
Ombrone
Istia d'Ombrone
San Lorenzo a Merse
Monticiano
Civitella Marittima
Roccastrada
E78
223
73
441
439
439
322
Roselle
Roselle
Montepescali
Batignano
S. Galgano
Chiusdino
Palazzetto
Boccheggiano
Roccatederighi
Ribolla
Montemassi
Braccagni
Vetulonia
Vetulónia
Travale
Montieri
Gabellino
Massa Marittima
Grilli
Macchiascandona
Tirli
Lago dell' Accesa
Ghirlanda
Gavorrano
Scarlino
Scarlino Scalo
Pian d'Alma
Terme del Bagnolo
Monterotondo Marittimo
Valpiana
Montebamboli
Follónica
Punta Ala
Le Rocchette
Mar Tirreno
Mare

Manciano
Pitigliano
Civitavécchia
Montemerano
Poggi Alti
651
74
Albegna
Marsiliana
Péscia Fiorentina
Capálbio
Giardino dei Tarocchi
Capálbio Stazione
Lago di Burano
Pereta
Scansano
Magliano in Toscana
Montiano
Albínia
Laguna di Orbetello
Orbetello Scalo
Cosa
Ansedónia
Port 'Ércole
Orbetello
Monte Argentario
635
1
Fonteblanda
Talamone
Monti dell' Uccellina
Rispescia
Alberese
Grosseto
Marina di Alberese
Principina a Mare
Marina di Grosseto
Castiglione della Pescaia
Parco Nat. d. Maremma
Porto Santo Stéfano
THYRRHENISCHES MEER
Formiche di Grosseto
Parco Nazionale dell' Arcipelago Toscano
Gíglio Castello
Gíglio Porto
Gíglio Campese
Í. del Gíglio
0 2 4 6 8 10 km
N

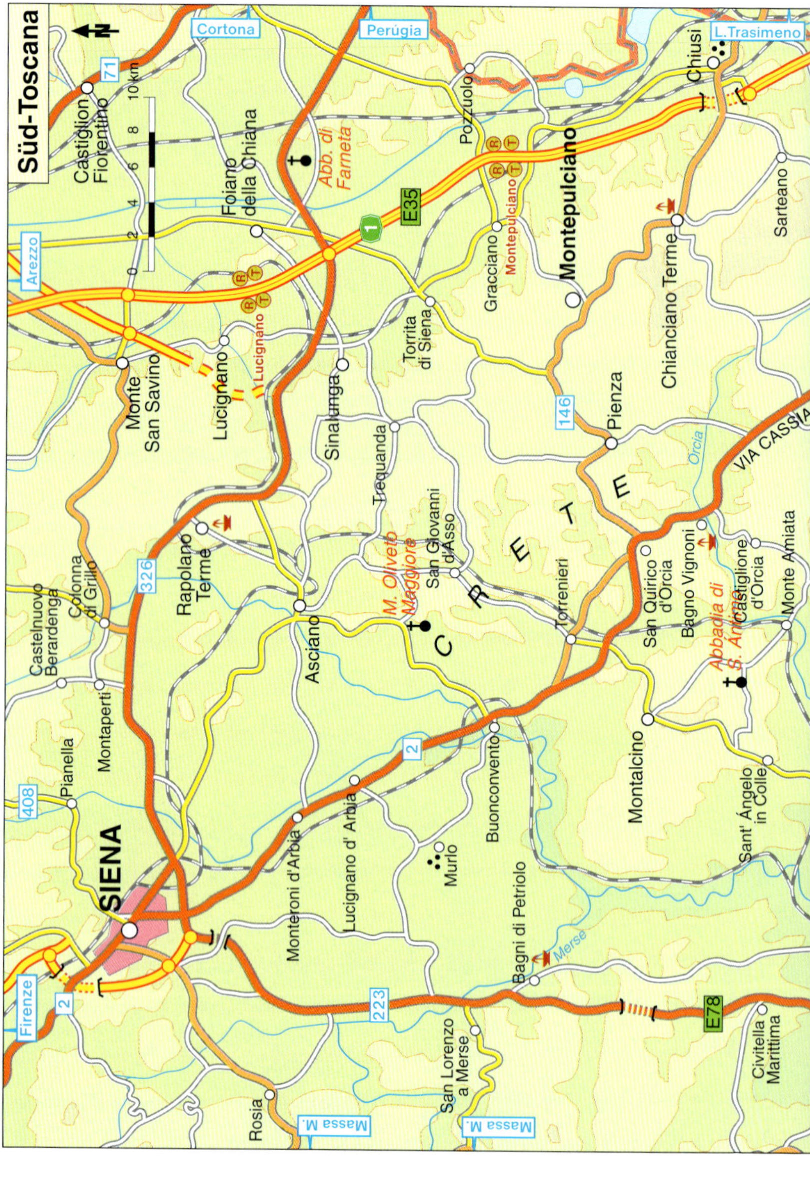
Süd-Toscana
0 2 4 6 8 10 km
Cortona
Perúgia
L. Trasimeno
Arezzo
Firenze
Massa M.
Massa M.
Castiglion Fiorentino
Foiano della Chiana
Abb. di Farneta
Pozzuolo
Chiusi
Montepulciano
Gracciano
Montepulciano
Sarteano
Chianciano Terme
Torrita di Siena
Sinalunga
Lucignano
Lucignano
Monte San Savino
Trequanda
Pienza
Orcia
VIA CASSIA
C R E T E
San Giovanni d'Asso
M. Oliveto Maggiore
Rapolano Terme
Asciano
Torrenieri
San Quirico d'Orcia
Bagno Vignoni
Castiglione d'Orcia
Abbadia di S. Antimo
Monte Amiata
Colonna di Grillo
Castelnuovo Berardenga
Montaperti
Pianella
SIENA
Monteroni d'Arbia
Lucignano d' Arbia
Murlo
Buonconvento
Montalcino
Sant' Ángelo in Colle
Bagni di Petriolo
Merse
San Lorenzo a Merse
Rosia
Civitella Marittima
E35
E78
1
2
71
146
326
408
223
R
T

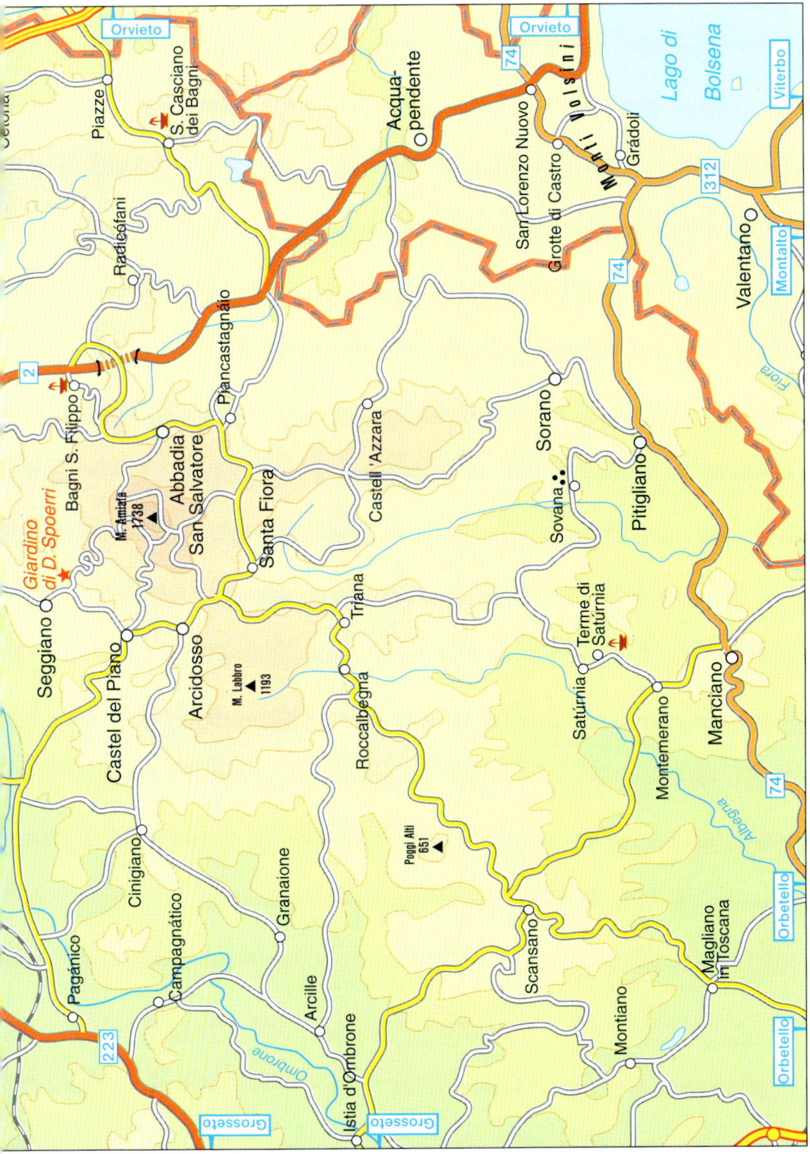
Orvieto
Orvieto
Piazze
S. Casciano dei Bagni
Acqua-pendente
San Lorenzo Nuovo
Monti Volsini
Lago di Bolsena
Viterbo
Grádoli
Grotte di Castro
312
Valentano
Montalto
74
74
74
2
223
Radicófani
Piancastagnáio
Bagni S. Filippo
Abbadia San Salvatore
M. Amiata 1738
Giardino di D. Spoerri
Santa Fiora
Castell 'Azzara
Sorano
Sovana
Pitigliano
Fiora
Seggiano
Castel del Piano
Arcidosso
M. Labbro 1193
Triana
Roccalbegna
Terme di Satúrnia
Satúrnia
Montemerano
Manciano
Albegna
Poggi Alti 651
Cinigiano
Granaione
Campagnático
Pagánico
Arcille
Ombrone
Istia d'Ombrone
Grosseto
Grosseto
Scansano
Montiano
Magliano in Toscana
Orbetello
Orbetello

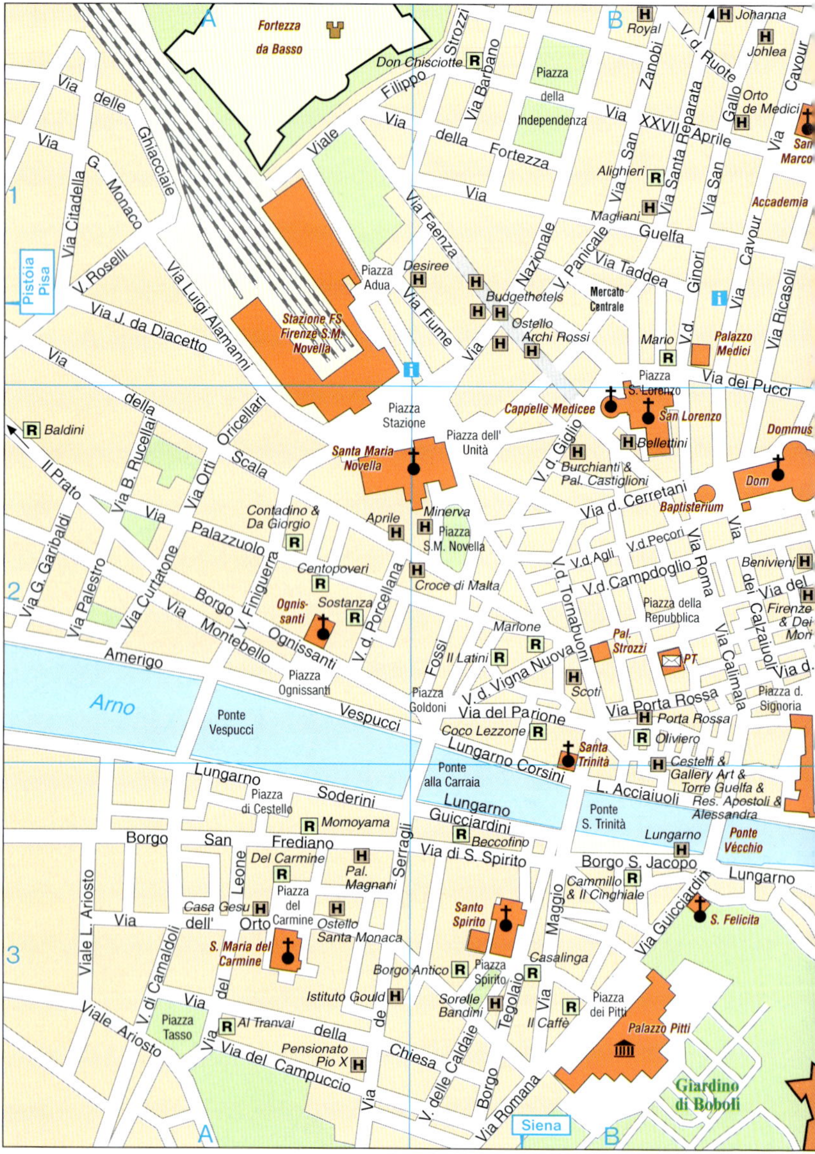
A
B
1
2
3
Fortezza da Basso
Don Chisciotte R
Via Filippo Strozzi
Via Barbano
Piazza della Independenza
Royal H
Johanna H
Johlea H
V. d. Ruote
Via Zanobi
Orto de Medici H
Via Cavour
San Marco
Accademia
Via XXVII Aprile
Via Santa Reparata
Via San Gallo
Via delle Ghiacciaie
Via G. Monaco
Via Citadella
Viale
Via della Fortezza
Via Guelfa
Alighieri R
Magliani H
Via San Zanobi
Via Nazionale
V. Panicale
Via Taddea
Via Ginori
Via San
Pistóia Pisa
V. Roselli
Via Luigi Alamanni
Via J. da Diacetto
Via Faenza
Piazza Adua
Desiree H
Budgethotels H
Ostello Archi Rossi H
Mercato Centrale
Via Fiume
Stazione FS Firenze S.M. Novella
Mario R
V.d. Ginori
Palazzo Medici
Via Ricasoli
Via dei Pucci
Piazza S. Lorenzo
Cappelle Medicee
San Lorenzo
Dommus
Bellettini H
Via della Scala
Via Oricellari
Baldini R
Piazza Stazione
Piazza dell' Unità
Santa Maria Novella
V. d. Giglio
Burchianti & Pal. Castiglioni H
Dom
Baptisterium
Via d. Cerretani
Il Prato
Via B. Rucellai
Via Orti
Via Palazzuolo
Contadino & Da Giorgio R
Aprile H
Minerva H
Piazza S.M. Novella
V.d. Agli
V.d. Pecori
Via Roma
Via dei Calzaiuoli
Benivieni H
Via del
Firenze & Dei Mori H
Via G. Garibaldi
Via Palestro
Via Curtatone
Borgo Ognissanti
V. Finiguerra
Centopoveri R
Croce di Malta H
V.d. Campdoglio
V.d. Tornabuoni
Piazza della Repubblica
Ognissanti
Sostanza R
V. d. Porcellana
Via Montebello
Amerigo
Piazza Ognissanti
Fossi
Il Latini R
Marione R
V. d. Vigna Nuova
Pal. Strozzi
PT
Via Calimala
Via d.
Piazza d. Signoria
Arno
Ponte Vespucci
Vespucci
Piazza Goldoni
Scoti H
Via del Parione
Via Porta Rossa
Porta Rossa H
Coco Lezzone R
Oliviero R
Lungarno Corsini
Santa Trinità
Cestelli & Gallery Art & Torre Guelfa & Res. Apostoli & Alessandra H
Lungarno Soderini
Piazza di Cestello
Ponte alla Carraia
L. Acciaiuoli
Ponte S. Trinità
Ponte Vécchio
Lungarno Guicciardini
Momoyama R
Beccofino R
Lungarno
Borgo San Frediano
Via Serragli
Via di S. Spirito
Borgo S. Jacopo
Lungarno
Del Carmine R
Pal. Magnani H
Via del Leone
Cammillo & Il Cinghiale R
Via Maggio
Viale L. Ariosto
Casa Gesu H
Piazza del Carmine
Ostello Santa Monaca H
Santo Spirito
Via Guicciardini
S. Felicita
Via dell' Orto
S. Maria del Carmine
Casalinga R
V. di Camaldoli
Borgo Antico R
Piazza Spirito
Istituto Gould H
Sorelle Bandini H
Via Tegolaio
Il Caffè R
Piazza dei Pitti
Palazzo Pitti
Viale Ariosto
Piazza Tasso
Al Tranvai R
Via della Chiesa
Via de
Pensionato Pio X H
Via del Campuccio
Via
V. delle Caldaie
Borgo
Via Romana
Giardino di Boboli
Siena

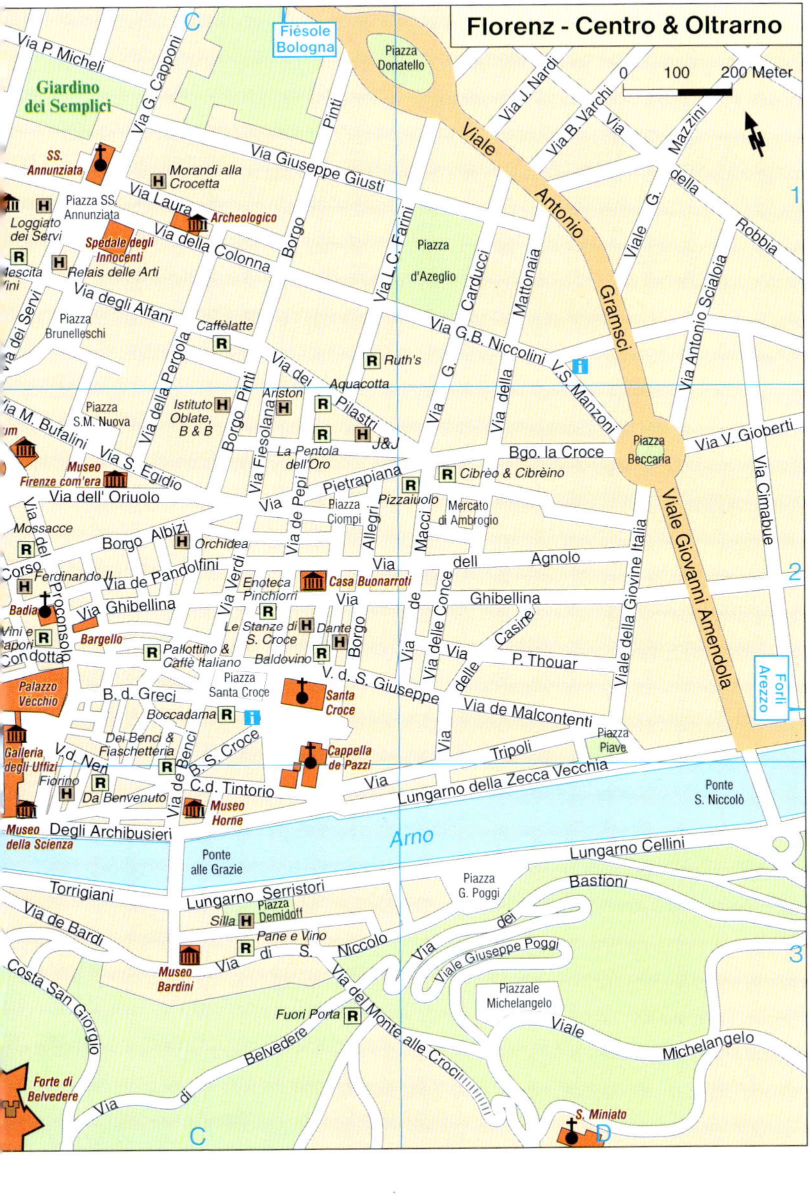

Farbkarten-Atlas

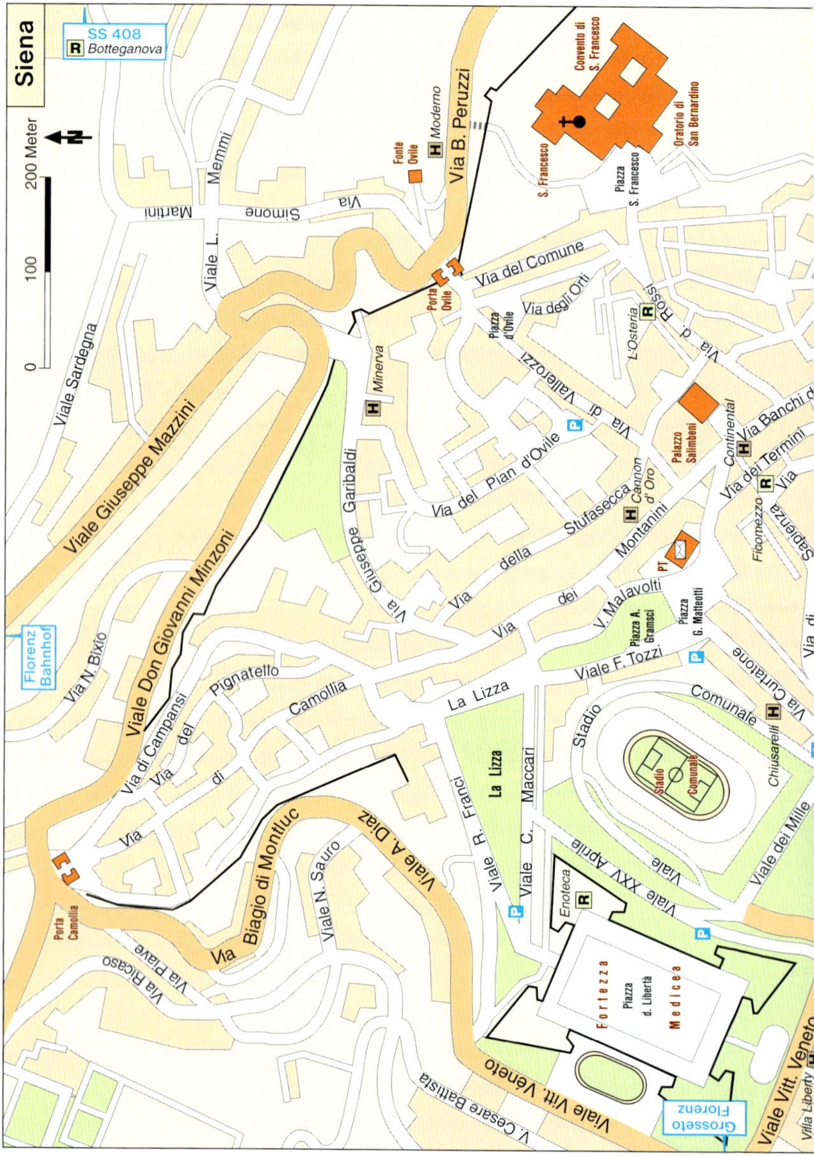
Siena
SS 408
R Botteganova
0
100
200 Meter
N
Florenz Bahnhof
Grosseto Florenz
Viale Sardegna
Viale Giuseppe Mazzini
Viale Don Giovanni Minzoni
Via N. Bixio
Viale L. Memmi
Martini
Via Simone
Fonte Ovile
H Moderno
Via B. Peruzzi
Convento di S. Francesco
Oratorio di San Bernardino
S. Francesco
Piazza S. Francesco
Porta Ovile
Via del Comune
Via degli Orti
Piazza d'Ovile
R L'Osteria
Via d. Rossi
Via di Vallerozzi
P
Palazzo Salimbeni
H Continental
Via Banchi di
Via dei Termini
R Ficomezzo
Via Sapienza
H Minerva
Via Giuseppe Garibaldi
Via del Pian d'Ovile
Via della Stufasecca
H Cannon d'Oro
Via dei Montanini
PT
V. Malavolti
Piazza A. Gramsci
Piazza G. Matteotti
Viale F. Tozzi
Via Curtatone
Via di
Via di Campansi
Via del Pignatello
Via di Camollia
Via
La Lizza
La Lizza
Viale R. Franci
Viale C. Maccari
Stadio Comunale
Stadio Comunale
H Chiusarelli
Viale dei Mille
Viale XXV Aprile
Enoteca R
Fortezza Medicea
Piazza d. Libertà
Porta Camollia
Via Biagio di Montluc
Viale A. Diaz
Viale N. Sauro
Via Piave
Via Ricasoli
V. Cesare Battisti
Viale Vitt. Veneto
Viale Vitt. Veneto
Villa Liberty H

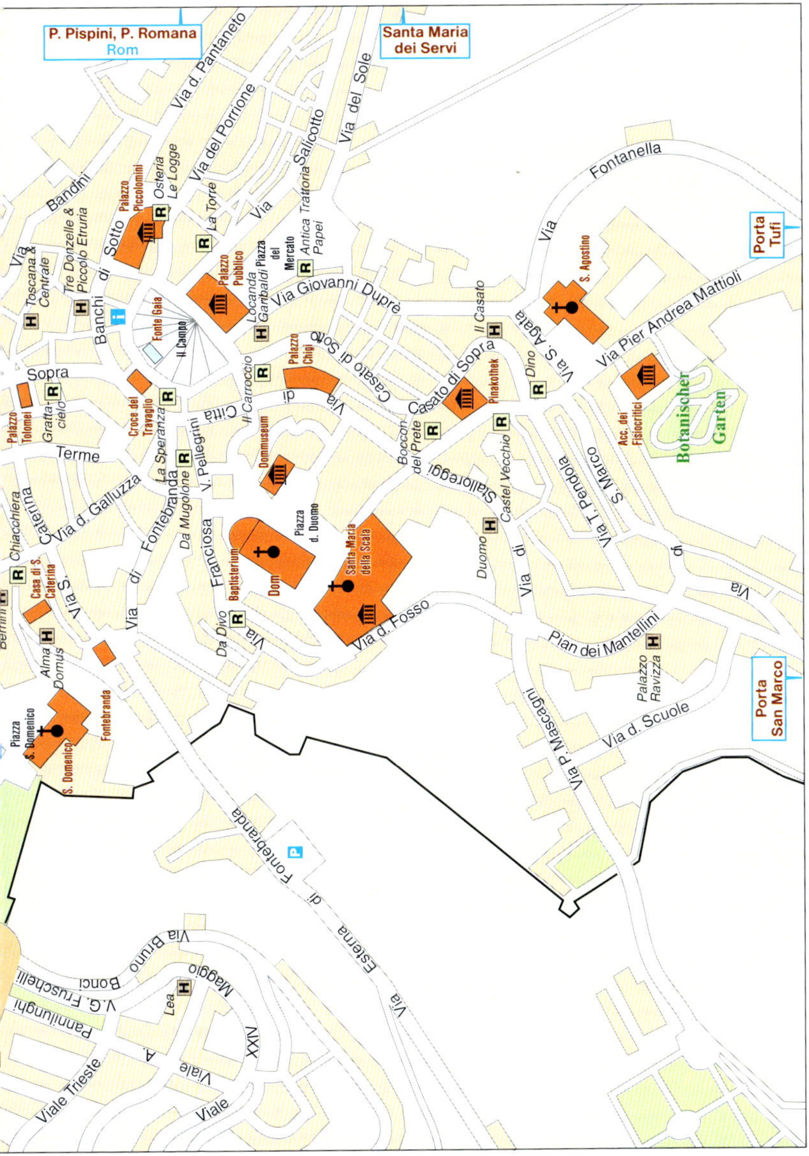
P. Pispini, P. Romana
Rom
Santa Maria dei Servi
Via d. Pantaneto
Via del Porrione
Via del Sole
Via Salicotto
Bandini
Via Toscana & Centrale
Tre Donzelle & Piccolo Etruria
Banchi di Sotto
Palazzo Piccolomini
Osteria Le Logge
La Torre
Palazzo Pubblico
Piazza del Mercato
Antica Trattoria Papei
Locanda Garibaldi
Via Giovanni Duprè
Fonte Gaia
Il Campo
Sopra
Palazzo Tolomei
Gratta-cielo
Croce del Travaglio
La Speranza
Il Carroccio
Palazzo Chigi
Via di Città
Casato di Sotto
Casato di Sopra
Il Casato
Pinakothek
Dino
Via S. Agata
S. Agostino
Via Fontanella
Porta Tufi
Via Pier Andrea Mattioli
Acc. dei Fisiocritici
Botanischer Garten
Terme
Dommuseum
V. Pellegrini
Da Mugolone
Boccon del Prete
Stalloreggi
Castel Vecchio
Via T. Pendola
S. Marco
Via di Fontebranda
Via d. Galluzza
Caterina
Chiacchiera
Casa di S. Caterina
Via S.
Franciosa
Piazza d. Duomo
Baptisterium
Dom
Santa Maria della Scala
Duomo
Via di
Da Divo
Via d. Fosso
Pian dei Mantellini
Palazzo Ravizza
Porta San Marco
Via P. Mascagni
Via d. Scuole
Alma Domus
Fontebranda
Piazza S. Domenico
S. Domenico
Via Esterna di Fontebranda
Via Bruno
Bonci
V. G. Fruschelli
Pannilunghi
Lea
Maggio
XXV
Viale
Viale Trieste
Viale
A.

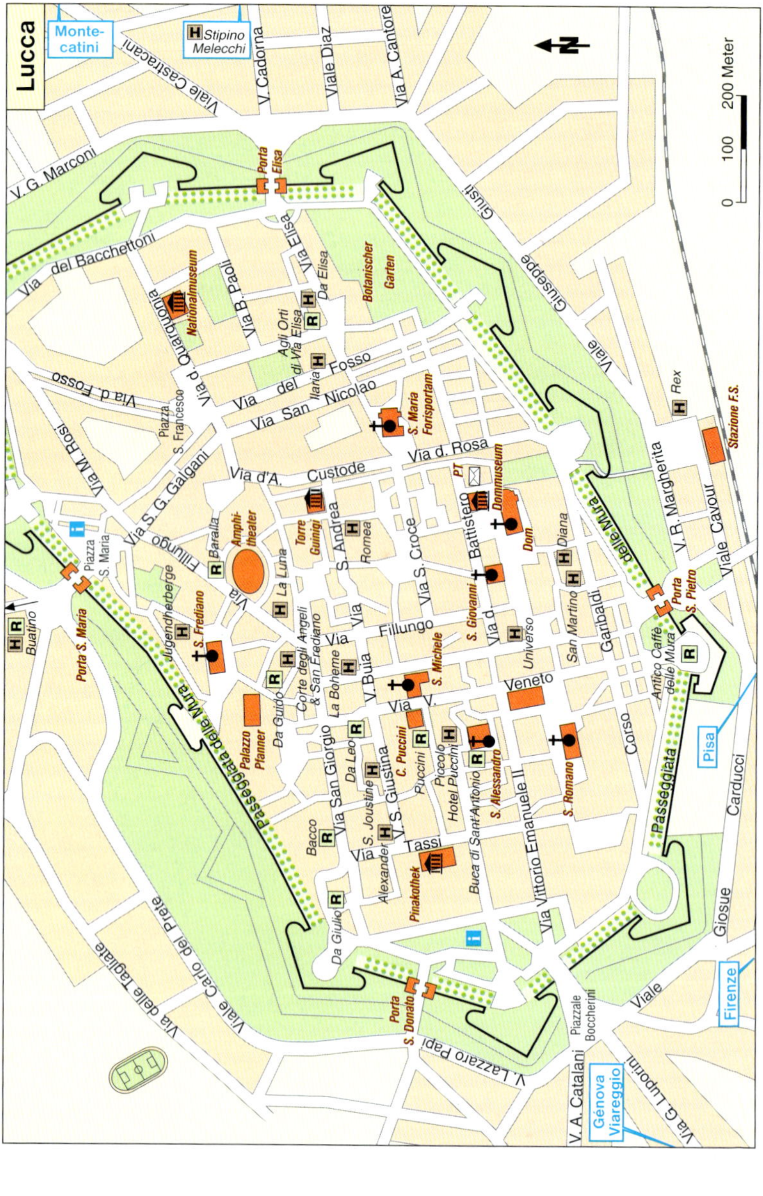

Lucca
Montecatini
Stipino Melecchi
Viale Castracani
V. Cadorna
Viale Diaz
Via A. Cantore
200 Meter
0
100
200
V. G. Marconi
Porta Elisa
Via del Bacchettoni
Via Elisa
Da Elisa
Botanischer Garten
Viale Giuseppe Giusti
Nationalmuseum
Via B. Paoli
Via d. Quarquonia
Agli Orti di Via Elisa
Ilaria
Via del Fosso
Via d. Fosso
Via San Nicolao
Piazza S. Francesco
S. Maria Forisportam
Via d. Rosa
Rex
Stazione F.S.
Via M. Rosi
Via S. G. Galgani
Via d'A. Custode
PT
Dommuseum
Battistero
Via R. Margherita
Viale Cavour
Piazza S. Maria
Baralla
Via Fillungo
Amphitheater
Torre Guinigi
Via S. Andrea
Romea
Via S. Croce
Dom
Diana
Via delle Mura
Porta S. Pietro
Buatino
Porta S. Maria
Jugendherberge
S. Frediano
La Luna
Corte degli Angeli & San Frediano
Via Fillungo
S. Giovanni
Via d.
Universo
San Martino
Garibaldi
Antico Caffè delle Mura
La Boheme
V. Buia
S. Michele
Veneto
Da Guido
Palazzo Pfanner
Passeggiata delle Mura
Via V.
Da Leo
C. Puccini
Puccini
Piccolo Hotel Puccini
S. Alessandro
S. Romano
Corso
Pisa
Via San Giorgio
V. S. Giustina
Via S. Joustine
Carducci
Passeggiata
Bacco
Via Tassi
Alexander
Pinakothek
Buca di Sant'Antonio
Via Vittorio Emanuele II
Via Carlo del Prete
Viale Giosue
Via delle Tagliate
Da Giulio
Porta S. Donato
Piazzale Boccherini
Viale
Firenze
V. Lazzaro Papi
V. A. Catalani
Génova Viareggio
Via G. Luporini

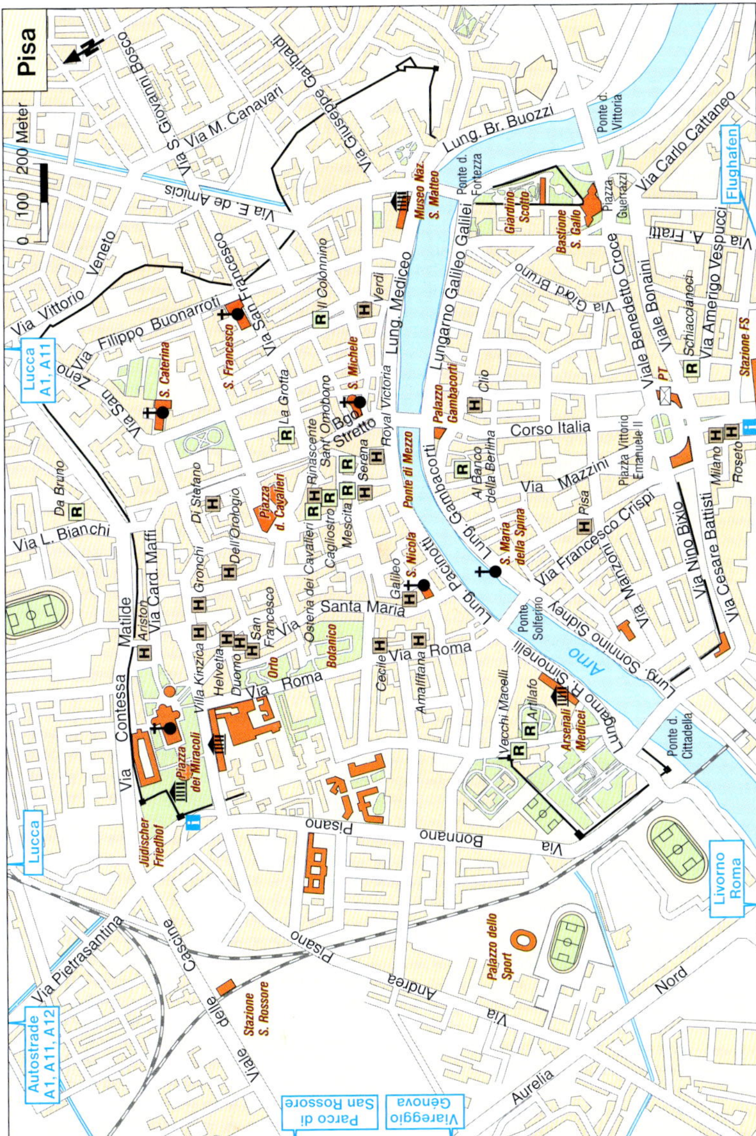
Pisa
0 100 200 Meter
Lucca A1, A11
Lucca
Autostrade A1, A11, A12
Parco di San Rossore
Viareggio Genova
Livorno Roma
Flughafen
Arno
Via Vittorio Veneto
Via Filippo Buonarroti
Via San Zeno
Via L. Bianchi
Via Contessa Matilde
Via Card. Maffi
Via S. Giovanni Bosco
Via M. Canavari
Via Giuseppe Garibaldi
Via E. de Amicis
Via San Francesco
Lung. Br. Buozzi
Lung. Mediceo
Lungarno Galileo Galilei
Lung. Gambacorti
Lung. Pacinotti
Lung. Sonnino Sidney
Lungarno R. Simonelli
Via Santa Maria
Via Roma
Borgo Stretto
Corso Italia
Via Mazzini
Via Francesco Crispi
Via Manzoni
Via Nino Bixio
Via Cesare Battisti
Viale Benedetto Croce
Viale Bonaini
Via Amerigo Vespucci
Via A. Fratti
Via Carlo Cattaneo
Via Giord. Bruno
Via Bonanno Pisano
Via Andrea Pisano
Viale delle Cascine
Via Pietrasantina
Via Aurelia Nord
Ponte d. Vittoria
Ponte d. Fortezza
Ponte di Mezzo
Ponte Solferino
Ponte d. Cittadella
Piazza Guerrazzi
Piazza Vittorio Emanuele II
Piazza d. Cavalieri
Piazza dei Miracoli
S. Caterina
S. Francesco
S. Michele
S. Nicola
S. Maria della Spina
Museo Naz. S. Matteo
Palazzo Gambacorti
Giardino Scotto
Bastione S. Gallo
Orto Botanico
Arsenali Medicei
Jüdischer Friedhof
Stazione S. Rossore
Stazione FS
Palazzo dello Sport
PT
Da Bruno
Di Stefano
Dell'Orologio
Gronchi
Ariston
Villa Kinzica
Helvetia
Duomo
San Francesco
Cecile
Amalfitana
Galileo
Osteria dei Cavalieri
Cagliostro
Mescita
Rinascente
Sant' Omobono
Serena
Royal Victoria
La Grotta
Il Colonnino
Verdi
Clio
Al Banco della Berlina
Pisa
Milano
Roseto
Schiaccianoci
Vecchi Macelli
Artilafo

Livorno
0 250 500 Meter
N
Pisa Firenze
Porto Industriale
Bacino S. Stefano
Porto Mercantile
Porto Mediceo
Elba
Fortezza Vecchia
Fortezza Nuova
Fosso Reale
Venezia Nuova
Stazione S. Marco
Stazione F.S.
Duomo
Markthalle
PT
Aquarium
Museo G. Fattori
Cécina Piombino
Via S. Orlando
Via delle Caterate
Via Fabio Filzi
Via Firenze
Via M. Mastacchi
Via della Cinta Esterna
V. Palestro
Via Garibaldi
Via G. Galilei
Via Emilio Zola
Viale I. Nievo
Viale G. Carducci
Viale Alfieri
Via Antonio Gramsci
Viale Petrarca
Via Grande
Via Marconi
Via del Fagiano
Viale G. Marconi
Scali Novi Lena
Via San Carlo
Corso Amedeo
Corso Mazzini
Via G. Borsi
Via C. Ferrigni
Via Roma
Via Marradi
Via F. Redi
Viale Boccaccio
Borgo Cappuccini
Viale Goffredo Mameli
Montebello
Viale della Libertà
Via S. Jacopo in Acquaviva
Via Goito
Viale Italia
Via Lepanto
Via dei Pelaghi
Via di Levante
Piazza Grande
Piazza d. Repubblica
Piazza Cavour
Piazza Attias
Piazza Matteotti
L'Antica Venezia
Da Carlo
Vecchia Livorno & La Chiave & Marameo
Sottomarino
Ariston
Gran Duca
Da Cecco
Città
Dante
Tartufo
Goldoni
Enoteca Doc
Marina
Boston
Giardino
Cantina Nardi